光 启
新史学
译 丛

主编

陈 恒 陈 新

编辑委员会

OXFORD

牛　津
历史著作史

从公元1400年到1800年

The Oxford History
of Historical Writing

[墨] 何塞·拉巴萨　　[日] 佐藤正幸
[意] 埃多尔多·托塔罗洛　[加] 丹尼尔·沃尔夫　主编
陈　新　李　娟　朱潇潇　申　芳　王　静　等译

第三卷（上）

上海三联书店

The Oxford History of Historical Writing: 1400-1800

published in English in 2011. This translation is published by arrangement with Oxford University Press. Shanghai Joint Publishing Company Limited is solely responsible for this translation from the original work and Oxford University Press shall have no liability for any errors, omissions or inaccuracies or ambiguities in such translation or for any losses caused by reliance thereon.

"光启新史学译丛"弁言

20世纪展开的宏伟历史画卷让史学发展深受其惠。在过去半个世纪里,历史研究领域延伸出许多令人瞩目的分支学科,诸如性别史、情感史、种族史、移民史、环境史、城市史、医疗社会史等,这些分支学科依然聚焦于人,但又深化了对人的理解。举凡人类活动的核心领域如经济关系、权力运作、宗教传播、思想嬗变、社会流动、人口迁徙、医疗进步等等都曾在史学的视野之内,而当代史家对这些领域的研究已大大突破了传统史学的范畴,并与普通人的日常生活息息相关。如今,一位普通读者也能够从自身生存状态出发,找到与历史作品的连接点,通过阅读历史,体悟人类过往智慧的种种精妙,进而在一定程度上主动去塑造自己的生活理念。通过阅读历史来定位我们的现在,通过历史研究为当下的种种决策提供依据,这已经是我们的现实中基于历史学的一种文化现象。不论是对物质生活或情感世界中细节的把握,还是期望对整个世界获得深邃的领会,当代历史学都提供了无尽的参照与启迪。这是一个史学的时代,也是一个人人都需要学习、参悟历史的时代。千百种貌似碎片化的历史专题研究、综合性的学术史研究、宏观化的全球史研究,都浸润着新时代的历史思维,为亿万读者提供了内涵丰富、层次多样、个性鲜明的历史读本。

微观史学或新文化史可视为一种新社会史学的重要方向,对此国内有不少译介,读者也较为熟悉。但新社会史学的研究远不止这两个方向,它在各方面的成就与进展,当然是我们这套译丛不会忽视的。除此之外,我们尤为关注代表着综合性史学思维的全球史,它是当代西方史学的重要分支,是新的世界史编纂方法和研究视角。

全球史的出现是一个非常重要的"历史性时刻",它不仅是"从下往上看历史"新视角下所包括的普通民众,而且这标志着全球史已深入到前殖民,囊括第三世界的方方面面。为纠正传统西方中心论和以民族国家为叙事单位所带来的弊端,全球史自 20 世纪 60 年代诞生以来,越来越受到史学界的重视。全球史关注不同民族、地区、文化、国家之间的交往与互动,强调传播与接受,重视文化多元与平等,摈弃特定地区的历史经验,犹如斯塔夫里阿诺斯所说,要站在月球上观察地球,"因而与居住在伦敦或巴黎、北京和新德里的观察者的观点迥然不同。"

当代史学的创造力所在,可从全球史研究的丰富内涵中窥见一斑。全球史研究奠基在一种历史写作的全球语境之中,诉诸全球视野,构建起全球化叙事,突出历史上民族、国家、文化之间的交流、碰撞与互动。在当代史家笔下存在以下几种全球互动模式:一是阐述世界历史上存在的互动体系或网络,如伊曼纽尔·沃勒斯坦的《现代世界体系》(1974—1989 年)、德烈·冈德·弗兰克的《白银资本》(1998 年)、彭慕兰《大分流》(2000 年);二是关注生态与环境、物种交流及其影响的,如艾尔弗雷德·罗斯比的《哥伦布大交换》(1972 年)、约翰·麦克尼尔《太阳底下的新鲜事:20 世纪人与环境的全球互动》(2001 年);三是研究世界贸易、文化交流的,如卜正民的《维梅尔的帽子》(2008 年)、罗伯特·芬雷《青花瓷的故事:中国瓷的时代》(2010 年)、贝克特的《棉花帝国》(2014 年);四是以全球眼光进行比较研究的,这包括劳工史、移民史等,如菲力普·方纳的《美国工人运动史》(1947—1994 年)、孔飞力的《他者中的华人:中国近现代移民史》(2009 年);五是审视区域史、国别史之世界意义的,如迪佩什·查卡拉巴提的《地方化欧洲》(2000 年)、大卫·阿米蒂奇的《独立宣言:一种全球史》(2007 年)、妮娜·布雷的《海市蜃楼:拿破仑的科学家与埃及面纱的揭开》(2007 年)等;以致出现了所谓的跨国史研究。"跨国史"(transnational history)这一术语自 20 世纪 90 年代以来一直和美国历史研究的那些著作相关联。这一新的研究方法关注的是跨越边疆的人群、观念、技术和机构的变动。它和"全球史"(global history)相关,但又并不是一回事。"跨文化史"(transcultural history)或"不同文化关系"(intercultural relation)是与"跨国史"相匹配的术语,但研究者认为在阐明那些跨国联系时,这两个术语过于模糊。"跨国"这个标签能够使学者认识到国家的重要性,同时又具体化其发展过程。该方法的倡导者通常把这一研究方法区别于比较史学(comparative history)。尽管如此,他们认为比较方法和跨国方法彼此是互为补充的。(A. Iriye and P. Saunier, ed., *The Palgrave Dictionary of Transnational History*,Macmillan,2009,p. 943)

全球史研究不断尝试以全球交互视角来融合新社会史学的微小题材,总体看来,这些新趋势和新热点在一定程度上纠正了全球史对整体性和一致性的偏好,为在全球视野中理解地方性知识乃至个体性经验做出了示范,同时凸显了人类历史中无处不在、无时不在的多样性与差异性。

本译丛是以当代历史学的新发展为重点,同时兼及以历史学为基础的跨学科研究成果,着眼于最新的变化和前沿问题的探讨。编者既期望及时了解国外史学的最新发展,特别是理论与方法上的新尝试和新变化,又要选择那些在研究主题上有新思路、新突破的作品,因而名之为"新史学译丛"。

近现代史学自18世纪职业化以来发展到今天,已经走完了一轮循环。时至今日,史学研究不再仅限对某一具体学科领域作历史的探讨,而是涉及哲学、文学、艺术、科学、宗教、人类学等多个领域,需要各个领域的专家协手共进。在一定意义上,史学是对人类文化的综合研究。这是一种现实,但更是一种理想,因为这意味着当代新史学正在努力把传统史学很难达到的最高要求当作了入门的最低标准。

历史演进总是在波澜不惊的日常生活里缓慢地进行着,无数个微小的变化汇聚累积,悄悄地改变着人类社会生活的整体面貌,因此,历史发展的进程,以长时段的目光,从社会根基处考察,是连续累进的。知识的创造同样如此,正如我们今天的全球史观,也是得益于人类漫长智识创造留给我们的智慧。历史研究虽然履行智识传播的使命,未来会结出什么样的智慧之果,我们很难知晓,也不敢预言,但愿它是未来某棵参天大树曾经吸纳过的一滴水,曾经进入过那伟大的脉络。无论如何，我们确信的是，通过阅读历史，研究历史，人们体验到的不仅仅是分析的妙处与思维的拓展，而且是在潜移默化中悄悄促进包容性社会的发展。

"光启新史学译丛"编委会
2017 年 9 月 1 日于光启编译馆

《牛津历史著作史》中文版
工作委员会

编审委员会

陈启甸　黄　韬

主　编

第一卷　陈　恒　李尚君
第二卷　赵立行
第三卷　陈　新　李　娟
第四卷　岳秀坤
第五卷　彭　刚　顾晓伟

译校者

第一卷	陈　恒	李尚君	屈伯文	李海峰	王海利
	郑　阳	宋立宏	李　月	刘雪飞	李　慧
第二卷	赵立行	刘招静	陈　勇	汪丽红	卢　镇
第三卷	陈　新	李　娟	朱潇潇	申　芳	王　静
	陈慧本	张　骏			
第四卷	岳秀坤	喻　乐	孙　琇	姜伊威	陈　强
	昝　涛	董　雨	陈　功	陶　略	
第五卷	彭　刚	顾晓伟	李　根	段　艳	余开亮
	金利杰	陈书焕	李明洋	孙　琇	刘颖洁
	钱栖榕	张　骏	吕思聪	李　娟	葛会鹏
	王　伟	李晓倩	金知恕		

牛津历史著作史

　　《牛津历史著作史》是一套五卷本的,由众多学者合作编撰的学术著作,该书囊括了全球历史著作史。它是一部人类努力保全、再现和叙述过去的编年史,特别关注各国不同的传统,以及这些不同传统的突出要点及其与西方历史编撰的比较研究。每卷书都包涵着一个特殊的时期,尽量避免不恰当地突出历史分期的西方观念,各卷所包括的时间范围在逐步递减,这不仅反映了后来各卷自19世纪以来在地理空间的扩大,而且反映了历史活动的急剧增加。《牛津历史著作史》是第一部自起源以来覆盖全球的、集体合作完成的学术性历史著作史。

　　《牛津历史著作史》在 2005 年至 2009 年写作期间得到阿尔伯达大学（the University of Alberta）研究部副部长和学术部副部长及该大学校长的慷慨资助，随后加拿大安大略省金斯敦的女王大学（Queen's University，Kingston，Ontario）给予了资助。

中文版序言

史学史的诞生、发展及其在中国的接受[①]

陈　恒

　　一部史学著作诞生之后，读者自然或有自己的评论与感想，这也意味着史学史的诞生。伴随历史著作的不断丰富、研究领域的不断扩展、著述风格与体裁的日益繁多，史学史逐渐成为史学本身的一个重要领域，一个重要分支学科。史学史是从历史学演进的视角来分析历史叙述方法、表现手段、理论基础的一门根基性学科，通过追溯各种历史学研究和著述形式的渊源、流派、成果及其在历史学发展中产生的影响，对各个时代的历史学家及其成就作适当评价。因此，通俗来说，史学史内蕴了历史学家的故事、历史学家文本的故事，或也可称为史学学术史。

　　但史学史真正成为今天历史学的一个重要分支学科，与两种学术发展存在着密切的关系：其一是人类悠久漫长的历史撰述传统及其留下的丰富遗产；其二是19世纪以来现代学科体系的逐渐形成和细分。因此，至19世纪末20世纪初，史学史研究在西方成为一个专门的学科领域，并伴随着近代的"西学东渐"，于20世纪20年代左右在中国逐渐形成和发展起来。

---

① 本文初稿后发给赵立行、彭刚、陈新、周兵、岳秀坤、洪庆明诸位教授审读，他们提出了不少很好的修改建议，在此特别鸣谢！

西方史学史的诞生与发展

关于历史是什么、历史学是什么、历史学家的任务是什么,以及为什么要撰写历史等问题,自古以来就不断有人在探讨。早在两千多年前,亚里士多德在《诗学》里就对历史学的方法路径提出了独到的见解。在他看来,历史是描述发生的事情,是编年式的,处理的是偶然发生的特定之事。普鲁塔克在《论希罗多德的恶意》中,对西方"史学之父"希罗多德的史学思想进行了尖锐的批评,他认为希罗多德的历史叙述中充满谎言,包含着反雅典的偏见,该文本可以说是西方世界针对史学家个体及其著作进行评判的最早作品。

从古典时代以降直至近代早期,西方论及历史和历史学的著作时有出现,其中不乏充满真知灼见或对后世影响深远的作品。古罗马作家琉善(Lucian,约 120—180 年)的《论撰史》流传至今,他认为:"历史只有一个任务或目的,那就是实用,而实用只有一个根源,那就是真实。"罗马帝国晚期教父哲学家奥古斯丁的《上帝之城》可说是人类历史上的第一部历史哲学著作,对后世的历史观产生了至深的影响。在他看来,世界历史的进程是光明与黑暗、善与恶之间不断斗争的历史,是在上帝创造的时间框架里且按照上帝的意志有条不紊地展开的过程。尽管奥古斯丁撰写这部书的根本目的是为了驳斥异教徒,为基督教辩护,但他所阐释的历史观,在历史时间的概念框架、历史学的性质和目的方面,为中世纪史学奠定了基调,并一直主导着近代早期的基督教神学的历史撰述。直至 17 世纪后半期,路易十四宫廷神学家博叙埃(Jacques Bénigné Bossuet,1627—1704 年)所撰写的《世界历史讲授录》(1681 年),仍在申述着奥古斯丁的神学史观。①

但无论是对过去史著的评述,还是对史观的阐述,上述的诸多著作都还不属于我们今天意义上的史学史范畴。今天我们谈到的

---

① Jacques Bénigné Bossuet, *Discours sur l'histoire universelle, à monseigneur le dauphin pour expliquer la suite de la religion, et les changements des empires*, 3Vols., Paris: Bibliothèque catholique, 1825 - 1826.

"史学史",对应的英文词一般是"Historiography",指的是学科意义上的历史学,而非"事实的历史",它包含两层意思,即对事实的历史进行研究和撰述的发展史,以及对研究事实的历史时运用的理论和方法。史学史指的是"对历史写作方式的研究,也即历史撰述的历史⋯⋯当你研究史学史时,你不必直接去研究过去的事件,而是研究某个史学家著作里对这些事件不断变化的解释"。①我们按此定义去追根溯源,今天意义上的史学史于16世纪才朦胧出现。人文主义时代的法国人让·博丹(Jean Bodin,1530—1596年)撰写了流传广泛的《理解历史的捷径》,该书系统地阐述了进行历史撰写的框架、原则和方法。首先,他反对从《但以理书》中引申而来的基督教精致的四帝国说,代之以从地理环境出发来考察具体历史进程的世界史三阶段说;其次,他认为历史的形式有三种,即人类史、自然史和圣史,且应该首先关心人类史;再次,他倡导历史撰写要尽力秉持客观公正的原则,对史料要进行精心考证。② 我们可以把该书视为西方史学方法论的先驱之作。1599年,法国历史学家拉·波普利尼埃尔(La Popelinière,1541—1608年)的历史三部曲(《历史著作史》《完美历史的观念》《新法国史的构想》),可以看作是西方史学史的开山之作。在博丹、拉·波普利尼埃尔等许多先行者之后,法国人兰格勒特·杜·弗莱斯诺伊(Lenglet du Fresnoy,1674—1755年)的《历史研究方法论》(1713年;1728年翻译成英文在伦敦出版)提供了许多历史著述的摘要,这份摘要是对博丹《理解历史的捷径》一书所附文献目录的扩充。③ 1777年,哥廷根大学授予了第一个历史学博士学位,历史学自此在知识体系中占有一席之地。

但直到19世纪初历史学在德国最早完成职业化进程而成为一门独立的学科,史学史研究才逐渐得到真正的重视。因为职业化的学科研究,需要梳理漫长发展史累积的遗产,以便从中寻获有用

---

① Michael Salevouris & Conal Furay, *The Methods and Skills of History: A Practical Guide*, 4th edition, Wiley-Blackwell, 2015, p. 223.
② 张广智:《西方史学史》,第三版,复旦大学出版社 2015 年版,第 114—115 页。
③ 凯利:《多面的历史》,陈恒、宋立宏译,生活·读书·新知三联书店 2003 年版,第 476 页。

的材料和线索，或发现可供研究的主题，或学习借鉴视角和方法。在历史学职业化大约一个世纪后，欧美各国均出现了一股史学史研究的热潮，对历史学（尤其是近代以后的历史学科）进行某种系统的整理和总结，并产生了一系列流传后世的史学史作品，如傅埃特（Eduard Fueter，1876—1928）的《新史学史》（1911 年），古奇（G. P. Gooch，1873—1968 年）的《十九世纪历史学与历史学家》（1913 年），肖特威尔（J. T. Shotwell，1874—1965 年）的《史学史导论》（1922 年），班兹（H. E. Barnes，1889—1968 年）的《历史著作史》（1937 年），汤普森（J. W. Thompson，1869—1941 年）的《历史著作史》（1943 年），巴特菲尔德（Herbert Butterfield，1900—1979年）的《论人类的过去》（1955 年），以及最近比较流行的布雷萨赫（Ernst Breisach）的《历史编撰：古代、中世纪和近代》（2007 年第三版），等等。其中瑞士历史学家、新闻记者爱德华·傅埃特所写的《新史学史》（*Geschichte der neueren Historiographie*，München，1911，Zürich）是一本真正学术意义上的史学史通志，内容涵盖自宗教改革以来的欧洲史学著作。傅埃特注重思想观念对历史进程的巨大影响，但忽略了社会发展中的社会经济因素的作用。

　　逮及 20 世纪，伴随着史学研究本身的快速发展，出现了诸如法国的年鉴学派、英国的马克思主义历史学派、美国的社会科学史学派等流派，史学本体论、认识论和方法论均出现了革命性的变化，使得人们更须从不同的角度审视历史记述与研究的演变，分析历史研究背后方法路径和分析技术的应用，史学史研究也因此获得快速发展，成绩斐然。

　　从时间顺序来看，我们大致可以把 20 世纪以来的史学史研究分为以下三个阶段：1. 学科初始阶段（1903—1945 年），这时的史学史大多是记述性的；[①]2. 学科史学史阶段（1945—1989 年），史学

---

① 这一阶段的另一个特点是有关古代时期的专题史学史出现不少，如善迪斯（John Sandys，1844 - 1922）的《古典学术史》（*A History of Classical Scholarship：from Antiquity to the Modern Era*，1903）、奥姆斯特德（A. T. Olmstead，1880 - 1945）《亚述史学史》（*Assyrian Historiography：A Source Study*，1916）、维拉莫维兹（Ulrich von Wilamowitz-Moellendorff，1848 - 1931）《语言学史》（*Geschichte der Philologie*，1921。其实这是一部古典学术史）等。

史成为史学研究的一个重要领域；3. 全球史学史阶段（1989 年以来），史家以交流与融合的眼光看待全球史学史的发展。从著述体裁来看，我们大致可以把史学史论著分为以下三种类型：1. 书评和传记式的史学史，如古奇、汤普逊等人的著述；2. 通史的、断代的或专题的史学史通论，如普法伊佛（Rudolf Pfeiffer，1889—1979 年）、布雷萨赫、凯利、伊格尔斯、约翰·布罗（John Burrow，1935—2009 年）等人的著述；3. 全球史学史，如劳埃德、沃尔夫等人的著述。当然还有诸如布克哈特、屈威廉、伯瑞、卡尔、芬利、莫米利亚诺、布罗代尔、格拉夫顿（Antony Grafton，1950 年—　）这类历史学家的自我反思，对史学史与史学理论的思考；也有克罗齐、科林伍德、海登·怀特等人从历史哲学层面对史学史与史学理论的思考。这些著述都从不同的层面对史学史研究作出贡献。

早期史学史著作也包含批评性的注释，但实际上，它们讨论的大多是历史学家个人及其著作，在本质上是记述式的。这在很大程度上已不能满足当今史学研究迅速了解自身学科本源与演进历程的需要。

史学思想史的出现弥补了这方面的不足，这是史学史编撰的另一条路径，也就是以一种更富有批判性和更具有分析能力的眼光重新审视历史编撰的史学史，以努力寻求 19 世纪欧洲历史编撰中的"一种深层结构内容"（《元史学》，第 IX 页）的海登·怀特为代表。怀特的《元史学》于 1973 年出版以后，就在学术界引发了广泛的讨论，针对此著有大量研究文章和评论，影响波及当今。怀特认为历史编撰是诗化性质的，以此为出发点，他否认历史学的科学性，认为历史学与自然科学是根本不同的。在他看来，史学自身的性质使得史学处于一种概念混乱状态，因而就其基本特征而言，史学不是科学而是艺术创作，所以叙事对史学来说是必不可少的。《元史学》一书就是用一套从其他学科借用的概念来阐明怀特观点的诗化过程。对于这种极端观点，赞成者有之，反对者有之，采中庸之道调和两派观点的亦有之。[①]

凯利（Donald R. Kelley，1931 年—　）的史学史三部曲（《多面

---

① 参见《书写历史》，上海三联书店 2003 年版。

的历史》《历史的时运》《历史前沿》），从希罗多德一直讲述到 20 世纪史学的发展。该书既有记述，又有分析，兼具上述极端观点的长处，这不但避免了平铺直叙所带来的肤浅，而且也避免了过于注重理论演绎所导致的玄奥。诚如前辈何兆武教授所说，"《多面的历史》所论述的，正是从古希腊的希罗多德下迄 18 世纪德国赫尔德的一系列西方历史学家对西方历史进程的理解或解释"①。新近由复旦大学张广智教授主编的六卷本《西方史学通史》大体也属于这一类型。

20 世纪中期之后世界格局发生急剧转变，全球一体化急剧加速。与此同时，从相互联系的观点撰写世界史，或从整体上探索人类文明的演进规律和发展动力，不断促使史学实践要体现全球视野；随着全球史的出现，全球史学史也出现了。早在 20 世纪 60 年代，学术界就关注全球史学史了。比如，1961—1962 年间，牛津大学出版社出版了一套《亚洲民族的历史著作》（*Historical Writing on the Peoples of Asia*），分别有南亚卷、东南亚卷、东亚卷和中东卷，②它是以 20 世纪 50 年代晚期在伦敦大学亚非学院召开的会议为基础编撰的，获得广泛好评，至今仍有很高参考价值。再比如西尔斯（David L. Sills）主编的《国际社会科学百科全书》（19 vols.，1968）第六卷中关于"历史编纂"的综合性文章，涵盖了有关伊斯兰、南亚和东南亚、中国和日本的简明叙述。巴勒克拉夫（G. Barraclough，1908—1984 年）的《当代史导论》（1964 年）、《当代史学主要趋势》（1978 年）中也涉及了非西方世界的历史写作。

全球史学史论述的主要特征是：1. 不仅论述史学本身发展的历史，也研究史学与社会环境之间的互动关系；注重史学形成的社会基础与文化基础，注重史学知识的传播与社会组织、学术体制之

---

① 何兆武"对历史的反思"，参见《多面的历史》，生活·读书·新知三联书店 2003 年版，第 3 页。

② 四卷分别是 1. C. H. Philips 主编《印度、巴基斯坦和锡兰的历史学家》（*Historians of India，Pakistan，and Ceylon*）；2. D. G. E. Hall 主编《东南亚历史学家》（*Historians of South East Asia*）；3. W. G. Beasley 和 E. G. Pulleyblank 主编的《中国、日本的历史学家》（*Historians of China and Japan*）；4. B. Lewis 和 P. M. Holt 主编的《中东的历史学家》（*Historians of the Middle East*）。

间的关系;2. 比较方法与全球视野:重视不同区域不同文化之间的史学互动,着重东西方比较研究,尤其是三大传统——地中海传统、儒家传统、伊斯兰传统——之间的比较研究,由此说明全球史学一些内在的本质特征;3. 注重传统与接受的关系,研究各种史学传统的内部传承与外部接受,且非常注重非西方史学传统研究;4. 力图避免"西方中心论",充分考虑西方以外的史学传统,不过度突出西方的分期概念;等等。

全球史学史代表人物主要有伊格尔斯(G. G. Iggers)、吕森(Jörn Rüsen)、劳埃德(G. E. R. Lloyd)、富克斯(E. Fuchs)、斯塔西提(B. Stuchtey)、沃尔克(M. Völkel)等人。其中《牛津历史著作史》主编、加拿大女王大学校长沃尔夫(D. R. Woolf)教授是极有影响的一位。

《牛津历史著作史》

《牛津历史著作史》①主编丹尼尔·沃尔夫 1958 年出生于伦敦,在加拿大的温尼伯(Winnipeg)接受教育,后去英国读书,1983 年在牛津大学获得近代史博士学位,导师为牛津大学圣彼得学院著名的历史学家吉拉德·艾尔默(Gerald Edward Aylmer,1926—2000 年)。② 毕业后,他先去加拿大埃德蒙顿的阿尔伯达大学任教,任该校历史与古典学系教授,文学院院长,现任加拿大安大略金斯顿女王大学教授。沃尔夫早年主要研究都铎王朝、近代早期英国文化史,后来专注史学史与史学思想研究,著述甚多,③成为史

---

① *The Oxford History of Historical Writing*, ed. by Daniel Woolf, Oxford University Press,2011‐2012.

② 博士论文为《1590—1640 年间英格兰历史思想的变化与延续》(*Change and Continuity in English Historical Thought*, c. 1590—1640),参加答辩的有牛津大学的凯斯·托马斯(Sir Keith Thomas,1933—)、剑桥大学的昆廷·斯金纳(Quentin Skinner,1940—)等。

③ 其他方面的著作有 *Public Duty and Private Conscience in Seventeenth-Century England*, Oxford University Press 1993 (co-ed., with John Morrill and （转下页）

学史研究的领军人物。他早前出版的有关史学史、史学思想的著作主要有：《早期斯图亚特时代英格兰的历史观念》（*The Idea of History in Early Stuart England*，University of Toronto Press，1990）、《全球历史著作百科全书》（*Global Encyclopedia of Historical Writing*，Garland，1998）、《近代早期英格兰的阅读史》（*Reading History in Early Modern England*，Cambridge University Press，2000）、《往昔的社会传播：1500—1739 年间的英格兰历史文化》（*The Social Circulation of the Past：English Historical Culture 1500—1730*，Oxford University Press，2003）、《全球史学史》（*A Global History of History*，Cambridge University Press，2011）。五卷本《牛津历史著作史》内容大致如下：

卷数	时间范围	主编	章数	内容
第一卷	从开端到公元 600 年	安德鲁·菲尔德、格兰特·哈代	26 章	论述了古代世界主要历史传统，包括古代近东、古代希腊、古代罗马、古代东方和南亚的史学起源与发展。
第二卷	从公元 400 年到 1400 年	萨拉·福特、蔡斯·F. 罗宾逊	28 章	第一编是宏观论述，讲述了从朝鲜半岛到欧洲西北部的这一时期不同社会的历史著述的发展，特别突出宗教特性和文化特性。第二编是对第一部分的补充，侧重比较与主题，包括对历史题材风格、战争，特别是宗教的论述。

（接上页）Paul Slack）；*Rhetorics of Life-Writing in Early Modern Europe*，University of Michigan Press，1995（co-ed.，with T. F. Mayer）；*The Spoken Word：Oral Culture in Britain 1500 - 1850*，Manchester University Press，2002（co-ed.，with Adam Fox）；*Local Identities in Late Medieval and Early Modern England*，Palgrave Macmillan，2007（co-ed.，with Norman L. Jones）；*A Global History of History*，2011 等。沃尔夫为六卷本《新观念史辞典》（*New Dictionary of the History of Ideas*，ed. by Maryanne Cline Horowitz，2005）所写的长篇导论"Historiography"是其全球史学史纲领性宣言，随后所出版的《全球史学史》《牛津历史著作史》都是这一思想的不断延展与深化。

续表

卷数	时间范围	主编	章数	内 容
第三卷	从公元1400年到1800年	何塞·拉巴萨、佐藤正幸、埃多尔多·托塔罗洛、丹尼尔·沃尔夫	32章	论述公元1400年到1800年间（即通常所称的"早期近代"）全球史学的发展。以叙述亚洲开始，叙述美洲结束，这个时期开始了真正意义的全球史学时代。侧重跨文化比较的方法。
第四卷	从公元1800年到1945年	斯图亚特·麦金泰尔、胡安·迈古阿西卡、阿提拉·波克	31章	第一编总述欧洲历史思想、史学职业化和史学机构的兴起、强化与危机；第二编分析了史学史怎样与各种各样的欧洲民族传统发生联系；第三编考察的是欧洲史学的"后裔"——美国、加拿大、南非、澳大利亚、新西兰、墨西哥、巴西和西属美洲——的史学发展。第四编讲述的是西方世界以外的史学传统，包括中国、日本、印度、南亚、阿拉伯世界和撒哈拉以南的非洲史学。
第五卷	从公元1945年至今	阿克塞尔·施耐德、丹尼尔·沃尔夫	33章	第一部分考察历史理论与跨学科的研究方法；第二部分论述的是世界各地民族史学、区域史学的发展。

《牛津历史著作史》是一套由众多知名学者合作编撰的、涵括全球的史学史著作，全书由150篇专论组成，是迄今为止最为全面的、涵括整个人类史学文化传统的历史著作史。各卷主编都是各个领域的著名学者：第一卷主编是古典学家安德鲁·菲尔德（Andrew Feldherr）、汉学家格兰特·哈代（Grant Hardy），第二卷主编是教会史家萨拉·福特（Sarah Foot）、伊斯兰史家蔡斯·F. 罗宾逊（Chase F. Robinson），第三卷主编是拉美史家何塞·拉巴萨（José Rabasa）、史学理论专家佐藤正幸（Masayuki Sato）、早期近代史家埃多尔多·托塔罗洛（Edoardo Tortarolo）、总主编丹尼尔·沃尔夫，第四卷是澳大利亚史家斯图亚特·麦金泰尔（Stuart

Macintyre)、美洲史家胡安·迈古阿西卡(Juan Maiguashca)、史学史家阿提拉·波克(Attila Pók)，第五卷主编是汉学家阿克塞尔·施耐德(Axel Schneider)以及总主编丹尼尔·沃尔夫本人。

另外，还有由迈克尔·本特利、约恩·吕森、格奥尔格·伊格尔斯、唐纳德·凯利、彼得·伯克等14位知名学者组成的顾问团队，提出指导性编撰建议，这些顾问还发挥自身的特长为该书贡献专题文章，这在一定程度上保障了丛书的编撰质量。全书各个专题论文的作者在学术界都有一定的影响，比如宾夕法尼亚大学伍安祖教授、德国汉学家闵道安(Achim Mittag)、印度裔历史学家迪佩什·查卡拉巴提(Dipesh Chakrabarty)、英国古典学家劳埃德、美国汉学家杜润德、史嘉柏、夏含夷等等，这些高水准学者的加入为整套丛书编撰质量提供了可靠的保障。因而该书出版后获得了广泛好评。伊格尔斯认为"此书魅力在于其内在的、深刻的跨文化研究方法"；彼得·伯克认为"沃尔夫的著作为我们提供了天才的史学史全球研究论述，该书结构明晰、内容平衡，作者尽量避免欧洲中心主义和当下意识这对孪生危险，强调使用多元路径研究过往"；唐纳德·凯利认为"这是内容丰富、论述全面的世界史学史著作。沃尔夫是这一领域公认的专家，他将年代与地理结合在一起，范围包括非洲、近东、远东以及欧洲和美国；他的这一研究方法非常有效"。

《牛津历史著作史》是一部按照编年顺序，注重各国史学传统，努力再现人类史学文化传统的史学史著作。全书力图避免西方中心观念，且注意比较研究，以全球眼光、平等价值看待各种史学文化传统，且非常注重非西方史学传统的研究，每一卷的历史分期都考虑到东西方的具体情况，在大时间框架内处理国别史学史、地域史学史、专题史学史。

各卷所包括的时间范围逐步递减，这不仅反映了后来各卷尤其是自19世纪以来，史学史考察对象在地理空间上的扩大，而且反映了历史学活动的急剧增加，"研究越来越接近现代时，这些研究时期就越来越缩小了，这不仅是因为存留的材料和著名的作者越来越多,而且是因为真正意义上的世界范围内的重要主题也越来越多"①。

　　编者尽量不采取传统的古代、中世纪、近代的历史分期,目的就是为了尽量避免不恰当地突出历史分期的西方观念。就"历史编撰来说,似乎一直完全是西方的发明或西方的实践。自从 20 世纪 90 年代晚期以来,出版了大量的历史著作,开始挑战史学史的欧洲中心论,亦挑战史学史那种固有的目的论。现在我们能以更广阔的视野为背景来研究欧洲史学事业了,这个视野有许多平行的——这一事实时常被忽略——相互影响的书写传统,比方说来自亚洲、美洲、非洲的历史"②。编者因此尽量回避自 19 世纪以来所形成的民族史传统,注重地方史、区域史、跨国史、洲际史的书写以及彼此之间的联系。特别突出三大传统及一些次要的独立传统。三大传统分别是地中海传统(源于古代希腊、罗马、希伯来等构成的西方传统)、伊斯兰传统和儒家传统。次要的传统包括古代印度、前殖民时代的非洲、拉丁美洲,以及南亚、东南亚的部分地区。

　　编者注重跨学科研究,改变过去史学画地为牢的局限,吸收艺术、考古、科学、社会科学等领域的研究成果与方法,注意吸收来自不同领域的专家、学者,尽可能全面、系统地反映人类史学成就。注重史学知识产生的社会背景,分析各种制度、机构对史学知识的影响。"历史记录同种族、社会、经济和政治意义上的权力运用之间有着一种密切的联系。这也许是在文章开始时提到的古老格言的另一种表达方式,即'历史是被胜利者所书写,尽管事实上很多时候也是被失败者(考虑一下修昔底德,印第安人阿亚拉,或一位失败的革命者、诗人和史学家约翰·弥尔顿)和那些被突然而不被欢迎的变化幻象所困惑的人们所书写'。"③

---

①　*The Oxford History of Historical Writing*,vol. 1,p. x.
②　*New Dictionary of the History of Ideas*,ed. by Maryanne Cline Horowitz,2005,p. ix.
③　*New Dictionary of the History of Ideas*,ed. by Maryanne Cline Horowitz,2005,p. lxxx.

　　编者淡化宏大叙述、宏大理论,侧重具体事物论述,尽量反映史学研究的前沿动态,并且设计了大事年表、原始文献、研究文献,增加了可读性。尽管近年来已经出版了不少有关历史著述的百科全书、辞典、手册、研究指南,从纯学术的角度以全球视野全面论述史学史的著作也间有问世,[①]但在编排形式多样、吸引读者方面都逊色于本丛书。

西方史学史研究在中国

　　明清之际,由于西学东传,西方世界的学术话语、概念、方法也逐渐影响到中国传统史学,到了晚清和民国时代更是如此,"过去的乾嘉学派,诚然已具有科学精神,但是终不免为经学观念所范围,同时其方法还嫌传统,不能算是严格的科学方法。要到五四运动以后,西洋的科学的治史方法才真正输入,于是中国才有科学的史学而言"[②],自此以后,中国史学也开始不断融入世界,中国的史学史研究成为世界史学史的一个组成部分。

　　20世纪以来,中国史学家慢慢重视中西史学史研究了,该领域逐渐成为独立的授课内容与研究主题。早在1909年,曹佐熙(1867—1921年)为湖南中路师范学堂优级选科的学生讲授"史学研究法",该课程讲义后成为《史学通论》一书。

---

① 　近年来出版了一些富有启发性的,以跨文化比较研究为目的史学史著作,其中特别显著的是 *Turning Points in Historiography: A Cross-Cultural Perspective* (ed. G. Iggers and Q. E. Wang, 2002); *A Global History of Modern Historiography* (ed. Georg G Iggers, Q. Edward Wang, Supriya Mukherjee, 2008); *Across Cultural Borders: Historiography in Global Perspective* (ed. E. Fuchs and B. Stuchtey, 2002); *Western Historical Thinking: an Intercultural Debate* (ed. J. Rüsen, 2002); *Historical Truth, Historical Criticism and Ideology: Chinese Historiography and Historical Culture from a New Comparative Perspective* (ed. H. Schmidt-Glintzer, A Mittag and J. Rüsen, 2005)等。

② 　顾颉刚:《当代中国史学》,辽宁教育出版社1998年版,"引论"。

在新文化运动影响下,当时中国的不少大学设立历史系、史学系或史地系。1919 年,北京大学校长蔡元培废文理法三科之分,改门为系,新建包括史学系在内的 14 个系。1920 年,出任史学系主任的朱希祖(1879—1944 年)提倡设立中国史学原理、史学理论等课程,并躬身为学生讲授"中国史学概论",撰写成《中国史学通论》一书及其他一些史论文章。他还延请留学美国的何炳松(1890—1946 年)为学生开设"史学方法论""史学原理"等课程,由此而引起何炳松翻译美国史学家鲁滨逊(James Harvey Robinson,1863—1936 年)《新史学》(商务印书馆 1924 年)一事,而《新史学》则成为"本世纪初的一部著名史学译著"①。这一时期国内翻译了不少史学史著作,大多是由商务印书馆出版的,如朗格诺瓦(Langlois,1863—1929 年)、瑟诺博思(Seignobos,1854—1942 年)的《史学原论》(李思纯译,商务印书馆 1926 年)、绍特韦尔(Shotwell,1874—1965 年)的《西洋史学史》(何炳松、郭斌佳译,1929 年)、班兹(Harry Elmer Barnes,1889—1968 年)的《史学》(向达译,商务印书馆 1930 年)、施亨利(Henri Sée,1864—1936 年)的《历史之科学与哲学》(黎东方译,商务印书馆 1930 年)、班兹的《新史学与社会科学》(董之学译,商务印书馆 1933 年)、弗领(Fred Morrow Fling,1860—1934 年)的《史学方法概论》(薛澄清译,商务印书馆 1933年)等,这些著作为后来的中国西方史学史研究奠定了初步基础。

20 世纪中国史学发展及其所取得的成就,就其整体来看,都是同吸收、借鉴西方史学的积极成果,尤其是马克思主义史学理论和方法方面的积极成果相联系的。从 1924 年李大钊出版《史学要论》到 1930 年郭沫若出版《中国古代社会研究》,标志着中国马克思主义史学的产生。新中国成立后,1952 年全国高等学校的院系进行了大规模调整,把民国时期的英美高校体系改造为苏联高校体系,史学研究也进入了苏联模式时代,但毕竟还保留了自身的特

---

① 参见谭其骧《本世纪初的一部著名史学译著——〈新史学〉》,《何炳松纪念文集》,刘寅生、谢巍、何淑馨编,华东师范大学出版社 1990 年版,第 74—75 页。

色。这一时期，复旦大学的耿淡如（1898—1975 年）先生非常重视西方史学史的学科建设，他于 1961 年在《学术月刊》第 10 期上发表《什么是史学史？》一文，就史学史的定义、研究对象与任务进行了系统的概述，认为这门年轻的学科没有进行过系统的研究，"需要建设一个新的史学史体系"①。该文至今仍有参考价值。

据张广智先生说，②耿淡如先生从 1961 年开始就为历史系本科生开设外国（西方）史学史课程，并在《文汇报》上撰写《资产阶级史学流派与批判问题》（2 月 11 日）、《西方资产阶级史家的传统作风》（6 月 14 日）、《拿破仑对历史研究道德见解》（10 月 14 日）等文章，在《现代外国哲学社会科学摘要》上刊登他所翻译的索罗金的《论汤因比的历史哲学》（4 月 1 日）等文章，积极进行史学史研究推广工作。同年他开始翻译英国史学家古奇（G. P. Gooch，1873—1968 年）③的名著《十九世纪历史学与历史学家》，有部分章节油印，1989 年由商务印书馆作为"汉译名著"出版发行，四川大学谭英华教授（1917—1996 年）为该书作注，在学术界产生很大影响，至今仍是史学研究的必读书。④

1961 年 4 月 12 日，北京召开由周扬主持的高等学校文科教材编写会议，制订了历史学专业教学方案与历史教科书编写计划，耿淡如成为外国史学史教科书编写负责人。⑤ 同年底，在上海召开有复旦大学、北京大学、武汉大学、中山大学、南京大学等高校老师参

---

① 耿淡如：《西方史学史散论》，复旦大学出版社 2015 年版，第 175 页。

② 张广智教授为 1964 年耿淡如先生招收的新中国西方史学史第一届唯一的学生，也是"文革"前唯一一届的学生。

③ 古奇为英国著名外交史家、史学史家，有关史学史的著述有《历史》（*History*，London 1920，属于 Recent Developments in European Thought 丛书之一种）、《近代史研究》（*Studies in Modern History*，London 1931）、《欧洲史研究文献，1918—1939 年》（*Bibliography of European History, 1918 - 1939*，London 1940）、《历史概览与特写》（*Historical Surveys and Portraits*，Longmans 1966）等。

④ "文革"期间也有一些史学史著作翻译出版，如，德门齐也夫等著：《近现代美国史学概论》，黄巨兴等译，生活·读书·新知三联书店 1962 年版；《美国历史协会主席演说集：1949—1960》，何新译，商务印书馆 1963 年版，等等。

⑤ 1961 年 8 月 28 日刊登《耿淡如积极编写外国史学史教材》一文，介绍编写情况。

加的外国史学史教科书工作会议,决定由耿淡如负责编写"外国史学史",田汝康负责编译"西方史学流派资料集"(该资料集即田汝康后来与金重远合作选编由上海人民出版社在 1982 年出版的《现代西方史学流派文选》一书,该书在 20 世纪 80 年代流传极广,为人们认识现代西方史学理论奠定了基础。两年之后的 1984 年,张文杰先生编选了由上海译文出版社出版的《西方历史哲学译文集》①。这两本书构成了 20 世纪 80 年代早期认识西方史学的两个重要窗口)。遗憾的是,由于"文革",《外国史学史》的编写计划最终流产了。

"文革"后,百废待兴,外国史学史也得到了快速发展。郭圣铭(1915—2006 年)的《西方史学史概要》(上海人民出版社 1983 年)便是这一时期的第一本西方史学史专著。郭圣铭先生是中国世界史研究的开拓者之一,长期致力于世界史的教学与科研,"文革"结束后不久就发表《加强对史学史的研究》(刊《上海师大学报》1978年 1 期),表明他对这门专业的重视。他在《西方史学史概要》中认为把"外国史学史"列为必修课程是一个必要的、正确的措施,对提高我国历史科学的研究水平和教学质量将发生深远的影响。② 该书共计七章,自古代希腊史学一直讲述到 20 世纪初年的欧洲各国和美国史学;20 世纪西方史学则限于当时的历史条件,论述不多,甚为遗憾。郭圣铭先生还培养了不少西方史学史的学生,其中一些已经成为名家,比如王晴佳教授。王晴佳到美国后跟随著名的史学史专家格奥尔格·伊格尔斯研究西方史学史,近年来著述颇丰,大力推广西方史学史研究。

郭圣铭先生的《西方史学史概要》出版,掀起了当代中国世界史学界外国史学史教材与专著出版的热潮,先后大致有:孙秉莹的《欧洲近代史学史》(湖南人民出版社 1984 年),刘昶的《人心中的

---

① 该书后来又以《历史的话语:现代西方历史哲学译文集》之名在 2002 年、2012 年分别由广西师范大学出版社、中国人民大学出版社再版。
② 郭圣铭:《西方史学史概要》,上海人民出版社 1983 年版,第 1 页。

历史——当代西方历史理论述评》（四川人民出版社 1987 年），张广智的《克丽奥之路——历史长河中的西方史学》（复旦大学出版社 1989 年），宋瑞芝等主编的《西方史学史纲》（河南大学出版社 1989 年），徐浩、侯建新主编的《当代西方史学流派》（中国人民大学出版社 1996 年，2009 年第二版），张广智、张广勇的《史学，文化中的文化——文化视野中的西方史学》（浙江人民出版社 1990 年，上海社会科学院出版社 2013 年再版），徐正等主编的《西方史学的源流与现状》（东方出版社 1991 年），史学理论丛书编辑部编辑的《当代西方史学思想的困惑》（中国社会科学出版社 1991 年），庞卓恒主编的《西方新史学述评》（高等教育出版社 1992 年），夏祖恩编著的《外国史学史纲要》（鹭江出版社 1993 年），杨豫的《西方史学史》（江西人民出版社 1993 年），王建娥的《外国史学史》（兰州大学出版社 1994 年），张广智的《西方史学散论》（台北淑馨出版社 1995 年），郭小凌编著的《西方史学史》（北京师范大学出版社 1995 年），鲍绍林等著的《西方史学的东方回响》（社会科学文献出版社 2001 年），王晴佳的《西方的历史观念》（华东师范大学出版社 2002 年），张广智主著《西方史学史》（复旦大学出版社 2004 年，已出第 3 版），何平的《西方历史编纂学史》（商务印书馆 2010 年），于沛、郭小凌、徐浩的《西方史学史》（高等教育出版社 2011 年），张广智主编的《西方史学通史》（六卷，复旦大学出版社 2011 年，国内迄今为止规模最大、最详细的一套史学通史），杨豫、陈谦平主编的《西方史学史研究导引》（南京大学出版社 2011 年），等等。

这期间还有不少断代、国别、主题史学史研究专著出版，表明史学史这门学科快速发展与深入研究已今非昔比。比如北京大学张芝联教授最早把法国年鉴学派介绍到中国，其《费尔南·布罗代尔的史学方法》（《历史研究》，1986 年第 2 期）一文引起中国学界的广泛注意。南开大学杨生茂教授编选的《美国历史学家特纳及其学派》（商务印书馆 1984 年）引起了国内学术界对"边疆学派"的讨论，进而引发了人们去思考历史上的史学流派、史学思潮与比较研究。可以说 1902 年梁启超的《新史学》开启了中国的中西史学比较研究，后来者诸如胡适、何炳松、钱穆、柳诒徵、余英时、杜维运、汪荣祖、何兆武、朱本源、刘家和、于沛、陈启能等都比较重视这方面的研究。20 世纪 80 年代华人学者汪荣祖就出版了中西史学比较研究巨著《史传通说》。近年来美国的伊格尔斯、王晴佳，德国的吕森等学者也关注中西史学的比较研究。

改革开放三十余年间，国家培养了大量人才，许多学者已经可以利用第一手原始文献进行系统研究，选题也越来越与国际史学界接轨。比如，姚蒙的《法国当代史学主流——从年鉴派到新史学》（香港三联书店与台北远流出版社 1988 年），田晓文的《唯物史观与历史研究——西方心智史学》（天津社会科学院出版社 1992年），陈启能等著的《苏联史学理论》（经济管理出版社 1996 年），罗凤礼主编的《现代西方史学思潮评介》（中央编译出版社 1996 年），罗凤礼的《历史与心灵——西方心理史学的理论与实践》（中央编译出版社 1998 年），晏绍祥的《古典历史研究发展史》（华中师范大学出版社 1999 年），蒋大椿、陈启能主编的《史学理论大辞典》（安徽教育出版社 2000 年），王晴佳、古伟瀛的《后现代与历史学：中西比较》（山东大学出版社 2003 年），梁洁的《撒路斯特史学思想研究》（中国社会科学出版社 2009 年），王利红的《诗与真：近代欧洲浪漫主义史学思想研究》（上海三联书店 2009 年），程群的《论战后美国史学：以〈美国历史评论〉为讨论中心》（光明日报出版社 2009年），王晴佳的《新史学讲演录》（中国人民大学出版社 2010 年），晏绍祥的《西方古典学研究：古典历史研究史》（上下卷，北京大学出版社 2011 年），张广智的《史学之魂：当代西方马克思主义史学研究》（复旦大学出版社 2011 年），姜芃的《世纪之交的西方史学》（社会科学文献出版社 2012 年），贺五一的《新文化视野下的人民历史：拉斐尔·萨缪尔史学思想解读》（社会科学文献出版社 2012年），张广智的《克丽奥的东方形象：中国学人的西方史学观》（复旦大学出版社 2013 年），陈茂华的《霍夫施塔特史学研究》（上海人民出版社 2013 年），刘家和主编的《中西古代历史、史学与理论比较研究》（北京师范大学出版社 2103 年），张广智的《瀛寰回眸：在历史与现实中》（北京师范大学出版社 2015 年），白春晓的《苦难与伟大：修昔底德视野中的人类处境》（北京大学出版社 2015 年），等等。这些研究专著逐渐构筑了浩瀚的史学史学术之林。

这期间翻译的域外史学史著作也非常多，这些著作的引进大大促进了这一科学的快速发展，诚如周兵教授所言："在 20 世纪 80 年代再次出现了一股引进、译介西方史学理论的热潮，从而逐渐促成了今天中国西方史学史学科的基本状况。最近这一次的西方史学理论引进热潮，至今依然方兴未艾（或者可以说，如今对西方史学理论的引进已然形成了常态化），学界前辈、同行多为亲历者和参与者。"①大致著作有卡尔的《历史是什么》（吴柱存译，商务印书馆 1981 年），克罗齐的《历史学的理论和实际》（傅任敢译，商务印书馆 1982 年），田汝康等选编的《现代西方史学流派文选》（上海人民出版社 1982 年），特纳的《美国历史学家特纳及其学派》（杨生茂编，商务印书馆 1983 年），张文杰等编译的《现代西方历史哲学译文集》（上海译文出版社 1984 年），柯林武德的《历史的观念》（何兆武等译，中国社会科学出版社 1986 年），巴勒克拉夫的《当代史学主要趋势》（杨豫译，上海译文出版社 1987 年），汤普森的《历史著作史》（谢德风译，商务印书馆 1988 年），米罗诺夫的《历史学家和社会学》（王清和译，华夏出版社 1988 年），古奇的《十九世纪历史学与历史学家》（耿淡如译，商务印书馆 1989 年），伊格尔斯的《欧洲史学新方向》（赵世玲、赵世瑜译，华夏出版社 1989 年），伊格尔斯的《历史研究国际手册：当代史学研究和理论》（陈海宏、刘文涛等译，华夏出版社 1989 年），勒高夫、诺拉的《新史学》（姚蒙编译，上海译文出版社 1989 年），巴尔格的《历史学的范畴和方法》（莫润先、陈桂荣译，华夏出版社 1989 年），米罗诺夫、斯捷潘诺夫的《历史学家与数学》（黄立茀、夏安平、苏戎安译，华夏出版社 1990 年），托波尔斯基的《历史学方法论》（华夏出版社 1990 年），王建华选编的《现代史学的挑战：美国历史协会主席演说集，1961—1988》（上

---

① 周兵：《国外史学前沿与西方史学史的学科建设》，《史学月刊》2012 年第 10 期。

海人民出版社 1990 年），罗德里克·弗拉德的《计量史学方法导论》（王小宽译，上海译文出版社 1991 年），罗德里克·弗拉德的《历史计量法导论》（肖朗、刘立阳等译，商务印书馆 1992 年），张京媛主编的《新历史主义与文学批评》（北京大学出版社 1993 年），何兆武主编的《历史理论与史学理论——近现代西方史学著作选》（商务印书馆 1999 年），巴勒克拉夫的《当代史导论》（张广勇、张宇宏译，上海社会科学院出版社 1996 年），埃里克·霍布斯鲍姆的《史学家：历史神话的终结者》（马俊亚、郭英剑译，上海人民出版社 2002 年），伯克的《法国史学革命：年鉴学派（1929—1989）》（刘永华译，北京大学出版社 2006 年），凯利的《多面的历史》（陈恒、宋立宏译，生活·读书·新知三联书店 2007 年），爱德华·卡尔的《历史是什么？》（陈恒译，商务印书馆 2007 年），里格比的《马克思主义与历史学：一种批判性的研究》（吴英译，译林出版社 2012 年），贝内德托·克罗齐的《作为思想和行动的历史》（时纲译，商务印书馆 2012 年），约翰·布罗的《历史的历史：从远古到 20 世纪的历史书写》（黄煜文译，广西师范大学出版社 2012 年），劳埃德的《形成中的学科——对精英、学问与创新的跨文化研究》（陈恒、洪庆明、屈伯文译，格致出版社 2015 年），等等。

陈新、彭刚等人主持的"历史的观念译丛"和岳秀坤主持的"历史学的实践丛书"两套丛书系统地引进了西方史学史与史学理论研究名著，为这一学科未来发展奠定了扎实的基础。此外，还必须提到的是《史学史研究》《史学理论研究》，两本刊物在促进史学学科发展方面发挥了巨大作用。《史学史研究》创刊于 1961 年，是国内唯一的有关史学史研究的学术刊物，第一任主编由已故著名历史学家白寿彝教授担任。《史学理论研究》是中国社科院世界历史研究所于 1992 年创刊的，是有关史学史与史学理论的专业性刊物。史学杂志是史学发展到一定阶段必然的产物，是史学持续发展的物质载体，也是史学普及的标志。杂志一方面以发表文章、评论、总结等为主，客观反映史学研究成果，另一方面还通过定主题、出专刊、约专稿等方式来左右或指引着史学研究，一些杂志甚至成为史学更新的强有力的武器，如法国的《年鉴》（1929 年创刊）、英国的《往昔与现在》（1952 年创刊）便是典型代表。近年来，国内学术界涌现出许多以辑刊为形式的学术连续出版物，正起着"史学更新"的作用，期待史学史在新时代环境下能取得更大发展。

　　学习研究史学史是一种文化传承，也是一种学术记忆。对于人类社会来说，记录历史是一种自然的、必要的行为，研究书写历史的方法，探究历史思想，勘探史学的传播更是必要的：历史之于社会，正如记忆之于个人，因为每个个体、每个社会都有自身的身份认同。以历史为基础的历史记忆建构了一种关于社会共同体的共同过去，它超越了其个体成员的寿命范围。历史记忆超越了个人直接经历的范围，让人想起一种共同的过去，是公众用来建构集体认同和历史的最基本的参照内容之一。历史记忆是一种集体记忆，它假定过去的集体和现在的集体之间存在着一种连续性。这些假定的集体认同，使历史的连续性和统一性能够得以实现，并作为一种内部纽带将编年史中呈现的各种事件串联起来，但又超越了人物传记和传记中呈现的某个伟人的寿命范围。[1] 这一切都取决于我们对往日信息的保存——信息消失，知识无存，历史遗失，文明不再。史学史是一座有无数房间和窗户的记忆大厦，每一个房间都是我们的记忆之宫，每一扇窗户则为我们提供一个观察往昔与异域的独特视角。

2015 年 10 月 8 日
于光启编译馆

---

[1] 杰拉德·德兰迪、恩靳·伊辛主编：《历史社会学手册》，李霞、李恭忠译，中国人民大学出版社 2009 年版，第 592 页。

总主编致谢

《牛津历史著作史》是历时弥久的呕心沥血之作,它由多人编
纂,发表了不同的心声。作为总主编,我由衷感谢所有参加编辑的
人员。首先,最应感谢的是各卷的编者,没有他们的参与,就不会
有这套书。我很感激他们的参与,感激他们在坚持一些共同的目
的和统一编辑原则基础上,表达他们自己对历史的看法。顾问委
员会的很多成员也相继加入了编辑与著述行列,并完全奉献他们
的时间与智慧。在牛津大学出版社,前任主席编辑鲁斯·帕尔
(Ruth Parr)调查读者阅读情况而鼓动这一系列计划并付诸实施,
推进实施。她卸任后,我和同事们从克里斯托弗·惠勒
(Christopher Wheeler)那里获得了管理方面有效的帮助和支持,在
编辑方面获得来自鲁伯特·康申思(Rupert Cousens)、赛斯·凯利
(Seth Cayley)、马修·科顿(Matthew Cotton)和斯蒂芬·艾瑞兰
(Stephanie Ireland)的帮助。我也特别要感谢牛津大学出版社工作
小组和卡罗尔·柏斯蕾(Carol Bestley)。

这套著作如果没有我在实施这项计划中所工作的这两个研究
机构的大力资金支持是不可能成功问世的。2002 年至 2009 年中
期,我在阿尔伯达大学工作,当时的研究部副部长和学术部的副部
长及该校大学校长慷慨地资助了这个研究课题。我尤其要感谢加
里·凯奇诺基(Gary Kachanoski)和卡尔·阿墨罕(Carl Amrhein),
他们洞察这个项目的价值,并为这个课题提供资金,雇用大量研究
助手,让很多研究生参与工作,并支付诸如图片和地图等出版费
用。阿尔伯达大学提供大量的计算机设备和图书馆资源。可能最

重要的是,它支持了关键性的埃德蒙顿会议(Edmonton conference)的召开。2009 年,在安大略省金斯顿女王大学,我成为主要负责人,为了推动这个课题有效开展,院方提供大量资金,并调用了研究图书馆;此外还特意地让一个杰出的研究助理同事、编辑助理伊恩·海斯凯斯(Ian Hesketh)博士服务了两年。我衷心感谢伊恩在细节方面科学严谨的态度,欣赏他为了确保文章内在统一性、各卷之间的平衡而毫不留情地删除多余文章(包括我自己的一些文章)的能力,如果没有这种删减能力,这些卷帙浩繁的著作是不可能很快出版的。一大批有能力的研究生参与了这个课题的研究,特别应提及的包括塔尼亚·亨德森(Tanya Henderson)、马修·诺伊费尔德(Matthew Neufeld)、卡罗尔·萨勒蒙(Carolyn Salomons)、特里萨·梅丽(Tereasa Maillie)和萨拉·沃瑞辰(Sarah Waurechen),最后一位几乎独自地完成埃德蒙顿会议复杂的后勤工作。我还必须感谢女王大学艺术与科学学院的院办,以及阿尔伯达大学历史系和古典系为研究提供空间。阿尔伯达大学的梅勒妮·马文(Melanie Marvin)和女王大学的克里斯廷·贝尔加(Christine Berga)为调研账目的管理提供帮助,此外我的夫人朱莉·戈登-沃尔夫(Julie Gordon-Woolf,她本人先前是研究管理者)也为支持这个项目提供了宝贵的建议。

前　言

总主编　丹尼尔·沃尔夫

　　半个世纪以前,牛津大学出版社就出版了一套名为《亚洲民族的历史著作》(*Historical Writing on the Peoples of Asia*)的丛书。该丛书由四卷构成,分别是东亚卷、东南亚卷、中东卷和南亚卷,它以 20 世纪 50 年代晚期在伦敦大学亚非研究院(the School of Oriental and African Studies)召开的会议为基础,经受了岁月的检验,获得了惊人成功;其中很多文章现今仍然被我们引用。这些书籍领先于其所处的时代,是出类拔萃与众不同的,因为在那个时代,历史著作史一直被认为是一种欧洲体裁的历史。事实上,史学史这种主题本身几乎就是一种主题——从 20 世纪早期到中叶这种典型的综述是诸如詹姆斯·韦斯特福·汤普森(James Westfall Thompson)、哈利·埃尔默·巴恩斯(Harry Elmer Barnes)这类历史学家的著述,他们是追随爱德华·富特(Eduard Fueter)在 1911 年出版的典范之作《新历史著作史》(*Geschichte der Neuren Historiographie*)的足迹——由杰出的历史学家对他们的学科和起源所做的概览。这部牛津系列书籍确实提供了许多人们更加迫切需要的观点,尽管多年来人们没有追随这种观点,在刚刚过去的 20 世纪最后那二十年或三十年里更加流行的研究方式,仍然将历史学当作完全是西方的发明或西方的实践。自从 20 世纪 90 年代晚期以来,大量的历史著作出版了,开始挑战史学史的欧洲中心论,同时挑战史学史那种固有的目的论。现在我们能以更广阔的视野为背景来研究欧洲史学事业了,这个视野有许多平行的——这一事实时常被忽略——相互影响的书写传统，比方说来自亚洲、美洲、非洲的历史。

《牛津历史著作史》就是在这种精神下孕育诞生的。它寻求的是涵盖全球的第一流的集体合作的历史著作史。它向半个世纪前的伟大先行者所取得的成就致敬，却也谨慎地寻求自己的方式，既不模仿也不取代。一方面，这套五卷本的集体著述范围涵盖了欧洲、美洲和非洲，以及亚洲地区；另一方面，这些分卷中的章节划分都是按照时间先后顺序编纂，而不是以地区划分的。我们决定采用前者，是因为不应该从孤立的观点来看待那些非欧洲——以及欧洲的——历史著作史。我们选择后者，目的是提供能达到一定数量的记叙性资料（即使这些叙述超过上百种不同的见解），从而让区域性的比较和对比在较长的时间段里更容易进行。

以下几点说明适合整套丛书，并一以贯之。第一，总体来说，整套书将按照从古至今的时间顺序来描述历史著作，每一卷均以其自身的角度去研究历史著作史的独特历史时期。当研究越来越接近现代时，时间跨度将越来越小，这不仅是因为存留的材料和著名的作者越来越多，而且是因为真正意义上的世界范围内的主要主题也越来越多了（比如在第一卷中不会提到美洲人；在第一卷、第二卷中也没有涉及非洲的非穆斯林人）。第二，尽管每卷写作的宗旨相同，而且这些著作都是五卷撰写团队和编辑团队内部和相互之间几年来不断对话、沟通的产物，但我们并没有试图要求每一卷采用共同的组织结构。事实上，我们追寻的是另外一种路径：各个编辑团队都是精心挑选的，这是因为专业知识的互补性，我们鼓励他们"用自己的方式"去选择他们所负责那卷的主题及结构形态——赋予他们推翻先前计划的权利，以便每一卷都能实现全球化这一雄心抱负。第三，也许是最重要的一点，我们强调这套丛书既不是一部百科全书，也不是一部辞典。多卷本的著述，如果目的是尝试研究每一个民族的传统（更不用说每一位历史学家了），那即便将五卷的规模发展为五十卷的规模恐怕也未必能如愿。因此，我们必须有所取舍，不能面面俱到，当我们尽力这样做以便在世界范围内平衡涵盖范围和选择代表性时,毫无疑问必定会存在不足之处。读者希望在《牛津历史著作史》中找到一些特殊的国家或话题可能会失望,因为这远远超过我们这全部150章的容量,特别是在近十五年的时间里又出版了大量的参考文献,而且其中一些是全球视野的。我们为丛书的每一卷都编制了索引,不过我们视那种不断增加的索引为没有什么效果的,也是浪费纸张。同样,每一篇文章都提供了精心选择的参考书目,目的是给读者进一步深入阅读提供途径(在每一章的这个位置列举出这里所讨论的话题和来自这一时期的关键文献)。为了让读者对特殊地区或民族的政治和社会背景知识有一定的理解,一些章节包含了重要事件的大事年表,尽管在有的地方并非有必要这样处理。同时要说明的是,本丛书基本没有安排单独的章节来研究那些单个的"伟大的历史学家"(个别一两位例外),从司马迁、希罗多德到当下的那些大历史学家都是这样处理的;为了节省篇幅,我们在文内都省略了生卒年代,这些内容可以在每卷的索引内找到。

　　尽管每个小组都是独立工作的,为了保持一致性,遵守一些共同的标准也是必需的。为了达到这个目的,我们从一开始就拟定了不少凡例,希望在丛书编撰过程中都能得到遵守。最大的优点就是利用互联网,不仅鼓励学者在本卷内部相互交流,各卷之间进行交流,而且那些成稿的文章也可以发布到课题网站上让其他学者进行评论借鉴和学习。2008年9月,在加拿大埃德蒙顿的阿尔伯达大学召开的高峰会议,大量的编辑和过半的专家们齐聚一堂,花费两天时间讨论一些出版的细节问题、图书内容和要旨问题。我们认为这次会议有一个很重要的"附加值"——对会议和丛书来说都是如此——那就是先前在各自地区和领域按部就班进行工作的学者彼此认识了,目的是以一种独特的,又是前无古人的方式撰写历史著作史,来追求这种共同的旨趣。作为该丛书的主编,我希望在这套丛书完成时,这些联系能继续不断维持下去,并在未来有进一步的合作研究。

　　在埃德蒙顿会议上,我们作出了几个关键性的决定,其中最重要的决定是为了避免不必要的主题重叠,而允许时间上的交叉重叠。各卷的年代划分是以日历为标准而不是以传统西方的"中世纪""文艺复兴"为标准的,这在一定程度上显得独断。因此关于古代的第一卷大约在公元 600 年结束,早于伊斯兰教的降临,但与后续的部分有所重叠。第二卷有关西方的部分是古代晚期和中世纪的部分,有关中国的部分(在每卷都特别突出另外一种历史书写主要传统)涉及的时间是从唐朝到明朝初期的历史。类似的情况在第四卷和第五卷,在第二次大战前后有所重叠。对于一些主题来说,1945 年是一个合乎情理的分界线,但对别的一些主题就未必尽然了,比如在中国,1949 年才是重要的转折点。某些特定话题,比如年鉴学派通常是不以 1945 年来划分的。另一个变化是,我们坚持用 BC(公元前)、AD(公元)这种表达年份的方法;我们推翻了先前决定使用 BCE(公元前)、CE(公元)来表达年代的方法,原因是这两种表达方式同样都是欧洲中心论的形式;BC(公元前)、AD(公元)至少已为国际惯例所采纳,尽管这有着基督教欧洲起源的味道。

在埃德蒙顿会议上,我们明确了如何处理这套丛书中的开头和后面的各两卷(第一卷和第二卷,第四卷和第五卷),同时将第三卷作为这前后四卷的衔接桥梁,该卷时间跨越范围是公元 1400 年到约 1800 年的几个世纪——这段时间在西方通常被称为近代早期(early modern)。另一个决定是,为了保证这套丛书价格相对合理,我们决定非常精选地使用插图,只是在能提升内在含义的地方才使用插图,比如处理拉丁美洲那些庆祝过去的图片。既然手头没有那些著名历史学家的真实肖像,因此在这个研究计划中有意回避那些史学史上一系列想象出来的璀璨明星也是适当的——无论西方还是东方,北方还是南方都是如此——从修昔底德到汤因比都是这样处理。

本书系《牛津历史著作史》丛书的第三卷(也是丛书中第四本正式出版发行的单卷),弥合了前两卷(涵盖古代和通常被称为"中世纪"的历史阶段,当然后者对于南亚和伊斯兰教文明而言略有问题)与第四、五卷之间的鸿沟,后者主要涉及现当代阶段。本书包括的大约四个世纪,涵盖了一个巨大变化的时期,包括欧洲的文艺复兴、宗教改革、启蒙运动和法国大革命,中国的明代与清早期,印度莫卧儿帝国的兴衰,以及其他主要伊斯兰大国波斯和奥斯曼土耳其帝国的变迁。在本卷中,美洲正式走进历史,有几章内容涉及欧洲和土著形式的历史书写;前几卷中(北非伊斯兰学者除外)没有登场的非洲姗姗来迟,在本卷中得到了首次批量涉及。本卷的撰稿人来自多个国家,在各种不同的历史文化方面笔耕多年。此外还有一些主题章节,具有很强的比较性,解决了这一时期出现的一些问题,从文献学技术的应用到历史证据,从"复古主义"的出现到历史、神话和小说之间的关系,不一而足。

目　录

2

撰稿人

圭多·阿巴蒂斯塔(Guido Abbattista),意大利里雅斯特大学(the University of Trieste)现代史教授,近期出版的论文研究主题包括十八世纪晚期大英帝国政治和意识形态、埃德蒙·伯克(Edmund Burke)关于帝国的研究评述,以及现代欧洲文化中"他者"的表现,并就此问题,编辑了 *Facing Otherness: Europe and Human Diversities in the Early Modern Age*,(Trieste, at the University Press, 2011)。

大卫·艾伦(David Allan),圣安德鲁斯大学(the University of St Andrews)苏格兰史准教授,近期出版的著作包括 *A Nation of Readers*(2008)、*Making British Culture*(2008)以及 *Commonplace Books and Reading in Georgian England*(2010)。

唐·贝克(Don Baker),加拿大不列颠哥伦比亚大学(the University of British Columbia)亚洲研究系韩国历史与文明教授,著有 *Korean Spirituality*(2008),并与他人共同主编了 *Sourcebook of Korean Civilization*(1996)。

伊丽莎白·希尔·布恩(Elizabeth Hill Boone),新奥尔良杜兰大学(Tulane University)艺术史教授,独著包括 *The Codex Magliabechiano*,(1983)、*The Aztec World*(1994)、*Stories in Red and Black: Pictorial Histories of the Aztecs and Mixtecs*(2000)以

及 *The Mexican Books of Fate*(2007)。

彼得·伯克(Peter Burke),剑桥大学文化史教授,2004 年荣休后继续担任埃曼纽尔学院(Emmanuel College)研究员,出版有 *The Renaissance Sense of the Past* (1969) 和 *The French Historical Revolution*(1990)等历史学著作。

乔治·坎伊扎雷斯·埃斯格拉(Jorge Cañizares-Esguerra),得克萨斯州奥斯汀大学"爱丽丝·德莱斯代尔·谢菲尔德"讲席历史教授,著有 *How to Write the History of the New World：Histories，Epistemologies，and Identities in the Eighteenth Century Atlantic World*(2001)、*Puritan Conquistadors*(2006)和 *Nature，Empire，and Nation*(2006)。

威廉·J. 康奈尔(William J. Connell),塞顿霍尔大学(Seton Hall University)历史教授,"约瑟夫和杰拉尔丁·拉莫塔"意大利研究讲席教授,最近与弗雷德·加达菲(Fred Gardaphé)合编 *Anti-Italianism：Essays on a Prejudice*(2010)。

帕米拉·凯尔·克罗斯利(Pamela Kyle Crossley),美国新罕布什尔州达特茅斯学院(Dartmouth College)历史学教授,出版有 *The Wobbling Pivot* (2010)、*What is Global History?* (2008)以及 *A Translucent Mirror*(1999)。

迪奥戈·拉马达·库尔托(Diogo Ramada Curto),葡萄牙新里斯本大学(Univeridade Nova de Lisboa)历史与社会学教授,曾与他人合编 *Portuguese Oceanic Expansion 1400—1800* (Cambridge,2007)、*Cultura Política e Projectos Coloniais 1415—1800* (Campinas, 2009)和 *Cultura Política no Tempos dos Filipes 1580—1640*(Lisbon, 2011)。

尚塔尔·格雷尔（Chantal Grell），在圣昆廷凡尔赛大学（the Université Versailles-Saint-Quentin）执掌历史教席，出版的历史学著作包括 *Le dix-huitième siècle et l'antiqué en France 1650—1789*（1995）和 *Histoire intellectuelle et culturelle de la France de Louis XIV*（2000）。

伊恩·赫斯基（Ian Hesketh），助理编辑，加拿大金斯顿皇后大学（Queen's University）历史系助理研究员，出版有 *Of Apes and Ancestors：Evolution，Christianity，and the Oxford Debate*（2009）和 *The Science of History in Victorian Britain：Making the Past Speak*（2011）。

凯瑟琳·朱利安（Catherine Julien），卡拉马祖西密歇根大学（Western Michigan University）历史学教授，是 *Reading Inca History*（2000）和 *Titu Cusi，History of How the Spaniards Arrived in Peru：Dual Language Edition*（2006）的作者。完成本手册相关章节的撰写后，于 2011 年辞世。

唐纳德·R. 凯利（Donald R. Kelley），詹姆斯·韦斯特福尔·汤普森讲席历史学教授，*Journal of history of Ideas* 名誉执行编辑，著述颇丰，最近出版的历史学研究如三卷本 *Faces of History*（1998）、*Fortunes of History*（2003）和 *Frontiers of History*（2006）。

霍华德·劳坦（Howard Louthan），佛罗里达大学历史教授，曾出版 *The Quest for Compromise：Peacemakers in Counter-Reformation Vienna*，Cambridge（1997）和 *Converting Bohemia：Force and Persuasion in the Catholic Reformation*（Cambridge，2009）。

保罗·E. 洛弗乔伊（Paul E. Lovejoy），约克大学历史系杰出讲席教授，兼任加拿大非洲移民史研究讲席，最近出版的著作包括 *Slavery，Commerce and Production in West Africa*（2005）、*Ecology and Ethnography of Muslim Trade in West Africa*（2005）、*Slavery，Islam and Diaspora*（2009）和 *Repercussions of the Atlantic Slave Trade*（2010）。

克里斯托弗·马钦可夫斯基（Christoph Marcinkowski），马来西亚吉隆坡政策与安全智库（IAIS）首席研究员，著有 *Mirza Rafi Da's Dastur al-Muluk*，（2002）、译有已故学者伯托德·斯普勒（Bertold Spuler）所著 *Persian Historiography and Geography*（2003），2010 年出版 *Shi ite Identities*（2010）。

彼得·N. 米勒（Peter N. Miller），纽约市巴德研究中心主任、教授，著有 *Peiresc's Europe：Learning and Virtue in the Seventeenth Century*（2000）和 *Peiresc's Orient：Antiquarianism as Cultural History in the Seventeenth Century*（2011），并编辑了 *Momigliano and Antiquarianism：Foundations of the Modern Cultural Sciences*（2007）。

阿奇姆·米塔格（Achim Mittag），图宾根大学（University of Tübingen）中国研究教授，尤其专注研究中国史学和近现代中国思想史，最近与弗里茨·海纳·穆施勒共同编著出版了 *Conceiving the 'Empire'：China and Rome Compared*（2008）。

伍安祖（On-cho Ng），宾夕法尼亚州立大学历史、宗教研究和亚洲研究教授。除了与人合著 *Mirroring the Past：The Writing and Use of History in Imperial China*（2005）一书外，还出版了关于儒家思想和程朱理学的大量著述。

凯伦·奥布莱恩(Karen O'Brien),华威大学英国文学教授,著有 *Narratives of Enlightenment*: *Cosmopolitan History from Voltaire to Gibbon* (1997) 和 *Women and Enlightenment in Eighteenth-Century Britain*(2009),目前正在与他人合作编辑 *The Cambridge Companion to Gibbon* 和 *The Oxford History of the Novel* 第二卷。

基拉·冯·奥斯丹菲尔德-苏斯卡(Kira von Ostenfeld Suske),最近荣获加拿大社会科学和人文研究委员会授予的博士后奖学金,在丹尼尔·沃尔夫教授的指导下在女王大学从事博士后项目研究,主要关注十六世纪西班牙和英国"世界史"叙事背后的政治意识形态和方法。

迈克尔·A. 皮尔逊(Michael A. Pesenson),德克萨斯大学奥斯汀分校斯拉夫语和欧亚语研究助理教授,撰写了大量关于早期东斯拉夫文学和文化的文章,即将出版的专著 *The Antichrist in Russia*: *Visions of the Apocalypse in Russian Literature and Culture from the Middle Ages to the Revolution*。

何塞·拉巴萨(José Rabasa),哈佛大学浪漫主义语言与文学系教授,出版有 *Inventing America*: *Spanish Historiography and the Formation of Eurocentrism* (1993)、*Writing Violence on the Northern Frontier*: *The Historiography of New Mexico and Florida and the Legacy of Conquest* (2000) 和 *Without History*: *Subaltern Studies*, *the Zapatista Insurgency*, *and the Specter of History* (2010)。

大卫·里德(David Read),密苏里大学英语教授,出版了 *Temperate Conquests*: *Spenser and the Spanish New World* (2000)

和 *New World*, *Known World*: *Shaping Knowledge in Early Anglo-American Writing*（2005）。

阿西姆·罗伊（Asim Roy），澳大利亚霍巴特塔斯马尼亚大学（University of Tasmania）亚洲中心前主任，现任该校历史与经典学院研究员，出版有 *The Islamic Syncretistic Tradition of Bengal*（1983）、*Islam in South Asia*（1996），另合编有 *Islam in History and Politics*: *Perspectives from South Asia*（2006）。

佐藤正幸（Masayuki Sato），出生于日本，先后于庆应义塾大学和剑桥大学攻读经济学、哲学和历史，京都大学荣休后，受邀到山梨大学担任教育和人文科学学院社会研究教授，曾任国际历史与史学理论委员会主席（2005—2010 年）。

卡恩·斯考噶·裴特森（Karen Skovgaard Petersen），哥本哈根皇家图书馆研究馆员，也是丹麦-挪威数字编辑项目"路德维希·霍尔伯格文存"（1684—1754 年）丹麦分部的总编辑，著有 *Historiography at the Court of Christian IV*: *Studies in the Latin Histories of Denmark by Johannes Pontanus and Johannes Meursius*（2002）。

詹妮弗· B. 斯波克（Jennifer B. Spock），肯塔基州里士满东肯塔基大学（Eastern Kentucky University）历史学教授，既有研究侧重于前彼得林时期俄罗斯修道院的社会经济、宗教和文化背景。

巴克伊·泰兹坎（Baki Tezcan），加州大学戴维斯分校历史和宗教研究副教授，著有 *The Second Ottoman Empire*: *Political and Social Transformation in the Early Modern World*（2010）。

埃杜尔多·托塔罗洛（Edoardo Tortarolo），意大利东皮埃蒙特

大学(the University of Eastern Piedmont)近现代史教授,此前著有
L'Illuminismo:Ragioni e dubbi di una modernità europea(1999)和
*L'invenzione della libertà di stampa: Censura e scrittorinel
Settecento*(2011)。

马库斯·弗尔克尔(Markus Völkel),德国罗斯托克大学欧洲
思想史和历史方法学教授,著有'*Pyrrhonismus historicus*' *und*
'*fides historica*'(1987)以及 *Geschichtsschreibung: Eine
Einführung in globaler Perspektive*(2006)。

杰夫·韦德(Geoff Wade),历史学家,主要关注中国与东南亚
的互动和比较史学,作品包括关于东南亚中文翻译参考文献的在
线数据库"中国与东南亚简编"(http://www.epress.nus.edu.sg/
msl/),参与撰写六卷本 *The New Cambridge History of Islam*
(2010)中关于东南亚的相关章节。

尼尔·L.怀特黑德(Neil L. Whitehead),威斯康星大学麦迪逊
分校人类学教授,著有多部关于南美洲土著人民及其殖民征服的
研究成果,以及关于巫术、暴力、性和战争等主题的相关著述。

丹尼尔·沃尔夫(Daniel Woolf),加拿大金斯顿皇后大学历史
学教授,此前出版的著作有 *A Global Encyclopedia of Historical
Writing*(1998)和 *The Social Circulation of the Past*(2003),2011
年,他还出版了 *A Global History of History*。

顾问委员会

迈克尔·昂－特温（Michael Aung-Thwin），夏威夷大学（University of Hawaii）

迈克尔·本特利（Michael Bentley），圣安德鲁斯大学（University of St Andrews）

彼得·伯克（Peter Burke），剑桥大学（University of Cambridge）

托因·法罗拉（Toyin Falola），德克萨斯大学（University of Texas）

乔治·G. 伊格斯（Georg G. Iggers），纽约州立大学布法罗分校（State University of New York，Buffalo）

唐纳德·R. 凯利（Donald R. Kelley），罗格斯大学（Rutgers University）

塔里夫·哈利迪（Tarif Khalidi），贝鲁特美利坚大学（American University，Beirut）

克里斯蒂娜·克劳斯（Christina Kraus），耶鲁大学（Yale University）

克里斯·劳伦斯（Chris Lorenz），阿姆斯特丹自由大学（VU University Amsterdam）

斯图亚特·麦金泰尔（Stuart Macintyre），墨尔本大学（University of Melbourne）

尤尔根·欧斯特哈默（Jürgen Osterhammel），康斯坦茨大学（Universität Konstanz）

伊拉里亚·波尔恰尼（Ilaria Porciani），博洛尼亚大学

（University of Bologna）

约恩·吕森（Jörn Rüsen），德国埃森高等人文学科研究院（Kulturwissenschaftliches Institut，Essen）

罗米拉·塔帕（Romila Thapar），德里贾瓦哈拉尔尼赫鲁大学（Jawaharlal Nehru University，Delhi）

导　论

何塞·拉巴萨

佐藤正幸

埃多尔多·托塔罗洛

丹尼尔·沃尔夫

　　《牛津历史著作史》第一、二卷的范围是古代与中世纪时期,第四、五卷的主题是 1800 年之后的近代时期,而本卷(第三卷)所分析的则是介于两者之间的过渡时期。① 按照本系列的计划,这一卷的时间进程再次放缓,"仅仅"涵盖 400 年,但是由于真正的历史编纂在时间上并没有整齐划一的界线,因此偶尔向后瞥至 19 世纪,向前溯至 13、14 世纪。同时,这一系列的地理范围也扩展至了美洲与伊斯兰西非。

　　本卷的时间跨度或许只有 400 年,但是仍然可以说漫长。它从欧洲中世纪晚期/文艺复兴早期跨越到启蒙运动结束,从美洲的前哥伦布时期到革命后时期(指美国而言)以及许多拉美国家独立的前夜,从中国的明代初年到继立王朝(同时也是末代王朝)清代的中期。其中的欧洲部分已为本书的许多读者所熟知,并且在历史著作史上占据了突出地位。除专业研究者外,读者所不太熟悉的是与欧洲并行(我们认为又互相联系)的世界其他地方的历史。在

---

① 本篇导言由四位编者共同完成,各部分的主要执笔者分别是佐藤正幸(东亚与东南亚)、丹尼尔·沃尔夫(1650 年之前的伊斯兰世界与欧洲)、埃多尔多·托塔罗洛(1650—1700 年的欧洲和美国)和何塞·拉巴萨(非英语母语的美洲大陆)。

本卷中,欧洲自然有其地位,但我们在叙述中特意将其淡化,并选择以太阳的运行方向——自东向西来展开。按照章节本身的次序,我们这篇导言从东亚开始介绍。

"东亚"是一个历史的概念,此处以之涵盖中国、日本、朝鲜的民族与文化,有时还扩展至中国的长期藩属国越南(在本卷中,杰夫·韦德[Geoff Wade]在其关于"东南亚"邻近地区的章节中对其进行了研究)。近代早期的东亚以伟大的统一王朝明(1368—1644年)、清(1644—1911年)为中心,它们是整个地区的政治与文化重心所在。汉文化中心主义是东亚长达千余年的"固定低音"(basso ostinato),它包括:古汉语和文言书写体系;儒家社会与家族秩序的思想结构;法律与行政体制;通过汉译经典和中国化的修行在朝鲜、越南、中国广泛传播的佛教;以及史学自身的技艺。

东亚是世界上最早以文字记录历史的地区之一。[①] 降至近代,作为整个东亚的通用文本,汉语文本成为了记录过去、叙述历史以及官方交流的常规媒介——当然因地区不同而有一些调整和变化。这一点不仅在中国如此,在朝鲜、日本和越南同样如此。正如罗马字母与拉丁文古典语汇的共同使用使得西欧结成一种文明一样,汉字及其古典语汇在两千多年间也使东亚共同体得以凝成。

历史书写的技术也受到了环境因素的影响。将文明结成一体的文字记录,有赖于一种持久的媒介复合体——纸张与墨水,以及传播技术。至15世纪,印刷术与纸张的大规模生产已在整个东亚范围内形成,催生并满足了大量受教育人群的需求。

当我们谈及"历史著作"的时候,我们倾向于强调"历史学家",即写作"历史"的人。但值得注意的是,"历史读者"的存在对历史文化的成果同等重要。据岛田虔次(Kenji Shimada)估计,1750年以前,在中国一地所印刷出版的书籍,其数量远远超过了全世界同

---

① Andrew Feldherr and Grant Hardy (eds.), *The Oxford History of Historical Writing*, vol. 1: *Beginnings to AD 600* (Oxford, 2011); and Sarah Foot and Chase F. Robinson (eds.), *The Oxford History of Historical Writing*, vol. 2: *400 -1400* (Oxford, forthcoming).

时期所有其他语言出版量的总和。而且他指出,历史著作在所有出版类型中数量最多。① 在这方面,中国与当时的世界其他地区类似,史书类型日益繁荣,传播也更为广泛。甚至在中国周边的东亚国家日本、朝鲜,历史叙述也由中国古典历史著作的语言与规范来主导,正如欧洲中世纪和近代早期的学者以拉丁文来写作一样。有些日本人以日文来进行历史叙述和理论研究(此时以汉字写作,但采用日文的词序与发音),但是除了少数例证外,中国周边文化中的主要历史叙述几乎都是以古汉语写作。

　　尽管全球的历史写作有其共同特点,但是也必须指出一些重要的区别。尤其是记录历史的技艺在东亚的发展轨迹,与欧洲古代与中世纪的希腊-拉丁世界相当不同。自希罗多德与修昔底德以来,欧洲的历史写作主要是一项个人事业,以独力撰写而成的作品通常是为分散的、独立的读者而作(有时也为那些聚集来听作品朗诵的听众们而作),或者像欧洲中世纪的修道院编年史,是为了后来的作者而写。相反,东亚的历史著作以及"史学"的原则或文化,源于一种公共历史编纂学的文化。历史写作的任务在传统中是一项"国营"项目。历史写作的主导模式——以及在意识形态上规范的模式,在于为"官修历史"进行资料汇编,这是本卷中闵道安(Achim Mittag)所著章节的主题。

　　通常由史馆所编集的官方历史资料,构成了中国历史编纂的核心,其官僚组织在朝鲜和日本早期的《六国史》(Rikkokushi)中多少有所反映(日本缺乏明显的朝代更迭,使得中国模式的某些方面有失牵合)。仅仅是近代早期,就有中国元明两代的官方历史修纂,有朝鲜高丽王朝的官方历史修纂(唐·贝克[Don Baker]所著的章节探讨了当时的史学),有越南的《大越史记全书》(The Đại Việt sử ký toàn thư,1479;增补版,1697 年),还有日本的《本朝通鉴》(Honchō tsugan,1644—1670 年)(这是佐藤正幸所著章节的主

3

---

① Kenji Shimada, 'Chūgoku', in *Heibonsha hyakka jiten*, vol. 9 (Tokyo, 1985), 817 - 828.

题),这些全部由国家资助。另外,中朝两国编纂了有关帝王及其宫廷日常事务的大量记录,以期日后修纂该王朝的官方历史。

由国家所资助的历史写作,在东亚社会中具有正统模式的地位,它巩固那些根深蒂固的文化和意识形态的根基。在东亚,史学(包括历史写作与历史研究)是占主导和支配地位的文化事业。这与欧洲、印度和伊斯兰文明形成了鲜明对比,那些文明的历史写作(在这一点上)没有被赋予主导的文化权力与权威地位。东亚历史写作的目的植根于中国哲学的前提之中,即历史事实是唯一确定的、不可改变的真实,也植根于一种必然命题之中,即我们只有通过反思历史才能接近终极真理——毕竟历史被喻为一面"镜子"。[1] 中国的形而上学,不像亚伯拉罕诸教那样,是建基于一个独有而万能的神这一超越存在的启示性宗教。相反,中国的形而上学把世界看成是可变的,《易经》将世界设想为一个不断变化的现象集合,并因此在历史上寻求不变的真实,因为人们无法改变已经发生的事实。[2] 这一信念使得历史成为了中华文明的轴心,所有其他原则都围绕这一核心原则运转。尽管由国家资助,但是即使是官方史学也与政治事件相疏离,它自外于国家事务的日常管理,在某种意义上还超越其上,并且将自身确立为所有人的判断的根基。因此,这一史学传统既要求历史的客观性,又要求时间的准确性,而这两个标准在公元前 1 世纪的中国都已牢固确立。

世界上的许多文明都通过宗教来超越人类、智慧、时空,以寻求绝对。通过设定一个全知全能、存于无形、超越时空的神灵或精神境界,他们构想出一种以永久持续不变的状态而存在的恒常、绝对的实体。这些文明不断产生新的视角来解读过去,对其进行重构与再重构,以反映那些在自然和社会世界中所观察到的变化——

---

① 在中国学术的分支中,"历史"的确切地位在长时期里有所变化,如《春秋》等古代历史文本有时会式微,特别是在新儒学复兴时期,这一时期与 12 世纪的哲学家朱熹有关。但它一直接近思想阶梯的顶端。

② Masayuki Sato, 'The Archetype of History in the Confucian Ecumene', *History and Theory*, 46 (2007), 217-231.

当其被注意时。在这种情况下，历史只是一种对过去产生自觉的方法，以及一种表达这种自觉的书面载体。

相反，东亚文化并未在本土发展出超越的启示性宗教这些观念；当它与那样的信仰体系（主要是佛教）相遇后，启示性宗教也从未能达到起支配作用的认识论的地位，而亚伯拉罕诸教在欧洲与西亚则获得了那种地位。由于缺乏一种相抗衡的绝对，历史本身因而就变成了那种绝对，那种人们可以依赖的永恒不变的真理。因此，历史被赋予了"垂范"的功能，并进一步成为不允许被修改或重写（至少在理论上）的权力来源。①

在 1368 年明朝兴起之前，中国的历史编纂在将近一千五百年的时间里都关注于"官修历史"，每个继立的王朝都把前朝史的修纂作为朝廷的一项核心事业。后人把公元前 2 世纪末司马迁所著的《史记》视为二十四部"官修史书"中的第一部；除《史记》外，其他各部都是由服务于新王朝的学者所撰写的前朝史。这些官修史书的一个重要特征是，沿袭《史记》的先例，所囊括的知识范围相当广阔。也就是说，司马迁把整个文明（的确是他所知道的全部人类历史）融入一个统一结构之中：不单有文化，而且有政治、经济、社会与技术，并且包含已知世界中的所有民族与国家的记载。历史的编纂和写作已经发展成为一种全面描述整个世界体系的技艺，它在近代早期的东亚文明中仍是一种主导范式和支撑其他知识分支的主干——尽管具体到该地区的各地文化上，存在着体制上不同的实践形式与模式。在这个意义上，我们可以把东亚地区的史学看作一种"基础的文化事业"，它也许相当于西方的《圣经》释义和《查士丁尼法典》（*Corpus Iuris Iustanianus*），印度的《摩奴法典》（*Laws of Manu*），或者穆斯林世界对《古兰经》（*the Qur'an*）的研究。

中国人发展出自己的方式以创造（他们会用"记载"）不可更改

5

---

① 正如一则耳熟能详的古老故事所表明的那样，这一点在实践中并不总是受人尊奉。故事中，三个兄弟都是史家，一位篡位者由于希望抹去真实记录而处死了他们。另外，特别是在明初和清初，也有很多事例可以证明对官方历史写作的政治干涉。但是，总体的原则仍然存在，它一旦被破坏就会遭到强力反对。

的历史。在中国和朝鲜,每个新王朝都会开设史馆以收集历史资料(首个史馆由 7 世纪的唐朝设立),修纂前朝的官方历史。此外,官修历史完成后,史馆应摧毁所收集的资料,目的则是防止他人修改或重写官修历史,因为史馆修纂的历史一旦由国家出版,那么该历史本身就具有了神圣文本的性质。毕竟,赋予官修历史以无上权威的最可靠的方法,就是要摧毁它所依赖的来源。这在实践中并不总是会发生,而且很多"实录"(某位皇帝统治年间的"如实记录"),本是为最终的官修历史而编纂的临时文献,也与许多其他形式的官方和非官方文献(如地方志),历经明清鼎革而幸存了下来。①

6　　包括东亚文明在内的各种文化,都以这种方式保存了历史的理想,将其作为人类判断的唯一不变的基础。在官修历史中占据过半内容的传记,以它们自己的方式保持了客观叙事的传统。在这些传记中,正如官修历史的其他部分,修纂者首先提出他们所认为的"事实",此后他们才会做出自己的评论。然而,这庞大的传记资料迫使我们去思考,何以东亚史家认为传记是所有史书中的必要部分:可以说,因为东亚传统缺乏统一的最高存在,所以只有在杰出人物的生平记载中才能找到真正的神圣文本——那是不可重写、不能更改且受命于天的意义上的神圣。

　　15 世纪时朝鲜有位史家,其生平中的一则故事是史家的楷模典范。据载,1431 年《太宗实录》(*T'aejong taewang sillok*)将要成书之时,太宗的继任者世宗(King Sejong)命令修纂者向他展示正在进行的工作。世宗说,"前代君主皆亲见其先王《实录》,然(我的前任)太宗未见(朝鲜王朝的开国者)太祖《实录》"。世宗的议政大臣等对此予以拒绝,回答说:"陛下若见之(进行中的工作),则后世

① Timothy Brook, *Geographical Sources of Ming-Qing History* (2nd edn, Ann Arbor, 2002); Wolfgang Franke, 'The Veritable Records of the Ming Dynasty (1368 - 1644)', in W. Beasley and E. G. Pulleyblank (eds.), *Historians of China and Japan* (London, 1961),60 - 77; and Franke, *An Introduction to the Sources of Ming History* (Kuala Lumpur, 1968).

君主必然更之（史家的草稿）。若有此事，则（后世）史官亦疑君主之见，或（因担忧皇室不悦）不尽记其实。如此，则何以传信于子孙后世？"世宗听闻这些，最终撤回了他的命令。[1]

　　因此，在传统东亚范式中，过去的角色是作为一种垂范的历史，而且对于君主和大臣而言，同时有正面和负面的楷模典范。如果史家为了投合当时君主的偏好而扭曲自己的叙事，那么他们所记载的历史将无法提供过去的真实写照，也无法提供对未来的可靠指导。那么就其目的而言，它是失败的。这与欧洲的历史实践形成了有趣的对比。佐藤正幸认为，欧洲的史学已经演变为一种"认知"的学科，而不是一个垂范的学科。[2] 在西方，尽管也有对古代历史警戒（也就是说，它的效用是作为道德智慧和政治智慧的来源）的强烈诉求，然而历史学家的存在理由常常就在于重写过去；[3]不同的历史学家从事研究可变的过去，历史学的实践演变为他们的解释和方法之间的竞争。这种差异在本卷所涉的几个世纪中越来越明显。相互竞争的基督教信仰，新的中央君主制的出现，印刷术的影响，读者群的扩大，以及历史被作为政治武器来使用的普遍情形，使得即使是过去最为显而易见、牢不可破的观点也面临着一个修正和争论的过程。在近代早期经常发生思想、宗教和王朝间的尖锐冲突时，尤其如此。

　　除了官方持续的修史活动之外，明朝还盛行一种通常被称为"私修"或"非官方"的历史编纂（本卷中由伍安祖（On-cho Ng）执笔）。这种趋势随着史书体裁的多样化（在同时代的欧洲又可看到

---

① Suiichiro Tanaka, *Tanaka Suiichiro shigaku ronbunshu* (Tokyo, 1900), 510 - 512. "Sillok"是汉语词汇"实录"的罗马化朝鲜文译文。

② Sato, 'The Archetype of History', 225.

③ 也有一些例外。我们都知道，伟大的古典主义者阿纳尔多·莫米利亚诺（Arnaldo Momigliano）观察到，文艺复兴时期的人文主义历史学家不愿意重写塔西佗和修昔底德等古代史家的著述，他们认为无论在风格上还是在对该时期的了解精准度上，他们都不能与古代史家相比。Momigliano, 'Ancient History and the Antiquarian', in *Studies in Historiography* (New York and Evanston, III., 1966), 1 - 39.

同样的特征）而得以延续，在最后的帝制王朝——清朝中，满洲征服者虽然征服了汉族，但是采用了他们的史学传统。在后来的17、18世纪，清朝国力达到顶点，正如帕米拉·凯尔·克罗斯利（Pamela Kyle Crossley）的章节中所表明的那样，史学成了帝国扩张的工具。最后，我们在晚明与清朝的考证实践中可以看到语言文字学，那种学术通常与欧洲文艺复兴时期的人文主义以及18世纪末至19世纪初德国的古典研究联系在一起。[①]

本卷中，日本的历史著作部分由佐藤正幸执笔，这部分与中国有许多共同的特征，包括受到儒教与佛教的影响，但中日之间的差异几乎同样深刻。中国脉络中官修历史的方式，并不能很好地适应日本单一且不间断的王朝政治体制（从12世纪几乎到19世纪中叶，易于分裂的日本主要是在一系列以将军为首的幕府统治之下）。中世纪晚期，早期那种编写国家历史的做法已经不见了，中文和日文的各种不同体裁随之诞生。其中包括一系列的"鉴"，比如《大镜》（Ōkagami）与《吾妻镜》（Azuma Kagami，又称《东鉴》，13世纪后期以幕府视角写作的编年史），以及各种以日文写成的文学作品，例如各种类型的物语、散文和史诗，其事件是虚构的，但其背景通常是历史的。

17世纪，随着德川幕府手中权力的巩固，历史的撰写有时就在统治者自己手中延续。德川光国（Tokugawa Mitsukuni）将军的一位亲属，亲自监修一部亲帝国的史书——《大日本史》（The Dai Nihon Shi），至1700年德川光国去世之时，已有近130名学者为之付出辛劳；这部作品在1720年呈给幕府时仅是草稿，直到20世纪初才得以完成。日本在17、18世纪也出现了一批历史学家和学者，如幕府将军的导师新井白石（Arai Hakuseki），还有18世纪伟大的民族主义者——他抵制中国对日本的影响——本居宣长（Motoori Norinaga），他努力以语言文字学来加强而不是削弱日本

8

---

① Benjamin A. Elman, *From Philosophy to Philology*: *Intellectual and Social Aspects of Change in Late Imperial China* (Cambridge, Mass. , 1984).

的一些民族神话,并建立了一所强调日本文化情感的"国学"学校。这与德国的歌德和席勒在"狂飙突进"(*Sturm und Drang*)运动中对类似主题的探索大致同时。①

西移至中亚和南亚,我们在近代早期的三大伊斯兰帝国——印度北部和中部的莫卧儿王朝(Mughals)、波斯萨法维王朝(the Persian Safavid Dynasty)和奥斯曼帝国(The Ottomans),看到一种非常不同的史学文化。在非洲的穆斯林地区,出现了另外一个变种或变种族——那里曾被认为"没有历史",本卷中由保罗·E. 洛弗乔伊(Paul E. Lovejoy)探讨(其在西非的表现)。近代早期,非洲和亚洲地区的伊斯兰历史写作都是对穆斯林八百年史学传统的继承,《牛津历史著作史》第二卷曾讨论了这一史学传统的形成期与古典期。然而,它们主要围绕能反映伊斯兰价值观的一些方面,主要是为了记载各统治者的伟大事迹。例如在印度,出现了一系列皇家南无(*namas*)或著作来颂扬莫卧儿王朝持续不断的统治者,从建立者巴布尔(Babur)到阿克巴大帝(Akbar the Great),再到命运不偶的沙贾汗(Shah Jahan)(他是泰姬陵的建造者,对宫廷史家控制得十分严密)。特别是在阿克巴统治时期,历史写作明确成为了帝国的工具,他不仅运用历史来削弱穆斯林宗教精英的权力,也以

---

① John S. Brownlee, *Japanese Historians and the National Myths*, 1600 – 1945: *The Age of the Gods and Emperor Jinmu* (Vancouver and Tokyo, 1997),提供了一个良好导论。W. G. Beasley and Carmen Blacker, 'Japanese Historical Writing in the Tokugawa Period (1603 – 1868)', in Beasley and Pulleyblank (eds.), *Historians of China and Japan*, 245 – 263. 亦可参见 Kate Wildman Nakai, *Shogunal Politics: Arai Hakuseki and the Premises of Tokugawa Rule* (Cambridge, 1988); and Nakai, 'Tokugawa Confucian Historiography: The Hayashi, Early Mito School, and AraiHakuseki', in Peter Nosco (ed.), *Confucianism and Tokugawa Culture* (Princeton, 1984), 62 – 91。Shigeru Matsumoto, *Motoori Norinaga 1730 –1801* (Cambridge, 1970)研究了"国学"运动中的关键人物;Masao Maruyama, *Studies in the Intellectual History of Tokugawa Japan*, trans. Mikiso Hane (Princeton, 1974),这是现代日本一位领军史家所写的对思想界的经典研究,重点在哲学方面。

更世俗化的方式来重塑印度的历史。① 阿辛·罗伊（Asim Roy）的这一章关注了印度历史写作中受波斯人影响的帝国传统。通过追溯德里苏丹（Delhi Sultanate，13—16世纪初的前莫卧儿王朝时期）印度与波斯的关系，罗伊展现了南亚历史写作与西北毗邻地区的诸多共同特征。波斯语一直是追求阿达卜（adab）的文学语言（作为一种与《古兰经》研究不同的文学和科学的学问），并在后来中世纪伊斯兰世界的许多地区中成为历史写作的主导语言。在波斯内部，萨法维（Safavid）的统治（波斯的第一个本地王朝，沙赫［Shahs］统治了几乎七个世纪）通过文吏和官员（如文吏伊斯坎德·巴依克［Iskandar Beg］）的著作，催生了以历史为重要副产品的宫廷文化。克里斯托弗·马钦可夫斯基（Christoph Marcinkowski）在本卷中探寻了萨法维史学的发展，这种史学一度因枯燥难读而被东方学者所否定，但近年来又重新受到了关注。②

　　波斯和印度的宫廷史家提醒我们，历史写作在某些方面可以跨越不可渗透的边界。这一时期第三个伟大的伊斯兰帝国——奥斯曼帝国，被认为是15—18世纪西方基督教世界最强劲的敌人。它与波斯、印度的穆斯林宗教地区以及西方的欧洲邻国，在史学上都有许多的共同特征。西方欧洲邻国的历史，也被新旧君主国和佛罗伦萨、威尼斯等共和政权所利用，成为国家权力的工具。我们

---

① 莫卧儿官方史学不是印度次大陆唯一的写作形式，近来的研究考察了地方史学曾经的丰富形式。参见 Velcheru Narayana Rao, David Shulman, and Sanjay Subrahmanyam, *Textures of Time: Writing History in South India 1600-1800* (New York, 2003)。

② Sholeh A. Quinn, *Historical Writing during the Reign of Shah 'Abbas: Ideology, Imitation and Legitimacy in Safavid Chronicles* (Salt Lake City, 2000); Bertold Spuler, *Persian Historiography and Geography* 的后半部分, trans. Christoph Marcinkowski (Singapore, 2003)（一部更旧作品的译本）; R. M. Savory, '"Very Dull and Arduous Reading": A Reappraisal of the *History of Shah 'Abbas the Great* by Iskandar Beg Munshi', *Hamdard Islamicus*, 3 (1980), 19-37; and FelixTauer, 'History and Biography', in Jan Rypka *et al.*, *History of Iranian Literature*, ed. Karl Jahn (Dordrecht, 1968), 438-461。

在《奥斯曼编年史》(*Chronicles of Osman*)等作品中看到,奥斯曼帝国在 15 世纪和 16 世纪初巩固了自身的权力,它试图对继承自半游牧历史的那种边境文化赋予集中的秩序。到 16 世纪中期,随着帝国四处扩张,苏丹任命了被称为"史诗作者"(*sehnâmeci*)的宫廷史家。这一名字源于波斯,被命名者追求中世纪的波斯文学风格,这种风格以 11 世纪伟大的史诗作家菲尔多西(Firdawsi)为代表,他们就以他的伟大史诗《列王记》(*Shah-nama*)来命名自己。尽管他们中的赛义德·洛库曼(Seyyid Lokman)等人与任命他们的苏丹相处和睦,但"史诗作者"从来没有完全演变成奥斯曼帝国的史家。在 17、18 世纪,他们逐步让位于其他的一些官方史家。其中包括高级公务人员和官僚——通常是非官方的写作,例如宰相穆斯塔法·彻里比(Mustafa Celebi Celalzade)、博学者喀惕卜·彻里比(Katib Celebi),还有在匈牙利出生的易卜拉欣·佩杰维(Ibrahim Pecevi)。及至佩杰维的时代,奥斯曼的史家也日益熟悉了西方基督教国家的历史写作。正如巴克伊·泰兹坎(Baki Tezcan)那章所显示的那样,奥斯曼帝国历史著作的数量是相当可观的,其写作范围超出了奥斯曼帝国甚至土耳其人自己,包括了其军队和使节所遇到的那些表示屈从的邻近民族的历史。[①] 到 18 世纪初,奥斯曼

---

① Cemal Kafadar, *Between Two Worlds*: *The Construction of the Ottoman State* (Berkeley, 1995); Halil Inalcik, 'The Rise of Ottoman Historiography', in Bernard Lewis and P. M. Holt (eds.), *Historians of the Middle East* (London, 1962), 152 - 167; Cornell H. Fleischer, *Bureaucrat and Intellectual in the Ottoman Empire*: *The Historian Mustafa Ali* (Princeton, 1986); Lewis V. Thomas, *A Study of Naima*, ed. N. Itzkowitz (New York, 1972); V. L. Me'nage, *Neshri's History of the Ottomans*: *The Sources and Development of the Text* (London, 1964); Gabriel Piterberg, *An Ottoman Tragedy*: *History and Historiography at Play* (Berkeley, 2003); Baki Tezcan, 'The Politics of Early Modern Ottoman Historiography', in V. H. Aksan and D. Goffman (eds.), *The Early Modern Ottomans*: *Remapping the Empire* (Cambridge, 2007), 167 - 198; and Christine Woodhead, 'An Experiment in Official Historiography: The Post of Sehnameci in the Ottoman Empire c. 1555 - 1605', *Wiener Zeitschrift für die Kunde des Morgenlandes*, 75(1983),157 - 182.

帝国的史学与宫廷之间的联系进一步疏离,并且在"历史书写者"
(*vak'a-nüvis*)手中真正成为了官方的类型。"历史书写者"是由国
家资助的史学家,他们所写的土耳其帝国史凭借伟大的欧洲发
明——印刷术,得以在当时广泛地传播开来。

    与世界其他地区一样,1400 年对于欧洲而言并不是特殊的年
代,也并未与过去有明显的断裂。从史学角度来看,中世纪长期的
编年实践不仅占据主导地位,而且除传记之外仍是呈现过去的唯
一形式(除了圣人的生平外,传记仍是相对次一级的体裁,而且它
并不总被包含于史学之中),这种状况将会延续数十年(在北欧则
将更久)。但是,在视界上出现了一些变化。首要的是,修道院神
职人员在历史写作中的传统主导地位于 13 世纪开始崩溃,因为世
俗神职人员和越来越多的平信徒(比如十字军编年史者维拉哈都
因〔Villehardouin〕、茹安维尔〔Joinville〕,和法国骑士文学的贵族作
家)开始了历史写作。[①] 平信徒通常以他们家乡的白话语言写作,
所写的史书类型可分两种。第一种包括以政治和军事为重点的叙
述(通常以传统的年表形式,但也有例外),这些叙述或由中世纪晚
期——西欧百年战争时期的军事斗争所驱动,或由东部边界奥斯曼
帝国的逐渐兴起和拜占庭帝国的迅速衰落(至 1453 年灭亡)所催
生。第二种是城市编年史,通常是由社会上较低等级的人群书写,
他们一般是繁荣商业街区的居民或官员,如佛罗伦萨的乔瓦尼·
维拉尼(Giovanni Villani)。[②]

---

① 有关这一时期的两部详细研究,参见 Gabrielle Spiegel, *Past as Text*:*The Theory
and Practice of Medieval Historiography* (Baltimore, 1997);以及 Nancy
Partner, *Serious Entertainments*:*The Writing of History in Twelfth-Century
England* (Chicago, 1977);亦可参见 Foot and Robinson (eds.), *The Oxford
History of Historical Writing*, vol. 2.

② 有关文艺复兴时期佛罗伦萨由编年向历史的转向,参见 Louis Green, *Chronicle
into History*:*An Essay on the Interpretation of History in Florentine Fourteenth-
Century Chronicles* (Cambridge, 1972);有关人文主义与佛罗伦萨史学,参见
Donald Wilcox, *The Development of Florentine Humanist Historiography in the
Fifteenth Century* (Cambridge, Mass, 1969)。

纵观全世界历史写作的历史，社会、政治的改变，而不仅仅是思想的改变，为表现过去的方式带来了根本的转变。城市编年史的出现不仅代表了古代和近古的"年表"（annales）的复兴，更是展现了日益增长的城市资产阶级对城市起源和辉煌历史的好奇，这些城市在过去的几个世纪里已将自身建立为更大范围内的半自治的政治实体。同样，我们看到在这一时期的前三个世纪中，社会顶层势力有相当大的增强，特别是新王朝（都铎、哈布斯堡、霍亨索伦、瓦卢瓦和波旁、罗曼诺夫）的国王和公侯，这些君主通过削弱封建贵族（在新教地区则是通过削弱教廷和神圣罗马帝国），巩固自身的统治权力，鼓励、控制甚至审核对他们及其祖先统治的论述。在彼得·伯克的章节中，体现了整个欧洲（间或瞥向亚洲）历史、神话和小说之间的复杂关系。

彼此相关的人文语文学和古物学的现象，是近代早期的两种重大发展。前者植根于语言与法律研究，它在对于历史距离和时代错置的感觉的发展中，起到了巨大作用，而这种感觉已成为现代西方历史性的标志。这一发展历程颇为漫长，唐纳德·R. 凯利（Donald R. Kelley）的章节将其置于中世纪晚期与近代欧洲文化这一长时段之中，它从洛伦佐·瓦拉（Lorenzo Valla）、波利齐亚诺（Angelo Poliziano）、纪尧姆·比代（Guillaume Bude）和约瑟夫·斯卡利杰（Joseph Scaliger）的时代，到伟大的启蒙运动和巴托尔德·尼布尔（Barthold Niebuhr）等 19 世纪早期语文学家的时代，进而到《牛津历史著作史》第四卷中"学科"史学出现的时代；上文已经提及，这种学术与中国的考证学大致可以作比。在 15、16 和 17 世纪，语文学家把许多古代文献还原到它们的原始形态，发展出编辑手稿和引用来源（脚注即发端于此时）的重要手段，并舍弃了一些著名的伪作文本，如中世纪君士坦丁的赠礼。① 古物主义（其主要

---

① Anthony Grafton, *Forgers and Critics: Creativity and Duplicity in Western Scholarship* (London, 1990); and id., *The Footnote: A Curious History* (Cambridge, Mass., 1997).

特征在本卷中由彼得·N.米勒〔N. Miller〕总结）和语文学同根而生，但它也非常专注于过去的遗物，既有人造物（硬币、雕塑、建筑物、丧葬缸），也有自然物（景观特征、化石，以及"巨人"遗骸等奇物）。贵族收藏家的活动，常被当时的文学讽刺为收藏狂热，一度被排除在叙事史学之外，但这一活动在19世纪末不仅发展为分类自然史（特别是地质学和生物学）的基础，也成为了历史学所"附属"的那些博物学——如钱币学、古代学和外交学等——的基础。

这种新学术的进一步结果导致了对某些民族起源的传统解释产生了怀疑，同时也催生了有时同样难以置信的新的解释。除了有关某些"种族"的历史著作（美洲土著居民的发现以及与东亚日益增多的联系，使其进一步加强）之外，在中世纪晚期和近代早期，作为史学组织原则的"国家"开始变得越来越突出。与此相应，本卷中的许多内容都是遵循政治的、通常是"国家的"线索，同时必须承认，后者确实只适用于西欧和北欧的君主制，特别是英格兰、西班牙、法国和俄罗斯，甚至其中的民族和语言上的少数群体也往往展现出不同的（有时是互不相容的）历史传统。而在其他地区，领土则被划分为更大的区域——无论是多民族的大帝国（哈布斯堡王朝和奥斯曼帝国）还是从属的封邑和城邦。意大利就是一个显例：如果我们将意大利的史学理解为说意大利语的人所写的历史，那么可以认为意大利在这一时期有史学（在前半期，通常是以人文主义拉丁文而不是白话文写作）。事实上，尽管意大利在这几个世纪中一直是共和国城邦和小君主国所组成的四分五裂的半岛，在16世纪才转变为不那么分裂的公国，成为西方大国尤其是西班牙的附属国，但是，意大利在欧洲近代早期的叙述中，历来都当之无愧地占据着中心地位。

无论意大利如何不统一，它在欧洲史学中的重要性都是毋庸置疑的。正是在半岛之上，特别是在佛罗伦萨，由14世纪维拉尼（Villani）家族出于兴趣而编纂的城市编年史，第一次质变而成为人文主义史学。这种转变经由一些关键性的天才人物，比如李奥纳多·布伦尼（Leonardo Bruni），他曾是佛罗伦萨某个时期的长官，同时也是 15 世纪初的领军学者之一。威廉姆·康奈尔（William J. Connell）的章节叙述了本卷前半部分的意大利历史著作史，密切关注了它在中世纪的先例，并修订了已故的埃里克·科克伦（Eric Cochrane）三十年前设定的宏大叙事。① 从意大利开始，历史写作古典方法的复兴，首先向西传播至法国、西班牙和英国，向北扩展到哈布斯堡地区（包括后来的荷兰共和国）、斯堪的纳维亚和德国（到 16 世纪 20 年代，它与另一支强大的力量——路德宗结合），后来又向东传播至新兴的莫斯科帝国。正如埃多尔多·托塔罗洛（Edoardo Tortarolo）在 17 世纪末和 18 世纪的补充章节中所论述的那样，意大利在后文艺复兴时代继续发挥着重要作用，其启蒙运动的历史文本包括法学家、语文学家和哲学家（如皮特罗·詹诺内〔Pietro Giannone〕和詹巴蒂斯塔·维科〔Giambattista Vico〕）的重要贡献。

从中世纪晚期到 17 世纪，从中世纪晚期的编年到早期的人文主义实验，再到 17 世纪末 18 世纪初的新古典主义传统，西欧的历史写作所遵循的线路，在法国体现得最为明显。这是尚塔尔·格雷尔（Chantal Grell）的章节主旨。15 世纪，法国越来越多地出现了与政治协调但又不是完全的人文主义的叙事，这集中反映在菲利普·德·科明尼斯（Philippe de Commynes）的历史著作之中。法国也是为数不多的几个西方君主制国家之一，在由圣丹尼斯的亲皇家修道院撰写的《法兰西大编年史》（Grandes Chroniques de France）中，发展出一套受皇家赞助的系统史学。② 人文主义的影响改变了写作的风格和结构，而并非其总体方向：随着瓦卢瓦王朝与波旁王朝的国王先后巩固了对强大的贵族阶层、三级会议和省议会（终结于路易十四成年统治时期）的权力，《大编年史》（Grandes Chroniques）的传统轻而易举地转变为更加官僚化的"御

① Eric Cochrane, *Historians and Historiography in the Italian Renaissance* (Chicago, 1981).
② Gabrielle Spiegel, *The Chronicle Tradition of Saint-Denys: A Survey* (Brookline, Mass. , 1978).

用史学家系统"（historiographes du roi）（不太经常委任法国历史学家），并一直延续到大革命时代。从某种意义上说，法国和同时代的奥斯曼帝国一样，都在重复几百年前在中国所发生的历程，即从以君主为中心的官方史学转变为一种更规范的官僚系统。在南方的西班牙（15世纪末以后，新统一的王国卡斯蒂利亚〔Castile〕和阿拉贡〔Aragon〕都有附属王国），中世纪皇家历史写作的传统更为悠久，一些历史著作在名义上由国王自己撰写。基拉·冯·奥斯丹菲尔德-苏斯卡（Kira von Ostenfeld-Suske）考察了西班牙的官方历史著作，从特拉斯塔马拉/哈布斯堡王朝（Trasta'mara/Habsburg）霸权的早期直到菲利普二世（Philip Ⅱ）的西班牙帝国时代的极盛期。她的这一章将欧洲的历史写作与本卷最后一部分所讨论的各种模式的历史写作进行联系（还有一些口述和象形文字形式的历史）。法国的海峡对岸是英格兰和苏格兰，即不列颠的南北二部（直到1707年，该词仍是用来描述该岛的地理空间，而不是描述实际的政治实体）。它们与法国的发展历程大致相似，但也展现出一些重要分歧，特别是它们两者之间也有一些重要分歧。我们从这四百年间的不同方面对它们进行分叙合观，因为尽管它们的史学有重合，却也会呈现出许多不同的特征。作为不太繁荣和人口稀少的一个国家，苏格兰在很多方面一直是两者中在历史写作上更具创新性的一个，这一点已由丹尼尔·沃尔夫和大卫·艾伦的章节分别指出。尽管16世纪的苏格兰和英格兰作家都坚持中世纪晚期有关公认基础君主的神话，但苏格兰作家以赫克托·波伊斯（Hector Boece）和乔治·布坎南（George Buchanan）的形式更快地接受了大陆人文主义。对南方来说，意大利人波利多尔·维吉尔（Polydore Vergil）和具有人文主义精神的律师部长尝试引入古典模式，它的失败致使天主教殉道者托马斯·莫尔爵士（Thomas More）在复兴的编年史面前迅速失色，而它的命运则通过印刷媒介和城市商业观众的好奇心而短暂地复活；只有在16世纪的最后几年，才出现更强有力的人文主义史学。苏格兰脱离过去模式的意愿一直延续到18世纪，在叙事史学家如威廉·罗伯森（William

14

Robertson)和大卫·休谟(David Hume)以及哲学、法学和社会经济思想家如亚当·斯密(Adam Smith)、亚当·弗格森(Adam Ferguson)和约翰·米勒(John Millar)那里都有体现。在此,必须考虑到英国的历史著作在数量上远远超出苏格兰,以及古物学的方兴未艾——它在苏格兰并未充分发展。正如凯伦·奥布莱恩(Karen O'Brien)在她有关18世纪后期英格兰的章节中所表明的那样,这一南方王国也经历了稍显不同的史学启蒙运动,其中休谟等不列颠人的苏格兰特征突出,最后则述及叙事史家爱德华·吉本(Edward Gibbon)的世界主义。

　　在北欧,拉丁人文主义也产生了重大影响,但是随着德国部分地区、斯堪的纳维亚(包括丹麦和新独立的强国瑞典)和低地王国的北部地区,先后移至基督教"宗教铁幕"下的新教一方,恰恰是宗教改革而不是文艺复兴导致了与过去的史学实践产生更大的决裂。卡恩·斯考噶-裴特森(Karen Skovgaard-Petersen)对丹麦和瑞典这段历史的展开进行了讨论,而马库斯·弗尔克尔(Markus Völkel)则对照地提供了介于宗教改革时期与康德、赫尔德时代之间的德国的研究。为哈布斯堡世袭所有的中欧地区,包括奥地利、匈牙利和波希米亚,主要信奉天主教(但不完全是)。这一地区出现了反宗教改革运动(Counter-Reformation)的史学(意大利在16世纪后期亦是如此),它运用了与新教徒同行相同的许多语文学和古代学的方法。霍华德·劳坦(Howard Louthan)的章节指出了在多语言、多民族和不同忏悔形式的帝国中历史写作的复杂性。这一时期的另一个新兴帝国就是莫斯科政权,它像奥斯曼帝国一样,由于持续不断的内战斗争和接二连三的暗杀篡位而一蹶不振。珍妮弗·斯波克(Jennifer Spock)和迈克尔·A.佩森生(Michael A. Pesenson)考察了俄罗斯与乌克兰的历史著作史,从伟大的中世纪后期编年史时期到伊凡雷帝(Ivan the Terrible)的年代(这一时期可能已经产生了普罗科匹乌斯体裁的古典历史,名义上是由与伊凡雷帝先友后敌的流亡者安德烈·科博斯基(Andrei Kurbskii)所写),再到受西方影响的后彼得大帝时代启蒙运动的史学,它们的代表是瓦西里·塔季谢夫（Vasilii Tatishchev）和米哈伊尔·罗蒙诺索夫（Mikhail Lomonosov）以及奥古斯特·路德维希·施勒策（August Ludwig Schlozer）等日耳曼旅行家。

　　与本卷过渡性的特征相一致，本卷突出了一些文章，它们所讨论的变化与转型，对我们确立欧洲近代早期如何看待过去的观点至关重要。凯伦·奥布莱恩（Karen O'Brien），圭多·阿巴提斯塔（Guido Abbattista）和大卫·艾伦（David Allan）的文章集中在17世纪末至18世纪的史学上。这一时期发生了重大的理论和政治变动，最终爆发了法国大革命，这些恐怖的事件为法国稍后的一些哲学家所预见。这些动乱反过来又加强了彼此，震撼着人们的原有智慧，为19世纪历史研究与写作的巨大创新铺设了基石。众所周知，休谟命名自己的时代为"历史的时代"，其复杂性只有通过对18世纪文化大趋势的详细研究才可获得完全理解。根据阿巴提斯塔（Abbattista）的探究，法国启蒙运动的现象尽管形式多样，但致力于彻底修改一些基本假设，那些假设在欧洲历史写作观念上留下了持久的印记。在法国启蒙运动史学家所进行的诸多转变中，阿巴提斯塔强调了成为欧洲历史思想一部分的两种创新。18世纪的历史学家——以法国人与苏格兰人最出名，日益需要表达他们作为社会成员的自我认知，而这正代表了人类渐进式"进步"的一个阶段（"进步"一词主要是在这一时代获得它的现代意义）。在这种创新的同时，启蒙运动史学家也修正了文明的概念。他们将人类世界视为一种连贯的社会模式，以文明的概念予以分析，并且认为，与传统历史学的重心——统治者、闻人达士和公共机构相比，这些社会模式具有更重要的意义。回头来看，这最终被证明是一种自我澄清和验证的过程，既检证史料的收集与评估，又检证历史研究认知目标的确立。以主教雅克-贝尼涅·波舒哀（Jacques-Bénigne Bossuet）的《世界史叙说》（*Discours sur l'histoire universelle*，1681）为典型，"背离过去"与从神命定论中解脱出来的解释方式，一度在史家中引起极大顾虑，那时宗教对其他知识的控制，特别是对科学的控制，才刚刚开始松动。实际上，整个欧洲的哲学家认为人类活动的历史应该全面世俗化；及至 18 世纪末，他们在很大程度上成功地将文化风气向这一方向推移。所谓人类发展的启蒙时代的进步史观，通常与某些苏格兰哲学家相关，后来由孔多塞等启蒙运动晚期人物进一步完善，与《圣经》的叙述越来越不能相容。而《圣经》的正统诠释者（如 17 世纪的爱尔兰大主教詹姆斯·乌雪〔James Ussher〕）提出，地球是在基督之前四千年前不到一个礼拜就创造出来的，这一点如果说还未被现实中的发现所彻底推翻，那么它也受到了冲击。历史学家们开始将那些现实中的发现融入自己的叙述，包括在之前两个世纪中积累起来的古代的地质学和考古学发现。尽管神命定论继续为几乎所有在学校使用的历史教科书提供公认的背景，但是它作为发展大趋势的一种解释，被援引得越来越少。正如伏尔泰的情况所表明的那样，思想、公民和政治的变革常常与新的历史叙事携手并进，他的君主制改革和现代化的梦想，与他自己对法国史、俄国史的解释交互影响。

　　尽管美国独立战争和世俗体裁的采用之间没有明显的关联，但是大卫·里德（David Read）在本卷中认为，1776 年的政治决策在美国历史学家中影响显著。在殖民地晚期和共和国初期的几十年中，社会和制度的总体变化使得美国历史学家与 18 世纪下半叶来自不同文化背景的历史学家在对过去的调查上有相同的感受。在 16 世纪晚期以后，读者群的发展趋势已显现出相当大的势头。非专业读者群的不断扩大为历史学提供了市场，它可以结合文学技巧、新的经验知识和革新的哲学观而开发出新的模式。这一公众群体从社会上来看更趋多元化，越来越多的中产阶级参与到文化生活特别是城市建设中来，其中也包含一些女性，她们在阅读历史书的同时也偶尔参与创作（尽管人数尚少），如英国人凯瑟琳·麦考莱（Catharine Macaulay）以及时代稍晚的美国人梅西·奥蒂斯·沃伦（Mercy Otis Warren）。

　　历史学家自身选择以文化史的形式来回应这些社会潮流，这些文化史推阐了伏尔泰有关社会历史的兴趣，提出了先前由政治经济学和人类学等新兴学科所探讨的新问题。在两个世纪中，欧洲人撰写了有关东方（参见迪奥戈・拉马达・库尔托〔Diogo Ramada Curto 的章节〕）、非英语美洲（参见下文），以及蓬勃发展的游记的著作，在这些著作的辅助下，历史学家也开始关注非欧洲的民族，将它们的过去和现在整合到"全球史"之中，这与几个世纪前的那种神命定论的叙述有着明显不同。①

在日益增多的公众开始影响历史著作产生的同时，欧洲大陆的国家机构将历史作为教育贵族和政府管理者的重要实践与方法（"学科"一词尚未流行），并对之越来越感兴趣。高校所教授的历史知识的质量，不得不有所改善：各种制度将资源投向主要或专门做研究的学院以及教学机构，以更好地发展出可供史学依赖的资料源。在整个欧洲绝对君主制的支持下，新的博学的鼎盛时期开始于 18 世纪初，它与摩德纳的路德维克・穆拉托里（Modenese Lodovico Muratori）等编辑还有受欧洲诸侯宠幸的学术团体有关。数十年后，爱德华・吉本在 18 世纪 70 到 80 年代完成了他的博士论文——令人印象深刻的《罗马帝国衰亡史》，获益甚丰。这部论文诞生于巴黎的法兰西铭文与美文学术院（Académie des Inscriptions et Belles-Lettres），该研究机构由波旁王朝赞助，对谨严度的要求非常之高。

19 世纪初期，德国完成了对古代历史的修订（参见《牛津历史著作史》第四卷），这一修订令人印象深刻，它主要基于 18 世纪下半叶在哥廷根大学和神圣罗马帝国其他地区所发生的"语文学转向"（这一点又类似于中国明末清初时期"从理学到朴学"的转变）。② 中世纪晚期与文艺复兴时期的伪造品并没有完全消失，臭名昭著的如由维泰博的安尼乌斯（Annius of Viterbo）所伪造的"贝若苏"（Berossus），还有赫尔墨斯奥义书（the Hermetic texts）等。实际上，一两个如奥西恩（Ossian）——所谓的古代盖尔英雄史诗

---

① Tamara Griggs, 'Universal History from Counter-Reformation to Enlightenment', *Modern Intellectual History*, 4(2007), 219 - 247.
② Elman, *From Philosophy to Philology*.

(Gaelic heroic poetry)的残余,成为了文学上的著名公案。但是,有一点成为了历史学家的共识,那就是不应该故意伪造证据来支撑自己的论述,而在意识到虚假的时候就应当予以揭穿。

在述及欧洲的贡献时,本卷所勾勒的那种变化与转型,导致了在世纪之交出现了一种独特的西方历史观念。正如莱因哈德·科泽勒克(Reinhardt Koselleck)所指出的那样,历史被认为是一个"集体单一"的单一发展过程,它在国家和全球的层面都展现出一种规律性的模式。[①] 这种对历史的新的理解,在18世纪晚期孔多塞、赫尔德、弗格森等不同历史学家的著作中清晰可见。

如上所述,近代早期的史学在以后数十年中的一大特色,就是将欧洲地区以外的历史越来越多地纳入其解释模式之中。迪奥戈·拉马达·库尔托(Diogo Ramada Curto)的这一章说明了这一点,它关注了在欧洲有关亚洲的历史著作是如何适应这一框架的。欧洲的历史学家接纳了亚洲文化(特别是日本、中国和印度)中更为详细的、经验的、少神话的知识,与此同时也转移了他们的视角;他们舍弃了早期传教士史家使亚洲人皈依基督的那种本质上的宗教关切,而是采用了商业社会的语言,欧洲史学的主流在18世纪左右于商业社会中逐渐发展起来。如果纯编年记录在欧洲的历史文化中还未完全消失,那么它现在已经明确地被一种叙述性的方法边缘化了,这种叙述方式不满足于列举那些事件,而是希望展现历史事件的意义,甚至提出未来发展的进程。史学变得更能包容社会、政治、制度和文化各种层面,这反过来又使它成功地成为形塑19世纪的知识形式。它为这一成就所付出的代价是进一步强调以欧洲中心的、最终是民族国家的观点,这种观点在接下来的很长一段时间内形塑了欧洲历史写作的进路,并最终使19世纪欧洲的历史学家与他们近代早期的前辈区分开来。

---

① Reinhart Koselleck, 'Historia Magistra Vitae: On the Dissolution of the Topos into the Perspective of a Modernized Historical Process', in *Futures Past: On the Semantics of Historical Time*, trans. Keith Tribe (New York, 2004), 26-42.

有关美洲的各个章节，再加上有关西班牙的前一章节，提供了16 世纪在全球视野下有关历史写作问题的三个切入点。第一点检视了 16 世纪半岛史学（即有关西班牙本身的著作）中关注美洲"发现"前后的关键人物；第二点是，史家在描述"新世界"的现象时，以及在以道德和法律来论证征服事业时，都面临着特殊挑战；第三点是，欧洲和美洲的历史写作虽然同时，但在形式上却是不连续的。尽管半岛史学不受这一"发现"的束缚，甚至也不常受到其影响，但"新世界"的历史写作表现出了对这一体裁的自主性，同时也表现出了一种政治动机，这种动机定义着半岛史学。同时性的问题，使我们离半岛的历史更远了一步，这些章节评估了与欧洲历史写作共存的书写传统——共享一个暂时的时刻，但在西班牙人出现之前，以及在殖民时期的历史中，其传统仍然是独立的。具体到有关美国史学，这些章节提出了两个主要问题。首先，"新世界"的发现对于欧洲历史有何影响？其次，欧洲和美洲的历史写作形式，在时间上同时但却是完全不连续的，我们应该如何解决这一矛盾？

第一个问题提出了多个主题，包括新史学体裁的诞生、民族志和民族学的出现、欧洲思想向欧美的转型，以及美国历史学家在有关启蒙运动论战的接合点。通过阅读参与"新世界""争端"的人的著作——借用安东内罗·盖尔比（Antonello Gerbi）的标题"新世界的争端"，[①]我们意识到美洲在欧洲思想中的核心地位。在这场争论中，欧洲的主要参与者诋毁美国的文化和自然，破坏美国在世界历史中的重要性，但即使如此，他们的蔑视也表现出他们的历史意识，这种历史意识与新世界在阐明欧洲主体性和历史思想中所占据的地位密不可分。

第二个问题有关同时性，它提出了影响这一卷本身的概念化问题。这一有关 1400—1800 年历史著作的章节合集，尽管致力于从

---

① Antonello Gerbi, *The Dispute of the New World*: *History of a Polemic*, *1750 - 1900*, trans. Jeremy Moyle (Pittsburgh, 1973).

全球视野下来看待历史写作,但也许不可避免地继续给欧洲人纪年系统以特权。因此,从历史学的产生来看,1400—1492 年间可以单独成为一个时期,那时候美洲印第安和欧洲的历史学家互不相知,在没有任何联系的情况下独立产生了各自的著作。这种情形与 1400 至 1800 年的亚洲和非洲的历史写作非常不同,那时尽管这些不同地区的历史学家并不熟悉对方是如何认知和记录过去的,但是他们经常意识到其他地方也存在着同道中人。

有关半岛和新世界的西班牙史学,本卷中有两篇特殊的文章,都由基拉·冯·奥斯丹菲尔德-苏斯卡(Kira von Ostenfeld-Suske)执笔。前文已经提及第一篇,它涉及了西班牙(1474—1600 年)历史与政治之间的联系;第二篇探讨了新世界写作前一百年的新的史学体裁的诞生。第一篇关注西班牙及其君主制中的"官方史家",冯·奥斯丹菲尔德-苏斯卡提醒我们,不要认为她所论述的历史代表了一个时代的特征。她强调说,她的著作提供了一个视角,人们可以借以概览近代早期皇室形象、政治意识形态和统治权威的建构形式。对她而言,这些关注点在建构历史学项目方面也起到了一定的功用。值得注意的是,这些历史对征服美洲着墨甚少。冯·奥斯丹菲尔德-苏斯卡在随后的"新世界史学"一章中,讨论了大致同一时期的不同著作,它们出自哥伦布(Columbus)、皮特·马特(Peter Martyr)、冈萨罗·费尔南德斯·德·奥维耶多(Gonzalo Fernandezde Oviedo)、胡安·希内斯·德·塞普尔韦达(Juan Gines de Sepulveda)、巴托洛梅·德拉斯·卡萨斯(Bartolome de las Casas)、贝纳迪诺·德·萨哈冈(Fray Bernardino de Sahagun)、何塞·德·阿科斯塔(Jose de Acosta)和安东尼奥·德·埃雷拉·易·托雷西拉斯(Antonio de Herrera y Tordesillas)。这份名单中,既有对新世界缺乏亲身认知的作家,也有以目击者的身份宣称认知特权的人。这一章引领我们解决了一些难题,它描述了前所未有的一些现象、古代历史的遗产与缺陷,以及有关西班牙开疆拓土、由法律问题所界定的新政治情况。它和冯·奥斯丹菲尔德-苏斯卡的"半岛"那章,既证明了新世界的不确定影响,也证明了所谓

20

"两个世界的相遇"直接导致了新体裁的诞生。[①] 除了西班牙历史学家相互独立又同时进行的历史写作外，她的新世界章节也提出了两大洲在彼此不相知的时候如何进行本土历史写作的问题。类似地，我们也谈到欧洲本土史学的不确定影响。

伊丽莎白·希尔·布恩（Elizabeth Hill Boone）的章节有关殖民化前后的象形文字历史，这使得我们在阅读中美洲的图像文本时需要特别注意同时性。布恩对象形文字历史的分析，削弱了欧洲形式征服与涌入的影响，那些形式为画师所采用。即使征服后的象形文字历史经常将欧洲和中美洲的形式相结合，但这也不应该减少对西班牙统治的回应或抵抗，而是应当作为一个历史的连续统一体，以图画来表达诗歌意象者生产图像词汇——与中美洲象形文字规则相符——以描绘新的物体、机构和历史人物。[②] 的确，布恩提醒我们，那些以图画来表达诗歌意象者（tlacuiloque）在持续绘制历史时并没有提及西班牙入侵一事，有时略微涉及也可忽略不计。即使被打上西班牙殖民化的印记，象形文字史也保留了中美洲图像的词汇、年表和叙事体裁。[③] 同时性这一概念力求强调，历史写作或记忆铭文在各种年表中并存；考虑到中美洲四年纪（year 4 House）和公元1453年的同时性，但也考虑到这一同时倾向于使公元纪年（anno domini）这一叙述优先，即使在16世纪的欧洲（如果此前没有的话，如阿方索十世〔Alfonso X〕的《七法全书》（Siete Partidas）），我们在法国文学家约瑟夫·斯卡利杰（Joseph Scaliger）等人那里，也已经发现了对犹太-基督教年表普遍性进行的系统研究。

何塞·拉巴萨的章节进一步阐述了纳瓦（Nahua）按字母顺序

---

① 总体了解新世界不确定影响的文章，参见 J. H. Elliot, *The Old World and the New*, *1462 - 1650* (Cambridge, 1978)。

② José Rabasa, *Tell Me the Story of How I Conquered You：Elsewheres and Ethnosuicide in the Colonial Mesoamerican World* (Pittsburgh, 2011).

③ Elizabeth Hill Boone, *Stories in Red and Black：Pictorial Histories of the Aztecs and Mixtecs* (Austin, 2000).

写作的同时性问题。16、17世纪的纳瓦历史学家显然采取了公元纪年,并在救世史中记载了关于古代中美洲和殖民世界的叙述,这些叙述是他们从社团长者那里收集而来的。不过,拉巴萨强调,这些历史学家系统地刻画了两种纪年系统,从而可以对中美洲年代学进行可能的反思,而不必转换为公元纪年。拉巴萨通过考察那些可补充象形文字历史的各类口头表演的情况,补充了布恩对图像史学的研究。在这方面,这些按字母顺序排列的历史,还提供了一些语音和声音的实例,它们与古代中美洲和富有特色的叙事体裁保持着一贯性。尽管在象形文字历史中,我们发现自己受限于某人在特定时空下所说的话(高喊、对话、哭泣等),但纳瓦特尔语(Nahuatl)按字母顺序排列的历史提供了这类演讲的样本。纳瓦特尔语历史记录的收集由纳瓦委员会的成员进行,他们积累了对某些图像历史进行特定解读的叙述。拉巴萨强调,这些叙述必须被视为集体言语事件,而不是委员会成员的个人记录。这些按字母顺序排列的记录也构成了传教士民族志的努力的一部分,传教士从委员会年长者那里得到了中美洲语言体裁的样本。最著名但并非唯一的一个案例,是贝尔纳迪诺·德·萨阿贡(Fray Bernardino de Sahagún)的《新西班牙储物志》(*Historia general de las cosas de la Nueva España*,1579)。在16世纪,我们可以看到,从长者和线索提供者对语言体裁的收集,过渡到有关日常事件的纳瓦特尔记录的书写,正如多明戈·齐马尔帕赫恩(Domingo Francisco de San Antón Muñón Chimalpahin Cuauhtlehuanitzin)的《日志》(*Diario*),英文中称作《当时年鉴》(*Annals of His Time*)。① 这些纳瓦特尔文本提供了非常生动的例子,从中可以看到纳瓦特尔语按字母顺序排列的历史传统的诞生。

　　已故的凯瑟琳·朱利安(Catherine Julien)利用不同的资料(以

---

① Annals of His Time: *Don Domingo de San Antón Muñón Chimalpahin Quautlehuanitzin*, ed. and trans. James Lockhart, Susan Schroeder, and Doris Namala (Stanford, 2006).

克丘亚语〔Quechua〕和艾马拉语〔Aymara〕书写的稀见史料），以一种不同的探究进路，研读西班牙和当地的安第斯（Andean）的历史，以确定她所说的印加历史形式。这些形式包括的对象非常广泛（绳结、花瓶、纺织品），殖民历史学家曾用以撰写历史。因此，朱利安记录了土著历史学家在前殖民地和殖民时期所记载的资料和信息。如果这一章以印加的历史形式作为出发点，那么它也考察了印加与欧洲形式之间的相互作用。朱利安认为，我们如何在欧洲与印加的形式之间进行衡量，取决于我们在阅读历史时所采取的立场。对于朱利安来说，我们应该重点关注外来传统对历史再现的影响，而不是展现按字母顺序排列的写作如何在殖民时期占据了主导地位。这一项目需要对西班牙文叙述（由西班牙裔、混血和土著历史学家撰写）进行仔细的阅读，以证明多个非字母排序的来源。[1] 她的章节确定了西班牙历史学家从中提取信息的两种主要形式：使用绘画、碑匾来记录家谱，使用绳结来记录生活。这些形式对西班牙人有着特别的吸引力，因为它们与西班牙人所感兴趣的家谱和传记有着相似之处。然而，虽然西班牙人确实记录了印加形式的存在，并有时也招致了它们的毁灭，但西班牙人不能辨认这种记忆的形式。朱利安尤为关注那些圣所或被称为瓦卡斯的圣物。瓦卡斯包括自然物与建筑物。它们与自然界的古代崇拜地点（如泉水、岩石或山脉）以及纪念印加人统治的建筑物相对应。[2] 另外，绳结记录了许多瓦卡斯列表，它们与现代学者归为地理或历史范畴的东西具有相似性。一旦朱利安的章节确定了印加的历史形式，那么进而就可以确定三个主要历史时期的关键特征，这三个时期分别对应于她所简称的"短暂的 16 世纪""漫长的 17 世纪"和"18 世纪"。

与冯·奥斯丹菲尔德-苏斯卡关于新世界的章节类似，尼尔·

---

① Catherine Julien, *Reading Inca History* (Iowa City, 2000).

② 遵循安第斯学者的惯例，朱利安以"Inca"来指代文明与民族，以"Inka"来指代统治者。

L. 怀特海(Neil L. Whitehead)也指出了新的历史形式的确立方向，但是他强调多数欧洲的国家和语言能够呈现巴西殖民时期的历史主体。怀特海广泛讨论了在拉丁文、西班牙文、葡萄牙文、法文、荷兰文和德文中有关巴西的著作。在探索这一语料库时，怀特海提供了有关巴西的一个反复出现的语汇系谱：例如吃人、裸体、贪婪的野蛮女性、热带茂盛的植被，等等。怀特海以一种巴西民族志的眼光阅读这些记载，并且把这些记载评估为早期的民族学样本。除了书面记录之外，怀特海还强调了图像部分的价值，这些图像能够说明那些记载，但是他认为这些图像作为丰富的信息来源，可以独立于它们表面上所补充的书面部分。在该章末尾处，怀特海希望他有关巴西历史著作的书目，能够"更广泛地促进对巴西更完整史学的理解"。在这方面，历史记录可以转变为有关历史实践的信息资源，并进一步被考古记录所阐明——用怀特海的话来说，"这是历史学的无声资源"。[①] 这仍然是未来的一个任务，它将进一步证实朱利安、布恩和拉巴萨在各章中所探讨的同时性问题。

乔治·坎·伊萨雷斯-埃斯格拉(Jorge Cañizares-Esguerra)的章节将重点放在了 18 世纪有关新世界的巨大争论上。北欧的著作述及新世界文化和自然的劣势地位，这一章则探讨了西班牙和美国历史学家是如何回应此点的。[②]（应该指出的是，他所使用的"美国"超出了该词的狭义用法，指的是后来成为美国的殖民地区所属的公民与事物。）坎·伊萨雷斯-埃斯格拉发现，美国的历史学家重新定义了启蒙运动的理想，西班牙的历史学家在一定程度上也是如此。实际上，他认为就启蒙运动的科学精神而言，美国历史学家比他们的欧洲同行更为真实。坎·伊萨雷斯-埃斯格拉探讨了欧洲历史学家阅读美国同行的书籍却轻易对之忽视，而在此时是如何主张独创性与新颖性的。

---

① Neil L. Whitehead, *Histories and Historicities in Amazonia* (Lincoln, 2003).

② Jorge Cañizares-Esguerra, *How to Write the History of the New World：Histories，Epistemologiesand Identities in the Eighteenth-Century Atlantic World* (Stanford, 2001). Cf. Gerbi, *The Dispute of the New World*，前文已引。

本篇导言让我们由东向西领略了世界各地，读者现在已经掌握了本卷以及这一系列丛书中的两个核心预设：第一，人类用来记录过去的模式，远比以欧洲为中心的史学史更为多样；第二，在这几个世纪中，与外来历史思想和历史表现形式的相遇，有时会对双方都造成重大的改变，同时也会造成另一种情况下的文化孤独的持续存在。随着18世纪的结束，在19世纪中叶历史学"学科化"的前夕，世界上亚、欧、美各洲历史学形式的多样性，通过跨文化交流的进程才刚刚开始消泯。

第一章 中国明清官修史书

阿希姆·米塔格

宋代遗产：帝国晚期历史编纂的新格局

保存在二十五史之中的中国官修史书,记录了三千多年的历24史,是无与伦比的史书群体,也形成了中国传统社会历史编纂的主干。二十五史的编纂具有显著的一致性,然而这并不代表中国官方修史是沿着某种相同的道路在发展。由于宋代的历史思想和写作构成了一个分水岭,下面将讨论的明清两朝(1368—1644 年,1644—1911 年)有着与以往时代不同的特点。①

司马光的巨著《资治通鉴》(1064—1084 年)是官修史书中一部里程碑式的作品。这部伟大的编年史是奉敕之作,"每有经筵,常令进读",但却是由一群史学家在司马光洛阳宅邸编纂而成,并非史馆之作。② 此举超越史馆藩篱,开辟了官修史书的新纪元。

广泛地说,宋代及其以后的历史编纂具有五种主要特点:(1)非官方和私人修史增多;(2)伴随着史评的发展,一种反思、讨论和审读历史的文化也在增长;(3)方志大量涌现;(4)"演义"等新

---

① Thomas H. C. Lee, 'Introduction', in Lee (ed.), *The New and the Multiple*: *Sung Senses of the Past* (Hong Kong, 2004), pp. vii-xxxii.

② 自宋代起,史馆就被更名为国史馆,但是旧名也时常被提及,因此在此章中也将使用"史馆"。

1

的历史叙事形式获得发展；(5)规范与价值的坐标系开始偏向强调人们行为背后的伦理动机。朱熹思想让最后一个特点变得突出，作为宋代儒学思想的杰出代表，到明代时被尊为仅次于孔子的褒贬春秋之权威。同时，"心术"（心与精神的道德组成）观念也变得突出，该观念意味着人们要谨守在"五伦"（五种人际关系）中的道德义务，"五伦"中以"君为臣纲"为首。

元代（1271—1368 年），"心术"观念进入史学。揭傒斯认为，参与编纂官修宋、金（1115—1234 年）和辽代史书的人选，不仅要有学问文章，知史事，最重要的是"以心术为本"。①

随着逐步以道德观念为导向，明代史学思想的道德严谨性增强了。这种趋势影响了有关"正统"的争论，这也是中国历史编纂中最具正义性的问题之一。明代关于"正统"的争论受到了两方面的影响，一是蒙古造成的持续威胁，一是由于"华夷"之分不可逾越的观点而产生的不断升级的"攘夷"言论；最激进者甚至呼吁将唐代（618—907 年）赶出"正统"，因为唐代皇室并非纯粹的中国血统。②

随着明朝衰亡，"道德主义"的历史阐释以及伴随它的对"正统"观念的激进拥护，开始让位于"实用主义"的历史阐释，后者统治了接下来一个半世纪的史学思想与写作。③ 接下来，在乾隆皇帝统治（1736—1795 年在位）的后半期，发生了一次出乎意料的反转，史学的钟摆再次摆向"道德主义"。如果不注意这一次转向，就无法全面理解乾隆下令对明清之际史书作出的重大修改。

章学诚，通常被誉为中国最伟大的史学思想家，其作品深受这次转向的影响。他在《史德》篇中重申了揭傒斯的观点，强调"心

---

①　陈光崇：《揭傒斯论史》，《中国史学史论丛》，1984 年，第 365—368 页。

②　Thomas Göller and Achim Mittag, *Geschichtsdenken in Europa und China* (Sankt Augustin, 2008), 80 - 85.

③　明代杰出的保皇党人王夫之从"实用主义"出发对正统观念提出了批判；同上书，第 86—93 页。

术"乃"良史"之本。①

对于中国历史编纂一直有一种陈腐的观点,认为其完全不受个人因素影响,只能产生没有文采的作品,其中充斥着琐碎、无关紧要的细节。章学诚的优秀作品改正了这种陈腐的观念。这种观念加上对明清庞大"官方史料"的有限接触,长期阻碍着研究进展。不过幸运的是,在过去三十年中,这种情况已经得到了极大改善,对该领域的研究也取得了相当大的进步。

《元史》编纂和《明实录》

1368 年,明开国皇帝明太祖(1368—1398 年在位)下令编纂《元史》。由宋濂和王祎主持编纂工作,他们分别带领一支 16 人和 14 人的编写小组,仅用了 332 天就编纂完成。宋濂为了将如此仓促的成书经历合理化,援引了唐太宗(626—649 年在位)"以开基之主,干戈甫定,即留神于《晋书》,敕房玄龄等撰次成编,人至今传之"。

编修《元史》的另一个动机是为了招徕前朝学者服务新朝。他们忠于蒙元不只因为其"蛮夷"出身,比如当明军进入大都时,危素"乃趋所居报恩寺,入井。寺僧大梓力挽起之,曰:'国史非公莫知。公死,是死国史也。'素遂止"②。幸亏危素,明朝才获得了从成吉思汗(1206—1227 年在位)崛起到末代蒙古皇帝即位,即从 1206 年到 1332 年的元帝实录。末代元帝(1332—1368 年在位)

---

①　Achim Mittag, 'What Makes a Good Historian: Zhang Xuecheng's Postulate of "*Moral Integrity*" (*shi de*) Revisited', in H. Schmidt-Glintzer, Mittag, and J. Rüsen (eds.), *Historical Truth, Historical Criticism, and Ideology: Chinese Historiography and Historical Culture from a New Comparative Perspective* (Leiden, 2005),365 - 366,373 - 382.

②　《明史》(第 6 版),卷 285,中华书局 1997 年版,第 7314 页。

的实录缺失。①

　　《元史》最为人诟病的就是其成书过于仓促。被称为"二十五
28 史中最陋劣者"，②不过现代研究者认为其价值主要体现在两方面：
第一，其他正史通常对史料进行精心修订，而《元史》则保留了大量
史料的原貌。第二，《元史》的数篇志可位列二十五史最优篇章，特
别是《天文志》《历志》《地理志》和《河渠志》。

　　629 年，唐代设立史馆作为独立部门，此后编纂(或者彻底修
订)前朝正史就成为其最主要、最具声望的工作。然而直到 16 世
纪晚期，史料的产生才有了一套较为系统化的程序。此外，在整个
明代和清代早期，史馆还承担着其他一些纂修任务，比如编修《永
乐大典》这样的巨著。③

　　史馆的第二个重要工作就是编纂每朝实录。编修实录需要利
用中央政府的各类资料，起居注④是其中最为首要的，再辅以日历
和大批六部及其他机构的文件，实录是任何人以后编修正史的主
干材料。

　　据统计，上至监修(通常是一位挂名的年长官员)和一位总裁，
下到抄录者和校对者，大约有一千人参与了《明实录》的编纂，其中
经历了两次大规模修订。⑤ 除了一些较小的缺失外，《明实录》是首
部被完整保存下来的实录，提供了异常丰富的史料。

------

① 罗仲辉：《明初史馆和〈元史〉的修纂》，《中国史研究》，1992 年第 1 期，第 144—
　　153 页。
② 关于早期批判，参见黄兆强：《清人元史学探研——清初至清中叶》(板桥，
　　2000)，第 409 页。
③ 直到 1765 年，史馆才成为一个仅负责修史的永久性专门机构。
④ 明太祖开始编修起居注，到宣德时期(1426—1435 年)废止，直到 1575 年又重新
　　开始编修；可参见 Wolfgang Franke, *An Introduction to the Sources of Ming
　　History* (Kuala Lumpur, 1968), 12; WolfgangFranke, 'Historical Writing during
　　the Ming', in Frederick W. Mote and Denis Twitchett (eds.), *The Cambridge
　　History of China*, vol. 7: *The Ming Dynasty, 1368-1644*, Part I (Cambridge,
　　1988), 737-738；谢安：《〈明实录〉研究》(台北，1995)，第 218—219 页。
⑤ 谢贵安：《〈明实录〉研究》，第 101—207 页。

有明一代，充分考虑到了实录的保存问题。随着每一朝统治的终结，两份抄本通过一项庄严的仪式传给新帝。副本作为备份藏于内阁，正本则被封印保存，1534 年以后藏于一座名为皇史宬的专门建筑中。在另一项仪式中，编修实录用到的所有草稿和其他材料都将被付之一炬。此外，现存所有实录都经历了两次抄录，分别在 1534—1536 年和 1588—1591 年，两次抄本都存于皇史宬。[①]

但是，以上所有措施都无法阻挡《明实录》经受两次大规模重修的命运。一次围绕《太宗实录》，另一次围绕统治仅月余的泰昌朝《光宗实录》（1620 年在位）。第一次是永乐帝（1403—1425 年在位）亲自两次下令重修其父的《太宗实录》，为自己篡位夺权制造合法根据，而太祖的合法继承人是他的侄子，史称建文帝（1399—1402 年在位）。在第二次重修实录的过程中，皇帝却处于被动地位：1625—1628 年和 1628—1630 年、1631 年的两次重修，都是阉党和东林党激烈斗争的产物，后者占据着道德制高点，很早就监督《光宗实录》的编修（于 1623 年完成）。16 世纪 80 年代以后的《明实录》普遍遭到批评，更有甚者要求重修曲笔最严重的部分。[②]

这些批评说明一种史学话语正逐渐鲜明起来，在当时被称作"公论"。随着明代国史编纂，这种公开评论历史事件的观念达到了顶峰。1594 年，在焦竑的主持下开始修纂国史，但是两年后便戛然而止。焦竑自己在一份备忘录中写道，原来被排除史册的建文帝和景泰帝（1450—1458 年在位）曾被认为是乱国之君，不值得青史留名，编纂国史是为了给予他们完整承认，补充其传记，并修改对其不公正的现存传记。[③]

29

---

① Franke, *An Introduction to the Sources of Ming History*, 9‑10,20‑22；Franke, 'Historical Writing during the Ming', 737‑740,744‑745；谢贵安：《〈明实录〉研究》，第 330—334 页。

② Franke, 'Historical Writing during the Ming', 748‑752；谢贵安：《〈明实录〉研究》，第 34—41,80—86,380—383 页。

③ Edward T. Ch'ien, *Chiao Hung and the Restructuring of Neo-Confucianism in the Late Ming* (New York, 1986),52‑55.

焦竑的大胆提议是继 11 世纪司马光的《资治通鉴》后,中华帝国晚期官修史书转变中的第二座里程碑。在此之前,知识精英们从未在史馆之外有着如此巨大的影响力。随着明亡清兴,这一切都将迎来改变。

清代官修史书的构成和《明史》编纂

30   1599 年,满文创制,后金(1616—1635 年)便建立了史料保存部门和国家档案馆,1636 年后金改国号为"清"。1633 年,满清创始人努尔哈赤的儿子和继承人皇太极(1627—1643 年在位),下旨记录先王事迹。1643 年完成了第一版内有插图记录其一生征战的《清太祖努尔哈赤实录》。这是清代官方史学的起点。[①] 然而,直到 1690 年,第一个正规史馆才正式建立。它在经历两次解散后,终于在 1765 年被重建,并成为一个常设性的机构,主持了乾隆朝后期的诸多史学编撰课题,进入了它的全盛期。除了史馆,还有其他四个处理修史事宜的机构:方略馆,[②]起居馆,[③]实录馆[④]和会典馆。前两馆是清朝的永久性机构。这五个修史机构或多或少都与内阁、翰林院或者在需要军事档案的时候,与军机处保持着松散的联系。主要由一名高级官员牵头,享受直接与皇帝通信的特权。[⑤] 此外,还有承担一些专门的特殊修史项目,最有名的就是编纂《明史》。

---

① 乔治忠:《中国官方修史与私家修史》(北京,2008),第 73—74 页。
② Beatrice S. Bartlett, *Monarchs and Ministers: The Grand Council in Mid-Ch'ing China, 1723—1820* (Berkeley, 1991),225 - 228;乔治忠:《中国官方修史与私家修史》,第 94—95 页;Peter C. Perdue, China Marches West: *The Qing Conquest of Central Eurasia* (Cambridge, Mass. , 2005),654, n. 4. 也可参见帕米拉·凯尔·克罗斯利(Pamela Kyle Crossley)所作的本卷第 2 章。
③ 起居馆建于 1671 年,属内阁监管,直至清朝结束总共用满汉双语编纂了超过 1 万 2 千册起居注;《明清档案学》(北京,2008),第 287—289 页。
④ 实录馆也监修其他史书的编纂,比如康熙之前历代皇帝的《圣训》。
⑤ 乔治忠:《中国官方修史与私家修史》,第 90—96 页。

二十五史中,《明史》的长度仅次于《宋史》,编撰时间最长,从 1645—1739 年,持续了九十五年。甚至在完成之后还经历了从 1775—1789 年的漫长修改。预计前后共有两三百人参与编修,其中有一人的贡献非常突出,他就是著名学者黄宗羲的学生万斯同。万斯同是立场坚定的明遗民,不署衔,不受俸。居住北京的十九年中,大部分时间都是在徐元文和王鸿绪这两位总裁的私宅中度过的。

《明史稿》416 卷,皆万斯同手定。在此基础上,王鸿绪于 714 年进呈了 202 卷列传初稿,随后于 1723 年完成了 310 卷完整草稿。同年,雍正帝(1723—1735 年在位)设立了一个新的机构,主要任务是补充了王鸿绪的初版所缺乏的论赞。[1] 乾隆登基后,定本即在武英殿的皇家刻印所付印(史称殿本,1739 年出版)。

事实上这还不是最后的环节。1775 年和 1777 年,在修订各种明代史书的背景中,下令修改殿本。1789 年,经过多年繁复勘改的定本才被收入《四库全书》。这个版本的流通范围有限,因此受到的关注不多。[2]

除了文字上的大量校订、更正蒙古和外国名字外,[3]还有些微小却影响了全局的改动。一个突出的例子就是叙述建文帝"殉国"并推测他从南京包围中逃脱。[4] 殿本对英宗(1436—1439 年和 1457—1464 年在位)的赞语也发生了明显的转折,删除了对其执政早期的评价和所有赞誉,反而加以贬抑。因为在乾隆看来,英宗辜负了他的谥号中的"英",与乾隆相反,他是个伟大的失败者。[5]

---

[1] 《明史》残稿为我们理解这一修订工作提供了有价值的视角;参见徐青松、周铮:《〈明史〉残稿介绍》,《中国历史博物馆馆刊》,1982 年第 4 期,第 101—105 页。

[2] 参见乔治忠:《中国官方修史与私家修史》,第 287—299 页。

[3] 这些修改基本收入了王颂蔚的《明史考证捃逸》,1894 年第一版;参见乔治忠:《中国官方修史与私家修史》,第 294、296—298 页。

[4] Harold L. Kahn, *Monarchy in the Emperor's Eyes：Image and Reality in the Ch'ien-lung Reign* (Cambridge, Mass., 1971), 44-46.

[5] 《御批历代通鉴辑览》卷 105(合肥市,1996),第 6473—6474(眉批);参见乔治忠:《中国官方修史与私家修史》,第 292—293 页。

32　　　　如何对待非中国人和外国是《明史》的又一大特色。尤侗从1679—1613年参与编修《明史》,编撰了相关篇章的初稿。[1] 这份初稿经过稍微修改和补充,便收录进万氏《明史稿》,又在张廷玉主持的下一轮《明史》编纂中再次被修订。

在此次全面审定《明史》的基础上,还开展了另一项杰出的民族志编修工作,即《皇清职贡图》。从1751年开始,这部世界民族百科全书经过多年编修,约收录550张插图,每个民族选取一男一女两张图,旁边的注释述其历史、与清廷的交往及其传统服饰。[2] 这项工作是以插图描绘外国民族的宝贵传统的高峰,这一传统至少可以追溯到6世纪。它在规模和范围上都超越了之前的同类著作,拓展了外族通过朝贡参与中华帝国互惠性的世界秩序的理念,就像乾隆帝在1751年颁布圣谕编纂《皇清职贡图》时所说,以此"输诚向化"。[3]

方志编撰

与19世纪前的欧洲一样,地理在中国一直被认为是史书不可缺少的一部分。自班固《汉书》起,每一部完整的官修史书中都会包含对帝国行政地理区域的叙述。此外,这种对空间维度的关注很早就产生了一个被称为"方志"的史书类型,其源头通常会被追溯到古代。[4]

---

[1] 后来这些篇章以《明史万国传》为名单独出版(最初见《西堂余集》序言,1691)。

[2] 《皇清职贡图》先后在1763、1771、1775和大约1790年被补充。关于其彼此不同的印本和抄本,参见 Hartmut Walravens, '"Tribute-Bearers in Manchu and Chinese": A Unique 18th-Century Source for East and Central Asian History', *Acta Orientalia Academiae Scientiarum Hungaricae*, 49(1996), 395 - 406。

[3] 引自 Walravens, 'Tribute-Bearers in Manchu and Chinese', 396 - 397; and Laura Hostetler, *Qing Colonial Enterprise: Ethnography and Cartography in Early Modern China* (Chicago, 2001), 46。

[4] 黄苇等:《方志学》(上海,1993年),第88—104页; Pierre-Étienne Will, *Chinese Local Gazetteers: An Historical and Practical Introduction* (Paris, 1992), 7。

　　尽管方志由来已久,但直到中华帝国晚期才开始成为重要史学领域,不仅是因为此时方志数量繁多——在明清两代它们的数量分别约为 2800 种和 5000 余种,[1]更因为在方志编撰取得的进步——主题的范围更广,材料的组织更细致,对原始材料的研究也比以往更扎实。所有这些进步都伴随着方志学的出现,与著名学者戴震与章学诚紧密联系在一起。

　　宋及其以前,方志主要由官方编撰,也为官方服务,而明清省级以下的方志经常是由一群地方官、地方士绅的成员和受教育的精英协作完成。通过编纂方志,这个群体"力图展现一个一致性的符合国家要求的地方形象"。[2] 因此,官修的方志,虽然数量相对较少,但总体而言对明清的方志编纂产生了巨大影响。这对"上下同规"或"全国性志书"(一统志)来说尤其如此;其编撰伴随着国家频繁地鼓励发起或者更新省级或地方方志,以及努力使其形式符合标准。[3]

　　第一部全国性志书是在蒙古占领者治下产生的。忽必烈敏感地察觉到地理知识是推行邮政和陆路运输系统的基础,于是接受波斯天文学家和地理学家札马剌丁(Jamal al-Din)的意见,在 1286 年下旨编撰《大元大一统志》。1291 年初成,后来不断扩大,最终达 600 册,共 1300 卷。[4]《大元大一统志》基于对新建的 11 个行省的调查,为《元史·地理志》和 1370 年明太祖修撰大明志书提供了基础。虽然在太祖治下没有完成,但初稿附了一张大地图,[5]这张

---

[1] 只包括乡镇以上级别的方志;明代方志的数量包含已散佚和现存方志(分别是 1786 种和 928 种);清代方志的精确数量(仅现存)为 4819 种。参见黄苇等著《方志学》,第 176、184—185、187—188、212、220 页。如果包含乡镇志、涉及名胜和山川的专志,比如寺院和山脉,明清现存方志的数量接近 7000 种;参见 Timothy Brook, *The Chinese State in Ming Society* (London, 2005),15。

[2] Timothy Brook, *The Chinese State in Ming Society* (London, 2005),162.

[3] 康熙和雍正两朝,即 1662—1735 年间的方志编纂尤为如此,参见乔治忠:《中国官方修史与私家修史》,第 248—254 页。

[4] 《中国学术名著提要:历史卷》,姜义华编,(上海,1994 年),第 660—662 页。

[5] 1385 年,明太祖"令朝觐官上土地、人民图",参见《今言》(点校本)(北京,1984),卷一第 28—29 页。

图可能成为了著名的《大明混一图》的草图。[1]

34　　永乐帝篡权后，高度关注全国性总志和整体方志撰写。因此，在 1412 年和 1418 年，令省、府、县以及土司纂修方志；并附《修志范例》，详细规定了志书内容的 24 类目。全国性志书仅在几十年后便完成了。1456 年《寰宇通志》也完成了，但在付印之前进行了修订，补充了 17 张地图，在 1461 年以《大明一统志》为名进行了再次修订。[2]

全国性总志以下的方志编纂获得了显著的发展：元代只编纂了少量通志，明代通志开始兴起，共产生 69 种（包括更新和修订的版本）。值得一提的是，位于帝国南部和西南边陲的三个省，云南、广西、贵州，接收了大量帝国内部移民，产生了通志数量最多（云南 9 种，贵州、广西 10 种）。[3] 这表明方志编纂和中华帝国的逐步南进是如何互益的。因此，方志成为了利用明清殖民思想中的关键概念，影响"教化"的有力工具。[4]

通志的编纂标志着中国帝国晚期官方史学的显著延伸：随着国史编纂的多中心化，各省在专业知识和专业化方面都在增长。这一进程在清朝持续发展并加强，到 1799 年禁私人方志时达到顶峰。清初规范通志的过程与河南、陕西巡抚贾汉复有关，他先后发起并指导了这两省的通志编纂。1672 年，这两部通志被"颁诸天下以为式"，并下达了全国方志编纂"诏令"，其中包含了贾汉复的早期指导思想。[5]

然而，清代《一统志》的编撰并不顺利。1686 年，任《一统志》总

---

① 汪前进、胡启松、刘若芳：《绢本彩绘〈大明混一图〉研究》，载曹婉如等编《中国古代地图集》，第三卷（北京，1990—1997），ii，51—55。

② 黄苇等：《方志学》，第 177 页；Franke, *An Introduction to the Sources of Ming History*，237（8.1.1. and 8.1.2）。

③ 黄苇等：《方志学》，第 178、184—185 页。

④ 参见 Hostetler 对 1560—1834 年间贵州民族志编纂的经典分析；*Qing Colonial Enterprise*，127‐157。

⑤ 黄苇等：《方志学》，第 864、213—215 页。

裁官之一的徐乾学,因卷入党争,被准许"以书局自随",在他位于
太湖洞庭岛上的别墅内继续编修。一批杰出学者参与了编纂,但
是 1694 年徐乾学逝世后,他的团队也随之分崩离析,留下了未竟
的手稿。① 雍正帝注意到《一统志》后,于 1729 年诏令"省府州县志
六十年一修"。然而,与《明史》一样,直到 1743 年乾隆朝初期,《一
统志》才得以完成。

　　在随后的几十年里,方志编纂的重点转到了北方和西北,如京
畿地区、满族故土以及新征服的西北领土。清征服新疆之后,乾
隆下旨修订和扩充《西域图志》,这项工作于 1756 年展开。②《西
域图志》的编纂伴随着一系列受命编修的地方志,这些地方志带
有象征皇权神秘性的高度符号化意义:《北京方志》和《日下旧闻
考》(1774 年)、《盛京通志》(1779 年)、《热河志》(1781 年)。这
些方志是"一整套历史编纂和铭文系统"的一部分,"这套系统不
仅占据着汉人的文献领域,更占据着几乎全部的满族和蒙古族文
献领域"。③

　　为了将北方和东北的神圣空间整合进"天下",1764 年乾隆下
令国史馆扩编《一统志》。1784 年编修完成,开始设定为 500 卷,
明显是根据天下格局的传统观念,即它是由 9 个边长 500 里的同
心方块组成。但是修订版《一统志》最终只有 424 卷,不同于其前
言和《四库全书总目提要》的相关条目所述。

　　在它基础上进一步扩大的《嘉庆重修一统志》经历三十多年编
修,于 1842 年完成,是 19 世纪中国最大的官方修史工程。其中前
两页的地图清晰呈现了乾隆创建"四海一统"帝国空间的宏伟构
想。这张地图比传统的长图增加了一倍,展示了大清帝国的四大
区域:满洲东蒙古、中国本土、蒙古西部-中国新疆、青海-西藏,各
占据约四分之一土地(中国本土占据最小的一部分)。

---

① 乔治忠:《中国官方修史与私家修史》,第 244—248 页。
② 乔治忠:《中国官方修史与私家修史》,第 270—286 页。
③ Perdue, *China Marches West*, 494.

宏伟帝国和宏大历史：乾隆治下官修历史的顶点

36　　　乾隆朝(1736—1795 年)是中国历史最长、最重要的朝代之一，也见证了中华帝国晚期官修历史的顶点。帝国指定编修的史书超过了 60 种。[1] 从 18 世纪 60 年代，即统治的后半期，乾隆的君主观念和自我膨胀的帝王形象逐渐成熟，这些官修史书就是这些观念和形象的重要组成部分。

　　除了一个例外，记录乾隆帝大小战役的《御制十全记》，也是在此期间编辑完成。它们具体表现了暮年君主对自己军事成就的歌颂式评价，以"十全"之名，铸造了乾隆英勇善战的帝王形象。此外，乾隆的满族大汉身份也在《钦定满洲源流考》(1777—1783 年)中被强化，这是各种关于满族"民族"或"国家"的历史编纂中最突出的一部。[2]

　　在乾隆统治后半期的所有史学活动中，占据核心位置的是：重释明清之际的历史，以及由此而来重新整理开国史。[3]明清之际历史的重新解释，涉及恢复摄政王多尔衮的名誉问题，他曾辅佐小皇帝顺治进行统治。虽然多尔衮因为迅速征服明朝而为人赞颂，但英年早逝后却声名狼藉。他因为与史可法之间的通信而尤为人知，史可法是伟大的明朝忠将，临死也拒不投降。乾隆自傲于从档案中恢复了这份文件，时常引用。[4]这份文件的重要性在于，多尔衮和史可法分别从自己的角度，讨论了满清征服的正

---

[1]　乔治忠：《中国官方修史与私家修史》，第 80 页。Lynn Struve, *The Ming-Qing Conflict, 1619 -1683: A Historiography and Source Guide* (Ann Arbor, 1998)，60，提出共有 55 部作品。要了解其更为广阔的背景，参见乔治忠：《中国官方修史与私家修史》，第 188—204 页；何冠彪：《明清人物与著述》(香港, 1996)，第 146—182 页。

[2]　参见帕米拉·凯尔·克罗斯利所著的本卷第二章。

[3]　乔治忠：《中国官方修史与私家修史》，第 205—218 页。

[4]　《御批历代通鉴辑览》卷 116(译者注：原文误为卷 106)，第 7172—7174 页(眉批)。

当性和南明王朝的合法性问题，后者在 1644 年由福王于南京成立。[①]

乾隆的判断在 1775—1777 年间有了成果。[②] 乾隆承认直到 37 1645 年福王被俘以前，短暂的南明政权具有合法性，因而也就认定其他冒充明朝的政权非法，但为了显示大度，要求将唐王和桂王的记录保留在附录中。为了强调公正而宽容的仲裁者态度，乾隆严肃宣告"因以扬万世之闳纲，祛百家之私议"。[③]

这些要求对其他各种史学编纂都有深远的影响。第一个被要求修改的是明朝编年史《御定资治通鉴纲目三编》，这是乾隆统治早期实施的首个重大史学工程。[④] 同时，还诞生了一部作品，其中简短介绍了 3500 位晚明殉节之臣，以资表彰。此部著作名为《钦定胜朝殉节诸臣录》(1776 年完成)，理所当然成为"清高宗表彰殉节的教化活动之缩影"。[⑤] 史可法在这些光荣的忠义之士中排名最高，对他的赞誉也就是从此时开始流传于世。

一旦重修工作全面铺开，乾隆下令为未来的清朝史学建立一个新的传记门类——贰臣。[⑥] 收入《贰臣传》的共有 120 余人。这些人物被分为甲乙两组——有功的和无功的，每组之下再分三个等级。在乾隆的严厉监督下，于 1785 年完成编纂，名为《钦定国史贰臣传》单独付印，同时编纂了包括 41 个叛逆者的《钦定国史

[①] 《御批历代通鉴辑览》，序言与引用。Hellmut Wilhelm, 'Ein Briefwechsel zwischen Durgaṇ und Schï Ko-fa', Sinica, 8(1933), 239-245。

[②] Luther Carrington Goodrich 翻译了一系列三道谕旨，The Literary Inquisition of Ch'ien-lung (New York, 1966), 138-140, 144-155。参见 Struve, The Ming-QingConflict, 60-64；何冠彪：《明清人物与著述》，第 257—280 页及文中多处；乔治忠：《中国官方修史与私家修史》，第 188—204 页。

[③] 《御批历代通鉴辑览》卷 116，第 7121 页(眉批)。参见何冠彪：《明清人物与著述》，第 264 页，注释 60。

[④] 《御批历代通鉴辑览》卷 116，第 7121 页(眉批)。参见何冠彪：《明清人物与著述》，第 245—256 页。

[⑤] Struve, The Ming-Qing Conflict, 63.

[⑥] Goodrich 翻译了相关谕令，The Literary Inquisition of Ch'ien-lung, 154-156。

逆臣传》。①

　　此外,《御批历代通鉴辑览》也奉旨重修,②这是一部世界编年
史,涵盖了从伏羲到明代灭亡的4599年历史。③ 初版于1768年初
完成,修订版(1782年和1794年的文献修订)中包含了乾隆的诸
多批注。《御批历代通鉴辑览》意欲提供中国历史中最重要的事
件,"所以教万世之为君者,即所以教万世之为臣者也"。④ 编纂以
帝王批准的"正统"为原则。根据该原则,十三个朝代——同十三
经并列——被指定为合法朝代;相比明朝的正统观念,主要的改动
是承认秦和元是完全合法的朝代。

　　《御批历代通鉴》是乾隆时期史学发展的顶峰,正如我们所看
到的,包含了地理、军事历史和传记等多个领域的历史书写。必须
指出乾隆朝在制度史编纂上的巨大发展。1747年,分别成立了两
个机构,基本都运行了二十年(至1767年);一个扩大并补充了《大
清会典》,这是一部宗人府、六部和其他中央政府机构的原始文件
汇编,清朝共有五部《会典》。另一个机构则续写马端临《文献通
考》自元代以后的内容。他们吸收了王圻的早期著作《续文献通
考》,这部制度史巨著覆盖了从南宋后期到明末400余年的时段。
1767年,该委员会受命续写"三通"之中的另两部,即杜佑的《通
典》和郑樵的《通志》。它们分别在1783年和1785年完成。该委
员又继续在两年内,即到1786年,编修《清三通》。⑤

① Wing-ming Chan, 'Qianlong Emperor's New Strategy in 1775 to Commend Late-Ming Loyalists', *Asia Major*, 3rd ser., 13(2000), 1, 109 - 137; Pamela Kyle Crossley, *A Translucent Mirror: History and Identity in Qing Imperial Ideology* (Berkeley, 1999), 291 - 296.
② 参见何冠彪:《明清人物与著述》,第265—272页;乔治忠:《中国官方修史与私家修史》,第256—269、330—332页。
③ 乾隆虽然赞颂康熙帝的《御批之资治通鉴纲目》"集三编为一部",但并没有将其作为《御批历代通鉴辑览》的基础;参见何冠彪:《明清人物与著述》,第258页。
④ 《通鉴辑览序》,参见《御批历代通鉴辑览》开篇。
⑤ 《中国学术名著提要:历史卷》,第574—583页。

考证和结论

在乾隆晚期和嘉庆早期,考证研究进入全盛期。历史写作的主流观念随之改变,历史编纂的权威评价标准也发生了重要的转换——从朱熹回到司马光。[1] 对批判性研究的热爱在三部杰作中达到了顶峰,它们分别出版于 1782 年、1787 年和 1800 年;三部作品里面都包含了对官修史书的大量研究性笔记,但对历史事件的批评尖锐程度又各有不同。[2] 这些作品是私人写作,其中的两个作者钱大昕和赵翼之前都曾供职于京城的不同编史机构,因而对官方修史有着亲身体会。

然而,官方修史对开展和丰富考证学的影响在三个方面超越了附属于国家修史机构的个人:首先,在确定满族身份认同的过程中产生了语言学、地理学和谱系学分支。一个典型的例子是乾隆朝《满洲源流考》的前言,其中皇帝亲自抨击了考证学者的姿态。[3] 研究的另一个领域涉及更正和统一非汉族朝代官修史书中的人名、地名、官名和其他的翻译。这一领域研究的高潮发生在对辽、金、元三朝正史的修订中。[4] 这些修订记录在《钦定辽金元史国语解》(1781—1785 年)中。这些语言学上的研究也为蒙元研究的蓬勃发展提供了基础,前文提到的钱大昕对此贡献尤多。[5]

第二,编写《四库全书总目提要》对考证的兴起产生了巨大的影响力。同样,为编纂《四库全书总目提要》,而对史部中 1564 部作品所作的批判性评论,大大促进了历史研究。在众多编撰者中,邵晋涵尤为突出,他撰写了全部 22 部正史及其他 7 部史著的

---

[1] 参见 Mittag,'What Makes a Good Historian',394。

[2] 参见伍安祖所著的本卷第三章。

[3] Crossley, *A Translucent Mirror*, 299‑311, esp. 302.

[4] 何冠彪:《明清人物与著述》,第 215—240 页。

[5] 黄兆强:《清人元史学探研——清初至清中叶》,第 73—182 页。

提要。[①] 在编修《四库全书》的大背景中，相当数量原来以为已经丢

40 失的历史著作，重修出现或从《永乐大典》中被复原。当代的史学家们迅速地利用起这些新材料，一个最突出的例子就是 1792 年完成的《续资治通鉴》，它将司马光的巨著续写到了宋元时代，即 960 年到 1368 年的历史。[②]《续资治通鉴》由毕沅带领一群著名史家编纂完成，这部编年史采纳了大量史料，包括各种笔记、地方志以及使节报告，不仅包含宋元历史，还涉及辽、金、西夏。《续资治通鉴》沿袭司马光的模式，所附的《考异》讨论了 1500 条史料差异，但它缺乏司马光《资治通鉴》中的标志性的史论。

第三，也许是害怕同皇帝意见相左，《续资治通鉴的》作者们认为放弃任何评论、反思和解释是明智之举。乾隆通过在晚上阅读、纠正并批注史家们在前一天编撰的内容，积极地参与修订《御批历代通鉴辑览》。随着他的批注数量不断增长，1771 年有人提议将其另编一册。结果诞生了包含 798 个条目的《御制评鉴阐要》，其中十分之三据说是乾隆所作。这部作品被誉为"尊读史之玉衡"，《四库全书总目提要》的编修者们很快就将乾隆的历史批评置于至高无上的位置。[③] 事实上，《御制评鉴阐要》是中国最全面的历史评论著作之一。毋庸置疑，这有助于引导历史学家进行比以往更加细致的考证和繁琐的编纂，而这能避免固执己见的史学研究。

这种谨慎拘束的风格设定了中国官方史学在"漫长的"19 世纪（1795—1911 年）的进程。这体现在不同的史学机构的日常文字工作和一些大型历史编纂中，它们缺乏乾隆大一统帝国的统一观念，因此也无法在遭遇正在崛起的西方列强和日本时，为陷入困境的中国近代历史编纂引入新意义。面对这样的局面，伟大的学者

---

① R. Kent Guy, *The Emperor's Four Treasuries*: *Scholars and the State in the Late Ch'ien-lung Era* (Cambridge, Mass., 1987), 122, 124 - 140.

② 《中国学术名著提要：历史卷》，第 162—165 页。

③ 参见何冠彪：《明清人物与著述》，第 162—165 页。

和改革家梁启超在 1902 年对中国史学进行了激烈批评。① 这种批评严重影响了 20 世纪对中国传统,尤其是对官修历史的看法。现在我们需要用新眼光重读梁启超的文章,重新发现中国历史写作的丰富性,同时更好地理解晚清官方史学内在动力。

41

大事年表/关键日期

1206 年	成吉思汗即位
1271 年	忽必烈宣告元朝成立
1368 年	朱元璋攻下大都(北京)建立明朝
1399—1402 年	永乐帝篡位,内战结束
1405—1433 年	郑和七次远航,前往东南亚,进入印度洋、波斯湾和非洲东海岸
1421 年	首都由南京迁往北京
1449 年	明军败于土木堡之战,英宗被俘,蒙古人获胜
1508 年	王阳明领悟"心学",重振了以朱熹和《四书》为核心的宋代儒学
1567 年	海禁解除
1578 年	俺答汗信奉喇嘛教;蒙古人开始保护达赖喇嘛
约 1580—1630 年	不断延伸的城墙形成长城
1583 年	意大利耶稣会士利玛窦来华
1644—1645 年	明朝灭亡;南明王朝在南京建立,但很快被清朝推翻
1664—1665 年	耶稣会传教士汤若望下狱
1689 年	中俄签订《尼布楚条约》
1750 年	拉萨叛乱,清朝更严格地保护西藏
1793 年	马戛尔尼大使抵达北京和热河

---

① 参见 On-cho Ng and Q. Edward Wang, *Mirroring the Past: The Writing and Use of History in Imperial China* (Honolulu, 2005),262 - 263。

17

| 1799 年 | 乾隆帝驾崩；巨贪和珅定罪，被迫自杀 |

主要史料

《大明一统志》（北京，1461）

《大清会典》（北京，1690、1733、1763、1818、1899）

《大清一统志》（北京，1743、1784）

《皇清职贡图》（北京，1751—1790）

《嘉庆重修一统志》（北京，1842）

《明实录》（北京，1940 年再版）

《明史》（北京，1739、1789）

42 《明史稿》（北京，约 1710 年）

《钦定辽金元史国语解》（北京，1785）

《钦定胜朝殉节诸臣录》（北京，1776）

《热河志》（北京，1785）

《日下旧闻考》（北京，1785）

《四库全书总目提要》（北京，1781）

《西域图志》（北京，1782）

《续文献通考》（北京，1767，1782—1784 年出版）

《续资治通鉴》（北京，1792）

《元史》（北京，1792）

《御定资治通鉴纲目三编》（北京，1775；1782 年出版）

《御批历代通鉴辑览》（北京，1782，1794 年再版）

《御制评鉴阐要》（北京，1771—约 1782 年）

参考文献

Brook, Timothy, *The Chinese State in Ming Society*（London，2005）.

Crossley, Pamela Kyle, *A Translucent Mirror：History and*

Identity in Qing Imperial Ideology (Berkeley，1999).

Franke，Wolfgang，*An Introduction to the Sources of Ming History* (Kuala Lumpur，1968).

——'Historical Writing during the Ming'，in Frederick W. Mote and Denis Twitchett（eds.），*The Cambridge History of China*，vol. 7：*The Ming Dynasty*，*1368 - 1644*，Part I（Cambridge，1988），726 - 782.

Göller，Thomas and Mittag，Achim，*Geschichtsdenken in Europa und China：Selbstdeutungund Deutung des Fremden in historischen Kontexten. Ein Essay*（Sankt Augustin，2008）.

Guy，R. Kent，*The Emperor's Four Treasuries：Scholars and the State in the Late Ch'ien-lung Era*（Cambridge，Mass.，1987）.

何冠彪:《明清人物与著述》(香港,1996).

Hostetler，Laura，*Qing Colonial Enterprise：Ethnography and Cartography in Early Modern China*（Chicago，2001）.

黄苇等:《方志学》(上海,1993).

Ng，On-cho and Wang，Q. Edward，*Mirroring the Past：The Writing and Use of History in Imperial China*（Honolulu，2005）.

乔治忠:《中国官方修史与私家修史》(北京,2008).

Struve，Lynn，*The Ming-Qing Conflict*，*1619 - 1683*：*A Historiography and Source Guide*（Ann Arbor，1998）.

Will，Pierre-Étienne，*Chinese Local Gazetteers：An Historical and Practical Introduction*（Paris，1992）.

朱潇潇 译 李 娟 校

第二章　清帝国扩张的历史书写

帕米拉·凯尔·克罗斯利

　　中国史学家早就认识到,在对待事物的观点上,官方和公众之间存在差异。[①] 以清朝而论,明帝国、朝鲜王室政府、察哈尔汗国和最早的清政府提供的记录,都是"官方"资料,但这些材料并没有展现出一种连贯的官方意见。之前我也介绍过有关"主序"(main sequence)隐喻,但是并没有过多展开阐述。[②] 我所谓的"主序",是一种从各种材料中浮现的叙述,并随着时间推移变得足够庞大,产生的能量足以统摄其他所有观点。我们可以把这一点比作从星云中诞生的星星,它们要么因为质量不够而夭亡,要么开始消耗内部资源,这将让它们进入主序阶段。不同的历史叙述及解释尽管出自同样的编年史,但有些叙述则因为分量不够最终变得冰凉、黑暗、孤立,我称之为"失序的叙述"(off sequence)。国家力量的支持,特别是有国家出版机构背书,是让某种叙述脱颖而出的最有效的办法。但一个主序的叙述不太可能尊重"私人"和"公共"这样的

----

① Harold Kahn, Monarchy in the Emperor's Eyes (Cambridge, Mass., 1971). In 'Boundaries of the Public Sphere in Ming and Qing China', Daedalus, 127:3 (1998),167 - 189, Frederic Wakeman, Jr. 讨论"官""公"观点同第三方外表自私狭隘的"私人"观点之间的关系。

② 最初的灵感来自天文学,但是我作了一点粗暴改动以适合类比历史学。我曾偶然使用这个比喻,参见 *A Translucent Mirror: History and Identity in Qing Imperial Ideology* (Berkeley, 1999),但是希望在这篇文章中进行扩展。天文学家将会发现,我的"星星"包括原恒星的力学变化(使用哈勃天文望远镜前的描述),并混合了主序类型的多种变化。

界限。主序的主导性在于：它渗透了话语的所有维度，对公共和私人的写作与解释一视同仁。本章将考察清王朝叙述其征服史的主序骨干。

在主序之前

1636 年清帝国建立，此前地方政治史最具意义的开端可以追溯到 1587 年。是年，被清朝史学家誉为开国之君的努尔哈赤，建立都城并颁布了律法。[①] 他用这些律法统治着多民族组成的居民，其中主要是女真人，但也混杂着朝鲜人、东北亚人、[②]蒙古人和中国人的群落和个人。从 1587—1616 年（这一年努尔哈赤自称可汗，可能还宣布国号为金），这段先祖政权的历史，主要是从明朝和李氏朝鲜的记录中被搜集出来的。[③] 他们都与努尔哈赤政权保持经常性往来，有时是贸易伙伴，也会爆发间歇性的军事冲突。

17 世纪初，随着努尔哈赤国家的发展，它也开始具备产生史学的基础。而且似乎直到 1599 年满文创立，这种基础才产生，尽管并没有合理的理由解释为何一定如此。之前存在过一种简单的中世纪女真族文字，但努尔哈赤的追随者们似乎回避使用。[④] 整个东北亚地区都使用中文和蒙古文进行长距离的文字交流，努尔哈赤

[①] 这个名字仅仅出现在宗谱中，但是经由当时汉文和韩文记录中的音译，可以被充分证明。参见 Tak-sing Kam, 'The Romanization of Early Manchu Regnal Names', *Studia Orientalia*, 87(1999), 133-148。

[②] 研究现代中国的英语学术界的英文论述中也将"Northest"（这种通常的叫法直译自中文"东北"）称作"Manchuria"（满洲）。

[③] 朝鲜方面最重要的史料是《李朝实录》(*Joseon sillok*)。在《龙飞御天歌》(Yongbieócheonga)中也有提到女真早期领导人的重要材料，这是一部宫廷要求编纂的诗歌，描述朝鲜李朝王族的兴起。参见 Peter H. Lee, *Songs of Flying Dragons: A Critical Reading* (Cambridge, Mass., 1973)。亦可参见唐·贝克所著的本卷第五章。

[④] 但我们仍然需要通过这些资料了解女真政治起源及其向明朝派遣使臣的一些情况。参见 Gisaburo Kiyose, *A Study of the Jurchen Language and Script: Reconstruction and Decipherment* (Kyoto, 1977)。

时代的女真人显然也曾如此。然而,识字的人总的来说相当缺乏。创制标准音节文字扩大了女真人学习写字的机会,因此有更多的人可供努尔哈赤择选,成为书记员,此外还创造了一种媒介,过滤了努尔哈赤国家的早期历史。开始撰写编年史的时间并不确定,不过保留下来的材料格式表明,这只能追溯到 1616 年努尔哈赤汗国宣告成立不久之前。清朝史学家可以根据此前的材料重构努尔哈赤征伐的历史框架,但 1582—1615 年的记录显得尤为突出,因为期间行动频繁但女真人的记录却非常贫乏。奴隶、土地、礼物、附庸、祖先、征召士兵的清单——这些构成了努尔哈赤汗国建国前的档案核心。努尔哈赤非常重视书写中文和蒙古文,因为这可以让他在需要的时候同明朝和朝鲜交流。但是那些年他手下的文人很少,他们的档案编目工作也非常繁重。国家中一群有书写能力的人,不仅形成了一种平民、学者和官僚身份,更允许努尔哈赤以他的意旨调整一定数量的社会和经济活动,完善对资源的控制。从 1616 年开始,努尔哈赤汗国的文件数量急剧上升,原因之一就是汗国本身的生存及其对档案机构日益增长的需要。

明朝方面,有关对清政权前身最早的历史记录来自于修订的编年史,官修地方史,如辽东、吉林和黑龙江,关于外使往来和专利贸易的官方记录,以及少数重要人物的回忆录。尤其是万历朝(1573—1620 年)的记录,将后来成为清帝国早期领导者的那些人,描绘成了贸易专利的追逐者和政治野心家。努尔哈赤所属的建州女真,在明朝记载中是东北边境的联合部落。他们参加明朝的军事战役(比如从 1592—1598 年击退丰臣秀吉入侵朝鲜),请求在明朝的辽东市场出售他们的狗、马、珍珠、皮毛和农作物,并且时不时进京朝见,并获得金银和衣物作为馈赠。1609 年,努尔哈赤亲自出使明朝,此举在明朝的眼中确认了他的附庸地位。因此 1618 年他向明朝宣战,并在 1621 年夺取了部分辽东省候时,明代史学家一致将此记录为不择手段、背信弃义的行为。

朝鲜方面,修订的编年史是记录与女真关系的主要资料。其中收录了一些个人提供的材料,如官员申忠一,但是原本已经散佚。① 朝鲜史料中,努尔哈赤所属的女真部同朝鲜关系明确。14 世纪后期,李朝巩固领土时,将女真人驱赶到了鸭绿江以北;许多人甚至逃得更北,而那些落入朝鲜手中的女真人变成了农奴(奴婢)。据朝鲜史料记载,15、16 世纪,女真人不断骚扰朝鲜领土,劫掠农民耕作鸭绿江以北不断增长的农田。同时,女真领袖前往朝鲜朝廷要求贸易权和停战金。1618 年努尔哈赤对明宣战,朝鲜震怒,但并没有采取有效的军事行动支援传统盟友。1627 年,努尔哈赤的继承者皇太极逼迫朝鲜接受与汗国的藩属关系,1636 年清帝国建立后这种关系再次被确认。清朝首都从沈阳迁到北京后,朝鲜大使、学生和商人通过陆路络绎不绝地往返于北京与东北之间。② 但是朝鲜官方观点——或者说是官员的观点——仍然对清朝有敌意,就像先前朝鲜人对清人的女真祖先一样。他们期待结束满清在中国的蛮族统治,恢复明朝正统。③

还有一些琐碎材料,来自蒙古方面记录同努尔哈赤及其政府往来的各种文献。④ 林丹汗(1604—1634 年在位)治下的察哈尔汗国,自视为成吉思汗和忽必烈汗所创蒙古帝国遗产的直接承袭者。林丹汗仍然将呼和浩特(今天内蒙古的呼和浩特)作为首都,这也是北京以北最大的城市。他将那里的宗教和历史文献混合在了一

46

---

① 乔瓦尼·斯塔里(Giovanni Stary)简要概括了申忠一具有独特价值的材料,参见 'Die Strukturder Ersten Residenz des Mandschukhans Nurgaci', *Central Asian Journal*,25(1981),103-109。1938 年,李仁荣氏发现手稿,次年在出版的《兴京二道河子旧老城》中发表。后来,朝鲜又以 '*Konjeu gicheong dorok*' 为题出版。1977 年,徐恒晋(译者注:原文作 Xu Huanpu,疑误为徐桓普)对其进行了重新校注、部分修复并出版(简体字)。最初的手稿似乎散佚已久,但是文字被录入《李朝实录》(宣祖朝,1567—1608 年在位)。

② 由此产生的诸多游记是众多韩中学者的研究对象。英语读者的了解主要通过 Gari Ledyard, 'KoreanTravelers in China over Four Hundred Years, 1488-1887', *Occasional Papers on Korea*,2(1974),1-42。

③ 参见唐·贝克所著的本卷第五章。

④ 参见 Nicola di Cosmo and Dalizhabu Bao, *Manchu-Mongol Relations on the Eve of the Qing Conquest: A Documentary History* (Leiden, 2003)。

起。林丹汗镇压不断壮大的女真力量，这导致他与皇太极在 1632 年发生冲突，1634 年林丹汗战败身亡。皇太极逐步将察哈尔汗国的组织、仪式、贵族和历史与女真汗国融合成了一个整体，这便是他在 1636 年的农历新年宣告成立的清朝。两部 17 世纪晚期的蒙古编年史——无名氏所著的《黄史》和萨冈彻辰所著的《蒙古源流》，都关注了察哈尔汗国和林丹汗本人。《黄史》强调林丹汗是成吉思汗的后裔，他与佛教喇嘛的正确关系，蒙古贵族在皇太极的猛攻之前保存蒙古人正直与独立品质的作用。《蒙古源流》则认为林丹汗破坏了蒙古的团结，为皇太极的成功创造了机会。但萨冈彻辰并不是在为清朝辩护，他的叙述清楚地表明了成吉思汗后裔独立统治蒙古的权力——这种权力可能已经被清朝永久地侵占了。①

帝国生成的主序

后来编纂的清朝历史，将努尔哈赤时期以及入侵辽东作为"大业"之始（宫廷的说法是"龙兴"）。努尔哈赤建国诸事中，某些特定的细节预示了清朝制度和政治史上的一些特殊主题。但是自负的帝国依然需要将占领辽东视为占领中国的开始，乾隆朝的宫廷出版物建构了这一观点。努尔哈赤诸战的真实情况和动机，在明朝、朝鲜和早期满族文献中仍可见，却因为一些原因没有被吸收进后来的叙述之中，因此可以称为"失序的叙述"。明代编年史和现存的地方贸易记录都清楚描绘出，努尔哈赤及其直系先祖是在与明朝边境贸易中逐渐积累起了财富。他们渴望获得并保持对绝大多数高利润商品的垄断，并且最终同明朝地方权威建立起复杂关系，以此破坏其他女真家族和联盟的商业利益。1582 年，努尔哈赤的父亲和祖父在协助明朝官员攻打一名敌对女真首领的战役中身

---

① Shagdaryn Bira, *Mongolian Historical Writing from 1200 to 1700*, trans. John R. Krueger, 2nd edn (Bellingham, Wash. , 2002), esp. 184 - 214.

亡，即便如此他仍然继续拍明朝政府的马屁，并在 1609 年前往宫廷举行效忠仪式。但就在 1618 年，努尔哈赤宣布建国，并领教到明朝边境官员——企图摧毁他的财富和影响力——的狠辣之后，他马上宣战；不过仍然宣称只是因为明朝待他不公，而他要讨个公道，并非要从明朝手中夺取辽东或者整个中国。努尔哈赤占领辽东最多只是想要夺取进行贸易的城镇，推翻那些地方的明朝监控和税收。有证据表明，当他猛烈攻击边境上的贸易地区时，并没有占领辽东西部的强烈意愿。他的占领生涯似乎在 1621 年占领沈阳时达到顶峰，努尔哈赤自己也这样认为；进一步的扩张行为只是为了抵御明朝进攻，1626 年努尔哈赤在保卫西部边界时阵亡。明朝无力治理和保卫辽东，使得这里成了真空地带，像努尔哈赤这样的地方权贵就可以侵入其中。但是并没有历史证据表明，这就是清帝国的开始。

　　努尔哈赤的生平与他的儿子和继承人皇太极大相径庭。[①] 皇太极作为后金大汗统治了十年，随后在 1636 年作出了重大改变——有意识、有系统地，以极其自负的言词宣布改天换地。努尔哈赤逝世后的十年中，皇太极像一位大汗一样进行统治。也就是说，他要遵守合议传统，不得不承认兄弟和一位堂兄的世袭权力——这些人被称为"贝勒"——承认他们是军队的共同首领，赋予他们汗国统治阶层特有的蓄奴权，并承认他们都有资格继承汗位。皇太极不断削弱或消灭这些贝勒的权势，到 1631 年他已经成功地

---

① 有关 1616 年以前时期零碎的满文编年史中，皇太极一般被称为"四贝勒"，但是朝鲜史料却表明，最早 1619 年，他还被称为皇太极（Tung Taiji）。甘德星（Kam Taksing）指出，正确的拼法应该是 Hong Taiji 或者 Xong Tayiji。我选择继续使用"Hung Taiji"，不过是因为"Hong Taiji"几乎同这个名字的中文罗马拼音完全一样；"Hung Taiji"尽管存在术语上的错误，但确实是满语。参见 Kam, 'The Romanization of Early Manchu Regnal Names', esp. 90。数十年以来，根据赫爱礼（Erich Hauer）翻译的《开国方略》（参见下文），西语学界的学者们由此错误地将皇太极称作"Abahai"。参见 Giovanni Stary, 'The Manchu Emperor "Abahai"'：Analysis of an Historiographical Mistake', *Central Asiatic Journal*，28：3-4(1984)，296-299。

取代对手,或者让他们闭嘴。

但是,只有击败西北部的察哈尔汗国,并摧毁其首领林丹汗,皇太极才能获得帝王身份。林丹汗是铁木真和忽必烈的直系子孙与继承人。他这一支不仅仅是可汗世系,更是大汗世系——可汗中的可汗、最高统治者、皇帝。林丹汗拥有强大、经验丰富的政府和军队。他不仅威胁明朝,也威胁渴望脱离他控制的东部蒙古人和西部的卫拉特(Oyirads)。约 1630 年起,皇太极开始集中力量对付林丹汗。1634 年攻占其首都,吸收其所有军事力量,将察哈尔诸王收拢为后金贵族,并迫使林丹汗残部将大黑天神崇拜(Mahākala)的器物——包括一尊巨大的玛哈嘎拉金像——从察汉浩特运往沈阳。这是皇太极走上帝位的真正开端。1636 年,他宣布建立的清帝国,是后金汗国(在许多形式上得以留存)和察哈尔大汗国(实际在各种形式上得以留存)的结合物。1636 年,皇太极终于登基为"皇帝",宣布清帝国建立。与他的父亲不同,皇太极乐于告知他希望拉拢的明朝官员,他有意击败明朝,以控制东北和部分蒙古。除此以外,他并没有明确表明自己的野心(虽然也用了"天意"这样的词汇进行表达);实际上则是用了更多的时间对付各个部落和一些闯入黑龙江地区的俄国人,而不是在西边对明朝作战。1643 年皇太极寿终正寝,享年 52 岁。不到一年后,满清进入北京。

皇太极的统治标志着清朝历史编纂中主序的建立。这个新帝国最先的工作是要解释皇太极的皇权以及清朝对察哈尔和明朝作战的合法性。"文馆"初建于 1629 年,是可汗直属部门,到 1636 年已经成为"三院"。到 1635 年,用汉文、女真文(很快变成满文)和蒙古文编写文书,已经成为该部门的日常工作。1636 年组建的"三院"中,首先是国史馆,是维护帝国合法性和女真统治特权的重要部门。正是国史馆奉敕编纂努尔哈赤编年史,1635 年完成了满汉双语、有插图的《清太祖努尔哈赤实录》,插图描绘了骑马、长须、鹰钩鼻的努尔哈赤的数次辉煌战役。次年,第一部按照汉人风格,正式叙述努尔哈赤的作品完成:《太祖武皇帝实录》,

这部作品是 18 世纪研究清朝起源和征服史主要线索的重要材料来源。

　　满清征服中国的时间一般被定在 1644 年，一段漫长而不确定的历史进程因此拥有了一个精心安排的开场。1644 年，明帝国刚好在中部和北部两股巨大农民起义的汇聚下土崩瓦解。同年 4 月，其中一股叛乱者进入北京，其首领在明朝皇帝上吊自杀后宣布自己为新王朝的皇帝。在随后的几个月里，散落在中国南方各地的明朝复辟势力试图协调军事资源夺回首都，请求清兵入京便是该计划灾难性的一部分。清帝国的"八旗"迅速将叛乱首领逐出北京，但是并没有复辟明朝，而是将他们年幼皇帝放在了宝座上。控制华北并没有花费清朝太长时间，但是当征服的铁蹄驶向长江并试图攫取华南的时候，抵抗变得激烈起来。清廷（因为皇太极的儿子福临，顺治皇帝当时只有十几岁，由摄政者们主持）决定派遣三位东北汉人将领建立地方占领政府来安抚南方。作为交换，这些新的军事统治者被赋予极大的自主权，包括保留各自税收的权利。顺治帝早逝，1661 年他年仅 7 岁的儿子玄烨登基，即康熙帝。1669 年康熙亲政，没几年就指责三位藩王狼子野心。随后一位藩王叛乱，发动了一场将近十年的战争，这场内战不仅导致华南的南明小朝廷垮台，清朝建立了直接受控于北京的南方地方政府，同时也摧毁了台湾的郑家王朝，使台湾在历史上第一次纳入中华帝国的版图。1683 年"三藩之乱"结束、南方得以稳固之后，清帝国才开始将领土拓展到明朝从未统治的地区。

　　"三藩之乱"为打造清王朝独特史学风格的官方史学提供了灵感。1682 年，皇帝下令校对出自官僚和战役相关将领的敕令与报告，以时间顺序排列付印，并附有一个很长的解释性序言。1686 年，这部名为《平定三逆方略》①的作品完成。"方略"是第一种战争

50

----

①　在现代汉语罗马拼音中，"fanglve"中有两点的元音 ü 被拼写成"v"，以区别于没有两点的"u"。

文献汇编,由参与战争的将军领朝廷之命组织和编辑。少数关注到"方略"产生的作者,比如濮德培(Peter Perdue),认为方略就是"官授军事史"。[①] 很多方略确实都有关军事话题,但并不是所有都是如此。比如,1727年名臣靳辅向雍正帝上呈了有关水利的文献概述,因而备受赞誉,并被官方重新命名为《治河方略》,[②]我们相信这并非特例。

51 　　也许,方略最好被理解为,对清廷有重大战略意义的精选主题的文献概述,军事战役显然是其中最重要的部分。从平定三藩之乱开始,每一场战役都伴随着战争文献的迅速产生和整理,主将们也有可能被委派参与方略编纂。1749年,清朝为此专门设立方略馆。清廷主要通过方略建构其军事占领历史,就像濮德培所说,方略对军事进行了集中叙述,所产生的影响至今控制着我们对清帝国扩张的理解。康熙在军事方略的主题选择上很有特点:三藩和卫拉特是重大战略问题,只能通过积极军事行动歼灭敌人得以解决,它们是方略的主题。但是西藏永远不是方略的主题,尽管康熙年间将其置于军事占领之下。除了青藏高原的战略重要性,西藏对于清廷的意义相当复杂。从清廷的历史观念出发,他们不是敌人,也不是战争对象和军事占领的目标。

　　康熙帝编纂《平定朔漠方略》时更为深思熟虑。平定三藩后不久,他将目光转向了蒙古。那里不断给明朝造成麻烦,对清朝却是个更为复杂的问题。蒙古头人最先尊努尔哈赤为可汗,清朝的大部分精神和血统合法性资源也是从蒙古获得的。清朝信赖一些蒙古头人,却担心其他蒙古人引起军事或商业纷争。此外,蒙古人似

---

① Peter C. Perdue, 'The Qing Empire in Eurasian Time and Space: Lessons from the Galdan Campaigns', in Lynn A. Struve (ed.), *The Qing Formation in World-Historical Time* (Cambridge, Mass., 2004),75. 亦可参见 Beatrice S. Bartlett, *Monarchs and Ministers: The Grand Council in Mid-Ch'ing China, 1723 – 1820* (Berkeley, 1991)。

② J. C. Yang, 'Chin Fu', in Arthur W. Hummel (ed.), *Eminent Chinese of the Ch'ing Period* (Washington, 1943),163. 无论是方略还是满语的"bodogon",都不代表军事意义,而是指涉一种计划或策略——一种长期的协调行动。

乎总是容易被俄罗斯帝国利用，后者正在挑战清朝对东北部分地区的控制。康熙决定向人数最多、最集中的蒙古喀尔喀部落提出最后通牒，让他们接受自己的统治。经过了大量的谈判后，喀尔喀人准备接受，但是卫拉特的首领噶尔丹却提出反对，他是一个很有特点的人，具有部分蒙古血统，出身喀尔喀西部，坚持认为喀尔喀人应该接受他的统治。1689 年，康熙皇帝与俄罗斯缔结条约后，试图通过代表喀尔喀实施干预，以暗示他在蒙古的主权。这导致1690 和 1697 年间清朝与卫拉特的战争。战争后期，康熙御驾亲征噶尔丹，噶尔丹最终被下属所弃（也许是被下毒）。为庆祝胜利，1699 年敕撰《平定朔漠方略》，并于 1708 年完成。① 像早期方略一样，《平定朔漠方略》的标题、序言、反思性文章都是用汉文写成的，但也包含了大量满语文献，包括皇帝给他的儿子胤礽的私人信件，因为康熙亲征时由胤礽主持朝政。

　　康熙朝文献创作的另一个方面奠定了主序的基石。1677 年，康熙帝命令武木纳带人考察靠近东北和朝鲜边境的长白山。年轻的皇帝向武木纳解释，没人知道满清皇室血统的"准确源头"，武木纳的任务就是找到它并举行祭祀仪式。这个任务非常困难，不仅仅是因为武木纳被派遣去的地方，真正是一片方圆数千英里无人居住的荒原（从名字上看，这里长年寒冬）；更是因为此行还有一个不能言说的目的：让清朝熟悉这一区域及其地理特征，这在划定与朝鲜（长白山以南）和俄罗斯（以东）的边界时将非常有用。经过一些挫折后，武木纳和他的队伍奇迹般地到达了长白山顶峰，并准确地描述了其火山口湖和周围的 5 座山峰。这些和其他描述都被收

① 这部作品很快被冠以"亲征"重印，并单独出版了满语版（Beye wargi amargi babenecihiyeme toktobuha bodogon-i bithe）。参见 Perdue, 'The Qing Empire in Eurasian Time and Space: Lessons from the Galdan Campaigns', in Lynn A. Struve（ed.）, *The Qing Formation in World-Historical Time*（Cambridge, Mass., 2004），对这部作品作出了进一步评论，其中包括对其内容和影响的分析。

入《封长白山》中,并在年末上呈朝廷。[①]

康熙帝敏锐地意识到,对蒙古的军事和文化入侵要同时进行。除了尝试与达赖喇嘛沟通协作(噶尔丹战争期间有过转变),康熙帝还在北京延续林丹汗在察哈尔汗国时期开始的宗教仪式出版方案;目的是将自己描述为藏传佛教的保护人和转轮王,是可以追溯到阿育王的佛教诸王遗产的化身。虽然康熙朝见证了蒙古贵族反对清王朝的各类抵抗和叛乱(包括皇太极和林丹汗共同的孙子布尔尼),但是在对噶尔丹的战争中,皇帝已经让自己成为了喀尔喀蒙古人的统治者(包括已经投降的蒙古人)。17世纪早期,蒙古历史编纂变得更加世俗,时事性不强;康熙与蒙古的交战期间,更是又回到了成吉思汗的传记、族谱和宗教历史问题上。17世纪晚期和18世纪用蒙古语编纂的几乎所有已知史书,都遗漏了清朝的入侵和对噶尔丹的战争,只有几处寥寥几笔带过。[②] 研究18世纪蒙古方面大量历史评论的历史学家,经常会引用罗密,他是成吉思汗的后裔和蒙古八旗高官,于1732年到1735年间编纂了关于成吉思汗后裔世系的史书,强烈表明成吉思汗家族的合法性已经过渡给了清朝,希望蒙古人能够为了团结与和平从此以后与清朝皇帝共存。因此,罗密的著作虽然是蒙古人用蒙古语书写的,但也进入了主序。[③]

主序的高峰

乾隆帝(1736—1796年在位)统治时期孜孜不倦地为清帝国打

① 关于《封长白山》和《钦定盛京府》之间的关系,参见 Crossley, *A Translucent Mirror*, 297 - 298; Mark C. Elliot, 'The Limits of Tartary: Manchuria in Imperial and National Geographies', *The Journal of Asian Studies*, 59:3 (2000),603 - 646;关于武木纳考察任务的细节参见上书,第612—613页。

② Bira, *Mongolian Historical Writing*, 169 - 170.

③ 关于罗密同时代持相似观点的人,参见 Joseph F. Fletcher, Jr., 'A Source of the Erdeni-yin Erike', *Harvard Journal of Asiatic Studies*, 24(1962 - 1963), 229 - 233.

造文献遗产,将起源、身份、征服的合法性以及文明的命运,整合成连贯的帝国叙事。此举严重依赖方略,辅之以制度史、历史纲要以及通过诗歌、建筑、景观、策划和仪式等媒介产生的抒情冥想。制度史的编纂方法与方略相同:由一个中央机构协调工作(该机构甚至是为此专门设立),如有必要,从其他帝国机构收集相关记录,结集出版,并附谱系图、说明此奉敕之作的序言、目录以及编者导言。从雍正时代起(《八旗通志》于1727年开始编写,1739年完成),正式的制度史都有满汉两个版本。

乾隆朝在每次军事行动结束后,都马上下令为其编纂方略。1745年,乾隆皇帝决定继续向西推进清朝在蒙古的占领,以摧毁卫拉特残部,当时他们称呼自己及其政权为"准噶尔"。结果清朝不仅消灭了准噶尔领袖和大部分准噶尔人口,更是入侵了东突厥斯坦。准噶尔帝国在噶尔丹时期统治东突厥斯坦,清朝的计划是夺取准噶尔全部领土。从此以后,虽然在官方正式文件中用"西北"指代穆斯林东突厥斯坦,但是清廷已经称之为"新疆"。① 现在看来,这可以被视为清朝对外征服的最后一阶段,可能朝廷从来不打算将边界拓展出准噶尔,即它的战略重心以外的地方。1755年战争结束不久,马上敕撰大型《平定准噶尔方略》,1770年首次付印。事实上,发布《平定准噶尔方略》是一个多元事件,因为同时还创作了描绘胜利场面的绢画和铜版画,这些都展示在紫禁城大殿里。② 这一盛事激励了对战事的私人叙述,其中一些出自与战事有

54

---

① 这里使用的"Northwest"如同"Northeast"一样,反映了研究现代中国的英语学界目前的习惯,也是对标准清朝用词(西北)的直译。在清帝国的背景下,"西北"一词包含了从明朝继承的中国西北(陕西西部和甘肃)以及新近获得的领土,比如东突厥斯坦(新疆)。

② 耶稣会士郎世宁(Castiglione)、王致诚(Attiret)、艾启蒙(Sichel barth)和萨鲁斯缇(Sallusti)负责了这些图画的绝大部分;他们工作的细节以及铜版画的命运可参见 Lothar Ledderose, 'Chinese Influence on European Art, Sixteenth to Eighteenth Centuries', in Thomas H. C. Lee (ed.), *China and Europe: Images and Influences in Sixteenth to Eighteenth Centuries* (Hong Kong, 1991), 226 - 227。

关的官员。大多数方略的配图版（战图）都经由私人印刷和销售。

　　乾隆时期，清帝国发生了从扩张到稳定的深刻转变，然而这并不意味着方略体裁的萎缩，事实上，1755 年后产生的方略数量比之前还要多。但后来的方略都是记录内部征讨，尤其是征讨叛乱的王国。四川金川与藏人有关的叛乱，在乾隆朝反复发作，清军经常要镇压叛乱。朝廷乐观地在 1743 年下令编纂平定叛乱的方略；但是在其完成并于 1780 年付印之前，[①]这块地区又发生叛乱，在金川的持续征战迫使该方略在 1800 年出新版（乾隆崩逝后）。从 19 世纪初开始，帝国日益被广泛、有组织、反复发作的动乱所困扰，这些动乱在太平天国战争（1850—1864 年）和北方捻军叛乱中到达顶点，并一直延续到 1868 年。其中最大最具威胁的叛乱均被编入方略：《剿平三省邪匪方略》（1810 年）中的白莲教叛乱（1796—1804年）；《平定回疆剿擒逆裔方略》（1830 年编完，1833 年付印）中1828 年抓获及处决的穆斯林叛乱者张格尔；《剿平粤匪方略》（1872 年）中击败太平天国；《剿平捻匪方略》（1872 年）中的捻军；《平定云南回匪方略》（1896 年）中从 1856—1873 年活跃于云南的潘泰人首领；《平定陕甘新疆回匪方略》（1896 年）中被击败的阿古柏以及与之有松散联系的西北回变，阿古柏曾试图于 19 世纪 70年代在喀什建立独立国家。

　　乾隆朝并不满足于仅塑造其当代史事。在这个时代，帝国对它的起源、合法性和征服活动的整体框架进行了最全面的重写和重塑。这始于全面修订和重新包装努尔哈赤时代编年史，它现在被更名为《满洲实录》，1740 年付印，专门的插图版出版于 1781年。[②]《皇清开国方略》在概念和篇幅上都很宏大，1774 年开始编写，1786 年首印。这部作品叙述了清朝皇族的血统，努尔哈赤的崛

---

① 《御制平定两金川方略》（北京，1780）。

② 皇太极时代的重修之后（参见前文），这些编年史又在 1686 年康熙印制《清太祖高皇帝实录》时再次修订。乾隆时期，又于 1740 年和 1781 年分别以《满洲实录》和《太祖实录》重印。1932 年，由日本赞助的出版公司支持，1636 年版本被重现。

起以及与明朝的早期战争。它明显改动了失序材料中记录的事件。在乾隆朝的叙述中,满族起源于长白山;其实,明朝和朝鲜的史料都明确指出,女真部落联盟的早期领袖(清朝皇族的祖先)在鸭绿江以北的吉林省居住了一段时间,到了努尔哈赤祖父时向东迁徙并定居在明朝辽东的边界地区。① 乾隆朝改写的《皇清开国方略》将清帝国祖先追溯到一个拥有超自然力的英雄人物(从长白山地区部落的民间传说故事中获得,这些部落中的很多人自皇太极的时代起就成为了清朝的臣民),这个英雄人物也许是早期女真人选出,在一场内部权力纷争后领导部落。插图版的《满洲实录》和《皇清开国方略》都包含了努尔哈赤对明作战的文字叙述和图像,塑造了他反抗腐朽、堕落、傲慢的帝国,追求正义的持久个人形象。为了强化这些历史著作中的信息,乾隆朝提供了丰富的抒情性补充,最有名的是《钦定盛京赋》,吸收了大量康熙朝《封长白山》中的细节。②

　　对清朝征服历史及其动机的一般性解释,不仅贯穿了乾隆朝对编年史和方略类著作的修订,在新近奉命研究满族和蒙古族起源的作品,③对萨满教仪式的细节描述,以及对早期与清朝合作的汉人的批判性研究中(怀疑弃明投清人士的动机),④都有所展现。这些新作品出版和发行于持续的文字狱背景中,文字狱清洗了不合时宜的书籍(主要是作品中出现了对满族的批评,无论多么委婉),

56

---

① Crossley,*A Translucent Mirror* 一书,广泛研究了 18 世纪利用 17 世纪史料的细节。

② 关于《钦定盛京府》参见 Crossley, *A Translucent Mirror*,268 - 269,283; and Elliott, 'The Limits of Tartary',614 - 617。

③ 《满洲源流考》完成于 1783 年。关于其内容的细致描述参见 Pamela Kyle Crossley, '*Manzhou yuanliu kao* and Formalization of the Manchu Heritage', *Journal of Asian Studies*,46: 4(1987),761 - 790。

④ 《贰臣传》出版时无序言,最重要的意图可以从它的展开以及同时期进行的其他出版物中推断出来,后者全部处于编修《四库全书》这一大背景之下。进一步的讨论可参见 Pamela Kyle Crossley, 'The Qianlong Retrospect on the Chinese-martial (hanjun) Banners', *Late Imperial China*,10: 1(1989),63 - 107。关于《四库全书》的一般性背景参见 R. Kent Guy, *The Emperor's Four Treasuries: Scholars and the State in the Late Ch'ien-lung Era* (Cambridge,1987)。

也提升了拔高清朝自身文化深度和政治地位的作品。这些作品包括新近修订的辽、金、元史，乾隆帝觉得清朝从这些帝国获得的大量文明，完全与中国没有关系。总之，这些著作强化了一个核心思想：满族国家和社会是千年以来东北地区政治和文化发展的顶峰，满族人的血统和精神实践都与这种独立遗产和政治合法性有关，并且这种政治合法性可以被转移到中原、蒙古和西藏以及东北文明中。这些作品还呈现出一种自我指涉的——在意识形态意义上——以及连贯的帝国叙事，这并不奇怪，因为形式上它们都由国史馆发行，或者直接出自国史馆（参见前文）。

主序的内爆

57　　思考《平定罗刹方略》的编纂经过，就能发现主序的尾声（混合隐喻）。该题目表明了其与方略类著述的关系，但它开始只是一部私人著作。1860 年，学者何秋涛觐见皇帝，并提交了长篇巨著《朔方备乘》。其中包含了"平定"罗刹的史事，咸丰皇帝对这部作品倍加赞赏。当时的帝国仍然深深沉浸在太平天国内战的剧痛中，英法也正以各自的方式侵略中国。不过，清朝与俄罗斯帝国抗衡的历史仍然是一个亮点。清朝不仅让俄罗斯在 17 世纪停滞不前，签订了两个重要条约，限定了双方的边界和对它的管理，而且清朝的八旗军一直在抵制俄罗斯控制黑龙江下游及其东部太平洋沿岸的意图。叙述"平定"罗刹似乎与叙述征服蒙古和东突厥斯坦的早期帝国作品有异曲同工之妙。朝廷对这部著作的奖赏是将其归入方略，并以皇命督行付印。不幸的是，不久之后英法联军进京，多行抢劫焚烧，《平定罗刹方略》焚毁于洗劫宫殿之时。何秋涛的一位故人有这部作品的抄本，并安排重新抄写。但在抄写完成前，他的住宅起火而抄本也遗失了。[1] 另外，俄罗斯曾威胁要加入英法实施

---

[1]　Tu Lien-che，'Ho Ch'iu-t'ao'，in Hummel（ed.），*Eminent Chinese of the Ch'ing Period*，283.

军事袭击,并在两百年的争斗后,终于与清朝签订条约,获得黑龙江以东领土,建立海滨省。近二十年后,何秋涛的儿子将一份手稿交给清廷,并声称是原作抄本的抄本。但这份手稿的来源从未被证明,因此《平定罗刹方略》也仍然是主序遥不可及的尾声。在方略的终结与缘起中,它的命运和致力描述的战役始终不可避免地交织在一起。

大事年表/关键日期

1587 年	努尔哈赤建立多语言政权的都城
1599 年	修改蒙古字母创建满文
1616 年	努尔哈赤建立汗国(金)
1627 年	皇太极继承汗国,走向君主统治
1634—1636 年	击败林丹可汗,宣告清帝国诞生
1644 年	清人占领北京
1673—1683 年	三藩之乱,占领台湾
1686—1697 年	康熙征战并占领中部蒙古
1718—1720 年	清朝在西藏对准噶尔开战并军事占领拉萨
1747 年	金川之战第一阶段
1755 年	击败并歼灭准噶尔部,军事占领东突厥斯坦(新疆)
1771 年	金川之战暂停
1796—1804 年	白莲教叛乱
1828 年	抓获并处决张格尔
1850—1864 年	太平天国战争
1865—1868 年	捻军叛乱
1856—1873 年	潘泰回乱
1865—1877 年	阿古柏分裂

58

主要史料

《八旗满洲氏族通谱》(北京,1745)

《八旗通志》(初集)(北京,1739)

《皇清开国方略》(北京,1786)

Jakōn gōsai manjusai mukōn hala be uheri ejehe bithe(北京,1745)

《剿平捻匪方略》(北京,1872)

《剿平三省邪匪方略》(北京,1810)

《剿平粤匪方略》(北京,1872)

Konjeu gicheong dorok（Seoul，1597)

《满洲祭神祭天典礼》(北京,1776)

《平定回疆剿擒逆裔方略》(北京,1830)

《平定三逆方略》(北京,1686)

《平定陕甘新疆回匪方略》(北京,1896)

《平定云南回匪方略》(北京,1896)

《平定准噶尔方略》(北京,1770)

《钦定八旗通志》(北京,1799)

《钦定满洲源流考》(北京,1783)

《钦定盛京府》(北京,1743)

《亲征平定朔漠方略》(北京,1708)

《御制平定两金川方略》(北京,1780)

59　## 参考文献

Bartlett，Beatrice S.，'Books of Revelations：The Importance of the
　　Manchu Language Archival Record Books for Research on Ch'ing
　　History'，*Late Imperial China*，6：2(1985)，25 - 33.

——*Monarchs and Ministers*：*The Grand Council in Mid-Ch'ing
　　China*，*1723 -1820*（Berkeley，1991）.

Bira，Shagdaryn，*Mongolian Historical Writing from 1200 to 1700*， trans. John R. Krueger, 2nd edn (Bellingham, Wash. , 2002).

Cimedorji, Jaga and Weiers, Michael, *Indices zum Daicing gurun-i fukjin doro neihe bodogon-i bithe and zum Huang Qing kaiguo fanglue* (Berlin, 2000).

Crossley, Pamela Kyle, 'Manzhou yuanliu kao and Formalization of the Manchu Heritage', *Journal of Asian Studies*, 46: 4(1987), 761 – 790.

——'The Qianlong Retrospect on the Chinese-martial (hanjun) Banners', *Late Imperial China*, 10: 1(1989),63 – 107.

——*A Translucent Mirror: History and Identity in Qing Imperial Ideology* (Berkeley, 1999).

——and Rawski, Evelyn Sakakida, 'A Profile of the Manchu Language in Ch'ing History', *Harvard Journal of Asiatic Studies*, 53: 1(1993),63 – 102.

Elliott, Mark C. , 'The Limits of Tartary: Manchuria in Imperial and National Geographies', *The Journal of Asian Studies*, 59: 3 (2000),603 – 646.

——'The Manchu-Language Archives of the Qing Dynasty and the Origins of the Palace Memorial System', *Late Imperial China*, 22: 1(2001),1 – 70.

——*The Manchu Way: The Eight Banners and Ethnic Identity in Late Imperial China* (Stanford, 2001).

Fletcher, Jr. , Joseph F. , 'A Source of the Erdeni-yin Erike', *Harvard Journal of Asiatic Studies*, 24 (1962 – 1963),229 – 233.

——'Manchu Sources', in Donald Leslie et al. (eds.), *Essays on the Sources for Chinese History* (Canberra, 1973),141 – 146.

Kam, Tak-sing, 'The Romanization of Early Manchu Regnal Names', *Studia Orientalia*, 87(1999),133 – 148.

Puyraimond, Jenne-Marie, Catalogue du fonds manchou (Paris,

1979).

Stary, Giovanni, 'The Manchu Emperor "Abahai": Analysis of an Historiographic Mistake', *Central Asiatic Journal*, 28: 3 - 4 (1984), 296 - 299; orig. pub. in *Cina*, 18(1982), 157 - 162.

铁良等撰:《钦定八旗通志》(1977)(台北,1966 年重印).

Wang, Chen-main, 'Historical Revisionism in Ch'ing Times: The Case of Hung Ch'engch'ou (1593 - 1665)', *Bulletin of the Chinese Historical Association*, 17(1985), 1 - 27.

Wilkinson, Endymion Porter, *The History of Imperial China: A Research Guide* (Cambridge, Mass., 1973).

Yang Lien-sheng, 'The Organization of Chinese Official Historiography', in W. G. Beasley and E. B. Pulley blank, *Historians of China and Japan* (Oxford, 1961), 44 - 59.

朱潇潇　译　李　娟　校

第三章　中华帝国晚期的私家史学

伍安祖

中华帝国晚期,除了官方正史、实录,以及其他朝廷资助编修 60
作品,还产生了其他数量庞大历史著述,虽然这些私修史书的作者
也有可能是官员,包括那些有追求、闲散和退休官员。摆脱了官僚
化编纂任务的格式化与限制,一系列史学性质的文本应运而生:全
景式的断代史、史论、校订、谱牒、方志、传奇、历史小说和叙事史。
文人墨客们不仅书写自己的历史,更热衷于重印和校订旧史书。
此外,随着识字率的上升、印刷技术的进步和书籍的传播,历史读
物进入了广大民众的生活中。实录向公众流通,也推动了私修史
书的发展。与唐宋不同,此时的读者不再局限于学术精英。商业
作坊出品的读物远比重印的官方著作——如各种经典、正史和法规
等——更容易获得。私人图书馆风生水起,书籍收集也风靡一
时。① 15—18 世纪明清的私家史学,就是在这样一种不断发酵的
背景中发展壮大。虽然私人著作的质量参差不齐,但相当一部分
展现出了巧妙的材料组合、对材料的批判性使用、创新的叙事结
构、突破常规的研究范围和敏锐的历史分析。私人作者们摆脱了
官方模式化的约束,加之对正统史学的不满,于是创造性地认真承 61
担起了整理过去的任务。本章将通过研究一群杰出作家及其作
品,阐明迄今为止一直被当做配角的中国帝国晚期的私家史学。

---

① Wolfgang Franke,'Historical Writing during the Ming', in Frederick W. Mote and
Denis Twitchett (eds.), *The Cambridge History of China*, vol. 7: *The Ming
Dynasty*, *1368 - 1644*, part 1 (Cambridge, 1988),726 - 727.

　　杨联陞曾表示,在明代(1368—1644 年),许多史学传统已经变得僵化,例如,论战部分变成了发表颂词的温馨之地,而不是表达怀疑和问题的争议之所。[1] 但是傅吾康(Wolfgang Franke)却认为,明代的历史写作尤其在 15 世纪后有了长足进步。[2] 事实上,明朝见证了既有方式的重述和新领域的诞生。《明史·艺文志》(1739 年)描绘了一幅作品种类和数量俱盛的图景。除了官修史书,还有杂史、史钞、故事、地理、谱牒、传志、职官、仪注和刑法,数量达到了 27547 类。[3] 私修史书的发展引起了当时评论家的充分关注。谈迁为"实录外,野史家状,汗牛充栋,不胜数矣"感到诧异。[4] 其中大多是有意面向大众的通俗历史读物,并非严格地基于史料文献,与其说是历史不如说是小说。引来众多效仿的罗贯中的《三国演义》,就是一个典型的例子。也有许多私家史学讨论明代史事,当中许多都以可疑的第一人称进行叙述。王世贞因其偏袒而不屑一顾。[5] 但是,抛开质量问题,明中期以来的私家史学确实兴旺。[6]

　　丘濬是 15 世纪著名史学家,参与了朝廷委任的实录编撰。受宋代道学大师朱熹所著《通鉴纲目》的道德教训启发,他创作了《世史正纲》(1481 年),其目的是通过诉诸历史经验教训,匡扶道德,"著世变,纪事始"。丘濬认为,历史展示了最重要三条的普世原则:华华夷夷、君君臣臣、父父子子。理解过去就意味着以春秋笔

62

①　Lien-sheng Yang, 'The Organization of Chinese Official Historiography: Principles and Methods of the Standard Histories from the T'ang through the Ming Dynasty', in W. G. Beasleyand E. G. Pulleyblank (eds.), *Historians of China and Japan* (London, 1971), 53.

②　Wolfgang Franke, *An Introduction to the Sources of Ming History* (Kuala Lumpur, 1968), 4.

③　陶懋炳:《中国古代史学史略》(长沙,1987),第 389—390 页。

④　引自李小树:《封建传统史学的没落与通俗史学的兴盛——明代史学探论》,《北京社会科学》,1(1999),第 91—96 页。

⑤　引自李小树:《封建传统史学的没落与通俗史学的兴盛——明代史学探论》,《北京社会科学》,1(1999),第 93—94 页。

⑥　Franke, 'Historical Writing during the Ming', 756 - 760.

法,褒贬维护或批判这些原则的行为。①

丘濬致力于解决正统问题,或者王朝统治权威的合法性与正统性传递问题。他利用了一个符号系统来迅速指明合法性的存在或缺失。在正文中,继承正统的朝代名称都被圆圈圈起来。不合法的朝代名称则没有被写入,只是用一个空圆圈表示。蒙元是最不合法的朝代,标以一个黑色实心圆,象征中国完全落入野蛮人手中的黑暗时代。阴阳二力本身就代表和平与混乱的交替。丘濬认为:"阳明出事,则中国尊安,君子在位,天理流行,如此则为治世。"②他的历史观无疑反映了当时的地缘政治现实,严格区分华夷就是为了庆祝明朝恢复了汉人统治。丘濬生活在一个外来威胁严重的年代。1449年,英宗亲率50万大军与蒙古人作战。明军惨败,皇帝被俘,蒙古大军随后猛攻都城北京。结果很不幸,明军崩溃,皇帝被俘。丘濬拥护华夷之辨的普遍历史原则,以之作为使当下直面过去的一种方式。③

私家史学繁荣昌盛的更多证据比比皆是。比如祝允明和瞿景淳这样的作家,敏锐地意识到历史是一个独立的学科,并致力于史学批评。祝允明撰写了《祝子罪知录》(译者按:原文误为《祝子罪言录》),对历史事件和人物的传统观点提出了疑问。比如,他揭开了围绕商、周创始人汤、武身上的神话,通常人们崇敬他们因美德而领受天命。祝允明则认为:"汤武非受命,乃杀也。"他还质疑宋代标志性的儒家人物朱熹的文化权威,声称朱熹可以被赞为学问集大成者,但不应该被视为一个永远高高在上、不可替代的典范。正如历史会改变,对朱熹教导的看法也应如此。④

瞿景淳所著《古今史学得失论》拷问了正史和经典。他明确指出历史学的目标和方法,声称史家有四事:"曰重委任,不以他务乱

63

---

① 参见李焯然:《丘浚之史学》,《明史研究专刊》,7(1984),第163—208页;杜维运:《中国史学史》,第三卷(台北,2004年),第165—168页。
② 同上书,第176—190页。
③ 同上书,第196—198页。
④ 引自杨艳秋:《明中后期的史学思潮》,《史学史研究》,2(2001),第36—37页。

其心思也。曰假岁月，不以速成致其率略也。曰专职业，虽有选择不令辄去也。曰访遗书，凡有著述无不搜罗也。"有五志：达道义、彰法戒、通古今、著功勋、表贤能。最后还有三科：叙沿革、明罪恶、旌怪异。

私家修史的流行趋势一直持续到晚明，从1573年万历朝直到1644年明朝结束。实录向公众开放显然促进了私家史学的发展。研究几部主要的私人史学著作是很有启发性的，它们与官方《明史》覆盖时代大致相同，并且突出了非官方版本与官方版本之间的差异。何乔远的《名山藏》（1993〈1640年〉）是一部覆盖了明朝大部分时段（1368—1572年）的私家史书，也称《明十三朝遗事》。[①]他将材料放进35篇"记"当中，这些"记"类似于正史的纪、传、志。比如，《典谟记》类似正史本纪。个别"记"等同"志"，还有些非常像正史中的"论赞"，但是《名山藏》的不同之处在于所有传记的分类都很清楚。比如，《天因记》记录了辅佐朱元璋的人物，承认他们在建国大业中的关键作用。相比之下，《明史》则没有把这些人的传记放在特殊的位置。太祖的对手们则被放入了《天驱记》中，强调他们的毁灭。另外，《名山藏》也从更高的角度看待对外关系和其他民族。它并不回避有关满族故乡的信息，在《王享记》中记录了满族政权的兴起以及其他"蛮族"的情况。女真满族被归为"东北蛮族"。事实上，何乔远敏锐地指出了来自北方的威胁，并呼吁明朝加强防御。

何乔远还讨论了明史的编纂问题。除了批判避讳原则以外，还哀叹即便帝国档案中的实录已经开放，但仍然普遍缺乏可靠真实的史料。有趣的是，李建泰（1625年中进士）在给《名山藏》的序言中，也披露了实录的缺陷和不足：实录倾向于不加批判地表彰朝廷，而且因为焦点是朝廷的官方事务，所以不太关心社会事务。因

---

① 关于作者的简介，参见 L. Carrington Goodrich and Chaoying Fang（eds.），*Dictionary of Ming Biography*，1364 -1644（New York，1976），507 - 509。

此,我们可以说,正是对实录的不满刺激了私家史学的发展。①

另一部备受赞誉的明代私家史著,是谈迁修撰的编年体史书《国榷》(1653年)。②《国榷》中1628—1645年的部分编写于清初,谈迁自视为明朝遗民,因而并不忌讳提及清朝统治者的名字,更把满族人称为"建虏"。包括实录在内的大量明朝史书肤浅伪陋,这促使谈迁创作了这部巨著。谈迁愤愤不平于官方和奉命所作史书中"史权"的妥协,因为编者要感谢皇恩并常常屈从于皇帝的一时兴起。③他决心创作一部完整真实的历史,尽可能做到"国可忘,史不可灭"。他四处游历收集材料,参考了大量的资料(包括地方志),收集各种法规,石刻铭文,删除其中的错误和偏见。总之,谈迁编纂《国榷》历时36年,利用了270种不同的资料,前后六易其稿。④

《国榷》采用了编年史的形式,与《明史》有着明显的不同。此外,谈迁对人与事的评价也很公平。还有一点值得注意,即评论并不总是在卷尾,而是整个地穿插于行文中,因此他的判断也被纳入了叙述之中。除了本人的900余条评论,他还引用他人的评论,其总数不少于1200条。⑤《国榷》也和实录有着很大的不同。例如,建文帝被永乐帝所废,因此并没有为存在争议的建文朝编修实录。建文朝的材料被吸收进永乐朝的记录中,而且被明确冠以"奉天靖难记"之名,由此肯定了永乐帝行为的合法性。此外,在接下来的八卷中继续使用洪武年号。在《太祖实录》中,洪武年号被使用到

65

---

① On-cho Ng, 'Private Historiography of the Late Ming: Some Notes on Five Works', *Ming Studies*, 18(1984), 47-50.

② 关于谈迁本人以及编纂《国榷》的简要经过,可参见 Goodrich and Fang (eds.), *Dictionary of Ming Biography*, 1239-1242;金泽忠:《谈迁〈国榷〉初探》,《中华文化复兴月刊》,22:1(1989),第51—52页。

③ 同上,第46页;Ng, 'Private Historiography of the Late Ming', 51—52.

④ 同上,第49—51页;金泽忠:《谈迁〈国榷〉初探》,第46—47页。

⑤ 同上,第48—49页。

第三十五年,尽管现实中太祖的统治只持续了三十一年。[①]谈迁恢复了建文朝及其在历史上应有的地位,指出汉代没有因为吕后专权而擅改帝王本纪,唐朝也没有因为武后篡权而歪曲实录。他甚至称赞那些忠于建文帝而遭受迫害的官员是道德楷模。[②]

王世贞在《弇山堂别集》(1590年)中有关各类主题的考证文章也颇值得关注。[③]与谈迁一样,王世贞也十分不满于官方实录与众多私家著述。他的任务是澄清史实。[④]一些考证文章类似《明史》的若干部分。著名的《史乘考误》,概括性地否定了明朝官修史学:"国史之失职,未有甚于我朝者也。"因为害怕触怒当朝天子,实录只有在他去世后才着手编修,这证明政治需求经常压倒历史真实。王世贞也不满于国史采用史料之匮乏,"六科取故奏,部院咨陈牍"。因此明朝无法像其他朝代那样编纂国史和起居注,而这两者是有关朝政的第一手详细资料,并且可以视作信史。[⑤]私人历史著作也没有更好的表现,往往道听途说,蓄意猎奇,以致谬误百出。[⑥]但官方和非官方史学著作也都发挥了各自的作用:

66

> 国史人恣而善蔽真,其叙典章、述文献,不可废也;野史人臆而善失真,其征是非、削讳忌,不可废也;家史人谀而善溢真,其赞宗阀、表官绩,不可废也。[⑦]

王世贞珍视历史教训,因此重视变革和创新。晚宋衰微就是因为顽固地延续既有知识,不加批判地接受经典。王世贞转而求助于

---

① Franke, *An Introduction to the Sources of Ming History*, 16; and Franke, 'Historical Writingduring the Ming', 748.

② Ng, 'Private Historiography of the Late Ming', 50-53.

③ Goodrich and Fang (eds.), *Dictionary of Ming Biography*, 1399-1405.

④ 顾诚:《王世贞的史学》,《明史研究论丛》,2(1983),第337—339页;杜维运:《中国史学史》,第三卷,第179—183页。

⑤ 引自 Franke, *An Introduction to the Sources of Ming History*, 19。

⑥ Ng, 'Private Historiography of the Late Ming', 54.

⑦ 引自 Franke, 'Veritable Records', 67—68。

历史事件而不是经典中的理想——"天地间无非史",①四书五经也
是一种道德原则的历史。

　　虽然何乔远、谈迁、王世贞都有意打破官方史学的桎梏,但是
最具破坏性的观点来自李贽的著作。他晚年完成的《藏书》(1599
年)概括了他的主要历史观点。《藏书》大部分是按照正史的混合
体裁编纂,但没有表和志,覆盖范围从战国(公元前 403—前 221
年)到 1368 年元末,有 800 余条传记条目。除了志在补《藏书》之
缺的《史纲评要》,还有一部《续藏书》,包含大约 400 篇明人传记。
李贽的《焚书》虽然是信件、散文和诗歌合集,也传达出对历史事件
和历史写作的观点。②

　　《藏书》一开始便奠定了李贽史学研究的前提:"人之是非,初
无定质。人之是非人也,亦无定论。"③对他来说,"夫是非之争也,
如岁时然,昼夜更迭,不相一矣,昨日是而今日非矣,今日是而后日
又是矣。"④他对"道学"正统颇有异议。朱熹与孔子的教导,以及经
典著作,都不能被视为永恒的指导和理想。甚至是《春秋》也是"春
秋一时之史",是"一时褒贬之案",不是万世须遵的是非标准。六
经皆史,展示了"为道屡迁,变易匪常,不可以一定执也"。⑤ 因此李
贽否定正统观,判断每个朝代的标准必须是其功绩而不是某种承
续观念。⑥ 历史判断应该是根据成就而不是规范。能够直面时代

67

---

①　引自杨艳秋:《明中后期的史学思潮》,第 44 页。

②　彭忠德、李林:《李贽的史论及其影响》,《中国文化月刊》,261(2001),第 36—37
　　页;Hok-lam Chan, *Li Zhi 1527 - 1602 in Contemporary Chinese
　　Historiography: New Lighton His Life and Works* (New York, 1980),3 - 5,
　　20 - 25,155 - 156,163,164,167 - 168;Wm. Theodore deBary, 'Individualism
　　and Humanitarianism in Late Ming Thought', in de Bary (ed.), *Self and
　　Societyin Ming Thought* (New York, 1970),201 - 203。

③　引自 Goodrich and Fang (eds.), *Dictionary of Ming Biography*, 811。

④　彭忠德、李林:《李贽的史论及其影响》,第 39 页;杨艳秋:《明中后期的史学思
　　潮》,第 37 页。

⑤　引自钱茂伟:《论李贽对义理史学的系统批判》,《学术月刊》,7(1999),第 82—
　　83 页。

⑥　同上,第 82—83 页;杨艳秋:《明中后期的史学思潮》,第 41 页。

问题的优秀统治者应该受到褒奖,即便他的政策偏离了道德传统。学问要有更宏大的经世之用,否则就是空谈。那些在历史上所谓不道德和不择手段的人物,只要于国有益,李贽就欣然接受他们。因此,虽然秦始皇的统治严苛残暴,但他称赞秦始皇统一中国并创立了第一个中央集权国家。他无视儒家对于追求财富和利润的不安,反而认为历史事实表明,效用和物质福利是生活的一部分。简单地说,李贽的史学反对以往的道德观念及其定例,也反对三纲五常,并以具有实用性和功能性的便宜之计取代它们。①

私家史学在清朝也同样多产且颇有创新。17、18 世纪明清过渡时期,许多历史著作都支持这样一种看待过去的观念,即对时代误置的敏锐感觉和对时代差异的理解。他们重视证据,极其严谨地阅读材料,用具体和实际的学问取代了对思辨的形而上学和精神内省的兴趣。历史上的著名学者都努力深入过去以理解当前的问题。②

著名学者黄宗羲刻苦钻研了家藏的明朝实录,并写成《明史案》240 卷,可惜已不传于世。③ 黄宗羲最伟大的作品无疑是 62 卷《明儒学案》(1667 年),这是一部明朝思想史。黄宗羲将 308 位明代学者放置在 19 个学派之下,并将明代思想史划分为三个主要时期。④ 由于早期作品的党派性而受到排挤,⑤他力图超越门户偏见,并以原始材料作为研究基础。对于各个学派,黄宗羲都首先说明其起源和主要观点,然后选择代表性的学者,简述生平,摘编作品,然后作出评论。他放弃了引用圣人教诲作为学派之源的传统做

68

---

① 钱茂伟:《论李贽对义理史学的系统批判》,第 84—88 页;彭忠德、李林:《李贽的史论及其影响》,第 43 页。

② Hao Chang, 'On the Ching-shih Ideal in Neo-Confucianism',《清史问题》3: 1 (1974),36—61。

③ 邓乐群:《黄宗羲的史学特征》,《学术月刊》,7(1999),第 89 页;杜维运:《中国史学史》,第三卷,第 231—234 页。

④ Thomas A. Wilson, *Genealogy of the Way: The Construction and Uses of Confucian Tradition in Late Imperial China* (Stanford, 1995),184 - 192。

⑤ Wilson, *Genealogy of the Way*, 167 - 184。

法,因为他相信,任何王朝及其机构都是凭借自身才成为有价值的主题。① 《明儒学案》可以被视为中国第一部真正的思想史,也是今天研究明代思想的重要材料。黄宗羲后来继续从事宋元思想史的写作,但是直到去世前才完成《序录》和17卷。这部著作名为《宋元学案》,后来在1754年由全祖望补全。②

顾炎武是另一位明清之际的杰出人物,编写了两部极具历史意义的巨著:《天下郡国利病书》(1652年),系统叙述了明代的制度、社会和经济史;《日知录》(1676年),集中了各种并不局限于历史主题的文章。③ 对顾炎武来说,历史必须由原始材料组成。在撰写传记时,解读当事人的作品时必须考虑他的生活环境。因此,要描写一位朝廷官员,就必须知道朝廷的历史。同理,要描写地方官员,就要了解当地的历史和环境。此外,史料也不应局限于书面文献。顾炎武是一位伟大的口述史实践者,他走访著名的地方和大城市,还有被忽视的地区和废弃的城镇。④

顾炎武指出,历史研究需要谦卑,即尊重和承认史料的重要性。使用他人的作品时不注明,就意味着否认这些作者在历史上应有的地位。谦卑孕育了公正。顾炎武厌恶为了昭示政权更迭的合法性而操纵本纪编撰的传统手法。非法朝代的"本纪"会被丢弃,或者置于所谓正统朝代的历法之下。⑤ 对于顾炎武来说,南北朝、五代、辽金等征服政权,都应该按照各自的年号进行记载。顾

69

---

① Wm. Theodore de Bary, 'Enlightenment', in de Bary (ed.), *The Unfolding of Neo-Confucianism* (New York, 1975), 197 - 198; and Julia Ching (ed.), *The Records of Ming Scholars: A Selected Translation from Huang Tsung-hsi's Ming-ju hsueh-an* (Honolulu, 1987), 12 - 20.
② 邓乐群:《黄宗羲的史学特征》,第89—90页;杜维运:《中国史学史》,第三卷,第244—248页。
③ 傅荣珂:《顾亭林之史论》,《中华文化复兴月刊》,20:6(1987),第31—39页。
④ 古伟瀛:《中国传统知识分子对历史知识的态度——以顾炎武为中心》,《史学评论》,11(1986),第53—54页;杜维运:《中国史学史》,第三卷,第210—212页。
⑤ 傅荣珂:《顾亭林之史论》,第39—42页;杜维运:《中国史学史》,第三卷,第212—224页。

炎武认为最重要的是，历史知识可以指导现实生活："夫史书之作，鉴往所以训今。"① 可以通过"纪政事也，察民隐也，乐道人之善也"来"明道"。② 事实上，历史就是治国之道："引古筹今，亦吾儒经世之用。"③ 了解王朝的承续就意味着认识了管理世界，尤其是维护民众福祉的普遍原则。因此，必须实行体制改革以改善人民生活，法律和制度也必须与时俱进，反之，文化"就可能会灭亡"。④

王夫之编纂了几部著名的历史著作：《读通鉴论》（1687 年），是对宋代司马光名著《资治通鉴》（1084 年）的批判思考；《宋论》（1687 年）通过分析宋朝党派政治，尖锐批判晚明党争；以及《永历实录》（1651—1661 年）。对于王夫之来说，历史是建造世界秩序的工具。他主张司马光"以史为镜"的比喻，对王朝的成败提供了相当有用和现实的反思。⑤ 历史提供了实际的道德教训，留下了有用的先例，并揭示出对统治有效或无效的因素。但是并没有固定模式和一成不变的答案。历史学家必须想象进入历史人物的内心，理解人处在类似环境下会如何反应，领悟当时的具体情境，适当注意已然改变的境遇。褒贬是历史的关键部分，但只有在进行大量的研究和追问后才能进行。史学家应该措辞清晰，而不是堆砌辞藻，将史实与解释融为连贯的叙述。如此才能显露历史的动力，揭示时与势的互动导致政权、政策和事件的兴衰。⑥

王夫之的历史观建构在《易经》中变化不可避免的形而上学理念之上。即使外在形式保持不变，万物的质也是在变化中，王夫之认同历史动态变化的观点，认为历代王朝和各个时期都应该被视

---

① 引自古伟瀛：《中国传统知识分子对历史知识的态度——以顾炎武为中心》，第54页。
② 引自陶懋炳：《中国古代史学史略》（长沙，1987），第 433—434 页。
③ 古伟瀛：《中国传统知识分子对历史知识的态度——以顾炎武为中心》，第54页。
④ 引自陶懋炳：《中国史学史论》，第 435—436 页。
⑤ S. Y. Teng, 'Wang Fu-chih's Views on History and Historical Writing', *Journal of Asian Studies*, 28：1(1968)，118，120，122.
⑥ 同上书，第 118—19 页；杜维运：《中国史学史》，第三卷，第 250—276 页。

作独一无二。^① 他的理论是，人类是两足直立行走动物的后裔；甚
至中国人在尧舜时代也是野蛮人。就像"时"的不断变化，历史也 70
是一个文化发展和积累的进程。"理"绝非亘古不变，所有原则都
必然随时间和环境改变。^② "天"不是某种纯粹可能的超然存在，它
是事物的自然秩序和人们的意识与心灵。历史反复证明实施有效
治理的一个简单事实是：通过施行仁政和公益政策来提高人民的
福利。^③

　　王夫之的想法违背了以五行交替解释王朝更迭的宇宙观念。
中国传统史学中，"正统"观经常是按照对阴阳运动和相应的五
行——土、木、金、火、水的神秘信仰来解释。王夫之则质疑在政治
变化和宇宙交替间存在着超自然连接。他不支持合法继承权的理
想，声称统治者和政权依靠野蛮角力获得权力。正统仅仅是胜利
者及其击败对手的辩护词。王夫之的正统观受到了他华夷观念的
影响。他主张人群之中存在两个"大防"：首先，君子和小人之间的
差异；其次，华夷之间的差异，认为蛮夷极为低级，人际关系法则并
不适用于他们。满族征服中国无疑促成了他对蛮族的轻蔑。作为
明朝遗民，王夫之拒绝承认清朝的合法性，不满于他们通过操纵正
统的观念来伪造正统的地位。他进而不承认朝代是研究中国历史
最有用的单位，而是以时期来划分中国历史。王夫之将从商周到
明朝的历史划分成了七个时期。^④

　　简言之，在 17 世纪这个王朝更替的重大时代里，历史研究被视

---

① Teng, 'Wang Fu-chih's Views on History and Historical Writing', 113 - 115; and
Ian McMorran, 'Wang Fu-chih and Neo-Confucian Tradition', in de Bary (ed.),
The Unfolding of Neo-Confucianism (New York, 1975),447 - 458.

② 杜维运：《中国史学史》，第三卷，第 259—276 页。

③ Teng, 'Wang Fu-chih's Views on History and Historical Writing', 115 - 117;
McMorran, 'Wang Fu-chih and Neo-Confucian Tradition', in de Bary (ed.), The
Unfolding of Neo-Confucianism, 447 - 458;杜维运：《中国史学史》，第三卷，第
253—259 页。

④ Teng, 'Wang Fu-chih's Views on History and Historical Writing', 115,117 -
118.

为一种最有价值的扎实而实用的学问,史学在功能上与经世致用
的意愿连接在一起。[1] 学者们越来越接近历史上的世界,感兴趣于
事物的特殊性和变化,而不是永恒不变的普遍原则。[2] 出现了某种
历史性或者历史的观念;相比永恒法则,这种观念更重视具体时间
中的可能情况。[3] 这并不意味着清代早期的思想家们完全放弃了
铭刻在经典中的普遍原则,但对他们中的许多人来说,由于考虑到
不可避免的变革是一条历史规律,那么有益的改革和调整也只是
作为普世价值的儒家道德秩序的一部分而已。[4]

　　18世纪,中国的考证学派发展成熟,考证学者们对经典和史籍
进行了训诂学和文献学研究。无论对待经典还是史籍,他们都仔
细研究证据,广泛收集史料,细致深入地阅读。此外,皇权对史书
的严格限制似乎也驱使学者们集中精力发现现存史著中的错误,
并检验其准确性。[5] 他们并不撰写新史书,只是重写旧史书。[6] 钱
大昕的学术探索是考证研究的典型,他编撰了《廿二史考异》并重
写了《元史》。[7] 对钱大昕来说,只有不加偏见、隐瞒和润色地记录
事实,才能正确地进行褒贬。[8] 他坚决主张史学方法必须基于实事
求是。因此,钱大昕尽一切可能使用现存史著的最佳版本,然后以

---

① Chang,'On the *Ching-shih* Ideal in Neo-Confucianism',36 - 61.

② 参见 Willard Peterson, *Bitter Gourd: Fang I-chih and the Impetus for Intellectual Change* (NewHaven,1979),12。

③ On-cho Ng,'A Tension in Ch'ing Thought:"Historicism" in Seventeenth-and Eighteenth-Century Chinese Thought', *Journal of the History of Ideas*,54:4 (1994),561 - 567.

④ Ibid. ,572.

⑤ On-cho Ng and Q. Edward Wang, *Mirroring the Past: The Writing and Use of Historyin Imperial China* (Honolulu,2005),239 - 243.

⑥ 杜维运:《中国史学史》,第三卷,第311—325页。

⑦ 杜维运:《清代史学之地位》,《史学评论》,6(1983),第1—13页;杜维运:《中国史学史》,第三卷,第352—325页。

⑧ Benjamin A. Elman,'The Historicization of Classical Learning in Ming-Ch'ing China',in Q. Edward Wang and Georg G. Iggers (eds.), *Turning Points in Historiography: A Cross-Cultural Perspective* (Rochester,2002),129 - 130.

各种其他资料,如地理、礼仪、天文和音韵学材料,以及金石铭文,对其进行验证和补充,①他还调查谱牒、传记、地理以及典章制度。钱大昕认为,历史阐明是非,是进行统治的具体指导。历史还具有道德说教的价值,在这个意义上经史可以相提并论,因为包含在两者中的知识都会引发道德复兴。②

钱大昕的史学看到了在道德意义上社会政治的改善,与他同时代的赵翼却认为虽然褒贬必不可少,但要警惕史学简化为道德判断。赵翼写作《廿二史札记》(1796 年),从看似杂乱无章的细节中提炼出社会和制度发展的更大模式。方法论上,赵翼首先通过收集研究所有相关证据和事实,调查正史中的问题,然后归纳建构出自己的论文。对他来说,历史就是为了经世致用,所以他非常重视制度史。历史使他确信,处于强大皇权之下的官僚集权制度对保持国力和形成社会团结至关重要。③

大体而言,在考证方法论的引导下,18 世纪中国注重历史批判和考订,鲜有叙述全面历史的史书面世。在审视古老历史而重建往昔的过程中,古代及其文本被历史化了,经典的可靠性也开始受到质疑。随着古代和经典成为历史研究对象,史学探索致力于建构发生了什么与何为真实,这缓和了经典信奉者追求经典文本中普遍真理的目标。结果,"经"越来越被视为"史"。④

---

① 曾贻芬:《钱大昕的历史文献学》,《史学史研究》,1(1998),第 64—71 页;杜维运:《中国史学史》,第三卷,第 331—346 页。

② 杜维运:《中国史学史》,第三卷,第 347—351 页;黄启华:《钱大昕的史学述论》,《国史馆馆刊》,16(1994),第 1—35 页;魏鸿:《钱大昕历史考证方法述论》,《史学史研究》,4(1998)。第 53—60 页。

③ Quinton G. Priest, 'Portraying Central Government Institutions: Historiography and Intellectual Accommodation in the High Ch'ing', Late Imperial China, 7: 1 (1986),27 - 49;杜维运:《中国史学史》,第三卷,第 485—502 页。

④ Elman, 'The Historicization of Classical Learning in Ming-Ch'ing China', 102 - 104,127 - 134;杜维运:《中国史学史》,第三卷,第 202—204 页;罗炳良:《清代乾嘉史家史学批判方法论的几个问题》,《河北学刊》,2(1999),第 90—94 页;刘仲华:《试析清代考据学中以子证经、史的方法》,《清史研究》,1(2001),第 85—86 页。

　　章学诚在他的著作中雄辩地表达了历史决定论的信仰,系统地阐释了关于史学本质和实践的观点。开创性的《文史通义》(1770 年)一开篇就提到"六经皆史",意在说明"古人未尝离事而言理,六经皆先王之政典"。[1] 史学记录古代的制度和典章沿革,因为经典是古代记录,所以也是历史文本。因此,从经典文本中获得的"道"并不是普世的,而具有历史特殊性。经典只是揭示了当时发生的事情,但是"事变之出于后者,六经不能言"。[2] 章学诚理解的"道"是建立在历史之流上的自然之道,"万事万物之所以然,而非万事万物之当然也"。[3] 六经并不载道,"六经皆器尔",正如孔子认为"先圣先王之道不可见,六经即其器之可见者也",这里的器就是政教典章。"道"可以通过追溯事物的历史进化而获知。[4] 就像章学诚所说,在古代,历史被认为是阐明人事、最终揭示天命的学问。通过历史研究,理论和实践结合起来,治教互补,产生连贯统一之道。[5] 对章学诚而言,道在不同的历史时期会呈现出不同的含义和特征,圣人也不可能一次性完全理解。他因此重视当代历史和对当前制度的研究,尤其是关乎"人伦日用"的制度。史学是建立在细致研究社会、政治制度文献上的学问,包括中央、区域和地方各个层次的文献,章学诚还希望采用正史体例来编纂地方史。[6] 他总结道:"史学所以经世,固非空言著述也。"[7]

------

[1] 引自林时民:《史学三书新诠》(台北,1997),第 184—185 页。

[2] 引自 David S. Nivison, The Life and Thought of Chang Hsueh-ch'eng (1738 - 1801)(Stanford, 1966),201 - 202.

[3] 同上书,第 140—144 页。

[4] 同上书,第 150—151 页;林时民:《史学三书新诠》,第 70—72 页。

[5] Nivison, The Life and Thought of Chang Hsueh-ch'eng, 60 - 62;蒋义斌:《章学诚"六经皆史"的意旨》,《华冈文科学报》,16(1988),第 175—82 页。

[6] Nivison, The Life and Thought of Chang Hsueh-ch'eng, 144 - 150,216; Ng, 'A Tension in Ch'ing Thought', 576 - 577;林时民:《史学三书新诠》,第 146—151 页;杜维运:《中国史学史》,第三卷,第 426—430 页。

[7] 引自林时民:《史学三书新诠》,第 181 页。

　　但是章学诚的历史主义也有局限。最终,他并没有将历史视作相对的空间和时间的排列,反而在古老的过去和经典中发现了普遍规范。就像存在不断演进的历史之道,经典中有着超历史之道,即"道体",它包含在圣人"名教"中,构成了自古代以来秩序和繁荣的基础。[①] 尽管指出六经皆史,但章学诚从未质疑过古代经典文本的权威。对他来说,历史突出展示了无时无处不在的"道","六经大义,昭如日月,三代损益,可推百世","孔子与周公,俱生法积道备无可复加之后"。这种具有终极性和根本性的概念战胜了历史进程并稀释了章学诚的历史主义。[②]

　　简言之,尽管章学诚将过去视为不同时代的连续,但他最终还是诉诸古代认同的普世价值和持久原则。此外,他也没有提出历史分期观念——通过确定特点和特征来划分时代——其他一些学者却这么做了,特别是那些研究今文注疏的人。[③] 今文学传统围绕《公羊传》发展起来,支持古代政治和朝代按照夏、商、周依次更迭的特殊观点。比如,庄存与解释了今文学首要的历史观点——"存三统"和"张三世"。前者肯定了夏、商、周王朝更迭的合法性。作为"质""文"交替的结果——两种不同的文化起源模式——三代制度形成,发展出各自的历法和所尚服色。"张三世"指的是一种措辞手法,传达孔子对不同时代的历史事件与人物的微妙处理。这三世是:所传闻世、所闻世、所见世。通过运用语言的微妙变化,孔子叙述了属于不同时期的历史事件,从而揭示了它们的意义,同时还寓褒贬于其中。"张三世"还指从"衰乱世"经"升平世"到"太平

74

---

① 周启荣、刘广京:《学术经世:章学诚之文史论与经世思想》,中央研究院近代史研究所编,《近世中国经世思想研讨会论文集》(台北,1984),第127—133页。

② 周启荣、刘广京:《学术经世:章学诚之文史论与经世思想》,第128—130页;Ng, 'A Tension in Ch'ing Thought', 578。

③ 关于今文注疏传统的缘起和主要功能,参见 Ng and Wang, *Mirroring the Past*, 76 - 79, 250 - 251; Benjamin A. Elman, *From Philosophy to Philology: Intellectual and Social Aspects of Change in Late Imperial China* (Cambridge, Mass. , 1984),177 - 180。

世"的历史发展。①

  龚自珍,著名的经世致用思想家,凭着对《春秋》的独到见解,发展出自己的"三世说",由此接受和修改了今文学的历史主义。他描述三等时代:治世、乱世和衰世,三等之世,各观其才或其才之差。保守的今文学主张进步,而龚自珍却主张社会倒退,认为社会由治而乱。他自觉身处乱世,并提议"据乱世"返"升平世"至"太平世"。在晚年作品中,龚自珍将三世说发展成社会由乱而治的进步观念。但是他的目标仍然是:为改革和改变提供启发的模式。三世相乘都与道相关,尽管每一世都面临具体问题,这些问题又分为三类,第一类涉及百姓生活,第二类是制度的建立,第三类是对道德本性与天道的了解。每世都会遇到各自特殊的问题和挑战,因此不存在普遍对策。三世说为龚提供了通过问题变化定义历史时间的模式。② 历史揭示出,在乱世,民生应是政府首要关心的问题。当百姓生活得到保障,时代进入升平世,朝廷就必须继续建立适当的祭祀礼仪,这将引领社会进入太平世。在太平世,由被奉为尊贵宾师的学者承担起"闻性与天道"的重大道德问题。太平世将实现政治与文化的终极成就:普遍统治的建立将消除中心与外围的屏障,即华夷之别,实现天下一统。③

  魏源著述主题多样,其中几部著名的历史著述清醒思考了当前的问题。他参与编修了多卷本的《皇朝经世文编》(1826 年),这是一部囊括了制度、农业、军事、法律和其他主题的文集。他还编纂《明代兵食二政录》(1855 年),揭示了明代衰落的原因。魏源勤奋

---

① 张寿安:《龚定庵与常州公羊学》,《书目季刊》,13:2(1979),第 3—4 页;On-cho Ng, 'Mid-Ch'ing New Text (Chin-wen) Classical Learning and Its Han Provenance:The Dynamics of a Tradition of Ideas', *East Asian History*,8 (1994),10 - 18;陈启泰:《清代公羊学》(北京,1997),第 64—68 页。

② 张寿安:《龚定庵与常州公羊学》,第 16—17 页;Ng, 'A Tension in Ch'ing Thought', 245 - 256;许冠三:《龚魏之历史哲学与变法思想》,《中华文史论丛》,1(1980),第 69—104 页。

③ 张寿安:《龚定庵与常州公羊学》,第 12—16 页;许冠三:《龚魏之历史哲学与变法思想》,第 80—84 页;陈启泰:《清代公羊学》,第 170—179 页。

地研究西方,创作了著名的《海国图志》(1852 年),这是第一部系统调查欧洲国家的中文著作。还编辑和修订了仓促成书的《元史》。① 魏源不仅是一位历史编纂者,还是一位历史哲学家。受今文学"质文循环""三通更替"的启发,他认为身处的时代即将发生变革。对他来说,三世说揭示了孔子以适当的文辞记录不同"世"之史事的笔法,也揭示了治理的普世之道。"三世"代表了三个不同的世界:孔子通过传世文献所知的"致治";通过活着的长者留下的当时记录所知的"升平";孔子自身经历的"太平"。这种今文学的思想框架就是魏源历史运动观念的基础。② 他进一步指出,万物皆辩证相关,且各有其对立面,这构成了历史的动力。宇宙和人世都是受"气化"推动,并处于不断的变化中。就像星辰消散、河流改道、动植物进化,人类文化——饮食、服饰、音乐、舞蹈、刑法、制度、兵法——也在变化。从古至今的宇宙就像一个巨大的棋局,历史展现了棋子的无数移动。不变的历史事实是,当旧体制失去了作用,改革就成为必然。③ 龚自珍和魏源将历史研究同治理世界的事业捆绑在了一起。

　　总之,明清的私家史学世界可能没有产生重大的综合性历史著作,但也不乏多样性、创造性和原创性。明代学者强烈批评官方史学的堕落,力求通过私人著书立说来改进史学。在清代,考证让许多史家严谨对待历史,他们因此具有了时代差异感。对于中华帝国晚期的历史编著者而言,过去既不是一个由黄金时代的永恒价

76

---

① 王家俭:《魏源的史学与经世史观》,《台大历史学报》,21(1993),第 155—163 页;陈启泰:《清代公羊学》,第 254—260 页。

② 吴泽:《魏源的变易思想和历史进化观念》,《历史研究》,9:5(1962),第 44—50 页;On-cho Ng,'World making, Habitus and Hermeneutics: A Re-reading of Wei Yuan's (1794 - 1856) New Script (*chin-wen*) Classicism', in William Pencak (ed.), *Worldmaking* (New York, 1996),61-68;许冠三:《龚魏之历史哲学与变法思想》,第 72—74,85—88 页;陈启泰:《清代公羊学》,第 238—241 页。

③ 王家俭:《魏源的史学与经世史观》,第 155—172 页;吴泽:《魏源的变异思想和历史进化观念》,第 34—39 页;许冠三:《龚魏之历史哲学与变法思想》,第 87—94 页。

值和事件定义的不变领域,也不是由一个特定时间内一时的担忧和问题所占据的瞬息万变之地。对于许多人来说,经即史;但历史远不是一个相对的、偶然的空间,它也体现了持久的人道和天命。过去不仅客观记录着具体时间内的人类事务,也收藏着大量永久性道德和政治教训。

明清历代帝王朝代表（1368—1820 年）

明朝（1368‑1644 年）

1368—1398 年	洪武朝,朱元璋在位
1399—1402 年	建文朝,朱允炆在位
1403—1424 年	永乐朝,朱棣在位
1425 年	洪熙朝,朱高炽在位
1426—1435 年	宣德朝,朱瞻基在位
1436—1449 年	正统朝,朱祁镇在位
1450—1455 年	景泰朝,朱祁钰在位
1457—1464 年	天顺朝,朱祁镇在位
1465—1487 年	成化朝,朱见深在位
1488—1505 年	弘治朝,朱佑樘在位
1506—1521 年	正德朝,朱厚照在位
1522—1566 年	嘉靖朝,朱厚熜在位
1567—1572 年	隆庆朝,朱载垕在位
1573—1620 年	万历朝,朱翊钧在位
1620 年	泰昌朝,朱常洛在位
1621—1627 年	天启朝,朱由校在位
1628—1644 年	崇祯朝,朱由检在位

清朝（1644—1911 年）

1644—1661 年	顺治朝,爱新觉罗·福临在位
1662—1722 年	康熙朝,爱新觉罗·玄烨在位

1723—1735 年　　　雍正期,爱新觉罗·胤禛在位

1736—1796 年　　　乾隆朝,爱新觉罗·弘历在位

1796—1820 年　　　嘉庆朝,爱新觉罗·颙琰在位

主要史料

顾炎武:《日知录》(台北,1958)

——《天下救国利病书》(新版,1900)

何乔远:《名山藏》(北京,1993)

黄宗羲:《明儒学案》(台北,1965)

李贽:《藏书》(上海,2002)

钱大昕:《廿二史考异》,见《嘉定钱大昕全集》(南京,1997)

丘濬:《世史正纲》(济南,1996)

谈迁:《国榷》(北京,1958)

王夫之:《读通鉴论》,见《船山全书》(长沙,1988)

——《宋论》,见《船山全书》(长沙,1988)　　　　　　　　78

王世贞:《弇山堂别集》,见《王世贞全集》(济南,2007)

章学诚:《文史通义》(上海,2008)

赵翼:《廿二史札记》(北京,1987)

参考文献

杜维运:《清代史学之地位》,《史学评论》,6(1983),第 1—13 页。

——《中国史学史》,第三卷(台北,2004)。

Elman, Benjamin A. , 'The Historicization of Classical Learning in Ming-Ch'ing China', in Q. Edward Wang and Georg G. Iggers (eds.), *Turning Points in Historiography: A Cross-Cultural Perspective* (Rochester, 2002).

Franke, Wolfgang, *An Introduction to the Sources of Ming History* (Kuala Lumpur, 1968).

——'Historical Writing during the Ming', in Frederick W. Mote and Denis Twitchett（eds.）, *The Cambridge History of China*, vol. 7: *The Ming Dynasty*, *1368‐1644*, part 1（Cambridge, 1988）.

顾诚:《王世贞的史学》,《明史研究论丛》,2(1983),第 337—346 页.

——《钱大昕的史学述论》,《国史馆馆刊》,16(1994),第 1—35 页.

蒋义斌:《章学诚"六经皆史"的意旨》,《华冈文科学报》,16(1988),第 175—187 页.

金泽忠:《谈迁〈国榷〉初探》,《中华文化复兴月刊》,22:1(1989),第 43—53 页.

林时民:《史学三书新诠》(台北,1997).

李焯然:《丘浚之史学》,《明史研究专刊》,7(1984),第 163—208 页.

Ng, On-cho, 'Private Historiography of the Late Ming: Some Notes on Five Works', *Ming Studies*, 18(1984), 46‐68.

——'A Tension in Ch'ing Thought: "Historicism" in Seventeenth- and Eighteenth-Century Chinese Thought', *Journal of the History of Ideas*, 54:4(1994),561‐583.

——'Worldmaking, Habitus and Hermeneutics: A Re-reading of Wei Yuan's（1794‐1856）New Script（*chin-wen*）Classicism', in William Pencak（ed.）, *Worldmaking*（New York, 1996）, 57‐97.

——Wang, Q. Edward, Mirroring the Past: The Writing and Use of History in Imperial China（Honolulu, 2005）.

Nivison, David S., *The Life and Thought of Chang Hsueh-ch'eng*（*1738‐1801*）(Stanford, 1966).

彭忠德、李林:《李贽的史论及其影响》,《中国文化月刊》,261(2001),第 35—47 页.

Priest, Quinton G., 'Portraying Central Government Institutions:

Historiography and Intellectual Accommodation in the High Ch'ing', *Late Imperial China*, 7：1(1986)，27 - 49.

钱茂伟：《论李贽对义理史学的系统批判》,《学术月刊》,7(1999)，第82—88 页.

Teng, S. Y., 'Wang Fu-chih's Views on History and Historical Writing', *Journal of Asian Studies*, 28：1(1968)，111 - 123.

王家俭：《魏源的史学与经世史观》,《台大历史学报》,21(1993)，第155—172 页.

魏鸿：《钱大昕历史考证方法述论》,《史学史研究》,4(1998)，第53—60 页.

吴泽：《魏源的变易思想和历史进化观念》,《历史研究》,9：5(1962)，第33—59 页.

许冠三：龚魏之历史哲学与变法思想》,《中华文史论丛》,1(1980)，第69—104 页.

Yang, Lien-sheng, 'The Organization of Chinese Official Historiography：Principlesand Methods of the Standard Histories from the T'ang through the Ming Dynasty', in W. G. Beasley and E. G. Pulleyblank (eds.), *Historians of China and Japan* (London，1971)，44 - 59.

79

朱潇潇　译　李　娟　校

59

第四章　日本历史写作的社会史

佐藤正幸

　　　1400—1800 年期间是日本典型文化产生的年代,这种文化深植于过去,也延续至今。从 1400—1600 年,战争传说构成了历史写作的最普遍的形式。这个时代的末期仍保留了一股强烈的中古风味,而这之后,日本在德川幕府的统治下进入了民族统一的时代,即自 1603—1867 年的日本的和平(*pax Japonica*)。在这一时代,几乎所有官方机构的合法性都建立在古制先例的基础上。因此,历史的方方面面都尽可能地往前追溯。在集体层面上,欲将历史扎根于过去的愿望,催生出历史著作、起源记录、家谱和年代记。在比较个人的层面上,这个时代的历史意识则以民间流传的祖先崇拜的形式展现自己。当基督教精神强行被拔除且所有的日本民众被强制要求在所属村庄的佛家寺庙进行登记的时候,连个体的平民家庭都创建了自己的历史记录。[①]

自德川时代始,集中出现了重要的历史编纂学类型。第一种类型以林罗山(Hayashi Razan)为代表人物,此人编辑了德川幕府的官方史《本朝通鉴》(*Honchō tsugan*,1644—1670 年)。第二种和德川光圀(Tokugawa Mitsukuni)有关联,此人首创了《大日

---

① 在这种由佛寺汇编的家庭登记体制(*shūmon aratame-chō*)中,每个日本个人的姓名、年龄、婚姻乃至死亡情况都被记录在小册子中。这些与欧洲教区登记大概一致的不计其数的记录,为流行于 20 世纪 70 年代的历史人口统计学做出很重要的贡献。参见 Akira Hayami, *The Historical Demography of Pre-Modern Japan* (Tokyo, 2001)。

本史》(*Dai Nihon shi*，1657—1906 年)。这种历史汇编深深影
响了之后的史学家，并一直延续到 19 世纪下半叶。[①] 新井白石
(Arai Hakuseki)的自传《折焚柴记》(*Oritaku Shiba no ki*，1716
年)所示范的第三种类型充满了有关历史研究的历史洞察力和
敏锐意识。其他例子还包括荻生徂徕(Ogyū Sorai)和本居宣长
(Motoori Norinaga)的作品，这两个人在他们的作品中对日本传
统做了深刻的历史观察。第四种，盲人历史学家塙保己一
(Hanawa Hokiichi)，即"日本的弥尔顿"，则强调保存过去的必
要。他成功地汇集并编辑了《群书类从》(*Gunsho ruijū*)，一部含
1851 册的 1860 卷版巨著。第五种历史作品的范例在赖山阳
(RaiSan'yō)的《日本外史》(*Nihon gaishi*，1827 年)可以找到，该
书很大程度上依赖于作者自己的解读能力和见识。最后，出版
于这一时期的种类繁多的年代表格和宗谱凸显了德川治下日本
丰富的历史意识。

动乱年代的历史叙述，1400—1600 年

我们使用划分时期来理解过去。1400—1600 年间是持续不断
的内乱时期。为了理解这一时期，日本的历史学家用各种不同的
历史分期办法。最广为所知的四个历史分期是：(1)室町时代
(1336—1573 年)，如此命名是因为足利幕府(Ashikaga shogunate)
在这一时期位于京都的室町地区；(2)南北朝时代时期，(1336—
1392 年)，在此期间王室分支的两个派系处在交战状态；(3)战国
时代(1467—1473 年)，之所以这么命名是因为整个日本处在内战
的持续状态；(4)安土桃山时代(1573—1603 年)是以织田信长和
丰臣秀吉各自的城堡命名的，二人在这一时期成功地征服了日本
全境。另一个传统是将安土桃山时代和江户时代组合成"早期现

---

① 日本人名是按日文顺序列出的：先姓后名。在明治时代之前，知识分子、艺术家
　和其他贵族是按名或适当的假名指称的。我在下文遵循了这一惯例。

代"（1568—1867 年），因为权力统一就是在这一时期完成的。然而，就广泛意义而言，江户时代（1603—1867 年）本身就被理解为日本"早期现代"，尽管在英语中"德川时代"比"江户时代"用得更多。这一时代之前被称为日本的"中古时代"，也就是波及很广的内战时代。如此多不同的分期方法的存在就说明了日本历史上的这一时期有多么混乱。

日本的社会精英阶层建立在极简的精致与宁静的简约的理想概念上——或许充分体现在能剧、茶道和日本园艺方面。在这一动乱时代中期，这个阶层中出现一个新的领域，与战乱的戕害形成强烈的对比。尽管作战记录与战争编年史叙述了这一时期的动荡历史，这种超越文化成为战争残酷现实的一部重要的反历史。

阐释超越现实论（transcending reality）这一抽象概念的两个文本分别是《愚管抄》（*Gukanshō*，1220 年）和《神皇正统记》（*Jinnō shōtoki*，1339 年），然而需要注意的是这两个文本都创作于 1400 年以前。15 世纪初期，向超越历史时代的精神世界的倾斜，不是通过形而上的历史写作实现的，而是表现在茶道的精神文化、能剧的抽象审美、日本园艺的超越美学、禅的实践以及佛教徒寻求悟的愿望中。换言之，这种审美的领域成为被战争蹂躏的现实世界的重要平衡力。

标准的历史叙述，1400—1600 年

中古时代出现不计其数的战争编年史，其中最负盛名的是《应仁记》。这部著者不详的作品描述了从 1467—1477 年间发生在当时首都京都附近的战争。京都成为一片废墟，作品的结语是："京都和边远的农村地区都成了阿修罗。""阿修罗"是佛教用语，意即"杀戮之象"，"应仁"就是对这个时代的称谓，并指明了战争开始的年代，即 1467—1468 年。文本的大致轮廓开始于足利幕府家族、田山氏（Hatakeyama clan）和志波氏（Shiba clan）以及其他家族之间的内部恩怨，继而记录冲突的原因并描绘了京都的场景以及中心

人物细川胜元(Hosokawa Kastsumoto)和山名宗全(Yamana Sōzen)之死。

这种历史叙述落入"战争传说"(*gunki monogatari*)的叙述类型中,这种类型最开始出现于 12 世纪晚期,但这部作品却是 1400年至 1600 年间这种叙述类型里最值得关注的。事实上,尽管涌现出大量战争编年史,然而讲述这一时期所发生的故事的历史叙述直到 17 世纪才出现,那时候内战已经结束了。还有一些值得关注的作品包括太田牛一(Ōta Gyūichi)的《信长公记》(*Shinchō kōki*,约 1596—1613 年)和小濑甫庵(Oze Hoan)的《太阁记》(*Taikōki*,1626 年)。前者讲述的是于 1568—1582 年间统治日本的织田信长的历史,后者是于 1590 年统一日本的丰臣秀吉的传记。德川幕府统治期间,中世纪的战争也是讲谈(*kōdan*,讲故事)、人形净琉璃(又称"文乐")和歌舞伎、小说的主题,这些在日本民众的历史教育方面扮演了根本性的角色。

这一时期其他值得关注的历史叙述包括瑞溪周凤(Zuikei Shūhō)的三卷本《善邻国宝记》(*Zenrin kokuhōki*),该书完成于1470 年,是日本第一部外交史。该作品是对外交的历史叙述,还收藏了往来于日本、中国和朝鲜之间的外交文书。瑞溪周凤是室町时代中期的临济宗的佛教僧侣,当时僧侣是汇编并整理官方和外交文件的主要负责人。

室町中期的王室贵族一条兼良(Ichijō Kanera)是一名活跃的政治家,并于 1447 年成为皇帝的首席顾问。在他为数众多的作品中,《公事根源》(*Kujikongen*,1422—1443 年)根据月相不同的阶段解读帝王宫廷里的事件进程,包括它们的起源、发展和具体细节,作者在该文本中呈现出清晰的历史意识。一条兼良之后的《日本书纪纂疏》(*Nihonshoki sanso*,1455—1457 年)证明《日本书纪》(*Nihon shoki*,720 年)在当时已经是广为知识分子诵读的经典之作了。

吉田兼俱(Yoshida Kanetomo)是世袭学问与神道教义的重要学者。身为历史学家的他创作了《神宗国源论》(*Shinsen sangoku*

83

unsū fugōzu）。该文本是一份将四个不同的历法进行同步的年表：中国占星历法、中国历法、佛教历法以及日本历法。吉田兼俱在其前言中夸口说这份同步化的表格是他凭独自一人之力完成的。16世纪早期，该文本奠定了标准历史现世意识的根基，并通过将日本历史置于一个全球性的情景中（对于 16 世纪的日本人而言，世界只包括佛教印度、中国和日本），也有助于为历史空间意识奠定基础。

作为历史叙述的能剧

发展于 14 世纪的能剧，一直是日本最高雅的表演艺术之一。它表达了人性的形而上，演员们戴着面具和考究的戏服在简单的舞台上表演。能剧中表演的所有故事几乎都是历史性的或类历史（quasi-historical）的叙述。他们基本上就是表演历史。

世阿弥（Zeami）创作的《风姿花传》（*Fūshi kaden*，1406 年）是第一部回答能剧是什么的理论性作品。世阿弥被普遍认为是能剧的创始人。借用亚里士多德的话说，世阿弥的能剧哲学表现出一种想要在观众中生成净化意识的愿望。有趣的是，世阿弥本人试图用历史词汇解释能剧的本质。文本的开篇序言是：

> 如果我们试着建立猿乐（*sarugaku*）这门长寿艺术的起源，那么我们会发现它要么是自佛家（印度）传播而来，要么是自神话时代（the Age of the Gods）而来。然而，随着时间的流逝，这门艺术在不同时代解读下，超出了我们理解其原始面貌的能力。近日如此众多的民众乐在其中的这门艺术，可追溯至推古天皇（Suiko，592—628 年）统治时代，彼时的太子圣德太子（Shōtoku Taishi）命令秦河胜（Hada no Kokatsu）创作了六十六段曲目——或为促进民族和平，或为民间娱悦之用——这就是他所说的猿乐。几个世代以来，作者们用自然场景作为这种曲目的媒介。随后，秦河胜的后人按照继承顺序延续了这门艺

84

术,无论是作为大和(Yamato)地区春日神社(Kasuga Shrine)还是近江地区(Ōmi)日枝神社(Hie Shrine)的祭司。因此,这两所神社的宗教仪式表演发展至今。故而,当"习古慕今"的时候,你不应该带着任何扭曲去对待这门优雅的艺术。或许我们可认为,理解这门艺术的人们仅仅因为他的话语涵括敬意且他的行为精妙优雅,就已经达到了这种境界。想要遵循这一路径的人别无二法。惟一可行的例外是诗歌的路径,这将通过以自然之元素修饰这门艺术的方式,进一步丰富这门长寿的艺术。[①]

在这段话中,世阿弥提到的"习古慕今"摘自孔子的《论语》。这句话数百年来在东亚被用作一个问题的标准回答:历史是什么?用历史解释来描绘精神世界的这种观念,表明了当时日本的历史意识是多么根深蒂固。能剧的叙述结构是这一信条的缩影。能剧的绝大部分故事都一以贯之地包括了生者与死者之间的互动。在大多数情况下,生者问死者的情况而死者给出回答。生死相随的观念是对14—15世纪日本持续不断的战乱年代的一种反映。世阿弥的"死者讲述历史"的基本结构试图通过允许死者开口讲述从而跟过去建立一种直接关系,这正是日本人思考的历史方式的反映。换言之,与将历史意义放置在万能上帝框架下的基督教传统相比,日本则是将历史意义放置在历史事件本身。

能剧保持着高雅艺术的格调,但到了17世纪,歌舞伎作为一种更浮华的娱乐形式,与能剧克制的音调形成了强烈的对比。然而,歌舞伎时而是历史叙述,并在德川时代成了历史知识的来源。

---

① Zeami, *The Flowering Spirit*: *Classic Teaching on the Art of No*, trans. William Scott Wilson (Tokyo, 2006), 61—62.

作为历史编纂学的绘卷

　　绘卷（字面意思：画轴）是以不同的形式展开的历史叙述，包括故事、传说、传记以及神社和寺庙历史。它们以图文结合的形式描绘历史场景和叙事。卷轴这种形式最初引自中国，但是用图文并茂的方法讲述历史的技艺确实在日本独立发展而来。目前现存在世的绘卷超过 400 种，这一时期创作的卷轴则超过 600 个。

　　典型绘卷的文字和图画交替出现，其规格大致是宽 30 厘米、长 10 厘米，其中收藏的画作数量少则一二三幅，多则四十八幅。阅读时，双手持卷轴，以自然的方式打开至 50—60 厘米的长度，这样可以在阅读一段文字的时候看到相应的画面。因此，读者从右至左一点点打开卷轴，身临其境地体会其中的空间与时间变化，绘卷里的故事就以这种方式展开。与欧洲文化中常见的从左至右的阅读惯例形成对比的是，日文的书写是从上到下，集结成从右至左的阅读卷本。绘卷这种形式就充分利用了这种叙述的空间布局。

　　第一部绘卷作品大约创作于公元 9 世纪，但日本风格的绘卷直到公元 10 世纪才出现，绘卷的历史叙述形式发展于 12 世纪。14 世纪晚期大量绘卷被创作，甚至分散至普通民众手中。历史叙述的这样的一个例子就是《道成寺缘起绘卷》（*Dōjō-ji engi*），通过彩纸制成的两卷手持轴的形式，呈现 16 世纪一个年轻的僧侣和女孩的故事。这种卷轴被普遍以图画的形式，描绘有关寺庙起源的历史叙述。

　　《道成寺缘起绘卷》的最后一个场景展示了绘卷历史叙述的典型形式，即图片成为主要焦点，而文本只是被书写于侧。绘卷的传统一直延续到 19 世纪，并且在日本文化中占据历史表现常见形式的一席之地。时至今日，一些人认为绘卷就是当代日本漫画的起源。

插图 4.1 《道成寺缘起绘卷》(http://www.dojoji.com)。本图的复制得到了道成寺的许可。

作为历史编纂学的日本的和平

在中国,历史编纂学的实践是典型的政府主导型,日本最终也采取了类似的做法。在古代中国,当朝代更替发生时,新王朝的首要任务之一就是编纂前朝历史,目的是建立自己统治的合法性。官方有权记述历史的概念形成了中国历史文化的核心,并传播到东亚其他地区,最终于公元 6 世纪传播到日本,并持续了一千多年。

然而在日本,"标准的"历史汇编形式与中国稍有不同。日本没有朝代更替。与相对应的朝代更替不同的是,日本的基本形式是在政治结构上围绕天皇和幕府将军(由天皇任命)[1]而展开。政

---

[1] Ronald P. Toby, 'Contesting the Centre: International Sources of Japanese National Identity', *International History Review*, 7: 3(1985), 347 - 363.

治结构反映了历史汇编的形式。自 12 世纪以来，日本维持了武士阶层掌权的制度，至少从理论上是这样，但是统治权依赖于天皇的正式任命。即使是建立了德川幕府并牢牢掌握政治权力的德川家康（Tokugawa Ieyasu），也是在名义上由天皇任命为幕府将军。该制度一直延续到明治维新（Meiji Restoration，1868 年），天皇本人承担直接统治的权力。日本政治结构自然而然地形成了由国家产生的历史叙述，通常是围绕天皇展开。

国家层面上创作的历史叙述分为两种叙述类型：纪传体（*Kiden-tai*，重要皇帝纪年、年表、文章、杰出统治者的纪年和杰出人物的传记）和编年体（*hen'nen-tai*，基于通过时间顺序呈现事件的正史的历史学）。无论东亚采取何种形式的历史编纂形式，所有的叙述类型都是从中国引进的。前面所提到的德川时代的两部伟大的官方支持的历史，说明了这两种历史叙述的类型：采用编年体的林罗山的《本朝通鉴》以及采用纪传体的德川光圀的《大日本史》。

下文将讨论德川时代最重要的且对后世产生深远影响的六位历史学家。之所以选取这些历史学家是因为一方面可以展示这个时代常见的各种历史研究类型，另一方面展示这些历史学家不同的出身背景。这些人分别是店主、农民、武士、医生、商人和学者的儿子，还包括第一任德川幕府的孙子。这种背景的多样性表明，学术研究可以超越社会阶层，可以被不同社会阶层的人士所掌握。即使德川时期的社会有着严格的社会阶层划分，有些人，尽管凤毛麟角，却证明学习可以帮助人们克服社会阶层的障碍。

林罗山和德川正史

林罗山出生于京都一个普通店主之家。他青年时期进入禅寺但不久后离开，以朱熹新儒家注释学派的方法去学习中国古典文献。1605 年，林罗山服务于第一代德川幕府德川家康的智库，从而开启了他作为前四代德川幕府将军的老师的漫长职业生涯。1630 年，林罗山在江户创办了一所教授朱熹学说的书院，并在 18 世纪末成为国家正统书院。该书院后来根据孔子的出生地被命名为昌平簧（Shōheikō），成为幕府孔学书院。作为一名历史学家，林罗山根据幕府的在位顺序，发起了《本朝通鉴》的编纂。因此，林罗山有时也被称为德川史学之父。

《本朝通鉴》全部采用中国古典文字写就，涵盖了前现代到 17 世纪早期的日本历史。公元 887 年之前的历史，文本主要来自于《六国史》，包括《日本书纪》（Nihon shoki，720 年）、《续日本纪》（Shoku nihongi，797 年）、《日本后纪》（Nihon Kōki，840 年）、《续日本后纪》（Shoku Nihon Kōki，869 年年）、《日本文德天皇实录》（Nihon Montoku Tennō Jitsuroku，879 年）、《日本三代实录》（Nihon sandai jitsuroku，901 年）。尽管这个项目涉及面很广，林罗山的史学态度在作品中却十分清晰，并为德川时期后两个世纪的历史学创作所痴迷。

参与了林罗山《本朝通鉴》编纂工作的林鹅峰，通过论述"当历史事件在真实事实的基础上以本来面貌被描述时，事实本身的善恶不言自明"，[①]表达出他的编辑理念。林罗山汇编这部历史著作的目的，是采用以编年顺序重建历史的方法，记录日本的战争与和平时代。这种历史创作方法，最先被司马光的《资治通鉴》（1065—1084 年）所使用。林罗山也希望通过遵循朱熹在《资治通鉴纲目》（1172 年）使用的方法，讨论国家和人物的善恶是非。

林罗山有兴趣推广儒家观点，即历史既是道德教诲，又是基于历史事实的历史汇编方法。这种方法后来演变成考证学（kōshōgaku，即基于历史文献文本批判的历史研究方法）。时至今日，《本朝通鉴》罕为人阅，但在当时它是重要标志性著作，早期日本现代历史编纂学皆从新儒家主义中借鉴其写作模式。同时，它也是第一部在历史中摒弃臆想推测的早期现代日本历史编纂学著作，是与中世纪日本史学方法分道扬镳的重要标志。

88

---

① Hayashi Gahō, 'Introduction to Honchō Tsugan Continued', Honchō Tsugan, vol. 1 (Tokyo, 1920), 5.

林氏家族并不是传统意义上的血缘关系的一群个体,而是通过收养形成的法律意义上的父子关系。这种方法帮他们成功地维持了其在德川日本学术研究长达 265 年的重要地位。林罗山的文本启发了水户藩不朽的史学著作《大日本史》(1657—1906 年),这部由德川光圀开始书就的著作,注定将成为了德川时期中晚期的主要意识形态力量。①

德川光圀和另一种德川正史

除了林罗山的《本朝通鉴》以外,德川光圀的《大日本史》的汇编一直延续到 19 世纪晚期,被称为那个时代最有影响力的作品之一。德川光圀是德川家康的孙子,并成为水户藩的第二任领主(1661—1690 年在位)。他对民政的关注使他成为一位备受欢迎的统治者,因此他一直是当代日本电视戏剧的主要角色之一。作为朱熹新儒家学派的忠实信徒,他聘请朱舜水为师,刻苦求学,后者是在明朝(1368—1644 年)倾覆之际逃离中国以不事新主的学者。

德川光圀最伟大的历史成就是开启了《大日本史》的汇编工作,这是早期现代日本历史研究不朽的作品。这项工程包含了近两个半世纪以来的几十位学者的心血,并对随后日本的历史研究和意识形态产生了极大的影响。德川光圀的墓志铭描述了其贡献的重要性:"他证明了帝国传承的合法性,讨论了主要人物的善恶是非,收集事实,将自己铸成一代权威。"德川光圀汇编《大日本史》的主要目的,是根据新儒家的历史观点,定义日本历史上的主权臣属关系。事实上,该书宣扬的是林罗山的《本朝通鉴》对立面得到的教诲,是以幕府顺序和特权国家利益进行汇编的。1657 年,德川

---

① Kate Wildman Nakai, 'Tokugawa Confucian Historiography: The Hayashi, Early Mito School, and Arai Hakuseki', in Peter Nosco (ed.), *Confucianism and Tokugawa Culture* (Princeton, NJ, 1984), 62 - 91.

光圀在江户(今东京)建立了历史编纂机构,邀请了众多杰出的历史学家。该机构后来被命名为松涛馆(阐发过去、思虑未来之所),并于 1829 年迁移至水户藩。

《大日本史》以汉文(*kanbun*,中国古文)书写而成,包含纪传体的四个部分。德川光圀在历史研究必须建立在准确的历史材料的前提下,致力于定位、收集并积累历史材料,从文本的层面上批判它们,并查明准确的历史证据。作为这个过程的一部分,他甚至向海外进行询问,从朝鲜和中国搜索信息,并向游历过海外的日本人征询。德川光圀强调历史描述的客观性;他试图通过不发表个人意见来叙述历史事件,并且仔细说明每一处史料的来源。

贯穿于《大日本史》始终的重点,是对帝国统治合法化的论述并证明道德正义感如何通过历史事件本身彰显自身,由德川光圀开启的水户藩历史项目,对于重新发现天皇成为德川时代日本国民效忠的焦点,有着重要的影响。据说德川光圀采用了和北畠亲房(Kitabatake Chikafusa)在其 14 世纪的文本《神皇正统记》(*Jinnō Shōtōki*,1339 年)相同的立场。14 世纪的王朝分裂,将王室分为北支和南支,北畠亲房倾向于儒家的原则"天无二日,士无二王"。[①] 通过这种方法,他假定南支是合法的,而北支是篡位者。相比之下《本朝通鉴》则反映了德川幕府的政策并合法化了皇室北支。

德川光圀的历史项目对 19 世纪中期恢复帝国统治的运动有实质性影响,在 1868 年明治维新前夕,提供了尊皇攘夷(Sonnō jōi)的理论基础,提倡敬畏天皇、驱除外国入侵者。

塙保己一和伟大的日本历史

档案的存在不能被忽视,且为历史研究的必要前提。有人可能认为西欧和东亚历史研究的发展的主要原因是存在大量可用的书面材料。在东亚,历史记录被保存在各种形式的材料中,包括纸、

---

① Confucius, *Raiki* (*Zhou-li*) (Tokyo, 1976), vol. 1, 492-494.

丝绸、石头和木板。这些材料的收集和档案收藏的产生,对于历史研究作为一门学科被建立起来,是必不可少的。在日本,历史记录的保存高度发达,主要史料来源都得到了精心细致的保护。例如,在京都的冷泉家(冷泉贵族家族的房子),人们仍旧可以找到已经保存了800年的最初的史料和古老户籍簿。这些材料历经战争和其他灾难,完整地留给后代,成为一种宝贵的家庭财富。①

德川时代历史材料的收集、汇编、修订和出版活动中至关重要的人物是塙保己一(Hanawa Hokiichi)。尽管塙保己一双目失明,但他却有着惊人的记忆力,能够记住许多日本家庭记录和其他历史材料。他在《群书类从》中将这些材料进行分类整理。公平来说,塙保己一一手促成了日本最独特的分类体系的整理工作,这种体系早在13世纪就出现了,一直沿用至今。本章讨论的许多历史文献中,塙保己一的文献可能是最容易得到的。

塙保己一是江户内地的一个农民之子,5岁那年双目失明。他前往江户成为一名针灸师,同时在他学习国学(kokugaku)、日本历史、古典学和古代制度的过程中依靠他惊人的记忆力,开始着手自己的学者生涯。

塙保己一认为历史研究应该建立在可靠的历史材料的基础上,这些材料应该经过仔细的文本考证以及严谨的学术分析。认识到对日本的古典著作和其他历史文件的可靠文本收藏进行分类的必要性后,塙保己一计划在1779年出版《群书类从》。他在1786年发表了该集的第一卷。1793年他从幕府那里得到资助,建立了和学讲谈所(Wagaku Kōdansho,日本研究的机构),在那里他继续编写并出版《群书类从》。第一个系列包括530卷1270个条目,完成于1819年;第二个系列包括1150卷2103个条目,问世于他去世之后的1822年。

《群书类从》包括从古代到17世纪早期的文献。根据塙保己一25个分类的纲要,它们被归类为:神道、天皇、官员委任、族谱、传

---

① Reizei Tamehito, *Kyōto Reizeike no 800 nen* (Tokyo, 2005).

记、政府邮件、条例、公共事务、服装、文学、书信、诗歌、连句、故事、日记、游记、音乐、蹴鞠（一种类似于足球的宫廷消遣活动）、猎鹰、休闲消遣、食物饮料、战斗、武士、佛教和杂项。这个分类系统本身就是日本历史研究中一个有趣的历史话题。

《群书类从》是早期现代日本历史材料收藏的集大成者，现显示出书目学和文献学研究的极高水平，也一直是今天历史学家的主要参考文献。《群书类从》是许多重要的现代作品集和历史史料来源的简编，包括《大日本史料》（*Dai Nihon shiryō*，1901 年—　）、《大日本古文书》（*Dai Nihon komonjo*，1901 年—　）以及由日本官方于 1869 年成立的历史编纂机构（史料编纂所，*Shiryō Hensanjo*）的其他系列史学著作。

从 1789 年开始，塙保己一也参与了德川光圀的《大日本史》的汇编工作。他也汇编了《萤蝇抄》（*Keiyō Shō*，1811 年）、《史料》（*Shiryō*，1808—1821 年）。他的历史学家应该让史料不言自明的观点，为随后很多日本的历史研究奠定了基础，这种广泛征引第一手史料的传统至今依然强大。[1]

新井白石和实证历史

新井白石是一个不起眼的浪人武士的儿子。尽管财政情况十分紧张，新井白石仍然投身于学习，并于 1683 年为一位未成年的大名（Daimyô，领主）服务。然而随着 1685 年大名的倒台，新井白石再次陷入无主失业的境地。他加入了当时杰出的儒家学者木下顺庵（Kinoshita Jun'an）的书院，后者于 1693 年推荐新井白石担任甲府（Kōfu）藩主兼无子将军的侄子——德川纲丰（Tokugawa Tsunatoyo）的老师。当德川纲丰被选中继任第六代德川幕府，改名为德川家宣（1709—1712 年）进行统治后，新井白石因此成为新幕府的儒家讲师和政策顾问，帮助引领一段常被称为"正德之

92

---

① 　Ota Yoshimaro, *Hanawa Hokiichi*（Tokyo，1966）.

治"(1711—1716 年)的治理时代。1716 年德川家宣暴毙与幼主继任后,新井白石完全投入历史、政治、语言和国际关系的写作当中。

新井白石在《古史通》(*Koshitsū*,1716 年)中阐述了他的历史观点:"历史是基于真实事实的、对历史事件的描述;它能教诲读者并引起他们真挚的反思。"[①]他是一位杰出的基于史料的历史学家,其严格审视文献的方法来自于他批判的智慧和严格的理性。在《古史通》中,他否认了"神话时代"的虚拟观念,认为"诸神就是人"。[②] 他写作了一部人类世界的日本古代历史,而那个时代一个反向的运动正在形成,并真正接受了《古事记》(*Kojiki*,712 年)和《日本书纪》的"神话时代"的叙述。在《读史余论》(*Tokushi yoron*,1712—1716 年)中,新井白石收录了他于 1712 年向德川家宣讲习的 8 世纪到 17 世纪的日本史的内容。他谈论了武士阶层的兴起,提出了一种原始的日本历史分期,旨在证明武士统治和德川幕府执政的合法性。这部著作目的是要从日本统一的思想层面去理解日本的历史。因此这是一部关于国家历史的独特叙述,这种风格最终影响样了赖山阳的《日本外史》(*Nihon gaishi*,1827 年)。

新井白石最广为传阅的一本书,即前文提及的《折焚柴记》,被认为是日本的第一本自传作品,也是一部作者站在当时政治中心的立场看待周边事物发展的叙述。其他历史作品包括叙述 337 家藩主大名族谱的《藩翰谱》(*Hankanfu*,1702 年)和《西洋纪闻》(*Seiyō Kibun*,1715 年),其中记录了他从被捕的耶稣会教士乔瓦尼·巴蒂斯塔·斯多提(Giovanni Battista Sidotti)的谈话那里了解到的有关于欧洲的情况。

93 **荻生徂徕和日本的历史主义**

虽然作为一种历史思维方式的历史主义,在 18 世纪晚期才得

---

① *Arai Hakuseki zenshsū*, ed. Imaizumi Sadasuke, vol. 3 (Tokyo, 1906),212.
② Ibid. , 219.

到发展,但相似的历史进程在 18 世纪早期的日本已经发生了。荻生徂徕在他的《学则》(*Gakusoku*,1715 年)中解释了历史的重要性:

> 可以肯定的是,古今各有不同。我们在哪里洞见他们的不同之处呢? 只有在事物的现实中。现实随着年龄增长发生改变;年龄随着现实也在递增;人们必须在各种历史面向的帮助下研习它们,方能透彻地理解双方的不同之处,也只有这样才能"和他们的世界产生交谈"。除非我们做到这一点,否则一个人建立自己固定的标准并用它来诋毁上百年的时代,也太容易了一些。这项工作是为了个人的正直,而不是担心痴长年岁。在这种情况下,历史有什么作用呢? 想要了解现在的人,必须精通过去。想要精通过去历史的人,必须研究历史。[①]

荻生徂徕是幕府将军的医生之子。14 岁那年,他和被流放的父亲迁移至上总国(今千叶县),在那里待了十二年,全身心投入到学习中。[②] 1696 年他回到江户,为柳泽吉保担任幕僚,后者是幕府将军亲密且首要的智囊,因此荻生徂徕作为幕府将军的非正式智囊贡献力量。1709 年,荻生徂徕开创了私人书院"萱园"(Ken'en),他在那里教授了许多弟子,后来成为知名的"萱园学派"。

他最重要的著作是《弁道》(*Bendō*,1717 年)、《太平策》(*Taiheisaku*,1719—1722 年)、《政谈》(*Seidan*,1727 年)。作为早期现代日本最重要的思想家和作家之一,荻生徂徕是一名坚定的历史主义先锋。与其说他是历史作家,他更像是一位伟大的历史诠释者。解释历史是荻生徂徕主要的兴趣——也是早期现代日本许多历史学家的兴趣。"学习历史"不是为了探究过去本身,而

---

① Richard H. Minear, 'Ogyu Sorai's Instructions for Students: A Translation and Commentary', *Harvard Journal of Asiatic Studie*, 36(1976), 22 - 23.

② Olof Lidin, *The Life of Ogyū Sorai: A Tokugawa Confucian Philosopher* (Lund, 1973).

是为了精通于中国历代王朝的历史典籍,融会贯通并内化于己。

早期现代日本的多数学者在某种意义上可以被称为历史学家,因为即使是那些没有明显"历史性"的中国古籍,也充满了对历史事件的引用,学者们从而根据自己的解读从历史事件中提取意义。对于这种解释历史的必然性,荻生徂徕认为:

94
一个人的学识涵养是通往研究成就的必由之路,为了达到这种成就,人们应该采用历史研究的方法……为了包含历代王朝的事实(历史),为了治理国家的方法、(较大)战争战役的事实、和平世界的发展状况,以及忠臣良相的成就。而不仅仅是听听(关于治理天下的)准则,通过阅读历史,人们喜欢观察(行动和事件)的影响,但这不能推动现实前进。①

徂徕认为,单纯对过去的事实进行重现并不是历史的主要目的,并且广泛网罗古代和当代的文献作为他许多作品的基础。表面上看,这些文献大部分都和哲学、政治或语言类的主旨相关,但从根本上都反映了徂徕对于历史解释的看法。这一点在他对于"复古学"(*Fukko-gaku*,通过诉诸古代最初的文献而不是学习后世的评注来学习古代典籍)的定义中也清晰地表达出来。他的诉诸古代最初的文献的方法激起了对于文献学和语言学的关注,这两种都是恢复古代典籍当时内涵的必要技艺。从这个意义上说,徂徕激起了18世纪和19世纪日本历史方法的转变。他反对新儒家的观点,即历史具有道德教诲的目的,要惩恶扬善。相反,他认为历史总结起来就是"事实胜于雄辩"。

本居宣长和历史文献学

本居宣长是一名富有的棉织品町人的儿子。除了学习中医课

---

① Ogyū Sorai, 'Taiheisaku', in *Ogyu Sorai* [*Nihon shiso taikei*], vol. 36 (Tokyo, 1973),485.

程外，1752 年他开始在京都学习中国和日本的典籍。1757 年返回家乡之后，虽然他已经成为了一名职业医师，却开始对日本典籍进行深入的研究。之后本居宣长开始在家对这些主题开设非正式的讲座。

　　本居宣长是推动日本古籍文献学研究进入巅峰的主要人物。他对这一工作的主要兴趣在于从中寻找古代日本的真正精神，即未经（外来）佛教和儒家文化曲解与装饰的日本精神。国学运动开始于反对儒学中国研究的 18 世纪，并成为当时日本主流学派。① 本居宣长在京都的六年间，荻生徂徕唤醒了他对于古代研究重要性的认知，他从契冲（Keichū）那里学习了如何在日本古代典籍中运用文献学方法，后者是国学的创始人。本居宣长之后建立了自己的学术领域"古道"，这是建立在对文本批判性引用和徂徕与契冲方法基础上的学派。

　　1764 年，在国学学者和"古代日本精神"的信徒贺茂真渊（Kamo no Mabuchi）的启发下，宣长开始对《古事记》进行标注，该书最初是由太安万侣（Ōno Yasumaro）于 712 年汇编而成。这项工作花了宣长 35 年的时间来完成。这项工作的成果是四十四卷本的《古事记传》（*Kojiki den*，1790—1822 年），这既是宣长的杰出著作，也是国学学派的奠基性作品。宣长的成就的重要性怎么强调也不过分。《古事记》的语言虽然是日本语的形式，但因为非常古老且模糊，文本意义早已失传，直到宣长的评注才重新恢复了它的意义。此后，《古事记》成为现代神道教民族主义的规范性作品。

　　宣长对于学习的态度是自己接近古籍，而不是把古籍描述给他听，这一点在下面这段话中有清晰的表述："古典学是恢复古典文本经过直接校验的情况下古代事实本来的样子，将所有后世的理论放在一旁。"②他的方法前提是文字、行为和思维互相关联，但是

---

① 国学是指日本古代历史、文学和诗歌的文本与训诂研究。

② Motoori Norinaga, *Uiyamabumi*, in *Motoori Norinaga zenshū*, ed. Motoori Kiyozō, vol. 9（Tokyo, 1902），479.

三者中间最重要的是文字,因为古代人的事迹遗留在了历史中,却镌刻进文字里:"文字就等于行为。"通过阐明古代文字的意义和表达方式,宣长最终目的是阐明古代人的思维和事实本身的样子。这就是宣长为什么选择《古事记》的原因。这部著作包含了不带任何道德原则的情况下,诸神和他们的帝国后裔统治下的古代日本语言的记录和古代日本人的宽裕生活的描述,因此比《日本书纪》更有价值,因为该书虽然是日本最早的官方史书,却是用古代中文书就。宣长的选择也反映了他对中国人的思维方式和道德观的厌恶之情。

在宣长所有的作品中,评注体现了他的语言学方法,"当你的学习进展到一定程度时,下一部作品应该是评注古代作品:评注古代作品能从各个方面提升你的学习"。① 但是宣长在确定历史中书写的是什么历史事实和基于事实阐述其职责愿景的道路上走得太远,他之后从学习的领域进入信仰的领域。在他的学习中,这两种矛盾的想法是统一的:一种客观且严谨的语言学方法和一种对古代日本的信仰态度。前者有助于日本语言学的发展,后者则催生了如塙保己一这样的历史学家。后者作为民族主义的意识形态特征被平田笃胤详细论述,之后被用作 19—20 世纪日本以天皇为中心的民族主义意识形态框架。②

赖山阳和历史变化哲学

赖山阳是安芸国(Aki Province,现在的广岛县)一名儒家学者的儿子。1797 年他前往江户入学前文提及的,由林罗山创建的幕府官方儒家书院昌平黉。他次年返回安芸国。1811 年赖山阳搬到京

① Motoori Norinaga, *Uiyamabumi*, in *Motoori Norinaga zenshū*, ed. Motoori Kiyozō, vol. 9 (Tokyo, 1902), 482.

② H. D. Harootunian, 'The Consciousness of Archaic Form in the New Realism of Kokugaku', in Tetsuo Najita and Irwin Schemer (eds.), *Japanese Thought in the Tokugawa Period: Methods and Metaphors* (Chicago, 1978), 63 - 104.

都,他创办了一所私人书院,以历史学家、作家和诗人的身份在那里度过余生。赖山阳以其《日本外史》被后世所记,该书是 19 世纪日本最广为传阅以及最有影响力的历史作品。这部书称为 19 世纪中期政治活动家试图推翻德川幕府、重建帝国直接统治的试金石。

《日本外史》是一部讲述 10—18 世纪日本历史的著作,它开始于从中世纪初期掌握世俗权力的源氏和平氏家族的国家军事制度的兴衰,结束于德川幕府统治的建立和繁盛,赖山阳自己就生活在武士当政的时代。《日本外史》是以司马迁的《史记》为范本,使用日文假名书就。文本中也有朱熹新儒家的伦理解释。虽然该作品在很多地方存在事实错误,赖山阳却用他清晰的论述和华丽的文学风格深深吸引了一大批读者。他对历史事件的个人评论,穿插于整个文本,激起了读者们强烈的帝国忠诚感。

赖山阳也出版了《日本政记》(*Nihon seiki*,1845 年),这部作品的记叙开始于神话中的日本开国神武皇帝,结束于统治于 1586—1611 年间的后阳成天皇。除此之外,他用古代中文创作了许多关于日本历史的主题广泛的诗歌和散文。[①]

作为历史编纂学的年表和系谱学

历史作为一种叙述形式的发展在欧洲尤其强盛,那里的年表和系谱被用作历史叙述的基石,历史作为一种叙述的观念被高度重视。这种历史叙述形式的优点从"历史"[②]一词的起源开始就十分明显。相较之下,东亚的年表和系谱是历史的首选格式。编年体的历史编纂学,或者按照时间顺序故意重写或重新汇编的历史学,已经被认为是历史表达的终极方式。经典的例子就是中国的历史

[①]　W. G. Beasley and Carmen Blacker,'Japanese Historical Witting in the Tokugawa Period (1603 - 1868)', in Beasley and R. G. Pulleyblank (eds.), *Historians of China and Japan* (Oxford, 1961),245 - 263.

[②]　Masayuki Sato,'Historiology and Historiography', in Q. Edward Wang (ed.), *Many Faces of Clio* (New York,2007),262 - 276.

学家司马光的《资治通鉴》。这部作品本质上是对司马迁《史记》以来的所有正史里的纪传体的重新整理。但是将"编年体"这一历史学形式翻译为英语里的"年表"或"年鉴"并不准确。借用德国历史学家约恩·吕森（Jörn Rüsen）曾经在谈话中的说法，描述这种历史学形式的更精准的词汇应该是"非叙述的叙述"。

在虎关师炼著于 1322 年的《元亨释书》（*Genkō Shakusho*）中，虎关师炼以这种方法解释了他的历史编纂理论：

> 很久以前当孔子著《春秋》的时候，他采用的是基于时间的叙述方式（编年体），根据月份和日期。司马迁修改了这种方法并发明了分类的方式（纪传体）。自此以后，历史学家在编纂历史时采用司马迁的写作方法。在基于时间的历史叙述形式中，时间是历史编纂的主轴，对于传记风格来说，分类是主轴。即使是愚蠢的人也能读懂基于分类的历史叙述，但是历史围绕时间而写就的历史就是对普通人而言也很难看懂。这就是历史叙述形式改变的主要原因之一。当我编纂《元亨释书》时，我倾向于用《春秋》的写作风格，但是我认为这对于普通人而言很难理解。我认为没有其他选择（和传记风格的叙述相比），我仍然对于《春秋》笔法有着挥之不去的依恋。①

基于时间的叙述风格（编年体）的优点在于，和（纪传体）叙述风格相比，它能够摒弃历史学家在报告历史事实的过程中所添加的评论，这是一种高度客观而未经过滤的表达方式。② 这种保存历史记录的方法在 6 世纪被引入日本，并在早期现代日本的历史进程中发展出一种独立的形式。从 1400—1800 年，共有 69 个历史年表被创作并出版，其中 40 个出现于 1600 年以后。这是历史叙

98

---

① Kokan Shiren, *Genkō Shakusho* (Tokyo, 1965), 289.
② Masayuki Sato, 'The Archetype of History in the Confucian Ecumene', *History and Theory*, 46(2007), 217-231.

述的一种重要的形式。

历史年表发展成一种历史叙述的另一个原因是它有助于同步东亚地区不同的日历。日本的日历结合了时代名称和干支纪年法，而不是基督教的计数年的线性方法。这种日历在东亚被广泛采用，包括中国、朝鲜和越南，因此有必要将每个国家每一年使用的不同的时代名称进行同步化。同步化了的历史年表是每一个知识分子书桌上必备之物，这个不可或缺的工具有效地增强了他们的历史意识，提升了他们对于历史的整体兴趣。

三村其原的《和汉年契》（*Wakan nenkei*，1798 年）是其中最广为阅读的历史年表。该书定期更新，共出版了七个版本。在内容方面，文本共分为三层：顶层、上列与下列。顶层有一份总结了有关天皇和幕府的所有历史事件的时间表，上列是和日本有关的历史事件，下列是和中国有关的历史事件。换言之，这份时间表同步了三个不同的年表。读者们通常倾向于关注历史事件，如果我们按照时间顺序阅读这份年表，会清晰看到尽管日本的帝国谱系保持完整，但帝国的统治却不是连续的，因为天皇在每个时期会任命幕府将军统治国家。在这个意义上讲，时间表清晰地反映了"国家的形态"并最终为明治维新奠定了基础，即以天皇为中心的政治体制被重新建立。

250 年的德川时代是日本列岛很少有内讧的时代。此外，日本通过政治法令与外部隔离，与亚洲大陆鲜有交流，去外国游历也被严令禁止。因此，政策的流动性非常有限，不仅仅是统治阶层，平民也是如此。当人们的空间流动性受到限制时，他们没有其他选择，只能在时间里回首。这种情况就产生一种思维方式，即一个人在回溯时间的过程中越久远，其价值就越大。这就是延续至今的日本历史文化的起源，这也是由此诞生的日本历史文化。系谱学这种形式也许最能表达出这种已成定式的历史意识。

《本朝通鉴》的创作迈出了第一步，德川幕府命令林罗山及其子林鹅峰编纂《宽永诸家系图传》（*Kan'ei shoke keizu-den*）。这份文件将武士精英分为四组：清和源氏（Seiwa Minamoto clan）、藤原

99

氏(Fujiwara clan)、平氏(Taira clan)和其他氏族。为了确保准确性,1530 卷的《宽政重修诸家谱》(*Kansei chōshū Shoka fu*)也编纂于 1812 年。这本书开始于大名和封建藩主,追溯 1798 年的高级武士。新井白石的《藩翰谱》是另一部知名的系谱学著作,追溯了337 家大名家族的功绩和起源,而德川光圀的《诸家系图传》(*Shoka keizu den*,1692 年)记录了不同大名的宗谱。甚至是塙保己一的《群书类从》都有谱系的部分。

在这种国家层级的系谱编纂风潮的激发下,其他大名家族和附庸纷纷编纂自己的家族历史或宗谱。结果,德川时代几乎每个武士阶层的家庭都编纂了自己的谱系。当时这种思维方式,即家族尽可能回溯自己祖先或根基的历史,有助于传播一种理念,即权力的合法化能够在历史中找得到。

大部分武士阶层都可以回溯到中世纪的源氏家族,所有的武士家庭都和天皇联系在一起,但是这些谱系中最古老的部分大多都是假的。甚至有人前往大名在农村的家,去伪造谱系。这种情况不仅仅发生在统治阶层,连殷实的农民家庭和富有的商贾也这么做。

伪造谱系的事实表明,为了证实这些文件的真实性,有必要使用历史证据。这就导致了谱系学的学科发展,也是对日本历史研究的重要贡献。一般来说,谱系学被认为发端于 16 世纪的法国和德国,但是 17 世纪的日本谱系学也得到了发展,主要是由德川幕府汇编的家族史的工程所牵头的。

作为一种历史叙述的谱系学的发展极其重要的一部分是连续的(也就是家庭/家族)传统,这种现象在早期现代日本社会就发生了。这种体制开始于 1602 年的登记制度,类似于日本人必须在他们当地的佛教寺院进行登记的制度。这种制度最初是由德川幕府发展而来的,目的是防止基督教渗入日本,但最终它成为一种全国性的登记制度,记录了出生、婚姻和死亡。日本的佛教有别于印度,更像是祖先崇拜,而不是佛教。[①] 这种祖先崇拜受到官方和佛

---

① Kaji Nobuyuki, *Jukyō toha nanika* (Tokyo, 1990).

教寺庙的双重保护,并且加强了一种想法,即可以在追溯一个家庭的历史的过程中寻找到合法性。

100

德川时代超过 80％ 的人口从事农业,因为他们都参与水稻种植,他们的生活紧密地和稻田结合在一起。此外,日本当时被分为500 多个行政单位,因为人们能够自由迁徙到其他地区的权利被严格限制,所以人们倾向于在同一个地方出生、结婚然后死去。因为人们的生活被束缚在土地上,所以他们的座右铭是"一生悬命"(*issho kenmei*)。① 人们对于家乡/家族有着不同寻常的依恋,这也是早期现代日本的背景,日本人对于过去有着强烈的关注,而这有助于塑造并形成日本人的历史文化。

大事年表/关键日期

1392 年	统一了敌对的南北王室,结束了 56 年的王室分裂
1467 年	应仁之乱爆发开启了内战的世纪(战国时代)
1542 年	葡萄牙人将火绳枪引入日本
1549 年	弗朗西斯·泽维尔抵达日本,开始耶稣会传教使命
1573 年	织田信长废除了最后一位足利将军,结束了室町幕府(1336—1573 年)
1582 年	明智光秀在京都暗杀织田信长
1590 年	小田原之战:丰臣秀吉在 120 多年内战后统一了日本
1592 年	丰臣秀吉入侵朝鲜;明代中国进入战争状态

---

① 这是"一生悬命"一词的由来,是 20 世纪中叶日本经济快速发展时期日本企业的口头禅。

	1598 年	丰臣秀吉之死；1600 年关原之战，日军撤出朝鲜；德川家康获胜，建立国内霸权
	1603 年	后阳成天皇认命德川家康为"幕府将军"；德川家康在江户（今京都）建立幕府，1614 年德川家康禁止基督教
	1633—1641 年	德川家光（第三代幕府将军）规定禁止基督教，驱逐传教士；禁止日本人的所有海外航行，指定长崎是对外贸易的惟一港口（仅限中国和荷兰）
	17 世纪 50—80 年代	江户和大阪脱颖而出，称为国家金融和商业经济的发展引擎
	17 世纪 80—90 年代	"元禄文化"（艺术和文化的繁荣发展）：小说、诗歌（俳句）、戏剧（歌舞伎和文乐）、浮世绘版画；20 世纪 80 年代的天明大饥荒、大规模饥荒和城市粮食骚乱
101	1787—1793 年	宽政改革：为应对天明危机颁布的重振幕府的纲领行动，恢复财政并以新儒家主义控制意识形态
	1792—1793 年	俄罗斯要求通商贸易，开启了长时期的国际威胁和危机

主要史料

Arai Hakuseki zenshū, 6 vols. （Tokyo，1977）.

Dai Nihon kokiroku, comp. Shiryō Hensanjo, 28 titles in 121 vols. to date （Tokyo，1952 -   ）.

Dai Nihon shiryō, comp. Shiryō Hensanjo, 384 vols. （Tokyo，1901 -   ）.

Gunsho ruijū, comp. Hanawa Hokiichi, 30 vols. （Tokyo，1959 - 1960）.

Hayashi Razan, *Hayashi Razan bunshū*, 2 vols.（Tokyo，1979）.

——*et al*.，*Honchō tsugan*，18 vols.（Tokyo，1918 – 1920）.

Motoori Norinaga zenshū，ed. Ōno Susumu and Ōkubo Tadashi，23 vols.（Tokyo，1968 – 1993）.

Nihon nenpyō senshū，comp. Hioki Eigō，8 vols.（Tokyo，2005）.

Nihon shisō taikei，ed. Ienaga Saburō *et al*.，67 vols.（Tokyo，1970 – 1982）.

Ogyū Sorai zenshū，ed. Imanaka Kanji *et al*.，6 vols.（Tokyo，1973 – 1978）.

Rai San'yō zensho，ed. Kizaki Aikichi and Rai Seiichi，8 vols.（Tokyo，1931 – 1932）.

Shintei zōho Kokushi taikei，ed. Katsumi Kuroita *et al*.，62 vols.（Tokyo，1929 – 1964）.

Tenri Toshokan zenpon sōsho wahon no bu，80 vols.（Tenri-shi，1972 – 1986）.

Tokugawa Mitsukuni *et al*.，*Dai Nihon shi*，5 vols.（Tokyo，1900 – 1918）.

Waseda Daigaku zō shiryō eiin sōsho，48 vols.（Tokyo，1984 – 1995）.

Zoku Gunsho ruijū，comp. Hanawa Hokiichi，86 vols.（Tokyo，1957 – 1972）.

参考文献

Baxter，James C. and Fogel，Joshua A.（eds.），*Writing Histories in Japan：Texts and Their Transformations from Ancient Times through the Meiji Era*（Kyoto，2007）.

Beasley，W. G. and Pulleyblank，E. G.（eds.），*Historians of China and Japan*（Oxford，1961）.

Brownlee，John S.，*Japanese Historians and the National Myths*

（Vancouver，1997）.

Gomi Fumihiko, *Shomotsu no chūseishi*（Tokyo，2003）.

Hakuseki，Arai, *Lessons from History: Arai Hakuseki's* Tokushi yoron，trans. Joyce Ackroyd（Tokyo，1982）.

Hall，John W. *et al.*（eds.），*The Cambridge History of Japan*，6 vols.（Cambridge，1988 - 1999）.

Igi Hisaichi, *Nihon komonjogaku*（Tokyo，1976）.

Kaji Hiroe, *Chūsei rekishi jojutsu no tenkai*（Tokyo，1999）.

Kubota Osamu, *Kinsei shigakushi ronkō*（Ise，1968）.

Kuroda Hideo, *Kaiga shiryō de rekishi o yomu*（Tokyo，2004）.

Maruyama，Masao, *Studies in the Intellectual History of Tokugawa Japan*，trans. MikisoHane（Princeton，1974）.

McEwan，J. R. , *The Political Writings of Ogyū Sorai* （Cambridge，1962）.

Nakai，Kate Wildman, *Shogunal Politics: Arai Hakuseki and the Premises of Tokugawa Rule*（Cambridge，Mass. , 1988）.

Noguchi Takehiko, *Edo no rekishika*（Tokyo，1979）.

Ozawa Eiichi, *Kinsei shigaku shisōshi kenkyū*（Tokyo，1974）.

Sakamoto Tarō, *Nihon no shūshi to shigaku*（Tokyo，1958）.

Sato Masayuki, *Rekishi ninshiki no jikū*（Tokyo，2004）.

——'The Archetype of History in the Confucian Ecumene'，*History and Theory*，46: 2(2007)，218 - 232.

Shigakkai（ed.），*Honpō shigakushi ronsō*，2 vols. （Tokyo，1939）.

Toby，Ronald P. , 'Contesting the Centre: International Sources of Japanese National

Identity'，*International History Review*，7: 3(1985)，347 - 363.

Webb，Herschel, 'What is the Dai Nihon Shi?' *Journal of Asian Studies*，19: 2(1960)，135 - 149.

102

申　芳　译　张　骏　校

第五章 前现代朝鲜的历史写作

唐·贝克

在东北亚的版图上,与中国、日本和最近几个世纪的俄国相
比,朝鲜显得黯然失色。然而,朝鲜在这些大国阴影下存活了下
来,在过去两千多年的大部分时间里保持了政治自治和独特的文
化认同。这一点是通过培养一种不同于周边国家和民族的朝鲜国
家和朝鲜民族的集体记忆来完成的。历史写作就成了培育和促进
这种记忆的主要工具。

朝鲜王朝(1391—1910 年)五个多世纪的大部分时间里,朝鲜
人民骄傲地宣称他们在自己的小半岛上创造了一个中国的文化复
制品。这种主张在一定程度上是可以理解的。尽管朝鲜语从根本
上异于汉语,如同阿拉伯语异于英语,尽管朝鲜人民在 15 世纪中
叶就有了可以用朝鲜语进行书写的本土书写系统,正统的汉语仍
然是官方记录和大量文学的首选语言,且两者皆遵从中国典范。
从表面上看,朝鲜在政府机构方面也与中国极其相似。除了统治
者被称为国王而不是皇帝这个事实外,朝鲜王朝的政府看起来就
像一个小规模版本的中国政府。朝鲜儒家科举考试通过者担任的
官僚职位,有着跟对应的中国职位相似的头衔和职责。而且和中
国一样,地主阶级儒家学者主导了当地社会,数量远超佛家寺院的
儒家书院与这些学者共同统治着乡村地区。

朝鲜的历史写作类似于中国的历史写作。官方历史和大部分
非官方历史遵循着中国儒家学者创作历史的版式。然而,朝鲜的
历史写作和中国历史写作并不完全相同。尽管朝鲜人从中国那里

参考了历史应有的样貌,但他们进行历史写作是为了建立一种独立且不同的朝鲜政治史和文化史,运用借鉴于中国的写作技巧来维护朝鲜认同的独特性。

104　　朝鲜人书写中国式历史也服务于其他朝鲜目标。宫廷创作官方历史是为了使朝代内部王位继承顺序合法化,并且使朝鲜王朝在更大范围内的朝鲜历史里合法化。个人书写的非官方历史则有着更广泛的原因。有些人书写历史是为了解决朝鲜民族创立者是来自中国或是朝鲜本地人的问题。有些人书写古代朝鲜历史则是为了将满洲纳入朝鲜历史中。还有一些人书写历史,为早期政治斗争中自己所属派系的角色进行辩护。有些人书写具体的创伤性事件,例如 16 世纪 90 年代日本入侵和 18 世纪中叶王储被刺,以此澄清或美化这些事件中自己先祖或派系同仁所扮演的角色。

　　本章考察 15 世纪到 18 世纪朝鲜创作的各种历史文本,它们如何以及为什么被创作出来。重点将放在朝鲜运用中国式的历史写作来定义朝鲜认同的独特性,以及确定政治真相。在朝鲜时期,历史写作通常是一种政治行为。14 世纪末期朝代建立之初是这样,400 年后朝代走到它的最后一个世纪时也是如此。

　　1400 年,朝鲜王朝建国八年了却仍在寻求合法性。1388 年,李成桂(Yi Sŏng-gye)将军移师高丽王朝(918—1392 年)首都,宣布国王不具备合法性,将其废黜。在安排了两个易操控的幼童继承王位之后,1392 年他宣布两人没有合法性并将王位据有己有,宣布高丽王朝的结束,以及新王朝朝鲜王朝取而代之。他推翻高丽王朝,是对忠君这一核心政治美德的公然践踏,而且为了获得朝鲜政治精英眼中的合法性,必须在一定程度上做出解释,并从中国明朝那里获得对其合法政权的认同。

　　历史写作是李成桂和他的后代们在争取合法性的斗争中挥舞的武器之一。李成桂必须向他的国民和北京的中国皇帝证明,推翻前朝不是篡权,而是统治权的正当移交,朝鲜人如同中国人一样,称之为天命。他必须委托历史来论证,他之前的朝鲜君主因为没有按照天命合法持有者所具备的美德进行统治，所以失去了统治权。他也需要历史来证明高丽王朝最后几个王位拥有者不是世袭高丽国王的直系血亲，因而他们无法分享前任的合法性。

　　李成桂的后代们也必须确保他们的前任继承者的历史保证了他们坐上朝鲜王位的权力。有时候，诸王子为朝鲜王朝的王位归属而争斗。最终的胜利者则必须创作出能将其在兄弟之争中的胜利进行合法化的作品，并证明为什么是他，而不是他的对手，被赋予了天命。从理论上说，中国皇帝可以命令一个不具王权行使资格的国王退位。尽管北京的皇帝从来没有运用他的权力去宣称首尔的国王不具行使王权的资格，但是在朝鲜王朝五个多世纪里，发生过两次国王被自己的官员废黜并立其兄弟取而代之。因此朝鲜的国王们非常清楚被中国皇帝和自己臣民们接受的必要性。在朝鲜，通过书写历史来宣称合法性并不是什么创举。李成桂可以借鉴朝鲜半岛之前几个王国的先例。朝鲜人所谓的"三国时代"止于公元 668 年，在此期间他们就开始写王朝历史了。事实上，三国之一的百济，有可能早在公元 375 年就开始写朝代历史了。[1] 然而，没有一部早期历史续存到 14 世纪晚期。朝鲜王朝时期的朝鲜人能够用来作为书写朝鲜历史的最早样本是创作于 12 世纪的《三国史记》(*Samguk sagi*，三个国家的历史记录)和创作于 13 世纪的《三国遗事》(*Samguk yusa*，三个国家的大事记)。然而，这两本书提供了两种显著不同的历史写作样本。

　　《三国史记》归功于一位出身新罗后裔的高丽儒家官员，金富轼(Kim Pu-sik)。他和其指导下的官方史学家创作出一部严肃的历史。《三国史记》以司马迁的《史记》(公元前 109—191 年)为范本，提供了新罗、百济和高句丽三个早期王国的基本编年史记录和高丽王朝之前的官方文化若干方面的论文，如礼仪、音乐、服饰和

---

[1]　Song Kiho, "Ancient Literacy: Comparison and Periodization", *Seoul Journal of Korean Studies*, 20: 2(2007), 149-192 at 172.

交通工具,其次还有军事、文学和道德领域优秀人物的传记①。《三国史记》上溯新罗建国至不太可能的公元前 57 年(因此使得新罗成为三国中第一个出现的王国——此主张被今天的史学家否定),一路追溯到公元 935 年最后一位新罗国王下台,涵盖了几乎十个世纪的朝鲜历史。然而,金氏忽略了北方另一个王国存在的事实,该王国在今天韩国人称为统一新罗时代(668—935 年)的期间,统治了高句丽大部分领土。尽管新罗控制了朝鲜半岛南面三分之二的半岛而百济控制了剩余的地方,但金对百济(698—926 年)缺乏关注,招致朝鲜王朝后半期历史学家的批评,虽然金并不是惟一一位将百济历史排除在朝鲜历史以外的人。

《三国遗事》吸引了更多朝鲜历史民族主义的学者。其创作者一然(Iryŏn)是一位佛家僧侣,同时也是新罗后裔(因此同样该书以新罗为中心)。尽管佛教和儒家思想都不起源于本土,但以佛教为导向的朝鲜历史通常被认为比儒家历史更具民族主义,可能是因为前者充满了能够使朝鲜半岛显得神圣的奇迹传说,而且因为前者不像儒家历史那样强调朝鲜在以中国为中心的世界秩序里的附庸地位。《三国遗事》并不是这一规律的例外。然而,它能够吸引后来的民族主义者的主要原因,除了其中简短(极其简短)的百济篇章外,是该书把朝鲜历史追溯得比《三国史记》更远。

《三国遗事》是现存最古老的、确认第一个朝鲜王国出现于公元前 2333 年的朝鲜史作,这比中国第一个传说中的皇帝尧登上王位晚不了几年。该书对第一个王国檀君朝鲜的简短论述后,继而论述了千年之后可能由中国亡商的一名前朝官员建立的箕子朝鲜。这之后一千年,在汉朝于中国迅速崛起之后,卫满朝鲜在朝鲜北部取代了箕子朝鲜。《三国遗事》接着宣称箕子朝鲜最后一位国王逃到了半岛南部,建立了檀君朝鲜和箕子朝鲜的合法继任者,即

---

① Jonathan W. Best, *A History of the Early Korean Kingdom of Paekche: Together with an Annotated Translation of the Paekche Annals of the Samguk sagi* (Cambridge, Mass., 2006),给出了对《三国史记》的最全面的英文概述。

马韩。尽管《三国遗事》所创建的早期朝鲜基本年表大部分成为了之后朝鲜王朝时期朝鲜官方和非官方历史的标准年表,但《三国遗事》的总体写作方法并没有被采纳①。

尽管《三国遗事》和《三国史记》一样引用中国史书范式并依靠中国资料来源,但因前者强调佛家思想甚于儒家思想,且侧重于本土传说而非突出在以中国为中心的世界秩序中朝鲜的地位,故而被认为在合理性与文明开化方面逊于后者②。对朝鲜王朝大部分时期而言,文明开化意味着成为中国儒家精英,尽管并非完全一致。此外,朝鲜王朝是忠实的新儒家信徒,尤其是受过教育的、书写朝鲜历史的精英们。一然将其朝鲜历史致力于讲述朝鲜半岛上的佛教历史,包括很多佛教传说,它们与新儒家的关于世界的设想相矛盾,即世界是理性的且被道德原则而非超自然人格所统治。

然而,在朝鲜王朝时期,由《三国史记》而非《三国遗事》提供历史写作范式也许主要是因为历史写作是一项政治活动——朝鲜王朝的政治就是儒家政治。例如,朝鲜王朝的王室主要依靠儒家准则来合法化其统治。朝鲜王室比中国皇室有着更强烈的通过儒家历史写作来获得合法性的需求。原因有两个。第一,朝鲜国王需要被中国认可为合法国王。从理论上讲,朝鲜国王所行使的权力是由中国皇帝授予的。有关国王即位的叙述必须满足中国标准下的合法继承,否则国王将被拒绝授予中华帝国所批准的权威声望,而这对于朝鲜精英集团接受一位国王来说是十分必要的。李氏家族掌权朝鲜时期,统治中国的两个朝代都是根据儒家原则治国理政的。因此朝鲜国王们必须提出一个能够用儒家论述来证明他们如何取得王位的故事。

---

① 这里有一本值得阅读但不具学术严谨性的英文译本,参见 Samguk Yusa: Legends and History of the Three Kingdoms of Ancient Korea, trans. Ha Tae-Hung and Grafton K. Mintz (Seoul, 1972)。

② 就探讨《三国遗事》使用中国史料来源的部分参见 Richard McBride, "Is the Samguk yusa Reliable? Case Studies from Chinese and Korean Sources", *Journal of Korean Studies*, 11(2006), 163 - 189。

第二,朝鲜的国王们比中国皇帝们更加依赖他们的官僚制度。李氏王朝统治的五个世纪里,两位国王被自己的官员废黜并以王室里的另一名成员取而代之。官员们在王权合法性上使用的主要标准,除了相称的出身以外,就是与儒家规范的一致性。朝鲜王朝的国王们并不像他们的士大夫那样是坚定的儒家主义者。有太多关于国王支持佛教文本出版、修建寺庙的例子了。然而,如果这些国王想要维持他们所依赖的士大夫眼里的合法性,来治理王国并保有王位,他们必须在行为举止上表现为一名儒家的君主。这样做的一个办法是,国王委托符合儒家范式的历史写作来书写其直接前任,并允许儒家士大夫保存详细的记录,以便死后可以用来书写其统治历史。李氏新王朝建立后诸多迫切的行为之一,就是证明李氏推翻统治高丽的王氏家族这件事,在儒家的论述里具有合理性,尽管表面上看这是对君主的背叛。这就需要创作一部官方的高丽史来证明1392年高丽王朝失去了它所宣称的合法性。

李氏家族掌权大半个世纪后才出现一部儒家范式的、政府批准的高丽王朝史。《高丽史》(*Koryŏsa*,高丽王朝的历史)出现于1451年。全部出身于儒家学者的官方史学家们钻研了前朝卷帙浩繁的宫廷记录,并从中选取资料数据,为三十四个国王的统治作编年史叙述。他们还向这些编年史中添加了《三国史记》中所包含的论述与传记,例如王室族谱和自然灾害、礼仪、音乐、官方服饰方面的论述以及五十卷人物传记。这些编著者所持有的儒家偏见既清楚表现在官方历史所包含的内容中,又表现在其遗漏排除的部分。例如,五十卷人物传记里没有高丽名僧,尽管佛教是高丽王朝的国教且朝廷曾委任僧侣做国师。[①] 此外,史学家在人物传记里给予文官的肯定性评价多过武官,显示出儒家所信奉的士大夫等级高于武士的理念。[②]

---

① 参见 Sin Hyŏng-sik, *Han'guk sahaksa* (Seoul, 1999),141。

② 参见 Chŏng Tu-hŭi, "Chosŏn hugiŭi yŏksa inshik", in Han'guksa yŏn'guhoe (ed.), *Han'guk sahaksaŭi yŏn'gu* (Seoul, 1985),105 - 127 at 114。

然而,扭曲最明显的例子发生在对高丽最后两位国王的对待上。被李成桂将军推翻的禑王(Kings U)和昌王(King Ch'ang)甚至没有被列在王室家族成员的篇章里。相反,他们在为反叛者所保留的章节里被讨论。① 正如《高丽史》的献词所述:"我们记录下忠臣与佞臣,记录下不同群体里邪恶和正直的个人……只有追问过去我们才能保证达到历史写作的公允;只有展示历史这面可以借鉴的镜子我们才能确保善恶之行的结果不会被后代遗忘。"②《高丽史》的写作是要证明李成桂并不是推翻了高丽王朝,而是在王氏家族被真正的反叛者夺去王位后才进行干预,所谓的反叛者是一位名为辛旽(Sin Ton)的僧人,其被《高丽史》描述成渴望权力的非法继任者。

《高丽史》出版之后,很快第二部官方高丽史书就出现了。《高丽史节要》(Koryŏsa chŏryo,高丽历史的删节版精华),顾名思义,比《高丽史》要简短许多。然而,它不仅仅是一个删节版本。它省略了很多论述与人物传记,而专注于编年体格式的高丽历史年代记。此外,它包含了一些《高丽史》未提及的事件。③ 更重要的是,它包含了许多对王室行为的评价。出于这个原因,许多现代历史学家认为《高丽史节要》树立许多品行高尚的士大夫为榜样,他们指出了国王的行为未尽其德,因而该书表现出对《高丽史》以国王为中心的历史写作方法的反对。④

《高丽史》以国王为中心与《高丽史节要》更关注儒家士大夫的差异,只不过是整个朝鲜王朝一直存在着的、朝鲜国王和本应为他们服务的官员们之间的张力表现,这些士大夫经常影响历史的书

109

---

① 参见 Tai-Jin Kim, *A Bibliographical Guide to Traditional Korean Sources* (Seoul, 1976),108 - 112。

② 参见译本 Peter H. Lee *et al*. (ed.), *Sourcebook of Korean Civilization*, vol. 1: *From Early Times to the Sixteenth Century* (New York, 1993),533。

③ Kim, *A Bibliographical Guide to Traditional Korean Sources* (Seoul, 1976), 113 - 118.

④ Chŏng, 'Chosŏn hugiŭi yŏksa inshik', 113; and Sin, *Han'guk sahaksa* (Seoul, 1999),143 - 153.

写。国王们当然倾向于这种历史，即自己在其中充当正义行为与恰当的儒家政策的最终裁决者，然而官员们则常常视自己为儒家道德与政治正统的卫道士。如果国王强大，他会告诉他的官员如何行为，以及如何书写他及其前任的统治历史。如果国王弱小，士大夫会就儒家君主的适当行为训诫国王，并在他们所撰写的历史中证明遵循官员们谏言的国王是最好的国王。

通常国王和官员之间最高权力的争斗是通过使用"事大"（sadae）与"名分"（myŏngbun）这两个词语进行的。事大意为"侍奉大者"，指的是在以中国为中心的世界秩序中朝鲜本应扮演的附庸角色。如果官员们对国王的某项中国政策不满意，他们可能会在记录和国王的统治史里指责他没有展现出正确的事大态度。例如，光海君（King Kwanghaegun，1608—1623 年在位）拒绝向明朝中国提供坚定支持以对抗满洲反叛者，因此惹怒了他的官员，针对他没有表现出对中国顺从态度的指责导致其被文官推翻。名分包含了认识到不同社会阶层有不同的责任。例如，学者有责任在国王偏离正确儒家之道时向他指出来；国王则有责任听取士大夫的谏言。同样，反映儒家道德理念的名分比保持中立来得重要。例如，光海君和另一位被士大夫推翻的燕山君（Yŏnsan'gun，1494—1506 年在位）的国王头衔在官方历史里被否认。相反，他们仅仅被归为王子，因为他们被指责为没有表现出真正国王的样子。

王室家族试图通过获得历史对自己的支持来消除对王权的挑战。除了委托历史来证明他们从王氏家族那里获取权力具有合法性外，李氏家族也设法证明他们是朝鲜合法朝代谱系中的最新的一员。他们运用一种自朝鲜历史开端至前朝结束的历史，表达对其前任的尊敬，他们认为这将会提升自己的合法性。

1485 年，通史《东国通鉴》（*Tongguk tónggam*，东方国家的综合性借鉴）出版。在之后的四个世纪里，它一直是权威性朝鲜官方史，"惟一一部官方批准的、涵盖了自檀君至高丽王朝结束的全部

110

的朝鲜历史"。① 该书模仿司马光的《资治通鉴》,采用了和《三国遗事》里使用的相同的大致年代记。

《东国通鉴》的编写始于一位在可疑情况下登基的国王。世祖大王(King Sejo,1455—1468 年在位)从他本不配称王的少年侄子那里篡夺了王位。帮助世祖取得权力的铁腕人物被授予创作一部朝鲜通史的职责,这部通史着重强调国王的绝对权力。然而,《东国通鉴》是在另一位依靠儒家官员支持、以正常方式登上王位的国王的统治下完成的。这位国王更愿意听取官员们的意见。因此,他允许士大夫在《东国通鉴》里,包含强调正确儒家君主听取士大夫谏言之必要性及士大夫在认为合理时向国王提出批评之必要性的元素。五十七卷的《东国通鉴》因此包含了有关国王和高层官员之间关系的不同见解。②

尽管如此,《东国通鉴》没有放弃具有儒家史学特征的说教式倾向。像其他所有儒家历史一样,它突出强调过去的名人轶事,这些被认为能够为现在和未来提供借鉴。正如《东国通鉴》前言所说:

> 我们尽力直笔叙述国家力量的统一与分裂,国家财富的利弊,国王有益与有害的统治以及一千四百年来治理国家的成功与失败。我们在强调称谓的订正时极其谨慎,是为了向忠诚与正直致敬,谴责叛乱者并惩罚奸佞之人,以期能为后代提供鼓励与训诫。③

---

① Yong-ho Ch'oe, "An Outline History of Korean Historiography", *Korean Studies*, 4(1980),1 - 27 at 11 - 12.

② Chŏng, "Chosŏnhugiŭiyŏksa inshik', in Han'guksa yŏn'guhoe (ed.), *Han'guk sahaksaŭiyŏn'gu* (Seoul, 1985),120 - 122; and Sin, *Han'guk sahaksa* (Seoul, 1999),164 - 174.

③ Peter H. Lee *et al.* (eds.), *Sourcebook of Korean Civilization*, vol. 1: *From Early Times to the Sixteenth Century* (New York, 1993),535.

普通大众可以获取这些历史作品,或者至少对那些受过教育的、能自在阅读古典中文的少数人而言是如此。然而,朝鲜时代历史写作领域最著名的成果却无法到达普通大众那里。无论如何,《实录》(*Sillok*,真实的记录)在今日许多韩国人眼中代表着他们最为之骄傲的成就。这套完整的、记录朝鲜王朝除去最后两位外的二十七位国王的编年史是编号 151 的韩国国宝。

每一位国王都有一套编年史,在其去世之后创作完成。它们本
111 是用来提供国王朝堂上讨论的议题和决定的每日记录,也包含了史家对这些讨论和决定的评价。该记录被保留给后代阅读并从中吸取正确的道德教训。

当一个国王在世时,两个位阶较低的、被任命为"史官"的文员,会在国王身边如影随形,无论何时何地记录下办公期间国王及其交谈者所说的一切事情。国王去世后,一个专门为此成立的、由高阶儒家官员组成的委员会将利用这些记录,连同其他官方文件汇编成该国王的统治编年史。下一任国王不被允许查看这些编年史,因为害怕他可能试图改变其中的内容。尤其担忧的是国王可能想要改变有关其前任行为的评价。

身为一名史官并不是毫无风险的。尽管国王不应该知道史官们如何记录他的行为,但还是有一些史官笔记泄露给不满其记录的国王或官员的例子。在朝鲜王朝超过五百年的历史里,有一些(不是很多,但还是有一些)史官因其笔记而被处决。例如,1498年燕山君发现一名史官在其笔记中暗示世祖,即燕山君的祖先,也许并不是王位的合法拥有者。①

这些敢冒生命危险来维护他们认为的历史真相的史官是谁呢?他们来自朝鲜人称之为"两班"的群体。"两班"是朝鲜王朝高位阶的公职人员,与中国儒家文人相似,因为他们必须在儒家经典和具有支配地位的新儒家主义哲学方面受过良好的教育。此外,在很

---

① Edward W. Wagner, *The Literati Purges: Political Conflict in Early Yi Korea* (Cambridge, Mass., 1974),42 - 48.

多情况下,如果他们想要获得官僚制度里的职位,必须通过一系列科举考试来检测他们在儒学方面的知识。然而,与跟他们对应的中国文人不一样的是,后者主要通过在科举考试中取得高分来获取职位,而两班人员则是世袭阶层。只有那些有两班先辈的人才能持有公职,比如史官。

两班经常为争夺官僚机构控制权而分成派系。有时这些斗争变得极其致命。例如,16 世纪中期,一些官员在保存历史记录时被指控存有偏见而被处决。① 此外,有时一个派系在下野多年后获得权力时,会更改本是神圣的编年史,不是删除其中的记录,而是进行补充——向旧的、本已完整的编年史中加入新材料。他们并不那么关心真实的资料,而是关心史官的道德评价。

因为最初的编年史和补充进来的编年史保存在一起,所以很容易就能分辨出文件记录控制权方面的争夺。例如,南人派系控制了显宗(King Hyŏnjong,1649—1674 年在位)的编年史,因此于1677 年完成的原始编年史反映了南人对其统治的评价。然而,他们的对手西人在这之后获得了政府的控制权,并于 1682 年往孝宗的编年史里补充了反映他们不同评价的材料。历史上还有一则相似的争议,短寿的景宗(King Kyŏngjong,1720—1724 年在位)的最初编年史完成于 1732 年,但是那些不同意该编年史的人必须等到景宗的异母兄弟兼继任者英祖(King Yŏngjo,1724—1776 年在位)去世后,才能将他们对景宗统治的解读添加至官方记录。②

史官尊重编年史寻求准确的必要性,因为他们至少不会毁掉他们存有异见的记录。事实上,编年史可能包含着相互矛盾的道德评价,因为当一个国王被引述称赞一名官员的道德品行时,稍后史官会对同一个人的行为做出负面评价。然而,对于历史准确度的尊重并不意味着所有与历史相关的信息都会被列入编年史内。编

112

---

① Suematsu Yasukaze, "Introduction to the Ri Dynasty Annals", *Memoirs of the Research Department of the Toyo Bunko*, 17(1948), 120.

② JaHyun Kim Haboush, *A Heritage of Kings: One Man's Monarchy in the Confucian World* (New York, 1988), 247-249.

年史以宫廷为中心，并不会告诉我们太多朝堂之外的事情，除非这些事情在朝堂内被讨论。此外，还有一些尴尬的事实，无论是被忽略还是被提及，都没有清楚的关联性。官方记录中此种缺口最显著的例子就是对思悼世子（Sado）详细论述的缺失，他患有精神疾病并于1762年被自己的父亲英祖大王赐死。①

无论如何，《实录》大体上具备全面性，意在保存未加掩饰的真相，因为史官就在现场目击。这种对历史的尊重对一个儒家政府的合法性而言是有必要的。然而，朝鲜王朝的王室也需要一种传递以下信息的方法，即他们不仅仅是合法的君主，同时也是英明的、道德高尚且亲民的君主。为此，他们为大众消费创作了一部删节版的编年史。第一部《国朝宝鉴》（Kukcho pogam，我们朝代的宝贵借鉴）出版于1459年。一个世纪之后，在第一版的基础上增加了大多数国王的第二版出版了。更新的版本定期出版。最后一版出版于1909年，就在朝鲜王朝结束的前两年。

113 　与《实录》不同，《国朝宝鉴》意在被广泛阅读。它成为朝鲜时期那些想要了解本朝历史的人们的主要资源。然而，这是一个带有偏见的来源，具有更多的宣传意味而非准确的历史。例如，它跳过了两个最具争议性的国王的统治，即燕山君和光海君，尽管前者在位十二年，后者在位十五年。思悼世子被父王赐死的1762年事件也被省略在这个标榜自己为李氏家族统治最全面的论述之外。这一点与编年史形成鲜明对比，后者省略了一些不光彩的事件但仍然给出了1762年悲剧事件的论述并包含了废黜国王的每日记录，尽管这些记录被标为"日记"而不是使用更引人尊敬的"编年史"这一称谓。

一部具有相似宣传性的作品，是歌颂李氏王室美德和军威的歌曲，具有更大的美学价值。《龙飞御天歌》（Yongbiŏch'ŏn'ga，飞天的龙的歌）由世宗大王（1418—1450年在位）授权创作以纪念其父、

---

① JaHyun Kim Haboush, *A Heritage of Kings*: *One Man's Monarchy in the Confucian World* (New York, 1988), 250.

祖父(王朝建立者)及其之前四代的祖辈。① 世宗大王令其高层士大夫通过梳理官方记录并与参加过有深远影响的事件的目击者交谈,来收集有关他祖先伟大事迹的论述。(三个负责此项工程的官员中有两个同时也致力于《高丽史》的汇编,因而他们是有经验的历史学者。)当他们为这个家族史诗收集资料的时候,世宗召集另一批学者创制了朝鲜字母表(han'gŭl,韩文),这样朝鲜人就能够用自己的语言而不是自己从不说的古典中文来书写歌曲与诗篇。(音标字母对于朝鲜人来说是有必要的,因为古典中文是用词符书写,而非音标,所以不容易被用来再现朝鲜语的发音。)1447 年,当这首诗歌首次在公众面前表演,而成百上千份副本分发到统治精英手中时,正是朝鲜字母所呈现出的第一部重要文学创作,既从李氏家族祖先家世方面,又从他们对朝鲜文化独特性的关怀方面,担当起了将李氏家族合法化的重任。② 尽管在这份长篇诗歌中有一些神奇传说,但大部分相关事件都是真实的,虽然有一定程度的美化。③ 因此,除了它不寻常的格式外,《龙飞御天歌》应该被包含在朝鲜王朝时期创作的一系列历史作品中。

历史写作中一个更加正统的、结合了地理和历史的方法,出现于朝鲜王朝时期朝鲜人少量的外国研究中。他们不倾向于书写他们那个时代的中国,因为那会被认为是太过放肆。相反,他们写的是周边力量较小的邻国。这种历史写作最早的例子之一就是《海东诸国纪》(Haedong chegukki,东海各个国家的记录)。该书于 1471 年奉王命编撰而成,概述了日本和南面琉球王国的地理和历史。它包含了日本从传说中神武天皇至 1471 年现任皇帝之间,历任日本天皇统治下所发生事件的编年史概要,也列举了不同时期统治

114

---

① *Songs of the Dragons Flying to Heaven*, trans. James Hoyt (Seoul, 1971).

② Peter H. Lee (ed.), *A History of Korean Literature* (New York, 2004),151 - 152.

③ James Hoyt, *Soaring Phoenixes and Prancing Dragons: A Historical Survey of Korean Classical Literature* (Seoul, 2000),179.

日本的各个幕府将军。[1]

《海东诸国纪》是朝廷授权的官方历史。然而,一些儒家学者开始独立创作历史,尤其是 1600 年之后。当他们这样做的时候,意在书写自己的国家。这些历史采用了和官方历史相同的模式:他们更关注于讲述发生了什么而不是为什么发生。重点放在编年叙事而不是分析。此外,他们大都以朝廷为中心,关注君王和他的官员们。而且这些历史被更多地用来影响现在而非揭示过去本身。

历史用来影响现在的一个方法是加强一方在政治合法性上的论述,或削弱对方的论述。另一个方法是辨识过去恰当的与不恰当行为的事例,以此作为现在和未来行为的指导。在 17 世纪早期,即朝鲜王朝中叶,李氏家族的朝鲜王权的话语权已经坚不可摧,不需要历史合法化的支持了。新的历史议题在以下两个现象的刺激下出现了:朝鲜北部边境的满洲崛起并控制了整个中华帝国以及朝鲜统治精英的分裂变成了世袭的对抗性派系。历史写作成为派系斗争的第二战场,或间接表明了朝鲜应该如何看待满清王朝。这些议题通常不会在官方历史而是在私人写作的历史里被解决,这主要指的是两班儒家学者精英们写作的历史。

朝鲜王朝曾视满洲为只比一般野蛮人进步一步的族群。在满清部落团结一致成为一股强大的力量并于 17 世纪征服中国、建立清朝之前,满洲部落的首领通过贡献礼仪性的朝贡礼物,承认在以中国为中心的国际秩序里朝鲜有较高的位阶,如同朝鲜通过向中国皇帝贡献朝贡礼物而承认中国的较高位阶一样。因此朝鲜人很难接受满洲在 1644 年推翻中国明王朝,并给予满洲清王朝以合法性。[2] 尽管直接质疑清王朝合法性是危险的举动,朝鲜人却可以在

115

---

[1] Kim, *A Bibliographical Guide to Traditional Korean Sources*, 144 - 147.

[2] JaHyun Kim Haboush, "Contesting Chinese Times, Nationalizing Temporal Space: Temporal Inscription in Late Chosŏn Korea", in Lynn Stuve (ed.), *Time, Temporality, and Imperial Transition: East Asia from Ming to Qing* (Honolulu, 2005),115 - 141.

以朝鲜古代政治合法性为论述中心的历史写作中间接挑战清王朝,或者通过扩大朝鲜历史的范围至曾在满洲现在的故乡建立过的古代王国的方式。

第一部提出古代朝鲜合法性质疑的著作是洪汝河(Hong Yǒ-ha)的《东国通鉴提纲》(*Tongguk t'onggam chegang*,朝鲜综合性借鉴的基本纲要)。洪氏否认公元前 2 世纪在半岛北部建立的卫满朝鲜的合法性。相反,他坚持认为卫满朝鲜所征服的箕子朝鲜依然拥有惟一的合法性,尽管它被迫迁移到了半岛南部。644 年安鼎福(An Chǒng-bok)在其《东史纲目》(*Tongsa kangmok*,注释朝鲜历史叙述)和韩致渊(Han Ch'i-yun)在其《海东绎史》(*Haedong yoksa*,百科式朝鲜历史)里都遵循了洪汝河的典范。通过对卫满朝鲜全面合法性的否认,这些史学家间接表明之后的北方政权,即满洲政权,有着值得怀疑的合法性。

另一个对满洲的隐性批评是宣称满洲人的故土实际上是朝鲜历史的一部分。自 18 世纪最后二十五年开始,许多历史学家主张百济王国的朝鲜历史,当新罗在南部进行毫无挑战的统治时,百济控制了满洲里和朝鲜半岛北方大部分领土。柳得恭(Yu Tǔk-kong)在其《渤海考》(*Parhae-go*,百济王国研究)首次做出这种论断。当柳写道"高丽没有担当起其书写百济历史的正当职责的事实告诉我们,高丽没有履行它在我们这个角落里宣称其统治权威",[①]他的朝鲜读者明白他是在哀悼朝鲜允许满洲里的部落获取了更多的自治和权力,超过了合法的范围。

除了清王朝在中国的合法性问题外,历史学家们提出了朝代不同时期垄断官方职位的特定政治派系的合法性问题。因为掌权的派系通常决定了《实录》如何描述其成员的政策和行为,在野派系的学者们便书写非官方历史,例如许筠(HǒPong)的《海东野言》(*Haedong Yaǒn*,未经授权的朝鲜故事),以确保他们派系的立场能

---

① 参见 Peter H. Lee *et al*. (ed.), *Sourcebook of Korean Civilization*, vol. 2: *From the Seventeenth Century to the Modern Period* (New York, 1996), 230。

116

够展现在最可能的关注下。18 世纪晚期，一位在野的儒家学者李肯翊（Yi Kung-ik）决定超越派系斗争，创作一部只再现参与者与目击者所报告的朝鲜历史，不再表明他认为哪种报告更加可靠，尽管那些报告经常互相矛盾。他的《燃藜室记述》（*Yŏllyŏsil kisul*，燃藜室的叙述）现在被认为是研究朝鲜王朝时期朝廷政治的最佳来源。

李肯翊的历史是对准确性高度自觉关注的典范——鉴别朝鲜过去"真正发生了什么"，这一典范出现在朝鲜王朝后半期的历史写作中。朝鲜的史学家们尽力在说教式的历史编纂学的约束下，成为准确、务实且客观的史学家。官方编年史本应成为史官所观察的事情的真实反映。即使史官记录下的道德评价也应该是出自对普世道德原则不偏不倚的运用，而不是特定史官个人道德偏好的表达。然而，在王朝后半期，伴随着从历史中公允地汲取道德训诫的传统关怀，一种新趋势出现了。私人史学家，如安鼎福和韩致渊，开始对材料进行对比，以决定哪种关于遥远过去的记述更为可靠。

此外，我们开始看到目击者给出的朝鲜历史上具体重要事件的非官方叙述。这种历史中比较有名的一个例子是柳成龙（Yu Sŏng-ryong）的《惩毖录》（*Chingbirok*，惩罚之书）。[1] 柳氏将材料和其他来自 16 世纪最后十年朝鲜抵抗日本入侵时期的官方文件，以及对彼时自己作为身在高位的政府官员的经历的个人论述，结合在一起。另一个重要的个人记录是献敬王后（Lady Hyegyŏng）的《恨中录》（*Hanjungnok*，悲伤悔恨的记录），她是被自己父亲英祖大王赐死的王储的妃子。[2]

《恨中录》的不寻常之处不仅仅在于它是一部个人回忆录，更

---

[1] Yu Sŏngnyong, *The Book of Corrections*: *Reflections on the National Crisis during the Japanese Invasion of Korea*, *1592 - 1598*, trans. Choi Byonghyon (Berkeley, 2002).

[2] *The Memoirs of Lady Hyegyŏng*: *The Autobiographical Writings of a Crown Princess of Eighteenth-Century Korea*, trans. JaHyun Kim Haboush (Berkeley, 1996).

重要的它的作者是一位女性。朝鲜时代几乎所有的历史都是由男人书写的。惟一的例外就是宫廷妇人的回忆录与日记。除了《恨中录》以外,还有两个重要的其他宫廷阴谋的叙述是由女性创作的。然而,《癸丑日记》(*Kyech'uk ilgi*,癸丑年间的日记,1613 年)和《仁显王后传》(*Inhyŏn wanghu chŏn*,仁显王后的一生)都跨越了历史和小说之间的界限。两者都是针对王室后妃合法性及由此其后代王位合法性的宫廷斗争中,正义与邪恶两方参与者的清晰的区分。她们描述的事件是真实的,虽然她们描绘的人物是夸张漫画式的。

当朝鲜进入 19 世纪时,朝鲜人创作的历史类型和史学家试图回答的问题类型,和早先四百年相比,更加多样化。尽管如此,1800 年的朝鲜历史写作仍然是传统型的。大多数情况下史学家视历史为一系列道德教训,其中被挖掘的训诫用以留意当下。历史学家们继续关注统治精英之间的权力斗争,而非普通朝鲜人的生活。根据定义,历史就是政治史。直到 20 世纪朝鲜人开始迈向现代之后,朝鲜历史才扩展成包括社会史、经济史、文化史和朝鲜人民的历史的一个整体。

117

大事年表/关键日期

公元前 2333—公元前 1122 年	檀君朝鲜(传说)
公元前 1122—公元前 194 年	箕子朝鲜(传说)
公元前 194—公元前 108 年	卫满朝鲜
公元前 57—公元 668 年	三国时代
公元前 57—公元 668 年	新罗
公元前 37—公元 668 年	高句丽
公元前 18—公元 660 年	百济
公元 668—935 年	统一新罗时代
公元 698—926 年	渤海国
公元 918—1392 年	高丽王朝

公元 1270—1351 年	蒙古治下的朝鲜
公元 1392—1910 年	朝鲜王朝
公元 1592—1598 年	日本入侵
公元 1627—1637 年	满洲入侵

主要史料

An Chŏng-bok，*Tongsa kangmok*（1778；Seoul，1977 – 1980）.

Chosŏn wangjo sillok（Seoul，1984）.

Haedong chegukki（Seoul，1471；P'aju，2004）.

Han Ch'i-yun，*Haedong yŏksa*（1823；Seoul，1982）.

Hong Yŏ-ha，*Tongguk t'onggam chegang*（Sangju，1786；Seoul，1986）.

Hyegyŏng，Lady，*Hanjungnok*（1805；Seoul，2001）.

Iryŏn，*Samguk yusa*（Kaesŏng，1281；Seoul，1973）.

Kim Pu-sik，*Samguk sagi*（Kaesŏng，1145；Seoul，1985）.

Koryŏsa（1451；Seoul，1983）.

Koryŏsa chŏryo（1451；Seoul，1983）.

Kukcho pogam（1909；Seoul，1980）.

Tongguk t'onggam（1485；Seoul，1974）.

Yi Kŭng-ik，*Yŏllyŏsil kisul*（1797；Seoul，1968）.

Yongbiŏch'ŏn'ga（1447；Seoul，1971）.

Yu Sŏng-ryong，*Chingbirok*（1647；Seoul，1960）.

Yu Tŭk-kong，*Parhae-go*（1784；Seoul，1976）.

参考文献

Ch'oe，Yong-ho，'An Outline History of Korean Historiography'，*Korean Studies*，4(1980)，1 - 27.

Cho Sŏng-ŭl，*Chosŏn hugi sahaksa yŏn'gu*（Seoul，2004）.

118

Cho Tong-gŏl, Han Yŏng-u, and *Pak Ch'an-sŭng*, *Han'gukŭi yŏk saga wa yŏksahak* (Seoul, 2007).

Han Yŏng-u, *Chosŏn chŏn'gi sahaksa yŏn'gu* (Seoul, 1981).

——*Chosŏn hugi sahaksa yŏn'gu* (Seoul, 1989).

Pak In-ho, *Han'guk sahaksa taeyo* (Seoul, 1996).

Sin Hyŏng-sik, *Han'guk sahaksa* (Seoul, 1999).

Sohn, Pow-key, "The Concept of History as Seen by Korean Yangban", *Korea Journal*, 17:9(1977), 4 - 17.

Suematsu, Yasukaze, 'Introduction to the Ri Dynasty Annals', *Memoirs of the Research Department of the Toyo Bunko*, 17 (1948), 97 - 166.

Yi Sŏng-mu, *Chosŏn wangjo sillokŏddŏn ch'aegin'ga* (Seoul, 1999).

申　芳　译　张　骏　校

第六章　东南亚的历史写作

杰夫·韦德

地理、文化和历史多样性使得对东南亚地区的讨论几乎成为一项让人畏惧的事业。从南亚延伸而来,穿过构成欧亚大陆东南向延伸的主要山脉、河流和平原,与菲律宾和印度尼西亚/马来西亚群岛一并,东南亚地区得以在一系列的范畴内被讨论。考虑到宗教、语言和历史影响在不同时间、不同程度上影响了不同的地区,这种情况更是如此了。

本章主要研究大约 1400 年至 19 世纪初期,历史叙述如何且为何传播到东南亚社会。采用 1400 年作为本文概论的开始日期源自一个事实,即 15 世纪是该地区历史的分水岭。这一时期是传统王国衰落,而南亚和中国对这一地区的影响力迅速发展的阶段。安东尼·里德(Anthony Reid)将 1400 年到 17 世纪中期这一阶段描述为东南亚的"商业时代",不同领域发生了各种变革,包括商业、城市结构、宗教关联、军队模式和治国技艺。[①] 东南亚历史学家兼欧亚比较文学家维克多·利伯曼(Victor Lieberman)分享他的观点认为,15 世纪是东南亚大陆国家和社会发展的关键时期。[②] 他认为 15 世纪初期东南亚大陆发生了领土合并,导致留存的国家数

---

① Anthony Reid, *Southeast Asia in the Age of Commerce*, 2 vols. (New Haven, 1988 - 1993).

② Victor Lieberman, 'An Age of Commerce in Southeast Asia? Problems of Regional Coherence: A Review Article', *Journal of Asian Studies*, 54: 3(1995), 796 - 807; and Lieberman, *Strange Parallels: Southeast Asia in Global Context*, c. 800 -1830, vol. 1: *Integration on the Mainland* (Cambridge, 2003).

量减少,伴随而来的是行政权力集中化并加强了国家的社会管理
职能(包括对宗教机构的管理)。①

这产生了 16 世纪东吁缅甸(Toungoo Burma)、大城府
(Ayutthaya)和大越国(Đại Việt)控制下的东南亚大陆。这种合
并同样也体现在不断发展的宗教、民族和其他文化标志的趋同
性方面,以及更强大的核心民族的出现。② 此外,民众日渐提升
的读写能力促进了方言以及宗教文学的发展。与此相关的是对
历史写作不断高涨的兴趣和需要。这一时期,我们看到欧亚大
陆的两端的历史写作都在迅速发展,这构成了全球现代早期的
要素。

我们的调查止于 19 世纪初期,这是由两方面因素决定的:一
方面是该地区重要的国内骚乱,另一方面是该时期的国际环境改
变。18 世纪晚期发生在东吁缅甸帝国、大城府暹罗帝国晚期和
越南地区诸国阮氏(Nguyễn)王朝、后黎朝(Lê)及郑氏(Trịnh)
政权反叛与入侵对世界观的改变,③是具有跨时代意义的。因此
之后发生在 19 世纪晚期的变化也同样如此:伴随着苏伊士运河
的开闸、即将到来的电报、英国人在马来半岛和缅甸的殖民开发、
荷兰人遍布印尼群岛的殖民管理扩张以及法国人在东南亚大陆
殖民地的建立,东南亚地区人口、思想观念和资本的流动性急剧
增加。这个时期另一个重大的改变是中国商业和移民在这个地

① Victor Lieberman,'An Age of Commerce in Southeast Asia? Problems of Regional
    Coherence:A Review Article',*Journal of Asian Studies*,54:3(1995),796-
    807;and Lieberman,*Strange Parallels:Southeast Asia in Global Context*,c.
    800-1830,vol.1:*Integration on the Mainland*(Cambridge,2003).28-36.
② Lieberman,*Strange Parallels*,37-52.
③ 参见 Victor Lieberman,'Mainland-Archipelagic Parallels and Contrasts c. 1750-
    1850',in Anthony Reid(ed.),*The Last Stand of Asian Autonomies:Responses
    to Modernity in the Diverse States of Southeast Asia and Korea*(Basingstoke,
    1997),27-56.

区的扩张。① 安·库马尔（Ann Kumar）认为这个时期爪哇出现了一种新的历史编纂学，②而且东南亚的其他社会中历史编纂学的改变有着足够的暗示，确保无虞本次调查选择 1800 年作为结束的时间点。

尽管通常的预设是——有时候甚至是一种定论——"历史"只能由书写开始，但是许多东南亚社会长期使用且有些社会持续使用、延续了许多个世纪的口述历史的形式，记录家庭、村庄和地区的历史。在印尼东部，这些临时通常只能在村庄庆典的时候被歌唱或背诵，而且仅限于男性。也许这些社会中最有学问的地方是印尼东部的罗地岛（Roti），在这里口述史学包括每个领地内家庭的族谱，在许多情况下，个人不仅熟知自己的历史，也熟悉他们的主人或领主的历史。詹姆斯·福克斯（James Fox）认为罗地岛的各种叙述的基础上，虽然是以族谱的形式，但它们同样解释了领地的简历以及统治轴线的成功与失败，在这些叙述的基础上，"每个领地的历史叙述构成了王朝编年史"。③ 罗伯特·巴恩斯（Robert Barnes）记录了印尼东部索洛群岛上的民族相似的传统。④

写作被引介到东南亚，首先是通过在今天的越南北部使用中国象形文字，随后在岛上及东南亚大陆上通过使用印度字体，这使人们能够进行历史写作。现在来自东南亚大陆和各岛的 400—1400 年的大量题名文本，详细描述了政治历史、家世传承以及宗教关

---

① 参见 Anthony Reid, 'A New Phase of Commercial Expansion in Southeast Asia, 1760 - 1840' and Carl Trocki, 'Chinese Pioneering in Eighteenth-Century Southeast Asia', ibid. , 57 - 82,83 - 102.

② Ann Kumar, 'Java: A Self-Critical Examination of the Nation and its History', ibid. , 321 - 343, on 338.

③ James J. Fox, 'Standing in Time and Place: The Structure of Rotinese Historical Narratives', in Anthony Reid and David Marr（eds. ）, *Perceptions of the Past in Southeast Asia*（Singapore, 1979）,17.

④ Robert H. Barnes, 'Time and the Sense of History in an Indonesian Community: Oral Tradition in a Recently Literate Culture', in Diane Owen Hughes and Thomas R. Trautmann（eds. ）, *Time: Histories and Ethnologies*（Ann Arbor, 1995）.

联,但是这些文本远远超出当下的研究范围。

大越/越南的历史写作

　　为了研究越南人 15 世纪以来的历史写作,也许有必要从一部 13 世纪的作品开始这项调查——完成于 1272 年的《大越史记》(Đại Việt Sử Ký)。这部作品延续了中国历史学家司马光的《资治通鉴》的编年史风格,是以古典文言文创作的,时间涵盖了公元前 3 世纪的赵佗(Triệu Đà)至 1225 年后黎朝。这部史作的作者,黎文休曾任陈朝(Trần)检法官(1225—1400 年),他历经了 1257—1288 年间蒙古入侵大越。正是蒙古人的威胁导致了陈朝统治者命人创作一部民族史作,以巩固陈朝王权并将保留他们独立于蒙古人。黎文休因此将他的史书重点集中在将陈朝政体放在与中国平等的地位上。《大越史记》因此强调了公元前 3 世纪赵佗和 966 年创建独立南越、承袭帝位的丁部领的合法性。为了支撑越国独立的合法性,这部历史从文化繁荣和帝国独立的角度描绘越南的黄金时代,越国朝廷也成为与中国朝廷平等对应的关系。在他的作品中,黎文休间接地攻击了佛教,认为它削弱了王权,浪费财政收入和劳动人口,并以儒家的道德观点批评过去的统治者们。通过这种方式,他既支持了陈朝的君主,也支持了儒家的价值观。尽管黎文休的作品已经散佚,却在之后的作品中被频频引用,并以某种方式为之后的越南历史学家提供了模本。

122

　　为陈朝独立的存在进行辩护的作品随即产生——《粤甸幽灵集》(Việt Điện U Linh Tập),这是一部非官方支持的文本,却是在大乘佛教的启发下完成。13 世纪陈朝官员李济川(Lý Tế Xuyên)将此书编纂成册,详细描述了历史人物以及他们随后灵魂扮演的角色,根据他们的职位。这是在蒙古人入侵中间及之后进行创作的,因此毫无疑问是用来巩固民族精神的。

　　这个时期也可以观察到越南佛教历史的不同传统。佛教在后黎朝和陈朝时期是一股重要的力量。《禅苑集英》（*Thiền Uyển Tập Anh*）详细阐释了越南地区三大禅宗教派的形成。和类似的中文文本一样，这部作品完成于 1337 年，记载了 65 个卓越僧侣的传记。该作品"旨在记录越南地区的禅宗脉络，至少根据其遵从者，这个脉络的根基在中国"。①

中国明王朝于 1406—1427 年对越南政权的入侵和占领，对东南亚大陆有着深远的影响。其中最明显的变化就是越南的政治地理。通过扩展中国人新建的交趾省的边界，尤其是扩展到南部占婆，明王朝留给复苏的大越一个比之前更大的政体。通过试图削弱越南人的文化，明王朝也确保越南人能够吸收并采用中国精英文化的那些方面，包括儒家观念中对他们拓疆的辩护，他们认为这是有用的。在入侵和占领期间，许多作品、历史和其他材料被明王朝军队销毁了。因此当明王朝于 1427 年被迫撤出这个国家时，就需要一个新的国家历史来反应拓展的领土和面对中国时的新关系。

成书于 14—15 世纪的《越史略》（*Việt sử lược*）就是这样一部作品，尽管一些人认为它是一部后来的作品。这部作品存世至今，但作者已经不详了。在此书的三个章节中，第一章以最早期的古代开始，到后黎朝建立的 1009 年结束。第二章和第三章涵盖了后黎朝结束时的 1225 年。随后附录上列出了陈朝的统治者，在某种程度上暗示着这部作品就是《大越史记》附录中陈朝君主列表的浓缩版。

明朝占领之后，学者们开始研究他们自己的古代史（主要是因为它存在于中国典籍中），而且在追随早期朱文安（Chu Văn An）的脚步下，中国的古代史被吸收并成为越南人的古代史。② 随着明朝

123

---

① Cuong Tu Nguyen, *Zen in Medieval Vietnam：A Study of the Thiền Uyển Tập Anh*（Honolulu，1997），85.

② John K. Whitmore, 'Chu Văn An and the Rise of "Antiquity" in Fourteenth-Century Đại Việt', *Vietnam Review*，1(1996)，50-61.

军队的离去而遗留下来的礼仪形式与意识形态结构,包含了历史写作的新方法。在 1460 年,黎圣宗皇帝(1460—1497 年在位)命儒家士大夫编撰一部官方的国家历史。编撰者之一吴士连(Ngô S ĩ Liên)最开始参与了这项工程,但是他在父亲去世的时候退出了。不过,吴士连后来继续写他自己版本的国家史,标题为《大越史记全书》(The Đại Việt sử ký toàn thư),并于 1479 年呈送给皇帝。彼时编撰而成的官方历史如今都散佚了,但是《大越史记全书》流传了下来。和黎文休一样,吴士连也在他的作品中表达出反佛教的情绪,这几乎是作为一个新儒家历史学者必须做的事情。[①] 阮廌的《平吴大诰》(Bình Ngô đại cáo)整本收录在《大越史记全书》中,这一点至关重要,这就宣告了大越是一个有别于中国的独立国家,其历史与中国一样悠久。通过这种写作,越南人用全新的方式审视他们自己的政权——这一政权同样也向南部占婆扩张,并在公元5 世纪,向西面老挝的土地推进。除了记录这些事件,吴士连(和他之前的黎文休一样)通过 170 多条个人评论,在详细的历史事件和人物上表达了他个人的观点。刘仁善(Yu Insun)认为吴士连创作《大越史记全书》是因为他认为有必要在佛教观念之上建立其儒家的意识形态和王朝稳定。[②]

　　在接下来的几个世纪里,吴士连的作品为国家历史提供了基础。1511 年,武琼(Vũ Quỳnh)完成了《越鉴通考》(Việ giám Thông kh ảo),包含了对基本资料和外围资料的再整理。这成为国家年鉴的标准格式。1665 年,范公著(Phạm Công Trứ)主持修订了该书,将 1662 年之前的事件"持续汇编"到该书中,这部著作以《大越史记全书续编》(Đại Việt sử ký toàn thư Tục biên)为标题出版。该书的副本流传至今。

---

① 　Yu Insun,'Lê Văn Hư u and Ngô S ĩ Liên: A Comparison of Their Perception of VietnameseHistory', in Nhung Tuyet Tran and Anthony Reid(eds.), Viet Nam: Borderless Histories(Wisconsin,2006).

② 　Ibid.,57.

18世纪中期,黎贵惇（LêQuý Đôn）创造了一种新的越南人的历史,他汇编了《大越通史》,也被称为《黎朝通史》。这本书完成于1752年之前,以君主、王后和其他大臣的传记为主。黎贵惇颇具创新地提出了他的观点,历史应该如何写作以及它如何依赖广泛的

124   史料信息。李塔娜（Li Tana）认为这部作品是"一部里程碑,标志着越南人历史编纂学的新时代",而且它毫无疑问对后世的越南历史学家影响深远。[1]

缅甸的历史写作

被现代缅甸国家（Burma/Myanmar）所统治的这片地区的历史编纂学传统是多种多样的,有缅甸语、孟族语、掸族语和其他一系列被创作出来的历史。早期的骠族（Pyu）、孟族和缅族的铭文通过包含佛教的预言作为历史起源的一部分,偶尔提供一些历史的面向。1479年孟族国王拉马蒂帕蒂（Rāmādhipati）,即达摩悉提（Dhammaceti）伟大的迦梨耶尼铭文,是雕刻在十个石柱上的巴利语和孟族语的铭文。这为15世纪晚期的佛教历史提供了叙述,并详述了派遣到斯里兰卡的僧侣及重要人名。这一行动被用来作为证实其对政权的统治,以及被整肃的僧伽。

有历史相关性的作品在14世纪就已经出现了。《波亚萨明恭教知录》（*Zambu Kungya Po YāzāMūHaung*）被认为是波亚萨（Po Yāzā）之作,他是14世纪晚期王储明恭（Min Khaung）的老师。[2] 这个编年史的传统,吸引了历史写作领域的大部分注意。缅甸的编年史写作传统［来自于梵语"王种能力（*rajavamsa*）"的术语 *yazawin*,其字面意思是"国王的宗谱"］至少开始于15世纪,现存最早的编年史《摩诃三末多王系史》（*Yazawinkyaw*）是信摩诃蒂拉

---

① Li Tana, 'Le Quy Don', in Kelly Boyd (ed.) *Encyclopedia of Historians and Historical Writing*, vol. 1 (London, 1999),710.

② U Tet Htoot, 'The Nature of the Buddhist Chronicles', in D. G. E. Hall (ed.), *Historians of South East Asia* (London, 1961),53.

温达(Shin Thilawuntha)于 1520 年代完成的,从更早的编年史中引用。这部作品建立在《大史》(*Mahāvamsa*)的基础上,这是一部巴利文历史著作,描写至 5 世纪锡兰的佛教和政治,因此同样也提及了印度和锡兰的佛教君主。这部作品随后附录了蒲甘(Pagan)、邦牙(Pinya)和实皆(Sagaing)的国王列表,因此提供了缅甸小乘佛教(Theravada)国家统治者的宗谱表。其他的本地编年史,主要由僧侣编译而成,包括太公城(Tagaung)编年史、卑谬古城(Tharehkittara)编年史和蒲甘编年史,详述了国王及其传承、活动,成为编纂佛教本地历史的一部分。缅甸编年史也关注早期的孟族文本和他们的历史文风。16 世纪中期,国王莽应龙(Bayinnaung)宫廷里的孟族官员频耶达拉(Binnya Dala)将《亚扎底律实录》(*Rajadarit Ayedawpon*)从孟族语翻译成缅甸语,而它将对后来的缅甸语历史写作产生深远影响。

缅甸最著名的历史是吴格拉(U Kala)的《缅甸大史》(*Mahayazawin*),完成于 1724 年。不同寻常的是,吴格拉不是一位僧侣,而是一位近乎全职的编年史家,是 13 世纪蒲甘垮台之后第一位系统记录朝代历史的人,因而是事实上的第一位书写早期缅甸现代民族-国家历史的人。这部作品被分为三部分,前两部分详述了宇宙的起源和古代印度的佛教国王。第三部分和卑谬古城及蒲甘的建立有关,继而提供了叙述邦牙、实皆、阿瓦(Ava)以及东吁王朝的叙述,并将历史叙述延续到他自己的时代(达宁格内统治的时代,1714—1733 年)。

这部编年史存在三个版本——《廿一卷本大史》(*Mahā Yazawin Gyi*)、《十卷简本大史》(*Yazawin Lat*)以及《单卷本大史》(*Yazawin Choke*)。在较短版本的书籍末页,不太为人所知的吴格拉说他从不同的本地史(*thamaings*)和诗歌(*mawguns*)(有关城市、寺庙等建立的叙述)中为这部编年史收集了资料。吴格拉作品的一个突出特色是它综合性的特征:这部编年史是对传说、本地历史、自传和详细的法庭文件的模仿,但是利伯曼认为该作品的第二部分涵

125

盖了公元 1530 年东吁时代,这具有相当程度的准确性。[①]

更进一步的缅甸历史文学风格是《诸王纪》(*Ayedawbon Kyan*),这是对主要皇室编年史进行补充的重要文本。[②] 在其古代含义中,王纪指的是"皇家战役的历史叙述"。时至今日《诸王纪》有七个版本为人所知,其中五个以缅甸国王的个人成就为中心——罗娑陀利(Rajadirit,1385—1423 年在位),莽应龙(1551—1581 年在位)以及他的儿子莽应里(King Nyaungyan,1559—1605 年在位),雍笈牙(Alaungpaya,1752—1760 年在位)以及他的儿子波道帕耶(Bodawpaya,1782—1819 年在位)。两个和若开国王们有关。这些文本不断将统治者描绘成转轮圣王(*cakravartin*),他们在发动任何军事战役之前,会倾听来自他们的大臣和将军的建议。

若开族政权服从于孟加拉和伊斯兰的影响,于 18 世纪晚期被并入到现代缅甸国家中,同样拥有独立的历史写作传统。经过验证的最早的作品包括《曼拉贾著史》(*Man raja-kri Ayedawbon*)以及《高罗史》(*Kyauk-ro thamaing*)。若开历史的重写开始于缅甸征服几乎很快之后,缅甸僧侣丹亚瓦蒂尊者被派去管理当地的佛教人员,于 1787 年编纂了《丹亚瓦蒂著史》(*DanyawadīAyedawb*)。这部作品以扬佛抑伊斯兰的风格,记录了若开至波道帕耶国王(King Bodawpaya)的征服,以及被并入缅甸的历史。

另一个被缅甸国家合并的主要国家是白古(Pegu 或 Bago)的孟邦(Mon State),这个国家从 14 世纪开始迅速发展。在国王达摩悉提(Dhammaceti,1472—1492 年在位)统治下白古的全盛时期,碑铭铭文迅速发展,暗示了对记忆和历史不断增长的关注。迈克尔·昂田(Michael Aung-Thwin)也提出,正是在这一时期,达摩悉提发明了更早期的 11 世纪直通(Thaton)孟族小乘佛教传统,"他

---

① Victor B. Lieberman,'How Reliable is U Kalás Burmese Chronicle? Some New Comparisons', *Journal of Southeast Asian Studies*,17(1986),236 - 255.

② U Thaw Kaung,'Ayedawbon Kyan,an Important Myanmar Literary Genre Recording Historical Events', *Journal of the Siam Society*,88:1 - 2(2000),21 - 33.

将此和他的统治与王朝联系起来,因此将'正统的'罗马化的(Ramaññadesa)的前蒲甘古代历史合法化"。[1]

孟族的三个历史文学创作传统——*rājāwan*(国王的系谱)、*dhātuwan*(神圣遗迹的塔的历史)和 *pum*(特殊君主的传记或故事)——以某种方式镜像了缅甸社会的文学类别。肖托(Shorto)注意到这些 *rājāwan*,即国王的系谱,在政治上被用来将国王们合法化,而 *dhātuwan*,即神圣遗物塔的记录历史,从宗教层面帮助合法化政治制度。[2] 现存最早的 *rājāwan* 之一是《尼打那史迹》(*Nidāna Ārambhakathā*),但是更早期的孟族作品的本质或范围却不甚清晰,考虑到公元 16—18 世纪缅甸人的征服及文化破坏。[3]《尼打那史迹》包含了一个可能的 17 世纪的文本,被命名为《拉曼世系》(*Rāmaññ'-uppatti-dīpaka*),该作品包括了孟族君主的谱系和政权历史(包括直通和汉萨瓦提/白古),一直到达摩悉提驾崩后不久。然而,不同孟族历史的日期,包括皇家编年史《达托新荣编年史》(*Slapatrajawan datow smim ron*)和《思萨纪》(*Lik smin asah*)却充满了困难。

暹罗/泰国的历史写作

自从第一个素可泰(Sukhothai)中央"泰"王国(1238—1438年)建立,泰国人就以各种形式记录他们的历史。泰国领土同样也

---

[1]　Michael Aung-Thwin, 'Lower Burma and Bago in the History of Burma', in Jos Gommens and Jacques Leider (eds.), *The Maritime Frontier of Burma: Exploring Political, Cultural and Commercial Interaction in the Indian Ocean World, 1200 - 1800* (Leiden, 2002), 49.

[2]　H. L. Shorto, 'Mon Genealogy of Kings: Observations on the *Nidāna Ārambhakathā*', in Hall (ed.), *Historians of South East Asia*, 63 - 72, on 69.

[3]　迈克尔(Michael Aung-Thwin)最近就 15 世纪以前的孟族历史的罗马化整体提出了问题,在 *The Mists of Rāmañña: The Legend that was Lower Burma* (Honolulu, 2005), 67 - 78.

127　　频繁地扩张,这就需要一个持续性的历史重写,来把新并入的地区包含进来。最早的文本是铭文性质的,其中最出名的也许要算颇具争议性的兰甘亨大帝(Ramkhamhaeng)纪念碑,该铭文声称是泰国最早的铭文,其内容描述了国王兰甘亨建立政权。围绕这一声称有很多争议,一些争议认为它是假的。[①]

　　暹罗的前现代历史文本可以被分为"丹南"(*Tamnan*,以明显的佛教框架主要记录过去)以及"蓬萨瓦丹"(*phongsawadan*,记录特定王朝的政治、军事和其他发展的历史)。丹南在暹罗北部更常见,包括素可泰,但它们也在大城府。它们与佛教和佛教机构有着密切的联系,从释迦牟尼开始,继而是印度和锡兰的佛教君主,随后是佛教政体、宗教机构或者隶属于文本的舍利子的历史。这些丹南因此被创作来合法化他们的主题,通过表明它们如何与佛祖之间有联系。也就是说,它们是本地历史,却被绑定到一个普世的历史中。这些作品一般是用巴利语创作的,有时候是在泰国、北部泰国、老挝。通过作品中隐含的时间,作品中有变化的概念,随着佛教作为一动力,丹南也旨在记录这种力量。丹南的历史写作在 17 世纪开始衰落,但是一直以微弱的方式持续到在 18 世纪后期。一个典型的丹南的例子是《佛会编年史》(*Sangitiyavamsa*〔Chronicle of the Buddhist Councils〕),该作品试图遵循丹南的传统,是由拉玛一世(Rama I,1782—1809 年在位)统治时期的一位佛教领袖颂得帕耶纳桑文(Somdet Phra Wannarat)创作而成。追溯到 1789 年《佛会编年史》对于拉玛一世而言非常重要,因为它记录了他为恢复王室对佛教的支持所做出的努力,这是他对其前任塔克辛(Taksin)的神秘主义和残虐僧侣的一种纠正。概述的第八章详细记录了 1788 年在曼谷举行的佛教僧侣大会(Tripitaka Revision Council),旨在汇编巴利文本并创作真正的经典。据称,在对历史事件的选择和王权与僧伽之间的关系的叙述中,该编年史

---

① James F. Chamberlain (ed.), *The Ramkhamhaeng Controversy*: *Selected Pa pers* (Bangkok, 1991).

类似于锡兰的编年史《大史》。

丹南处理"普世的"佛教历史，蓬萨瓦丹提供了关于王朝或君主的历史叙述，包括历代统治者的事迹。这是 17—19 世纪暹罗最重要的历史写作类型。这些作品由宫廷里的文人或者官员创作，而不是佛教僧侣，通过扮演这种角色，历史学家们服务的是王室或统治者，而不是佛教僧伽。有人认为，为统治者创作蓬萨瓦丹是他合法化王权的一部分。这种形式的协作似乎在 17 世纪就得到了发展，也许是在大城府的那莱（Narai）（约 1657—1688 年）统治期间。在这个时候，王权已经取得了突出的作用，人们认为自己隶属于君主而不是宗教。17 世纪的《鲁昂普拉索阿瑜陀耶编年史》（*Pharatchaphongsawadan Krung Si Ayutthaya chabap Luang Prasoet*［The Luang Prasoet Chronicle of Ayudhyā］）由皇家占星家用泰文编译而成，这比用巴利文写就的丹南更世俗。大城府的编年史是这种体裁的主要表现形式，这些存在于多个版本：（a）追溯到 1680 年的鲁昂普拉索（LP）版本，其中现存版本中的事件一直到 1605 年；（b）1157 年的传统编年史，追溯到 1795 年，在拉玛一世的命令下创作而成；（c）包含在《佛会编年史》1789 年宗教历史的编年史，由杰雷米亚斯·范弗利特（Jeremias van Vliet）记录；①（d）2/k. 125 残片，详细介绍了 1441—1444 年间，大城府和柬埔寨的关系以及和北部的关系。在研究完所有的版本之后，迈克尔·维克里（Michael Vickery）得出的结论是，"最早的而且是现存文本之一的 LP 版本，是从真实记录中创作出来的历史，所有其他大城府的编年史，除了《佛会编年史》，都是从它派生出来的，1346 年至早期 16 世纪的柬埔寨的编年史，是在大城府的新编年史的影响下，人为

128

---

① 杰雷米亚斯·范弗利特是一位供职于 VOC 的荷兰雇员，17 世纪 40 年代建立在大城府。他的 *Cort Verhael van't naturel eijnde der volbrachte tijt ende successie der Coningen van Siam* 是一部基于泰国历史的短篇暹罗史。它以英文出版名为 *The Short History of the Kings of Siam*，trans. Leonard Andaya and ed. David K. Wyatt（Bangkok，1975）。

创作出来的"。① 维克里还认为,许多泰国编年史是被创作用来作为复兴王室的一部分,因此被视为王权的组成部分。

在主流标准里,泰国历史写作的另一个体裁是诗歌。其中最出名的历史诗篇是《元的失败》(*Yuan Pâi* [Defeat of the Yuan]),很有可能创作于 16 世纪早期的大城府,②但是目前现存的手稿中最早的也不超过 19 世纪。这部作品与 15 世纪的大城府和兰纳(Lan Na)的统治者之间的战争有关系,很明显是亲大城府的作者创作的,他将兰纳的统治者描写成凶恶的疯子。

随着时间的推移,在南面,泰国政体与其他有自己的历史传统的不同种族的政体结合在一起。洛坤(Nakhon Sithammarat)几个世纪以来,一直是将这个地区联结东西主要海上航线的重要港口,而且一直以来佛教正是经由此地进入了泰国人民的传统。《洛坤宗教史》(*Tamnan Muang Nakhon Si Thammarat* [A Religious History of Nakhon Si Thammarat])和《洛坤拍波拉马塔切迪宗教史》(*Tamnan Phraboromathat Muang Nakhon Si Thammarat* [A Religious History of the Phraboromathat Chedi at Nakhon Si Thammarat])在引介佛教方面,将该区域的重要作用推到更早的,也许是孟族的政体时代。传说佛的牙齿舍利埋在了这片沙滩上,在此地建立起了洛坤,之后恢复并建立了一个圣物箱来安置它。

再往南,在宋卡湖(Songkhla Lake)的博他仑(Phattalung),这个地区的历史叙述包括两种文件类型——耽罗(*tamra*)或处理寺院捐赠的皇室敕令,伴随着历史或丹南。耽罗被认为是对当地社区的保护,而丹南也通过确认为什么耽罗被授权,起到了保护社区的作用。这是一种社区的文本,证明它们的免税权力,而不是地区文

---

① Michael Vickery, 'Cambodia after Angkor: The Chronicular Evidence for the Fourteenth to Sixteenth Centuries', Ph. D. dissertation, Yale University, 1977, p. 150.
② 根据 Chanthit Krasaesin 1970 年版的诗歌。

本,然后提供一种社会历史。[①] 这些本地历史的日期可以追溯到 17 世纪晚期,其中一些文本在 18 世纪出现了复制品。以玉佛寺(Wat Phra Kho)为中心的寺院,是玉佛寺手稿的主题,从本质上来说是关于寺院和捐赠给他们的香火的历史叙述。

在北大年(Patani),一个曾经被泰国吞并的马来政体,历史写作的传记(hikayat)的传统依然保存在那个地方。《北大年列传》(Hikayat Patani)属于马来历史学传统,是在爪宜(Jawi)文稿的基础上,使用马来语书写的,而且似乎在 18 世纪就完成了,从原文当中派生出来,包括了一份国王胡扬(Hujan)的谱系和国王库宁(Kuning)之死。[②] 这部作品被分为六个部分,头三个部分跟建立了北大年城市的内陆王朝有关,在稍后的章节中将详细论述吉兰丹王朝(Kelantan)并概述北大年的法典。其中包括的故事是北大年国王们的基本论述,用起源于 15 世纪晚期的最早的时间记录进行论述。

兰纳和其他北部泰语地区的历史写作

兰纳地区(包括今天的泰国北部地区)有着悠久而丰富的历史写作传统,它相邻的政体以及很多大城府的历史写作,从这个地区的文本中借鉴颇多。碑铭传统开始于 14 世纪早期,而这个地区主要的历史写作传统就是以佛教的相关的历史为中心的丹南。主要的丹南可以说就是《大史》的传统。起源自 15 世纪 20 年代的《宗教起源的历史》(Mūlasāsanā)是拍普塔普康和拍普塔扬用泰语(Tai Yuan)写就的。这部作品提供了一部从佛教到达清迈的

130

---

①　Chuleeporn Virunha, 'Historical Perceptions of Local Identity in the Upper Peninsula', in Michael J. Montesano and Patrick Jory (eds.), *Thai South and Malay North: Ethnic Interactions on a Plural Peninsula* (Singapore, 2008), 39 - 70.

②　参见 *Hikayat Patani: The Story of Patani*, trans. A. Teeuw and D. K. Wyatt (The Hague, 1970)。

佛教的历史。《玉佛编年史》（*Ratanabimbavamsa*）也可能来自于15世纪20年代。另一部有名的15世纪的文本是《查玛特威编年史》（*Cāmadevivamsa* [Chronicle of Cāmadevī]）。[①] 这部历史作品是由清迈的菩提兰西用巴利语写成的，和查玛特威女王成立骇黎朋猜王国（Lamphun）有关，在宗教史更大的背景下。也许这些兰纳丹南中最出名的是1516年完成的《征服者时代的花环》（*Jinakālamālīpakaranam* [Sheaf of Garlands of the Epochs of the Conqueror]）。清迈的宝智比库用巴利语所创作的这部作品，与佛教在印度、斯里兰卡以及最终到清迈的传播史有关。

《清迈宗教志》（*Tamnan phün müang Chiang Mai* [Religious Account of Chiang Mai]）在泰国北部的历史学中有特殊的地位。存在着近百个匿名的编年史版本，相对于大城府的编年史只有十几个版本。这部历史的一个有趣的内容是，它是随着兰纳的政治中心的移动而被重写的。大卫·怀亚特（David Wyatt）观察到，1827年一直到18世纪初期版本的清迈编年史的内容，几乎全部基于清盛（Chiang Saen）的苏亚比库的1741年版本的内容，然而，最近的部分已经被调整，反映清迈的地位和兰纳与曼谷的新关系。难王国有时候独立于兰纳，也有自己的编年史，包括《卡南卡塔编年》（*Phra Khanan Khantha*），起源于18世纪早期。除了这些区域性的历史，这个地区的大多数政体和许多社会，以及在连续的泰国政体目前分别是缅甸、老挝、中国和越南领土的地区，都有他们自己的历史，[②] 但是决定这些文本中的哪些可以在1800年之前存在以及采取什么模式，行使起来都是困难重重。章康的编年史，吕国占领了许多今天老挝西北地区和现代缅甸的一些地区，包括起源于15世纪初的实践，与现存的文本，都在18世纪晚期或19世纪早期

---

① 译文参见 *The Legend of Queen Cama*：*Bodhiramsi's Camadevivamsa*，*a Translation and Commentary by Bodhiransi*，trans. Donald K. Swearer（New York，1998）。

② 现代泰国 Damrong 一代的学者们，经常对 tamnan"降级"，通过否认他们的名字 phongsawadan 或 phra ratcha phongsawadan 的方式。

编译了。

老挝的历史写作

泰国北部的地区中的诸多政体中，其中一个保持了独立状态并且成为一个现代民族国家的是老挝。至少根据它自己的编年史，澜沧王国（Lān Xāng）出现于 14 世纪。在"老挝"的名义下，它第一次出现在 1402 年中国明朝的年鉴中，当时的永乐皇帝，向外追求政治霸权和国内的合法性。老挝最早的历史作品是名为《波隆王传》（Nithān Khun Bôrom［The Story of King Bôrom］）的编年史，[①]其最早的版本是可以追溯到 1422 年的诗句的形式，另一个散文版本追溯到 1479 年。最长且最为人所知的版本追溯到 16 世纪早期。从半人半神的波隆开始，泰语民族的传说中的祖先派出自己的儿子去接管新的土地，该作品的叙述继而讲述了长子坤罗假设他控制了琅勃拉邦。这种对波隆国王长子的后裔的宣称，使得老挝人民能够宣称他们优先于其他泰语民族。这部作品然后叙述了法昂之前的王朝细节，然后重述了法昂（约 1353—1373 年）的兴起，他的政府活动以及澜沧王国首都的建立。

文本的第二组和新的首都有关系，而且从类别上被命名为《澜沧编年史》（Phongsāvadān Lān Xāng［Chronicle of Lān Xāng］）。这种王室编年史也许起源于 16 世纪，但是今天最早的版本起源于 1656 年。这种编年史的叙述的常见方式是，波隆王的故事被缩短了，正如法昂的故事一样，而且在库萨卡拉时代则给出了更多的日期。早期的法典以附录的形式包含在内。所内帕桑（Sounet Phothisane）收集了 40 个不同的版本。其他为查蓬萨和香坎的编年史，正如查尔斯·阿香博（Charles Archaimbault）所详细论述的，以

---

① Mon 的文本中，这种历史叙述的首要偏好派生于梵文/巴利文中的 nidāna，意思是"主要来源""起因""起源"，而在泰国、老挝和柬埔寨，这个词的意思是"故事"。

及为琅勃拉邦的编年史,正如在《琅勃拉邦编年史》(*Phongsāvadān meuang luang phabāng*)所记录的那样。

正如其他传统,老挝的编年史有一个合法化的功能,而且在加冕期间,在晚上的宴会中,被当作宫廷娱乐大声阅读出来,这一活动会持续几天。它们也被当作神圣的文本,只要是僧侣抄录的就会让人受益。

柬埔寨的历史写作

伟大的高棉帝国的终结(或至少是严重衰落),或许是在 15 世纪早期,[①]对柬埔寨的政治组织和此时东南亚大陆的其他地区的结构产生深远影响。然而,这是高棉历史记录最少的一个时期之一,因为明显缺乏 14 世纪中期和 16 世纪初期的柬埔寨铭文。[②] 因此我们以后世的编年史作为这个时期的历史。我们目前所拥有的编年史,不是在 18 世纪就是 19 世纪编撰而成的。该编年史有两大传统——其中一个是"侬"传统,也就是 1818 年的"《侬编年史》(Nong Chronicle)",是萨拉裴(Okna Vongsa Sarapech (Nong))创作的,在安赞(King Ang Chan,1806—1835 年在位)的王室。文本所覆盖的日期从 1414—1800 年,为弗朗西斯·卡尼尔(Francis Garnier)的《亚洲杂志》(*Journal asiatique*,1871—1872 年)中的译文打下了基础。另一个传统就是第二个版本(Version II),被安英残篇(Ang Eng fragment)呈现给暹罗国王拉玛一世,1796 年通过他的柬埔寨臣属安英国王(protégé Ang Eng,1795—1797 年在位),现存的文本只有泰语版。文本名义上涵盖了 1346 年到 15 世纪中期。另一个在 1808 年上呈给泰国王室的片段也是只有泰语版的,涵盖了 1570 年至 1628 年。

这两种传统所展现的编年史,千差万别,而且存在着很大的争

132

---

① 有些作者在 15 世纪 40 年代提议放弃吴哥。
② David P. Chandler, *A History of Cambodia* (Colorado, 1992),77.

议。它们在组合方面也存在不同,版本二有太多关于 15 世纪和 16 世纪的具体叙述,迈克尔·维克里认为,14 世纪的柬埔寨历史,实际上就是 16 世纪历史向前移动,"柬埔寨的后吴哥历史的头 150 年,全部都是人为创作的,原因一定是为了模仿大城府的编年史,后者就在日期归功于安英的时候,准备了新版本,使得柬埔寨的有文字记载的历史跟它的邻居一样悠久了"。[①] 维克里强调作为恢复皇室的组成部分,编纂新编年史的重要性。这似乎在 18 世纪中叶就发生了,而在 1806 年安赞即位后的几年内又发生了一次。

> 这部作品在 18 和 19 世纪曲折的修订过程,是为了强行将柬埔寨的记录纳入到大城府的模式中……因此柬埔寨的作者们接受了他们的国家,从有记载的历史之初开始,就是泰国羸弱的附庸这一事实,我所看见的惟一的特殊的、贯穿整个叙述的线索,是一幅柬埔寨国王们的画像,他们在历经磨难之后,将王国重新拉回来,他们和泰国王室建立了密切的联系,他们在与当地反对力量抗争、重获王位的过程中接受了泰国的帮助。[②]

苏门答腊岛和马来世界的历史写作

想要严格地将苏门答腊的历史或历史学与马六甲海峡所分割开来的半岛上的历史或历史学进行区分,是一件很困难的事情。马来的历史回望苏门答腊的瑟贡唐山(Bukit Seguntang)作为自己的故乡,是马来人民在 1400 年后的那段时间内所拥有的,在半岛上的飞地及之后的殖民地。我们因此可以把苏门答腊和半岛上的马来历史写作,当作一个单独的历史学传统的一部分。这种传统里的历史写作的两个主要形式是传记(*hikayat*,通常表现为"故事"

133

---

① Vickery,'Cambodia after Angkor',151.

② Ibid. ,154。

或"浪漫"，常常要朗读出来），以及纪年（*sejara*，更常用的是"历史"或者"年鉴"），而这种文学的诗歌的形式经常在叙事诗（syair/shair）的规范下被分组。应该指出的是，这些名词都来自于阿拉伯语，说明了对形式演变方面的某种影响。

《巴塞诸王传》（*Hikayat Raja-Raja Pasai*）被普遍认为是这一传统最古老的编年史，是历经 1350—1524 年间几代积累而成的描写苏门答腊北部的苏门答腊-巴塞的历史。这部作品展现出《摩诃婆罗多》（*Mahabharata*）、《罗摩衍那》（*Ramayana*）的影响，当然反过来也影响了后来的《马来纪年》（*Sejarah Melayu*）和其他的纪年（*sejarah*）。《马来纪年》和其他马来纪年，也许构成了马来文学中最具影响力的历史作品，它也被称为《国王世系》（Sulalat al-Salatin[Genealogy/Descent of Kings]），完书于 15 世纪末期或 16 世纪早期，是关于马六甲苏丹王朝的王朝合法化以及某种程度上马来人的礼仪传统的保存。移居到马六甲以及周边地区的马来人，需要为他们的新政体找到一种意识形态基础。伦纳德·雅普（Leonard Andaya）认为，对于马六甲而言，为了"创造室利佛逝（Srivijaya）在半岛上的荣耀，不仅有必要重建有利的贸易条件，更要推动自身成为马来人的新中心"：

> 因此，一个有趣的比赛没有随后发生在战场上，而是在文本的创作过程中。它始于 15 世纪，当马六甲王室通过一份命名为 *Sulalat al-Salatin* 的王室文件，认定其是马来世界的中心时。《马来纪年》的写作，旨在重申其马来语世界的中心位置。①

《马来纪年》表现在许多版本中（尽管没有任何一份现存的手稿

---

① Leonard Y. Andaya, 'The Search for the Origins of Melayu', *Journal of Southeast Asian Studies*, 32：3(2001), 315-330.

早于 19 世纪）；最简洁的一个版本来自罗尔芬克（Roolvink）。① 这里有两种大为不同的主要传统。在较早期、较短的版本，也就是经常被称为 1536 年版本中，作者承认他借鉴了《伊斯坎达尔列传》（*Hikayat Iskandar*），而且事实上他的作品开始于伊斯坎达尔故事的改述。也就是说，借鉴来自于《伊斯坎达尔祖卡纳因传记》（*Hikayat Iskandar Zulkarnain*），这是一部描述马其顿国王亚历山大大帝军队东征以及他与"印度国王"会面的作品。伊斯兰研究专家莫里森（Marrison）注意到，波斯人用章节的划分、波斯语的借词和偶尔的波斯语的引用，影响了《马来纪年》。② 由图塞里拉朗于 1612 年在柔佛（Johor）编辑的后来的版本，见证了许多对文本的改变，为盘陀诃罗（Bendahara）的家族或柔佛的总理们增加了许多声望，这些人在 1699 年成功地担任了最后一任马六甲苏丹。它包括对《伊斯坎达尔列传》的改述，并对亚历山大的后裔到苏阑跋陀沙（Raja Suran Padshah）有着更全面的叙述。

现在让我们回到苏门答腊，在那里，亚齐发展出一种有影响力的历史写作传统，在 14 世纪晚期国家建立之初以及 17 世纪上半叶国家顶峰时期之间。亚齐和穆斯林印度有着密切的联系，而且它的官僚机构建立在莫卧儿帝国行政结构的基础上。很明显，流行于莫卧儿王室的波斯语作品的马来语版本，就发源于这一时期。③ 这一环境中出现的最有名的作品是《亚齐列传》（*Hikayat Aceh*），讴歌亚齐的最伟大的统治者伊斯坎达尔·慕达（Iskandar Muda）苏丹，1607—1636 年在位）。这部作品怀着模仿《阿克巴编年史》（*Akbarnama*）的目的，是莫卧儿皇帝阿克巴（Akbar，1556—

134

① R. Roolvink，'The Variant Versions of the Malay Annals'，*Bijdragen tot de Taal-*，*Land-en Volkenkunde*，123：3(1967)，301 - 324.
② A. H. Johns，'The Turning Image：Myth and Reality in Malay Perceptions of the Past' in Reid and Marr（eds.），*Perceptions of the Past in Southeast Asia*，43 - 67，esp. 46；G. E. Marrison，'Persian Influence in Malay Life'，*Journal of Malaysian Branch of the Royal Asiatic Society*，28(1955)，52 - 69.
③ Ibid.，47。

1605 年在位）的自传，很有可能是在大约 1630 年汇编完成的。这部作品的 17 世纪手稿现存于世，标准现代文本与分析来自于特科·伊斯坎达尔（Teuku Iskandar）。[①]

安东尼·约翰斯（Anthony Johns）认为，《亚齐列传》借鉴了"关心与抚慰（penglipur lara，soother of cares）"民间故事的传统，这也常常涉及超自然起源的家谱。在《亚齐列传》中，伊斯坎达尔·慕达的血统追溯到两兄弟，其中一个的谱系开始于在竹林中发现的一位公主，另一位兄弟娶了从天堂逃离的会飞的公主。国王是《亚齐列传》故事的英雄，他巩固了王国统治的支点，就如同民间浪漫文学中的英雄在文学剧集中谈论的那样，为世界提供了秩序的原则。[②] "这并不是说，无论从结构上还是思想上，编年史仅仅是民间故事的特殊形式——只有来自于同一种文化母体、反映共同的世界观念的编年史和民间故事才是。"[③]

在 16 世纪后期这段时间，亚齐的历史写作受到了不同的伊斯兰 *tarikas*（苏非派，Sufi sects）的影响，后者兴盛于亚齐而且享有神秘文学的声望。哈姆扎（Hamzah Fansuri）是一位颇具名望的作者，但是他的作品后来被认为是异端邪说，而且随着 1636 年亚齐的统治者伊斯坎达尔·慕达去世以及 1637 年来自古吉拉特邦（Gujarat）的艾尔-拉尼里（Nuruddin al-Raniri）的到来，被付诸一炬。艾尔-拉尼里的最出名的历史作品是《国王的花园》（*Bustan al-Salatin* [The Garden of Kings]（约 1643 年），这是一部检视马六甲和彭亨（Pahang）穆斯林国王、亚齐的国王历史的通史，还有 17 世纪以前和期间的亚齐的不同宗教的导师们。这部作品将这些叙述放置在如此长的历史长河中，从创造天地开始，自亚当起以来的先知们的故事，埃及的国王们一直到亚历山大时期，内志（Nejd）和汉志（Hijaz）的国王们，一直到穆罕默德的时代，穆罕默德和前四个哈

135

---

① Teuku Iskandar, *De Hikajat Atjeh* (The Hague, 1958).
② ohns, 'The Turning Image', 52.
③ Ibid. ,55。

里发的历史,倭马亚王朝、阿拔斯王朝,以及德里的穆斯林国王们的历史。这一时期苏菲派所创作的许多历史作品,充满了穆斯林印度对历史写作的态度,而这些作品以很多方式作为历史,它们也对信徒进行警告,提防武几加的异端神秘主义。①

还有一系列其他马来历史文本,有可能最开始创作于 1800 年之前,和通过许多东南亚岛屿拓展的地点有关。然而,热带地区纸质手稿的脆弱性意味着只有最近的文本能够保存下来,这就在文本所提供的日期和确定日期方面产生了主要问题。文莱的苏丹们通过汇编于 18 世纪 30 年代的《文莱国王世系》(Salasilah Raja-Raja Brunei [Book of Descent of the Kings of Brunei])仍在追溯自己的根源。被理查德·温斯泰德(Richard Winstedt)斥为"民间故事大杂烩"的《吉打纪年》(Hikayat Merong Mahawangsa [The Story of Merong Mahawangsa])提供了吉打(Kedah)政体起源的叙述,这本书是亨克·麦尔(Henk Maier)进行文学和历史研究的主要课题。②《马辰列传》(Hikayat Bandjar [The Story of Banjarmasin])描述了婆罗洲南部的马辰苏丹国的起源,这本书似乎主要在 16 世纪第一任伊斯兰统治者苏扬那拉苏丹的统治时期完成汇编,但是现存的副本都是 19 世纪的。比较近的历史作品例如《马来史》(Misa Melayu),是拉贾·楚兰(Raja Chulan)写的一部关于霹雳州在 1742—1778 年间的当代叙述,展示了一种新的历史学出现,表现出更多明显的现代情感。新的历史学在稍后的 19 世纪里,随着《珍贵的礼物》(Tuhfat al-Nafis [The Precious Gift].)这样的作品生根发芽。

爪哇的历史写作

跟一些东南亚大陆国家很像的是,爪哇有着丰富的碑铭遗产,

---

① A. H. Johns, 'Muslim Mystics and Historical Writing', 45.

② Henk Maier, *In the Center of Authority: The Malay Hikayat Merong Mahawangsa* (Ithaca, 1988).

从 8 世纪延伸到 15 世纪。然而，总体所来，这些碑铭却不是关于政治大事、统治家族历史或本地叙述的记录，而是关于土地税转移到宗教基金和西玛（*sima*，修道界）建立的记录。爪哇语版本的印度文本，例如《卡嘉文罗摩衍那》（*Kakawin Rāmâyana*），9 世纪开始出现，但是直到 14 世纪，主要的历史史诗才出现。流传至今的最早的爪哇文历史文本是《那嘉塔克拉》（*Nāgarakrtā-gama or Désawarnana*），它是由波罗般遮（Prapañca）在 1365 年完成的。[①] 这部作品描述了哈奄·武禄王（Hayam wuruk，1350－1389年在位）统治时期的满者伯麦国（Majapahit）。它提供了一个简要的朝代历史，包括国王克塔纳伽拉（Kertanagara）——哈奄·武禄王的祖父，描述了在他整个王国的进步期间的情况，以及参访的地区。该文本的表现形式是卡嘉文（*kakawin*）诗歌，这是一种从梵文文献中发展而来的带押韵和格律的诗。C. C. 伯格（C. C. Berg）认为这部作品是"爪哇历史学的起点"，认为波罗般遮的目标是在宗教领域重建确定性和秩序，其目的是作为满者伯麦国的宗教祭祀活动的新基础。[②]

下一个主要说明的作品是 16 世纪的《爪哇世系》（*Pararaton*）或《爪哇诸王志》（*Pustaka Raja*），惟一一部能被视为编年史的古老爪哇作品。[③] 这显然是为统治者合法性服务的史学作品。《爪哇世系》和直到 1481 年的东爪哇的新柯沙里（Singhasari）和满者伯麦王国的故事有关。这部作品以新柯沙里王国（1222—1292 年）的创建者庚·安洛（Ken Arok）较早期的化身开始，按时间顺序，以简短

---

① 该文本的译文参见 Theodore G. Th. Pigeaud, *Java in the 14th Century：A Study in Cultural History—The Nagara-Kertagama by Rakawi*, *Prapanca of Majapahit*, 1365 A. D., 5 vols. （The Hague, 1960－1963）; and Mpu Prapanca, *Desawarnana（Nagarakrtagama）*, trans. Stuart Robson （Leiden, 1995）。

② C. C. Berg, 'Javanese Historiography—A Synopsis of it's Evolution', in D. G. E. Hall （ed.）, *Historians of South East Asia* （London, 1961）,13－23。

③ 文本的荷兰文译文，参见 J. L. A. Brandes, *Pararaton（Ken Arok）of het Boek der Koningen van Tumapel en van Majapahit* （Batavia, 1920）。

片段的形式叙述。记载的许多事件非常古老，而且和铭文以及其他历史来源相关。现存最早的手稿可以追溯到 1600 年。

创建于苏丹阿贡（Sultan Agung，1613—1645 年在位）统治期间的史传（babad）文学的编年形式，代表了 17 世纪以来爪哇历史写作的特征。① 最有可能见证其 17 世纪最早的法典化的《爪哇史传》（Babad Tanah Jawi），是从马塔兰（Mataram）宫廷那里观察到的爪哇历史，从第一个人类亚当开始，贯穿了不同的印度教神明和穆斯林先知的整个系谱。它描述了来自潘达瓦（Pandawas）的所有爪哇后裔们，提供了谏义里（Kediri）、巴查查兰（Pajajaran）、满者伯麦国王们的家谱以及后来的淡目（Demak）、帕章（Pajang）和马塔兰王室。

《爪哇史传》的绪论是严格地以格律形式写作的，比《爪哇世系》的格式更加复杂。它以将军（Senapati）于 1582 年创建中央爪哇国家马塔兰开始，一直持续到新的国家在他的孙子苏丹阿贡的统治下达到鼎盛时期。安东尼·约翰斯（Anthony Johns）认为，马塔兰的《爪哇史传》脱胎于较早期的淡目《爪哇史传》，反过来起源于《帕章史传》，每一次都为新的统治者进行修改和重写。② 这一点支持了查尔斯·阿香博的结论，即在东南亚的大陆地区，爪哇的编年史被认为是皇家王权的组成部分。③

到了 18 世纪，发展出一种不同形式的历史，1773—1774 年的《峇兰巴雁史传》（Babad Balambangan）作为荷兰人征服峇兰巴雁岛（Balambangan）和玛琅-卢马姜（Malang-Lumajang）地区的爪哇王国的爪哇语叙述。这本书和较早期的史传在语言和风格上不一样，无疑预示着爪哇历史写作的新途径。

137

① Anthony H. Johns，'The Role of Structural Organisation and Myth in Javanese Historiography'，The Journal of Asian Studies，24：1(1964)，94.
② Ibid.，98.
③ Charles Archaimbault，'Les annals de l'ancien royaume de S'ieng Khwang'，Bulletin de l'Ecolefrançais d'Extrême-Orient，53：2(1967)，557-674.

巴厘岛的历史写作

就在爪哇较大的岛屿的东面,巴厘岛长期以来受到爪哇的政治变化和文化影响。巴厘岛的铭文传统一直延伸到 9 世纪,但是这座岛上的历史写作却是很近期的一个现象。14 世纪和 15 世纪目睹了满者伯夷进攻巴厘岛,结果就是爪哇人溃逃到巴厘岛,鄙视满者伯夷面临着自己的衰落。因此讽刺的是,满者伯夷成了巴厘岛历史的一个合法化标志。

在爪哇,史传的形式在巴厘岛的历史学中占据了关键位置。它经常被定义为编年史或朝代谱系,涵盖了广泛的历史、文学和宗教元素。在爪哇,史传从根本上被用来合法化政治控制。三个最早的文本似乎是《达勒姆史传》(*Babad Dalem*)、《史传》(*Usana Bali*)和《爪哇史传》(*Usana Jawi*),所有这些文本中,巴厘的皇室将他们的起源追溯到满者伯夷。这些文本一般来自于 18 世纪,那是权力从给尔给尔(Gelgel)王朝转移的政治大动荡时期,给尔给尔王朝在那时手握至高无上的权力(或至少表现出来是这样),从 14 世纪到 17 世纪,一直到新的克隆孔(Klungkung)王朝建立。在某些方面,《达勒姆史传》可以被认为是克隆孔的官方合法化编年史。部分原因是这一合法化文本的存在(多样化的子文本)以及统治家族对满者伯夷后裔的说法;除了克隆孔的国家大小,它有能力一直称霸巴厘岛,一直到 1908 年荷兰人征服这座岛。《达勒姆史传》提供了一种关于巴厘岛主要统治王朝和精英家族的合理的编年史叙述,它对小贵族的关注和核心的给尔给尔王朝一样。海伦·克里斯(Helen Creese)指出:

该文本被写成一系列交织的片段,在一个互相联系、令人眼花缭乱的谱系排列中,血统集团从一个转变为另一,穿插着叙事和神秘事件。文本的结构和省略的语言,通过几代人的努力,有着解释的意义和文本本身的再解释,提供了一种西方编年历史写作中缺乏的流动性。[①]

满者伯夷起源的观点,也被其他家族用来作为合法性的比喻;那些声称贯穿克隆孔和给尔给尔王朝世袭联结传承的作品,整合了来自克隆孔的《达勒姆史传》的所有段落,强调了《达勒姆史传》的重要性。

阿德里安·维克斯(Adrian Vicker)也让人们注意到,纪志(*Pangéling-éling*,Commemorations)的巴厘岛文风,经常和"文学作品"连在一起,包括宫廷爱情,提供了发生在 18 世纪和 19 世纪的事件的细节,在某些方面,这种文风与它们所关联的文本内容具有一致性。这些经常与卡朗阿森(Amlapura)和布楞(Bulèlèng)王国的事件联系在一起。通过指出和其他重大事件同时发生的或那些唤醒人们记忆中重要祖先的关键事件,其中一些"纪念活动"将"过去当做模式"。[②]

东印度尼西亚的历史写作

东南亚地区中书面历史最不好的是今天被称为印尼东部的地区。然而,尽管历史普遍缺乏,苏拉威西(Sulawesi)岛南部的望加锡(Makassar)和布吉文(Buginese)的人却是以保存记录而闻名——既包括王室文件,也有个人叙述——正是这些文件被用作现存编年史的基础。苏拉威西的编年史,是用印度语衍生语言的脚本,这表明,也许这样的历史写作早在 1605 年伊斯兰教和阿拉伯文字传入的时候就开始了。葡萄牙语的名字在这一年被使用了好几个月这一事实,也说明早在伊斯兰教到来之前,欧洲人在这一地区的强大

---

① Helen Creese, 'Chronologies and Chronograms: An Interim Response to Hägerdal', *Bijdragen tot de Taal-, Land-en Volkenkunde*, 151:1(1995),125-131.

② Adrian Vickers, 'Balinese Texts and Historiography', *History and Theory*, 29:2(1990),158-178.

影响力。

作为派生于系谱的国家叙事的果阿和塔洛(Goa and Talló)的编年史,是用简单的散文写就的,而且不是严格的时间顺序,但是却给统治王朝的各个诸侯、他们的家庭成就,提供了部分借鉴。在果阿的编年史里,存在着一些对年表的明显的担忧,葡萄牙人占据马六甲时的公元 1511 年,是可以被建立起来的第一个同步化日期。编年史以神话元素开始,有时候在公元 1500 年以前,有朝代的第一个国王,从天而降的 *manurang*。其他版本中有漂亮的女人(或女孩,以及她的六个哥哥)从天而降到河畔,包括地方酋长的本地联盟。

各种早期的编年史时间延伸至 17 世纪,塔洛、波讷、果阿和瓦乔的编年史,分别在等同于 1641 年、1660 年、1670 年和 1650 年的日期结束,但是没有任何文本能够追溯到那么早。编年史被不断地改写,在瓦乔,有四部伟大的编年史:一部来自于 17 世纪,两部来自于 18 世纪,还有一部是在二战前完成的。对这些不同的文本进行对比,能够给我们提供有关编年史随着时间而不断修改的过程的绝佳案例。

编年史一般是描述性的,很少评论或者判断事件,或者说明它们为什么被包括在历史中。然而,人们已经注意到编年史之所以被书写"是因为人们害怕老的诸侯会被他们的子孙遗忘"。[1] 安东尼·里德(Anthony Reid)认为,果阿历史表明了这个地区新兴的早期现代性,而且它明确了望加锡统治家族的每一代的治理,不仅仅是战争和王室婚姻,还有技术和治国方略的进步。[2] 需要强调的是,这些苏拉威西岛的编年史和马来/爪哇传统中的编年史是多么不一样,而且前者似乎没有受后者影响。在爪哇或马来的传统中,没看见有序言,而似乎有对"事实"的担忧。

---

[1] J. Noorduyn, 'Some Aspects of Macassar-Buginese Historiography', in Hall, (ed.) *Historians of South East Asia*, 24 - 36, on 34.

[2] Anthony Reid, *Southeast Asia in the Early Modern Era*: *Trade*, *Power and Belief* (Ithaca, NY, 1993), 8.

这并不是说,这些岛屿完全没有受到马来/爪哇历史书写传统的影响。这种传统下的一部早期的作品是恩特吉・阿明(Entji'Amin)用马来诗句创作的《门卡萨叙事诗》(*Sjair Perang Mengkasar*),此人是果阿苏丹(望加锡)的官方作家,描写了 17 世纪 70 年代望加锡衰落于荷兰人领导的军队之手。

菲律宾的历史写作

菲律宾的历史写作基本上是殖民时期的事业。还没有任何一份在真实性方面毫无争议的前西班牙时期的文件被确认过。[①] 从 16 世纪以来留给我们的西班牙语的记录,指出菲律宾人当中至少从 16 世纪中期以来的普遍的文学素养,但同时,各个文本也指出,菲律宾人使用文字仅用作信件和通讯。[②] 一些米沙鄢人(Visayan)口头的史诗被西班牙修士记录下来,但是他们的历史性却没有任何实际意义。当然有一些 13—14 世纪的中国文献,记录了菲律宾的人情地貌,以及他们对中国的访问,[③]但是就本土书面文本而言,现存最早的文本似乎是苏禄群岛和棉兰老岛统治者们的达尔西拉 *tarsilas* 或 *salsilas*(王室系谱),这些地方就是今天的菲律宾南部。纳吉布・M. 撒里比(Najeeb M. Saleeby)[④]为我们提供了"苏禄家谱"的马来文译版,现存最早的副本来自 19 世纪中期,但却详细叙述了苏禄苏丹们的家谱,据说是从 14 世纪开始的,并指出他们的起源在苏门答腊的米南卡保(Minangkabau)地区。

就像苏禄的达尔西拉一样,棉兰老岛/马京达瑙(Mindanao/

140

---

① William Henry Scott, *Prehispanic Source Materials for the Study of Philippine History* (Quezon City, 1984),63.

② William Henry Scott, *Looking for the Prehispanic Filipino and Other Essays in Philippines History* (Quezon City, 1992).

③ William Henry Scott and Go Bon Juan, *Filipinos in China before 1500* (Manila, 1989).

④ Najeeb M. Saleeby, *The History of Sulu* (Manila, 1963).

Magindanao)的达尔西拉是跟岛上的伊斯兰教历史联系在一起的系谱。这些作品有时是用马来语写就的,但是其他使用棉兰老岛的语言。现存的手稿都相当晚,似乎没有一部是早于 19 世纪的,尽管 18 世纪到过这些岛的游客在当时报告了这些系谱的存在,而且也没有理由认为这些系谱就不会更早出现。单独的达尔西拉的内容是多样的,例如"卡邦苏旺系谱"(Genealogy of Kabungsuwan),以先知穆罕默德开始,继而注明一位出生于竹茎的公主,结束于棉兰老岛的未经历史证明的数字。[1] 撒里比所收集的最近的达尔西拉,包括马京达瑙的苏丹们的后裔,[2]和上文提过的文莱的王室系谱非常相似,事实上,是和马六甲的《马来纪年》共同的体裁。

这个岛上的西班牙历史,包括安东尼奥 • 莫尔加(António Morga)编辑的《菲律宾群岛活动》(*Sucesos de las Islas Filipinas*,1609 年)。它记录了这座岛的西班牙历史,从 1521 年麦哲伦那个时候,到 17 世纪初,还包括和日本、中国及其他地区的联系细节,如马尼拉的西班牙人和这些地区的贸易往来或其他联系。随后的历史要纳入西班牙历史学影响的主要方面。

结束语

上文所述的史学传统的多样性,几乎排除了任何正式的结论。想要将这 400 多年间产生的这些多样化历史的观点进行整合,是非常困难的——巨大的社会差异、政治制度和经济结构的不同,以及一系列语言和文本的差异——将会立即变得显而易见。可以建议的是引起了还是改变了那些传统的某些传统和影响中的一些共同性。维克多 • 利伯曼在他关于东南亚大陆从 800—1800 年间的政体演变的论文中认为,15 世纪期间,大陆西部和中部的许多政体

141

---

[1] Najeeb M. Saleeby, *Studies in Moro History*, *Law*, *and Religion* (Manila, 1905),21－25.

[2] Ibid. , 36－40。

的特点是"分散化的印度语管理方式,变现为松散的太阳政治,有着半独立的附属国、自治区总督,经济与社会作用式微的寺庙以及仍然有节制的行政管理和人民控制"。[①] 它们缺乏能够代表更早期"宪章政体"特征的独立的宗教机关和庙宇建筑。因此我们可以断定,东南亚政体和社会就 15 世纪发生的历史所感受到的新颖性,反映在对历史的新关注上。

在东部印度尼西亚仍然延续着一个传统,即朗诵或唱出谱系传承和社会历史,有可能是上文详细描述的历史写作许多形式的先驱。公开朗诵历史一直延续到文字时期,继而老挝的编年史在加冕庆典被大声诵读出来。事实上肖认为"有可能系谱主题的当务之急是东南亚文化本土元素之一"。[②]

贯穿几乎所有历史的最常见的共同点是,对合法性的确认——宗教方面的以及政治方面的。通过提供适当的系谱,历史以很多方式对地方、现存宗教结构、统治主线或个人的合法性进行合法化。越南历史也是为了证明越南政体在中国之外独立的合法性。混沦时期之后的新历史的写作也似乎对重建社会/政治顺序和新的合法性而言,是十分重要的。那就是为什么历史常常在东南亚的大陆和岛屿,都被认为是皇家王权的一部分。"通过它们本身的构成,编年史证明了新统治者提升正统文化及因此稳定社会的能力。平息世界上的不确定状态也许能够平息世界上的混沦。"[③]在 14 世纪的爪哇,《达勒姆史传》为满者伯夷的祭祀活动提供了新的基础,而后来的《爪哇世系》(16 世纪)和《爪哇史传》(17 世纪)很明确地就是为服务统治者合法性而撰写的历史。在巴厘岛,《达勒姆史传》关注一系列王朝主线,为他们提供合法性一直延续到满者伯夷在爪哇的时代。"苏禄族谱"提供了据说是来自于 14 世纪的苏禄苏丹们的家谱,这说明了他们在苏门答腊地区的马来家乡的

---

① Lieberman, *Strange Parallels*,33 - 35.

② Shorto,'Mon Genealogy of Kings',67.

③ Lieberman,'How Reliable is U Kalás Burmese Chronicle?'253.

起源。

142   通过提出特定的疆域或朝代的要求,编年史能够合法化野心或史书赞助人占领的领土。例如,暹罗的编年史是由篡位者暨修复者巴塞通(Prasat Thong,1629—1656 年在位)和拉玛一世,该书追溯到更早的时代,即大城府对柬埔寨、素可泰以及清迈的霸权时代——彼时那些国家事实上都是独立的。重写阿拉干编年史,是缅甸将该政权并入缅甸统治下的组成部分。相反,有人认为泰国编年史在整体上记载柬埔寨的宫廷,就是假设一定合法性的一种手段。

一些合法化是非常本土的。我们在泰国南部看到了耽罗①或者处理寺院捐赠的皇家法令的颁布,以及寺院的相关历史或丹南的写作。因此从根本上讲是整个社会的文本(而不是地方性文本)证明了他们的免税。

在东南亚的历史中,超自然的起源——以及其他超自然的事件——经常是不可缺少的。经常可以在这些历史以及这个地区的许多民间传说中,发现对竹茎中诞生的人的论述,而顺承天意也是苏拉威西编年史中常见的主题。半神的国王波隆,是泰语民族的传说中的祖先,也能够在一系列的泰语编年史中被发现。安东尼·约翰斯(Anthony Johns)指出爪哇的历史作为爪哇统治者的角色,联系着现在与过去、与未来,在宇宙秩序中赐予人类生命以应有的位置,两个原则值得关注——国王的宇宙功能以及他的与生俱来的神性。② 这就必然需要叙述超自然事件并预示验证统治者的神性。

很明显在不同历史时期东南亚的不同地区写就的历史上,有着一系列的外部宗教的影响。这些影响中的大部分来自于或通过南亚,但是越南年鉴上明显的中国方面的影响不能被忽略。南亚的

----

① 有时是以不寻常的"Khmer"的形式被书写的。
② Johns,'The Role of Structural Organisation and Myth in Javanese Historiography',93.

影响包括佛教和印度教两方面，以及印度教经典的遗迹，例如《摩诃婆罗多》和《罗摩衍那》，这两部作品可以被看成是更早时期亚齐和马来的历史。佛教对东南亚历史写作的影响是巨大的，大多数东南亚大陆国家的整个历史标准的前提设定就是来自于释迦牟尼的宗教传承。它们还被注入了佛家的意象和史学形式，主要起源于《大史》，这是小乘佛教传统下的斯里兰卡编年史。这一模式对于古代的暹罗和缅甸而言，尤其重要，持续遵循到 17 和 18 世纪。有人认为，为了合法化国王们、大臣和将军们写作，佛教徒需要他们在万物中展现出的无常方面具有道德上的合理性。缅甸历史学家乌卡拉（U Kala）在他的绪论中将这种合理性作为撰写它们的理由。① H. L. 肖托敏锐地观察佛教和印度教对东南亚社会的影响的本质，他认为：

> 佛教的社会伦理肯定有助于政治稳定性，它对种姓制度的否定以及随之而来的对广义上的地位制度的中立性，但佛教在规范君主制方面缺乏学说，已经成为它后期形式的特点。这在东南亚必然是由印度教来源提供的，这一发展导致二者合而为一，通常在名义上是佛教，但采纳了许多印度教元素，尤其是在政治领域，以及这一地区本土万物有灵的残存文化中。②

伊斯兰教来到群岛上，也对在整个东南亚海上书写的历史形式，产生了巨大的影响，不仅仅是新采用的阿拉伯文字，还有广泛的宗教和文学惯例，被并入这些地区历史重写的范畴内。来自海上统治的前伊斯兰历史的例子，我们知之甚少，这就使得做出明确的论断是很困难的一件事，即通过使用新的起源故事，新的宗教意象以及在历史中以某种程度被明证的、对全球乌玛（*ummah*）的新观点，文本在这一过程中如何改变，但改变肯定很彻底。爪哇、武

① Lieberman, 'How Reliable is U Kalás Burmese Chronicle?' 236-255.
② Shorto, 'Mon Genealogy of Kings', 67.

137

吉士和巴厘岛继续使用他们自己的文本,尽管头两个提到的历史按照新的宗教信仰被重写。在爪哇,对统治者合法性的主要叙述的史传传统,是在转变成伊斯兰教信仰的过程中,被伊斯兰-爪哇宫廷所创造的,而《爪哇史传》,一部关于爪哇中部的马塔兰国家的叙述,以印度教诸神和穆斯林先知们的合一的谱系为开始。[1] 讴歌亚齐最伟大的统治者伊斯坎达尔·慕达的《亚齐列传》完全是伊斯兰的风格,它的模式来源于莫卧儿的文本。

144
这一时期贯穿东南亚历史写作中的另一个特征,是对历史的不断重写。很少有文本被认为是经典之作,然后加以保存或复制的。相反,编年史或其他历史被不断重写,以纳入最新的宗教、政治和社会现象,或者是事实上的新制度。将马塔兰国家进行合法化的《爪哇史传》似乎就脱胎于更早期的《淡目史传》(Demak babad),它又来源于《帕章史传》,该书又每一次为新的统治者们被修改和重写。一系列的元素常常被纳入帮助历史重写和历史的连续性。迈克尔·昂田认为,缅甸的历史中,"预言、预兆和对话,连接了叙事历史中不断变化的事实(和对命运无常的法则的信仰之间)以及长久的传统和有独特价值的社会的制度(和对连续性的渴望之间)之间的意识形态的鸿沟。换个表达方式,文本的不连续性被点缀在文本的连续性中"[2]。

从 19 世纪起,东南亚历史写作的新时期开始了。安东尼·约翰斯认为这确实构成了对过去的决裂,欧洲的统治地位一起削弱了或抑制了东南亚的适应机制和改变机制。结果,为了和西方传统中的世俗历史进行抗争,东南亚的历史写作必须创造出新的再现过去的形式。

---

[1] Johns,'The Role of Structural Organisation and Myth in Javanese Historiography',92.

[2] Michael Aung-Thwin,'Prophecies, Omens and Dialogue:Tools of the Trade in Burmese Historiography', in David K. Wyatt and Alexander Woodside (eds.), *Moral Order and the Question of Change:Essays on Southeast Asian Thought* (New Haven, 1982),100.

主要史料

Archaimbault, Charles, 'Les annals de l'ancien royaume de S'ieng Khwang', *Bulletin de l'École français d'Extrême-Orient*, 53: 2 (1967), 557 – 674.

Brandes, J. L. A., *Pararaton (Ken Arok) of het Boek der Koningen van Tumapel en van Majapahit* (Batavia, 1920).

Chamberlain, James F. (ed.), *The Ram Khamhaeng Controversy: Selected Papers* (Bangkok, 1991).

Cheah Boon Kheng and Abdul Rahman Haji Ismail (eds.), *Sejarah Melayu: The Malay Annals* (Kuala Lumpur, 1998).

Chen Ching Ho (ed.), *Đai Việ sử k ỷ toàn thư*, 3 vols. (Tokyo, 1986).

The Chiang Mai Chronicle, trans. David K. Wyatt and Aroonrut Wichienkeeo (Chiang Mai, 1995).

The Glass Palace Chronicles of the Kings of Burma, trans. Pe Maung Tin and G. H. Luce (Oxford, 1923).

Halliday, Robert, 'Slapat rajawan datow smim ron', *Journal of the Burma Research Society*, 13: 1(1923), 1 – 67.

Hikayat Patani: The Story of Patani, trans. A. Teeuw and David K. Wyatt (The Hague, 1970).

Hill, A. H., 'Hikayat Raja-Raja Pasai: A Revised Romanised Version', *Journal of the Malaysian Branch*, *Royal Asiatic Society*, 33: 2(1960).

Kala, U., *Maha Yazawin-gyi*, ed. U Khin Soe (Yangon, 1960 – 1961).

Mpu Prapanca, *Desawarnana (Nagarakrtagama)*, trans. Stuart Robson (Leiden, 1995).

The Nan Chronicle, trans. and ed. David K. Wyatt (Ithaca,

145

1994).

Olthof, W. L. (ed. and trans.), *Babad Tanah Djawi in proza*: *Javaansche geschiedenis*, 2 vols. (The Hague, 1941).

Pigeaud, Theodore G. Th., *Java in the 14th Century*: *A Study in Cultural History—The Nagara-Kertagama by Rakawi, Prapanca of Majapahit, 1365 A. D.*, 5 vols. (The Hague, 1960 – 1963).

Putu Phalgunadi, I. Gusti, *The Pararaton*: *A Study of the Southeast Asian Chronicle* (New Delhi, 1996).

Roolvink, R., 'The Variant Versions of the Malay Annals', *Bijdragen tot de Taal-, Land-en Volkenkunde*, 123: 3(1967), 301 – 324.

The Royal Chronicles of Ayutthaya, trans. Richard D. Cushman, ed. David K. Wyatt (Bangkok, 2000).

Saimong Mangrai, Sao, *The Pādaeng Chronicle and the Jengtung State Chronicle Translated* (Ann Arbor, 1981).

Saleeby, Najeeb M., *The History of Sulu* (Manila, 1963).

The Sheaf of Garlands of the Epochs of the Conqueror: *Being a Translation of Jinakālamālīpakaranam of Ratanapañña Thera*, trans. N. A. Jayawickrama (London, 1968). Sila Viravong, Maha, *History of Laos* (New York, 1964).

Souneth Photisane, 'The Nidān Khun Bôrom: Annotated Translation and Analysis', Ph. D. dissertation University of Queensland, 1997.

Vickery, M., 'Cambodia after Angkor: The Chronicular Evidence for the Fourteenth to Sixteenth Centuries', Ph. D. dissertation, Yale University, 1977.

参考文献

Aung-Thwin, Michael, 'Burmese Historiography Chronicles (Yazawin)', in D. R. Woolf (ed.), *A Global Encyclopedia of Historical Writing* (New York, 1998),417 - 419.

Berg, C. C., 'Javanese Historiography—A Synopsis of its Evolution', in D. G. E. Hall (ed.), *Historians of South East Asia* (London, 1961),13 - 23.

Coedès, G., 'Documents sur l'histoire politique et religieuse du Laos occidental', *Bulletin de l'Ecole française d'Extrême-Orient*, 25 (1925),1 - 201.

Cowan, C. D. and Wolters, O. W. (eds.), *Southeast Asian History and Historiography: Essays Presented to D. G. E. Hall* (Ithaca, NY, 1976).

Creese, Helen, 'Balinese Babad as Historical Sources: A Reinterpretation of the Fall of Gelgel', *Bijdragen Tot de Taal-, Land-en Volkenkunde*, 147: 2 - 3(1990),236 - 260.

Dutton, George, 'The *Hoang Le Nhat Thong Chi* and Historiography of Late Eighteenth-Century Đai Viêt', *Journal of Southeast Asian Studies*, 36: 2(2005),171 - 190.

Frasch, Tilman, 'Der Buddhismus im Jahr 1000', *Periplus: Jahrbuch für Außereuropäische Geschichte*, 10(2000),56 - 72.

Gesick, Lorraine M., *In the Land of Lady White Blood: Southern Thailand and the Meaning of History* (Ithaca, NY, 1995).

Hall, D. G. E. (ed.), *Historians of South East Asia* (London, 1961).

Johns, Anthony H., 'The Role of Structural Organisation and Myth in Javanese Historiography', *The Journal of Asian Studies*, 24: 1(1964),91 - 99.

Langlet, Philippe, *L'ancienne historiographie d'Etat au Vietnam*

（Paris，1985）.

Lieberman, Victor B. , ‘How Reliable is U Kalás Burmese Chronicle? Some New Comparisons’, *Journal of Southeast Asian Studies*, 17(1986),236 - 255.

Lorrillard, Michel, ‘Les Chronique royales du Laos: essai d'une chronologie des règnes des souverains lao (1316 - 1887)’, Ph. D. dissertation, École Pratique des Hautesétudes, 1995.

Maier, H. M. J. , *In the Center of Authority: The Malay Hikayat Merong Mahawangsa* (Ithaca, NY, 1988).

Ras, J. J. , ‘The Genesis of the Babad Tanah Jawi: Origin and Function of the Javanese Court Chronicle’, *Bijdragen tot de Taal-, Land-en Volkenkunde*, 143(1987),343 - 356.

Reid, Anthony, ‘Historiography and Historical Thought: Southeast Asia’, in Neil J. Smelser and Paul B. Baltes (eds.), *International Encyclopedia of the Social and Behavioural Sciences* (New York, 2001),6808 - 6813.

——and Marr, David (eds.), *Perceptions of the Past in Southeast Asia* (Singapore, 1979). Reynolds, Craig, *Seditious Histories: Contesting Thai and Southeast Asian Pasts* (Seattle, 2006).

Scott, William Henry, *Prehispanic Source Materials for the Study of Philippine History* (Quezon City, 1984).

——*Looking for the Prehispanic Filipino and Other Essays in Philippines History* (Quezon City, 1992).

Shorto, H. L. , ‘Mon Genealogy of Kings: Observations on the Nidāna Ārambhakathā’, in Hall (ed.), *Historians of South East Asia*, 63 - 72.

Taylor, K. W. , The Birth of Vietnam (Berkeley, 1983).

——‘Looking Behind the Vietnamese Annals: Ly Phat Ma and Ly Nhat Ton in the *Viet su luc and the Toan thu*’, *Vietnam Forum*, 7 (1986),47 - 69.

Teeuw, A. , 'Hikayat Raja-Raja Pasai and Sejarah Melayu', in J. Bastin and R. Roolvink (eds.), *Malayan and Indonesian Studies* (Oxford, 1964), 222 – 234.

Thaw Kaung, U, 'Ayedawbon Kyan, an Important Myanmar Literary Genre Recording Historical Events', *Journal of the Siam Society*, 88: 1 – 2(2000), 21 – 33.

Vickers, A. , 'Balinese Texts and Historiography', *History and Theory*, 29: 2(1990), 158 – 178.

Vickery, Michael, 'The Composition and Transmission of the Ayudhya and Cambodian Chronicles', in Reid and Marr (eds.), *Perceptions of the Past in Southeast Asia*, 43 – 67.

Wang Gungwu, 'South and Southeast Asian Historiography', in David L. Sills (ed.), *International Encyclopedia of the Social Sciences* (New York, 1968), 420 – 428.

——'The Study of the Southeast Asian Past', in Reid and Marr (eds.), *Perceptions of the Past in Southeast Asia*, 1 – 9.

Wolters, O. W. , 'Lê Văn Huús Treatment of Lý Thần Tôn's Reign (1127 – 1137)', in Cown and Wolters (eds.), *Southeast Asian History and Historiography*, 203 – 226.

Worsley, P. J. , *Babad Buleleng: A Balinese Dynastic Genealogy* (The Hague, 1972).

Yu Insun, 'Lê Văn Huu and Ngô Sĩ Liên: A Comparison of their Perception of Vietnamese History', in Nhung Tuyet Tran and Anthony Reid (eds.), *Viet Nam: Borderless Histories* (Wisconsin, 2006).

147

申　芳　译　张　骏　校

第七章　印度-波斯历史思想与历史书写：印度 1350—1750 年

阿辛·罗伊

148　　本章将探讨后中古时期至近世 400 年间(1350—1750 年)的印度-波斯历史思想与历史写作①。作为世界范围内历史书写工程的一个构成部分,对印度史学进行历史研究,不能忽视研究途径和研究理念的问题。除了近几十年间出现的一些例外,西方现代时期产生的大部分历史作品都在形式、观念、价值方面表现出西方历史传统的霸权姿态,对应了非西方历史传统的败落。这一不幸局

149

---

① 有几点需要在开篇注明。首要的问题是,本章分析的起点是 1350 年,比本卷其余大部分章节早约 50 年。这是因为,到了 14 世纪中叶,早期发展起来的印度-波斯史学大体上已经公式化并定型,足以使像伊萨密(Isami)这样重要的印度-波斯史学家产生信心。伊萨密于 1350 年创作了一部诗歌体史书,宣告了他欲与传奇的波斯语诗体作品范本——菲尔多西(Firdawsi)的《列王纪(Shah-nama)》一较高下的雄心。1357 年又诞生了齐亚丁·巴拉尼(Ziya al-Din Barani)的一部史学杰作,他被普遍认为是德里苏丹(Delhi Sultanate)时期最细致出色的史学家之一。其次,由于我采用的研究路径是主题式而非时序式的,特别是本章最末的关键两节,我发现,为了提供足够的背景信息,很有必要适时回溯印度-波斯史学在 1350 年之前更早时期的发展。最后,此次我仅限于探讨南亚史学写作传统体系之中的一种——然而却是最重要最知名的一种。限于篇幅,这可能更适合被看成一篇广泛而颇为粗浅的概述,涵盖了后中古至近世的印度史学中所有的作品类型。我因而在这里忽略了南亚次大陆上其他许多语言发展出来的史学语篇类型。若要对这些史学思想及历史叙事的各式变种作一研究,参见 Velcheru Narayana Rao, David Shulman, and Sanjay Subrahmanyam, *Textures of Time: Writing History in South India 1600 - 1800* (New York, 2003)。

面很大程度上要归咎于西方殖民统治及其在"文化、语言和经济上造成的影响"，从而引发了"一种大张旗鼓，完全脱离语境的现代叙事方式，这种叙事方式近几年来才受到了质疑"。最令人感到遗憾的是，"西方学术界在历史规范方面的全球主导地位"令非西方史学界产生这样的感觉："不仅历史是由胜利者书写的，而且历史书也是由胜利者书写的。"[1]

　　早期印度对其历史性过往的觉察和意识长期以来受到质疑。直到不久之前，早期印度还被看作是"缺乏书面的历史，从而也意味着缺乏历史意识"，几乎是"由人认定的"。[2] 早在12世纪，一位著名的英国学者就断言，古印度的历史"纯粹是靠宗教和祭司的创作堆砌出来的"，众所周知，这"和历史毫不相干"，而且"全无历史意识可言"[3]在9个世纪以前，一位曾在印度多年从事严格的艺术科学批判研究的著名穆斯林史学家，艾卜·莱伊罕·毕鲁尼（Abu Raihan al-Biruni），表达了他的遗憾：印度人漠视"事物的历史秩序，几乎全不留意历代国王的更迭传承次第"，而且他们认为"凭借记忆保留下来的才是可靠的，而不是纸笔写下来的"。[4]

　　早期印度留下的零碎而迷人的遗迹说明了印度古老的历史本质，例如公元2世纪的佛教雕塑，它描绘了"三智者"为净饭王（King Shuddhodhana）和摩耶王后（Queen Maya），即尚未降生的佛陀的双亲释梦的场景，在佛教传说中，摩耶王后所造之梦预示着佛

150

①　Daniel Woolf，'Historiography'，in M. C. Horowitz（ed.），*New Dictionary of the History of Ideas*（New York，2005），1. 他总结道，"任何对历史书写的新审视"不仅应当对非西方史学写作的各种形式严加关注，而且必须拒斥视其为"不过是有待现代欧美方法论加以阐明的劣等形式"这一假定。出处同上。

②　Romila Thapar，'Historical Traditions in Early India: c. 1000 BC to c. AD 600'，in Andrew Feldherr and Grant Hardy（eds.），*The Oxford History of Historical Writing*，vol. 1：*Beginnings to AD 600*（Oxford，2011），553.

③　F. E. Pargiter，*Ancient Indian Historical Tradition*（London，1922；repr. edn，Delhi，1962）.

④　Al-Biruni，Kitab al-Hind（n. p. ，1030）；ed. and trans. Edward C. Sachau as *Alberuni's India*，2 vols.（repr. edn，New Delhi，1964），i. 10 - 11. 此处及尾注中所引用原始材料的全部文献细节，参见"主要史料"相关条目。

陀即将诞生。雕塑场景中还描绘了一名正坐着把释梦内容记录下来的书吏，这一点对我们来说很重要。[①] 无论如何，研究早期印度的领军学者之间已经存在着一种广泛的共识，认为早期的印度相对缺乏常规形式上的纪年体、国别体和断代体这类标准的编年序列叙事作品。然而，对早期印度历史过往的感受、映像、历程和表征被深而广地嵌入到大量口述轶事和书面家谱的传统之中，二者都达到了职业化水平。此外，洛米拉·塔帕尔（Romila Thapar）肯定地表示，存在着"许多反映历史意识的文本记录，后来成了历史传统的基础"。她主张，现今应当着重关注早期印度（历史）传统的性质和假定，而不是强调早期印度历史书写的缺位。[②]

151　**伊斯兰史学在与印度产生联系之前的成长和定位**

　　尽管就古代印度过往的理解和概念存在争议，穆斯林的史学书写传统对中古印度的看法却全然不同。至少对于更了解情况的人，都普遍认可伊斯兰史学传统的成长和力量所带来的深远意义，这一点可能经常导致这样一个提问："是否是穆斯林把历史书写带给了印度？"然而，南亚现存最早的穆斯林历史作品给出了否定回答。这部作品（标题及作者不可知）记述阿拉伯人征服信德（Sind）（公元711—712年），以阿拉伯语写成，完成于9世纪，流传下来的只有波斯语译本，题为《赭时/察赤纪/石国纪》（*Chach-nama*，约公元1217年）。该书包含了阿拉伯征服之前，有关婆罗门统治者察赤治下的印度王朝的记叙。这则波斯-阿拉伯语记叙具有重大意义，它明确认可了当地梵文资料对这一印度王朝的记载——这证明早期穆斯林史学家所到达的印度并非一块历史学的处女地。

　　伊斯兰史学传统长期以来被视为世界史学思想和写作的三大主

---

① 　Sculptural artefact from Nagarjunakonda, 2nd century AD (National Museum, New Delhi).

② 　Thapar, '*Historical Traditions in Early India*', 553.

第七章　印度-波斯历史思想与历史书写：印度 1350—1750 年

要传统之一,另外两大传统为中国史学和西方史学,后者是古典希腊、罗马、犹太-基督教共同作用下的合成产物。穆斯林征服及统治印度的时间跨度从 8 世纪早期阿拉伯人征服信德和木尔坦(Multan)延续到 13 世纪,一直到 16 世纪早期德里苏丹国(Delhi Sultanate,1206—1526 年)兴而复衰,以及最后阶段莫卧儿帝国(Mughal Empire,1526—1857 年)的崛起和没落。必须牢记,作为研究对象,这一时期的整体与伊斯兰历史学发展的实质性阶段——同时也是明确的特定阶段存在着重叠与对应,印度-波斯时期的史学正是从伊斯兰史学中汲取了灵感,获得了生命和形态。需要特别指出,伊斯兰史学传统的形成时期(公元 633 年伊斯兰教先知穆罕默德归真到 9 世纪)以及更狭义的古典时期(约 10—14 世纪)不属于本章范围。不过,苏丹时期具有重要意义,它与处于古典时期及中古早期的伊斯兰史学传统发生了重叠。随后的莫卧儿时期(1526—1750 年)仍然与后中古时期及现代早期的穆斯林史学传统保持同步。15 世纪伊始,伊斯兰史学已经发展到了可以与同代西方史学相媲美的水平,这是伊斯兰历史传统成长过程中显现出的最重要方面之一。

伊斯兰史学创作具有数量高产,充分完整,关注细节的特色,这在其史学发轫时期空前的藏书狂热中有所反映。10 世纪巴格达的一位书商兼作家伊本·纳迪姆(Ibn al-Nadim)曾编制了一份题为《书籍目录》(*al-Fihrist*,988 年)的珍贵书单,囊括 100 名作者及1000 多种对于历史和史学编纂很有价值的书目。10 世纪晚期开罗的一间图书馆拥有海量馆藏,收藏了多种"后来变成了历史范本"的书籍副本。不仅如此,据蔡斯·罗宾森(Chase Robinson)所说,"这种搜罗书籍的热情在同代的基督教世界中无可比拟,无论是在东方抑或西方,就连希腊或罗马也未曾达到过如此规模"。[1]

在伊斯兰史学发展的形成阶段,它从阿拉伯文明和非阿拉伯

152

---

[1]　Chase F. Robinson, *Islamic Historiography* (Cambridge, 2003), 6-7. 亦可参见 Franz Rosenthal, *A History of Muslim Historiography* (2nd edn, Leiden, 1968), 196.

147

文明——尤其是波斯文明中汲取资源。历史传统中既有民间口述这种土生土长的形式，也有成文家谱记载和记录战役的史书[①]，同时还包括波斯民族所特有的一种具有历史性质的皇室祭司叙事传统。伊斯兰向着阿拉伯世界以外稳定扩张，覆盖了西方的瓜达尔基维尔河（Guadalquivir）到东方印度河之间的广袤领域，为古典时代几项重大发展打下了基础。以波斯文化为首，非阿拉伯文化元素及其总体地位在穆斯林居民之中得到令人瞠目的强化与提升。

突厥势力随后稳步崛起，毫无保留地接受了波斯文化，这决定性地导致阿拉伯语言和文化的影响在宗教领域以外被相对削弱，而波斯语文偕其道德伦理观念、智识、政治理念与实践日益风行，影响力渐长，最终占据了主导地位，位于阿富汗加兹尼（Ghazni）的迦色腻王国（Ghaznavid，波斯化了的突厥裔统治者）的支持和庇护起到了很大作用。11 世纪和 12 世纪中，波斯化（Persianization）进程向伊斯兰学术文化世界的北、东、南方向推进，对印度产生了直接影响，12 世纪晚期到 13 世纪早期，突厥-阿富汗（Turko-Afghan）人移往印度，最后建立了德里苏丹国。波斯-阿拉伯（Perso-Arabic）文化和其他历史传统之间的互动对古典伊斯兰史学的发展起到了重大作用。接下来的几个世纪里，波斯-突厥-阿富汗因素结合在一起，在印度找到了一片繁荣持久的新居所，这要归功于突厥-阿富汗和突厥-莫卧儿（Turko-Mongol）征服者以及庇护者。

这一新的波斯历史传统经历了一番改造。起初，广为流传的前伊斯兰时期（pre-Islamic）波斯史诗传统仍然延续，1010 年，菲尔多西（Firdawsi）创作了史诗巨著《列王纪》（*Shah-nama*），此后，编年体取向的新波斯穆斯林皇室史书稳步取代了史诗传统。新的编年史传统后来在 15 世纪时与赫拉特-阿富汗（Herat-Afghanistan）的帖木儿王家编年史传统（imperial Timurid chronicle tradition）相

[①] 前伊斯兰时代的阿拉伯语古代战史（khabar；pl. akhbār）是最古老的伊斯兰史书体裁，吸收了口述文学传统。参见 Rosenthal, *Muslim Historiography*，68。

结合,为嗣后的萨法维王朝(1501—1736 年)、德里苏丹国,以及印度莫卧儿帝国的穆斯林史学树立了主导模式。[1] 波斯史学传统开始脱离以往以圣训(Hadith)和宗教为核心的刻板历史规范,这是史学进化过程中一个值得注意的趋势。人性化、世俗化的波斯式道德伦理准则产生了解放性影响,为 10 世纪和 14 世纪中新一批穆斯林史学巨匠的涌现铺垫了道路,这些人中包括毕鲁尼和大旅行家伊本·白图泰(Ibn Battuta),这二人都与印度有着确实联系。

　　研究伊斯兰历史编纂学起源的学者们把其中一些模式追溯到了波斯传统产生的影响,例如以"王朝"为基准的宽泛历史分期,还有以统治者/在位时期为模式的历史呈现手法。尽管后者是一种古老的传统,也曾被东方的希腊-拜占庭帝国的史学家们应用,但其波斯化的伊斯兰形式有所不同,特别关注伦理命题和政治治理问题。伊斯兰史学中对统治者形象的勾勒包括了对其人道德品质及政治治理的关注,这极有可能是受到了波斯国家史学者的影响。根据阿拉伯历史传统与波斯历史传统中对普通民众历史形象的表达,有些学者还就两种传统中的"对立理念和对立手法"进行了对比:根据这种看法,由于波斯王室传统在历史上的强势地位,波斯史学家实际上"把历史视为列王的传记",专注于统治阶级的生活,而将与之无关的庶民排除在历史以外。相比之下,阿拉伯历史传统植根于部落价值观念,因而并不排斥"普通人的生活"。[2]

印度-波斯历史的历史写作,1350－1750 年

　　显然,后中古时期及近世的印度-穆斯林历史写作的一项主要

---

[1]　参见克里斯托弗·马钦可夫斯基所著本卷第八章。

[2]　Khaliq Ahmad Nizami, *On History and Historians of Medieval India* (New Delhi, 1983),6.

154　特色就是与古典伊斯兰史学的高度趋同性。早在德里苏丹国建国
(1206 年)几个世纪前,8 世纪到 12 世纪间阿拉伯人、伽色腻王国、
古尔王朝(Ghurid)的几次征服已经把印度推到了广阔丰富的伊斯
兰史学世界面前。穆斯林的征服为各色伊斯兰知识及学术的传播
者在印度打开了大门:其中既有怀着宗教信仰的人,也有世俗之
人,包括冒险家、投机者、旅行家、伊斯兰传教士、秘术家各色人等。
知识渊博的穆斯林学者毕鲁尼(在前文提及过)曾是在印度传播伊
斯兰知识的标志性先驱人物。

　　印度-波斯范式和印度的古典伊斯兰范式这两种史学传统在
形式、流派和渊源方面惊人的趋同。编年体和人物传记体历史作
品已经成了整个穆斯林世界最古老最普遍的文体。中古印度-波
斯历史书写的基本形式是编年史,最常见的流派是编年体和纪年
体,王制及朝代体系遵循古典伊斯兰范式。在更早的几个世纪
中,印度-穆斯林历史作者也考虑到了所谓的普世史、区域史和地
方史。在自然而然的发展过程中,出现了政治性叙事,继而成为
印度-波斯历史写作中最具活力、最持久的一种形式,贯穿了整个
中世纪。

　　阿米尔·霍思鲁(Amir Khusrau)和后来的伊萨密(Isami)把经
过扩充的政治叙事文学全盘诗歌体化,并将这种"mathnawi"文体
介绍给了印度。mathnawi 一般有两种形式,占主导地位的一种以
历史主题为基础,另一种本质上是浪漫主义的。这类"诗歌体历
史"可能并不总被视为真正的"历史",然而对于后世的史学家而
言,mathnawi 作品数量庞大,是信息的富矿。① 印度-波斯编年体

① 例如,关于苏丹阿拉尔丁·赫尔吉(ʿAlāʾ al-Din Khaljī,1296—1316 年在位)在位
时期的情形,惟一的同代资料是霍思鲁的 Khazaʿ。参见 Khazaʿin al-Futuh
(1312;Aligarh, 1927);his Qiran al-Saʿdayn (1289;Aligarh, 1918),30-39,
43-44,52,56-61,66-72; and his Nuh Sipihr (n. p., 1318);ed. Bibliotheca
Indica (Calcutta, 1950),76-80.伊萨密的诗歌体史书包含关于德干地区的有
用资料,特别是关于婆罗门苏丹国(Bahmani sultanate)的。参见 Futuh al-
Salatin (n. p., 1350),ed. A. S. Usha (Madras, 1948)。

叙事诗还有另一个不同寻常的特色是在叙事中层出不穷地缀入诗句，描述欢庆或悲伤主题与场景。比起阿米尔·霍思鲁和伊萨密全盘诗化的作品，这种镶嵌结构经常与所叙述的特定历史主题脱节，其历史价值远不及文学价值。因为在发展的早期，历史学在中世纪穆斯林学术世界中的地位远远不及神学和法学，甚至比不上哲学和文学。[①] 史学家身不由己地卷入到风行学科卫道者的辩论中。在这种竞争背景中，史学家在作品中精心展示自身的文学技艺，呈现了历史内容的诗歌作品。

　　存于印度各档案馆中保存了大量各类政治-行政记录和文件，特别是莫卧儿时期的，中古印度时，政治叙事诗的风靡及主导地位即与此有关。[②] 这类性质的档案材料是政治及行政历史极其重要的组成部分，包括 *firmāns*（皇室敕令）、*nishāns*（皇室印玺/图章）、*parwānas*（官方命令/许可）、*bakhars*（备忘录）及其他类似文件。这个巨大的档案系统由两套材料组成，一套是通行且十分实用的邸报系统（*akhbarāt*），邸报编写者（*akhbar-nawīs* 或 *waqi-nawīs*）受命定期向统治者简要报告王国或帝国大部分疆土上的情形，使统治者合理地了解情况。另一套是针对官员的行政管理守则和准则 *Dastūr al-ʿAmal*（通例手册），主要来自莫卧儿时期。这些海量档案中只有很少一部分有经过编注的版本，整编过的和未整编过的收藏都是由印度方面制作的。[③]

155

---

① Robinson, *Islamic Historiography*，92，103，112. 然而在这个方面，伊斯兰历史编纂学不属于例外。有一点非常有趣，"直到 1850 年，（牛津）大学才把历史纳入教学科目。过去 700 年中大学都没有历史学科。" R. W. Southern, *History and Historians: Selected Papers of R. W. Southern*, ed. R. J. Bartlett (Oxford，2004)，120.

② 参见 Sri Ram Sharma, *A Bibliography of Mughal India*，1526 – 1707 A. D.（Bombay，1938）；and V. D. B. Taraporevala and D. N. Marshall, *Mughal Bibliography*（Bombay，1962）。

③ Nanda Ram Kayath, *Siyaq-nama*（Lucknow，1879）；and Jawahar Nath Baikas Sahaswani, *Dastūr al-ʿAmal*（Aligarh Muslim University Library，Subhanullah Collection，554）.

许多区域性语言写的历史素材很好地为广大的波斯语材料提供了补充，特别是拉贾斯坦语（Rajasthani）、马拉地语（Marathi）、旁遮普语、信德语和孟加拉语材料。不包括波斯语以及印度区域性语言。除了英语记载，欧洲语言的记载中也可以搜集到一些中世纪后期以来的相关信息，尤其是法语、葡语、荷兰语记载。①

中古的印度-波斯史学既有丰富的政治渊源，也有丰富的非政治渊源。各类印度-波斯传记文学的总量是压倒性的，传记写作的主导形式是传记体回忆录（*Tazkira*），很容易解释这种体裁（见下文）的流行：它运用起来灵活广泛，因而备受欢迎。印度-波斯的传记回忆录作者们常被当时流行诗人的生平故事所吸引，将之选为写作主题，知名的苏菲（Sufi）导师们也常作为写作的对象，神学家和"乌拉玛"也不乏关注，还有作者抛开宗教人物和诗人，为贵族统治者中的精英人物立传，还有些作者尝试为一群相关的诗人，或苏菲导师，或法学家，或贵族作传，艾敏·本·阿赫玛德·拉赫兹（Amin bin Ahmad Rhzi）的作品是最后一类的代表，集结了多位诗人、苏菲导师，还有"乌拉玛"的情况。② 另一种非宗教人物词典也包括了贵族。谢赫法利德·布哈喀里（Shaykh Farid Bhakkari）的《*Tazkira*》（1651年）写了不少莫卧儿王朝的贵族，另一位印度作者克瓦勒·拉慕（Kewal Ram）也写了阿克巴大帝（1556—1605年在位）到奥朗则布（Aurangzeb，1657—1707年在位）两位"帕迪沙"（padishah，意为皇帝）之间时期的贵族人物，作品完成于1728年。在大量描写阿克巴大帝到18世纪间印度贵族的传记作品中，最全面、权威、传播最广的是沙·纳瓦兹·汗（Shah Nawaz Khan）的作

---

① 关于这类印度语言和欧洲语言档案原始材料的简明情况，参见 Nizami, *Historians of Medieval India*, 38-39; and J. F. Richards, *Mughal Administration in Golconda* (Oxford, 1975), 320-329 ('Select Bibliography').
② Razi, Haft Iqlim (n. p., 1594).

品(始于 1742 年)。① 史学家们认为，这种多面化的文学体裁为描绘同代印度的社会文化生活提供了有价值的信息。

中古印度的苏菲圣人和"乌拉玛"组成了印度-波斯 *tazkira* 文学的另一大核心内容，著名的神秘主义权威人物谢赫法利德丁·阿达尔(Shaykh Farid al-Din Attar)为这一传统铺设了道路。阿达尔早期的著名《众圣人传》(*Tazkirat al-Awliyā*)是一部散文体作品，写于 13 世纪早期，记述了伊斯兰历最初 3 个世纪当中大约 17 位苏菲圣人和后来的一些圣人。② 但描写印度圣人的 *tazkira* 流传最广，意义最大的当属萨义德·穆罕默德·本·穆巴拉克·阿拉威·克尔曼尼(Saiyid Muhammad bin Mubarak Alawi Kirmani)，又名米尔·赫宛德(Mir Khurd)的作品。该书创作于苏丹菲鲁兹·沙·图额鲁克(Sultan Firuz Shah Tughluq，1351—1388 年在位)③在位期间，包括了苏菲契斯提教门(Chishti Sufi order)中众圣人的小传。还有一部传记词典也流传极广，作者是十分博学的伊斯兰学者谢赫阿卜达哈喀·穆罕迪思·第赫拉威(Shaykh ʿAbd al-Haq Muhaddis Dihlawi)，记叙了中古印度的 225 位印度圣人。④

自传体是印度-波斯传记文学中的另一种特殊流派，在传记文学中所占的比例相对其他形式要小得多。自传的起源通常与贵族统治者或家族的统治联系在一起，两部德里苏丹时期的自传分别被认为是苏丹穆罕默德·本·图额鲁克(Muhammad Shah Tughluq，1325—1351 年在位)和苏丹菲鲁兹·沙·图额鲁克

---

① Bhakkari, *Zakhirat al-Khawanin* (n. p. , 1651); Kewal Ram, *Tazkirat al-Umara*ʿ(n. p. , 1728); and Shah Nawaz Khan, *Maʿasir al-Umara* (n. p. , c. 1742); ed. and trans. H. Beveridge; ʿrevised, annotated & completed', Baini Prashad, *Bibliotheca Indica*, 2 vols. (Calcutta, 1941 - 1952); repr, 2 vols. (2003).

② Farid al-Din Attar, *Tazkirat al-Awliya* (London, 1905 - 1907).

③ Mir Khurd, *Siyar al-Awliya* (Delhi, 1885).

④ ʿAbd al-Haq Muhaddis, *Akhbar al-Akhyar* (Delhi, 1914).

157 　（Firuz Shah Tughluq）①的作品，假定是前者所作的一部如今留存下来寥寥几页，据推测，这应该是他已佚失的自传的一部分，因而仍然难以确定作者身份。而菲鲁兹的自传最早被镌刻在德里的贾玛清真寺的墙壁上。莫卧儿帝国的统治代表了印度-波斯文化的巅峰成就，"帕迪沙"和王室成员经常是文化的领军人物。莫卧儿王朝的缔造者查赫拉丁·穆罕默德·巴布尔（Zahir al-Din Muhammad Babur，1526—1530 年在位）给我们留下了一部举世公认的典型而深刻的回忆录，以察合台文②写成。他的笔法昭示了其人对知识和武功的爱好，完全符合作为帖木儿后裔的王子的性格。他对年表，对历史的着迷，以及他对地理的渊博了解，都是他回忆录中反复出现的主题。

　　巴布尔之女，莫卧儿第二位皇帝胡马雍（Humayun）的姊妹古尔拜丹·巴侬（Gulbadan Begum）受她的侄子，即胡马雍之子及继承者阿卡巴大帝请求，描写了她回忆中胡马雍的统治。她的回忆录后来以《胡马雍纪》（*Humayun-nama*）这个标题为人所知。回忆录原本不仅写了胡马雍，还涉及到阿克巴，但奇怪的是，现存的所有抄本里都缺失了这些部分，令人感到遗憾。③ 在那个年代，有造诣的女性作者举世鲜见，古尔拜丹对波斯语的驾驭众所周知，她直截了当、朴素无华却又充满力量的写作风格广受赞许。她的作品从一位贵族妇女的视角出发描写莫卧儿王朝上流社会的生活，包含丰富的社会内容，特别是关于禁宫的描写。阿克巴的儿子和继承人努尔丁·穆罕默德·贾罕吉尔（Nur al-Din Muhammad Jahangir，1605—1627 年在位）也效仿他了不起的祖父，撰写了一

---

① 　参见 K. A. Nizami, 'The So-Called Autobiography of Muhammad bin Tughluq', in Nizami, *Historians of Medieval India*, 198 - 204。亦可参见 Firuz Shah Tughluq, *Futuhat-i Firuz Shahi*, ed. and trans. S. A. Rashid (Aligarh, 1943)。

② 　Babur, *Tuzuk-i Baburi or Babur-nama*（n. p. , 1530）.

③ 　Gulbadan Begum, *Humayun-nama*（n. p. , 1603）.

部回忆录,而且还采取了一种颇为新颖的办法。① 他先写了自己治下的头 12 年的情形,打包草稿副本派送到亲友和臣僚中传阅,听取评论和建议,此后在他在位的第 17 到第 19 年中修订了草稿,完成这部手稿的定本。

在中古印度-波斯宗教文学的总体内容中,除了 *tazkira* 传记流派以外,还有两种特殊的苏菲主义传统留下了深远影响,一种是 *malfuzat*(苏菲派演说或对话集),另一种是 *maktubat*(信件或往来书信集)。艾敏·哈桑·希哲兹(Amir Hasan Sijzi)是 *malfuzat* 作品的前导,他为自己的精神导师,享有盛名的谢赫尼匝姆丁·欧里雅(Shaykh Nizam al-Din Auliya)编纂了 *malfuzat*,赢得了传奇式波斯大诗人贾米(Jami)的称赞,这对于一名来自印度②的波斯语作者来说着实令人歆羡。几乎毫无意外,希哲兹的大作流传出契斯堤教门,迅速成为全体主要苏菲教门的范本。印度各地接二连三地迅速出现了许多 *malfuz* 作品。另外一部重要的 *malfuzat* 是关于契斯堤苏菲大师谢赫纳思尔丁·契剌尔·第赫拉威(Shaykh Nasir al-Din Chiragh-i Dihlawi)的,流传也相当之广。③ *malfuz*(*malfuzat* 的单数形式)作品的总卷数远远超过 *maktub*,而且 *maktubat* 作品通常欠缺细节。谢赫沙拉甫丁·叶海亚·玛尼雅里(Shaykh Sharaf al-Din Yahya Maniyari)的 *maktubat* 集子格外受尊崇,特别在神秘主义圈子里。④

神秘主义文学是中古印度历史中一个意义重大的部分,包括了传记题材和苏菲导师的讲话录及书信。苏菲 *khanqas*(修院)作家描述各种各样的人和生活,与宫廷作家天差地别。国主与苏菲派

158

① Jahangir, *Tuzuk-i Jahangiri or Jahangir-nama*, ed. Saiyid Ahmad Khan (Ghazipur/Aligarh, 1863 - 1864).

② Amir Hasan Sijzi, *Fawa 'id al-Fu'ad* (Delhi, AH 1302).

③ Hamid Qalandar, *Khayr al-Majalis* (Aligarh, 1959).

④ 《Maktubat-i Yahya Maniyari》是一部少见的集子,收录了他的 151 封书信 Hermann Ethé, *Catalogue of Persian Manuscripts in the India Office Library* (Oxford, 1903; repr. edn, London, 1980)。

之间的关系向来谈不上亲善，一些苏菲派的领军人物以直白的方式表达了这种紧张关系的要害所在：“倘若你渴望提升自己的精神境界，便勿要沾惹王公诸侯。”[1]神秘主义作品实际常被作为一种工具，用以中和并反驳王权或军伍投射出的贵族视角。简言之，事实证明，来自多种渊源的历史情报有助于史学家平衡彼此冲突的信息。但凡是有眼力的历史研习者都不能忽略，神秘主义作品具有某些消极方面，尤其是圣人行传类作品中存在的过度美化倾向。现在认为，占 *malfuz* 和 *maktub* 很大比重地描写早期苏菲圣人作品内容出于捏造。虽然神秘主义文学是极为重要的信息来源，但将其作为研究历史的工具来运用时，必须万分谨慎。

上述有关渊源和流派的分析，意在为印度-波斯史学发展的模式与进程提供一个广泛的认识。因为对于了解莫卧儿时期前早期发展的本质与特点，莫卧儿王公（特别是阿克巴在位时）特殊而具有开创性的贡献，并不总能找到合适的着眼点。把莫卧儿时期（特别是 16 世纪到 18 世纪中叶时）推崇为印度-波斯文学最辉煌、最丰产、最富有创造力的时代并不过分。如我们所见，在德里苏丹时期，印度对中古时期波斯语文学的贡献决不贫乏，而到了莫卧儿时期，印度-波斯文学不仅在南亚成了史学的主导势力，在南亚以外的波斯语文学中也是。斯托瑞（C. A. Storey）著名的波斯语历史文学概述中，475 件确定是印度作品，波斯和其他国家作品的总和是 299 件，而且以上印度-波斯历史文学作品中的大部分都写于莫卧儿时期。[2]

这类历史文学作品的总量十分庞大，变种繁多。文学作品的编年叙事中杂糅了所有种类和一切已知的风格，形式以及衍生形式——编年体、纪年体、国别体、断代体；各种史书体裁——普世史、通史、区域史、地方史、历史通志、官方书信通讯和行政文件的辑

---

① Mir Khurd, *Siyar al-Auliya*, 75,204,295.

② C. A. Storey, *Persian Literature: A Bio-bibliographical Survey*, vol. 1, pt. 1 (London, 1927-1939); and pt. 2 (London, 1953).

录；回忆录、人物传记、自传、传记、人物事典；地理——游记记载，等等。虽然有关莫卧儿印度的海量档案资料很有说服力，但必须强调的是，莫卧儿时期在印度-波斯史学中的意义不仅仅在于这一时期产生了更多变种，出现更多风格和渊源，莫卧儿时代在史学上的重要性还包括其他几个重要方面。

在中古印度的背景中，阿克巴大帝治下的莫卧儿政府有了一个革命性的设想，从皇家的视角和意图出发对历史进行调整。苏丹时期以来积累了大量历史材料，拥有创造天分的阿克巴看到了一个绝佳机遇，将其打造成一个强势工具，使历史服务于皇室视角与雄心。新君主制概念和新印度历史两大部分构成了新的皇家视角，前者与阿克巴和艾卜·法兹勒（Abu'l Fazl）削弱"乌拉玛"阶层的策略有直接联系。他们想通过 *Ibadat Khana*（成立于 1575 年的宗教机构）展开宗教论战，向宫廷揭露神学家领袖的狭隘和空虚，部分达到了削弱"乌拉玛"阶层这一特定目的；1579 年，随着 *mahzar* 诏谕的颁布，目标完全达成了，皇帝成了有关神学问题和教律争论的终局裁决者。在建立一个以政治、文化共识、包容、统一为支点的国家的追求中，阿克巴开始意识到超越宗教分歧的必要。

阿克巴在位期间，印度-波斯文学中首次出现了"官方史"，经过皇帝和艾卜·法兹勒的点拨，"官方史"本身成了新历史和史学方法的聚焦点。这种新型历史以知识与理性主义方法特点，不注重提供宗教性诠释和传统诠释。新型历史作品越来越多地投射出世俗观点和多元主义观点。官方史书在字里行间清楚表明，对新的历史观念而言，印度教文化传统仅仅勉强具有象征性意义。阿克巴和艾卜·法兹勒都毫不迟疑地否决了印度-波斯史学家对于阿克巴之前时代的设想——认为历史只牵涉到穆斯林，印度教徒和穆斯林之间的反复冲突是印度伊斯兰历史的中心动力。在新的印度史中，莫卧儿帝国代表着格言 *sulh-i kul*——和平与和谐，象征着稳固昌明的统治，真正的冲突发生在莫卧儿帝国和与帝国为敌的穆斯林以及印度教徒之间。新历史也代表了一种比以宫廷——军

160

伍为中心的历史更广阔的视角。除了政治，大批有关社会、经济、非穆斯林宗教——文化生活的材料也被纳入了历史，历史的领域在相当程度上得到了拓宽。

随着阿克巴新历史计划蓝图落实，他麾下的史学家在方法论和工作原则上开始具有了共识。首先，通过系统，直接地运用大量档案材料，史学研究迈出了第一步。在他伟大的历史编纂工程《阿克巴纪》(*Akbar-nama*，1596 年)和《阿克巴则例》(*A'in-i Akbari*，1599 年)中，由一大群研究者协助艾卜·法兹勒的工作，其中一些史学家，如尼匝姆丁·阿赫玛德·巴合什(Nizam al-Din Ahmad Bakhshi)和斐利施答(Firishta)，列出了大量为自身创作而准备的史学作品。[1] 其次，一些重要的历史人物受政府委托撰写回忆录，旨在为史学家的研究和写作提供便利。前文已经提到过，第一代莫卧儿统治者巴布尔，第四代统治者贾罕吉尔，以及巴布尔之女古尔拜丹·巴侬都写过回忆录。第三，除了委托写回忆录，历史学家们也受委托撰写历史叙事作品，也许意在催生一部有关新印度历史的伟大叙事作品——一幅天才的艾卜·法兹勒在《阿克巴纪》中倾心勾勒的图景——流传阿拔斯·汗·本·谢赫阿里·萨勒瓦尼(Abbas Khan bin Shaykh'Ali Sarwani)受托创作的一部叙事作品就属于这一类。[2] 第四，艾卜·法兹勒运用的研究方法颇为摩登：批判性验证、对比、评估现有研究材料，进而合理推断出事实。现在看来，这是印度-波斯史学中的另一项开创性发展。最后，创造精神在这种激励性的文化知识环境觉醒并迅速发酵，历史写作很快找到了几个新方向，比如写作一部"印度通史"。尼匝姆丁·阿赫玛德·巴合什和斐利施答分别写出了第一部和第二部印度通史作品。

161

---

[1] 尼匝姆丁引用了 29 部早期作品。参见 Nizam al-Din Ahmad Bakhshi, *Tabaqat-i Akbari* (n. p., 1594)。斐利施答引用了 32 份早期研究成果。参见 Firishta (alias Muhammad Qasim Hindu-Shah Astarabadi), *Gulshan-i Ibrahimi or Ta'rikh-i Firishta* (1606 - 1607; Lucknow, AH 1281)。

[2] Sarwani, *Tuhfa-i Akbar Shahi* (n. p., compiled in 3 recensions, c. 1579 - 1586).

创新精神产生的另一项革新性史学成果来自阿克巴大帝,他设想写一部伊斯兰新千年史《千年史》(Ta'rikh-i Alfi),而且异想天开地采用一种新计时法,不照传统上622年希志来出走起算伊斯兰纪元,而改从公元632年先知穆罕默德归真(Rihlat)起算。然而事实证明这一改变并不受拥护。阿克巴也广泛激发了大众对历史的兴趣,他直接鼓励邀请皇室成员撰写或口述回忆和印象,引起皇室家族中一些下层仆从的热烈反响。他们之中,胡马雍皇帝的陪膳查哈尔·阿甫达卜奇(Jawhar Aftabchi)和身有残疾的年长御膳房总管巴亚兹德·毕雅特(Bayazid Biyat)都贡献了很有趣的作品。①

　　虽然描述的意识已经被嵌入了历史观念当中,这种语篇的廓形仍然不时发生剧变,而且还处在改变之中。几个世纪以来,对于表现手法的关注本质上是围绕着形式、风格、分支、旁支等"粉饰性"议题发生进化。史学远离了这些早期的考量,甚至也远离了后来出现的对"哲学"和"客观性"的考量。历史描述是为还原对过去认识所做的有意识努力,但这个受争议最小的普遍观念也难以为继,当今至关重要的问题是历史描述的终极目的或意图,很少牵涉如何描述过去。在知识是力量的"源泉"这层含义上,历史表现与"权力"这一核心概念结合在一起。在世界上大部分地方,历史本身的历史一直掺杂着对历史观念与历史作品的利用和滥用。② 印度的历史也不例外,殖民时代和后殖民时代是滥用最露骨的阶段,这类滥用甚至也出现在穆斯林统治者之前的前殖民印度历史中,上文谈到过,有一些现代及当代史学编纂在相当程度上受到意识形态的驱使,企图重新诠释中古印度的历史。

　　伊斯兰史学传统在形成时期与古典时期的成长引人注目,受到

162

① Jauhar Aftabchi, *Tazkirat al-Waq'iat* (n. p., commenced 1556); trans. Major Charles Stewart (London, 1832); and Bayazid Biyat, *Tazkira-i Humayun wa Akbar*, ed. M. Hidayat Husain, in Bibliotheca Indica (Calcutta, 1941).
② Antoon de Baets, 'Censorship and History since 1945', in Axel Schneider and Daniel Woolf (eds.), *The Oxford History of Historical Writing*, vol. 5: *Historical Writing since 1945* (Oxford, 2011), 52 - 73.

了广泛的学术关注和认可。然而，这门史学的审慎学习者必须既看到伊斯兰世界史学发展中的积极特色，又看到其中某些自相矛盾、模棱两可的方面。历史在一切文化中都受到重视有各种原因，其中最重要的原因是，过往是承载文化自身个性的关键。历史上的穆斯林也不外乎如此，他们之所以对历史投资巨大，是为了给当下树立一个模式。伊斯兰文化中搜罗书籍的狂热以及历史文学的风行是这种本质发展的自然产物。矛盾的是，在包括古典时期在内的早期世纪中，史学作为知识与学术来源的价值与其受到的大众评价一直不成比例。前文提到，在中古伊斯兰学术中，史学不具有诸如神学、法学，甚至哲学这些学科的优越性和地位，历史很大程度上被视为文学的一个分枝或亚种。历史并非源于天启，因而它对真实的追求隶属于一个较低层面。统治阶级的精英主要感兴趣的是那些能促进传统主义价值和制度的学术领域，先知的纪传及其他宗教传记自然而然比神学和法学更有吸引力，而与先知无关的传记和自传作品被传统主义者边缘化了，因为这类作品对特定历史的关注与他们无关。实际上，同时代的传记和历史作品都以轻率和渎神为由遭到禁止。

在古典时期，编年史的创作发生了意义重大的嬗变。一种更自信的叙事传统逐渐占有了一席之地。在先知穆罕默德以后的普世史中，编年史传统取得的巨大成功成了伊斯兰史学的重大特色。在传统主义者怀疑而模棱两可的目光中，这成了一个需要详加解释的问题。伊斯兰在政治宣传和缔造"更包容的政治学术文化"两方面取得的壮阔成就有了一些合理的解答，王公、管理者、官僚、书吏、廷臣及各种庇护者人数激增，他们对各类历史叙事作品的需求都很大。"穆斯林是伟大的帝国主义者，因而他们也成了伟大的历史学家。"[1]的确，皇室王公的鼓励和庇护不仅是促进历史叙事创作的关键因素，也强化了历史学家的地位。而且有一点很难忽略，历史学者缺乏经济收益，也得不到受宗教或法律部门控制的高等教

---

[1]　Robinson, *Islamic Historiography*, 104.

育机构支持。他们利用皇室赞助人提供的机会,撰写历史课本,启
发官僚和公职人员昌明施政。读者很快扩展到宫廷以外,在国际
性的中古伊斯兰世界中,历史知识和文化修养标志着一个人在文
化学识方面的美好品质。新崛起的精英们在不断变化的世界中寻
求领导者,新出现的国家纷纷携手,渴盼获取这个正在增长的势力
的支持。一方面来说,作家和史学家作为受过教育的精英,能够
"表述过去的历史","列举事实并提供范例","树立标准"对同代统
治者们进行比较,根据需要抬高或贬低其形象。另一方面,国家保
护了广泛、大规模的学术所依赖的城市知识网路。①

　　草草一瞥古典和后古典时期伊斯兰史学成长发展的社会政治
推动力,可以看到推动印度相应发展的动力。古尔、伽色腻、德里
(Dehlawi)鲜明地代表了新帝国缔造过程的连续性和国家政治学术
文化的创造过程,随着新王公、官僚、廷臣、书吏等成群出现,王公、
官僚及未来官僚们需要大量讲解昌明统治或人物事例的历史叙事
作品。新的国家与上层社会的苏丹及"帕迪沙"被共同利益吸引在
一起——一边提供赞助,一边借助历史表述给力量和权威披上合法
化外衣。特别需要指出的是,波斯历史上也格外重视适当的课程
讲解和教学性范例的作用。

　　德里苏丹、莫卧儿王公们,以及地方宫廷的鼓励和庇护对历史
叙事的促进至关重要。在德里苏丹和莫卧儿时期,政治叙事及其
他相关作品的创作者大多是受统治者庇护的廷臣,未来的廷臣,或
是与统治者及统治阶级核心联系密切的人。因而这类作品中的绝
大部分直接题献给特定统治者或特定的统治阶级成员,或者后来
呈献给了他们。撒德拉丁·哈珊·尼匝密(Sadr al-Din Hasan
Nizami)出身于波斯贵族学者世家,据我们所知,他是第一代德里苏
丹库特卜丁·艾伊拜克(Qutb al-Din Aibak,1206—1210 年在
位)②赞助的首位印度-波斯历史学家。许多出身显贵的历史学者

---

① 　Robinson, *Islamic Historiography*, 188 - 189.

② 　Sadr al-Din Hasan Nizami, *Taj al-Ma'asir* (n. p. , 1217).

164 都是尼匝密的追随者,虽然这些人自己并非廷臣,但他们与统治者的家族和廷臣保持着密切联系。悯哈贾丁·本·希拉贾丁·茹兹贾尼(Minhaj al-Din bin Siraj al-Din Juzjani)①借助自己与古尔及伽色腻王家的联系,他所受的高教育水平,还有苏丹沙穆撒丁·伊尔突特密什(Sultan Shams al-Din Iltutmish, 1211—1236 年在位)及其子苏丹纳思拉丁·玛赫穆德(Sultan Nasir al-Din Mahmud, 1246—1265 年在位)的赞助,受封为德里的大法官(Chief Qazi),登上司法的最高位,还有 *Sadr-i Jahan*(世界大法官)头衔加身。阿米尔·霍思鲁是第一位印度-波斯诗歌体历史作家,也是最高产的一位,他继承了双亲的贵族及官僚遗产,享有赫尔吉王朝(Khalji)和图额鲁克(Tughluq)苏丹们的信任和支持。齐亚丁·巴拉尼出身于一个备受尊敬的赛义德(Saiyids)家族,②长期为赫尔吉王朝统治者服务,③他被很多人认为是苏丹时期最精致的印度-穆斯林史学家。④沙穆撒丁·本·希拉贾丁·艾斐甫(Shams al-Din bin Siraj al-Din‘Afif)类似于巴拉尼和上文提及的其他史学家,与图额鲁克王朝皇室联系密切。⑤叶海亚·本·阿赫玛德·本·阿卜杜拉·锡尔欣迪(Yahya bin Ahmad bin‘Abd Allah al-Sirhindi)选择描写赛义德王朝(Saiyid Dynasty,1414‐1451 年)的君主穆巴拉克(Mubarak Shah,1421‐1433 年在位),并将作品献给了这位统治者。⑥

　　杰出的英国史学家亨利·杜德维尔(Henry Dodwell)认为,由于和皇室和宫廷关系密切,这些史学家得以知晓围绕权力中心的高层政治动向,因而可以很自然地假设,这些叙述者提供了一个更真实更深刻的历史版本。他在 19 世纪 30 年代写的关于印度穆斯

---

① Minhaj al-Din, *Tabaqat-i Nasiri*(n. p., 1259)。
② 传统认为 Saiyids 家族是先知穆罕默德的后裔,因而在穆斯林社会中占有特殊地位,
③ 参见 *Ta᾽rikh-i Firuz Shahi*(n. p., 1357);*Fatawa-i Jahandari*, ed. A. Salim Khan(Lahore, 1972)。
④ M. Athar Ali,‘History in Indo-Muslim Tradition’, in id., *Mughal India:Studies in Polity, Ideas, Society and Culture*(Delhi and Oxford, 2006),364.
⑤ Afif, *Ta᾽rikh-i Firuz Shahi*(完成于 1398 年之后)。
⑥ Al-Sirhindi, *Ta᾽rīkh-i Mubarak Shahi*(n. p., 1434).

林编年史的作品中讲道,伊斯兰开创了印度编年史的伟大传统,而且穆斯林编年史要"远远超越我们自己的中古编年史",因为前者的"绝大部分作者并非僧侣,而是显要人物,常常是目睹了事件而且本身参与了他所叙述事件的同代人"。[①]

　　考虑到这些历史学家身处事件中心,拥有优越的写作地位,杜德维尔合乎逻辑的期望一次性地囊括了对于研习这类历史文学的人而言最核心、最困难的问题：印度-波斯史学果真符合如此高的期待吗？"真相"、证实性、意图及其本身作为文学作品对过去事件的表达方式,这些实际上是一切形式的历史写作的要害议题。在穆斯林史学家创作的伊斯兰历史作品中,以上议题的重要性处于首位,因为对于他们来说,这些问题本质上源于一种更广义的伊斯兰教信仰,即真主独一、全能、至上的地位。前文已经谈过,在伊斯兰教里,真实源于真主,而非历史学家；同时,作为一门伊斯兰学科,历史不像圣训(hadith)、神学和法学一样植根于先知的启示,所以历史相比其他学科显得边缘化的原因是很清楚的。在人与真主的关系中,真主的全能性是人类地位特殊性的基础,这与伊斯兰对缔造历史和书写历史的理解之间存在核心联系。

165

印度-波斯史学家的意图和真实

　　为了接近史学家意图和真实的这一首要的史学问题,首先我们需要透彻理解两个重要方面。第一个方面关系到"真实"观念本身——它源于真主而非历史学家；另一方面,穆斯林史学家并未因为需要将真主置于历史知识中心,就此卸下身为史学家的责任。面临诠释历史这一挑战,大部分穆斯林史学家没有漠视自身的使命。相反,一批具有拔群"历史科学"观念的史学家十分严肃地运用了自己的职业技艺。一位莫卧儿时期的史学家阿卜杜拉喀迪

---

① 　H. Dodwell, *India*, 2 vols. (London, 1936), i. 22 (emphasis mine).

尔·巴达优尼（ʿAbd al-Qadir Badayuni）留下了这样的话："历史科学本质上是一门崇高的科学，一门优雅的学术分支。"[1]其他杰出史学家的观点与他类似。对历史重要性的充分衡量是一种强烈而普遍的信仰，因而 *ilm al-taʾrikh*（历史的科学）和 *ilm al-hadith*（圣训的科学）几乎被认为是"孪生的"学科。大部分谈到这两门"科学"间密切关系的中古史学家没有将这种联系与宗教意义相联，也没有将历史科学作为宗教学科等同于圣训学。然而，史学家对历史的追求驱使他们狂热地追求运用 *isnād*——通过核实先知言行传承中涉及的所有人物和信息，考据圣训的真实性，编纂圣训的研究方法。这种方法竟被运用在全部类型的历史研究中，令人感到匪夷所思，但这种方法论本身却并非全无科学性，而且更重要的是，这种方法表明了对建立"真实"情况的确实关注。

166　　对于史学作品中的信息来源，印度-波斯史学家常说"可靠"或"可信的证人"，或者简单地将他们的名字列在文中。当没有证据、证据不足，或是多个证据彼此冲突时，史学家通常靠"仅真主知晓事实"或"仅主知晓"这类话作为后者。他们显然在宗教和道德原则的基础上发展出了一套职业活动的暗语，教导人们为真实献身，反抗对真相的压制，或是掩藏统治和统治者不光彩的一面，赞颂积极方面。史学泰斗毕鲁尼奏响了印度-波斯史学的集结号，他敦促古兰经和圣经的宗教——道德权威——对史学家对真实性和完整性的呼唤给予支持。在毕鲁尼写印度的作品前言中，他引用了一段古兰经经文："你们当维护公道，当为真主而做证，即使不利于你们自身"（《古兰经》4.134）以及《福音书》中的一段："在国王前吐真，不要畏惧他们的愤怒。那杀身体不能杀灵魂的、不要怕他们。Do not mind the fury of kings in speaking the truth. They only possess your body, but they have no power over your soul.（《马太福音》10.28;《路加福音》12.4）"毕鲁尼宣称："我将把印度教信徒的学说

---

[1] Badayuni, *Muntakhab al-Tawārikh* (n. p., 1596); trans. G. S. A. Ranking, vol. 1 (Calcutta, 1895–1899),4.

理念原原本本地呈示给读者,并与希腊人相似的学说理念联系起来,从而展现二者之间的关系。"[1]

后来相当一段时期内,其他史学家也强调毕鲁尼对历史真相和史学家笔下的历史真相的表述。齐亚丁·巴拉尼引入了一种新的模式。他代表作的前言展现了他独一无二的贡献,其中着重谈了历史真相问题和历史的重要性。[2] 他写道:"历史的基础是真相,而历史学家应当公正并忠于事实。"忠于事实是一项"宗教义务",而且"将在审判日被清算"——可以预见,"撒谎的历史学家"将被处以最严酷的惩罚。对于涉及他"同代人"的令人不快的事实,巴拉尼有着妥协的意愿,但他也督促历史学家们"坦诚"并"真实地"对待"过去发生的事件"。在巴拉尼之前,伊斯兰学术世界可能从未遭遇过印度-波斯史学家如此正面的挑战,他极其自信,断然宣告:"就我所见,其他任何学科或实践技艺的用益,都未如我在历史科学中所获之多。"他谈到了各种益处,主张"历史,先贤们的历史,以及不义且残暴的统治者的历史,给予信士们以必要的知识和智慧,'善行'与'邪恶'二者的结局均已揭示在历史之中"。前文已经探讨过巴拉尼有关历史价值和角色的实践观念,他认为历史以事例教育人。帖木儿历史学家米尔·赫宛德(Mir Khwand,拉丁化Mirkond)是后来的印度-波斯史学家罕达米尔(Khwandamir,1475 - 1534/7 年)的祖父,他紧随巴拉尼,劝说史学同侪"描述每日事务的方方面面",对"伟大人物的功德、善行、义举和仁慈"加以详述,同样也要"描述他们邪恶卑劣的行径,而不应试图加以隐瞒"[3]。

167

践行这些规范准则给中古印度的史学家们带来了难以克服的问题,他们之中大多数人都与宫廷联系密切,因而不能写出自己认为或了解的真实情况。他们的写作经常是为了迎合统治者的信任和期望,取悦庇护者,从而得到奖赏,或者更糟糕的是受命写作,完

---

① Al-Biruni, *Kitab al-Hind*, i. 4 - 5,7 (emphasis mine).

② Ziya al-Din Barani, *Ta'rikh-i Firuz Shahi* (Calcutta, 1862/1891),1 - 18, esp. 9 - 13.

③ Mir Khwand, *Rauzat al-Safa*, English trans. (Allahabad, 1960),130.

成任务。大多数政治性作品的内容涉及同代历史，或是本朝的丰功伟绩，或旨在为当政者在位期间的重大事件留下长久记载。宫廷史学家们经常面临着和宫廷诗人或其他吹捧歌颂统治者的作家竞争的压力，他们也不得不鼓吹统治者作为宗教正统维护者和异教徒抹杀者的形象，特别是从"乌拉玛"的视角出发。

　　无论如何，我们难以忽视那些坚持用良知说话，袒露内心思想的历史学家。米尔·赫宛德就此再次直白地对他的同侪们说出了心里话："如果他（历史学家）是审慎的，他会毫无隐瞒地描述他的（统治者的）恶行；如若不然，他应当诉诸暗示，旁敲侧击，加以委婉的评论。对于聪明人来说，一点暗示足矣。"①为了避免在论述"棘手"甚至是"危险"的真相时引起问题，历史学家们另外设计了各式圆滑手法。米尔·赫宛德偏爱使用言过其实的赞美、奉承和谄媚向读者传达恰恰相反的印象。阿米尔·霍思鲁颂扬阿拉尔丁·赫尔吉在南印度取得的胜利，后来却发现自己为胜利对生命和财产造成的破坏而感到痛苦。他在作品中加入了一则难以捉摸的注释："而你曾眼见人和兽的骸骨。"②有时候，沉默能够产生与谨慎相同的效果。艾卜·法兹勒作为阿克巴大帝的友人、追随者与崇拜者，经常对阿克巴宗教文化自由政策中的许多争议方面保持令人生疑的沉默，要么就态度暧昧不清。他更是常常用感情过剩、堆砌辞藻的华丽语言表达观点，从而掩盖或模糊自己对于某一特定问题的立场。当叶海亚·本·阿赫玛德·锡尔欣迪（Yahya bin Ahmad Sirhindi）探讨他的庇护者穆罕默德·本·图额鲁克（Muhammad bin Tughlaq）饱受争议的领土上骚乱和冲突的起因时，他选择了避开这个令人为难的主题，留下一则评论："阐述伟人的失误是不恰当的。"③

168　　为了把穆斯林史学家的整体地位和他们在真相和诚实方面的

---

① Mir Khwand, *Rauzat al-Safa*, English trans.（Allahabad, 1960）,130.

② Khusrau, *Khaza'in al-Futuh*; trans. M. Habib as *The Campaigns of 'Ala-ud-din Khilji*（Madras, 1931）,152.

③ Al-Sirhindi, *Tarikh-i Mubarak Shahi*; Hardy, *Medieval Historians*, 60.

问题联系起来作出总结,必须彻底避开一对不时会遇到的陷阱:
"过度审查"和"不加批判地赞扬"。① 杰出的欧洲学者们把自己的
荣誉托付给了包括印度-伊斯兰史学传统在内的中古伊斯兰研究,
尤其关注其中的政治性作品。② 学术界如此地赏识与认可与不大
列颠殖民帝国所作的辩解形成鲜明对比。不久前,当代印度武装
狂热分子的支持者们还试图靠从英国殖民主义作家那里获得的蛛
丝马迹来诋毁诽谤中古印度穆斯林世界。

　怀着贬低并"抹黑"英属印度以前的穆斯林统治及统治者的意
图,印度教至上主义者不倦地制造政治争斗。印度教强权主义者
对穆斯林的偏见和敌意是基于政治上的考量,这显然是早期英国
殖民思维和殖民书写遗留在印度的。前者从英译的波斯语历史作
品中提取了文学和金石学材料,关于这方面内容最常见的是亨
利·艾略特(Henry Elliot)和约翰·道森(John Dowson)编写的八
卷本印度史《印度史学家笔下的印度历史》(*History of India as
Told by Its Own Historians*,1867 年)。③ 基于把穆斯林统治者贬低
成"疯子"和"暴君"这一政治目的,不列颠殖民主义作家以"法治"
为基础,将穆斯林统治与英国所谓的启蒙高效统治进行对比,其终
极目标是使印度人民臣服于"进步"而"仁慈"的英国统治者,印度
教极端主义者发现这种观点"十分有用"。从艾略特和道森的书中

---

① Chase Robinson 描述了古典时期以来的伊斯兰历史编纂,提供了一些印度-波斯
历史编纂学的当代发展情况。Robinson, *Islamic Historiography*, 143.
② 参见 H. Dodwell, *India*, 2 vols. (London, 1936), i. 22; Bernard Lewis, 'The
Periodization of History—Excerpts', Hudson New York, February 2009, p. 4;
Rosenthal, *Muslim Historiography*, 196; and Robinson, *Islamic
Historiography*, 6 - 7。
③ 更全面地了解英国殖民主义者笔下和印度笔下的中古印度历史编纂学,尤其是
印度教霸权主义者创作的作品,参见 Asim Roy, '"Living Together in
Difference": Religious Conflict and Tolerance in Pre-colonial India as History and
Discourse', in *South Asia: Journal of South Asian Studies*, New Series, Special
Issue, 33: 1(2010), 33 - 60; and Roy, 'Introduction', in Mushirul Hasan and
Roy (eds.), *Living Together Separately: Cultural India in History and Politics*
(New Delhi, 2005), 1 - 25。

粗粗选些波斯语翻译过来的材料，结合政治偏见，殖民主义模式以这种油腔滑调的方式把"穆斯林统治"的历史描述成一个到处出现问题的时代，受到了印度教沙文主义者的赏识。

显然，中古的印度-波斯史学家对历史真实性的认识达到了很高的水准，至少，那些对自身时代中历史科学性质有更好认识的史学家是这样的。在真实性问题上偶尔作出妥协，从而对历史问题给出变通的评价，也许从侧面证明了他们对史学规范和体系的认识和信仰。总而言之，就印度-波斯史学家生活的世界时代背景而言，他们给自身树立了一个令人赞赏的目标，即坚持历史书写的伦理和教化目的。虽然有缺点和短处，也有失败之处，但他们几乎全体坚持住了自身的立场。

大事年表/关键日期

1186—1206 年	古尔苏丹君主穆依兹丁·穆罕默德统治时期，他在印度西北部取得的军事胜利直接促成了突厥-阿富汗德里苏丹国的建立
1206 年	库特卜丁·艾伊拜克建立德里苏丹国
1206—1526 年	德里苏丹国的五个突厥-阿富汗王朝
1236—1240 年	印度及穆斯林世界的首位女性苏丹拉兹娅丁统治时期
1398 年	帖木儿入侵并劫掠印度
1501—1736 年	波斯的萨法维王朝
1526—1857 年	莫卧儿帝制
1526—1530 年	莫卧儿帝制创立者查赫拉丁·穆罕默德·巴布尔统治时期
1530—1540 年，1555—1556 年	巴布尔之子及继承人胡马雍统治

	时期,曾一度被阿富汗的苏尔王 朝统治者舍尔沙颠覆
1555—1556 年	胡马雍夺回王位
1556—1605 年	胡马雍之子及继承人,杰拉乌 丁·穆罕默德·阿克巴大帝统 治时期
1605—1627 年	阿克巴之子及继承人努尔丁·贾 罕吉尔统治时期
1658—1707 年	莫卧儿君主奥朗则布"世界征服 者"统治时期,他推崇伊斯兰教 的正统地位,与莫卧儿早期的宗 教自由政策相悖
1707—1857 年	后期莫卧儿帝国没落,最终被英 国推翻(1857 年)

主要史料

Abu᾿l Fazl, Akbar-nama（n. p.，1596），in *Bibliotheca Indica*，3
vols.（Calcutta，1873 - 1887）；trans. H. Beveridge，in
Bibliotheca Indica，3 vols.（Calcutta，1902）.

——A᾿in-i Akbari（n. p.，1599）；ed. Saiyid Ahmad Khan（Delhi,
AH 1272）；trans. H. Blochmann et al.，*in Bibliotheca Indica*
（Calcutta，1868 - 1894）.

᾿Afif, Shams al-Din bin Siraj al-Din, *Ta᾿rikh-i Firuz Shahi*（n. p.，
completed after 1398）；ed. Maulavi Vilayat Husain as The Tarikh-
i Firuz Shahi of Shams Siraj ᾿*Afif*，in *Bibliotheca Indica*
（Calcutta，1891）.

Al-Biruni, Abu Raihan, *Kitab al-Hind*（n. p.，1030）；ed. and
trans. Edward C. Sachau as *Alberuni's India*，2 vols.（repr. edn,
New Delhi，1964）.

170

169

Al-Sirhindi，Yahya bin Ahmad bin‹Abd Allah，*Ta›rikh-i Mubarak Shahi*（n. p.，1434）；ed. M. Hidayat Hosain as *Tarikh-i Mubarak Shahi of Yahya bin Ahmad b.‹Abdullah As-Sihrindi*，in *Bibliotheca Indica*（Calcutta，1931）；trans. K. K. Basu as *The Tarikh-i-Mubarakshahi of Yahya bin Ahmad bin‹Abdullah As-Sirhindi*（Baroda，1932）.

Babur，Zahir al-Din Muhammad，*Tuzuk-i Baburi or Babur-nama*（n. p.，1530）；trans. Annette S. Beveridge as *Baburnama*，2 *vols.*（London，1921；repr. edn，New Delhi，1979）.

Badayuni，‹Abd al-Qadir，*Muntakhab al-Tawa›rikh*（n. p.，1596）；ed. W. N. Lees *et al.*，in *Bibliotheca Indica*，3 vols.（Calcutta，1865－1869）；trans. G. S. A. Ranking, vol. 1（Calcutta，1895－1899）；W. H. Lowe, vol. 2（Calcutta，1884－1898；repr. edn，1925）；T. W. Haig, vol. 3（Calcutta，1899－1925）.

Bakhshi，Nizam al-Din Ahmad，*Tabaqat-i Akbari*（n. p.，1594）；ed. B. De，*in Bibliotheca Indica*，3 vols.（Calcutta，1911；repr. edn, 1973）.

Barani，Ziya›al-Din，*Ta‹rikh-i Firuz Shahi*（n. p.，1357）；ed. Saiyid Ahmad Khan et al. as *The Tarikh-i Feroz-shahi of Ziaa al-Din Barni*，in *Bibliotheca Indica*（Calcutta，1862/1891）.

——*Fatawa-i Jahandari*，ed. A. Salim Khan（Lahore，1972）；trans. Muhammad Habib and Afsar Khan as *The Political Theory of the Delhi Sultanate*（Allahbad，n. d.）.

Firishta（alias Muhammad Qasim Hindu-Shah Astarabadi），*Gulshani Ibrahimi or Ta›rikh-i Firishta*（1607；ed. 2 vols. Bombay，1832）.

Gulbadan Begum，*Humayun-nama*（1603；London，1902）；trans. Annette S. Beveridge as *The History of Humayun*（London，1902；repr. edn，Delhi，2006）.

Ibn Battuta, *Rihla*, ed. and trans. H. A. R. Gibb as *The Travels of Ibn Battuta*, *AD 1325 - 1354* (London, 1958).

Isami, *Futuh al-Salatin* (n. p. , 1350); ed. Agha Mahdi Husain (Agra, 1938).

Jahangir, Nur al-Din Muhammad, *Tuzuk-i Jahangiri*, ed. Syed Ahmad Khan (Ghazipur/Aligarh, 1863 - 1864); ed. and trans. A. Rogers and H. Beveridge as *Memoirs of Jahangir*, 2 vols. (London, 1909 - 1914).

Khusrau, Amir (Dehlawi), *Khaza in al-Futuh* (n. p. , 1312); ed. S. Moinul Haq (Aligarh, 1927); trans. M. Habib as *The Campaigns of Ala-ud-din Khilji* (Madras, 1931).

Kufi, Muhammad Ali bin Hamid, *Chachnama* (n. p. , c. AH 613/ c. 1216 - 1217), ed. Umar bin Muhammad Daudpota (Hyderabad, 1939).

Minhaj al-Din bin Siraj al-Din Juzjani, *Tabaqat-i Nasiri* (n. p. , AH 657 - 658/1259 - 1260); ed. W. N. Lees *et al.* , in *Bibliotheca Indica* (Calcutta, 1863 - 1864); trans. H. B. Raverty (Calcutta, 1873 - 1881).

Mir Khurd (alias Sayid Muhammad Mubarak Kirmani), *Siyar al-Auliya* (Delhi, AH 1302).

Mir Khwand (alias Muhammad bin Khwand Shah), *Rauzat al-Safa fi Sirat al-Anbiyawa L Muluk wa L Khulafa* (Lucknow, AH 1270 - 1274; Bombay, 1845); partial trans. E. Rehatsek (London, 1891 - 1893).

Sarwani, Abbas Khan bin Shaykh Ali, *Tuhfa-i Akbar Shahi* (n. p. , compiled in 3 recen-sions, c. 1579 - 1586).

Tughluq, Firuz Shah, *Futuhat-i Firuz Shahi*, ed. and trans. S. A. Rashid (Aligarh, 1943).

171

参考文献

Ali, M. Athar, *Mughal India: Studies in Polity, Ideas, Society and Culture* (Oxford, 2006).

Ashraf, Kunwar Muhammad, *Indian Historiography and Other Related Papers*, ed. Jaweed. Ashraf (New Delhi, 2006).

Chandra, Satish, *State, Pluralism, and the Indian Historical Tradition* (Oxford, 2008).

——*Historiography, Religion, and State in Medieval India* (New Delhi, 1996).

Chatterjee, Kumkum, *The Cultures of History in Early Modern India: Persianization and Mughal Culture in Bengal* (Oxford, 2009).

Habib, Irfan, *Interpreting Indian History* (Shillong, India, 1988).

Habib, M. and Khan, A. U. S., *The Political Theory of the Delhi Sultanate* (Allahabad, 1960). Habibullah, A. B. M., 'Re-evaluation of the Literary Sources in Pre-Mughal History', *Islamic Culture*, 15: 2(1941), 207 – 216.

——'Medieval Indo-Persian Literature Relating to Hindu Science and Philosophy, 1000 – 1800 A. D. ', *Indian Historical Quarterly*, 14: 1(1938), 167 – 181.

Hardy, Peter, *Historians of Medieval India: Studies in Indo-Muslim Historical Writing* (London, 1960).

Hasan, Mohibbul and Mujeeb, Muhammad (eds.), *Historians of Medieval India* (Meerut, India, 1968).

Hasan, Nurul, *Religion, State and Society in Medieval India: Collected Works of S. Nurul Hasan*, ed. Satish Chandra (Oxford, 2005).

Husain, Mahdi, 'Critical Study of the Sources for the History of Medieval India (1320 – 1526)', *Islamic Culture*, 31: 4(1957),

314 – 321.

Husaini, Syeda Bilqis Fatema, *A Critical Study of Indo-Persian Literature during Sayyid and Lodi Period*, 1414 – 1526 A. D. (Delhi, 1988).

Mukhia, Harbans, *Historians and Historiography during the Reign of Akbar* (New Delhi, 1976).

Nizami, Khaliq Ahmad, *On History and Historians of Medieval India* (New Delhi, 1983).

Robinson, Chase F., *Islamic Historiography* (Cambridge, 2003).

Rosenthal, Franz, *A History of Muslim Historiography*, 2nd edn. (Leiden, 1968).

Roy, Asim, *Islam in South Asia: A Regional Perspective* (New Delhi, 1996).

——'Being and Becoming a Muslim: A Historiographic Perspective on the Search for Muslim Identity in Bengal', in Sekhar Bandyopadhyay (ed.), *Bengal: Rethinking History: Essays in Historiography* (New Delhi, 2001),167 – 229.

——'Introduction', in Mushirul Hasan and Roy (eds.), Living Together Separately: *Cultural India in History and Politics* (Oxford, 2005),1 – 25. Sarkar, Jadu Nath, *Mughal Administration* (Calcutta, 1920).

Sen, Sudipta, 'Imperial Orders of the Past: The Semantics of History and Time in the Medieval Indo-Persianate Culture of North India', in Daud Ali (ed.), *Invoking the Past: The Uses of History in South Asia* (Oxford, 2002),231 – 257.

Waseem, Shah Mohammad (ed.), *Development of Persian Historiography in India from the Second Half of the Seventeenth Century to the First Half of the Eighteenth Century* (New Delhi, 2003).

172

王　静　译　李　娟　校

第八章　萨法维王朝(1501—1722/36年)的波斯历史书写

克里斯托弗·马钦可夫斯基

　　萨法维王朝建立于 1501 年,标志着伊斯兰时期伊朗历史以及伊斯兰历史整体的一个重大转折。① 波斯地原是逊尼派"正统"的一个中心地区,在萨法维王朝治下,经君主伊斯玛仪一世(Shah Isma'il I,什叶派武装苏菲教团"萨法维耶[*Safawiyyah*]"的青年领袖)的努力,十二伊玛目宗的地位被提升,成了通常所称的"国教"。② 这是自伊斯兰教发端起第一个采取这种做法的主要伊斯兰国家。如果不了解 16 世纪早期的基础情形,将难以理解后来该国什叶派神职人员势力的崛起——尤其是在萨法维王朝之后的时代。③ 而且萨法维王朝的"沙赫"(*shah*,意为君主,很可能来自突厥语)认为,他们承袭或者说复兴了传统的波斯血缘,如灿烂华美的《列王纪》(*Shah-nama*,约 1000 年)图文所示,这种血缘联系显然与伊斯兰以前的波斯历史有关。作为什叶派的忠诚信徒,萨法维

---

① 了解这一时期概况,参见 Roger Savory, *Iran under the Safavids* (Cambridge, 1980); and Andrew J. Newman, *Safavid Iran: Rebirth of a Persian Empire* (London, 2006)。

② 十二伊玛目宗(Twelver Shi'ism)是最大的伊斯兰什叶派别。其追随者(Twelvers)认为,继承先知穆罕默德 12 位圣裔应当是穆斯林的领导者,因而通常将其称作"十二伊玛目宗"。现主要势力分布在伊朗,阿塞拜疆,伊拉克,沙特阿拉伯部分地区,波斯湾南岸一些阿拉伯国家,黎巴嫩,及印度次大陆部分地区。

③ 了解概况,参见 Kathryn Babayan, 'The Safavid Synthesis: From Qizilbash-Islam to Imamite Shi'ism', *Iranian Studies*, 27: 1 - 4(1994),135 - 161。

统治者发现自己(以及波斯)周围环伺着潜在的逊尼派敌对势力,比如奥斯曼帝国、莫卧儿帝国,还有中亚地区的诸汗国。因而萨法维的统治可以看作是伊斯兰什叶派与"波斯复兴主义"二者的结合。[1]

就历史书写方面而言,通常认为萨法维王朝延续了 15 世纪壮丽的帖木儿编年史传统,由于萨法维统治者自认为是十二伊玛目宗虔诚的捍卫者,萨法维时期的编年史时常被看作一类"救赎的历史"。萨法维王朝在阿拔斯大帝(Shah ʿAbbas I the Great)时代达到了顶峰,其势力及繁荣都是波斯伊斯兰时期的历史上前所未有的,伊斯坎德·巴依克·穆什(Iskandar Beg Munshiʾ)的编年史作品《阿拔斯世界启蒙史》(*Tarikh-i ʿAlam-ara-yi ʿAbbasi*,1628—1629 年)当然是萨法维历史作品中最声名赫赫的一部。几乎完全用波斯语写成。那个时期的其他历史作品鼓吹了萨法维王朝近乎神话的崛起,尤其是有关王朝缔造者——大君伊斯玛仪一世的内容,以及他对萨法维统治在宗教意义上的适格作出的宣告,为了赋予自身正当性,萨法维家族把各种各样的系谱、头衔及宗教政治宣告加诸自身,算得上是在这方面最具有灵活性的统治者之一。

公文政令也被视为萨法维时期历史书写的一个重要部分,尽管流传下来的十分稀少。19 世纪 40 年代,学术界已经接触到了 18 世纪早期的国事指南册子《王政》(*Tadhkirat al-Muluk*)。《王家规章》(*Dastur al-Muluk*)是前者更细致的版本,由本文作者首次译成英文。[2] 从编年叙事的角度看,这两册作品都表现了萨法维时期

174

---

[1]　对过渡时期的描述,参见 Walther Hinz, *Der Aufstieg Irans zum Nationalstaat im fünfzehnten Jahrhundert* (Berlin, 1936)。

[2]　Christoph Marcinkowski, Mirza Rafiʿás Dastur al-Muluk: A Manual of Later Safavid Administration. Annotated English Translation, *Comments on the Offices and Services, and Facsimile of the Unique Persian Manuscript* (Kuala Lumpur, 2002);亦可参见 ʿMirza Rafiʿás Dastur al-Muluk: A Prime Source on Administration, Society and Culture in Late Safavid Iranʾ, *Zeitschrift der Deutschen Morgenländischen Gesellschaft*, 153: 2(2003),281–310;　(转下页)

国家和社会的"多文化"特点。作品对于波斯术语、阿拉伯术语,特别是突厥语及蒙语军事术语的运用反映了这一特色[①]。

更广义的历史书写也包括了地理志和游记。这类作品中的一例精彩典范,同时也是反映对当时的外部世界——"他者"(The Other)认识的一例典范,是 17 世纪晚期的《苏莱曼宝船》(*Safinah-yi Sulaymani*),记叙了一次萨法维王朝遣使出访暹罗的旅程,此地是波斯"侨民"客商的一处重要聚居地。

在萨法维以降世代的记忆里,总将之理想化成一个稳固而光辉灿烂的时代,其后赞德(Zand)时期和卡扎尔(Qajar)早期的史学作品都反映了这种看法。而 1722 年萨法维垮台后的动荡时期(Time of Troubles)对被推翻的萨法维统治的看法,可以通过《诺斯替珍闻》(*Zayn al-'Arifin*,1733 年前)的例子来说明,这是一部劝诫(*naṣīhat*)式作品,在伊斯兰文学传统中由来已久。

在进一步展开说明之前,有必要提到一点,萨法维时期的波斯也同时居住着犹太人、亚美尼亚和格鲁吉亚基督徒群体。虽然他们所留下的宝贵作品也是重要的资料来源,但本章将只关注由穆斯林作家创作的萨法维历史作品。以此为限,17 世纪到达萨法维领土的西方旅行者写的重要论述也被本章排除在外。他们的作品尤其丰富,就本章所涉及的时期进行研究时,具有重要的相关性。这里只能简略一提,萨法维时期的波斯也一度令 18 世纪的法国作

(接上页)and id. , 'Mirza Rafi 'ás Dastur al-Muluk Again: Recently Discovered Additions to the Persian Manuscript', Zeitschrift der Deutschen Morgenländischen Gesellschaft, 157: 2(2007),395 - 416. A. B. Vil'danova 发表了第一份带批注的俄语译本 Dastur al-Mulik (in Russian; Tashkent, 1991)。遗憾的是,她的努力成果至今没有受到国际学术界的关注。最近的英文译本,参见 Willem Floor and Mohammad H. Faghfoory, Dastur al-Moluk: *A Safavid State Manual* (Costa Mesa, Calif. , 2007)。

① Gerhard Doerfer's *Türkische und mongolische Elemente im Neupersischen*, *unter besonderer Berücksichtigung älterer neupersischer Geschichtsquellen*, *vor allem der Mongolen-und Timuridenzeit*, 4 vols. (Wiesbaden, 1963 - 1975)较好地概括了波斯语中现存的蒙古语外来词。

家十分着迷，比如，孟德斯鸠的虚构作品《波斯人信札》（*Lettres Persanes*，1721 年）便反映了这一点。[①]

萨法维编年史作品

萨法维时期的到来标志着波斯历史的新篇章，这主要是就其对十二伊玛目宗的发扬促进而言，但这一时期的历史书写依然遵循前朝帖木儿帝国的传统，帖木儿帝国的中心位于赫拉特（Herat）地区，即今阿富汗。[②]

这一点有据可循，因为许多萨法维时期的史学家都对前代帖木儿时期的作品赞誉有加，视之为富有价值的范本。易卜拉欣·艾敏尼（Ibrahim Amini）的作品《皇家的胜利》（*Futuhat-i Shahi*）格外明显地反映出这一点，这是最早的萨法维时期历史作品，创作于太美斯普一世（*Shah Tahmasp I*）统治时期，在赫拉特完成，彼时赫拉特已被纳入萨法维版图。特别是在该作前言中，艾敏尼直接提到了沙拉发丁·雅兹迪（Sharaf al-Din Yazdi）有关帖木儿王朝的作品《征战记》（*Zafar-namah*），该书约于 1425 年完成。自艾敏尼以后约一个世纪，伊斯坎德·巴依克·穆什也在自己的编年史作品《阿拔斯世界启蒙史》中承认自己受益于前代的帖木儿作家。帖木儿史学牢牢植根于蒙古帝国后波斯的宫廷历史文学传统中。

除了来自东方的帖木儿传统，萨法维史学其次也受益于一些来自"西方"的影响，即萨法维之前几个土库曼王朝（Turcoman Dynasty）的历史书写，比如被萨法维所取代的白羊王朝（Aq-

176

---

① Overview in Olivier H. Bonnerot, *La Perse dans la littérature et la pensée fran,caise au XVIIIe siècle*: *De l'image au mythe* (Paris, 1988).

② 参见 Sholeh A. Quinn, 'The Timurid Historiographical Legacy: A Comparative Study of Persianate Historical Writing', in A. J. Newman (ed.), *Society and Culture in the Early Modern Middle East*: *Studies on Iran in the Safavid Period* (Leiden, 2003),19 - 32; and Maria Szuppe, 'L'évolution de l'image de Timour et des Timourides dans l'historiographie Safavide du XVIe au XVIIIe siècle, *Cahiers d'Asie Centrale*, 3 - 4(1997),313 - 331.

Quyunlus）。在这方面,15 世纪晚期艾卜·巴克尔·提赫拉尼（Abu Bakr Tihrani)的《迪亚巴克尔城史》(*Kitab-i Diyarbakriyyah*)和法德尔拉·祜吉·伊斯法哈尼（Fadl-Allah Khunji Isfahani）1491年后完成的《艾敏尼世界启蒙史》(*Tarikh-i 'Alam-ara-yi Amini*)对萨法维编年史作者而言是格外重要的渊源。萨法维史学传统因而可以被视为是融合了"西方"（白羊王朝）及"东方"（帖木儿王朝）从而发展出的一种独特传统。

我们先来看看艾敏尼的作品和"东方传统"。此前已经提到过,1530 年伊斯玛仪一世的继承人太美斯普一世统治期间,艾敏尼完成了《皇家的胜利》。这是一部通史作品,包括了有关十二位什叶派伊玛目,"萨法维耶"苏菲教团及教团领袖最终掌权,成为伊斯玛仪一世的历史叙述。但其实他在此十年前便接受了伊斯玛仪一世本人的委托开始写作,艾敏尼写成的作品是散文体兼诗歌体。由于早前曾在帖木儿的末代王朝中担任管理司法宗教事务的长官（*sadr*),他必然是一个逊尼派信徒。1510 年,艾敏尼居住的城市落入萨法维控制,伊斯玛仪一世委任他编纂《皇家的胜利》一书。艾敏尼曾居住在赫拉特,是（逊尼）帖木儿到（什叶）萨法维统治过渡时期的一个极佳典型人物。他本人就是帖木儿学术传统的成果,他又就此继续为新的庇护者们工作。虽然本身有逊尼派背景,但从作品看,他在宗教信仰方面的更张易帜毫无困难,因为他对萨法维耶教团的描写似乎是以伊本·巴宰兹（Iban Bazzaz)的作品《纯净之精髓》(*Safawiyyah on Safwat al-Safa*)为基础,该书属于圣人行传作品（*manāqib*),从 1350 年教团创立者谢赫萨菲尔丁（Shaykh Safi al-Din)归真之年开始创作,约完成于 1358 年。

帖木儿到萨法维统治过渡期的典型人物不止艾敏尼一人,其同代人物吉雅撒丁·罕达米尔（Ghiyath al-Din Khwandamir）亦居住在赫拉特,曾服务于逊尼帖木儿统治者。1524 年,伊斯玛仪一世驾崩,罕达米尔于同年完成了通史作品《传记家之友》(*Habib al-Siyar*)。这是一部关于穆斯林的"世界史",兼括当时已知世界及各种风物名胜的地理概览。其中第三卷最有价值,涉及帖木儿苏丹胡赛因·巴伊可剌（Timurid Sultan Husayn Bayqara，约 1469—1506 年）和君主伊斯玛仪。他将作品题献给了一位萨法维的高阶官吏。罕达米尔的祖父是著名的帖木儿史学家米尔·赫宛德（Mirkhwand），皇皇巨著《纯净园》（*Rawdat al-Safa*）的作者，罕达米尔极大地受益于其风格和架构，《纯净园》的最后一卷实际就是由他写成的。罕达米尔由此获得了举足轻重的地位，成为过渡时期最重要的史学家。对待萨法维早期历史时，他同样极大地依赖伊本·巴宰兹的行传作品，这一点也与艾敏尼类似。

177

太美斯普一世在位时，罕达米尔之子阿米尔·玛赫穆德（Amir Mahmud）延续了家族的史学传统，他也居住在赫拉特。阿米尔·玛赫穆德写了《伊斯玛仪与太美斯普世系溯源》（*Tarikh-i Shah Isma'il-i Awwal wa Shah Tahmasp*），这是一部关于萨法维头两位君主的历史作品，也称《传记家之友续作》（*Dhayl-i Habib al-Siyar*）。作品后半部分一直写到大约 1550 年，包含了有关太美斯普统治的宝贵原始材料。

事实上，在太美斯普漫长的统治中（尤其在其后期），萨法维历史书写进入了全面繁荣时期，几部主要作品相继出现。其中卡迪·阿赫玛德·贾法里（Qadi Ahmad Ghaffari）的作品《世界启蒙篇章》（*Nusakh-i Jahan-ara*，1564—1565 年）和艾卜迪·巴依克·示拉兹（Abdi Beg Shirazi）的《要事全录》（*Takmi-lat al-Akhbar*，约 1570 年），都效仿了由艾敏尼和罕达米尔树立的早期样本，而且二人都生活在加兹温（Qazvin）。太美斯普在位时，加兹温取代大不里士（Tabriz）成为萨法维的首都，他本人是惟一一位写回忆录的萨法维君主，也留下了一部分珍贵资料。[1]

通史作品的流行是伊斯玛仪一世和太美斯普一世时期史学的特点。除了已经谈到过的罕达米尔和贾法里，叶海亚·喀兹威尼

---

[1] Paul Horn (ed.), 'Die Denkwürdigkeiten des Šah Tahmasp von Persien', *Zeitschrift der Deutschen Morgenländischen Gesellschaft*, 44(1890),563 - 649;45 (1891),245 - 291.

（Yahya Qazwini）的《历史的本质》（*Lubb al-Tawarikh*，约 1542 年）也属此列。喀兹威尼最后因其隐匿的逊尼派身份被萨法维王朝处死。时间流逝，后来王朝的君主们感到自己根基已然稳固，尤其在阿拔斯一世在位期间，断代史作品的地位变得更加显要。

1577 年标志着伊斯玛仪二世极其短暂的统治的结束，他曾试图令伊朗回归逊尼派信仰，但未能成功。此间，一位突厥裔萨法维军官哈桑·巴依克·茹穆鲁（Hasan Beg Rumlu）完成了多卷本作品《历史撷英》（*Ahsan al-Tawarikh*），这份重要资料至今只有一部分流传到我们手中。伊斯玛仪二世的继承人穆罕默德·胡达班德（Muhammad Khudabandah）同样走上了逊尼派道路，但似乎没有任何历史作品正式指出这一点。

阿拔斯大帝终结了国家近似内战的局面，通常把他在位时期视为萨法维势力的巅峰。在他治下，此前被邻国逊尼派奥斯曼和乌兹别克势力攫取的几块领土被重新夺回，其中包括伊拉克几处座落着什叶派圣陵的城市。身为虔诚的什叶派信徒，阿拔斯定都伊斯法罕（Isfahan），并将其建成了当时伊斯兰世界最辉煌的中心之一，尤其因为这项功绩，他被同胞们牢记心中。这位富有才干的君主在位期间，史学方面最早的成果之一是卡迪·阿赫马德·库米（Qadi Ahmad Qumi）的《历史概要》（*Khulasat al-Tawarikh*，约 1591 年），库米本人自发创作了这部作品，并非受庇护人的敦促。①

17 世纪伊始，阿拔斯大帝治下的萨法维王朝如日中天，绝大多编年史作家——虽然还不是全体——都创作了断代史作品。② 其中包括只描写王朝部分时期的作品，比如玛赫穆德·本·希达雅塔拉·艾甫什塔耶·纳坦兹（Mahmud bin Hidayat-Allah Afushta’i

---

① 参见 Hans Müller, Die Chronik Hulasat at-Tawarih des Qazi Ahmad Qumi: Der Abschnitt über *Schah ‘Abbās I* (Wiesbaden, 1964); and E. Echraqi, ‘Le *Kholasat al-Tawarikh* de Qazi Ahmad connu soues le nom de Mir Monshi’, *Studia Iranica*, 4：1(1975)，73 - 89。

② Sholeh A. Quinn, Historical Writing During the Reign of Shah ‘Abbas：*Ideology, Imitation, and Legitimacy in Safavid Chronicles* (Salt Lake City, 2000).

Natanzi)的《古事选辑》(*Nuqawat al-Athar*, 1598年),叙述太美斯普一世统治结束到阿拔斯大帝之间过渡期的历史;还有完整记叙萨法维王朝的作品,比如法德里·伊斯法哈尼(Fadli Isfahani')的《历史撷英》(*Afdal al-Tawarikh*, 1639年)。[①] 不过这一时期意义最重大的作品当数土耳其裔军人伊斯坎德·巴依克·穆什创作的《阿拔斯世界启蒙史》,他也是史学家库米的弟子。该书完成于1629年,现有一个出自萨弗瑞(Savory)的出色英译本。[②] 库米和伊斯坎德·巴依克都把王朝统治者的系谱起源追溯到了伊斯兰先知穆罕默德的家族中,同时还描绘了王室始于苏菲教团的“灵性”发端,因此成了此后编年史作品的标准典范。在随后的君主萨非一世(Shah Safi I)统治初期,伊斯坎德·巴依克还为自己的编年史写了后续。当时,萨法维军队在与奥斯曼、葡萄牙、乌兹别克势力的交战中取得了赫赫战绩,这给史学家们提供了歌颂阿拔斯大帝的充分机会,这在斯雅乞·尼匝密(Siyaqi Nizami)创作的《帝国的胜利》(*Futuhat-i Humayun*, 1611年)有所反映,该作专门写了1598年阿拔斯大帝对乌兹别克采取的军事行动。

　　阿拔斯大帝时期的另一位杰出史学家兼宫廷占星师,杰拉尔丁·穆纳吉姆·雅兹迪(Jalal al-Din Munajjim Yazdi),于1611年完成了《阿拔斯史》(*Tarikh-i Abbasi*)。由于他职业本身的重要性,雅兹迪一直陪伴在君主身边,通过记录周遭有价值的信息观测星相或作出预言。他的作品中运用了高度技术性的语言,这也许可以

179

---

① 关于这一作品参见 Alexander H. Morton, ‘The Early Years of Shah Ismaʿīl in the Afzal al-tavarikh and Elsewhere’, in Charles Melville (ed.), Safavid Persia: *The History and Politics of an Islamic Society* (London, 1996), 27 - 50; and Charles Melville, ‘A Lost Source for the Reign of Shah ‘Abbas: The Afzal al-tavarikh of Fazli Khuzani Isfahani’, *Iranian Studies*, 31: 2(1998), 263 - 266.

② Iskandar Beg Munshi, *History of Shah ‘Abbas the Great* (*Tarih-e ‘Alamara-ye ‘Abbasi*), trans. Roger M. Savory, 2 vols. (Boulder, Col., 1978). 亦可参见 Roger Savory, ‘“Very Dull and Arduous Reading”: A Reappraisal of the History of Shah ‘Abbas the Great by Iskandar Beg Munshi’, *Hamdard Islamicus*, 3 (1980), 19 - 37.

证明,他必定能够接触到政事书册和公文。他的儿子穆拉·卡玛尔(Mulla Kamal)以《历史琼华》(*Zubdat al-Tawarikh*)为题续写了雅兹迪的作品,完成于1652年阿拔斯二世(Abbas II)在位时期。[①]

　　与前代史学家一样,阿拔斯大帝时期的史学家也在作品中涉及更早时代发生的事件。然而经过皇权的内外巩固后,从17世纪早期起,萨法维史学作品倾向专注于纯粹的波斯事件,而忽略伊斯兰历史的总体历程。但普世史作品《历史概要》(*Khulasat al-Tawarikh*)是一个例外,该书仿照前文提及的史学家叶海亚·喀兹威尼《历史的本质》的模式写成,作者活跃于阿拔斯二世时期,姓名不可知。阿拔斯一世以来,观察十二伊玛目宗取代逊尼派逐渐成为波斯"国教"的过程,可以发现史学作品侧重点发生变化的原因,这种变化过程差不多可以认为是永久且不可逆转的。现在看来,在当时史学家心中,直面逊尼派"对手"(奥斯曼、莫卧儿,以及乌兹别克势力)的波斯是一个受到折磨和迫害的"世界中心"——至少就伊斯兰世界而言。这种对于"他者"的观点甚至在后代波斯人中也清晰可见。

　　阿拔斯大帝的继承人萨非一世治下,萨法维王朝开始走下坡路,1638年奥斯曼帝国收复巴格达可能是证明这一点的最佳例子。除了阿拔斯二世在位时一度中兴,直到1722年萨法维垮台为止,一般认为其余的萨法维统治者都是平庸无能的。尽管如此,萨法维的历史书写仍然有所成长。例如瓦里-库里·沙穆鲁(Wali-Quli Shamlu)在写作《帝国叙事》(*Qisas al-Khaqani*,编纂于1677—1674年)时,有意识地参照了伊斯坎德·巴依克树立的编年史规范,这一时期的其他作者则谨慎地试图与之保持一定距离。例如《萨法维花园》(*Rawdat al-Safawiyyah*,1625—1626年)的作者米尔匝·巴依克·朱纳巴迪(Mirza Beg Junabadi),仍然采取帖木儿赫拉特学派对历史进行修饰润色的传统做法,或如穆罕默德·马苏

[①] Ali Asghar Mossadegh, 'La Famille Monajjem Yazdi', *Studia Iranica*, 16:1 (1987),123-129.

姆·本·赫瓦查吉·伊斯法哈尼（Muhammad Ma'sum bin Khwajagi Isfahani），其作品《传记纂要》（*Khulasat al-Siyar*，约1642年）遵循一种相对简洁的风格，有别于《阿拔斯世界启蒙史》。

　　萨法维的倒数第二任统治者苏莱曼（Shah Sulayman）显然是一 180 位失败的君主，他在禁宫（Harem）中被抚养长大，不谙世事。一般认为，从他的统治时期开始，萨法维进入了不可扭转的衰落。当时国家接二连三地面临自然灾害以及哥萨克人、乌兹别克人，还有卡尔梅克人的严重侵扰，但苏莱曼健康欠佳，而且据传嗜酒成瘾，因而无力应对。他对执政提不起兴趣，更乐意深居禁宫之中，听凭维齐尔（vizier）或宦官决策国务。国家腐败成风，军纪极度涣散。结果在1638年奥斯曼帝国围困维也纳（Siege of Vienna）失败后，波斯也无力抓住机会利用对手的弱点。

　　不过，苏莱曼在位期间的史学成果格外丰富，虽然其中竟然无一论及他在位时的功绩（确实也毫无功绩可言）。这一时期的作品先后采取了各种体裁和类型：例如17世纪晚期关于萨法维朝代作品《王中之王纪》（*Shahanshah-namah*），由一位匿名作者以诗体写成；而前文提及的沙穆鲁作品《帝国叙事》辞藻极为华丽，以谢赫胡赛因·匹尔匝丁·匝希迪（Shaykh Husayn Pirzadih Zahidi）的《萨法维系谱》（*Silsilat al-Nasab-i Safawiyyah*，1679年）为模版，此书根据本朝萨法维耶苏菲教团的起源编制了全面的系谱。同时期还出现了一种对早期萨法维统治者（特别是伊斯玛仪一世和太美斯普一世）的追思之情，他们可能被认为是当下国家困境的正面对照（positive antipodes）。保存下来的这类作品多由匿名作者写成，多数是关于伊斯玛仪一世的英雄史诗，部分内容为虚构，这种特殊的趣味也许可以看成是萨法维史学家对某种隐晦"社会批判主义"的惟一表达形式，此外还有本章结语部分将谈到的《诺斯替珍闻》。

　　阿富汗人入侵之前，萨法维末代君主素丹·胡赛因（Shah Sultan Husayn）维持了一段长期却衰微的统治，史学作品的数量再次减少，其中有些可能在随后的"动荡时期"中灭失了。这一时期流传下来的作品有米尔·穆罕默德·萨义德·穆什里·巴尔达思里（Mir Muhammad Sa ̓id Mushiri Bardasiri）创作于 17 世纪晚期的《萨法维朝克尔曼城纪》（*Tadhkirah-yi Safawiyyah-yi Kirman*），穆罕默德·易卜拉欣·本·宰乃毕丁·纳思里（Muhammad Ibrahim bin Zayn al-ʿAbidin Nasiri）的《统治者规章》（*Dastur-i Shahriyaran*，1692—1700 年），以及胡赛因·本·穆尔塔达·胡赛因·阿斯塔拉巴迪（Husayn bin Murtada Husayn Astarabadi）的《皇家史》（*Tarikh-i Sultani*，1703—1704 年）。

181 区域史和行政文书

　　虽然萨法维时期的作者对发生在国家首都的事件，统治者的传记，还有军事行动更为关注——鉴于他们受托写成了大量此类作品——但有些作者还创作了区域史，虽然和此前时期的同类作品相比产量较低。沙穆萨丁·拉赫哲（Shams al-Din ʿAli Lahiji）于 1516 年完成了《诸可汗史》（*Tarikh-i Khani*），这是萨法维时期的首部此种作品。该书叙述了 1630 年萨法维征服吉兰（Gilan）之前，该地毗邻里海的区域自 1475—1514 年间的历史。富马尼（ʿAbd al-Fattah Fumani）也写了一部有关该地区的作品《吉兰史》（*Tarikh-i Gilan*），此书描写了当地针对阿拔斯大帝丝绸垄断政策的抵抗，因而分外有价值。穆罕默德·穆菲德·雅兹迪（Muhammad Mufid Yazdi）于大约 1679 年创作了《穆菲德百科全书》（*Jami ̓-i Mufidi*），阐述了波斯中心地区的城市雅兹德（Yazd）的历史。约 1681 年，穆罕默德·米拉喀·本·马苏德·胡赛尼（Muhammad Mirak bin Mas ̓ud Husayni）完成了《天境花园》（*Riyad al-Firdaws*），记叙了波斯南部（古时称作"波西斯"［Persis］）省份法尔斯（Fars）的跌宕历史，这部作品对了解 17 世纪该地区的什叶派历史特别重要。1619 年，马立克·沙·胡赛因·吉雅撒丁·玛赫穆德（Malik Shah Husayn bin Malik Ghiyath al-Din Mahmud ̓）写了《众王的复兴》（*Ihya ̓ al-Muluk*），主要讲波斯东部西斯坦（Sistan）地区的历史，此地是古代塞种人的故乡。这里谈到的大部分此类作品都包含萨法维之前中古历史和伊斯兰化时期的重要资料。

行政文书也是萨法维历史书写的一个重要部分。这种文献包含的有关文化、金融、行政和宗教习惯信息具有不可估量的价值，而编年史通常只对这些信息进行相当草率的处理。而且，和编年史一样，行政文书也是此前传统风格的延续。①

《王家规章》是萨法维王朝行将终结时的一册政事指南，不过其中也包括了 16 世纪的材料。该书由一位叫作穆罕默德·拉菲仪·安萨里(Muhammad Rafi'Ansari,也称米尔匝·拉菲雅[Mirza Rafi'a])的"内部知情人"编写,他身居高位,在国家行政中心城市伊斯法罕(萨法维波斯后来的首都)担任 *Mustawfi al-Mamalik*(财政总长),与此类似的还有一部《王家敕谕》(*Tadhkirat al-Mulukc*)。这两部作品提供了很多有关当时波斯行政组织结构和社会状况的信息。实际上,除了纳思里后来写成的《萨法维朝的术语系统和文化资助体系》(*Alqab wa Mawajib-i Dawrah-yi Safawiyyah*,约 1730 年)以外,以上是萨法维末期留存下来的仅有两本行政书册。虽然弗拉迪米尔·悯诺斯基(Vladimir Minorsky)编的双语版本《王家敕谕》很有名气,吸引了大量学术关注,远比《王家规章》为人所知,不过此书应该是从《王家规章》衍生而来的。② 根据晚期波斯学者的看法,萨法维王朝方成立时已经编制了"法则范例",《王家规章》是对此范例的增补更新,而且(……)更新一直随着时间流逝而进行,"序言总是以(尊贵的)君主的名义重写"。③

182

---

① 参见 Heribert Busse, *Untersuchungen zum islamischen Kanzleiwesen an Hand turkmenischer und safawidischer Urkunden* (Cairo, 1959)。

② Vladimir Minorsky (ed. and trans.), *Tadhkirat al-Muluk: A Manual of Safavid Administration (circa 1137/1725) Persian Text in Facsimile* (B. M. Or. 9496) (London, 1943).

③ Muhammad Rafi'Ansari [Mirza Rafi'a], *Dastur al-Muluk*, ed. M. Danishpazhuh, *Majallah-yi Danishkadah-i Adabiyyat wa 'Ulum-i Insani-yi Danishgah-i Tihran* (July 1968), 484.

　　《王家规章》和《王家敕谕》都以简明无雕饰的风格描述萨法维末期的宗教、军事、民政部门的实际职责，上至高级官吏（无论是在首都任职或在外省），下至诸如御膳房的低级仆役。两册书都以波斯语写成，但因为其内容必然牵涉术语的密集运用，读者必须对萨法维复杂的官僚体系有所了解。此外，这两件文本都极大量地引用了波斯语、阿拉伯语、突厥语，还有蒙语中的行政术语。从波斯语历史发展这一更广阔的背景看，文本对这些语词的转借以及文本中插入的源于突厥语和蒙语外来词都是很有意思的。两册书的措词非常相似，而且时有重复。《王家规章》一般显得更细致，包含更多有关低阶职位的情况，例如和供给王宫用度有关系的岗位。这类次要角色并不都出现在《王家敕谕》里。从了解萨法维社会下层民众日常生活的角度看，《王家规章》是远比《王家敕谕》有价值的信息来源。

　　进一步看，《王家规章》包含的各种地理及词源特色以及有关各种低微职务的丰富信息赋予了这部作品特殊的意义。而且，鉴于两书对四种不同语言术语的运用，以及对作为宫廷语言的阿塞拜疆突厥语（Azeri-Turkish）的术语使用，无论怎样强调它们的重要性都不为过。[1]

183　　而《王家敕谕》给人的总体印象是从征服波斯的逊尼派阿富汗人利益出发的"实践"指南，因为它删去了所有特别牵涉到什叶派的职务，例如看护什叶派伊玛目圣陵、圣人墓，以及皇族陵墓的守陵人，以上这些都与逊尼派阿富汗人无关。因而，《王家敕谕》可能曾被看作《王家规章》的"修订版"或"修改版"，这意味着后来又进行过编辑。我认为，把它的编写时间划定在1722年（阿富汗人彻底击垮萨法维统治的年份）与1726年间（阿富汗人占领波斯时

① Tourkhan Gandjei, 'Turkish in the Safavid Court of Isfahan', *Turcica*, 21 - 23 (1991),311 - 318. 亦可参见 Christoph Marcinkowski, '*The Reputed Issue of the "Ethnic Origin" of Iran's Safavid Dynasty* (907 - 1145/1501 - 1722): Reflections on Selected Prevailing Views', *Journal of the Pakistan Historical Society*, 49: 2(2001),5 - 19。

期),可能是准确的。其他作品从不同角度讨论过导致1722年萨法维垮台(例如,《王家规章》编写的历史背景)的各种因素。萨法维早期效法过帖木儿的一些模式,与此类似,萨法维范式在其以后的时期中仍然占有优势,一直到卡扎尔(Qajar)时代早期为止,《王家规章》本身证明了这一点。

地理志与游记

在萨法维时期,为了与敌国奥斯曼相抗衡,波斯尤其在外交活动方面与诸多欧洲(基督教)势力过从甚密,但这一时期并没有留下数目可观的地理作品和游记作品。当时萨法维同时与其他什叶派势力保持着联络,例如控制印度德干地区的库答卜王室(Qutbshahs),不少来自波斯的什叶派客商、学者、军人居住在此地,从事各种工作。而库答卜王室又与佛教王国阿育陀耶(即暹罗,今称泰国)有接触,16世纪起,许多来自波斯的什叶派"侨民"对阿育陀耶国的王宫和社会产生了极大影响。[①] 苏莱曼统治波斯期间,萨法维与阿育陀耶国有着良好的外交关系,两国的接触甚至可以追溯到17世纪早期。

伊本·穆罕默德·易卜拉欣(Ibn Muhammad Ibrahim)的游记《苏莱曼宝船》(*Safinah-yi Sulaymani*,1685年后)是苏莱曼君主最后一次向阿育陀耶国派遣使节的记载,这是一份有关北印度洋地区波斯历史文化影响的出色文献。[②] 我们从中了解到,暹罗宫中操波斯语的显贵又作为阿育陀耶国的使节被遣往波斯君主处,恩格尔博特·坎普法(Engelbert Kaempfer)曾到访过萨法维波斯和暹

184

---

① 暹罗-萨法维的交往历史,参见 Christoph Marcinkowski, *From Isfahan to Ayutthaya: Contacts between Iran and Siam in the 17th Century* (Singapore, 2005)。

② 英文译本参见 Ibn Muhammad Ibrahim [Muhammad Rabi '], *The Ship of Sulayman*, trans. John O'Kane (New York, 1972)。

罗,他也记载了这一情形。① 《苏莱曼宝船》还提到了阿育陀耶国的波斯穆斯林居民的宗教生活,例如什叶派公开举行的哀悼仪式((ta'ziyyihs;Tázieh),当时正在暹罗首都的法国天主教传教士吉·达夏尔(Guy Tachard)曾目睹这一仪式,并作了详细的记载。②

大体上来说,《苏莱曼宝船》对暹罗的风俗和信仰持轻蔑态度,作者表现得完全不了解,完全不关心这个国家和它友好的民众,却一直在谈所谓波斯文化和伊斯兰派信仰的优越性。③ 不过文中并没有"种族歧视"的迹象。最后,当伊本·穆罕默德·易卜拉欣不大情愿地谈到一些泰语表达方式的时候,往往满是错误,有时还令人难以理解。

《苏莱曼宝船》主要由四个部分组成,这在波斯文中称为"赠礼"(Tuhfah)。第一部赠礼(实际就是文章本身)的写作风格极尽雕琢,从伊斯兰历 1096 年 7 月(Rajab)25 日(公元纪年 1685 年 6 月 27 日)讲起,使团在波斯湾的阿巴斯港(Bandar 'Abbas)登上一艘英国船,展开旅途的第一阶段,经安曼马斯喀特抵达印度金奈(Madras)。第二部赠礼详述了从印度到暹罗港口丹那沙林(Tenasserim,在今缅甸)的旅程,途中通过了孟加拉湾,继而自丹那沙林港取道陆路前往阿育陀耶国,到达当时暹罗王纳赖(Narai)居住的华富里(Lopburi)。第三部赠礼相当于一份关于暹罗国内政的报告,对暹罗的宗教习俗、法律体系、节假日、婚丧礼节、官位头衔、

---

① Walther Hinz (ed. and trans.), *Am Hofe des persischen Grosskönigs* (1684 - 1685): *Das erste Buch der Amoenitates Exoticae* (Leipzig, 1940; repr. Tübingen/ Basel, 1977), 199; and Jean Aubin, 'Les Persans au Siam sous le règne de Narai', *Mare Luso-Indicum*, 4(1980), 121 - 122.

② Guy Tachard, *A Relation of the Voyage to Siam*, *Performed by Six Jesuits*, *Sent by the French King to the Indies and China*, *in the Year 1685* (1688; 3rd repr. Bangkok, 1999), part 2, 214 - 215.

③ Christoph Marcinkowski, '"Holier Than Thou": Buddhism and the Thai People in Ibn Muhammad Ibrahim's 17th-Century Trave Account *Safineh-yi Sulaymani*', *Zeitschrift der Deutschen Morgenländischen Gesellschaft*, 156: 2 (2006), 407 - 419.

刑侦调查及各类刑罚进行了"评论"。第四部赠礼泛泛谈及几个暹罗的邻国,例如当时作为西班牙殖民地的菲律宾,荷兰人控制下的今印尼地区,甚至还涉及中国和日本。由于作者本人并未造访过这些国家,记载的大多只是传闻。第四部分后有一部详细的"附录",记叙 1687 年 9 月 21 日莫卧儿攻陷德干地区的海德拉巴城(Hyderabad)——噶尔坤达国(Golconda Kingdom)的都城,当时处于什叶派的库答卜王室统治下。

《苏莱曼宝船》以 1682 年莫卧儿王子阿克巴(勿与同名人物阿克巴大帝混淆)逃亡到萨法维波斯而告终。伊本·穆罕默德·易卜拉欣对于印度洋地区的西方势力动向的观察也十分重要,特别是关于荷兰和英国的,还有葡萄牙势力的衰弱。

从波斯研究,东南亚研究以及泰国研究的角度看,这份文献包含了格外丰富的有关 17 世纪后期暹罗波斯族群的信息,可以说提供了类似"名录"的内容。这份资料是现存惟一关于这些人的波斯语文献,因而极为重要。

萨法维史学家的"世界观",方法论,道德及社会背景

前文提到过,萨法维时期的作者仍然秉持 15 世纪帖木儿史学树立的标准。然而就"世界观"而言,萨法维时期还是有所创新的。特别是太美斯普一世时,重述历史是史学的一个前沿特色,旨在以 1501 年十二伊玛目宗被推为国教为框架,铸就"政治正确"的历史。[1] 此时期作品的序言部分可以说明这一点:[2]逊尼派视为先知正统继承人的四大哈里发被删去不提,取而代之以什叶派的十二

---

[1] Sholeh A. Quinn, 'The Dreams of Sheikh Safi al-Din in Late Safavid Chronicles', unpublished paper presented at the Sixth Biennial Conference of Iranian Studies, 3 - 5 August 2006, at the School of Oriental and African Studies (SOAS), London.

[2] Sholeh A. Quinn, 'The Historiography of Safavid Prefaces', in Charles Melville (ed.), Safavid Persia: *The History and Politics of an Islamic Society* (London, 1996),1 - 25.

伊玛目。除此以外，几乎所有萨法维年间创作的编年史作品都尝试将本朝起源推溯到什叶派第七代伊玛目——穆萨·卡兹姆（Musa al-Kazim，逝于公元 799 年），如此便可以给王室加上圣裔（Descendants of the Prophet）的身份，从而赋予其统治一种具有神圣意味的合法性，与诸逊尼派邻国形成对照。而且，大多数编年史都是在皇室授意下创作的，因而不具备任何历史哲学的理论内容，其作者也并不进行任何社会性批判。鼓吹王室的"统治权"，紧随君主包括征战、游猎、内务、虔信在内的一切活动，宣扬什叶派信仰的"正统性"再次成为了撰史的主要目的。

186　　　此前简要地谈过，就方法论而言，在帖木儿时期和 16 世纪早期"过渡"时期的各类"东方"模式中，米尔·赫宛德的《纯净园》以及罕达米尔的《传记家之友》被认为最具效仿价值，萨法维史学家们努力模仿二者的风格。比方说，一位萨法维作者常常会挑选一篇早期文本作为范本，甚或将之并入自己的作品之中，对其做些改动，以期保证风格一致，政治上"正确无误"。这种做法如今可能被看作抄袭，而萨法维作者则觉得自己是在强调杰出原型（archetype）作品的重要性并表达景仰之情。在处理逊尼派帖木儿时代到什叶派萨法维统治的"过渡时期"历史时，罕达米尔的《传记家之友》可能是这种"加工办法"的首要运用对象。对于创作者来说，进行这类改动——有人也称之为"粉饰"——可能是一个攸关生死的问题，叶海亚·喀兹威尼的命运极尽表明了这一点（他最终被萨法维统治者处死）。

　　萨法维时期的大部分史学作品遵循纪年模式，或专注于一个特定主题。也有些作品试图结合两种方法。例如伊斯坎德·巴依克，在描写作品主角——与他同代的阿拔斯大帝时，他先是对早期萨法维君主们作了一个概述，然后依照年代次序推进叙事。

　　但这方面也存在一些创新。其中之一是在历史陈述后以人物小传作结。伊斯坎德·巴依克也属于这类作者之一，他在作品中添上关于著名学者、文学家、艺术家、官僚或宗教人物的小传，从而使他们所生活的时代显得鲜明生动。罕达米尔首次在其作品《传记家之友》中运用了这种方法,后来的作者又加以效仿。

　　萨法维时期的波斯是一个推崇十二伊玛目宗的国家,统治者讲阿塞拜疆突厥语,官方行政语言则是波斯语,就行政术语来说,根源可以追溯到哈里发阿巴斯(Abbasid)时期的阿拉伯语和突厥-蒙古语(Turco-Mongol),当时史学家在作品中运用的年代排序也许可以很好地证明萨法维的准"多文化"特色。编年史作家采用过各种不同的历法,有人采用伊斯兰历,按希志来(Hijri's years)历法——阴阳历——计算,另一部分人则按照相应统治者的在位年份为准(我们在莫卧儿史学写作中也见过这种情形)。然而还有些作者采用以中国历法为基础的突厥-蒙古生肖纪年(Turco-Mongol 'animal' calendar),这是蒙古人入主波斯时期的遗留产物。伊斯坎德·巴依克·穆什的作品就是此类中典型代表。

　　有时我们还会在同一部作品中遇到好几种不同历法。这给现代学者研究波斯历史带来了一定困扰。[1] 　　　　　　　　　187

　　史学家自身也反映了萨法维时期的"多文化"特征,他们出身多样,社会地位和民族背景各异。我们可以看到,他们之中有些人是官僚、大臣或政府高官,比如《王家规章》和《王家敕谕》的编纂者。有些作者是神职人员或宫廷星相师,比如杰拉尔丁·穆纳吉姆·雅兹迪父子。这类作者是萨法维史学家中数目最多的一群,其中大多是波斯裔,令人忆起中古伊斯兰文明古典时代之中的"学者"(Men of Pens)阶级。这些作者在王都和宫廷中活动,所以经常能接触官方的档案和记载,也常目睹自己笔下所记载的事件。在诸如杰拉尔丁·穆纳吉姆·雅兹迪或罕达米尔这样亲历了王朝更替的作者笔下,有时会把同一家族的数代人写进历史当中。

　　"武士"(Men of the Sword)阶级(另一个来自中古伊斯兰的术语概念),即军伍成员,也对萨法维史学书写做出了可观贡献。他们大部分是突厥裔。这类作者包括哈桑·巴依克·茹穆鲁,瓦里-

---

① Robert D. McChesney, 'A Note on Iskandar Beg's Chronology', *Journal of Near Eastern Studies*, 39(1980), 53 - 63.

库里·沙穆鲁,还有最重要的一位伊斯坎德·巴依克·穆什,《苏莱曼宝船》的作者伊本·穆罕默德·易卜拉欣大概也可以列入其中。阿拔斯大帝削弱了突厥部落的势力后,施行了全方位的军事改革,很大程度上导致了军伍作者的增加。

顺着这一发展趋势,在阿拔斯大帝建立的新军编制下,格鲁吉亚裔和亚美尼亚裔成员也参与到历史创作中。这类作者大多是皈依了十二伊玛目宗的基督徒。这类作者中最著名的应属 17 世纪的毕冉(Bizhan),《茹斯丹·汗传》(*Tarikh-i Rustam Khan*,1680年)和《大帝世界征服史》(*Tarikh-i Jahangusha-yi Khaqan*)的作者,后者也称为《伊斯玛仪大帝传》。

结语

随着阿富汗人于 1722 年攻陷伊斯法罕,萨法维王朝宣告终结,18 世纪的波斯史学始终反映了萨法维垮台后波斯发生的社会政治重大变动。然而 1722 年后多次爆发拥戴萨法维皇室后裔的起义,证明对萨法维的崇敬并没有消失。随后,阿夫沙尔(Afsharid)王朝和赞德王朝扶植傀儡君主(*Roi fainéant*),打着萨法维的旗号实行统治,由于起义多发的社会环境以及"缺乏宗教正当性",二者的统治都迅速终结。虽然萨法维王朝"确然"于 1722 年终结,萨法维史学写作树立的范本却一直延续到了 18 世纪。

这一时期的《诺斯替珍闻》是一部被严重忽视的作品,它属于经典的"劝诫"风格,《诺斯替珍闻》描绘的时代画卷比一般的编年史更鲜活多彩,尽管它算是函件备忘录,但却并没有特别指明某位收信方或主顾。当时混乱的政局凸显了民族危机,《诺斯替珍闻》对此进行了一番颇具原创性的分析,该作直到最近才被编译成英文。据信,《诺斯替珍闻》创作于 1733 年前,以波斯语写成,作者萨义德·穆罕默德·撒卜兹瓦里(Sayyid Muhammad Sabzawari)是一

第八章 萨法维王朝(1501—1722/36年)的波斯历史书写

位对萨法维忠心耿耿的什叶派神职人员。[①] 他在该作中悲叹缺乏兼具虔信、才干和学识的宗教领袖,责备自己的同侪不激励信士们的义举,由是诱使旁人犯下罪过。更精彩的是,他还谴责那些过分热衷于俗事,听命于统治者的人,认为他们的过错在于拒绝听取远离宫廷的人的意见,抨击他们对卓越学者的忽视。对于这一严重困境,他提到了神职人员、军事将领和统治者,认为他们应当依次为后者的过错承担责任。撒卜兹瓦里拥护萨法维统治者,然而了不起的是,他并没有对这些人的优秀品质如数家珍。他对创作《诺斯替珍闻》期间国家状况的看法也许证明了民众对那个被废黜的王朝的怀念。

阿夫沙尔(以及赞德)时代历史作品的结构和修辞很大程度上受益于萨法维久已树立的范本,但还是有几处重大差异。阿夫沙尔时期(1736—1796年)的代表是米尔匝·穆罕默德·玛赫迪·阿斯塔拉巴迪(Mirza Muhammad Mahdi Khan Astarabadi),他是纳迪尔沙(Nadir Shah,1736—1747年在位)的御用史学家,写了华而不实的编年史《纳迪尔沙世界征服史》(*Tarikh-i Jahangusha-yi Nadiri*)。阿斯塔拉巴迪自纳迪尔沙在世时开始创作,但君主遇刺身亡数年后作品才告完成。当时他的作品有一定声望,甚至扬名国外,这倒不全因为作品本身的艰涩风格,而要归功于纳迪尔沙的征战,他率波斯军队打到了当时在莫卧儿治下的印度。阿斯塔拉巴迪的编年史效仿帖木儿时期的雕琢风格,作品使用的纪年编排类似于萨法维时期的史学作品。不过这部《纳迪尔沙世界征服史》之中的好些描写性章节确实显得"巴洛克"(*baroque*),过于绮靡,远远超出萨法维时期的常见模式。

阿夫沙尔王朝尝试将自身塑造成萨法维"合法"继承者的尝试失败后,18世纪下半叶,法尔斯省的赞德王朝(1750—1794年)稳

189

[①] Sayyid Muhammad bin Sayyid Quraysh Sabzawari, *Islamic Political Thought in Safavid Iran：Zayn al-'Arifin*, trans. and ed. Sayyid Hasan Amin (Tehran, 1989).

定了国家部分地区，维持了一定时期的平稳统治。穆罕默德·萨迪克·纳米（Muhammad Sadiq Nami），米尔匝·穆罕默德·阿卜杜拉·哈桑·贾法里·卡沙尼（Mirza Muhammad Abul-Hasan Ghaffari Kashani）都是赞德时期的史学大师，他们遵循 17 世纪晚期以来渐趋消隐的萨法维编年史的经典传统，但此时的编年史作者不得不面对一个问题：怎样在本朝宣称的统治正当性和民众普遍对萨法维的尊敬两者之间进行协调。1757 年，为了给自己的统治增加正当性，新统治者卡里姆·汗·赞德（Karim Khan Zand）把萨法维末代君主苏丹·侯赛因的幼孙扶上王位，号称伊斯玛仪三世（Isma'il III）。萨法维的后裔仍然作为傀儡君主而存在，实际掌权的是卡里姆·汗，他统治期间从不以"Shah"（君王）自称，后来的赞德统治者也继续尊奉萨法维与十二伊玛目的世系关联。因此，当赞德朝的史学作者提到统治者时，无从使用传统波斯史学的术语。

总之，18 世纪时，作为"救赎史"，旨在使历朝统治正当化的传统编年史作品不复主宰。18 世纪的编年史风格多变，预示着波斯史学转型的到来，这一转变一直持续到了 19 世纪。此外还应当把 17 世纪和 18 世纪史学作品数量的增长考虑在内。但我们也可以推测，这其实只是因为此时的史学作品得以留存下来，而此前的更多作品却灭失了。

穆罕默德·哈希姆·阿兹夫（Muhammad Hashim Asif's，又名茹斯丹·呼喀麦（Rustam al-Hukama'）的《茹斯丹记事》（*Rustam al-Tawarikh*）也许是最后一部寄托着对已逝萨法维王朝追思的作品，创作于卡扎尔朝初期。他坚持认为，某些有影响力的什叶派神职人员至少应该对萨法维的陨落负间接责任，他们荒谬地宣称萨法维帝国将存续直至"世界末日"救世主玛赫迪（*Mahdi*）"再临"之时，苏丹·侯赛因及其朝臣们受其迷惑，无心于政务。[①]

---

① Birgitt Hoffmann, *Persische Geschichte 1694 - 1835 erlebt, erinnert und erfunden: Das Rustam al-Tawarikh in deutscher Bearbeitung*, 2 vols. (Berlin, 1986), i. 97 - 98,221 - 222,306.

第八章　萨法维王朝(1501—1722/36年)的波斯历史书写

大事年表/关键日期

1501—1524 年	苏菲教团军事领袖伊斯玛仪统一波斯,号称"波斯沙赫";逊尼派在波斯丧失官方信仰地位
1524—1576 年	太美斯普一世在位;从伊拉克、黎巴嫩、阿拉伯半岛"引进"什叶派神职人员;土库曼集团派系之间发生几近内战的纠纷
1576—1577 年	喜怒无常的伊斯玛仪二世在位,他试图使伊朗复归逊尼派,但未能成功,最后被刺身亡
1587—1588 年	穆罕默德·胡达班德被其子阿拔斯(一世)废黜;国势明显衰弱;乌兹别克人开始侵扰
1588—1629 年	阿拔斯大帝在位;萨法维势力处于顶峰;伊斯法罕(1598 年)成为首都;与欧洲的外交商贸联系增加
1629—1642 年	萨非一世在位;丧失巴格达(1638 年);与奥斯曼帝国签订不平等条约《席林堡条约》
1642—1666 年	阿拔斯二世在位;同期的稳定及贸易增长
1666—1694 年	苏莱曼在位;软弱的君主;大势衰退;"禁宫政治"
1694—1722 年	苏丹·侯赛因在位;萨法维最低谷;逊尼阿富汗部族攻陷首都伊斯法罕,君主被杀死;奥斯曼和俄国入侵波斯
1736 年	萨法维统治的实际终结;太美斯普·库里以纳迪尔沙之名掌权,建立阿夫沙尔王朝;国家部分地区仍有数位真正的(或虚构的)萨法维王子及假称的王子(阿夫沙尔朝及赞德朝时期仍然存在)

主要史料

Afushta᾽i Natanzi, Mahmud bin Hidayat-Allah, *Nuqawat al-Athar*, ed. I. Ishraqi (Teh-ran, 1971).

195

Amir Mahmud bin Ghiyath al-Din Khwandamir, *Tarikh-i Shah Isma 'il wa Shah Tah-masb-i Safawi* (Dhayl-i Tarikh-i Habib al-Siyar), ed. M. Jarrahi (Tehran, 1991).

Anon. , *Jahangusha-yi Khaqan* (*Tarikh-i Shah Isma 'il*), ed. A. Muz'tarr (Islamabad, 1986).

Fumani,'Abd al-Fattah, *Tarikh-i Gilan*, *ed. M. Sutudih* (Tehran, 1970).

Ibn Bazzaz, Darwish Tawakkuli bin Isma 'il al-Ardabili, *Safwat al-Safa*, ed. Gh. Tabata-ba' i-Majd (*Tabriz, 1994*).

Isfahani, Fad'lī, *Afdal al-Tawarikh*, partial trans. S. Abrahams as ' A Historiographical. *Study and Annotated* Translation of Volume 2 of the *Afdal al-Tavarikh* by Fazli. Khuzani al-Isfahani', Ph. D. dissertation, University of Edinburgh, 1999.

Isfahani, Muhammad Ma 'sum bin *Khwajagi*, *Khulasat al-Siyar*, *trans. G. Rettelbach as*

Hulasat al-siyar: *Der Iran unter Schah Safi* (*1629 - 1642*) (Munich, 1978).

Iskandar Beg Munshi, *History of Shah 'Abbas the Great* (*Tarih-e ' Alamara-ye 'Abbasi*), trans. Roger M. Savory, 2 vols. (Boulder, Col. , 1978).

Junabadi, Mirza Beg bin Hasan, *Rawdat al-Safawiyyah*, ed. Gh. Tabataba' i-Majd (Tehran, *1999*).

Khunji-Isfahani, Fadl-Allah Ruzbihan, *Tarikh-i ' Alam-ara-yi Amini*, trans. Vladimir Minorsky as Persia in A. D. 1478 - 1490 (London, 1957).

Khwandamir, Ghiyath al-Din bin Humam al-Din, *Habibu' s-siyar*, trans. and ed. W. M. Thackston, 2 vols. (Cambridge, Mass. , 1994).

Marcinkowski, Christoph, *Mīrzā Rafī 'ā's Dastur al-Muluk*: *A Manual of Later Safavid Administration. Annotated English*

191

Translation, *Comments on the Offices and Services*, *and Facsimile of the Unique Persian Manuscript* (Kuala Lumpur, 2002).

Mirkhwand, Muhammad bin Khwandshah, Rawdat al-Safa, trans. E. Rehatsek as *Rauzat-us-safa or Garden of Purity*, ed. F. F. Arbuthnot, 3 vols. (London, 1891).

Qazwini, Yahya, *Lubb al-Tawarikh*, ed. J. Tihrani (Tehran, 1937).

Qumi, Qadi Ahmad, Khulasat al-Tawarikh, ed. and trans. E. Glassen as *Die frühen Safawiden nach Qa ̄zi Ahmad Qumi* (Freiburg im Breisgau, 1970).

Rumlu, Hasan Beg, *Ahsan al-Tawarikh*, ed. and trans. C. N. Seedon as *A Chronicle of the Early Safawis*, 2 vols. (Baroda, India, 1931 - 1934).

Shamlu, Wali-Quli, *Qisas al-Khaqani*, ed. H. Sadat-i Nasiri, 2 vols. (Tehran, 1992 - 1995).

Shirazi, ʿAbdi Beg, *Takmilat al-Akhbar*, ed. A. Nawaʾi (Tehran, 1990).

Tihrani, Abu Bakr, *Kitab-i Diyarbakriyyah*, ed. N. Lugal and F. Sümer, 2nd edn, 2 vols. in I (Tehran, 1977).

参考文献

Browne, Edward Granville, *A Literary History of Persia*, vol. 4: Modern Times (*1500 -1924*) (Cambridge, 1924).

Horn, Paul (ed.), 'Die Denkwürdigkeiten des sah Tahmasp von Persien', *Zeitschrift der Deutschen Morgenländischen Gesellschaft*, 44(1890),563 - 649;45(1891),245 - 291.

Marcinkowski, Christoph, *Persian Historiography and Geography*: *Bertold Spuler on Major Works Produced in Iran*, *the Caucasus*, *Central Asia*, *India and Early Ottoman Turkey* (Singapore,

2003).

Matthee，Rudi（ed.），'Historiography and Representation in Safavid and Afsharid Iran'，special issue of *Iranian Studies*，31：2 (1998)，143－147.

Mitchell，Colin P. （ed.），New Perspectives on Safavid Iran，*Majmu 'ah-i Safaviyyah in Honour of Roger Savory* (London，2009).

Newman，A. J.，*Safavid Iran：Rebirth of a Persian Empire* (London，2006).

Pfeiffer，Judith，and Quinn，Sholeh A. （eds.），*History and Historiography of Post-Mongol Central Asia and the Middle East：Studies in Honor of John E. Woods* (Wiesbaden，2006).

Savory，Roger，*Persia under the Safavids* (Cambridge，1980).

——'Is There an Ultimate Use for Historians? Reflections on Safavid History andHistoriography'，*The Annual Noruz Lecture Series*，Foundation for Iranian Studies，Washington，DC，16 March 1995，available online at http://www. Iranchamber. com/history/ articles/reflections_safavid_history_historiography1. php (accessed 10 June 2011).

王　静　译　李　娟　校

第九章　奥斯曼历史书写

巴克伊·泰兹坎

有关奥斯曼帝国形成时期的现存最古老文字材料是马穆路克（Mamluk），拜占庭晚期以及中古安纳托利亚（medieval Anatolian）史学的成果，用阿拉伯语、希腊语和波斯语写成。现存最古老的奥斯曼本国作品则是波斯语和土耳其语写成的皇家历书（Royal calendars），作者不详，更长些的史诗作品主要用土耳其语写成，可以追溯到 15 世纪早期，此外还有战史和神化的英雄传说。

皇家历书出现在 14 世纪，[1]但保存下来的最古老样本来自 15 世纪早期。内容主要是关于占星术而非历史方面的，不过它们首次对发生在过去的重大事件按年代顺序作了记录，从真主造阿丹（God's creation of Adam）起算，并注明与当下对应的日期："自从主造阿丹（愿他安息），已经过了 6984 年。"[2]这类历书中记载的不甚久远的内容有助于确定 14 世纪奥斯曼历史中的几个重要日期，有机会接触历书的编年史作者很可能也利用过这些记载，但不同历书中确定的日期并不总是一致的，[3]因而出现了关于历书的全面比较

192

193

---

[1] Victor Louis Ménage, 'A Survey of the Early Ottoman Histories, with Studies of Their Textual Problems and Their Sources', Ph. D. dissertation, University of London, 1961, 19 - 20.

[2] [Nihal] Atsız (ed.), Osmanlı Tarihine Ait Takvimler (Istanbul, 1961), 12.

[3] 例如，与根据建国者 Osman Bey 确定的日期比较；ibid., 49, 81, 120.

研究。[1]

现存最古老的奥斯曼本国历史记载可以追溯到 15 世纪早期。
194 这听起来似乎有些意外,因为 13 世纪末时奥斯曼人已经出现,而
14 世纪之初的拜占庭编年史中已经记载了奥斯曼帝国的缔造
者。[2] 不过,如果从奥斯曼领袖所属的伊斯兰世界这一大背景下思
考早期奥斯曼人的相对地位,也许可以理解这种缺位现象。约
1300 年时,蒙古帝国决定放弃安纳托利亚中部的塞尔柱封国
(Seljuk vassals),阿塞拜疆地区的伊儿汗国(Mongol Ilkhans)在其
外围建立了一个边疆藩属国,就此成为奥斯曼政治发迹的起点。
尽管此处边陲地带吸引许多雇佣兵纷纷前来,但它起初并不是文
化创作的中心。14 世纪末时情况开始变化,巴耶济德一世(Bayezid
I)建立起了一个规模相当可观的帝国,得以吸引学者们前来国都,
其中包括来自马穆路克王朝的伊本·贾匝里(Ibn al-Jazari)这样的
重要阿拉伯法学家。虽然国家在巴耶济德败于帖木儿(1402 年)之
手后陷入混乱,帖木儿离开安纳托利亚地区后,巴耶济德儿子们的
治理仍然吸引了不少同代学者阶层中的人物。

现存最古老的两份奥斯曼历史记载是献给巴耶济德一世之子
的土耳其语史诗,创作于帖木儿去世后的时代。首先是艾哈迈迪
(Ahmedi)献给苏莱曼王子(Prince Süleiman)的《亚历山大纪》
(İskender-nâme),叙述从奥斯曼发端直到本书写作时期的历史。

---

[1] Osman Turan, *İstanbul'un Fethinden Önce Yazılmış Tarihî Takvimler* (Ankara, 1954),节选了 1445—1446 年和 1446—1447 年的部分奥斯曼历书。Atsız 研究了 1421 年,1431—1432 年,1439—1440 年的三部历书,参见 Osmanlı Tarihine Ait Takvimler;另外他还研究了 1452 年和 1454 年的两部历书,分别参见 'Fatih Sultan Mehmed,e sunulmuş tarihîbir takvim', *İstanbul Enstitüsü Dergisi*, 3 (1957), 17 - 23;及 'Hicrî 858 yılına ait takvim', *Selçuklu Araştırmaları Dergisi*, 4 (1975), 223 - 283。

[2] 1302 年左右发生的巴斐乌斯之战 (Battle of Bapheus);Halil İnalcık, 'Osman Ghazi's Siege of Nicaea and the Battle of Bapheus', in Elizabeth Zachariadou (ed.), *The Ottoman Emirate (1300 - 1389)*: *Halcyon Days in Crete* (Rethymnon, 1993), 77 - 99。

其次是阿卜杜勒瓦锡·彻莱毕（Abdülvasi Çelebi）的《亚伯拉罕纪》（Halîl-nâme），作品于 1411 年献给穆罕默德一世（Mehmed I），其中记叙了 1410 年他与弟弟穆萨王子（Prince Musa）之间的一场战斗。[1] 为确保自己的继承王位，穆罕默德一世此前除掉了自己所有的兄弟。所以，史诗是奥斯曼记叙自身历史作品中最古老的一种。从历史角度看，奥斯曼君主们对于以史诗方式叙述自身历史的需求似乎是在统治面临帖木儿的威胁以后出现的，当时他们弟兄之间彼此争斗，处于内战状态，因而有将自身权力合法化的需要。

《亚伯拉罕纪》中有一则关于战事的记叙，这类战史最后形成了奥斯曼史学中的一种流派，称为 gazavât-nâme，也叫"英雄事纪"（book of exploits），特点是史实和英雄史诗的传统手法交织在一起。这种作品现存最古老的是一篇奥斯曼土耳其语写成的散文，记叙穆拉德二世（Murad II）在瓦尔纳会战（Battle of Varna，1444 年）中取得的胜利。[2] 它不同于上文提到的历书和史诗，创作无须皇室许可。比方说，奥斯曼禁卫军司令米赫洛额鲁·阿里·贝（Mihaloğlu Ali Bey，卒于 1507 年）的战绩是由非宫廷作家普里兹伦的苏兹·彻莱毕（Suzi Çelebi of Prizren）以诗歌体英雄事纪记叙下来的，他先后担任过米赫洛额鲁及其子的秘书。[3] 英雄事纪的创作一直持续到 19 世纪，它或者记叙特定的某些战役，或者单独记叙某个人物的军事业绩，文本具有史实、虚构和习式相结合的特点，有许

195

---

[1] 了解第一本作品中关于奥斯曼历史的内容，参见 Tace'd-din İbrahim bin Hızır Ahmedi, *History of the Kings of the Ottoman Lineage and Their Holy Raids against the Infidels*, ed. and trans. Kemal Silay (Cambridge, Mass., 2004)。了解后一部作品中的战争记载，参见 Dimitris J. Kastritsis, *The Sons of Bayezid: Empire Building and Representation in the Ottoman Civil War of 1402 – 1413* (Leiden, 2007), 33 – 34, 221 – 232。

[2] 英文译本参见 Colin Imber, *The Crusade of Varna, 1443 – 1445* (Aldershot, 2006), 41 – 106。

[3] Agâh Sırrı Levend, *Gazavat-nameler ve Mihaloğlu Ali Bey'in Gazavat-namesi* (Ankara, 1956); and Altay Suroy Recepoğlu (ed.), *Prizrenli Suzi'nin 500. Yılı: Bildiriler, Bilgiler, Belgeler* (Prizren, 2000)。

多有趣的方面,也有待进一步研究①。

　　类似结合史实、虚构和习式的体裁还包括 *menâkıb-nâme*(光辉功绩录)。虽然圣人行传和传奇作品也属此类,但两者都不足以从整体上说明 *menâkıb-nâme* 的性质,因为有些 *menâkıb-nâme* 也可以看作编年史。大部分 *menâkıb-nâme* 实际上专写某位穆斯林圣人,例如阿赫玛德·阿甫拉恺(Ahmad Aflaki)在早期奥斯曼近邻地区写的《智者圣行录》(*Manâqib al-ʿârifîn*),作品以波斯语写成,叙述了鲁米(Rumi,卒于 1273 年)的生平。② 不过,也有些 *menâkıb-nâme* 的主人公并非圣人,而是著名武士,匿名作品《英雄巴达尔传奇》(*Battâl-nâme*)即属此类。巴达尔(Al-Battal)是一名倭马亚王朝的穆斯林武士,可能生活在 16 世纪晚期到 18 世纪早期之间,曾在安纳托利亚边境上抗击拜占庭军队。有关他的故事口口相传了几个世纪,记载他传奇事迹的最古老的手稿可以追溯到 15 世纪上半叶。③ 另一部类似的传奇作品《达尼什麦德传奇》(*Dânimend-nâme*)根据 11 世纪晚期的土耳其领袖达尼什麦德的生平而创作,他生活在安纳托利亚东部及中部地区,安纳托利亚的塞尔柱势力从拜占庭手中接管该地区后,这部作品也因为政治原因而被删改修订。传说中的巴达尔和达尼什麦德不仅仅只是武士中的英杰,他们被描述成具有超凡力量的人物(特别是巴达尔),为伊斯兰而战。二人都是具有神圣化色彩的边疆英雄人物。④ 虽然这种传奇故事尚不足以被称为历史作品,但特别需要牢记的一点是,在流传下来的关于奥斯曼起源的记叙中,已知最古老的作品是 15 世纪晚

---

① Claire Norton, 'Fiction or Non-Fiction? Ottoman Accounts of the Siege of Nagykanizsa', in Kuisma Korhonen (ed.), *Tropes for the Past: Hayden White and the History/Literature Debate* (Amsterdam, NY, 2006),119-130.

② *Eflâkî, Menâkıbü'l-ârifîn: Metin*, ed. Tahsin Yazıcı, 2 vols. (Ankara, 1959-1961).

③ Hasan Köksal, *Battalnâmeler'de Tip ve Motif Yapısı* (Ankara, 1984).

④ Ahmet Yaşar Ocak, *Kültür Tarihi Kaynağı Olarak Menâkıbnâmeler: Metodolojik bir Yaklaşım*, 2nd edn (Ankara, 1997),20-21,24-25,57.

期史学家阿塞克帕沙泽但（Aşıkpaşazade）收录在编年史里的一部，
也称作《奥斯曼皇室传奇》（Menâkıb-ı âl-i Osmân）。

《奥斯曼皇室传奇》的作者是亚施·珐珂（Yahşi Fakı），其父是　　　196
奥斯曼帝国次代君主奥尔汗一世（Orhan，卒于 1362 年）的伊玛目。
这部作品涵盖了奥斯曼早期到巴耶济德一世（1389—1402 年在
位）在位期间的历史。1413 年，阿塞克帕沙泽但在盖伊韦
（Geyve），亚施·珐珂的家中读到《奥斯曼皇室传奇》，当时亚施·
珐珂应该已经完成了这部作品。考虑到作品标题采用了 *menâkıb-
nâme* 一词，15 世纪早期亚施·珐珂的同代人显然认为奥斯曼早期
轶事非常类似于巴达尔或达尼什麦德的传奇故事。这倒没什么令
人惊讶的，因为奥斯曼及其追随者和那些英雄一样，战斗在伊斯兰
的前线，为穆斯林开疆拓土，而且同样具有超凡的力量。[①] 15—16
世纪时，奥斯曼文学作品中的 *menâkıb-nâme* 十分繁荣兴旺，其他写
作对象还有谢赫，传奇英雄人物，甚至还包括被后世赋予神圣色彩
的政治家。[②]

成熟时期

15 世纪晚期，奥斯曼学者阶级以皇家历书、史诗、英雄事纪和
光辉功绩录，以及口述传统的形式创作了奥斯曼帝国的第一批历
史作品。征服君士坦丁堡后，奥斯曼成了一个广大的帝国，于是奥
斯曼人决定开始书写自己的历史。

最早的一批作品中有些篇幅不长，从普世史角度描写奥斯曼

---

① 关于梅纳热引用的超自然逸闻，参见'The Menāqib of Yakhshi Faqih'，*Bulletin
of the School of Oriental and African Studies*，26(1963)，50 - 54。

② Halil bin İsmail，*Sımavna Kadısı oğlu Şeyh Bedreddin Menâkıbı*，*ed*. Abdülbaki
Gölpınarlı（Istanbul，1967）；A. Yaşar Ocak，*Sarı Saltık：Popüler İslâm'ın
Balkanlar'daki Destanî Öncüsü（XIII. Yüzyıl）*（Ankara，2002）；and Theoharis
Stavrides，*The Sultan of Vezirs：The Life and Times of the Ottoman Grand Vezir
Mahmud Pasha Angelović（1453 -1474）*（Leiden，2001）。

人,这令我们想到以普世史为主的阿拉伯及波斯史学对奥斯曼史学的影响。① 这类作品中最早的一例是 15 世纪 60 年代的《史趣》(*Bahjat al-tawārīkh*),作品以波斯语写成,作者叙克鲁儿剌(Şükrullâh)是一位奥斯曼外交官,同时也属于学者行列。该书包括十三个部分,第一部分涉及内容广泛,从创世写到诸如中国人、突厥人、希腊人、阿拉伯人、印度人、埃塞俄比亚人等各民族历史。第二部分写包括阿丹和尔撒(Jesus)在内的十四位先知(穆斯林仅仅视他们为先知)。接下来的五个部分写先知穆罕默德的祖先、生平、家庭、十条戒律,以及圣门子弟。第八部分写奠定逊尼四大法学派基础的四位穆斯林学者,人称四大法学家,还写了六大《圣训集》的编纂者。第九部分专写苏菲派谢赫,第十部分写希腊哲学家。第十一部分谈了前伊斯兰时期的诸国,第十二部分谈穆斯林历史上最重要的四个王朝——倭马亚王朝、阿巴斯王朝、法蒂玛王朝、塞尔柱王朝,最后,第十五部分写了奥斯曼的历史。② 显然,此书是一部以伊斯兰为核心的普世史,叙克鲁儿剌的取材全部来自伊斯兰文学传统内容。③ 然而重要的一点是,这种传统中保留了非穆斯林历史和民族存在的余地,虽然空间有限。

1453 年,拜占庭首都君士坦丁堡落入奥斯曼帝国控制,对于一些研究君士坦丁堡历史的奥斯曼学者,非穆斯林史成了研究的核心。他们不仅仅参考并翻译拜占庭的资料,而且首先从涉及拜占庭的阿拉伯历史中寻求支持,以此为起点撰写奥斯曼版本的拜占庭史。根据后代学者斯岱凡诺·耶拉西谟斯(Stefanos Yerasimos)的看法,奥斯曼帝国的拜占庭史应当是一部反帝主义专著,旨在对穆罕默德二世(Mehmed II,1451—1481 年)为将国家转变成集权帝国而采取的一系列政策作出回应。耶拉西谟斯认为,帝国主义一派是以索菲亚大清真寺(Hagia Sophia)的建造为基础,

① 参见本卷克里斯托弗·马钦可夫斯基所著第八章。
② 叙克鲁儿剌的史书仍未出版。此处作者参考了 Joseph von Hammer, *Geschichte des osmanischen Reiches*, 10 vols. (Pest, 1827-1835), ix. 177-179.
③ Ibid., ix. 179-180.

为源于拜占庭的君士坦丁堡塑造历史。有关君士坦丁堡历史的两种说法由此争执不休，争论一直持续到苏莱曼大帝（Süleiman the Magnificent）时期，当他在位时，奥斯曼国的建设再次向帝国方向发展。[1] 有趣的是，这些最早的帝国主义作品中有些是用波斯语写成的，[2]而波斯语后来才成了奥斯曼国进行历史表述的主导语言。

不过，波斯语的地位一直面临其他语种的竞争。虽然叙克鲁儿剌的史书以及有关君士坦丁堡历史的早期帝国主义作品都是波斯语写成的散文，同期的另外一部史学作品《卡拉曼尼·穆罕默德·帕夏传》（*History of Karamani Mehmed Pasha*）却是阿拉伯语的，还有一部恩维里（Enveri）写的普世史作品《奥斯曼国正传》（Düstûr-nâme）则是土耳其语的。[3] 15 世纪晚期到 16 世纪，由于 tevârîh，或者叫"编年史"作品的猛增，奥斯曼土耳其语在宫廷之外的史学表述中取得了主导地位，但奥斯曼史学中散文和诗歌作品仍然呈现三语共长的态势，直到 17 世纪。

15 世纪晚期到 16 世纪早期时，很多编年史都采用《奥斯曼皇室编年史》（*Tevârîh-i al-i 'Osman*）作为标题。在这里恐怕无法一一细说，因为这些作品提出的问题太过复杂，一个介绍性的章节不能进行处理，而且更重要的是，杰麦尔·卡法达（Cemal Kafadar）最近的历史研究成果中包括几篇关于这些作品的出色学术文章，可供参阅。[4] 简单地讲，军团长、雇佣兵和德尔维什托钵僧（Dervish）们推动了奥斯曼国在安纳托利亚和巴尔干地区近两个

198

[1] Stefanos Yerasimos，*La fondation de Constantinople et de Sainte Sophie dans les traditions turques*（Paris，1990）.

[2] Félix Tauer，'Les versions persanes de la légende sur la construction d'Aya Sofya'，*Byzantinoslavica*，15(1954)，1 - 20.

[3] Karamanlı Nişancı Mehmed Paşa，'Osmanlı Sultanları Tarihi'，trans. Konyalı İbrahim Hakkı，in Çiftçioğlu N. Atsız（ed.），*Osmanlı Tarihleri*（Istanbul，1949)，321 - 369；and Enverî，*Düstûrnâme-i Enverî*（Istanbul，1928 - 1929）.

[4] Cemal Kafadar，*Between Two Worlds：The Construction of the Ottoman State*（Berkeley，1995）.

世纪的版图扩张,穆罕默德二世的统治为这个时期画上了句号。
这位君主不想维持先代治下松散的行政结构,而对建立一个能够
征税并控制陆上资源的集权帝国有着浓厚兴趣。于是民间涌现
了大量怀旧作品,以浪漫手法将过去时期描绘成英雄主义的年
代,并与当下进行对比(多采用暗示手法)。[①] 虽然并不是所有人
都对过去的方方面面看法一致,他们采用的资料却是一样的。哈
立尔·伊纳尔哲克(Halil İnalcık)和梅纳热(Victor Louis Ménage)
提出,15 世纪中晚期的许多编年史是匿名作品,但可以根据其采用
的资料来源划分成两组。[②] 约 1490 年时,尼什睿(Neşri)写了一部
普世史《世间史》(*Jihân-nümâ*,或照梅纳热的习惯说法称为
Cosmorama),将这些作品集结起来,编入其作品中关于奥斯曼国历
史的章节。[③]

　　大部分题为《奥斯曼皇室编年史》的作品都不专以某位苏丹或
宰相(维齐尔,倭色尔,vizier)作为主人公,这一波浪潮过后,巴耶济
德二世(Bayezid II,1481—1512 年)在位期间,皇室史学传统开始
发展起来,他指示创作了几部史书,其中有两部重要作品,一部是
比特利斯的伊得里斯(Idrīs Bīdl İsī)的《八重天堂》(*Hasht bihisht
Heşt Behişt*),以波斯语写成,另一部是凯玛尔帕沙泽但(Kemalpa
Şazâde)的《奥斯曼皇室编年史》(*Tevârîh-i al-i ʿOsman*),这一部作
品是奥斯曼土耳其语文学表达的精致典范。16 世纪奥斯曼史学的
成长基调就此确定下来,皇室授意下的史学创作与相对独立的非

①　哈立尔·伊纳尔哲克对阿塞克帕沙泽但的诠释方式,参见 Halil İnalcık ʿHow
　　to Read ʾĀshık Pasha-zādésʾ History', in Colin Heywood and Colin Imber (eds.),
　　Studies in Ottoman History in Honour of Professor V. L. Ménage (Istanbul,
　　1994),139 - 156。

②　关于这些文本的精彩解说,参见 Halil İnalcık, ʿThe Rise of Ottoman Historiogra-
　　phy', in Bernard Lewis and P. M. Holt (eds.), *Historians of the Middle East*
　　(London,1962),152 - 167; and V. L. Ménage, ʿThe Beginnings of Ottoman
　　Historiography', ibid., 168 - 179。

③　V. L. Ménage, Neshri's *History of the Ottomans*: *The Sources and Development
　　of the Text* (London,1964), p. xv.

宫廷史学创作之间的政治张力丰富了此间的史学创作。[1] 这两种史学传统之间联系不多,比如说,奥斯曼非宫廷学者引用的材料里就没有宫廷史学家赛义德·罗克曼(Seyyid Lokman)的作品,[2]但18世纪时二者开始彼此接近。Vak'a-Nüvis(或拼作 vekâyi'nüvis,意为"事件笔录人")一职也可以译为国家史学家(而不是宫廷史学家),通常认为第一位任此职的人是穆斯塔法·奈曼,他极大地受到喀提卜·彻莱毕(Kâtip Çelebi)的影响,后者尽管和国家机构有关联,但却相对独立地展开历史创作。[3]

　　虽然今天谈起奥斯曼的历史时,王室总是首先跃上我们心头的主题,但奥斯曼史学家的作品并非全部与此有关。前文谈过,奥斯曼人对伊斯兰世界有一种文化和学术上的归属感,并根据伊斯兰的传统创作了许多普世史,例如前文提到过的《史趣》(Bahjat al-tawārīkh)[4],他们还就前伊斯兰(pre-Islamic)特定时期和伊斯兰的历史创作翻译了作品,涉及的内容从旧约先知一直到安纳托利亚地区的塞尔柱人。早在15世纪上半叶——前文提到的大部分编年史尚未问世时——穆拉德二世(Murad II,1421—1451年)的廷臣叶兹热泽但·阿里(Yazıcızâde Ali)翻译了伊本·碧孛(İbn Bîbî)的

① 关于这种张力及其如何在现代早期阶段发挥作用,参见 Baki Tezcan, 'The Politics of Early Modern Ottoman Historiography', in Virginia H. Aksan and Daniel Goffman (eds.), *The Early Modern Ottomans: Remapping the Empire* (Cambridge, 2007), 167 - 198。

② 关于赛义德·罗克曼及奥斯曼宫廷历史编纂,参见 Christine Woodhead, 'Reading Ottomanşehnames: Official Historiography in the Late Sixteenth Century', *Studia Islamica*, 104 - 105(2007), 67 - 80。

③ 关于此职位及若干任职者,参见 Bekir Kütükoğlu, Vekâyi 'nüvis: Makaleler (Istanbul, 1994);关于奈曼其人及作品,所受喀提卜·彻莱毕的影响,参见 Lewis V. Thomas, *A Study of Naima*, ed. Norman Itzkowitz (New York, 1972);关于喀提卜·彻莱毕的短篇自传,参见 Katib Chelebi, *The Balance of Truth*, trans. G. L. Lewis (London, 1957), 135 - 147。

④ 关于此类奥斯曼土耳其语作品的若干参考文献,参见 Maarif Vekilliği Kütüphaneler Müdürlüğü Tasnif Komisyonu, *İstanbul Kütüphaneleri Tarih-Coğrafya Yazmaları Katalogları* (Istanbul, 1943 - 1962), 1 - 101。

安纳托利亚地区塞尔柱史，并对内容进行了扩充。[1] 奥斯曼还出产了有关欧洲史的作品，虽然数量不及伊斯兰历史方面的作品多。比如总理大臣斐利敦·贝（Feridun Bey）指令创作的《法兰西列王编年史》（*Tevârîh-i Pâdishâhân-i Frânçe*，1572 年），由哈桑·本·罕姆宰（Hasan bin Hamza）偕阿里·本·西拿（Ali bin Sinan）根据若干法语资料编译而成，二人中前者负责翻译，后者负责笔录，这两位作者很可能都在奥斯曼朝中任职。该书以传奇的法兰克人国王法拉蒙德（Pharamond）的传记开篇，以查理九世（Charles IX，1550—1554 年）在位告终，该书编写时正值他统治期间。[2] 17 世纪时，易卜拉欣·穆勒密（İbrâhim Mülhemî）在自己的普世史《穆拉德编年史》（*Murâd-nâme*，法语标题为 *Murad chronique des padichahs de France*，1572（Paris，1997 年）.（IV））中专为法国辟出一章内容，喀提卜·彻莱毕也写过一部关于欧洲的作品《希腊、拜占庭，及基督教历史释疑》。[3]

奥斯曼学者阶级创作的另一类史学作品是传记。他们继承了伊斯兰史学悠久的人物事典传统，为穆斯林圣人、诗人、法学家、苏菲谢赫、维齐尔、财政总管、总理大臣和宦官总管立传。按照时间顺序，早期依次出现了关于法学家、神职人员和学者的人物事典。其中已经出版的重要作品有塔什克普吕泽但的阿拉伯人物事典，收录 16 世纪以降的学者和神职人员，[4] 纳威泽但·阿塔尔（Nev'îzade Ata

---

[1] Yazıcızâde Ali, *Tevârîh-i Âl-i Selçuk*, ed. Abdullah Bakır (Istanbul, 2009).

[2] Jean-Louis Bacqué-Grammont (ed. and trans.), *La première histoire de France en turc ottoman : chronique des padichahs de France*, 1572 (Paris, 1997).

[3] İbrahim Mülhemi, Murâd-nâme, Süleymaniye Kütüphanesi, MS Esad 2149 ; and V. L. Ménage, 'Three Ottoman Treatises on Europe', in C. E. Bosworth (ed.), *Iran and Islam : In Memory of the Late Vladimir Minorsky* (Edinburgh, 1971), 421 - 433.

[4] Taşköprüzade Ahmed, *Eş-Şeka'iku n-nu'maniye fi'ulema'i d-devleti l-'osmaniye*, ed. Ahmed S. Furat (Istanbul, 1985).

'a's)又续写了该书,收入 17 世纪的人物,①还有阿什克·彻莱毕
(Aşık Çelebi)的诗人事典。② 到了 18 世纪,随着早期奥斯曼现代国
家的巩固,国务要员和朝廷重臣也受到了这类作品的关注,例如艾
哈迈德·泰伊卜·奥斯曼泽但(Ahmed Ta'ib Osmanzade)的《维齐
尔群英谱》(*Hadī-qat ül-vüzera*),③艾哈迈德·肋思密(Ahmed
Resmi)为总理大臣(*re'îsü'l-küttâb*)和宦官总管所作的人物事
典。④ 有趣的一点是,在奥斯曼的土耳其语人物事典中,不论是前
期有关著名神职人员和学者的作品,还是后期展示官僚面貌的作
品,都没有平民人物的一席之地。而同代奥斯曼的阿拉伯语史学
作品则不然,它们主要创作于国家的阿拉伯行省,⑤而且产出了丰
富的区域及地方史的作品,数量远超过奥斯曼土耳其语写成的同
类作品。⑥

　　与西欧的史学技艺相比,奥斯曼史学并没有将专门的史学理论
作品树为一种流派或研究模式,虽然也有些奥斯曼史学家在大部
头作品中阐述过有关问题。例如塔什克普吕泽但主张历史研究的
目的是"熟悉过去的情况"。他认为:"历史的用处在于(它提供了
机会)从发生在过去的情形中学习,寻求忠告,并通过了解时代的
变迁积累经验。这将是一种保护,避免遭受(和过去)类似的损失,

201

---

① Nev'izade Atái, *Hadâ'iku'l-hakâ'ik fî tekmileti'ş-şakâ'ik*, 2 vols. (Istanbul, AH 1268).

② Aşık Çelebi, *Meşā'ir üş-şu'arā, or Tezkere of 'AşıkÇelebi*, ed. G. M. Meredith-Owens (London, 1971).

③ *Hadiqat ül-vüzerā (Der Garten der Wesire)* (repr. edn, Freiburg, 1969).

④ Ahmed Resmi, *Halîfetü'r-rü'esâ*, ed. Mücteba İlgürel (Istanbul, 1992); Ahmed Resmi, *Hamîletü'l-küberâ: Darüssaade Ağaları*, ed. Ahmet Nezihi Turan (Istanbul, 2000).

⑤ 举例参见 al-Ḥasan ibn Muḥammad al-Būrini, *Tarājim al-āyān min abnā'al-zamān*, ed. Salāh al-Dīn al-Munajjid, 2 vols. (Damascus, 1959–1963)。

⑥ 关于奥斯曼时期的阿拉伯历史编纂,参见 Laylá 'Abd al-Latīf Ahmad, *Dirāsāt fī ta'rīkh wa-mu'arrikhī misr wa'l-shām ibbān al-ʿasr al-ʿuthmānī* (Cairo, 1980)。

201

又是一种受益的法子。"①喀提卜·彻莱毕明确地支持这一看法。② 早在列奥波德·冯·兰克（Leopold von Ranke）几世纪以前，他已经陈明，历史的任务是根据事件的实际发生情形对过去进行表述。③ 彻莱毕的追随者奈曼进一步说，史学家"必须更看重那由晓得如何记录事件实际发生情况的人们留下的可靠，具有证明力的陈述"④。彻莱毕和奈曼还有一点与兰克相似，他们都是由所在时代造就的，因而和其他所有历史学家一样，他们的作品代表着自身在当时社会中的地位和价值。⑤

迄今为止还没有对奥斯曼史学家们的详尽研究，因而很难从群像的角度对他们作出概括。弗兰兹·巴宾格尔（Franz Babinger）对奥斯曼史学家及其作品的研究已经相当陈旧了，不过仍然是不可或缺的。⑥ 现在就断言"官僚和法学家在奥斯曼史学创作队伍中占主导地位"恐怕为时过早，由于相对缺乏关于人物和书目的研究，这种说法没有牢靠的依据。康奈尔·弗莱舍（Cornell Fleischer）和弗吉尼娅·艾珂珊（Virginia Aksan）分别研究过官僚作者中的两例人物：穆斯塔法·阿里（Mustafa âli）和艾哈迈德·肋思密（Ahmed

① 引用（或翻译自 Franz Rosenthal, *A History of Muslim Historiography*, 2nd edn (Leiden, 1968),531。
② 喀提卜·彻莱毕在自己的两部阿语作品中引用了塔什克普吕泽但，参见 *Keşf-el-zunun*, ed. Şerefettin Yaltkaya and Kilisli Rifat Bilge, 2 vols. (Istanbul, 1941-1943), i. c. 271; and *Fadhlakat aqwāl al-akhyār fī īlm al-taʾrīkh waʾl-akhbār*, excerpt trans. Orhan Şaik Gökyay, in Orhan Şaik Gökyay (ed.), *Kâtip Çelebiʾden Seçmeler* (Istanbul, 1968),187-188。
③ Katib Çelebi, *Fezleke*, 2 vols. (Istanbul, AH 1286-1287), ii. 9.
④ 引用（或翻译自 Thomas, *A Study of Naima*, 113。
⑤ 关于喀提卜·彻莱毕个人偏向的例子，参见 Baki Tezcan, 'The 1622 Military Rebellion in Istanbul: A Historiographical Journey', *International Journal of Turkish Studies*, 8(2002),25-43 at 34-35。
⑥ Franz Babinger, *Die Geschichtsschreiber der Osmanen und ihre Werke* (Leipzig, 1927).

Resmi)。① 还有些史学作品作者来自受教育程度较低的群体，比如一位退役的苏丹新军近卫兵（Janissary），他写了一本编年史，记载奥斯曼二世（Osman II）被弑一事，影响了奥斯曼史学这方面的研究。② 还有一个更叫人吃惊的例子是 18 世纪大马士革的一名理发师，他为自己的一生写了一部编年史。③ 待到康奈尔·弗莱舍、杰麦尔·卡法达、哈坎·喀拉泰克与国际顾问团合力建设的"奥斯曼帝国史学家"（HOE）在线数据工程完成时，可以展开更好的人物群像分析。④ HOE 工程覆盖了以阿拉伯语、波斯语、土耳其语，还有其他语种写作的史学家们，已经革命性地改变了对奥斯曼史学的理解方式。本章接下来将谈几个例子。

其他历史作品

有些关于奥斯曼历史的最早资料是由毗邻民族记载下来的，他们（或他们的后裔）最终变成了奥斯曼人。这些作品用区域性的语言写成，例如阿拉伯语、亚美尼亚语，还有希腊语。奥斯曼土耳其语成为帝国精英阶层进行文学表达的首选之后，奥斯曼的臣民仍然使用这些区域性语言创作历史作品。在本卷涉及的时期，人们可以找到用希伯来语、拉丁语、波斯语、罗马尼亚语，还有斯拉夫语写的奥斯曼史书。这些都应该视为奥斯曼史学的一个构

---

① Cornell H. Fleischer, *Bureaucrat and Intellectual in the Ottoman Empire*: *The Historian Mustafa âli* (*1541 -1600*) (Princeton, 1986); and Virginia H. Aksan, *An Ottoman Statesman in War and Peace*: *Ahmed Resmi Efendi*, *1700 - 1783* (Leiden, 1995).

② Gabriel Piterberg, *An Ottoman Tragedy*: *History and Historiography at Play* (Berkeley, 2003); and Baki Tezcan, 'The History of a "Primary Source": The Making of Tûghî's Chronicle on the Deposition of Osman II', *Bulletin of the School of Oriental and African Studies*, 72(2009), 41 - 62.

③ Dana Sajdi, 'A Room of His Own: The "History" of the Barber of Damascus (fl. 1762)', *The MIT Electronic Journal of Middle East Studies*, 4(2004), 19 - 35.

④ http://www. ottomanhistorians. com (accessed 30 May 2011).

成部分。下文中我会专门讨论几例希腊语、亚美尼亚语、波斯语作品。

现存最古老的关于奥斯曼帝国形成时期的资料中，有一部分是用中古希腊语写的。① 虽然这些作品应该看作是古典风格的拜占庭历史作品，奥斯曼帝国的希腊臣民同样也保留了使用古典希腊语和希腊方言进行历史创作的传统。奥斯曼史书中最著名的希腊作者是米海尔·克瑞托鲍路斯（Michael Kritoboulos），他出身于爱琴海伊谟罗斯岛（Imbros）的贵族家庭，创作了一部关于穆罕默德二世"君士坦丁堡征服者"在位前 17 年（1451—1467 年）情况的史书。② 但该书可能并没有对奥斯曼史学的中古希腊语创作产生深刻影响，因为已知的惟一一份作品手稿直到 19 世纪仍深藏于奥斯曼皇宫的图书馆里，20 世纪早期时，该书才被译为土耳其语，所以也没能对奥斯曼土耳其语的创作产生影响。③

马留斯·菲力彼得斯（Marios Philippides）认为，曾经有"两套传统存在于 16 世纪和 17 世纪早期的希腊史学中"。一套传统处在以伊斯坦布尔为核心，直接受奥斯曼帝国控制的地区和东正教大牧首的教区中；这一"学派"的创作以教会为重心，或多或少属于拜占庭传统，另一个"学派"在意大利的希腊族群中繁荣兴旺，包括当时希腊领土上仍然受意大利控制的若干地区。④

斯图迪特的达玛思契瑙斯（Damaskenos the Stoudite）的作品

203

---

① 关于英译例文，参见 Doukas, *Decline and Fall of Byzantium to the Ottoman Turks: An Annotated Translation of 'Historia Turco-Byzantina'*, trans. Harry J. Magoulias (Detroit, 1975); and George Sphrantzes, *The Fall of the Byzantine Empire: A Chronicle by George Sphrantzes, 1401 - 1477*, trans. Marios Philippides (Amherst, 1980)。

② Kritovoulos, *History of Mehmed the Conqueror*, trans. Charles T. Riggs (Princeton, 1954)。

③ Ibid., p. ix; and Kritovulos, *Tarih-i Sultan Mehmet Han-i Sani*, trans. Karolidi (Istanbul, 1912)。

④ Marios Philippides (trans.), *Byzantium, Europe, and the Early Ottoman Sultans, 1373 -1513: An Anonymous Greek Chronicle of the Seventeenth Century* (Codex Barberinus Graecus 111) (New Rochelle, 1990), 11。

《君士坦丁堡大牧首史》(*Κατάλογος Χρονογραφικὸς τῶν Πατριαρχῶν Κωνσταντινουπόλεως*,约 1572 年)是前一个学派的重要作品。[①] 马卡廖斯·梅里索戈斯-梅里赛诺斯(Makarios Melissourgos-Melissenos)扩展了斯弗兰齐斯(Sphrantzes)作品,写成《伟大编年史》(*Chronicon Maius*),这是后一个学派的范例作品。[②] 菲力彼得斯已经出版了两部匿名编年史作品的英译本,分别代表以上两个学派。

虽然无法在此详谈奥斯曼-希腊史学,但还是必须提到存续下来的短篇编年史传统,彼得·施海纳(Peter Schreiner)已经编辑了其中不少作品。[③] 拜占庭地方编年史中的重要一例是叙纳迪诺斯(Synadinos)创作的 17 世纪编年史,他是现代希腊塞雷(Serres)地区的一名修士,他照拜占庭习惯称奥斯曼苏丹为"*Basileus*",完全承认其统治的合法性。[④]

奥斯曼-亚美尼亚史学的命运不同于奥斯曼-希腊史学,1375年亚美尼亚的最后一个独立政权基利家王国(Armenian Kingdom of Cilicia)消失以后,奥斯曼-亚美尼亚史学作品也从地理和时间上被抹除了。15 世纪的亚美尼亚史学作品之所以稀缺,也许正是文化遗产灭失导致的后果。[⑤] 不过,虽然专门的史学作品相对缺乏,这一时期的藏书印(colophon)中蕴含了丰富的史学创作传统。[⑥] 对

---

① Marios Philippides (ed. and trans.), *Emperors, Patriarchs and Sultans of Constantinople, 1373 - 1513: An Anonymous Greek Chronicle of the Sixteenth Century*, (Brookline, 1990),17.

② Philippides, *Byzantium, Europe, and the Early Ottoman Sultans*, 11.

③ Peter Schreiner, *Die byzantinischen Kleinchroniken*, 3 vols. (Vienna, 1975 - 1979);这一标题具有误导性,施海纳的作品中也收录了许多奥斯曼时期的编年史作品。

④ Paolo Odorico (ed. and trans.), *Conseils et mémoires de Synadinos, prêtre de Serrès en Macédoine (XVIIe siècle)*(n. p. , 1996).

⑤ 关于这一时期亚美尼亚历史编纂的例子,参见 Tovma Metzopetsi, *History of Tamerlane and His Successors*, ed. and trans. Robert Bedrosian (New York, 1987)。

⑥ Avedis K. Sanjian (trans.), *Colophons of Armenian Manuscripts, 1301 - 1480: A Source for Middle Eastern History* (Cambridge, 1969).

于 16 世纪,凯沃克·巴达克彦(Kevork Bardakjian)的看法是"这个时代谈不上存在史学家;退一步讲,没有史学作品流传下来"[1]。然而到了 17 世纪时,不论是在亚美尼亚本地,还是在流散客居异乡,尤其是在伊斯坦布尔的亚美尼亚人之中,情况都大不相同。

君士坦丁堡的陷落至少使同代的一些亚美尼亚人感到悲伤,[2]它是伊斯坦布尔出现繁荣的新一代亚美尼亚族群的历史基础。在他们看来,穆罕默德二世得以征服君士坦丁堡,至少部分由于他蒙受了普鲁萨(Prusa,今布尔萨)亚美尼亚主教霍宛金姆(Hovakim)的祝福。18 世纪的亚美尼亚史学家米卡耶·察姆彻扬(Mik'ayêl Ch'amch'yants')认为,穆罕默德二世许诺带霍宛金姆去伊斯坦布尔,让他成为当地亚美尼亚人的领袖,也就是 1461 年出现的伊斯坦布尔亚美尼亚大牧首。[3] 17 世纪早期,为了躲避桀剌里地方政府叛乱(Jalali rebellions)和奥斯曼-萨法维王朝交战造成的混乱,帝国东部行省的亚美尼亚人迁居到首都,增加了伊斯坦布尔亚美尼亚族群的人数,促进了族群多样化。亚美尼亚族群的成员从事形形色色的职业,毫无意外地以亚美尼亚语和亚美尼亚土耳其语(Armeno-Turkish)创造出丰富的文学文化,还有包含着土耳其语的亚美尼亚语作品。[4] 在这样的社会-文化背景下,亚美尼亚-奥斯曼史学开始发达。

17 世纪第一位重量级的亚美尼亚编年史作家是修士葛利果·

[1] Kevork B. Bardakjian, *A Reference Guide to Modern Armenian Literature*, 1500 - 1920, *with an Introductory History* (Detroit, 2000),43.

[2] Avedis K. Sanjian, 'Two Contemporary Armenian Elegies on the Fall of Constantinople, 1453', Viator, 1(1970),223 - 261.

[3] Kevork B. Bardakjian, 'The Rise of the Armenian Patriarchate of Constantinople', in Benjamin Braude and Bernard Lewis (eds.), *Christians and Jews in the Ottoman Empire: The Functioning of a Plural Society*, 2 vols. (New York, 1982), i 89; compare Markus Rahn, *Die Entstehung des armenischen Patriarchats von Konstantinopel* (Hamburg, 2002).

[4] 关于亚美尼亚土耳其语文学的例子,参见 Avedis K. Sanjian and Andreas Tietze (eds.), *Eremya Chelebi Kömürjian's Armeno-Turkish Poem: The Jewish Bride* (Wiesbaden, 1981)。

卡玛凯兹（Vardapet Grigor Kamakhets'i），他出生在卡马孔（Kamakh），即现代土耳其的凯马赫（Kemah）。这位作者是个孤儿，曾在亚美尼亚的一所修道院中学习，1603 年成为一名 *vardapet*，意为具有神学博士头衔的独身修士。1604 年前往耶路撒冷朝圣后，为了帮助异母姊妹和她的女儿，葛利果旅行到了伊斯坦布尔。他投身当地亚美尼亚族群的事务，成了 17 世纪下半叶牧首宝座的重要竞争者。怀着对亚美尼亚人的责任感，他踏遍帝国各个边陲地带，最后作为若代斯笃（Rodosto）教长——今土耳其色雷斯地区的泰基尔达（Tekirdag）——结束了一生。他写的《编年史》（*Zhamanakagrut'iwn*）提供了有关奥斯曼社会历史和亚美尼亚教会及族群历史的丰富信息。①

　　17 和 18 世纪的几位亚美尼亚史学家中，有人居住在奥斯曼帝国，有人是萨法维王朝的臣民。② 他们竟能同时在这两国中应对自如，着实令人敬佩。举例来说，色雷斯地区的亚美尼亚人总主教亚伯拉罕·克里塔塞（Abraham Kretats'i）是在希腊克里特出生的奥斯曼臣民，1734 年，他在亚美尼亚造访几间修道院，结果发现自己被推选为埃奇米阿津（Etchmiadzin）的牧首。他写的 *Patmut'iwn* 详述了萨法维王朝的最后几年，以及阿夫沙尔部族强有力的指挥者纳迪尔击败奥斯曼人，于 1736 年掌握波斯王权的细节。③ 作为生活在多重政策下的族群成员，亚美尼亚作家写的世界史作品对奥斯曼帝国和萨法维王朝给予同等关注。这个领域最好的例子是修士阿拉凯尔·达乌里哲兹（Vardapet Arak'el Dawrizhets'i）的《历史》（*Patmut'iwn*），虽然作者是萨法维的臣民，他的作品却涵盖了

205

① *Mesrop Nshanean* 于 1915 年在耶路撒冷出版了葛利果的《编年史》及他的各种其他作品；Bardakjian, *A Reference Guide*, 67 - 68,354；Hrand D. Andreasyan, 'Türk tarihine aid Ermeni kaynakları', *Tarih Dergisi*, 1/1 - 2(1949 - 1950),95 - 118,401 - 438 at 426 - 428。

② 有关概况参见 Bardakjian, *A Reference Guide*, 68 - 73,87 - 94。

③ Abraham Kretats'i, *The Chronicle of Abraham of Crete* (*Patmut'iwn of Kat'oghikos Abraham Kretats'i*), trans. George A. Bournoutian (Costa Mesa, Calif., 1999)。

奥斯曼帝国的许多历史事件。[1] 亚美尼亚作家的作品还展示了一种对于非本民族语言史学作品的清晰觉察。例如,埃莱米亚·彻莱毕·寇米尔契(Eremia Chelebi K 'eomiwrchean)创作有关奥斯曼苏丹的诗体史书时,利用了多种奥斯曼土耳其语的编年史作品。[2] 他另外还专为当时不通亚美尼亚语的人用亚美尼亚土耳其语写了一部亚美尼亚民族的史书,一位奥斯曼史学家用阿拉伯语写的世界史就将这本书作为一个资料来源。[3]

库尔德人也构成了一个群体,他们在奥斯曼和萨法维两国都有分布,因而擅长以诗歌描写这两国的事务。他们之中有人用波斯语或土耳其语为奥斯曼宫廷创作史书,例如上文提到过的伊得里斯(Idrīs Bidlīsī),此外还有叙克里(Shukrī)。[4] 17 世纪后期,库尔德语逐渐成为了文学语言。这一进展的标志是 1692 年艾哈迈德·汗(Ahmad Khānī)以梅穆(Mem)和姿英(Zīn)两个角色的爱情故事为背景而创作的库尔德语史诗《梅穆与姿英》(Mem u Zîn)。[5] 不过奥斯曼库尔德语史学创作的发展还要更早些,出身比特利斯的谢里夫·汗(Sharaf Khān of Bidlis)于 1597 年创作的波斯语巨著《谢里夫纪》(Sharaf-nāmeh)就是一个例证。这部作品还对库尔德人的政治状况作了概述,分为两卷。上卷写库尔德斯坦地区的库尔德人部族,很有名气,下卷是一部纪年史,记叙约 1290—1596 年间奥斯曼帝国和波斯东部疆土的历史。谢里夫·汗每年都对两国领

---

① Arak 'el Dawrizhets 'i, *The History of Vardapet Arak 'el of Tabriz*, trans. George A Bournoutian, 2 vols. (Costa Mesa, CA, 2005 - 2006), esp. chs. 51 (on Ottoman sultans) and 56 (on chronology).

② Bardakjian, *A Reference Guide*, 61.

③ Sanjian and Tietze (eds.), *Eremya Chelebi Kömürjian's Armeno-Turkish Poem*, 35, n. 97. 历史学家 Müneccimba,sı 的身份无法确定,18 世纪时,他的作品被译成土耳其语,译者为著名诗人 Nedim; *Sahâ'ifü'l-ahbâr*, 3 vols. (Istanbul, AH 1285)。

④ Shukri, *Selîm-nâme* [in Turkish verse], Topkapı Sarayı Müzesi Kütüphanesi, MS Hazine 1597 - 1598, f. 276b.

⑤ Ahmed Khani, *Mem and Zin*, trans. Salah Saadalla (Istanbul, 2008).

土上的重大事件进行记录。① 这位作者起先效忠奥斯曼帝国,继而 206
转投波斯萨法维,然后又回到奥斯曼,与之相似,他的作品体现了
身处两大帝国之间的库尔德人的政治经验。

个案研究

在诸如叙克鲁儿剌和恩维里等奥斯曼早期作者创作的普世史
中,奥斯曼本国史在伊斯兰历史的存续上所占地位有限,奥斯曼苏
丹以战斗在穆斯林世界前线的 *ghazis*(武士)形象出现。② 苏莱曼
大帝在位时,世界史方面的创作首次尝试将奥斯曼苏丹从伊斯兰
世界的边疆引回中心地带。这类作品中包括由担任 *sehnâmeci*,即
"*Shâh-nâmeh*(王纪)作家"的阿里菲(Arifi)及其继任者写的《历史
的本质》(*Zübdetü't-tevârîh*),他的继任者又续写了该书,原始作品
写在一枚卷轴上,后来也叫 *Tomar-ī hümâyûn*(皇家卷轴)。③

《历史的本质》是一部世界史作品,以天地的创造开篇。当写
到阿丹时,下文转成了附评注的人物系谱,囊括诸位先知、哈里发、
君主等等在内的许多显贵男女,评注内容长度各异。写先知事迹
的长度远远超过对君主们的批注。等到进入奥斯曼历史,评注略
微变得详细;卷轴展开到苏莱曼大帝在位期间时,评注完全成了一
部编年史。

卷轴首部的序言以一节祷文开始,给作品定下基调,很值得在

---

① Sharaf Khān, *Scheref-nameh*, *ou Histoire des Kourdes*, ed. V. Véliaminof-
Zernof, 2 vols. (St Petersburg, 1860 – 1862); and Chèref-nâmeh, *ou Fastes de la
Nation Kourde*, trans. François Bernard Charmoy, 4 parts in 2 vols. (St
Petersburg, 1868 – 1875).

② İnalcık, '*The Rise of Ottoman Historiography*', 166.

③ Topkapı Sarayı Müzesi Kütüphanesi, MS A 3599; Sinem Eryılmaz, ' The
Shehnamecis of Sultan Süleyman:'Arif and Eflātūn and Their Dynastic Project',
Ph. D. dissertation, University of Chicago, 2010.

此全文引用：①

"奉至仁至慈的真主之名；一切赞颂，全归真主。他创造天和地，造化重重黑暗和光明。"(Q 6：1)

愿丰盛的赞美与谢意，无穷的感恩与称颂，归于那一位至高的君王，众世界的创造者，自发的造物主——愿他的荣光崇高尊贵，愿他的福祉泽被万物，永无止息！

他以神圣之笔，在建造与革新的记录之中，书写一切被造之人与物，应了那句教人喜悦的话语："他创造万物，并加以精密的注定。"(Q 25：2)

他撒开七片大地，其上饰以河海山林，应了那句："真主为你们以地面为居处，以天空为房屋。"(Q 40：64)

他为着完全的创造，使一切植物从地上生出，应了那句："我[还]使各种美丽的植物生长出来。"(Q 50：7)

他造出重叠的苍穹，其上饰以旋转的天体，高悬在大地之上，应了那句："他创造了七层天。"(Q 67：3)

他令万物的供给从天上降下，应了那句："他为你们从云中降下给养。"(Q 40：13)

他的话语传来佳音："我必定在大地上设置一个代理人。"(Q 2：30)又以他大能的手酵变了塑造阿丹的泥土，应了(他说的)那句：""②

他给(阿丹)配以最美好的形象，应了(他所称的)这桩奇迹："我确已把人造成具有最美的形态。"(Q 95：4)

他传来了丰足的真经(i. e.《古兰经》)一定要尊崇——赐

207

---

① 关于本节祷文在奥斯曼文学作品序言部分的重大意义，参见 Baki Tezcan 'The Multiple Faces of the One：The Invocation Section of Ottoman Literary Introductions as a Locus for the Central Argument of the Text', *Middle Eastern Literatures*，12(2009)，27-41。斜体部分表示原文为阿拉伯语；Q 代表《古兰经》，后附数字代表被引用经文所出章(Surat)节(Ayat)。

② H. Q. 是真主圣训(hadith qudsi)的缩写，穆斯林传统上视为先知穆罕默德传达真主意旨的一类圣训。

予他的使徒，这使徒是信差和劝诫者，又领导着两个世界——肉体与精神，和两个种族——凡人与耆尼（*Jinn*，意为精灵）；

他为着精准地执行伊斯兰的律法，为着使众生的秩序井井有条，在每一个世纪里，教人们向着统治他们的君主俯首，教人们服从一位帝王的号令，这人是信仰的捍卫者。①

在这一节中，真主的宣示如此之多，以至于其他非《古兰经》的内容也蒙上了一层神圣的气质。然而所有这一切都指向一个十分世俗的命题：在每一个时代中，真主都令他的造物臣服于一位君王。这君王是王中之王，就连旁的那些受人跪拜的君主也必须向他臣服。"或者为了宗教威权的缘故，或者为了些较小的王的缘故，人们服从于在位的统治者（*efrad-ı lazımü'l-inkıyad*），这其实无关紧要，他们全都要向着'那位捍卫信仰的君主'俯首。"

赞颂真主的章节也反映了皇家卷轴的内容，有助于我们理解卷轴的创作动机。第一部分占卷轴十分之一略多的长度，专写天地的创造及其细节。大部分文本是环绕着两幅大面积的插图写下，以插图为中心组成许多圆柱，指向各个方向，必须展开卷轴才能阅读文本。然后写到真主创造阿丹，接下来是受主派遣来到人类之中的先知们。这一节里，阿丹和哈娃（Eve）成了各式谱系的起点，绵延数十个时代，把所有书中出现过的人名彼此联结起来。再加上先知穆罕默德的生平以及四大哈里发的事迹，到此为止的内容总共占全卷的五分之一。

涉及神圣与先知的内容写完后，接下来是奥斯曼以前穆斯林世界统治者的谱系，沿垂直方向跨越卷轴。线条中夹有圆圈，内注人物名讳，推测上位圆圈中的人物应是下方人物的父亲。很多地方还绘有平行的线条，例如奥斯曼人和蒙古可汗们的突厥祖先。这

208

① Topkapı Palace Library，A. 3599，lines 1–7；译文出自本章作者，引用《古兰经》经文，并略加修改，古兰经版本参见 *Al-Qur'an: A Contemporary Translation*，trans. Ahmed Ali（rev. edn，Princeton，1988）。

些人物中的大多数没有相关记载,只有其中声名显赫的人物名讳旁附了几句类似于"小标题"的句子。受包含名讳的圆圈间的空间所限,"小标题"以名讳为中心,向不同方向书写,因而不易阅读。这部分的内容占了全卷不足十分之一的篇幅。

最后当然是关于奥斯曼君主们的内容,占据卷轴其余部分。首先是从奥斯曼到塞里姆一世(Selim I)的前九位苏丹,他们的名讳都写在带有装饰纹样的圆圈里,旁边附有关于其人的简要记叙。从苏莱曼大帝开始,细致地描写君主的在位情况,苏莱曼子孙二人的情况是后来加入卷轴的,对这三人统治的描述构成全卷的下半部,最后对1595年苏莱曼长孙——穆罕默德三世(Mehmed III)的继位记了一笔。就此告终。奥斯曼君主,尤其是苏莱曼大帝,在卷轴中占据了极其可观的篇幅,这在序言里已经有所影射,没什么可吃惊的。卷轴的作者阿里菲在序言里谈了作品的内容,以《古兰经》(3:110)的一段祷文说苏莱曼大帝:"你们是为世人而被产生的最优秀的民族,你们劝善戒恶。"正如穆斯林是最优秀的民族一样,苏莱曼大帝胜过了其他一切苏丹与可汗。[1]

皇家卷轴是土耳其散文体的宏大世界史工程,苏莱曼大帝居于历史的顶点。从卷轴的观点看,苏莱曼大帝的功绩等同于真主创世,对这两者的描写篇幅差不多是一样的。文本以天地的创造开篇,以苏莱曼大帝的伟业告终。从阿丹和哈娃发出的所有谱系最后都消亡了,留下来的惟一一支是奥斯曼君主的谱系,这一谱系又以苏莱曼大帝作为终结,他是世界的终极统治者,一切旁的国家都属于他的帝国。这或许就是卷轴的第一作者将其命名为《Zubdetu 't-tevarih》——"历史的本质"的原因:这并不是对历史核心本质的概括,而是一切历史变迁归终的道路——全都指向苏莱曼大帝。

这项历史工程选择的媒介是一枚长卷轴,完美地贴合了创作意图。阿里菲曾经创作过一部多卷本的波斯语诗体手稿,带有大量

---

① A. 3599,line 18.

插图。① 而皇家卷轴不同之处在于,它的文本主要是为了提供观赏效果,而非供人从头至尾进行阅读。真正重要的是那些包含着主要伊斯兰王朝谱系,易于识别的文本。这些王朝的君主名讳周围绘有一些圆圈,有些彼此并列,有些上下平行,王朝的历史被精简压缩到圆圈里,以便将之移除。

如此,它们所代表的往昔王朝如今全部消亡,被尽数并入世界最后的主宰者——苏莱曼大帝的帝国。它们的历史本身不具有重要性,本质上也不具有重要性,仅仅是历史向奥斯曼君主们,尤其是苏莱曼大帝靠拢的路径,他就是历史的终点。早在弗朗西斯·福山②很久之前,苏莱曼大帝的一位宫廷史学家——极可能就是阿里菲——已经宣告了历史的终结。或者也有可能是苏莱曼自己想到了构建这种样式。对后人来说,皇家卷轴不光是一部书册,而是一座丰碑。③ 当然,历史没有在苏莱曼大帝那里告终,也没有像福山认为的那样随苏维埃的解体而告终。

奥斯曼史学家们不懈地创作着史书,直到 1922 年奥斯曼帝国灭亡。④ 在本章篇幅以内,显然不可能畅谈 1400 年到 1800 年的奥斯曼史学作品,但已经提到过的史学家及各类史学作品清楚地说明了该时期历史书写的多样性,这应当是奥斯曼-史学传统最重要的特点。

---

① 参见 Esin Atıl, *Süleymanname*: *The Illustrated History of Süleyman the Magnificent* (Washington, 1986)。

② Francis Fukuyama, 'The End of History?' *National Interest*, 16 (Summer 1989), 3 - 18.

③ *Süleiman's scroll was later rendered into a codex form during the tenure of Seyyid Lokman as the court historian of Murad III*; 参见 Tezcan, 'The Politics of Early Modern Ottoman Historiography'.

④ 参见 Cemal Kafadar and Hakan T. Karateke, 'The Late Ottoman and Early Republican Turkish Historical Writing', Stuart Macintyre, Juan Maiguashca, and Attila Pók (eds.), *The Oxford History of Historical Writing*, vol. 4: 1800 - 1914 (Oxford, 2011), 559 - 577.

大事年表/关键日期

约 1300 年	奥斯曼作为军阀势力出现在比提尼亚地区
1326 年	奥斯曼国攻陷布尔萨（普鲁萨）
1361 年	攻陷埃迪尔内，也称哈德良堡
1402 年	安卡拉保卫战，抗击帖木儿军队，战败
1453 年	攻陷伊斯坦布尔（君士坦丁堡）
1514 年	塞里姆一世在查尔迪兰击败萨法维君主伊斯玛仪
1516—1517 年	征服埃及，大叙利亚地区，汉志地区
1521 年	攻陷贝尔格莱德
1529 年	维也纳之围
1534 年	攻陷巴格达
1571 年	败于勒班陀战役
1578—1590 年；1603—1639 年	与波斯交战
1622 年	奥斯曼二世被弑
1648 年	易卜拉欣一世被弑
1683 年	维也纳之围
1687 年	穆罕默德四世被废黜
1689 年	签署卡尔洛夫奇条约，奥斯曼国丧失在欧洲的领土
1703 年	穆斯塔法二世被废黜
1730 年	艾哈迈德三世被废黜
1774 年	签署《库叙克·凯纳尔贾条约》，奥斯曼国丧失克里米亚地区

210

1798 年　　　　　　　　　　　拿破仑入侵埃及

主要史料

Abdülvasi Çelebi, *Halilname*, ed. Ayhan Güldaş (Ankara, 1996).

Ahmedi, *İskender-nāme: İnceleme-tıpkıbasım*, ed. İsmail Ünver (Ankara, 1983).

Anonymous, *Gazavât-ı Sultân Murâd b. Mehemmed Hân: İzladi ve Varna Savaşları üzerinde anonim gazavâtnâme*, ed. Halil İnalcık and Mevlûd Oğuz (Ankara, 1978).

Arif Ali (Tokatlı), *La geste de Melik Danişmend: Etude critique du Danişmendname*, ed. Irène Mélikoff, 2 vols. (Paris, 1960).

Aşıkpaşazade, 'Tevârîh-i Âl-i 'Osman', ed. Çiftçioğlu N. Atsız, in *Osmanlı Tarihleri* (Istanbul, 1949), 77 – 319.

Kemalpasazade, *Tevârih-i Âl-i Osman—I. Defter*, ed. Şerafettin Turan (Ankara, 1970); *II. Defter*, ed. Şerafettin Turan (Ankara, 1983); *IV. Defter*, ed. Koji Imazawa (Ankara, 2000); *VII. Defter*, ed. Şerafettin Turan (Ankara, 1957); *VIII. Defter*, ed. Ahmet Uğur (Ankara, 1997); *X. Defter*, ed. Şefaettin Severcan (Ankara, 1996).

Mik 'ayēl Ch 'amch 'yants ', *History of Armenia by Father Michael Chamich, from B. C. 2247 to the year of Christ 1780, or 1229 of the Armenian era to which is appended a continuation of the history by the translator from the year 1780 to the present date*, abridged trans. Baron John Avtaliantz, 2 vols. (Calcutta, 1827).

Na 'ima, *Tarih-i Na 'ima*, 6 vols. (Istanbul, AH 1281 – 1283).

Nesri, *Gihannuma: Die altosmanische Chronik des Mevlana Mehemmed Neschri*, ed. Franz Taeschner, 2 vols. (Leipzig, 1951 –1955).

Sukrullah, 'Der Abschnitt über die Osmanen in Sukrullah's persischer Universal-geschichte', ed. Theodor Seif, *Mitteilungen zur osmanischen Geschichte*, 2(1923 - 1926),63 - 128.

211 **参考文献**

Aksan, Virginia H., *An Ottoman Statesman in War and Peace*: *Ahmed Resmi Efendi*, *1700 - 1783* (Leiden, 1995).

Babinger, Franz, *Die Geschichtsschreiber der Osmanen und ihre Werke* (Leipzig, 1927).

Fleischer, Cornell H., *Bureaucrat and Intellectual in the Ottoman Empire*: *The HistorianMustafa Âli* (*1541 - 1600*) (Princeton, 1986).

Kafadar, Cemal, *Between Two Worlds*: *The Construction of the Ottoman State* (Berkeley, 1995).

——Karateke, Hakan, and Fleischer, Cornell H. (eds.), *Historians of the Ottoman Empire*, at http://www. ottomanhistorians. com (accessed 30 May 2011).

Kütükoğlu, Bekir, *Vekâyi'nüvis*: *Makaleler* (Istanbul, 1994).

Lewis, Bernard and Holt, P. M. (eds.), *Historians of the Middle East* (London, 1962).

Ménage, Victor Louis, 'A Survey of the Early Ottoman Histories, with Studies of Their Textual Problems and Their Sources', Ph. D. dissertation, University of London, 1961.

Piterberg, Gabriel, *An Ottoman Tragedy*: *History and Historiography at Play* (Berkeley, 2003).

Thomas, Lewis V., *A Study of Naima*, ed. Norman Itzkowitz (New York, 1972).

王 静 译 李 娟 校

第十章 公元1800年前西非地区的伊斯兰学术和历史认知

保罗·E.洛弗乔伊

1800年前的几个世纪之中,在廷巴克图等地区,包括历史和地理学在内的伊斯兰科学处于全盛时期,西非地区的本土史学与之紧密联系在一起。[①] 像阿卜杜-拉赫曼·萨迪(ʽAbd al-Rahman al-Saʽdi)创作的《苏丹历史》(*Tarikh al-Sudan*,约1655年)以及玛赫穆德·喀提(Mahmud Kaʽti)创作的《关于国家、军队、重要人物的研究者编年史》(*Taʼrikh al-fattash fi akhbar al-buldan waʼl-juyush wa-akabir al-nas*)这样的作品展现了历史的重要性,后一部作品在喀提去世后又被人续写,现存的版本内容记载到伊斯兰历1074年(1654—1655年)为止。法学由于存在着引用*fatwa*("法特瓦",经典法律意见)诠释当下法律问题的传统,因而也具有历史的取向。引用《古兰经》和圣训的学术传统在历史文献的权威位阶在构建主张和树立合法性。在穆斯林之中,存在着"*isnād*"学术传统,根据一个人师从何者,以及其导师又师从何人,追溯其学术及宗教世系。姆扎卜(Mzab)地区,撒哈拉绿洲地带,以及柏柏尔人聚居地

---

① 本章原为2009年3月12日在麦迪逊的威斯康辛大学Memorial Lecture开幕讲稿,讲座主题为"西非伊斯兰研究"。激发了我对西非伊斯兰研究的兴趣。他对我的博士论文提出了至关重要的建议。他长期致力于西非穆斯林中心地区的全方位学术研究,为近年来的许多发现打下了基础。感谢Jan Vansina和Thomas Spear邀我为这一纪念尊敬的William Brown的讲座作开幕致辞,同时感谢加拿大非洲大流散历史研究负责人提供的支持。我也对Feisal Farrah和Yacine Daddi Addoun的协助表示感谢。

（Berber enclaves）保持着独立于逊尼派经典模式的学术传统，自成一派，但仍然遵循与之相同的学术准则。喀迪利雅苏菲修会（Qadiriyya sufi brotherhood）在摩洛哥及其他地区得到巩固，推广了一种教育体系，使得对历史的认知得到加强。

概言之，在西部和中部被称作"苏丹"的地区——阿拉伯语意为"黑人的土地"（Bilad al-Sudan），其学术传统与马格里布（Magreb）及中东地区齐头并进，通过文学、朝圣、贸易以及移民保持联系。尽管在地中海世界存在着基督教与伊斯兰的根本对立，达希鲁·叶海亚（Dahiru Yahya）对于伊斯兰世界智识及政治趋势复杂性所作的回顾还是有用的。① 在此背景中，应对安达鲁西亚（Andalusia）对撒哈拉以南非洲产生的强烈影响加以关注，这种影响力越过撒哈拉沙漠扩散，反映了彼此间紧密的联系并没有因广袤的沙漠受到阻隔。再者，16世纪时，奥斯曼帝国巩固了对非洲西至阿尔及利亚地区的控制，新一波影响越过撒哈拉沙漠扩散，达到了博尔努地区（Borno）。伊巴迪团体聚居地的自治性，会同安达鲁西亚的影响以及奥斯曼帝国的渗透，提供了历史写作及历史研究的情境，不光在廷巴克图有着研究历史的活跃地方传统，最终还出现在萨赫勒地带（sahel）和稀树草原地带的不少生活着众多穆斯林的镇子中。撒哈拉及撒哈拉以南非洲保存下来的许多图书馆都可以反映这种联系。

为了考察在1800年前的时期里，非洲人是如何理解历史的，本章吸纳了广泛的学术研究内容。非洲曾一度被视为一个典型的"无历史"地区。休·特莱弗罗珀（Hugh Trevor-Roper）有一句被频繁引用的评论说道：在欧洲对非洲进行"开发"和"殖民"以前，非洲没有历史。他认为，"只有欧洲人在非洲的历史，余下的都是漆黑

① Dahiru Yahya, *Morocco in the Sixteenth Century*: *Problems and Patterns in African Foreign Policy* (Atlantic Highlands, NJ, 1981).

一团";后来他称非洲是"没有历史的"。[①] 欧洲崛起成为全球力量发生在 16 世纪以后,而事实上,西非、埃塞俄比亚及非洲其他地方的学者在此之前就已经书写记录了非洲的历史。从 15 世纪—19 世纪都存在着大量的成文资料,先于欧洲的"开发"和帝国主义征服。不仅在通行阿语书写,伊斯兰学术繁荣的穆斯林地区,而且在埃塞俄比亚的阿姆哈拉语(Amharic)文学中,还有基督徒建立的各个聚居地中,对历史的觉知都有相当的发展。文学和因而流传下来的书面记载都是非洲历史的构成部分。从现存的文献里可以了解到,在葡萄牙人和后来的欧洲人环绕着非洲航行之前,非洲的人们是如何试图诠释历史的。17 世纪、18 世纪及 19 世纪早期,跨大西洋的贩奴贸易增长到惊人的规模时,伊斯兰学术却正欣欣向荣。

任何对非洲"理解历史"的过程作出评价的尝试,都不可能通过综述或总览整块大陆情况的方式进行;眼下还在开展过程中的研究实在太多,如果在此采用综述方法,将会不可避免地留下大片有待填补的空白。本章选择检视生活在这一时期的人对人种和历史的看法,从而向着历史洞察的问题推进。尽管非洲大部分地区没有本土记载,而且(即使有)外部资料只有含糊的记载,苏丹西部和中部地区仍然是关注的焦点(即稀树草原地区、萨赫勒地带,以及西非的撒哈拉沙漠地区)。这些广袤的地区曾经生活着穆斯林学者中的一批文学阶层人物,其中有些人记载了他们的历史,可以追溯到公元 1000—1300 年间加纳的穆斯林政权,以及穆拉比特(Almoravid)王朝征服马格里布地区和安达鲁西亚。本章通过研究苏丹西部和中部地区,分析 14 世纪到 19 世纪早期穆斯林知识分子阶层对历史的洞见。而且,对于历史是如何借助神话故事这一本土形式概念化的过程,可以通过流传至今的口述史实

215

---

① 　Hugh Trevor-Roper, 'The Past and Present: History and Sociology', *Past and Present*, 42(1969), 6; and Trevor-Roper, *The Rise of Christian Europe* (New York, 1965), 9.

现重构，得以记载下来的口述史的重要性并不亚于文字史。除了文字化的历史，还有被称作"游吟诗人"（griot）的职业贤者（professional sage）群体，他们的表演包含了历史的内容，具有历史的意识，与穆斯林政权（尤其是马里）的政治领导地位有着密切关系。

1400—1800 年间，非洲大陆不同地区的史学有几处重大变化和发展，可以从地理和变化受外部影响的相对程度进行划分。14世纪时，伊斯兰已经成为萨赫勒地带与撒哈拉地区的一个要素，从红海开始沿非洲东海岸西行，跨过尼罗河谷、乍得湖盆地、尼日尔内河部分，一直到西部塞内加尔河，伊斯兰早在 11 世纪时已经进入了许多地区，因而把伊斯兰作为"外来的"或陌生的宗教文化来理解是大错特错的，这就好比认为基督教当时对于欧洲西北部地区是新鲜事物一样。

对非洲伊斯兰地区历史的诠释还需要若干年时间。这种预测的惟一基础是黑非洲不同地区流传的阿雅米（*ajami*）手稿，以及约翰·汉维克（John Hunwick）阿拉伯大百科全书中的材料。汉维克的书目充分表明，这些资料之巨远超过人们通常以为的数量。[①] 艾哈迈德·巴巴研究中心（Ahmad Baba Centre）的廷巴克图收藏包含了超过 15000 件 17 世纪前的手稿。摩洛哥的姆扎卜、阿尔及利亚、利比亚、埃及、南苏丹（Nilotic Sudan）、汉志（Hijaz）地区也有类似的关于撒哈拉以南非洲的收藏。此外在如索科托（Sokoto）、阿加德兹（Agadez）等地，以及主要的撒哈拉绿洲地区还有一批类似的重要公共或私人档案收藏。

苏丹中西地区的学术氛围基本是宗教性质的，热衷于研究先知穆罕默德生平及其生活的年代。各种伊斯兰学科门类的聚焦

216

---

① John Hunwick *et al*. (eds.), *Arabic Literature of Africa*, vol. 2：*The Writings of Central Sudanic Africa* (Leiden, 1995); and vol. 4：*The Writings of Western Sudanic Africa* (Leiden, 2003). 亦可参见 Hunwick, 'Toward a History of the Islamic Intellectual Tradition in West Africa down to the Nineteenth Century', *Journal of Islamic Studies*, 17(1997), 9。

点本质都是历史性的。可以通过西非和马格里布地区的图书馆了解到当时学术研究的范围。一项针对这些图书馆的研究揭示了当时被广泛教授的基本核心课程,以及根据从安达鲁西亚、马格里布、奥斯曼属地、汉志地区、朝圣之路传来的书籍和手稿建立起来知识范畴。此外还有伊巴迪传统,影响了撒哈拉地区柏柏尔人所到之处。伊巴迪的起源要追溯到阿卜杜拉·本·伊拔达穆里·塔密尼('Abd Allah bin Ibad al-Murri, l-Tamimi),而喀迪利雅苏菲修会的起源要追溯到谢赫阿卜杜喀迪尔·耆剌尼(Shaykh 'Abd al-Qadir al Jilani)。

1900 年前,西非的古兰经研究(诵经、解经),阿拉伯语(词典、词汇学、词形学、句法、辩论术,以及韵律),对于先知穆罕默德的研究(包括生平、祷诗、圣训)以及由此扩展来的历史研究已经进行了几个世纪。其他被关注的领域包括神学、神秘主义,还有法律(渊源、学派、教学法文本、法律准则、案例以及判决意见)。虽然本章着重于历史的重构和认知,但伊斯兰学术对先知穆罕默德生平和生活年代的关注,对语言和宗教主题的关注,可以构建出一个情境,从而理解史学的目的——它本质上是为了给政治、学术以及宗教领域的精英人物提供认识。马立克法学派在西非的伊斯兰法学传统中占主导地位,法律实践中的先例具有根本上的重要性,马格里布地区和安达鲁西亚也是如此。为了发布法特瓦,必须了解历史传统,因为援引前人的法律观点对于树立权威至关重要。就要求对学术及法律文献进行精准引证这一点来说,伊巴迪的传统具有相似之处,所以也表现了对历史的了解。

西非图书馆中的法律资料门类包括法理学渊源(uṣūl al-fiqh);思想流派这一类包括基础文本、斐格海(fiqh,意为伊斯兰法理学)纲要、教学法材料、法律准则和格言(al-qawāʿid al-fiqhiyya);案例和判决意见,例如艾哈迈德·宛沙里思(al-Wansharisi)写的《非洲,安达鲁西亚及马格里布地区的法特瓦范例集》(al-Miʿyar al-muʿrib wa l-Jamiʿt-Mughrib fi fatawa Ifriqiya wa l-Andalus wa l-Maghrib)。这部作品集合了大量 9 世纪到 15 世纪

217

马格里布到安达鲁西亚地区的法特瓦，完成于 1496 年。阿卜杜拉
欣·旦·法蒂欧为了建立自己的法律认知体系，引证了不少埃及
法学家乌赫里（al-Ujhuri）的意见。这一时期的资料体现出对于民
族、种族、性别的各种意见，尤其是奴隶制和奴役引发的讨论。艾
哈迈德·巴巴（Ahmad Baba）就此写了专著《法律阶梯：掌握有关
黑奴贸易的法律》（Mi'raj al-su'ud），他在书中引证法学意见和历
史的观点，反对将任何种族特征和奴隶制联系起来，比如黑肤色与
奴隶制的合理性。①

　　西非各地图书馆收藏的书籍和手稿表明，苏丹受到的影响共分
三条主轴，其中最强烈的也许是安达鲁西亚到马格里布这一条，接
下来是 16 世纪开始奥斯曼属地传来的跨撒哈拉这条线，赴麦加朝
圣路线的影响也十分重要。一则对西非各地图书馆收藏的书籍和
手稿的概览表明当时在某些地方有什么书在流通。布鲁斯·哈尔
（Bruce Hall）和查尔斯·斯图尔特（Charles Stewart）考察了毛里塔
尼亚的努瓦克肖特（Nouakchott）和布提利米特（Boutilimit）两座城
市的 27 座图书馆，共计 4600 件藏品。欣歧特（Shinqit）和瓦丹
（Wadan）的 12 座图书馆藏有约 1100 份手稿，哈吉·奥玛尔·达尔
（al-Hajj 'Umar Tall）及其家族的图书馆曾拥有约 4100 份手稿，这批
收藏现在巴马科（Bamako）。廷巴克图还有其他图书馆，其中包括
（Bou'l-Araf），现在艾哈迈德·巴巴研究院收藏品的基础就是由它
构成。类似地，在卡诺（Kano）、索科托、阿加德兹，还有其他地区，
也有着一些重要的图书馆。卡诺的奥玛尔·法尔凯图书馆（'Umar
Falke Library）曾拥有 3030 件手稿，现藏于西北大学。②

　　在西非，历史曾经是一门被伊斯兰学术认可的学科。比如说，
艾哈迈德·巴巴曾援引过伊本·赫勒敦（Ibn Khaldun）的《历史入
门》（Muqaddima，伊历 776 年，公元 1375 年）和《普世史》（Kitab

① Bruce Hall and Charles Stewart, 'The Historic "Core Curriculum" and the Book Market in Islamic West Africa', in Graziano Kratli and Ghislaine Lydon (eds.), *One Thousand Years of Trans-Saharan Book Trade* (Leiden, 2011),109-174.
② Ibid,.

al-ʿIbar,伊历 780 年,公元 1379 年)。还有阿卜杜-拉赫曼·萨
迪·本·阿卜杜拉(ʿAbd al-Rahman al-Saʿdi bin ʿAbd Allah)的《苏丹
历史》(*Tarikh al-khulafaʾ*)和《哈里发史》(*Tarikh al-khulafaʾ*),
虽然屡经删节,还经多方改编为诗歌,仍然不失是苏尤提(al-
Suyuti)所有作品中最为人所知,流传最广的。还有 19 世纪早期的
一个例子——阿卜杜拉欣·旦·法蒂欧的自传和叙事作品,该作引
发了索科托圣战(Sokoto Jihad)。[①] 至少到了 15 世纪晚期,已经有
很多历史作品被创作出来了。玛玛·海达拉图书馆(Mamma
Haidara Library)藏有 4000 份手稿,涉及伊斯兰研究的所有领域: 218
《古兰经》、圣训、法学、文学、星相、语法,以及苏菲主义。而且其中
有 1000 份具有史学价值的文件,内容包括有关每日宗教事务的法
特瓦,商业关系和公共问题。商人和学者之间的交流揭示了伊斯
兰国家之间国际关系的范围,又是一部对过往历史的评论。玛
玛·海达拉图书馆建立于 19 世纪中期,位于小镇比姆巴(Bimba),
迄今仍被认为是马里最好的图书馆之一。[②] 廷巴克图的艾哈迈
德·巴巴历史文献研究中心(Centre de Documentation et de
Recherches Historiques Ahmed Baba)仅关于斐格海的作品就有 355
种,关于历史的有 150 种,还有许多关于苏菲主义的文献。最古老
的手稿可以追溯到伊历 7 世纪(即公元 13 世纪)。虽然其中许多
手稿来自伊斯兰世界的核心国家,但来自西非和撒哈拉的本土学
者还是在收藏总体中占压倒性地位。[③]

---

① ʿAbdullahi dan Fodio, *Idāc al-nusūkh man akhadhtu ʿanhu min al-shuyūkh*, in
　Mervyn Hiskett, 'Material Relating to the State of Learning among the Fulani
　before Their Jihad', *Bulletin of the School of Oriental and African Studies*, 19:3
　(1957),550-573. 亦可参见 Hall and Stewart, 'The Historic "Core Curriculum"
　and the Book Market in Islamic West Africa'。
② *Catalogue of Manuscripts in Mamma Haidara Library*, vols. 1-4, ed. Ayman
　Fuad Sayyid (London, 2000).
③ *Handlist of Manuscripts in the Centre de Documentation et de Recherches
　Historiques Ahmed Baba*, *Timbuktu*, *Mali*, vols. 1-5, ed. Julian Johansen
　(London, 1995).

　　各种编年史作品的内容本质上都是政治性的,以提纯加工的角度来记载穆斯林族群的历史,这揭示了当时人们是如何理解历史的。同代的编年史作品的历史分析表现出几个不同时期的差异。编年史被称作 *tarikh*,豪萨语又叫 *tarihi*,译作"历史"(history)——与故事(stories)相区别,后者在豪萨语中称为 *tatsuniyoyi*,包括了历史记载,关于动物的幻想故事,还表示人与超自然之间的关系。[①] 有意识的历史记录手段反映了一种对历史的觉察,认识到历史是一种可以成文记录的知识。尽管在诸如伊本·白图泰(Ibn Battuta)以及知名度较低的穆罕默德·本·奥玛尔·图努斯(Muhammad bin 'Umar al-Tunusi)的地理作品中都包含着重要的历史信息与分析,在伊斯兰科学中,历史学和地理学却是区别开来的。博尔努和加涅姆(Kanem)的特许令(*Mahram*)和赞歌集(*Diwan*)可以追溯到 14 世纪以前。[②] 还有建立在口述史基础上的史学作品,例如《万噶拉瓦部族编年史》(*Asl al-Wangariyyin*,约 1650 年)和 19 世纪末所谓的《卡诺编年史》(*Kano Chronicle*),后者虽然是 19 世纪末的作品,但明确是以更早的文本作为基础。[③]

219　　穆斯林的西非世界在一个更广阔的伊斯兰背景下运行,特别是当聚焦在摩洛哥和更辽阔的安达鲁西亚地区时。马格里布、安达

---

① 参见 Frank Edgar, *Litafi na tatsuniyoyi na Hausa*, 2 vols. (Belfast, 1911)。

② Dierk Lange, *Le Diwan des Sultans du (Kanem) Bornu: Chronologie et Histoire d'un Royaume Africain* (Wiesbaden, 1977). 亦可参见 H. R. Palmer (ed.), *Sudanese Memoirs, Being mainly Translations of a Number of Arabic Manuscripts Relating to the Central and Western Sudan*, 3 vols. (Lagos, 1928)。

③ Paul E. Lovejoy, Abdullahi Mahadi, and Mansur Ibrahim Mukhtar, 'C. L. Templés "Notes on the History of Kano"', *Sudanic Africa: A Journal of Historical Sources*, 4(1993),7 - 76; Lovejoy, 'Alhaji Ahmad el-Fellati ibn Dauda ibn Muhammad Manga: Personal Malam to Emir Muhammad Bello of Kano', in Femi J. Kolapo and Kwabena Akurang-Parry (eds.), *African Agency and European Colonialism: Latitudes of Negotiations and Containment: Essays in Honour of Sydney Kanya-Forstner* (Trenton, NJ, 2007); and John Hunwick, 'A Historical Whodunit: The So-Called "Kano Chronicle" and its Place in the Historiography of Kano', *History in Africa*, 21(1994),127 - 146.

第十章　公元 1800 年前西非地区的伊斯兰学术和历史认知

鲁西亚和苏丹的学术是无法分割的,科尔多瓦和廷巴克图也处于这个学术互动的轨迹之内。安达鲁西亚陷落时产生的影响横越了撒哈拉。许多穆斯林学者的作品都是以这种方式诠释历史的。穆罕默德·玛伊里(al-Maghili)、伊本·白图泰、哈桑·本·瓦赞·宰雅提(al-Hasan bin al-Wazzan al-Zayyati,又名利奥·阿菲利加努斯[Leo Africanus])、艾哈迈德·巴巴、穆罕默德·柏鲁(Muhammad Bello)等人的作品展示了一个广袤的学术世界,通过历史和地理对过往及当时的社会进行条理清晰、脉络分明的研究。[①] 跨越撒哈拉沙漠的长期互动是怎样塑造出这种学术环境的,关于历史地理的知识和研究方式对撒哈拉以南草原和森林地区的渗透又达到了何种深度,这些仍然是有待回答的问题。

　　另外还有位于沃尔特盆地(Volta Basin)的贡贾(Gonja)王国的编年史,来自苏丹中部的各种史书,例如 17 世纪中期卡诺的《万噶拉瓦部族编年史》。后来的历史作品很可能都编纂于 19 世纪晚期,证明了国王列表的存在和口述证明的存在,毫无疑问公开赞颂几个世纪前的统治者。[②]《万噶拉瓦部族编年史》的特别之处在于,它叙述了一个穆斯林商人群体从西苏丹向豪萨人的城市迁徙,并由此将历史事件和其他的本土记载联系起来。[③] 这种地方传统展示出另一种对历史的理解——把历史作为树立合法性的手段。学者们感到需要把意义重大的事件和消息记录下来。至少在其早期,"万噶拉瓦"与伊巴迪历史有关,而不是 18 世纪在很多地方占据主导地位的苏菲主义。

---

① 'Abd-al-ᶜAziz 'Abd-Allah Batran, ' A Contribution to the Biography of Shaikh Muhammad Ibn 'Abd-al-Karim ibn Muhammad ('Umar-Aᶜmar) al-Maghili, al Tilimsani', *Journal of African History*, 14: 3(1973), 381 - 394; and John Hunwick, *Shariᵓa in Songhay: The Replies of al-Maghili to the Questions of Askia al-Hajj Muhammad* (London, 1985).

② Lovejoy, Mahadi, and Mukhtar, 'Templés "Notes on the History of Kano"', 7 - 76.

③ Paul E. Lovejoy, ' Notes on the *Asl al-Wangariyyin* ', *Kano Studies*, 1: 3 (1978), 46 - 52.

口述传统和神话也呈现了几种理解历史的方式,例如马里史诗《松迪亚塔》(*Sunjiata*)。这部史诗叙述了 12 世纪到 15 世纪间马里帝国(Mali Empire)发生的重大事件,15 世纪时,马里被桑海帝国(Songhay)取代。这部传奇作品至少有 17 个变种。对理解传统变迁的联系及过程所进行的研究表明,重构历史和评述历史的传统延伸到了从前。职业流浪艺人、宫廷史学家、贤者(griot)阶层一度承担着演绎历史的任务,他们通过传说的形式把历史充分转化成诗歌,呈示给听众,并且以批判眼光看待历史的表现方式。历史经过整理,被保存下来,甚至随着文学学术传统得到加强,就好比中世纪欧洲发展的拉丁语文传统一样。在大约 1820 年以前几个世纪中写下的大量文本展现了人们看待自身和诠释历史的方式。

史诗《松迪亚塔》回溯了马里帝国在西非地区的统治,曼萨·穆萨(Mansa Musa,卒于 1337 年)在位时最为繁荣。安达鲁西亚诗人和建筑师艾卜·伊沙克·萨欣里(Abu Ishaq al-Sahili)可能是这一时期的最佳象征人物。1324 年,他随曼萨·穆萨朝圣归来,回到苏丹西部,参与了廷巴克图大清真寺(Dyingere Ber)的建造,为曼萨·穆萨在首都尼亚尼(Niani)的王宫造了一间会客室以及位于廷巴克图的马里帝国王宫,可能还建造了加奥(Gao)的一处清真寺。①

本土学者根据穆斯林世界的理解来描写这段历史,记录它的重要意义。法学家们在阐释有关蓄奴和种族特点的问题时,以具有历史性质的重构方式,诉诸先例,引用前人的学术成果。许多图书馆得到维护管理,清真寺保留了一种制度化的教育方法,特别是在廷巴克图,清真寺教授从法律到占卜术、历史、数秘学、地理各种学科。教学方法包括文本分析和理解掌握各种教学材料,包括古兰经,圣训,教法学,马立克学派的法学解释,以及其他穆斯林世界的

---

① John Hunwick, 'An Andalusian in Mali: A Contribution to the Biography of Abu Ishaq al-Sahili, c. 1290 - 1346', *Paideuma*, 36(1990),59 - 66.

通行文本。

对伊比利亚的"再征服"和来自安达鲁西亚的移民

1492 年,西班牙征服格拉纳达的同时,桑海帝国发生了政变,阿斯契亚·穆罕默德(Askia Muhammad)掌权,建立了一个号称更为正统的穆斯林政府,取代了逊尼·阿里(Sunni 'Ali)的统治。逊尼·阿里本身是穆斯林,但被认为不够恪守教规,据说他还容忍非穆斯林习俗。[①] 在这一年中,穆斯林撤出了格拉纳达;桑海帝国发生政变,阿斯契亚·穆罕默德上台,强化穆斯林学术研究;克里斯托弗·哥伦布到达美洲大陆;伊比利亚住民开始移居海外,同时安达鲁西亚住民跨过撒哈拉沙漠流散,1492 年因而成了一个分水岭。两个世纪之中,穆斯林向着摩洛哥及更远的桑海和西非穆斯林地区移动,这种动向在 16 世纪仍然持续发生,而撤出伊比利亚只是这一大规模运动的最后阶段,这一点经常被人忽略。移民产生的影响显然和移民发生的时间不一致,但与伊比利亚/安达鲁西亚之间的关联是确定的。[②]

即使在葡萄牙人和西班牙人跨海而来以前,安达鲁西亚的穆斯林已经存在着稳定的移居态势,他们离开安达鲁西亚,越过了撒哈拉沙漠。16 世纪末,桑海帝国受到侵略,与此同时,西班牙与葡萄牙为了巩固征服世界的成果,将彼此的王室合二为一,安达鲁西亚的移民潮就此结束。本章认为,这些同时发生的事件彼此是有联系的,迄今只有穆斯林从安达鲁西亚扩散的轨迹得到了有限几位

---

① John Hunwick, 'Songhay, Bornu and Hausaland in the Sixteenth Century', in J. F. Ade Ajayi and Michael Crowder (eds.), *History of West Africa*, vol. 1, 3rd edn (London, 1985), 205 – 212.

② Ismaël Diadié Haïdara, *L'Espagne musulmane et l'Afrique subsaharienne* (Bamako, 1997); and Haïdara, *Jawdar Pasha et La Conquête Saâdienne du Songhay (1592 – 1599)* (Rabat, 1996).

专家的认可。① 人们对伊比利亚住民及其向海外扩散的意义有所
了解,而它跨越撒哈拉沙漠产生的影响却被大多数研究欧洲扩张
的学者忽略了。事实上,使用非洲奴隶从事糖类作物种植起先是
在摩洛哥南部位于马拉喀什与索维拉(Essaouira)之间地区发展起
来的。② 来自撒哈拉以南非洲的奴隶劳动力养护了产糖必需的灌
溉工程,16 世纪早期时,当地出产的糖大部分供给英格兰。在美洲
出现糖业种植之前,或者确切说出现在几内亚湾的圣多美(São
Tomé)之前,马拉喀什和海岸之间的地区已经充分发展了以奴隶
劳力为基础的糖业出产。美洲糖业使用奴隶劳力可能并没有参照
摩洛哥的糖作物种植模式,但在美洲发展了种植业的"欧洲"产业
并非像欧美学术界通常认为得那样独一无二。

苏丹西部和安达鲁西亚之间的联系被充分记录下来了。③ 例
如阿里·本·齐雅德库提('Ali bin Ziyad al-Quti),他是《关于国家,
军队,重要人物的研究者编年史》一书作者玛赫穆德·喀提的祖

---

① P-P. Rey,'La jonction entre réseau ibadite berbère et réseau ibadite dioula du
   commerce de l'or, de l'A ïr a` Kano et Katsina au milieu du 15e siècle, et la
   construction de l'Empire songhay par Sonni Ali Ber', *Revue de G'eographie
   Alpine*, 1(1994),111 - 136; and Rey,'L'influence de la pensée andalouse sur le
   rationalisme franc,ais et européen', in Doudou Dienne (ed.), *Les Routes d'al-
   Andalus: patrimoine commun et identit'e plurielle* (Paris, 2001),111 - 118.
② P. Berthier, *Les anciennes sucreries du Maroc et leurs r'eseaux hydrauliques*
   (Rabat, 1966),233 - 239. 亦可参见 Michel Abitol, *Tombouctou et les Arma: De
   la conquête marocaine du Soudan nig'erien en* 1591 *à l'hégémonie de l'Em pire
   Peul du Macina en* 1833 (Paris, 1979),42 - 43。因而,入侵撒哈拉以南非洲的
   原因之一在于获取更多奴隶劳动力和士兵。
③ S. M. Cissoko, 'L'intelligentsia de Tombouctou aux XVe et XVIe siècles',
   Bulletin de l'IFAN, 31(1969),927 - 952; Cissoko, 'L'université de Tombouctou
   au XVIe siécle', *Afrika Zamani*, 2(1974),105 - 138; Ismaël Diadié Haïdara,
   L'Espagne musulmane et l'Afrique subsaharienne (Bamako, 1997); John
   Hunwick, 'Fez and West Africa in the Fifteenth and Sixteenth Centuries: Scholarly
   and Sharifian Networks', *in Fès et l'Afrique: relations'economiques, culturelles et
   spirituelles* (Rabat, 1996),57 - 71; and Elias Saad, Social History of Timbuktu:
   The Role of Muslim Scholars and Notables (Cambridge, 1983).

父,于 1468 年从托莱多(Toledo)迁到撒哈拉地区的图瓦特 222
(Tuwat),此后一到两年中,他显然来到了廷巴克图,娶了当地一位
索宁克(Soninke)族女子为妻。① 虽然 1085 年时托莱多已经处于基
督教势力统治下,穆斯林仍然在城中居住到至少 1502 年皇家发布
敕令,命令穆斯林要么皈依基督教,要么被驱除出境。玛赫穆德·
喀提祖父的迁居表明,穆斯林在 1492 年格拉纳达陷落以前已经向
着撒哈拉以南非洲移民,而从安达鲁西亚迁出一直持续到 16 世
纪。玛赫穆德·喀提是阿斯契亚·哈吉·穆罕默德(Askiya al-Hajj
Muhammad)的同代人,后者于 1493 年到 1529 年间统治桑海帝国。

　　哈桑·本·瓦赞·宰雅提的游记展示了安达鲁西亚与西非之
间的互动程度。他和 250 年前的萨欣里一样,来自格拉纳达地
区。② 在哈桑写下的游记里,显示出他对伊斯兰学术中历史和地理
主题的觉察。他提到了伊本·赫勒敦及他拜读过的其他权威学
者,他也晓得玛伊里,哈桑约在 1510 年造访卡诺,而大约 1492 年
时玛伊里正在卡诺,只比哈桑早了 17 年。穆罕默德·茹姆发
(Muhammadu Rumfa, 1463—1499 年)在位期间,玛伊里跨越撒哈
拉来到卡诺,然后继续旅行到桑海帝国。从那时起,卡诺成了一个
宗教、经济,以及政治的中心。茹姆发有意识地将宫廷妇女隔离在
禁宫中,推行嫔妃制,这是一项与北非和奥斯曼帝国的伊斯兰规条
保持一致的直接举措。③

　　哈桑是一位外交使者,一位朝圣者,而非历史学家,因而他的历
史知识可能指示了史学在许多知识分子心中的重要性。哈桑知道萨

---

①　John O. Hunwick, 'Studies in *Ta'rikh al-fattash*, III: Ka'ti Origins', *Sudanic Africa*, 11(2001), 111 – 114.

②　Natalie Zemon Davis, *Trickster Travels: A Sixteenth-Century Muslim between Worlds* (New York, 2006).

③　Murray Last, 'From Sultanate to Caliphate: Kano, 1450 – 1800 A. D.', in Bawuro M. Barkindo (ed.), *Studies in the History of Kano* (Kano, 1983), 67 – 91. 亦可参见 Heidi J. Nast, 'Islam, Gender, and Slavery in West Africa Circa 1500: A Spatial Archaeology of the Kano Palace, Northern Nigeria', *Annals of the Association of American Geographers*, 86: 1(1996), 44 – 77.

欣里曾对廷巴克图清真寺的建造起了重要作用,这表明,安达鲁西亚和苏丹之间的关系已经有了 250 年以上的历史。对伊本·赫勒敦和伊本·白图泰的援引清晰地树立了以编年史为基础的权威次序。有些本地历史文献也提到了玛伊里,例如卡诺的《万噶拉瓦部族编年史》,说明这种对于历史的觉察有深厚的根源。[①] 尽管卡诺编年史的作者和编纂时间存在着争议,但文本中的信息把历史和各位卡诺国王的统治联系起来,从而也与其政治权威及合法性联系起来。

223
在苏丹西部和中部地区,这种把安达鲁西亚、马格里布以及苏丹西部连接在一起的学术传统和本土穆斯林学者阶级产生了联系,当地以各种不同名字称呼这些人。那些和撒格哈努戈胡(Saghanughu)氏族有关的属于流散在苏丹西部和萨赫勒地带的朱拉(Juula,或狄乌拉,Dyula)商团的一部分。[②] 穆罕默德·喀巴·撒格哈努戈胡(Muhammad Kaba Saghanughu)的记载可见这个穆斯林学者阶层的普遍存在,1777 年,他沦为奴隶,被送往牙买加。他年纪虽轻,却受过良好的教育,据说他是在前往廷巴克图学习法律的路上遭到掳掠,被卖作奴隶的。大约 1820 年,穆罕默德·喀巴·撒格哈努戈胡受到启发,写下两部内容相关的手稿,题为《祈祷书》(*Kitab al-Salat*),提供了 1777 年前他在西非受教育的细节,精确地反映出富塔贾隆(Futa Jallon)地区撒格哈努戈胡人村镇中的喀迪利教育科目以及村镇内的情形。[③] 艾沃·威尔克斯(Ivor Wilks)收集了一些 *Silsila*(教统)——字面意思表示传承谱系,并进

---

① Muhammad A. Al-Hajj, 'A Seventeenth-Century Chronicle of the Origins and Missionary Activities of the Wangarawa', *Kano Studies* 1:4(1968),7-42.

② Ivor Wilks, 'The Transmission of Islamic Learning in the Western Sudan', in Jack Goody (ed.), *Literacy in Traditional Societies* (Cambridge,1968),162-197.

③ Yacine Daddi Addoun and Paul E. Lovejoy, 'Muhammad Kaba Saghanughu and the Muslim Community of Jamaica', in Lovejoy (ed.), *Slavery on the Frontiers of Islam* (Princeton,2004),201-220; and Daddi Addoun and Lovejoy, 'The Arabic Manuscript of Muhammad Kaba Saghanughu of Jamaica, c. 1820', in Annie Paul (ed.), *Creole Concerns: Essays in Honour of Kamau Brathwaite* (Kingston, 2007),313-341.

行编纂,从而重建了喀巴氏族(Kaba clan)的历史,特别是有关撒格哈努戈胡神职人员的。学习者个人会收到一份 *ijaza*(教统证明)或文凭,证明其曾经师从一位专门学者,载明所研习过的书目及师门传承。威尔克斯曾发表过一份此种文献,上面记载了一套追溯到穆罕默德·穆斯塔法·撒格哈努戈胡(Muhammad al-Mustafa Saghanughu)的学术世系。[①]

　　因此,历史的观察很大程度上是从有记载的世系中产生的,因而以当时的重大历史事件为聚焦点,又反映出这些事件。穆斯林撤出安达鲁西亚对撒哈拉以南的学术传承产生了影响。1492 年格拉纳达陷落,在马拉喀什崛起的沙里夫王朝(Sharifian Dynasty)于 1591 年征服了桑海帝国,构成了这一影响的背景。奥斯曼帝国的统治跨越北非,扩张到撒哈拉,与博尔努统治者结盟,从而维持了与伊斯兰世界中心地区的联系。在苏菲主义,特别是喀迪利雅教团的主导下,一处重要的学术及宗教中心在斐斯发展起来,促进了对历史考据的兴趣。通过援引先知穆罕默德的圣战及其后为纯化伊斯兰所做的努力,17 世纪晚期和 18 世纪的圣战具备了宗教和军事上的合法性,以 1804—1808 年的索科托圣战告终。这段时期的历史强烈影响了描写自己所在时代和伊斯兰政权政治历史的穆斯林学者们。

　　穆斯林从伊比利亚半岛迁出,特别是 1492 年以后的撤离,给苏丹中西部所称的"安达鲁西亚时期"划上了标点。在桑海帝国统治苏丹中西部的世纪中,安达鲁西亚时期处于巅峰时代,1591—1592 年,在马拉喀什苏丹曼苏尔(Sultan al-Mansur of Marrakesh)统治下,摩洛哥人的入侵颠覆了桑海帝国,安达鲁西亚时期就此终结。需要指出的是,以上事件发生于伊斯兰历 1000 年,而伊斯兰历 1000 年穆哈拉姆月(Muharram)1 日——即 1 月 1 日——对应公历 1591 年 10 月 19 日。安达鲁西亚的影响在继续,但随着 17—18 世纪跨大西洋贩奴贸易的巩固,出现了一个具有相当历史意义的

224

① Wilks, 'The Transmission of Islamic Learning in the Western Sudan', 162 - 197.

239

转变。同时代研究对非洲历史的考量有一种对全球史的洞察，修正了我们对"大西洋世界"崛起以及美洲奴隶制起源的严重曲解。考察当时非洲对自身历史的认识，可以看出，伊比利亚人在大西洋上的冒起和他们横越撒哈拉，进入苏丹中西部，这两者是匹配的，同时又呼应了非洲人在美洲流散的复杂情形。

虽然桑海王国灭亡了，学术传统却繁荣兴旺，艾哈迈德·巴巴写的捍卫桑海帝国及其统治合法性的作品首当其冲证明了这一点，但他的作品最终成了圣战运动的基础，圣战运动又进一步加强了穆斯林学术研究。阿卜杜-拉赫曼·萨迪论述了廷巴克图研究的主要文献，表明1592年桑海帝国灭亡后学术研究存续下来了，他还明确地阐述了16世纪时阅读过的最重要的文本。他的《苏丹历史》就是桑海帝国的历史，也对所谓的"17世纪的苏丹古典伊斯兰学术传统"进行了描述。[1]

过去一度认为桑海帝国的灭亡导致了苏丹西部的政治危机，从而酿成了伊斯兰的垮台，但近期的研究进展表明事实并非如此。喀迪利雅苏菲修会及其教育科目传播开来，18世纪中期时又革新了科目内容，这是学术传统仍在持续的一个例证。[2] 喀迪利的学术训练敦促政治行动，支持圣战，目的在于建立一个符合伊斯兰教法，甚至可以领导一个千年的政权。喀迪利教育的基础是诠释历史，以最早的圣战为启发荡涤社会恶行，建立一个穆斯林的平等政权。特别值得一提的是18世纪后期崛起的昆塔家族（Kunta family），他们控制了毛里塔尼亚和往东远至廷巴克图的地区，一直

[1] Hall and Stewart，'The Historic "Core Curriculum" and the Book Market in Islamic West Africa'. 亦可参见 John Hunwick (ed.), *Timbuktu and the Songhay Empire*：*Al-Sa'id's* Ta'rikh al-sudan *Down to 1613 and Other Contemporary Sources* (Leiden，1999)，1 - 270；and Hunwick，'Studies in the Ta'rikh al-fattash II：An Alleged Charter of Privilege Issued by Askiya al-hajj Muhammad to the Descendants of Mori Hawgaro'，*Sudanic Africa*，3(1992)，133 - 148。
[2] Wilks，'The Transmission of Islamic Learning in the Western Sudan'.

第十章　公元 1800 年前西非地区的伊斯兰学术和历史认知

到 19 世纪。^① 萨义德·穆赫塔勒·本·阿赫玛德·本·艾比·巴克尔·昆提·凯比尔(Sayyid al-Mukhtar bin Ahmad bin Abi Bakr al-Kunti al-Kabir)在他的作品《先知穆罕默德圣行追随者的赠礼》(al-Minnah fi I`tiqad Ahl al-Sunnah)之中详述了桑海帝国的历史,探讨了帝国行政管理中产生的重要伊斯兰法律问题,其中包括穆斯林社会中妇女和儿童的法律地位及权利。

塔利卜·穆罕默德·巴尔提利(al-Talib Muhammad al-Bartili)225
收集校勘的人物传记作品是史学传统延续的证据,他写的《最(受真主)荣耀的塔克鲁尔大学者名鉴》(Fath al-shakur fi ma`rifat a`yan `ulama' al-Takrur)是一部人物辞典,记述了瓦拉塔、萨赫勒地区到廷巴克图西部的学者们。巴尔提利根据每位学者研习过的书籍对各人的学养进行了总结。楚奇·埃尔·哈梅尔(Chouki El Hamel)指出,巴尔提利至少概述了 17—18 世纪西非一部分地区的学术传统。<sup>②</sup> 从索科托哈里发国(Sokoto Caliphate)的缔造者,谢赫乌斯曼·旦·法蒂欧(Sheikh `Uthman dan Fodio)及其兄弟阿卜杜拉欣·旦·法蒂欧,其子穆罕默德·柏鲁,还有其他许多人的作品中,我们可以看到这种传统。阿卜杜拉欣在他的《谢赫释疑》(Ida' al-husukh man akhadhtu `anhu min al-shuyukh)全面揭示了关于西非、马格里布地区,以及古典伊斯兰文本的学术研究。^③ 他们兄弟

---

① Charles Stewart and E. K. Stewart, *Islam and Social Order in Mauritania: A Case Study from the Nineteenth Century* (London, 1973); and Hall and Stewart, 'The Historic "Core Curriculum" and the Book Market in Islamic West Africa'.

② Chouki El Hamel, *La vie intellectuelle islamique dans le Sahel Ouest-Africain* (*XVIe-XIXe siècles*): *Uneetude sociale de l'enseignement islamique en Mauritanie et au Nord du Mali* (*XVIe-XIXe siècles*) *et traduction annot'ee de Fath ash-shakur d'al-Bartili al Walati* (mort en 1805) (Paris, 2002).

③ Hiskett, 'Material Relating to the State of Learning among the Fulani before Their Jihad', 550-578. 亦可参见 `Abdullah ibn Muh: ammad dan Fodio, *Diya' al-sultan wa ghayrihi min al-ikhwan fi ahamm ma yutlab `ilmuhu fi umur al-zaman*, in Muhammad Sani Zahradeen, '`Abd Allah ibn Fodiós Contributions to the Fulani Jihad in Nineteenth-Century Hausaland', Ph. D. dissertation, McGill University, 1976,13-14; and Abdullahi ibn Fodio, *Tazyin al-Waraqat* (Ibadan, 1963).

二人有类似的受教育经历。1831 年,圣战运动在豪萨的核心地区得到巩固后,又大刀阔斧地向边境地带推进,阿卜杜拉欣的侄子穆罕默德·柏鲁写了一部关于索科托圣战的史书《塔克鲁尔之地的历史》(*Infaq al-maysur fi tarikh Bilad al-Takrur*)。[①] 这些文献不仅阐述了当时的历史状况,而且披露了大量孕育这些历史作品的学术背景的情形。

226　　　艾哈迈德·巴巴于 1613 年写的专著《法律阶梯:掌握有关黑奴贸易的法律》把有关穆斯林参与贩奴的限制法典化,禁止穆斯林向基督徒贩卖奴隶,对跨大西洋奴隶贸易的进程产生了决定性影响。[②] 哪些人可以被奴役? 哪些人不得被奴役? 围绕奴隶制,潜伏着安达鲁西亚和伊比利亚的平行扩张问题。安达鲁西亚扩张和伊比利亚扩张的侧重点不同,前者跨越撒哈拉沙漠,后者跨越大西洋。奴隶制是一个令人迷惑的问题,地中海世界的基督徒和穆斯林都奴役过彼此,不过目的经常出于获取一笔可观的赎金,而非为了获取劳力或服务。在穆斯林世界中,"哪些人可以被奴役,哪些人不得被奴役"的问题总建立在历史诠释的基础上。

　　　艾哈迈德·巴巴的事业生涯与 1591 年后摩洛哥人征服并占领桑海帝国呼应,这一事件加剧了关于奴隶制合法性的争议,基于宗教,哪些人受俘虏后可以被合法地蓄为奴隶,哪些人应当获释。[③] 虽然摩洛哥和桑海同属穆斯林国家,摩洛哥对桑海帝国的征服却表明,法学意见是可以被政治理由否决的。现在已经对 15 世

---

① The *Infaq al-Maysur of Sultan Muhammad Bello written 1227 A. H. 1812/3 A. D.* (Legon, Ghana, 1964).

② John Hunwick and Fatima Harrak, *Mi'raj al-su'ud: Ahmad Babás Replies on Slavery* (Rabat, 2000). For a brief biography see John Hunwick, 'Further Light on Ahmad Baba al-Tinbukti', Research Bulletin, 2: 1 (1966), 19 – 31; and Mahmoud A. Zouber, *Ahmad Baba de Tombouctou (1556 –1627): sa vie et son oeuvre* (Paris, 1977).

③ 除了《法律阶梯》(*Mi'raj al-su'ud*),艾哈迈德·巴巴还写了 *Nayl al-ibtihaj bi-tatriz al-dibaj and Taj al-din fi ma yajib 'ala al-muluk*; see Hunwick and Harrak, *Ahmad Babás Replies on Slavery*。

第十章　公元 1800 年前西非地区的伊斯兰学术和历史认知

纪晚期穆斯林被逐出伊比利亚半岛的情形进行了全面研究，当时一方面有西班牙和葡萄牙之间的持续冲突，另一方面有北非各穆斯林国家。马格里布地区穆斯林之间的争斗是这幅更大图景的一个组成部分。经过征服一系列的穆斯林国家，奥斯曼政府的统治扩展到了地中海西部，试图建立一个泛伊斯兰帝国，但遭到了包括摩洛哥马拉喀什的沙里夫王朝在内的许多穆斯林的抵抗。[①] 沙里夫王朝声称自己是先知穆罕默德的后裔（sharif 意为"高贵的"，专指先知穆罕默德的直系后裔；沙里夫王室自称"*shurfa*"，即 *sharif* 的阳性复数形式），并且是先知指定的"*caliphate*（哈里发）"的继承人。在此基础上，沙里夫政权不光抵抗奥斯曼的统治和支持奥斯曼的喀迪利雅苏菲修会，还发展出一种战略，取得撒哈拉以南穆斯林政权的支持，或者推翻任何对其哈里发地位提出反对的政府。

根据米歇尔·阿比妥（Michael Abitol）的看法，沙里夫王朝意图在西非建立一个庞大的穆斯林国家，从乍得湖区域的博尔努延伸到大西洋，包括以北的马格里布地区。[②] 在抵抗奥斯曼帝国从阿尔及尔方向发起的蚕食的过程中，沙里夫王朝与西班牙数次结盟，1588 年西班牙无敌舰队战败后，沙里夫王朝也曾与英国结盟。[③] 这尤其对跨大西洋奴隶贸易构成了威胁，出口蔗糖是沙里夫王朝与外国的交易（如上文）重头，这要依靠苏斯（Sous）地区的黑奴种植业产出。

作为廷巴克图"乌理玛（*ulama*）"——学者的一员，艾哈迈德·巴巴强烈反对沙里夫王朝入侵桑海帝国。由于和沙里夫王朝的政敌喀迪利雅教团有联系，他被监禁起来，和其他虔诚的穆斯林俘虏

227

---

① 摩洛哥的统一部分受到 15 世纪伊比利亚危机影响。统一运动由伊玛目哲祖里（al-Djazuli，1465 年归真）发起，号召不与基督徒合作，1415 年葡萄牙人侵占休达（Ceuta）及 1437 年侵占丹吉尔（Tanger）后，许多经学院（zawiya）和要塞（ribat）发起了抵抗；参见 Abitol, Tombouctou et les Arma, 35 - 39。

② 作为 shurfa（圣裔），沙里夫王室自称拥有 baraka，一种仅由先知血脉传承的赐福；12 世纪时，shurfa 被迎接到摩洛哥的德拉（Draʿ），受到广泛尊敬；参见 Abitol, *Tombouctou et les Arma*, 35。

③ Abitol, *Tombouctou et les Arma*, 40 - 46.

一起被送往摩洛哥。他最终获释，并于 1615 年返回廷巴克图，但他遭受的囚禁恐怕不具备合法性，这段经历赋予了他描写奴隶制历史背景的特殊资格，这可能正是后来西非穆斯林学者分外重视他观点的原因。摩洛哥对桑海帝国的征服导致了穆斯林政权之间的争斗，在被囚禁的日子里，艾哈迈德·巴巴无疑接触过来自各方的被奴役者，这种经历必然是他论述的信息来源。16 世纪时，桑海帝国还把蓄非穆斯林为奴隶作为一项国家政策来推行，特别是阿斯契亚·达伍德（Askia Dawud，1549—1582 年）统治期间，大量被奴役的人定居在尼日尔河中流地区的农庄中，同时还向北非出口奴隶。[①] 因而，摩洛哥和桑海帝国都在农庄中使用奴隶劳动力，此前也在种植业中使用，这是其国家政策的一部分。奴隶劳力在国家政策中的重要性意味着，对于"哪些人可以被合法地蓄为奴隶"这一问题的法律意见有着特殊含义，尤其是要理解种族特点对区分奴隶起到的作用。这些主张都有其历史基础。

艾哈迈德·巴巴对奴隶制问题发表了长篇大论，引经据典，他十分明了奴隶制对于桑海帝国和摩洛哥的重要意义。他所援引或综述的西非及北非穆斯林学者都已经审视过蓄奴的合法性问题。这种法学传统自然而然涉及到基督徒和穆斯林之间的关系，特别是地中海世界的情形，比欧洲人在非洲海岸蓄奴更早，也比跨大西洋贩奴贸易更早。包括艾哈迈德·巴巴在内的一些学者主张，尽管撒哈拉以南的非穆斯林并非基督徒，但也应该受到类似的待遇。也就是说，他们也可以被蓄作奴隶，除非通过缴纳 *jizya*（一种歧视性税捐）而受到保护。本章作者认为，这场争论有助于勾勒非洲沿海的欧洲贸易的轮廓，非洲奴隶在美洲定居正是这种贸易导致的

---

① 关于奴隶农庄，参见 John Hunwick, 'Notes on Slavery in the Songhay Empire', in John Ralph Willis（ed.）, *Slaves and Slavery in Muslim Africa*（London, 1985）; and N. G. Kodjo, 'Contribution à l'étude des tribus dites servile du Songai', *Bulletin de l'IFAN*, 38: 4（1976）, 790 - 812. 亦可参见 Paul E. Lovejoy, *Transformations in Slavery: A History of Slavery in Africa*, 2nd edn（Cambridge, 2000）, 31 - 32。

结果。前文已经专门谈过摩洛哥南部苏斯地区的糖业出产与摩洛哥向英格兰出口蔗糖二者间的联系。

　　艾哈迈德·巴巴的意见是,撒哈拉以南非洲穆斯林国家的人民不应当被蓄为奴隶,包括博尔努、桑海、豪萨城市在内;如果来自这些国家的个人陷入了被囚禁的状况,他们应当被无条件释放。他发表的这项权威法律观点建立在历史的基础上——长期受穆斯林政府统治的人民受到法律保护。艾哈迈德·巴巴的亲戚玛赫穆德·本·乌玛尔·本·穆罕默德·阿奎特(Mahmud bin ‘Umar bin Muhammad Aqit)在 1498—1548 年间担任廷巴克图的 *Qadi*(法官),他发布了一条法律意见,主张任何受到奴役的穆斯林以及任何出身一个自发皈依伊斯兰国家的穆斯林都应当被解放。关于公民权的历史先例在这里再次成了决定性因素。[①] 这几位学者都写到了桑海帝国和博尔努统治西非内陆大部分地区的时期,当时两国出于对奴隶的需求,频频进行掳掠,被掳者显然都不是穆斯林。而在北非,对于凭肤色是否足以作为蓄奴的依据,情况相当模糊不清,就像后来跨大西洋贩奴贸易的情况一样,往往通过一个人第一次被卖作奴隶的地点来认定此人是否可以被蓄为奴隶,比如桑海和博尔努两地,因而需要认定被奴役者是否确实来自该地,抑或出身别国,仅仅途经这些国家,这带来了判断的困难。这些早期的"法特瓦"尝试通过被奴役者是否出身于历史上的穆斯林国家来阐述这一问题的合法性。[②]

　　17 世纪和 18 世纪西非的伊斯兰学派教授的历史法则从种族含义上把奴隶制概念化,这正是来自穆罕默德·巴巴和他援引过

---

① Lovejoy, *Transformations in Slavery*, 46.

② Paul E. Lovejoy, ‘The Context of Enslavement in West Africa: Ahmad Baba and the Ethics of Slavery’, in Jane Landers (ed.), *Slaves, Subjects, and Subversives: Blacks in Colonial Latin America* (Albuquerque, 2006), 9 - 38; and John Hunwick, ‘Islamic Law and Polemics over Race and Slavery in North and West Africa (16th - 19th Century)’, in Shaun E. Marmon (ed.), *Slavery in the Islamic Middle East* (Princeton, 1999), 45 - 46.

的学者。在西非,对种族特点和奴隶制二者关系的思维具有强劲的持续性,这种思维源于艾哈迈德·巴巴对喀迪利雅修会的认可。[1] 18世纪时,图额雷克(Tuareg)学者稽卜利勒·本·乌玛尔(Jibril bin 'Umar)依靠这一早期传统,拥护圣战,旨在对抗奴役导致的对穆斯林自由的不公侵害。稽卜利勒的学生乌斯曼·旦·法蒂欧,其子穆罕默德·柏鲁,以及其兄弟阿卜杜拉欣·旦·法蒂欧都受到这一学术传统的强烈影响,他们转而又通过复苏艾哈迈德·巴巴的观点把圣战正当化,主张圣战旨在保护穆斯林免受不公正奴役,制裁圣战的敌人,奴役他们,即使对方是穆斯林。索科托运动指导文献中的不少引注都揭示了以艾哈迈德·巴巴为典范的学术传统的知识贡献和意识形态贡献。[2] 实际由穆斯林控制的政府被指称是背教的,此前在1492—1493年间,桑海帝国阿斯契亚·穆罕默德宣称逊尼·阿里的政权非法,1591年,摩洛哥的曼苏尔又将桑海的政府斥为邪恶异端,手法是类似的。这些指控建立在对历史进行诠释的基础上,与军事行动最终是否得到正当化无关。为了正当化国家行为,诠释历史是最根本的。

现存的约公元1800年前几个世纪的文献中,伊斯兰背景下对种族奴役及其合法性的政治辩论很好地反映出了一种历史视角和对地理与种族的认知。公民权涉及自由状态,涉及穆斯林身份,历史文献肯定了这两点。虽然当时阿拉伯语是通用语,但伊斯兰世界土地上的人民操各种语言,包括柏柏尔语、桑海语、曼得语(Mande)、豪萨语,还有卡努里语(Kanuri),这种多语言环境迫使知识分子和商人阶级必须说一种以上语言,同时要程度不等地懂得阿拉伯语。然而公民权是一个受到质疑的问题。于1672—1727年间统治摩洛哥的阿拉维苏丹('Alawi sultan)毛拉伊·伊斯玛仪

---

① Wilks, 'The Transmission of Islamic Learning in the Western Sudan'.

② The literature is extensive, but see Zahradeen, ''Abd Allah ibn Fodiós Contributions', 13 - 14, 20; Shehu Yamusa, 'Political Ideas of the Jihad Leaders: Being Translation and Edition of Diya 'l-hukkam and Usul al-Siyasa', MA thesis, Ahmadu Bello University (1975), 270 - 285.

(Mawlay Isma'il)于 1699 年颁布了一条敕令,基于摩洛哥黑人要么曾经为奴,要么是奴隶后代的理由,宣告将摩洛哥黑人全体蓄为奴隶。伊斯玛仪通过征兵把摩洛哥南部的青年黑人再次蓄作奴隶,同时从撒哈拉南部购买奴隶,借此累积起一支庞大的奴隶军队。[1] 他还不顾史实,否认哈拉廷人(Haratin)的自由权,由此引起了对他敕令的反对。

结论

为了洞察非洲人对 1400—1800 年间自身历史的看法,有必要 230 借助已知文献记载,对口述和传说进行追溯,了解这些内容是否随时间流逝发生了变化。本章覆盖的范围集中在西非内陆,无意包罗万象,并不将非洲各个穆斯林地区都包括在内,而且埃塞俄比亚的科普特语(Coptic Ethiopia)编年史作品也表明,文化教育的传统并非穆斯林独有。从时间顺序上讲,本章从 1400 年谈起或在 1800 年终结并没有特殊理由。我们对非洲人怎样概念化过往有一个认知,1400—1800 年前后,一些必要或相应的阶段要么体现了这一认识的持续性,要么出现了联系上的脱节,因而本章着重关注这段时期。

大事年表/关键日期

1324 年	马里的曼萨·穆萨前往麦加朝圣
14 世纪 30 年代	建造廷巴克图大清真寺
1350 年	伊本·白图泰造访马里
1464 年	逊尼·阿里成为桑海帝国的统治者
1492 年	格拉纳达陷落

---

[1]　Chouki El-Hamel, '"Race", Slavery and Islam in Maghribi Mediterranean Thought: The Question of the Haratin in Morocco', *Journal of North African Studies*, 7：3(2002),29-52.

1554 年	沙里夫王朝在马拉喀什确立统治
1492—1528 年	阿斯契亚·穆罕默德
1492—1498 年	玛伊里在卡诺
1463—1499 年	穆罕默德·茹姆发统治卡诺
1482 年	葡萄牙人建造埃尔米纳城堡
1525 年	奥斯曼帝国占领阿尔及尔
1549—1582 年	阿斯契亚·达伍德统治桑海帝国
1564 年	玛伊·伊德里思·阿鲁玛
1579—1603 年	艾哈迈德·曼苏尔统治马拉喀什
1591 年	摩洛哥侵略桑海帝国
1713 年	塞古地区建立班巴拉王国
1725 年	富塔贾隆发生圣战
1804—1808 年	乌斯曼·旦·法蒂欧领导圣战

主要史料

'Abdullahi dan Fodio, *Idā᷉ 'al-nusūkh man akhadhtu 'anhu min al-shuyūkh*, in Mervyn Hiskett, 'Material Relating to the State of Learning among the Fulani before their Jihad', *Bulletin of the School of Oriental and African Studies*, 19(1957),550-578.

231 ——*Tazyīn al-Waraqāt*, trans. Mervyn Hiskett (Ibadan, 1963). Ahmad Baba, *Mi'raj al-su'ud*, in John Hunwick and Fatima Harrak (eds.), *Mi'raj al-su'ud: Ahmad Babás Replies on Slavery* (Rabat, 2000).

Al-Hajj, Muhammad A., 'A Seventeenth Century Chronicle of the Origins and Missionary Activities of the Wangarawa', *Kano Studies*, 1:4(1968),7-42.

'Abd al-Rahman al-Sa'di bin 'Abd Allah, Tarikh al-Sudan, in John Hunwick (ed.), *Timbuktu and the Songhay Empire: Al-Sa'di's Tarikh al-Sudan Down to 1613 and Other Contemporary Sources*

(Leiden，1999).

Conrad, David C. , *Sunjata: A West African Epic of the Mande People* (Indianapolis, IN, 2004).

Edgar, Frank (ed.), *Litafi na tatsuniyoyi na Hausa*, 2 vols. (Belfast, 1911).

El Hamel, Chouki, *La vie intellectuelle islamique dans le Sahel Ouest-Africain (XVIe-XIXe siècles): Unéetude social de l'enseignement islamique en Mauritanie et au Nord du Mali (XVIe-XIXe siècles) et traduction annot'ee de Fath ash-shakur d' al-Bartili al Walati (mort en 1805)* (Paris, 2002).

Hunwick, John, *Shari'a in Songhay: The Replies of al-Maghili to the Questions of Askia al-Hajj Muhammad* (London, 1985).

——*et al.* (eds.), *Arabic Literature of Africa*, vol. 2: *The Writings of Central Sudanic Africa* (Leiden, 1995); vol. 4: *The Writings of Western Sudanic Africa* (Leiden, 2003).

Lange, Dierk, *Le Diwan des Sultans du (Kanem) Bornu: Chronologie et Histoire d'un Royaume Africain* (Wiesbaden, 1977).

Le Sourd, Michel, 'Tarikh el Kawar', *Bulletin de l'I. F. A. N.*, ser. B, 8(1946),1 - 54.

Levtzion, Nehemia and Hopkins, J. F. P. (eds.), *Corpus of Early Arabic Sources for West Africa* (Cambridge, 1981).

Levtzion, Nehemia and Spaulding, Jay (eds.), *Medieval West Africa: Views from Arab Scholars and Merchants* (Princeton, 2003).

Mahmud Ka'ti, *Ta'rīkh al-fattāsh fī akhbār al-buldān wa 'l-juyūsh wa-akābir al-nās*, ed. and trans. O. Houdas and M. Delafosse (1913; Paris, 1964).

Palmer, H. R. (ed. and trans.), *Sudanese Memoirs, Being mainly Translations of a Number of Arabic Manuscripts Relating* to the Central and Western Sudan, 3 vols. (Lagos, 1928).

Urvoy, Yves, 'Chronique d'Agades', *Journal de la Soci'et'es Africanistesū*, 4(1934),145 - 177.

'Uthman dan Fodio, Bayan wujub al hijra 'ala 'l-'ibad (1804); ed. and trans. F. H. El. Masri, *The Exposition of Obligation of Emigration upon the Servants of God* (Khartoum, 1978).

参考文献

Abitol, Michel, *Tombouctou et les Arma: De la conquête marocaine du Soudan nig'erien en 1591 à l'hégémonie de l'Empire Peul du Macina en 1833* (Paris, 1979).

Ajayi, J. F. Ade and Crowder, Michael (eds.), *History of West Africa*, vol. 1, 3rd edn (London, 1985).

Cissoko, Sekene Mody, *Tombouctou et l'Empire Songhay: Epanouissement du Soudan Nigerien aux XVe-XVIe siècles* (Dakar, 1975).

Davis, Natalie Zemon, *Trickster Travels: A Sixteenth-Century Muslim between Worlds* (New York, 2006).

Dienne, Doudou (ed.), *Les Routes d'al-Andalus: patrimoine commun et identit'e plurielle* (Paris, 2001).

Häldara, Ismaël Diadié, *L'Espagne musulmane et l'Afrique subsaharienne* (Bamako, 1997).

Hall, Bruce and Stewart, Charles, 'The Historic "Core Curriculum", and the Book Market in Islamic West Africa', in Graziano Kratli and Ghislaine Lydon (eds.) *One Thousand Years of Trans-Saharan Book Trade* (Leiden, 2011).

Levtzion, Nehemia, 'A Critical Study of "Tarikh al-fattash"', *Bulletin of the School of Oriental and African Studies*, 34, 3 (1971),571 - 593.

232

——*Islam in West Africa*：*Religion*，*Society and Politics to* 1800
(Aldershot，1994).

——and Pouwels，Randall L.（eds.），*The History of Islam in Africa* (Oxford，2000).

Lovejoy，Paul E.（ed.），*Slavery on the Frontiers of Islam* (Princeton，NJ，2004).

Martin，B. G.，'Mai Idris of Bornu and the Ottoman Turks，1576 – 1578'，*International Journal of African Historical Studies*，3：4 (1972)，470 – 490.

Mauny，Raymond，*Tableau geographique de I'Ouest African au Moyen Age*，*Moyen les sources ecrites*，*la tradition et I'archeologie* (Dakar，1961).

Moumouni，Seyni，*Vie et oeuvre du Cheik Uthmân Dan Fodio (1754 – 1817)：De l'Islam au soufisme* (Paris，2008).

Parry，J. H.，*The Age of Reconnaissance* (New York，1963).

Saad，Elias，*Social History of Timbuktu：The Role of Muslim Scholars and Notables* (Cambridge，1983).

Wilks，Ivor，'The Transmission of Islamic Learning in the Western Sudan'，in Jack Goody（ed.），*Literacy in Traditional Societies* (London，1968)，162 – 197.

Willis，John Ralph（ed.），*Slaves and Slavery in Muslim Africa*，2 vols. (London，1985).

Yahya，Dahiru，*Morocco in the Sixteenth Century：Problems and Patterns in African Foreign Policy* (Atlantic Highlands，NJ，1981).

Zouber，Mahmoud A.，*Ahmad Baba de Tombouctou (1556 – 1627)：sa vie et son oeuvre* (Paris，1977).

王　静　译　李　娟　校

第十一章　语文学与历史学

唐纳德·R.凯利

　　语文学指的是对文本风格、结构和历史意义方面的批判性研究。就此而论,几个世纪以来,它一直和历史研究,特别通过断简残篇展现的西方(扩展至非西方)文化的历史,以及更普遍意义上的人文科学有关。"历史的现代观念,"欧亨尼奥·加林(Eugenio Garin)宣称,"就在人文主义'新颖性'的'意识'兴起的地方出现在人文主义'语文学'的领地上。"①

　　在文艺复兴时期的欧洲,历史被视为人文学科之一,因此历史和语法、修辞学以及与语文学有密切关联。一方面,历史写作的艺术几乎等同于修辞学;另一方面,"历史"指的是最基本的、解释的文字模式;而语文学代表了由此发展而来的对文本的批判性研究。"历史"开始作为一系列分离但因果相关的事实和词汇的叙述,因此,自亚里士多德以来,它被拿来与诗歌和哲学进行对比——尽管在它的叙述形式里,它被歌颂为"用实例进行教授的哲学"。从更普遍的用法上看,历史在现代早期被定义为"存在的知识"(*cognitio quod est*)和"个体的知识"(*cognitio singularium*),因此加强了中立词汇"事物""个别"和"事实",历史也就独立于理论或正式的思考。一位亚里士多德的现代评论者兼论述"历史的艺术"一文的作者指

---

① Eugenio Garin, review of Franco Simone, 'La coscienze del rinascimento francese', *Rinascimento*, 1(1950),97.

出：“诗歌讲得更多的是普遍性，历史则是个别性。”①正如鲁道夫·
郭克兰纽（Rodolfus Goclenius）写道，通过含义，“历史是对个别事物
的研究，理论则是对普遍的研究”（*historia particularis notitia est，
theoria universalis*）。②

　　语文学作为对文本的批判由来已久，一直追溯到古代希腊、罗
马和拜占庭的惯例，尽管它已经被扩展到其他语言。文本的自我
意识在荷马那里已经很清楚了，然而却是亚历山大诗体
（Alexandrine）的“语法学家”和“批评家”定义了文本研究的学术领
域。特别是厄拉多塞（Eratosthenes）创造了“语文学家”这一术语，
用以指称文学百科全书式的学者（而不是柏拉图冗长、论辩性的古
典学者 *philologus*），而且他称自己的原则为“多面向的语文学研
究”。它和历史艺术的融合，是基于其在档案和文字资料研究方面
的功用，而且随着时间的推移，它成为历史主要辅助学科之一。这
就是现代历史学科和文艺复兴时期“方法”之间的联系，尤其反映
在让·博丹（Jean Bodin）的手册中，其中“历史的方法”胜过意大利
风格的“历史艺术”（*aetes historicae*）以及法国和德国作家类似的书
籍。③ 博丹批评四个世界级君主制度的旧帝国体制，最终以同时代
的“德意志神圣罗马帝国”和其他民族国家就民族起源同样的教区
主张的形式结束；他也研究了阅读历史学家和他们史料来源的规
则。约瑟夫·尤斯图斯·斯卡利格（Joseph Justus Scaliger）的奠基
性著作《论年代的订正》（*Opus novum De emendatione temporum*，
1583 年）比博丹颇具争议性的作品更加重要，它提供了一种对西方
历史年表的系统性批评；其他人文主义学者加入斯凯里格，在“博

234

---

①　AntonioRiccobono，‘ De poetica ’，in E. Kessler （ ed. ），*Aristotles Latine
 interpretibus variis*（Berlin，1995），744.

②　Rodolfus Goclenius，*Lexicon philosophicum*（Frankfurt，1613），626.

③　Jean Bodin，*Methodus ad facilem historiarum cognitionem* （ Paris， 1566 ）；
 trans. Beatrice Reynolds，*Method for the Easy Comprehension of History*（New
 York，1945）.

学时代"（*age of erudition*）参与了古代文本的修复、编辑和批判工作。①

但是人文主义准则更古老。在中世纪有一些微弱的连续性，比如马尔提亚努斯·卡佩拉（Martianus Capella）的《语言学与商神的婚姻》（*De nuptiis Mercurii et Philologiae*）就表现了上述七艺是语文学研究的婢女。在文艺复兴人文主义之"父"弗朗西斯克·彼特拉克（Francesco Petrarca）或称彼特拉克的作品中，语文学，尤其和历史学在这里相遇。他的历史感来自于他在情感上生活在另一个更好的时代，即古代罗马，而他投身于语文学的行为则来自他想要准确模仿古人的语言和思想，例如他曾经试图效仿西塞罗的私人信件。② 一名早期的门徒莱奥纳多·布鲁尼（Leonardo Bruni）写道："弗朗西斯克·彼特拉克是第一位有足够的天赋，能认识并回忆、照亮已经失去和熄灭的古代优雅的人。"③正如彼特拉克自己写道，

在我感兴趣的众多学科中，我对远古时代念念不忘，因为我们自己的时代驱逐了我，如果不是因为那些亲爱的人对我的爱，我应该会选择生活在其他任何一个时代，而不是我们这个时代。为了忘掉我们这个时代，我一直努力把自己放置在其他时代精神中，结果我在历史里得到了愉悦。④

这份雄心壮志在彼特拉克的《名人列传》（*De Viris illustribus*）中得到了实现。他拥有荷马的手稿，尽管他无法阅读。然而，他的态度里有基督徒的一面，因为阅读奥古斯丁的作品之后导致其"从

235

---

① Anthony Grafton, *Joseph Scaliger: A Study in the History of Classical Scholarship*, 2 vols. (Oxford, 1983 - 1993).
② Donald R. Kelley, *Renaissance Humanism* (Boston, 1991).
③ Ibid. , 1.
④ Petrarch, 'Familiar Letters', in *Petrarch: The First Modern Scholar and Man of Letters*, ed. and trans. James Harvey Robinson (New York, 1898), 64 - 65.

沉思空间到沉思时间"。① 这种观点加强了潜藏在彼特拉克历史批判下的辨别力,例如,这使他能够揭露皇帝查理四世(the Emperor Charles IV)给他检查的伪造的"哈布斯堡赠与"(Habsburg donation)。这是运用语文学到历史研究中众多实例中的首例。

其他人文主义者继续从事古代文学包括古典历史学家的残篇搜集、批判和最终出版工作。从希腊文翻译成拉丁文对于区分历史和文化差异至关重要。洛伦佐·瓦拉(Lorenzo Valla)的希罗多德(Herodotus)和修昔底德(Thucydides)作品的拉丁版,以及其他学者从希腊语翻译而来的作品,出现于印刷时代早期,李维(Livy)、塔西佗(Tacitus)和其他拉丁语历史学家的拉丁版本也出现在这个时代。本地语言的翻译版紧接而来,例如克罗德·德·西塞尔(Claude de Seyssel)对于瓦拉的拉丁文译本的翻译,虽然拉丁语仍然是主要的传播载体,国家、城市和家庭历史以及传记仍然沿着古典路线出版。莱奥纳多·布鲁尼(Leonardo Bruni)用李维的模型,②建立了佛罗伦萨史的悠久传统,而弗拉维奥·比昂多(Flavio Biondo)调查罗马帝国的灭亡与近代欧洲的崛起,他的作品建立在后世不同学者的基础上。③ 文本批判迅速发展,学术研究开始深入积累并更广泛地传播。

15 世纪上半叶,人文主义图书收藏者追随彼特拉克和科卢切·萨卢塔蒂(Coluccio Salutati)的步伐,在弗朗切斯科·巴尔巴罗(Francesco Barbaro)称之为"文学界"④那里扩展他们的搜寻和人

① Petrarch, 'The Ascent of Mt. Ventoux', in Ernst Cassirer, Paul Oskar Kristeller, and John Herman Randall, Jr. (eds.), *The Renaissance Philosophy of Man* (Chicago, 1948),42.

② 参见威廉姆·J.康奈尔在本卷所著第十七章。

③ Eric Cochrane, *Historians and Historiography of the Italian Renaissance* (Chicago, 1981); and Donald J. Wilcox, *The Development of Florentine Humanist Historiography in the Fifteenth Century* (Cambridge, Mass., 1969).

④ Poggio Bracciolini, *Two Renaissance Book Hunters: The Letters of Poggius Bracciolini to Nicolaus de Niccolis*, trans. Phyllis Gordon (New York, 1974), 199.

脉。像杰罗姆(Jerome)一样,萨卢塔蒂捍卫异教徒文学,即"新学术"(New Learning),反对反基督教的偏见变化,而且他的确认为,"出于一种必要性,基督教教义必须首先从语法开始"。[①] 西塞罗的信件和演说手稿被发现了,塔西佗和许多其他人的作品也是如此,包括曼努埃尔·赫里索洛拉斯(Manuel Chrysoloras)以前的希腊语手稿,此人是布鲁尼的老师,也是柏拉图和亚里士多德的译者。李维的早期书籍搜寻工作很大程度上是徒劳的,瓦拉的推测对于修复它们也无济于事。对许多其他手稿的无尽探求延续了几个世纪,扩展到无数语言。塔西佗是最显著且有影响力的发现之一。中世纪的史料来源也包括在追索的范围内,1425年波焦·布拉乔利尼(Poggio Braccolini)不仅报告了一些有关塔西佗的新发现,还有博韦的樊尚(Vincent of Beauvais)的《大镜》(*Speculum*)的副本。他和巴尔巴罗在图书收藏事务方面进行了广泛通信。在其他意大利学者中,安杰洛·波利齐亚诺(Angelo Poliziano,政治家)研究荷马、亚里士多德、罗马法和希腊文学,他的《杂记》(*Miscellanies*)记载了对许多古典作家及《法学汇编》(*the Digest*,罗马法六个世纪的纲要)的修订和更正。私人和公共图书馆的收藏与支持同样推动了人文主义者们的工作。

君士坦丁堡的陷落导致越来越多拜占庭学者逃到意大利,尽管早前少数曾逃过。[②] 这些人包括赫里索洛拉斯,乔治·格弥斯托士·卜列东(George Gemistos Pletho),他的学生贝萨里翁(Basilios Bessarion,后来的红衣主教)以及特拉布宗的乔治(George Trapezuntius),他们带着柏拉图与亚里士多德的古老辩论来到意大利,虽然很快历史批评就把这种辩论从教义(doctrine)转向学术(scholarship),尤其是通过阿尔多·马努齐奥(Aldo Manuzio)的希腊语版本。通过翻译成拉丁文,希腊思想的影响有所增强,例如布

① Coluccio Salutati, 'De Tyranno', in Ephraim Emerton (ed.), *Humanism and Tyranny: Studies in the Italian Trecento* (Cambridge, 1925), 351.
② N. G. Wilson, *From Byzantium to Italy* (Baltimore, 1992).

鲁尼翻译亚里士多德的作品,马尔西利奥·费奇诺(Marsilio Ficino)翻译柏拉图的作品;翻译成法语也是这样,例如克罗德·德·西塞尔的译作。尤其重要的是盖仑和其他遵循智识传统的学者的科学论述。尽管实证方法早在弗朗西斯·培根(Francis Bacon)时代之前就占据主导地位,[①]但文艺复兴时期的自然科学主要是学究式的、语文学层面上的一种追求。然而,培根自己为"文学"书籍的历史进行辩护,称其为自然历史本身的一个必要补充。[②]

在 15 世纪,大致与印刷术的发明同期,意大利人文主义通过将中世纪的评注转移到语法或语文学的注释上,彻底变革了文本研究。在诸多学者中,菲利波·博尔多(Filippo Beroaldo)、埃尔莫劳·巴尔巴罗(Ermolao Barbaro)、尼科洛·佩罗蒂(Niccolò Perotti),特别是安杰洛·波利齐亚诺,出版了既讨论事实又讨论方法的、对经典文本的"评论"。例如,波利齐亚诺的《杂记》,追随了奥卢斯·革利乌斯(Aulus Gellius)的《阿提卡之夜》(Noctes atticae)针对历史和传记事实提出精短博学式文章的古典先例,他在法国、德国和意大利都有追随者。

这些笔记也往往充满了个人的争论和谩骂,这正是"文艺复兴角斗士"的风格,曾在印刷书籍的时代流行一时。正如安东尼·格拉夫敦(Anthony Grafton)所表明的,最重要的是安杰洛·波利齐亚诺及其追随者代表着"新语文学"开始的学术实践,不仅包括推测性地校订和建立古籍校勘版,还包括伪造的文件,就像卡洛·西古尼乌斯(Carlo Sigonio)于 1583 年出版的、托名西塞罗的《慰藉》(Consolatio)一样。正如格拉夫敦所言,"在文艺复兴时期及希腊化亚历山大时期,伪造的文件和语文学同涨共退"。[③]

237

①　Nancy Siraisi, *History, Medicine, and the Traditions of Renaissance Learning* (Ann Arbor, 2007).

②　Francis Bacon, ' Advancement of Learning ', in James Spedding (ed.), *Philosophical Works* (London, 1905),130.

③　Anthony Grafton, *Defenders of the Text: The Traditions of Scholarship in an Age of Science, 1450-1800* (Harvard, 1991),103.

　　除了历史的面向,人文主义方法的一个方面是其比较的倾向,这是翻译艺术的固有特征。在莱奥纳多·布鲁尼的文章《论正确的翻译方法》(*On the Correct Way to Translate*)中,他注意到了解这两种语言——希腊语和拉丁语——对于理解文化和语言差异的重要性;他对字面意思和精神内涵进行区分,并给出了大量中世纪译者的错误实例,补充道"希腊语中没有拉丁语不能说的"。[①] 瓦拉写了大量有关拉丁语"优雅"(*elegantiae*)的作品,并对伊拉斯谟(Erasmus)所继续的《圣经》翻译进行了批判性评价。"谁不知道",瓦拉问道,"当拉丁语处于鼎盛时期时,所有的研究和科学都兴旺繁荣,而当拉丁语枯萎灭亡时,所有的研究和科学也都遭到毁灭?"[②]因此,出于"复原"与"模仿"的最天真的愿望,导致了伊拉斯谟、尤利乌斯·恺撒·斯卡利格(Julius Caesar Scaliger)、艾蒂安·多莱(Etienne Dolet)、卡洛·西古尼乌斯和其他人文主义者之间对(潜在的反基督教)西塞罗主义的辩论。因此,同样地以一位古代作家或其他作家的风格创作作品的诱惑,其本身正是越来越精通"优雅的"拉丁语的标志。

　　瓦拉在拉丁语修辞学的基础上——以及对"古代的权威性"——将他的批判性方法运用到教会法和罗马法,《圣经》研究和古典学研究。他的《拉丁语的优雅》(*Elegantiae Latinae linguae libri sex*,1444 年)表现了批判性历史方法的基础,同时也是古典文学的指南;他通过研究西班牙的费迪南而投入到历史研究中。瓦拉对于亚里士多德哲学的批判,拒绝正确和普通用法的先验与分类,将历史推举到了超越哲学的地位。[③] 他最出名的成就是揭露了《君士坦丁赠与》(Donation of Constantine)是一份伪造的文件。

① Leonardo Bruni, 'On the Correct Way to Translate', in Gordon Griffiths, James Hankins, and David Thompson (eds.), *The Humanism of Leonardo Bruni*: *Selected Texts* (Binghamton, NY, 1987),217 - 229,at228.
② Lorenzo Valla, *Elegantiae Latinae linguae libri sex* (1444), bk. 1, preface, in *Opera omnia*, ed. E. Garin, vol. 1 (Turin, 1962),4.
③ Kelley, *Renaissance Humanism*, 20 - 50.

在复杂时期，在中世纪，同样有很多伪造文件被制作或被揭露，而且教士律师们（canon lawyers）确实必须熟稔于揭露那些用来反抗教会的假文件。伪造和文本批判在这一时期共同发展。在教派冲突和印刷书籍的同一时期，经典学问也提升到具备更高洞察力和校正能力的水平，尤其体现在文艺复兴"批判的艺术"（ars critica）中诸多大师的作品里，如亨利·埃蒂安纳（Henri Estienne）、约瑟夫·尤斯图斯·斯卡利格（前述尤利乌斯·恺撒·斯卡利格的儿子）、尤斯图斯·利普修斯（Justus Lipsius），以及在超越西方传统局限性的基础上，延续了伊拉斯谟和布德（Budé）的"复原"（restitution）工作的伊萨克·卡索邦（Isaac Casaubon）。①

　　伊拉斯谟第一个在《新约圣经》中出版瓦拉的注释，接着出版了一版新的批判性《圣经》，以和通俗拉丁文本《圣经》（Vulgate）分庭抗礼，他想要看到《圣经》被翻译成本地语言，并和马丁·路德（Martin Luther）及其他人一起掌管了德国。"我不认为作为诸学科女王的神学"，伊拉斯谟在为瓦拉的作品辩护时写道，"会考虑屈尊降贵被自己的侍女语法学所控制并给予应有的关注"，②随之发展而来的是翻译和解释的理论，这是弗拉希乌斯·伊利里库斯（Matthias Flacius Illyricus）在他的圣经解释学的开创性著作中总结而来的。借鉴了修辞和训诂传统，弗拉希乌斯建立了一门圣经解释的系统科学。"了解一个命题本身是一件事情，"约翰·克拉登尼乌斯（Johann Chladenius）在 18 世纪写道，"而由某人提出并论述出来之后理解它又是另一回事。"③诠释学传统的重点从抽象理性转到文化内涵，从神圣转到世俗，语言的不同层次也是如此，从字面转到文化情景的相似与寓意。语文学方法在理查德·西蒙（Richard Simon）的《旧约考评史》（Histoire critique du Vieux Testament，1678 年）一书中达到了第一个高峰，随后他的批判扩

---

①　Jean Jehasse, *La Renaissance de la critique* (Lyon, 1976).

②　Hans Hillerbrand (ed.), *Erasmus and His Age* (New York, 1970).

③　Chladenius, 'On the Concept of Interpretation', in Kurt Mueller-Vollmer (ed.), *The Hermeneutics Reader* (Oxford, 1985),56.

展到《新约》，并在 18 世纪的新教义信奉者的作品中得到了延续。[1] 对于西蒙和他的追随者而言，《圣经》是一个经过多人参与创作的文件，需要外部的证据使其得到更正。随之而来的是对奇迹和犹太传统优越性假设的质疑。

在法国，瓦拉的主要追随者以及伊拉斯谟的对手是纪尧姆·布德(Guillaume Budé)，他写了一篇颇有见地的、赞扬语文学的文章，为《法学汇编》注释，包括评论《圣经》和研究古钱币的《论阿司与度量》(De Asse et partibus ejus，1514 年)。[2] 最重要的是他的《希腊语评论》(Comentarii linguae graecae，1529 年)，提供了延续至今的希腊语词典编纂学的基础。"曾经作为装饰品的，"布德写道，"语文学今天是复兴和恢复的手段。"[3]像其他的法国学者一样，他认为，学问之"灯"，特别是新人文主义的法律制度，在弗朗索瓦一世(Francis I)统治时期从意大利传到了法国；的确，正是瓦拉的《优雅》(Elegantiae)引导布德研究《法学汇编》以及对中世纪评论家阿库修斯(Accursius)和拜占庭的编者特里波尼安(Tribonian)的篡改的批判。瓦拉文体变化的历史感被布德加强，他在这方面有一个非正式的三分阶段（古代、黑暗时代和现代）。布德语文学(philologia)的终极目标——他称之为他的"事业"甚至他的"第二生命"——仍保持不变：不仅在破烂的文本上"修复"片段，更要"修复"作为一个整体的"古代"的"文学"。历史对于布德而言不仅是"对古代的解释"，更是"生命的情人"（据西塞罗），这引领他在罗马和法国制度、整个法律和制度文化传统方面进行了比较。[4] 维拉莫维茨-默伦多夫(Ulrich von Wilamowitz-Moellendorf)认为，布德之

239

---

[1] W. Neil, 'The Criticism and Theological Use of the Bible, 1799 - 1950', in S. L. Greenslade (ed.), The Cambridge History of the Bible, vol. 3: The West from the Reformation to the Present (Cambridge, 1963),238 - 293.

[2] Donald R. Kelley, Foundations of Modern Historical Scholarship (New York, 1970), ch. 2.

[3] Guillaume Budé, De Philologia, in De studio litterarum (Basel, 1533),351.

[4] Guillaume Budé, De asse et partibus ejus (Lyon, 1551), fol. 141.

后的一流人文主义者的三驾马车分别是约瑟夫·斯卡利格、伊萨克·卡索邦和卡索邦的岳父，即著名的学者印刷商亨利·埃蒂安纳；伴随他们的还有一些不太知名的人物，包括阿德里安·特纳比（Adrien Turnèbe）、丹尼斯·朗宾（Denis Lambin）和马克-安东尼·米雷（Marc-Antoine Muret）。到了17世纪晚期，法语开始取代拉丁语成为学术语言，这一点反映在皮埃尔·培尔（Pierre Bayle）的《历史批判词典》（*Dictionnaire historique et critique*，1695—1697年）以及学术期刊的激增。

语文学与相关"学科"

在西方，与语文学结盟的是年代学，其根基在一系列古代国王以及基督教试图将自身传统与希腊人和罗马人的传统进行同步化的尝试中。[①] 优西比乌斯（Eusebius）的《编年史》（*Chronicon*）是这一传统的基础文本，随后约瑟夫·尤斯图斯·斯卡利格的《论年代的订正》（*Opus novum De emendatione temporum*）达到了顶点，该书利用相关日期的经典文本，包括历史记录和天文事件。他是新莱顿大学第一位被授予全职研究教职的人，这里尤斯图斯·利普修斯、雨果·格劳修斯（Hugo Grotius）以及梅西厄斯（G. J. Vossius）都曾经执掌教鞭，所以荷兰开始取代法国成为学术世界的领导者。利普修斯的主要工作以塔西佗作品版本研究为中心，后者的作品在15世纪被重新发现，因而累积了大量评论，尤其是对《日耳曼尼亚志》（*Germania*）的评论。[②] 梅西厄斯的重要作品中有希腊语和拉丁语史学家的历史。[③]

同时，在欧洲，历史学——以叙述历史的书写方式——成为一

240

① Donald J. Wilcox, *The Measure of Times Past* (Chicago, 1987).
② Donald R. Kelley, 'Tacitus Noster', in T. J. Luce and A. J. Woodman (eds.), *Tacitus and the Tacitean Tradition* (Princeton, 1993).
③ 参见 Nicholas Wickendon, *G. J. Vossius and the Humanist Concept of History* (Assen, the Netherlands, 1993)。

种沿着官方特别是民族国家路径的追求，因此历史变成了意识形态的一种形式，同时又是官方支持的事业。然而御用的国王史学家（*historiographes du roi*）或城市史学家（*de la ville*），通常被训练且聘任为律师，他们对于不断增长的历史批判的实践和理论保持开放态度。布鲁尼为佛罗伦萨以及弗拉维奥·比昂多（Flavio Biondo）为整个意大利所做的事情，正是保罗·埃米利奥（Paolo Emilio）试图为法国，维吉尔（Polydore Vergil）为英国，比亚图斯·雷纳努斯（Beatus Rhenanus）为德国，以及弗拉维奥·比昂多的其他追随者们为建立在古代罗马帝国废墟上的其他"野蛮人"国家所做的。被人文主义历史学家如保罗·埃米利奥和维吉尔接受的最有名的神话就是特洛伊人的起源，这赋予法国和英国的君主制度以虚假的古老性，而紧随民族和宗教自豪感与偏见之后的是其他虚构故事被揭穿，例如查理曼大帝（Charlemagne）成立了巴黎大学这一说。雅克·居亚斯（Jacques Cujas）的学生把法律人文主义的方法引入到民族国家历史研究领域。这包括了皮埃尔和弗朗索瓦·匹陶兄弟（Pierre and François Pithou）和艾蒂安·帕基耶（Etienne Pasquier），后者开始研究法国文物和法国文学。让·杜·蒂耶（Jean du Tillet）将档案资料带入官方历史学的领域。当展现本笃会假定的古老性的档案，其真实性遭到了耶稣会士但以理·丕皮布洛奇（Daniel Papebroch）的质疑时，批判变成了极端的批评。这项指控被本笃会的一名僧侣让·马比荣（Jean Mabillon）所反驳，他在奠基性著作《古文书学》（*De re diplomatica*，1681 年）在历史语文学、古文字学和古文书学的基础上，规定了对中世纪文献进行批判的准则。

在 17 世纪，戈特弗里德·威廉·莱布尼茨（Gottfried Wilhelm Leibniz）盛赞老基督徒多玛西乌斯（Thomasius）在哲学史而不仅仅是哲学家方面的探讨。不幸的是，同样的话却不能用在语文学上，即使到了 20 世纪，这仍只是伟大语文学家的编年体故事。相对重要性方面存在着一些共识，但事实上，文本批判的成就一直是对数量和感知质量的个人判断的产物，这个过程是基于文字更正不断变化的标准,而不是基于概念化的结构。语文学的史学家列出人名(后来包括女性)和他们的作品与评论,只关注传记的上下文,而很少关注预设的学科专题(presumed disciplinary projects)。17 世纪是"博学时代",值得纪念的学者名册很庞大,但结果大部分只是与目录学有关而已。① 然而,在 18 世纪,在唯心主义哲学对抗"无用的"博学的运动中心,博学束手就擒,康德和黑格尔对此有最佳表述。阿纳尔多·莫米利亚诺(Arnaldo Momigliano)认为,爱德华·吉本(Edward Gibbon)是那些试图弥合哲学和"学究"之间差距的众人之一。②

241

在英国,新语文学的领导人物是伊萨克·卡索邦和约翰·塞尔登(John Selden),后者研究民族历史和经典,圣经的传统和东方语言。卡索邦揭露赫耳墨斯·特里斯墨吉斯忒斯(Hermes Trismegistus)具有半传奇色彩的作品是一部后来之作。除了翻译其他作品,亨利·萨维尔(Henry Savile)还翻译了塔西佗的作品和克里索斯托(Chrysostom)的一个版本,许多其他古典学者在新语文学方面亦有贡献。③ 在法国,"古人和现代人之间的争吵"和丰特奈尔(Bernard de Fontenelle)以及夏尔·佩罗(Charles Perrault)联系在一起,17 世纪晚期这种争吵来到英国,威廉·坦普尔(William Temple)再现了古代人,而威廉·沃顿(William Wotton)则表现了现代人;这场论战伴随着希腊语的批判性研究和历史方法的发展。④ 沃顿在借鉴斯卡利格、卡索邦和塞尔登作品的基础上,认为现代人的优势不仅体现在科学,更体现在语文学方面。秉持这一精神,理查德·本特利(Richard Bentley)揭露出法拉里斯(Phalaris,公元前 6 世纪的一个暴君)信件是伪造品,他还编辑了荷马的作

---

① Blandine Kriegel, *L'Histoire àl'age classique*, 4 vols. (Paris, 1979).

② Arnaldo Momigliano, 'Ancient History and the Antiquarian', *Journal of the Courtauld and Warburg Institutes*, 13(1950), 285 - 315.

③ John Edwin Sandys, *A History of Classical Scholarship*, 3 vols. (Cambridge, 1908), ii. 333.

④ Joseph M. Levine, *Humanism and History* (Ithaca, 1987).

品，这是下文讨论的中心。本特利身处很多学术项目与论争的前沿，而且他在全欧洲享有广泛的声誉。

语文学与基督教欧洲以外的世界

和基督教一样，犹太教和伊斯兰教都是"经书的宗教（religions of the book）"，它们发展出阅读的技巧，以便保存它们的文本传统，其中犹太人通过拉比的学问，而阿拉伯人则通过衍生自《可兰经》（Qur'an）的拉丁文译者的方法做到这一点。如同所有的翻译，就是在逐字阅读和大意阅读之间进行选择。前者是更常见的方法，而后者（来自 12 世纪克顿的罗伯特（Robert of Ketton）的《假先知穆罕默德的律法》（Lex Mahumet pseudoprophete）被用来反驳渎神的行为，并使文本在拉丁文化（Latinitas）的情境中清晰化。托马斯·伯曼（Thomas Burman）认为，这两种技巧对于语文学和基督教来说都是可靠的。[①] 这些方法被追随到 16 世纪维泰博的艾智德（Egidio da Viterbo）的版本，发展成与圣经研究平行的一种研究时尚。

18 世纪晚期，"东方文艺复兴"把西方语文学扩展到远东，尤其是印度，威廉·琼斯担任了梵文的翻译工作。梵文典籍对浪漫主义作家产生了巨大影响，如，谢林（Schelling）、费希特（Fichte）、黑格尔（Hegel）、施莱格尔（Schlegel）和其他人。梵文文本很快开始在欧洲的大学里被教授，最初在德国和法国，后来在英国，最后牛津大学弗里德里希·马克斯·缪勒（Friedrich Max Müller）的作品达到了顶峰。[②] 这是"破译的时代"，其中，商博良（Jean-François Champollion）的埃及象形文字破译最为著名，其次是楔形文字的以及后来的其他文字的破译，包括玛雅手稿。在这种情况下，出现了

---

① Thomas E. Burman, *Reading the Qur'an in Latin Christendom*, 1450 – 1560 (Philadelphia, 2007).

② Raymond Schwab, *The Oriental Renaissance*, trans. G. Patterson-Black and V. Reinking (New York, 1984).

"比较语文学"和语言学的概念,两者都和进化思想、印欧语系的观念建立了一种联合关系。

　　许多学者认为,至少在 18 世纪以前,"语文学"是专属于欧洲古典传统的成果,但是文本甚至历史批判绝不仅限于欧洲学术研究。正如本杰明·埃尔曼(Benjamin Elman)写道,"例如,中国从新儒家哲学向清朝语文学的转变,证明了社会形态的变化经常是知识新途径产生的原因"。11 世纪出现了一股"怀疑主义和攻击古典文本真实性"的浪潮,学者们追随着这股浪潮直至下个世纪。[①] 在"批判性文章"(*pien*,辩)这一类型中,清朝语文学拒绝了新儒家主义的理性和抽象的习惯,倾向于一种更具体和"更有证据支持"的方法。这一方法在 18 世纪被"汉学"的发展强化,后者强调原始文本、叙事传统,而且从影响历史的角度来看,它本身被耶稣会的影响加剧了。此时,印刷文本、图书馆、目录和其他博学的工具以及知识的分类,都促进了中国人文研究的发展。到了 17 世纪,这种研究方法同样传播到日本和韩国以及其他国家。

主要史料

Bodin, Jean, *Methodus ad facilem historiarum cognitionem* (Paris, 1566); trans. Beatrice Reynolds, *Method for the Easy Comprehension of History* (New York, 1945).

Braccriolini, Poggio, *Two Renaissance Book Hunters: The Letters of Poggius Bracciolini to Nicolaus de Niccolis*, trans. Phyllis Gordon (New York, 1974).

Bruni, Leonardo, 'On the Correct Way to Translate', in Gordon Griffiths, James Hankins, and David Thompson (eds.), *The Humanism of Leonardo Bruni: Selected Texts* (Binghamton,

243

① Benjamin A. Elman, *From Philosophy to Philology: Intellectual and Social Aspects of Late Imperial China* (Cambridge, Mass., 1984),38,41.

NY，1987)，217 - 219.

Budé，Guillaume，*Comentarii linguae graecae*（Paris，1529）.

Chladenius，'On the Concept of Interpretation'，in Kurt Mueller-Vollmer（ed.)，*The Hermeneutics Reader*（Oxford，1985），55 - 64.

Goclenius，Rodolfus，*Lexicon philosophicum*（Frankfurt，1613）.

Mabillon，Jean，*De re diplomatica*（Paris，1681）.

Petrarch，'The Ascent of Mt. Ventoux'，in Ernst Cassirer，Paul Oskar Kristeller，and John Herman Randall，Jr. （eds.)，*The Renaissance Philosophy of Man*（New York，1948），36 - 46.

Scaliger，Joseph Justus，*Opus novum De emendatione temporum*（Paris，1583）.

Simon，Richard，*Histoire critique du Vieux Testament*（Paris，1678）.

Valla，Lorenzo，*Elegantiae Latinae linguae libri sex*（1444）.

参考文献

Cochrane，Eric，*Historians and Historiography of the Italian Renaissance*（Chicago，1981）.

Burman，Thomas E. ，*Reading the Qur'an in Latin Christendom，1450 -1560*（Philadelphia，2007）.

D'Amico，John F. ，*Theory in Renaissance Textual Criticism*（Berkeley，1988）.

Grafton，Anthony，*Joseph Scaliger：A Study in the History of Classical Scholarship*，2 vols. （Oxford，1983 - 1993）.

——*Forgers and Critics*（Princeton，1990）.

Hillerbrand，Hans（ed.)，*Erasmus and His Age*（New York，1970）.

Jehasse，Jean，*La Renaissance de la critique*（Lyons，1976）.

Kelley, Donald R. , *Foundations of Modern Historical Scholarship* (New York, 1970).

——*Renaissance Humanism* (Boston, 1991).

Kriegel, Blandine, *L'Histoire àl'age classique*, 4 vols. (Paris, 1979).

Levine, Joseph M. , *Humanism and History* (Ithaca, 1987).

Momigliano, Arnaldo, 'Ancient History and the Antiquarian', *Journal of the Courtauldand Warburg Institutes*, 13 (1950), 285 – 315.

Pomata, Gianna and Siraisi, Nancy (eds.), *Historia: Empiricism and Erudition in Early Modern Europe* (Cambridge, Mass. , 2005).

Salutati, Coluccio, 'De Tyranno', in Ephraim Emerton (ed.), *Humanism and Tyranny: Studies in the Italian Trecento* (Cambridge, 1925),70 – 116.

Sandys, John Edwin, *A History of Classical Scholarship*, 3 vols. (Cambridge, 1908), ii.

Schwab, Raymond, *The Oriental Renaissance*, trans. G. Patterson-Black and V. Reinking (New York, 1984).

Siraisi, Nancy, *History, Medicine, and the Traditions of Renaissance Learning* (Ann Arbor, 2007).

Wickendon, Nicholas, *G. J. Vossius and the Humanist Concept of History* (Assen, the Netherlands, 1993).

Wilcox, Donald J. , *The Development of Florentine Humanist Historiography in the Fifteenth Century* (Cambridge, Mass. , 1969).

Wilson, N. G. , *From Byzantium to Italy* (Baltimore, 1992).

申 芳 译 张 骏 校

第十二章 从彼得拉克到佩雷斯科的欧洲古物学主要趋势

彼得·N. 米勒

撰写古物学（antiquarianism）的历史是困难的，因为其中的很多重要人物尚未被研究过。另一个重要的原因在于，古物学的含义至今仍未达成共识。当然，狭义的古物学指的是古物研究者们从事的，以古物（antiquities）——源自拉丁语中的 *antiquitates*——为对象的研究。但是，由于这一名称是源自一本关于罗马的百科全书式书籍——公元 1 世纪的罗马人马库斯·特伦提乌斯·瓦罗（Marcus Terrentius Varro）所撰写的《人神制度稽古录》（*Antiquitates rerum divinarum humanarumque*）——的标题，它还导致了一种更加广义的解释的可能性。正如对于瓦罗而言，*Antiquitates* 可以指涉一个民族或一个时期的整体生活文化。相应地，这就意味着可以通过语文学、法学、博物学和政治学，在其他事物中追寻它。

狭义的研究路径与我们所理解的古物复兴密切相关，这一复兴最早出现在意大利，然后越过了阿尔卑斯山脉。虽然我们的相关知识仍显有限，局限于从事古物学研究的一小部分学者的少量文献，这种方法已经取得了许多成果。对于理解文艺复兴晚期（或启蒙运动早期）的知识框架而言，或许广义的研究路径是至关重要的，它被采用得较少，这或许是因为研究古物学家和古物学的大多是艺术史学家——他们首先并主要感兴趣的是被研究的对象，而非这些对象是如何被研究的。

第十二章　从彼得拉克到佩雷斯科的欧洲古物学主要趋势

然而，无论我们选择狭义的或者广义的视角，在此时此刻撰写近代早期古物学的历史，尽管是极为迫切所需的，但这项工作仍然是不可能的。五十多年前，阿纳尔多·莫米格里亚诺（Arnaldo Momigliano）在一篇文章中就这一问题承认道："我希望我能够轻易地谈及古物学研究的历史。但这根本就不可能。"[1]尽管对于近代早期古物学的研究确实复兴了，这一说法至今仍是正确的。[2] 在探索古物学的民族传统方面，偶尔会出现一些研究成果，其中大多是对北欧的相关研究。但整体而言，我们所拥有的许多关于古物学的历史记载——关于古物研究者的、由古物研究者所撰写的以及为古物研究者所作的——是我们可能不想去阅读的。这一段通史所呈现出的轮廓是足够清晰的。它起于彼得拉克，在这里他并非作为一名古物的理论家，而是作为一个物质遗存的研究者出现，尤其是在文字形式的物质遗存方面（手抄本、铭文、钱币）。下一个高峰——尽管这一判断可能是由于对所研究时期的有限知识所导致的——出现在 15 世纪 40 年代，代表人物包括波焦·布拉乔利尼（Paggio Bracciolini）、弗拉维奥·比昂多（Flavio Biondo）和安科纳的西里亚克（Cyriac of Ancona）。一个世纪之后，围绕着枢机主教亚历山德罗·法尔内塞（Cardinal Alexander Farnese）的一个学者团体主导了这项研究，其中包括皮罗·利戈里奥（Pirro Ligorio）和奥诺福里奥·潘维尼奥（Onofrio Panvinio）。他们在最大程度上集中于研究古代的视觉性和物质性文化，并在这方面取得了突破性的进展，在下一代中，处于枢机主教弗朗切斯科·巴贝里尼（Cardinal Francesco Barberini）圈子中的法国人佩雷斯科（Peiresc）及其同行

245

---

[1]　Arnaldo Momigliano, 'Ancient History and the Antiquarian', in *Contributo alla storia degli studi classici* (Rome, 1955), 69。

[2]　除莫米格里亚诺之外第二有参考价值的资料是 K. B. Stark 的 *Handbuch der Archäologie der Kunst* (Leipzig, 1880)。关于斯塔克（Stark）参见 Peter N. Miller, 'Writing Antiquarianism: Prolegomenon to a History', in Miller and François Louis (eds.), *Antiquarianism and Intellectual Life in Europe and China, 1500 -1800* (Ann Arbor, 2012)。

们，延续了这一进展。通过佩雷斯科，我们有可能看到"广义"的欧洲古物学历史的轮廓，因为它与博物学、医学和天文学以及东方语言学和文学相交汇。佩雷斯科兴趣广泛，其中的一些兴趣也是当时北方最伟大的古物学家们所拥有的，包括威廉·卡姆登（William Camden）和奥尔·沃姆（Ole Worm），以及一些《圣经》古物的研究者们，诸如让·莫兰（Jean Morin）和威廉·莱特福特（William Lightfoot）。另一方面，佩雷斯科对于物质证据的关注，通过马比荣（Mabillon）得到了延续，直至加特勒（Gatterer）为历史学的辅助学科（*historische Hilfswissenschaften*）创设了一门课程。意大利的基于研究对象的研究传统，通过贝洛里（Bellori）和比安奇尼（Bianchini），传到温克尔曼（Winckelmann）那里，但也传至巴黎的凯吕斯（Caylus）和巴泰勒米（Barthélemy）。接着是一段迷人、漫长且丰富的尾声，它将把我们带入唐纳德·R.凯利所称的19世纪40—50年代的"旧文化史"。[1] 并且最终是旧文化史与形式较新的文化史——由雅各布·布克哈特（Jacob Burkhardt）与卡尔·兰普雷希特（Karl Lamprecht）在之后几十年中所创立——之间的关系这一复杂问题。如果对于古物学的结构毫无感受的话，文化史的历史将仅仅是谱系中的一项活动而已。

大的叙述需要有坚实的基础，并且甚至是对于古物学和古物学家的年代的狭义定义，也需要得到仔细的考察：古物学是对古物的研究吗，是对古物的着迷吗，抑或是通过古物得到的灵感吗？这些问题中的每一个，都将把我们引入非常困难的方向，并且就理解近代早期欧洲的文化生活而言，每一个问题都是重要的。但应当承认的是，这些广博的分类仍旧是存在重大疏漏的，尤其是在古物学与历史研究的关系方面。在这些学者中，培根（Bacon）是仅有的在历史和古物方面都很杰出的最著名人物。他将后者描述为"受损的历史，或者是偶然躲过了时间摧残的历史残留物"。这些残留物

---

[1] Donald R. Kelley, 'The Old Cultural History', *History and the Human Sciences*, 9(1996), 101 - 126.

具有不同的形式,并且相比于那种轻蔑的口吻,培根的目录更多地表现出对这些古物的极度熟悉和精通:

> 古物,或是历史的残留物,(正如之前所说过的那样)很像是一艘沉船上的帆桅杆:尽管关于事物的记忆衰退并且几乎失落了,但敏锐而勤勉的人们,依靠坚持不懈和一丝不苟,设法找到家谱、年鉴、头衔、公众的以及私人的纪念碑、散布在非历史书籍中的历史残片——我指的是从所有这些事物或其中一些事物中,试图发现某些来自时间的洪流之中的东西;这确实是一项费劲的工作,但它也是令人愉悦的,并且伴随而来的是一种崇敬之情;在取代那些关于民族起源的荒诞无稽记述方面,它们也是非常有价值的;它们还将取代那种虚构。[1]

培根在"古代历史家"与"古物学家"之间确立了明确区分,或许遵从这种方法是较为简便的,但是安东尼·格拉夫顿(Anthony Grafton)近期关于艺术史(*ars historia*)的研究,尤其是关于弗朗索瓦·博杜安(François Baudouin)和弗朗切斯科·帕特里奇(Francesco Patrizi)的著作的研究,表明了任何关于雄辩的历史家与畸足的古物学家之间的严格区分是误导性的。[2]

另一方面,人们可能会合理地问道,是否"古物学"确实应归入

---

[1] Francis Bacon, *De Augmentis Scientiarum* (1623), bk. 2, ch. 6。培根的言论——以及安科纳的西里亚克的思想——在 17 世纪末仍然是流行的,或许甚至是当时普遍的看法。参见约翰·奥布里(John Aubrey):"这些残余就像是一艘沉船的残片(*tanquam tabulate naufragii*),它们经历了许多年代的重大变革和政局更替,躲过了时间的獠牙和(更危险的)错误的热情的手掌。因此,从湮没之中重新获得这些被遗忘的事物,这多少有些像是巫师的技法那样,使得那些已在坟墓中躺了数百年的人出现并走动起来:并且呈现出它所属的旧时代的样子、地方、习惯和风俗。据说,古物擦去了它们被深埋时的霉菌且除去了浊物。"引自 Stan A. E. Mendyk, '*Speculum Britanniae*', *Regional Study, Antiquarianism and Science in Britain to 1700* (Toronto, 1989),174。

[2] Anthony Grafton, *What Was History? The Art of History in Early Modern Europe* (Cambridge, 2007).

历史著作史？这并非因为它与历史的关系不密切，而是因为书面表达并非其固有的特性。也就是说，文体本身，并非像它对历史学那样是古物学实践的中心。（引申开来说在古物学方面不可能有海登·怀特）研究方法、证据评估、问题——这些是古物学更主要的特性，并且能更好地指导其实践。或许所谓的隐喻，就是把一栋具有迷人的"皮肤"或幕墙的传统建筑作为一方，把观者能直接看到其建筑结构的蓬皮杜中心（the Pompidou Centre）或劳埃德大厦（the Lloyd's Building）作为另一方，将两者进行对比。研究古物学的历史学家，必须是提问和方法方面而非文体方面的行家。或许这就是为什么古物学研究的复兴与对学术史日益增长的兴趣，而非通常所称的思想史，是同时发生的。

247

由于很多事情尚未被人所知和探索过，尽可能地确定其开端是合乎逻辑的。关于彼得拉克的古物学，人们已经说过很多了——或许更多的是关于他对这一学科的论述，而非他自己在这一领域的真正著作。关于彼得拉克，我们最好还是从彼得·伯克谈起，伯克认为，尽管彼得拉克是个诗人并且讲究言词，"我们或许可以说，就从物质遗存的角度重现过去的兴趣而言，他是第一个近代古物学家"[1]。然而，尽管彼得拉克对于其他主要种类的遗存也确实是感兴趣的，但这些兴趣仅停留在表面，并且也没有起到很好的作用。[2] 同时，人们常常忘了他最初的职业是法学家——或者说这至少是他父亲对他的看法，因此人们总是忘记了他是伟大的巴托鲁斯（Bartolus）的同时代人。在这一时代中，法学家们没注意到，实际上他们所实行的罗马法是在一个与当时不同的罗马为其量身定制而创设出来的，彼得拉克斥责道："他们从来没有想到，关于

[1] Peter Burke, *The Renaissance Sense of the Past* (London, 1969),23.

[2] Roberto Weiss, 'Petrarch the Antiquarian', in Charles Henderson, Jr. (ed.), *Classical, Medieval and Renaissance Studies in Honor of Berthold Louis Ullman*, 2 vols. (Rome, 1964), 199 - 209 at 207; and Angelo Mazzocco, 'The Antiquarianism of Francesco Petrarca', *The Journal of Medieval and Renaissance Studies*, 7(1977),203 - 224.

人文学科、其起源以及文学的知识，对他们的职业具有最大的实用性。"①

　　作为一名古物学家，彼得拉克的研究主要体现于论那不勒斯湾的罗马遗迹的《论常见事物书信集》（*Rerum Familiarium*，约 1366年，第五卷第四封信）、论毁于时间的古代建筑的《两种命运的补救方法》（*De remediis utriusque fortunae*，约 1366 年）、论罗马钱币的《论常见事物书信集》（*Rerum Familiarium Libri*，第十九卷第三封信），特别是我们将会更多提及的《论常见事物书信集》（第六卷，1341 年的第二封信）以及《阿非利加》（*Africa*，约 1351 年）史诗第八册。在《阿非利加》中，对迦太基的重现是完全源自书籍的，而在《论常见事物书信》（第六卷第二封信）中，对罗马的重现故意使用了批判性分析的方法，这仅仅是为了否认其与书籍之间的关联。

　　彼得拉克与其同时代的以及之前的大多数人一样——还有大多数自他那个时代以来的人也是如此——相比于实物史料，他确实更偏好文字史料。他发现它们更容易使用、具有更有意义的内容并且更常见。最重要的是，留存下来的实物往往是破碎的，或者损坏得如此严重，以至于需要得到精细的修补。相比而言，书籍看上去就更加完整。"在书籍中寻求，你会找到权威。如果探索整座城市，那么你要么什么都找不到，要么找到的是伟大作品的最微小迹象。"②

　　然而，对于彼得拉克来说，过往时代的物质遗存所起的作用，　　248
就是为他提供了他的想象力所需要的食粮。因此他甚至使用这些遗存，它们能够唤起并激发对罗马往昔的兴趣——这种罗马的往昔拥有比物质遗存更丰富的含义，他这么做的目的，不主要是寻求对

---

①　*Peter Burke*，*The Renaissance Sense of the Past*，24.

②　*De remediis utriusque fortunae*（Bern，1605），i. 118，pl. 350；引自 Angelo Mazzocco，'Petrarca，Poggio，and Biondo：Humanism's Foremost Interpreters of Roman Ruins'，in Aldo Scalgione（ed.），*Francis Petrarch*，*Six Centuries Later：A Symposium*（Chapel Hill，1975），353-363。

古代罗马的学术性和精确性的重现——当然这在当时是不可能的。① 就彼得拉克关于漫步于罗马的著名描述而言,这就是理解其重要性的方式。这段描述是他于 1341 年或 1337 年,在写给弗朗切斯科·科罗纳(Francesco Colonna)的信中提到的。确实,很少有漫步产生了如此的影响力。因为,在漫步经过一个被记忆、失落和幸存所神圣化的景观的时候,彼得拉克将实物的罗马看成一面巨大的镜子:从其破碎的残片中重现它,是一种自我考察的形式。

因此,在写给弗朗切斯科·科罗纳的著名书信中,他写道:"并不是因为我确实看到的东西,而是来自我们祖先的回忆,在距离祖国很远的地方,他们留下了如此著名的关于罗马的纪念物。"②确实,对太过熟悉古代世界的"真实"遗存所带来的后果,彼得拉克实际上感到恐惧:"我担心,我脑中所想象的东西,在它实现的时刻会被我的双眼所轻视,这总是有损于名声的事情。"实际上,他继续说道:"罗马曾经更加伟大,并且它的遗迹比我所想象的伟大得多。"③

然而,在他所追求的重点,即制造空间和穿越空间的运动方面,彼得拉克创造了一种新的研究和思考过去的方法。至少对于欧洲文艺复兴来说,历史的空间化方面的权威章句(Locus Classicus)可能就在西塞罗的《论至善和至恶》(De Finibus)中:"这些地点确实具有如此强大的激发的力量……并且在这座城市中这些力量是无尽的:无论我们走到哪里,我们所走过的都是历史。"④穿越空间的活动这一传统主题并不仅仅是一种文学工具;古物的空间化不仅是呈现为残片,它也包括整体构造的视角,它为重现提供了一种模式。彼得拉克可能对于搜寻手抄本颇为精通,但

① Mazzocco,'The Antiquarianism of Francesco Petrarca',208.
② 这些话实际上摘自 Rerum Familiarium Libri,1.5,所写的是关于他在科隆(Cologne)日夜漫步的事情。
③ *Rerum Familiarium Libri* (2.14),trans. Aldo S. Bernardo,3 Vols.([1975] New York,2005),ii. 14,iii. 113.
④ Cicerós *De Finibus*,V. i. 2.

是无论古代的手抄本是在何处被发现的，它们被发现时都是脱离语境的。相比之下，对古物的空间化创造了一种为其复原的模式，这种模式将影响至今的那种对过去的研究。

　　这两条由彼得拉克发起的通往古代世界的路径在后来产生了丰富的成果（*fortunae*）：空间促进了学术性想象，而历史古迹上的文字成为了首选的古物（尤其是古币和铭文）。在彼得拉克之后的数十年中，一些人延续了他的这些兴趣。但这样做的人确实很少。并且他们抱怨这项工作的难度，他们甚至认为，阅读用他们认为自己所知的语言写就的铭文是件困难的事情。奥多弗雷德斯（Odofredus）在"帝国的法律"（*lex de imperio*）方面经历的困难表明了这一点。同样，对于没法阅读铭文的格列高利教授（Magister Gregorius）来说，这也就是"读得很多，懂得很少"（*In hac tabula plura legi，sed pauca intellexi*）。① 或者是《博学书信的规则》（*Formula litterarum scholasticarum*）的作者西尼亚的布恩孔帕尼奥（Buoncompagno da Signa），他这样提到古代铭文的奇迹："这是我们现在无法准确阅读或理解的。"② 乔万尼·冬迪（Giovanni Dondi）是一位医生，也是彼得拉克晚年的朋友，他写道，凯旋门"刻有许多文字，但是它们很难被读懂"。③ 然而也正是在这一时期，人们开始编纂最早的铭文集（*syllogae*）。④ 说实话，对于处在彼得拉克与15世纪之间的这个世纪，我们知道的还很少。而15世纪被普遍认为是欧洲古物学的真正开端，这一时期诞生了三位这一领域的伟大人物：安科纳的西里亚克、波焦·布拉乔利尼和弗拉维奥·比

249

---

① 引自 Angelo Mazzocco，'Biondo Flavio and the Antiquarian Tradition'，Ph. D. dissertation，University of California，Berkley，1973。

② 由 G. B. De Rossi，*Le prime raccolte d'antiche iscrizioni compilate in Roma tra il finire del secolo XIV e il cominciare del XV*（Rome，1852）引用；引自 Roberto Weiss，*The Renaissance Discovery of Classical Antiquity*（Oxford，1969），18。

③ 'sunt multae literae sculptae，sed difficiliter leguntur'，引自 Mazzocco，'Biondo Flavio and the Antiquarian Tradition'，219。

④ Weiss，*The Renaissance Discovery of Classical Antiquity*，145.

昂多。①

在罗伯特·魏斯（Robert Weiss）和安东尼·格拉夫顿看来，波焦是个关键性的人物。② 不过格拉夫顿还认为，波焦创建了一种共同合作的学者团体的模式，也就是所谓的"书信共和国"（或文学界，*Respublica literaria*）。③ 波焦沿用了彼得拉克的漫步罗马的传统方法——对时间的地形构造——在他的著作《论命运的可变性》（*De Vatietate Fortunae*，1448）第一卷中，他用这种方式来展现他研究罗马铭文的成果。④ 但在我们看来，这一项专题研究的有趣之处，在于它并不是致力于古物学研究的。它并不是一本关于罗马古物的书，尽管在很大程度上，这本书的名声要归功于其第一卷。⑤ 实际上，还有三本书是这本书的续作，其中之一考察 1377—1431 年之间的时期以及教皇马丁五世（Pope Martin V）之死，以此来阐述变化中的命运。下一本书讲述了教皇尤金四世（Engenius IV，1431—1447 年在位）任期内的简史，以及数次创建东西方教会统一的尝试，以一份对当时在意大利的东方基督徒（指生活在伊斯兰人统治下的基督徒）的讨论为结尾，其中包括亚美尼亚人（Armenians）、科普特人（Copts）和埃塞俄比亚人（Ethiopians）。最

250

---

① Weiss，*The Renaissance Discovery of Classical Antiquity*，207："文艺复兴时期的古物研究者们是考古学的笛卡尔（Descartes）。他们将一种新的研究方法引入自己的研究领域，这确实是一种在众多人文主义学问中所追求的方法。"

② Weiss，*The Renaissance Discovery of Classical Antiquity*，64；and Anthony Grafton，*Leon Battista Alberti：Master Builder of the Italian Renaissance*（Oxford and New York，2000），229.

③ Grafton，*Leon Battista Alberti*，229.

④ 在《论命运的可变性》第一卷中使用了 52 份铭文，其中的 23 份由布拉乔利尼抄写出来并保存在一本铭文集中，这本铭文集相继为西里亚克和科卢乔·萨鲁塔蒂（Coluccio Salutati）所拥有，最终被存放在梵蒂冈图书馆（the Vatican Library）中。Poggio Bracciolini，*Les Ruines de Rome；De Variatate Fortunaer*，bk. 1，ed. Philippre Coarelli and Jean-Yves Boriaud，trans. Jean-Yves Boriaud（Paris，1999），p. xiii.

⑤ 这本书的名声是如此地依赖于第一卷，以至于在最近出版的拉丁语-法语双语版本中只包括第一卷。

第十二章　从彼得拉克到佩雷斯科的欧洲古物学主要趋势

后一本书讨论了伊斯兰以外的地区,对于尼科洛·孔蒂(Nicolò Conti)的关于印度和埃塞俄比亚的故事,波焦作了著名的复述。

在论及印度的部分,他将孔蒂的叙述重新安排成一种结构性的表述,这一表述与当时人们对古罗马的探询并非很不一样。其中讨论了哪些范畴呢?印度的地理划分、居民、建筑物和家具以及生活方式、饮食习惯、发型、睡姿、鞋子、装饰品、葬礼仪式和悼念仪式、神职人员和婆罗门、航海技术、航运业、神像和包括对诸神的自我牺牲的相关仪式、婚礼、关于钻石从何而来的传说、历法、黄道、货币、武器和技术、书写、语言、奴隶、刑罚程序以及疾病。这是一个很长的而且很有趣的列表。其中许多的有趣领域正是作为碑铭研究家的波焦所关注的。

但是至少从后世的影响力来看,更重要的人物是弗拉维奥·比昂多。他抄写铭文并访问罗马,但事实上,他完全用它来重现那个已失落的城市。他的《复兴的罗马》(Roma Instaurata,1444—1446年)"是一本在历史思想史方面具有根本重要性的著作。它是对古罗马的地形学论述",描绘了所有的山和建筑物,同时使用文字史料和从漫步于遗址中得来的信息。[1] 对于这一项专题研究,我们可以说的是,它代表着由彼得拉克开始的、部分存在于波焦作品中的、用于想象的构架正式形成为一种科学。相比之下,在比昂多这里,想象的、个人化的和沉思式的语境不见了,而仍然保留着的,是从一个漫步者的角度对罗马的想象,尽管现在它被充斥和淹没在大量的事实之中。这是历史地志学(historical chorography),在之后的两个世纪内,它深刻地影响了康拉德·策尔蒂斯(Conrad Celtis)和威廉·卡姆登,但它也是我们今天所称的"文化地理学"(cultural geography)。物质空间为那个故事的讲述提供了背景和提示。

但我们或许还要加上彼得·伯克的评价,他认为《胜利的罗马》(Roma Triumphante,1453—1459年)代表了从彼得拉克的传

---

① Burke,*The Renaissance Sense of the Past*,25.

统,即基于空间的重现,转变为一种基于概念理解的重现的起点。换句话说,这本书的各章分别研究宗教、公共行政、军队、私人机构和凯旋游行,因此它反映了一种按照功能对罗马的抽象划分,而非是基于对物质性城市的漫步。每一个大类为这项关于罗马公共、私人、军事和宗教事务的百科全书式研究充当标题,这项研究偶然——也是不可避免地——有重叠交织的部分,但它也是一项雄心勃勃的研究。[①] 是的,有时候比昂多会在《复兴的罗马》中讨论罗马的制度,比如有时候他在《胜利的罗马》中提出考古学的资料,但是,这些形式上的例外证明了他在这两项研究中采用截然不同的研究视角的整体努力。

251

凭借着这种公共、私人、军事、神圣古物的四分法,比昂多还突破了瓦罗划分百科全书的方法。瓦罗是根据人类和神圣事物来思考和组织的,他把这些大的标题分为人、地点、时间和事物或制度。或许比昂多认为他自己是遵循瓦罗的,因此他们在事实上是很相近的。但是比昂多转变得与叙事史(瓦罗的"人")相距很远,这为一项对随后三百多年产生切实影响的运动埋下了伏笔。

我们可以设想,比昂多对物质性的罗马是十分了解的——毕竟在很多年里,他都是教廷的成员之一——但是在这些著作中,批判性分析并非像人们所预料得那样重要。更典型的是文本驱动的对罗马的想象,即使在《复兴的罗马》中也是如此。其第三卷分为罗马的物质空间、引水渠、竞技场,甚至还有教堂。

有趣的是,在《胜利的罗马》中讨论罗马的物质空间时,比昂多表明了他意识到自己所面对的是什么。他写道:"我们拥有相关术语来命名和表达一些罗马城的组成部分,在描述了这些之后,用其他的方法来描述剩下的那些部分是很有必要的。因为谁能够论述

---

① 有些评论者,如格奥尔格·沃伊格特还意识到了这一著作的空前性,尽管是由于某些其他原因:比如说,沃伊格特重视《胜利的罗马》并且将其看作是一部前所未有的著作。参见他的 *Il Risorgimento dell'antichità classica ovvero il primo secolo dell'umanesimo*, trans. Diego Valbusa, 2 vols. (Floren-ce, 1888—1890), ii. 491,引自 Mazzocoo, 'Biondo Flavio and the Antiquarian Tradition', 8。

如此伟大时代的事物,以及几乎无限的组成部分和建筑物呢? 因此我们将采取这种方法",并且将把事物按照类别而非空间来划分:属于宗教的、公共行政的、景观的以及第四个,更加专门的事物。①

但是在第三卷中,当开始讨论仅仅树立着现代建筑物的、被遗弃的古代城市区域时,比昂多承认感到缺乏信心:

> 因为没有关于它们的证据和任何确定性,因为用双眼看到、或仅仅是想象到罗马的现在已有很多人居住的地方,有人可能会说我什么都感触不到,那倒不是因为我们的任何疏忽,也不是意外,而是因为,在缺乏值得信任的古代证据的情况下……我们不想对自己所不知道的事情妄加断言。②

考古学似乎没有满足这种值得信赖的证据的条件,因为对这一学科的运用太少了。甚至在《胜利的罗马》第九卷中,关于罗马别墅生活的有趣叙述,对装饰艺术、室内物品、实用性物品、玻璃、大理石、斑岩、建筑样式——每一样事物——的讨论是通过挑选文字史料来展开的。

然而,为了避免我们觉得比昂多不配与西里亚克和波焦并驾齐驱、享有同等的荣誉地位,还应当提到这一事实,即在好几本书中,他为我们保存了 15 世纪考古挖掘的最详尽记述。这一有趣的叙述记录的是,1447 年,他与阿尔伯蒂(Alberti)在罗马东南部的内米湖(Lake Nemi)进行的水下发掘探险。在对发掘活动、沉船本身,乃至他们从遗存本身中弄明白这艘船最初是如何建造的("正如现在我们制造铁砖密封剂那样",用的方法是一种铁和泥土的熔合)作了详细描述之后,比昂多接着讲述了阿尔伯蒂对于在湖底发现

252

---

① Flavio Biondo, *Blondi Flavii forliviensis de Roma Triumphante Libir Decem*, *priscorum scriptorium lectoribus utilissimi*, *ad totiiusque Romanae antiquitatis cognitionem pernecessarii* (Basel, 1531), bk. 2, 245 - 246, no. xxxix.

② Ibid. , 270.

的管道与附近的泉水之间的关系的看法——用管道传输水以供湖上的游艇之用。① 格拉夫顿认为,这一章节不仅仅是界定近代早期古物学的部分探索的关键,同时也还是界定多才多艺的阿尔伯蒂所作出的显著贡献的关键:

> 在研究船体制造的方式、铅制水管之间的衔接和水管上文字的形式方面,比昂多——他的长处在于分析文本——采用了一种对象导向的方法。很有可能他在这些章节里所记述的恰好是阿尔伯蒂告诉他的东西。此外,阿尔伯蒂也很有可能激发了比昂多,使比昂多在后来的《胜利的罗马》中,尝试将近代的船只与古罗马的船只作比较。②

对格拉夫顿来说,阿尔伯蒂是一个古物学的理想人物,同时他还有许多其他方面的天赋。实际上,在从与过去遗存的直接联系中学习方面,正是阿尔伯蒂作为一位近代古物学家的呈现。尽管他以前的其他学者,诸如多纳泰罗(Donatello)和布鲁内列斯基(Brunelleschi),以及许多后来的学者,在古物方面寻求的是信息和灵感,阿尔伯蒂却同时表现出了对于古代物质文化和格拉夫顿所称的"古代雕塑的表现力"(expressive capabilities of ancient sculpture)的兴趣。③

《辉煌的意大利》(*Italia illustrata*,约 1453 年)是比昂多最早开始写作的著作,同时也最晚完成的著作。就学术层面而言,这是一部地方志,其中包括每个地区的统治家族的家谱、他们的年表、古物、地方历史和地形。本书主要采用了一种学究气的处理方法,尽管在几乎每个部分里,比昂多个人对于意大利地形的熟悉性都

---

① Flavio Biondo, *Italy Illuminated*, ed. And trans. Jeffrey A. White (Harvard, 2005), no. 49, pp. 191-193.

② Grafton, *Leon Battista Alberti*, 251.

③ Ibid. , 232.

得到了体现——尽管在内米湖的挖掘中他没怎么亲手实践。[1]　其中有获取自奥斯提亚遗迹的人类历史的记述，以及获取自瓦尔达尔诺的因奇萨（Incisa in the Val d'Arno）景观风貌中的人类历史的记述。[2]　有对当地人民风俗的讨论，比如安奇奥（Anzio）这个地方及其附近的人们，在整年中运用的两种捕鸟方法等等，这体现了比昂多所掌握知识的深度。[3]　其中还体现了比昂多关于空间的自我意识，这种自我意识充满了智慧。在描绘拉齐奥（Lazio）时，比昂多阐述道：

253

> 我们不能遵循在研究其他地区时所使用的方案，即以河口、水源和河道为重点。我们应该采用另一种方法（只适合这一地区的方法），通过沿着三个方向——亚壁古道（the Appian）、拉丁和提布尔提那（Tiburtine），它们从不同的河道通向利里河（the river Liri）以及西努埃萨（Sinuessa）和加埃塔（Gaeta）——前进，这种方法将更好地满足我们的需要。

并且，通过以这种方法为指导，他会在章节的开头这样写道："现在的旅行者们从罗马前往泰拉齐纳（Terracina）的话，将首先来到……"[4]我们想要再次提到它与中国的地方志的相似性，尽管这一点可能只是表明了，在数量有限的地方志中做出选择的必然后果。

除了物质空间，比昂多还复述了一些在那个空间里发生的事件，他这样阐释道："所以这本著作将不仅仅是对意大利的一份描

---

① 奥塔维奥·克拉弗奥特（Ottavio Clavuot）在其对《辉煌的意大利》的仅仅是专题论文篇幅的研究中，尽最大的努力讨论了比昂多对文字史料的使用。参见 Clavuot, Biondos 'Italia Illustrata'—Summa odern Neu-schöpfung? Über die Arbeitsmethoden eines Humanisten (Tübingen, 1990).

② Biondo, Italy Illuminated, no. 22, p. 63 and no. 36, p. 79.

③ Ibid., no. 7, pp. 127-129.

④ Ibid., no. 19, p. 149.

述，还是她所养育的著名和杰出人物的一份目录，以及一份对意大利历史上重大事件的总结。"①在古物学的历史应当撰写成什么样方面，比昂多标志着一次重要的转变。通过他的《复兴的罗马》，我们可以发现彼得拉克那种想象的传统方法对他的影响，这种方法指的就是漫步于罗马的物质空间的那种记忆法（mnémotechnique）。但在《胜利的罗马》中，比昂多改善了这种情况，他明显地抛弃了作为知识传播轨迹的个体经验，并且趋向于一种简化的预先决定的形式。正是这一决定改变了接下来几个世纪里古物学研究的框架。以对术语 *antiquitates* 的使用和选择特定的对象来进行研究调查为依据，在 16 世纪创作的相关著作的标题中，我们能够立刻发现这一点的体现。

这一时期的第三个伟大人物是安科纳的西里亚克，他是一个被人们广为传颂的颇具传奇性色彩的商人，然而与此相矛盾的是，他的文集几乎完全散佚了，流传下来的只有一些残篇和抄本。他生命中的第一个时期是从 1391—1435 年间的 45 年——斯卡拉蒙蒂的《西里亚克传记》叙述了这一时期。②从两份出自他的旅行日记的广泛摘录中，我们得知了他生命的中期（1435—1445 年），其旅行日记出版于 17 世纪和 18 世纪，是从现在已经散佚的手稿和书信中编辑出的。

254　　　　西里亚克的书信非常出色。但是当时人们最认真阅读和更留意抄写的，是他的铭文抄本和带有铭文的建筑绘图。正是由于在这方面的影响力，西里亚克被广泛认为是铭文学的创始人。蒙森（Mommsen）说，他的手抄本被各国君主抢购，后来又散佚了。德罗西（De Rossi）说，真正广为流传的是西里亚克为他的朋友们创作的摘录（*excerpta*），而非他的书。萨巴蒂尼（Sabbadini）说，他的《注解》（*Commentaria*）因 1514 年的一场大火毁于佩萨罗（Pesaro）的斯

① Biondo, *Italy Illuminated*, no. 22, p. 63 and no. 10, p. 19.
② Francesco Scalamonti, *Vita Viri Clarissimi et Famosissimi Kyriaci Ancontinanti*, ed. and trans. Charles Mitchell and Edward W. Bodnar (Philadelphia, 1996).

第十二章　从彼得拉克到佩雷斯科的欧洲古物学主要趋势

福查图书馆（the Sforza Library）。在 1600 年代的罗马，霍尔斯特（Holstenius）在巴贝里尼主教的鼓舞下开展了一个研究项目，之后这个项目由霍尔斯特的追随者，也是巴贝里尼图书馆的管理员的卡洛·莫罗尼（Carlo Moroni）主持，有证据表明，这一项目的目标就是编辑西里亚克的铭文。但是，如果他的手抄本那时候还存在的话，在那之后就散佚了。

在欧洲，比昂多之后的下一个巩固古物学研究的关键阶段出现在一百多年之后。约翰·罗西努斯（Johannes Rosinus）撰写了《论罗马古物十书》（Romanorum antiquitatum libri decem，1583 年），在编排组织上，他使用了比昂多在《复兴的罗马》和《胜利的罗马》中划分研究对象的方法。此外，实际上罗西努斯的手册几乎完全没有受到考古学的影响，其中只有一些来自钱币的少量例证。[1] 他的十册书分为城市和民众、诸神和寺庙、神职人员、历法、竞技运动和仪式、贵族、地方执法官、法律、法官以及军事。根据马佐科（Mazzocco）的说法，这表明了一种对比昂多的四重分类体系的转变，并且与 16 世纪的学者们，诸如潘维尼奥、西格尼奥（Signio）和利普修斯（Lipsius）等人所采用的方法更为相近。[2]

关于罗西努斯，尤其重要的是他的自我意识。他明白自己在古物学研究的历史中所处的位置。因此，举例来说，在他写给萨克森公爵（the Dukes of Saxony）的献辞中，罗西努斯提到，罗马人写作记录，所以他们古老的习俗、宗教仪式和庆典的起源和缘由能够为后世所理解。瓦罗对于罗西努斯的影响很大。他列举出他后来放入《人类古物》（Human Antiquities）中作为内容的事物："涉及罗马人的城市及其城区，关于贵族和平民、庇护人、门客，关于部族、库里亚（curia）、港口和百人队（centuries），关于城市、元老院（the Senate）、演讲坛、运动场和其他的建筑，关于纪年、纪月、纪日的方

---

[1]　Ingo Herklotz, *Cassiano dal Pozzo und die Archäologie des 17. Jahrhundert* (Munich, 1999), 248.

[2]　Mazzocco, '*Biondo Flavio and the Antiquarian Tradition*', 119 n. 20.

法及其区分、吉日和凶日、集会、勇士;关于和平与战争、委员会、地方执法官、法律、法官、竞技运动等等。"①但是在瓦罗死后,"对古物和人文学科(humane letters)的研究"衰落了,直到弗拉维奥·比昂多"将它从黑暗中拯救出来"。从那以后,很多人遵循了他的道路,"因此曾经看似已经湮没了的古物研究重新焕发了生机"——这要归功于西里亚克向人们谈及的整个研究领域。②

255　　　罗西努斯解释说,他努力研究四种材料,它们是趋向同一个目标的:能够促进重现的学识和想象。他对比写有古文字的纪念碑与手抄本,"并且从黑暗中获取了许多古物的残迹,使得它们重见天日"。他还阅读许多作家的作品。并且最终,他描述了自己是如何"研究其他的古代纪念碑、石碑、钱币、纪念品、建筑物以及其他东西,并且通过这种方式,古罗马的图景就像浮现在我们眼前那样被我们知晓了"。③

　　　罗西努斯的出版商对这套书的期待很高。约翰·弗莱基乌斯(Johannes Freigius)不仅直接将这位作者称为"我们时代的新瓦罗"(novo nostro aetatis Varrone),他甚至将罗西努斯设想为已经"使古物学研究成为某种艺术的形式"(antiquitatis cognitionem in quondam artis formam redigi)。"我希望",弗莱基乌斯继续说道,"在未来,古物的学问能够像语法学、修辞学、逻辑学、算术、几何学、音乐、天文学和其他人文学科一样,跻身于人文学科之列。"关于古物学知识对于诗人、历史家和法学家的功用,其他人已经提到过很多了,不需要再多说些什么了。因此,他总结道:"在其他人文学科之外,还应当加上古物学。"

　　　但是,针对这位出版商的所有新奇宣称,在罗西努斯自己写给读者的话中,他从十分常见的教育学基本原理这样谈起:当年轻人阅读西塞罗的时候,他们遇到很多术语和概念,"如果缺乏关于罗

① Johannes Rosinus, *Romanarum Antiquitatum Libri Decem*: *Ex variis Scriptoribus summa fide singuarique diligentia collecti* (Basel, 1583).
② Ibid., (3r).
③ Ibid., (3v).

马人的历史知识和古物知识的话,他们就无法理解这些"。[1] 他将所有这些材料收集起来,是为了给教师们的教学工作提供帮助。因此,在我们目前为止所考察的古物学历史中,罗西努斯代表着一个真正的转折点。一方面,在范围和结构上,他的《十书》从比昂多的研究停止之处继续往前探索。它代表着早期从彼得拉克到比昂多的阶段的至高点,是一种视角下的古物研究的集大成之作,在这种研究视角中,对文本的认真广泛阅读与对物质遗存的一定程度的精通相结合,它们被用来呈现古罗马文化的全景——尽管所使用的材料类别是源自那个文本传统中的。并且罗西努斯也对后世的研究产生了影响。因为在名义上,他的研究路径是包含在他的手册的同一个传统中的,而这一传统在十九世纪将变得非常重要。

但是在这中间——也正是在这一点上,罗西努斯的确看起来更像是一个终点,而非一个开端——并且尤其在意大利南部,以及在独立的学者们而非学校教师之中,我们看到了另一种古物研究的主导性,这种研究同样很博学,但更加注重物质文化,并且对图像的载满信息的特性更感兴趣。在罗西努斯所有的著作中,图像很少并且几乎都来自钱币,同时它们几乎全都是与公共生活如祭坛、武器和服装相关的。

罗西努斯确实代表了一条发展路线,这条路线可以从比昂多追溯到彼得拉克,尽管这种研究对古代世界的物质实体表示了尊重,但它在实质上是源自文本的。并且,这确实表现了欧洲古物学所是的主体:从文本中进行推断,使得重现古代生活的各方面成为可能。对于这一发展路线的最佳论述,是由因戈·赫克洛茨(Ingo Herklotz)在其关于卡西亚诺·达·波佐(Cassiano dal Pozzo)"和17世纪的考古学"的精湛研究的下册中作出的。

这项研究的确实出色之处在于,它所针对的背景是16世纪法尔内塞学术团体、17世纪卡西亚诺学术团体中的古物学家所作出

256

---

[1]　Johannes Rosinus, *Romanarum Antiquitatum Libri Decem*: *Ex variis Scriptoribus summa fide singuarique diligentia collecti* (Basel, 1583).

的成就。因为正是凭借这些古物学家们的成就，图像和事物才成为重要的文献。（在赫克洛茨看来，最主要关注习俗和定例［*mores et instituta*］研究的卡西亚诺，确实代表了 16 世纪相关研究的至高点。[①]）是的，实际上这些学者经常用源自文本的问题来研究人工制品，尽管他们以使用新证据的新方法来寻求对这些问题的解答，但这些问题本身还是来自文本的。但有时候，人们直接碰到一件人工制品——发掘出来的或是从另一个地方转移过来的——令人费解的新颖之处，这种情况本身就会激发起疑问。并且，这也是新的。

　　新的视觉上的大转变首先来自皮罗·利戈里奥（Pirro Ligorio），接着来自奥诺福里奥·潘维尼奥（Onofrio Panvinio）、吉罗拉莫·摩库里阿勒（Girolamo Mercuriale）、富尔维奥·奥尔西尼（Fulvio Orsini）和阿方索·查康以及佩德罗·查康（Alfonso and Pedro Chacón）。其中真正的核心人物是摩库里阿勒、潘维尼奥和奥尔西尼，但其他学者也是这个圈子的一部分。他们都代表了在枢机主教亚历山德罗·法尔内塞庇护下的古物学的繁荣。他们创作了一本主要关于罗马地区的遗存的书籍，但其中也收录了意大利其他地区的遗存，正是这本书给意大利学者们提供了巨大帮助，使他们超过北方的竞争者和同行。在《创立图书馆的指导》（［*Advis pour dresser une bibliothéque*］，1627 年）中，加布里埃尔·诺代（Gabriel Naudé）写道，人们闭着眼睛都能买到查康、潘维尼奥、奥古斯丁（Agustín）和摩库里阿勒的作品，他们的作品好到这种程度。[②]

　　然而，赫克洛茨认为，1600 年左右赞助的衰减和反宗教改革运动（Counter-Reformation）的狭隘性，是不利于新近发展起来的文本材料和视觉材料的结合。在罗马和帕多瓦（Padua）情况确实如此，并且这导致了重新转回到新的文本材料上来——尽管他补充说道，

①　Herklotz, *Cassiano dal Pozzo*, 225.

②　Ibid., 225.

相比于当时学者们的看法，在我们看来这一研究方法的转变当然更显得突然而非渐进。①

话虽如此，我们切不可低估了当时对于研究对象的力量的认识和自我意识。画家鲁本斯的兄弟、利普修斯的优秀学生菲利普·鲁本斯（Philip Rubens）写道："令人难以置信的是，对钱币、铭文和其他古迹的研究是如此多地增强了我们对古代的更全面理解。的确，我敢断言，这些我们几乎不能从古代作家那里理解的事物，能够通过这些实物资料得到恰当的理解和真正出色的解释。"②

赫克洛茨认为，比昂多的《胜利的罗马》是一部雄心勃勃的著作——我们或许能说：突破了那种相对新的空间结构——以至于在其后一百年里，没人仿效或遵从。但之后，首先是罗伯特罗（Robertello）试图在他的《论罗马人民的生活和习俗》（［*De vita et victu populi romani*］，1559 年）中回溯罗马的习俗，接着就是罗西努斯。在其五十卷手稿的研究巨著中，皮罗·利戈里奥处理这一问题。但是他并不是一位语文学家或博学者，截然相反，利戈里奥是一位专业建筑师和自学者，在他那里，艺术事物的重要性成为研究的中心。凭借着他的努力以及延续至当时的各种兴衰，辨认先前的艺术作品的特殊语言，成为了通往过去的一种关键途径。在紧密结合文本和图像方面，在该世纪的古物学家中，没有比利戈里奥做得更好的。他早期的五十卷研究项目得到了延续，在他去世的时候已经完成了十八卷，这套书完全按照字母顺序编排，就像是一部古代艺术的索引词典。他的研究路径并没有得到别人的遵循。

利戈里奥对他的同时代人产生了巨大的影响力。正是利戈里奥激发了潘维尼奥撰写一部《罗马古物》的计划，这部书从 1565 年的六卷发展到八卷，最终成为一百卷。第一卷致力于研究地形；第二

257

---

① Herklotz, *Cassiano dal Pozzo*，232.
② Philip Rubens, *Electorum Libri II*（Antwerp，1608），20，引自 Herklotz，*Cassiano dal Pozzo*，253。

卷研究制度的四个层次——私人（包括家庭生活、演说、货币、计量学、图书馆、运输业、浴室、医药）、公共（包括城市功能分区、议会代表、政府部门）、宗教以及最后的竞技场和竞技运动；第三卷研究"罗马帝国在罗马城外的宣告"（Imperii Romani extra urbem declaratio）。有趣的是，在这一整个对罗马帝国制度的描述中，只有一个章节是论述军事的——相比于比昂多，潘维尼奥似乎认为这一方面不是很重要。第四卷研究铭文，第五卷研究年表。

在法尔内塞圈子中的学者们那里，呈现出了一种古物学研究的模式。如果我们相信，"狭义"视角下的古物学，实际上是指关于古物学所应当说的一切，那么我们的叙述就应当在此处画上句号了。但并不是这样。的确，跨过 17 世纪的门槛后，我们发现了以技术为基础的学者，这是些十分倾向于罗马中心观、以重现为导向的学者，他们的研究课题所要回答的，是一些关于古老而遥远的社会的结构和意义的宽泛问题。在赫克洛茨的里程碑式的研究中，他考察了卡西亚诺·达·波佐，这位古物学家在 17 世纪 20—30 年代是伟大的巴贝里尼团队（Barberini équipe）的核心人物，赫克洛茨在其研究中通过视觉表象——图解（illustratione），使这项研究进入了文化研究——习俗与定例（mores et instituta）——的层面。[1]

或许，就在后来被创建成为文化史的领域中、古物学家所能达到的极限而言，法布里·德·佩雷斯科（Fabri de Peiresc）的著作为我们提供了最好的例子。作为一位法学家、天文学家和博物学家，同时也是一位钱币学家和历史家，佩雷斯科的兴趣和研究课题所涵盖的范围比许多当时的古物学家们更加深远。他在广度方面和文化史方面所作出的弥补，要比他在深度方面所牺牲了的——在他一生中几乎没有出版什么作品——多得多，广度是这里的关键。（这也正是为什么，更容易精通研究课题的历史家们，总是或多或少地对"文化史"嗤之以鼻的一个原因：对他们来说，广度等于肤浅。）对佩雷斯科来说，宽泛的兴趣直接导致了方法论上的后果。

---

① 参见 Herklotz, *Cassiano dal Pozzo*, ch. 13。

这使得他依赖于比较的方法。佩雷斯科向研究古代世界的博物学家和语文学家们学习（或许最主要是向约瑟夫·斯卡利杰［Joseph Scaliger］学习），这些学者运用文本来理解物品，同时运用物品来理解文本。而佩雷斯科将这种做法拓展了，运用于其他的材料、地点、时期和事物。他的档案表明，他曾比较木星卫星的运行轨道、法国葬礼中的仪仗队、中世纪海商法的不同版本以及其他事物。在这位学者看来，对比法开启了研究课题的新世界，在他更广泛的圈子中，一些拥有更自由的哲学追求的学者们也这么认为。

　　如果我们能够真正地将古物学看作一种"内容语文学"（Sachphilologie，是由奥古斯特·柏克［August Boeckh］在19世纪上半叶创造的一个有雄心壮志的术语，但是这种实践在16和17世纪就已经存在了），那么我们将立刻理解，它是如何还与16、17和18世纪更广泛的文化史的推动力联系起来的。从认识论的角度，我们发现，古物学家研究古物的路径，与当时的法学家研究法律的路径，或者医生研究医药的路径，都是极为相似的。[①] 研究过去、自然和民族的佩雷斯科，在近代早期的欧洲并非独一无二的人物；他站在像乌利塞·阿尔德罗万迪（乌利塞·阿尔德罗万迪）这样的人物的肩膀上，他受到了弗朗西斯·培根的启发，他仿效伽利略（Galileo），他还影响了皮埃尔·伽桑狄（Pierre Gassendi）和雅各布·斯庞（Jacob Spon）。[②] 这段历史也把我们带出了意大利，并且

---

① Donald R. Kelly, *Foundations of Modern Historical Scholarship*：*Language*, *Law and History in the French Renaissance* (New York, 1970)；and Nancy Siraisi, History, *Medicine*, *and the Traditions of Renaissance Learning* (Ann Arbor, 2007).

② Peter N. Miller, 'Description Terminable and Interminable：The Past, Nature and Peoples in Peiresc's Archive', in Nancy Siraisi and Giana Pomata (eds.) '*Historia*'：*Empiricism and Erudition in Early Modern Europe* (Cambri-dge, Mass., 2005), 355 - 397. 如果要更加了解佩雷斯科，并且大致地了解17世纪的博学，参见上面这篇文章中的参考文献以及下文中的参考文献，Miller, *Peiresc's Europe*：*Learning and Virtue in the Seventeenth Century* (New Haven, 2000)。

一直通向富兰克林的费城，或者甚至是歌德的法兰克福（Goethés Frankfurt）。

不过，从佩雷斯科开始的发展历程，也将把我们带到马比荣这样的人物处，他的历史文献学建立在文本细读的基础上，但同时也开启了更广阔的社会与政治的变迁的领域；还把我们带到维柯这里，他从神话学的角度审视历史；带到孟德斯鸠这里，他从法制史的文本细读中，创建了一种社会和社会变迁的历史；还将涉及凯吕斯、温克尔曼、吉本（Gibbon）和泰热朗多（Dégérando）。在这一轨迹之中，我们可以追踪到古物学和历史研究之间缓慢进行中的联合。

259 　　从佩雷斯科到温克尔曼的漫长世纪——并非从科洛齐（Colocci）和拉斐尔（Raphael）到佩雷斯科——正是莫米格里亚诺在数十年前所称的"古物学家的时代"（the Age of Antiquaries）。[1] 伊丽莎白·泰古尔多（Élisabeth Décultot）将温克尔曼作为一位人文主义读者来研究，其出色的研究确证了莫米格里亚诺对这一时代的判断，并且揭示出，这一时代的英雄是一位佩雷斯科的手写书信的读者，同时也是基歇尔（Kircher）和皮特罗·德拉·瓦莱（Pietro della Valle）的已出版著作的读者。[2] 目前的相关学术研究仍然集中在较早的时期，但是，对历史学科和文化学科的形成的历史研究是有其新方法的，就我们对于这些新方法的更广泛含义的理解而言，在启蒙的、讽刺的、不成熟的以及所有的时代中，正是古物学标志着研究的新前沿。

主要史料

Bacon, Francis, *De Augmentis Scientiarum* (1623).

Bracciolini, Poggio, *De varietate fortunae* (Basel, 1538).

---

[1]　Momigliano, 'Ancient History and the Antiquarian', 68.

[2]　Élisabeth Décultot, *Johann Jaochim Winckelmann*: *Enquête sur la genèse de l'histoire de l'art* (Paris, 2000).

Biondo, Flavio, *Blondi Flavii forliviensis in Romae Triumphantis* (Brixia, 1482).

——*Blondi Forliviensis viri praeclari Romae Instauratae* (Verona, 1482).

——*Biondi Flavii Forliviensis in Italiam illustratam* (Verona, 1482).

Cyriac of Ancona, *Later Travels*, ed. and trans. Edward W. Bodnar with Clive Foss (Cambridge, Mass., 2003).

Gassendi, Pierre, *Viri Illustris Nicolai Claudii Fabricii De Peiresc, Senatoris Aquisextiensis, Vita* (Paris, 1641).

Petrarca, Francesca, *Rerum familiarum libri* (Venice, 1492).

——*De remediis utriusque fortunae* (Bern, 1605).

Rosinus, Johannes, *Romanarum Antiquitatum Libri Decem: Ex variis Scriptoribus summa fide singuarique diligentia collecti* (Basel, 1583).

Scalamonti, Francesco, *Vita Viri Clarissimi et Famosissimi Kyriaci Ancontinanti*, ed. and trans. Charles Mitchell and Edward W. Bodnar (Philadelphia, 1996).

参考文献

Burke, Peter, *The Renaissance Sense of the Past* (London, 1969).

Clavuot, Ottavio, *Biondos 'Italia Illustrata'—Summa odern Neuschöpfung? Über die Arbeitsmethoden eines Humanisten* (Tübingen, 1990).

Décultot, Élisabeth, *Johann Joachim Winckelmann: Enquête sur la genèse de l'histoire de l'art* (Paris, 2000).

De Rossi, G. B., *Le prime raccolte d'antiche iscrizioni compilate in Roma tra il finire del secolo XIV e il cominciare del XV* (Rome, 1852).

260

Ferrary, Jean-Louis, *Onofrio Panvinio et les antiquités romaines* (Rome, 1996).

Grafton, Anthony, *Leon Battista Alberti: Master Builder of the Italian Renaissance* (Oxford and New York, 2000).

——*What Was History? The Art of History in Early Modern Europe* (Cambridge, 2007).

Herklotz, Ingo, *Cassiano dal Pozzo und die Archäologie des 17. Jahrhundert* (Munich, 1999).

Kelley, Donald R. , *Foundations of Modern Historical Scholarship: Language, Law and History in the French Renaissance* (New York, 1970).

Mazzocco, Angelo, 'Petrarca, Poggio, and Biondo: Humanism's Foremost Interpreters of Roman Ruins'in Aldo Scalgione (ed.), *Francis Petrarch, Six Centuries Later: A Symposium* (Chapel Hill, 1975),353 - 363.

——'The Antiquarianism of Francesco Petrarca' *The Journal of Medieval and Renaissance Studies*, 7(1977),203 - 224.

Mendyk, Stanley G. , '*Speculum Britanniae*': *Regional Study, Antiquarianism and Science in Britain to 1700* (Toronto, 1989).

Miller, Peter N. , *Peiresc's Europe: Learning and Virtue in the Seventeenth Century* (New Haven, 2000).

——'Writing Antiquarianism: Prolegomenon to a History', in Miller and François Louis(eds.), *Antiquarianism and Intellectual Life in Europe and China, 1500 - 1800* (Ann Arbor, forthcoming, 2012).

Momigliano, Arnaldo, 'Ancient History and the Antiquarian', in *Contributo alla storia degli studi classici* (Rome, 1955), 67 - 106.

Siraisi, Nancy, *History, Medicine, and the Traditions of*

Renaissance Learning（Ann Arbor，2007）.

Stark，Karl Bernhard，*Handbuch der Archäologie der Kunst*（Leipzig，1880）.

Stenhouse，William，*Reading Inscriptions and Writing Ancient History*：*Historical Scholar-ship in the Late Renaissance*（London，2005）.

Weiss，Roberto，'Petrarch the Antiquarian'，in Charles Henderson，Jr.（ed.），*Classical*，*Medieval and Renaissance Studies in Honor of Berthold Louis Ullman*，vol. 2（Rome，1964），199 – 209.

——*The Renaissance Discovery of Classical Antiquity*（Oxford，1969）.

陈慧本　译　张　骏　校

第十三章 历史、神话和小说：
疑问与讨论
彼得·伯克

在 19 和 20 世纪早期"科学的"历史学家看来，构成本章的三个中心概念明显是风马牛不相及的。"历史"是真实的故事；"小说"是被表现为虚构的虚构故事；"神话"却是被表现成真实的虚构故事。如今我们已经认识到在不同的文化和时代中，所谓"历史"和"小说"两者之间界限的划分不尽相同，精确程度也有差异，所以这三者的定义就不再如此简单。因此在下面的讨论中，我们有必要将这三个概念转换为在 4 个世纪中分别被使用的且不断改变的措辞。

中世纪，一些作者区分了"历史"和他们称为"虚构"的事物，当时一些编年史家批评另一些人"撒谎"，比如纽堡的威廉就这样批评过蒙茅斯的杰弗里。尽管这样，历史和小说之间的界限依然是非常开放的。① 那些我们今天可能归于"小说"的文本，比如围攻特洛伊或亚瑟王的故事，对于中世纪的读者来说，显然都是历史著作。

文艺复兴和宗教改革

文艺复兴如同中世纪一样也曾划分历史和"小说"之间的界

---

① Peter G. Bietenholz, *Historia and Fabula*：*Myths and Legends in Historical Thought from Antiquity to the Modern Age* (Leiden, 1994),62 - 145.

限。一些学者也时常谴责那些编造出来的言论和文献。博丹（Jean Bodin）就曾在《简单理解历史的方法》（*Methodus ad facile historiarum cognitionem*，1566 年）中批判意大利史学家保罗·焦维奥（Paolo Giovio）伪造文献的行径，翻译家雅克·戈奥里（Jacques Gohory）则认为焦维奥的作品可以同名噪一时的骑士传奇《高卢的阿马迪斯》（*Amadis de Gaule*，1508 年）相媲美。

262

尽管如此，当时在历史和小说之间还是存在许多在今天看来明目张胆的越界行为。荷马依然被当作历史学家来看待；文艺复兴时期跟随古典模式，编造使臣或将领的演讲，从布鲁尼（Leonardo Bruni）到圭恰尔迪尼（Francesco Guicciardini）的人文主义历史作品中，这种虚构随处可见。

文艺复兴时出现了许多今天称为"基本神话"（foundation myths）的故事。王朝诞生的故事，比如哈布斯堡（被传说成 Jason and Noah 的后代）和都铎王朝（宣称是亚瑟王的后裔）；城市出现的故事，如罗马城（据说是罗慕路斯［Romulus］）所建）和帕多瓦（Padua，是特洛伊人安忒诺耳所建［the Trojan Antenor］）；以及宗教秩序之类的社会机构的起源，比如英国国会、牛津和剑桥大学。

这些神话中最重要的是关于人种起源的故事。法国和英国宣称自己同古罗马一样，都是由特洛伊人建立的，苏格兰则称自己是埃及人的后裔，瑞典人来自高卢人，波兰人来自萨尔马提亚人（Sarmatians），匈牙利人来自匈奴人。其中一些说法受到了人文主义学者的质疑，尤其是一些外国人文主义者，他们并没有在这些符号性事物上花费精力，而且如果这些故事刚好是假的，他们更不会有什么损失。比如意大利人波利多尔·弗吉尔（Polydore Vergil）的《英国史》（*Anglica Historia*，1534 年）就大胆否认了英国人源于特洛伊的传说，甚至否认亚瑟王的存在，他因此受到了英国本土学者的猛烈抨击。

有时为支持这些故事而引证的文献本身就是伪造的。文艺复兴时像中世纪一样，许多流传甚广的文本被证明是假的，其中包括圣保罗（St. Paul）和罗马哲学家塞尼加（Seneca）之间的通信集；被归在"丢尼修大法官"(Dionysius the Areopagite,他是一位异教哲学家,圣保罗曾在雅典与他交谈)名下的论文;被认为是埃及圣人赫尔墨斯·特利斯墨吉斯忒斯(Hermes Trismegistus)所作,称为赫尔墨斯奥义书(Hermetic writings)的文本;还有"君士坦丁赠礼"(Donation of Constantine),这份特许状将来所谓教皇国的领土赠与了教皇西尔维斯特(Pope Sylvester)及其继承人。

文艺复兴时出现新的伪造文本,其中被归于古代巴比伦作家"贝若苏"(Berosus)名下的文本,实际上是由 16 世纪的意大利修道士维泰博的安尼乌斯(Annius of Viterbo)所作;1588 年发现于格拉纳达(Granada)的所谓圣山铅书(the lead books),也是伪造的。[1] 这些文本通常是为了证明某些事物合法,比如教皇对于教皇国的所有权;或者证明某些观点正确,比如安尼乌斯(Annius)伪造的文献是为了证明埃及是文明之源;圣山铅书则是要证明在安达卢西亚(Andalusia)的阿拉伯语人群中,存在漫长的基督教传统。

263　　为了满足古物收藏家不断增长的鉴别赝品的需求,这一时期对如圣山铅书一类文物真实性的批判发展了起来。一些关于古物的书籍,突出的有埃内亚·维科(Enea Vico)的《论古代徽章》(*Discorsi sopra le medaglie de gli antichi*,1555 年),就为收藏家们提供了鉴别赝品的线索。[2]披露伪造文献是"文献批判"(textual criticism)进程的衍生物,人文主义者们试图以此恢复那些经历数世纪传抄而失真的文本的原貌(一般是古希腊和罗马文本)。在这样"校订"文本的过程中,很明显必须要考虑某一文本与其作者是否相符。罗马人文主义者洛伦佐·瓦拉(Lorenzo Valla)对《君士坦丁赠与》进行的批判,决定性地证明了这份文本撰写于其所声称时代的数世纪之后。人文主义领袖彼得

---

① Anthony Grafton, *Defenders of the Text* (Princeton, 1991),76 - 103; and Julio Caro Baroja, *Las falsificaciones de la historia* (Barcelona, 1992),49 - 158.

② 参见本卷唐纳德·R. 凯利所著第十一章、彼得·N. 米勒所著第十二章。

拉克(Petrarch)等人领导了一系列此类证明，瓦拉的批判只是其中最著名的一个。①

古代哲学家塞克斯都·恩披里柯(Sextus Empiricus)所作的《皮浪主义要旨》(*Pyrrhōneioi hypotypōseis*)认为人不可能知晓过去，这部著作就是在人文主义者追寻古典文本的时候被重新发现的。② 几乎在同时，关于历史知识问题的一般性讨论，从古典时代以来首次被记录下来。意大利哲学家弗朗切斯科·帕特里齐(Francesco Patrizzi)在《历史十谈》(*Della historia dieci dialoghi*，1560 年)中的讨论了"历史的真相"，主要聚焦于对同一事件的叙述之间存在矛盾的问题。菲利普·锡德尼爵士(Sir Philip Sidney)在《诗辩》(*Apology for Poetry*，1595 年)中反对批判诗歌，他先发制人地对历史进行了攻击，嘲笑史学家是"住在故纸堆里的人"，"很大程度上明显是在道听途说的基础上，赋予自己的研究以权威性"。③

有的讨论围绕一些特定文本展开。费尔南多·冈萨雷斯·德·奥维多(Fernando Gonzales de Oviedo)就把他自己基于观察得出的"历史真相"对比于从他的对手彼得罗·马尔蒂雷·德安吉拉(Pietro Martire d'Anghiera)的书中抽出的"故事"。同样，军人贝尔纳尔·迪亚兹(Bernal Díaz)也将他自己对占领墨西哥的叙述称为真正的历史(historiaverdadera)，以区别于敌方洛佩兹·德·戈马拉(Lopez de Gómara)所著的历史。

西班牙方济各会传教士和道德家安东尼奥·德·格瓦拉(Antonio de Guevara)为罗马皇帝马可·奥勒留(Marcus Aurelius)

---

① Franco Gaeta，*Lorenzo Valla：filologia e storia nell'umanesimo italiano*(Naples，1955)；and Donald R. Kelley，*Foundations of Modern Historical Scholarship*(New York，1970)，19 - 52.

② Richard Popkin，*The History of Scepticism from Savonarola to Bayle*，3rd edn(1960；Oxford，2003)，17 - 43.

③ Philip Sidney，*Apology for Poetry*，ed. Geoffrey Shepherd(Manchester，1973)，105.

所作的传记《君王宝鉴》(*Reloj de principles*,1529 年)由于包含虚构的细节,又一次遭到了佩德罗·德·鲁阿(Pedro de Rua)的批判。格瓦拉为自己辩护道,由于在世俗历史中"我们无法确定一些人的话比另一些人的更真实",因此读史不过是项消遣。鲁阿对格瓦拉结论的回应,或者更确切地说,是对格瓦拉回避获得一个结论的回应,是将格瓦拉与皮浪(Pyrrho of Elis)以及其他"怀疑主义哲学家"相比较。无论格瓦拉的信件可信与否(尚有争论),安东尼奥确实同情怀疑主义,并且喜欢引用据说是古罗马普林尼(Pliny)的话:"生命中最确定事就是一切都不一定"。①

理查德·波普金(Richard Popkin)在对现代怀疑主义历史的经典研究中指出,宗教改革鼓励了怀疑态度,因为天主教和新教都挖空心思削弱对方的论证,却没有那么努力证明自己的观点。新教颠覆了对传统的固有信念,天主教则削弱了《圣经》的权威性。持怀疑论的加尔文主义者皮埃尔·培尔(Pierre Bayle)的观点与此相似,他将传统和《圣经》都描述为可以任由人摆布的"玩偶"(noses of wax),"为历史怀疑论提供了绝佳论证"。②

如果关注天主教和新教的教会史学家,著名的有以编纂"马格德堡世纪"(Centuriators of Magdeburg)闻名的新教团队,和天主教阵营的巴罗尼奥红衣主教(Cardinal Baronio),就会发现宗教改革在历史编纂上也有较量。③ 比如,瓦拉对《君士坦丁赠与》的证伪首先是由德意志改革家乌尔里希·冯·胡腾(Ulrich von Hutten)印刷出版的,并且被《马格德堡世纪》的作者们用来攻击教皇。另一方面,《世纪》的作者们和其他新教徒接受了关于女教皇约翰(Papesse

① William Nelson, *Fact or Fiction*: *The Dilemma of the Renaissance Storyteller* (Cambridge, Mass., 1973),35-36.
② Popkin, *The History of Scepticism*, 3-17. 培尔的话引自 Hubert Bost, 'Histoire et critique d'histoire chez Pierre Bayle', *Revue d'histoire et de philosophie religieuses*, 70(1990),69-108, at 99。
③ Heinz Scheible, *Die Entstehung der Magdeburger Zenturien* (Gütersloh, 1966); and Stefano Zen, *Baronio storico*: *controriforma e crisi del metodo umanistico* (Naples, 1994).

Jeanne)或乔安(Pope Joan)的故事，但这个故事却被天主教视为"谎言"而拒绝接受。①

宗教改革的论战也使人们知道历史写作中存在偏见。因此，德意志人文主义者约翰内斯·斯莱丹(Johannes Sleidanus)的《皇帝查理五世时期宗教和国家评述》(*De statu religionis et reipublicae，Carolo Quinto，Caesare，commentarii*，1545 年)，以及法国人亨利·拉·波普里尼埃尔(Henri La Popelinière)的《混乱岁月的真实历史》(*La vraie et entière Histoire de ces derniers troubles*，1571 年)这两部作品中，作者就都将自己表现成一个中立的叙述者，仅仅致力于"如是直书"(whatactually happened)，这句话后来因为兰克(Leopold von Ranke)而变得著名：用斯莱丹的话来说，就是"*prout res quoque acta fuit*"，或者按拉·波普里尼的话来说，就是"*réciter la chose comme elle est advenue*"。偏见的问题在 17 世纪将更具吸引力。

17 世纪的危机

265

保罗·哈泽德(Paul Hazard)在一项著名研究中生动地描述了他所谓的 17 世纪晚期欧洲的"意识危机"。② 由于这一时期对传统历史学实践的批判日益频繁并且激进，因此所谓"历史意识的危机"也包含在这场思想运动中。此时有人反对在历史作品中使用修辞，尤其反对虚构言论。威廉·卡姆登在《编年史》(*Annals*，1615—1627 年)的序言中宣称，他"不相信任何演说词，除了那些真的被演说过的；或者是那些被压缩到几句话的；更不会去捏造演说词"。威尼斯的托钵修会修士保罗·萨尔皮(Paolo Sarpi)在他的《特伦托宗教会议史》(*Istoria del Concilio Tridentino*，1619 年)中

---

① Bietenholz, *Historia and Fabula*, 97 - 107; and Alain Boureau, *The Myth of Pope Joan*, trans. Lydia G. Cochrane (Chicago, 2001).

② Paul Hazard, *The European Mind*（1680 -1715）(London, 1953).

也将演说排除在外,由于演讲是这次会议的主要活动之一,因此他的这一决定就更加引人注目。萨尔皮将会议上的演说都以间接的方式进行了总结。①

17 世纪对认识论的探讨中形成了对历史知识的批判,相比对修辞的反应,这一批判更为激进。在这场批判中,三位法国哲学家的作用分外重要:笛卡尔(René Descartes)、弗朗索瓦·拉摩特·勒瓦耶(François La Mothe LeVayer)和皮埃尔·培尔。历史怀疑主义或历史"皮浪主义"(pyrrhonism)变成了一场延续到 18 世纪的国际讨论。②

这场讨论的主题是,历史知识无法符合确定性的严格标准,尤其是笛卡尔提出的认识论标准。笛卡尔在《谈谈方法》(*Discours sur la method*,1637 年)中试图为知识寻求坚实的基础,史书和小说由于相似的原因都被排除在知识以外。小说的问题是,它们"使我们幻想许多不可能的事情以为实有"。历史也是这样:

> 就连最忠实的史书,如果不歪曲、不夸张史实以求动听,至少总要略去细微末节,因而不能尽如原貌;如果以此为榜样亦步亦趋,每每会同传奇里的侠客一样陷于浮夸,想出来的计划每每会无法实现。③

---

① Peter Burke, 'The Rhetoric and Anti-Rhetoric of History in the Early Seventeenth Century', in Gerhard Schröder et al. (eds.), *Anamorphosen der Rhetorik*: *Die Wahrheitspiel der Renaissance* (Munich, 1997), 71 - 79.

② Carlo Borghero, *La certezza e la storia*: *cartesianesimo*, *pirronismo e conoscenza storica* (Milan, 1983); Markus Völkel, '*Pyrrhonismus historicus*' *und* '*fides historica*': *Die Entwicklung der deutschen historischen Methodologie unter dem Gesichtspunkt der historischen Skepsis* (Frankfurt, 1987); and cf. Martin Mulsow, 'Cartesianismus, Pyrrhonismus und historische Kritik', *Philosophische Rundschau*, 42(1995), 297 - 314.

③ René Descartes, *Oeuvres philosophiques*, ed. Ferdinand Alquié (Paris, 1963), 574. 笔者译为英文。本段的中文译文选自笛卡尔:《谈谈方法》,王太庆译,北京:商务印书馆,2009 年版,第 7 页。——译者注

或者说笛卡尔指出了追随"历史尊严"的传统信条所造成的危害，并在此基础上展开讨论。其中所提到的侠士可能就是唐吉诃德（Don Quixote），与塞万提斯（Cervantes）对骑士传奇的嘲笑相呼应。

因此，笛卡尔对内容和形式之间关系的关注，引出了一个至关重要的问题，即历史学家筛选信息的判断标准。与笛卡尔同时代的伽桑狄（Gassendi）及其追随者马勒伯朗士（Malebranche）也贡献了一篇对历史知识的评论文章。笛卡尔通过一种建筑学上的比喻，逐渐削弱了他所谓的"历史大厦"的根基，拉摩特·勒瓦耶和皮埃尔进一步发展了这一批判工作。

弗朗索瓦·拉摩特·勒瓦耶是所谓巴黎自由知识分子阵营的成员，十分钦慕蒙田（Michel de Montaigne），写作了《谈谈历史》（*Discours de l'histoire*，1638 年）（晚于笛卡尔《谈谈方法》一年完成），后来经补充，更名为《历史的不确定》（*Du peu de certitude qúil y a en histoire*，1668 年）。拉摩特像笛卡尔一样，批判了一种文学上的惯例，即刻意忽略那些无法以优美文辞表达的事情。他也指出了对同一事件，比如帕维亚战役，存在许多互相矛盾的陈述。[1] 至于皮埃尔·培尔，他是一位流亡鹿特丹（Rotterdam）的新教牧师，他的名著《历史与批判辞典》（*Dictionnaire historique et critique*，1695—1697 年）的中心思想是怀疑主义，这部著作与其说贡献了知识，不如说提醒了人们的无知，因为其主要目标是要展示那些为我们所接受的历史叙述是多么不可靠，比如他的前辈路易·莫雷里（Louis Moréri）所编辑的历史辞典中所提到的那些。[2]

---

[1] Popkin, *The History of Scepticism*, 80 - 87; Borghero, *La certezza e la storia*; and V. I. Comparato, 'La Mothe dalla critica storica al pirronismo', in Tullio Gregory (ed.), *Ricerche su letteratura libertina e letteratura clandestina nel seicento* (Florence, 1981), 259 - 280.

[2] Ruth Whelan, *Anatomy of Superstition*: *A Study of the Historical Theory and Practice of Pierre Bayle* (Oxford, 1989).

到 18 世纪早期,尼德兰、英国、意大利、西班牙、尤其是德国的许多学者和思想家,都加入了这场对历史知识的讨论。[①] 对于这一基础问题的讨论被推进了一次又一次,以至于我们可以一个论题一个论题地进行总结。根据传统上对历史和法律进行的类比,我们可以想象克利奥女神站在被告席上,原告就两个原则性问题提出了控诉:偏见和伪造。

关于偏见

古典史家(如希罗多德)在他们生活的时代,也时常有人批判他们歪曲事实,这些批判重现于文艺复兴时期。现代史学家也遭受着同样的攻击。这些批判指出的普遍问题是偏见或者歧视。蒙田《关于书籍》(*Des livres*,1580 年)一文就批判了一些史学家,他们喜欢从过去抽出一条普遍适用的教条,并不可避免地"根据偏见而歪曲故事"。[②]

"偏见"是一个出自保龄球运动的隐喻,17 世纪牛津和剑桥的教师们尤其痴迷这项运动,或许正因如此,这个词才被用来比喻政治和宗教偏离正轨。对于偏见的指责也许会提及有意识的运作,但是偏见这个词也被用来表现人的热情和利益让他无法超越教会、民族或者政党的立场——这个词的使用始于 17 世纪,比如在英国就运用在辉格党和托利党的斗争中。

与蒙田相似,学者加布里埃尔·诺德(Gabriel Naudé)也指出,"除了那些相当勇敢的人",史学家们从未如是直书,而是"根据他们所希望打造的形象歪曲和掩饰事实"。[③] 拉摩特也对偏见问题进行了很多讨论,他反问道,如果我们今天可以分别读到从迦太基和罗马角度叙述的历史,那么布匿战争又是怎样的形象? 如果《高卢

----

① Völkel, '*Pyrrhonismus historicus*' und '*fides historica*'.
② Montaigne, *Essays*, ed. Maurice Rat, 3 vols. (Paris, 1962), bk. 2, ch. 10.
③ Gabriel Naudé, *Apologie* (Paris, 1625), 18.

战记》(*Commentaries*)的作者是韦辛格托里克(Vercingetorix)而非凯撒，这场战争又将被如何呈现？

引用古代的事例时常因为对当下情况的关注。拉摩特曾为黎塞留大主教(Cardinal Richelieu)工作，他尤其关注西班牙史学家的偏见。他批判菲利普三世的官方史学家普鲁登西奥·德·桑多瓦尔(Prudencio de Sandoval)对历史的"污蔑"和"偏见"，比如在西班牙同法国的冲突中，只赞美西班牙军队的英勇。拉摩特还扩大了批判范围，指出传记作家，比如为凯撒作传的尤西比乌斯(Eusebius)和为查理曼大帝作传的艾因哈德(Eginhard)，都在奉承他们所写的皇帝。

拉摩特对萨多瓦尔和其他人的攻击让许多读者满怀欣喜，其中之一就是怀疑主义哲学家皮埃尔·培尔，他说："我多么高兴看见有人嘲弄史学家的偏见"，"最大的谎言(filouterie)就在历史纪念碑上"，他还承认"从未读过实事求是的历史作品"，"只是知道了那些据说发生在某个民族和党派中的事情"。[1]

德国的莱布尼茨(Gottfried Wilhelm Leibniz)像培尔一样喜欢研究哲学和历史，他对偏见问题很有兴趣，并区分了三种类型的偏见："因利益产生的偏见"，如焦维奥(Giovio)；"因野心产生的偏见"，如法国史学家西皮翁·迪普莱(Scipion Dupleix)；材料本身的偏见。德国学者 J. B. 门肯(J. B. Mencken)与培尔相熟，他也在一本题目不俗的著作——《论学者的骗局》(*De Charlataneria eruditorium*，1717 年)中强调古典史学家所作的判断本身就具有多样性。阿米安·马赛林(Ammianus Marcellinus)和蒙塔努斯(Montanus)赞扬尤利安(Julian，罗马皇帝，外号"叛教者"〔the Apostate〕)是道德楷模；其他人则指责他是邪恶的怪物。迪奥(Dio)谴责布鲁图(Brutus)和卡修斯(Cassius)的所作所为；普鲁塔

268

---

① Bayle, *Critique générale de l'histoire du calvinisme* (1682)，引自 Arnaldo Momigliano, ' Ancient History and the Antiquarian ' (1950)，in *Studies in Historiography* (London, 1966)，1 - 39，at 10。

克（Plutarch）却赞美他们。彼得克特（Paterculus）认为塞扬努斯（Sejanus）是个"可爱的人，但许多人都认为他面目可憎"。①

人们也常常在宗教背景中讨论偏见，我们知道"如是直书"的观念就产生于宗教战争的背景下。路易十四决定将新教徒驱逐出法国前不久，一个反加尔文的教徒出版了一部加尔文教的历史，这引发了培尔对偏见的讨论。② 而天主教方面则将注意力转向保罗·萨尔皮那本声名狼藉的反教皇作品《特伦托宗教会议史》中包含的偏见上。德意志新教徒戈特弗里德·阿诺尔德（Gottfried Arnold）所写的天主教历史试图同样公正地对待正统和异端，因此他称其"毫无偏见"，但这部作品几乎冒犯了所有人。③ 关于偏见的争论持续到了 18 世纪，一位德意志学者约翰·弗里德里希·布尔舍尔（Johann Friedrich Burscher）出版了一部原则上接近兰克的作品，宣称历史学家"必须按照事情发生的状态展现它"。④

伏尔泰并没有发表什么特别激进的新言论，但他对这一个多世纪的争论进行了概括。他在《历史怀疑主义》（*Le Pyrrhonisme de l'histoire*，1769 年）一文中讨论了辉格党对托利党、罗马史学家对迦太基的偏见。"为了公正地评判，有必要研究汉尼拔（Hannibal）家族的档案。"⑤即使是伏尔泰本人，也十分渴望可以阅读本丢·彼拉多（Pontius Pilate）的回忆录。

17 世纪由于宗教战争的蔓延和中央集权国家的形成，偏见问题格外受到关注。每个宗教或者政治"党派"都试图展现自身对于近来事件的看法，并且揭露敌对观点的错误。比如"安哈尔特法庭"（Anhalt Chancery）就清楚地说明了这个过程。腓特烈五世是一位加尔文教徒，他在 1621 年的白山之战败给了帝国军队，他

---

① J. B. Mencken, *Charlataneria* (New York，1937)，128.

② Bost, 'Histoire et critique'.

③ Gottfried Arnold, *Unparteyische Kirchen-und Ketzer-historie* (Frankfurt，1699).

④ 引自 L. E. Kurth, 'Historiographie und historischer Roman：Kritik und Theorie im 18. Jht'，*Modern Language Notes*，79(1964)，337 - 364，at 340。

⑤ Voltaire, *Le pyrrhonisme de l'histoire* (Paris，1769)，54.

的随从安哈尔特基督徒的文章便落入了帝国手中。帝国方面马上出版了一个名为《安哈尔特法庭》(*The Anhalt Chancery*)的小册子，以此将"战争的罪恶"算在敌人的头上。第二年，新教方面的一位将军，恩斯特·冯·曼斯费尔德(Ernst von Mansfeld)抓住了一个帝国的信使，于是一本名为《西班牙法庭》(*The Spanish Chancery*)的小册子适时出现，反过来指责哈布斯堡的战争罪行。[①] 无论信使或是他们的文件是否真的存在，说服技术的提升都是值得注意的。

这样的大环境鼓励了官方史学的发展。文艺复兴时期，在佛罗伦萨和威尼斯共和国以及从葡萄牙到匈牙利的数个新王朝中，官方史学家并不常见。但是在 17 世纪，官方史家的数量大大增多了。议会和宗教体系，比如荷兰国家立法议会和耶稣会，授权历史学家叙述他们的活动。然而君主尤其需要史学家。詹姆士一世聘请了卡姆登，路易十三聘请了西皮翁·迪普莱(Scipion Dupleix)，路易十四聘请了布瓦洛(Boileau)和拉辛(Racine)。利奥波德皇帝(Leopold)、查理二世以及普鲁士和瑞典的统治者们，都委托史学家撰史。理解了这些官方委托，以及官方史学家为了将他们的主人展现得光芒万丈所承受的压力，就会怀疑关于往昔的早期历史叙述。

真实性的问题

起诉克利奥的第二个主要问题，甚至比偏见问题更加基本。人们指责史学家用伪造的材料叙述历史，他们所写的人和事都子虚乌有。我们知道，文艺复兴时的人文主义者揭露了许多伪造文献，但他们也许制造了更多的虚假文献。这类新文献在 17 世纪被制造出来，在西班牙尤为突出，包括 1667 年出版的僧侣"奥韦尔图

---

① R. Koser, *Der Kanzleienstreit* (Halle, 1874).

斯"（Haubertus）的编年史。[①] 但是，从挑战更多文本的可信度上来说，包括挑战那些古典和基督教传统中基本文本的可信度，17世纪的批评家们相比早期更加严肃认真。"批判"这个词从词源学上来说的确与危机有关，它在17世纪开始被使用，部分涉及这些对伪造文献的揭露。[②] 例如，所谓的赫尔墨斯奥义书曾被认为是埃及圣人赫尔墨斯·特利斯墨吉斯忒斯所作，法国新教学者伊萨克·卡索邦（Isaac Casaubon）则揭示它实际上写于基督诞生之后，而非之前。[③] 古典学者理查德·本特利（Richard Bentley）在其著作《论法拉里斯书信》（*Dissertation on the Epistles of Phalaris*，1697年）中指出，这位希腊暴君的数封信件其实是伪造的。[④] 被认为是桑收尼亚通（Sanchoniathon）所撰的迦太基历史，甚至是古罗马地方执政官和大祭司的记录，都受到了批判。

270 　　这些批判中最有力的论据之一是文献的时代错置，这也是个17世纪的新词汇。许多地方都可以看出时代错置，从伪造文件的语言，到文件所提到的人和事，这些是其所谓的作者不可能知道的。例如，卡索邦指出赫尔墨斯奥义书中提到的雕刻家菲迪亚斯（Phidias）实际上生活在文本假定写作年代的数个世纪之后。

　　《圣经》也受到了同样标准的检验。斯宾诺莎（Baruch Spinoza）和霍布斯（Thomas Hobbes）都挑战了《摩西五经》为摩西所作的说法，因为摩西之死也记载在经文之中。加尔文教派学者让·达耶（Jean Daillé）等人对一些教父作品也提出了质疑。同样被质疑的还有一些中世纪文本，包括教皇谕旨，冰岛家族萨迦（Icelandic sagas）和墨洛温诸王颁布的宪章。

　　一个名为让·阿杜安（Jean Hardouin）的法国耶稣会士甚至宣称经典文本中的大多数均属伪造。他写道，正是在1693年，他开

① Caro Baroja, *Las falsificaciones de la historia*, 97-102.
② Jean Jehasse, *La Renaissance de la critique*: *l'essor de l'humanisme érudit de 1560 à 1614*, 2nd edn (Paris, 2002).
③ Grafton, *Defenders of the Text*, 145-161.
④ Joseph Levine, *Ancients and Moderns* (Ithaca, 1991).

始在圣奥古斯丁的文本中"嗅到欺骗的味道"，这桩罪行发生在"400 多年前"，由他所谓的早于加尔文教派和詹森教派的"罪恶派系"（scelerata grex）犯下。科尔贝（Corbey）修道院、弗勒里（Fleury）修道院和博比奥（Bobbio）修道院是这场"阴谋"的中心，而伪造文本的年代从 14 世纪延续到了 16 世纪。这些阴谋家不仅仅伪造了教父作品，甚至还伪造了西塞罗和维吉尔的作品，以及"虚构的对手、法令、经典和宪章"。①

正如我们在宗教改革的纷争中所见，17 世纪的宗教冲突，比如耶稣会和詹森教派之间的冲突，激发了怀疑主义的产生。詹森主义者认为只有少数基督教徒可以获救，他们从圣奥古斯丁的著作中寻求支持，而阿杜安在将他的怀疑主义回溯到经典文本之前，就开始察觉出在"奥古斯丁及其同时代人"身上存在的欺骗。阿杜安曾经被称为"癫狂"（pathological），现在也许会被诊断为偏执狂——毕竟，他相信存在一个伪造文献的阴谋——但是他只是这股批判潮流中的一个极端例子。②

危机

阿杜安的例子展现了这些具体的挑战如何可能产生一种日积月累的影响。难怪意大利学者吉安维琴佐·格拉维纳（Gianvicenzo Gravina）会在 1700 年将他所在的时代描述为"批评的时代"，也难怪当时的书名流行使用"批判"这个词，法国尤其如此：比如，由奥拉托利会教士理查德·西蒙（Richard Simon）所著的《旧约批评史》（*Histoire critique du Vieux Testament*，1678 年），前文提到培尔所著的《历史与批判辞典》以及另一位奥拉托利会教士皮埃尔·勒布

271

---

① Jean Hardouin, *Prolegomena*（Amsterdam，1729）.

② Jean Sgard, 'Et si les anciens étaient moderns ... le système du P. Hardouin', in Louise Godard de Donville（ed.），*D'un siècle à l'autre*（Marseille，1987），209 - 220；and Anthony Grafton, 'Jean Hardouin：The Antiquary as Pariah'，*Journal of the Warburg and Courtauld Institutes*，62(1999)，241 - 267.

伦（Pierre Lebrun）所著的《迷信行为的批评史》（*Histoire critique des pratiques superstitieuses*，1702 年）。

在那些曾经被视为真实的历史中，越来越多的事件如今被当成虚构的而遭到摒弃，比如罗慕路斯建古罗马、某些圣徒的生平或法拉蒙（Pharamond）建立了法兰克人王国。学者们追问，法拉蒙存在过吗？罗慕路斯存在过吗？埃涅阿斯（Aeneas）真的去过意大利吗？特洛伊之战是真的发生过，还是仅仅存在于荷马的"史诗"之中？18 世纪早期，对早期罗马历史的讨论尤为激烈，法兰西碑铭研究院（French Academy of Inscriptions）是这场讨论的主阵地，在那里一篇关于"论罗马最初四个世纪不确定的历史"的论文掀起了一次大讨论。①

在这场批判中，民族起源的故事首当其冲。拉摩特指出，桑多瓦尔所作的哈布斯堡家族谱系是荒谬的，该谱系将起源回溯到了亚当（Adam）。新教学者萨米埃尔·博沙尔（Samuel Bochart）强调，将法国人和其他现代人的起源追溯到特洛伊的做法很"愚蠢"。根据这些讨论，维柯（Giambattista Vico）在其《新科学》（*Scienza Nuova*，1725 年）中提出了一个著名的命题，总结了"民族的虚骄讹见"："每一个民族……都有一个同样的虚骄讹见，认为自己比一切其他民族都较古老，早就已创造出人类舒适生活所必需的事物。"②跟随笛卡尔及其系统怀疑论的脚步，一些学者至少在他们的思想实验上更进了一步。查理五世存在过吗？奥古斯丁存在过吗？围攻拉罗谢尔真的发生过吗？

回应危机

对于怀疑主义者，史学家们要么提供一个答案，要么束手待

---

① Mouza Raskolnikoff，*Histoire romaine et critique historique dans l'Europe des Lumières* (Paris，1992).

② Vico，*Scienza Nuova*，section 125. 本段译文选自维柯：《新科学》（上），朱光潜译，北京：商务印书馆，1989 年版，第 99 页。——译者注

毙。然而他们确实找到了答案，或者更加确切的说，他们找到了许多不同的答案，这样一来，在历史学家之间，所谓历史学的"复兴"，或者按照现代人的说法，"历史学家的可靠性"（fides historica）就成为可能。①

17世纪晚期如日中天的几何学方法成了历史学逃离这场危机的一条明确道路，但最终却成了死胡同，同时代的一些学者也感受到了这一点。比如皮埃尔-丹尼尔·于埃（Pierre-Daniel Huet）就试图将基督教的实际情况塑造为一种历史性宗教，他依靠的是这样一条基本"公理"："如果一本历史著作中所叙述的事件在其他许多史书中都是如此叙述的，而且这些史书与该事件基本同时代的话，那么这样的历史著作就是可信的。"②

苏格兰神学家约翰·克雷格（John Craig）以公理和定理的形式写出了《历史证据准则》（Rules of Historical Evidence，1699年）。不幸的是，他的这些公理和定理最终被证明是相当乏味的，他使用了数学和物理学的语言重新阐述了某些常识，比如材料的可靠性随其距离所叙述事件的时代远近而不同。就像尼古拉·弗雷列（Nicolas Fréret）在18世纪早期指出的，克雷格正在追寻关于完美确定性的幻梦，而这无论在道德、政治还是历史领域都是无法完成的。

材料

强调原始文献相比几何学方法取得了更多更有用的成果。托马斯·赖默（Thomas Rymer）所编《协约》（Foedera，1704年）是一本协议原始文本的合集，批评家让·勒克莱尔（Jean Leclerc）评论这种汇编是对皮浪主义的一种回击。③

---

① Judith Shklar, 'Jean D'Alembert and the Rehabilitation of History', *Journal of the History of Ideas*, 42(1981), 643 - 664.

② April G. Shelford, 'Thinking Geometrically in Pierre-Daniel Huet's *Demonstratio Evangelica*', *Journal of the History of Ideas*, 63(2000), 599 - 618.

③ Jean Leclerc, *Bibliothèque Choisie* (Amsterdam, 1703 - 1713).

文献批评是把双刃剑。耶稣会士丕皮布洛奇（Papebroch）曾质疑法兰克中世纪早期王室宪章的真实性，为了对他进行回应，伟大的本笃会学者让·马比荣（JeanMabillon）写作了论文《古文书学》（*De re diplomatica*，1681 年），讨论通过研究文献的笔迹、行文习惯、纹章等，来确定文献时间的方法，通过这种方法展现如何发现伪造文献并证明其他宪章的真实性。这篇论文并不是以这种方式讨论中世纪文献的开山之作，但却是到那时论述最为系统的一部作品。马比荣力图说服对手，而后者也十分大方地承认了他的观点。① 丕皮布洛奇的观点获得了明确的回应，而阿杜安却没有，或者他也不需要回应，但是勒克莱尔的《批评的艺术》（*Ars Critica*，1697 年）则提出了古典和圣经文本批判的法则。

马比荣和其他人发展出的技术后来被称为"文献批判"。文艺复兴时的人文主义者，如伊拉斯谟（Erasmus）就常常说到要回到"原始文献"，英国学者约翰·赛尔登（JohnSelden）也经常提到"源头"。另一个相似的观念是"原文"，就像贝尔纳·德·蒙福孔（Bernard de Montfaucon）在他所撰法国君主制历史的前言中骄傲地说道："这部历史是在原文材料的基础上写成的。"②

在 17、18 世纪，历史学家的语言里越来越多地提到"证据"（proofs）、"证明文件"（pièces justificatives）、"原始材料"（pièces authentiques）、"古迹"（monuments，从古代文本的意义上说）、"根据"（evidence）以及"证词"（testimony）。像"目击者"（eyewitnesses）和证词这样的法律用语也是值得注意的。托马斯·夏洛克的《对耶稣复活目击者的审判》（*The Trial of the Witnesses of the Resurrection of Jesus*，1729 年），就写得像一场法庭诉讼，而耶稣会士亨利·格里费（Henri Griffet）则详细对比了历史学家和法官在职责上的异同。随着人们不断意识到证据的重要，对参考文献的需

273

---

① David Knowles，'Jean Mabillon'，*Journal of Ecclesiastical History*，10(1959)，153-173；and Blandine Barret-Kriegel，*La défaite de l'érudition*（Paris，1988）.

② Bernard de Montfaucon，*Les monumens de la monarchie françoise*，5 vols.（Paris，1729-1733），i. preface.

求也随之上升，无论是脚注、尾注还是旁注都受到了重视。[①]

证词需要接受交叉检验，一些学者如雅各布斯·佩里佐尼乌斯（Jacobus Perizonius）在《历史的真相》（*Animadversiones historicae*，1685 年）中提供了检测偏见的法则，指出一个文本的可靠性取决于作者的年代、民族、教育程度以及性格，并区分出了一些不可靠的作者，如路易斯·曼堡（Louis Maimbourg）和安东尼·瓦里拉（Antoine Varillas），还有一些可靠的史学家，如修昔底德和科明尼斯（Commynes）。

对怀疑主义的另一种回应强调物质文化，特别是碑文、钱币和勋章提供的证据，具有相对的可靠性。例如蒙福孔就编纂了 10 卷本的《古物解释与图示》（*L'Antiquité expliquee, et repré-sentée en figures*，1719－1724 年），他在研究 11 世纪时讨论并说明了巴约挂毯（the Bayeux Tapestry）的情况。在物质文化领域声名狼藉的阿杜安并不是一个怀疑主义者，而是一个热心人，他相信要编纂一部令人满意的古代编年史，惟一的方法就是取信于古钱币而非古代作家的判断。我们知道，碑铭、钱币和勋章当然也可以被伪造，但是就像文本批判一样，如何鉴定古物赝品的方法已经产生，比如意大利学者希皮奥内·马费伊（Scipione Maffei）就写作了《碑刻鉴定艺术》（*Ars Critica Lapidaria*，1765 年）。史学家们开始越来越多地利用非文字材料，不仅仅是古代史，也用于中世纪的研究，这个结果是历史学同怀疑主义的争论所未曾料到的。[②]

神话的复兴

274

"神话的复兴"是对怀疑主义挑战的另一种回应。这一时期，神话的意思一般被认为是"寓言"，然而伴随着对神话重新燃起的

---

① Anthony Grafton, *A Short History of the Footnote* (Cambridge, Mass., 1997).

② Francis Haskell, *History and Its Images*: *Art and the Interpretation of the Past* (New Haven, 1993).

兴趣，人们开始讨论它的含义，这种讨论时常在一个比较的框架下进行。例如，伯纳德·德·丰特内尔（Bernard de Fontenelle）在其《神话获得起源》（L'Origine des fables，1724 年）中描述了希腊神话（他将此与中国和"美洲"神话，也就是印加神话进行了对比），他认为希腊神话就是一大堆谎话，但他也指出神话是"蛮荒岁月"（siècles grossiers）的历史和哲学。在他以前，那不勒斯的维柯和哥廷根的基督教徒戈特洛布·海涅（Gottlob Heyne）就已经以更加细节化的讨论和更加同情的态度，对上古时代表达了类似的观点。

维柯认为，除了犹太民族，所有其他民族起源的叙述都是不确定的，从这一点上说，他是个怀疑主义者。但是，他又坚信神话在一开始都是"真实的故事"，因为它们表达了"民族思想的整体模式"，从这一点上来说，维柯是反怀疑论的。就像培尔从史学家那里读到了偏见的证据，维柯从神话中读到了心智变化的证据。海涅也表示他所谓的"寓言"或者"神话故事"是真实而理智的，是人类童年时代的哲学和历史。[①] 这种尚未成为正统的观点，在 1800 年以后，尤其在德意志浪漫主义者中，成为了新的常识性观念。

走向解决方法

随着更多的具体研究，17 世纪晚期和 18 世纪早期，对历史怀疑主义的大规模反击出现。[②] 针对怀疑论的关键论证是约翰·洛克（John Locke）在《人类理解论》（Essay Concerning Human Understanding，1690 年）中提出的"承认的程度"："特殊的事实如果被各个坦白证见的相符的证据所证实……我们的同意也是不能避免的"，比如说，"意大利有一座城名为罗马；在一千七百年前

---

① 关于维柯，参见 Joseph Mali, *The Rehabilitation of Myth* (Cambridge, 1992)；关于海涅，参见 Luigi Marini, *I maestri della Germania：Göttingen 1770 - 1820* (Turin, 1975)，254 - 270。

② Borghero, *La certezza e la storia.*

左右有一人名凯撒的曾在那里居住；他是一个大将，打胜过庞培。"①

同洛克一样，格哈德·帕特耶（Gerhard Patje）（或者是他的导师弗里德里希·比尔林［Friedrich Bierling］）在他的学位论文《历史怀疑主义》（*Historical Pyrrhonism*，1707 年）中，分了历史中确定性或者可能性的三个等级：最可信的（凯撒真的存在过）、一般可信的（查理五世退位的原因）、可信度最低的（苏格兰玛丽女王参与了对其丈夫的谋杀案，或者华伦斯坦〈Wallenstein〉在其被刺杀数月前的谋划）。

弗雷列又根据"不同程度的可能性"来批判他所谓的"在我们时代盛行的历史怀疑主义"。他复兴历史学的行动中包含了对"非文字传统"（la tradition non écrite）的支持。② 弗雷列非常明白口述传统具有易变性，也认为它在可靠程度上不及文本，但还是为其辩护。因此距今很久以前，史学家就对口述传统进行了重新讨论。

最晚至 18 世纪中期，历史意识的危机就已经被认为解除了。伏尔泰对于这场讨论的贡献尽管有趣，但却因为姗姗来迟而作用不大。从学者的观点来看，怀疑主义的价值在于激发研究者区分出不同等级的可能性，形成批判不同种类材料的实用法则，对各种秘史中关于隐秘动机的"空洞推测"保持更加怀疑的态度。

秘史、公报和小说

怀疑主义带来的危机也影响了历史研究之外的领域。上文提到，文艺复兴中已经探讨了历史和小说之间关系，毫不意外的是，

①　John Locke，*Concerning Human Understanding*，ed. John Yolton，2 vols. (London，1961)，ii. 257（bk 4，ch. 16）.此段译文，选自洛克：《人类理解论》，关文运译，北京：商务印书馆，1983 年版，第 660 页。——译者注

②　Nicolas Fréret，'Réflexions générales sur l'étude des anciennes histoires'（1724），in *Mémoires académiques*（Paris，1996），73 - 126，at 87.

在这场危机中,这个话题又因特殊的兴趣而被讨论。对于一些学者来说,历史和小说之间的界限清晰无疑,因此如果将一位同事称为"浪漫小说"作者,那就表示根本不接受他的研究工作。像上文讨论过的戈奥里对焦维奥的看法一样,莱布尼茨将特洛伊的布鲁图斯(Brutusthe Trojan)打造的不列颠传说,也比作骑士传奇《高卢的阿马迪斯》。吉尔伯特·伯内特(Gilbert Burnet)是一位宗教改革时期的史学家,他谴责法国史学家瓦里拉的作品"处处弥漫着浪漫小说的气息",而他自己反过来又因为同样的原因而遭到谴责。1710年,一个来自帕瓦多的人因为称圣经是一部"神圣的小说",而被告上了宗教法庭。①

然而也有一种少数派观点,认为史学家有时需要向小说家学习。培尔曾批判曼堡(Maimbourg)所写的加尔文派历史,他希望曼堡的作品可以给与读者"小说般的阅读快乐"。甚至莱布尼茨也希望在历史编纂中"有点小说的味道",尤其是在讨论动机的时候。②

那些所谓秘史的作者们,代表着一种在17世纪晚期迅速滋长的全新体裁,这种新风格满足了莱布尼茨的愿望。"秘史"之名来自1623年出版的6世纪拜占庭史学家普罗科匹厄斯(Procopius)的作品,他在书中对皇后狄奥多拉(Theodora)的所作所为进行了诽谤性的叙述。就像现代的八卦专栏,这些秘史也利用绯闻。由于宣称能够深入公共生活的幕后,这些秘史就获得了权威。③

法国的秘史中最著名的两部分别是,瓦里拉(Varillas)的《佛罗伦萨轶闻或梅迪契家族秘史》(*Les Anecdotes de Florence*,*ou l'Histoire secrète de la Maison de Medici*,1685年),研究梅迪契(Medici)治下的佛罗伦萨;厄斯塔什·勒诺布勒(Eustache Lenoble)

---

① 引自 Federico Barbierato, *Politici e ateisti*:*percorsi della miscredenza a Venezia fra Seie Settecento*(Milan,2006),167。

② G. W. Leibniz, *Opuscules*(Paris,1903),225 - 226。

③ Peter Burke, 'Publicizing the Private:The Rise of "Secret History"', in Christian Emden and David Midgley (eds.), *Changing Perceptions of the Public Sphere* (Oxford,forthcoming,2012)。

的《帕齐阴谋秘史》(*Histoire secrète de la conjuration des Pazzi*，1697 年)。英国作家玛丽·曼利(Mary Manley)的《萨拉女王秘史》(*The Secret History of Queen Zarah*，1705 年)，也就是关于安妮女王最喜爱的萨拉·邱吉尔(Sarah Churchill)的故事，这部作品就敢于以时事为话题，就像丹尼尔·迪福(Daniel Defoe)的一系列作品一样，其中包括《十月俱乐部秘史》(*The Secret History of the October Club*，1711 年)。

与其他史学形式相比，秘史是对人文主义史学弱点的回应，即写作风格很高调，强调政治和军事领导人的重要作用和影响。如上文所述，笛卡尔曾无情地揭露了这些弱点。另一方面，秘史的作者们则宣称伟大的事件源于琐碎的起因，小说家圣雷亚尔(Saint-Réal)曾在普遍意义上讨论了这个观点，帕斯卡(Pascal)聪明地将这个观点总结为："要是克娄巴特拉(Cleopatra)的鼻子长得短一些，整个世界的面貌就会改变。"[①]秘史也被认为是对"官方史书"的消解，而后者如我们所见，正在变得愈发重要。很明显，官方史家并没有讲出整个事实。作者和出版者们似乎都意识到，野史的形式无论是历史还是小说，都因其非官方的历史观点而很有市场。

野史或秘史的作者时常被人多少有些轻蔑地描述为新闻记者或小说作者，而新闻、小说和历史这三者之间的关系确实密切。17世纪晚期，官方和非官方的期刊在数量和重要性上都不断增长，也能够对时事进行独立叙述。一些"记者"(那时被创造的词汇)也以书籍的形式写作历史。

人们明白对同一事件存在不同叙述，这并不是什么新鲜事，想想调和四福音书的问题就能明白。而期刊的增多必然加深这种认识，因为同一事件的不同叙述可以在同一天被发表在不同的报纸上，或者越来越多的信息出现在同一份报纸的连续几期之中。培尔对怀疑主义的论证之一就是，政府公报不可信，同时有许多

277

---

① Pascal, *Pensées*, no. 180.

"糟糕的史学家"只是将"劣质的片段"粘贴在一起，就写成了书籍。[①]

当史学家和记者们创造半虚构作品时，小说家们却逐渐向历史作品靠拢。就像于埃在《小说的起源》(*Traité de l'origine des romans*，1669 年)中所强调的，古典时代历史和小说之间只有程度上而非类别上的差异，前者是"混杂着少许谎言的事实"，后者是"混杂着一些事实的谎言"。英国的迪福写作的小说和秘史、曼利的《萨拉女王秘史》可以说对这两者都有所贡献。

17 世纪晚期，历史小说兴起，它讲述的故事不仅被设定在过去，同时也描述真实的历史人物，并对历史事件提供解释。塞萨尔·德·圣雷亚尔(César de Saint-Réal)所创作的《卡洛斯一世》(*Dom Carlos*，1672 年)是最著名历史小说之一，该书的副标题就是"历史小说"(nouvelle historique)，这个术语很快在法国流行起来。这一时期另一部著名的历史小说就是皮埃尔·德·布瓦吉贝尔(Pierre de Boisguilbert)的《玛丽·斯图尔特》(*Marie Stuart*，1675 年)。为了让读者认为这些文字都是历史资料，圣雷亚尔的作品包含脚注，而布瓦吉贝尔宣称他叙述的是苏格兰玛丽女王的"真实情况"，而不是在写"小说"。

当小说创作因其讲述谎言且激起狂热而遭到道德家们的攻击时，在历史和小说两方面都有创作的尼古拉·朗格莱·迪弗雷努瓦(Nicolas Lenglet Dufresnoy)在《小说的作用》(*De l'usage desromans*，1734 年)中指出"历史的不完善应该让我们尊重小说"，小说并没有宣称自己是真实的，它给予妇女应有的空间，而她们"几乎从未出现在史书中"，除非她们在"历史大事"中的角色举足轻重。[②] 皮埃尔·培尔曾很喜欢《卡洛斯一世》和其他 17 世纪的历

---

① Brendan Dooley, *The Social History of Skepticism*：*Experience and Doubt in Early Modern Culture* (Baltimore, 1999), esp. 9-44.

② Georges May, *Le dilemme du roman au 18e siècle* (New Haven and Paris, 1963), 139-161, at 141; and cf. Geraldine Sheridan, *Nicolas Lenglet Dufresnoy and the Literary Underworld of the Ancien Regime* (Oxford, 1989).

史小说，他应该会同意这样的观点，但他并不喜欢那些作者的厚颜无耻，他们出版的作品宣称是回忆录，但实际上则是"真实和虚构的混合物"。①

　　从 17 世纪晚期到 18 世纪晚期，虚构的回忆录是一种流行于法国的文体，这些回忆录中有《达尔达尼央回忆录》(*Mémoires de M. d'Artagnan*)（这部作品激发大仲马[Alexandre Dumas]创作了《三个火枪手》[*The Three Musketeers*]）以及曼西尼姐妹(the Mancini sisters)的回忆录，她们同路易十四关系密切（圣雷亚尔已经创作出了荷坦丝·曼西尼的回忆录）。② 这股流行趋势流传到了国外，丹尼尔·迪福的《骑士回忆录》(*Memoirs of a Cavalier*)和《疫年记事》(*Journal of the Plague Year*)就是这股潮流在英国的榜样，后者补充了官方档案和数据，这使得文本具有所谓的逼真效果，以及现代批评家所描述的那种更加强烈的"现实气氛"。当时的读者可能已经将《疫年记事》视为一部历史作品，并且在 19 世纪它还继续被当做历史材料引用。③

　　换句话说，那个时期的学者们比以前更加注意从小说中区分出事实，别的作家们则成功地模糊了这两者的界限。观念和技术，比如时代错置感，脚注的使用和文献的引用，支持了这种新的半虚构文体，使秘史、历史小说以及学术作品获得了逼真的效果。历史著作和虚构作品之间的相互影响是一个从古至今都存在的现象，本章仅仅表现了其中的部分冲突和转折。

278

① Quoted in Faith E. Beasley, *Revising Memory: Women's Fiction and Memoirs in Seventeenth-Century France* (New Brunswick, 1990), 162.
② Vivian Mylne, *The 18th-Century French Novel* (Manchester, 1965); *and Marie-Thérèse Hipp, Mythes et réalités: enquête sur le roman et les mémoires, 1660 - 1700* (Paris, 1976).
③ R. Mayer, 'The Reception of the Journal of the Plague Year and the Nexus of Fiction and History in the Novel', *English Literary History*, 57(1990), 529 - 556.

中国和日本

现代早期的伊斯兰世界中,哲学方面的主要兴趣似乎并没有引向对历史的不可信或者伪造文献的普遍讨论,可能会有新的研究成果改变我这个结论,但是现代早期的中国或者日本,已经像欧洲一样开始对这些问题进行讨论。中国官修史书的传统格外悠久和坚固,但是也存在野史或者秘史,它们像普罗科匹厄斯及其现代早期追随者的作品一样,也关注统治者的绯闻。[①] 宋代(960—1279年)早期,一些学者开始批判早期史书,"考证学"在17、18世纪发展起来并传入日本。

同欧洲文艺复兴时的情况一样,中国也有许多学者希望"复古"。中世纪和文艺复兴时期产生了新柏拉图主义和新亚里士多德主义,相应地,中国产生了同宋代学者朱熹有关的新儒学。同柏拉图和亚里士多德在欧洲的情况一样,儒学的复兴导致了一场剥去后世注疏,回到圣人之言本身的运动,或者至少是回到对孔子哲学的早期解释,这表明经典文献中包含伪造成分。

279　　到17世纪中期明亡清兴之际,可以说出现了考据学派。被认为属于这些学派的学者们批判他们的前辈不关注证据,在材料引用上错误百出。

中国17、18世纪历史学术研究,同欧洲文艺复兴和后文艺复兴时期的学术研究之间,具有惊人的相似性。它们都关注"原始材料",希望将经典文本放回原本的历史背景中理解,就像戴震或者章学诚,他们甚至认为"六经皆史"。[②]

像意大利的瓦拉,阎若璩使用语文学的方法,指出语言上的时代错置提供了有价值的"辨伪"线索。如同文艺复兴时期的人文主

---

① Harold L. Kahn, *Monarchy in the Emperor's Eyes: Image and Reality in the Ch'ien-Lung Reign* (Cambridge, Mass., 1971),50.

② 参见本卷伍安祖所著第三章和米塔格所著第一章。

义者，其中一些考据学者通过研究镌刻在石碑和青铜器上的铭文，对过往朝代的历史进行了补充。还有一些学者，包括戴震，也像人文主义者一样，是考据学者亦是考古学家，他们的研究遍及从钟鼓到古代交通工具的各种事物。像欧洲文艺复兴时一样，对物质文化的兴趣引发了收藏文物的风潮，赝品乘机产生，而鉴别赝品的规则也随之形成。[1]

日本也形成了一场考证学运动，其中包括一次语文学转向和一次儒释经典文本的历史化（historicization）进程。富永仲基（Tominaga Nakamoto）强调，很难确定佛陀和孔子的教导究竟是怎样的，大田锦城（ŌtaKinjō）则指出朱熹的新儒学包含释道两家的因素，因而需要被净化。[2]

除了考证学运动，日本的另一项发展更具原创性：一些学者敢于批判本国的基本神话。上文提及，欧洲人文主义者已经批判了许多人种起源的神话，比如宣称英国人是特洛伊人布鲁图斯的后代。罗林山就是这样一位学者，或者要更圆滑一些，他质疑神建日本的传说，以及第一任天皇——神武天皇（Jinmu）是日照大神的后裔，尽管他并没有在公开场合表达过这些怀疑，而新井白石（Arai Hakuseki）则认为应该从人的角度解释这些神话。19 世纪早期，激进的唯理主义者山片蟠桃（Yamagata Bantō）驳斥了对神话年代的叙述，认为那十分荒谬，并强调以口头叙述作为遥远历史事件的证

280

---

[1] Benjamin A. Elman, *From Philosophy to Philology*：*Intellectual and Social Aspects of Change inLate Imperial China*, 2nd edn (1984；Los Angeles, 2001)；Craig Clunas, *Superfluous Things*：*MaterialCulture and Social Status in Early Modern China* (Cambridge, 1991)；and On-cho Ng and Q. EdwardWang, *Mirroring the Past*：*The Writing and Use of History in Imperial China* (Honolulu, 2005)，243 - 250.

[2] Tetsuo Najita, *Visions of Virtue in Tokugawa Japan* (Chicago, 1987)，101 - 121；and Benjamin A. Elman, 'The Search for Evidence from China：Qing Learning and Ko—sho—gaku in Tokugawa Japan', in Joshua A. Fogel (ed.), *Sagacious Monks and Bloodthirsty Warriors*：*Chinese Views of Japan in theMing-Qing Period* (Norwalk, Conn., 2002)，158 - 182.

据是不可靠的,他提出"无文献处,皆是黑暗"。①

实际上,如果用一种文化中的概念来理解另一种文化,我们可以说中国和日本有"人文主义者",或者西方也有考证或考据学。亚洲的运动在范围上似乎小于欧洲,也没有导致"对怀疑主义的批判",但是亚欧之间的相似性是非常明显的。

主要史料

Bayle, Pierre, *Dictionnaire historique et critique* (Rotterdam, 1695 - 1697).

Defoe, Daniel, *Journal of the Plague Year* (London, 1722).

Fontenelle, Bernard de, *De l'origine des fables*, ed. J. F. Carré (1724; Paris, 1932).

La Mothe Le Vayer, François de, *Du peu de certitude qúil y a dans l'histoire* (Paris, 1668).

Lenglet Du Fresnoy, Nicolas, *L'histoire justifiée contre les romans* (Paris, 1735).

Saint-Réal, César de, *Dom Carlos, nouvelle historique* (Amsterdam, 1672).

Vico, Giambattista, *Scienza Nuova*, 3rd edn (Naples 1744); trans. Thomas G. Bergin and Max H. Fisch as *The New Science of Giambattista Vico* (Ithaca, 1948).

Voltaire, *Le pyrrhonisme de l'histoire* (Paris, 1769).

参考文献

Bietenholz, Peter G., *Historia and Fabula: Myths and Legends in*

---

① John S. Brownlee, *Japanese Historians and the National Myths 1600 -1945: The Age of the Gods and Emperor Jinmu* (Vancouver, 1997), 42 - 60. 参看佐藤正幸所著本卷第四章。

Historical Thought from Antiquity to the Modern Age (Leiden, 1994).

Bizzocchi, Roberto, *Genealogie incredibili: scritti di storia nell'Europa moderna* (Bologna, 1995).

Borghero, Carlo, *La certezza e la storia: cartesianesimo, pirronismo e conoscenza storica* (Milan, 1983).

Brownlee, John S., *Japanese Historians and the National Myths 1600 – 1945: The Age of the Gods and Emperor Jinmu* (Vancouver, 1997).

Elman, Benjamin A., *From Philosophy to Philology: Intellectual and Social Aspects of Changein Late Imperial China*, 2nd edn (1984; Los Angeles 2001).

Grafton, Anthony, *Forgers and Critics* (Princeton, 1990).

——*Defenders of the Text* (Princeton, 1991).

Haskell, Francis, *History and Its Images: Art and the Interpretation of the Past* (New Haven, 1993).

Hipp, Marie-Thérèse, *Mythes et réalités: enquête sur le roman et les mémoires, 1660 – 1700* (Paris, 1976).

Mali, Joseph, *The Rehabilitation of Myth* (Cambridge, 1992).

Momigliano, Arnaldo, *Studies in Historiography* (London, 1966).

Ng, On-cho and Wang, Q. Edward, *Mirroring the Past: The Writing and Use of History in Imperial China* (Honolulu, 2005).

Popkin, Richard, *The History of Scepticism from Savonarola to Bayle*, 3rd edn (1960; Oxford, 2003).

281

李　娟　译　张　骏　校

第十四章　俄罗斯和乌克兰的历史写作

迈克尔·A.皮尔逊与珍妮弗·B.斯波克

　　俄罗斯已千年的历史写作传统出现于留里克（Riurikid）王朝统治下的基辅中世纪文化中，在蒙古入侵的破坏和分裂中幸存下来。[①] 作为俄国丰富的本土王朝文字文化中重要的一部分，历史写作在15世纪得到了迅速发展。逐渐地，它的形式和传统趋向于统一的民族风格，几乎同时与国家逐渐转向俄罗斯帝国。从1400—1800年，俄罗斯的历史写作紧密地和政治环境、莫斯科和圣彼得堡王室的意识形态与结构联系在一起，君士坦丁堡陷落后也和作为东正教独立分支的俄罗斯东正教会的发展紧密相关。这三种情况影响了历史写作的四个方面：编年史和最终导致个人历史记载的年表，与自传和传记在时间上重叠的圣徒传记的生活，国家官方历史和历史研究。

　　13世纪蒙古征服东欧，引起基辅罗斯分裂成区域性公国，诸大公为统治权互相斗争，15世纪早期，莫斯科诸侯只是留里克王朝名义上的统治者。到了16世纪早期，莫斯科诸侯已经设法巩固俄罗斯最东北地区的领土，得以创建一个中央集权的俄国。莫斯科大都会有助于将诸位大公和沙皇的新领土合并到新政体的宗教和政治叙述中。从1400—1600年，历史文本主要产生于大公的王宫和

---

① 珍妮弗·斯波克要感谢查尔斯·J.霍尔珀林（Charles J. Halperin）和唐纳德·奥斯特洛夫斯基（Donald Ostrowski）在起草本章过程中的建议。

主教的寺院中，大部分都是基于早期的原型创作而成。[①] 作者们从早期文本中抄取，根据需要添加内容。16 世纪见证了俄国向东扩展边界，17 世纪则迎来了动乱年代，分裂了政治统一。[②] 动乱年代很快在迈克尔·罗曼诺夫 1613 年的大选后结束了，但它的影响刺激了个人开始创作更多个人的历史，而国家和教会则变得对标准文本越来越有兴趣。在罗曼诺夫治下，俄罗斯向西、南和东三个方向扩展，彼得一世（大帝）和叶卡捷琳娜二世（大帝）鼓励俄罗斯采用西方文化。到 1796 年叶卡捷琳娜去世的时候，俄罗斯的历史写作受到启蒙运动的严重影响，学者们收集第一手材料来说明并分析历史。然而，西方化的进程主要影响了经营阶层，对于占俄罗斯大部分人口的农民来说，他们仍然是农民——受法律和习俗的传统约束。将俄罗斯放置在东正教的历史和世界历史进程中的愿望，以及概述民族叙述的发展愿望，影响了历史写作的发展，而这到 1800 年一直是掌控在精英阶层手里。

编年史，年表和历史

俄罗斯的编年史是其最有价值的主要史料来源之一，为 15—17 世纪的莫斯科和其他主要公国诸如诺夫哥罗德（Novgorod）、特维尔（Tver'）和普斯科夫（Pskov），提供了巨大的文本资料库。[③] 编年史将王侯活动的年度简要项目或教区性的人们对于非同寻常或世俗事件的兴趣——战争、动物的诞生、新主教的到来或一次特别惨淡的丰收——与重要事件的丰富的故事混合在一起，比如说

① 参见 Jonathan Shepard，'The Shaping of Past and Present, and Historical Writing in Rus'，c. 900-c. 1400'，in Sarah Foot and Chase F. Robinson（eds.），*The Oxford History of Historical Writing*，vol. 2：*400 - 1400*（Oxford，forthcoming），尤其是对俄罗斯编年史传统起源的论述。
② 动乱年代通常追溯到 1605—1613 年，但是一些学者将动乱年代的开始日期追溯到更早的 1598 或 1604 年。
③ 许多俄罗斯的编年史出版于多卷本的 *Polnoe sobranie russkikh letopisei*，43 vols.（St Petersburg，1841 - 2002）（简称为，*PSRL*）。

1380 年的库利科沃之战。① 大量的故事通常被安插在原始事件不久之后，来制造出一种政治意识形态。因此，那些似乎很重要的历史事件，如 13 世纪 40 年代早期的亚历山大涅夫斯基大公对抗瑞典人和利沃尼亚骑士的战役，在《希帕提安编年史》(*Ipat'evskaia letopis'*,13 世纪末)中就没有提及。② 在他们 1380 年的条目中，15 世纪的莫斯科编年史详细描述了德米特里·东斯科伊(Dmitrii Donskoi)在库利科沃战胜蒙古人的事迹，而同一年，《普斯科夫第二编年史》(*Pskovskaia letopis'*,1486 年以后)简洁地声明："德米特里大公和俄罗斯所有的大公们在顿河与鞑靼人激战。"③俄罗斯的编年史传统包括大量的编译工作(*svody*,单数形式 *svod*)，例如大规模的《尼科宁编年史》(*Nikonovskaia letopis'*,15 世纪 20 年代—30 年代)，以及出现在 17 世纪更短的家庭和当地编年史。④ 之后学者们将标题分配给编年史，指定它们产生的地点、被发现的地方、知名的所有者或者它们被创作的时间。然而，揭开每一个文本的"家谱"以及它和其他编年史的关系，是一项漫长、复杂且持续的过程。旨在讲述世界历史及其中的俄罗斯地位的年表，是历史写作的一种相关模式，但是却通过地区和叙事情节被以不同的方式组织起来。

　　A. A. 沙赫马托夫(A. A. Shakhmatov)就老基辅和莫斯科编年史，开创了影响深远的批判性分析，他在其中不仅假设了较早作

284

---

① 东斯拉夫、拜占庭和其他东正教对于圣经中世界起始的日期计算各有不同：参见 *The Nikonian Chronicle*: *From the Beginning to the Year 1132*, vol. 1, ed. Serge A. Zenkovsky (Princeton, NJ, 1984), pp. xxxvii-xl。
② 编年史中记载道："无事发生"(*ne bys nechto zh*),*PSRL* (repr. edn, Moscow, 1998), ii. col. 794.编年史标题后面的日期说明了文本中最后一项被追溯的条目。
③ 'Pskovskaia vtoraia letopis'', in *PSRL* (1851), v. 1-46, at 16.
④ 更精悍的编年史的简要概述，参见 M. N. Tikhomirov, 'Maloizvestnye letopisnye pamiatniki', *Istoricheskii arkhiv*, 7 (1951), 207-253; and A. A. Zimin, 'Kratkie letopistsy XV-XVI vv', *Istoricheskii arkhiv*, 5(1950),3-39。

品的存在,还假设了其内容:幸存手稿的模版。[1] 他的研究影响了俄罗斯编年史写作(letopisanie),以致在几乎七十年之后,V. I. 布加诺夫(V. I. Buganov)写作了"前沙赫马托夫"和"后沙赫马托夫"研究。之后的学者们不同意沙赫马托夫的调查结果,但大多数人只是修正或完善了他的结论,却没有改变他的方法。[2]

15 世纪

15 世纪标志着俄罗斯编年史写作中的一个重要阶段,因为除了更早的几个世纪里体裁的起源之外,15 世纪前的手稿是不存在的。14 世纪的编年史使用并因此部分地保存了先前的文本来重建历史叙事,同时增加了段落以提供当代的证明,造成了过多的复合型文本。学者们已经表明《诺夫哥罗德第一编年史》(Novgorodskaia I letopis',14 世纪晚期到 15 世纪早期)、《索菲亚第一编年史》(Sofiiskaia I letopis',1418—1471 年)以及 1409 年的《特洛伊斯基汇编》(Troitskii svod)都建立在早期作品的基础上,并被后来的汇编者复制。[3] 某些编年史在莫斯科被视为范本;比如,除了上面提到过的那些之外,各种删节版的《西梅诺夫斯卡娅编年史》(Simeonovskaia letopis',1493 年)《西梅诺夫斯卡娅编年史》(Simeonovskaia letopis',1412 年)《诺夫哥罗德第四编年史》(Novgorodskaia IV letopis',1437 年和 1447 年),以及 1479 年的《汇编》,或部分或整体地被复制进后来的作品中。

15 世纪的创新采取的形式是所谓的宏大的王公编年史

285

---

[1] A. A. Shakhmatov, *Razyskaniia drevneishikh russkikh letopisnykh svodov* (St Petersburg, 1908). Ia. S. Lur'e 在研究编年史时鼓励谨慎行事,*Dve istorii Rusi 15 veka: Rannie i pozdnie nezavisimye i ofitsial'nye letopisi ob obrazovannii Moskovskogo gosudarstva* (St Petersburg, 1994),12。

[2] V. I. Buganov, *Otechestvennaia istoriografiia russkogo letopisaniia: Obzor sovetskoi literatury* (Moscow, 1975),321 - 326.

[3] 1409 年的《汇编》是最早的莫斯科编年史,于 1812 年被焚毁,今天只能通过 N. M. Karamzin 的作品得知。参见 Lur'e, *Dve istorii*, 13。

（*velikokniazheskie*），其汇编于莫斯科，开始于 1472 年和 1479 年的
《汇编》。汇编者建构对莫斯科政治状况的新解读，偶尔改变事实
以支持王公的地位。[①] 作为莫斯科创造新政治身份的一部分，编年
史淡化了蒙古人作为霸主的部分，即使是他们强调蒙古人的残暴
统治时。[②] 尽管如此，许多编年史认为，王子作为大公"去了部落"
或"从部落返回"：在 6940（1432 年）"大公瓦西里·瓦西里耶维奇
（Vasilii Vasil'evich）和跟随他的萨雷维奇·曼苏尔·乌兰
（Tsarevich Mansyr Ulan），从部落来到大领地，将他推上大公的位
子"。[③] 尽管汇编者们常常犹豫地明确承认大公们从可汗那里获得
头衔，提及他们的旅程证实了大公们的权威。[④] 最终，地区文本之
间的差异减少了伊凡三世（1462—1505 年在位）时期的汇编者们
将当地文本编制进入将基辅罗斯的大公们与莫斯科的皇家血统的
单一历史中。D. S. 里卡切夫（D. S. Likhachev）认为，伊凡有意识
地打造一个"全俄罗斯"（*obshcherusskii*）的叙述，在从波罗的海到黑
海的大公们的领土上讲述历史事件。[⑤] 因此，亚历山大·涅夫斯基
（Alexander Nevsky）对于西方侵略的成功对抗以及东斯科伊在库
利科沃（Kulikovo）的胜利，证实了莫斯科作为防御俄罗斯的重要地
位。关于瓦西里二世（Vasilii II）接受特许统治权和他对下诺夫哥
罗德（Nizhnii-Novgorod）的征服，以及之后编年史中的许多其他条
目，都指明，莫斯科对其他俄罗斯的公国所具有的霸权。[⑥]

　　同时，随着编年史传统的在 15 世纪的复兴，俄罗斯学者们在哈

---

① D. S. Likhachev, *Russkie letopisi i ikh kul'turno-istoricheskoe znachenie* (Moscow, 1947), 360.

② Charles Halperin, *Russia and the Golden Horde：The Mongol Impact on Medieval Russian History* (Bloomington, Ind. , 1985), 61 - 74.

③ ' vyide iz ordy kniaz' velikyi Vasilei Vasil'evich na velikoe kniazhenie, a s nim posol Man'syr' Ulan tsarevich ', tot ego posadil na velikoe kniazhenie. ' ' Sofiiskaia pervaia letopis' ', in *PSRL* (1851), v. 11 - 275, at 264.

④ Lur'e, *Dve istorii*, 79.

⑤ Likhachev, *Russkie letopisi*, 289 - 293.

⑥ Lur'e, *Dve istorii*, 57 - 81.

玛托罗斯(Hamartolos)、马拉拉斯(Malalas)、康斯坦丁·玛拿西(Constantine Manasses)的拜占庭作品的基础上,汇编年表,并插入基辅和莫斯科俄罗斯的故事。利哈乔夫认为,俄罗斯的历史写作传统,见证了文学语言的演变,《俄罗斯年表》(*Russkii Khronograf*)有意识地关注文学的表现和道德说教。他断言,年表语言的点缀,影响了莫斯科和省级的编年史,使它们变得更加具有情节,在其自身的基本编年史的脉络中,发展出情节线索。[①] 1512年版本的年表包括对罗马君士坦丁皇帝的冗长的叙述,包括渲染皇帝的洗礼,亚美尼亚的洗礼和君士坦丁堡的建立。[②] 不得不提醒莫斯科皇帝瓦西里二世(Basil II),他曾经通过第一任基督教统治者圣弗拉基米尔(St Vladimir)帮助洗礼俄罗斯,因此将莫斯科教堂和古代拜占庭的精神力量联结在一起。因此,年表的手稿影响了后来编年史汇编的风格,并且展现出对世界历史的叙述,符合东正教的信仰。[③]

286

16 世纪

《俄罗斯年表》中的说教和评论并不意味着编年史缺乏道德说教或者基督教世界观,上帝惩罚作恶、奖赏美德的末世论存在于手稿当中。在后来的作品诸如《诺夫哥罗德汇编》(*Novgorod svod*,1539 年)中,汇编者用道义的词汇解释了伊凡三世在 1471 年对诺夫哥罗德的战役。汇编者并没有像较早期的编年史中的规范那样,提及"大公瓦西里·瓦西里耶维奇",而是将伊凡三世描述为

---

① Likhachev, *Russkie letopisi*, 308-348.

② *Russkii khronograf*, in PSRL (1914), xxii. part 2, 82-92.

③ 俄国作为第三罗马的观念,一直是俄罗斯历史通用教材中的主题,这是俄罗斯的"自我形象"。尽管这种观点存在于 16 世纪的俄罗斯,但仍限于教会的圈子,并且在政治上被莫斯科作为新耶路撒冷的观念给盖过去了。参见 Daniel B. Rowland, 'Moscow—The Third Rome or the New Israel?' *Russian Review*, 55: 4 (October 1996), 591-614, at 594-596。

"高 贵"（*blagorodnyi*）、"虔 诚"（*blagochestivyi*）、"正 义"
（*blagovernyi*），因此证明了其与教会教义和《年表》中的道德色彩
之间的关系。同时，诺夫哥罗德的居民反对他们的统治者，并从立
陶宛寻求援助，他们被指责为"愚笨"，而且受到了魔鬼的影
响。① 不出所料，这一情节在《诺夫哥罗德编年史》和《皇室谱系位
阶书》（*Stepennaia kniga*，16 世纪 60 年代）中得到了类似的待遇，
两书都是在莫斯科大都会的宫廷中被创作的。

　　丹尼尔大都领主（Metropolitan Daniel，1522—1539 年在位）曾
直接参与了《诺夫哥罗德编年史》的创作。作为一部"全俄罗斯"的
巨著，它展示了基督教教会的系统性的影响：使用教会节日标注日
期，不断地引用神，将莫斯科描写为他最喜欢的城市以及精致的语
言。②《诺夫哥罗德编年史》是《皇室谱系位阶书》的直接原型，后者
被纳入到诞生于马卡里大都领主（Metropolitan Makarii，1542 -
1563 年在位）宫廷之中的《伟大的月表》（*Velikie minei chetii*，16
世纪 40 年代）里。③《皇室谱系位阶书》是通过大公和大都市的区
域性阶段组织起来的，因此反映了王权和教会之间的结构性关联，
反过来也成为了《编年通史》（*Litsevoi svod*，16 世纪 60—80 年代）
的模板，后者是一部价值连城、辞藻华丽的阐释性手稿。④

　　除了更优雅的语言和增加的宗教次数以及添加的内容，15 世
纪晚期和 16 世纪的编年史，例如 1479 年的《汇编》和《尼科宁编年
史》插入了莫斯科宫廷文件的副本。整个信件被复制到文本中，还

287

---

① *Novgorodskaia letopis' po spisku P. P. Dubrovskogo*，in *PSRL*（2004），
xliii. 189. 亦可参见 Likhachev，*Russkie letopisi*，331，344，352 - 353。

② Ibid.，352；and B. M. Kloss，*Nikonovskii svod i russkie letopisi XVI-XVII vekov*
（Moscow，1980），112 - 130.

③ 这部巨著是群体汇编的，其中一些人是：'Velikie minei chetii'，*Slovar'
knizhnikov i knizhnosti drevnei Rusi，vtoraia polovina XIV - XVI*，vol. 1：A-K，
ed. D. S. Likhachev（Leningrad，1988），126 - 133，at 130。

④ Kloss，*Nikonovskii svod*，206 - 252. 亦可参见 S. O. Shmidt，*Rossiiskoe
gosudarstvo v seredine XVI stoletiia：Tsarskii arkhiv i litsevye letopisi vremeni
Ivana Groznogo*（Moscow，1984）。

有名字列表与来自于外交大臣记录（*posol'skii prikaz*）的请愿书。① 通过这种方法，大臣结构和大公宫廷的意识形态影响了历史文本的内容和结构，使它们有了更权威的声音。

然而并不是所有的文本都以莫斯科为中心。《希帕提安编年史》通过乌克兰学者，成为研究焦点，后者指出它的《赫列勃尼科夫斯基》（*Khlebnikovskii*）的汇编（16 世纪）以及其他删节是建立在更早的西南地区的文本上，例如《加利西亚——沃利尼亚编年史》（Galitsko-Volynskaia letopis' ［Galicia-Volhynia Chron-icle]）②其他16 世纪的文本产生于西部地区，最终被俄国沙皇所吸收，这些汇编有时候包含了来自东部俄罗斯和立陶宛大公王朝的编年史。诸如《维连斯基抄本》（*Vilenskii spisok*）的文本关注立陶宛王子的叙述。③

最后，16 世纪下半叶和 17 世纪早期见证了个人历史写作的到来。王子安德烈·米哈伊洛维奇·科博斯基（Andrei Mikhailovich Kurbskii，1528—1583 年在位），是伊凡四世（恐怖的伊凡，1533—1584 年在位）宫廷中一个心怀不满的被流放的王室成员，他本应该书写关于伊凡统治时期的论战史，谴责他从前的主权。这部《莫斯科大公国历史》（*Istoriia o velikom kniaze Moskovskom*，约 1573 年）充满了《圣经》和教父的引用以及对沙皇的虔诚的评论。④ 尽管这部作品的归属和日期都受到了挑战，作者的论战强烈地影响了伊凡四世统治时期的历史学，正如他所质疑的如此"优秀和受尊敬

288

---

② 关于《Ipat'evskaia letopis'》及其不同版本的史学和文本争议，参见 *Galitsko-Volynskaia letopis'*：*Tekst*，*kommentarii*，*issledovanie*，ed. and comp. N. F. Kotliar (St Petersburg, 2005)。
③ *PSRL* (1907)，xvii 包含 22 个 15—17 世纪的来自西部俄罗斯和波兰-立陶宛领土上的文本。
④ 关于《莫斯科大公国历史》和其他安德烈·科博斯基（Andrei Kurbskii）和沙皇伊凡四世作品归属的争论的最重要的因素，参见 Carolyn Pouncy, 'Missed Opportunities and the Search for Ivan the Terrible', *Kritika*：*Explorations in Russian and Eurasian History*，7：2(2006)，309 – 328.

的”沙皇，“享受着来自万民的美誉”能够变成如此卑鄙的王子。在其他人中间，他指责留里克家族的“施妖术的”妻子们，引用了圣金口若望（John Chrysostom）对邪恶女人的观点，他通篇抨击伊凡的“邪恶的”咨政官员，他们“把他从神的周围赶走”。① 作者主要关注伊凡在臭名昭著的奥普里希尼那（oprichnina）时期（1565—1572年）对喀山和利沃尼亚人的战争，以及他对待仆从的方法。

17 世纪

在17世纪，编年史越来越注重个人和地区的故事，宫廷则更加倚赖正式的行政文件来满足历史学的需要。动乱年代在这种转变中起了一定作用，当俄罗斯在17世纪和18世纪扩张到西伯利亚的时候。在动乱年代，识字的莫斯科人开始写他们自己的历史文本，将他们个人的经历书写到纸上，作为莫斯科历史主流的一部分。莫斯科的作者们、目击者们以及有时候动乱的参与者们，在对创伤事件记忆犹新时努力去理解并与将俄罗斯引向深渊边缘的灾难的发生达成妥协。四部尤其突出的文本，是在此之后创作出的最重要的历史作品，是俄罗斯历史中最血腥的时期之一——帕里金（Avraamii Palitsyn）的《后代铭记的历史》（*Istoriia v pamiat' predidushchim rodom*，1620年），伊凡·蒂莫费耶夫（Ivan Timofeev）的《编年》（*Vremennik*［*Annals*］，1616—1619年），伊凡·克沃罗斯丁的《莫斯科大公和主教日行纪》（*Slovesa dnei i tsarei i sviatitelei moskovskikh*，17世纪20年代），以及塞蒙·沙霍夫斯科伊（Semyon Shakhovskoi）的《往事书》（*Letopisnaia kniga*，17世纪20年代）。这些文本受流行的中世纪模式中军队故事和编年史的影响，它们最好被归类为历史故事，结合了回忆录、编年史

---

① *Prince A. M. Kurbsky's History of Ivan IV*，ed. andtrans. J. L. I. Fennell (Cambridge, 1965)，3，9，155.

叙述和论辩论文。这些作品展现出一种概念和主题上的统一，这在早期的编年史传统中是没有的，这些故事说明了俄罗斯历史写作的一个新方向，即关注相关的、批判性的、分析的从严格的编年史叙述中解脱出来的事件或主题。

　　这些故事都是来自不同背景、不同政治观点的作者们的作品，它们被共同的爱国主义情怀和对俄罗斯未来唯恐混乱和屠杀浮现的担忧，团结在一起。它们断言，灾难吞噬了俄罗斯，这是对她罪孽的惩罚，不管这是伊凡雷帝的借口，博亚尔斯的阴谋和腐败，沙皇鲍里斯的力量的贪婪和欲望，卑劣的外国支持的觊觎王位的背叛者所收到的广泛的支持（假德米特里的继承），瓦西利·舒姆斯基的弱点，或俄罗斯对暴民统治的头像。俄罗斯吃尽了苦头，但是现在既要赶走她的敌人，又要洗清她的罪孽，因此在新的合法君主迈克尔·罗曼诺夫（Michael Romanov）的带领下，重新站到复兴的趋势上，后者在 1618 年终于重新恢复了秩序、统一和和平。

　　这些故事根植于中世纪俄罗斯的天赐历史的观念，作者们允许他们的英雄在某种程度上有责任，即男人越来越被认为应该为其行为负责。比如，帕里琴和季莫费耶夫惩罚他们自己和他人的怯懦，没能够反对鲍里斯·戈都诺夫（Boris Godunov）在谋杀德米特里·伊万诺维奇（Dmitriis Ivanovich）、放逐罗曼诺夫家族中的"背叛"行为。[①] 季莫费耶夫和沙霍夫斯科伊（Shakhovskoi），在伊凡四世的过激言行中看出了动乱年代的开端，指责沙皇背叛上帝选定其在沙皇禁苑的使命，看到它分裂、任人唯亲和堕落的种子，使得俄罗斯屈服于此。

　　17 世纪创作的少许编年史的对于动乱年代的评论也是值得注意的；1617 年和 1620 年的《年表》，代表了对于 1512 年的《俄罗斯

---

① *Skazanie Avraamiia Palitsyna*, ed. L. V. Cherepnin, prep. and comm. O. A. Derzhavina and E. V. Kolosova (Moscow, 1955), 105 – 110; and *Vremennik Ivana Timofeeva*, ed. V. P. Adrianova-Peretts, trans. and comm. O. A. Derzhavina (Moscow, 1951; repr. edn, St Petersburg, 2004), 234 – 252.

年表》和 1630 年的《新编年史》(*Novyi letopisets*)的实质性改造。1617 年的《年表》从第一部年表停下来的地方继续,缩短了世界历史的词条,同时通过迈克尔·罗曼诺夫的加冕礼扩展了俄罗斯的章节。[①] 历史故事在它对动乱年代的描述中,既不是丰富多彩的,也不是细节详细的,《年表》的叙述的重要性在于它以简明的形式呈现出对俄国历史的最早的概述,从伊凡四世之死到 1613 年。作为更大的(以及官方的)年表叙述的一部分,它广为流传,历史故事自身的作者们可能也以此为参考。

贯穿 16 世纪中期,1617 年的《年表》对于它提供给欧洲历史的新信息而言,也是重要的,主要来自于有影响力的马尔钦·别尔斯基(Marcin Bielski)的《编年通史》(*Kronika swiata*,1551—1564 年,1584 年被翻译成俄文),该书向莫斯科介绍了改革的历史和新世界的大发现。1620 年的《年表》进一步扩展了俄罗斯人对于世界的知识,包括别尔斯基对于宇宙学的章节,其自身建立在塞巴斯蒂安·明斯特(Sebastian Münster)有名的《宇宙学》(1644 年)的基础上。[②]

290

和其他大部头不同,包罗万象的 1617 年《年表》,1630 年汇编而成的《新编年史》只跟动乱年代有关。[③] 它提供了对事件的最终评论,同时促进了能够从意识形态和政治层面上撑起年轻的罗曼诺夫王朝的专制理论。因此,它将动乱年代看作是来自上帝的、对莫斯科对合法王朝的背叛的惩罚,这种背叛来自于主要的恶人,杀死合法继承人的鲍里斯·戈都诺夫、德米特里·伊万诺维奇以及流放的或监禁的罗曼诺夫家族,他们声称通过伊凡四世与阿纳斯塔西娅·罗曼诺夫(Anastasia Romanov)的第一次婚姻,得到了王

---

① 关于 1617 年《年表》就动乱年代的摘录,参见 'Iz Khronografa 1617 goda', in *Pamiatniki literatury drevnei Rusi*：*Konets XVI-nachalo XVII vekov*, 218 - 357。

② 关于别尔斯基的《编年通史》及其对《年表》影响的讨论,参见 N. A. Kazakova, *Zapadnaia Evropa v russkoi pis'mennosti XV-XVI veko* v (Leningrad, 1980), 230 - 256。

③ 完整版本参见 'Novyi letopisets', in *PSRL* (1910), xiv。

位继承权。编年史家坚持认为,既然沙皇只能由上帝选择,戈都诺夫曾经因为对权力的残酷追求而得罪了神。因此戈都诺夫对于上帝所选的王朝的非法行为,激起了上帝的报复,只有迈克尔·罗曼诺夫合法性能够恢复时,才能得到平息。因为迈克尔被国民议会选为王位继承人,并且只有一份对留里克后裔的生命,编年史家费了九牛二虎之力去证明他的统治的合法性。和更早期的鲍里斯·戈都诺夫和瓦西里·舒姆斯基(Vasilii Shuiskii)的("欺诈",*fraudulent*)选举不一样的是,笔者认为这两者得到了少许人的支持,迈克尔的任命则是国家愿望流露的结果,"反映了由上帝的恩典所指引的人民的意愿"。[①]

波兰-立陶宛的文本叙述了自己版本的 17 世纪早期与俄罗冲突的历史。尽管诸如《基辅编年史》(*Kievskaia letopis'*, 1241—1621 年)的文本涵盖了 1605—1613 年间的事件,这些叙述是为了那些相较于内部斗争较少创伤的部分作者们,例如那些在《利沃夫教士约瑟夫维茨南俄罗斯编年史》(*Letopis' sobytii v iuzhnoi rusi L'vovskogo kanonika Iana Iuzefovicha*)中描述的那样(拉丁文,以俄语标题出版,涵盖了 1608—1700 年间的历史,但却是在 1769 年汇编完成的)。编年史描述了 17 世纪 40 年代和 50 年代大量的动荡事件,其中博赫丹·赫梅利尼茨基(Bogdan Khmelnitskii)所领导的扎波罗及安·哥萨克(Zaporozhian Cossaks)与波兰权贵产生了冲突。[②]

圣徒传

15—17 世纪的编年史讲述了许多著名的圣人和教会管理员活动,他们书写圣人的生活,成为主要的文学作品。莫斯科的理想化

[①] L. V. Cherepnin, *Russkaia istoriografiia do XIX veka* (Moscow, 1957), 124.

[②] *Sbornik letopisei otnosiashchikhsia k istorii iuzhnoi i zapadnoi Rusi izdannyi kommissiei dlia razbora drevnykh aktov* (Kiev, 1888), 113 - 212. 本卷所包含的 16 个文本源自今属现代乌克兰或波兰的地区。

作品的观众们毫无疑问地视它们为历史文本，一种提供例证的传
291 记写作类型。圣人的生活讲述的是在人类与神的世界背景下的个
体历史。没有这种世界及其斗争的背景，圣人生活的意义和成就
就没有了。正如同一种偶像反映了圣人存在于天堂的面貌，书面
的生活反映了圣人活动的理想化历史。因此，虽然生活并不总是
建立在历史事实上，它们却代表了一种莫斯科读者和现代研究人
员的世界观，因为它们主要记录了历史情况或观点。

　　俄罗斯的圣徒传在 14 世纪晚期和 15 世纪早期变得更加复杂。
巴尔干僧侣和牧师们传播拜占庭文本，尤其是阿陀斯山的形式，到
欧洲东北部，作为第二次南斯拉夫影响的一部分，带来了优雅散文
的新模式，被称为"文字的编织"（pletenie sloves）。僧侣和文士使用
华丽的语言，将主要俄罗斯圣人们的生活书写或者重写成公式化
的叙述。由于莫斯科在 16 世纪和 17 世纪兼并了新的土地，遥远
的修道院中有越来越多的圣洁之人被授予生活的荣光，但是这些
本土的文本可能不是那么正式，更加精短或只关注那些被作者或
他的资料提供者所见证的年份。

　　精心创作和简化文本的离散式的趋势，证实了莫斯科教会在两
方面的成功。一方面，圣人们生活的点缀显示出大都市在提升俄
罗斯圣人作为美德模式，将他们和拜占庭圣人定位在同等地位的
能力，将他们的书面生活服务于成熟的东正教文化的历史实例。
另一方面，人们认为教会在合并省级教区，将圣人的狂热崇拜带入
僧侣和世俗信徒生活中，取得了巨大的进展。

　　伊凡三世在 1471—1484 年吞并诺夫哥罗德，伊凡四世在
1552 年吞并喀山，大大拓展了教会的影响力。诺夫哥罗德的大主
教和精英同乡不再是诺夫哥罗德地区的领袖；这一角色属于沙
皇。莫斯科大都会成为教会的无可争议的领导者，尽管《白色斗
篷的故事》（Povest' o belom klobuke，16 世纪下半叶）的作者的企
图是提升诺夫哥罗德主教教区的威信。事实上，包含在《伟大的
月表》里的马卡里大都领主不仅仅是传统的由其历法节日所组织
起来的拜占庭和俄罗斯圣人们的生活；他也包括了来自中心和外

围区域,新的俄罗斯奇迹的创造者。《伟大的月表》的创作刚好遇到了支持寺院崇拜的企图,如果不是故意的,那么至少也是最终地,帮助了北方狂热崇拜的信徒们更紧密地与莫斯科联系在一起。①

　　俄国两部最负盛名的圣徒传作者埃皮法尼·普列穆德雷(Epifanii Premudryi,智者)和帕霍米·洛戈费特(Pakhomii Logofet),是第二次南斯拉夫影响的传播者,他们把俄罗斯的圣徒传改造成夸张的作品,被认为更能代表圣人非凡的灵性。埃皮法尼的《圣父斯特凡言行录》(*Slovo o zhitii i uchenii sviatogo ottsa nashego Stefana*,15 世纪早期),不仅仅记录了俄罗斯对于非基督教北方部落的态度以及斯特凡(卒于 139 年)的传教工作的历史,还称为后来书面生活的原型。② 埃皮法尼也创作了《戈罗多克的圣谢尔盖的生活》(Zhitie Sergiia Radonezhskogo,1417—1418 年),这是俄罗斯最受爱戴的圣人之一,也描述了最重要的修道院——三位一体圣谢尔盖修道院(*Trinity-St Sergius Monastery*)。③《圣谢尔盖的生活》展示了许多知名的中世纪圣徒传的主题(topoi),诸如谢尔盖的谦卑的态度和看见异象的能力,但是它也对历史进行描述。埃皮法尼讲述了谢尔盖和他的兄弟的关系,后者也是一位僧侣,并想象在著名的对蒙古人的战役之前,谢尔盖同德米特里·顿河通信。与编年史不同的是,这些生活是俄罗斯精神之旅的以特点为驱动的历史。

　　帕霍米在他的《白湖圣基里尔的生活》(*Zhitie pr. Kirilla*

292

---

① Paul Bushkovitch, *Religion and Society in Russia*:*The Sixteenth and Seventeenth Centuries*(New York,1992),88 - 89.
② 关于老俄罗斯文本的英语介绍参见 Zhitie sv. *Stefana episkopa Permskogo*,photomechanic reprint with an introduction by Dmitri Ciževskij〔Chizhevskii〕(Heidelberg,1959).
③ 'Epifanievskaia redaktsiia zhitiia prepodobnogo Sergiia',in *Die Legenden des heiligen Sergij von Radonez*:*Nachdruck der Ausgabe von Tikhonravov mit einer Einleitung und einer Inhaltsübersicht*,ed. Ludolf Müller(Munich,1967),3 - 144.

Belozerskogo，15 世纪 60 年代）中，进一步说明俄罗斯的精神之旅。[①] 在《生活》中，眼泪的礼物、深挚的感情（umilenie）称为俄罗斯圣人传词汇的重要一部分，而追求寂静（hesychia）以及使用耶稣祷告广为教授。通过这种方式，拜占庭的修道院运动通过对理想化的生活的叙述，间接进入俄罗斯，而不是通过神学文本。[②] 帕霍米写了大量其他主要圣徒传的作品，包括对埃皮法尼的《戈罗多克的圣谢尔盖的生活》的第二版节录。[③]

到了 16 世纪末和 17 世纪初，伊凡四世动荡的统治已经结束但动乱年代刚刚开始，制度传统也受到了挑战。为了历史政治进程而书写圣人历史生活的是大主教菲利普二世（*Filipp II*［科雷切夫，*Kolychev*］，1564—1566 年在位）。1566 年被伊凡四世废黜并监禁的菲利普，在 1544—1564 年年间是索洛维基寺（*Solovki Monastery*）的修道院长（*hegumen*，男修道院院长）。《莫斯科大主教菲利普的生活与活动》（Zhitie i podvizi ... Filippa mitropolita Moskovskogo）的创作不在于 16 世纪 90 年代，也许迟至 17 世纪 10 年代。两份节录都表达了寺院教导的寂静、顺从和谦逊，但是关注于菲利普作为大主教、创造菲利普挑战伊凡四世的暴力政策的对话的作用。和编年史中许多扩展的情节一样，菲利普的直接演讲促进了政治立场。教会利用它的文本传统主张不服从正义的大主教之后所带来的恶果，[④]以及影响了伊凡四世历史学的科博斯基的《莫斯科大公国历史》（Istoriia o velikom kniaze Moskovskom），《菲利普的生活》（Zhitie sv. Filipp）通过用深色调描绘沙皇也是这么

293

---

① *Pachomij Logofet Werke in Auswahl*：*Nachdruck der Ausgabe von V. Jablonskij*，ed. Dmitrij Tschizewskij［Chizhevskii］(Munich, 1963), pp. i-lxiii.

② Paul Bushkovitch, 'The Limits of Hesychasm：Some Notes on Monastic Spirituality in Russia 1350 - 1500', *Forschungen zur osteuropäischen Geschichte*, 38(1986),97 - 109.

③ 帕霍米关于《生活》的两段节录在《传说》（*Die Legenden*）部分 2,3 - 100。

④ Paul Bushkovitch, 'The Life of St Filipp：Tsar and Metropolitan in the Late Sixteenth Century', in Michael S. Flier and Daniel Rowland (ed.), *Medieval Russian Culture*, vol. 2 (Berkeley, 1994),29 - 46, at 34.

做的。

作为俄罗斯最大的修道院之一,索洛维基寺中放置了一图书馆的有关于虔诚生活的例子,它们被书写于遥远的莫斯科,讲述着本地的历史,常常用一种故意的信息。[①] 一些圣人的"生活"实际上是关于他们的死亡和对他们一体的发掘。其他的就是关于淹没在杂记内页中的、接近于非实体的生命,其中并没有关于充分论述的圣人生活的华丽辞藻。[②] 对于 17 世纪的生活而言,关注《前任修道院长伊里纳尔赫的生活》(Zhitie ... Irinarkha byvshego igumena,约 1638 年)中的圣人生活的特定事件,是很不寻常的。伊里纳尔赫(卒于 1628 年)是索洛维基修道院的院长,他的《生活》包括了在他预言了一段时期的混乱和他最后的继任者的名字之后,对他退休后周围发生事件的叙述。[③] 然后《生活》从伊里纳尔赫那里转身,关注紧随两个对立的派别选择新领导人的斗争之后的内部骚动。《生活》试图支持一个马卡里的地位,他最终被兄弟们选为修道院长,在他竞选安策尔的以利亚撒(Eleazar of Anzer,卒于 1656 年)失败之后,这是一个小的卫星社区的领导人。尽管作为一个预言并且得到了实现,《前任修道院长伊里纳尔赫的生活》创造出索洛维基事件的官方历史叙述。

在 17 世纪,圣徒传传统中出现了两种趋势。一种是朝向自传和传记发展的运动,另一种是朝向规范化发展的运动。安策尔的以利亚撒写了一部自传体作品,《我的自书》(Svoeruchnaia khartiia,1636—1638 年),该书讲述了安策尔僧侣团(Anzer Skete)的建

---

①   Jennifer B. Spock,'The Solovki Monastery 1460 - 1645: Piety and Patronage in the Early Modern Russian North',Ph. D. thesis, Yale University, 1999, chs. 5 - 6.

②   参见 the 'Life' of Nikifor of Solovki, Russian National Library, Manuscript Division (hereafter RNB-OR),*fond* 717, MS 205/205, ff. 408r - 412v. A portion is published: *Opisanie rukopisei Solovetskogo monastyria, nakhodiashchikhsia v biblioteke Kazanskoi dukhovnoi akademii*, vol. 2 (Kazan', 1881 - 1898),242 - 243。

③   NB-OR,*fond* 717,MS 238/238.

立、第一座教堂的建筑、他和索洛维基的伊里纳尔赫修道院院长的关系，以及他对上帝母亲的设想。以利亚撒的简要作品在语言层面和对事件的选择上，读起来像是传统的圣人生活和寺院创立故事。然而，它是由活着的目击者以第一人称创作的作品。[①] 个人的历史在动乱年代开始出现，自传就是 17 世纪这一趋势的构成部分。

294　　标准化的驱动进入政治和宗教思想中，最特别的是在沙皇阿列克谢（1645—1676 年）统治期间。沙皇在莫斯科建立了学院，并和主教尼康（1652—1666 年在位）一起开始检查俄国和基辅新政府的领土上的教会文本，目的是和君士坦丁堡教区保持一致性。规范化的举动部分是在波兰的反改期间被训练的波兰-立陶宛联邦，通过东正教牧师得到传播。最终这导致了俄罗斯旧的信仰的分裂，进一步激发了印制标准化宗教材料版本的状态。

　　罗斯托夫主教德米特里（1700—1709 年在位），监督了自马卡里的《伟大的月表》以来，俄罗斯最重要的圣诞节日历的汇编工作，包括精心编纂的、有时是后世删节的圣人的生活。这些版本包括了最新创造的元素，成为俄罗斯东正教教会圣人生活的标准出版文本。随后，新的生活被写进官方教会，但旧的文本很少有新的删节。

17 世纪下半叶国家官方史学

　　伴随着促进俄罗斯专制和独裁的进程，对罗曼诺夫王朝统治的合法化和强化，成为 17 世纪下半叶大量官方莫斯科历史文本的中心主题。其中一个例子是费多尔·格里博耶多夫（*Fedor Griboedov*）写的《俄罗斯土地上的沙皇和大王子的历史》（Istoriia o

---

① E. V. Krushel'nitskii (ed.), *Prepodobnyi Eleazar, osnovatel' Sviato-Troitskogo Anzerskogo skita*, prepared for publication by S. K. Sevast'ianova (St Petersburg, 2001), 48-56,109-118.

tsariakh i velikikh kniaziakh zemli Russkoi，1669 年），这是沙皇阿列克谢·米哈伊洛维奇请求他为自己的孩子们撰写的教科书。这部作品建立在 16 世纪的作品《皇室谱系位阶书》，1617 年的《年表》，动乱年代的年表以及其他关于家谱的档案的基础上，格里博耶多夫创造出一种试图证明留里克和罗曼诺夫王朝之间关系的王朝历史。他的史料宣告了留里克家族是罗马皇帝奥古斯都的后裔，在这一史料的引领下，格里博耶多夫为罗曼诺夫延续了罗马的世袭传承，并且加强了他们的权威和国际地位。①

　　另一位负责提升和渲染罗曼诺夫家族权力的作家是摩尔多瓦出生的尼古拉·米列斯库·斯帕法里（*Nicolae Milescu Spafarii*），他作为首席翻译官和外交总理府的外交官，在莫斯科工作了许多年（从 1671 年开始）。他的作品不仅加强了罗曼诺夫家族问鼎王权的继承的合法性，也宣告了俄罗斯沙皇作为罗马和拜占庭皇帝的继任者。因此，斯帕法里的《统治者书》（Vasiliologion［Book of Rulers］，1674 年）声明，沙皇的统治来源于上帝，因此沙皇就是上帝在人间的代表。这部作品展现著名统治者们的短篇历史，以阿列克谢·米哈伊洛维奇告终。迈克尔和阿列克谢被包含进来，与这些杰出的前辈们排在一起，诸如伊凡四世，德米特里·顿河和亚历山大·涅夫斯基，拜占庭皇帝君士坦丁和狄奥多西，以及罗马皇帝奥古斯都和凯撒，这揭示出许多关于这部作品的政治信息。值得注意的是，惟一被讨论的俄罗斯统治者是低能的费奥多尔·伊万诺维奇（*Fedor Ivanovich*），他与其他的伟大君主对比后显得苍白极了。然而，他的加入对于斯帕法里保持王朝延续性的主题而言，是极为必要的。②

　　斯帕法里的另一个文本《预言书》（Khrismologion，1672 年）最

295

---

①　进一步讨论参见 Cherepnin，*Russkaia istoriografiia*，129 - 130。

②　《统治者书》尚未出版。科学院图书馆中有（圣彼得堡）保存完好的手稿，Arkhangel'skoe collection，MS 129。

清楚地说明了作者对于俄罗斯君主制的歌颂。① 通过检查丹尼尔预言四个王国的古代和中世纪的注释，斯帕法里认为，俄罗斯是丹尼尔第四个王国——罗马帝国的惟一真正继承者，通过它与君士坦丁堡的历史联系。② 事实上，斯帕法里声称，只有俄国才被明确地给予了继承罗马的合法权，而不是神圣罗马帝国。③ 在他的结论里，斯帕法里总结了他的主要观点：

> 在西方人声称，希腊王国被德意志取代。同样，土耳其人说，按照上帝的旨意，希腊王国遗留给了他们。我们坚持认为，俄罗斯君主制是惟一的希腊继承，不仅由于其虔诚，也因为俄罗斯君主是从君士坦丁堡的安妮那里的直接后裔；而且正如预言写道：土耳其王国将被征服，希腊君主制将在它对君士坦丁堡的王权的虔诚中被重建。④

斯帕法里提到了嫁给第一个基督教的基辅大公弗拉基米尔的君士坦丁堡的安妮公主（拜占庭皇帝瓦西里二世的妹妹），这不仅加强了他认为的拜占庭和俄罗斯之间的强有力的历史纽带，也是留里克王子弗拉基米尔和罗曼诺夫沙皇阿列克谢·米哈伊洛维奇之间的重要王朝关系。

通过强调基辅罗斯与莫斯科之间强有力的历史关联，促进并证明俄罗斯和乌克兰的政治联盟，是乌克兰历史学家因诺肯季·吉赛尔（*Innokentii Gizel*）的目标，他也是古代基辅石窟寺的修士，1674 年出版了他的《编年史综合》（Sinopsis ili kratkoe sobranie ot razlichnykh letopistsev [Synopsis or Short Summary from Different

---

① 《预言书》尚未出版。莫斯科的国家历史博物馆中有保存完好的手稿，Library collection, MS 192.
② 《预言书》尚未出版。莫斯科的国家历史博物馆中有保存完好的手稿，Library collection, MS 192. f. 101。
③ 同上，f. 29v。
④ 同上，f. 308v。

Chronicles〕），通常被认为是俄罗斯第一部历史教科书，并在 19 世
纪被重印。① 这是一项专注于基辅公国和利用波兰和俄罗斯的来
源的有建设性的、统一的历史叙述中的一项令人印象深刻的努力，
它作为一个跳板，服务于 18 世纪俄罗斯历史学。吉赛尔的隐含的
信息是基辅和莫斯科公国之间连续性。吉赛尔声称，事实上莫斯
科沙皇制度的所有属性都可以追溯到基辅罗斯；他讨论了蒙古人
入侵和基辅的垮台，随后是描写并歌颂德米特里·东斯科伊王子
从鞑靼人的枷锁中"解放"出来的俄罗斯领土。蒙古人的失败，首
都从基辅转移到莫斯科，以及莫斯科政权的巩固，对于吉赛尔来
说，伟大的国家观念的形成始于基辅罗斯。吉赛尔的目标是，为沙
皇阿列克谢确认，基辅是他的"真正且永恒的遗产"，并且必须被统
一到莫斯科的领土中。在这方面，吉赛尔的历史成功了。然而，这
部作品几乎没有触及莫斯科公国的历史，忽视了俄罗斯重要的西
北地区公国例如诺夫哥罗德和普斯科夫的历史，吉赛尔的作品留
下许多有待改进的地方。俄罗斯更完整和严谨的历史，一个来自
于中世纪圣经编年史，年鉴的模式和样式，以及可疑地来源，必须
等待彼得大帝的西化改革。

18 世纪的史学和历史批判性研究的开始

据说，现代俄罗斯史学开始于瓦西里·塔季谢夫（*Vasilii
Tatishchev*），他是一位西化主义者，也是彼得大帝的真正的追随
者，经过二十多年的勤奋和心血，他在 1739 年创作了俄罗斯第一
部综合性的批判性历史。作为一个创举，塔季谢夫的五卷本的《早
期俄罗斯史》（Istoriia Rossiiskaia s samykh drevneishikh vremen,
1739 年）是俄罗斯新型的历史作品，是基于对史料的彻底的批判性
研究。这些史料是塔季谢夫作为军事工程师和地区长官游历整个

---

① *Mechta o russkom edinstve*：*Kievskii sinopsis*（1674），ed. O. Ia. Sapozhnikov and
I. Iu. Sapozhnikova（Moscow，2006）.

俄罗斯和欧洲时严格收集的材料。①

在书写他的历史时,塔季谢夫被一种爱国主义和自豪感所激励。他想要创作出一种现代的、严肃的历史,来向俄罗斯和同样的外国人证明,俄罗斯有一个有价值的和光荣的过去。此外,他声称俄罗斯历史不应该从孤立于其他民族的历史的角度去看。他在作品中表明了这些想法,因此拒绝了狭义地以俄罗斯为中心的早期历史写作,为成长中的帝国里的非俄罗斯民族的历史叙述,提供了相当大的空间。②

297　　塔季谢夫使用了数量空前的史料,许多都是第一次被投入使用。这些史料包括方志、历史故事、外交信函、私人信件,以及广泛散布的档案材料。虽然一些学者声称,塔季谢夫在适当整理这些材料并彻底评估价值方面存在一些困难,但他能够从这些文本中提取的数量庞大的新信息,已经很好地说明了他的学术能力。③

塔季谢夫的研究报告的第一部分和其余部分从形式到内容都有不同,由不同的检视早期斯拉夫历史上的各种问题的历史的章节组成。其他三个部分,以编年史叙述和分析性写作的奇怪融合,呈现出政治史。塔季谢夫在第一卷中提出的主要观点中,有基辅罗斯的识字率的增长以及基督教的传播,在塔季谢夫看来,这两者对于第一个俄罗斯国家的发展至关重要。塔季谢夫还加入了关于"古罗斯争议"(Normanist Controversy)的论辩,这个有争议的史学辩论围绕着 862 年瓦兰吉罗斯王子们的称呼以及传说中的俄罗斯国家的斯堪的纳维亚(诺曼)起源而展开。④ 出生于德国的历史学

①　Vasilii Tatishchev, *Istoriia Rossiiskaia*, 3 vols. (Moscow, 2003).

②　Ibid., 5 - 28. Cherepnin, *Russkaia istoriografiia*, 174 - 179.

③　Anatole G. Mazour, *Modern Russian Historiography* (Westport, Conn., 1975), 31.

④　爆发于 1749 年的"古罗斯争议"在以下双方之间引起了激烈的辩论,即认为基辅罗斯是由挪威(瓦兰吉)的移民们建立并管理的科学研究院的德国成员,以及他们出生于俄罗斯的同事们,他们坚持认为罗斯是居住在基辅南部的斯拉夫部落的后裔,欲知更多参见 Omeljan Pritsak, 'The Origin of Rus', *Russian Review*, 36: 3(1977), 249 - 273。

家格哈德·弗里德里希·穆勒(*Gerhard Friedrich Müller*)在圣彼得堡的科学研究院发表的对抗性的演讲所激发的论辩之前,塔季谢夫的历史写作进行了十年,他支持这种观点,即留里克和他的兄弟们来自于现今的芬兰地区,留里克曾经是那里瓦兰吉罗斯的领导者。然而,塔季谢夫试图在两边找到一种妥协,却发现一处史料中提到了本地斯拉夫被捕的王侯戈斯托梅斯尔(*Gostomysl’*),据传说是留里克的外祖父,他宣布在其死后留里科继承王位。因此,根据塔季谢夫的观点,留里克的称呼只是王位继承的问题,留里克尽管是一个瓦兰吉人,却也是一个斯拉夫人。塔季谢夫在讲述故事中的主要任务是强调俄罗斯需要一位强有力且不间断的君主制度。① 塔季谢夫没办法在他有生之年发表《俄罗斯古代史》(Istoriia Rossiiskaia s samykh drevneishikh vremen)他在修改的过程中去世了。正是在死后才通过格哈德·穆勒和以后的历史学家(1768—1848 年)的努力,该书才得以出版。

　　穆勒被形容成一个不知疲倦的编年史作家和文本收集者,未来俄罗斯的历史学家都欠他巨大的债。他是第一批永久定居俄罗斯的、出生于德国的历史学家之一,在他的同胞中,他也许还是对俄罗斯历史研究有最大影响的那个人。他最出名的就是令人印象深刻的两卷本《西伯利亚历史》(Istoriia Sibiri ,1751—1764 年),直到今天依然是档案和信息的珍贵来源。该书的范围值得注意,这部作品来源于穆勒的详尽的、穿越遥远的西伯利亚乡镇的旅行,寻找历史和档案材料,所有这些东西对于之前的俄罗斯研究而言都是未知的。数十年的艰苦的田野调查工作结束后,他带回圣彼得堡的数量惊人的材料,成为今天知名的"穆勒合集",甚至到今天依然是关于西伯利亚的宝贵来源。以前关于西伯利亚的历史知识,建立在分散的以及经常不可靠的编年史叙述上。穆勒用关于人种学和地理学的政府章程、法令、律令、官方和私人信件以及各种统计

298

---

① 　Rudolph L. Daniels, V. N. *Tatishchev*: *Guardian of the Petrine Revolution*
　　(Philadelphia, 1973),93.

数据对其进行补充。他也是第一个检视并将之前不为人知的蒙古和鞑靼人的史料来源进行结合的俄罗斯历史学家。[1]

穆勒邀请了一位年轻而雄心勃勃的德国历史学家路德维希·冯·施洛塞尔(*Ludwig von Schlözer*)来到俄罗斯,协助他书写一部综合性的俄罗斯历史(从未完成)。施洛塞尔很快就与他的赞助人吵了起来,因为穆勒从施洛塞尔的野心中感受到越来越多的威胁,而施洛塞尔也觉得他被蔑视了,因为穆勒缺乏学识和正确的历史训练。不幸的是,这些紧张关系结束了他的"穆勒合集",施洛塞尔在俄罗斯的停留很遗憾地被缩短了;然而,他又设法在圣彼得堡待了6年,并被任命为俄罗斯历史的教授,1765年被任命为科学研究院的普通会员,并设法从穆勒范围以外的史料中,收集到足够的材料,并在他返回德国后,创作出专门论述俄罗斯历史的重要作品。

施洛塞尔认为,历史必须是普遍的,比单纯的政制发展要包罗更多内容;历史学家因此必须放弃他的学术隔离,寻求和宽广的现实世界的更紧密的关系。[2] 他敦促史学家清楚所有可能的来源:"历史的画家……应该有他在处理的事务的所有的、赤裸裸的事实。第二,他应该知道存在着的、和他主题切肤相关的所有历史材料,这样他就能选择相关性较强的材料。他应该知道属于他领域范围内的所有事情。"[3]此外,这些史料来源必须可靠,而且应该在没有任何偏见或不公的前提下得到研究,施洛塞尔认为,这一点正是"古罗斯争议"的顶峰时期,圣彼得堡学院最缺乏的东西。因此,施洛塞尔相信,书写一部完整的俄罗斯历史为时尚早,因为每一条可用的史料还没有被完全收集,也没有得到合适的检视。他主张要代表每一部知名的俄罗斯编年史的每一个重要版本。[4] 也许这样一种研究,必须包括对拜占庭、阿拉伯、斯堪的纳维亚和其他欧

[1] Mazour, *Russian Historiography*, 38.

[2] Ibid. , 40 - 41.

[3] Helmut D. Schmidt, 'Schlözer on Historiography', *History and Theory*, 18: 1 (1979),44.

[4] Mazour, *Russian Historiography*, 43.

洲史料来源的讨论,而俄罗斯的编年史有可能使用自己的叙述了。施洛塞尔回到德国后,很快在这个方向上开始了雄心勃勃的工作,在1768年和1769年出版了两部关于俄罗斯编年史的研究作品,在他的伟大的五卷本的翻译与评论版的《内斯特的俄罗斯编年史》(Nestor Russisch Annalen,1802—1809年)中,达到了顶峰。

施洛塞尔决定在1767年离开俄罗斯的主要原因,除了他和穆勒分道扬镳以外,还有科学研究院中德国成员和俄罗斯成员之间就"古罗斯争议"问题的痛苦和紧张。反诺曼观点阵营的领袖,米哈伊尔·罗蒙诺索夫(Mikhail Lomonosov),是伟大的俄罗斯科学家和文艺复兴时期的人,他被诺曼主义者的观点激怒,尤其是穆勒的观点,在没有太多前期研究的情况下,他陷入了对俄罗斯历史的研究中,证明他的论文,俄罗斯人在瓦兰吉人到来很早之前就已经有发达的国家,而且和诺曼主义者立场相反的是,俄罗斯的过去和古代希腊、罗马的历史平等,只是历史学家的缺席没有证明它罢了。[①]

在罗蒙诺索夫和穆勒的论辩中,他嘲笑了德国历史学家对史料的解读,坚持认为他没办法区分事实和神话。罗蒙诺索夫进一步批评了穆勒过分依赖外国史料,对于在俄罗斯文献中发现的反诺曼主义的证据视而不见,因此是用他的材料去适应他的文章。考虑到罗蒙诺索夫在俄罗斯语言和语法方面,相对于他的对手(毕竟,他在1755年就写了第一部学术性的俄罗斯语法作品)来说,是更有价值的学者,他选择了穆勒的从斯堪的纳维亚而来的俄罗斯的高贵名称的衍生问题,但是却坚持反诺曼主义的立场。因此,他列出了一些据说有人居住的瓦兰吉罗斯地区的河流、乡镇和村庄的斯拉夫名称,表明瓦兰吉人就是斯拉夫人。此外,他辩称如果瓦兰吉人使用斯堪的纳维亚的语言,并且对早期俄罗斯社会有非常多影响的话,它就会在斯拉夫本土语言的反战中留下印记,正如蒙

[①]　Mazour,*Russian Historiography*,46.

古人的情况。然而并没有在斯拉夫发现斯堪的纳维亚的借鉴。[①]

1758 年,罗蒙诺索夫创作出规划中的四卷本俄罗斯历史的第一卷,关注从斯拉夫最早的历史到 1054 年之间的最有争议的历史时期。[②] 不幸的是,罗蒙诺索夫的《俄罗斯古代史》(*Drevniaia rossiiskaia istoriia*)尽管建立在令人印象深刻的一系列历史文献的基础上,却遇到了过多的爱国热情,尤其是在它曾经捍卫的反诺曼主义的立场上的特殊的语言论证。不管怎样,罗蒙诺索夫地区令人信服地论证了(1)斯拉夫人在诺曼人到来之前已经具备了发展完好的文化与社会;(2)罗斯这个名词可以很容易地来自于斯拉夫人的推导,如同来自斯堪的纳维亚那样。

18 世纪最后几十年见证了吉赛尔的《荣耀史》出版之后,俄罗斯历史研究大踏步地继续进行。在叶卡捷琳娜二世(1762—1796年在位)的资助下,对她收养的国家的历史有强烈兴趣的狂热崇拜着,将历史研究的领域扩展到俄罗斯巨大的版图中,包括了很少被研究的主题,例如商业史和法律史。18 世纪的历史学家们为严肃而批判性的俄罗斯历史研究奠定了坚实的基础,在这个过程中,发掘出以前不为人知的史料宝库。然而 18 世纪的历史写作仍然是贵族热衷分子的天下,他们的主要目标是通过在历史中发现俄罗斯高贵而显赫的根源,赞扬俄罗斯帝国伟大的现在。这种目标会一直延续到 19 世纪伟大的历史学家那里,使得俄罗斯历史研究成为一门真正的科学学科,并以此为荣。

大事年表/关键日期

1462—1505 年 伊凡三世(大帝)大公统治时期

---

① Cherepnin, *Russkaia istoriografiia*, 196 - 200.

② Lomonosov, Mikhail, *Drevniaia rossiiskaia istoriia ot nachala rossiiskogo naroda do konchiny velikogo kniazia Iaroslava Pervogo ili do 1054 goda* (St Petersburg, 1766).

1478 年	诺夫哥罗德依附于莫斯科
1505—1533 年	瓦西里三世大公统治时期
1533—1584 年	沙皇伊凡四世(恐怖的伊凡)统治时期
1569 年	波兰立陶宛联邦的形成
1584—1598 年	最后的留里克家族沙皇费多尔的统治时期
1598/1605—1613 年	动乱年代
1613—1645 年	罗曼诺夫家族第一任沙皇迈克尔的统治时期
1645—1676 年	沙皇阿列克谢的统治时期
1652—1666 年	莫斯科主教尼康
17 世纪 60—70 年代	旧信仰分裂的开始
1667 年	安德鲁索沃条约：基辅依附莫斯科条约
1682—1689 年	沙皇皇后索菲亚摄政
1682—1725 年	沙皇彼得(大帝)一世统治时期
1700—1721 年	北方大战
1725—1727 年	女皇叶卡捷琳娜一世的统治时期
1730—1740 年	皇后安妮统治时期
1741—1761 年	女皇伊丽莎白统治时期
1761—1762 年	彼得三世统治时期
1762—1796 年	女皇叶卡捷琳娜(大帝)二世的统治
1772—1795 年	波兰的分割

301

主要史料

Die Legenden des heiligen Sergij von Radonez：Nachdruck der Ausgabe von Tikhonravov mit einer Einleitung und einer Inhaltsübersicht，ed. Ludolf Müller（Munich，1967）.

Griboedov, Fedor, *Istoriia o tsariakh i velikikh kniaziakh zemli Russkoi*，ed. S. F. Platonov and V. V. Maikov（St Petersburg,

1896).

Lomonosov, Mikhail, *Drevniaia rossiiskaia istoriia ot nachala rossiiskogo naroda do konchiny velikogo kniazia Iaroslava Pervogo ili do 1054 goda* (St Petersburg, 1766).

Mechta o russkom edinstve: Kievskii sinopsis (1674), ed. O. Ia. Sapozhnikov and I. Iu. Sapozhnikova (Moscow, 2006).

Pachomij Logofet Werke in Auswahl: Nachdruck der Ausgabe von V. Jablonskij, ed. Dmitrij Tschizewskij [Chizhevskii] (Munich, 1963).

Pamiatniki literatury drevnei Rusi, 11 vols. (Moscow, 1982 – 94).

Polnoe sobranoe russkikh letopisei, 43 vols. (St Petersburg, 1841 – 2002).

Sbornik letopisei otnosiashchikhsia k istorii iuzhnoi i zapadnoi rusi izdannyi kommissiei dliarazbora drevnykh aktov (Kiev, 1888).

Skazanie Avraamiia Palitsyna, ed. L. V. Cherepnin, prep. and comm. O. A. Derzhavinaand E. V. Kolosova (Moscow, 1955).

Tatishchev, *Vasilii, Istoriia Rossiiskaia*, 3 vols. (Moscow, 2003).

Velikie minei chetii: Sobraniia vserossiiskim metropolitom Makariem, 12 vols. (St Peters-burg, 1868 – 1915).

Vremennik Ivana Timofeeva, ed. V. P. Adrianova-Peretts, trans. and comm. O. A. Derzhavina (Moscow, 1951; repr. edn, St Petersburg, 2004).

参考文献

Cherepnin, L. V. , *Russkaia istoriografiia do XIX veka* (Moscow, 1957).

Hoffmann, Peter, *Gerhard Friedrich Müller* (1705 – 1783): *Historiker, Geograph, Archivar im Dienste Russlands* (Frankfurt, 2005).

Kliuchevskii, V. O., *Drevnerusskie zhitiia sviatykh kak istoricheskii istochnik* (1871; repr. edn, Moscow 1989).

Kuzmin, A. P., *Tatishchev* (Moscow, 1981).

Likhachev, D. S., *A History of Russian Literature 11th – 17th Centuries*, trans. K. M. Cook-Horujy (Moscow, 1989).

Mazour, Anatole G., *Modern Russian Historiography* (Westport, Conn., 1975).

Miliukov, P., *Glavnye techeniia russkoi istoricheskoi mysli*, vol. 1 (Moscow, 1898).

Peshtich, S. L., *Russkaia istoriografiia XVIII veka*, 3 vols. (Leningrad, 1961–1971).

Slovar' knizhnikov i knizhnosti drevnei rusi, 3 vols. (Leningrad, 1987–2004).

Swoboda, Marina, 'Tradition Reinvented: The Vision of Russiás Past and Present in Ivan Timofeyev's "Vremennik"', Ph. D. thesis, McGill University, Montreal, Canada, 1997.

Ursul, D. T., *Milesku Spafarii* (Moscow, 1980).

申　芳　译　张　骏　校

第十五章　奥地利、哈布斯堡和中欧历史写作

霍华德·劳坦

愚钝如我辈者若想研究中世纪晚期和近代早期哈布斯堡地区的历史写作，无疑会遇到许多重要的方法论问题。研究这一时期的历史写作，首先要承认当时并没有我们今天所理解的历史学科。当然，那时也有许多"史书"，以及大量涉猎广泛而成熟的关于历史艺术的著作，但是直到18世纪历史才成为独立的研究领域，自身拥有一套关于概念的问题和研究问题。[1] 同样，研究某一特定地理范围内的历史写作也面临许多困难。一种有争议的观点是，中世纪晚期中欧最重要的历史学家是意大利人，随着知识界的发展壮大，历史写作就成为了一项更具普世性和国际性的事业。18世纪奥地利一位本笃会（Benedictine）历史学家也许同他的法国和意大利同事在学术和文化上有更多共同语言，却同住在他修道院山下的居民们话不投机。所有研究前现代欧洲历史写作进程的人都会遇上这样的问题，但是研究中欧的学者则面临一些更加特殊的挑战。

中欧因其模糊的地理边界而始终是个有争议的地区。14世纪初，统治这一领域大部分地区长达数代的几个地方王朝瓦解，这使情况变得尤为复杂。安茹（Angevins）、亚盖沃（Jagiellonians）、卢森

---

[1] 了解这一早期时代以及历史艺术的研究，参见 Anthony Grafton, *Was History? The Art of History in the Early Modern Period* (Cambridge, 2007)。感谢 Markus Völkel 对本章初稿提出的批评建议。

堡(Luxemburgs)和哈布斯堡取代了阿尔帕德(Arpads)、皮亚斯特(Piasts)和普雷米斯(Premysls)。这些新家族都获得了王位,他们的领土穿越中欧大陆,因此视野更加具有世界性,也让文化世界变得愈加复杂,而历史写作正是文化世界的一部分。这些地区的统治中长期存在离心力,所以政治情况相当令人费解,对这种情况最好的概括可能就如埃文斯(R. J. W. Evans)所说,哈布斯堡帝国是"令人困惑的多种因素适度地凝结在了一起"。[①] 政治权威的分散导致了在权力和文化上存在彼此竞争的多个中心,这些都影响了历史写作。此外还有种族问题,欧洲没有哪个地区像中欧一样有如此多样的人群和语言。克拉科夫(Cracow)这样的城市在 16 世纪挤满了不同的种族,包括波兰人、德意志人和意大利人。在那个时代,大学实际上位于王国之外,在阿尔卑斯以南的帕多瓦(Padua),但已经极大地影响了对波兰精英们的塑造和教育。19 和 20 世纪的学者们通常将历史视为民族建构的工具,便根据那种过时的政治界限划分地区,因而歪曲了中欧那时的跨国观念和历史文化。像康拉德·策尔蒂斯(Conrad Celtis)这样的人文主义者就困惑于这些虚构的政治界限,这位学者拥有跨地区的影响力:在克拉科夫建立了"维斯图拉河畔文学社"(Sodalitas Litterarum Vistulana),在匈牙利建立了"匈牙利文学社"(Sodalitas Litterarum Hungaria),在海德堡建立了"莱茵文学社"(Sodalitas Litterarum Rhenana),之后他搬去维也纳,在那里他的影响力最大,他在任何关于中欧历史写作的讨论中都很关键。

　　本章首要关注的是奥地利哈布斯堡地区的历史写作,因此还需要对"奥地利"这个有争议的概念进行一些说明。让现代学者沮丧的是,"奥地利"和"奥地利的"这些词汇无法追溯到某个单一意义和统一用法,它们在历史上被运用在各种背景中,意义相互交叉:奥地利公国(the Archduchy of Austria)、奥地利家族(the House of

304

---

① R. J. W. Evans, *The Making of the Habsburg Monarchy* (Oxford, 1979), 447.

Austria)、奥地利君主国(the Austrian Monarchy)以及奥地利世袭皇帝(the Hereditary Emperor of Austria)。前两个概念产生在中世纪,前者的意义较为狭窄,特指相当于今天上奥地利和下奥地利(Upper and Lower Austria)的地理区域,后者则涉及更为复杂的大家族,其领土和财富远远超出了公国甚至世袭领地(Erblande)的范围。像格雷特·克林根施泰因(Grete Klingenstein)曾指出的,18世纪初的"奥地利家族"代表一个复杂的权利和领土序列,据此利奥波德一世(Leopold I)及其子在欧洲的地位不仅仅是家族首领,更是"神圣罗马帝国的皇帝"。[1] 若要理解这种背景下的历史写作,我们需要在一个广阔的地理范围内进行研究,包括奥地利本土(Austrian lands proper)、波西米亚(Bohemia)、匈牙利、波兰(至少是周边地区)以及神圣罗马帝国,帝国的范围不仅穿越中欧的广阔地带,更是越过阿尔卑斯山延伸进意大利王国(Reichsitalien)。[2]

有了上述补充说明以后,我们的研究就可以从考察中世纪晚期奥地利地区的发展开始。印刷术产生之前,历史写作自然都是地方性的,很少有历史作品可以传播到其他地区,让更多的"本国"甚至"欧洲"读者读到。在这种狭窄的背景中,奥地利历史作品主要由标准的中世纪晚期年代记和编年史组成。典型代表有14世纪的西多会(Cistercian)修道院院长、同时担任王室顾问的约翰内斯·冯·威科汀(Johannes von Viktring),他强调研究中客观性的重要意义;还有方济各会士(Franciscan)约翰·冯·温特图尔(Johann von Winterthur),他尽管在批判性上不及威科汀,但也明确地捕捉到了沃尔兰德(Vorderösterreich)瘟疫造成的影响。这一

---

[1] Grete Klingenstein, 'The Meanings of "Austria" and "Austrian" in the Eighteenth Century', in Robert Oresko, G. C. Gibbs, and H. M. Scott (eds.), *Royal and Republican Sovereignty in Early Modern Europe* (Cambridge, 1997), 423-478, at 473; and Alphons Lhotsky, 'Was heißt "Haus Österreich"', in Hans Wagner and Heinrich Koller (eds.), *Aufsätze und Vorträge*, 5 vols. (Vienna, 1970), i. 344-364.

[2] Karl Otmar von Aretin, *Das Reich: Friedensgarantie und europäisches Gleichgewicht, 1648-1806* (Stuttgart, 1986), 76-163, 268-289.

时期最著名的文本之一是维也纳的利奥波德（Leopoldof Vienna）所写的《95 位统治者编年》（*Chronik von den 95 Herrschaften*）。这位奥古斯丁会（Augustinian）修士在这本集子里收录了许多事实和传说，其中还包含八十一位传说中王侯组成的谱系，是对早期奥地利最早的描述之一。这种对传说时代的研究也存在于这个广阔帝国的其他地方。[①] 到了 15 世纪，历史编纂在托马斯·埃本多弗尔（Thomas Ebendorfer）身上发生了一次重大转折。他意识到非文字材料的重要性并将其运用在自己的作品中。他参观战场，寻找墓地，发掘被遗忘的纪念碑，所有的努力都是为了在作品中更加精确地展现过去的事件。[②] 他还是一位著名的早期宫廷史学家，皇帝腓特烈三世（Frederick III）委派他写作了许多作品，尽管他和皇帝之间时常有矛盾，但是腓特烈三世创立的这种与史学家的关系模式，被他的儿子马克西米利安（Maximilian）更加成功地加以运用。

　　埃本多弗尔的例子表明，有一股持续的历史写作变革之风，来自南方并首先吹过了中欧王庭。14 世纪波希米亚皇帝查理四世培植了与意大利有关的重要文化纽带。罗马的叛乱煽动者科拉·迪·里恩佐（Cola di Rienzo）曾拜访这个国家，尽管他是个不速之客。卢森堡大公则更加努力地想将彼特拉克招揽到自己的宫廷中。虽然这些早期的文艺复兴浪潮被胡斯战争（the Hussite wars）打断了，但意大利的影响依然传播到外国，尽管通常要经历与不同宗教文化的斡旋。匈牙利的安茹大公及其那不勒斯血缘使国家卷入了意大利事务，这也让匈牙利与意大利的关系更为直接。14 世纪末，在匈牙利国王和神圣罗马帝国皇帝西吉斯蒙德一世（Sigismund I）的帮助下，布达（Buda）成为了一个重要的文化中心

306

---

① 关于神圣罗马帝国的历史写作，参见本卷第十六章。

② Alois Niederstätter, *Das Jahrhundert der Mitte：An der Wende vom Mittelalter zur Neuzeit*（Vienna, 1996）, 391; and Alphons Lhotsky, *Thomas Ebendorfer：einösterreichischer Geschichtschreiber, Theologeund Diplomat des 15. Jahrhunderts*（Stuttgart, 1957）.

以及充满活力的意大利社区。人文主义政治家皮耶尔·保罗·韦尔杰里奥（Pier Paolo Vergerio）在匈牙利生活了将近30年。文化发展在马提亚一世（Matthias Corvinus I）当政时达到顶峰，那时从历史编纂的角度来看，意大利人文主义者安东尼奥·邦菲尼（Antonio Bonfini）以十卷本《匈牙利之事》（*Rerum ungaricarum decades*）在写作风格上有意识地模仿李维（Livy），并树立了历史编纂的标准。邦菲尼的作品取代了亚诺什·图拉齐（János Thuróczy）代表的中世纪晚期编年史。15世纪波兰产生了一种卓越的历史学传统，克拉科夫牧师让·德乌戈什（Jan Długosz）及其十卷本的《著名波兰王国的编年史》（*Annales seu cronicae inclitii Regni Poloniae*，1455年）是这种传统最好的代表。人文主义者菲利波·博纳科尔西（Filippo Buonaccorsi），也就是卡利马科斯（Callimachus），在一次针对教皇保罗二世的阴谋中被捕，在流放中将意大利的影响带入波兰。作为一位有影响的王室成员，卡利马科斯写作了一部关于亚盖沃国王拉吉斯拉夫三世（Ladislaus III）的史书，并影响了此后数代史学家，包括16世纪瓦尔米亚（Warmia）的采邑主教（Prince-Bishop）马丁·克罗默（Martin Kromer）。

15世纪最有影响力的意大利活动家是阅历丰富、后来成为教皇的艾伊尼阿斯·西尔维乌·比科罗米尼（Aeneas Sylvius Piccolomini）。他因《传记》（*Commentaries*）为人所知，这部内容丰富的自传记载了他当选教皇成为庇护二世（Pius II）背后的波诡云谲，但是他的主要时间还是在中欧处理教皇事务。他积极参与巴塞尔宗教会议（the Council of Basel），之后还被授予桂冠诗人（poet laureate）而享受腓特烈三世的赞助。庇护二世写作了《哥特史》（*Historia Gothorum*，1453年）、《奥地利史》（*Historia Australis*，1453年）、《德意志志》（*Germaniae description*，1457年）、《波西米亚史》（*Historia Bohemica*，1458年）以及《腓特烈三世史》（*Historia Friderici III*，1458年），这些作品帮助塑造了文艺复兴时期中欧历史编纂的大致形态，其他作品要么是对他的模仿要么是反动。① 艾伊尼阿斯·西尔维乌效仿莱昂纳多·布鲁尼（Leonardo Bruni）的模式，密切关注时代政治发展，尽管对于他的作品有一些潜在争议，但是他提出的观点：地区的繁荣昌盛依赖于对罗马教廷的忠诚，一旦这个纽带被打断，就会发生像胡斯战争那样的灾难，②这个观点毫不意外地推动了一股爱国热潮。帝国内的历史写作通常并不遵循匈牙利或波兰的模式，也不雇佣人文主义者赞颂某一特定地区的荣耀。阿尔萨斯的比图斯·雷南努斯（the Alsatian Beatus Rhenanus）是伊拉斯谟（Erasmus）的朋友，他在《德意志三书》（*Rerum Germanicarum libri tres*，1531 年）中提出了一种相当不同的历史编纂模式，指出德意志文明的发展并不依赖于罗马。雷南努斯是一位谨慎且具批判精神的历史学家，发展出了历史主义的早期模式。与他同时代的许多人是通过谱系来理解当前的德意志民族（*nayio*），该谱系可以一鼓作气地追溯到罗马时代，与这些人不同，雷南努斯认为古罗马存在于"古代"，是一个与现在截然不同的时代。除了瑞士人文主义者约阿希姆·瓦迪亚努斯（Joachim Vadianus），比图斯·雷南努斯是首先使用"中世纪"这个概念的中欧史学家之一，尽管当时对这个词的理解比今天更为有限。③

康拉德·策尔蒂斯从意大利人文主义的一个流派中获取灵感，对艾伊尼阿斯·西尔维乌进行了回应，该流派研究过去的方式与布鲁尼明显不同。艾伊尼阿斯·西尔维乌的名望来自他对

---

① Rolando Montecalvo, '*The New Landesgeschichte：Aeneas Sylvius on Austria and Bohemia*', in Z. R. W. M. von Martels and Arie Johan Vanderjagt (eds.), Pius II：'*El più expeditivo pontefice*'：*Selected Studies on Aeneas Sylvius Piccolomini, 1405 - 1464* (Leiden, 2003), 55 - 86; and Alphons Lhotsky, '*Aeneas Silvius und Österreich*', in Wagner and Koller (eds.), *Aufsätze und Vorträge*, iii. 26 - 71.

② Markus Völkel, *Geschichtsschreibung* (Cologne, 2006), 211 - 212; and Eric Cochrane, *Historians and Historiography in the Italian Renaissance* (Chicago, 1981), 45 - 47.

③ Peter Schaeffer, 'The Emergence of the Concept Medieval in Central European Historiography', *Sixteenth Century Journal*, 7(1976), 21 - 30.

政治发展的精湛分析，与这个佛罗伦萨人不同，古物研究家弗拉维奥·比昂多（Flavio Biondo）则是通过探索以往文化遗留下来的物质材料来研究历史。他的《图解意大利》（*Italia illustrata*，1448—1453 年）是 18 世纪意大利各省的地形史（topographicalhistory），极大地影响了阿尔卑斯以北地区。[1]策尔蒂斯遵循比昂多的模式，进一步提出了书写《图解德意志》（*Germania illustrata*）的计划。策尔蒂斯的兴趣首先存在于文学，因而也编辑了塔西佗《日耳曼尼亚志》（*Germania*，1500 年）的一个重要版本，同时他最重要的身份可能是作为一位组织者和教师。1512 年比图斯·雷南努斯提出了一份德意志最重要人文主义者的名单，几乎半数都是策尔蒂斯团体的成员。[2]他还是卡利马科斯在克拉科夫的朋友，是瓦迪亚努斯和波西米亚史学家约翰内斯·杜布拉夫（Johannes Dubravius）的老师，他最重要的学生是巴伐利亚人文主义者约翰内斯·图迈尔（Johannes Turmair）或者叫阿文蒂努斯（Aventinus），是一位勤奋的文献收藏家，写作了一部受到高度赞扬的巴伐利亚历史，这部史书奠定了地方史（Landesgeschichte）的体裁。[3]

当策尔蒂斯被腓特烈三世的儿子马克西米利安召至维也纳时，他的事业达到了顶峰。富有进取心的策尔蒂斯遇到了同样充满活力且热情的资助人，他说服马克西米利安建立独立的诗歌和数学学院，以此来加强大学的威望。这些计划展现出马克西米利安是一位雄心勃勃的君主，他竭力保护帝国的王冠，还计划着获取教皇的三重冕以及拜占庭帝国的头衔。他是一个多世纪中第一位统一了家族领土的哈布斯堡成员，他对权力和成功的野心帮助帝国宫

---

① 参见本卷彼得·N. 米勒所著第十二章。

② Lewis Spitz, Conrad Celtis (Cambridge, Mass. , 1957),62.

③ Gerald Strauss, *Historian in an Age of Crisis: The Life and Work of Johannes Aventinus, 1477 -1534* (Cambridge, Mass. , 1963).

廷成为了历史研究的重心。① 都在这一时期出现了。马克西米利安将谱系学研究提到了一个新高度，他麾下学者们的作品直接辅助了他强有力的联姻外交，最具代表性的作品是雅各布·门内尔（Jakob Mennel）所作的《王室编年》（*Fürstliche Chronik*，1518 年），他是约翰内斯·瑙克勒卢斯（Johannes Nauclerus）的学生。在马克西米利安的激励下，瑙克勒卢斯完成了著名的《世界编年史》（*Weltchronik*，1516 年）。这当然是编写世界编年史的伟大时代，其中以哈特曼·舍德尔（Hartmann Schedel）在纽伦堡（Nuremberg）所创作的编年史最为著名。② 瑙克勒卢斯并没能超越门内尔，后者在编年史中用追溯到特洛伊人的家族树来支持马克西米利安对帝国王冠的所有权，这展现了他在谱系学上的独创性；他还提出神圣罗马帝国同拜占庭帝国拥有同样的先祖，因而保障了马克西米利安对拜占庭的权利，同时通过强调其家族与诺亚（Noah）的关联，而将其置于耶路撒冷王国世系中。

　　第二个发展是印刷术的出现，这一发展加强了马克西米利安的谱系计划，但最终为转变提供证明的并不仅仅是印刷术产生文献副本的能力。传媒革命为插图提供了便利，哈布斯堡宫廷的历史文化变得高度可视化。阿尔布雷希特·丢勒（Albrecht Dürer）的名著《凯旋门》（*Ehrenpforte*）插入了皇帝杰出祖先的画像，可以说是门内尔《王室编年》一书的插图本。马克西米利安急切地想以一种合适的方式保存自己的记忆，最终和他的顾问们一起创作了一系列赞颂其统治的自传文本，其中三个文本最为重要：《白王》（*Weißkunig*）、《托伊尔丹克》（*Theuerdank*）和《骑士赛》（*Freydal*），这些作品中有效地结合了图画和文本。《托伊尔丹克》在 1517 年出版于奥格斯堡（Augsburg），其中包含 118 幅木版画。但是马克

---

① 对马克西米利安宫廷的文学活动（包括历史书写）的概况，参见 Jan-Dirk Müller, *Gedechtnus：Literatur und Hofgesellschaft um Maximilian I*（Munich, 1982）。17 世纪哈布斯堡宫廷历史写作的三个主要特征。

② Kurt Gärtner, 'Die Tradition der volkssprachigen Weltchronistik in der deutschen Literaturdes Mittelalters', *Pirckheimer-Jahrbuch*, 9(1994), 57 - 71.

西米利安梦幻般的谱系计划并不是批判性人文主义文化的产物，帝国宫廷中的学术风格更为谨慎，这为我们指明了哈布斯堡宫廷历史文学的第三个特征：认真对待帝国遗产。外交家和史学家约翰内斯·库斯皮尼阿努斯(Johannes Cuspinianus)是这方面的代表人物，他在职业生涯的早期编辑了卡西奥多鲁斯(Cassiodorus)的作品，后来完成了《论凯撒与皇帝》(De Caesaribus et Imperatoribus)，这部作品最初的版本追述了腓特烈三世时的帝国历史，并且对于东罗马帝国有着特殊兴趣，作品的特点是密切关注政治发展且分析敏锐。他对腓特烈三世及其不惜损失土地以巩固权力的描述，可能是该特点最好的体现。[1] 除了研究罗马和帝国历史，哈布斯堡宫廷历史写作还有一个传统，那就是努力揭示帝国与日耳曼遗产之间的特殊联系。这方面要数费迪南德一世(Ferdinand I)时的宫廷史学家沃尔夫冈·洛齐乌什(Wolfgang Lazius)最为著名。他所作的《移民论》(De gentium aliquot migrationibus，1547 年)追述了蛮族部落迁徙进中欧的历史。[2]

16、17 世纪中欧的历史写作反映了这一时期更广阔的政治和社会发展。土耳其在匈牙利的斗争、哈布斯堡和波西米亚本地贵族之间的冲突、波兰寡头政治和等级体制的危机，都是那时的主要论题。更加确切地说，当我们追溯哈布斯堡地区历史写作的演进时，会发现它受到两方面至关重要的影响：家族领地造成的复杂领土情况；新教和天主教改革造成的宗教变化。虽然到马克西米利安一世时，哈布斯堡的领土已如一盘复杂的棋局，但是随着他的孙子费迪南德一世继位，匈牙利、波西米亚的土地都归入哈布斯堡，这使事情变得更加棘手。在一个缺乏向心力的政府中，历史写作呈现多极状态，那些彼此竞争的权力中心经常会向历史寻求帮助，

309

① Paul Joachimsen, *Geschichtsauffassung und Geschichtsschreibung in Deutschland unter dem Einfluss des Humanismus* (Berlin, 1910), 209‐218; and Hans Ankwicz-Kleehoven, *Der Wiener Humanist Johannes Cuspinian* (Graz, 1959).
② Michael Mayr, *Wolfgang Lazius als Geschichtsschreiber Österreichs* (Innsbruck, 1894).

努力保存各自的权利和特权并对其进行历史化。因此宫廷最大的阻碍就是地方领土。

16世纪是哈布斯堡地区地方史的黄金时代。[①] 奥地利公爵领地中的突出人物是维也纳本地人沃尔夫冈·洛齐乌什，除了宫廷职位之外，他还是一位博士、大学教授和制图者。在二十多年中，他致力于写作大部头的奥地利地区历史，这部书到他逝世都尚未完成，只出版了一部分。这位狂热天主教徒的著作跨越教派界限，成为了许多地方史的基础，比如米夏埃尔·戈特哈德·克里斯塔尼克（Michael Gothard Christalnick）所作的《卡林西亚年鉴》（*Annales Carinthiae*，1612年）。马克斯·西蒂希（Marx Sittich）写作了蒂罗尔（Tyrol）的历史；在上奥地利，路德教徒赖夏德·施特罗恩·冯·施瓦策瑙（Reichard Streun von Schwarzenau）写作了一部著名的地方史。17世纪，英国皇家学会的成员、博学的约翰·魏克哈特·冯·瓦尔瓦索（Johann Weickhard von Valvasor），写作了大部头的《卡拉奥尼公国赞》（*Ehre des Hertzogthums Crain*，1689年），这部书长达十五卷，其中竟有500多页插图！[②] 匈牙利的地方史也反映了这一地区的复杂情况。人文主义的主教尼古拉·欧拉（Nicholas Oláh）创作了两本书，《匈牙利》（*Hungaria*，1536年）和《阿提拉》（*Athila*，1537年），将匈牙利过去的辉煌和近来的苦难相对比，展现出对匈牙利的一种理想观念。这一时期最具魅力的人物是反三位一体论的加什帕尔·海尔陶伊（Gáspár Heltai），他在特兰西瓦尼亚（Transylvania）建立了一个重要的印刷厂，并完成了首部马扎尔语（Magyar）的匈牙利史。

本地人书写自己地区的历史，而有钱有势的人则委托他人为自己的家族书写正式的历史。在这样一个充满竞争的年代，贵族们

310

[①] 关于宫廷和地方的探讨均来自 Thomas Winkelbauer, 'Ständische und höfische Geschichtsschreibung und Geschichtsbilder', in Winkelbauer, *Ständefreiheit und Fürstenmacht: Länder und Untertanen des Hauses Habsburg im Konfessionellen Zeitalter*, 2 vols. (Vienna, 2003), i. 227–281。

[②] Branko Reisp, *Kranjski polihistor Janez Vajkard Valvasor* (Ljubljana, 1983).

彼此争夺权力和地位,一部带有祖先肖像插图的编年史更是一种保持家族尊严以及打造高贵出身的方式。像列支敦士登(Liechtensteins)这样的家族体系,其财富在 17 世纪达到了新的高度,他们聘用许多博古学家通过研究族谱赞颂家族的丰功伟绩。随着时间推移,这些族谱研究的成果变得愈加令人吃惊。匈牙利艾什泰哈齐家族(Esterházys)骄傲地指出匈奴人阿提拉(Attila the Hun)是他们的祖先,波西米亚施特恩贝格家族(Sternbergs)则更加野心勃勃地建立了家族同东方三博士(the Three Magi)之间的联系。城市也是历史研究的中心,城市史大量产生,这些作品加深了对自由传统的记忆,也表达了市民的骄傲。[①] 正是繁忙的沃尔夫冈·洛齐乌什用《奥地利维也纳》(*Vienna Austriae*,1546 年)以及之后类似的作品开拓了城市史研究。

尽管地方史、家族编年史和城市史的类型不同,但都表现了哈布斯堡地区不同区域人们的利益诉求,不能将这些作品仅仅置于彼此敌对的背景下进行理解。我们承认这些历史作品可能反映了宫廷和地方之间的矛盾,但是像洛齐乌什这样奔波于不同区域的人物所指出的,当时的情况要复杂得多。一种中央和地方之间相汇合的形式随着时间发展起来。家族越来越多地表现出自己对皇帝的忠诚,一些学者们努力将地方史打造得适合帝国状况。西里西亚(Silesia)的人文主义者约阿希姆·库雷乌斯(Joachim Cureus)写作了一部历史,关注西里西亚并入哈布斯堡的经过,但忽略了西里西亚与波兰之间的政治和社会联系。一个世纪后,保罗·里特尔-维泰佐维奇(Paul Ritter-Vitezović)在《克罗地亚的重生》(*Croatiarediviva*,1700 年)中表达了新的伊利里亚(Illyricum)之梦,即哈布斯堡治下的南斯拉夫地区统一起来,成为抵抗突厥人和

① Susanne Rau, *Geschichte und Konfession. Städtische Geschichtsschreibung und Erinnerungskultur im Zeitalter von Reformation und Konfessionalisierung in Bremen, Breslau, Hamburg und Köln* (Hamburg, 2002); and Peter Johanek (ed.), *Städtische Geschichtsschreibung im Spätmittelalter und in der frühen Neuzeit* (Cologne, 2000).

威尼斯人的堡垒。

相比之下，帝国宫廷历史写作的视野就显得更加国际化和普世 ㊉311
化。马克西米利安娶了勃艮第的玛丽，哈布斯堡因此不仅仅获得
了新领土，还继承了丰富的文化传统，其中包括设立已久的宫廷史
学家职位。从费迪南德一世到玛丽·特蕾莎（Maria Theresa），这个
职位很少空缺，它反映着这段时期来自意大利、尼德兰和西班牙的
不同影响。自命不凡的费迪南德一世比起他的祖父还算是谦虚，
但大公的各个宫廷还是历史写作和研究中心，其中首屈一指的是
因斯布鲁克（Innsbruck）。蒂罗尔的费迪南德图书馆馆长，格哈
德·冯·罗（Gerard van Roo）着手写作哈布斯家族史，这部作品最
后由大公的秘书康拉德·迪茨·冯·魏登贝格（Konrad Dietz von
Weidenberg）完成。雅各布·施伦克·冯·诺青（Jacob Schrenk von
Notzing）是大公的私人秘书，编纂了一部目录，对费迪南德在阿姆
布拉斯宫（Ambras Castle）著名的铠甲收藏进行了登记注释，这被
认为是哈布斯堡地区最早的博物馆目录之一。《阿姆布拉斯名将
装备录》（*Armamentarium Ambrasianum Heroicum*，1601 年）中有
大量铜版印刷的画像和关于这些铠甲的简史，这让人们聆听到了
马克西米利安一世时期的声音，这本书至少在部分上是对意大利
历史学发展的效仿，这种发展在保罗·焦维奥的作品中得到了最
好的表达。① 更加引人注目的是瑞士史学家弗朗茨·吉里曼
（Franz Guillimann）的工作，他在费迪南德的继承人马克西米利安
三世大公的宫廷里开展一项庞大的计划，写作具有全球视野的《奥
地利王室》（*Casa Austria*）。

17 世纪，皇帝费迪南德二世合并了家族领地，帝国宫廷一度成
为历史研究的中心。但是宫廷史学的特征也发生了改变，从谱系
研究转入了编年史写作，而且主要关注近来的历史事件。具有代

---

① E. Scheicher, 'Historiography and Display: The Heldenrüstkammer of Archduke
　Ferdinandin Schloß Ambras', *Journal of the History of Collections*, 2 (1990),
　69 - 79.

表性的作品是伯爵弗朗茨·克里斯托夫·克芬许勒（Franz Christoph Khevenhüller）所作的《费迪南德编年》（*Annales Ferdinandei*），在他死后于1721—1726年间分十二卷出版。克芬许勒作为一名外交官，在服务于西班牙多年后返回维也纳，编纂了这部研究费迪南德二世时期政治、外交和军事事件的史书。皇帝利奥波德一世（Leopold I，1658—1705年）统治时期，哈布斯堡宫廷史学发展达到高峰。[①] 在维也纳，王朝的形象被精心培养并有步骤地利用起来，历史学在这场有计划的帝国形象宣传运动中扮演了重要的角色。当哈布斯堡发现16世纪奥格斯堡一位档案管理员的手稿《奥地利赞》（*Oesterreichische Ehrenwerk*），立刻对它进行仔细审查，清除掉其中新教倾向的内容，并以漂亮的对开本形式在312 纽伦堡（Nuremberg）重新发行，书名《奥地利帝国与王室家族赞》（*Spiegel der Ehren des höchstlöblichsten Kayser-und Königlichen Erzhauses Oesterreich*）。宫廷史学家的形象也在变化中，历史学家和传记作者正在取代那些圈内人（牧师或者政治顾问）的地位。加莱亚佐·瓜尔多·普廖拉图伯爵（Count Gualdo Priorato）在维也纳撰写一系列帝国传记前，就对马萨林（Mazarin）进行了许多研究。戈特利布·尤卡里乌斯·林克（Gottlieb Eucharius Rinck）是奥特多夫（Altdorf）的一位法学教授，也是路易十四的传记作者，还被指派写作利奥波德一世的历史。

16、17世纪改变哈布斯堡地区历史写作的第二个重要因素是宗教。新教和天主教改革深刻影响了学术上对过去的理解。新教中影响最大的是菲利普·梅兰希通（Philipp Melanchthon），他将路德的观念运用于历史研究，重写了约翰·卡里翁（Johann Carion）的《编年史》（*Chronicon*，1532年），为这部世界历史叙述染上了一层神学色彩。他所在的圈子中最伟大的成就之一，是根据但以理预

---

① Nana Eisenberg, 'Studien zur Historiographie über Kaiser Leopold I', *Mitteilungen des Instituts für Österreichische Geschichtsforschung*, 51（1937），359 - 413.

言重写了天主教的世界史。约翰内斯·斯莱丹（Johannes Sleidan）的《论四大帝国》（*De quatuor summis imperiis*，1556 年）就是根据但以理对四个连续世界帝国的观点描绘了欧洲历史。这些著作对于那些谜一样的天启预言进行了充满信心的阐释，这让德意志新教徒自信地认为他们自己是一个全新而纯洁的教会成员，生活在这四个世界性帝国的最后一个中。一部最重要的历史著作——《马格德堡世纪》（*Magdeburg Centuries*）支持了这种观念，这部作品是直接受到路德宗教改革的影响而创作的，主要作者是马蒂亚斯·弗拉齐乌斯·伊利里库斯（Matthias Flacius Illyricus），一位狂热的路德教徒，不容忍任何神学上的敌人。这部作品的编纂群体（the Centuriators）将教会史分成数个世纪，然后从教义的角度出发对这些世纪进行检查。他们将教会的堕落追溯到古罗马，并认为新教运动是古代未受玷污的基督教团体的复兴。[1]

　　具有讽刺意味的是，哈布斯堡宫廷起初通过有同情心的私人顾问以及图书馆长卡斯帕·冯·尼德布鲁克（Caspar von Nydbruck）对《马格德堡世纪》提供了支持。但是一个更为官方的天主教回应就远没有这么暧昧，那就是切萨雷·巴罗尼奥（Cesare Baronio）所作的十二卷本《教会编年史》（*Annales ecclesiastici*，1588—1607 年），这部著作最终帮助中欧天主教的历史写作进行了重新定位。巴罗尼奥和合作者们试图证明教会今天所奉为正统的关键教义，从未改变，希望以此反驳《马格德堡世纪》中对天主教的控诉，他们利用了大量的档案、语文学和考古证据来支持书中的内容。尽管 313 有如伊萨克·卡索邦（Isaac Casaubon）这样的学者对这部作品提出批评，但《教会编年史》依然获得了巨大的成功，尤其在中欧很快被翻译成德语和波兰语。新教学者尤斯图斯·卡尔维努斯（Justus Calvinus）声称他对这部作品印象深刻，以至于不仅让他改变了信

---

[1] Heinz Scheible, *Die Entstehung der Magdeburger Zenturien*（Gütersloh，1996）; and RonaldErnst Diener，'The Magdeburg Centuries: A Bibliothecal and Historiographical Analysis'，Th. D. thesis, Harvard Divinity School，1978.

仰,更改变了名字——他在一次旅行中返回罗马且更名为尤斯图斯·卡尔维努斯-巴罗尼乌斯(Justus Calvinus-Baronius)。①

与《教会编年史》在中欧被接受的事实相比,天主教学者团体在它的引导下作出的反应则更为重要。耶稣会士雅各布·格雷策尔(Jakob Gretser)和法学教授海因里希·卡尼修斯(Heinrich Canisius)是其中的关键人物。巴罗尼奥和《马格德堡世纪》的编纂者都迫使历史学家重新思考教会和国家之间的基本关系。毫不意外的是,对这种关系的讨论很快演变为对中世纪关键问题的讨论:查理曼大帝的加冕和统治,主教叙任权之争(the investiture controversy),腓特烈·巴巴罗萨(Frederick Barbarossa)和教皇亚历山大三世之间的斗争。格雷策尔将主要精力都用于为巴罗尼奥辩护,以及重新证明中世纪天主教的有效性。他的主要对手是瑞士新教徒梅尔希奥·戈尔达斯特(Melchior Goldast),他高度批判了戈尔达斯特的观点,即拥护世界帝国并认为教会权威也来源于此,而他则坚持严格区分信仰和世俗权威。海因里希·卡尼修斯则在中世纪文本编纂上更为活跃,由于深受高卢法律研究风格(mos gallicus)的影响,他将法律方面的研究专长用于历史研究,和他的同事在南德意志的图书馆中四处搜索可用的材料。还有其他一些研究中心,其中科隆的加尔都西会团体尤为活跃,一定程度上由于这个团体的努力,科隆成了三十年战争之前中欧天主教作品最重要的出版中心。文物研究的发展在一定程度上是独立的,因为早在罗马时代,人们好奇于纪念碑和其他历史遗迹,对文物的兴趣逐渐开始涉及地方教会遗产。在中欧,这两方面的发展在 17 世纪汇合,并且形成了天主教对抗新教挑战的基础。②

总的说来,新教和天主教改革为整个中欧、尤其是哈布斯堡地区的历史写作贡献了大量材料。匈牙利的尼古拉·欧拉(Nicholas

---

① Stefan Benz, *Zwischen Tradition und Kritik*: *Katholische Geschichtsschreibung im barocken Heiligen Römischen Reich* (Husum, 2003),47.

② Benz, *Zwischen Tradition und Kritik*, 79 - 99.

Oláh)曾经和伊拉斯谟有通信,他抛弃了自己和平主义(irenic)的信念,逐渐成为一名激进的反改革(Counter-Reform)政策支持者。他所作的《简要编年史》(*Compendiarium suae aetatis Chronicon*)研究了匈牙利王国从马提亚一世到当前的历史,其中详细叙述了他为革新天主教会所作出的努力。巴伐利亚也产生了类似的变革。虽然阿文蒂努斯所作的《编年史》(*Annales*)在很长一段时间内都被认为是地方史的范本,但是人文主义的历史写作在逐步天主教化的巴伐利亚显得并不合拍。许多人相信,阿文蒂努斯同情路德教,《编年史》终将会被教会权威列入禁书目录。相比之下,马特豪伊斯·里特(Matthäus Rader)的《神圣巴伐利亚》(*Bavaria sancta*,1615—1627 年)就更加适合巴伐利亚,这部史书强调公国的圣徒并赞扬公爵。[①] 各种殉教者传记文学的大量涌现,最终证明了这一地区宗教张力逐步加大。弗拉齐乌斯(Flacius)写作的《真理见证目录》(*Catalogus testium veritatis*,1556 年),构成他从历史写作上攻击天主教会的一部分,同时施瓦本的一位路德教徒路德维希·拉布斯(Ludwig Rabus)编纂了一部有影响力的殉道者列传,这部书激励了西南德意志的新教团体。17 世纪,耶稣会士像布拉格的坦纳兄弟(Tanner brothers)也通过叙述本团体中死于异教和异教徒之手的成员的英勇事迹,对新教的这种行为做出了回应。这些纪传文学中有许多都产自这些最容易受到攻击、且暴露在国家强权之前的宗教团体之手。摩拉维亚的胡特尔派成员(Moravian Hutterites)编辑了叙述其团体遭受苦难的手稿。捷克兄弟会(Czech Brethren)(兄弟合一会[Unitas Fratrum])是胡斯运动(the Hussite movement)的一个保守支系,他们在漫长的流亡岁月中细

314

---

① Trevor Johnson, 'Holy Dynasts and Sacred Soil: Politics and Sanctity in Matthaeus Rader's *Bavaria Sancta* (1615 - 1628)', in Sofia Boesch Gajano and Raimondo Michetti (eds.), *Europa sacra* (Rome, 2002), 83 - 100; and Alois Schmid, 'Geschichtsschreibung am Hofe Kurfürst Maximilians I. von Bayern', in H. Glaser (ed.), *Um Glauben und Reich: Kurfürst Maximilian I. Beiträge zur bayerischen Geschichte und Kunst 1573 -1657* (Munich, 1980),330 - 340.

致地保存了该教会的记录。兄弟会主教约翰·阿摩司·科梅纽斯（John Amos Comenius）首先开始创作《波西米亚教会受迫害史》（*Historia persecutionum ecclesiaeBohemicae*，1648 年），这部作品为福克斯的《行为与丰碑》（*Acts and Monuments*）做出了贡献。① 个人叙述最终出现，斯洛伐克的新教徒尤拉伊·拉尼克（Juraj Láni）用很多耸人听闻的细节叙述了他在反宗教改革时期悲惨的监禁岁月，而他的同乡斯特凡·皮拉里克（Štefan Pilárik）则叙述了被土耳其人俘虏的可怕故事。

　　更加深入地研究波西米亚王国也许会帮助我们从更多细节上解释 16、17 世纪哈布斯堡集团历史写作的主要特征。首部在捷克地区印刷的波西米亚史自然是艾伊尼阿斯·西尔维乌斯所作《波西米亚史》（*Historica Bohemica*，1510 年）的国语译本。当史学家认识到波西米亚史很有市场，马上又连续诞生了三部史书。这三部用本国语写成的编年史差异很大，反映了 16 世纪早期这一地区领土和宗教的复杂性。② 第一部是圣杯派神父博胡斯拉夫·比莱约夫斯基（Bohuslav Bílejovský）所作的《捷克编年史》（*Kronyka czeská*，1537 年），他以此保卫了胡斯派教会的宗教仪式。比莱约夫斯基坚持认为，酒饼同领（*sub utraque*）的圣餐仪式是教会最突出的特点，可以追溯到 9 世纪的圣西里尔和美多迪乌斯（Cyril and Methodius）。人文主义诗人和城市居民马丁·库滕（Martin Kuthen）从一种全然不同的角度写作了《捷克国家建立编年史》（*Kronika o zalo žení zeměceské*，1539 年），将这部书献给了布拉格旧城（Pragués Old Town）的市议会，在书中他用一种反德意志的偏颇观念研究历史，强调波西米亚城市中心的特权，而这种特权正面临贵族和王权的挑战。第三部是瓦茨拉夫·哈耶克（Václav Hájek）所作的《捷克编年史》（*Kronika česká*，1541 年），这无疑是

315

---

① 参见 A. G. Dickens and John Tonkin，'Weapons of Propaganda：The Martyrologies'，in Dickens and Tonkin，*The Reformation in Historical Thought* (Cambridge，Mass.，1985)，39 - 57。

② Winkelbauer，'Ständische und höfische Geschichtsschreibung'，235 - 237.

一部从另一个优势角度书写的最成功的史书。哈耶克皈依天主教后，对古代捷克的神话传说进行了精彩叙述，这使他成了波西米亚的李维（Livy），他捍卫国家的天主教遗产以及传统等级制国家（Ständestaat）的社会、政治组织。

　　成功的拉丁语史书的出现，让情况变得更加复杂。约翰内斯·杜布劳维乌斯（Johannes Dubravius）所作《波西米亚王国编年史》（*Historiaregni Bohemiae*，1552 年），反映了人文主义者身上伊拉斯谟式的敏感。以另一种本国语言——德语写作的历史就没有这么引人注意。马特乌斯·奥罗迦鲁（Matthäus Aurogallus），即马特乌斯·郭德哈恩（Matthäus Goldhahn），他是霍穆托夫（Chomutov/Komotau）本地人，也是维腾堡的希伯来语教授，写作了《波西米亚公爵与国王编年史》（*Chronik der Herzöge und Könige von Böhmen*），约翰·桑德尔（Johann Sandel）在世纪末将这部编年史译为通俗德语。最后别忘了犹太史学家的作品，在 1600 年有将近 10,000 人居住在布拉格的犹太区，这是欧洲最大的犹太定居点之一。该犹太区是一个充满活力的知识分子之乡，也是一个重要的出版中心，它所出版的最重要的历史著作是大卫·甘斯（David Gans）用希伯来文所写的《大卫王的后裔》（*Zemah David*，1592—1593 年），这本书包含了两部截然不同的历史，第一部书写犹太人从创世纪到现今的神圣历史，另一部则是通史的年代表。①

　　1620 年，捷克在白山战役中失败后，历史写作就变得越来越两极化。帕维尔·斯特兰斯基（Pavel Stránský）的《波西米亚共和国》（*Respublica Bohemiae*，1634 年），是关于波西米亚流亡者的一部精彩的晚期人文主义史书，这部书至少在部分上是对梅尔希奥·戈尔达斯特（Melchior Goldast）作品的回应，戈尔达斯特的作品捍卫其哈布斯堡赞助人的专制主义主张。相反，斯特兰斯基则将波西米亚的"共和"描述为一项政治传统。政治传统尽管重要，但宗教

---

① Rachel Greenblatt，'A Community's Memory: Jewish Views of Past and Present in Early Modern Prague'，Ph. D. thesis，Hebrew University of Jerusalem（2006）.

事务在史学家的争论中则更为重要。伯爵威廉·斯拉瓦塔(Vilém Slavata)就是著名的 1618 年"抛出窗外"(defenestration)事件的受害者,他从一种截然不同的天主教视角叙述了波西米亚叛乱的经过。同时新教流亡者也在书写自身的历史,除了斯特兰斯基和科梅纽斯(Comenius)的作品,还有扬·罗萨丘斯·霍若夫斯基(Jan Rosacius Hořovský)所写的殉道者传和冯德热·哈伯韦斯(Ondřej Habervešl of Habernfeld)所写的史书,后者是波西米亚命运多舛的冬王(Winter King)的军官。然而在波西米亚,宗教争论却是绝对平静的,并且产生了一种新的教会史。这方面首屈一指的是著作等身的耶稣会学者博胡斯拉夫·巴尔文(Bohuslav Balbín),他将巴罗尼奥的视角和一种明显的古物研究者的鉴赏力结合在一起。巴尔文及其同事的目标,是论述胡斯时期和宗教改革中的动乱都是历史的反常,为此他们试图挖掘(字面上和比喻意义上)早在教会分裂前就存在的活跃的天主教文化的产物。巴尔文未完成的作品《波西米亚王国历史文集》(*Miscellanea historica regni Bohemiae*,1679 年)对国家历史和文化进行了百科全书式的概述,其中包括独立一卷研究神圣波西米亚(Bohemia sacra)的圣男圣女,巴尔文的这部史书在多地被重印数次。在教会古物研究的黄金时代,热情的编年史家们研究着那些被遗忘的朝圣地、被忽略的修道院以及被摧毁的教堂。[1]

一种由来已久的观点认为天主教减缓、阻碍甚至中止了启蒙思想在中欧的传播。尽管学者们已经挑战了这种陈腔滥调,但是人们还是普遍认为德意志天主教公国是"一个金碧辉煌的巴洛克式猪圈,高级教士们在其中快乐或懒散地打滚"。[2] 从历史写作的角度来看,关注新教革新的趋势依然明显存在,对 1648—1789 年天

[1] Howard Louthan,'Finding a Holy Past: Antiquarianism and Catholic Revival', in Louthan, *Converting Bohemia: Force and Persuasion in the Catholic Reformation* (Cambridge, 2009),115-145.

[2] T. C. W. Blanning,'The Enlightenment in Catholic Germany', in R. Porter and M. Teich (eds.), *Enlightenment in National Context* (Cambridge, 1981),118.

主教地区的发展却缺乏关心或视而不见,但这一时期哈布斯堡地区并非暗无天日。如果要对这一地区的历史写作进行更加真实的评估,就必须重估该地区的知识分子同更广阔的天主教世界之间所保持的学术联系。首先需要注意就是同博兰德派(Bollandists)的联系。三十年战争以前,以科隆为中心的天主教史学的复兴带动了低地国家耶稣会士的创作,他们的研究范围最终超出了广袤的中欧。在波西米亚,博胡斯拉夫·巴尔文为14世纪教士约翰·内波穆克(John Nepomuk)所写的传记是为《圣徒传》(Acta Sanctorum)所作。18世纪早期,博兰德会挪用了前代人加博尔·海韦奈希(Gábor Hevenesi)的作品,是他率先发起了收集匈牙利教会史资料的活动。

　　哈布斯堡地区与法国莫尔会(Maurist)的联系甚至更为紧密。这些本笃会修士非常热切地收集、编辑中世纪手稿,与那些有同样想法的宗教团体合作,构成了一个由有教养的基督教团体组成的网络。在奥地利,莫尔会的交往联系超出了本笃会重要的前沿哨所,如维也纳、梅尔克(Melk)、格特维克(Göttweig)、克雷姆斯明斯特(Kremsmünster)。阿尔萨斯人约翰·克里斯托夫·巴滕施泰因(Johann Christoph Bartenstein)是查理六世和玛丽·特蕾西亚的顾问,曾在巴黎与莫尔会修士们学习,并且试图在维也纳推行一个计划,可以有计划地输送一些优选出的青年本笃会修士,在圣-日耳曼-德-佩(Saint-Germain-des-Prés)继续深造。[①] 虽然查理六世的耶稣会告解神父最终取消了这个计划,但耶稣会无法消除莫尔会在其他地方的影响。在格特维克,修道院长格特弗里德·贝塞尔(Gottfried Bessel)创作了一部与让·马比荣(Jean Mabillon)的《古文书学》(De re diplomatica,1681年)旗鼓相当的作品。他所写的《格特维克编年史》(Chronicon Gottwicense,1732年)广泛研究了德意志的古文书。在梅尔克河流的上游,佩斯兄弟(the Pez brothers)把他们的修道院变成了一个严肃的历史研究中心。不与耶稣会发

317

————————

① Eduard Winter, *Frühaufklärung* (Berlin, 1966), 127 - 128.

生论战的时候,伯恩哈德·佩斯(Bernhard Pez)努力创建本笃会图书馆(Bibliotheca Benedictina),从中欧、法国和意大利的主要宗教团体中收集了大量手稿。佩斯同巴滕施泰因共同计划在维也纳,以圣-日耳曼-德-佩为模板建立本笃学院。他的兄弟希罗尼穆斯(Hieronymus)编纂了三卷本《奥地利作家纪事》(*Scriptores rerum austriacarum*,1721-1745年),抄录了许多厚重的中世纪奥地利手稿,可以供更多的读者阅读。[①]

本笃会和耶稣会之间的对抗暗示着改变中欧天主教知识世界的更加广泛的变化正在发生。新教改革在历史学上提出的挑战,最初促使这一地区的天主教学者做出一个更加一致的回应。随着耶稣会担任领导,并受到巴罗尼安(Baronian)"始终如一"(*sem per eadem*)口号的激励,产生了一个惊人的知识体系,证明天主教教义从古代基督教、中世纪直到当下存在着一致性。但1648年后这个表面上一致的体系慢慢被一个个更加派系化的学术团体所替代。詹森主义的发展对天主教学术影响深远,其在南尼德兰的成功,放松了这一地区与帝国之间的学术纽带,同时哈布斯堡地区的一个詹森主义派系的权力和影响力也逐渐增长。一个本笃派学校的出现使情况更为复杂,它促使人们越来越反感耶稣会对于学术,尤其是大学教育的控制。18世纪早期,意大利出现了对天主教团体的新挑战,这项挑战对宗教生活和历史学的影响迅速越过了阿尔卑斯山。

318 摩德纳公爵(the Dukes of Modena)的图书馆长和档案员卢多维科·安东尼奥·穆拉托里(Ludovico Antonio Muratori)是巴洛克式天主教(baroque Catholicism)的早期对手,他创作《论基督教的慈悲》(*Della carità cristiana*,1723年)献给查理六世,谴责巴洛克式宗教信仰的奢侈无度,提倡一种仪式更为朴素的天主教信仰。这

---

① Jan and Meta Niederkorn-Bruck, 'Hochbarocke Geschichtsschreibung im Stift Melk', in Ernst Bruckmüller (ed.), *900 Jahre Benediktiner in Melk* (Melk, 1989),399-403.

种观念在维也纳获得了承认,并帮助玛丽·特蕾西亚和约瑟夫二世(Joseph II)推行了改革。作为历史学家的穆拉托里发展出了一种研究过去的方法,该方法与莫尔会的计划相似。① 1708 年他卷入了罗马和维也纳之间关于港口城镇科马基奥(Comacchio)的恼人争端,帝国军队那时已经占领了该地,而愤怒的教皇则挑衅般地强调他对于该地具有世俗管辖权。作为回应,穆拉托里用一本厚重的谱系资料汇编作为证据,对哈布斯堡的权益进行了精湛的辩护。② 他最重要的作品是二十八卷本的《意大利作家纪事》(*Rerum italicarum scriptores*,1723—1751 年),这是一本意大利半岛上拉丁和本地语写作史书的汇编。相比巴罗尼奥,穆拉托里论证了从一个更加世俗的角度研究中世纪的可能性。这套书中并没有《教会编年史》这样典型的圣徒传,但却包含了反对罗马和教会的声音。

在维也纳,这些观念在围绕奥地利大英雄欧根亲王(Eugene of Savoy)发展起来的圈子中,尤其受到追捧。博学的欧根亲王在他思想自由的副官巴龙·冯·霍恩多夫(Baron von Hohendorf)帮助下,创建了一所著名的图书馆,收藏了许多稀有书籍和珍贵手稿,吸引了诸多远道而来的读者。维柯(Giambattista Vico)将自己早期的一本作品献给了欧根亲王,并且特别关照将《新科学》(*Scienza Nuova*,1725 年)的首印本送与他。欧根亲王尤其对彼得罗·詹诺内(Pietro Giannone)感兴趣,③他是在哈布斯堡地区进行创作的最激进史学家之一。詹诺内与维柯一样来自那不勒斯,他起初研究法律,在其名著《那不勒斯王国史》(*Storia civile del Regno di Napoli*,1723 年)中,结合了对法学和历史的兴趣。这本书从一个

① 参见本卷爱德华多·托尔塔罗洛(Edoardo Tortarolo)所著的第十八章。

② Eleonore Zlabinger, *Lodovico Antonio Muratori und Österreich* (Innsbruck, 1970),73‐77.

③ 关于 18 世纪与意大利帝国(Reichsitalien)的关系,参见 Elisabeth Garms-Cornides, 'Reichsitalien in der habsburgischen Publizistik des 18. Jahrhunderts', in M. Schnettger and M. Verga (eds.), *L'impero e l'Italia nella prima età moderna* (Bologna, 2003),461‐497。

明确的反教皇角度重新研究了那不勒斯的历史,并且为那不勒斯的新哈布斯堡统治者提供了一份改革蓝图。詹诺内公开的反教权主义(anti-clericalism)使他流亡维也纳,在那里开始写作《三重冠》(*Triregno*),这是一部伴有对教权直率抨击的文明史。

319　　　同时,帝国图书馆也日益成为历史研究和活动的重心,由此形成了一个大范围交际网的核心,一系列意大利图书馆长,像 B. 真蒂洛蒂(B. Gentilotti)、P. N. 加雷利(P. N. Garelli)和尼古拉·弗洛西亚(Nicola Forlosia)都在其中,还包括穆拉托里和佩斯兄弟。在加雷利的监督下,菲舍尔·冯·埃拉赫(Fischer von Erlach)开始计划为图书馆建设一个辉煌的"豪华大厅"(Prunksaal),而弗洛西亚则继续展开詹诺内的一个计划,即出版腓特烈二世(1220—1250年)的顾问——彼得鲁斯·德·维内亚(Petrus de Vinea)的信件,他曾协同皇帝通过削弱教皇来加强帝国权力。这个圈子中,在历史写作上最著名的成员是戈特弗里德·菲利普·施潘纳格尔(Gottfried Philipp Spannagel)。他曾作为哈布斯堡出版商在意大利生活多年,最终被查理六世召回维也纳,任命为宫廷史学家、图书馆长,并教导年轻的玛丽·特蕾西亚。施潘纳格尔是一位多产的作家,身后作品众多。他的《奥地利史》(*Histoire civile utrichienne*)研究了从费迪南一世到费迪南四世的帝国历史;为查理六世创作的八卷本传记,以手稿形式保存了下来;他最重要的作品是对约瑟夫一世的研究,这部九卷本作品尽管未完成,却反映出了一种不向罗马妥协的彻底的高卢主义(Gallicanism)。[①]

这些学术圈子和网络逐渐发展成了一些更加正式的社团,这种新的学者团体是另一个影响哈布斯堡地区历史写作的因素。中欧伟大的博学者莱布尼茨(Gottfried Wilhelm Leibniz)的努力在这方面起到了重要作用,他在 1712—1714 年生活在维也纳,永不疲倦地拥护科学机构,曾长期敦促哈布斯堡根据皇家学会和巴黎科学院建设一个机构,可以将不同形式的知识熔于一炉,并认为维也纳

---

① Benz, *Zwischen Tradition und Kritik*, 418-421.

的帝国宫廷就是这个机构的理想地点。莱布尼茨还长期担任韦尔夫家族的宫廷史学家,构想创办一种学术刊物——"德意志帝国年鉴"(*Annalen des Deutschen Reiches*),这也是他建立学术机构这个宏伟计划的一部分。路德教的克里斯蒂安·沃尔夫(Christian Wolff)担任学术领袖时,还为这个计划起草了一份具体的提案。但查理六世的维也纳弥漫着宗教敏感情绪,这个计划举步维艰,以失败告终。而在哈布斯堡的其他地区,一些行动则获得了成功。穆拉托里曾梦想建立"意大利文学协会"(Repubblica letteraria d'Italia),在他的鼓励下,一些学者在萨尔茨堡建立了一个小型机构,越过阿尔卑斯山寻求灵感。因斯布鲁克成立了一个类似的机构,尤其专注于历史研究。1738 年与博兰德会以及莫尔会有关的一些教士和学者成立了一个协会,最终成为人们所熟知的塔克西亚那学会(Academia Taxiana)。历史学家和改革家保罗·约瑟夫·里格(Paul Joseph Riegger),以及未来的红衣主教和维也纳大主教克里斯托夫·安东·米卡兹(Christoph Anton Migazzi),都是该机构的成员。约瑟夫·冯·施佩格(Joseph von Sperg)自由地运用穆拉托里的《意大利作家纪事》,创作了一部对蒂罗尔的批评史,[1]穆拉托里的影响再一次变得巨大。

在波西米亚,这些协会对于历史写作的影响甚至更为巨大。1746 年建于摩拉维亚的奥洛穆茨市(Moravian city of Olomouc)的"奥地利地区匿名学者协会"(Societas eruditorum incognitorum in terris austriacis)是哈布斯堡地区第一个获得官方承认的学会。这个学会的奠基人一个是欧根亲王的前副官,另一个是意大利教士,其父是摩德纳驻维也纳大使。他们建立这个学会有两个具体目标:提高德语地位、研究历史。学会的早期成员自然就包括约翰·克里斯托夫·戈特舍德(Johann Christoph Gottsched)和希罗尼穆斯·佩斯(Hieronymus Pez)。不久之后,在布拉格,一些自然科学家和历史学家创办了"私人学会"(Private Learned Society),其早期

320

① Zlabinger, *Lodovico Antonio Muratori*, 47.

资助人之一是皮亚尔会（Piarist）牧师格拉西乌斯·多布纳（Gelasius Dobner）。多布纳是以一种新的批判方式研究波西米亚历史的重要代表人物，他攻击哈耶克（Hájek）流传甚广的史书，挑战他的人种学观点，由此挑起了现代捷克历史编纂学上的第一次学术争论。哈耶克提出这一地区原始居民是古代酋长切赫（Čzech）的后裔，多布纳则将这种观点视为神话虚构而不予理睬。该学会的另一位皮亚尔会成员是米库拉希·福格特（Mikuláš Adaukt Voigt），他系统化了钱币学研究，同时他最亲密的同事弗兰蒂耶克斯·马丁·佩尔茨尔（Frantiekš Martin Pelcl）则帮助他完成了第一部现代版本的捷克史料集，《波西米亚作家纪事》（*Scriptores rerum Bohemicarum*，1783－1784 年）。[①]

从多个角度来看，18 世纪哈布斯堡地区的历史写作沿着两个方向发展。在中心地区，哈布斯堡王朝及其领地呈现出一幅更加连续和团结的画面，这一点可能在马夸德·赫尔戈特（Marquard Herrgott）的作品中得到了最好的表达，他是最后一位活跃于奥地利巴洛克时代的本笃会历史学家。[②] 赫尔戈特是土生土长的上奥地利人，求学于斯特拉斯堡、罗马、圣加仑（St Gallen）和梅尔克，之后被送往巴黎完成学业。起初他在圣博拉齐恩修道院（St Blasien Abbey）担任图书馆员，最终获得查理六世的赏识，被委任为帝国家族书写历史。赫尔戈特创作了《神圣的哈布斯堡家族谱系研究》（*Genealogia diplomatica Augustae Gentis Habsburgicae*，1737 年），这部书的第一卷在风格上做出了重大改变，并成为了这一时期其他王朝史的范本。赫尔戈特并不专注于寻找罗马或者特洛伊的先祖，而是仔细地追寻哈布斯堡和洛林（Lorraine）家族之间的关系，以此来确保对领土的所有权。赫尔戈特在古文书方面的专长因此也至关重要，并且意味着他将以一个全新且更加实际的方法研究

---

① Milan Kudělka, *Spor Gelasia Dobnera o Hájkovu Kroniku* (Prague, 1964); and B. Slavík, *Od Dobnera k Dobrovskému* (Prague, 1975).
② Josef Peter Ortner, *Marquard Herrgott (1694－1762)* (Vienna, 1972).

谱系。这些研究在"国事诏书"时代(the PragmaticSanction)非常普
遍,因为哈布斯堡当时正面临着一系列由政敌挑起的领土问题。
当帝国宫廷的史学家们努力打造一个团结统一的哈布斯堡统治形
象时,帝国周边地区的离心力依然存在。尽管哈布斯堡地区长期
存在地方史传统,但是这些地方史的特点也随着 18 世纪历史发生
改变。波西米亚启蒙运动的领袖是爱国主义者约瑟夫·多布罗夫
斯基(Josef Dobrovský),他作为一个捷克语言学家所取得的成就与
作为一个历史学家不分伯仲。[①] 在新教徒马加什·贝尔(Mátyás
Bél)和耶稣会士哲尔吉·普劳伊(György Pray)帮助下,匈牙利发
展出了民族历史学派,而斯洛伐克则开始关注区别于匈牙利历史
的本国史。整个 18 世纪,中央和地方之间那种具有创造力的紧张
关系继续存在,但是随着时间推移,天平开始慢慢向后者倾斜。但
是赫德尔关于"民族精神"(Volksgeist)的描述、不断增长的民族意
识以及地方史的传播,在本文的研究范围中还尚未产生,它们全部
属于另一个世纪。

大事年表/关键日期

1316—1378 年	波西米亚的查理四世(1346—1378 年在位)
1415 年	康斯坦茨宗教会议,处死胡斯
1443—1490 年	匈牙利的马提亚一世(1458—1490 年在位)
1459—1519 年	马克西米利安一世(1493—1519 年在位)
1500—1558 年	查理五世(1519—1556 年在位)
1526 年	莫哈次战役;费迪南德一世当选波西米亚和匈牙利国王
1555 年	奥格斯堡宗教和约

---

① Zdeněk Fiala,'Josef Dobrovský a počátky historické kritiky u nás', *Československý casopis historický*, 1(1953),257 - 271.

1569 年	卢布林联盟联合波兰王国与立陶宛大公国
1618—1648 年	三十年战争
1620 年	白山战役
1630—1705 年	利奥波德一世(1658—1705 年在位)
1648 年	威斯特伐利亚和约
1683 年	奥斯曼帝国入侵哈布斯堡地区;维也纳之战
1685—1740 年	查理六世(1711—1740 年在位)
1699 年	卡尔洛夫奇条约;奥斯曼帝国将匈牙利、特兰西瓦尼亚和斯洛文尼亚的重要地区割让给哈布斯堡
1701—1714 年	西班牙继承战争
1714 年	与法国签订拉施塔特和约;哈布斯堡获得了那不勒斯、米兰、撒丁和南尼德兰
1717—1780 年	玛丽·特蕾莎(1740—1780 年在位)
1740—1748 年	奥地利继承战争
1782 年	约瑟夫二世颁布《宽容令》

322

主要史料

Balbín, Bohuslav, *Miscellanea historica regni Bohemiae* (Prague, 1679 - 1688).

Bessel, Gottfried, *Chronicon Gottwicense* (Tegernsee, 1732).

Bílejovský, Bohuslav, *Kronyka czeská* (Nuremberg, 1537).

Bonfini, Antonio, *Rerum ungaricarum decades* (Frankfurt, 1581).

Cuspinianus, Johannes, *De Caesaribus et Imperatoribus* (Strassburg, 1540).

Hájek, Václav, *Kronika česká* (Prague, 1541).

Khevenhüller, Franz Christoph, *Annales Ferdinandei* (Leipzig, 1721 - 1726).

Lazius, Wolfgang, *Vienna Austriae* (Basel, 1546).

—— *De gentium aliquot migrationibus* (Basel, 1547).

Leopold of Vienna, *Chronik von den 95 Herrschaften* (c. 1390).

Piccolomini, Aeneas Sylvius, *Historia Australis* (1453).

——*Historia Bohemica* (1458).

Rader, Matthäus, *Bavaria sancta* (Munich, 1615 – 1627).

Rhenanus, Beatus, *Rerum Germanicarum libri tres* (Basel, 1531).

Scriptores rerum Austriacarum (Leipzig, 1721 – 1745).

Scriptores rerum Bohemicarum (Prague, 1783 – 1784).

Stránský, Pavel, *Respublica Bohemiae* (Leiden, 1634).

Valvasor, Johann Weickhard von, *Ehre des Hertzogthums Crain* (Laibach, 1689).

参考文献

Antoljak, Stejpan, *Hrvatska historiografija* (Zagreb, 2004).

Benz, Stefan, *Zwischen Tradition und Kritik: Katholische Geschichtsschreibung im barocken Heiligen Römischen Reich* (Husum, 2003).

Birnbaum, Marianna, *Humanists in a Shattered World: Croatian and Hungarian Latinity in the Sixteenth Century* (Columbus, 1986).

Brendle, Franz, Mertens, Dieter, Schindling, Anton, and Ziegler, Walter (eds.), *Deutsche Landesgeschichtsschreibung im Zeichen des Humanismus* (Stuttgart, 2001).

Collins, David, *Reforming Saints: Saints' Lives and Their Authors in Germany, 1470 – 1530* (Oxford, 2007).

Coreth, Anna, *Österreichische Geschichtschreibung in der Barockzeit* (Vienna, 1950).

Evans, R. J. W., *Austria, Hungary and the Habsburgs* (Oxford, 2006).

Helmrath, J., Muhlack, U., and Walther, G. (eds.), *Diffusion des Humanismus*: *Studienzur nationalen Geschichtsschreibung europäische Humanisten* (Göttingen, 2002).

323　Joachimsen, Paul, *Geschichtsauffassung und Geschichtsschreibung in Deutschland unter dem Einfluss des Humanismus* (Berlin, 1910).

Johanek, Peter (ed.), *Städtische Geschichtsschreibung im Spätmittelalter und in der frühen Neuzeit* (Cologne, 2000).

Kersken, Norbert, ' Entwicklungslinien der Geschichtsschreibung Ostmitteleuropeas inder Frühen Neuzeit ', in J. Bahlcke and A. Strohmeyer (eds.), *Die Konstruktion der Vergangenheit* (Berlin, 2002), 19 - 53.

Kutnar, F. and Marek, J. , *Přehledné dějiny českého a slovenského dějepisectví* (Prague, 1997).

Lhotsky, Alphons *Österreichische Historiographie* (Vienna, 1962).

——*Quellenkunde zur mittelalterlichen österrreichischen Geschichte* (Graz, 1963).

Polman, P. , *L'élément historique dans la controverse religieuse du XVIe siècle* (Gembloux, 1932).

Strauss, Gerald, *Historian in an Age of Crisis*: *The Life and Work of Johannes Aventinus, 1477 - 1534* (Cambridge, Mass. , 1963).

Strohmeyer, Arno, ' Höfische und ständische Geschichtsschreibung ', in Josef Pauser, Martin Scheutz, and Thomas Winkelbauer (eds.), *Quellenkunde der Habsburger-Habsburgermonarchie* (16. - 18. Jahrhundert) (Vienna, 2004), 881 - 897.

Szegedi, Edit, *Geschichtsbewusstsein und Gruppenidentität*: *die Historiographie der Sieben bürger Sachsen zwischen Barock und Aufklärung* (Cologne, 2002).

Tropper, Peter, *Urkundenlehre in Österreich vom frühen* 18. *Jahrhundert bis zur Errichtung der* ' *Schule für österreichische*

Geschichtsforschung' *1854* (Graz，1994).

Vardy，Steven，*Modern Hungarian Historiography* (Boulder，Col.，1976).

Winkelbauer，Thomas，' Ständische und höfische Geschichtsschrei-bung und Geschichts-bilder'，in Winkelbauer，*Ständefreiheit und Fürstenmacht*：*Länder und Untertanen des Hauses Habsburg im Konfessionellen Zeitalter*，2 vols. (Vienna，2003)，i. 227 – 281.

李　娟　译　张　骏　校

第十六章　德意志历史写作：从宗教改革到启蒙运动

马库斯·弗尔克尔

历史意识的结构和概况

　　"德意志民族神圣罗马帝国"（Heiliges Römisches Reich deutscher Nation）很不幸被翻译成了"神圣罗马帝国"（Holy Roman Empire），它可能是历史上最受低估的联邦国家。这首先是因为圣经《但以理书》（*the biblical Book of Daniel*）将这个帝国的形象设定为神圣的"第四个世界帝国"（Fourth World Monarchy），这个形象确实让帝国摆脱了纯粹的政治意味，帝国的结局也被完全安置在一个崇高的神学和启示性视野之中。但是 1806 年这一切都改变了，那时包括普鲁士和奥地利在内的欧洲主要力量，都认为神圣罗马帝国在政治上已然是个老古董：它无力阻止法国大革命的浪潮，还阻碍了工业革命的进展。但 19、20 世纪所发生的那些灾难性事件，让这种政治评价陷入尴尬。中东欧的民族国家一旦得到强化，那里就成了一个长期的政治动乱中心。因此，神圣罗马帝国用缺席证明了它天启般的地位：从俾斯麦到斯大林，从罗斯福到马萨里克（Masaryk），所有的政治智慧加起来，也无法补偿这个神秘实体缺失。

　　神圣罗马帝国是一个主权国家，但其主权却以一种相当不寻常

380

的方式，掌握在"政治实体"的领袖和成员手中。帝国中有超过一千块领土单位，都宣称自己是一块"领地"，每块"领地"也都被承认拥有自主的政治意志。帝国为了运转，就必须通过不同的交流方式和制度决议来调节这些独立政权。

从政治上说，帝国应该是一种为其成员所接受的手段和运作方式，但实际并非如此，加入或者退出帝国并不重要，因此我们也就不惊讶于帝国对其领土范围、语言和宪法不存在也不需要什么清楚的意识，甚至在 1555 年后，对于宗教也是如此。国界需要保卫，但无须扩张；德语是主要语言，但是即使帝国法（Reichsabschied）也没有指定哪种方言为国语，拉丁语在公共生活交流中拥有特权。这些都表明帝国无法就某种正式宪法达成共识，也无法对三种主要的基督教派一视同仁，因而帝国内的主要国家最终只能对"帝国法"进行一种历史化的解释。所以威斯特伐利亚和约（the Peace of Westphalia）规定，应该在 1624 年根据实际活动来划分地方宗教崇拜的界限。历史和法律共同弥补了帝国法中的诸多漏洞和矛盾之处。

到中世纪末，除了教皇国（Patrimonium Petri）和帝国内部的帝国主教和修道院院长（Reichsbischöfe，Reichsäbte）的领地，教会领地在欧洲已经消失。14 世纪，帝国教会（Reichskirche）已经宣布放弃其最重要的职位，不再为皇帝积极的帝国"对外政策"提供资金和人力，但是直到现代早期，帝国教会仍然是皇帝最忠实的主顾。

16 世纪，帝国仍旧是欧洲金融市场的重要玩家。尽管帝国在三十年战争期间地位尽失，但是它通过稳定经济和支持技术力量，成功地将奥斯曼帝国挤出了中欧，还为一种多样化的教育体系提供资金支持。神圣罗马帝国是首批建立公共邮政服务的欧洲国家之一，此举鼓励了月报、周报和日报的出现。分别位于美因河畔法兰克福和莱比锡图书市场，成为欧洲印刷工业的汇集之地。"产自奥格斯堡（Augsburg）、法兰克福或纽伦堡"的木制及铜制雕版，让出版商们可以将带插图的书籍卖到整个大陆和美洲。尽管只有少数几个较大领地展现出完整的"主权"，但是现代性并没有绕开帝国。即使是那不多几个被承认的帝国中央机构，如帝国议会（the Imperial Diet）、维也纳帝国宫廷会议（Reichshofrat）、帝国枢密法院（Reichskammergericht）以及帝国军队（the Imperial Army），都缓慢地适应了这些新挑战。

现代关于帝国的研究指出，帝国日常政治的形式意义和历史意义，至少在部分上平衡了它过于复杂的结构和分散的权力。仪式和历史实际上将帝国国家凝聚在一起。因此"历史"就首先被视为"公共行为"，相应地"历史事实"就是"被公共所接受的行为"，历史学家就是社会有关事实的"公证人"，"历史材料"则是公共管理留下的痕迹。"仪式"则被理解为对这种历史知识精确地重演。

1450 年左右人文主义出现前，帝国对自己的日耳曼根源尚一无所知。《阿诺德之歌》（*Annolied*，1100 年以前）称法兰克人是特洛伊后裔；凯撒在战胜四个德意志部落以后（法兰克、萨克森、士瓦本［Swabians］和巴伐利亚），同他们结盟并建立了罗马帝国。然后发生了"塔西佗革命"（Tacitean Revolution）："德意志人"（theodisci）（"当地人"）可以和塔西佗的《日耳曼尼亚志》（*Germania*）中所描述的种族相认同。最终，一个"种族熔炉"形成，这使德意志有资格继承罗马帝国（中世纪所说的帝国传承［translatio imperii］）以及古典学问（知识传承［translatio studii］）。

宗教改革后，这种"双重继承"导致了对待"与罗马有关事物"的两种不同方式。新教徒是"合法帝国历史"（Legal Imperial History）真正的发明者，他们强调帝国在圣经中的基础，以及其日耳曼与贵族政治之本，这些都不断揭示着"德意志自由"（Deutsche Freiheiten）的核心地位。在这样一个尽管腐化但真正的教会也在萌芽的时代，中世纪教会和教皇权力受到了制约。因此天主教强调教会的教化使命以及帝国和皇帝的神圣性，而教皇是这种神圣性的惟一源泉。由于天主教集团的大多数成员都属于教士阶层，因此帝国的"神圣性"迫使皇帝和世俗天主教阶层保证那些人的地位。相应地，1555 年签订的《奥格斯堡宗教和约》（*the Peace of*

Augsburg）尽管起初只是为了让新教和天主教暂时休战，但却在经历了漫长的发展后，围绕这两种宗教派别形成了截然不同的"历史文化"。天主教历史文化的定位是罗马式的帝国集权传统、表演艺术和宗教仪式。新教则转向个体化的地区国家、经书的阐释性分析、广博的学识以及世俗价值。这两者都发展出了对历史研究方法的批判态度，"历史批判"还从罗马"传统"和逐字默示法的解体中获得了滋养。

同时拥有两种教会历史文化的一个重要后果就是，根本无法为帝国打造一部"权威叙事"。这部权威历史首先应该以天主教世界史的面貌出现，但是那种关注现实强调因果联系的实用主义历史学（Pragmatische Historie）1750 年才出现，在此之前天主教世界史就只能是个僵硬的形而上学框架。这造成了帝国国家彼此孤立的不良影响。帝国的历史无能为力地在地区和统一帝国之间摇摆，而这个统一帝国的继续存在很快成为了一个急需改革的现实，但改革的方向却从未达成一致。即便像土耳其战争以及同路易十四开战这些行为获得的情感共鸣，或者像施马尔卡尔登同盟（Schmalkaldic League）、三十年战争或七年战争所共同经历的灾难，都无法产生一部被普遍接受的民族历史。后来的启蒙运动曾努力将帝国民族化为"德意志人民的帝国"，结果并不成功。

在其他印刷术发达和文学昌盛的欧洲社会中，历史都吸引了相当一部分本国读者，但是这些读者群体并不重叠。大学、中学、宫廷、城市和僧侣分别构成受教育种类不同的读者群。图书市场上的教会界限相当分明，还包含着相当程度的语言和拼写方面的差异，例如"新教的高地德语"（Protestant Hochdeutsch）和"天主教的南德方言"（Catholic Oberdeutsch）。这个以严格阶级和出身等级为基础的社会，鼓励那些能从历史中"有所得"的人阅读史书，以更好地履行公共义务；那些社会等级低、无权无势的人，读读道德教诲的文章就行。这并不意味着，历史编纂的信息（以及假信息）无法在更大领域中流通，但这种情况却主要在报纸、伪历史小说，甚至是从期刊中摘抄的或地方教会大学出版的"年报"（yearly reports）

327

中出现。"下层"民众而非专家生产出一种"粗野的历史知识"（wild historical knowledge），可能在很大一部分人群，甚至是乡村中被传播，但我们对此依然知之甚少。

现代史学史研究者尽管承认，那些出版物、方法论方面的创举以及档案珍藏是研究沃土，他们仍需挖地三尺去揭示，19世纪德意志历史学姗姗来迟的胜利处于何种背景之下。有些讽刺意味的是，他们这样做的原因也许可以在"德意志学派"（German School）自身简化主义（reductionist）的态度中找到：他们抛弃神圣罗马帝国是因为它背叛了德意志民族的渴望；帝国的历史编纂技艺因此也应被抛弃，由于它对形成一种充分的民众历史意识并无帮助，充分性被认为等同于"历史学的成功"。神圣罗马帝国是否是个错误，尚无定论；但是对历史学的现代目标来说，帝国历史编纂遗产的创造力却是肯定的。

德意志人文主义

德意志人文主义同时关注着帝国和"德意志民族"，但它短暂的权威地位从1480年持续到1520年，然后就被宗教改革吞噬了。因此为了说明德意志人文主义的历史编纂，首先应该将它同后来受宗教改革影响的漫长岁月分割开来；其次要剥离掉它从中世纪获得丰富遗产；第三，德意志早期人文主义像是由印刷和讨论组成的网络，很大程度上是一种存在于帝国西南部的地方现象：阿尔萨斯、巴拉丁领地、哈布斯堡沿海地区（the Habsburg Vorlande）以及正在形成的瑞士联邦北部。虽然主要德意志人文主义者中的许多人都关注着皇帝马克西米利安一世（Emperor Maximilian I），但是这位奢侈无度的帝王不仅没有指导这个松散的人文主义群体，也没有大力资助他们。

位于斯特拉斯堡西南40公里的斯克雷茨塔（Schlettstadt）是人文主义历史编纂的重心。一所重要的中学（拉丁语学校）被一群急于唤起"民族关注"的地区精英们当成了会议地点。雅各布·温普费林（Jacob Wimpfeling）的《德意志历史概要》（*Epithoma rerum Germanicarum*，1501 年）是首部专注"德意志"历史的作品，它从五个日耳曼部落开始叙述，否认任何外族血统，慷慨地赞扬德意志民族。这自然是"民族主义"（前现代的含义），即一种从文化和政治上期望帝国自治的诉求，但是《德意志历史概要》也是一本常见的修辞华丽的书籍，其中"民族"是一项传统主题，作者要为其收集来自科学、世俗和教会文学的所有相关材料。

贝亚图斯·雷纳努斯（Beatus Rhenanus[Beat Bild]）的情况证明了将一个作者和他最著名的作品相等同，是一件多么徒劳的事情。人们通常是因为三卷本《德意志历史》（*Rerum Germanicarum libri tres*，1531 年）才想起雷纳努斯，这部作品也被冠上德意志首部"批判历史学"之名。他是一位语文学和古物研究专家，并不承认"四帝国"历史理论，也不接受"帝国传承"的教条。他的帝国就只是德意志帝国，"罗马"不过是人民赋予的荣誉头衔。为了评价雷纳努斯的这一贡献，我们应该重新考虑他在语文学上的作为。他修订了教父德尔图良（Tertullian）的作品（1521 年），编写了《教会史作家》（*Autores historiae ecclesiasticae*），包括尤西比乌（Eusebius）、狄奥多勒（Theodoret）、苏格拉底（Socrates）等人，其中最重要的是塔西佗的《日耳曼尼亚志》（1519 年）和李维作品的残篇（1535 年）。在这样的背景下看待《德意志历史》，就会得出与中世纪相当不同的观点。同时，因为《日耳曼尼亚志》让德意志人意识到自己是选民（a chosen people），德意志打造"帝国的世界民族主义"（universal nationalism of the Empire）的历史使命也应该被降低为形成"内部单一的民族主义"（endogenous monogenetic nationalism）。[①]"人文主义者创作的新历史"产生的背景是一段内

---

① Jörn Garber，'Vom universalen zum endogenen Nationalismus：Die Idee der Nation im deutschen Spätmittelalter und in der frühen Neuzeit'，in Helmut Scherer（ed.），*Dichter und ihre Nation*（Frankfurt，1993），16 - 37.

部联系普遍存在的历史时期，这种新历史以古代作品为基础，同时吸纳中世纪作品，并将其降至从属地位；也将"德意志视野"扩展到了未知维度，同时又将其拉低到这个现存的帝国或一个更狭小的地域单位身上。世界主义（空间和时间上）和地方主义（空间和时间上）的这种结合，有效地弥补了帝国以往无法以保罗·埃米利奥（Paolo Emilio）创作九卷本《论法兰克人功勋》（*De rebus gestis Francorum libri IX*，1517 年）的方式，写出一部具有可读性德意志史书的缺憾，帝国现在是拉丁欧洲举足轻重的单一王国，而不是进口意大利人文主义者的港口。①

329　　雷纳努斯在给普罗科匹厄斯（Procopius）的七卷本《论哥特人、波斯人和汪达尔人的历史》（*De rebus Gothorum，Persarum ac Vandalorum libri VII*，1531 年）所写的序言中，追溯了哥特人遍布欧洲的迁徙活动，提出了一个范围广阔的"德意志空间"，指出哥特人的现代后裔应该在这个空间内进行自我定位。因此毫不意外的是，承担翻译古代作品、编辑第一部德语《凯撒书》（*Corpus Caesareum*，508 年）这种完全人文主义式任务的马蒂亚斯·林格曼（Matthias Ringmann），也在 1507 年创作了《宇宙学导论》（*Cosmographiae Introductio*），这本书是对马丁·瓦尔德塞弥勒（Martin Waldseemüller）那幅著名世界地图的注解，这幅地图首次将"美洲"一词放在新发现的第四大陆上。② 塞巴斯蒂安·明斯特尔（Sebastian Münster）也写作了相同主题的历史作品，他是畅销书《宇宙学》（*Cosmographia*，1544 年、1550 年）的作者，尽管人文主

---

① Markus Völkel, 'Rhetoren und Pioniere: Italienische Humanisten als Geschichtsschreiber der europäischen Nationen. Eine Skizze', in Peter Burschel (ed.), *Historische Anstöße: Festschrift für Wolfgang Reinhard zum 65. Geburtstag* (Berlin, 2002), 339 - 362.

② Franz Joseph Worstbrock, 'Zur Einbürgerung der Übersetzung antiker Autoren im deutschen Humanismus', *Zeitschrift für deutsches Altertum*, 99(1970), 45 - 81; and Dieter Wuttke, 'Humanismus undEntdeckungsgeschichte 1493 - 1534', in Wuttke, *Dazwischen: Kulturwissenschaft auf Warburgs Spuren* (Baden-Baden, 1996), 483 - 537.

义者所必须学习的主要语言是希伯来语，但他对这个全新且不断扩张的地球的描绘，还是以德意志为中心。

德意志人文主义因此从古代历史和地理的广阔背景延伸到了帝国内的个人领域。阿尔贝特·克兰茨（Albert Krantz）就是这一传统的北方支持者，他是罗斯托克（Rostock）的一位教授，后来成为汉堡大教堂的执事。克兰茨写作的《汪达尔人》（*Wandalia*，1519年）、《萨克森人》（*Saxonia*，1520年）和《丹麦、瑞典和挪威王国编年史》（*Chronica regnorum aquilonarium Daniae，Suetiae，Norvagiae*，1548年）都以"大日耳曼"（Germania magna）这一概念为基础，根据地区决定种族关系，因此"德意志"和"斯拉夫"在这里无疑被合为一谈。这个特殊的地区成为了后来宗教改革的摇篮。克兰茨提出了未来新教观念下德意志历史的基本范式。

德意志人文主义历史编纂除了满足帝国永恒"罗马要素"（罗马教会、罗马古迹、帝国的罗马特征）的要求外，还进一步发展了帝国的中世纪遗产。1500年左右发生了一场"复古综合征"（retrospective syndrome），皇帝马克西米利安一世发起的那些纪念项目就是该症状最明显的表现。在这一时期，中世纪文献，无论用拉丁文还是方言写成，以及各种形式的文字材料都被收集起来加以编纂。

新教的双重范式

1520年左右帝国内的历史编纂已经走到了一个十字路口。一方面，将一种政治目的、一种国家理性，同已经遭到贬斥的帝国"日耳曼和多中心"特性结合起来，并非不可能；另一方面，教会和国家正在驶向一场危机：末日正在临近，历史即将终结，因此历史写作需要全面重新设计。

首次将这两种趋势结合成一个牢固整体的人是菲利普·梅兰希通（Philipp Melanchthon），他是著名希伯来语专家约翰内斯·罗伊希林（Johannes Reuchlin）的侄孙。梅兰希通接受的教育使他首先

330

成了一名文学家,受到路德思想影响后不久,他成了维滕贝格大学
(University of Wittenberg)的一名神学家。梅兰希通认为,历史对于
一个真正的天主教徒至关重要,因为历史传递着人类行为中有道德
影响力的事件,同时也在上帝面前为人类历史(historia universalis)
划定了世俗的界限。历史事件将上帝的意图展现给人类,因而历史
本身就同时是伦理和语言现象,是一种持续的教益,每个人都应该
时刻谨记。梅兰希通始终保持着这种教诲的观点,因此他那些伟大
的历史书都是行为指南手册。他的写作生涯始于修订一本德语小
书《编年史:卡里翁辛勤之作》(*Chronica durch Magistrum Carion
vleissig zusamen gezogen*,1532 年),这本书叙述了到查理曼加冕时
的历史;最后他的女婿卡斯帕·波伊策尔(Caspar Peucer)编纂了一
部大部头拉丁语的世界史提纲《续卡里翁编年史》(*Chronicon
Carionis*,1558 年),覆盖范围直到皇帝查理五世时期。

《续卡里翁编年史》也许是最具影响力的历史手册,它的卓著
成就是使得历史成为基督教生活方式中至关重要的部分,但这部
史书也有需要承认的缺陷:尽管梅兰希通大力支持修辞学,但是他
"历史的观念"却停靠在平铺直叙的圣经叙述风格之上,更加危险
的是这种观念对历史进行了去政治化。对于梅兰希通来说,具体
的权力并非源于人类,而是自有神圣之源,权力真正的终结也必将
是人类精神的解脱。所以梅兰希通留下了一份有争议的遗产,即
关于"基督教历史"应该被如何写作。

约翰·斯来丹(Johann Sleidan)二十六卷《皇帝查理五世时期的
宗教与国家情况评述》(*Commentariorum de statu religionis et
reipublicae Carolo V. Caesare libri XXVI*,1555 年)强调了宗教改
革历史编纂中的政治和马基雅维利角度。斯来丹自从 1552 年起
担任新教阵营记录《施马尔卡尔登同盟》(Schmalkaldic League)的
官方史家,也是斯特拉斯堡重要外交家的密友,因此他可以利用官
方材料,有时甚至可以接触到新教的秘密档案。他评述的范围覆
盖三十八年的历史,也是 16 世纪惟一一部德意志历史,脱离了像
菲利普·德·科明尼斯(Philippe de Commynes)的《记忆录》

（*Mémoires*）那种纯粹政治史编纂的影响。这部作品成了欧洲畅销书，并为雅克-奥古斯特·德·图（Jacques-Auguste de Thou）和保罗·萨尔皮（Paolo Sarpi）日后建构各自的法国宗教战争史和特伦托宗教会议史（the Council of Trent）奠定了基础。

斯来丹在政治层面上超越了梅兰希通，而《马格德堡世纪》（*Magdeburg Centuries*）则试图在历史领域形成正统的路德派神学，因此他们都更正了梅兰希通将教义和历史严格区分的观念。欧洲历史上首部集体创作的历史作品是《教会史：包含基督教会完整理念》（*Ecclesiastica historia*，*integram Ecclesiae Christi ideam ... complectens*，1559—1574年）。《马格德堡世纪》的作者们拒绝平铺直叙，而是在每个"世纪"（Centuria）内根据16个大多武断的主题组织材料，结果这本书成了放置在一个刻板的编年史框架内的基督教教义历史。在这些作者中，马蒂亚斯·弗拉齐乌斯（Matthias Flacius）是核心力量，约翰·维甘德（Johann Wigand）和马陶斯·尤德克斯（Matthäus Judex）是执行人，他们创造出了新教的历史优越感。为了达到这个目的，有必要进行一场质疑活动：必须打破有形教会表面上的延续性，而用最强有力的历史证据支持真正教义和传统的内部延续性。

以上的成就令人印象深刻，但这并不是新教有关历史重要性的最激进立场。由牧师转行出版商的多瑙沃特的塞巴斯蒂安·弗兰克（Sebastian Franck of Donauwörth）颠覆了人类历史的认识论地位。他写作的《编年史、时光之书和圣经历史》（*Chronica*，*Zeytbuch und geschychtbibel*，1531年、1536年），将所有时代作家所写作的历史建构成一个"二次揭示"（second revelation）和对《圣经》的必要补充。历史最终成为了教义的墓碑，并为信仰基督教的个人主义方式开辟了道路。

破碎的帝国和蓬勃的历史

随着《奥格斯堡宗教和约》的签订，各种历史编纂作品，包括宗教和世俗作品大量涌现。德语历史作品首次跻身图书市场，不断扩大的读者群如饥似渴地阅读关于其他地区或城市的详细信息。对帝国、帝国法律起源及其末日般尊严的兴趣尽管依然存在，但已经日益专属于帝国体制中的官僚以及简明学校指南的作者们。惟一激起"民族兴趣"的人物就是皇帝本人，但是哈布斯堡家族（除了皇帝马克西米利安一世）直到帝国终结都顽固地拒绝传记创作。他们认为皇帝是公职人员，是谱系链上的一环，他们挫败了所有取得心理突破和获取情感认同的企图。

接下来与历史编纂有关的选择始于帝国西南部，结束于帝国远东，各种形式的群体（教派、地区、阶级、亲缘、资助）团结合作推动了这场抉择。首要问题是历史的合法性，但随后就是德意志人文主义尚未实现的要求：完成 1492 年康拉德·策尔蒂斯（Conrad Celtis）所构想的《插图德国志》（Germania illustrata）作品。更进一步说，就是重新定义基督教传统，尤其要尊重不同地区的情况。地区（landscapes）和日耳曼部落的历史传统必须和王族的谱系结合起来。同样，帝国或者非帝国城市中宪法和宗教的平衡，都需要根据新的编年史重新设定。王族范围外的新家族要通过对族中伟大人物的纪念仪式，来巩固自身的"历史地位"。帝国教会自然也以其无数的制度表现形式参与了上述所有发展。

虽然瑞士联邦与帝国之间的纽带已经放松，但直到威斯特伐利亚和约签订才解除了法律上的依附关系。因此，瑞士的历史编纂尽管加强了地方认同，但也反映了帝国的现实并参与了对帝国政治的解释。在苏黎世形成了首个历史编纂群体，改革家海因里希·布林格（Heinrich Bullinger）是其中的重量级人物，他建立了一个巨大的新教信息网络，当他晚年转向历史学研究的时候，这个网络让他受益匪浅。布林格有三部主要著作：《宗教改革史》（Reformationsgeschichte，1564 年）、《瑞士联邦史》（Geschichte der Eidgenossenschaft，1575 年）、《苏黎世史》（Tigurinerchronik，1574 年），只有第一部出版于 1840 年以前，但这本书仍可能以手稿的形式为人所读。在早期现代欧洲和其他地方，未经印刷的文字也能传播、接受评论，有时甚至有其他作者书写续本。布林格的亲密同事约翰内斯·施通普夫（Johannes Stumpf）来自布鲁赫萨尔（Bruchsal），他依赖布林格提供的信息，写出了首部全面的联邦新教编年史。[①] 他生动形象的"南德方言"至今读起来依然优美。由于有可能形成超越派别的团队合作，因此施通普夫也引用了许多由他强大的天主教对手埃吉迪乌斯·楚迪（Aegidius Tschudi）挖掘出的特许状，以此使自己卓著的《瑞士编年史》（*Chronicon helveticum*，1534—1536年）具有权威性。这部保守主义著作为瑞士的政治神话奠定了基调：发生在帝国、传统天主教和原始（基本）地区乡村精英体系中的一次合法反叛。

瑞士的作者和编辑们培植出了一种历史编纂的混合风格。根据"插图编年史"的传统，他们对作品进行大量配图、收集传说并吸收官方文献。施通普夫由于其绘制且被广泛传播的地图集（*Landtafeln*）而著名，就算是一部简单的小镇编年史，像克里斯蒂安·乌斯蒂森（Christian Wurstisen）1580年撰写的《巴塞尔城市编年史》（*Baßler Chronik*），也结合了地形学、谱系学和档案文献等多种元素。帝国城市的史书很容易成为帝国及其市政代表（municipal representatives）史书的典范。克里斯托夫·莱曼（Christoph Lehmann）编纂的《施派尔编年史》（*Speyerer Chronik*，1612年）就是这一类中拥有最广泛读者的史书。这部史书以施派尔完整的档案记录为基础，研究了其法律和日常生活的中世纪基础，以及与皇帝的政治关系，受到许多读者好评，并被视为那部已经散佚的畅销书《帝国历史》（*Reichsgeschichte*）的替代品。德意志公众因而响应了历史题材向法律研究不可抗拒的转变。

乌斯蒂森本人也在1585年修订了两本大部头的中世纪历史学家作品汇编。然而他也只是众多新教律师、德意志古物和宪法收藏家中的一员，这些人有西蒙·沙尔特（Simon Schardt）、赖纳·赖

333

---

① Johannes Stumpf, *Gemeiner loblicher Eydgenossenschafft Stetten，Landen und Voelckeren Chronick wirdiger thaaten beschreibung* (Zurich, 1547).

内克丘斯（Reiner Reineccius）、马夸德·弗雷尔（Marquard Freher）、梅尔希奥·戈尔达斯特（Melchior Goldast）、尤斯图斯·罗伊贝尔（Justus Reuber）和埃波尔德·林登布罗格（Erpold Lindenbrog），偶尔还会有像小约翰内斯·皮斯托留斯（Johannes Pistorius the Younger）这样皈依天主教的人，他是皇帝鲁道夫二世（Rudolf II）的告解神父。他们都来自德意志西南部地区，期待着位于海德堡的巴拉丁宫廷能与施派尔的帝国枢密法院，以及法兰克福那些无情的出版商，像西格蒙德·法伊尔阿本德（Sigmund Feyerabend）或安德烈亚斯·魏歇尔（Andreas Wechel）建立紧密联系。首个"帝国史学家学派"（Reichshistoriker）将帝国的历史材料、帝国宪章以及议会决议结合在一起，他们的观点绝对合法，并且通过聚焦中世纪材料，引发了帝国多次"中世纪热"中的一次，第一次"中世纪热"还成为了皇帝马克西米利安一世统治时期的一个现象。

然而，最值得关注的历史学家却存在于帝国最不起眼的角落，位于奥格斯堡以南 60 千米的明德尔海姆（Mindelheim），孕育了亚当·赖斯纳（Adam Reissner）。他曾是伟大船长乔治·冯·弗伦茨贝格（Georg von Frundsberg）的书记员，随其从罗马返回并目击了罗马之劫（Sack of Rome），1531 年后成为神秘主义者卡斯帕·施文克费尔德（Caspar Schwenckfeld）的追随者。他所著《骑士乔治与卡斯帕·弗伦茨贝格传》（*Historia Herrn Georgen und Caspar von Frundsberg*，1568 年）证明，德语此时已然成为一种适合表达当代戏剧化事件的语言。赖斯纳的《犹太古城耶路撒冷》（*Jerusalem die alte Haubtstadt der Juden*，1569—1574 年）是一部启示录风格的史书，也是关于这座圣城的首部历史专著。因为帝国始终没有一个被承认的"中心"，所以实际上也就没有什么所谓的"外围"作家，这也就是为什么要认真对待这些地方作者在历史编纂上的雄心壮志。

16 世纪许多显贵或不那么显贵的家族成功进入了帝国的社会统治阶层，他们因此必须要根据自己的抱负重新书写家族历史。《斯图尔德编年史》（*Truchsessenchronik*）、塞巴斯蒂安·金

第十六章 德意志历史写作：从宗教改革到启蒙运动

(Sebastian Küng)编写的《符腾堡公爵编年史》(*Chronik der Herzöge von Württemberg*)、伯爵克里斯托夫·弗罗本(Christoph Froben)本人起草的《齐梅恩家族编年史》(*Zimmerische Chronik*)、极为出色的插图本《索伦家族编年史》(*Zollernchronik*)，这些编年史都肩负着将实用主义真理、谱系神话和文学作品(自传、轶闻和传说)融为一个统一叙事的责任。结果是产生了多种元素混合的文本，其中可以用故事评价历史，可以用图像阐明有分歧的甚至令人震惊的道理。这种时常陷入矛盾的"文学化"历史，很容易因为在艺术上的过分投入而失败。比如纽伦堡的图赫尔家族(the Tucher)就为其大部头的《家谱》(Geschlechterbuch，1590—1606年)打造羊皮纸副本花费了超过 2000 金币。

图赫尔家族花费了十六年时间完成了这项体现家族威望的事业，他们由此证明了市民参与的效率和财力。相比之下，还有许多王公贵族们支持的史书和编年未能完成。比如萨克森的埃内斯廷家族(Ernestine House)最重要的编年史，由委托乔治·斯帕拉廷(Georg Spalatin)执笔，克拉纳赫作坊(Cranach workshop)绘图，也只完成了一部分，埃内斯廷一系的政治失败让这个曾经辉煌家族的史书没能付印。另一方面，仅限于手稿的编年史也可以有效地维持人们支持备受攻击的帝国教会。洛伦茨·弗列斯(Lorenz Fries)的《维尔茨堡主教编年史》(*Würzburger Bischofschronik*)就从未印刷，但采邑主教尤利乌斯·埃希特(Julius Echter)，这位卓越的改革家对这部手稿的原始版本进行了抄写、扩充和插图，最终使其成为一种"不断扩充的回忆汇编"，在 1713 年付印。

三十年战争以前，几乎所有的历史作者都面对着某种宗教纷争。这方面瑞士是个典型，但是帝国内部这种对抗也很难避免。奥格斯堡的马库斯·韦尔泽(Marcus Welser)是这座帝国城市的两位市长之一，他是欧洲文学公会(European Res Publica Litteraria)中广受尊敬的成员，私下他是天主教热情的拥护者，努力巩固着一种未经打断的城市天主教传统，这一传统可以一直追溯到罗马的缔造者那里。显然，他的作品以相似的方式研究奥格斯堡和相邻的巴伐利亚公国。《帝国城市奥格斯堡编年史》(*Chronica der Reichs Statt Augsburg*，1595—1596 年)赞美市民对其本地圣徒的虔诚，《巴伐利亚史》(*Bayrische Geschicht*，1605 年)则勾勒出巴伐利亚的早期历史。这两部史书都用拉丁语写就，而且由于本地天主教精英的努力，很快就被翻译成德语。

让久居一地的马库斯·韦尔泽面对好战且四处游历的新教牧师西里阿库斯·施潘根贝格(Cyriacus Spangenberg)，应该很有意思。施潘根贝格牢牢占据一职(Flaccian positions)，因而被那些疑心重重的权威人士从一处赶到另一处。《崇高之镜》(*Adelsspiegel*，1591—1594 年)和两部地方编年史，在他众多的作品中脱颖而出。[①] 这些史书的目的明显在于教育那些独立却不甚高贵的人，他们可以为那些持异议的人提供保护。德意志改革派教会正是在中部地区扎下了根。区域、领土和地理因此都被拉进一个不可抗拒的宗教化进程中，并且经常和德意志部落的血统(*origines*)以及伟大统治王朝的谱系联系在一起。梅泽堡(Merseburg)市长恩斯特·布罗图夫(Ernst Brotuff)所作的《安哈尔特亲王谱系》(*Genealogia und Chronica der Fürsten zu Anhalt*，1556 年)可能就代表了许多其他同类作品。这种类型的作品直到 18 世纪初都很常见。

必须承认，帝国内的"地区"并非只同某个王朝或者教派团体联系在一起。马丁·克鲁修斯(Martin Crusius)是图宾根的一位著名希腊语教授，曾为他的士瓦本(Suevian)"祖国"出版了一部成功的材料汇编。[②] 在这本书中，日耳曼的"阿勒曼尼"部落(Allamani)、被神化的霍亨斯陶芬王朝以及士瓦本的帝国圈子，共同组成了"士瓦本爱国主义"的强大核心。克鲁修斯与大卫·希得雷乌斯(David Chytraeus)通信频繁，后者住在波罗的海附近的罗斯托克(Rostock)，他们对于东正教有共同的兴趣。希得雷乌斯通过

---

① *Mansfeldische Chronica* (Eisleben, 1572); and *Hennebergische Chronica* (Strassburg, 1599).

② Martin Crusius, *Annales Suevici*, 3 vols. (Frankfurt, 1595 - 1596).

那部不断被续写的编年史《萨克森》(*Saxonia*，1539 年起)，发展出了一个与"历史空间"同义的概念。萨克森继承了克兰茨的《汪达尔人》(*Vandalia*)，是宗教改革的核心地带，希得雷乌斯将其理解为北欧新教教会的学术中心以及正宗德语的防御工事。希得雷乌斯在帝国北部的巨大信息网络和布林格在南部的网络不相伯仲，也诞生了类似的结果：地方历史研究的加强，有助于将这些自治地区融合成一个团结的新教社区。因此希得雷乌斯将他学生卡斯帕·许茨(Caspar Schütz)的《普鲁士史》(*Historia Rerum Prussicarum*)续写到了 16 世纪末，并鼓励在加夫诺(Kowno)的笔友保罗·奥德博恩(Paul Oderborn)为"雷帝"伊凡四世写作第一部当代传记。[①] 帝国的地理界限存在许多遗留问题，这使得许多新史书都可以附会其上。

战争和启蒙运动，科学和文学

三十年战争既没有摧毁神圣罗马帝国，也没有使其精英放弃历史写作。有人甚至期望通过创造出一个"遭受苦难的想象共同体"，让现存的原生民族情感转化成某种活跃的政治团结。但事实并非如此，三十年战争实际上阻碍了许多至关重要的进程：德语的使用和完善，分裂的两个图书市场(天主教和新教)的合并，新型自然科学的有效进步，以及最重要的，达成一个超地区、超教派、非政府的社会理想，其有能力在一种被接受的文学形式中反思权力和政治。简而言之，启蒙运动的普遍综合(universal synthesis)从未在帝国内达成，1648—1740 年的一段时期展现了这一进程。

启蒙运动这场漫长的战争首先发生在报纸、日记和期刊中，接着转向年鉴，当它抵达文学写作的门槛时，已经失去了那种具有创造力的动力。弗朗茨·克里斯托夫·冯·克芬许勒(Franz

336

---

① Paul Oderborn, *Ioannis Basilidis Magni Moscoviae Ducis vita* (Wittenberg, 1585).

Christoph von Khevenhüller)、彼得·洛蒂希乌斯（Peter Lotichius）、莱昂哈德·帕普斯（Leonhard Pappus）、埃弗哈德·瓦森贝格（Everhard Wassenberg）的标准化作品，令人惊奇的是，除了瑞典人博古斯拉夫·菲利普·冯·开姆尼策（Boguslav Philipp von Chemnitz）的作品之外，所有的专业天主教作品，直到下一个世纪都有人阅读，但是这些作品很难讲具有什么文学或者批判价值。新教史学家一直无法绝对控制对这场漫长战争的记忆，因此便转向对帝国宪法进行历史阐释。弗里德里希·霍特莱德（Friedrich Hortleder）曾试图将路德教在宪法中的地位奠定在施马卡尔登战争（Schmalkaldian War）的合法性之上，但这种行为无法被复制。①

第二，帝国历史学派（reichshistorische Schule）进入了人们的视野。从一开始黑尔姆施泰特（Helmstedt）卓越的学者赫尔曼·康林（Hermann Conring）教授就证明了帝国的演讲大厅是为了保卫值得尊敬的"德意志自由"（German liberties）。随着1694年哈雷大学（University of Halle）建立，像彼得·路德维希（Peter Ludewig）和希罗尼穆斯·贡德林（Hieronymus Gundling）这些学术名流们就详细叙述帝国历史，这也成为了当时的热门研究领域，并取代神学成为主流科学。1737年哥廷根大学取代哈雷大学成为德意志大学的中流砥柱，传统的帝国历史研究受到了来自许多辅助学科的补充，比如钱币学、地理学、统计学和外交。帝国历史研究方便了未来一门真正学科的形成，这门学科后来被称作历史科学。

传统帝国历史编纂从开始就吸收了大量可靠的历史知识，这些知识都建立在官方文件和其他成文叙述的基础上，或者来自各种德意志文物研究成果。帝国历史研究和圣经阐释学、哲学伦理学一道，在克服针对历史事实的"历史虚无主义"怀疑论攻击中扮演了重要角色。历史和传统之间显而易见的冲突可以通过引入人类行为这一简单方式得到调和。对历史的证明权从目击者转移到历

---

① Friedrich Hortleder, *Von den Ursachen des Teutschen Kriegs Kaiser Carls des V* (Frankfurt, 1617 - 1618).

史学家手中,后者仅仅通过叙述就建构了历史。一名"完美史学家"所要做的一切就是顺从人类社会因"理性信仰"而清晰连贯的伦理责任。

帝国历史研究的支持者们在推动历史方法论的进步方面颇有成果,甚至还逐渐使德语成为了一种教学和写作语言,但他们并没有对历史编纂的文学发展起到什么作用也没有使历史在法律和学术范围之外成为一种美学和政治力量。莱布尼茨的故事正好说明了这种情况,在对他最高贵的说法中,弗里德里希·梅尼克(Friedrich Meinecke)将莱布尼茨称为德意志历史主义的思想教父,从而理想化了历史主义。但是莱布尼茨终生努力的成就是作为汉诺威家族的官方档案人员和史学家吗? 他赞同用德语写作历史,但并没有以身作则。当埃塞俄比亚研究的奠基者鲁道夫·希奥布(Ludolf Hiob)建议成立国家历史研究所(Historisches Reichskolleg)时,莱布尼兹马上采取了这个建议。但事与愿违,莱布尼茨时代那些最杰出的史学家中,似乎并没有人倾向于以切萨雷·巴罗纽斯(Cesare Baronius)《教会年代记》(*Annales ecclesiatici*,1588—1607年)的方式再次推动帝国历史写作。皇帝本人也不愿意任命莱布尼茨为国家枢密官(Reichshofrat)并掌管国家研究所。因此,展现在莱布尼茨成就榜上的似乎只有《万民法文献释义》(*Codex juris gentium diplomaticus*,1693—1700 年),《不伦瑞克历史编纂者》(*Scriptores rerum Brunsvicensium*,1707—1711 年),关于历史方法大量散佚的评论、围绕他历史文物研究展开的棘手的法律事件,这些文献时至今日都无人有勇气收集注解。[1]

所以我们也并不惊讶于能言善辩的莱布尼茨在公共领域被对手萨穆埃尔·冯·普芬多夫(Samuel von Pufendorf)击败。普芬多夫是一位著名的坚持自然正义原则的哲学家,凭借对瑞士和勃兰

---

[1]　Gottfried Wilhelm Leibniz, *Schriften und Briefe zur Geschichte*, ed. Malte-Ludolf Babin and Gerd van den Heuvel (Hanover, 2004).

登堡-普鲁士近代史所做的大量评论而名垂后世。[①] 他十分骄傲于自己在档案工作上的勤奋,也坦承更骄傲的是自己的公正无私。普芬多夫还有一项功绩,就是出版了第一部成功的关于现代国家历史的指南手册,即著名的《欧洲主要国家和王国历史导论》(*Einleitung zu der Historie der vornehmsten Reiche und Staaten von Europa*,英文版,1699 年)。

尽管国内外新专制主义的增长引发了帝国史学家们审慎的回应,但对于他们来说,重要的事情还是新教的历史。法国耶稣会士路易 · 曼堡(Louis Maimbourg)1680 年出版《路德派历史》(*Histoire du Luthéranisme*)时,萨克森-哥达家族(Sachsen-Gotha)虔敬者恩斯特公爵昔日的议员法伊特 · 路德维希 · 冯 · 泽肯多夫(Veit Ludwig von Seckendorf)介入了这项事业。他在《从历史和护教角度论"路德教"》中(*Commentarius Historicus et apologeticus De Lutheranismo*,1692 年),首先将法语文献翻译成拉丁文,然后将文献打散进段落中,条分缕析地反驳这些材料。这种方法简单有效,用保存在魏玛的 422 卷 1517—1546 年的档案文献重新讲述了整个宗教改革历史。因此惟一能写出宗教改革可靠历史的人,就只有新教诸侯的大臣们,他们是那些"一手材料"作者的直接继承人。

泽肯多夫所谓的"大众路德教"(Public Lutheranism)截然不同于戈特弗里德 · 阿诺尔德(Gottfried Arnold)在《教会和各异端信史》(*Unparteyische Kirchen-und Ketzerhistorie*,1699—1703 年)中的观点。在阿诺尔德看来,基督教真正的尊严就存在于起源中,起源如果是完美信仰,那么教会历史给人的感觉明显就是"堕落"和背叛,然而这种感觉可以被"无形教会"这一尊贵概念所克服。塞巴斯蒂安 · 弗兰克(Sebastian Franck)在《时间之书》(*Zeytbuch*,1531 年)中讲述了"无形教会"的历史,并赋予这段历史以"检验信

[①] Samuel Pufendorf, *Commentariorum de Rebus Suecicis libri XXVI* (Utrecht, 1686); and *De rebus gestis Friderici Wilhelmi Magni*, *Electorici Brandenburgici*, *commentariorum*; *libri novendecim* (Berlin, 1695).

徒"的积极意义。"无形教会"的观念对泽肯多夫提出的真正教会的"外交防御"(diplomatic defence)观念造成了最大的冲击。

　　站在"预言的角度",可以说泽肯多夫和阿诺尔德代表了德意志未来"历史哲学"(Geschichtsphilosophie)的两种主要观念：理念在历史中的实现；理念缩回理念本身或者走向未来的乌托邦世界。从某种程度上说,这两者之间的对立表现了18世纪中叶帝国中历史编纂的地位。一旦"起源"可以被清楚确定,完整的历史形态就开始浮现。洛伦茨·冯·莫斯海姆(Lorenz von Mosheim)因而凭借《古代和近代教会体制史》(*Institutiones historiae ecclesiasticae antiquioris et recentioris*,1726—1755年)获得了全欧赞誉,这部著作首次将教会视为一个世界性体制而加以研究。因为人们认为古典希腊是"真艺术的起源",约翰·约阿希姆·温克尔曼(Johann Joachim Winckelmann)就自由勾画出了《古代艺术史》(*Geschichte der Kunst des Altertums*,1764年),这并不是第一部艺术史著作,但却是第一部以激烈语句表达的著作,它力图唤起"沉思的历史学家"的内部体验。认为德语可以胜任这个任务是一件近乎引发民愤的事,因为欧洲普遍认为德语非常粗鲁,无法表达精致的情感。

　　不幸的是,"起源神话"并不适用于神圣罗马帝国。在哥廷根,"古代体制史"的学术研究一直繁盛到帝国末期,但可惜没有产生一部从德意志"辉格"视角书写的历史。莱布尼茨的研究从未超出萨利克诸皇(Salic emperor)统治时代。帝国中主要的启蒙史学家,如约翰·雅各布·马斯科夫(Johann Jakob Mascov)、海因里希·冯·比瑙伯爵(Heinrich von Bünau)都止步于墨洛温或加洛林诸王。帝国明显挫败了所有将其历史融为一种权威叙述的尝试。但是这种无能为力应该被解读成帝国随着西班牙继承之战而逐渐分裂的结果。

339

　　几乎所有伟大的德意志家族都屈服于"走出帝国"的诱惑,换句话说,就是开启在欧洲的事业。1657年霍亨索伦的选民引导了这股潮流(普鲁士公国);1683年哈布斯堡紧跟其后(匈牙利);韦廷家族在 1697 年(波兰-立陶宛);韦尔夫家族(the Welfen)在 1714 年(英国);黑森-卡塞尔(Hessen-Kassel)在 1720 年(瑞典),晚至 1778 年,维特尔斯巴赫家族(the Wittelsbachs)还渴望用巴伐利亚交换比利时。相比之下,欧洲的几大势力将帝国重新视为一块达成政治霸权的便利战场和可运作的土地。此时的帝国应该被准确地称为"消失的中介",它无法再调节全球范围内现代国家间力量的重新分配。

元故事自然是一段加密的历史,那个时代任何德意志史学家都无法真正触及。结果,致力于历史研究的德意志知识分子最后的对策就是讽刺。赫尔德(Johann Gottfried Herder)在 1769 年考虑帝国历史研究的命运时,就支持了这种说法:"德意志的历史应该如同其宪法一样是原创的。"德意志的"放荡不羁",在以前被称为"自由",就可以不需要"枯燥的精确性,从章程到章程的刻板进程吗?"[1]驻足在启蒙历史思想最进步的观念面前,年轻的赫尔德剥去了"德意志天分"的历史印记,十年后他提出的革命性理论远不止是一种替代,该理论将人和语言视为历史的核心。根据赫尔德的建议,德意志通过历史编纂终于斩断了与神圣帝国那种无果历史模式之间的羁绊。

18 世纪:从帝国到民族

18 世纪后半叶,德语区历史写作的情况与西欧其他国家并非完全不同。古代的历史编纂又一次成为效仿的典型,经典作品的风格、情感影响力以及政治批判的潜能极大感染了德意志作家。尽管法国和大不列颠爆发了"天主教对日耳曼主义大战",在法国最高法院和英国议会的心目中,"日耳曼历史"的意义只能在帝国的疆界内被研究。

---

[1] Johann Gottfried Herder, ' Über die Reichsgeschichte: Ein historischer Spaziergang', in Herder, *Kritische Wälder* (Riga, 1769), 166.

第十六章　德意志历史写作：从宗教改革到启蒙运动

18世纪末出现了这样一种观念：德意志民族确实没有和现存政治体制发展相关的任何"重大历史问题"，德意志历史兴趣急需一个明确的中心。但古物研究依然人才济济，在语文学和文献批判方面成果众多。哥廷根的克里斯蒂安·戈特洛布·海涅（Christian Gottlob Heyne）可能是这个杰出圈子中的代表人物，他将"文学神话"（literary myth）的概念扩展成了一种宗教文化史。启蒙神学家，比如哈雷的约翰·扎洛莫·泽姆勒（Johann Salomo Semler）就采取了和海涅相似的做法，对基督教、早期教会、圣经教义或者任何具体宗教机构的发展，进行了"历史化"。哲学思想则坚定不移地领导了同历史学的全面对抗。康德通过援引休谟，从根本上实现了建构主义的知识论。赫尔德转向整个法国、英国、西班牙和意大利文化史学及人类学家群体，希望通过一种统一的力量调和人类充满活力的多样性。因此，在宗教和历史之外，某种比"德意志国家""德意志政治事务"甚至"德意志文化"还要庞大的事物正在隐约浮现。

黑格尔是这些潜在极端观点的合法继承人，他试图将这些观点形成一种兼容并包的综合命题，尽管他的做法有时有些粗暴。他用来调节现实的"绝对精神"观念，完全是历史化的观念，然而为了实现精神的绝对统一，"历史的"因素应该只能由哲学家来阐释。这样一来，"德意志爱国者"就陷入了一种困境：要么转向"经验世界"，成为一名专家；或者诉诸人类的绝对统一体，努力成为一名世界公民。"历史的中间地带"，如具体国家、日常语言及其历史前提，却成了空白区域。就算是心胸宽阔的批评家卡尔·古斯塔夫·约赫曼（Carl Gustav Jochmann）也曾辛辣地评价道，德意志缺乏一种让自由言论催生自由政治行为的公共氛围。直到启蒙时代末，德意志启蒙运动才为历史编纂留出一席之地，此时尽管历史编纂在理论上已经成熟，在实践中却备受压迫。

德意志历史应该由谁来撰写，答案依然悬而未决。随着专业人数逐渐上升，历史教学的质量、系统化和实用性已经达到了欧洲其他国家前所未有的程度。[1] 但是学术群体还是没写出多少历史作品(Geschichtsschreiber)。在这样的情况下,尤斯图斯·莫泽尔(Justus Möser)作为例外受到普遍欢迎。他担任约克公爵腓特烈·奥古斯图斯(Frederick Augustus)的非官方首相超过二十年之久,这位公爵在 1764 年只有 6 个月大时就成了奥斯纳布吕克(Osnabrück)的采邑主教。莫泽尔用高超的技巧指引着这个非同一般的政治区域,并将自身的行政责任与历史创作结合起来,写出了《奥斯纳布吕克史》(*Osnabrückische Geschichte*,1768、1780 年)。莫泽尔可能也受到了英国辉格党的影响,因而选择了一个意料之外却坚实的主题:萨克森威斯特伐利亚的自由土地保有人。自由和财富的发展引发了对由各种形式组成的土地制度进行历史分析,该分析以专业分析档案为基础,以社会生活为中心,并以一种相当考究的德语进行写作。莫泽尔想研究的不止是这个小公国,他想建立一种范例:帝国中的每个"社会——历史景观"都应该成为"自下而上"的比较史研究对象,这些史书最终都将成为帝国的爱国主义历史。莫泽尔作为"德意志自由"的捍卫者,几乎不可避免地卷入了同普鲁士国王腓特烈二世的争论,后者是启蒙时代专制主义最伟大的支持者。

腓特烈二世不仅是总司令、首相、哲学家和音乐家,还撰写本人统治的历史。他的历史作品将古典遗产中最具技巧性的部分和启蒙时代的道德、马基雅维利传统结合起来。他的第一部作品是《勃兰登堡家族历史回忆录》(*Mémoires pour servir à l'Histoire de la Maison de Brandebourg*,1751 年),可以视为未来普鲁士国王撰写的实用纲要,指出这块土地上珍贵的物质和精神资源在何处。他的第二部作品是《当代史》(*Histoire de mon temps*,1787 年),包含了他本人在两次西里西亚战争中的作为。这部作品具有高度的党派性和辩护意味,本可能极大地促进德意志历史写作的发展,然

---

[1] Hans Erich Bödeker, Georg G. Iggers, Jonathan B. Knudsen, and Peter H. Reill (eds.), *Aufklärung und Geschichte* (Göttingen 1986).

而这个大好机会却被错过了：首先，《当代史》出版太晚，更糟糕的是，它还是作为《遗作》(Oeuvres postumes)漏洞百出版本的一部分被出版。第二，《当代史》以法语写就，因此一种舶来品的印象和往昔专制统治的过时感叠加在了一起。在这个多愁善感的岁月，腓特烈机敏地避开了道德和非专业的政治价值，却落入了情感的真空。关于七年战争历史最流行的作品是约翰·威廉·冯·阿兴霍尔茨(Johann Wilhelm von Archenholz)的《七年战争史》(Geschichte des Siebenjährigen Krieges，1793年)，这是一部勉力混合英雄主义和爱国主义的作品。毕竟自从1760年以后，神圣罗马帝国中就存在这样一种普遍信念：历史要么应该"温暖人心"，激发人们的道德感；要么就应该提供纯粹实用的知识。因此未来历史研究被指向情感、更加精确的语言以及实用主义的综合。但不幸的是，这种综合在18世纪却从未达成。

"实用主义历史编纂"(Pragmatische Historie)从学术上回应了"哲学化历史"(philosophical history)所提出的挑战。哥廷根大学是实用主义历史编纂的根据地，约翰·克里斯托夫·伽特勒(Johann Christoph Gatterer)和奥古斯特·路德维希·施勒策(August Ludwig Schlözer)是该学派的倡导者。在该学派看来，因果联系(nexusrerum)这个已为人文主义历史编纂者所熟知的概念，就是"理性历史"(vernünftige Geschichte)的关键。因为每个事件都将造成相应的结果，而其本身又是更早事件的结果，所以在世界历史中，每个结果性事件都应该和可探知的原因性事件相配合。一旦我们能最大限度地认识这种内在联系，我们也就最大限度地把握了理性历史。历史原则代替人文主义提供的榜样，成为除了当权者之外，公民社会中所有成员实际行为的基础。剩下的问题就只有：如何撰写一部这样的实用主义史书？它与语言，尤其是德语的关系是什么？加特尔、施勒策及其学术追随者们没能推进实用主义史学的发展，他们提供给如饥似渴的德意志民众的，只有几个空洞的蓝图。实用主义史学由于无法产生一种具体的"历史感"，也无法将整体性的内部联系转化为文字，于是很快就消减了。

342

因此，为了使历史编纂达到"哲学高度"，"语言学转向"终于姗姗来迟。为了达到这个目的，普遍的因果联系必须被牺牲掉，或者至少要臣服于新的超验哲学家们。但是德意志民族及其新的"权威叙述"弥补了这种可预见的历史连贯性丧失，这种叙述也最终为德意志历史提供了一种普遍理解。因此，已然到达历史编纂领域的德语运动，转入了两个相互区别却有联系的方向：对"历史科学"（探索、文献批判和解释）进行文学表达的历史编纂；历史哲学。但是马上出现了两个基本问题：科学的历史编纂属于"艺术"门类吗？历史编纂应该永远隶属于哲学吗？

人们热切地要求公平对待"两种历史天赋"——人的天赋和历史作者的天赋，由此一场影响深远的理想幻灭感在德意志大众中迅速传播，就像在休谟、吉本和罗伯逊的作品诞生前，英国民众对于历史写作的烦躁情绪。在德意志文学领域，只有席勒和约翰内斯·冯·米勒（Johannes von Müller）没有辜负古典历史写作的"伟大期望"。首先，应该发掘出有价值的情节，并将其变换成清晰的故事，然后是戏剧化的场景设计；尽管要根据自由原则和世界历史的特点设置人物，但是美学原则可以用来提高可视性（Anschaulichkeit）和道德洞见。席勒的《尼德兰离叛史》（*Geschichte des Abfalls der vereinigten Niederlande*，1788 年）和《三十年战争史》（*Geschichte des Dreissigjährigen Krieges*，1790 年），都是他在耶拿担任历史教授四年的成果。这些作品为他赢得了极大声誉，但他并没有继续推进作为一名历史学家的任务，而是转回戏剧创作，在伟大的三部曲《华伦斯坦》中（*Wallenstein*，1799 年），他的历史洞见达到了顶峰。席勒曾在 1788 年呼吁："对于承担这样一项巨大的理想化任务，我感到无能为力！"[1]这暗指他没能完成一部关于普鲁士国王腓特烈二世的史诗。

343　　米勒广受赞誉的《瑞士史》（*Geschichten Schweizerischer*

---

[1] Friedrich Schiller, *Nationalausgabe*, vol. 26: *Briefwechsel. Schillers Briefe. 1.3.1790 - 17.5.1794* (Weimar, 1992),114.

Eidgenossenschaft，1786—1808 年）之所以获得成功，也许正是因为这种根深蒂固的理想化任务，在他所描绘的瑞士联邦中，自由主义体制得到了极大发展。米勒在经历了一段长期且痛苦的选择后，将德语而非法语作为了自己写作历史的语言，他可能是神圣罗马帝国晚期第一位、也是惟一一位以写作为生的历史学家，他生命的终结像个悲剧人物。在《瑞士史》之后，人们期待他接下来写作被渴望已久的德意志历史，将德意志包含进启迪自由的普遍历程之中，写出一部救世主般的文学大作。米勒却让所有的希望落空，最终是天主教的帝国律师米夏埃尔·伊格纳茨·施密特（Michael Ignaz Schmidt）写出了十一卷本的《德意志人史》（*Geschichte der Deutschen*，1778—1794 年），他自从 1780 年起也担任维也纳哈布斯堡中央档案馆的馆长。这是一部备受推崇的作品，将文化史和制度史相结合，并且慎重地提出"人民"是历史的隐藏力量。施密特没能在有生之年看到帝国的终结或者说这部历史的结局。神圣罗马帝国消亡了，对于它应该有这样一部历史：将帝国形态写入人类启蒙进程之中，并维系着德意志历史意识的连续性。

大事年表/关键日期

1495 年	沃尔斯帝国议会召开；帝国枢密法院和《公安条例》的建立使改革活动达到顶峰
1517 年	马丁·路德在维腾堡发表 95 条纲领
1519 年	勃艮第的查理当选皇帝
1530 年	德意志新教地区屈服于《奥格斯堡信条》
1546—1547 年	查理五世在施马尔卡尔登战役中挫败新教对手
1546 年	马丁·路德逝世于艾斯莱本；50 多万本德语"路德圣经"在帝国流通
1555 年	《奥格斯堡宗教和约》签订，宗教改革形成的临时政治-司法决议
1564 年	法兰克福图书市场第一本书目

	1568 年	斯派尔帝国议会;皇帝和天主教区接受特伦特主教会议条款
	1577 年	大多数新教地区接受《协和信条》
	1605 年	斯特拉斯堡出现首份报纸
	1617 年	"丰收协会"创办,首个德语协会
344	1618—1648 年	三十年战争
	1654 年	雷根斯堡帝国议会;帝国宫廷改革,德意志主要地区军事化
	1700 年	莱布尼兹在柏林担任新科学院首位院长
	1701 年	勃兰登堡选帝侯腓特烈三世在柯尼斯堡自己加冕为"普鲁士国王",帝国的奥地利-普鲁士二元化开始
	1733—1735 年	波兰继承战争拖垮了奥地利的财政和军事
	1756—1763 年	七年战争进一步削弱了帝国体制
	1803 年	雷根斯堡帝国议会最后一批决议,德意志帝国教会的世俗化和小领地的合并
	1806 年	法皇拿破仑一世迫使奥地利弗兰茨一世退位

主要史料

Archenholz, Johann Wilhelm von, *Geschichte des siebenjährigen Krieges in Deutschland von 1756 bis 1763* (Frankfurt, 1793).

Arnold, Gottfried, *Unparteyische Kirchen-und Ketzerhistorie* (Frankfurt, 1699 - 1703).

Brotuff, Ernst, *Genealogia Und Chronica des Durchlauchten Hochgebornen Königlichen und Fürstlichen Hauses der Fürsten zu Anhalt Graffen zu Ballenstedt und Ascanie Herrn zu Bernburgk und Zerbst auff 1055. Jar in sechs Büchern mit viel schönen alten Historien Geschichten Königlichen und Fürstlichen Wopen gezieret und beschrieben. Mit einer Vorrede Herrn Philippi Melanthon*

（Leipzig，1556）．

Chyträus，David，*Dauidis Chytrai chronicon Saxoniæ et vicinarum aliquot Gentium：Ab Anno Christi 1500．usque ad M. D. XCIII：Appendix scriptorum certis Chronici locis inserendorum*（Leipzig，1593）．

Crusius，Martin，*Annales Suevici*，3 vols.（Frankfurt，1595 - 1596）．

Franck，Sebastian，*Chronica，Zeytbuch und Geschychtbibel*（Strassburg，1531 - 1536）．

Fries，Lorenz，*Chronik der Bischöfe von Würzburg 742 - 1495*，ed. Ulrich Wagner，6 vols.（Würzburg，1992 - 2004）．

Gatterer，Johann Christoph，'Vom historischen Plan，und der darauf sich gründenden Zusammenfügung der Erzählungen'，in *Allgemeine Historische Bibliothek*，vol. 1（Halle，1767）．

Hegel，G. W. F.，*Vorlesungen über die Philosophie der Geschichte*（Frankfurt，1970）．

Hortleder，Friedrich，*Von den Ursachen deß Teutschen Kriegs Kaiser Carls des V*（Frankfurt，1617 - 1618）．

Krantz，Albert，*Chronica regnorum aquilonarium Daniae，Suetiae，Norvagiae*（Strassburg，1548）．

Leibniz，Gottfried Wilhelm，*Scriptores Rerum Brunsvicensium*（Hanover，1707 - 1711）．

Melanchthon，Philipp（ed.），*Chronica durch Magistrum Carion vleissig zusamen gezogen*（Wittenberg，1532）．

Mosheim，Lorenz，*Institutionum historiae ecclesiasticae antiquioris et recentioris libri IV*（Helmstedt，1726 - 1755）．

Pufendorf，Samuel，*Commentariorum de Rebus Suecicis libri XXVI*（Utrecht，1686）．

——*De rebus gestis Friderici Wilhelmi Magni，Electoris Brandenburgici，commentariorum：libri novendecim*（Berlin，1695）．

345

Matthias Ringmann, *Mathias, Julius der erst Römisch Keiser von seinen Kriege* (n)(Strassburg, 1508).

Schütz, Kaspar, *Historia Rerum Prussicarum* (Zerbst, 1592).

Seckendorf, Veit Ludwig, *Commentarius Historicus et apologeticus De Lutheranismo* (Frankfurt and Leipzig, 1692).

Sleidan, Johann, *Commentariorum de statu religionis et reipublicae Carolo V. Caesare libri XXVI* (Strassburg, 1555).

Stumpf, Johannes, *Gemeiner loblicher Eydgenossenschafft Stetten, Landen und Voelckeren Chronick wirdiger thaaten beschreybung* (Zurich, 1547 – 1548).

Tschudi, Aegidius, *Chronicon helveticum* (Basel, 1734 – 1736).

Welser, Marcus, *Chronica Der Weitberuempten Keyserlichen Freyen und deß H. Reichs Statt Augspurg in Schwaben Von derselben altem Vrsprung Schöne … Gebäwen unnd … gedenckwürdigen Geschichten: in acht underschiedliche Capitul … abgetheilt/Auß deß … Marx Welsers … acht Büchern … gezogen und … in unser teutschen Spraach in Truck verfertiget* (Frankfurt, 1595 – 1596).

—— Bayrische Geschicht (Augsburg, 1605).

参考文献

Aretin, Karl Otmar von, *Das Alte Reich 1648 – 1808*, 4 vols. (Stuttgart, 1933 – 2000).

Bödeker, Hans Erich (ed.), *Aufklärung und Geschichte. Studien zur deutschen Geschichtswissenschaft im 18. Jahrhundert* (Göttingen, 1986).

Bollbuck, Harald, *Geschichts- und Raummodelle bei Albert Krantz (um 1448 – 1517) und David Chyträus (1530 – 1600)* (Frankfurt, 2006).

Fuchs, Thomas, *Traditionsstiftung und Erinnerungspolitik*：*Geschichtsschreibung in Hessen in der Frühen Neuzeit* (Kassel, 2002).

Fulda, Daniel, *Wissenschaft als Kunst*：*Die Entstehung der modernen deutschen Geschichtsschreibung 1760－1860* (Berlin and New York, 1996).

Hirschi, Caspar, *Wettkampf der Nationen*：*Konstruktionen einer deutschen Ehrgemeinschaft an der Wende vom Mittelalter zur Neuzeit* (Göttingen, 2005).

Huttner, Markus, *Geschichte als akademische Disziplin*：*Historische Studien und historisches Studium an der Universität Leipzig vom 16. bis zum 19. Jahrhundert* (Leipzig, 2007).

Pohlig, Matthias, *Zwischen Gelehrsamkeit und konfessioneller Identitätsstiftung*：*Lutherische Kirchen-und Universalgeschichtsschreibung 1546－1617* (Tübingen, 2007).

Rau, Susanne, *Geschichte und Konfession*：*Städtische Geschichtsschreibung und Konfessionalisierung in Bremen，Breslau，Hamburg und Köln* (Hamburg, 2002).

Repgen, Konrad, 'Über die Geschichtsschreibung des Dreißigjährigen Krieges：Begriff und Konzeption', in Konrad Repgen (ed.), *Krieg und Politik 1618－1648* (Munich, 1988), 1－84.

Schnettger, Matthias (ed.), *Imperium Romanum—Irregulare Corpus—Teutscher Reichs-Staat*：*Das Alte Reich im Verständnis der Zeitgenossen und der Historiographie* (Mainz, 2002).

Völkel, Markus and Strohmeyer, Arno (eds.), *Historiographie an europäischen Höfen (16.－18. Jahrhundert)* (Berlin, 2009).

346

李 娟 译 张 骏 校

409

第十七章　意大利文艺复兴时期的历史叙事

威廉姆·J.康奈尔

意大利文艺复兴早期,一种独特的史学写作叙事风格开始成形,这是今天许多史学作品的鼻祖。文艺复兴史学家对世俗凡人的重视胜过神意。他们尝试给历史分期,大部分叙述欧洲史的作品仍然在使用他们发展出来的"古代,中古,现代"的标准框架。他们还主张,对资料来源的比较以及批判性检验是历史作品的基础,资料不仅包括成文记载,亲历者的叙述,还包括档案材料,历史遗迹和碑刻。一些最出色的文艺复兴作品呈现出的批判路径仍然是现代历史写作必不可少的。这一时期的几乎没有匿名创作或合著的史学作品,史学写作当时被认为是极好的个人晋身之径。历届政府——无论是君主制或共和制——都在宫中,朝廷政府中,或(更少见)大学里设置历史编纂人员。19世纪晚期印刷术的流行又为这个行当带来了更多的读者和收入。

从现代历史作品中已经不大能识别出文艺复兴时期历史作品的文体特点,但它们留存下来的方式比人们意识到得更多。长篇大论的"鸣谢"重现了文艺复兴作者写给赞助人的卑谦致辞;出于写作考虑,文艺复兴作者通常把难以驾驭的历史情节分割成几节篇幅相称的内容,而现代作品通常根据写作素材进行分割,不过,对于现代作者而言,把叙事内容分割成几卷或几章依然是很重要的。对于描写事件及其起因的作品,文艺复兴时期的读者期待着读到华美的修辞,道德教化式的开场白,人物形

410

象速写,行文中穿插着地形情况和战役片段的描写,既能激起读兴,又不流于说教,此外还应该有描写异国人民的片段,罗列对立因素或类似因素。当时认为阅读历史确实能大大教化读者,因而书中通篇穿插格言,旨在提供道德和政治启迪,书中历史人物的演讲其实是由史学家编写的,内容另行结集出版,供未来的政治家使用。虽然意大利文艺复兴时期产出了成百上千的二流史书,但也有一批杰出的意大利作者写出了一系列具有可读性的优秀作品,对现代早期的意大利和域外世界起到了引人瞩目的引导作用。

348

　　现代史学家得出了一种解释,完全可以解释意大利文艺复兴早期出现的新的历史描写方式。中古意大利具有欧洲最丰富的编年史写作传统。① 政权和教权竞相主张自身的普遍性,这意味着,独立城邦国家对于用城市编年史建立长期持久的记录,叙述过去的联盟、特权、政权组织、宗教传统和论战,具有实际的兴趣。一些最出色的中古编年史和历史作品出自方济各会修士之手,比如帕尔马的萨里姆本奈(Salimbene of Parma)。虽然他们撰写的编年史谈不上是批判性历史作品,但方济各会的宗教虔诚似乎赋予了这些作者一种超脱的视角,使他们能以独立于当地市镇的立场对同代历史做出自主评判。② 1348 年,黑死病猛烈地袭击了意大利,此后每十年间便再度肆虐,直到 17 世纪末,有一种观点认为,黑死病促进了团体范围内对纪念和保存过去历史的浓厚兴趣。人们建造葬仪礼拜堂,或者保存书面记录,表现了对凡人脆弱性的新理解,对

---

① Sharon Dale, Alison Williams Lewin, and Duane J. Osheim (eds.), *Chronicling History: Chroniclers and Historians in Medieval and Renaissance Italy* (University Park, Pa., 2007).

② Bernard Guenée, *Histoire et culture historique dans l'Occident m'edi'eval* (Paris, 1980), 58; and Robert Brentano, '*The Chronicle of Francesco Venimbeni da Fabriano*', Memoirs of the American Academy in Rome, 48(2003), 159 - 170.

保存记忆的新关注。①

城市商事文化具有高度的文学修养，同时伴随一种发达的方言文学传统，对历史的理解主要由此产生。编年史作家乔凡尼·维拉尼（Giovanni Villani）认为，14 世纪佛罗伦萨居民的受教育比例接近 70%，近期一项对 15 世纪文献记载的研究肯定了这个数字。② 比起 14 世纪的其他地方，使用方言撰写家族编年史的传统在佛罗伦萨得到了更充分的发展。源自商事活动记账习惯的 *Ricordi*（记录），*ricordanza*（纪念）或 *memorie*（回忆录）被用于记录作者本人或其家族的重要事务，③其中包括了出生记录，死亡记录，婚姻缔结，文书保存机构，财产租赁，法庭判决，私仇，烹饪菜谱和药方，抵押品或借入物，侮辱以及所受伤害，有时还包括充分完整的历史事件记载。④ 方言编年史和记录将对 15 世纪中期以来的文艺复兴史学编纂产生强烈影响，但拉丁语书信是文艺复兴史学写作革命更迅即的推动力。意大利北部的文学创作进行了模仿拉丁语古典风格的早期努力，没有受到大学研究和本地市镇文书院（communal chancery）传统影响。起初是在诗歌方面，然后是帕多

349

---

① Samuel K. Cohn, Jr., *The Cult of Remembrance and the Black Death: Six Renaissance Cities in Central Italy* (Baltimore, 1992); and Renée Neu Watkins, 'Petrarch and the Black Death: From Fear to Monuments', *Studies in the Renaissance*, 19(1972), 196 - 223.

② Robert Black, *Education and Society in Florentine Tuscany: Teachers, Pupils and Schools, c. 1250 -1500*, vol. 1 (Leiden, 2007).

③ Philip Jones, 'Florentine Families and Florentine Diaries in the Fourteenth Century', *Papers of the British School at Rome*, 24(1956), 183 - 205; Angelo Cicchetti and Raul Mordenti, 'La scrittura dei libri di famiglia', in Alberto Asor Rosa (ed.), *Letteratura italiana*, vol. 3: 2 (Turin, 1984), 1117 - 1159; and William J. Connell, 'Libri di famiglia and the Family History of Florentine Patricians', Italian Culture, 8(1990), 279 - 292.

④ Giovanni Ciappelli, 'La memoria degli eventi storici nelle "ricordanze" fiorentine del Tre-Quattrocento', in C. Bastia, M. Bolognani, and F. Pezzarossa (eds.), *La memoria e la città: Scritture storiche tra Medioevo ed età moderna* (Bologna, 1995), 123 - 150.

瓦的阿尔贝迪诺·穆萨托（Albertino Mussato of Padua）在 14 世纪第二个十年中写的历史散文，他最重要的两部作品描写了 1310—1314 年卢森堡的亨利八世（Kronungsfahrt of Henry Ⅶ of Luxembourg）的统治和从亨利八世驾崩到 1321 年的时期。① 作品表现了对遣词造句的新关注，但仍属于中世纪典型的撒路斯提乌斯式（Sallustian）叙事作品。②

　　14 世纪中叶，以"彼特拉克"之名为英语世界熟知的新一代作家弗兰西斯科·彼特拉克（Francesco Petrarca）展现出一种不同寻常的历史敏感。他和穆萨托一样重视写作风格，但他对于历史时代的看法有新颖之处。最重要的是，他在像历史史诗《阿非利加》和自传体专著《名人列传》这样的作品中打破了古典时代晚期史学家奥罗修斯树立的范式，后者的《反异教史》是中世纪最流行的作品。奥罗修斯不顾包括公元前 410 年罗马之劫在内的许多反面证据，坚称人类世界自耶稣基督降临才开始进步。他把布匿战争斥为残酷异教时代的例证，彼特拉克则视之为罗马历史上最具英雄色彩的时期。③ 他认为亚当作为"第一个罪人"是"人类各种苦难"之源，彼特拉克却赞扬亚当是众多人类美德事例的先驱。④ 彼特拉克很不赞同所谓基督教改善了世人境遇这种观点，他一再谈到，自从非罗马血统的皇帝们即位，或者在君士坦丁大帝皈依基督教后，或者在提图斯统治后，已经开始了持续的衰落。他把历史划分成

350

---

① Albertino Mussato, *De obsidione domini Canis Grandis de Verona ante civitatem Paduanum*, ed. Givanno M. Gianola（Padua, 1999）; and Ronald G. Witt, *In the Footsteps of the Ancients: The Origins of Humanism from Lovato to Bruni*（Leiden, 2001）, 139‑156.

② Beryl Smalley, 'Sallust in the Middle Ages', in R. R. Bolgar（ed.）, *Classical Influences on European Culture*, A. D. 500 to 1500（Cambridge, 1971）, 165‑175.

③ Giuliana Crevatin, 'Roma aeterna', in Roberto Cardini and Donatella Coppini（eds.）, *Petrarca e Agostino*（Rome, 2004）, 131‑151, at 148.

④ Riccardo Fubini, *Storiografia dell'Umanesimo in Italia da Leonardo Bruni ad Annio da Viterbo*（Rome, 2003）, 98‑99.

两个阶段，帝国衰落前属于古典时期，然后是他自己身处的"黑暗"年代。① 彼特拉克称自己的作品和研究只关注古典时期："如不赞美罗马，历史还余何物？"②西欧认为，至少对于陆地文明，罗马帝国的灭亡是比公元元年更精确的一个转折点，这种看法即脱胎于彼特拉克。

彼特拉克还是一位令人起敬的文学批评家。他对李维的作品做了重要研究，而且他在查理四世面前运用尤利乌斯·恺撒时期的文献揭穿了两份伪称由恺撒和尼禄发布的令状。③ 彼特拉克与年轻友人寇鲁乔·萨卢塔蒂（Coluccio Salutati）有书信往来，萨卢塔蒂带着这套爱好和技艺到了佛罗伦萨，担任该地执政官。和彼特拉克一样，萨卢塔蒂也没有写下任何历史叙事作品，他用批判的眼光研究历史证据，判定可用文本的优先性和精确度。④ 他把希腊研究带到了佛罗伦萨，希腊史学家，特别是修昔底德和波利比乌斯的作品似乎对他的友人李奥纳多·布伦尼（Leonardo Bruni）产生了决定性影响，布伦尼写的叙事作品成了此后文艺复兴历史编纂学作品的范本。⑤

李奥纳多·布伦尼从 1415 年开始创作《佛罗伦萨平民史》（*Historiae Florentini populi*），作品完成于 1442 年，有力地影响了同代中人。和李维的《罗马史》一样，布伦尼写的佛罗伦萨史也从建城写到他生活的时代为止（1402 年，佛罗伦萨的头号大敌，米兰

① Theodor E. Mommsen, 'Petrarch's Conception of the Dark Ages', in his *Medieval and Renaissance Studies*, ed. Eugene F. Rice, Jr. (Ithaca, 1959), 106-129.
② Petrarch, *Invectives*, ed. and trans. David Marsh (Cambridge, Mass., 2003), 60.
③ Giuseppe Billanovich, 'Petrarch and the Textual Tradition of Livy', *Journal of the Warburg and Courtauld Institutes*, 14(1951), 137-208; and E. B. Fryde, *Humanism and Renaissance Historiography* (London, 1983), 13.
④ Ronald G. Witt, *Hercules at the Crossroads: The Life, Works and Thought of Coluccio Salutati* (Durham, NC, 1983); and Daniela De Rosa, *Coluccio Salutati: il cancelliere e il pensatore politico* (Florence, 1980).
⑤ Udo Klee, *Beiträge zur Thukydides-Rezeption während des 15. Und 16. Jahrhunderts in Italien und Deutschland* (Frankfurt, 1990), 23-58.

大公爵贾·嘎雷阿佐·维斯孔蒂［Gian Galeazzo Visconti］去世,布伦尼的史书画上了句号)。二人的史书都描写了共和国如何通过征服邻国强大起来,又被内部纷争撕裂的历史,作品都有大胆的前言部分,零碎的战役描写,历史人物的演说,一致的拉丁语写作风格。

　　然而,二人的相似之处也到此为止。包括洛伦佐·瓦拉(Lorenzo Valla)在内,与布伦尼同代的其他人文主义者都以李维的史书作为创作基础,[①]而布伦尼却致力于修正李维的方法论这一更本质目标。李维自己坦言不能取信神话传说,但仍然做了记载,而布伦尼直截了当地宣称,拒绝采纳关于佛罗伦萨建城的带有神话色彩的普遍说法,他甚至不屑于重复这些内容。[②] 李维笔下的演说仅仅是雄辩术的演示,而布伦尼有时会在真实记载的基础上解释事情的起因,他还核查了李维的资料来源。布伦尼不像李维,就一组事件以一个作者的说法为准,然后另一组相关事件又以另一个作者的说法为准,而是把可用资料和各项事件一一对应起来,根据证据判定事件是否确实发生。当写到较近的时期,没有编年史材料可供参考时,他就转向市政档案记录和佛罗伦萨居民的私人文书。对于布伦尼来说,历史完全是关于人的因果联系:"历史(……)要求的是一篇长而连续的叙事作品,解释每个特定事件的原因,是个人对每一个问题的判断的公开表述。"[③]

　　布伦尼的历史分期比彼特拉克的划分更加精确。他抨击传统观点所谓佛罗伦萨是奥古斯都皇帝统治下的神圣汇聚之地,于基督降生之时建城这种说法。他的《佛罗伦萨平民史》毫无赘言,开篇即宣称佛罗伦萨是几十年前由卢修斯·苏拉(Lucius Sulla)军中退役的罗马士兵们建立的。他的同代人认为,这一暗示证明佛罗伦萨是建立于罗马共和国时期,而不是罗马帝国元首制度

---

① Fryde, *Humanism and Renaissance Historiography*, 18.
② Leonardo Bruni, *History of the Florentine People*, ed. and trans. James Hankins, 3 vols. (Cambridge, Mass., 2001－2007), i. 7.
③ Ibid., 5.

(principate)时期,这种说法对于佛罗伦萨共和国来说是合适的,和其他不少意大利城市一样,佛罗伦萨也自认是罗马帝国的继承者。布伦尼认为日耳曼蛮族入侵直接引发了罗马的衰落,以公元476年罗慕路斯·奥古斯都(Romulus Augustulus)被推翻终结,而不是前文彼特拉克所说的始于提图斯或君士坦丁的漫长过程,[①]彼特拉克仅仅区分了两个时代——古典时期和他自己生活的"黑暗时代",而布伦尼把1250年定为第二个主要分界点(*caesura*),从而把他自己身处的更好年代和日耳曼蛮族统治时期区别开来。到了1250年,神圣罗马帝国失去了对意大利的控制,意大利城邦国家的独立行动范围得以扩大,佛罗伦萨的圭尔弗政府(the Guelf government of the Primo Popolo)战胜了吉伯林派(Ghibellines)。对于布伦尼而言,这一年拉开了继衰落和外国统治后一个新的自由时期的帷幕。最近有一位历史学家提出,由于他的历史三分法,"布伦尼可以称得上是最早的'现代'这一政治概念的发明者。"[②]

弗利的历史学家弗拉维奥·比昂多(Flavio Biondo)是第一个使用"中世纪"(middle age)这个词组来确切描述古典时期之后,意大利15世纪之前这段时期的人。由于比昂多写了《复原的罗马》(*De Roma instaurata*,1444—1446年),细致地重构了罗马的地形,还有研究古罗马宗教和民事制度的作品《凯旋的罗马》(*Rome Triumphant*,1459年),他常常被描述成现代古物研究的奠基人。他还写过一部描写意大利半岛地理情况的作品,或者说是测绘学作品《意大利史话》(*Italy Illuminated*,1458年,发表于1474年)逐一解释了各地区和城镇名称的词源,并简要介绍了当地的历史。但创作于1459—1453年之间的《罗马帝国衰亡后几十年间的历史》(*Historiarum ab inclinatione Romanorum imperii decades*)为他赢得了号称"欧洲第一位中世纪学者"的长久声望。作品从公元

① Bruni, *History of the Florentine People*, 89.
② James Hankins, '*Introduction*', ibid., p. xviii.

410 年西哥特人洗劫罗马开始,比昂多认为,罗马的灭亡是人类有史以来最大的灾厄。随着罗马消逝,世界帝国的时代终结了,"中世纪"开始了。虽然意大利还没有统一为一个国家,但却是继承罗马帝国的"民族国家"之一,比昂多在意大利几处不同地方生活过,但没有专门落脚在某个城市,他比起他的人文主义同侪更具有国际视野。靠他的文学技艺和精准批判能力,他自上而下对意大利半岛的统治者进行排序,他也对意大利的文化表示关注,因而他的史书中既有政治性内容,又包括艺术和文学成分。比昂多认为,高水平学术的复兴可以追溯到 1410 年—410 年罗马之劫过后一千年,新的文化时代从此开始,这对应了我们对文艺复兴的现代认识。①

　　比昂多构想了一个具有共同文化遗产和地理同一性的意大利,虽然当时意大利还四分五裂,但自此直到 19 世纪之中,他提出的理念被周期性重现。15 世纪上半叶的情况并不符合比昂多的构想,黑死病后的一个世纪中,数百市镇附庸于几个奉行扩张主义的较大的城邦国家。在托斯卡纳(Tuscany),佛罗伦萨占据了布伦尼的故乡阿雷佐(Arezzo)、比萨,以及一连串小城市,面积扩张了三倍;维斯孔蒂(Visconti)家族统治的米兰夺得了波河河谷(Po Valley)和热那亚(Genoa)大部分地区,预备向南扩张,威胁着托斯卡纳和教皇国;威尼斯改变了传统政策,在地中海东部建设海洋帝国,同时在大陆上划出了大面积的统治区域。与此同时,1442 年,布伦尼完成了《佛罗伦萨平民史》,阿拉贡的阿尔方索五世(Alfonso V of Aragon)征服了那不勒斯王国(Kingdom of Naples),将之与西西里合并,纳入阿拉贡王国统治下。② 这三个陆地国家和中世纪的市镇有本质区别,它们的建立间接影响了历史书写。布伦尼和佛罗伦萨及其他意大利城市国家的历史作者采用了一种新的批判性

353

------

① Denys Hay,'Flavio Biondo and the Middle Ages',*Proceedings of the British Academy*,45(1959),97 - 128.

② Giorgio Chittolini (ed.),*La crisi degli ordinamenti comunale e le origini dello stato del Rinascimento*(Bologna,1979).

路径来处理素材,比起中古编年史作品,他们的叙事风格更连贯,更传神,但极少具有中立的意识形态。①

今天认为,布伦尼的《佛罗伦萨平民史》进行了一种尝试,为的是将佛罗伦萨对托斯卡纳其他归附市镇的霸权统治合法化。布伦尼的一位人文主义友人,佛罗伦萨人贾诺佐·马内蒂(Giannozzo Manetti)写了一部史书,在很多方面呼应了布伦尼,证明布伦尼的同代人也是这么理解他作品的。1446—1447 年,马内蒂担任小镇皮斯托亚(Pistoia)的总督,此间他开始写作,数月便完成了《皮斯托亚史》(*Historia Pistoriensis*)②,作品回顾了市镇自治的时代。他看重有关佛罗伦萨历史的传统资料,包括被布伦尼置之不理的但丁《神曲》和维拉尼《编年史》。虽然他一再复述布伦尼,但也改正了布伦尼在一些细节上的错误。为了追求精确,马内蒂查阅了档案记载和碑刻材料,但糟糕之处是他对天命论的宣扬。在他笔下,皮斯托亚人向佛罗伦萨人交出了自由,从此再没有出现过伟大的学者、诗人,或政治家。他鼓励皮斯托亚人捍卫自己的应有权利与特权,甚至找了一位律师担任皮斯托亚人在首都的代表。但马内蒂不得不面对审计数字,他在皮斯托亚的友人们已经因此被扫荡一空,佛罗伦萨的对手们把他的应缴税款抬高到一个无法承受的水平,于是他搬到了那不勒斯。③

在阿尔方索五世的统治下,那不勒斯成了一个主要的历史写作

---

① Fubini, *Storiografia dell'Umanesimo*, 3 - 38.

② Giannozzo Manetti, *Historia Pistoriensis*, *in Rerum Italicarum Scriptores*, vol. 19 (Milan, 1731); with a critical edition edited by Barbara Aldi and Stefano Ugo Baldassarri, with historical commentery by William J. Connell forthcoming; and Connell, 'The Humanist Citizen as Provincial Governor', in Connell and Andrea Zorzi (eds.), *Florentine Tuscany*: *Structures and Practices of Power* (Cambridge, 2000), 144 - 164.

③ Raffaella Maria Zaccaria, 'Documenti su Giannozzo Manetti', in Stefano Ugo Baldassarri (ed.), *Dignitas et Excellentia IIominis*: *Atti del convegno internazionale di studi su Giannozzo* (Florence, 2008), 333 - 345.

中心,这很大程度上是因为阿尔方索本人喜爱历史。① 洛伦佐·瓦拉(Lorenzo Valla)是阿尔方索宫中最著名的人文主义者,他本想写一部王国征服史,但作品被截短,砍成了阿尔方索之父的传记《阿拉贡国王斐迪南传》(*Gesta Ferdinandi regis aragonum*),该书创作于 1445—1446 年,是瓦拉惟一的历史叙事作品。作品达到了他对史实的严格要求,表现出直面权力吐露真情的执着,但是——一位现代史学家写道:"斐迪南确实在外国大使发言时打鼾,也确实用了些不同寻常的法子来刺激勃起。"②——作品的主题消弭了作品的意义。瓦拉对史学实践的根本贡献在于对古代文本和(伪造的)中古文本,例如《君士坦丁赠礼》的批判,他在语言的历史进化研究中运用了这种批判主义,在修昔底德和希罗多德拉丁语译本中也有所运用,他的译本颇有影响,数世纪以来都被视为范本。③

　　在那不勒斯,瓦拉和宫中另一位人文主义者巴托洛缪·法乔(Bartolomeo Facio)就史学家和史学家所面对的主题有一场著名辩论。在瓦拉看来,无论作品题献对象不悦与否,精确性最是紧要;法乔则主张,史学家扮演的是树立"丰碑"的角色,纪念伟大功绩和伟大人物,用迂回说法掩盖不适宜的事实情况,或者礼貌地保持沉默。具有讽刺意味的是,法乔的十卷本作品《阿尔方索国王传》(*Rerum gestarum Alfonsi regis libri*,1563 年)证明他其实是个挺不错的历史学家,这部广受传阅的史书叙述了同时代的事件,很有价值,直到 16 世纪还有印行,而且受到了好评。

　　15 世纪 90 年代到 16 世纪第一个十年之中,在教宗亚历山大六世(Popes Alexander VI)、儒略二世(Julius II)、列奥十世(Leo X,征服了乌尔迪内(Urdino))统治下,教廷开始带着报复意图插手大

① Eric Cochrane, *Historians and Historiography in the Italian Renaissance* (Chicago, 1981),147 - 150. 亦可参见 Jerry H. Bentley, *Politics and Culture in Renaissance Naples* (Princeton, 1987)。

② Cochrane, *Historians and Historiography in the Italian Renaissance*,149.

③ 参见本卷唐纳德·R. 凯利所著第十一章。

陆事务。但 15 世纪中期康士坦斯大公会议（Councils of Constance）和巴塞尔大公会议（Councils of Basel）之后，圣座回到罗马，意味着教皇有了充分理由利用罗马时期的历史在本地和国际上确立自身。教廷吸引了来自意大利各地的人文主义者，其中二人成了教皇，即尼各老五世（Nicholas V）和庇护二世（Pius II）。尼各老五世建立了梵蒂冈图书馆，命人翻译了（其中包括瓦拉）一系列重要的希腊文历史作品，而庇护二世（原名恩尼阿斯·叙尔维乌斯·皮可洛米尼［Aeneas Sylvius Piccolomini］）本身就是一位出色的历史学家。他著作颇丰，其中包括一部写波西米亚王国（Bohemia）的史书，一部经常被认为是首部关于"欧洲历史"的作品《论欧罗巴》（*On Europe*，1453 年），一部关于德国的专著，一部传记集《名人列传》（*De viris illustribus*，1450 年），他还编写了比昂多《罗马帝国衰亡后几十年间的历史》的删节本。[1] 但他最著名的作品当数《回想录》（*Commentarii*，1458—1464 年，发表于 1584 年），这是一部第三人称叙述的自传，作品先一笔而过地写了他本人的早年经历，然后写了他当选教皇和在位期间一些令人着迷的细节情况。[2] 15 世纪 70 年代，后来成为梵蒂冈图书馆馆长的巴托洛缪·普拉汀纳（Bartolomeo Platina）正在写《诸教宗生平》（*Vitae pontificum*），这本作品很吸引人，写到不少关于教皇的丑闻，此间他还对《教宗名录》（*Liber pontificalis*）进行了修改和补充。

从现代史学家的眼光来看，在当时意大利几个主要的陆上邦国中，米兰的历史学家可能最糟糕的，当然，这个论断需要修正。有一位历史学家从精确的认识论角度解读布伦尼和比昂多，认为他们谋求自身利益，贬低了人文主义作为历史编纂工具的优越性

355

---

① Barbara Baldi，'Enea Silvio Piccolomini e il De Europa：umanesimo，religione e politica'，*Archivio storico italiano*，161（2004），619 - 683.

② Pius II，*Commentaries*，ed. Margaret Meserve and Marcello Simonetta，vols. 1 and 2（Cambridge，Mass. ，2004 - 2007）.

质。① 另一位历史学家描述道,米兰学派毫无意图扮演积极角色,始终沉迷于"黄金时代"这一理念,相信黄金时代将在当时任意一位大公爵的统治下回归。② 贝尔纳迪诺·科利奥(Bernardino Corio)用方言写了一本大部头米兰史,从米兰建城写到 16 世纪,科利奥用友善的笔法写了卢多维科·斯福尔扎(Ludovico Sforza il Moro)的性格,还描写了 1494 法国入侵前米兰举行的节日和宴会,由此受到批评。但他是最早意识到 1494 年法国入侵后巨变的历史学家之一,③近期研究展示了科利奥的重要性,他远远不止是充满敌意的当代批判所描绘的宫廷马屁精。④

15 世纪中叶前,威尼斯丰富而历经沉淀的编年史写作传统出现在人文主义历史编纂的发展道路上。作为一个共和国,威尼斯处于一系列有权有势的议员控制之下。因此,当 1454 年比昂多向威尼斯公爵弗朗西斯科·佛斯卡里(Francesco Foscari)自荐担任官方历史学家时,威尼斯市民中的许多要人都提出了各自推荐的人选,洛伦佐·瓦拉也名列其中。比起其他主要的意大利城市,威尼斯的人文主义历史写作迟迟方才闭幕。⑤ 1478 年,贝尔纳迪诺·朱斯汀亚尼(Bernardo Giustiniani)担起任务,写了《威尼斯城起源及成就的历史》(*De origine urbis Venetiarum rebusque ab ipsa gestis*

---

① Gary Ianziti, *Humanistic Historiography under the Sforzas*: *Politics and Propaganda in Fifteenth-Century Milan* (Oxford, 1988).

② Cochrane, *Historians and Historiography in the Italian Renaissance*, 116.

③ Felix Gilbert, *Machiavelli and Guicciardini*: *Politics and History in Sixteenth Century Florence*, 2nd edn (New York, 1984), 259.

④ Stefano Meschini, *Uno storico umanista alla corte sforzesca*: *Biografia di Bernardino Corio* (Milan, 1995)提供了大致的传记细节,但 Meschini'的文章'*Bernardino Corio*: *storico del medioevo e del Rinascimento milanese*', in Paolo Chiesa (ed.), *Le cronache medievali di Milano* (Milan, 2001), 101 - 173, 对科利奥进行了意义重大的重新评价。

⑤ Felix Gilbert, '*Biondo, Sabellico and the Beginnings of Venetian Official Historiography*', in John Gordon Rowe and W. H. Stockdale (eds.), *Florilegium Historiale*: *Essays Presented to Wallace K. Ferguson* (Toronto, 1971), 275 - 293.

historia），他声称要以修昔底德为目标。虽然并未完全达到所宣称的水准，但作品没有采纳关于建城的大量传说故事。此书辩称，威尼斯市民相处得极为和睦，因而他们承担了治理那些不幸福人民的义务，威尼斯对海陆疆域的统治由此得到合理化。[①]

朱斯汀亚尼的这部作品 1492 年才发表，当时他已经去世。与此同时，另一位并非出身威尼斯的人文主义者马尔坎托尼奥·柯乔（Marcantonio Coccio），又名萨贝利柯（Sabellico）（因其人出身于萨比纳山区（Sabine hills），编写了《三十三卷威尼斯建成以来事务史》（*Rerum venetarum ab urbe condita libri XXXIII*）献给政府，并因此被授予了历史上已知的第一项著作权，或者叫印刷特许权，该作发表于 1487 年。[②] 萨贝利柯的作品及资料来源算不上极为重要，但他一直写到了自己生活的时期，该书优雅的文风在威尼斯赢得了不少崇拜者，这些人为他在圣马可学院（Scuola di San Marco）谋了份教职，他因而或多或少变成了一位官方历史学家。1488 年，他已经在着手写作第二部主要的历史作品，大手笔地命名为《历史九歌》（*Enneades sive Rhapsodia historiarum*，1498 年发表了第一部分；1502 年发表第二部分）。作品的目标在于同时使用圣经资料和异教的古典资料描写人类的早期历史，再写下延续至今的历史。写作风格是李维式的（但是"enneads"［九章］而非十卷），贝加莫（Bergamo）的圣奥斯定会修士（Augustinian friar）雅可布·菲力坡·佛莱斯蒂（Jacopo Filippo Foresti）的作品对萨贝利柯的作品助益很大，他汇集同代情况的有关资料，写成一卷风格谦逊的散文作品，于 1485 年以《编年史补遗》（*Supplementum chronicarum*）为题

---

① Cochrane, *Historians and Historiography in the Italian Renaissance*，81. On Giustiniani，参见 Patricia H. Labalme, Bernardo Giustinian, *a Venetian of the Quattrocento*（Rome, 1969）。现代历史编纂中关于威尼斯陆地疆域的神话故，参见 James S. Grubb 'When Myths Lose Power：Four Decades of Venetian Historiography'，Journal of Modern History，58(1986)，43 - 94。

② Ruth Chavasse, 'The First Known Author's Copyright, September 1486, in the Context of a Humanist Career'，*Bulletin of the John Rylands University Library of Manchester*，69(1986 - 1987)，11 - 37.

结集发表，并取得了商业上的成功。1493 年，萨贝利柯给佛莱斯蒂写了一封讨好后者的信，告知对方他的《历史九歌》已经进展到第十六卷（佛莱斯蒂的作品包括十五卷内容），他请求佛莱斯蒂随后对作品进行修订时把自己列入当代文学大师之中——佛莱斯蒂在1502 年的版本里满足了萨贝利柯的请求，把他列为 15 世纪 90 年代的重要人物。[1] 这封信说明，萨贝利柯想通过"重写"（redoing）佛莱斯蒂的作品来超越对方。和佛莱斯蒂一样，萨贝利柯也在 16 世纪的天主教圈子和新教圈子中获得了成功。[2] 在一个充满宗教争论的年代里，拥有一部以基督教和古典文献为基础，记叙自创世延续至今历史的作品无疑令人们感到安心。

357

　　1506 年萨贝利柯去世后，威尼斯既没有官方史学家，也没有准官方史学家，直到 1516 年任命了安德利亚·纳瓦哲罗（Andrea Navagero），但 1529 年他去世时命人焚毁自己的历史作品手稿，因此没有作品流传下来。红衣主教彼得罗·本博（Pietro Bembo）同年继任为官方史学家，他的《十二卷威尼斯史》（*Historiae Venetae libri XII*，1551 年）延续萨贝利柯的作品，从 1487 年写起，直到 1513 年教皇列奥十世登基为止。书中写到了 1494 年法国入侵，阿尼亚德洛（Agnadello）保卫战，以及随后发生的 1509 年大陆暴乱，这些事件对于意大利或威尼斯都是灾难性的，但本博没有作真正公平的描写。笔者认为，《威尼斯史》虽然回避了作者谈到的军事和外交事件，但书中最令人印象深刻的段落是第一卷末的一段描写，讲威尼斯新出现的一种娱乐——一种桨手全由女子组成的划船

① Marcantonio Sabellico, *Opera* (Venice, 1502), fol. 9v ('M. Antonio Foresio Suo'), with commentary in Giovanni Mercati, *Ultimi contributi alla storia degli umanisti*, 2 vols. (Vatican City, 1939), ii. 11-13.

② Cecil Clough, 'The Significance of the Illustrations in Thomas Mürner's 1530s Translation into German of Sabellicós Enneades', Mediaevalia (2001), 185-226; and Gaetano Cozzi, 'Intorno all'edizione dell'opera di M. A. Sabellico curata da Celio Secondo Curione e dedicata a Sigismondo Augusto re di Polonia', in L. Cini (ed.), *Venezia e la Polonia nei secoli* (Venice, 1965), 165-177.

比赛。① 一位现代史学就本博的不足之处评论道：“当时的威尼斯显然还没有建立起成熟的历史编纂学。”

由于 1494 年和 1499 年法国入侵以及 1502 年西班牙入侵②，1500 年前后，除了威尼斯以外，意大利各地的历史写作风格都已经固定化。③ 马基雅维利在他著名的《君主论》中写道，意大利“没有首领，也没有秩序，受到打击，遭到劫掠，被分裂，被践踏，并且忍受了种种破坏”。④ 就某些方面而言，这标志着历史写作又回归到了李奥纳多·布伦尼的手法。布伦尼的史学写作观念注重政治活动和军事行动，神意的代理人无关紧要。布伦尼成功地在 1500 年后一辈史学家常常一无所获的地方发现了许多其他因素，其中大部分与人有关。一个新的强大角色替代了仁慈的上帝，或者说命运或是机遇的位置，它似乎将主宰许许多多人类不曾掌控过的事物。布伦尼的“佛罗伦萨人民”注定要成就一番大事业。在新的历史中，没有胜利者，只有一场接一场的战役，对一座座城市的劫掠，政权的一次次递变。历史学家按陈述顺序把事件排列起来，这可以说是一项卓绝的成果，但从根本上讲，这些事件仍然没有确定的指向。

最具影响力的“16 世纪”史学家们来自佛罗伦萨，虽然布伦尼发起了创新，但这里出产的史学作品却比所期待得要少。确切地说，布伦尼去世后几十年中出现了两部由佛罗伦萨执政官写的作品：一部

① Pietro Bembo, *History of Venice*, ed. and trans. Robert W. Ulery, Jr., 3 vols. (Cambridge, Mass., 2007-2009), i. 77. 与修昔底德《伯罗奔尼撒战争史》中的竞赛形成有趣对比。Thucydides, *History of the Peloponnesian War*, 6.32.

② William J. Bouwsma, *Venice and the Defense of Republican Liberty*: *Renaissance Values in the Age of the Counter Reformation* (Berkeley, 1968),138.

③ David Abulafia (ed.), *The French Descent into Renaissance Italy*: *1494-1495*: *Antecedents and Effects* (Aldershot, 1995),提供了背景。Gilbert, *Machiavelli and Guicciardini*, remains invaluable.

④ Niccolò Machiavelli, *The Prince*, trans. William J. Connell (Boston, 2005), ch.26, p.120.

是鲍乔·布拉乔利尼（Poggio Bracciolini）的《佛罗伦萨平民史》（*Historiae Florentini populi*），内容涉及 1355—1455 年间的外交事务；另一部是巴托罗缪·斯卡拉（Bartolomeo Scala）的未竟之作《佛罗伦萨人的历史》（*Historia Florentinorum*），作品以建城为开端，仅仅写到了 1264 年。但两作中的前者局限于谈论军事行动，后者重新收录了不少被布伦尼排除掉的佛罗伦萨传奇故事。1434 年开始，美第奇家族的势力逐渐增长，缓慢上升到了近乎于佛罗伦萨统治者的地位，美第奇家族下令，谈到过去的历史和近期事件时，佛罗伦萨多产的历史学家必须保持缄默。洛伦佐·德·美第奇（Lorenzo de' Medici）下令编写城市的"纪年史"，但这项计划不知所终。[1] 一系列撒路斯提乌斯式的简短作品被编写出来供公众消遣，歌颂大权在握的美第奇家族，同时，还有人私下创作了些更有趣的作品。[2]

1494 年法军入侵以及美第奇家族被流放对佛罗伦萨的历史写作产生了滚雪球般的作用。佛罗伦萨的拉丁语作品不多，其中有 1506—1509 年间贝尔纳多·卢凯莱伊（Bernardo Rucellai）流亡法国期间写得富有见地的《意大利战争》（*De bello italico commentarius*）。佛罗伦萨人保存私人记录（*ricordi*）的习惯，通俗语言（volgare）在外交中的广泛使用，1494 年佛罗伦萨以俗语记录法律条文，这些因素改变了方言的地位。1498—1512 年间，"16 世纪"史学家中最伟大的两位之一，尼可洛·马基雅维利（Niccolò Machiavelli）担任文书官，负责佛罗伦萨的俗语通信，1520 年，他被任命为佛罗伦萨的官方历史学家，因此没有人认为他会用拉丁语写作。1525 年，他向教宗克莱门八世（Clement VIII）献上了《佛罗伦萨史》（*Istorie fiorentine*），但作品 1531 年才发表，当时马基雅维利已经辞世四年。马基雅维利原本受命撰写从 1434 年到教宗列奥十世在位期间的历史，但他效仿比昂多和布伦尼从更早的时期

[1] Fubini, *Storiografia dell'Umanesimo*, 197.
[2] 有关缄默，参见 Mark Phillips, *The 'Memoir' of Marco Parenti: A Life in Medici Florence* (1987; Toronto, 2000)。

359 写起，以蛮族入侵作为开端，同时也像布伦尼一样强调 1250 年腓特烈大帝去世对于意大利的重要意义，全书平分成八卷，以 1434 年作一处分卷。马基雅维利揭示了 1434 年前的内政情况，他和前人一样，没有放手去写 1434—1492 年间美第奇家族的情况，作品呈给克莱门教宗后没有被发表，马基雅维利仍然作为历史学家领取报酬。现在看来，《佛罗伦萨史》谋篇布局极为精心，不能称其为一部不完整的作品。①

16 世纪的史学家还包括皮埃罗·帕兰蒂（Piero Parenti），弗朗西斯科·维托里（Francesco Vettori），雅可布·纳尔第（Jacopo Nardi），菲利坡·德·奈尔利（Filippo de' Nerli）。马基雅维利和弗朗西斯科·圭恰尔迪尼（Francesco Guicciardini）树立了一种一直延续到佛罗伦萨大公爵时代（grand ducal period）的共和国史学传统，贝奈岱铎·瓦尔钦（Benedetto Varchi）和贝尔纳多·塞涅（Bernardo Segni）笔下的佛罗伦萨人给出了许多令人欣慰或发人警醒的事例，说明一个共和国应当何所为之，何所不为，他们二人也影响了像保罗·帕茹塔（Paolo Paruta）这样的威尼斯历史作家。② 这一代人中非佛罗伦萨出身的史学家有吉洛拉莫·波吉亚（Girolamo Borgia），他迄今仍未出版的作品《意大利战争史》（*Historiae de bellis italicis*）为圭恰尔迪尼③和保罗·乔维欧（Paolo Giovio）提供了有用的资料，后者大胆拓宽了他的描写领域，对新的现实作出回应，而不像同代人圭恰尔迪尼一样致力于挖掘原因。乔维欧运用人物、

---

① Harvey C. Mansfield, *Machiavelli's Virtue* (Chicago, 1996), 140, 指出 1434 年不仅等分了八卷作品，而且等分了全书 286 章。关于作为历史学家的马基雅维利，参见 Gennaro Sasso, *Niccolò Machiavelli*: *Storia del suo pensiero politico*, rev. edn, 2 vols. (Bologna, 1980)。

② Jean-Jacques Marchand and Jean-Claude Zancarini (eds.), *Storiografia repubblicana fiorentina* (1494 - 1570) (Florence, 2003); Rudolf von Albertini, *Firenze dalla repubblica al principato*, trans. Cesare Cristofolini (Turin, 1970); and Bouwsma, *Venice and the Defense of Republican Liberty*, 154 - 292.

③ Elena Valeri, *Italia dilacerata*: *Girolamo Borgia nella cultura storica del Rinascimento* (Milan, 2007)。

逸闻、时尚、幽默使政治史生动起来,而且,鉴于历史的走向不尽清
晰,他还把俄国人、波兰人、突厥人、伊朗人等远方的国家和人民也
考虑在内。[1] 16 世纪的历史学家中还有被移植到英格兰的珀利多
雷·维尔吉尔(Polydore Vergil)。他是教宗亚历山大六世的助手阿
德里亚诺·卡斯泰雷西(Adriano Castellesi)的门客,因而熟悉意大
利政治的真实情况。1502 年,切萨雷·波吉亚(Cesare Borgia)占领
了维尔吉尔的故乡乌尔比诺,他前往英格兰。虽然他作品《英国
史》(*Anglica historia*)中的早期历史部分对中古传奇故事持批判态
度,符合布伦尼的模式,但根据后来的一些作品,托马斯·沃尔西
(Thomas Wolsey)把他描述成一位十分熟悉 16 世纪情形的作者。[2]

　　在所有史学家之中,弗兰西斯科·圭恰尔迪尼创作出了堪称文
艺复兴时期史学丰碑的杰出叙事作品。他写了两部关于故乡佛罗
伦萨的重要作品,但都是未竟之作:《佛罗伦萨史》(*Storie
fiorentine*,1508—1510 年)和《佛罗伦萨记事》(*Cose fiorentine*,
1527—1534 年),叙述从建城到 14 世纪早期的历史。在他生命的
最后三年中,退休的圭恰尔迪尼发现了一种绝佳的方法,既能施展
他的历史才华,又能利用他服务于教廷和美第奇家族期间获得的
经验。他的作品《意大利史》(*Storia d'Italia*,1537—1540 年)对
意大利所有主要势力的命运作了实时同步记载,在写作过程中,他
推进了比昂多《意大利史话》中的"意大利"这一概念,全面深入地
研究了这一比昂多未能展开的构想。圭恰尔迪尼拥有一座内容全
面的图书馆,他善用藏书。察看政府档案。作为一名受过良好训
练的法学家,他还利用自己的法律知识。但圭恰尔迪尼最特别的
一点在于他曾与他笔下的极多重要历史人物有过会面,从而能以
性格速写来描述决策背后无法简单以利益权衡来解释的心理活
动。由于同时描写了太多历史人物,历史的原因和效果在他笔下

360

[1] T. C. Price Zimmermann, *Paolo Giovio*: *The Historian and the Crisis of the
Sixteenth Century* (Princeton, 1995).

[2] Denys Hay, *Polydore Vergil*: *Renaissance Historian and Man of Letters* (Oxford,
1952).

不再以线性方式运行,历史学家本人成了广阔网络的主宰,一点一滴地向读者展示每一条线索的走向和节点。①

　　曾有很长一段时期,人们认为圭恰尔迪尼的《意大利史》代表了文艺复兴的终结,之后的意大利史书通常被贴切地描述为"巴洛克式"。对于文艺复兴时期发达的历史叙事的巴洛克式劣化有几种解释,比如古物主义,或是西班牙霸权,或是学院派"历史技艺"②的发展扼杀了文艺复兴史学,③也有一种暗示认为是由反宗教改革运动导致的。每过十年,巴洛克这个标签都在丧失更多的特定含义。如今,史学家们强调天主教和新教在两者共有的教派化运动时期中文化社会领域的合流趋势,区分意大利巴洛克风格和北欧巴洛克风格变得愈加困难。④ 对于意大利历史叙事尤其如此,因为16世纪晚期和17世纪早期的杰作显然承自文艺复兴时期布伦尼到马基雅维利和圭恰尔迪尼一脉。

　　许多购买意大利语作品原版或译本的北欧读者似乎都知道,他们手中作品是意大利文艺复兴历史写作传统的延续。⑤ 北欧出版了马基雅维利的《佛罗伦萨史》,读者之广不亚于《君主论》,也许还

361

---

① Gilbert, *Machiavelli and Guicciardini*, 271 - 301; Gennaro Sasso, *Per Francesco Guicciardini: quattro studi* (Rome, 1984).
② 关于 *ars historica*,参见 Anthony Grafton, *What Was History? The Art of History in Early Modern Europe* (Cambridge, 2007)。关于过度的史学理论损害史学实践的观点,参见 Giorgio Spini, 'Historiography: The Art of History in the Italian Counter Reformation', in Eric Cochrane (ed.), *The Late Italian Renaissance* (New York, 1970), 91 - 133。
③ Eric Cochrane, 'The Transition from Renaissance to Baroque: The Case of Italian Historiography', *History and Theory*, 19(1980), 21 - 38, reviews the arguments and defends the category—unconvincingly. 亦可参见 Caroline Gallard, *Le Prince et la R'epublique: Histoire, pouvoir et soci'et'e dans la Florence des M'edicis au XVIIe siècle* (Paris, 2007)。
④ 参见 Heinz Schilling (ed.), *Die reformierte Konfessionalisierung in Deutschland—Das Problem der 'zweiten Reformation'* (Gütersloh, 1986)。
⑤ Peter Burke, 'Translating Histories', in Burke and R. Po-chia Hsia (eds.), *Cultural Translation in Early Modern Europe* (Cambridge, 2007), 125 - 141.

要更多些。① 保罗·乔维欧的《当代史》(*Historiae sui temporis*，1550—1552 年)，圭恰尔迪尼的《意大利史》，保罗·萨庇(Paolo Sarpi)的《特伦托大公会议史》(*Istoria del Concilio Tridentino*，1619 年)，恩里柯·卡泰利诺·达维拉(Enrico Caterino Davila)的《法兰西内战史》(*Storia delle Guerre civili di Francia*，1630 年)也在北欧读者中获得了成功。17 世纪英格兰最伟大的叙事史学者，克拉伦登伯爵爱德华·海德(Edward Hyde，earl of Clarendon)肯定了文艺复兴后期的意大利历史叙事作品对后来欧洲历史编纂学发展的重要影响。在他 17 世纪 60 年代的论文《论实践的生活和默观的生活》(*On an Active and on a Contemplative Life*)中，他专门赞扬了达维拉和圭铎·本蒂沃约(Guido Bentivoglio)，完全忽略了伟大的荷兰人格老秀斯(Grotius)连篇累牍的《低地王国历史与编年史》(*Annales et Historiae de rebus belgicis*，1621 年)。他称这两名意大利史学家"足以与最优秀的古代作家比肩而立……二人的作品都十分精彩，可以教导最有才能，最睿智的人如何写作，并使他们汗颜"。②

大事年表/关键日期

1250 年	腓特烈二世去世
1348 年	意大利爆发黑死病
1402 年	米兰大公贾·嘎雷阿佐·维斯孔蒂去世
1406 年	佛罗伦萨占领比萨
1440 年	洛伦佐·瓦拉发表专著，揭发伪造的《君士坦丁御赐教产谕令》

---

① Sydney Anglo, *Machiavelli—The First Century*：*Studies in Enthusiasm*, *Hostility*, *and Irrelevance* (Oxford, 2005); and Giuliano Procacci, *Machiavelli nella cultura europea dell'età moderna* (Bari, 1995).
② Edward Hyde, Earl of Clarendon, *Essays Moral and Entertaining*, 2 vols. (London, 1815), i. 245,246.

1442 年　　　　　阿拉贡的阿尔方索一世征服那不勒斯
1453 年　　　　　君士坦丁堡陷于土耳其人之手
1454 年　　　　　洛迪和约
1494 年　　　　　法王查理八世入侵意大利
1494 年　　　　　美第奇家族被逐出佛罗伦萨
1499 年　　　　　法王路易十二入侵意大利
1509 年　　　　　阿尼亚德洛之战
1512 年　　　　　美第奇家族在佛罗伦萨复辟
1513—1515 年　　马基雅维利撰写《君主论》
1527 年　　　　　罗马之劫
1545—1563 年　　特伦托大公会议

主要史料

Bembo，Pietro，*Historiae Venetae libri XII*（Venice，1551）；
　　reprinted as History of Venice，ed. and trans. Robert W. Ulery，
　　Jr. ，3 vols.（Cambridge，Mass. ，2007 - 2009）.

Bentivoglio，Guido，*Opere storiche del cardinale Bentivoglio*，5
　　vols.（Milan，1806 - 1807）.

Biondo，Flavio，*Historiarum ab inclinatione Romanorum imperii
　　decades*，in Opera（Basel，1531）.

Bruni，Leonardo，*Historiae Florentini populi*（1415 - 1442）；
　　reprinted as *History of the Florentine People*，ed. and trans.
　　James Hankins，3 vols.（Cambridge，Mass. ，2001 - 2007）.

Corio，Bernardino，*Storia di Milano*，ed. Anna Morisi Guerra，2
　　vols.（Turin，1978）.

Davila，Arrigo Caterino，*Storia delle guerre civili di Francia*
　　（Venice，1630），ed. Mariod'Addio and Luigi Gambino，3
　　vols.（Rome，1990）.

Facio，Bartolomeo，*Rerum gestarum Alfonsi regis libri*（1563）， ed. Daniela Pietragalla (Alessandria, 2004).

Giovio, Paolo, *Historiae sui temporis* (*1550 - 1552*), ed. Dante
Visconti and T. C. Price Zimmermann, 3 vols. (Rome, 1957 -
1985).

Guicciardini, Francesco, *Storia d'Italia* (1537 - 1540), ed. Silvana
Seidel Menchi, 3 vols. (Turin, 1971).

Machiavelli, Niccolò, *Istorie fiorentine* (1531), ed. Plinio Carli, 2 362
vols. (Florence, 1927).

Nardi, Jacopo, *Istorie della città di Firenze*, ed. Agenore Gelli, 2
vols. (Florence, 1858).

Petrarch, *De viris illustribus*, ed. Silvano Ferrone and Caterina
Malta, 2 vols. (Florence, 2006 - 2007).

*Rerum italicarum scriptores ab anno aerae christianae 500 ad annum
1500*, ed. Lodovico Antonio Muratori, 25 vols. (Milan, 1723 -
1751; repr. with an index, Bologna, 1977); new edn, ed.
Giosuè Carducci and Vittorio Fiorini, 33 vols. (Città di Castello;
then Bologna, 1900 - 1975).

Sabellico [Coccio, Marcantonio], *Opera omnia*, ed. Celio Secundo
Curione, 4 vols. (Basel, 1560).

Sarpi, Paolo, *Histoire du Concile de Trente* (1619), ed. Maria
Viallon and Bernard Dompnier (Paris, 2002).

Storici e politici veneti del Cinquecento e del Seicento, ed. Gino
Benzoni and Tiziano Zanato (Milan and Naples, 1982), includes
Paolo Paruta, Nicolò Contarini, and Battista Nani. Italian
Renaissance Historical Narrative 363

参考文献

Black, Robert D., 'The New Laws of History', *Renaissance
Studies*, 1(1987),126 - 156.

Burke, Peter, *The Renaissance Sense of the Past* (New York, 1969).

Cochrane, Eric, *Historians and Historiography in the Italian Renaissance* (Chicago, 1981).

Connell, William J., 'The Eternity of the World and Renaissance Historical Thought', *California Italian Studies Journal*, 2: 1 [= 'Italian Futures', ed. Albert Ascoli and RandolfStarn] (2011).

Cutinelli-Rèndina, Emanuele, Marchand, Jean-Jacques, and Melera-Morettini, Matteo, *Dalla storia alla politica nella Toscana del Rinascimento* (Rome, 2005).

Dale, Sharon, Lewin, Alison Williams, and Osheim, Duane J. (eds.), *Chronicling History: Chroniclers and Historians in Medieval and Renaissance Italy* (University Park, Pa., 2007).

Fryde, E. B., *Humanism and Renaissance Historiography* (London, 1983).

Fubini, Riccardo, *Storiografia dell'Umanesimo in Italia da Leonardo Bruni ad Annio da Viterbo* (Rome, 2003).

Gilbert, Felix, *Machiavelli and Guicciardini: Politics and History in Sixteenth Century Florence*, 2nd edn (New York, 1984).

Grafton, Anthony, *What Was History? The Art of History in Early Modern Europe* (Cambridge, 2007).

Green, Louis, *Chronicle into History: An Essay on the Interpretation of History in Florentine Fourteenth-Century Chronicles* (Cambridge, 1972).

Guenée, Bernard, *Histoire et culture historique dans l'Occident m'edi'eval* (Paris, 1980).

Ianziti, Gary, *Humanistic Historiography under the Sforzas: Politics and Propaganda in Fifteenth-Century Milan* (Oxford, 1988).

Kelley, Donald R., *Faces of History: Historical Inquiry from Herodotus to Herder* (NewHaven, 1998).

Pertusi, Agostino (ed.), *La storiografia veneziana fino al secolo XVI: Aspetti e problem* (Florence, 1970).

Phillips, Mark, *The Memoir of Marco Parenti: A Life in Medici Florence* (1987; repr. Toronto, 2000).

Witt, Ronald G., *In the Footsteps of the Ancients: The Origins of Humanism from Lovato to Bruni* (Leiden, 2001).

Zimmermann, T. C. Price, *Paolo Giovio: The Historian and the Crisis of Sixteenth-Century Italy* (Princeton, 1995).

王　静　译　李　娟　校

光 启
———
新史学
———
译 丛

主编

陈 恒 陈 新

编辑委员会

国家出版基金项目
NONAL PUBLICATION FOUNDATION

OXFORD

牛　津
历史著作史

从公元1400年到1800年

The Oxford History
of Historical Writing

[墨] 何塞·拉巴萨　[日] 佐藤正幸

[意] 埃多尔多·托塔罗洛　[加] 丹尼尔·沃尔夫　主编

陈　新　李　娟　朱潇潇　申　芳　王　静　等译

第三卷（下）

上海三联书店

目　录

第十八章 1680—1800 年的意大利史学写作

埃多尔多·托塔罗洛

现代早期意大利半岛的一项鲜明特色是多样性。当时半岛大部分地区政治上处于分裂状态,受到几支外国势力统治,特别是西班牙继承战争(War of the Spanish Succession,1700—1714 年)之前西班牙的统治以及三年共和国(triennio repubblicano,1796—1799 年)之前奥地利的统治,其间兴起了如那不勒斯、佛罗伦萨、米兰等文化中心:每个城市的知识分子们都可以发展自己的风格,与维也纳或马德里方面磋商自身的文化、历史和政治认同感,同时从地方政府、本地社会与宗教精英的支持或温和容忍中谋求利益。南方处于西班牙统治下(那不勒斯王国于 1734 年摆脱了属国地位,但仍处于西班牙影响范围内),北边则是奥地利,外国势力的霸权主义统治拓宽了意大利与外国文化模式之间的互动(例如帕维亚大学就曾处于奥地利影响之下),加强了萨沃伊公国、威尼斯共和国与热那亚共和国,以及如摩德纳和卢卡一般至少在形式上保留了政治独立性的小型政权等地方的区域学术特色。在博洛尼亚到罗马之间的地区,教廷仍然扮演着引人瞩目的政治角色,作为意大利惟一的宗教信仰及人文科学和自然科学领域任何学术活动的强有力构架,教廷在亚得里亚海到第勒尼安海之间铺垫了天主教的稳固基础。对于来到罗马的人,有权势的罗马红衣主教们的私人图书馆比官方高等教育机构有更强的吸引力。

要理解 18 世纪意大利在历史研究和历史撰述两方面的发展,

最好的办法是观察意大利的文化多样性背景。实际上，意大利半岛权力政治的特性和对罗马天主教成就的看法的改变给意大利的多种历史写作形式打上了印记。在例如法国和英国等欧洲国家中，历史作品的增加也许可以通过强大的中央政府，中产阶级读者的增长，还有对自由宗教论战的兴趣来解释，但意大利各邦国产出的历史作品差异很大，难以用这类单一原因加以解释。这一时期当中，学术传统的互动和碰撞增加了文学类型的多面性：尼可洛·马基雅维利和弗兰西斯科·圭恰尔迪尼的人文主义传统，保罗·萨庇《特伦托大公会议史》激扬的道德声讨，费兰特·帕拉维契诺（Ferrante Pallavicino）的论辩式历史写作，埃曼努埃尔·泰萨乌洛（Emanuele Tesauro）的百科全书式史学编纂，无论予以何等否定评价，它们都是史学家无法忽略过一种史学编纂传统的组成部分。[1] 由于观点和实践的多样性，研究路径之间的竞争和反差，意大利史学被误认为没有对欧洲范围内的历史讨论做出贡献：在艾铎阿德·福埃特（Eduard Fueter）有关现代历史编纂学的经典著作中，仅仅提到了 17 世纪晚期和 18 世纪的意大利及其史学家，近期的概述中仍然重复着类似套路。[2] 意大利对复兴历史研究的兴趣实际展现了一种对欧洲主流讨论进行吸收和重释的特殊方式。广度和深度之间的张力，针对限定主题的细致的事实性研究和对连接古今的一系列事件的认识之间的张力，也许可以给我们提供一组议题，挑战 18 世纪意大利知识分子研究过去事件的范式。反宗教改革运动拓展了半岛与欧洲其他地区的联系，人们情感上渴望再现过去，理性上希望对相关历史作出评价，表述意大利超越反宗教改革运动的独特方式，政治和文化的多样性使人们通过种种方式满足了与过去建立联系的渴求。

---

[1] Sergio Bertelli, *Ribelli，libertini e ortodossi nella storiografia barocca*（Florence，1973）.

[2] Eduard Fueter, *Geschichte der Neueren Historiographie*（Berlin，1911）. 参见 Markus Völkel, *Geschichtsschreibung：Eine Einführung in globaler Perspektive*（Cologne，2006），227-249。

古物主义

自人文主义兴起,历史广度成了意大利历史文化中的一个因素,同时又是宗教认同的一个基本构成,也是公法层面上每个城镇或地区政治状态的关键因素。在马基雅维利和圭恰尔迪尼取得杰出成就的同时,文艺复兴时期的意大利也重新兴起了古物主义。天主教史学和新教史学的意识形态对抗日益受到反宗教改革史学编纂的影响,扼杀了不偏不倚探求事实真相的理想,把天命论和圣徒行传强加到人类历史的全部进程和特定事件上,切萨雷·巴罗尼奥(Cesare Baronio)的《教会编年史》(*Annales ecclesiastici*,1588—1607 年)典型体现了这一点,日益增加。[①] 宗教、意识形态、政治暗示很快成了这类历史作品的主要特色。对史学家明察真相的能力的质疑广泛散播开来,巴洛克叙事对政治秘密的回避态度和晦涩的表达手法导致了历史写作的衰落,历史写作不再是不受教会或政府许可限制,提供真正知识的学术事业。即便史学家给出一些有关过去的可靠信息,他们也需要受到教会或民事权威的许可,如果有必要,还得根据时兴的学术氛围及其宗教政治立场对自己的工作成果进行重新诠释。笛卡尔坚持清晰明确的观念,贬称历史研究具有与生俱来的不确定性和不完整性,他的观点在意大利广为流传。而且由于档案库馆藏对国际关系极其重要,君主们及共和国严格控制档案查阅。欧洲在关于"历史怀疑主义"的讨论中表达了对人类了解历史真实能力的尖锐质疑,意大利的敏感神经被触动了,尤其因为历史怀疑主义指出了人类历史的反复无常,损害了神圣历史的确定性。虽然意大利拥有关于自身漫长历史的大量铭文记载和遗迹,历史研究却无法跟上荷兰、英格

366

[①]　C. K. Pulapilly, Caesar Baronius, *Counter-Reformation Historian* (Notre Dame, 1975); and Stefano Zen, *Baronio storico della controriforma* (Naples, 1996).

兰,特别是法国古物主义的进步,历史作品越来越显出矛盾与不足。①

17世纪末,大部分意大利学耄(*eruditi*)痛苦地意识到,他们的分析方法在精确性上已经被法国的隐修会超越。隐修会致力于有关新的外交技巧、纹章学、钱币学、编年史的研究,让·马比雍(Jean Mabillon),其次是贝纳德·德·蒙福贡(Bernard de Montfaucon)深深地影响了意大利。他们来到意大利,会见古物研究者,造访所到城市的图书馆,到修道院和档案馆中寻找手稿和法典。马比雍(1685年和1686年前往意大利旅行)的《意大利之旅》(*Iter Italicum*,1687年),《意大利的博物馆》(*Museum Italicum*,1687—1689年),蒙福贡记录他1699—1702年的旅行的《意大利日志》(*Diarium Italicum*,1702年)等作品经受住了意大利饱学之士的检验。对教会史的修订显然是他们采用新方法研究过去的成果,是研究罗马遗产的渊源之一,但古物主义强调人类查明历史真相的能力,不尊重教会精心设计的历史传统,仍然是一个令人怀疑的研究进式。马比雍和蒙福贡及其意大利追随者认为,真相总会显现出来,真正的宗教和中古的赝作毫无干系。事实上,对信息来源的近距离审视总是确定地和批判观点相联系,这种观点隐含着对把"民众的贡献"归于圣徒这一做法的否定,圣徒的存在最是可疑,奇迹缺乏合理的证据支持,对权力关系的认识建立在虚假记载基础上。系统性核查历史记载的审慎态度结合着宗教上的朴素严峻,与巴洛克式宗教虔诚形成鲜明对比。当18世纪早期的意大利学者放任自己对历史的好奇时,他们晓得自己正如履薄冰。

路德维柯·安东尼奥·穆拉铎利(Lodovico Antonio Muratori)是18世纪意大利古物主义的中心人物。从很多方面看,是马比雍

---

① Brendan Dooley, *The Social History of Skepticism*: *Experience and Doubt in Early Modern Culture* (Baltimore,1999); and Anthony Grafton, *What was History? The Art of History in Early Modern Europe* (Cambridge,2007).

的事例和作品在学术上成就了他。他的生平概况和学术作品说明,对学术生涯的追求也意味着卷入宗教争论,同时还表明,作为学术事业的一项基本准则,博学对于准备寻求学术方法论的出色青年学者的吸引力。穆拉铎利在摩德纳以图书管理员和本堂神甫的身份度过了大半生,他充分意识到了新古物主义的先进性:通过证据构建真实的教会历史,可以在社会中纯化宗教,为人们培养更加严苛的行为举止。当穆拉铎利展开对古典时代晚期到中世纪米兰历史的研究时,他开始觉察到此前时期之中批判性追问的危险性:他的早期作品以圣物和蒙扎(Monza)大教堂的铁皇冠为主题(后者据说是由真十字架〔holy cross〕上的一颗钉子锻成),在作品中通过一系列努力否定了有关传说和单纯靠经验记载的日期的不实信息。当国家与教廷发生冲突时,他运用古代研究的方法强化本国地位。由于他对神圣罗马帝国公法起源的研究,穆拉铎利得以在始于 1708 年的科马基奥(Comacchio)论战中捍卫米兰大公,他还通过与莱布尼兹的书信往来发展了历史视角。穆拉铎利支持神圣罗马帝国皇帝,并提供历史档案来支持皇帝及米兰大公的权力要求,反对教皇索取意大利北部的世俗权柄。

　　要对过去有新的认识,广博的知识本身只是一项前提,但也十分重要。文书证辨(*bellum diplomaticum*)是一种关于领地的争端,纯粹依靠评估官方记录(或文书[diplomi])的权威性来证明一片领地是自始属于教皇还是由皇帝御赐的,以及该领土上的采邑关系。穆拉铎利超越了这种论争本身,发现了其中的历史问题。早在 1708 年,穆拉铎利就在他的《对鉴别科学与艺术的思考》(*Riflessioni sopra il buon gusto nelle scienze e nelle arti*)中强调,"良好的鉴别力"取决于"博学"和"有品质的批判"的共同作用,两者对于"良好的鉴别力"都是必要的。① 他相信,在正确认识历史遗迹和

368

---

① Lodovico Antonio Muratori, *Riflessioni sopra il buon gusto nelle scienze e nelle arti* (1708), in Giorgio Falco and Fiorenzo Forti (eds.), *Opere di Lodovico Antonio Muratori*, vol. 1 (Milan, 1967),222 - 285.

文献记载彼此吻合的基础上，理性可以支撑"历史的信仰"。理性与真诚中庸的基督教精神并不冲突。尽管常常对罗马表示反对，穆拉铎利却是开明天主教精神的鲜活证据。

18 世纪第一个十年，《对鉴别科学与艺术的思考》出版数年后，穆拉铎利又计划发表编年史的原始文献：《意大利史文献》(*Rerum Italicarum Scriptores*)（第一卷发表于 1723 年，最后一卷发表于 1738 年，全书二十四卷，记叙的时间跨度从 500—1500 年），这部作品促进了人们对本土历史的了解。当时的研究一直关注新近的 15 世纪编年史，而这部作品集结了中古作者的古早文本，具有转折意义。历史学家们第一次有机会接触到大量不同细节。《意大利史文献》不仅仅是一部有用的资料集，教会的垄断导致了对历史的狭隘解读，穆拉铎利明显意图推动"民间的历史编纂"，为意大利历史增加新的解读方式，表现出现代较之古代更为文明，生活更幸福，或者说，至少不像古代那么邪恶。《意大利文献史》和随后的 75 篇论文结集《意大利中世纪古物》(*Antiquitates Italicae Medii Aevi*，1738—1742 年）迈出了关键一步，对包括 4 世纪后入侵意大利的日耳曼民族和长期生活在半岛上并受罗马统治的民族在内的"各蛮族"之间的交流予以优先关注。从中世纪文化史角度出发思考意大利历史是一项大胆的创举，影响了 16 世纪基于世俗政府和天主教会关系视角的有关国家认同的争论，也影响了对于中世纪的浪漫认识。①

从批判的观点看，穆拉铎利在修正意大利历史研究方法论基础方面的主要贡献是收集并解读文献。他选择以纪年体体裁写一部从基督教纪元之初到 1749 年的叙事史，抛开教会的历史（巴罗尼奥和克劳德·弗勒里[Claude Fleury]已经写过），致力于"世俗的历史"，描述世俗制度和"成功登上了世界舞台的君主和民族的事件

369

---

① Sergio Bertelli, *Erudizione e storia in Lodovico Antonio Muratori* (Naples，1960)，364.

和功绩"①,但他仍然不能真正克服编年史方法的内在破碎性,最终无法将珍贵的信息统一在连贯的情节中。从 1744—1500 年《意大利纪年史》(Annali d'Italia)陆续发表了九卷,1749 年印行了描写最近事件的额外三卷。穆拉铎利大半生都生活在摩德纳,为埃斯特公爵(Duke of Este)管理图书和档案,但他和意大利各地的学者都建立了联系。对批判性研究感兴趣的本土史学家正在增加,穆拉铎利的书信表明,他很快成了这个圈子的中心人物。② 通过交换信息和手稿,寻求建议,为有争议的文献提供专业意见,促进对人文事件的包容全面研究,他代表了面貌一新的意大利历史编纂学。"穆拉铎利学派"结合了学术精确性和天主教教义,对改革主义者的政治策与策略敏感,在意大利和哈布斯堡领土上传播开来,把民间的学者、教士、修道士,变成了精确又富有研究热情的古典学者。通过收集碑刻、硬币、手稿、回忆录,这个学派为意大利史的修订奠定了基础。从皮埃蒙特到西西里,古物主义都获得了认可和尊重,意大利各邦君主和统治者不时表示公开支持。不过,要具备博学的品质,主要还是在于个人的努力。

在此背景下,古物研究者西庇奥奈·马斐伊(Scipione Maffei)首先用原创的方式对马比雍的技巧加以提炼,实质上修正了马比雍的成果。他出身维罗纳的一个贵族家庭,1712 年,他在卡匹托拉莱图书馆发现了一批中古早期的手稿。马斐伊性格强势,对意大利的历史以及如何改革意大利的经济和政府有清晰见解,他看到了收藏并整理罗马时代碑刻的重要意义(他扩建了维罗纳博物馆的石刻馆藏(lapidarium,收藏了文艺复兴以来的石刻)最后发表了《维罗纳史话》(Verona illustrata,1732 年),马斐伊在这本书中全面披露了研究数据,赋予了维罗纳历史一个新的维度。爱国主义

① Muratori, *Annali d'Italia dal principio dell'era volgare sino all'anno 1500* (1744 - 1748), in Falco and Forti (eds.), *Opere di Lodovico Antonio Muratori*, vol. 1, 1023 - 1025.

② Ezio Raimondi, *I lumi dell'erudizione: Saggi sul Settecento italiano* (Milan, 1989).

和学术精确性都是他学术内容所追求的目标："外国人在科学研究方面超越了意大利人"，这是一个令人悲哀的事实，但意大利人将很快在古物研究道路上迎头赶上。[①]

本土荣誉感确实是不少本土史学家追随穆拉铎利的动力。对于其中一些人具有决定性意义的是他们在巴黎的研究时期。乔凡·巴蒂斯塔·卡鲁索（Giovan Battista Caruso）年轻时旅居巴黎，他在 17 世纪 90 年代学习了法国圣摩尔会修士（Maurins[英文]/Mauristes[法文]）的方法论。卡鲁索与穆拉铎利有书信往来，1732 年他发表了首部西西里编年史《西西里王国历史大观》（*Bibliotheca historica Regni Siciliae*）。当穆拉铎利关注中世纪时，卡鲁索和大部分西西里学者则对前罗马时期的历史产生了特殊兴趣：古物研究被视为一种证明本土身份的工具，鼓吹从最早定居西西里的绪刻洛珀斯（Cyclopes，希腊神话中的独眼巨人）和西坎尼人（Sicans）延续至今的不朽存续。[②] 对于卡鲁索和《那不勒斯王国通史》（*Istoria generale del reame di Napoli*，1747—1784 年）的作者本笃会修士特洛伊里，查明西西里历史的真实发展情况是一项政治使命，旨在捍卫西西里历史意义上的自由地位。"现代"古物主义与地方政府敦促严格审查的意识形态需求相结合的代表是托雷穆匝（Torremuzza）的《巴勒莫古代铭文》（*Le antiche iscrizioni di Palermo*，1762 年），但这也给造假者提供了机会：马耳他人朱塞佩·维拉（Giuseppe Vella）是最胆大妄为的成功者，他编造了一批号称源于 11 世纪的文献，证明阿拉伯文明对西西里公法产生了持续的影响。[③] 维拉的作伪被研究阿拉伯文学的杰出学者西莫内·阿塞玛以（Simone Assemani）揭穿，阿塞玛以出生在黎巴嫩的黎波

---

① Scipione Maffei，*Istoria diplomatica che serve d'introduzione all'arte critica in tal materia*，vol. 1（Mantua，1727），113.

② Giovan Battista Caruso，*Dizionario Biografico degli Italiani*，vol. 21（Rome，1979），10‑15.

③ Paolo Preto，'*Una lunga storia di falsi e falsari*'，*Mediterranea*，3(2006)，11‑38.

里一个著名的基督教马龙派(Maronite)家庭,是一位神父,他在帕多瓦(Padua)的大学和研讨会上教授阿拉伯文学,后来成了意大利的头号阿拉伯专家。他的《论先知穆罕默德之前的阿拉伯起源、崇拜、文学、习俗》(*Saggio sull'origine culto letteratura e costumi degli Arabi avanti Maometto*,1787 年)是意大利阿拉伯研究的里程碑,在这个阿拉伯人曾定居数个世纪的国家,这一领域极其重要,但当时显然尚未得到发掘。在反宗教改革神学家不予鼓励的希伯来研究领域,帕尔马大学的东方语言教授乔凡尼·贝尔纳多·德·罗西(Giovanni Bernardo De Rossi)做出了类似贡献:在作品《论旧约的各种版本》(*Variae lectiones Veteris Testamentis*,1784—1788 年)中,他对希伯来文《旧约》的各类变种进行了系统的收集整理。

古物主义使修道院中的历史研究获得了新生,地方上对教会机构的历史进行修订有了可能。然而比起法国,意大利的一些情况不利于开展研究。本笃会修士安瑟尔莫·班笃里(Anselmo Banduri)出生于拉古萨(后成为奥斯曼帝国控制下的一个共和国),即今杜布罗夫尼克的达尔马提亚(Dalmatia)地区。1700 年前后,他生活在佛罗伦萨,并在此地与蒙福贡会面,此后班笃里获得了托斯卡纳大公爵的一笔研究资金,前往巴黎精进他自圣摩尔会的教父那里习得的新方法论。班笃里跻身于巴黎最重要的拜占庭史学家之列,还对人文主义文献做了编辑整理。[1] 穆拉铎利追随者们的另一个目标是将古物主义运用于研究实际问题:菲利坡·阿尔杰拉第(Filippo Argelati)发表了专著文集《论意大利的钱币》(*De monetis Italiae*,1751—1752 年),由研究中世纪以来意大利诸邦国货币史的学者们写成。这是意大利史学钱币学领域具有转折意义的作品。阿尔杰拉第实际提供了一幅关于价格起落发展彼岸花的概览,并尝试对价格、金银含量、一般经济状况之间的相关性做出

371

① *Dizionario Biografico degli Italiani*,vol. 5 (Rome,1964),739 - 750.

解释。① 令人惊讶的是,在 18 世纪古物研究对意大利历史的修正中,并没有对罗马帝国和罗马共和国内部运行情况的长程分析。当巴黎研究院的路易-让·列维斯克·德·普伊(Louis-Jean Levesque de Pouilly),尼古拉·弗莱热(Nicolas Fréret),路易·德·波福尔(Louis de Beaufort)致力于修订早期罗马史基本情况,意大利的学者没有对 1 世纪的罗马史表示质疑。② 当时,反浪漫主义(anti-Romanism)广为流行,罗马的统治并不是关注的焦点。马斐伊写了一本罗马统治下各行省情况的专著,但篇幅不长;弗兰西斯科·阿尔加洛蒂(Francesco Algarotti)在英格兰,法国,德国度过了大半生,他写了《对恺撒、庞培、克拉苏三头同盟的批判》(*Saggio critico del Triumvirato di Cesare, Pompeo e Crasso*,1739—1741 年),但作品从未发表。③ 阿尔加洛蒂对孟德斯鸠的《罗马盛衰原因论》(*Considérations sur les causes de la grandeur des Romains et de leur décadence*,1721 年)的评述是非原创研究,关注宗教和政治之间的冲突关系,特别将尤利乌斯·恺撒视为马基雅维利式的象征人物,通过策略对未受过教育的下层阶级的宗教信仰加以操纵。立足于此,阿尔加洛蒂强调罗马统治对意大利造成的破坏,与有关罗马历史的主流观点分道扬镳。1787 年,威尼托的弗兰西斯科·蒙戈第(Francesco Mengotti)发表了论文,论述第一次布匿战争到君士坦丁大帝之间时期罗马的贸易,这实际是一份反对大都市对各省的剥削的宣言。④

　　托斯卡纳地区明显表现出对意大利非罗马历史的特殊兴趣,在

---

① Franco Venturi, *Settecento riformatore*: *Da Muratori a Beccaria*, vol. 1 (Turin, 1969),463‐468.

② Mouza Raskolnikoff, *Histoire romaine et critique historique dans l'Europe des lumières*: *la naissance de l'hypercritique dans l'historiographie de la Roma antique* (Rome, 1992).

③ Franco Arato, *Il secolo delle cose*: *Scienza e storia in Francesco Algarotti* (Genoa, 1991),81‐110.

④ Franco Venturi, *Settecento riformatore*: *L'Italia dei lumi*, V, *vol*. 2: *La Repubblica di Venezia* (1761‐1797; Turin, 1990),433‐449.

洛伦佐家族统治下,这里的古代研究出现了盛大的复兴:图书馆、博物馆、档案馆、研究院被建立起来或得到了重建,从而得以进行现代历史研究。18 世纪时,在托斯卡纳地区惟一一所大学位于比萨,但那里没有历史学的席位。对伊特鲁利亚历史研究是一个主要特色,建立在托马斯·丹普斯特(Thomas Dempster)发表了《论伊特鲁利亚王室》(*De Etruria regali*,1723 年)和《伊古维姆铭牌》(*Tabulae Iguvinae*),后者是用前罗马时代翁布里亚方言刻在铜版上的文本,1444 年在古比奥(Gubbio,拉丁名为伊古维姆[Iguvium])附近发现。① 对伊特鲁利亚事物的热烈兴趣出现后,科尔托纳(Cortona)的研究院改名为伊特鲁斯坎研究院,成了伊特鲁利亚研究热的中心地。菲利坡·维努第(Filippo Venuti)是运用古物研究证明托斯卡纳独立于罗马统治的尊严和重要性的主要人物,他应用这门技巧研究了 1738 年那不勒斯附近赫库兰尼姆古城(Herculaneum)的惊人发现:他写道:"'一种新的古代文明'"出土了——不'仅仅是'小型遗迹和残碑断简。而是……一整座城市,有精美卓绝的珍贵装饰,有剧院、庙宇、绘画和房屋。"② 不借助书面材料而重建一个文明的新可能性由此展现在研究者面前。

　　17 世纪晚期和 19 世纪,大部分统治阶级的精英在耶稣会学校中接受教育,直到耶稣会被波旁王朝统治的各邦(Borbonic States)驱逐,并于 1733 年被废除。1747 年,历史和地理是耶稣会学校贵族学生的必修科目:当时这两门科目都被认为是宜于青年贵族教育的"骑士的学科"(scienze cavalleresche)。1747 年以前,历史学只是课程大纲中的一个部分,建立在教授拉丁文学和罗马史的基础上,根据天主教教义要求,把正教理论和散播美德事例包括在内:这两项内容是历史学习的主要考量,耶稣会学校不鼓励原创历史

① Francesco De Angelis,'*L'Etruria regale*,*da Dempster a Buonarroti*:*Ricerca antiquaria e attualità politica in Toscana fra Sei e Settecento*',*Rivista Storica Italiana*,121:2(2009),497–542.

② Quoted in Eric W. Cochrane,*Tradition and Enlightenment in the Tuscan Academies 1690 –1800*(Rome,1961),185.

研究。^① 不过也有例外,其中最著名的是吉洛拉莫·提拉博斯契
(Girolamo Tiraboschi)的 多卷本《意大利文学史》(*Storia della
letteratura italiana*, 1772—1781 年),作品叙述了"意大利所有学
科的起源与进展",把意大利文化的历史扩展到希腊和伊特鲁利亚
时代,直到 18 世纪为止。^②

普世史:古老而崭新的学问

373 18 世纪之初,与欧洲其他国家一样,普世史是意大利高等教育
的一个重要部分,主要由宗教修会传授,是有关人类本质的不同观
点交锋的领域。在意大利文化论战中,《旧约》提供了最古老时期
的编年史框架,历史作品呈现给读者的天命论设计取材于教会官
方承认的权威文献,欧洲对前亚当(pre-Adamites)时期历史和世界
历史更迭的辩论本质上被意大利文化所拒绝,神圣的历史
(*Historia sacra*)享有尊荣的地位。耶稣会士安东尼奥·弗莱斯蒂
(Antonio Foresti)在意大利北方许多贵族学院中教授人文科学,最
后在其中最重要的帕尔马"贵族神学院"(*Seminarium nobilium*)执
教,他的《世界历史地图》(*Mappamondo istorico*, 1690—1694 年)
体现了对于普世史的权威看法:"神圣的历史"是历史诠释的构架,
上帝对人类事务的奇迹式干涉是理所当然的。这部作品被译成德
语,在欧洲取得了成功。作品委实吻合了当时的普遍设想,威尼斯
出版商吉洛拉莫·阿尔布里兹(Girolamo Albrizzi)因而重印此书,
作为一部更全面的,包括欧洲、伊斯兰国家、中国的多卷普世史的

① Gian Paolo Brizzi, *La formazione della classe dirigente nel Sei-Settecento* (Bologna, 1976),242-244.
② Girolamo Tiraboschi, *Storia della letteratura italiana*, vol. 1: *Dagli Etruschi fino all'anno MCLXXXIII* (Milano, 1833),5, Preface to the second edition Modena 1787-1794.

第一部分推出。① 雅克-贝尼涅·博舒埃（Jacques-Bénigne Bossuet）的《论普世史》（*Discours sur l'histoire universelle*，1681 年）被译成意大利语，数次再版。这种环境下，普世史流派很难有革新。作为一种职业，历史写作的原则是在俗世事务之中显示上帝的荣耀。弗兰西斯科·卞契尼（Francesco Bianchini）的《普世史》（*Storia universale*，1697 年）是一则例证，他是罗马奥托博尼亚纳图书馆（Biblioteca Ottoboniana）的图书管理员。卞契尼坚持圣经编年史，但小心翼翼地将古物研究发现嵌入作品中：他重视考古资料和钱币学资料，以及词源学、人种志、符号学的信息。他意图否定历史怀疑主义，揭示神话故事中隐藏的没有书面记载的时代的历史。卞契尼显然在对历史知识本身正确性的怀疑中挣扎，历史怀疑主义和让·阿尔多昂（Jean Hardouin）早年已经对此有过专门论述。②

扬莫巴蒂斯塔·维柯（Giambattista Vico）的作品首先尝试了重释普世史，并对笛卡尔和怀疑主义的观点作出回应，特别是在他的《新科学》（*Scienza Nuova*）的三个版本（1725 年版、1730 年版、1744 年版；最后一版未发表）中，表达了他复杂思维网络的系统形态。维柯承认神圣历史、世俗历史、圣经编年史中的差异（§23），但他实际上大幅修改了研究历史的传统权威进式，通过拒绝笛卡尔主义二元论（Cartesian dichotomy）所称的"事实"（*factum*）：人类活动的结果；由此而来的"真"（*verum*）；以及可以理解的"施与"，即上帝造世的结果。维柯把"神圣的历史"局限在犹太民族身上，认为语文学揭示了人类事件的实际发展，是真正理解历史上人类本性的关键基础。非犹太民族的历史遵循的模式不同于神选的民族："理想的永恒史"的发展虽然具有规律性，但并不是预先设定的。历史属于人类知识的领域，因为社会活动就是人性的全部。

374

---

① *Mappamondo istorico*，按顺序叙述了首任教宗圣彼得以来到当代的四个主要帝国及诸基督教王国，共七卷（Venice，1715 - 1716）。Apostolo Zeno, Domenico Suarez, Vittore Silvio Grandi 撰写了其他卷目。

② Giuseppe Ricuperati，'*Francesco Bianchini e l'idea di storia universale "figurata"*'，*Rivista Storica Italiana*，117：3（2005），872 - 973.

通过这种研究方法,维柯修改了发展阶段的概念,提出是人类创造了"制度和习俗中的意义"。① 通过分析罗马法和语言的高度创新和想象力,维柯主张,历史的进程以国家为基础,经过了众神、英雄,人的阶段,这些阶段以隐喻的方式指向不同的文化形式。第一个阶段是国家的天命时期,以诗歌和不成文习俗为特点:"人类的第一个特质是从想象力的强大幻觉中产生的诗人特质,或者说创造性特质,这在推理思考能力最弱的人身上最为强烈(§916)。"神权政府通过神谕实行统治,而英雄时期表现为历史,散文,以及由贵族政府推行的成文法律。通过"受完全发展了的人类理性支配的人的法律"可以识别出人类时期(§924)。维柯重新诠释了荷马,说他"作为诗人的无上伟大是他英雄特质的产物"(§837),他洞察了语言的隐喻特质,重述了封建制度,认为封建制度是社会发展的一部分,这些论点造成的深刻影响一直持续到了 20 世纪。但在维柯有生之年(18 世纪后半叶,他在那不勒斯外围度过了一生),他的观点被忽视了。惟一值得一提的例外是多年旅居墨西哥的意大利神父洛伦佐·博图里尼·本纳笃切(Lorenzo Boturini Benaduce),他在作品《对新的北美通史的看法》(*Idea de una nueva historia general de la América Septentrional*,1746 年)中把维柯的理念运用在中美洲历史上。本纳笃切的观点也长期被忽略,最近才获得了认可。②

① Bruce A. Haddock,'Vico and the Methodology of the History of Ideas', in Giorgio Tagliacozzo (ed.), *Vico:Past and Present* (Atlantic Highlands,1981),227-239;Giuseppe Giarrizzo,*Vico,la politica e la storia* (Naples,1981);Paolo Rossi,*The Dark Abyss of Time:The History of the Earth and the History of Nations from Hooke to Vico* (Chicago,1987);and Mark Lilla,*Giambattista Vico:The Making of an Anti-Modern* (Cambridge,1994). Quotations are from Giambattista Vico,*New Science:Principles of the New Science,Concerning the Common Nature of Nations*,3rd edn,trans. David Marsh (London,1999).
② Franco Venturi,'Un vichiano tra Messico e Spagna:Lorenzo Boturini Benaduce',*Rivista Storica Italiana*,87:4(1975),770-784;and Jorge Canizares-Esguerra,*How to Write the History of the New World:Histories,Epistemologies and Identities in the Eighteenth-Century Atlantic World* (Stanford,2001),135-142.

历史与政治：从彼得罗·贾诺内到当代史

　　阿纳尔多·莫米里亚诺（Arnaldo Momigliano）评价道，维柯是他们时代中的一个孤独的形象，而彼得罗·贾诺内为整个欧洲写作，也被整个欧洲所倾听。[①] 这确实与 20 世纪世界范围内对维柯的讨论形成了对比，结构主义、马克思主义、理想主义、语言学、分析研究法被运用于揭示他哲学的真正意义，而对贾诺内的学术兴趣虽然活跃，却局限于意大利。维柯的一生平淡无奇，而贾诺内的生平却很戏剧性。在写完他的历史代表作《那不勒斯王国世俗史》（Istoria civile del Regno di Napoli，1723 年）后，他为躲避天主教会的迫害逃离了那不勒斯，定居维也纳，然后又离开维也纳前往威尼斯和热那亚。1736 年，他最终被萨沃伊当局捕获，在教皇的授意下被监禁了十二年。他成了意大利旧制度之下遭受宗教与政治迫害的象征。贾诺内受得是律师教育，他将司法研究方法作为自己的一个历史诠释类别：贾诺内强调自己写了一部"世俗"历史，以意大利南部从罗马时期到 1707 年奥地利统治以来的公法作为作品的主要焦点。这个标题也意味着作品是一部世俗制度的历史，描写世俗制度与教会的差异，反对封建系统主宰地位的教会对世俗制度的蚕食。他的作品揭示，操控司法滋长了教皇的势力，导致了罗马帝国灭亡后意大利南部的衰落。他强烈呼吁政治统治的世俗化，宗教回归其原始的纯粹和单纯。通过叙述历史，作品表达了对公共道德改革的关注，由生产阶级取代贪婪贵族来支撑"民族国家"王朝：根据贾诺内的看法，为了实现这一剧变，必须有一个强大的专制君主统治。他的作品强烈主张当代世俗和教会权力之间的平衡，对如何实现这一变革作了详细描述。在维也纳、威尼斯、热那亚，甚至在皮埃蒙特身陷囹圄时，贾诺内还是设法接触到了欧洲

[①] Arnaldo Momigliano, 'Mabillon's Italian Disciples' (1958), in *Terzo contributo alla storia degli studi classici e del mondo antico* (Rome, 1966), 152.

论战的书籍,拓宽了自己的历史视野。他在生时没有发表的作品《三重王国》(*The Triple Kingdom*),对犹太人世俗时期的宗教发展做了历史概述,谈到犹太人原本并不信仰灵魂不朽;然后是天国时期,此时在古埃及首先产生了对不朽生命的信仰;然后是教皇时期,从教皇格里高利七世以来,神职人员和俗人的影响都在教会中被削弱,教皇的权威被抬升到国王和皇帝之上,主导政治斗争的舞台长达数世纪,迄今仍然插手合法世俗政府的内部运作。① 《那不勒斯王国世俗史》对欧洲历史编纂学产生了意义深远的影响(包括对吉本和其他人)②,将历史作为斗争武器,有志于通过遏制教会不合理的权力使意大利现代化的其他世俗化学者也十分重视这部作品。

贾诺内从此步入了一种热衷于政治的强有力史学编纂传统。18世纪上半叶,公法开始被频繁用于树立论点,对政治改革表示支持或反对。西西里学者卡鲁索写了《历史辨惑论》(*Discorso istorico-apologetico*,1863年首次发表),受维托里奥·阿梅迪奥二世(Victor Amadeus II)之命,支持西班牙继承战争后萨沃伊的短暂统治,同时呼唤一个能够抵抗罗马教廷压力,保留西西里历史上的自由地位,积极追求人民福祉的政府。③ 18世纪,其他历史学家秉持着一种传统,通过历史叙事展现邦国君主的正义,对抗敌手的蚕食,由此捍卫君主的法律地位;有时也把作品提交给他们对其法律地位表示质疑的政府。奥地利继承战争结束后不久,弗兰西斯科·马利亚·阿契内利(Francesco Maria Accinelli)写了《热那亚史》,赞颂共和自由原则,质疑贵族在捍卫共和的过程中扮演的角

---

① Giuseppe Ricuperati, *L'esperienza civile e religiosa di Pietro Giannone* (Milan, 1970).

② Hugh Trevor-Roper, 'Pietro Giannone and Great Britain', Historical Journal, 39: 3(1996),657 - 675; also published in Roper, *History and the Enlightenment*, ed. John Robertson (New Haven and London, 2010),34 - 53.

③ Giambattista Caruso, *Discorso istorico-apologetico della Monarchia di Sicilia*, ed. G. M. Mira (Palermo, 1863); and Giuseppe Giarrizzo, *Illuminismo*, in *Rosario Romeo* (ed.), *Storia della Sicilia*, vol. 4 (Palermo, 1980),713 - 815.

色。1752 年,寡头政府以攻击共和国威望的罪名判决焚毁阿契内利的书。[①] 威尼斯则通过历史捍卫自身的合法性:共和国致力于监控有关共和国起源,法律状态,国家权力的论著,反对有分歧的解释。

18 世纪早期,对当代史的兴趣似乎有所增长。这类作品的认识论状态犹疑不清,内容具有偏向性,描写近代以来蹂躏了意大利国土的战事,改朝换代的战争,教廷和意大利各地政府之间紧张关系的作品充斥了图书市场。遭到泄密的外交报告,目击者提供的信息,纯粹的闲话和道听途说,都是政治历史作品的书面基础,作品的读者日益增加,但他们既不是被古代历史或法律历史吸引,也无法理解这两种作品的复杂性。哲学和宗教专著和传统文化载体之间出现了重叠,帕塞拉诺伯爵阿尔贝多·拉迪卡蒂(Alberto Radicati di Passerano)是一个令人惊讶的例子,他是皮埃蒙特的自然神论者,生活在伦敦,流放期间死于鹿特丹。他先以批判的强调试水当代史,写了 1729—1739 年萨沃伊国王维托里奥·阿梅迪奥二世退位,辉煌复出,最后被幽禁的小史,马上成了畅销书,在英法以小册子形式,印刷版在意大利遭禁,遂以手稿形式广泛流传,甚至连维柯也写了当代史,但他属意的读者和政治鼓吹不同于拉迪卡蒂。他写了 1701 年那不勒斯的马基亚亲王(Congiura di Macchia)的阴谋史《1701 年那不勒斯阴谋史》(*Principum neapolitanorum coniurationis anni MDCCI historia*,1701 年),17 世纪 80 年代驻匈牙利帝国步兵总司令那不勒斯人安东尼奥·卡拉法(Antonio Carafa)的传记《安东尼奥·卡拉法的伟业》(*De rebus gestis A. Caraphaei*,1713—1715 年),两作都用拉丁语写成,效法提图斯·李维的经典模式,是维柯政治观点的主要证据。特别值得注意的是维柯所收集的第一手资料的精确度。

---

① Accinelli, *Compendio delle storie di Genova dalla sua fondazione sino all'anno 1750* (Lipsia, 1750).

当代史也是好辩的记者和追逐利润的出版商的世界。17 世纪 80 年代开始,许多书籍从报道最新战事、天灾、改朝换代、经济关系变动的杂志和大字报中收集新闻,伴随着不同程度上对谣言、秘密事件、阴谋的热衷。为了出版这各色故事,必须与意大利地方上的审查机构进行磋商,这些书的作者与官方权威的关系总处于紧张状态。毫不意外,海外出现了许多此类当代史:其中最著名(臭名昭著)的作者是格里高利奥·莱蒂(Gregorio Leti),他皈依了加尔文派,大部分时间生活在日内瓦和伦敦。担任该市的官方历史编纂者,最后死于阿姆斯特丹。他意识到,对当代事件的叙述和公众表现出来的观点之间有一种显著政治相关性,写作者可以加以利用,从而对政府施加压力。[1] 意大利的情形不利于这种当代史作品的发展。为了迎合对近期事件的需求,由国家特许,受审查控制的公报遍及意大利。威尼斯是 18 世纪意大利印刷业的首都,1738 年,这里开始出版一系列的纪年体作品《年度历史》(*storia dell'anno*),概括前一年的主要事件。《年度历史》通常概述影响意大利事务的军事和外交事件,既不作评论,也不展望事件发展,但确实反映了威尼斯政府的关注焦点,特别是它在巴尔干半岛和东欧的政治和战略利益。安东尼奥·卡提佛洛(Antonio Catiforo)是《年度历史》早期的一位作者,他写了《俄皇彼得大帝生平》(*Vita di Pietro il Grande Imperador della Russia*,1748 年),接着对佛提乌斯牧首(Photius)的《万卷集》(*Bibliotheca*)作了批判性修订,不久前才出版。卡提佛洛所做的各种工作表明,在 1750 年前后,语文学、新闻报道、当代史三者是十分相近的。[2]

378

---

[1] Mario Infelise, *Prima dei giornali*：*Alle origini della pubblica informazione* (Laterza,2002).

[2] Margherita Losacco, *Antonio Catiforo e Giovanni Veludo interpreti di Fozio* (Bari, 2003).

意大利启蒙时期的历史写作

意大利没有产出重要的当代史作品,但致力于把包括伏尔泰的一些作品在内的外语史学作品译成意大利语。法语实际成了意大利受过教育的人的通用语言,因此,如果一部法语作品未被译成意大利语,意味着该作对于世俗和教会权威而言过于大胆,但作品肯定为意大利所知晓。除了伏尔泰、孟德斯鸠、马布里的法语历史作品,从英格兰、苏格兰、德国也传来了新的历史叙事模式。经过发展的后穆拉铎利意大利历史编纂学反映了 18 世纪后半叶文化输入的多样性。随着卡罗·德尼纳(Carlo Denina)、卡罗安东尼奥·皮拉提(Carloantonio Pilati)的努力,进步、人的本质身份、政治和社会情境对于文明发展的重要性、社会监管者的良识、市民社会超越教会制度的至上性,这些启蒙运动的重大概念变得至关重要。德尼纳的《文学讲义》(*Discorso sulle vicende della letteratura*,1761年)是第一部用意大利语写成的针对欧洲文学的诠释性概述:文学包括了孟德斯鸠和伏尔泰极其受争议的历史作品,他还把不同文体的兴衰与例如政治结构转型这类政治事件联系起来。德尼纳的许多历史作品暗含一种平和而清晰的反专制论调。他在都灵完成了《意大利的革命》(*Delle rivoluzioni d'Italia*,1769—1770 年),此后前往柏林,成了普鲁士科学院的著名成员,这部作品可能是流传最广的描写意大利从最初时期到 18 世纪历史的作品。德尼纳只引用已发表过的资料,呼应启蒙运动,关注文明和市民社会状况,他历史视角的一个聚焦点在于任何特定时期的幸福程度。这部长篇叙事作品小心翼翼地对天主教及其在意大利历史上的积极影响表示尊重,温和的改革主义观点赋予了作品连贯性。

特伦托是一个处于采邑主角统治下的神圣罗马帝国城市,皮拉提在此接受了律师教育,他赞同启蒙主义史学的反教权主义内容。对他而言,历史是他对抗意大利教会过度膨胀的权力的立足点,这在他的《论意大利的变革》(*Di una riforma d'Italia*,1767 年)和

379

453

《一个意大利人的观点》(*Le Riflessioni di un italiano*，1768 年)中有所表达。天主教神职人员的破坏性影响蔓延到了文书伪造，扭曲了意大利的历史及其洞悉自身所面临问题的能力。皮拉提在《德意志帝国与意大利的历史》(*Istoria dell'impero germanico e dell'Italia*，1769—1771 年，1771 年被译为德文，在柏林大受德意志启蒙运动思想家的赞赏)中做出了最持久的努力，重构了意大利文化中源自中古的特殊的灾难性嬗变，这一变化将意大利引向迷信、轻信、经济和政治上的衰落，在教皇和神职人员玩弄下四分五裂，停留在落后状态。虽然皮拉提坚定的新马基雅维利式反教权主义和德尼纳对社会经济变革的审慎呼吁有明显差别，但他们的观点都在意大利受过教育的人中广为流传，促进了意大利历史的可信和精确，这正是穆拉铎利和穆拉铎利学派迄今实现并加以利用的对象：历史作品的确应当具备教育功能，促进意大利社会进步，因而在 18 世纪 60 年代，写一部具有教育功能的诠释性综述似乎成了一项紧迫任务。一群最先进的知识分子定期在米兰聚会，其中阿莱桑德罗·维利(Alessandro Verri)写了一部意大利史，宣称以休谟为范本，既准确又有实用性。维利的长篇论述从未出版(2001 年首次出版[1])，虽然作品充满反罗马情绪，认为教会(作为宗教)机构的发展有异于基督教精神，但维利认为自己的作品并未达到他为自己定下高标准。他的兄弟彼得罗·维利(Pietro Verri)成功改革了地方政府，从类似角度写了一部米兰的历史。彼得罗·维利旨在写一部哲学叙事作品，解释米兰的文明之所以取得了历史性进步，原因在于"理性的进步，启蒙的成长，书籍的出产，文化天才，驱散暴戾和狂迷的温和有益的哲学精神"。[2] 1783 年，他出版了《米兰史》(*Storia di Milano*)第一卷，他计划一直写到自

380

---

① Alessandro Verri, *Saggio sulla storia d'Italia*, ed. Barbara Scalvini (Rome, 2001).

② *Storia di Milano del conte Pietro Verri, colla continuazione del barone Custodi*, vol. 1 (Milan, 1850), 431.

己的时代,但在此之前便与世长辞。①

18 世纪 60 年代及 70 年代,意大利作家格外留意意大利国土上经济现状、制度、司法环境的改革机遇,德尼纳、皮拉提、维利兄弟和其他人各自带着细微差异和诠释意图,在与欧洲启蒙运动各种形式的持续对话中表达了这一基本立足点。与之类似,那不勒斯王国的作者们研究了南意大利以肉眼可见速度急剧衰退的历史,同时留意历史作品对政治行动可能具有的意义:如果认为封建制度是经济进步和社会现代化的主要障碍,有必要研究封建制度本身是如何建立的,如何根除,怎样回归社会和经济组织的原始自然形态。其中最值得一提的作者是朱塞佩·马利亚·加兰蒂(Giuseppe Maria Galanti),他写了研究南意大利部分地区的通史作品《莫利塞地区古今,附论王国的建立》(*Descrizione dello stato antico ed attuale del contado di Molise, con un saggio storico sulla costituzione del Regno*,1781 年)和关于整个王国的作品《西西里王国历史地理新史》(*Nuova descrizione storica e geografica delle Sicilie*,1786—1790 年)。弗兰西斯科·格里马尔蒂(Francescantonio Grimaldi)的作品尽管题为《那不勒斯王国编年史》(*Annali del Regno di Napoli*,1781—1786 年),但实际是一部南意大利的文明开化史,系统性地运用了阶段性理论对其发展作出解释,反映了弗格森、吉本、霍尔巴赫作品的影响。

18 世纪末,意大利历史编纂学已经吸收了欧洲有关新历史类型论战的大部分内容,就一般历史问题和特定历史问题的研究更富有成果。至少以穆拉铎利和贾诺内为例,具有典型意大利文化和政治基础的研究方法在欧洲受到了积极认可。维柯是一个例外,他较晚才得到认可,但产生的影响深刻而长久。意大利的研究范式做出了非凡的集体贡献,为古代和中古研究建立了无可争议的文献基础。但很多情况下并不全面,也存在缺陷。这里也许可以适时地回忆一下 19 世纪的伟大历史学家泰奥多尔·蒙森

---

① 参见 Pietro Verri, *Storia di Milano*, ed. Renato Pasta (Rome,2010)。

381

（Theodor Mommsen），他完全整饬了意大利古代学者的所有工作成果，排除了资料中的一部分实质内容，而 18 世纪的古物学家仍然带着不同程度的怀疑接受了这部分内容。讽刺的是，梅尔乔雷·德尔菲柯（Melchiorre Delfico），《圣马力诺共和国历史》（*Memorie storiche della repubblica di San Marino*，1804 年）的作者，写了《论历史及其不确定性与无用性》（*Pensieri su l'Istoria e sull'incertezza ed inutilità della medesima*，1808 年），引用了关于历史写作的长达一个世纪的讨论，当历史意味着枯燥地罗列屠杀、战争、邪恶、无知时，他拒绝了历史的概念。德尔菲柯断然表示，有益的努力应当是：给予历史批判性评价，并将历史，特别是最近的历史融入人类为取得自然、社会科学进步和生活幸福所做的努力中。

大事年表/关键日期

1700—1713 年	西班牙继承战争以《乌得勒支合约》告终：萨沃伊公爵维托里奥·阿梅迪奥二世成为西西里国王；奥地利哈布斯堡王室支配勒意大利
1720 年	维托里奥·阿梅迪奥二世成为撒丁国王；那不勒斯王国收回西西里
1726—1727 年	维托里奥·阿梅迪奥二世与教宗签署政教协定
1733—1738 年	波兰继承战争：以奥地利人被逐出意大利南部告终；那不勒斯王朝成为西班牙王室摄政国
1740—1758 年	教皇本笃十四在位
1740—1748 年	奥地利继承战争：签署亚琛合约，意大利各邦国开始长期的和平相处
1746 年	热那亚发生反奥地利军队叛乱
1748 年	路德维柯·安东尼奥·穆拉铎利发表《论公众的幸福》
1764 年	切萨雷·贝卡利亚发表《论犯罪与刑罚》

1764—1766 年	期刊《咖啡》在米兰出版
1765 年	意大利发生饥荒;女皇玛丽亚·泰雷萨之子彼得·利奥波德成为托斯卡纳大公爵
1768 年	世俗权威接管了伦巴第的审查制度,收紧对教会权限的控制
1768 年	君主制法国从热那亚共和国手中夺走科西嘉岛
1769—1774 年	教皇克莱门十四世在位
1773 年	教皇废除耶稣会
1775—1799 年	教皇庇护六世在位
1780—1790 年	约瑟夫二世皇帝在伦巴第开展改革
1796—1799 年	拿破仑·波拿巴率领法军击败意大利各邦国,在雅各宾三年统治时期重塑了意大利的宪法、社会、经济基础

主要史料

Algarotti, Francesco, *Saggio critico del Triumvirato di Cesare, Pompeo e Crasso* [written in 1739 - 1741], *Opere*, 17 (Venice, 1794),149 - 522.

Argelati, Filippo, *De monetis Italiae*, 4 vols. (Milan, 1751 - 1752).

Assemani, Simone, *Saggio sull'origine culto letteratura e costumi degli Arabi avanti Maometto* (Padua, 1787).

Bianchini, Francesco, *Storia universale* (Rome, 1697).

Boturini Benaduce, Lorenzo, *Idea de una nueva historia general de la Am'erica Septentrional* (Madrid, 1746).

Dempster, [Thomas], *De Etruria regali*, 2 vols. (Florence, 1723).

Denina, Carlo, *Delle rivoluzioni d'Italia*, 3 vols. (Turin, 1769 - 1770).

382

Foresti，Antonio，*Mappamondo istorico*，4 vols.（Parma，1690 – 1694）.

Galanti，*Nuova descrizione storica e geografica delle Sicilie*，4 vols.（Naples，1786 – 1790）.

Giannone，Pietro，*Istoria civile del regno di Napoli*，4 vols.（Naples，1723）. Grimaldi，Francescantonio，*Annali del Regno di Napoli*，10 vols.（Naples，1781 – 1786）.

Maffei，Scipione，*Verona illustrata*，4 vols.（Verona，1732）.

Muratori，Lodovico Antonio，*Rerum Italicarum Scriptores*，25 vols.（Milan，1723 – 1738）.

—— *Antiquitates Italicae Medii Aevi*，6 vols.（Milano，1738 – 1742）.

—— *Annali d'Italia dal principio dell'era volgare sino all'anno 1500*，12 vols.（Milan，1744 – 1748）.

Pilati，Carlo Antonio，*Istoria dell'impero germanico e dell'Italia*，2 vols.（Coira，1769 – 1771）.

Tiraboschi，Girolamo，*Storia della letteratura italiana*，10 vols.（Medina，1772 – 1781）.

Verri，Alessandro，*Saggio sulla storia d'Italia*，ed. Barbara Scalvini（Rome，2001）.

Verri，Pietro，*Storia di Milano*，ed. Renato Pasta（Rome，2010）.

Vico，Giambattista，*New Science：Principles of the New Science，Concerning the Common Nature of Nations*，3rd edn，trans. David Marsh（London，1999）.

参考文献

Arato，Franco，*Il secolo delle cose：Scienza e storia in Francesco Algarotti*（Genoa，1991）.

Bertelli，Sergio，*Erudizione e storia in Lodovico Antonio Muratori*

(Naples, 1960).

—— *Ribelli, libertini e ortodossi nella storiogr-afia barocca* (Florence, 1973).

Cochrane, Eric W. , *Tradition and Enlightenment in the Tuscan Academies 1690 -1800* , (Rome, 1961).

De Angelis, Francesco, ' L ' Etruria regale, da Dempster a Buonarroti: Ricerca antiquariae attualità politica in Toscana fra Sei e Settecento' , *Rivista Storica Italiana* , 121: 2 (2009), 497 - 542.

Giarrizzo, Giuseppe, *Vico, la politica e la storia* (Naples, 1981).

Lilla, Mark, *Giambattista Vico: The Making of an Anti-Modern* (Cambridge, 1994).

Momigliano, Arnaldo, ' Mabillon's Italian Disciples ' (1958), in *Terzo contributo alla storiadegli studi classici e del mondo antico* (Rome, 1966).

Preto, Paolo, 'Una lunga storia di falsi e falsari' , *Mediterranea* , 3 (2006),11 - 38.

Pulapilly, C. K. , *Caesar Baronius, Counter-Reformation Historian* (Notre Dame, 1975).

Raimondi, Ezio, *I lumi dell'erudizione: Saggi sul Settecento italiano* (Milan, 1989).

Raskolnikoff, Mouza, *Histoire romaine et critique historique dans l'Europe des lumières: lanaissance de l'hypercritique dans l'historiographie de la Roma antique* (Rome, 1992).

Ricuperati, Giuseppe, *L'esperienza civile e religiosa di Pietro Giannone* (Milan, 1970).

——'Francesco Bianchini e l'idea di storia universale "figurata"' , *Rivista Storica Italiana* , 117: 3(2005),872 - 973.

Rossi, Paolo, *The Dark Abyss of Time: The History of the Earth and the History of Nations from Hooke to Vico* (Chicago,

383

1987).

Tagliacozzo，Giorgio （ ed. ），*Vico*：*Past and Present* （ Atlantic Highlands，1981).

Venturi，Franco，*Settecento riformatore*：*Da Muratori a Beccaria*，vol. 1（Torino，1969).

——'Un vichiano tra Messico e Spagna：Lorenzo Boturini Benaduce'，*Rivista Storica Italiana*，87：4(1975),770‒784.

—— *Settecento riformatore*：*L'Italia dei lumi*，V，vol. 2：La Repubblica di Venezia（1761‒1797；Torino，1990).

王　静　译　李　娟　校

第十九章　法国的历史和史学家：从伟大的意大利战争到路易十五之死

尚塔尔·格雷尔

384

在 15 世纪下半叶，过去受到了史无前例的热情关注。最受欢迎的古典历史学家的作品被迅速出版：瓦莱里乌斯·马克西姆斯、提图斯·李维/李维、恺撒、弗拉维·约瑟夫斯（Flavius Josephus）的《犹太古史》（*Antiquitatum Judaicarum*）、尤西比乌的《教会史》（*Ecclesiastical History*），还有希罗多德、修昔底德、塔西佗、苏维托尼乌斯（Suetonius）和普鲁塔克的《名人传》（*Lives*）。出版界回应了包括神职人员，渊博的学者和越来越多的法学家、朝臣，甚至商人和资产阶级在内的公众的期待。然而，这些读者不仅仅对古典学感兴趣；他们欣赏中世纪的编年史、年代记和传统叙事。博韦的樊尚（Vincent of Beauvais）的《历史之镜》（*Speculum historiale*）和《历史之海》（*Mare historiarum*）被重印了好几次。图尔的格雷戈里（Gregory of Tours）用人文主义者标准下稍显粗鄙的拉丁语写作的《法兰克人史》（*Historia*），同样也没被遗忘。最近陆续有一些成功的作品问世：帕基耶·博诺姆的《法兰西伟大的编年史》是 1476—1477 年间在巴黎印制的首部法语书籍。尼科尔·吉尔（Nicole Gilles）的《法国年代记和编年史》（*Annals and Chronicles of France*）在整个世纪被印刷了几十次。罗伯·盖冈（Robert Gaguin）的《法兰克人的起源和事业概要》（*Compendium*）在 1497—1586 年间用拉丁文重印了十九次，在 1514—1538 年间用法语重印了七次。勒梅尔·德·贝尔热（Jean Lemaire de Belges）的《高卢的声誉与特洛伊的奇异》（*Illustrations de Gaule et singularitez de Troye*）在1509—1549年间出版。吉尔·科罗奇（Gilles Corrozet）1531年的《巴黎古史》（*Antiquités de Paris*）在整个16世纪里被修改了好几次。让·博丹（Jean Bodin）1566年的《深刻理解历史的简易方法》（*The Methodus ad facilem historiarum cognitionem*）在1566—1650年间被印刷了十一次。艾蒂安·帕基耶（Etienne Pasquier）在提供了六个不同版本的《法兰西研究》（*Recherches de la France*，1560年、1565年、1581年、1596年、1607年、1611年）并准备了1621年版本印刷后，于1615年辞世。历史是真正的人文主义思想的核心，它的成功在接下来的两个世纪里得到了确认。然而正如让·博丹所阐明的那样，历史用复数形式比较合适。尽管出现了新的理论性和批判性思考方式，历史却仍未被认为是一门学科。它也不被认为是一种文学类型，它不是一门被教授的科目，不过在王子们的教育中可能有例外。同时代的人们，首先是《理解历史的简单方法》里的让·博丹，没有将其简单地限制为"对过去事件的真实叙述"。即使暂不考虑"自然的"和"神圣的"历史，简单的"人类"历史就非常多元，而且将"生活在社会中人类活动"联系起来的方法有很多种。

印刷业的革命

印刷业彻底改变了历史学家的工作和思考方式，因为在短短半个世纪，它使他们能够获取大量文本和信息，即使过去有权使用最好图书馆的少数特权们都很难做到这一点。无可否认，在印刷业获得广泛传播之前，少数几个重要的图书馆拥有主要的参考文献。但是索邦大学却例外地获得了大量捐赠，1338年的藏书量达到1722卷。圣但尼（Saint Denis）在1465年不过才1600卷。由于印刷业的兴起，书籍变成了寻常之物，并且在图书环绕的私人图书馆里工作成为一种习惯。路易十二的公证员兼秘书，尼科尔·吉尔在自己收集图书的基础上创作了《法国年代记和编年史》。1499年，他拥有约一百本作品：超过四十本是手稿，六十本左右的印刷作品中有约十五本史学作品，古典异教徒史学家（李维、马克西米努斯），基督教史学家（约瑟夫斯、奥罗修[Paulus Orosius]），十七世纪的经典巨著（博韦的樊尚的《历史之镜》、《法兰西伟大的编年史》），甚至还包括近代的一些作品，如傅华萨（Froissart）的《闻见录》（Chroniques）或是《历史之海》，这些都是 1476—1496 年间于巴黎出版的作品。

印刷业开始更广泛地传播，最初在意大利北部和莱茵河谷，直到 1470 年巴黎有了第一家作坊，二十年后成为欧洲印刷业最重要的中心。据估计，1481 年以前在欧洲出版了 5000 本古版图书；1481—1500 年之间超过 20000 本以 200—500 册的印数被出版，这一数据在 15 世纪末期被刷新到 1500 册。随着技术的完善，纸张价格和版式尺寸价格随之下降，图书价格也开始下降。因此，1490 年代仍然引人注目的尼科尔·吉尔的图书馆，在一个世纪之后就会被认为很简朴。德图（Jacques Auguste de Thou）在 1573—1617 年间组建了路易十三统治时期巴黎最佳馆藏的学术型图书馆，其去世时目录下参考书目多达 6600 条。历史类书籍占 1045 条，少于神学（1447 条）、纯文学（1469 条），或科学与艺术（1369 条），但是多于法律（346）。[①]

很长一段时间以来，法国历史文化建立在创作于公元 800 年以前的十二部作品的基础上："一千年来，对基督教历史而言，弗拉维·约瑟夫斯的两部作品、尤西比乌-鲁菲努（Eusebius-Rufinus）的《教会史》（The Church History）、优西比乌-杰罗姆（Eusebius-Jerome）的《编年史》（Chronicon）、奥罗修的《历史》（Historiarum）、卡西奥多鲁斯（Cassiodorus）的《三部史书》（Historia tripartite）、伊

386

---

① 参见 Antoine Coron，'"Ut prosint aliis"：Jacques-Auguste de Thou et sa bibliothèque'，in Claude Jolly（ed.），*Histoire des bibliothèques françaises*，vol. 2：*Les bibliothèques sous l'Ancien régime*，*1530 -1789*（Paris，1988），101 - 125。

西多尔(Isidore)的《编年史》(*Chronicon*),以及比德(Bede)的《英吉利教会史》(*Historia ecclesiastica gentis anglorum*)正是西方文化的基础所在。"[①]对公元560年时的卡西奥多罗斯(Cassiodorus)而言,这些书目大多是一名神学家的知识中应该具备的。在14世纪,历史作品的共同基础大约由二十本书构成。在15世纪,由于瓦莱里乌斯·马克西姆斯和查士丁,古典学引人注目的复兴先于印刷业产生,神学文化开始衰落。古代资料和大量中世纪文本的迅速印刷,为之后政治的、世俗的、古代的和民族的历史学发展铺平了道路。

此后,历史学家们处理了大量年代较近的文件。结果,在中世纪史学家和文艺复兴史学家的作品之间,就产生了性质的差别,而不仅仅是程度的差别。图书页面布局和材料形态导致了阅读和工作上新习惯的产生,并且章节、目录、标记和注释促进了知识的获取,使得读者能够迅速地查找信息,省去了阅读全文的必要性。印刷体的文本同样值得信任、再三细读和修正,引用它们是有合理性的,并且任何人都可以查阅它们。因此历史学家便可以为自己的主张提供证据支持了。

学术人际关系网

富丽堂皇的图书馆原型来自意大利。英格兰第一个国王图书馆在被贝德福德公爵(Duke of Bedford)购买之后,于1429年被拆除。路易十二在其父亲查尔斯·奥尔良(Charles d'Orléans)图书馆的基础上,在布卢瓦(Blois)修建了一个新的图书馆。和意大利的图书馆相比,这座微不足道的图书馆,在之后意大利战争中通过掠夺得到了充实。1495年,查理八世从那不勒斯远征中带回了阿拉贡国王华丽图书馆里的1140份手稿,路易十二则掠夺了斯福尔扎

387

---

① Bernard Gueneé, *Histoire et culture historique dans l'Occident médiéval* (Paris, 1980),303.

家族（The Sforza）和维斯孔蒂家族（The Visconti）在帕维亚（Pavia）城堡中的财宝。路易十二视这些手稿为个人财产，尽管他雇佣克劳德·德·西塞尔（Claude de Seyssel）翻译几位古典历史学家的作品——色诺芬的《居鲁士传》（Cyropaedia）、阿庇安的《罗马史》（Historia Romana）、查士丁的《摘要》（Epitoma）、尤西比乌的《教会史》、西西里的狄奥多罗斯（Diodorus Siculus）和修昔底德——但这些都是为了个人使用。弗朗索瓦一世（Francis I）的态度则完全不同。在纪尧姆·巴德（Guillaume Budé）的建议下，他把人文主义出版物视为荣耀的来源。他建立了三语学院（College of Three Languages，希伯来语、希腊语、拉丁语），即后来的法兰西学院（Collège de France，1530 年），以弥补索邦大学的不足；他不仅印刷了西塞尔的译作，还于 1537 年为枫丹白露的新图书馆制定了系统性档案获取的政策，并通过法定呈缴本制度予以加强，该图书馆于 1544 年得到了布卢瓦藏书的扩充）。王室图书馆于 16 世纪中期迁至巴黎，却在宗教战争期间遭到掳掠。1645 年它只有 1329 卷图书，直到雅克·迪皮伊（Jacques Dupuy）的遗产（1656 年）为其充实了 9223 卷。1665—1683 年间，让·巴普蒂斯特·柯尔贝尔（Jean-Baptiste Colbert）在路易十四的监督下，以总负责人的身份管理国家财政，于 1666 年将该图书馆迁维维安大街（rue Vivienne）。尼古拉·克雷芒（Nicolas Clément）在 17 世纪晚期创建的图书分类系统基于字母表的字母编号（仍在使用中）的原理，分配了十个字母给历史，四个给宗教，四个给哲学。

　　马萨林图书馆（Bibliothèque Mazarine）1661 年向公众开放，与此不同的是，国王的图书馆直到 1700 年才向公众敞开大门。在路易十四治下，柯尔贝尔私人藏书馆是最知名的图书馆。该馆在法国和欧洲有大量复印手稿的活动，出于国家利益的考虑，柯尔贝尔将该馆的管理工作交给拥有德图藏书的艾蒂安·巴吕兹（Etienne Baluze），并把自己的名字与即将接管的莫尔本笃会事业（Maurist enterprise）联系在一起。该图书馆迎合学者们。它的藏书于 1731 年被整合到国王的图书馆中。圣-热内维夫埃（Sainte-Geneviève）的藏书自 1619 年开始完全更新,在 1690—1711 年达到了 15000 卷。圣-日耳曼(Saint-Germain)没有遭受太多磨难,但其藏书主要是 1640 年以后才开始扩充,于 1685 年达到了 7000 卷图书和 1000 份手稿。

学术圈子就在图书馆周边壮大起来。历史学家不再工作于孤立的状态之下。宗教集会利用整个团队进行运作。法学专业人士(即穿长袍的贵族,*la noblesse de robe*)收集图书和手稿,组织讨论小组并交换图书和资料。宗教战争和掠夺使许多手稿出现在市面上,多亏了收集者们,它们才得以在特定情况下被保存。艾蒂安·帕基耶向他的朋友们公开其藏书,反过来他也可以查阅朋友们罕见的作品和手稿;因此我们知道克劳德·伏赛(Claude Fauchet)拥有最初来源于圣维克多修道院的弗洛多德(Flodoard)《编年史》(*Annalium*)的手稿。皮埃尔·匹陶(Pierre Pithou)在将其法国历史方面的手稿出版之前,也借给过帕基耶。[①] 帕基耶与德图颇有交往,后者的图书馆是巴黎博学社交圈的聚会场所。德图与约瑟夫·尤斯图斯·斯卡利格(Joseph Justus Scaliger)、伊萨克·卡索邦(Isaac Casaubon)、克劳德·迪皮伊(Claude Dupuy)及其三个儿子、皮埃尔·匹陶及其两个儿子、狄奥尼修斯·佩塔维斯(Denis Petau)以及圣玛尔特(the Sainte-Marthe)兄弟保持着联系。通信提供了最新出版物的相关信息,出版社则向全欧洲发出订单。从事外交事务或宗教服务的朋友们被赋予了采购手稿和珍本的使命。作为全欧洲都请教的文坛(the Republic of Letters)大佬,来自普罗旺斯的学者佩雷斯克(Nicolas Claude Fabri de Peiresc)拥有一座图书馆——可惜死后便散佚了——该图书馆因其多样化、持续更新和价值不菲的罕见文本而成为广泛羡慕的对象。黎塞留的独裁政策并不适用于一流的学会(*académies*),例如皮塔纳学院(Académie putéane),亨利·朱斯特尔(Henri Juste)的星期四以及长街

① *Annalium et Historiae Francorum* (1588); *Historia Francorum, scriptores veteres* (1596).

(Longuerue)修道院院长的圈子,后者是一个自由讨论当代重大哲学问题的非正式学者社交圈。黎塞留更喜欢由当局资助的官方学会,因其有被实行操控的可能。法兰西学术院(The French Academy)建立于 1635 年。柯尔贝尔于 1661 年建立了小学术院(Petite Académie),即 1701 年的铭文与奖牌王家学术院(Académie des inscriptions et médailles)的前身,之后(1717 年)成为法兰西铭文与美文学术院(Académie des inscriptions et belles-lettres),其主要作用就是研究过去最合适用来称颂国王的证据。在君主统治于投石党运动(the Fronde,1648—1653 年)期间遭受到严重挑战之后,小学术院就成了吸引诸如图书馆馆长、监察官、史学编纂者和接受定期津贴等学者们的一种途径,以便他们能为国王工作,同时将他们的注意力从詹森派、虔诚或放荡的人际关系网里转移出来。

丰富的目录

图书的大量出现,使得对作者和不同版本评论的专业目录的出版显得很有必要。[1] 让·博丹在其《理解历史的简单方法》(*Methodus*,1566 年)第十章里,提出一份重要的历史学家参考书目,包括它们的可信度及其提供的资料。两部《法国图书馆》(*Bibliothèques française*)在 1584 年同时出现,分别出自新教徒拉克鲁瓦·杜曼恩(La Croix du Maine)和来自王室宗教仪式部门的一位绅士安东尼·杜维迪尔(Antoine du Verdier)之手。

---

[1]　这是一种泛欧洲的现象：1531 年 Juan Luis Vives, *De tradendis disciplinis*, bk. 5,对历史学家进行了概述;Sebastian Fox Morcillo, *De Historiae institutione dialogus* (Anvers, 1557),也包含了参考书目。1563 年 David Chytraeus of Rostock 列出了基督教会史的总目,Jesuit Antonio Possevino 在 1567 年进行了回应。

表 I 历史图书数目表

	拉克鲁瓦·瓦曼恩	杜维迪尔
宇宙学、年代学	25	41
教会史	24	84
希腊罗马史	32	38
法兰西通史	19	
法兰西诸王专类	24	42
法兰西省/市史	38	35
法国史汇编	20	50
欧洲诸邦史	25	50
亚非美洲史	32	50
历史汇编	21	38
家谱学、纹章学	21	23

由里戈莱·德·朱维尼(Rigoley de Juvigny)①制作的表格阐明了一种志得意满的历史的成功,它涵盖了宇宙学、地理、旅游和所有古代学科:编年史、纹章、家谱以及制度、社会风俗和习惯的研究(参见表 1)。

皮埃尔·德罗伊特·德·盖拉德(Pierre Droit de Gaillard)在1579 年出版的《阅读历史的方法,我们生活的真实镜像》(InMéthode que l'on doit tenir en la lecture de l'histoire, vrai miroir exemplaire en notre vie),其参考书目只占 570 页中的 10 页。1599年,拉波普里尼埃尔(La Popelinière)在他的《史学史》(Histoire des histoires)里谈到了超过一千名历史学家,对一个世纪的历史编纂学研究进行了概述。1713 年,皮埃尔·尼古拉·朗格特·迪弗雷斯努瓦(Pierre Nicolas Lenglet Dufresnoy)的总目《历史研究的方

① Rigoley de Juvigny, *Les Bibliothèques françaises de La Croix du Maine et de du Verdier*, *sieur de Vauprivas*, *édition revue*, *corrigée et augmentée*, 6 vols. (Paris, 1772-1773).

法——附主要历史学家目录及其作品的善评》（*Méthode pour étudier l'histoire ... avec un catalogue des principaux historiens et des remarques sur la bontéde leurs ouvrages*）密密麻麻有 304 页。第一版《法国历史图书馆——含印刷体或手稿体的所有与本国历史有关的著作》（*TheBibliothèque historique de la France，contenant le catalogue de tousles ouvrages tant imprimés que manuscrits qui traitent de l'histoire de ce royaume*）出现于 1719 年。诸如此类不断更新的工具促进了研究的发展，并为文本、作者、作品不同版本及其可用性提供了信息：如果有结论性证据的话，便为历史著作提供了一个（健全的）市场。

390

　　除了这个健全的市场以外，即使对于如历史编纂者这样的官方史学家而言，历史也不是一种职业。想要从中谋生的博学之士都没有成功。① 那时还没有历史学教授。它是一种活动，一种好奇心。对于过去的研究包含在其他学科里：神学、纯文学、法学和政治研究。因此历史学家的形象和他们的工作一样多样化。然而，"历史学家"和"编年史作者"这两个在中世纪很少见到的词汇，开始变得越来越普及了。

历史学家，即教会人士

　　多亏了僧侣和教会人士，过去的记忆才得以保存下来。但是，年代记写作的学科在衰落，一个明显的例外是圣修道院，即卡佩王朝的葬身之地与圣所。1122 年到 1151 年期间，时为修道院长的絮热（Suger）开始形成一种用拉丁语记录描写每一任统治情况的习惯（圣但尼的《编年史》）；然而，在路易九世的要求下，首席主教（Primat）用本地方言创作了《诸王传奇》（*Roman des Rois*），这是一部追溯到其特洛伊起源（至 1274 年结束）的法国君主政治史。百

---

① Steve Uomini，*Cultures historiques dans la France du XVIIe siècle*（Paris，1998）.

年战争干扰了这一集体的努力，但查理七世显示出他对这项事业的忠诚：在从英国人那里收复圣但尼（1435 年）后，他指派圣丹尼教堂领唱者让·夏埃蒂（Jean Chartier）为"法国编年史家"，并进行了正式宣誓和任命。于是这些僧侣继续《法兰西伟大的编年史》（*the Grandes Chroniques de France*），直到路易十一开始统治，通过逐渐的方式结束了圣但尼在官方历史事务上的垄断。

意大利战争严重打击了教会过分控制的历史编纂学。在中世纪，文本的"真实性"依赖于权威人物的保障（王公、主教、教士），而且权威越高（皇帝、罗马教皇），资料会被认为越真实。[①] 洛伦佐·瓦拉（Lorenzo Valla）通过质疑《君士坦丁赠与》的有效性及由此质疑教皇自身的权威性，提出一种全新的标准：事实及事实准确的历史有效性。瓦拉最初服务于阿拉贡的阿方索，并完成了他的《君士坦丁赠与的辨伪》（*De falso credita et ementita Constantini donatione declamatio*，1440 年），目的是谴责对现世权力的滥用，而其权威却建立在一份通过矛盾、分歧和语言时代差异就能辨识出来的假文件的基础上。瓦拉结束了为教皇尼古拉五世服务的职业生涯（1447 年）；他的《辨伪》因此只能由乌尔里希·冯·胡滕（Ulrich von Hutten）于 1517 年印刷，同年路德贴出了他的《九十五条论纲》。

批评天主教会传统，顺理成章地变成了新教徒的特权，他们视历史为削弱罗马权威的有力武器。新教徒早期需要把批判语言学的原理应用到圣经和其他对罗马天主教会而言宝贵的权威上。除了必须要加快步伐外，他们还发现集体研究的优点。这要归功于一位之前在威腾堡后来在马格德堡的教授，弗拉希乌斯·伊利里库斯（Matija Vlačić，即 Flacius Illyricus），他给所有的通信者寄去《咨询》（*consultatio*），在其中他解释了进行一次大规模社会调查的必要性，目的是建立正确信仰的连续性，谴责教会权力的滥用并将宗

391

---

① Cf. Guenée, *Histoire et culture historique dans l'Occident médiéval*, 131 - 140. "真实性"意味着被权威和值得信任的人批准，也就是可靠性。在神学家眼里，一份没有经过认证的文本，指的是没有经过权威证实。

教改革合法化。涵盖了教会最初 13 个世纪历史的《马格德堡世纪史》(The *Magdeburg Centuries*，1559—1574 年)，很快激起了来自巴罗尼乌斯(Cesare Baronio)在其《基督教会编年史》(*Annales ecclesiastici*，1588—1607 年)中的回应。波舒哀(Jacques-Bénigne Bossuet)在其《新教教会的异变史》(*Histoire des variations des Eglises protestantes*，1688 年)中将论辩延续到神学领域，反映在宗教改革的结果中。作为一名神学家、莫城主教(Bishop of Meaux)兼那个世纪最伟大的传道者之一，波舒哀也被任命为"王太子"(Grand Dauphin)的私人教师，并以尤西比乌和奥罗修的传统，为其撰写了历史上最后一部伟大的阐述基督教神学的作品《世界史教程》(*Discours sur l'histoire universelle*，1681 年)。

紧随 16 世纪中叶特伦托宗教改革(Tridentine Reform)其后，宗教命令设法占据学术研究舞台并阻止改革者们的学术垄断。耶稣会士很快陷入争吵。热心的罗马天主教会的辩护人也对历史大背景进行了回应。1607 年，神父赫伯特·路斯威德(Heribert Rosweyde)在安特卫普开始了《圣徒行传》(*Acta Sanctorum*)这项工程，这是一部基于原始资料描写圣徒生活的合集。神父让·博兰德(Jean Bolland)和神父但以理·丕皮布洛奇(Daniel Papebroch)随后接手了这项事业，并于 1643 年开始出版。博兰德派(The Bollandists)雪珍们把自己看成是学术批判圣徒传的发起人，丕皮布洛奇在《古文书真伪辨异序》(*Sur le discernement du faux et du vrai dans les vieux parchemins*，1675 年)里规定了方法论原则。法国人做出了回应。建立于 1618 年洛林地区的圣莫尔(Saint Maur)公理会采用了这种方法作为其回应新教徒的主要目标。建立于 1631 年圣日耳曼德佩地区(Saint Germain-des-Prés)的公理会，到 17 世纪晚期有 191 间修道院。在 1645 年的宗教会议里，在黎塞留的支持下，第一任总会长塔里西(Dom Grégoire Tarisse)，提出了一项雄心勃勃的研究计划。为了维护争议中的天主教的地位，公理会自 1648 年起，致力于希腊语和拉丁语教会神父版本研究，以及教会和圣本笃会历史的研究。这项工作建立在对原始资料的研究

392

和批判的基础上，以良好监督下的集体研究的形式展开。[①] 1665—1677 年间，出版了十三卷公理会历史方面的文件，从 1668 年开始，后续又有《本笃会圣徒行传》（*Acta sanctorum ordinis sancti Benedicti*，1668—1701 年）和《圣本笃会文学史》（*Historia rei literariae ordinis S. Benedicti*）。莫尔会修士发展出批判的原理以反击博兰学者们的批判。来自香槟地区的本地居民马比荣（Dom Jean Mabillon）于 1664 年到达圣日耳曼德佩地区后，很快就成了历史学方面的先驱，其作品有 1677 年的《历史写作相关规范的简要反思》（*Brèves réflexions sur quelques règles de l'histoire*），1681 年的创立了"古文书学"学科的《古文书学》（*De re diplomatica*）以及最后 1691 年的《修道院研究论》（*Traitédes études monastiques*）。在超过两百章被引用为范例的基础上，马比荣规定了学术研究的谨慎性和批判标准的原则，既有外部的（羊皮纸、纸张、油墨、书写）又有内部的（语言、规则、日期确定、内部连贯性与已知历史材料的一致性），因而证明了历史更多依赖于知识而少于叙述，更多依赖于公正评价而少于形式风格。

莫尔会的机构组织在 17 世纪 80 年代运营得十分顺利。公理会在六个不同的省份有近三千名僧侣。每个省份都根据严格的等级制度分配职责。他们挑选出一座修道院用以学术研究，根据能力遴选出的年轻志愿者在这里接受为期五年的哲学和神学训练，之后他们回到原来的修道院，从事档案和图书分类、文件整理和手稿翻译的工作。本地研究为聚集在圣但尼或圣日耳曼德佩地区的最著名的学者们提供了必要的材料。圣日耳曼德佩地区的修道院容纳了近五十名僧侣，但其中只有十二人从事最重要的文集工作：运用马比荣的写作规范，整理证据，避免错误，与怀疑论斗争。莫尔会的修士们凭借他们强大的文献学和人文思想遗产，规定了学术方法论的原则，并通过他们所拥有的档案资源更新了其修会及

[①] *Lettre circulaire au sujet des mémoires qúon demande pour composer l'histoire de l'ordre*（1647）.

法国省份的历史。

　　詹森主义者中的很多人属于莫尔会成员，他们同样致力于收集证据以支持他们的信念。塞巴斯蒂安·勒·拿因·提埃蒙（Sébastien Le Nain de Tillemont）选择隐藏在他认为有价值且可靠的资料来源背后，目的是重写早期教会史，[①]以及《最初六个世纪的教会史参考资料》（*Mémoires pour servir à l'histoire ecclésiastique des six premiers siècles justifiés par les citations des auteurs originaux*，1693—1712 年）。奥拉托利会会友理查德·西蒙（Richard Simon）将相同的批判性方法论应用到《圣经》注释中。他的《旧约批判史》（*Histoire critique du Vieux Testament*，1678 年）激起了监察官们的怒火；这部作品被国王和《禁书目录》（*Congregation of the Index*，1683 年）所禁止，西蒙也被他的修会赶了出来。教会还没有准备好接受这种学术发展，并认为将批判引入《圣经》是危险的。故而博兰德派学者们在 1695 年被圣座宣布有罪。当显然很有力量的历史证据被笛卡尔式的怀疑和自由思想家的怀疑削弱时，这时候小心谨慎就变得很重要了。耶稣会神父让·阿杜安（Father Jean Hardouin）的故事，说明了批判性方法退化成怀疑论的危险。这个布列塔尼人 1660 年开始见习，1664 年成为耶稣会教士，1674 年搬至巴黎，在路易大帝学院（the College Louis Le Grand）做图书管理员，同时教授实证神学。作为一名学者，他被委托编辑老普林尼的《自然史》（*ad usum Delphini*，1684 年）。当他深入钻研年表和教会的神父们时，他在 1690—1692 年期间确认——如同他自己说的——古代的历史就是伪造的历史，全部是 14 世纪本笃会修道院的秘密操作里凭空捏造出来的，是由勤奋但不敬神、无神论的僧侣们创造出来的一个历史传统，目的是证明自然和命运在古代受到所谓的推崇，来为他们的异端提供合法性。这些僧侣甚至通过夸大这些靠不住的教会神父们的写作来想

393

---

① *Histoire des Empereurs et autres princes qui ont régné durant les six premiers siècles de l'Eglise*，16 vols. （Bruxelles，1692 - 1710）.

象整个历史的主要部分。在文本批判方面有过训练的阿杜安,最后将证据一致性转变成阴谋下的证据。作为一个理性且头脑清醒的人,他被这种无法揭示真相的想法深深困扰着,并毫不含糊地表达了他对于如此腐败、如此不值得信任的人类历史的疑惑。耶稣会士需要往后退一步的同时,[1]却不必对阿杜安丧失信心。阿杜安的执着是对莫尔会修士和詹森主义者们学术研究的致敬,如果他曾经被信任的话,这将能在一系列复杂"证据"的基础上创造出无中生有的历史。

394　历史学家,即文人雅士

在刻苦阅读西塞罗的《论演说家》(De Oratore)之后,人文主义者开始相信历史首先是一种隶属于形式规律和需要的叙述。从一些由来已久的表达上可以看出,历史最坏的敌人是虚假,例如时间见证(testis temporum)、真理之光(lux veritatis)、生活之师(magistra vitae)、生活记忆(vita memoriae)。随着对真相的需求而来的,是对庄严结构和高贵风格的需要。在分类自己的材料时,他必须处理好顺序和布局,然后布局、修饰并精炼该叙述。

在15世纪末期的法国,查理八世被"征服意大利的狂躁所折磨"[2],新历史似乎是庆祝其战役获胜的惟一合适的历史类型。路易七世命令写作一部风格上与最好的意大利文体相称的历史作品,并要求由一名意大利人完成。因此,一名来自维罗纳市的当地人保罗·埃米利奥(Paolo Emilio)于1499年被召唤来重写法国君

---

① 1708年:"我以善的信念谴责……那些我说过不虔诚派在几个世纪里产生的大部分宗教的或世俗的作品如今都被视作古代经典。我很难过没有早一点意识到这一点。"参见 Carlos Sommervogel, Bibliothèque de la Compagnie de Jésus, vol. 4(1893)。在他的观念里,惟一几位真实的古代作家只有西塞罗(《论文集》和《演说集》)、老普林尼(《自然史》)、维吉尔(《牧歌》和《农事诗》)、贺拉斯(《讽刺诗》《书信集》)、希罗多德、普劳图斯和荷马。

② Dix ans d'études historiques,'Notes sur quatorze historiens antérieurs à Mézeray', cf. R. Gaguin, Oeuvres, vol. 6 (Paris, 1856),347.

主政治的历史，他的《法兰西事记》(*De rebus gestis Francorum*，1516—1519年)事实上是第一部由外国人写的人文主义法国史。① 这项工作困难重重，因为法国自豪于1492年被尼科尔·吉尔修订出版的《法兰西伟大的编年史》。拒绝中世纪的传统就好像干预君主政治一样。然而埃米利奥有一定程度自由的优势，并且有能力运用布鲁尼规定的学术原则，即爱国主义的出发点，政治和世俗历史，高度风格化水平甚至对资料来源的批判性使用和对传说的拒绝。被盖冈、吉尔和勒梅尔·德·贝尔热等人认为是事实的特洛伊起源，在埃米利奥的论述里仅仅是一种主张，而且在克洛维洗礼上被一只白鸽带来的圣油瓶(Holy Ampulla)都没有被提到。然而，埃米利奥用期待中的演说词来修饰自己的论述。为路易七世翻译修昔底德的西塞尔向国王解释，《演说集》演说(*Concions*)是修辞性雄辩术中最合适的例子。

这种"外国人的"历史的成功引起了强烈的反抗，爱国主义更加剧了这种对抗。对西塞罗的模仿被谴责为不是学术行为。有"法国的李维"之称的历史学家科明尼斯(Philippe de Commynes)提出一种有效、直接且没有多余和徒劳装饰的简单文风，他的作品于1552年被但以理·索瓦(Denis Sauvage)以全新的标题《回忆录》(*Mémoires*，而不是 *Chronique et histoire*)进行了编辑。

尽管如此，君主制仍继续支持"史官"应书写理想的雄辩性历史以作为官方历史。路易六世结束了圣德尼在这个领域的垄断，国王的史官这个头衔空闲着，甚至两次拒绝(1476、1479年)将它授予罗伯·盖冈。埃米利奥则既没有接受头衔，也没有接受津贴。只有在亨利二世统治时期，官方才正式设立了首任拉丁语史官，皮埃尔·德·帕斯加尔(Pierre de Paschal)，他之后成为针对雄辩性历史和有西塞罗风格的《纯叙事》(*vera et pura narratio*)②的攻击目

395

---

① 1507年，亨利七世在英国委托维吉尔写作一部英格兰史。1534年，*The Anglicae Historiae libri XXVI* 部分出版，1555年全书出版。

② *Nouvelle manière de faire son profit des lettres* (Paris，1559)。

标。国王的史官虽然没有津贴,却分布广泛,尤其到了16世纪下半叶,该领域一些著名人士凸显了该头衔的光环:安德烈·特维(André Thévet)、弗朗索瓦·奥特芒(François Hotman)、弗朗索瓦·德·贝勒弗莱斯特(François de Belleforest)、贝尔纳德·杜·海兰(Bernard du Haillan)以及克劳德·福什(Claude Fauchet)。然而,让·杜提耶(Jean du Tillet)、艾蒂安·帕基耶、洛伊斯·勒·罗伊(Loys le Roy)、德图、让·博丹和拉波普里尼却不在这份名单上。这里有两个部门,法兰西史官部门——1550—1670年期间只有八项任务——很少被认为是最值得尊敬的部门。另一方面,国王史官部门则受恩赐颇多,尤其是王权在寻求合法性,或是为忠君建立新的人际网络时。国王史官部门在1550—1700年有六十二项任务。该部门的重要性在1550—1640年达到了顶峰。

杜·海兰是埃米利奥的继任者。前者的《法兰西国王通史》(*Histoire générale des rois de France*,1576年)呈现出"宏大的历史"(Great History)的特质。大写的"历史"跟年表是不同的,后者常常是无知野蛮人的不充分、空洞、模糊的写作。杜·海兰只认同结合了意大利人的政治、外交考量的古代历史文体,而且他认为这种历史应该只关心国家大事。回溯埃米利奥的年代框架时,他加入了年表和演讲的片段,这种做法是对古代作家的模仿。西皮翁·杜布雷(Scipion Dupleix)、弗朗索瓦·德·梅则雷(François Eudes de Mézeray)和神父加百利·丹尼尔(Father Gabriel Daniel)延续了这一传统。这些法兰西的"宏大的历史"都呈现出一种连续的国王继承的面貌,从神话虚构中的第一位王法拉蒙(Pharamond)到执政王子的前任,并且这种连续编号系统可以隐藏任何篡位现象,即使后者在百合花王冠上被三个不同的"种族"继承:墨洛温家族、加洛林家族和卡佩家族。这些历史不必回溯到洪水时代或者木马屠城时期,它们建立在族谱和编年史的基础上,讲述着最古老的欧洲君主制的故事,罗马教会是第一个也是最忠实的盟友,这要归功于克洛维的洗礼。在一个接一个历史学家那里,历史叙述不再是

简单地重复,实际上是扩大了。① 法国的历史是一部爱国宣言,每 396
一个历史学家都能在这个框架上进行修饰。② 这样一个严肃的主
题只能用一种高尚的文风来表达,用演说来构成一部真正的杰作。

　　雄辩的历史吸引了一批可能会在耶稣会学院或西塞罗追随者
中出现的公众精英。莫尔会修士致力于完善批判的学术形式,与
此相反的耶稣会士,如同笛卡尔主义者和自由思想者,变成了那些
积累不起眼的细节和无用证据的学究式、自命不凡的学术的反对
者。神父勒内·拉宾(Father René Rapin)在他的"修昔底德和李维
的比较"(Comparaison de Thucydide et de Tite Live)③中定下了这种
基调。研究不允许一个人去进行审美,也不允许发展出一种精致
细腻的品位。拉宾的《历史的反思》(Réflexions sur l'histoire,1675
年)因此呈现出法国古典主义的审美原则:

　　　　历史应该具有很强的说服力以避免变得无聊:这主要体
　　现在它的艺术构成方面……个人回忆录给了历史学家素材,但
　　历史学家却决定了如何组织素材……当叙述中没有多余的成
　　分时,它便是完美的。简言之,这就是最可能的完美得以实现
　　的本质。这就是西塞罗和昆体良在他们的箴言中建议的那样:
　　此后无须再增加什么了。④

　　简洁、庄严、纯洁、真实、活力、力量、尊严、自然的风格,这些词
汇都从他的笔尖自然流淌而出。所有不同的特征也被提及:激情、
描述、慷慨陈词、肖像、反思和信念。然而,判断、推理和智慧则分

---

① François Eudes Mézeray, *Histoire de France depuis Pharamond*, 3 vols. (Paris, 1685), folio, 3,316 pages. Gabriel Daniel, *Histoire de France depuis l'établissement de la monarchie française*, 10 vols. (Paris, 1729), quarto, 7,395 pages.
② Ph. Ariès, *Le Temps de l'histoire* (Paris, 1986),159.
③ René Rapin, 'Comparaison de Thucydide et de Tite Live' (1677), in id., *Oeuvres*, vol. 1 (The Hague, 1725)
④ Id., *Oeuvres*, vol. 2,233,259,308.

享了最终成果的美。拉宾不仅很明显地将修昔底德列为榜样，还提到了李维、科明尼斯和埃米利奥。

法学家历史学者和穿长袍的人

勒内·德·吕森戈（René de Lucinge）在《阅读历史的方式》（*La Manière de lire l'histoire*，1614 年）中列举了国家的类型：

> 看起来……每个国家在特定学科都有特定的天赋，使其他国家相形见绌。国家里的人民有着不同的智慧性情，他们在某一个专业领域能比在其他领域写出更好的东西。法国人创造出伟大的法学家和法院殿堂里卓越的律师们，他们的赞美萦绕穿越于权力的走廊，他们是雄辩术和原理学说方面的翘楚。①

的确，玛格丽特·德·法郎士（Marguerite de France）和大法官洛皮塔尔（Chancellor Michel del'Hôpital）于十六世纪初期在布尔日建立的法国的法学院——高卢的风俗（*mos gallicus*）——的成功使法学家历史学者变得闻名。这吸引了一批极具声望的教授诸如米兰人安德烈亚·阿尔恰托（Andrea Alciato）、弗朗索瓦·奥特芒和雅克·居亚斯（Jacques Cujas），提升了该校的位阶。法国的法学是对博洛尼亚罗马法传统的一种反应，旨在证明皇家机构的优势，并给予语文学和材料批判以重要地位。法院人士的知识构成强调与一切过去相关的知识。反过来，法学家群体对于作者和读者都有深远的影响。大量历史学家在这所学校里接受教育。奥特芒在巴黎、瓦伦西亚、布尔和日内瓦执教之前就在奥尔良（Orléans）学习法

---

① *La manière de lire l'histoire*, ed. Michael J. Heath (Geneva, 1993),144. 他又说德国人通过数学获得了更多的荣誉，"意大利人因为他们公正的判断和谨慎表达的技巧，摘取了历史写作的荣誉"。

律。让·博丹在成为巴黎一名律师、阿朗松公爵的秘书和国王秘书之前在图卢兹学习。艾蒂安·帕基耶去帕维亚旁听阿尔恰托之前，曾在奥特芒和博杜安（Baudoin）门下学习，在图卢兹时于居亚斯门下学习。克劳德·福什在奥尔良学习之后，在夏特莱成为一名律师和顾问，然后是货币法庭（*Cour des monnaies*）的主席。让·杜提耶是巴黎最高法院（*Parlement* of Paris）的记录员。德图的父亲克里斯托夫是巴黎最高法院的第一任主席。他的儿子，最初有意于教会，先后学习了神学与法学；他成为国务委员会法律顾问并于1595年成为高等法院院长。在帕基耶的观点里，只有一个法学家才有能力书写历史，因为只有他知道他的时代的法律实践："一个人不应该从事执笔写史的工作，如果他没有资格以同样的方式管理事务的话。"[①]

　　拉丁语是法律的语言。用法语教学只是柯尔贝尔处理法国法律问题时采用的方法。因而在法学家那里，历史应该用拉丁语写作：博丹的《理解历史的简单方法》；奥特芒的《法兰克高卢》（*Franco-Gallia*，由西蒙·古拉特［Simon Goulart］翻译成 *La Gaule franque*，1574 年）；皮埃尔·匹陶（1539—1596 年）的 8—13 世纪的史料汇集作品《法兰克年鉴与历史》（*Annalium et Historiae Francorum*，1588 年）；《古代作家的法兰克人史》（*Historiae Francorum scriptores veteres*，1596 年）。德图（阿奴斯，即 Thuanus）用拉丁语创作了他的《当代历史》（*Historia sui temporis*）。在人文主义传统的信念下，他把同时代人的名字进行了拉丁化，因此使得 1634 年《阿奴斯历史的关键》（*Clavis historiae Thuanae*）的出版显得尤为迫切。皮埃尔·杜莱尔（Pierre du Ryer）从 1659 年开始首先将一部分翻译成法语。不过，出于爱国原因，帕基耶和福什选择用法语进行写作，而且他们都为这门语言和文学做出了长足的贡献。

398

　　法学家们还推动了证据标准的建立。法律职业人士的历史编

① 'Le Pourparler d'Alexandre', in *Recherches de la France* (Paris, 1611), 993.

纂学建立在被适时地引用、恰当地批判、经过验证的文件这一传统的基础上。帕基耶的原则是"在没有证据支撑时不要说任何重要的话"，他从最高法院档案、会计工会、各种财经契据（*Trésor des chartes*，来自王室档案）以及夏特莱和圣但尼的全集里中提取信息。德图从国外收到寄给他的报告，在第一手外交资料的基础上工作，而且他对可疑的文件运用谨慎的批判性方法。"我们把埃米利奥当作自李维以来最有说服力的历史学家，"福什写道，"但不是最可靠的。"福什自己经常把自己的作品建立在目击者的基础上，他对比彼此矛盾的文件并用尽一切可能的办法去"阐明任何模糊不清的事情"。他的《高卢与法兰西古代史》（*Antiquités gauloises et françoises*）中列出来的参考资料有好几页。兼为历史学者的法学家或对过去感兴趣（福什、匹陶），或对现在感兴趣（德图），但经常是因为这和自己本国的历史相关。帕基耶的《法兰西研究》（*Recherches de la France*，1560 年）涵盖了法国的方方面面：风俗、制度、权力结构、法律、社会、私人生活、语言、社会记忆、教育甚至格言。对于帕基耶来说，不是国王们造就了法国，也不是他们的王位继任造就了法国的历史；这个国家本身就存在，而《法兰西研究》的目标就是以一种连续叙述不能掌握的方式确定这个国家的轮廓和特征。因此，在帕基耶不同好奇点的驱使下，这项由涵盖多样化主题的一系列文章构成的、"迷宫式的"浩大工程，多年来其内容不断得到扩充，这部独一无二、颇具原创性的作品成为 16 世纪历史编纂学的真正的丰碑。所以，正是所有法律界的人士，即法学家、裁判官、法官、律师和法院人士，一起建构了集体的国家记忆。意识到代表着统治精英，他们提升了自己的角色并合法化了自己的社会及政治抱负、改革计划以及为被内战折磨、面临分裂危险的国家带来和平的愿望。

贵族的回忆录

教会人士、文人、法学界人士：那么传统的贵族，即佩剑贵族

(*noblesse de l'épée*)为历史写作贡献了什么呢？这个群体认为依赖
长袍贵族的国王没有善待自己，历史编纂者们则忽视他们。就世
袭贵族而言，他们轻视历史编纂者，认为他们唯利是图、血统低下，
不适合从事理解、报告伟大人物功绩的工作。世袭贵族与权力相
分离，大部分被排除在当时历史之外，但他们有自己的过去、记忆
和家族档案。"回忆录"作为一种类型来得相当晚，大约在 1555
年—1569 年或 1570 年，更准确地说，是勒内·杜贝莱（Renédu
Bellay）编辑并献给国王查理四世的马丁·杜贝莱（Martin du
Bellay）及其兄弟纪尧姆的回忆录。在实际应用中，这些回忆录首
先是呈现在后人审判庭上的证据，仔细地记录着他们英雄行为、曾
提供的服务以及献出的热血生命。布莱斯·德·蒙吕克（Blaise de
Monluc）通过写作回忆录来回应法庭的忘恩负义并为自己受到的
不公正指控进行澄清。他的叙述献给了国王查理四世，但同时也
献给了领主和上尉（佩剑贵族），"所以我的名字不会被遗忘，那些
我曾经亲眼见过的许多勇敢的人的名字也不会被遗忘，因为历史
学家只为国王和诸侯的荣誉而写"。[1] 吕森戈邀请贵族来执笔："我
们的人生故事是我们灵魂的真实写照；它代表了我们的生活样式，
如同画笔再现了我们的面容特征一样。为什么贵族不应该选择他
们时代中最好的笔者与最智慧的头脑，把他们的行为铭刻进历史，
以便后代能够以恰当的方式记住他们？"[2]

　　回忆录作为一种类型，有两种主要的形式：法国最著名的罗马
历史学家恺撒的《高卢战记》（*Commentarii*）以及科明尼斯。他们通
过约翰·斯莱顿（Johann Sleidan）联系在一起，"恺撒以天真朴素、
优雅及没有任何形式上的做作的方式讲述他想要说的……他应该
是那些想要讲述自己行为和成就的人们的榜样和准则"。科明尼

---

[1]　Blaise de Monluc，*Commentaires*（1521-1576），ed. P. Couteault（Paris，1964），830.

[2]　Renéde Lucinge，*La Manière de lire l'histoire*，132.

斯"值得被那些想要体面地书写历史人效仿"。① 回忆录有自己的修辞:赤裸裸的历史、简洁、直接、剥离一切修饰,这是一种清晰而真正的风格,谦虚的持重,免于美化和抱怨,忠于事实。

回忆录是一种好斗的文学形式,在这里贵族向国王和长袍贵族进行清算,同时也是天主教徒和新教徒之间,或整体上敌对派系之间的斗争形式。长袍贵族也挪用这种新的类型,出现了第一部法庭的(parlementary)回忆录,世袭贵族则用它来宣称自己的自由和勇敢。《剑的回忆录》(Mémoires de l'épée)在宗教战争和投石党运动余波之间经历了一个高峰,也就是科明尼斯和雷斯枢机主教贡迪·德·雷茨(Jean-Françis-Paul Gondi de Retz)编辑的诸多版本之间,大约在 1525—1680 年之间。贵族讲述他们真正的历史,即从自己的观点出发写作而成的历史,而不是把叙述的留给其他人。在这场激烈的争夺中,骑士英雄主义成为一个动荡时代最后辉煌的时刻。所有这些叙述,无论他们是卡斯特尔诺(Castelnau)、南吉(Nangis)、塔望(Tavannes)的还是其他人的,都用怀旧之情唤起了一代充满激情的年轻人:意大利战争期间闪耀着的太阳,宗教战争时期的欢乐屠杀,投石党运动时期的疯狂冒险,贵族陶醉于权力的美好记忆,激情,缤纷,暴力,喧闹。他们的时代在路易十四的统治下就已经过去了:他们的大多叙述只有在 1715 年之后才能重见天日,有一些要到 19 世纪。到 1660 年,这种类型的衰落已经是一种既定事实,这和武士贵族(warrior aristocracy)的活跃有着密切关系。

随着路易十六推行繁缛礼仪,宫廷生活回忆录出现了,这不是对国王而是对礼仪的控诉。宫廷世界是确定的,它导致了对特征的描述、场景或者素描以及细致研究;它是一个充满了暗码和礼节的世界,暗含着一个学习和破译的连续性游戏。一个秘密的世界。

---

① 'Epitreâtrès magnanime Prince Edouard, duc de Sommerset', in Philippe de Commynes, *Chronique et histoire faite par feu messire Philippe de Commynes*, 2nd edn (Geneva, 1596),855,857.

埃米尔·布尔乔亚（Émile Bourgeois）和路易斯·安德烈（Louis André）列出来的 259 部 17 世纪回忆录中，几乎所有的都公布了奇特的细节和秘密。[①] 宫廷回忆录与不可捉摸的权力、私人亲密或国家秘密是分不开的。这些回忆录的风格与武士贵族的回忆录绝无共同之处，除了贵族的标志是例外。圣西门（Saint-Simon）通过写作维护自己的身份与自由，"希望能够有所成并且尽我所能地获得这个时代所有事物的知识"[②]。这种文学形式所追求的真理并不来自于一个事实存在的本质，也和目击者的权威性没什么关系；它是心理上的。历史教给我们关于人类的知识。[③] 因此历史和小说的界限就趋于模糊了。圣雷亚尔（Saint-Réal）和瓦利拉（Varillas）两人都对国王的图书馆进行了真实可靠的研究，他们写的是历史小说还是浪漫的历史？

多年来的历史

综上所述，在两个世纪里，历史——历史知识和文化——以及法国人与自己过去的关系经历了深刻的转变。这种发展可以分为几个阶段。第一个阶段是意大利战争和意大利文体的魅力。意大利文艺复兴、古希腊和拉丁作家的惊人发现并不是孤立的事件。新世界揭开了面纱，引起史无前例的好奇心和对信息的渴求，即使能奇迹般地普及写作的印刷业也没办法满足上述需求。古代史或现代史、游记、宇宙学、年代学的作品都是历史的"自助餐"（拉克鲁瓦·杜曼恩），在这里时间和空间出现了合并。这个世界向被好奇心驱使的人们、对知识的渴望和逃避的愿望敞开大门。当代的知识遭遇了颠覆，伴随而来的是精神性格、认知框架以及社会的道德、宗教和公民基础。当天主教欧洲被新教分裂折磨并生活在无

401

---

①　Émile Bourgeois and Louis André, *Sources de l'histoire de France*：*XVIIe siècle*（Paris，1913）.

②　Saint-Simon, *Mémoires*, ed. Yves Coirault, vol. 1（Paris，1983），20.

③　Saint-Réal，'De l'usage de l'histoire'，*Oeuvres*，vol. 2（Paris，1745），513.

所不能的西班牙的威胁下时,旧的神学和哲学假设开始被怀疑。

第二个阶段是对一度被偶像化的意大利的反抗和寻求"法国"之道。帕维亚的失败(1525 年)和弗朗西斯一世被囚的耻辱,引起了对民族认同的广泛反思,影响了法学家和教会人士。法国必须从两个主要的模式中定义自己:意大利模式,其最显赫的声望建立在罗马天主教会、古代和文艺复兴的基础上;日耳曼模式,通过宗教改革而强力推行的模式得到了日耳曼神话和帝国神话的支撑。对于教会和君主制度而言,探究一个民族的古代就相当于重塑一种失去了的统一性和有特权的历史,最重要的是,与他人的相反主张进行斗争,就民族起源进行辩论,这一点和人文主义与宗教改革本质上是相同的。在通过宗教改革找到政治话语权的日耳曼欧洲和被西班牙支配了政治的意大利(在宗教方面被教皇支配)之间,法国寻求自己的道路。对于意大利的反抗在各个领域都是明显的:反对教皇的罗马,法国是高卢的;反对古代的罗马,法国歌颂高卢人;反对拉丁语,法国赞扬法语(据说和希腊语有关);反对罗马法,法国采用高卢的风俗;反对人文主义历史,法国强调民族传统。对于"法国道路"的反思在亨利二世的提前去世(1559 年)之前就已经全面展开了。

第三阶段以危机为标志,将持续四十年之久。现在更为脆弱的法国不再是一个征服性的民族。看上去弱小而不堪一击的君主制被委托给一名意大利的摄政王凯瑟琳·德·美第奇(Catherine de Medici)。王国的统一性被宗教分裂威胁,八次宗教战争极其可怕的伴随物,将已经陷于因亨利三世没有子嗣而导致的继承权危机中的王国毁掉了。对历史有重大意义的多灾多难的四十年,被视为重新统一法国人并克服他们仇恨的惟一工具。这引起了在重新思考和理解过去方面的一些重要努力,16 世纪 70 年代一系列出版物出版,它们的数量、种类和原创性都是十分卓越的;这是历史的空前的胜利,被认为是对法国忠诚的标志,因为它在补偿方面扮演了重要角色,而且在政治家的头脑里,它为避免悲剧提供了惟一的补救。法国人开始重新思考自己和过去的关系,由此发展而来的一种集体记忆更新了法国社会看待和评价自己以及未来的观点。

历史开始和每个人都有关系：不同的社会群体参与到一个不 再包括简单国王更替的"法兰西民族"的建设当中。当然，传统历 史仍然占有很大份额；但是有一大批关于文明和政治制度、政府部 门、法律、地方行政、城市和省份的新作品问世。印刷业需要提升 内部情况，以赋予历史全新的意义。即使政治危机影响深远，一个 有活力、开放的社会能够包容各种变化的可能性，而且对于民族认 同的要求刺激了丰富的、复杂的集体记忆的建设。亨利四世登基 （1589 年）以及法国卷入反宗教改革的事件标志着新阶段的开始。 历史回到了编年叙述，学术研究自绝其路，语文学分析失去了它先 锋式的热情。从那时起，批判性分析的努力就集中在基督教会和 宗教的历史上。争论的需要，最初针对新教徒，然后是詹森主义 者，引起了对制度和信仰的传统和起源的细致研究。16 世纪 70 年 代的"新历史"在波旁王朝失去了它的地位。其中一个标志就是帕 基耶的《法兰西研究》的出版时间间隔：1621 年、1665 年。对于制 度、权力层级或者法律的兴趣没有再刺激学识渊博的法学家们的 反思："绝对"王权很快成为不容许有异见的君权神授。其丰功伟 业的历史，即对它所参与的战争的叙述被限制在只允许称颂的范 围内：小学术院（*petite académie*）以及历史学编纂者（像拉辛或是 波瓦洛）竞争不过每年 8 月 25 日献给最伟大国王们的颂词合唱， 这一天就是法兰西学院所规定的圣路易日。在这种情形下，法国 人表现出对沉思过去较少的焦虑，更多的是对最新宫廷轶事的好 奇。在知识分子圈，长袍贵族之间，政治参与和历史反思的团体开 始黯淡。对于世袭贵族而言，他们是钻研于族谱而无法自拔的囚 徒。乔治·于佩尔（George Huppert）认为，参与了美化君主制并服 务于国王称霸野心的历史学，受到了两方面的威胁，即退化成宣传 机器的官方史学，以及学术研究成为过去利益冲突所绑架的人 质。[①]最重要的是，历史成为了信心危机的受害者：自由思想者和

---

① George Huppert, *L'idée de l'histoire parfaite* (Paris, 1963).

无神论者展开的反复进攻,笛卡尔主义者的权威性谴责,再加上当权者的干预,都使这个学科名誉扫地,甚至在年轻的路易十五的教育中,丧失了直到那时还一直被皇家教师赋予的优先地位。

大事年表/关键日期

1429 年	与英国百年战争开始
1534 年	法国宗教改革开始
1562 年	宗教战争开始
1572 年	圣巴塞洛缪节大屠杀
1589 年	亨利四世登基;波旁王朝开始
1598 年	南特敕令;宗教战争结束
1614—1789 年	最后一次三级会议
1643 年	路易十四登基
1648 年	投石党运动
1701—1713 年	西班牙王位继承战争
1715 年	路易十四去世
1756—1773 年	七年战争
1789 年	法国大革命开始

主要史料

Bayle, Pierre, *Dictionnaire historique et critique* (Rotterdam, 1693).

Belleforest, François de, *Histoire des neuf rois Charles de France* (Paris, 1568).

——*L'Histoire universelle du monde* (Paris, 1570).

Bodin, Jean, *Methodus ad facilem historiarum cognitionem* (Paris, 1566).

Bossuet, Jacques-Benigne, *Discours sur l'histoire universelle* (Paris,

1681).

Commynes, Philippe de, *Chronique et histoire faite par feu messire Philippe de Commynes* (Paris, 1524).

Daniel, Gabriel, SJ, *Histoire de France depuis l'établissement de la monarchie française*, 10 vols. (1696; Paris, 1729).

Duchesne, André, *Antiquités et recherches de la grandeur et majestédes rois de France* (Paris, 1609).

Dupleix Scipion, *Histoire générale de France, avec l'état de l'Eglise et de l'Empire* (Paris, 1621 - 1628).

Emilio, Paolo, *De Rebus Gestis Francorum libri IV* (Paris, 1517).

Fauchet, Claude, *Antiquités gauloises et françoises* (Paris, 1579).

Gaguin, Robert, *De Origine et gestis Francorum Compendium* (Paris, 1497); trans. as *Les Grandes Chroniques de France: excellents faits et vertueux gestes des très-Chrétiens rois etPrinces* (Paris, 1514).

Gilles, Nicole, *Les Chroniques et Annales de France depuis la destruction de Troie* (1492; Paris, 1525).

Haillan, Bernard Girard du, *L'Histoire générale des rois de France … ordonnée en vingt-quatre livres: Quatre livres de l'état et succès des affaires de France* (Paris, 1576).

Hotman, François, *La Gaule française* (Cologne, 1574).

La Popelinière, Sieur de, *L'Histoire des histoires avec l'idée de l'Histoire accomplie* (Paris, 1599).

Lelong, Jacques, *Bibliothèque historique de la France* (Paris, 1719).

Lenglet-Dufresnoy, *Nicolas, Méthode pour étudier l'histoire* (Paris, 1713).

Le Roy, Loys, *Considérations sur l'histoire française et l'universelle de ce temps* (Paris, 1567).

Mabillon, Jean, *Brèves réflexions sur quelques règles de l'histoire*

404

（1677；Paris，1990）.

——*De re diplomatica*（Paris，1681）.

Mézeray，*Histoire de France depuis Pharamond*，3 vols.（Paris，1643 – 1651）.

Pasquier，Etienne，*Les Recherches de la France*（1560；Paris，1611）.

Rapin，R.，*Réflexions sur l'histoire*（Paris，1675）.

Scaliger，Joseph Justus，*De Emendatione Temporum*（Paris，1583）.

Serres，Jean de，*Inventaire général de l'histoire de France*（Paris，1597）.

Tarault，SJ，*Annales de France*（Paris，1635）.

Le Nain de Tillemont，Sébastien，*Histoire des Empereurs et autres princes qui ont régnédurant les six premiers siècles de l'Eglise*，16 vols.（Brussels，1692 – 1710）.

——*Mémoirespour servir àl'histoire ecclésiastique*，16 vols.（Paris，1692 – 1712）.

Tillet，Jean du，*La Chronique des Rois de France depuis Pharamond*（Paris，1549）.

——*Mémoires et Recherches contenant plusieurs choses mémorables pour l'intelligence del'état de France*（Rouen，1578）.

Vignier，Nicolas，*Sommaire de l'histoire des Français*（Paris，1579）.

——*Bibliothèque historiale*（Paris，1587）.

参考文献

Amalvi，Christian（ed.），*Les lieux de l'histoire*（Paris，2005）.

Barret-Kriegel，Blandine，*Les historiens et le monarchie*，4 vols.（Paris，1988 – 1989）.

Bizzochi，Roberto，*Genealogie incredibili：Scritti di storia nell'Europa moderna*（Bologna，1995）.

Borghero，Carlo，*La certezza e la storia：Cartesianesimo，pirronismo e conoscenza storica*（Milan，1983）.

Collard，Frank，*Un historien au travail à la fin du XVe siècle：Robert Gaguin*（Geneva，1996）.

Desan，Philippe，*Penser l'histoire àla Renaissance*（Caen，1993）.

Dubois，Claude-Gilbert，*Celtes et Gaulois au XVIe siècle：le développement littéraire d'unmythe nationaliste*（Paris，1972）.

——*La conception de l'histoire en France au XVIe siècle*（1560 - 1610）（Paris，1977）.

Espiner-Scott，Janet，*Claude Fauchet，sa vie，son oeuvre*（Paris，1938）.

Evans，W. H. ，*L'historien Mézeray et la conception de l'histoire au XVIIe siècle*（Paris，1930）.

Ferguson，Wallace，*La Renaissance dans la pensée historique*（Paris，1958）.

Fueter，Eduard，*Histoire de l'historiographie moderne*（Paris，1914）.

Fumaroli，Marc，'Aux origines de la connaissance historique du Moyen Âge：humanisme，

Réforme et gallicanisme au XVIe siècle'，*Dix-Septième Siècle*，114 - 115（1977），6 - 29.

Grell，Chantal，*L'histoire entre érudition et philosophie：Etude sur la connaissance historiqueàl'âge des Lumières*（Paris，1993）.

—— 'L' éducation de l'enfant roi'，in Cardinal de Fleury，*L'Abrégéde l'histoire de Franceécrit pour le jeune Louis XV*（Versailles，2004），13 - 104.

Grell，Chantal（ed. ），*Les Historiographes en Europe de la fin du Moyen Âge àla Révolution*（Paris，2006）.

Guenée, Bernard, *Histoire et culture historique dans l'Occident médiéval* (Paris, 1980).

Jolly, Claude (ed.), *Histoire des bibliothèques françaises*, vol. 2: *Les bibliothèques sousl'Ancien régime*, 1530 – 1789 (Paris, 1988).

Ranum, Orest, *Artisans of Glory: Writers and Historical Thought in Seventeenth-Century France* (Chapel Hill, 1980).

Uomini, Steve, *Cultures historiques dans la France du XVIIe siècle* (Paris, 1998).

Vivanti, Corrado, ' Les Recherches de la France d ' Etienne Pasquier', in Pierre Nora (ed.), *Les Lieux de mémoire*, vol. 1 (Paris, 1986),215 – 247.

申 芳 译 张 骏 校

第二十章　法国哲学家的历史思想

圭多·阿巴提斯塔

法国启蒙运动是文化史上的一个新纪元。作为主角的文人、知识分子及作家们,有一个共同的愿望,即用一种创新的、批判的和一般意义上的自由主义视角,在他们那个时代的法国的诸多文化面向中刻上自己的印记,当然也包括政治和社会面向。他们怀揣着对人类制度的目标、追求这些目标的个人方式和集体方式,以及制度内不同社会角色分工的新观念,展开他们与传统宗教、文明、政治以及社会权威卫道士的正面对抗。观念的争论——包括辩论术、压力竞争、文化辩论、法律诉讼、教学活动以及对公共意见的新认识——是文人学士,通常被指为哲学家,选择的活动范围,以便传播他们的理想。他们自君主而下寻求与在公职和宗教机构内身居高位的官员进行直接的个人对峙:他们活跃于出版业和新闻业,在印刷的各种可以想象的形式中进行冒险,并通过写作和文化聚会培养出一种交流沟通的社会维度。在这些情形下,他们在理性批判、自由和宽容的价值观的基础上,传播了一种世界观,他们想要利用在社会各个阶层的广泛而深刻的文化影响力的愿望,涵盖知识的每一个领域。他们的愿望清晰且深刻地影响了历史知识的领域,这一点体现在大量具有创新意义的历史学作品中,这些作品在历史知识的本质、条件和基础方面,以及在阐述一个原创的、雄心勃勃的,尽管有些矛盾的历史和历史时代的观点方面,有着完整的哲学和方法学反思。

启蒙主义文化和历史领域重叠的关键性,长期以来被受制于浪漫主义或理想主义的解释传统所低估。这样的传统将启蒙运动看作是有理论方法的智力活动,这种理论方法主要不是建立在历史个性和感知视角的基础上,而是建立在对世界的科学形象建构的基础上,以及抽象价值命题的基础上,这种价值被理性地规定为解释当下世界的标准,被认为在解释过去方面具有同样的有效性。自然地,这样一种观点无法认识到启蒙运动文化和历史领域之间关系的真实范围,也认识不到历史作品中哲学和历史学视角的复杂性和丰富性,甚至认识不到历史学在哲学家各种活动中所获得的重要性。多亏了主要在 20 世纪下半叶进行的大量研究,在评估启蒙运动文化中历史学的地位以及后者将历史明确地反思为一种知识形式的价值方面,出现了迅速的变化。尤其自 20 世纪 90 年代起,一系列因素有助于提升对启蒙运动和历史学科之间互动的认识:对历史学的文学、语言学和叙述面向的更大关注;在广泛意义上对历史学和人类学研究密切联系的兴趣重燃(包括社会形态、崇拜和风俗的阐述);反思"他者"的历史形式的感知力和共同表现启蒙运动文化特定内涵的所有相关现象(殖民扩张,帝国征服和镇压,奴隶制度,商业竞争和全球政策,福音传播)。我们面临着一张极其丰富且激励人心的图景,它在一些极具原创性的贡献的推动下不断进化,尤其在法国,它阐释了启蒙运动和历史表现之间关系的极端复杂性。一定程度上对这种 19 世纪(历史的世纪)就被接受的形象做出一些修改,这幅图景让我们更好地理解了大卫·休谟(David Hume)对 18 世纪的论述:"这是一个历史的时代。"①

指出启蒙运动和历史知识之间关系"复杂"究竟是什么意思?首先,法国启蒙运动倡导者采用了一系列历史的方法,这些人对理论很感兴趣,因为理论能够在一种均匀、一致或在任何情况下有系统性的框架内,容纳这种丰富性。历史知识包括历史事实的知识

---

① David Hume to William Strahan, August 1770, in *Letters of David Hume to William Strahan*, ed. G. Birkbeck Hill (Oxford, 1888),156.

和解释,对历史编纂形式的方法论反思,历史写作的再现,对历史时间的概览;从这一层面,如同在知识探求的其他领域,启蒙运动的文化没有产生任何有系统的东西:它没有生产那些将要塑造下个世纪文化模样的论文、手册或者方法。每一次概括"启蒙运动历史思想"的尝试与这一事实背道而驰,即就不同的作者而言,这种思想必须从一系列的表达方式和公式中拼凑起来,而且这种思想不会带着全面性的理论基础,在作品或者公告中等着被识别出来。所以,想要阐明一种附属于法国启蒙运动版本的历史学的尝试,可能会被认为具有合理性的时候,不应该忘记这种版本是所有不同参与者的最终作品。在时而模糊的权利下,参与者们的多样性和原创性与哲学家分类的内容相匹配:主要的作家如伏尔泰、孟德斯鸠、弗雷(Fréret)、卢梭和孔多塞,还有不那么具有历史学色彩的马布利(Mably)、杜尔哥(Turgot)、孔狄亚克(Condillac)、雷纳尔(Raynal)、巴伊(Bailly)和沃尔内(Volney)以及一群更不知名但仍参与了启蒙运动中历史的和历史学的作家们,从米洛特(Millot)到鲁博(Roubaud),从兰盖(Linguet)到库尔·德·热伯兰(Court de Gébelin)。这些人中,从最原创、连续和恰当的角度来看,伏尔泰,贯穿其一生,是最接近"历史学家"这一称号的。他在表现历史、历史知识和历史进程方面,提出了最持久、深入且问题式的反思。

　　法国启蒙运动文化附属于历史知识有什么样的重要性,以及它如何尝试着找到通向历史的独特路径,可以从强调定义和自我定义中推出答案。哲学家们会通过给自己版本的历史知识找到明确无误且有对比性的内涵,以便使自己的调查符合规范。自伏尔泰到雷纳尔使用哲学的历史、经推理的历史或理性的历史以及批判的历史。这些惯用语,米洛特和德利尔(Deslisle de Sales)试图把历史理解归因于新功能、新目标、新方法和新的抱负。在实现这些目的的过程中,他们揭示了典型的启蒙运动百科全书式的语言学偏好,如何带着一定的有效性,被运用到历史和历史学领域,展现出一种通过赋予其特有属性而使用这一领域知识的意愿。此外,对

408

于新词或更明确且意涵丰富的已经存在的词汇的依赖,就文化史的时期而言,是语言改革急迫性的明确标志——这里值得提醒一下——这种急迫性反映在新词汇(*néologismes*)并以一部名为《新词构成法》(*néologie*)的词典的创作结束,而 *néologie* 这个词直到《法国学术词典》(*Dictionnaire de l'Académie française*)第四版(1762年)才进入该词典。传统词汇既用来为历史研究的头衔增加隐喻性价值,又用来传递一种材料是如何被组织起来的方法:语篇、推论、随笔、要略、提纲、情景、视野、观念,这些从丰富的艺术和光学中借鉴的词汇,都用来强调综合的、精华的(与多余的相对应)、普遍的(而不是具体的)的理念,强调引入一定规模的观察的愿望,这种观察不是建立在个别或偶然出现的事件而是长时段宏观变化的基础上。然而同时,通过与一种建立在适当怀疑与分离基础上的知识方法保持一致,这些词汇有意暗指结论本质的条件性以及人类事业的不确定性。

409

我们能谈及我们称之为"人类科学"词汇发展得更深入的一面。世纪中叶见证了法语中两个特别词语的出现:文明,该词在分析性前提和阐释性含义方面意涵丰富且很快就在全欧洲通用;同类词语完善性,被卢梭、爱尔维修(Helvétius)以及孔多塞所看重,并且还以新词出现在让·弗朗索瓦·费罗(Jean-François Féraud)的《法语批判词典》(*Dictionnaire critique de la langue française*,1787—1788 年)。后一个词语不仅仅用来指称人和他的能力,还作为整体的人类(*l'espèce humaine*),表达了它在历史学和启发教育方面的潜在意义。另一个启蒙运动语言中的词汇,尽管不是新的,却获得了更大的语义学上的内涵,即进步。该词用于天文学、哲学、医学和军事理论等领域,现在它开始将历史事件概念化,以回应特定视角下选择、安置事件以及为事件排序的需要。18 世纪创造的另一个有显著象征性和概念化意义的表达方式是历史哲学。的确,这一表达方式在 19 世纪的进程中呈现出更多有结构的含义,但它仍然是一个语言上的创举,伏尔泰颇有争议地使用该表达方式来指称他自己相对于天主教历史学传统的批判性和理性观点。我们能指出启蒙运动赋予词汇意义重要性的最后一例,稍带细微不同但却开启了历史探究的新概念。伏尔泰,在史官和历史学家之间小心翼翼地做出区分,他自己既是前者也是后者。两个词都对真相的一种实例做出响应,但是前者即使没有被限定为圣徒传记作者去为君主服务,他仍然是官方授权下、从事官派任务的国家雇佣文人学者。这些官派任务类似于编年史家的工作,对于伏尔泰而言,这个职位跟雇人去整理文件资料有一比。相比之下,历史学家必须面向公众,考虑公众的需求,由此他们享有更宽广的视野和更多的自由来选择他觉得有吸引力的语体风格,享有在自己创造力的指引下尽情发挥的可能,但同时也承担了更明确的职责,即谴责不公正、搪塞和公众错误行为。

　　有鉴于此,人们无疑可以从法国启蒙运动中发现有意地、创造性地去干预历史论述中档案、风格和记录的意图。这阐明了在启蒙运动评论、改写或甚至"再造"文化世界的努力中,历史编纂学的中心角色。而且本世纪末,在狄德罗的一段文字中,《东西印度史》(*Histoire des Deux Indes*,1780 年)宣称,每个时期都有自己独特的知识和学者类型,在这几个连续时期的巅峰之际,现在崭新的时代终于破晓,以历史的眼光看来,这个时代里默默无闻的创作将成为伟大的职业生涯,尽管他在某种程度上仍吝啬地认为这缺乏哲学的创造性贡献。[①]

　　为了获得对启蒙运动文化在历史学领域贡献的正确认识,我们必须自问在有关 18 世纪初期出现的历史和历史学之间的辩论中,哪些部分是最主要的。整体来看,这些发展显示出历史知识作为一个独特的知识领域存在着重大困难。这场在三个相关部分刺激下的激烈辩论,恶化了重新定义历史知识地位的问题。这一地位被置于普遍不确定性中,但与此同时,世俗化历史及同等重要的自然历史的道路从长期看来被铺平了。讨论的第一个部分是

410

---

① *Histoire des Deux Indes*,vol. 3(Paris,1780d),128 - 129,这篇文章显示是出自狄德罗之手,参见 G. Goggi, *Pensées détachées*,2 vols.(Siena,1976),ii. 394。

何种程度上历史能够在博学、语文学和古物研究的基础上被"知道",随后是莫尔会修士对方法论的主要贡献和《圣经》批判。这一点也包括了对希腊和罗马历史年表可靠性的讨论,以及更广泛意义上确认史料来源的标准。这些因素如果一方面质疑博学服从宗教历史和天主教利益的要求,另一方面则有助于更多地意识到历史重建工作下的方法问题,表达出一种清晰地克服传统约束的倾向,尤其是在世界和人类起源及年表方面。第二个部分是所谓的"古代人和现代人之间的争吵"(*querelle des anciens et des modernes*)。这一论辩开启了这样的话题,即用科学的/文化的,艺术的/美学的特征,或从总体上以文明的属性赋予历史时间价值的愿望遭到了背叛。这引起了对当下的比较评价的反思,而当下的优势正在于通过科学知识的跨时间积累而产生的人类精神进步的观念。第三个部分衍生自一种建立在笛卡尔哲学和牛顿科学内涵基础上的科学的-经验的-数学的世界观的扩散,这导致了对功底深厚的、理性的自然知识的需要。最根本的疑问,即这些知识模型在人类世界中能够运用到什么程度,而且历史事实不得不削弱对历史知识的信心——见之于达朗贝尔(d'Alembert)为《百科全书》(*Encyclopédie*,1751—1772 年)所撰写的《序言》(*Discours préliminaire*,1751 年)中对博学和历史的理论上的还原性解释上。尽管如此,历史知识仍在百科全书的改写、理解和本质控制的计划中发现了积极的影响。这种本质控制在科学方法的推动下得以实现。

411 　　我们对于历史评价的考虑必须超越思想语境。在世纪之交尤其是 18 世纪头二十年,我们不能忽视,整个欧洲历史活动的拼图如何为一种深刻的能力复兴创造了先决条件,这种能力就是在西方文化视野下审视欧洲历史和欧洲文明史。我们内心要考虑到冲突地区的政治、制度、朝代和国际间的稳定性,虽然还存在着不安全因素(从光荣革命中焕然一新及与苏格兰合并的英格兰,到后路易十四时代及摄政统治的法国;从波旁王朝新登基的西班牙到维也纳围攻的余波和帕萨罗维茨和约的奥地利;还有在大北方战争中对劲敌瑞典取得胜利的俄罗斯)。再者就是欧洲主要强国在美洲和东方的商业、海军和殖民活动的新阶段,同样要感谢同时发生的重要帝国的衰落,例如新世界中的西班牙,巴尔干半岛和东地中海的奥斯曼帝国以及印度次大陆的莫卧儿帝国。这一现象伴随着欧洲半球和非欧洲半球之间关系和接触的强化,这一点是通过民间和宗教代理人的中介作用实现的,而两者都是跨文化经历的主角,这对他们的母国和文坛共和国(*République des lettres*)总体上都有深远的影响。这些是全球历史的宏观现象,有助于找出通向欧洲在世界和历史中的定位与角色扮演中的新路径。此外,它们还在启蒙运动文化的语境下,表现出对感知能力和历史思想的强大影响力,尤其是在法国。迄今为止,如果没有我们创造出的这三个部分,就不可能对"运动"或者"文化时代"的典型倾向做出解释说明,而"文化时代"在法国是指一个独特的历史时期,正如启蒙运动精心阐释了自我定义和自我意识一样:当然这是法国启蒙运动中感性、反思和历史思想的显著特征。自我的感知,根据功利主义原则而产生的优先权大小对知识对象分类的能力,总是在有益的怀疑主义调和及乐观、幻灭和悲观平衡均势下的对当下现实的清晰看法,以及质疑一个人身份基础的知识性情,都是启蒙运动文化和思想状况的方方面面,都证明了有能力去滋养历史思想并使其肥沃富饶。

　　在确定法国启蒙运动对历史的态度作为我们也许可能合理地称为"历史思想"的关键中,更具体的重点、目标和必要条件是什么?启蒙运动历史文化的显著特征之一,就是显著的自我认知能力和在人类历史与文明历史中定位自我的相关愿望。从这个角度看,法国启蒙运动开始宣称自己是一个百年历史进程中的关键时刻,这一进程涵盖了批判理性的解放,对世界科学知识的逐渐获得以及反抗传统和以它的名义犯下的暴行。因此,历史思想和论述的第一层面可以通过这种自我意识的形式准确地看到。一个特别的例子是,启蒙运动的一些倡导者所阐释的那些有自传性质的、历史的且哲学化概述着眼于追踪现代欧洲文化的历史,这些在达朗

412

贝尔的《序言》和杜尔哥的《论人类精神进步的第二篇纲要》(*Plan du second discours sur les progrès de l'esprit humain*，1750 年)中都明显可见。这为孔多塞的《人类精神进步史表纲要》(*Esquisse d'un tableau historique des progrès de l'esprit humain*，1795 年)铺平了道路，该书本身就是一部文化性的自传作品发展成一部成熟的历史和文明哲学的范例，代表了法国启蒙运动历史思想的真正成熟的表达。尽管如此，值得提醒我们自己的是，正是《序言》提供了一种十分重要的方法，法国启蒙运动借此努力确定自己的原创性理论贡献和历史的、文化的认同。这是对博学家们的疏远，而这正是构成启蒙运动通向历史知识的方法中最典型的特征之一。这包括了对历史的重建，重建的基础不是对细节的虽具系统性但稍显机械的积累，而是哲学、理性以及对来自现实世界、排在第一位的人类及其需要、热情和心理世界的各种数据的批判性分析。因此我们能从博学传统中找出第一个反独特性的因素，以此来定义一种能够称之为"哲学的"知识的历史的观念，这种观念产生于对独立于民间的或宗教的传统、权威和制度的唯物原因的理性追求。它对思想自由含蓄的吸引，成为包含启蒙运动历史认识论的最原创最有效的因素，并为保证它独立于历史学传统提供了概念工具。伏尔泰提供了一些与博学的知识立场对立的、特别有说服力的例子，他从不错过任何一个嘲笑其内容贫乏、缺少品味及没有价值的机会。

　　然而，认为启蒙运动的文化表达了一种对博学传统明确拒绝的想法是不正确的。达朗贝尔自己身为数学家，在《百科全书》(*Encyclopédie*)的博学一词的词条中确定了博学和历史知识之间必要的机能性关系，并强调前者不能和批判(*la critique*)的运用相分离，这意味着尽力避免"两种极端……太过放纵和太过严厉"(*deux excès ... trop d'indulgence, et trop de sévérité*)的人，同时也是猜想的一种比较容易的方法，不仅要去建立文本的准确含义，还能够为验证历史学家和历史事实真相之间的真实程度提供规则。这种博学传统——联合了历史事实的知识，语言的知识和文本批

413

判——必须跟迂腐相区别。由于它的贡献，达朗贝尔在其他方面，如"古代人和现代人之间的争吵"中也是立场坚定，现代人能够发明一种哲学的或者批判的历史——"有理有据且深入钻研的历史"（*histoire raisonnée et approfondie*）①，以区别于缺乏批判、甄选或品味的编年史以及为了自己利益的学究式博学。

同时，如果不提及方法论和程序性的贡献的重要性，我们就不能谈博学，而前两者都出自一位博学家的作品，此人并没有很快地在启蒙运动中被发现，但他一定可以被包括到哲学家中来，他就是尼古拉·弗雷（Nicolas Fréret）。他对历史认识论最重要的理论贡献是《对古代史研究及其证据确定性程度的反思》（*Réflexions sur l'étude des anciennes histoires et sur le degré de certitude de leurs preuves*，1724 年）和《对古代国家起源与融合以及研究其历史的方法的一般看法》（*Vues générales sur l'origine et le mélange des anciennes Nations，et sur la manière d'en étudier l'histoire*，1744 年）。这些著作是对博学和历史这一学科之间关系的最重要的检视；在自古代以来调查方法不可否认的进步方面，前者被认为有所贡献，后者则必须是哲学。启蒙运动中文人学者本都可以确定规则和原则，弗雷认为，历史达到一种"哲学的"地位，通过结合批判性程序、逻辑论证、提出和回答一般问题的渴望，以及同时在我们称之为"辅助学科"②的帮助下能得到的所有知识的资源。尽管他对异教历史自主权做了声明并接受了与圣经的框架相互矛盾的编年史，诸如中国提出的编年史，弗雷的贡献实际上对启蒙运动针对历史的辩论几乎没有影响。另一位主要法兰西学院院士小德金

---

① *Réflexions sur l'histoire，et sur les différentes manières de l'écrire*，in *Oeuvres complètes de d'Alembert*，vol. 2，part 1（Paris，1821 - 1822），7.

② *Vues générales sur l'origine et le mélange des anciennes Nations，et sur la manière d'en étudier l'histoire*，in *Histoire de l'Académie Royale des Inscriptions et Belles-Lettres，avec les Mémoires de Littérature tirés des Registres de cette Académie，depuis l'année MDCCXLIV jusques et compris l'année MDCCXLVI*，vol. 18（Paris，1753），49 - 71.

（Joseph de Guignes）的作品也是这样，他将中亚游牧民族的历史引入西方历史知识，并在 18 世纪的法国历史学里享有一定荣誉，即使这样他不被传统认为是一名启蒙运动人物。事实上，认识到他的《汉人、蒙古人与鞑靼人的历史》（*Histoire des Huns，des Mongoles des Tartares*，1756—1758 年）重要性的不是后来的环境因素，而是爱德华·吉本，他对博学和"哲学式历史"（philosophical history）创作出一份独特的概要，并公开表示自己是弗雷和小德金的仰慕者。①

414

为了防止在历史学和启蒙运动观念里的历史之间做出草率和肤浅的对比，也为了避免比较博学家和院士们的历史，只谈到这两位来自铭文学院（Académie des Inscriptions）的主要历史学家应该足够了。这样简单的二元对立不可避免地冒着掩饰事实的风险，即后者——至少它产生于 18 世纪对铭文学院活动的密切调查中——毫无疑问构成一条独立的历史探究之线，是被方法论意识支撑并被赋予普遍历史愿望的明确任务。首先，这涉及到通过重建族谱和迁移而对古代民族和国家起源的研究，很明显，这样的研究视角对进步史观和历史推测哲学而言是可替代的，后者在法国启蒙运动随后的历史学中再次发生。同时，它冒险为博学的嘲讽提供确证，此时博学已经成了历史的论战中真正的地方，这既是由法国启蒙运动发展而来，同时也出于自我表现的目的。

事实上，就哲学家而言，学者们大量枯燥、令人窒息的汇编作品只能得到更多嘲笑，因为这不仅冒犯了至关重要的感受力，也冒犯了文体意识和文学素养，这种意识和素养正是从历史写作中寻找指导、美学愉悦以及交流效果的知识分子的特点。这就是伏尔泰在抱怨"法国挤满了历史学家却缺乏作家"（la France fourmille d'historiens et manque d'écrivains）时内心的想法，并宣称他更喜欢

① 参见 Edward Gibbon，*History of the Decline and Fall of the Roman Empire*，ed. J. B. Bury，7vols.（New York，1972），i. 218 n. 4；以及 *The Miscellaneous Works of Edward Gibbon*，ed. Lord J. Sheffield，5 vols.（London，1914），v. 67。

做"一名画家而不是历史学家"(le peintre et non l'historien)。这是马布利的评论:"我喜爱能使我成为哲学家的历史学家,尽管我只关心自己的消遣娱乐('j'aime un historien quim'a rendu philosophe, quand je ne songeois qu'âm'amuser')。"①

　　在选择、精选以及评价的主题上的坚持,不断重现于历史再现时对启蒙运动的反思中——首先是在伏尔泰篇幅较小的作品《历史批评》(Remarques sur l'histoire,1742年)中,例如也出现在博学的简化和论辩性形象的对立面,这种坚持透露出一种意愿,创作出实质与形式意义上的一种历史-历史学建构。这是一个明确的指示,即法国启蒙运动对历史主题及文学表达方式的态度绝不是被动的,相反是极具创新性、发明性的。事实上,这种态度反映在有意识地建构历史知识、它的内容、整体形象、语法和句法、口头与文学表达的词汇以及对交流层面带有明显注意力的话语方式的计划中,这些是出于对公共和可能的以及满意的、政治的、社会的及教育的功能。完善的历史知识的首要且基本的必要条件是不受宗教正统命令约束的自由。《圣经》视角的人类与民族史被认为是争夺世界历史构成元素控制权的主要竞争对手:年表、系谱学、地理、全球人口、人类命运、历史进步不同时期背后的最终因素。这种历史进步传统上服从于希伯来-基督教模式的神圣历史,诚如莫城主教兼法国皇太子导师的雅克·贝尼涅·波舒哀(Jacques-Benigne Bossuet)的经典之作《世界史叙说》(Discours sur l'histoire universelle,1681年)中所陈述的那样。

　　那么,如果世界历史是第一个启蒙运动历史学家着手从世俗、

415

_____

① 伏尔泰致泰瑞奥,1735年7月,伏尔泰致阿贝·奥利弗,1736年1月。Gabriel Bonnot, abbéde Mably, *De la manière d'écrire l'histoire. Second entretien. Des histoires particulières; quel endoit être l'objet; Observations ou règles communes àtous les genres d'histoire* (1783), in *Oeuvres complètes de l'abbé de Mably*, vol. 12 (Lyon, 1796), 321-500,网址 http://www. eliohs. unifi. it/testi/700/ mably/ecrire. html (2009年6月15索取)。所有翻译出自笔者,除非有特别注明。

唯物的意义上进行改革的基本框架，那么它就不仅仅是他们打算改变的框架，更是其中的内容。法国启蒙运动中最卓越世界历史学家伏尔泰，下定决心不仅要传播对基督教神学历史当代限制的超越，即免除对圣经年代记的陈腐争论并认识到由天文观测所证实的古代广阔的领域下各种民族和文明的可能性，更要传播扩展视野的需要，即超越基于地中海和近东的犹太中心的观点，以便将新大陆和伟大的东方文明囊括在内，使历史不再在侧旁观。《风俗论》(*Essai sur les moeurs et l'esprit des nations*，1756 年)是伏尔泰第二本伟大的历史学著作，就在《路易十四时代》(*Siècle de Louis XIV*，1751 年)之后，前者的创作花了超过四分之一个世纪（1745—1775 年）。它计划成为一部堪称典范的世界历史，《历史哲学》(*Philosophie de l'histoire*，1766 年)以序言的方式被添加进来，不仅是为了伏尔泰对波舒哀《世界史叙说》做出回应时的那种显著的反基督教语言。《风俗论》的革命性不仅包括它完全省去了历史学的神学/天命的结构，采用了完全世俗与当下的视角，而且拒绝了朝臣与歌颂者的文学伪装。伏尔泰不是为诸侯或当权者而写的：这部作品是写给哲学家读者的，并且在理解世界、文学品味与知识好奇心方面满足他们的要求。为此，正如之前《路易十四时代》的标题本身就提出了一个有关历史的目标以及什么是真正重要的明确选择：不是一份简单明了的有关事实的年表，特别是如果这些事实是痛苦而残忍的，证明了人类的不理性与所有糟糕的罪恶，而是民族和国家的"精神"以及他们的"风俗"，即那些规定了他们的性格并组成他们多样化精髓的东西。代表着人类热情与需要的"本性"，提供了一种秩序与统一的标准，旨在规定——不仅是区分出人类摧残者权力与征服的危险野心——一个民族的真正文明。这并不意味着对以前恶劣行为的叙述已经与历史学家无关了；相反，错误与罪恶的知识对于理解一个时代来说同样必不可少。然而历史仍然是教育的裁决所与进行之地："整个民族"——赋予历史以"先发制人"功能的伏尔泰注意到，"认为在他们眼前详细解释先辈们的错误是正确的；他们喜欢谴责先辈并相信自己会比他们

416

更好。史官或者历史学家鼓励他们的这种感受；并且深入投石党运动和宗教战争的起源，他们阻止这种事件的再次发生。"①"历史学家"——根据孟德斯鸠的看法——"是那些生活在地球上的人们的行为的严格审查员，很像那些集合起来评判死人的灵魂的埃及裁判官"。② 狄德罗画下经典的省略号，随后充实并填满内容的《东西印度史》则走得更远，它传递了一种清晰的理念，即历史是一种能够实现艰巨的复仇的知识形式："当理性、正义和真相从无知和奉承手中夺取它们已经把持很久的笔时，这一刻就到来了。让那些滋养谎言之人的人颤抖，或让他们受尽压迫。你将会被审判。"③

根据伏尔泰的看法，历史学家也应该做第二种选择，即关注他所要处理的时代：不是古代世界，即在它能够成为表面上看起来合理的知识之前必须被剥离大量神秘化、神话和传说的古代世界，也不是中世纪时代，即教会宗教权力和当权者利益推动下的、没有对比的迷信的统治，而是现代性，其根、其非线性及事实上的艰苦且矛盾的出现自人类在激情、利益、主动冒险精神影响下的失序行为，且对比于不负责任的狂热、无知与滥用。伏尔泰是这样分类的：

> 　　在我看来，如果一个人想要充分利用当下，那么他不会把他的生命花费在迷恋古代寓言上。我会建议一个年轻人对这些远古时代浅尝辄止；但是我希望当古代历史变得对我们有趣时，他再开始对这些时代进行认真的历史研究：我认为这发生在十五世纪晚期。④

417

---

① 'Historiographe'，*Dictionnaire philosophique*，in *Oeuvres complètes de Voltaire*，ed. L. Moland，70 vols. (Paris，1877 - 1885)，xix. 373.

② *Pensées* (Siena，1976)，419n. 1260.

③ *Histoire des Deux Indes*，129.

④ *Remarques sur l'histoire*[1742]，in *Oeuvres complètes de Voltaire*，xvi. 134 - 137，on 136.

此外,当快速回忆伏尔泰众所周知的极端主义时,他在《路易十四时代》中坚持认为,一个人只能自黎塞留时代起才可以合理地使用"法国人"这个词,因为这个时代之前的国家历史只有野蛮人的淳朴状态的事实。[①]

内容、空间和时间,这些是指引着史料选择并追溯启蒙时代历史学家所选研究目标的轮廓的坐标:欧洲认同,现代欧洲文明,历史、政治和全球文明关系中其本质和角色的确定。因此历史有一项严苛的任务就是要建构一种基于反思的认同,即反思损益、利弊、前进与后退,或者应该说反思对不同时期显而易见的变化的不同反应,即应激突变或免于影响。拒绝基于不真实的材料的历史形式(随着时间的流逝,他们对细节的徒然关注会变得毫无意义)以及死板地依附于宫廷圈,伏尔泰专门将其纳入自己的调查重点,只挑选"改变大国的风俗与法律的惊人革命"(seules révolutions frappantes qui ont changéles moeurs et les lois des grands E'tats)。[②]

虽然在这一点上,人们可能会直面历史的"功用"这个问题,但是有另外一个反对意见——可以添加到那些缺乏洞察力与关注焦点的孤陋寡闻与编译工作中——有助于大体上确定塑造了启蒙运动,特别是伏尔泰的特点的历史观念。这就是历史和虚构或神话之间的对立,这意味着那些"寓言"不可避免地将古代民族和国家建构的自己的历史变得隐晦且不可靠。[③] 贯穿伏尔泰非凡智慧生活的一生,他从没有停止猜测历史的价值和意义。也许他对这些"寓言"最重要的考虑体现在为《百科全书》创作的"历史"一词中,并以《关于百科全书的问题》(*Questions sur l'Encyclopédie*,1771年)的形式印刷出版。有人认为追求历史真相的过程中,古代寓言或中世纪的历史学是靠不住的,但这并不意味着它们毫无用处。

418

---

① *Siècle de Louis XIV*, in *Oeuvres complètes de Voltaire*, vol. 11 (Oxford, 2012), par. 107 - 109.

② *Histoire de l'empire de Russie sous Pierre le Grand* (1759), in *Oeuvres complètes de Voltaire*, vol. 46 (Oxford, 1999), par. 47.

③ 参见本卷彼得·伯克所著第十三章。

伏尔泰在他的信念中没有食言,即只有那些经得起现代批判的才能被历史重构所接受,伏尔泰出于兴趣或人类的轻信或错误,将它们视为历史观点的史料来源,更将其视为信念的历史及民族思考方式的历史的史料来源:这些伟大作品的粗糙之处(从中世纪以来的假历史)向我们展示了它们被创作的那个年代的精神,没有什么,包括传说,不能教给我们有关我们民族的风貌。"①

因此,有一点是毫无疑问的,即启蒙运动对历史的态度极其苛刻,要求历史学家在学术上有大量投入,包括对古典的和人文主义的历史模型做出批判性的再评价。这种历史必须是精挑细选、慧眼独具且批判性的;这种历史能够区分、评判并提出自己的教学理念和模式。但同时,更重要的是,这种历史能够解释事实:过去的主要事实以及对理解当下有直接关系的事实。追求能够确定因果关系、必要联系和变化机制的历史知识,是以科学路径探寻自然世界的结果。孟德斯鸠非常严格地以历史分析和经济、社会以及法学探索的角度运用了这种方法。他特别根据罗马共和自由的历史以及法国历史的变迁做到这一点。对于后者的观察,来自于所有权、法律和政府形式的演化发展的立场;更普遍的是在其对政府治理原理的探索中,跨越历史学和地理学的界限,阐明了人类制度的运作。毫无疑问,孟德斯鸠的主要兴趣是政治方面,涉及到自古以来自由的理念及其呈现的形式。他并不将历史作为文学之士进行质询,后者不过是寻求如历史学家——叙述者所提供的事件传说而已。正是政治背景下的政治、政府形式以及法律和自然环境多方互动的动力,激发了他的历史视野。这一点表现在《罗马盛衰原因论》(*Considérations sur les causes de la grandeur des Romains et de leur décadence*,1734 年)一书在史料和档案的大量知识以及深入钻研历史因果关系最深层次的方法的支持下,孟德斯鸠不仅用与物质领域相关的部分充实本书,并且用包含复杂的政治、宗教和文化因素以及思想状态、大众情感和共同心理的总精神贯穿主轴。

---

① *Essai sur les moeurs*,ed. R. Pomeau,vol. 1 (Paris,1963),298.

在这里我们遇到了历史因果关系和历史变化的问题。启蒙运
动对历史理解和历史思想的最关键问题的态度是什么？再一次，
要给出一个简单、单一的回答是很困难的。总的来说，启蒙运动历
史学家不再倾向于承认降临自神秘莫测的神圣意志对伟大天命人
事的影响。这并不等同于说历史完全屈服于人类意志与意图的有
效掌控之下，无论启蒙运动对历史中的立法者和造物主的偏爱有
多么强烈。启蒙运动历史学中出现了一股强烈的非主观力量，运
作并决定了历史进程与事件。这些力量表现在物质、地理、环境和
经济情势等多方面，影响历史中的人类社会并管理他们的内在机
制与变化；同时也表现在内在政治制度的活力，这种活力受制于自
己的法律，正如人类和自然体一样。因此，在没有对"情势"这一概
念的最佳总结的充分理解下，人类的意图以及历史中个人的角色
不能被评估。历史变化的主要复杂性就是围绕这一概念体现在启
蒙运动历史学中，体现对规律和法则概念进行结合的努力中。这
些规律和法则的概念管理着集体历史实体，例如国家、社会、秩序、
阶级和民族。这是一个强有力的观点，体现了普遍的、无形的历史
力量仍然允许人类天赋、意志或意图的角色存在，而且更普遍来
说，允许历史个性的存在。"情势经常改变事情的本质"是一种新
的观察，恰当地评估了"情势"的部分，这一点体现在 1762 年版的
《学院词典》(*Dictionnaire de l'Académie*)，作为对 1694 年条目的补
充。这种方法在那些致力于发掘伟大人物行为的历史学中可以经
常看到——亨利四世、路易十四、查理十二、彼得大帝、穆罕默
德——毫无疑问经常在有关人类对自己及其同伴命运的彻底掌握
方面，导致一种怀疑的态度，并且揭示了在被称为"目标异质性规
律"(law of the heterogeneity of ends)①启发下的一种历史观点。情
势、物质条件、机遇以及难以捉摸的非主观力量经常使历史成为不
同于有意识的人类行为后果的东西。这种观点甚至可能会容许悖

① Duncan Forbes, '"Scientific Whiggism": Adam Smith and John Millar', *The Cambridge Journal*, 7(1954), 643 - 670.

论、不可预测性、原因与结果之间不相称的关系以及历史变化反复
无常的观点的存在。

　　这里有另一个典型的、创新的因素能够区别法国启蒙运动的历
史思想,再一次涉及历史论述的内容以及它的正式表达方式。就
历史学而言,其内容的定义以及对历史的反思集中在现代历史,即
文明和成就的历史,同样也集中在纠缠人类历史并继续困扰着人
类历史的错误和恐怖上。《哲学史》(L'histoire philosophique)用另
一种表达方式指称所有这些内容,并将其引入到惯用语中:人类精
神的历史(l'histoire de l'esprit humain)。这是一种含蓄的尽善尽
美阶段论,出现于逐渐达到文明状态的野蛮黑暗年代,包括人类物
质和智识能力的不断提升以及完整“人性”的实现。在这种情况
下,《哲学史》既是人类学又是历史哲学,后者不是以事实论述而是
简明再现的形式进行自我表达。这种方法大笔一挥,从根本上描
绘世俗框架下,由统一历史天命主掌的人类历史的不同时期和阶
段,尽管这种方法不一定必须是单一视角下的创作。在杜尔哥的
《论人类精神进步的第二篇纲要》和孔多塞的《人类精神进步史表
纲要》里,人们的确面临着包含逐渐上升趋势的进步的历史,其中
民族和(西方)社会的当下状况得到了稳定的提升,一切都计划朝
向未来的成就前进。但这一点也体现在简朴鲜明的事实叙述和具
体的历史暗示中,体现了人性丧失、文明、风俗和个人自由倒转比
例的退化过程的特征,正如卢梭的“第一论文”(1750 年)和“第二
论文”(Discours,1775 年)。这里我们有在启蒙运动文化背景下创
作出的历史观点的典型表达方式,即使分配到历史进程中的价值
是极其有问题的。除了内容上没什么可说明的这个事实外,仍然
是历史为卢梭的推理提供了背景。自然而然,历史继续为人类状
态的演化保持现世的维度,但对卢梭而言,它能够被压缩进一些特
定的现象或本质概念中,诸如“需要”“所有权”“不平等”“美德”“艺
术与科学”“奢侈”“堕落”“从属”:无法改变的宿命轨迹旁有如此
多的驻点,而这条轨迹更多地指向一种不一致性,即孔多塞的进步
观的标准持有者们的理性和乐观天命论之间的不一致。

420

507

在考虑到与广大阅读公众交流的最初解释性风格的努力之后，如果启蒙运动中历史学的独特特征和历史的观念能够从主题、观察、角度及目标选择方面被认为是一种探索对象的建构，一种将历史写作看成在任何形式的政治或宗教权威面前表达政治、社会和宗教批判以及宣称价值和不敬的工具，那么这里有一部特别的作品似乎能以独有的功效将这些特征结合在一起。《欧洲人在两印度建置殖民地和贸易的哲学与政治史》(*The Histoire philosophique et politique des établissements et du commerce des Européens dans les deux Indes*，1770—1780 年)追溯到法国启蒙运动的全盛时期，尽管因其不符合这种类型的标准，故而不能算作历史学优秀作品的例证。依照惯例，它的作者被认为是纪尧姆·托马斯·雷纳尔(Guillaume-Thomas Raynal)，但事实上它是大量团队努力的成果，其中狄德罗在这个过程中扮演了根本性且决定性的角色。它对于同时代的历史和政治文化有极大影响，并合理地表现了启蒙运动特征中最重要历史学成就。作品深处是双项选择：主题性与功能性。最重要的是，它是一部关于欧洲和现代性起源的历史作品，在属于政治而非学术范围的目标的一系列问题和主旨中，采取了明确的立场，其中两个形容词，哲学的和政治的就体现了标题的特征。现代欧洲形成的历史不是起源于欧洲国家体系的政治、军事和外交历史，而是直接起源于被认为现代欧洲的历史动力中两个构成性因素：大规模海外商业，包括殖民扩张以及延伸至全球规模的经济、政治、军事、宗教和个人与欧洲国家的文化活动；与欧洲以外的民族和国家建立起新型关系网络，以此在全球均势中获取了直接的角色。直到现在为止，这个主题一直是极其成功的游记文学类型领域里的卓越典范，现在则以全新历史建构的主角的面貌出现。在民族国家维度模糊最小化的缺席下，在破坏欧洲国家存在与共存模式现象方面，这提出了一个比较性的再思考。即使没有能力去叙述它，或者无法从历史内部和"他者"的状态去做一番认真观察的尝试，历史写作仍通过欧洲成就的再叙述，连同殖民化的事实与动力、远方之地的渗透，成为了一项全球范围的事业。最

421

普遍的相关性和依赖性的复兴，使得写作历史放弃了仅仅作为事实积累的"普遍史"，朝追求解释性体系的方向发展，这种体系也大有趋同的态势。因此，这体现了传统上被排除在现代欧洲社会"贵族"阶层之外、追求确定的社会与政治合法性的活动和阶级的历史；同时，它也包含了带有自然、人类和社会角度中"他者"的偶然历史，激发了涉及权力形式、教派、社会生活、文化、存在模式以及和环境的关系的新问题。所有这些人类学与生态学上的多样性，进入到重商主义和扩张主义者的现代性的百科全书——但是，这并非在缺乏对价值的深刻再思考的情况下完成的，这些价值在延伸了几个世纪的历史进步的高潮处，巩固了西方世界和文明。历史重建推动了对以下现象的严厉批判：不法行为与征服，暴力行为，商业欺诈与不公，传教士的诡计，因贪婪利益与无度奢爱引起的残酷行为，以及奴隶制的悲惨，这些引起了一系列悬而未决的问题，涉及到欧洲文明的绝对价值，其与自然的关系，自然规律以及人道权利。

422

　　从方法论的角度看，《东西印度史》没有指出史料来源，这一点备受争议，例如爱德华·吉本就觉得这一点尤其令人不安。毫无疑问，这是一部不寻常的作品，富于变化且难以用单一的定义或一致的观念对其定位。事实上，这是对先前出版作品的汇编，在哲学、政治、人类学和宗教多方面都有分类研究；这是用最好的启蒙运动风格对价值和改革提议做出的宣言；这是一本有关非欧洲实体的自然主义知识的最新版百科全书，其中有一些具备非同寻常的关注点与原创性。在一个被称为"海上帝国的危机"[①]的时代，文明、帝国和新兴国家彼此对峙，这对伴随着权力平衡的政治而言尤其有用。因此，这部作品不仅将历史观念，也把法国启蒙运动所拥护的所有相互矛盾的价值放在一起。毫无疑问，这反映的是一种以欧洲为中心的视野，其中充满了对西欧进步和财富的积极承认。

―――――――――

① J. G. A. Pocock，*Barbarism and Religion*，vol. 4：*Barbarians*，*Savages and Empires*（Cambridge，2005），229.

但同时，现代性对人类天性造成人性退化的影响，出于不安的创作表达也开始被注意到。这是商业这一文明载体的致歉，同时也是对商业文化引起的堕落的批判。这种商业文化的主角们在利益和统治的逻辑的驱使下，参与了一场无情的斗争，波及遥远的民族和国家，把他们拖进与其完全无关的冲突之中。它是对欧洲殖民主义所造成的暴力和权力滥用的批判，其中包括奴隶制；它也是一个警告，即帝国和殖民统治对大城市的自由和道德以及欧洲侨民行为造成了极其深刻的堕落后果。同时，它认为殖民主义和帝国主义是现代文明不可分割的维度，尽管如此，这仍然有可能通过人文主义和自由观念下的内部改革和修正得到改正。在黑人奴隶制度的主题上，编者们历经了从劝诫到反对意在调和安抚的仁慈改革。美洲曾经被认为是退化且不成熟的自然世界，直到布封（Buffon）和科内里斯·德堡（Cornelis de Pauw）将其唤醒；同时它也是一块经过无罪辩护的殖民地，其对独立的争取预示了一个政治和宗教自由的未来。它是对社会、政治和道德最坏的一面的讽刺，而这些却统治着同时代的欧洲。它自由地表达对蒙昧社会和古代非欧洲文化的简单与天然的赞美，但同时它也提出了一个完整统一的文明观念，以便出口给被视为改良计划潜在受益人的野蛮人，其中包括
423 引入农业、文化和基督教。的确，启蒙运动所有的矛盾、偏见和模糊之处都可以在一幅巨大的历史画卷中找到，这幅画卷将现代欧洲的来临描绘成致力于进步的扩张性文明，以及伟大救赎之前的长期政治、社会、法律和宗教迫害的情形，这一点清晰地预示在《东西印度史》中。

与雷纳尔和狄德罗两个名字密切关联的主要成就，实际上强调了一系列矛盾的因素，这些都是启蒙运动视野下历史学的特征。它提出了一些典型的主题，如进步的观念、文明的天职和世界普遍主义，当它面对历史知识的新范围时，这一点表现得尤其明显。这些新的知识范围表现在非欧洲国家、民族和文化方面，然后在美洲和非洲的苍茫，中亚游牧的野蛮民族以及东方伟大的文明之中被发现。理解《东西印度史》的一个关键，毫无疑问是与一个"外来

的"世界正面交锋,而它的回应也在持续变动中。对人类本质永恒性的追求、对支配着个体行为、家庭和社会的需要、激情、道德、基本规律的主张,与一种慷慨的赞美共存。这种赞美以相对主义者的模式,包含了教派、性别风俗、宗教观念以及社会形式和统治的多样性。人类统一本质的观念和探索解决冲突的世界基础——通过交流和恰当地承认利益互惠而达成一个和平的世界——并不能消除差异的不可约性;但它也不能创造出成功共存的例证,也许耶稣会士主导的福音传播社团这种极端形式是个例外,因为本地人正是他们使命的目标。对非欧洲世界的求知欲,一方面伴随着对西方基督教国家错误的坦率承认,另一方面认识到每一种历史形式的文明与文化的价值,然而求知欲还不足以克服根深蒂固的欧洲中心主义。在叙述"他者"和书写他们的历史以便他们的声音能够被听到,或者叙述与欧洲的遭遇无关的历史事实方面,仍然有着根本性的能力不足,以致历史无可挽回地继续做"我们"的历史,而无法将"多元的"历史整合进来。

　　归根结底,由启蒙运动文化阐述的历史解释与视野,并没能成功地减少这些不确定性;它反而充当了一架望远镜,观察这些不确定性如何决定了不可预知的人类命运。晚期启蒙运动发现了一件改天换地的大事的诸多预兆,在等待这件大事到来的时候,这些不确定性并没有单一地导致悲观主义或乐观主义,却导致了在两者中间的永久摇摆。在其他情形下,由于不同的贡献和经历,它证明了发展出突破这些限制的方法、工具和观念是可能的,至少制定出这样做的文化前提是有可能的。这种可能首先出现在专门知识的优势、探索新领域的定义和新的语言学、语文学以及人类学的技艺等方面,从"东方文艺复兴"到现代民族人类学和比较法律研究的发展,这些都开启了新的视野,使得观察外部世界和历史重建成为可能,这种历史重建的全新基础就是非欧洲文明的历史性共存或文明在社会学-人类学现象论的解释性模型里得到整合。自然和历史之间的创造性张力,刺激并推动了法国启蒙运动中历史洞察力和历史思想的发展。不管怎样,这种张力注定了要一直保持活跃。

424

　　总而言之，对成熟启蒙运动的历史学关注点的具体表现和出现的相关联的历史观点进行一番回顾是很值得的。它们指出了以下两者之间的重叠区域，即院士们和博学家们的追求探索与成熟启蒙运动的历史文化。这一点很多源自真正的好奇心，伏尔泰在他的探索中就展现了出来（虽然稍有延迟且和他之间的主张相互矛盾。伏尔泰怀疑民族起源的研究，认为如果不是传说或语言，那不过是迷失在猜想中而已）。这些探索包括对大多数亚洲古老文明起源的反思与解释，部分对东亚文明有着强烈的兴趣，这正是作为一个整体的启蒙运动文化和 18 世纪的特征。这些可以在科内里斯・德堡的《对埃及人和中国人的哲学研究》（*Recherches philosophiques sur les Egyptiens et les Chinois*，1773 年）以及让・西尔万・巴伊(Jean-Sylvain Bailly)的一系列作品中找到。[1] 总的来说，这些作品探索了铭文学院普遍辩论的两个主题：从古代埃及以来，中国文明衰落的问题，与之相关联的是文明历史进程中埃及优先的固有观念，这反映在小德金在 1758 年和 1759 年的两篇文章中，并得到了铭文学院的认可；[2]以及文明进程中亚洲尤其是印度

---

[1]　例如 *Histoire de l'astronomie ancienne*（Paris，1775）；*Lettres sur l'origine des sciences*（Paris，1777）；*Lettres sur l'Atlantide de Platon*（Paris，1779）；以及 *Traitéde l'astronomie indienne et orientale*（Paris，1787）。

[2]　Joseph de Guignes，*Mémoire dans lequel，après avoir examinél'origine des lettres Phéniciennes & Hébraïques，& c. on essaye d'établir que le caractère épistolique，hiéroglyphique，& symbolique des Egyptiens se retrouve dans les caractères des Chinois，& que la nation Chinoise est une colonie Egyptienne，in Histoire de l'Académie Royale des Inscriptions et Belles-Lettres Avec Les Mémoires deLittérature...*，vol. 29（Paris，1764），1 - 26；以及 *Essai sur le moyen de parvenir à la lecture & àl'intelligence des hiéroglyphes Egyptiens*，in *Histoire de l'Académie Royale des Inscriptions et Belles-Lettres*，vol. 34（Paris，1770），1 - 55. Salvatore Rotta 针对这一主题有一篇重要文章'Egizianie Cinesi a confront：Intorno alle *Recherches philosophiques sur les Egyptiens et les Chinois* di Cornelius de Pauw（1773）'，in Domenico Ferraro and Gianna Gigliotti（eds.），*La geografia dei saperi：Scritti inmemoria di Dino Pastine*（Florence，2000），241 - 267，参见网页 http://www. eliohs. unifi. it/testi/900/rotta/rotta_pauw. html（2009 年 7 月 21 日索取）。

优先的更广泛的主题,这是铭文学院长久以来进行研究的关键点。我们的每一位作者都有自己的立场,但这里让人感兴趣的,是分析时间优先顺序和遗传关系下不同文明之间关系的决心,这种决心为博学家和启蒙运动的历史文化所共有;是对文化和知识向外辐射的最初中心的探索;是基于语言和写作的大胆对比性分析方法解决问题的努力。这毫无疑问地指向"普世史"的研究路径,其目标是为从圣经观点中解放出来的民族和文明的历史,重建一幅看起来有道理的图景;这样的民族和文明的存在需要对新的解释性假设进行详细阐释,因此西方的古代和现代文明能够在新的结构下被重新定位。在 18 世纪 80 年代,这些主题推动了大量历史学家、博学家和哲学家之间的讨论,当然不仅仅在法国,从拉博·德·圣艾蒂安(Rabaut de Saint-Etienne)到圣克鲁瓦(Sainte-Croix)、库尔·德·热伯兰、皮埃尔·弗朗索瓦·雨果·当卡维尔(d'Hancarville),以及伯恩希内·德·西夫里(Poinsinet de Sivry),从布卢门巴赫(Blumenbach)到赫尔德,从帕欧利诺·迪圣巴托罗缪(Paolino di San Bartolomeo)到吉安里纳尔·卡利(Gianrinaldo Carli)。在同一年代,该领域为英国印度学者和梵语学者威廉·琼斯(William Jones)做了充足准备,他提出了东西方文明的印欧语系源头理论,横扫巴伊的"西徐亚语系统"。然而同时,在启蒙运动的法国,这些频繁地建立在猜想和印象式资料的基础上的假设和宽泛的解释性史诗(interpretative frescoes),有着强大的影响力,甚至是像伏尔泰这样采用怀疑主义作为拒绝过度猜想的方法论的思想家也深受影响。历史资料与日俱增,无论历史学和系谱学的架构中对这些资料的解释如何疑问重重,他们迎面扑向遥远的东方文化。校对整理这些资料的压力来势凶猛,连伏尔泰自己都不可避免地参与到对巴伊假设的激烈讨论中,以不同寻常的口吻承认他"非常生气,几乎被说服了"(fortébranlé et presque converti)而结束:我很容易就打消了所有的疑虑(je sacrifie sans peine tous mes doutes)——他于 1776 年 2 月公开承认巴伊的观点,字里行间揭示出渗入启蒙运动历史感知力的新的张力和倾向——"在你的光芒之下。你的作品《古代天文学史》（*Histoire de l'astronomie ancienne*，1775 年）不仅是一部理解和天才的杰作，更是最可信的方法之一"。[1]

主要史料

426　Alembert，Jean-Baptiste Le Rond，d'，*Réflexions sur l'histoire，et sur les différentes manièresde l'écrire*，in *Mélanges de littérature，d'histoire，et de philosophie*，vol. 5（Amsterdam，1767），469 - 494.

Jean-Sylvain，*Histoire de l'astronomie ancienne*（Paris，1775）.

——*Lettres sur l'origine des sciences*（Paris，1777）.

Bossuet，Jacques-Benigne，*Discours sur l'histoire universelle*（Paris，1681）.

Condorcet，Nicolas de，*Esquisse d'un tableau historique des progrès de l'esprit humain*（Paris，1795）.

Guignes，Joseph de，*Histoire des Huns，des Mongoles des Tartares*（Paris，1756 - 1758）.

Fréret，Nicolas，*Réflexions sur l'étude des anciennes histoires et sur le degréde certitude de leurs*

Preuves（Paris，1724）.

——*Vues générales sur l'origine and le mélange des anciennes Nations，sur la manière d'enétudier l'histoire*（Paris，1744）.

Mably，Gabriel Bonnot，abbéde，*De l'étude de l'histoire*（Paris，1775）.

——*De la manière d'écrire l'histoire*（Paris，1783）.

Montesquieu，*Considérationssur les causes de la grandeur des*

---

[1]　Voltaire to Bailly，9 February 1776，in *Voltairés Correspondence*，vol. 42（Oxford，1977），393 - 395.

Romains et de leur décadence（Paris，1734）.

Raynal，Guillaume-Thomas and Diderot，Denis，*Histoire philosophique et politique desétablissements et du commerce des Européens dans les deux Indes*（Paris，1770–1780）.

Rousseau，Jean-Jacques，*Discours sur les sciences et les arts*（1750）.

——*Discours sur l'origine et les fondements de l'inégalitéparmi les homes*（Amsterdam，1755）.

Turgot，*Plan du second discours sur les progrès de l'esprit humain*（Paris，1750）.

Voltaire，*Siècle de Louis XIV*（Paris，1751）.

——*Essai sur les moeurs et l'esprit des nations*（Paris，1756）.

——*Histoire de l'empire de Russie sous Pierre le Grand*（Paris，1759，1763）.

参考文献

Barret-Kriegel，Blandine，*Les historiens et la monarchie*，vol. 1：*Jean Mabillon*；vol. 2：*Ladéfaite de l'érudition*；vol. 3：*Les Académies de l'Histoire*；vol. 4：*La République incertaine*（Paris，1988）.

Broc，Numa，*La géographie des philosophes：Géographes et voyageurs français au XVIIIe siècle*（Paris，1975）.

Cassirer，Ernst，*Die Philosophie der Aufklärung*（Tübingen，1932）；trans. Fritz C. A. Koelln，*The Philosophy of the Enlightenment*（Princeton，1951）.

Croce，Benedetto，*Teoria e storia della storiografia*（Bari，1917）.

Dagen，Jean，*L'histoire de l'esprit humain dans la pensée française：De Fontenelle à Condorcet*（Strasbourg，1977）.

Duchet，Michèle，*Anthropologie et histoire au siècle des Lumières*

(Paris，1972).

Goodman, Dena, *The Republic of Letters: A Cultural History of the French Enlightenment* (Ithaca, 1996).

Goulemot, Jean-Marie, *Discours, révolutions et histoire: Représentations de l'histoire etdiscours sur les révolutions de l'âge classique au siècle des Lumières* (Paris, 1975).

427 Grell, Chantal, *L'histoire entre érudition et philosophie: Étude sur la connaissance historiqueàl'âge des Lumières* (Paris, 1993).

Mazauric, Simone, *Fontenelle et l'invention de l'histoire des sciences à l'aube des Lumières* (Paris, 2007).

Meinecke, Friedrich, *Die Entstehung des Historismus* (Berlin, 1936).

O'Brien, Karen, *Narrative of the Enlightenment: Cosmopolitan History from Voltaire to Gibbon* (Cambridge, 1997).

Pocock, J. G. A., *Barbarism and Religion*, 5 vols. to date (Cambridge, 1999).

Trevor-Roper, Hugh, 'The Historical Philosophy of the French Enlightenment', *Studieson Voltaire and the Eighteenth Century*, 27(1963),1667 – 1687.

Vyverberg, Henry, *Historical Pessimism in the French Enlightenment* (Cambridge, Mass. ,1958).

申　芳　译　张　骏　校

第二十一章　西班牙官方历史写作：历史与政治，约 1474—1600 年

基拉·冯·奥斯丹菲尔德-苏斯卡

西班牙在 1474—1600 年间经历了前所未有的变化：将摩尔人和犹太人驱逐出伊比利亚半岛，巩固新国家的基础，发现新大陆以及帝国的诞生。这些事件通过历史写作产生出权力、合法性和权威的主张。由此而来的新世界的历史将会在下一章节中讨论，[①]这一章通过关注西班牙"官方历史学家"的作品，关注西班牙及其君主制并观察"官方"历史写作如何根据西班牙王室变动中的需要而不断适应并发展，考察新兴西班牙政权如何在历史写作中找到表达方式。虽然这些形式的历史并不能定义一个时代的特征，但就历史写作而言，我们开始理解历史、历史学家以及他们的动机。这些著作提供了一个重要的镜头，通过这个镜头我们全面考察在王室形象、政治意识形态和权威性的建设过程中早期现代历史学的地位，更要考察在史学框架中这些重大事件的角色。官方历史的目的是迎合公众意见，为特定项目或一套信仰凝聚支持，或将统治者的权力诉求合法化。无论它是促进民族认同的概念，或者提升统治者的权力和威望，政治上的阴谋诡计影响了这些历史的修订，揭示出权力、政治和意识形态对历史写作的影响，一直持续到今天。

---

① 参见本卷基拉·冯·奥斯丹菲尔德-苏斯卡所著第二十七章。

天主教君主治下的历史：统一、古代的基础以及神话

从 15 世纪起，起源于宫廷的历史主要被理解成为君主制辩护、为各种事件提供一种官方叙述的手段。出于这个目的，大多数欧洲君主在 1400 年左右，开始对编年史家这个部门进行制度化，希望能赋予其工作以权威可靠的光环，这正是其他非官方历史学所缺乏的。这些官方王室编年史家要精心创作服务于君主利益和形象辩护的文本，以支持政治并保存君主诸多伟大事迹的记忆。而且，对维护并巩固君主的特权主张、阐明权界以及确定优先顺序有必要的材料，历史学要通过对它们的编译和记录，来辅佐施政目标。因此编年史学家成为记忆的官方保管人，以免君主和重要的资料陷入被遗忘的深渊。

随着费迪南和伊莎贝拉登上王位，其统治（1474—1516 年）给伊比利亚半岛带来了新的政治动力，王室编年史家与官方史学的主题已经改变。虽然历史长期以来被用作赞美统治者的个人品质，天主教君主的婚姻以及阿拉贡与卡斯提尔王权的结合，将历史的作用从简单地称颂王权与君主，扩展到更普遍地歌颂王国的意志和利益。然而，这产生了权威性的问题，因为当君主们试图统一半岛并在牺牲当地贵族的基础上集中王权时，他们面临空前大量的、不利于王权利益的非官方和个人历史，因为贵族设法重新确立自己的领土主张和头衔的合法性。[1] 对此，君主制希望建立起垄断性的历史写作；为此，王室审查的缰绳收紧，由前任指定的编年史家被解散，天主教君主任命洛伦佐·加林德兹·德·卡瓦哈尔（Lorenzo Galíndez de Carvajal）作为王室编年史家，授权其"审查并评价"早期编年史家的著作以及同时代人的作品。[2] 这些措施暂停

---

[1] 参见 Peter J. Linehan, *History and Historians of Medieval Spain* (Oxford, 1993)。

[2] 天主教君主也通过授予其在职者以固定年薪，赋予王室编年史部门以新的威望，因此确立了西班牙的"官方"历史。参见 JoséLuis Bermejo Cabrero, （转下页）

了先前那些年创作的分散化个人历史的广泛传播，虽然那些或支持地方利益或支持贵族利益的当地和私人历史还在坚持不懈，但对其流通出版的限制，意味着官方作品成为最被广泛阅读的历史，它们或直接从宫廷产生或直接从那里得到认可。事实上，由王权掌控的政府部门以及加诸于图书出版上的各种限制，都决定了哪种文本会被付印。这一点巩固了历史和西班牙王权之间的密切联系，使得历史写作几乎专门服务于君主制，并利用历史去创造一种有利于王权政治利益的西班牙历史一元化观点。正式任命的历史学家数量剧增，史学文本出版获得官方支持变得必要，官方史学家作为审查官的角色开始建立，这些都赋予天主教君主统治以史学重要性。

430

　　作为官方编年史家，加林德兹·德·卡瓦哈尔被委任以"书写、声明、复制且收集与'统治年表'相关的所有资料"的任务，为此他收集材料、整理族谱并筹备了《简要纪念或记录》(*Memorial o registro breve*)——一部用本地语言认真组织、精雕细琢的编年史，记载了 1468—1516 年间天主教君主的值得关注的事件。重要的是，加林德兹这部作品的序言是第一篇对官方历史学家的问题与目标做出大量评论的文章。他认为官方编年史家应该只"见证或记录行动，而不要评价或歌颂，只按照它们发生的样子进行记录"。[①] 尽管宣称公允无私，加林德兹还是向费迪南传递了用历史提升国王海外声誉的必要，并提醒他那些直言不讳的叙述的危险性。加林德兹认为，历史准确性的惟一保障，是年表应该由隶属于官方的学者创作，如此方可建立由官方历史学家担任历史真相提供者的角色，但是他强调官方历史写作任务的先决条件是精确度与有意识地避免偏见和赞颂的企图。

　　在倡导翻译并传播史家同仁费尔南多·戴尔·浦尔加

（接上页）'Origenes del oficio de cronista real', *Hispania*, 40(1980), 395 - 409。

[①] 本文作者译。Lorenzo Galindez de Carvajal, *Memorial o registro breve de los Reyes Católicos* (1523; ed. Juan Carretero Zamora, Segovia, 1992), 2。

(Fernando del Pulgar)的作品时，加林德兹在培养历史研究的政治优势方面扮演了重要角色。浦尔加通过天主教君主的联姻理解到西班牙统一的重要性，他试图将君主们的个人胜利和更广泛西班牙历史联系起来，他相信到 1492 年半岛曾目睹过的重大事件将西班牙历史引领至一个新时代。在他的《天主教君主编年史》（*Crónica de los Reyes Católicos*，1493 年）一书中，浦尔加不仅叙述了格拉纳达战役，该战役结束了伊比利亚半岛 781 年的伊斯兰统治并恢复了整个西班牙的基督教统治，还叙述了驱逐犹太人以及"印度"的发现，两者是几十年来的战乱冲突以来，费迪南和伊莎贝拉统治的激动人心的高潮，也是辉煌未来的预兆。浦尔加的《天主教君主编年史》不仅仅是一部传统的编年史；相反，通过求助于李维和萨卢斯特的历史并将其作为呈现过去的文学表现典范，通过在作品中添加大量修辞和少量轶事以及采用罗马爱国主义精神，它阐明了人文主义的影响。浦尔加认为罗马皇帝委托诗人-哲学家颂扬自己的成就，他把自己看作这一传统的继承人。因此，他构思出一种展现天主教君主权力与和睦形象的历史，并将他们已经在全半岛取得的宗教一致性设想为尘世间权力的起点，为西班牙人民提供了一致的目标并促进了西班牙基督教化的使命。对于浦尔加来说，驱逐摩尔人不仅统一了整个半岛，同时通过消除外部侵犯和外国人的影响，也加强了西班牙人的自我意识和国家完整度。然而，浦尔加将西班牙历史唐突地改写为取决于天主教君主的到来，造就了一个埋葬自己伊斯兰文化和犹太文化过去的西班牙，将惟一的拯救与政治统一的象征结合起来，并在西班牙历史写作中建立了一种排他性的历史写作传统。因此，加林德兹推广并深耕浦尔加的天主教君主历史学，不仅仅是因为它在实现一个统一的半岛认同的努力中的宣传效用，还于 1509 年下令安东尼奥·德·内布里哈（Antonio de Nebrija）将其翻译成拉丁文，正式以十本书的形式出版《西班牙国王中最幸运者斐迪南和伊莎贝拉二十年功绩史》（*Rerum a Fernando et Elisabe Hispaniarum felicissimis regibus gestarum decades duae*），又名《二十年》（*Decades Duae*，1545 年），

431

因此证明了作为一种交流手段和扩展西班牙政治影响力与政治形象至国界以外的工具，拉丁文历史的运用在逐渐增加。

官方历史学家的作品成为天主教君主扩张野心的文化伴随物，尤其当他们开始在欧洲挥舞政治影响力的时候。当西班牙踏上欧洲的政治舞台时，王权开始了解到将国际尊严建成文化生活中的一个重要因素是多么有必要。与意大利王室的紧密接触表明，意大利人文主义者不仅将自己看作是光荣罗马的惟一继承人，更普遍地把西班牙人看作是掠夺者西哥特人野蛮而文化不成熟的后裔。因此，为了使西班牙获得一种同等声望的过去，西班牙历史学家通过自己恢复古典历史，构想出一种传奇而辉煌的历史，能够与意大利所宣称的相对应。有鉴于此，官方历史学家避开了他们中世纪前辈们的作品和对西班牙西哥特人遗产的关注，赞成展现一幅在希腊人、迦太基人和罗马人统治下的西班牙图景。[①] 对于他们来说，中世纪的编年史也缺乏对史料来源的系统性使用、批判性评价以及最重要的行文结构。相反，他们转而求助于古代地理学家和历史学家的作品，例如普林尼、波里比阿、普鲁塔克、梅拉、西塞罗、萨卢斯特，甚至诗人如维吉尔、卢坎和奥维德。此外，西班牙历史学家开始越来越多地不仅专注古代人作品的风格与结构，更着眼于他们史料的古老性，而且只要在有可能的情况下，就坚持使用能用到的最古老论述。这标志着在西班牙对于历史的人文主义培养在增加，其中古代遗迹成了当下辉煌的载体。这种关联很容易建立，因为伊比利亚半岛（*Hispania*）包括了共和国和帝国中最罗马化的一些省份。在他们理解古典世界制度的企图中，西班牙历史学家磨炼了语文学方面的能力，搜寻到古代文物并试着使古典地理学家的论述和古代殖民地点与他们现代的对应地点相一致。他们模仿人文主义者的写作形式，强调罗马帝国和当代西班牙之间联系的颂词，在人文主义下，古代伊比利亚的形成起到了至关重

432

---

① 就西班牙西哥特式的历史再现，参见 J. N. Hillgarth, 'Spanish Historiography and Iberian Reality', *History and Theory*, 24：1(1985),23 - 43。

要的作用。一些历史出现并揭示出一种越来越强烈的"爱国主义",这种爱国主义反映在爱国人文主义回忆录作者莱昂纳多·布鲁尼(Leonardo Bruni)著名的佛罗伦萨史,[1]更反映了王室支持的影响;而且因为王权参与到支持这些官方任务中来,人文主义者和民族主义者的冲动开始紧密地联结起来。例如,卡斯提尔和阿拉贡的联合变成了近伊比利亚(*Hispania Citerior*)和远伊比利亚(*Ulterior*),强化了自穆斯林入侵以来伊比利亚失去的统一性的观念。西班牙历史学家也煞费苦心指出意大利人并不是惟一拥有伟大历史人物的民族,他们设法强调半岛为罗马帝国贡献的统治者数量。虽然一些官方历史学家努力承认西班牙对古典文化的恩德与贡献,然而另一些人则试图证明西班牙的古老和高贵没有向任何宏伟的政权屈服,包括罗马,他们甚至尝试去把西班牙诸王国描述成古代世界帝国的对手。因此,虽然他们使用人文主义者的技艺,但他们的目标是通过创造比其他国家更壮观的历史,来提升西班牙半岛的威望。事实上,他们想宣扬一种罗马人到来之前的文明开化的西班牙历史,并试图在文化议题上给予西班牙人比希腊人和罗马人更多的优先权。历史学家们从古典文本中得出结论,宣称古代西班牙人的英雄事迹甚至让伊利亚特人相形见绌,而西班牙的诗歌、书信和道德哲学领先于希腊约八个世纪。因此,西班牙历史学家建构了一部强调西班牙王朝的古老性、合法化西班牙的宏伟壮观的历史,使用希腊和罗马伟大史学家的证据以相同方式建立西班牙的声望,通过这些方式回应外国的批评。[2]

人文主义鼓舞下的西班牙历史学新阶段以及它对古代西班牙历史的搜寻,首次出现在胡恩·马戈里(Joan Margarit)的作品中。

---

[1] 参见 Leonardo Bruni, *Historiae Florentini populi* (Florence, 1492)。

[2] 参见 Robert B. Tate, 'Italian Humanism and Spanish Historiography of the Fifteenth Century', *Bulletin of the John Rylands Library*, 34(1951), 137-165。亦可参见 Erika Rummel, 'Marineo Siculo: A Protagonist of Humanism in Spain', *Renaissance Quarterly*, 50(1997), 701-722。

第二十一章　西班牙官方历史写作：历史与政治，约 1474—1600 年

马戈里厌恶已故古物作家特罗古斯·庞培和保卢斯·奥罗修斯（Paulus Orosius）视古伊比利亚微不足道，他转向了斯特拉波、托勒密、李维和恺撒的历史和地理作品，通过发现西西里的狄奥多罗斯（Diodorus Siculus）和希罗多德迄今为止不能使用的材料，来创作他的《西班牙编年史》（*Paralipomenon Hispaniae*，1483 年），他的历史从远古时代到奥古斯都统治，创造出能与意大利学术研究相媲美的古老悠久的西班牙历史。马戈里在使用斯特拉伯作品的基础上，试图去发现那些被罗马入侵所毁掉的西班牙城镇，并且亲自走访了许多古代遗迹存留的地方。此外，马戈里凭借这部作品，也为西哥特王国之前的西班牙民族的观念做出了贡献。这种旨在展示西班牙古老和伟大、更具普遍性的历史写作被语文学家、语法学家安东尼奥·德·内布里哈和意大利裔移民学者卢西奥·马里内奥·西库洛（Lucio Marineo Siculo）延续下去。这些人文主义学者经王权正式任命，他们的任务是用材料证明西班牙的绝对统治。有鉴于此，马里内奥·西库洛的《西班牙赞歌》（*De Hispaniae laudibus*，1497 年）用热情洋溢的西塞罗式的拉丁文，专门为更广泛的欧洲读者歌颂西班牙古代历史的辉煌。他的作品强调了西班牙对罗马人的恩义，预示着伊比利亚恢复到古代边界的鼎盛时期的到来，并开启天主教君主统治下的一个新时代。特别是马里内奥·西库洛试图把西班牙带回罗马历史中，并将西班牙整合到欧洲环境的中心地位。同时，内布里哈在他用本地语言创作的《西班牙古物历史样本考察》（*Muestra de la historia de las antigüedades de España*，1499 年）一书中，提出了政治古物研究的最后一个阶段，为西班牙提供了一个在希腊城邦时期之前就开始发展的伊比利亚文明，以及试图证明西班牙文化古老性及独立于罗马的史前史。①

---

① 相似的，Rodrigo Sánchez de Arévalo 的 *Compendiosa historia hispánica*（Rome，1470），第一部印刷版的西班牙通史，从最新可用的古典文本中提取证据，将西班牙的古老性扩展至罗马之前，宣称伊比利亚文明源自特洛伊人，因而比罗马更加悠久。参见 A. D. Deyermond，*Historical Literature in Medieval Iberia*（London，1996）。

西班牙的政治优势在包含大量神话历史的历史学作品中，同样得到了宣扬。这一事业的关键人物是维泰博的安尼乌斯（乔瓦尼·南尼，Giovanni Nanni），他为西班牙历史学家提供了一种宣称西班牙神圣起源与血统的手段。公元前 3 世纪真正的迦勒底历史学者贝罗索斯（Berossus）的作品没有保存下来，而维泰博就像贝罗索斯一样进行写作，创造出王室宗谱"证明"天主教君主是诺亚的孙子、传说中西班牙第一位统治者图巴尔（Tubal）的直系后

434 裔。① 尽管很快许多学者都认为这是一部伪作，但是维泰博的作品将圣经历史、古代神话和中世纪特洛伊传奇编织在一个故事里，提供了一条跨越黑暗时代的国王脉络，将图巴尔时代和罗马人的到来截然分开，使天主教君主得以宣称西班牙君主制比他们的宿敌法国瓦卢瓦王朝悠久得多。因此，尽管这些神话性质的基础有着可疑的本质，但它们提供的政治内涵使它们顽强持续到了 17 世纪。事实上，内布里哈在安尼乌斯的启发下，将这些神话起源和古典史料结合在一起，包括弗拉维·约瑟夫斯（Flavius Josephus）和迦太基人提供的史料，创造出了上述作品《西班牙古物历史样本考察》。虽然内布里哈意识到追溯西班牙最早期历史的困难之处并提醒读者他的文本可能将历史事件与"传说式的小说"混合在了一起，但他仍将这种用法进行合理化，认为它们都是可用的材料。② 在更多具体资料缺乏的情况下，依赖于神话的需要不仅是必

---

① 维泰博把犹太历史和古典神话进行结合，以证明耶稣的尘世双亲和异教诸神源自同一谱系，特别是半人半神的埃涅阿斯。通过将帝国编年史转变为特洛伊本地神话的延续部分，这一做法系统性地抹掉了历史和神话之间的区别。查理五世上台后，这些基础将被用来回溯一条传承自诺亚—杰纳斯（Noah-Janus）、通过耶稣—埃涅阿斯到当代帝国继承人的世袭单线。维泰博神话中的西班牙君主列表包括在他的 *Commentaria super opera diversorum auctorum de antiquitatibus loquentium*（1498）。参见 Robert B. Tate, 'Mythology in Spanish historiography of the Middle Ages and Renaissance', *Hispanic Review*, 22：1(1954), 1–18。

② 参见 Carmen Codoñer, 'Tres cronistas reales：Alfonso de Palencia, Antonio de Nebrija y Lucio Marineo Sículo', *La corónica*：*A Journal of Mediaeval Hispanic Languages, Literatures and Cultures*, 37：1(2008), 121。

要的，内布里哈还宣称，过去的神话解释了光荣的现在——天主教君主如何打败了摩尔人，统一了半岛并发现了新大陆，建立起了一个自前罗马时代起就从没出现过的地理和政治统一体。此外，对内布里哈而言，证据明显的历史和借用神话、传说与经文的历史之间并不矛盾；来自可靠权威的考古发现或证据有利于巩固这些神圣化的阐释和对事件的理解，正是古老性使得它们具有了神话色彩或符号性。因此，神话为解释当下事件提供了幕布和眼界，扩展并加强了西班牙古老历史的背景。对神话的求助，也被用来合法化政治特权的起源及君主世袭权利的起源。为了给西班牙君主制的古典民族学提供基础，历史学家同样求助于赫尔克里斯的神话，他和布鲁图之于英国人、法兰克斯之于法国人一样，将古代西班牙和古典世界的神话联系在一起。根据这些叙述，赫尔克里斯将整个半岛托付西班牙人，因为他看中了西班牙人的美德、抵抗罪恶以及由此推测出的荣誉和勇气。[①] 在文艺复兴时期欧洲的其他地方，神话学服务于政治和说教的目的，促进了当下民族历史认同、历史美德与价值应用的发展，同时加强了君主和王朝的特权与地位。因此，到了 16 世纪早期，历史写作本身成了一种伪造群体历史意识的政治工具，包括一个共同的名称、起源和世袭神话以及通过解读古代神话与仔细挑选"可靠"史料来源的共同历史与目标。这不仅证明了对历史重要性的深刻的自觉意识，这些作品更表达了一种君主主义意识形态，这种意识形态利用丰富的欧洲神话遗产和古典历史来提升并合法化当下的目标。

435

查理五世治下的历史：帝国历史，确定事实以及西班牙通史

作为天主教君主的孙子，查理一世（1516—1556 年在位）接手

---

① B. Cuart Moner, 'Los romanos, los godos, y los Reyes Católicos', *Studia Historica：Historia Moderna*，Ⅱ(1993)，61 - 87.

帝国事业,并于 1519 年成为查理五世,此时历史变成了促进帝国事业的重要工具。事实上,查理在 1519 年当选为神圣罗帝国皇帝,给"普遍帝国"增加了一个新的重点,而西班牙官方历史将为普遍帝国提供意识形态的基础。官方历史成为联系西班牙君主制和古老罗马帝国惟一世界帝国愿景的一种方法。官方历史学家安东尼奥·德·格瓦拉(Fray Antonio de Guevara,1527 年被任命为官方史学家)在他的《王子的钟表》(Relox de Príncipes,1529 年)中为查理的普遍帝国进行了抽象的论证,该书是对马尔库斯·奥勒留(Marcus Aurelius)生平的研究,而他的《罗马十帝传》(Década de Césares,1539 年)模仿了普鲁塔克和苏埃托尼乌斯(Suetonius)的写作风格,为帝国和王室美德提供了指导,将查理标榜为这一帝国遗产的最终接班人。在这些作品中,查理五世所代表的帝国的"复兴"为格瓦拉提供了一种再现古代世界所有被运用的才能的方法。其他官方作品则展现了帝国本身的历史。这些是真正的帝国历史,展现出帝国历史的以下几个面向:首先,一场自古代罗马至查理五世的历史之旅,第二,一场从古代异教到查理基督教帝国的精神之旅,以及最后,对罗马帝国政治美德的反思,以及作为继承者,对查理的反思。此外,作为皇帝与天主教君主制的首领,查理被描绘成基督教的拥护者。同样,佩德罗·德·梅希亚(Pedro de Mexía)的《帝国历史与罗马皇帝》(Historia imperial y cesárea,1545 年)详述了从高卢的征服者到查理五世所有独裁者的生活,通过将哈布斯堡王朝描绘成查理曼与奥古斯都的继承人,表明了一种对任何彻底打破历史连续性的含蓄拒绝,而胡安·希内斯·德·塞普维达(Juan Ginés de Sepúlveda)的《查理五世史》(Historium de rebus gestis Caroli Quinti imperatoris et regis Hispaniae,1545 年)记录了帝国西班牙的第一部真正的历史,也记录了天主教庇护下皇帝想要称霸欧洲的企图。[①] 然而,塞普维达

[①] 参见 Richard Kagan, 'The Emperor's Chroniclers', in Pedro Navascués Palacio (ed.),*Carlos V Imperator* (Madrid, 1999),38-46。

不仅仅叙述皇帝的作为，他旨在叙述查理统治下帝国发生的所有相关事件，包括教会议会，甚至名人之死，如伊拉斯谟。塞普维达曾经跟随皇帝一同出游，他从第一手经历以及保罗·乔维奥（Paolo Giovio）、约翰·斯来丹（Johann Sleidan）、路易斯·德·阿维拉（Luis de ávila）和佩德罗·德·萨拉萨尔（Pedro de Salazar）的作品中获得资料，包括将上述人的文本长篇摘录到他的作品中，努力找出对他不在场的那些事件的"最真实"的叙述。标志着塞普维达的作品成为历史学的是为帝国的真正辩护，以及对帝国西班牙整个事业的推崇。塞普维达不仅仅视自己为一位用拉丁文写作的人文主义历史学家，考虑罗马帝国如何被建立以及什么样的罗马道德需要被模仿或者被摒弃的时候，追随着李维和萨卢斯特，他更是非常清楚帝国事件和政治的相互依赖性，通过模仿修昔底德，用最真实的笔触创作了一部务实的历史。

　　查理不仅对推动他的帝国事业有很大兴趣，更希望通过历史学来提升自己的统治，因此于 1548 年委任梅希亚写一部专注于自己功绩成就的历史。梅希亚的《皇帝查理五世的历史》（*Historia del Emperador Carlos* V）概述了皇帝的辉煌家谱并强调了查理最显著的成就：公社在帕维亚的伟大胜利以及他在博洛尼亚的加冕典礼，所有这些都是为了梅希亚所谓的"我的国家与民族的公共幸福"。① 然而，梅希亚拒绝那些点缀在人文主义历史中的修辞手法，选择简洁文风并将他的描述限制在查理亲自参加过的行动中。梅希亚恢复了中世纪对国王的赞颂，将查理想象成通过骑士的英勇、战时的勇猛和为天主教事业服务而获得荣耀的勃艮第君主，而不是格瓦拉和塞普维达所概括的文艺复兴的王子。梅希亚强调君主制的神圣特征，以及查理的行为受惠于神圣的认可与支持的观念。这一点有着清晰的意识形态目标；梅希亚将查理塑造成天主教君

---

① 本文作者译，参见 Baltasar Cuart Moner，'La historiografía áulica en la primera mitad delsiglo xvi：los cronistas del Emperador'，in C. Codoñer and J. A. González Iglesias（eds.），*Antonio de Nebrija：Edad Media y Renacimiento*（Salamanca，1994），39 - 58。

主制度的最高点,其任务是将天主教带入帝国,同时将查理描述为几乎是超人,而将他的君主制写成是没有限制的。而且,他对于公社的描述支持了神圣权利与专制主义君主制的观念。因此,尽管梅希亚对君主的尊敬以及对国王神圣权利的深信不疑,破坏了其作品的客观性,它仍然是表达君权意识形态的强有力的手段。他的作品展示了古老中世纪的编年史和各种假设、价值观和期望如何延续至今依然是珍贵的、有说服力的工具,并揭示了西班牙历史写作是如何混合了旧与新,以及西班牙的读者和印刷业如何轻松地容纳了两者。

查理五世统治时期创作的官方作品,被理解为在朝廷内有特殊的政治、国事以及说教目的。事实上,就历史学而言,赋予查理统治以重要性的是历史作为教育工具以及以史为师(history as *magistra vitae*)的剧增。当梅希亚把他的历史作品献给年轻的菲利普(未来的菲利普二世),将历史塑造成哲学的一个分支以及一门本应向读者传递可靠教义的学科时,即使是梅希亚的作品也有了说教和道德化的因素。作为一名官方史学家,胡安·派斯·德·卡斯特罗(Juan Páez de Castro)写道,"历史'提供了'知识与教训,这对于王子与国王而言最有用且最方便"。[1] 历史将事件编织成一个故事,通过范例提供道德指导和国事指引,作为铸造未来君主的优秀手段,慢慢开始取代"王子的镜鉴"这一文学类型,并帮助他们避免其他人犯过的错误。本着这一精神,梅希亚将查理塑造成被其小儿子模仿的典范,而贡萨洛·费尔南德斯·奥维多(Gonzalo Fernández de Oviedo)的《王子唐璜的王室藏书》(*Libro de la Cámara Real del príncipe don Juan*,1548 年)将天主教君主的惟一儿子小唐璜的生活作为值得效仿的美德行为的典范,同样为菲利普提供了宫廷教育的手册。

此外,在历史中叙述君主的英勇行为让人产生一种想要模仿的

---

① Juan Páez de Castro, 'De las cosas necesarias para escribir la historia' (1545), reprinted in *Ciudad de Dios*, 28(1892), 601 – 610; 29(1892), 27 – 37, at601.

欲望,这一点将历史的功能正当化,尤其是对统治阶层而言。这调和了两种本质上不同的观点:将王权视为神圣规定的宗教观念,这正好呼应了祭司王权的中世纪传统,以及视王权为古典美德象征的观念。这便将中世纪骑士的荣誉和文艺复兴时期完美政治家的政治历史学的传统结合在了一起。阿隆索·德·圣克鲁斯(Alonso de Santa Cruz)在他的《皇帝查理五世的编年史》(Crónica del emperador Carlos V,1551 年)以及路易斯·德·阿维拉·易·苏尼加(Luis de ávila y Zúniga)在他的《1546 年和 1547 年查理五世治下德意志战争评论》,都从这一影响中借鉴文艺复兴时期完美君主的品格与美德,强调了查理的骑士般的理想与军功,尤其是保卫天主教信仰的成就。

查理统治时期另一个显著的史学发展和西班牙通史写作的复兴有关。通史写作自《普通编年史》(Crónica General)后就没有出现过,13 世纪在阿方索十世(Alfonso X)的支持下,这种写作又重新开始。历史学家不仅把通史写作看成是服务于爱国主义目标的方法,更是深化西班牙声望、君主权威和宏伟证券的一种手段,因为证明半岛的显赫血统、伟大成就和英雄事迹,会将西班牙的"声望"和"名誉"及其君主制传播到国外。[1] 第一部这样的通史是马里内奥·西库洛的《西班牙要事记》(De rebus Hispaniae memorabilibus,1530 年),将政治史与系统的地理、民族志调查结合在了一起。马里内奥·西库洛从对地点的自然描述开始,转到对西塞罗所谓的真正美德的描述,即地方居民的素质,他们对艺术的热

438

---

[1] 这些作品由更专门的市政历史补全,例如佩德罗·德·阿尔科塞尔(Pedro de Alcocer)为托莱多(Toledo)创作的《托莱多帝国之城的历史和说明》(Historia o descripción de la imperial ciudad de Toledo,1554 年)致力于向更广泛的西班牙民族史诗和君主制中插入悠久而辉煌的城市史;以及西班牙不同王国的通史,例如杰罗姆·德·苏里塔·易·卡斯特罗(Jerónimo de Zurita y Castro)的《阿拉贡官方年代记》(Anales de la corona de Aragón,1563—1578 年)是第一部涵盖摩尔人 711 年入侵到费迪南二世去世(1516 年)的阿拉贡国别史,他博学而深刻的历史评价提供了为阿拉贡君主们的英雄行为以及奠定了王国法律制度基础的法律,提供了一种伟大不朽的叙述。

衷，他们的烈士和圣人以及人民的伟大事迹，包括从第一批居民到天主教君主期间的君主继承。他的作品不是对西班牙全部历史事件的综合性论述，而是对那些能使国家显得高贵的成功与失败精挑细选之后的片段。他对于利维昂（Livian）叙述式历史和比昂多（Biondo）的由地理组织架构出的历史的混合，将西班牙古代和现代地理与对西班牙文化成就如何源自罗马祖先的解释进行了结合。[①] 如同大多数出现于王室的叙述，马里内奥·西库洛的作品集中在西班牙权力中心卡斯提尔发生的事件上，而且很大程度上排斥纳瓦拉和阿拉贡的历史，因此他的作品不是真正的西班牙历史纲要。为了确保有一部更完整的历史，查理新设了一个官方岗位，即"西班牙编年史家"（Chronicler of Spain），并委任内布里哈的学生兼人文主义者弗洛里安·德·奥坎波（Florián de Ocampo）书写《西班牙通史》（*Crónica General de España*）的任务。

随后的通史努力解决一个既是意识形态又是历史学的问题：如何创作出一种能够满足具有宗教、文化、社会多样性的西班牙王国的每一个构成元素的总体叙述，同时汇集不同历史、材料甚至考古证据的多样性并将其融入一个独特的模型中。奥坎波专注于忠诚和奉献，会围绕着一个爱国神话整理这些观点，试着确定神话的历史中半岛统一的原型。对于奥坎波而言，对于集体历史的幻想不是通过地理或国家，而是以民族或种族作为一种族谱起源。通过将西班牙王国史前史的多样性与繁荣结合在一起，通过共同的祖先、歌颂高贵性将国家及其君主制结合在一起，奥坎波将西班牙认同的观念定义为一种世袭传承宗系。奥坎波因此尊重王朝的意识形态需求，对他们来说有神话色彩的直系传承对于维持帝国地位是至关重要的。自从欧洲各地历史学变成了证实古老性主张以

439

---

① 参见 Teresa Jiménez Calvente，'Teoría historiográfica a comienzos del siglo XVI'，in Alfredo Alvar Ezquerra（ed.），*Imágenes históricas de Felipe II*（Madrid，2000），197–215。

及宣称君主优先顺序的手段，这一点开始变得更加重要了。[①] 此外，奥坎波对于贵族的关注，反映了西班牙政治和经济现实，即没有贵族的支持，王室政府就无法运转。奥坎波将神话学、圣经叙述、推测语源学、地名研究和地理学结合在一起，融合了早期现代历史写作的不同模式，包括族谱、地方志、年代记、贵族家庭史以及城市史。多种类型的混合是这个时期历史写作的特点，奥坎波对于民族和种族的兴趣无疑是受到了新世界叙述对民族志急切需求的影响。此外，奥坎波重新发现了半岛的罗曼语年代记，并把它们和自己的古典史料结合起来。奥坎波知道他写的是不同于传统编年史的一种新型通史，将历史构思成既是生活之师（*magistra vitae*）又是雄辩才能（*opus oratorium maxime*），并且关注发现、处理和表达。然而，尽管他有着远大的西塞罗式的抱负，奥坎波的《西班牙通史前五书》（*Los cinco libros primeros de la crónica general de España*，1543 年）却只给出了一个始自图巴尔的西班牙神话，结束于 3 世纪罗马政府伊比利亚和第二次布匿战争的叙述，使《西班牙通史》显得不完整。[②]

建构西班牙历史宏观叙述的任务，经由 16 世纪的安布罗休·德·摩拉尔斯（Ambrosio de Morales）和埃斯特班·德·加里贝·易·赞马罗亚（Esteban de Garibay y Zamalloa）延续下来。他们的作品是基于新标准、新技巧的宏伟的新历史观念的一部分。他们拓展历史写作的范围，通过结合地理、宗教、人类与智识价值以及政治和军事史，给出了一个更普遍的概览（*Laus*）。

摩拉尔斯的《西班牙编年通史》（*La Crónica general de España：Que continuaua Ambrosio de Moralesnatural de Cordoua，Coronista*

---

① A. Samson, 'Florián de Ocampo, Castilian Chronicler and Habsburg Propagandist: Rhetoric, Myth and Genealogy in the Historiography of Early Modern Spain', *Forum for Modern Language Studies*, 42: 4(2006), 339 - 354.

② 标题中"编年史"的使用是典型的西班牙历史写作，在此我们开始看到"编年史"和"历史"之间在使用上的互换性，或隐含了一种作者身份的暗示，即拥有所需要的方法和学问去探究一个主题，然后将其放置在一个普遍的情景中。

del Rey Catholico nuestro señor don Philipe segundo deste nombre，1574—1586 年)是一部西班牙史,开始于奥坎波结束的地方,并持续到 11 世纪。摩拉尔斯,作为一名精通拉丁文和希腊文的人文主义学者兼阿尔卡拉(Alcaláde Henares)大学的教授,从罗马化的西班牙作为历史开端,这不仅是因为他不想要重复奥坎波已经完成的事情,更因为摩拉尔斯认为由于缺乏可用的文本和物证,完整的西班牙历史只能开始于罗马人而不是之前的时代。事实上,摩拉尔斯不认为遥远的古代是历史研究的有益领域。[①] 然而奥坎波提到诺亚的后裔有利于他在世界史的框架内找到西班牙认同,使西班牙在世界历史中独树一帜,摩拉尔斯却将这种方法反过来去解释西班牙历史。人们不必再将世界历史作为理解民族特定历史的必要背景与基础;相反,摩拉尔斯开始利用罗马人留在西班牙的切实证据来证明西班牙的特定历史可以在其自身的基础上被理解,而且他试图强调罗马和中世纪西班牙之间的历史连续性。摩拉尔斯的作品以三卷本的形式出版,详细叙述了罗马化的西班牙,其中关注重点是政治管理与战争等重要事件上的良好人文主义潮流。而且通过几个章节的篇幅研究天主教西班牙的主要创立神话,他成功地强调了伊比利亚的西班牙特性,这些神话中有公元 37 年使徒詹姆斯(Santiago)的国家使命以及他下葬的城市,即后来的圣地亚哥-德孔波斯特拉(Santiago de Compostela);他写了西班牙大量的殉道者和圣人,他认为他们的生命使西班牙显得高贵。他的第二卷是西哥特西班牙的历史,一直到摩尔人入侵。摩拉尔斯歌颂了西哥特人建立的辉煌主权以及他们如何建立了在精神和政治上有同质性的国家,一直到所谓的 711 年阿拉伯征服所造成的西班牙解体。然而,摩拉尔斯向他的读者保证,天主教在穆斯林入侵中存活了下来,并使用了人口学与考古发现,包括他挖掘的天主教墓碑,以支持他的发现。他最后一卷考察了 8—

① Sabine MacCormack，'History，Memory and Time in Golden Age Spain'，*History and Memory*，4：2(1992)，38 - 68.

11 世纪的西班牙历史。然而，摩拉尔斯并没有写摩尔人成就或行动的愿望，而只关注诸如国王佩拉约（King Pelayo）及其追随者在卡斯提尔和莱昂的行动以及他们想要重新征服半岛并扭转伊斯兰潮流。

加里贝的《西班牙诸国年代记与通史历史纲要》（*Compendio historial de las chronicas y universal historia de todos los reynos de España*，1571 年）不是传统意义上的通史，而更像是卡斯提尔、阿拉贡和纳瓦拉统治下的历史对比，以及穆斯林王国的历史。然而，它是第一部西班牙范围内的"普遍"史，因为它第一次超越罗马时代和中世纪早期，扩展到包含费迪南统治的范围。加里贝没有把伊比利亚半岛看作是古代的伊比利亚，后者包括葡萄牙，而仅仅把它看成是 *España*（西班牙语），也没有把它看作是他创作这部作品时菲利普二世直接统治下的半岛。伊伯利亚半岛是一种地理—考古—神话的建构，而 *España* 是一个地理—政治的建构，而且和现实情况更相符。出身于巴斯克（Basque）的加里贝认为他所生活在其中的西班牙历史是不同统治时期不同历史的结合，尽管他认为所有这些都来自同一起源。此外，除了是特定历史的结合体之外，加里贝的目的是既统一又多面的。对于加里贝而言，如果无法解释个人的历史在天主教君主制形成过程中起到了什么结构性作用，那么它们是没有意义的。不同王国的"特定"历史组成了西班牙的君主制，通过为这些王国创作一系列相互独立且本质上平行的叙述以及一部共同的历史，加里贝建构出一个民族，不仅有助于在其他民族的公民中定义出西班牙人，还给了他们一份可以凝聚在一起的历史遗产。加里贝认为他的这种包罗万象的方法能使所有西班牙人，无论其祖国是哪里，都能够以一种共同的超越国家的历史来获取认同。最后，著名的古典主义者、政治理论家兼耶稣会士胡安·德·马里亚纳（Juan de Mariana），在其作品《西班牙国事史》（*Historiae de rebus Hispaniae*，1592 年）中，提供了一种全面性、博学且可读性较高的叙述，其着重强调在统一的、天主教的西班牙国家形成过程中君主制的构成性角色，这本书也被他自己翻

441

译成西班牙文。与加里贝不同，马里亚纳力求通过一种单一且和谐的叙述方式，超越半岛王国的个人的历史，创作出一部民族的历史。为了整理他的前辈们所创作的作品，马里亚纳给出了一种包含了所有已经出版的作品的全面性汇总，其中很多作品保存到现在。然而，跟他的古典人文主义者同仁们不同的是，当他试图融合君主制的世俗成就与天主教的教会成就时，他决定将宗教事务吸收进他的叙述，这使得他的作品不仅具有原创性，而且具有凝聚力。他意识到构成西班牙的三个元素是教会、君主制以及"西班牙使命"感，这既包括事实的论述，也包括越来越具传奇性的叙述。马里亚纳是一位严苛的年代学者，也是第一个有建设性地攻击维泰博的人，在他的作品中我们能看到通向 18 世纪主流史学中的批判怀疑主义的发展。无论如何，马里亚纳并没有走得太远以至于背离了图巴尔或赫尔克里斯。即使马里亚纳深受史料批判方法革命的影响，他仍然对恰当的民族传统的文化要求作出了回应，这使他在一部作品的范围内，既有极具远见的钻研，又有细致研究的成果。

菲利普二世时代的历史写作：国家历史的理性，以及档案的力量

菲利普二世（1556—1598 年在位）登上西班牙王位（不是帝位），为西班牙历史写作带来新的政治必要性，产生了一种历史的功用转变为国家工具的历史方法论。这一点是在希腊语文学家兼藏书家胡安·派斯·德·卡斯特罗的帮助下完成的，这是菲利普从其父亲那里继承而来的第一位官方历史学家。派斯运作了两个史学项目来帮助明确菲利普的历史学计划。首先，派斯构想了一部根植于每个地点的特定历史的西班牙宏大历史，设计调查问卷并分发到半岛上的每一个乡镇与城市，征求有关本地历史、"古代文物"、行政、法律、习俗、文学、艺术、地理和资源的信息，该项目后

442

来成为 *Relaciones geográficas*[①]，这些信息的积累注重细节和个性，并和君主制的帝国抱负联系，这种抱负寻求更大范围内的荣耀，并试图写一部包含社会生活所有表达方式的西班牙历史。其次，派斯再三向菲利普表达了建立官方档案馆和图书馆以推动历史写作的必要性。反宗教改革（派斯曾经是查理派往特伦特会议的代表）以及文艺复兴的联合力量则使派斯意识到，从事历史写作时档案变得越来越重要，记录并保存那些保卫"国王的权利，他的遗产及恩赐"的书面材料变得很必要，而有关其疆域范围内"所有臣民与诸侯"的材料更是如此。[②] 派斯明确表达了自己的愿望，即看到官方历史学家在写作他们的历史时能够利用这些"国家文件"的明确愿望，以此来补充他们的主张并为政治行动辩护。菲利普遵循了派斯的建议，在埃斯科里亚尔建立了王室图书馆，重新整理了他的父亲在西曼卡斯建立的档案馆，在巴塞罗那建立了和阿拉贡王权相关的档案馆，并在罗马的西班牙大使馆建立了一个档案馆。这两个项目确保菲利普治下的西班牙官方历史成为一个基于档案证据、对政治活动和权力都很关键的整体。

为了帮助皇家档案馆尽快成形，菲利普命令官方历史学家安布罗休·德·摩拉尔斯旅行至阿斯图里亚斯（Asturias）、加利西亚以及莱昂，为西班牙王室宗谱寻找古老希腊文、拉丁文和阿拉伯文的手稿、遗迹以及其他材料并对它们进行编目，以确定它们的真实性，并评估它们是否值得被放入埃斯科里亚尔的皇家图书馆中。[③] 这些

[①] 它们被称为 *Relaciones geográficas*，或地理报告是因为它们处理的是人类历史和地理。参见 Carmelo Viñas Mey and Ramón Paz Remolar（eds.），*Relaciones histórico-geográfico-estadísticas de los pueblos de España hechas por iniciativa de Felipe II*（Madrid，1971）。

[②] Juan Páez de Castro，'Memorial del Dr. Juan Páez de Castro, dado al Rey Phelippe II alprincipio de su reinado'（1556），reprinted in *Revista de Bibliotecas y Museos*，9(1883)，165 - 178.

[③] Ambrosio de Morales，*Viaje de Ambrosio de Morales por orden del rey D. Phelipe II a los reynosde León，y Galicia，y principado de Asturias* [1595]（Madrid，1765；facs. edn，Oviedo，1985）。

博学的文学之旅不仅证明了王权对于发现新资料证明西班牙的政
治史和神圣历史的兴趣重燃,尤其是因为它与国家转向基督教息
息相关,早期殉道者和圣人的生活以及教会议会,更重要的是,作
为这些旅行的成果之一,摩拉尔斯出版了《西班牙城市的古物》
(*Las antigüedades de las ciudades de España*,1575 年),该书是对
西班牙的罗马古代史的概要,摩拉尔斯主张应服务于"西班牙和君
主的历史",以及通过使古代铭文为今日道德指导所用,"将没有生
命的石头变成活的"。①

　　和他的前辈相比,摩拉尔斯对于罗马时期伊比利亚半岛和中世
纪卡斯提尔的语文学和古物调查,将更多的批判意识运用到他的
研究中,并试图重新定义证据和权威之间的同等重要性,赋予各种
考古遗迹以重要意义,范围从钱币和日常生活物品的遗迹到古代
道路的设计。摩拉尔斯对于古代非文字遗存物的娴熟运用,反映
了"古学运动"的发展,这开阔了历史学的视野,显示出对第一手资
料重要性的意识觉醒,并唤起了对过去生活的整体感。在对待罗
马和中世纪历史的问题上,摩拉尔斯自己加入了一个意大利学者
的群体,他们强调人类社会的比较性研究,逐渐形成了重建古代世
界事件和制度的批判性方法。利用 16 世纪中期意大利历史和古
文物研究,摩拉尔斯通过为批判性历史研究提供强有力的方法,重
新建立了西班牙专业任命的历史学家的研究惯例。② 摩拉尔斯同
样在作品结尾处引入了总结表(*Tabla y suma*),提供了一份目录,
包括杰出的西班牙人、西班牙知名的罗马人和外国人以及国家的

---

① 引自 Richard Kagan, 'History and the *Cronistas del Rey*', in Pedro Navascués
Palacio(ed.), *Philippus II Rex*(Lunwerg, 1999),19 - 29, at 20。

② 参见 Sebastián Sánchez Madrid, *Arqueología y humanismo*:*Ambrosio de Morales*
(Córdoba, 2002)。凯瑟琳·范列雷(Katherine van Liere)正确地指出,尽管摩拉
尔斯有着批判性技巧,但他甚少质疑天主教殉道者和圣人的许多神话的有效
性,尤其是詹姆斯,而是重复主张传统的权威性,连同《圣经》手稿一起支持他的
论断,即詹姆斯的确访问过西班牙。Katherine Elliot van Liere, 'The Missionary
and the Moorslayer: James the Apostle in Spanish Historiography from Isidore of
Seville to Ambrosio de Morales', *Viator*, 37(2006),519 - 543.

地貌特征。这不仅说明他试图通过将两种阅读历史的模式拉到一起，化解历史作为顺时性叙述和主题与范例（*exampla*）现世的贮藏室之间的张力，还揭示出这种剖析显示出阅读和使用这样的作品的非线性方法。

　　菲利普王朝中的官方历史学家不仅把人文主义的学问带入自己的历史作品，同时还关注当代的政治理论家。在新政治观念尤其是意大利政治理论家、曾经向君主表明保护声望的必要性的乔瓦尼·波特罗（Giovanni Botero）的影响下，西班牙历史学家通过历史写作，寻求新的方法来保卫并加强菲利普的权力与崇高。为国王辩护不仅仅意味着写作有利于他们的历史；它还意味着在这些历史中嵌入国王和西班牙民族的道德与政治哲学。因此，通过强调西班牙君主制的崇高、尊贵与权威以及支撑其统治的西班牙政治哲学，官方历史作品的目的便是加强与保卫菲利普的历史声望。

444

　　官方历史学家安东尼奥·德·埃雷拉·易·托尔德西拉斯（Antonio de Herrera y Tordesillas）的作品完美体现了王权所设想的历史类型。1586 年埃雷拉开始出版具体的历史作品，为菲利普在英国、苏格兰和法国的活动和干预介入进行基于宗教的辩护；1591年，他出版了一部作品，为菲利普将葡萄牙及其帝国纳入西班牙统治下进行基于历史的辩护。他还出版了一系列涉及米兰和低地国家的历史，通过这种方式包含并合法化菲利普在欧洲统治范围内的西班牙行动。[①] 埃雷拉试图揭示潜藏在政治事件下的原因以及西班牙行为背后的复杂性。国外将菲利普及西班牙行动描述为带有马基雅维利主义的特征，与此不同的是，官方历史则成了证明决

---

① 　其中，Antonio de Herrera y Tordesillas, *Cinco libros de la Historia de Portugal y la conquista de las Islas de los Açores，en los años de 1582 y 1583*（Madrid，1591）；*Historia de los sucesos de Francia desde el año 1585 que començóla liga Católica hasta en fin del año 1594*（Madrid，1598）；以及 *Comentarios de las alteraciones de Flandes*（Madrid，1600）。理查德·卡根（Richard Kagan）给出了对埃雷拉作品的最佳讨论，'"Official History" at the Court of Philip II of Spain'，in Martin Gosman, Alasdair MacDonald, and Arjo Vanderjagt（eds.），*Princes and Princely Culture 1450-1650*，vol. 2（Leiden，2005），227-248。

定西班牙行动的原因与动机是出自维持特权、风俗和权利以及支持宗教的愿望的方法。这进一步强化了官方历史在促成这种"真相"方面扮演的角色,因为正如波特罗对王子的提醒一样,既然王子自己最清楚其行为及后果的原因与情形,那么历史就应该由那些被王子支持以及与王子合作的人来书写。此外,这些作品旨在证明菲利普的"有远见"的统治和西班牙政府如何将令人羡慕的益处带到了"被征服"的社会中,这些最终被传递到新世界的帝国历史中。埃雷拉受益于大量政治知识和经验,他曾经在意大利做过维斯帕夏诺·冈萨迦(Vespiano Gonzaga)的秘书,在菲利普的邀请下第一个翻译波特罗的《国家理性》(Reason of State)这本书。对埃雷拉来说,历史被明确认为是治国之道的工具,一种用来保护君主的声望和"公共利益"修辞利器。埃雷拉视自己的角色为一名不可或缺的、为君主和公共事务(res publica)卖力的公职人员。

　　然而,国外对于菲利普二世和政权的批评需要历史写作支持其对毫无争议的真相的主张。16世纪"完美历史"观念将历史精确性与书面证据等同起来,在这观念的启发下,官方作品开始直接扎根于国家文件、资料以及手稿以确保叙述的基本"真实性"。这赋予官方史学家角色及其作品新的重要性,因为只有官方人士才被授予使用皇家档案馆馆藏文件与原始论述的特权。西班牙官方历史学的任务是将寻求可靠的、权威的以及基于史料的历史与塔西佗式的政治史融合在一起。这要求将非叙述的、合法的古物研究与叙述式的历史融合在一起。官方历史学家开始说出他们使用过的年代记和古典史料,也要将那些他访问过的、咨询过的、支持他们主张的档案与文件附为参考资料,直到附上列表并说明它们的出处。① 这种对史料的详尽使用,使官方历史学家们可以宣称他们的叙述是"真实的"——扎根于书面材料——而其他人则仅仅基于意

---

① 参见 Alfredo Alvar Ezquerra, 'La Historia, los Historiadores y el Rey en la España del Humanismo', in *Imágenes históricas de Felipe II* (Madrid, 2000), 217 - 254。

识形态。在这种情形下，王室历史学家越来越理解其职责的复杂与时而矛盾的本质，不仅要提供人文主义学科被期望传递的"真实的历史"，更要服务于政治目的。这种分裂引起西班牙历史学家的很多讨论，突出了试图写作官方作品的内在张力。这也解释了有关历史方法、论证和西班牙历史学目的的理论册子的流行，这种作品的数量超过欧洲其他地方类似的作品。这些最出名的作品中有胡安·派斯·德·卡斯特罗的《历史写作的必要之事》（*De las cosas necesarias para escribir Historia*，1545 年），塞巴斯蒂安·福克斯·莫尔西略（Sebastian Fox Morcillo）的《历史教育的对话》（*De Historiae Institutione Dialogus*，1557 年），胡安·科斯塔（Juan Costa）的《历史的方法》（*De conscribenda rerum historia libri duo*，1591 年），安东尼奥·德·埃雷拉·易·托尔德西拉斯的《论道德、政治和历史》（*Discursos morales，políticos e históricos*，1608 年）以及路易斯·卡布雷拉·德·科尔多瓦（Luis Cabrera de Córdoba）的《论历史的理解与书写》（*De historia，para entenderla y escribirla*，1611 年）。[①] 和他们的欧洲同仁一样，西班牙历史学家质疑他们保持中立的能力，并继续他们创作真实且完整历史（*legítima y perfecta historia*）的人文主义探索。他们明白，禁止美化和赞扬需要跟公正相互调和，这对于任何真实的叙述而言都是有必要的。然而最后，是政治必要性而不是方法论缺陷或批判精神的缺乏为官方历史提供了动力，历史学家明白最好的"真相"是保护王权和"公共利益"的。

---

① 埃雷拉的作品（原版藏于国家图书馆[马德里]，Ms. ɪ. 035），包括 Discurso y Tratado de la Historia e Historiadores Españoles 不仅讨论了西班牙的历史写作（该类型的第一部历史学作品），提供了自古代以来所有的西班牙历史学家，还包括一篇论述塔西佗为理想历史学家的文章，以及关于维泰博以及其他"假的"作品的一篇训诫。埃斯特班·德·加里贝也评价了历史写作及其在帕斯夸尔·加扬戈斯（Pascual Gayangos）（ed.）作为王室编年史作者的角色，*Memorias de Garibay*，收录在 *Memorial Histórico Español*，vol. 7（Madrid，1854）。

446 **结论**

天主教君主是最开始试图利用历史为西班牙利益服务的人，他们为西班牙的继任统治者利用历史配合自己不同政治需要奠定了基础。事实上，西班牙政治文化的变化决定了官方历史书写和构想的风格。从个人化的、以国王为中心的历史，到更广泛的、以王国整体成就为中心的西班牙及其君主制的民族史诗，现代西班牙早期的官方历史写作成了王室政策的工具，被用来记录行为、将政策合法化、为帝国头衔证明、为领土主张辩护以及最终扩大王室权威和合法统治。虽然本章有选择地关注那些在国家和国王的荣誉里创作出的编年史和历史，但这些关注点能够让人们明白历史写作是如何转变成国家工具的，同时也为证明西班牙的宏伟与重要提供了方法。贯穿这一时代，官方历史提供了一种权力的幻觉，如果不常常是实体的权力的话，同时还为后代提供了加强这种形象的手段。尽管更广泛的历史学实践——由非王室历史学家、不同的学者和作者，甚至教会历史学家主导——为官方历史提供了一种修正，但官方历史本身为权力的设想与建构而贡献的方法则持续了好几百年。

官方历史也为西班牙人看待西班牙企图及这种企图在他们世界里的角色，提供了一种方法。最终，官方历史将西班牙读者塑造成一个拥有共同过去、世界观及共同理想的群体的成员。这样，爱国主义和迅速发展的民族主义开始出现在历史中。因为他们的历史、成就以及价值观，西班牙人基于历史，不仅将自己看成有别于甚至优越于其他欧洲人，更将自己看成是独一无二的。

通过运用新人文主义的工具和技艺，官方历史开始成为保卫"公共利益"和君主声望的修辞利器。官方历史的特征是对博学的兴趣、务实且伦理的目标以及提升文明与团结的爱国愿望。对官方历史学家而言，历史所给出的真相从来不会与公共事务的观念分开。官方历史学家的角色就是要维持声望，无论它是将西班牙联结到光荣的罗马历史以证明西班牙的古老性和君主制的崇高，还是利用资料证明西班牙帝国愿景的合法性与正义化。事实上，官方历史学家精心创作的历史叙述，通过管理政治和意识形态需要之间的张力并支持必要的人文主义方法论，成为有效的国家工具。这些发展反映了一种政治磨炼，通过这种磨炼，15 世纪到 17 世纪早期伊比利亚半岛上的历史学事业得以被构想并落到实处。

大事年表/关键日期

1469 年	卡斯蒂利亚伊莎贝拉和阿拉贡费迪南二世的联姻奠定了卡斯提尔和阿拉贡统一成为西班牙的基础
1475—1479 年	卡斯提尔王位继承战争
1478 年	西班牙宗教裁判所成立
1479 年	费迪南二世和伊莎贝拉一世在西班牙将阿拉贡与卡斯提尔王权联合
1492 年	西班牙摩尔人最后的失败；犹太人被迫转信基督教；拒绝转信的人被驱逐出西班牙；哥伦布"发现"新大陆
1504 年	卡斯提尔的伊莎贝拉去世
1516 年	阿拉贡费迪南二世去世；查理一世成为卡斯提尔与阿拉贡国王
1519 年	查理一世被选为神圣罗马帝国皇帝（被称为查理五世）；1530 年在博洛尼亚加冕
1525 年	西班牙公社的反抗
1527 年	由查理五世领导的洗劫罗马
1545－1563 年	特伦托会议
1556 年	查理五世退位；菲利普二世继位为西班牙国王
1561 年	菲利普二世在马德里对其统治进行中央集权化
1568—1648 年	荷兰反抗哈布斯堡王朝控制尼德兰
1571 年	天主教联盟在勒班陀战役中战胜土耳其人

447

1580 年	阿拉贡、卡斯提尔和葡萄牙王权的伊比利亚联盟，持续到 1640 年
1585－1604 年	英西战争
1588 年	西班牙无敌舰队在英吉利海峡的败北
1598 年	菲利普三世继任菲利普二世

主要史料

Garibay y Zamalloa, Esteban de, *Compendio historial de las chronicas y universal historia detodos los reynos de España* (Antwerp, 1571).

Mariana, Juan de, *Historiae de rebus Hispaniae* (Toledo, 1592).

Marineo Sículo, Lucio, *De Hispaniae laudibus* (Burgos, 1497).

Mexía, Pedro de, *Historia imperial y cesárea* (Seville, 1545).

Morales, *Ambrosio de*, *Las antigüedades de las ciudades de España que van nombradas en la crónica con las averiguaciones de sus sitios y nombres antiguos* (1575; Valencia, 2001).

Nebrija, Antonio de, *Muestra de la historia de las antigüedades de España* (Burgos, 1499).

Ocampo, Florián de, *Los cinco libros primeros de la crónica general de España* (Zamora, 1543).

Fernando del, *Crónica de los Reyes Católicos* (1493; Alicante, 2003).

Sepúlveda, Juan Ginés de, *Historium de rebus gestis Caroli Quinti imperatoris et regis hispaniae* [1545], in *Obras Completas*, ed. B. Cuart Moner (Pozoblanco, 1996).

参考文献

Andrés Gallego, José and Blázquez, José María, *Historia de la*

Historiografía española (Madrid，1999).

Ballester y Castell，Rafael，*Fuentes narrativas de la historia de España durante la edadmoderna* (*1474 - 1808*) (Valladolid，1927).

Cirot，Georges，*Les Histoires Générales d'Espagne: entre Alphonse X et Philippe II* (*1284 -1556*)(Bordeaux，1904).

——*Études sur l'historiographie espagnole: Mariana historien* (Paris，1905).

Cortijo Ocaña，Antonio，*Teoría de la historia en el siglo XVI en Sebastian Fox Morcillo: De Historiae Institutione Dialogus-Diálogo de la Enseñanza de la Historia* (*1557*) (Alcaláde Henares，2000).

García Cárcel，Ricardo (ed.)，*Las escencias patrias: La construcción de las Historias de España* (Madrid，2004).

Kagan，Richard，*Clio and the Crown: The Politics of History in Medieval and Early Modern Spain* (Baltimore，2009).

Morel-Fatio，Alfred，*L'historiographie de Charles V* (Paris，1913).

Sánchez Alonso，Benito，*Historia de la historiografía española*，vol. 1: *Hasta la publicaciónde la crónica de Ocampo* (*- 1543*) (Madrid，1942).

——*Historia de la historiografía española*，vol. 2: *Ensayo de un examen de conjunto，De Ocampo a Solis* (*1543 -1684*)(Madrid，1944).

Tate，Robert B.，*Ensayos sobre la historiografía peninsular del siglo XV* (Madrid，1970).

申　芳　译　张　骏　校

第二十二章　斯堪的纳维亚的历史书写

卡伦・斯考噶-佩特森

　　本章涉及 1400—1800 年全部近代早期阶段,中古晚期时,斯堪的纳维亚地区文化中心稀疏、手稿寥寥,到了法国大革命时期,斯堪的纳维亚已经城市化,进入了读写社会。这一地区经历了广泛的政治变动。1397—1523 年间,丹麦、挪威(包括冰岛部分地区),瑞典(包括芬兰部分地区)曾一度结为卡尔马联盟(Union of Kalmar)。1523 年后,建立了瑞典-芬兰和丹麦-挪威(包括冰岛)两个君主国,两国接纳了路德新教,成为高度集权化的国家。

　　从 16—17 世纪,两国持续彼此竞争,战事频发。直到 17 世纪前几十年,丹麦一直是这一地区的主导力量,但古斯塔夫・阿多弗斯(Gustavus Adolphus)在位期间,瑞典取代了丹麦的地位,直到 1700—1720 年的北方大战(Great Northern War)之前一直处于强势地位。两个君主国之间的持续纷争在当时的史书中留下了印迹,虽然 18 世纪时留下的记载较少。

　　本章将重点放在为数不多的一些作品上,其中又以概述类作品为首。由于斯堪的纳维亚的史家们首要关注的是本国历史的书写,我将着重谈谈国别史的写作。虽然在近代早期经历了一系列深刻的社会变化,但向欧洲公众展示本土历史却是该地区历史书写中的一项基本考量——用欧陆中心的文化语言描述边缘地区的文化,宣告地处边陲的斯堪的纳维亚在时代主流文化趋势中的份额。

1400 年至宗教改革时期

由挪威、瑞典及丹麦组成的卡尔马联盟（1397—1523 年）一向受丹麦国王领导。卡尔马联盟期间，大部分时候，瑞典贵族中的强硬反对派都在谋求独立。这种局面导致卡尔·克努特松（Karl Knuttson）在 15 世纪中期被选为瑞典国王，但他也遭到国内的反对，统治时间并不长。1520 年，丹麦国王克里斯蒂安二世（Christian II）制造了斯德哥尔摩惨案，实际上标志着联盟的终结。

450

虽然本国史写作在瑞典出现得相对较晚，15 世纪时却涌现出了各色有关瑞典历史的作品。大约在 1470 年，于普萨拉（Uppsala）总教区的教士，后来成为教区主教的埃里克斯·奥拉伊（Ericus Olai）撰写了《哥特王国编年史》（*Chronica regni Gothorum*），这是第一部成熟的散文体瑞典史。在 15 世纪于普萨拉教区众多鸿篇巨制的史书中，这部作品可谓最具雄心的一部。它以中古晚期拉丁语写成，从基督诞生一直写到 1470 年前后。

该书序言称，本书根据世俗领袖及教会领袖的传承为线索，描写了瑞典王国的历史。世俗与教会权力分离这一主题在书中反复出现，可以说，该书反映出了埃里克斯与瑞典贵族的权力斗争中对总教区利益的考虑，由此看来，作品的潜在读者应该是于普萨拉地区的下层神职人员。[①] 序言强势树立了于普萨拉作为神意选定的王国政治及宗教中心的神圣地位，与耶路撒冷以及罗马并驾齐驱，在普世史的背景下，瑞典的历史被凸显出来。埃里克斯发展了哥特主义（Gothicism）的看法：哥特人是挪亚之子雅弗（Japhet）的后

---

① 有一种说法认为，埃里克斯的作品是奉卡尔·克努特森之命写的，但这不大可能，因为埃里克斯对国王抱有相当的批评态度。委托创作作品的人更有可能是一位地位更高的教会人士，但由于没有献辞或其他相关证据加以证明，这仍然是一个有待解答的问题。Biörn Tjällén, 'Church and Nation: The Discourse on Authority in Ericus Olai's Chronica regni Gothorum（c. 1471）', Ph. D. thesis, Stockholm University, 2007.

裔,雅弗在瑞典定居下来,建立了一个强大的古代帝国。

埃里克斯将瑞典描绘为一个古老的独立王国,由此给 15 世纪 70 年代以降瑞典摆脱丹麦统治的独立斗争提供了支持。在他笔下,作为叙事背景的卡尔马联盟阴沉险恶。他还为遭受异国君主统治的瑞典深深悲叹。

埃里克斯的记述基于诸多文本,其中《瑞典编年史》(*Prosaiska krönikan*,或《散文编年史》)似乎最能激发他的原始灵感。这是一部瑞典语写成的简短叙事作品,可能在 15 世纪 50 年代时由卡尔·克努特森国王的近臣汇辑而成。此外,埃里克斯还有机会接触于普萨拉总教区的方言档案和拉丁语档案,他把其中一些文献纳入了自己的作品中。埃里克斯的叙事作品以中古拉丁语写成,语言平实,没有受同代文艺复兴理念所倡导的纯粹古典化拉丁语影响。《圣经》频频出现在他写的史书中,这也是对包括约尔达内斯(Jordanes)及奥古斯丁等古典时代晚期作家和 13 世纪作家在内的欧洲文本视野的一则见证。

与之同代的瑞典方言编年史显示出的文本视野要狭窄得多。在中古时期的瑞典,韵律化的编年史组成了一个大类(带有日耳曼语词根);这类作品主要迎合皇室兴趣,产量很高。从大约 14 世纪 30 年代的《埃里克编年史》(*Erikskrönika*)开始,出现了一系列编年史作品。其中《卡尔编年史》(*Karlskrönika*)叙述了从 1389 年丹麦女王玛格丽特(Queen Margrete)统治瑞典到 1452 年卡尔·克努特森国王在位期间的历史,作为统治联盟的丹麦国王的反对者,卡尔·克努特森于 1448 年被推上了瑞典王位。有些版本把《卡尔编年史》和《埃里克编年史》联系在一起,饰以一则序言,将卡尔·克努特森的世系推溯到圣埃里克(S. Erik),强化克努特森掌权的合法性。可以相当确定地说,这部编年史是官方产品。《斯图尔编年史》(*Sturekrönikan*)继续写到了 1496 年。这一系列编年史的正式名称是《长篇韵律编年史》(*Store rimkrönikan*),这是为了和《简短韵律编年史》(*Lilla rimkrönikan*)相区别,后者同样可以追溯到 15 世纪 50 年代,不过后来继续写到了 16 世纪 20 年代。这些编年史作品都是政治性宣告，反复谈及政权的神赐性质。

《长篇韵律编年史》是第三人称叙述的作品，而《简短韵律编年史》则不然，它由从远古到 15 世纪 40 年代中诸位瑞典国王的独白构成，可能是卡尔·克努特森身边的某人写了这部作品。随后几十年中，《简短韵律编年史》在上流贵族中受到了欢迎，直到 16 世纪还不褪流行。

迄今没有发现 15 世纪时有关丹麦总体历史的作品。教会机构中出现了纪年体写作，撒克叟（Saxo）的《丹麦史》（*Gesta Danorum*）的缩写本《撒克叟大全》（*Compendium Saxonis*）有所流行。这段时期中，挪威似乎也没有什么撰写历史的活动。不过丹麦方言写的诗体编年史《韵律编年史》（*Rimkrøniken*）是一部重要文献，它以《撒克叟大全》及其续作《日德兰编年史》（*Jutland Chronicle*）为基础，涵盖了丹麦从最久远的过去到克里斯蒂安一世（Christian I，1448—1481 年在位）的历史。[①] 15 世纪晚期文献通常说明该作品可以追溯到 15 世纪 60—70 年代，但也有提出应该比这更早的。《韵律编年史》公开于 1495 年。其中一个版本附有献词："索勒（Sorø）的修士尼尔斯致克里斯蒂安一世"，献词可以追溯到 1460—1474 年，不过现在认为尼尔斯（brother Niels）是编辑者，而非该书作者。

《韵律编年史》由同名国王"丹"（King Dan）以降的历位丹麦王的独白构成。丹的父亲号称是挪亚之子——雅弗的后裔，从而把王室的历史和圣经联系了起来，这与埃里克斯·奥拉伊的说法极其类似，他宣称哥特人是定居在瑞典的雅弗后裔。除了上文提到的《简短韵律编年史》与《韵律编年史》的时间联系有争议以外，比起其他中古晚期的韵律编年史，《韵律编年史》的独白体裁是特有的。列王的独白直到他们死亡方才告终。独白中还呈现出一种趋势，以相关事件为基础，加以普遍的道德评价。虽然文本中充满了无

452

---

① Pernille Hermann, '*Politiske og æstetiske aspekter i Rimkrøniken*', *Historisk tidsskrift*, 107：2(2007)，389‑410.

法确定的内容，但还是可以确定，编写作品的人处于王室和教廷权力周遭，当然，王族独白这一形式本身就算是证明。作品的核心焦点是王室。

丹麦和日耳曼邻国的关系具有重要意义，在作为编年史基础的文献里，这种关系也扮演着重要角色。留存下来的文献中有多处修订，证明瑞典在克里斯蒂安一世在位时与丹麦关系不佳。最早几位丹麦王的独白中有些段落表达了对瑞典的反对态度，一些迹象表明，这些段落是被人添上去的。

1514 年，由撒克叟（约 1200 年）创作，丹麦早期文艺复兴人文主义倡导者克里斯滕·佩德森（Christiern Pedersen）编辑的中古时代丹麦史巨著《丹麦史》在巴黎印行。这一版本发行的背后是国王周围身份最高的贵族成员的支持。撒克叟的史书也许可以看成一部强势宣言，宣告丹麦是一个历史悠久的强国，这种讯息极佳地支持了在任国王克里斯蒂安二世（1513—1523 年）身为卡尔马联盟领导者的地位，瑞典争取独立的尝试已经对此构成了威胁。不仅如此，撒克叟的作品通过运用经典化拉丁语，回顾罗马和圣经的历史，把丹麦呈现为一个文明开化的国度，既具有古代历史，又是使用拉丁语的基督教欧洲的一个构成部分。[①]

除了这部印行版本，没有更早的撒克叟《丹麦史》手稿版本保存下来。如果没有克里斯滕·佩德森编辑的版本，这部文献就可能已经佚失了。《丹麦史》印行后，影响了此后所有的国别史写作，包括丹麦和斯堪的纳维亚其余的全部地区，就此确定了撒克叟在欧洲国别史作品中的宗师地位。

埃里克斯·奥拉伊写作编年史大约是在 1470 年，当时印刷术尚未传到瑞典。他的作品直到 1615 年才被印行，很难说这在当时产生了何种影响，但它的确对下一部瑞典史巨著影响深远，也就是

453

---

① 关于撒克叟作品出版的政治背景，参见 Karsten Friis-Jensen，'*Humanism and Politics：The Paris Edition of Saxo Grammaticus's Gesta Danorum* 1514'，Analecta Romani Instituti Danici，17 - 18(1988 - 1989)，149 - 162。

1530 年左右约翰尼斯·曼努斯（Johannes Magnus）的作品，1554 年首次印行。约翰尼斯·曼努斯的《瑞典民族与哥特民族列王史》（*Historia de omnibus Gothorum Sueonumque regibus*）深受文艺复兴人文主义影响，不同于奥拉伊的作品。[①] 作品以经典拉丁语写成，证明随着印刷术的传播，人们接触书籍的机会也增加了。当撒克叟的丹麦史首次印行，约翰尼斯·曼努斯的灵感被激发了，或者不如说是被激怒了。

　　1523 年，约翰尼斯·曼努斯被任命为于普萨拉大主教，此后不久，新任瑞典国王古斯塔夫·瓦萨（Gustavus Vasa）发起了新教改革，曼努斯不得不离开瑞典。在流亡的岁月里，他写出了瑞典史，从最早的开端写到 1520 年前后。根据中世纪时的看法，哥特人是挪亚孙子的玛各（Magog）的后裔，曼努斯在此基础上把哥特人的历史推溯到了大洪水时期，描绘了他们先进的文明，其中包括了他们对茹尼文字（Runic letters）的使用，这种文字比希腊-罗马文明更加古老。挪亚的孙子玛各在瑞典定居下来。开启了哥特人的黄金时代。

　　曼努斯对古代哥特人的颂扬和同代的日耳曼主义运动有很多共同之处。1500 年前，塔西佗的《日耳曼尼亚志》（*Germania*）已经数次印刷，德国人文主义者受到书中对日耳曼人的描述启发，得以正面描绘古代日耳曼民族的习俗及生活方式，对抗意大利人文主义者斥其为"野蛮不开化（*barbarism*）"的轻蔑说法。曼努斯笔下的哥特人具有日耳曼民族的美德，但他走得更远，详细重建了最久远过去的情况。

　　光辉化哥特人/瑞典人过去历史的同时，约翰尼斯·曼努斯蔑视与丹麦有关的一切。他在书中专门针对 1523 年卡尔马联盟破裂这一背景，把丹麦人描述成既不可靠又残酷而软弱的一群。曼

---

① 关于约翰尼斯·曼努斯及其兄弟奥拉乌斯·曼努斯的生平与作品，参见 Kurt Johannesson，*The Renaissance of the Goths in Sixteenth-Century Sweden：Johannes and Olaus Magnus as Politicians and Historians*，trans. James Larson（Berkeley，1991）。

努斯反复提起斯堪讷地区（the province of Scania，1658 年前隶属丹麦，现在是瑞典南部领土），他理所当然地视之为遭到丹麦非法窃据的瑞典领土。卡尔马联盟在他眼中是一场斗争，瑞典对自由的热爱对抗丹麦的权力贪欲。作品最后以 1510 年一位瑞典权贵"控诉丹麦人"的长篇讲演作了宏大结尾；概括总结了瑞典人蔑视丹麦人的诸多历史因素。

　　约翰尼斯·曼努斯在生时，他的大作没有付梓出版。他的兄弟奥拉乌斯·曼努斯（Olaus Magnus）看到了 1544 年该作在罗马印行。曼努斯的作品赢得了欧洲公众，为 17 世纪瑞典帝国时代（*Swedish Great Age of Empire*）的国家意识形态打下了基础。

4541555 年，奥拉乌斯·曼努斯本人也出版了一部斯堪的纳维亚地区的种族志《北方诸民族史》（*Historia de gentibus septentrionalibus*），给予瑞典以特殊关注。作品大量涉猎古典文献，特别是普林尼的自然史，充满了异国情调的民俗细节描写，显示出对居住在遥远北方的各民族及其周边自然环境的强烈热爱，读者甚众。

改革至 1700 年

　　卡尔马联盟破裂后建立的两个稳定君主制政权都接纳了路德新教，实际上都采取世袭制。行政及政府机构设在两国首都——哥本哈根和斯德哥尔摩。两国都设立了审查制度并逐渐将之体系化。涉及宗教和国家历史的文本格外受到监控。和欧洲其他地区一样，国别史创作是最高度的政治问题。两国宫廷都启用官方史学作家，力图将本国的最新情况载入史书。1594 年，丹麦为皇家历史作者成立了工作机构，瑞典早期也做了一些尝试，后来在 1640 年前后成立了类似工作机构，其实自从宗教改革开始，国王和政府就委托史学家撰写历史作品；他们收到丰富的报酬，可以接触档案材料，写作要在高级官员的审查下进行，他们的作品因而被视为对政府观点的表达，从而是国家历史敏感问题经过内部磋商的结果。

　　17 世纪时，一批外国历史学者来到瑞典，一小部分到了丹麦，从事历史写作，暗示了这一时期官方史学的国际性质。这些人用拉丁语写的国别史作品主要以国际知识分子为受众，这个圈子中的学者，外交官和政客之间有着密切联系。皇家史学家的首要任务是对作品进行修辞上的改编，使文本产品与通行的欧洲历史作品相符。

宫廷诗人采用源于维吉尔《埃涅阿斯纪》的高级古典史诗文体来纪念国家历史上的大事和英雄人物，对国别史作出补充。历史诗的用途和历史散文大体上是相同的。由于采用拉丁语写成，受过良好教育的外国人也可以阅读，历史诗从国家的观点出发来描绘过去，其本身就是对斯堪的纳维亚国家具有的高水平人文主义文化的一个宣传。另一方面，比起历史学家，诗人对创作材料处理受限制更少，而且无须开展广泛研究。因而诗化的历史不具有和史书同等的权威性，也满足不了新国家历史的需要。这个时期中，散文体史学创作和诗歌体史学创作之间的差距增大，前者逐渐从传统上统一的艺术散文体转向严谨散文体。

455

丹麦和瑞典之间的历史关系是一个格外敏感的话题。1570年，北方七年战争（Nordic Seven Years War，1563—1570 年）结束后，考虑到两国贬损彼此的作品在战前及战争中造成的破坏性影响，此类作品受到了禁止，直到 1675 年斯堪讷战争（Scanian War）爆发，禁令被打破。这期间，除非公开交战，两国政府都遵守了禁令；彼此派员审阅待出版的文献，删除文中有可能冒犯对方的段落。然而对于贬损性作品没有下任何定义，对于一部给定文本是否可能构成对邻国的冒犯，留待政治决策者及其顾问们进行判断，寻找一条皆大欢喜的中间道路，在颂扬一国的同时避免过度羞辱另一国。

随着新教改革的进行，与菲利普·梅兰希通（Philipp Melanchthon）联系在一起的路德式文艺复兴人文主义在斯堪的纳维亚的知识界中占据了主导。梅兰希通在《卡希隆编年史》（*Carion's Chronicle*）①中简要

_____
① 参见本卷第十六章。

地表达了自己的历史观点,他强调当权者有义务保护宗教,综合欧亚统治者的形象,把优秀的统治者描绘成国家之父(*pater patriae*),这一切对 16 世纪此后直到 17 世纪的丹麦历史论述产生了巨大的影响。他赋予国王以"上帝在尘世的牧人"(God's vicars on Earth)的形象,也许确实是 17 世纪晚期君主专制政体的先声。

16 世纪 30 年代,天主教徒约翰尼斯·曼努斯正在意大利的流放生活中写作拉丁语瑞典史,在瑞典本土,瑞典宗教改革的关键人物之一奥拉乌斯·佩特里(Olaus Petri)①正在写一部和曼努斯大相径庭的史书。佩特里的作品和曼努斯的作品一样,都没有受到古斯塔夫·瓦萨委托,也没有受其准许。16 世纪 30 年代晚期,佩特里写完了第一稿。作品使用瑞典语,佩特里称,该作写给"未受过教育的"本土读者,力图通过民间方言描绘普通民众的形象。作品着重写 11 世纪瑞典归化基督教(Christianization of Sweden)以后到 1520 年斯德哥尔摩大屠杀(massacre of Stockholm)之间的时期。作品对历史的一般理念具有一种宗教意味的强烈坚持,认为是历史是"人生的导师"(*magistra vitae*),教人理解上帝的安排,但是作品几乎没有提到过神意的干涉。佩特里把旧约历史中的暴君视为上帝对罪人的惩戒,但他同时也附和伊拉斯谟和梅兰希通,强调王侯对臣民的义务。有趣的是,当时的新教作品中处处可见对天主教宗教习惯的抨击,佩特里的其他作品同样受到抨击,但这部作品却幸免了。

与此同时,奥拉乌斯·佩特里的史书还显示了敏锐超群的洞察力。他对几点当时公认的史实提出了质疑,比如像传统"哥特主义者"所认为的,哥特民族很早以前就来到了瑞典,然后在欧洲开展远征事业,从事劫掠。由于缺乏书面记载,奥拉乌斯·佩特里对了解基督教到来前瑞典历史的可能性持相当的怀疑态度。和埃里克斯·奥拉伊以及约翰尼斯·曼努斯完全相反,佩特里对邻国丹麦表达了友

---

① Olaus Petri, *En Svensk Krönika*, in Olavus Petri Samlade Skrifter, ed. Bengt Hesselman, vol. 4 (Uppsala, 1914 – 1917).

456

好态度,指出两国各自的历史学家都倾向于赞扬自己的国度。

奥拉乌斯·佩特里的史书当然令古斯塔夫·瓦萨感到不快,他甚至视其为佩特里意欲发起反叛的证据。这位君主不仅禁止印刷此书,佩特里去世后,他还徒劳地试图没收该书所有手稿。直到1818年,这本作品才得到印行,不过此前已经有不少人拜读过了。

古斯塔夫·瓦萨期望将自己的功绩记载下来,印行四方,他另找了一位创作者,即裴德·斯瓦特主教(Bishop Peder Swart)。依据国王的命令,斯瓦特编写了一部作品,大谈卡尔马联盟施加给瑞典的暴政,对丹麦的《韵律编年史》(1555年经过重新编辑)作出论辩式回应。斯瓦特的韵律编年史用方言写成,对北方七年战争前丹麦-瑞典两国的文学宿怨添了一笔。

16世纪后半叶,丹麦政府大力出产同步于时代的拉丁语丹麦史。[1] 16世纪50年代,汉斯·斯瓦宁(Hans Svaning)开始创作一部符合政府要求的丹麦历史作品。当曼努斯作品广为传阅的消息传到丹麦时,斯瓦宁也受命创作一部作品进行回应。《驳斥所谓约翰尼斯·曼努斯的诽谤》(*Refutio calumniarum cuiusdam Ioannis Magni*,1561年)是他工作的成果,该书逐一回应了曼努斯作品中"控诉丹麦人"讲演里的所有指控。随后的几十年里,斯瓦宁继续写他的丹麦史,但1579年他被要求将手稿提交审查。作品遭到驳回,但手稿保留在哥本哈根大学图书馆,1728年图书馆起火,手稿也随之被焚。不过手稿的相当部分被挽救了,从而足以了解到斯瓦宁的想法,他意图将丹麦历史置于梅兰希通式(Melanchthonian)的普世史框架中;他遵循撒克逊列出的诸王名录,但也创造出新的联系,把诸王和圣经时代及希腊-罗马世界联系起来。

中古时撒克逊的作品出版不久,约翰尼斯·曼努斯就写了瑞典史做出回应,而斯瓦宁则是受到了曼努斯作品对丹麦人攻击的刺

---

[1]　关于1550—1600年的丹麦史学编纂,参见 Karen Skovgaard-Petersen, *Historiography at the Court of Christian IV：Studies in the Latin Histories of Denmark by Johannes Pontanus and Johannes Meursius* (Copenhagen,2001), ch. 4。

激。他写了统治过卡尔马联盟的丹麦王之一——汉斯（Hans，1481—1513 年在位）的历史，将汉斯描写成一位高贵的君王，这位君王的惟一错误就是把狡诈的瑞典人想得太美好了。而曼努斯恰恰相反，把汉斯描述得既贪婪且不可信任。考虑到 1570 年发布了禁止丹麦-瑞典贬损彼此作品的禁令，斯瓦宁作品中的反瑞典倾向可能是导致他作品被驳回的部分原因。

继斯瓦宁之后，安德斯·瑟恩森·范德尔（Anders Sørensen Vedel）和王室总理大臣达成一致，开始撰写丹麦史。范德尔在 1575 年将撒克叟的作品译成了丹麦文，还在 1579 年出版了不来梅的亚当（Adam of Bremen）的作品。虽然范德尔写出的内容很少，他的史学写作观点却很值得一提。范德尔赞同当时全欧逐渐增多的批判声音，认为撒克叟《丹麦史》的第一部分幻想元素过多，因而不能取信。在他看来，丹麦史无法追溯到比公元 700 年前后首批书面记载更早的时代。受希腊-罗马时代古物研究（antiquarian study）和新近史学（*ars historica*）专著的启发，有一种观点认为，历史学家的研究对象应该包括大范围的人类活动，而不仅限于政治和战事，他可能是第一位代表这种观点的丹麦人。[①]

16 世纪和 17 世纪之交，《丹麦王国编年史》（*Danmarks riges krønike*，1594—1604 年）才得以出版，作者是一位具有政治影响力的贵族人物阿黎德·维特弗莱德（Arild Huitfeldt），严格按照纪年体写成，处处引用档案记载。该书是用丹麦语写的，计划在此基础上改成拉丁语，因而作品本身不能算是成品。然而由于维特弗莱德的出众理念和诠释，这部书成了丹麦史学写作的分水岭。他从历史教训中看到了政治的本质（受马基雅维利等人启发），而不像梅兰希通派观点认为的那样，历史上的时间都是神意的判决。维特弗莱德坚决支持国王和枢密院的权力分立，他指出丹麦在历史

---

① Lars Boje Mortensen，'*The Influence of François Bauduin's De institutione historiae* (1561)：*A Primary Text Behind Anders Sørensen Vedel's De scribenda historia Danica* (1578)'，Symbolae Osloenses，73(1998)，188 - 200.

上曾是通过选举产生国王的。比起斯瓦宁对瑞典人的态度，维特弗莱德不那么好辩，不过他也反对约翰尼斯·曼努斯的一些论点，譬如斯堪讷地区的归属问题。

似乎是经过维特弗莱德的努力，《挪威诸王编年史》（*Norske kongers krønike*）1594 年在哥本哈根出版。16 世纪中期，挪威卑尔根（Bergen）的方言人文主义环境十分繁盛，马提斯·斯图尔森（Mattis Størssøn）40 年代时在当地编纂了这部史书。半个世纪后，该书的出版成了斯堪的纳维亚史学写作中的开创性事件，中古挪威语（Norse）文学作品首次被印刷出来，人们得以接触。这部编年史由中古挪威-冰岛列王的传奇故事"萨迦"（*saga*）的节选组成，译成了丹麦语。作品主要讲哈拉尔王一世"金发哈拉尔王"（Harald Fairhair，约公元 900 年）统一挪威之后的时期。1567 年，另一部更具原创性的史书《挪威王国》（*Om Norges rige*）在卑尔根问世，但没有出版。作品也含有对同时代挪威的描写，作者阿布撒隆·拜耶（Absalon Beyer）表现了一种多愁善感的爱国主义情调，同时谨慎地表达了对挪威依附于丹麦的遗憾，他把自己身处的时代说成挪威的"旧时代"，反对中世纪盛期所说的"成熟时期"。

16 世纪下半叶及 17 世纪的前几十年，瑞典相比之下几乎没什么史学创作活动。虽然约翰尼斯·曼努斯的作品只写到 16 世纪 10 年代的历史，但大概已经能够满足需求。1595 年，维特弗莱德有关丹麦王克里斯蒂安三世（Christian III）宗教改革历史的作品出版了，激起了瑞典的反响，埃里克·约翰森·特格尔（Erik Jöransson Tegel）受卡尔九世（Charles IX）之命，写了一部关于古斯塔夫·瓦萨国王的史书，题为《古斯塔夫——强大高贵的君主，基督徒君王，前代瑞典国王的生平》（*Then stormechtighe, hoghborne furstes och christelige herres her Gustaffs, fordom Sveriges ... konungs historia*），并于 1622 年印行。

约翰尼斯·梅赛纽斯（Johannes Messenius）是 17 世纪早期瑞典学术史上的一个核心形象。1609 年，他自行离开天主教会，开始为卡尔九世服务。梅赛纽斯是一名教授，后来又成了档案学家，他出版了包括史学专属和政治小册子在内的不少著述。其中一部题为《对冒名行骗的反击》（*Retorsio im posturarum*，1612 年）的作品对斯瓦宁的《驳约翰尼斯·曼努斯》（该作本身是斯瓦宁对约翰内斯·曼努斯的回应）进行了激烈回应。由于 1570 年开始禁止丹麦-瑞典两国撰写彼此贬损的作品，当时瑞典方面还没有出版过针对斯瓦宁的回应。然而，1611 年，丹麦和瑞典又爆发了新的战争，时机正好成熟。梅赛纽斯攫住一些人们熟知的丹麦-瑞典之间的老问题，主张瑞典具有对斯堪讷地区的合法权利，昭示卡尔马联盟期间历任丹麦国王是如何狡诈地骗取瑞典人服从的。

政府对梅赛纽斯的青睐戛然而止。他被控叛国，1616—1635 年间被囚禁在芬兰。但他在这段时间里写出了《斯堪的纳维亚史话》（*Scondia illustrata*），这是 17 世纪斯堪的纳维亚历史写作的里程碑作品。文本反映出梅赛纽斯的博闻广识，他广泛阅读过印行的书籍和档案手抄本。

459　　《斯堪的纳维亚史话》包括一部瑞典编年史（最早期历史还包括了挪威和丹麦），第二部分是一些补充性材料，教会史，还有关于各类主题的论述。编年叙事从最早的开端一直写到梅赛纽斯所处的时代，只是偶尔引用其他文献，不论在事实方面或判断方面，都极少影射不确定的内容。最早的章节按照哥特主义传统手法，从挪亚的子嗣们写起，把斯堪的纳维亚描述成"民族的发源地"，一个古代哥特文学文化的故乡。但在另外一章中，梅赛纽斯和约翰尼斯·曼努斯以及撒克叟的作品拉开了距离，他没有用幻想和沙文主义方式构建那段最古老的历史。作品以中古时期及以后的历史为主。写到邻国丹麦时，梅赛纽斯的态度要温和些，但大致上仍然遵循埃里克斯·奥拉伊和曼努斯的传统敌对态度，比如说，他反对丹麦君主根据远古历史自号为"哥特人的国王"。

梅赛纽斯去世后，瑞典政府有意取得他的手稿，并付梓出版。尽管当时无果而终，此事却明确地表现了当时正崛起为强国的瑞典对出版新本国史的兴趣。

17 世纪中期前后，以瑞典政府为中心，出现了活跃的历史书写活动。克里斯蒂安四世(Christian IV，1588—1648 年)在位期间，特别是 17 世纪 20 年代，丹麦正试图在欧洲三十年战争(Thirty Years War)的舞台上扮演角色，政府也对编写出版拉丁语的本国史产生了类似的兴趣。维特弗莱德 1600 年的划时代史书已经不能满足需求，于是由荷兰裔丹麦人约翰尼斯·伊萨库斯·彭塔努斯(Johannes Isacius Pontanus)着手将维特弗莱德的丹麦语作品全文改编成巨幅拉丁语史书《丹麦王国史》(Rerum Danicarum historia，1631)。彭塔努斯从 1618 年开始担任皇室史学家，直到 1639 年去世为止。他是国家历史古物研究分支的大师级人物。他倾力另写了一节内容，以地形、历史遗迹、贸易、语言、起源、学术史、特点等作为主题介绍了丹麦的情况，而且还把这些主题都收入编年史叙事内容中。

随着印刷术的传播，可用文本数量骤增，"跨越"各种文本开展系统性研究的可能性正在增长，古物研究进式的应用凸显出来。彭塔努斯写的内容建立在海量古典文献、中古文献，以及同代文献的基础上，他探讨并大量引用了这些文本。叙事风格统一是古典史学写作的要求，而彭塔努斯的写作摒弃了这一理念，显示出系统性古物研究的影响。

460

彭塔努斯的作品反映了他作为皇室史学家的身份。他比维特弗莱德更关注君主制，甚至声称丹麦即将成为一个世袭制君主国。对于约翰尼斯·曼努斯构建的哥特人的光辉过去，他指出这种吹嘘只是基于对古代世界哥特人和葛塔人(Getae)的虚假认同。彭塔努斯不承认源于撒克叟的传统早期历史，主张丹麦的历史应当从公元前 100 年左右辛布里人(Cimbrian)远征罗马算起，继以古典时代晚期和中古时期哥特人、撒克逊人及其他民族移入斯堪的纳维亚地区。虽然从学术角度看来，这种观点比撒克叟的传奇故事更能被接受，但却大大缩短了丹麦的历史。不过，他关注了丹麦在国外产生的影响，又综合约翰尼斯·曼努斯的哥特主义，确实具有爱国主义潜质。和曼努斯一样，塔西佗有关高贵的日耳曼人的描述也影响了彭塔努斯，他同样强调古代斯堪的纳维亚民族具有高水平文化程度。

同一时期,荷兰人约翰尼斯·梅尔休斯(Johannes Meursius)正担任克里斯蒂安四世的史学家。他写的《丹麦民族历史》(*Historia Danica*,1638 年)比彭塔努斯的作品简短不少,也不具有彭塔努斯作品的古物研究特色。基督教道德主义(Christian moralism)是梅尔休斯作品的特色,在强调"统治者是上帝的牧人"这一点上尤其具有梅兰希通派的特点,写作风格也和主题保持一致。他完全不引用任何文献,仅仅探讨既有情况。梅尔休斯作品的要点在于,历史人物和历史事件传达了神的判决,与其本身的事实基础毫无关系。

彭塔努斯和梅尔休斯的作品在出版前都受到了总理大臣或受委托者的审查。特别是因为和瑞典的关系仍然处于敏感状态,总理大臣不想冒险触犯有关贬损性作品的禁令,于是对这两部作品都采取了谨慎态度。

直到 18 世纪,彭塔努斯和梅尔休斯的史书一直都是丹麦历史的标准范本。但 17 世纪 60 年代时,已经另有一部拉丁语丹麦史作品根据政府要求写成,这就是维图斯·白令(Vitus Bering)的《丹麦民族》(*Florus Danicus*)。作品受罗马史学家卢修斯·弗罗鲁斯(Lucius Florus)的启发,以连贯的风格呈现了丹麦人的历史。1660—1661 年丹麦开始采取世袭君主专制不久,白令受到指派,要求他阐释世袭君主制的古老渊源,从而给这一新制度加上合法性外衣。为了照应世袭君主制,需要重写丹麦史。

约 1640 年,瑞典组建了皇家历史学者的工作机构。不过,可能是丹麦方面任命了彭塔努斯的关系,1618 年时,荷兰学者达尼埃尔·海因休斯(Daniel Heinsius)已经受命担任瑞典皇家史学家,但他的工作没有形成成果。17 世纪 50 年代早期,约翰尼斯·罗肯纽斯(Johannes Loccenius)担任瑞典皇家史学家。他此前已经在自己研究瑞典法律的基础上发表了一篇前瞻性论文,描述中古时期的瑞典。在他的历史作品《瑞典王国史》(*Rerum Svecicarum historia*,1654 年)的第一版中,他对了解前基督教时期瑞典的可能性表示怀

461

疑,以瑞典最早的基督教国王作为开端。此举大幅削减了瑞典悠久过去的历史,为了弥补,他后来又添上一篇内容,讲哥特主义者传统观念中的瑞典古代历史。该作品局限在政治史上,偶而对政治的本质泛泛发表些意见。罗肯纽斯跟随埃里克斯·奥拉伊的脚步,把瑞典遭受的灾厄归咎于外国统治者。他把卡尔马联盟时期描述成一个黑暗的时期,以骇人听闻的暴君克里斯蒂安二世告终,上帝随后遣来古斯塔夫·瓦萨,建立了如今统治瑞典的王朝。

17 世纪时,古物研究蒸蒸日上。曼努斯的史书宣称茹尼文字是哥特人在《圣经》大洪水退去后不久发明的,此书出版后,丹麦学者极力强调,茹尼文字并非瑞典人专属;瑞典人约翰尼斯·布略乌斯(Johannes Bureus)反唇相讥,指出茹尼文字具有瑞典起源,丹麦的奥莱·沃姆(Ole Worm)迎战,此人最后出版了一部全面论述丹麦的茹尼文碑刻的作品《丹麦的历史遗迹》(*Monumenta Danica*,1643 年)。竞争氛围启发了学术研究,同时又导致两国对彼此的茹尼文研究成果不予认可。但在向欧洲听众宣扬本国悠久文明传统这一点上,两国的基本利益是一致的。

16 世纪晚期,人们逐渐意识到了冰岛语萨迦手稿对北欧历史的证明价值。1633 年,沃姆编辑并发表了斯诺里(Snorre)的萨迦作品,由挪威牧师裴德·克劳森·弗里斯(Peder Claussøn Friis)译成丹麦语。斯蒂凡努斯·约翰尼斯·斯蒂凡纽斯(Stephanus J. Stephanius)也和沃姆一样,对古挪威语抱有兴趣。他对撒克逊的丹麦史做了深刻的评论,阐述了中古时期挪威语文学对诠释撒克逊的重要意义,认为中古时期挪威语文学本身证明了撒克逊史书在欧洲学术界的经典地位。

冰岛人阿格里摩尔·雍森(Arngrímur Jónsson)决定性地启发了沃姆和斯蒂凡纽斯的古挪威语研究。他写的《冰岛》(*Crymogaea*,1699 年)是第一部人文主义传统的冰岛历史作品。与法国政治历史理论学者让·博尔丹(Jean Bordin)的做法类似,阿格里摩尔对中古冰岛历史和罗马共和国的兴衰进行了平行比较。他称许冰岛语是北方的母语,和古代拉丁语并驾齐驱,具有近乎圣经希伯来语的地位。

瑞典和丹麦争相研究冰岛萨迦手稿，由于冰岛属于丹麦领土，起初由丹麦学者拔得头筹，这些研究成果最终为 1667 年瑞典建立"古代研究院"提供了一个体系上的框架。从瑞典的角度看，萨迦研究是一个摆脱撒克逊构建古代历史的好机会。古代研究院关注萨迦文献与瑞典相关的内容，发表了各种编辑版本和研究成果，其中最高的成就是 1697 年约安·裴林斯科尔德（Johan Peringskiöld）对斯诺里作品的编辑本《世界之轨》（*Heimskringla*，创作于 13 世纪中期）。裴林斯科尔德将这个文本树为瑞典和挪威历史的丰碑，称之为"生来具有哥特血统者"的历史——丹麦人不属此列。挪威虽然政治上隶属丹麦，却不是瑞典反丹麦言论的攻击对象，恰恰相反，约翰尼斯·曼努斯还专门表达过对挪威人遭受丹麦国王不公正对待的同情。

对茹尼文字、萨迦手稿、考古遗迹，还有其他古代文物的研究加深了斯堪的纳维亚中古历史的认识，同时又矛盾地把哥特主义者的幻想历史构建带到了新高度。有一种观点开始在瑞典知识分子中取得市场，认为哥特人不但比希腊人和罗马人更早掌握了文字书写，而且希腊罗马的文明也应该归功于哥特人；哥特社会才是古典文明的根源。这些说法中最具有幻想色彩的作品是于普萨拉一位教授奥洛夫·鲁德贝克（Olof Rudbeck）写的《大西洲》（*Atlantica*，1679—1702 年）。他认为柏拉图笔下沉没的理想国亚特兰蒂斯正是哥特人的国土，还从其他古典神话故事里引用了一些与瑞典有关的模糊内容。《旧约》是鲁德贝克的出发点，他和约翰尼斯·曼努斯一样，认为挪亚之子雅弗是瑞典人的祖先。他执意要用瑞典语——他所认为的最古老精致的语言——发表作品，不大情愿地添了一份拉丁语译文。《大西洲》标志了哥特主义的终结，作品发表时，瑞典帝国正如日中天，国内外赞扬声一片，然而不久就遭到了各方批评。

德国哲学家萨缪尔·冯·普芬多夫（Samuel von Pufendorf）的史学写作是另外一种类型。1670 年起，他在斯堪讷地区新建的隆德大学(University of Lund)担任教授，1677 年起作为皇家历史学家为瑞典国王服务，直到 1688 年离开瑞典为止。担任皇家历史学家期间，他写了两部近代史方面的综合性作品：《瑞典国事评述》(*Commentarium de rebus Suecicis*，1686 年)和《论卡尔·古斯塔夫的功绩》(*De rebus a Carolo Gustavo gestis*，1696 年)。普芬多夫的作品以原始档案为基础，他以政治事件为核心，把档案改编成简明连贯的陈述内容。

普芬多夫的继任者克拉森·于耶姆(Clas Oörnhielm)发表了一部《瑞典教会史》(*Historia Ecclesiastica*，1689 年)，写了约 800—1200 年间的历史。他强烈排斥中古天主教习俗，甚至声称是教皇促使查理曼大帝在德国北部运用残酷手段逼迫人们皈依的，斯堪的纳维亚人出于自卫才成了从事劫掠的维京海盗。① 作为皇室历史学家，于耶姆受命创作了配插图的《古今瑞典》(*Suecia antiqua et hodierna*，1716 年)。该书只发行了铜版凸印本(1716 年)，但创作工程本身极大地表现了当时正在崛起的瑞典的勃勃雄心。

当时属于瑞典国土的芬兰的历史写作也受到了瑞典哥特主义启发。16 世纪晚期，人文主义史学悄悄显现，图尔库(Turku，芬兰语)的主角保禄斯·尤斯滕(Paulus Juusten)扩写了一部中古晚期图尔库主角的编年史。17 世纪中叶，图尔库/奥布(Åbo，图尔库的瑞典语名称)的一名教授米凯尔·维克修尼乌斯-居尔登斯托珀(Michael Wexionius-Gyldenstolpe)在他的著作《简述瑞典，芬兰，哥特之乡》(*Epitome descriptionis Sveciae，Gothiae，Fenningiae*，1650 年)中表示，无法确定芬兰人的祖先是否是挪亚诸子中的某人。维克修尼乌斯-居尔登斯托珀描述芬兰曾是一个独立的王国，对国土及居民做了泛泛的吹捧性描写。丹尼尔·尤斯莱纽斯(Daniel Juslenius)保持着哥特主义者的视角，把奥布/图尔库城的建立推溯到玛各到达芬兰不久后，芬兰语也推溯到了巴比伦时期的语言大变乱(Babylonian Confusion of Tongues)。

463

---

① Hans Helander，*Neo-Latin Literature in Sweden in the Period 1620 - 1720*：*Stylistics*，Vocabulary and Characteristic Ideas (Uppsala，2004)，322.

直到 1660—1661 年丹麦-挪威采取君主专制政体，挪威自身的历史还处在丹麦史遮蔽之下。1536 年丹麦-挪威的路德新教改革以后，挪威基本上沦为丹麦的一个行省，虽然实际还没有完全受控制。此时期的丹麦历史作品没有，也并不准备把挪威纳入本国历史范畴中，这表示挪威没有被单纯看成是丹麦的一个省份。

1660—1661 年后，两国基本上面积相当，现在，创作挪威历史有了政治上的利益。1682 年，与哥本哈根宫廷关系密切的冰岛人托摩德·托尔法乌斯（Tormod Torfæus）成了挪威方面德皇室史学家，过了近 30 年，他的挪威史巨著《挪威王国史》（*Historia rerum Norvegicarum*，1711 年）印行，一直写到 1387 年的挪威历史。他笔下的挪威从金发哈拉尔王实行君主制（约 900 年）起就是一个世袭君主制国家。很明显，托尔法乌斯和白令一样，奉命给新生的丹麦-挪威世袭君主制披上合法化外衣。

464 　　托尔法乌斯作品中的古物研究取向和彭塔努斯的丹麦史类似。但彭塔努斯摒弃了传统上有关早期历史的本土记载（撒克叟），托尔法乌斯则在本土传统，即中古冰岛文学的基础上以新形式呈现挪威的历史。他把本土素材改造成连贯的拉丁语史书，又添加了大量拉丁语历史作品进去。根据斯诺里的作品和一些《埃达》（*Edda*）诗歌，托尔法乌斯构建起一个联结到挪亚的挪威国王列表。他采信古挪威语文学，因而完全没有彭塔努斯的怀疑主义精神，认为了解古典作家记载以前的时代是有可能的。但托尔法乌斯的论辩式写作风格与彭塔努斯类似，处处引经据典，完全没有古典化风格的色彩。他还宣称，比起刻意为之的优雅，这种单一写作风格更适合挪威人。他的史书以拉丁语宣告了挪威在文明世界中的地位，同时又植根于独立的非拉丁语中古文学。

1700—1800 年

18 世纪，和其他地方一样，斯堪的纳维亚也出现了新的公共空间，这一发展对历史学产生了强烈影响。国别史作品纷纷印行，传阅广泛，新的学术交流理念随之而来，譬如学术圈中对各种方言的使用。同代的史学作品中充斥着关于宗教应用、宗教批评、容忍，以及理性主义的启蒙运动观念。作为职业作家，史学家对有权势庇护者的依赖减轻，更依赖于自身在广大读者中的流行度。

　　比起本章前几节中的时期，这个时代的史学作品极其丰富，更不可能一一道来，这里不谈太多文本和作者，只精选几则重要作品。此时丹麦仍然出于专制统治下，18 世纪前几十年，普芬多夫广受肯定的瑞典史作品对丹麦官方史学编纂提出了挑战。1722 年，安德利亚斯·胡雅（Andreas Hoier）被任命为皇家史学家，受命为在位君主弗雷德里克四世（Frederik IV）编写一部史书。① 1730 年弗雷德里克四世驾崩时，胡耶写到了 1711 年。这部作品从未发表过，但它是基于档案材料撰写当代史的先声。作品用德语写成，预备译成拉丁语供欧洲公众阅读。18 世纪 30 年代早期，胡耶卸任，又写出了一部关于弗雷德里克四世统治的简短作品《弗雷德里克四世的荣耀生平》（König Friedrich des IV glorwürdigstes Leben），此书直到 1829 年才发表出来。

　　挪威-丹麦时期的路维·赫尔拜（Ludvig Holberg）是斯堪的纳维亚启蒙运动中的一个关键人物，他是文学创作的多面手，写过几部史学作品。1730 年，赫尔拜就任哥本哈根的历史学教授，第二年就写了一部关于丹麦-挪威王国的作品。凭着这种创作能力，他又接着发表了一部丹麦史。② 当然，他的独立创作仍然不能免于官方审查，但在 17 世纪时，比起皇家历史作者，政府对独立创作者的约束越来越小，本国史已经不再是政府关心的头等大事。

　　赫尔拜的史书开辟了新天地，他用丹麦语写作，面向刚刚涌现出来了的丹麦语及挪威语读者，他还"竭力吸引读者关注"。和从

465

① 参见 Torben Damsholt，'Den nationale magtstat 1560 - 1760'，in Søren Mørch（ed.），*Danmarks historie*，vol. 10（København，1992），53 - 104；and Ellen Jørgensen，*Historieforskning og historieskrivning i Danmark indtil aar 1800*（Copenhagen，1931），160 - 186。

② Ludvig Holberg，*Dannemarks Riges Historie*（Copenhagen，1732 - 1735）。

事古物研究的历史学家一样,赫尔拜也赞同拓宽历史研究对象的领域。他的创举之一是将丹麦史划分为五个时期,分别概括每一时期的宗教、法律、经济,及同类主题。但他也强调信息必须有用,有相关性,聚焦于国家内政,通过论述事件的动因展开务实的研究;他在丹麦史第三卷的导言中写道,在他看来,历史写作应当谈"道德,公法,以及国家要务"。

对最早期历史的处理仍然带来了一些问题。赫尔拜并不信服撒克叟笔下带有超自然因素的古代历史;更不想把丹麦的历史追溯到挪亚。他采信古典及中古早期文献中关于哥特人、盎格鲁-撒克逊人、诺曼人移民的记载。他效仿彭塔努斯的《丹麦王国史》,以这些移民为起点写丹麦的历史。但他并不响应彭塔努斯(以及其他17世纪史学家)对中古早期劫掠行为的吹嘘,而对推进商贸之类的利好活动的国王表示赞赏,甚至软化了传统上对克里斯蒂安二世暴君形象的描绘,认为假使兼听其同代哥本哈根居民的说法,克里斯蒂安二世可能会表现出一个更积极的形象。赫尔拜也不赞同前代史学家对瑞典的消极评价。从他对丹麦-瑞典两国在斯堪讷地区权利争议的描写上,可以看出他尽力做到不偏不倚,但在对卡尔马联盟的描写中还是多少表露了倾向于丹麦的观点。

466　　　虽然赫尔拜的作品建立在大量各色各样的文本上,但他还是写出了一部内容连贯,风格引人入胜的作品,符合他吸引普通读者的原意,有时作品中乍现一种不以为然的语气,和庄严肃穆的旧式官方史学家笔法大相径庭,但他也晓得审查的限制。他意识到,要处理近期的历史情况又不涉及某些个人的利益,困难重重,于是对1670年弗雷德里克三世(Frederik III)驾崩后的历史弃而不写。后来他在《书信集》(*Epistle*)第447篇中语焉不详地说:"很少有受公众审查的史学家写得更诚实。(*Few histories subjected to public censorship have been written with more honesty.*)"[1]赫尔拜是18世纪斯堪的纳维亚历史编纂学哲学分支最重要的代表人物,他写的

---

① Ludvig Holberg, Epistler, Tomus V (Copenhagen,1754),18.

丹麦史在 18 世纪两次重印，还被译成了德文和俄文。

启蒙运动时期，瑞典的君主制统治开始发生变化，庄园主有了权力，这就是所谓的自由时代（Age of Liberty，1719—1772 年）。在受雇于庄园主的史学家中，有一位是奥洛夫·达林（Olof Dalin），1744 年他受托编写瑞典史，从此成了诗人和期刊《瑞典万象》（Then Swänska Argus）的主编。作品的第一部分在三年后发表，1750 年和 1761—1762 年又发表了其余部分。[①]

从风格和内容上看，达林是开明理念的倡导者。他的瑞典史写到了 1611 年，通过诉之于"常识"强调历史的有用性，明显带有教化一般公众的意图。对应他所影射的广泛读者以及史学作品的教育观点，他的写作风格也像赫尔拜一样轻松逗趣。深奥的资料放在了脚注部分，这样就把流畅的论述和艰深的学术内容结合起来了。作品本身很少提供不确定的信息，叙述者毫不犹豫地表达对人物和活动的道德判断——譬如猛烈批判中世纪教会的世俗权力——有时还从事件中归纳出一般观点。

达林就最早的历史时期写了很长一章内容，广泛描述了宗教、文字、生活方式，大大超过了赫尔拜。虽然他们二人都刻意避开关于古代历史的传统说法，但各自的作品却大不相同：赫尔拜不发表任何看法，达林则抛出了自己的理论。他采用了新的地理发现成果，结合考古学论点和语言学论点，声称在耶稣基督降临不久以前，大洪水退去时留下的分散岛屿组成了瑞典王国，第一批定居者约在公元前 500 年抵达瑞典。和约翰尼斯·曼努斯相比，他的说法极大地缩短了历史。达林在导言中批判约翰尼斯·曼努斯冗长

467

---

① 　Olof von Dalin, *Svearikes historiaifrån des begynnelse til wåra tider, efter hans kongl. maj : ts nådiga behag på riksens höglofliga ständers åstundan författad af Olof Dalin* (Stockholm, 1747 - 1762). 参见 Nils Eriksson, *Dalin—Botin—Lagerbring : historieforskning och historieskrivning i Sverige 1747 - 1787* (Göteborg, 1973); and Peter Hallberg, *Ages of Liberty : Social Upheaval, History Writing, and the New Public Sphere in Sweden, 1740 - 1792* (Stockholm, 2003).

的列王沿袭,说"任何有见识的历史爱好者都无法加以认同"。①

不过,达林不排斥哥特主义其他方面的内容:哥特人生来热爱自由,崇尚荣誉感,等等,哥特人的立法影响了欧洲其他地区,由于北欧的气候,他们还喜爱研究数学。达林和其他早期斯堪的纳维亚史学家一样,引证权威的塔西佗《日耳曼尼亚志》,强调哥特民族具有高尚的道德水准。达林还在另一个方面重现了哥特主义,坚称邻国丹麦不能自诩具有像瑞典一样悠久的历史——我们了解到,丹麦是在哥特人到达瑞典很久后才得到开发的。

达林和赫尔拜都支持开明君主制。达林对制定良法,促进和平繁荣的国王们表示赞赏,认为侵略战争毫无光荣可言,鼓励科学探索的君主应该受到格外的尊敬。达林的瑞典史风格随意,截短了瑞典的早期历史,不利于国家尊严,因而受到一些批评,但作品却广为流传,从订购者名单上看,大多数读者都属于上流阶级。该书还被译成了德文。

赫尔拜和达林努力用方言叙述国家历史,同时,以古物研究为取向的史学家们继续在评注,选集,专门研究中使用拉丁语写作。这批重视批判性研究的史学家后来被尊为斯堪的纳维亚历史科学之父。18世纪早期这一学术分支的代表人物是瑞典语文学家兼自由主义者埃里克·贝泽柳斯(Eric Benzelius)。丹麦的语文学家兼自由主义者汉斯·革兰(Hans Gram)写了几篇丹麦史方面的开创性文章;他对梅尔休斯史书的全面评述里有不少高超见解。18世纪芬兰(当时仍然处于瑞典统治下)知识分子的顶峰人物是亨利克·加布里埃尔·珀尔谭(Henrik Gabriel Porthan),他编辑的中古主教编年史(从尤斯滕16世纪的作品扩写而来)树立了他作为史学家的名望,他在书中提供了内容广泛的批判性评论材料。

1772—1778年才出现了拉丁语的冰岛历史的综合性作品《冰

---

① Olaf von Dalin, *Svea rikes historia ifrån des begynnelse til wåra tider*, *efter hans kongl. maj*: *ts nådiga behag på riksens höglofliga ständers åstundan författad af Olof Dalin*, 4 vols. (Stockholm, 1747 - 1762), i. fol.)()(4v.

岛教会史》(*Historia ecclesiastica Islandiae*),作者是芬诺尔·雍森
(Finnur Jónsson)。这部先驱之作涉及 1870—1740 年间冰岛的政
治、文化、教会历史。芬诺尔·雍森受到早期阿格里摩尔的《冰岛》
启发,把挪威统治冰岛前的时期称为"自由的黄金时代",也将之与
罗马共和国相比。同一时期,挪威史学家格哈德·薛宁(Gerhard
Schøning)发表了自己的丹麦-挪威语作品,写中古早期的挪威历
史,强调挪威人雄壮威武,热爱自由的特殊品质,与瑞典哥特主义
分庭抗礼。[1]

468

　　斯文·洛格博林(Sven Lagerbring,出生时名叫 Sven Bring)和
薛宁以及雍森一样,也在历史写作中结合了古物研究和各种文献
版本。[2] 他从 1742 年起在隆德大学任历史教授,晚年写了一部瑞
典史,内容包括 1460 年以前的时期。[3] 和达林不同,他的史学创作
是自发举动,他发现了达林史书的不足之处,这成了他写作的主要
诱因。洛格博林强烈坚持一项原则,认为较早的资料优于新近资
料,他力图消灭前人作品中可能出现的错误,这种批判式研究路径
(导致对传统负面人物形象有了新的看法,例如丹麦女王玛格丽特
[Danish Queen Margrete])保障了他的作品在瑞典史学编纂历史上
的重要地位。

　　洛格博林用瑞典语写作,但他不像达林那样刻意为普通公众写
作,他也无所谓有用性和相关性。洛格博林作品的风格和论证都
是学术性的,注解材料都是对档案记录的引用,与早期史学家的论
辩在文本中凸显出来。他有意将斯堪的纳维亚的知识分子视为潜
在读者,但作品的删节版译成德文和法文后,读者群体实际上是国
际性的。

　　洛格博林在强调冰岛萨迦传统的可信性上和达林观点一致,这
被一些同代中人批评为老套过时。他不钟爱哥特主义,也不赞同

---

[1]　Gerhard Schøning, *Norges Riiges Historie* (Sorø,1771-1781).

[2]　Eriksson, Dalin—Botin—Lagerbring.

[3]　Sven Lagerbring, *Swea rikes historia*, *ifrån de äldsta tider til de närwarande*
(Stockholm,1769-1783).

达林对古代瑞典人及其文化成就的溢美之词。这两位史学家都推崇强有力的君主制政体，谴责中世纪的天主教教义，不过达林对后者的抨击更激烈，譬如他责备卡尔马联盟期间天主教神职人员对丹麦亲善，而洛格博林大体上对贵族阶层持反对态度，着重关注瑞典贵族的内部派系斗争。

洛格博林对丹麦的态度比传统观点温和一些，这反映了政治和文化上的进展，也反映了他与丹麦及挪威历史学家的个人接触。从 18 世纪晚期开始，斯堪的纳维亚史学家远离了旧时的历史论战，开始向着合作的方向进发，瑞典丹麦历史研究的交流成果累累，洛格博林也许可以看成是这一新阶段的倡导者。

结语

如我们所见，现代早期斯堪的纳维亚史学家参与到了欧洲的共同发展中。随着印刷术的发明，历史写作深受影响，可用文本数量大大增加。古物研究的崛起尤其拓宽了研究对象范围——例如法律、制度、习俗、语言——甚至都可以作为历史陈述的对象。本时期的学者在文献记载，引用，参考文献方面发展了新标准，改进了历史证据的价值评判标准。

当拉丁语主导着国别史写作时，理想读者和实际读者都是国际学术界及外交圈里的人。18 世纪，本土读者数量增加，史学家开始使用方言面向本土读者写作，方言作为学术传播手段逐渐获得地位。16 世纪中期，君主集权制下建立的政府审查制度有所松弛，对国家历史的诠释有了更大自由。

与此同时，斯堪的纳维亚史学还有几项特色。丹麦和瑞典之间持续的政治角力对史学创作产生了强烈影响，特别是在 16 世纪和 17 世纪时。更关键的一种张力是参与欧洲文化和独立本土传统两者之间的长期对立。哥特主义宣称，古代斯堪的纳维亚文明比古希腊-罗马文明更优越，这种思维的变体存在于全体斯堪的纳维亚国家之中。17 世纪时，对古挪威语文学遗产的关注增长了，斯堪的纳维亚特有文化传统的主张获得了新动力,当历史进入浪漫主义时期,人们对斯堪的纳维亚文化中的异教神话,语言崇拜,以及种族起源产生了更大兴趣。

大事年表/关键日期

1397—1523 年	丹麦、挪威、瑞典结成卡尔马联盟
1523 年	古斯塔夫·瓦萨成为瑞典(及芬兰)国王;弗雷德里克一世成为丹麦及挪威国王
1527 年	瑞典开始路德新教改革
1536 年	丹麦路德新教改革
1563—1570 年	丹麦、瑞典交战,北方七年战争
1611—1613 年	丹麦-挪威王国和瑞典之间爆发卡尔马战争
1657—1660 年	丹麦-瑞典战争;根据 1658 年罗斯基勒和谈,丹麦斯堪讷省被纳入瑞典
1660/1—1849 年	丹麦实行君主专制
1672—1719 年	瑞典实行君主专制
1675—1679 年	丹麦瑞典两国爆发斯堪讷战争
1700—1721 年	瑞典、俄国、丹麦、波兰之间爆发大北方战争
1719—1772 年	瑞典自由时代
1809 年	芬兰脱离瑞典独立(1809—1917 年曾与俄国合并)
1814 年	挪威脱离丹麦独立(1814—1905 年曾与瑞典合并)

470

主要史料

Arngrímur Jónsson, *Crymogaea sive Rerum Islandicarum Libri II* (Hamburg, 1609).

Ericus Olai, *Chronica regni Gothorum*(1615), ed. Jan Öberg

(Stockholm, 1993 - 1995).

Finnur Jonsson, *Historia ecclesiastica Islandiae* (Copenhagen, 1772 -1778).

Holberg, Ludvig, *Dannemarks Riges Historie* (Copenhagen, 1732 - 1735).

Huitfeldt, Arild, *Danmarks riges krønike* (Copenhagen, 1595 - 1604; facs. edn, Copenhagen 1977).

Klemming, G. E. (ed.), *Svenska Medeltidens Rim-krönikor* (Stockholm, 1866).

Lagerbring, Sven, *Swea rikes historia , ifrån de äldsta tider til de närwarande* (Stockholm, 1769 - 1783).

Loccenius, Johannes, *Rerum suecicarum historia* (1654; 2nd edn, Stockholm, 1662).

Magnus, Johannes, *Historia de omnibus Gothorum Sueonumque regibus* (Rome, 1554).

Messenius, Johannes, *Retorsio imposturarum , quibus inclytam Suecorum Gothorumque nationem , Petrus Parvus Rosefontanus eques Danus ... insectatur; quam ... elaboravit Janus Minor Suemensis* (1612).

——Scondia illustrata seu chronologia de rebus Scondiæ, hoc est Sueciæ, Daniæ, Norvegiæ, atque una Islandiæ, Gronlandiæque tam ecclesiasticis quam politicis; â mundi cataclysmo, usque annum Christi MDCXII, gestis primum edita, et observationibus aucta â Johanne Peringskiöld(1700 - 1705).

Petri, Olaus, *En Swensk Cröneka , in Olavus Petri Samlade Skrifter , ed. Bengt Hesselman ,* vol. 4 (Uppsala, 1914 - 1917). Available online at http://runeberg. org/opetri/(accessed 25 March 2011).

Pontanus, Johannes, *Rerum Danicarum historia* (Amsterdam, 1631).

Porthan, H. G. (ed.), *M. Pauli Juusten Chronicon episcoporum*

finlandensium, *annotationibus et sylloge monumentorum illustratum*
(1784 – 1800).

Pufendorf, Samuel von, *De Rebus a Carolo Gustavo Sveciæ Rege
gestis Commentariorum Libri 7* (*Nürnberg*, 1696).

Den danske Rimkrønike (Copenhagen, 1495). Digital facsimile at
http://www. kb. dk/permalink/2006/manus/217/eng//(accessed 27
March 2011).

Rudbeck, Olof, *Atland eller Manhem* (Uppsala, 1679 – 1702).

Schøning, Gerhard, *Norges Riiges Historie* (Sorø, 1771 – 1781).

Størssøn, Mattis, *Den norske krønike* (1594), ed. *Mikjel Sørlie*
(Oslo, 1962).

Svaning, Hans, *Refutatio calumniarum cuiusdam Ioannis
Magni … huic accessit Chronicon sive Historia Ioannis Regis
Daniæ* (1561; published under the pseudonym Petrus Parvus
Rosefontanus in 1560).

Torfæus, Tormod, *Historia rerum Norvegicarum* (Copenhagen,
1711); trans. into Norwegian as *Norges historie* (Bergen,
2008).

参考文献

Damsholt, Torben, 'Den nationale magtstat 1560 – 1760', in Søren
Mørch (ed.), *Dan-marks historie*, vol. 10 (København, 1992),
53 – 104.

Eriksson, Nils, *Dalin—Botin—Lagerbring: historieforskning och
historieskrivning i Sverige 1747 – 1787* (Göteborg, 1973).

Friis-Jensen, Karsten, 'Humanism and Politics: The Paris Edition of
Saxo Grammaticus's Gesta Danorum 1514', *Analecta Romani
Instituti Danici*, 17 – 18(1988 – 1199),149 – 162.

Gottskálk Jensson, 'The Latin of the North: Arngrímur Jónsson's

Crymogæa（1609）and the Discovery of Icelandic as a Classical Language', *Renaessanceforum*, 5（2008）. Available online at www. renaessanceforum. dk（accessed 27 March 2011）.

Hallberg, Peter, *Ages of Liberty*: *Social Upheaval*, *History Writing*, *and the New Public Sphere in Sweden*, *1740 – 1792* （Stockholm, 2003）.

Helander, Hans, *Neo-Latin Literature in Sweden in the Period 1620 – 1720*: *Stylistics*, *Vocabulary and Characteristic Ideas* （Uppsala, 2004）.

Hermann, Pernille, 'Politiske og æstetiske aspekter i Rimkrøniken', *Historisk tidsskrift*, 107: 2（2007）,389 – 410.

Jensen, Minna Skafte（ed.）, *A History of Nordic Neo-Latin Literature*（Odense, 1995）.

Johannesson, Kurt, *The Renaissance of the Goths in Sixteenth-Century Sweden*: *Johannes and Olaus Magnus as Politicians and Historians*, *trans.* James Larson （Berkeley, 1991）; orig. pub. as, *Gotisk Renässans*: *Johannes och Olaus Magnus som politiker och historiker*（Stockholm, 1982）.

Jørgensen, Ellen, *Historieforskning og historieskrivning i Danmark indtil aar 1800*（Copenhagen, 1931）.

Lundqvist, Elisabeth, *Reformatorn skriver historia*: *en kontextuell analys av Olaus Petris svenska krönika*（Uppsala, 1998）.

Mortensen, Lars Boje, 'Franc,ois Bauduin's *De institutione historiæ* （1561）: A Primary Text behind Anders Sørensen Vedel's *De scribenda historia Danica* （1578）', *Symbolae Osloenses*, 73 （1998）,188 – 200.

Rona, Georg, Danstrup, John, and Karker, Allan （eds.）, *Kulturhistorisk leksikon for nordisk middelalder fra vikingetid til reformationstid*（Copenhagen, 1956 – 1978）.

Schück, Henrik and Warburg, K., *Illustrerad svensk litteraturhistoria*,

3rd edn (Stockholm，1926 – 1949).

Skovgaard-Petersen，Karen，*Historiography at the Court of Christian IV*：*Studies in the Latin Histories of Denmark by Johannes Pontanus and Johannes Meursius* (Copenhagen，2002).

——'The First Post-Medieval History of Norway in Latin：*The Historia Rerum Nor-vegicarum* (Copenhagen，1711) by Tormod Torfæus'，in Eckhard Kessler and Heinrich C. Kuhn，*Germania latina—Latinitas teutonica* (Munich，2003)，707 – 720. Available online at www. phil-hum-ren. uni-muenchen. de/GermLat/Acta/SkovgaardPetersen. htm (accessed 13 March 2011).

Tigerstedt，E. N. (ed.)，*Ny illustrerad svensk litteraturhistoria* (Stockholm，1955 – 1958).

Tjällén，Biörn，'Church and Nation：The Discourse on Authority in Ericus Olai's Chronica regni Gothorum (c. 1471)'，Ph. D. thesis，Stockholm University，2007. Available online at http：//urn. kb. se/resolve? urn＝urn：nbn：se：su：diva-7176.

472

王　静　译　李　娟　校

第二十三章 中世纪晚期到启蒙时代前夕的英国历史写作

丹尼尔·沃尔夫

1400—1700 年间,英国的历史写作经历了不同寻常的变化。[①] 1500 年以前,在一个仍然很大程度上依靠口头交流的社会中,历史主要是由神职人员书写的一种次要体裁,并且它主要是以手抄本的形式传播的。到了这一时期末,二百五十年以来的印刷术和稳步上升的书写能力,加之巨大的社会变迁和人口变迁,已经使得历史成为了受到最广泛阅读的文学形式,还使得它成为数以百计的作者所选择的主题。以更长远的角度看待这些变化,能够凸显出那些在更短期的研究中被掩盖了的持续和间断。某些持续是显而易见的:在这一整个时期中,过去主要被看作一种事例的来源,尽管对这些事例的理解是在变化着的;并且,除了少数值得注意的例外,整个时期缺乏女性书写的历史,尽管在贵族和上流社会人士中普遍存在女性历史读者,而且许多女性展现了对

---

① 我要感谢胡安·迈古阿西卡、大卫·艾伦和斯图亚特·麦金泰尔对这篇文章早前草稿的建议。谨以此文纪念约瑟夫·M. 莱文(Joseph M. Levine)。限于篇幅,这一章节将不讨论爱尔兰和以口头为主的苏格兰盖尔语地区的历史记忆——可以参见 Martin MacGregor, 'The Genealogical Histories of Gaelic Scotland', in Adam Fox and Daniel Woolf (eds.), *The Spoken Word: Oral Culture in Britain 1500 - 1850* (Manchester, 2002)。关于历史思想、往昔观或历史知识的社会传播这些更广泛的问题,参见 *The Social Circulation of the Past: English Historical Culture, 1500 - 1730* (Oxford, 2003)。

于非正式的历史探究的兴趣,这些历史探究通常关注的是家庭问题。[1]

　　本章不涉及 18 世纪中期至后期的"启蒙"历史编纂,这是休谟、罗伯森和吉本的时代,他们都以先前几代的历史写作为基础,同时也有所背离。本章所涉及的是从 1400—约 1740 年期间之主要发展的三个阶段。需要特别提醒的是,任何诸如此类的表述是模糊的,必须考虑到重叠的部分以及长期的过渡,也不应该掩盖能够贯穿这些相当武断的排列的其他相关变化:

　　(1)从 1400—约 1550 年的第一个阶段,是由王朝的和民族主义的主题所主导的,这些主题继承自中世纪晚期的国王/贵族的斗争和王权/教权的斗争。

　　(2)从约 1540—1660 年的"文艺复兴晚期和宗教改革"阶段,由在两个王国的叛乱中达到高潮的宗教冲突所支配。

　　(3)"复辟时期和 18 世纪早期"阶段,结束于大约 1740 年。在这一阶段中,历史写作调整自身以适应长期存在的思想上的分歧、英格兰作为一个多教派王国的现实状况、苏格兰对于其南方邻国日益增强的依赖性,以及更广大而且更高要求的读者群体的品位。

王朝的和民族主义的历史编纂 1400—约 1550 年

　　中世纪晚期和文艺复兴早期的历史写作延续了先前数百年的主题和趋势,包括对继承、正统性和国王权力问题的关注,这些关注将持续至 16 世纪早期。或许最显著的特征是英格兰历史著作数量的急速增加,在整个 15 世纪中,这个国家越来越意识到其反法兰西的民族认同感。这一趋势,以及与先前几个世纪相比更广

[1]　著名的例子包括下文将讨论的露西·哈钦森(Lucy Hutchinson)和纽卡斯尔公爵夫人玛格丽特·卡文迪什(Margaret Cavendish, Duchess of Newcastle);其他的例子参见 'A Feminine Past: Gender, Genre and Historical Knowledge in England, 1500 - 1800', *American Historical Review*, 102(1997),645 - 679。

泛的非专业读者对历史著作的阅读,将会因为自 15 世纪 70 年代以来的英格兰印刷术的流行而更加突出,并且在威廉·卡克斯顿(William Caxton)所出版的最早的一批书刊中,就有一些是历史书籍。尽管在此我们没有足够篇幅去详细讨论印刷术的影响,但毫无疑问的是其影响力是巨大的,并且先前的研究已经证明了,1500—1730 年间,历史书籍的数量几乎是呈指数增长的,而最强有力的增长发生在 1640 年之后。[1]

我们可以区分出这一阶段的四种类型的历史写作。[2] 第一种是长期持续的神职人员的历史编纂传统,这种历史写作是围绕着英格兰国王们这一中心角色而组织起来的,它产生出了 13、14 世纪的"圣奥尔本斯"(St Albans)修道院的编年史作者们(他们所创作的编年史与《法兰西大编年史》[Grandes Chroniques de France]最相近,后者写于 1476—1477 年,是由法国王室赞助的方言著作),或者产生出了中世纪西班牙皇室的历史编纂的丰富传统。圣奥尔本斯的作者们在 15 世纪的继承者是托马斯·沃辛汉姆(Thomas Walsingham)修士,此外还有在俗修士阿斯克的亚当(Adam of Usk),他撰写了一本涉及 1377—1421 年的英格兰历史的拉丁文编年史。《史综》(Polychronicon)是切斯特(Chester)的修士拉努尔夫·黑格登(Ranulf Higden)写于 14 世纪 40 年代的拉丁文世界编年史,经由 1387 年约翰·特雷维萨(John Trevisa)将其翻译成英文,这本著作在 15 世纪赢得了更多的读者。[3] 第二种是骑士的和军事的历史写作,它受到了关于亚历山大大帝(Alexander)、查理曼大帝(Charlemagne)或理查一世(Richard I)的传奇故事的影

---

[1] Daniel Woolf, *Reading History in Early Modern England* (Cambridge, 2000)。

[2] 查尔斯·L. 金斯福德的研究 *English Historical Literature in the Fifteenth Century* (Oxford, 1913),尽管过时了,但仍然有参考价值,参见 Antonia Gransden, *Historical Writing in England*, c. 1307 to the Early Sixteenth Century (Ithaca, NY, 1982) 和 Mary-Rose McLaren, *TheLondon Chronicles of the Fifteenth Century* (Rochester, NY, 2002)。

[3] John Taylor, *The 'Universal Chronicle' of Ranulf Higden* (Oxford, 1966)。

响,还受到了十字军东征(the Crusades)的历史编纂的影响,并且它起源于蒙茅斯的杰弗里(Geoffery of Monmouth)的早期改编本著作(通常以韵文写作)《不列颠诸王史》(*Historia Regum Brittaniae*)。通过百年战争期间的一些历史学家,例如其著作于16世纪20年代被翻译成英文的让·傅华萨(Jean Froissart),这类作品的读者数量增长了。在15、16世纪,这种写作同时被神职人员和世俗作者所延续。相关例子包括《亨利五世韵文本纪》(*Liber Metricus de Henrico Quinto*[字面意思为《亨利五世之诗》]),这是由埃尔的托马斯(Thomas of Elmham)修士所撰写的拉丁韵文编年史(完成于约1418年);以及约翰·哈丁(John Hardyng)的编年史,这本书从布鲁图斯(Brutus)写起,这位特洛伊的流亡者被广泛认为创建了不列颠的第一个君主国。哈丁的编年史于15世纪50年代用英文写成,这一著作在15世纪60年代被改写成了支持约克家族的版本。以伦敦为核心内容的匿名编年史《不列颠》(*The Brut*)的各种续编版本也得到了传播,这一编年史最初是一部盎格鲁-诺曼语著作,这些续编是自9世纪的《盎格鲁-撒克逊编年史》(*Anglo-Saxon Chronicle*)以来最早的用英文写成的散文体历史作品。[①]

　　第三种是一些显要人物的传记作品。格洛斯特公爵汉弗莱(Humfrey, Duke of Gloucester)雇佣意大利人提托·利维奥·弗鲁洛维西(Tito Livio Frulovisi)来撰写公爵的兄弟亨利五世(Henry V, 1413—1422年在位)的传记。[②]最后一位兰开斯特家族的国王亨利六世(Henry VI)的传记,是一部高度吹捧性的、充满赞扬和颂辞的传记,由他以前的牧师约翰·布雷克曼(John Blakman, or

---

① Chris Given-Wilson, *Chronicles*: *The Writing of History in Medieval England* (London, 2004), 140.

② 相比自金斯福德以来的先前的学者们,近来的学者对于这一著作的看法没有那么正面性了,参见 David Rundle, 'The Unoriginality of Tito Livio Frulovisi's *Vita Henrici Quinti*', *English Historical Review*, 123(2008), 1109 - 1131。

Blacman)写于约克家族统治时期,并出版于 16 世纪早期。① 具有
法人地位的城镇的发展壮大,尤其是伦敦,孕育了一种城市编年史
写作的适度传统。这种作品仿效了教会编年史的年代记式编排,
不过更关注当地的事物,这类年代记通常列出市长和其他官员,接
着加上对各种各样的当地事件的简短记述,并且偶尔会记述一些
关乎国家的重大事件。这类作品包括匿名的《伦敦大编年史》
(*Great Chronicle of London*)和一部都铎王朝时代早期的范例,即
罗伯特·法比安(Robert Fabyan)的两卷本《英格兰和法兰西新编
年史》(*Newe Cronycles of Englande and Fraunce*,1516 年),其中
涉及了自布鲁图斯以来的全部英格兰历史,不过是从一个伦敦人
的视角来撰写的。

476

　　王朝的或民族主义的主题普遍贯穿于这一时期的历史写作中,
其中一些著作甚至直接得到了王室的赞助,尽管并没有出现"官
方"历史编纂这种有意识的项目,即像是在中世纪晚期的法国或西
班牙、稍后的意大利城市国家和公国中出现的那种。此外,除了少
数例外,16 世纪和 17 世纪早期的历史著作都是倾向于君主的,并
且作者们小心翼翼地提防着因表达异见而可能遭致的惩罚,然而
显而易见的是,15 世纪的作者们看上去更少担心他们的作品落入
异己之人手中——一个叫沃克沃斯(Warkworth)的剑桥大学彼得
学院院长,在约克家族的爱德华四世(Edward IV)统治时期,完成
了一部支持兰开斯特家族的玫瑰战争编年史。②

　　1485 年,都铎王朝开启了,这并不标志着历史写作方面的分水
岭。尽管此后产生的修道院历史作品很少——甚至是在 16 世纪
30 年代亨利八世(Henry VIII,1509—1547 年在位)解散修道院以
前——王朝的主题仍然是首要的。第一位都铎王朝的国王亨利七

① Roger Lovatt, 'John Blacman: Biographer of Henry VI', in R. H. C. Davis and
J. M. Wallace Hadrill (eds.), *The Writing of History in the Middle Ages*
(Oxford, 1981),415 – 444.
② Given-Wilson, *Chronicles*, 211.

世（Henry VII）雇佣了一些外国诗人/历史家，诸如法国人伯纳德·安德雷（Bernard André）。在这些引进人才中最杰出的是波利多雷·维吉尔（Polydore Vergil），他是来自乌尔比诺（Urbino）的教皇的公职人员，于 1501 年来到英格兰，并且其一生的大部分时间都待在这里。维吉尔使用文艺复兴时期的拉丁文，撰写了第一部英格兰的人文主义史书《英格兰史》（*Anglica Historia*），这本书是按照统治朝代来编排的，从而取代了按年代编排的方法。维吉尔质疑杰弗里关于英国国王世系的说法（也就是说，这种说法是源自蒙茅斯的杰弗里的）的历史真实性，还质疑特洛伊人创建了英格兰这一神话的历史真实性，结果这些行为引发了英格兰和威尔士的批评家们的愤怒，他们中许多人本身就是人文主义者，这是自印刷时代以来的第一场英格兰历史大争论。①

从 14 世纪晚期到 16 世纪早期，苏格兰的历史写作差不多被设想成是反对，或者抵御，英格兰的历史写作的。除了以诸如《布鲁斯》（*The Bruce*）和《华莱士》（*The Wallace*）为代表的、赞美 13 和 14 世纪为独立而斗争的爱国主义方言诗作外，学术性的拉丁文历史编纂也必须与英格兰的相抗衡。在杰弗里关于不列颠的往昔观中，布鲁图斯的继承者们统治着整个大不列颠岛。这一观点的广为流传在低地苏格兰人中激发了一种相对应的神话，这种神话认为苏格兰拥有同样古老的基础和渊源以及连绵不断的独立性。福尔顿的约翰（John of Fordu）在其写于 14 世纪的《苏格兰民族编年史》（[*Chronica Gentis Scottorum*]，在 15 世纪早期，修道院长沃尔特·鲍尔[Walter Bower]将这本书大规模地照搬到《苏格兰编年史》[*Scotichronicon*]里）中，认为早期的西部高地苏格兰人（West Highland Scots）就已经建立了一个古代君主国，但与此同时，他将

477

---

① F. J. Levy, *Tudor Historical Thought* (San Marino, Calif., 1967); Denys Hay, *Polydore Vergil: Renaissance Historian and Man of Letters* (Oxford, 1952); and Peter Roberts, 'Tudor Wales, National Identity and the British Inheritance', in Brendan Bradshaw and Roberts (eds.), *British Consciousness and Identity: The Making of Britain, 1533–1707* (Cambridge, 1998), 8–42, esp. 15.

高地苏格兰人的残暴与低地苏格兰人的文明作对比，并且因此导致了一种区分这两者的悠久的历史编纂传统。苏格兰人有他们自己的神话，将本民族追溯到神话人物弗格斯·麦克弗廓德（Fergus MacFerquard）。他们甚至编造出一个与特洛伊人布鲁图斯相对抗的创始英雄，即希腊王子加色罗斯（Gathelos）及其埃及妻子斯歌塔（Scota）——当然这让他们有了优越感，因为希腊人曾彻底征服了特洛伊人。[①]

　　在富尔顿和鲍尔的基础上，早期的苏格兰人文主义者赫克托·波伊斯（Hector Boece）撰写了一部拉丁文著作《自民族起源以来的苏格兰史》（*Scotorum Historiae a prima gentis origine*，1527 年），其中带有一份从加色罗斯以来的苏格兰国王的完备谱系；经由约翰·贝伦登（John Bellenden）——先前曾翻译过部分的李维《罗马史》（Livýs history of Rome）——于 1536 年将其翻译成不精确的英文版，这本书得到了广泛的传播。约翰·梅尔（John Mair，或 Major）撰写了一本更加倾向于"不列颠"的史书——《大不列颠史》（*Historia Maioris Britanniae*，1521 年），该书标题与作者的名字形成双关语，它在几年前就已经问世了。梅尔是一个在巴黎受过教育的经院哲学家，他渴望通过低调处理过去的冲突和强调共同的起源来促进英格兰与苏格兰的友好关系。他的态度与其同时代人具有的强烈独立意识的性情是颇相违背的，因此，是波伊斯的观点影响了乔治·布坎南（George Buchanan）这位该世纪最杰出的苏格兰历史家，而非梅尔的。布坎南或多或少地对波伊斯早前的观点感到怀疑，[②]并且他所受到的语言学训练使得他拒绝相信关于加色

---

① Roger Mason, 'Scotching the Brut: Politics, History and National Myth in Sixteenth-Century Britain', in Mason (ed.), *Scotland and England 1286 - 1815* (Edinburgh, 1987), 60 - 84; and Steve Boardman, 'Late Medieval Scotland and the Matter of Britain', in Edward J. Cowan and Richard J. Finlay (eds.), *Scottish History: The Power of the Past* (Edinburgh, 2002), 47 - 72。

② Roger Mason, 'Civil Society and the Celts: Hector Boece, George Buchanan and the AncientBritish Past', in Cowan and Finlay (eds.), *Scottish History*, 95 - 119.

罗斯的神话。然而在布坎南的叙述中，弗格斯成为了创始者，他于公元前330年开创了一个延续了四十五位完全独立的国王的世系，而他的后罗马时代的后裔弗格斯二世（Fergus II）重新创建了一个王国，这个王国幸免于所有后来的入侵者，即英格兰人和诺曼人。

但是作为一名新教徒，布坎南对于第一位弗格斯具有相当独特的兴趣，这一兴趣超出了关乎民族自豪感的老问题的范围之外，并且使得他成为了在文艺复兴和宗教改革中同等重要的人物。他笔下的弗格斯是由部落首领们选举出来的，而这些首领们本身是由其追随者们选择的，因此这为布坎南激进的政治理论提供了历史证据，在政治上他认为应当对君主施加严格的限制。布坎南自己的王室学生詹姆斯六世（James VI，1567—1625年在位；也是英格兰的詹姆斯一世［James I］，1603—1625年在位）阐明了，这些事例能够以另一种方式来进行论证，他后来将弗格斯看作是不受限的王权的先例，并且是通过征服而非选举成为统治者的。

文艺复兴晚期和宗教改革时期的历史编纂

478

无论党派的分歧如何通过王室的倾向及其文学上的支持者划分了各家族，16世纪中期以前的历史写作并没有卷入真正的意识形态问题。通过将宗教分歧引入这个混合体中，宗教改革深刻地改变了这一状况。通过比英格兰更加突然的方式，苏格兰在稍后迎来了新教。在这里，历史几乎立刻与一种政治理论的发展产生关联，在长老会的背景下，这种政治理论支持对王权施加严格的限制，长老会认为国王是加尔文宗苏格兰教会（Calvinist Kirk）的领导成员（leading members），而非头领（heads）。在英格兰，国王对于宗教的管辖权在17世纪40年代以前从未受到威胁，大多数历史家把国教圣公会看作是王权的一种核心衍生物。在这里，来自清教徒的批评主教制度的反对意见，少于来自一小部分（主要是流亡海外的或地下的）天主教作家的，比如尼古拉斯·桑德尔（Nicolas

Sander)和罗伯特・佩尔森斯(Robert Persons)。[1]

在这两个王国的历史家们的关注点方面,还有一种可觉察到的变化。在英格兰,于人文主义的第一个繁盛期中主导了历史写作的对王朝稳定性之固执偏爱,在 1530—1580 年间明显地转变到了为新近独立的英国国教溯源的需求上来。仅仅是在接近 16 世纪末的时候,关注的焦点才回到王朝和继承的问题上来,这时的英格兰诗人、剧作家和历史家们面对的是令人担忧的前景,即伴随着无子嗣的伊丽莎白一世(Elizabeth I,1558—1603 年在位)之死而来的争议性继承问题。在边境以北,布坎南的《关于苏格兰王权的对话录》(De Jure Regni apud Scotos,1579 年)和《苏格兰史》(Rerum Scoticarum Historia,1582 年)背后的推动力,不仅仅是对学术的热爱,也不仅仅是他所继承的波伊斯的民族主义,而且也是为一场宗教改革做好思想基础方面的准备,这一宗教改革比斯图亚特王朝的国王们能够考虑到的更激进。约翰・诺克斯(John Knox)更是如此。诺克斯的方言作品《苏格兰宗教改革史》(History of the Reformation of the Church of Scotland)以分段的形式出版于 1587 年,这本书避开了古代国王们的遥远过去,而从对罗拉德派(Lollard)的迫害谈起。诺克斯的天主教论敌是罗斯(Ross)的主教约翰・莱斯利(John Leslie),他撰写了涉及 1436—1571 年的《苏格兰史》(History of Scotland,1578 年),该书也是从宗教角度撰写的,而非从苏格兰独立或国王/贵族的关系这些老问题的角度,莱斯利凭借这本书同时与诺克斯和布坎南争论。到了 17 世纪早期,苏格兰教会中圣公会与长老会派别之间日益僵化的界限,导致了圣公会大主教约翰・斯波提斯伍德(John Spottiswood,《苏格兰教会史》[History of the Church of Scotland],1655 年)和长老会教徒大卫・卡尔德伍德(David Calderwood,《苏格兰国教会史》[History

---

[1] Christopher Highley, '"A Pestilent and Seditious Book": Nicholas Sander's Schismatis Anglicani and Catholic Histories of the Reformation', in Paulina Kewes (ed.), The Uses of History in Early Modern England (San Marino, Calif., 2006),147 - 167。

of the Kirk of Scotland]，1842—1849 年)的历史著作，在他们死后被出版而形成竞争局面，后者的著作曾于 1646 年以节略本的形式问世。

关于欧陆人文主义对历史写作产生的影响，人们已经说过很多了，并且再一次地，苏格兰和英格兰或多或少展现出了不同的模式。存在着这么一些相似性：这两个王国的"官方历史编纂"传统都不发达；在这两个王国中都没有形成非常有活力的城市编年史传统——与同时代瑞士和德意志的城镇编年史比起来，这两个国家无疑没有这种传统，前面两个地区的城镇编年史的现代版本能够塞满好几个书架。① 尽管苏格兰历史家的数量很少，但在采用一种人文主义的历史写作风格方面，他们比其英格兰同行们更坚定和迅速。从波伊斯到布坎南，存在着风格和拉丁文模式方面的延续性，尽管最初诗歌不常见，仅极少量地以中世纪年代记的方式存在，但后来诗歌已经成为首选的、高贵的历史表现体裁。在英格兰，这一情况就不明显(尽管这里的著作数量要多得多)。以维吉尔的《英格兰史》和托马斯·莫尔爵士(Sir Thomas More)的传记《理查三世本纪》(*History of Richard III*)为代表的、撰写古典风格的王国历史的尝试，并没有及时扎下根来，尽管爱德华·霍尔(Edward Hall)在其《兰开斯特和约克两大显贵家族的联合》(*Union of the Two Noble and Illustre Famelies of Lancastre* [*and*] *Yorke*，1548 年)中采用了王国的格式，但这是最后一部重要的以王朝为导向的史书了。与在苏格兰相比，印刷术在英格兰更迅速地影响了历史作品的传播和普及，它是编年史首先兴旺传播、然后急速衰落并实质性消亡的原因。许多来自社会中等阶层的作者，包括理查德·格拉夫顿(Richard Grafton)、约翰·斯托(John Stow)以及与拉斐尔·霍林斯赫德(Raphael Holinshed)的《编年史》(*Chronicles*，1577 年，增补版，1587 年)相关

479

---

① *Die Chroniken der deutschen Städte vom* 14. *bis in* 16. *Jahrhundert*，38 vols. (Leipzig，1862 - 1968)；and F. R. H. Du Boulay，'The German Town Chronicles'，in Davis and Wallace-Hadrill (eds.)，*The Writing of History in the Middle Ages*，445 - 469.

的编辑团队,在16世纪50—80年代间陆续出版了许多书籍;尤其是斯托作品的再版和修订版不时地问世,直到17世纪30年代。

在转向人文主义的方式中所出现的差异之原因,不完全是清晰的,但是苏格兰与欧洲大陆,尤其是法国的传统性联系,无疑是其中的一个因素(正如两个世纪以后,相比于其南方的同行们,这些因素将导致苏格兰历史家们更快且更热情地采纳欧洲的哲学式的历史)。而英格兰的作家们确实意识到了他们曾经不知道的人文主义和古典模式——维吉尔和摩尔除外,他们是知道的——并且开始采用它们。这种变化开始于16世纪80年代,最早出现在少数为历史的写作和阅读提供指导的著作中。其中包括托马斯·布伦德维尔(Thomas Blundeville)对两本意大利文作品所作的英文改编本,即《写作和阅读历史的真正规则和方法》(*The True Order and Methode of Wryting and Reading of Hystorie*,1576年),以及包含在《诗辩》(*Defense of Poesy*,1595年)中的言词诙谐、引起争论的对历史的评论,其作者是侍臣和诗人菲利普·锡德尼(Philip Sidney)。尤其引人注目的是,法国神学家让·博丹(Jean Bodin)在剑桥大学很受欢迎,他的《易于理解历史的方法》(*Methodus ad facilem historiarum cognitionem*,1566年)标志着欧洲"历史艺术"传统的巅峰。①

对历史写作产生更大影响的是罗马历史家塔西佗的流行,他以简要而警句式的风格提供了一种对政治的敏感性,而且他没有那种属于另一个精明的政治观察者——佛罗伦萨的尼科洛·马基雅维利——的消极联想。塔西佗的著作于16世纪90年代被翻译成英文,并且许多历史家迅速地抛弃了那些为特定朝代所写的编年

---

① 苏格兰从未发展出"历史艺术",而英格兰是很晚才采用它的,并且主要是来源于欧洲大陆的作者们。Anthony Grafton, *What Was History? The Art of History in Early Modern Europe* (Cambridge, 2007); J. H. M. Salmon, 'Precept, Example, and Truth: Degory Wheare and the Ars Historica', in Donald R. Kelley and David Harris Sacks (eds.), *The Historical Imagination in Early Modern Britain* (Cambridge, 1997),11-36.

第二十三章　中世纪晚期到启蒙时代前夕的英国历史写作

史,通过莎士比亚(Shakespeare)及其同时代人们的戏剧,塔西陀的历史叙述同时也被铭刻在了英格兰人的意识中。这些"政治"历史家包括民法学家约翰·海沃德(John Hayward,撰写了一部争议性的关于亨利四世[Henry IV]登基的历史著作以及其他作品)、威廉·卡姆登(William Camden,不情愿地撰写了一部伊丽莎白一世统治时期的历史著作《年代记》[Annales],以类似塔西陀的文风来编排)、罗伯特·科顿爵士(Sir Robert Cotton,撰写了一本关于亨利三世统治时期的影射小说[roman à clef],这本小说明显地影射他自己所生活的时代)、弗朗西斯·培根(Francis Bacon,在他于1621年失宠后,他试图通过自己对亨利七世统治时期的分析来重新赢得王室的支持)和舍伯里的爱德华·赫伯特爵士(Edward Lord Herbert of Cherbury),他撰写的关于亨利八世的历史著作是这一群体中的晚期代表作。出版限制以及担心冒犯君王的作者们的自我审查,使得政治观点局限于相当狭窄的范围内,但是诸如培根和科顿这样的作者以及许多剧作家和诗人,却利用过去来间接地批评和评论时政。《英格兰历史集》(The Collection of the Historie of England,1618年)或许提供了最杰出的叙述,这是詹姆斯一世时期的诗人萨缪尔·丹尼尔(Samuel Daniel)的著作,这本书从诺曼征服讲述至14世纪晚期,其中充满了他对文化、法律和语言变化的敏锐感悟。

　　到了这一时期,政治和文化密不可分地相关联;再次兴起的对王朝稳定性的关注,因兴起中的英格兰的帝国志向而增强了,这种关注不仅仅是对都铎朝早期问题重新感兴趣。的确,在英格兰(与苏格兰不同),强大而独立的君主制提供了对于教皇宗主权主张的天然屏障。在这一背景下,古老的杰弗里式神话被证明为是效用有限的。更有价值的是历史上的君士坦丁大帝(Emperor Constantine,后来成为了基督教的捍卫者,据说他出生于不列颠,是一位不列颠妇女的儿子)和"卢西乌斯王"(King Lucius)这个模糊不清的人物,他是一个完全虚构的1或2世纪的国王,传说他通过早期的教皇义禄(Eleutherius)的特使们而皈依了基督教。[1] 在宗教改革的进程中,这一阶段的许多作家将历史用作武器,但没有人比约翰·福克斯(John Foxe)做得更有效或产生更大的影响。在玛丽一世女王(Queen Mary I)重新尊奉天主教的短暂时期,福克斯被流放了,因此他受到了欧洲大陆新教教会的历史编纂的深刻影响。他后来撰写了《行传与实录》(*Acts and Monuments*),这本书是他那个时代被最广泛阅读的历史著作品,于 1563 年初版并陆续在之后几个版本中得到增补。福克斯的材料通常来自文献记录和当时的目击者,由于这本书关注的是其研究对象们的虔诚生活和英勇牺牲,他被认为是当时的欧陆新教徒传统中的一位殉教史研究者——类似于让·克莱斯宾(Jean Crespin),并且他的这部著作通常被简单地称作《殉教者之书》(*Book of Martyrs*)。但它同时还是对中世纪和近代英国历史的叙述,也是处于尤西比乌斯和奥罗修斯传统中的一部教会史著作。

然而,在 17 世纪初政治历史家的著作中,宗教不是占显要地位的;的确,很多学者将其看作危险领域而回避它。称得上例外的是命途多舛的冒险家沃尔特·雷利爵士(Sir Walter Raleigh),他出版了著名的《世界史》(*History of the World*,1614 年),这本书部分要归功于在塔西陀和马基雅维利那里发现的"审慎"传统,但更多地要归于新教的欧洲大陆历史著作。雷利的著作内容写至公元130 年,因而避免了直接牵涉近代的基督教历史,但是其中围绕着四个帝国或世界性王国(让·博丹拒绝这种时代划分)来编排的宿命论(providentialism),展现了一种可以追溯到福克斯那里的含蓄的启示录式因素。它还接近另外一种重要而受到忽视的历史写作体裁,即编年史。在本质上,这是一种通过对比源自不同文化的精确编辑的古代文本、进而弄清楚世界的精确年代(在一个照字面采用《旧约》[the Old Testament]中创世纪的记述的精神环境中,这种

---

[1] Felicity Heal,'What can King Lucius do for You? The Reformation and the Early British Church',*English Historical Review*,120(2005),593-614。

年代是可分的)和古代异教与犹太人王国的关键日期的学科。这并非一项容易的工作,它要求精通多种语言,并且在使用天文学数据方面,复杂的数学计算经常是必要的。在都铎朝时期就出现了一些这个研究课题方面的著作(包括威廉·哈里森〔William Harrison〕修士所撰写的一本著名的未出版书籍,他是霍林斯赫德《编年史》的撰稿人之一),在 17 世纪这类作品的数量成倍增加。少数英格兰的相关学者确实符合了由欧洲学者们诸如约瑟夫·尤斯图斯·斯卡利杰(Joseph Justus Scaliger)所设置的标准——我们能马上想到托马斯·利底亚特(Thomas Lydiat)和约翰·马斯汉姆(John Marsham),还有英裔爱尔兰主教詹姆斯·乌雪(James Ussher),他因将创世之日确定为公元前 4004 年十月一个特定的晚上而闻名。在接下来的数十年中,威廉·霍维尔(William Howell)以及甚至是伟大的艾萨克·牛顿爵士(Sir Isaac Newton)等人,开始从事编年史工作。不过在苏格兰,这一体裁得到了更加积极活跃的应用,在诺克斯的启示论的孕育下,编年史体裁激发了地主约翰·纳皮尔(John Napier)的灵感,他因此而发明了对数以用作计算工具。[①]

　　在根本上,宗教问题被证明是整个大不列颠岛在二十年内政治不稳定的催化剂,首先是苏格兰的加尔文宗教徒,后来是英格兰的清教徒反叛圣公会政权,圣公会政权被怀疑与由查理一世国王(King Charles I,1625—1649 年在位)支持的"教宗主义"过从甚密。随后,在苏格兰、英格兰和爱尔兰发生的 17 世纪 40 年代的内战,因 1649 年处死国王、在英格兰建立的虔诚共和国、之后这一政权对苏格兰——苏格兰后来站在国王及其儿子查理二世(Charles

482

_____

① 　关于纳皮尔,参见 Williamson, *Scottish National Consciousness in the Age of James VI* (Edinburgh, 1979);对编年史这一体裁的更全面论述,参见 Anthony Grafton, *Joseph Scaliger*, vol. 2 (Oxford, 1993)。正如艾萨克·牛顿爵士的晚期著作所体现出的,在 18 世纪,编年史仍旧是一个非常重要和高度专业化的历史研究分支。参见 Frank E. Manuel, *Isaac Newton*, *Historian* (Cambridge, Mass., 1963)。

II)一边——的直接军事统治而达到顶峰。国内冲突和频繁政权变迁的这二十年标志着这一历史写作阶段的高峰——这也是欧洲大陆的"宗教战争"时期——但也是向下一个阶段的过渡期。

政权的崩塌和文书审查制度,连同用于多方面的宣传活动的便宜印刷的激增,还产生了其他影响。最明显的是,历史著作的数量立刻得到了相当大的增长——其中的许多是针对最近的历史的,因其政治敏感性,这一话题在很大程度上被前几代人回避了。这一情形逐渐将政治关注重新引向作为当前的"原因"的过去,而不仅仅像在 16 世纪的意大利和法国那样,过去是照出当前的"镜子"和警示性事例的来源。最重要的是,与向前相比,它使得历史编纂中存在着更多明确的意识形态上的差异。在 1640 年以前,除了一些关系不大的例外,英格兰的历史著作在口吻上几乎是一致性地支持国王的。当然,长期以来宗教引发着激烈的分歧——福克斯的《行传与实录》证明了反天主教态度的强度——但在叙事史的主流中,这一点并不占显要地位,主流的叙事史(也有一些天主教的例外)趋向于在其所探讨的所有宗教范围内,坚持教会和国王的权力。在 1640 年以后,随着历史家们争论哪一方应该对当时的困境负责,观点的区分——议会派的、保王派的、共和主义的、长老会的、独立的——变得更广泛了。

通常的情况就是,一场危机为叙事史的写作带来活力,此前的叙事史已经明显地对英格兰的过去没什么可写了——大多数最出色的政治历史家都是诞生于詹姆斯一世统治时期的,而 17 世纪 30 年代诞生的就相当少了。与此形成有趣对应的,是 15 世纪 90 年代的意大利,持续了数十年的、日益重复乏味的人文主义历史编纂,突然受到了法国和西班牙入侵的再次刺激,从而诞生了诸如马基雅维利和弗朗西斯科·圭恰尔迪尼(Francesco Guicciardini)之类的学者。[1] 必须承认,诞生于 17 世纪 40 年代的著作中,很少是研

---

[1] Eric Cochrane, *Historians and Historiography in the Italian Renaissance* (Chicago, 1981),163.

究或思想成就方面的显著例子。的确，其中绝大多数是议会支持者如亚瑟·威尔逊（Arthur Wilson），或其保王党论敌如彼得·海林（Peter Heylyn）的枯燥乏味的成果。然而，正如在这样的骚乱中经常发生的，在令人绝望的环境中，这次冲突为历史家们提供了一组可选择的新问题，并且最终，从这次冲突中产生了一些持久的精华。托马斯·梅（Thomas May）是一位议会议员，翻译了罗马史诗诗人卢坎（Lucan）的作品，他撰写了一部关于持续至当时的长期议会（Long Parliament）的历史著作（1647 年）。而虔诚的清教徒露西·哈钦森（Lucy Hutchinson），作为一名罕见的女性历史家，撰写了她的共和主义者丈夫托马斯·哈钦森上校（Colonel Thomas Hutchinson）的传记，这本书直到 19 世纪才出版。[①] 政治哲学家詹姆斯·哈林顿（James Harrington），继承了文艺复兴晚期的共和主义理念和马基雅维利的审慎，他将内战构想成这一个社会和经济变迁的世纪的顶峰，将这种变迁追溯到都铎时代对贵族势力的打击和亨利八世对教会土地的重新分配，这是一种天才般的构想。哈林顿的《大洋国》（*Common-wealth of Oceana*，1656 年）把英格兰（"大洋"）及其近来的君主小说化，但书中前面的章节所叙述的历史是明显无误的。这一时期另一位大哲学家是托马斯·霍布斯（Thomas Hobbes），他曾翻译过修昔底德（Thucydides）的著作，他也是声名狼藉的政治学专著《利维坦》（Leviathan，1651 年）的作者，后来他撰写了自己的长期会议史（以对话的形式写成，而非叙事的形式）《比希莫斯》（*Behemoth*，1679 年），以此来回应梅。[②] 最后，查理一世的温和保王派顾问（而且也一度是查理二世的大法官

---

① Devoney Looser, *British Women Writers and the Writing of History*，1670 - 1820 (Baltimore，2000)，28 - 60.

② 关于内战时期的历史家，参见 R. C. Richardson, *The Debate on the English Revolution* (3rd edn，Manchester，1998)；Royce MacGillivray, *Restoration Historians and the English Civil War* (The Hague，1974)，esp. 15 - 47；and David Cressy, 'Remembrancers of the Revolution: Histories and Historiographies of the 1640s'，in Kewes (ed.)，*The Uses of History*，253 - 264.

[Lord Chancellor]）——克拉伦登伯爵爱德华·海德（Edward Hyde，earl of Clarendon），他在 1640 年代逃离英国，在 1667 年失去权威后再次流亡，在其流亡期间，他撰写了后来成为其名著的《英国叛乱与内战史》(*History of the Rebellion and Civil Wars in England*，1702—1704 年)的手稿。这部引人入胜的著作把第三人称视角的事件详述，与自传性的自我辩护相结合，如果不考虑它在真实性上的瑕疵和偏见的话，该书堪称最伟大的用英文写成的历史著作之一。它使得作者名垂千古，在下一个世纪，他最热诚的拥护者们将其与修昔底德相提并论。克拉伦登的著作以及许多其他著作提前指向了（通常在年代上也是属于）复辟时期，并且它们每一本都预见了后来数十年中的一个焦点——在一个党派性日益严重的环境中，如何在不激起更多暴力的前提下解释过去的冲突。①

484 复辟时期与 18 世纪

复辟时期和 18 世纪早期的历史家们接手了两个问题，一个是政治和社会方面的，另一个是思想和美学方面的。第一个问题是二十年急剧不稳定的后果，这二十年在先前难以想象的弑君行为中达到高峰。在获胜的持各种观点的保王派和失败者们中，对内战的解释仍旧是叙述的主要话题。失败者包括前军官、流亡中的激进分子埃德蒙·勒德洛（Edmund Ludlow），以及诗人、前共和主义者约翰·弥尔顿（John Milton），他出版了一部未完成的《不列颠史》(*History of Britain*，1670 年)，这部书大部分都是在 1650 年代撰写的。该书在名义上是关于古英国人因其集体罪恶而受到的神圣惩罚，但它实际上讨论的是他所处时代神圣规则的失败。② 另

---

① 这一问题，以及在后内战背景下历史和记忆的关系，是马修·诺伊费尔德博士在其近期论文中研究的课题，'Narrating Troubled Times: Making Sense of the Civil Wars and Interregnum in Memory and History, England 1660‑1714', Ph. D. thesis, University of Alberta, 2008。

② Nicholas Von Maltzahn, *Milton's History of Britain* (Oxford, 1991).

外有许多人,比如议会派将领托马斯·费尔法克斯爵士(Sir Thomas Fairfax,1699年)、克伦威尔的官员布尔斯特罗德·怀特洛克(Bulstrode Whitelocke,1682年)、牧师理查德·巴克斯特(Richard Baxter,1696年)和保王党人菲利普·沃里克爵士(Sir Philip Warwick,1701年)创作了死后出版的(通常也是受到严格审查的)回忆录,讲述了他们的经历,这种做法是仿效了15世纪的法国历史家科米纳。1661年,为了明确的争辩目的,国王甚至创设了一个法国式的官职,即王室史家。这一官职的早期任职者们没有创作任何一部原创历史著作,并且他们之所以被选任,主要是由于其争辩技巧或文学名声,以及由于他们与掌权者的关系。其中的成员包括诗人约翰·德莱顿(John Dryden),他主要的贡献是翻译了法国耶稣会士路易·曼布尔(Louis Maimbourg)的《联盟的历史》(*History of the League*,1684年),实际上,这部著作是稍加伪装的、针对辉格党议会领袖沙夫茨伯里伯爵(the earl of Shaftesbury)的抨击。这一职位服从于党派的赞助,并且在光荣革命中,德莱顿被免职,继任者是他长期以来的论敌,剧作家托马斯·沙德维尔(Thomas Shadwell)。① 在苏格兰,为了类似的目的而创设了一个相似的官职,在英格兰的这一职位延续至今,但苏格兰的却没有。②

　　尽管暴力减弱了并且不确定的稳定性回归了,但这一代的英国人是不同于先前一代的。这一时期的著称之处通常在于,到了该世纪末期形成了首批政治党派,即辉格党和托利党,以及下个世纪初随之而来的所谓"党派的盛行"(rage of party)。但是,早在这些

---

① Paulina Kewes, 'Acts of Remembrance, Acts of Oblivion: Rhetoric, Law, and National Memory in Early Restoration England', in Lorna Clymer (ed.), *Ritual, Routine, and Regime: Institutions of Repetition in Euro-American Cultures, 1650 - 1832* (Toronto, 2006),103 - 131.

② Denys Hay, '*The Historiographers Royal in England and Scotland*', Scottish Historical Review, 30(1951),15 - 29。在英格兰,这一职位在下个世纪中才开始被授予给主要具有学术才能的人员,而非文学性的人员。

党派形成的很久以前,政治形势就已经在事实上分裂得很厉害了。

宗教局面也是如此,英国国教的重新建立和一系列针对之前的清教徒——在这个时候被称作"不顺从国教者"或"不尊奉圣公会的英国新教徒"——的惩罚性法律,都无法根除形成于 17 世纪 40—50 年代的各种教派和宗派。

　　这对历史编纂产生的结果是多重的:在这一时期,历史家们从鲜明的政治-宗教视角来直抒己见,尽管在表面上他们宣称自己是在呈现不加修饰的真相;争论仍旧延续(尽管文学权威们如约瑟夫・艾迪生[Joseph Addison]坚决主张"文雅"知识['polite' learning],争论更尖锐了);这一形势转而为历史编纂的争论者们施加了一种需求,即要同时证明他们自己的真实性、正直和"不偏不倚",以及其论敌的道德缺陷、差劲的判断力和党派偏见。① 通过借用教会史学的一种传统手法,复辟时期的历史家们致力于详尽地抄写、印刷文献和政治小册子。约翰・拉什沃斯(John Rushworth)是一位前议会派官员,他出版了《历史资料集》(*Historical Collections*,1659 —1701年),该书完全是由这类文献构成的。他的保王派论敌约翰・纳尔逊(John Nalson)出版了《公正的资料集》(*Impartial Collection*,1682 年)来回应他。这种文献同时涉及政治史和宗教史,其传播(在文学性方面是不尽如人意的,但是对于后世的历史家们帮助极大)将一直持续至 18 世纪早期;事实上,像约翰・斯特赖普(John Strype)这样的作者就是以此作为职业的,他出版结合了都铎时期高级教士的生平的文献。其他人采用了普罗科匹乌斯《秘史》的体裁,这种体裁先前在英国未被充分利用,通过这种方式,他们试图向公众揭露"神秘的帝国"和大人物们的私人丑闻。② 到了该世纪末期,

① Joseph H. Preston, 'English Ecclesiastical Historians and the Problem of Bias, 1559 - 1742', *Journal of the History of Ideas*, 32(1971),203 - 220.

② Eve Tavor Bannet, '"Secret History": or, Talebearing Inside and Outside the Secretorie', in Kewes (ed.), *The Uses of History*, 367 - 388; and Michael McKeon, *The Secret History of Domesticity: Public, Private, and the Division of Knowledge* (Baltimore, 2005),469 - 473,482 - 505.

在历史的阐释方面,先前保王派和议会派在 1640 至 1660 年代所占据的地位,或多或少地过渡到了可识别的"辉格党"和"托利党"这边,其可区分的差异不仅在于对 17 世纪问题的描述方面,还在于其对英格兰历史上各时期的态度方面,比如如何看待诺曼征服、中世纪的国王与议会和贵族的关系,以及宗教改革本身的进程。[①]

　　第二个问题是第一个的后果。历史家们和一些读者对叙事史学的质量深感不满。这可以部分地归因于"历史艺术"的重新普及,尤其是通过诸如皮埃尔·勒·穆瓦纳(Pierre Le Moyne)这样的法国作家以及旧有英文著作的新编辑者们,如德格利·惠尔(Degory Wheare,1623 年;1685 年从拉丁文翻译而来)和马提亚·普里多(Matthias Prideaux)著作的编辑们。普里多的《阅读各种历史作品的简要导论》(*An Easy and Compendious Introduction for Reading all Sorts of Histories*,1648 年),作为一部学者的著作,到 1682 年为止已经出至第六版了。这些著作为历史写作和对过去历史家的评论提供了风格上的原则,并且这时对过去历史家的评论极大地超越了古典权威如西塞罗的更一般性的建议,西塞罗的格言——历史是"真理之光和生活的导师",现在演化为一种更狭义的解释,即历史是"从事政治活动的最佳基础"。[②] 实际上,先前一个世纪的英格兰历史家们都没有被看作是合格的,尤其是编年史家们此时完全不在讨论之列,尽管有人提到了以下情形,即在 18 世纪的许多未出版的教区和城镇编年史中,编年史的形式

486

----

① Mark Knights,'The Tory Interpretation of History in the Rage of Parties', in Kewes (ed.),*The Uses of History*,347 - 366;Blair Worden,*Roundhead Reputations:the English Civil Wars andthe Passions of Posterity* (London, 2001);and Melinda S. Zook,'The Restoration Remembered:TheFirst Whigs and the Making of their History',*The Seventeenth Century*,17(2002),213 - 229.

② 这是约翰·邓顿(John Dunton)的言论,他是该世纪末期的一位御用文人;引自 Daniel Woolf,'Narrative Historical Writing in Restoration England:A Preliminary Survey',in W. Gerald Marshall (ed.),*The Restoration Mind* (London,1997), 207 - 251,at 208。

仍然存在。[1] 这种情况部分地是由于当时的一种坚定信念，这种信念是由早前的作家如培根和雷利明确表述的，但是在 1660 年以前并未受到足够的重视，它认为，为了写出恰当的历史，作者必须具有丰富的经历、良好的教育、高贵的出身并且熟谙公共生活。很少有人具备必要的地位和经历来撰写一部李维式的（在这个新古典主义时期，对他的评价再次提高了）英格兰通史，或者是效法修昔底德，撰写一部关于特定事件如内战的历史。考虑到迫切地想要对最近的过往进行历史编纂上的重新定位，在该世纪下半叶，修昔底德就是最受敬仰的古典时代历史学家。大多数人也无法达到由两位备受尊敬的 17 世纪早期伟人设置的标准，其中之一是意大利牧师保罗·萨尔皮（Paolo Sarpi），他撰写了反对教皇政治的批判性著作《特伦托会议史》（*Istoria del Concilio Tridentino*，1619 年），这本书在新教的英格兰发挥了重要作用；另一位是法国政治家雅克·奥古斯特·德·图（Jacques-Auguste de Thou），他的《我自己时代的历史》（*Historia sui temporis*，1604—1620 年，书中对苏格兰女王玛丽[Mary，Queen of Scots]的负面描绘，促使卡姆登撰写《编年史》以作为回应）成为了当时政治史的范例。在效仿修昔底德、德·图和撰写了法国宗教战争的意大利史家达维拉方面，最成功的或许就是克拉伦登，他的著作由其托利党的儿子们出版于1702—1704 年，并获得了广泛的积极反响。[2] 出身于苏格兰的辉格党主教吉尔伯特·伯内特（Gilbert Burnet，由于其《宗教改革史》[*History of the Reformation*，1679—1714 年]的第一卷，他在 1679

---

[1]　Philip Hicks，*Neoclassical History and English Culture：From Clarendon to Hume*（Basingstoke，1996），1 - 22，谈到了对英格兰历史写作的不满；关于城市编年史，参见 Rosemary Sweet，*The Writing of Urban Histories in Eighteenth-Century England*（Oxford，1997），74 - 99。

[2]　克拉伦登还是这一时期的历史学家中被研究得最透彻的，参见 B. H. G. Wormald，*Clarendon：Politics，Historiography and Religion，1640 - 1660*（Cambridge，1951）；Martine Watson Brownley，*Clarendon and the Rhetoric of Historical Form*（Philadelphia，1985）；and Paul Seaward，'Clarendon，Tacitism，and the Civil Wars of Europe'，in Kewes（ed. ），*The Uses of History*，285 - 306。

年收到了议会的感谢)撰写了在他死后出版的《我自己时代的历史》(*History of His own Time*，1724 年)，这部著作非常具有争议性，受到了托利党人和高教会派(High Church)牧师们的普遍嘲笑，并且被乔纳森·斯威夫特(Jonathan Swift)等著名文学家们严厉地批评。相比于其都铎时期的前辈们，这时的历史著作评论家们更直接地注重风格问题，并且他们认为，那些对于论证一件事情来说必要的文献和引证，破坏了叙事的流畅性，同时它们也是古代历史编纂中所设置的引人注目演说的差劲替代品。

487

　　在复辟时期，对于英格兰法律史、诺曼征服前的时期(因为如果像威廉一世[William I]这样的征服者能够撤销所有法律的话，又有什么能够阻止当代的斯图亚特国王们呢?)以及如议会这样的机构的古史，人们重新提起了兴趣，并且这种关注更敏锐了。对这些问题的研究可以追溯到 17 世纪早期的学者赛尔登(Selden)和斯佩尔曼(Spelman)，以及随后在 17 世纪 40 年代激进的平权主义者们反对诺曼人的"束缚"的争论。但是在后内战时代，这些问题重新变得紧迫起来，这是一个强调旧有的反天主教态度的时代，是担忧专制主义和"世界性君主国"(universal monarchy)的时代，这些令人畏惧的理念具体体现在法国的路易十四(Louis XIV)身上。保皇分子罗伯特·布莱迪(Robert Brady)撰写了非常具有托利党倾向的《英格兰全史》(*Complete History of England*，1685 年)和另外几部历史著作，而他的辉格党批评者詹姆斯·蒂雷尔(James Tyrell)撰写了三卷本《英格兰通史》(*General History of England*，1696—1704 年)，该书涉及直到理查二世(Richard II)的历史;这两位作者都具体表达了一种历史编纂，即在数不清的对近来战争的叙述中，以尽可能论争性的方式重新致力于中世纪的往昔。[1] 在宗

---

[1]　关于这些问题，以下叙述仍旧是不可或缺的，J. G. A. Pocock, *The Ancient Constitution and the Feudal Law* (Cambridge, 1957; rev. edn, Cambridge, 1987). Cf. Janelle Renfrow Greenberg, *The Radical Face of the Ancient Constitution: St Edward's 'Laws' in Early Modern Political Thought* (Cambridge, 2001)。

教领域中也同样充满了争论，它也导致了用于支持争论的、各种形式的学术研究。其中包括在全岛范围内对不列颠早期教会的探索，比如爱德华·斯蒂林弗利特主教（Bishop Edward Stillingfleet）的《不列颠源流》（*Origines Britannicae*，1685 年），以托马斯·福勒（Thomas Fuller）的《不列颠教会史》（*Church-history of Britain*，1655 年）为模版的全面的教会叙事史，以及杰里米·科利尔（Jeremy Collier）的《大不列颠教会史》（*Ecclesiastical History of Great Britain*，1708 年）；主教和大主教们的生平（最著名的是亨利·沃顿［Henry Wharton］的作品集《神圣的英格兰》［*Anglia Sacra*，1691 年］）；中世纪编年史的新版本（在十八世纪早期，这是牛津的托利党人托马斯·赫恩［Thomas Hearne］的惯用手段）①；以及出众的语文学和语言学研究，如乔治·希克斯（George Hicks）这样的牧师的作品。

在许多方面，这几十年见证了一种历史的"重新教权化"（reclericalization），因为这是自中世纪晚期以来，首次有大量的各等级神职人员从事于叙事史（如乡村牧师劳伦斯·艾卡德［Laurence Echard］这个例子，他的通史《英格兰史》［*History of England*］从 1707—1718 年以分册形式出版）或古物研究。大学本身就是由教会掌控的机构，与该世纪更早前相比，这时它们在历史研究和历史叙述方面发挥了更直接的作用。这一情况在 1724 年达到高峰，以在牛津和剑桥创设的近代史（这里的"近代"，指从古典时代晚期以来的时期）钦定讲座教授职位（Regius Professorships）为标志。这一创设是由王室赞助的，在当时这一职位很少创作出具体的历史著作，但是在历史写作与学院文化的联合方面，它具有里程碑式的意义。（在此一个世纪前，卡姆登在牛津创设了一个古代史教席，而大约同时剑桥也创设了一个存在时间不长的古代史教席。）此外，世俗作者们如布莱迪和蒂雷尔，他们所利用的争论策略通常源自

---

① Theodor Harmsen, *Antiquarianism in the Augustan Age*: *Thomas Hearne*, 1678 - 1735 (Oxford/New York, 2000).

第二十三章　中世纪晚期到启蒙时代前夕的英国历史写作

教会史,这些策略包括将论敌们掩埋在浩瀚的引证和文献中这一倾向。[1]

面对着培根曾经说过的"完美的历史"这一书写方面的艰巨任务,[2]许多有抱负的历史家们通过采用旧有的古物研究策略,来使自己避免公开的失败——坚称他们事实上不是历史家,而是供一些未来的历史著作所用的资料的收集者。甚至拥有大胆勇敢的精神的学者如博林布鲁克子爵亨利·圣约翰(Henry St John, Lord Bolingbroke),这位通向启蒙运动的过渡性人物和典范性的政党人物,最终也将他对历史的思考编成《书信集》(Letters, 1752年),而不是一部历史书籍。其他历史家使自己的历史书籍处于未完成或部分完成状态。威廉·坦普尔爵士(Sir William Temple)是最直言不讳的近代历史写作方面的批评家之一,他提倡一种新的民族史学,但他努力撰写的《英格兰史导言》(An Introduction to the History of England,1695年)只写到诺曼征服就没写下去了。更杰出的斯威夫特是坦普尔的秘书,他设法继续完成其雇主的著作,但他写到12世纪中期就搁笔了。[3]

对于那些坚信历史学家具有文学缺陷的人而言,他们面临着历史书籍的受欢迎度在这几十年中急速上升这一更糟糕的情况。历史不再是一种次要的文学形式,到18世纪早期时,可以说它已经成为了商业上最普及和最流行的出版著作种类;在之后几十年中,能与其竞争至高地位的只有新兴的小说——通常被包装成"历史"。[4] 比之前相比,历史著作在社会和地理范围上也传播得更广泛了,并且由于出版商和自称的作者们从这一成功中牟利,体裁和

---

[1]　Hicks, *Neoclassical History*, 36 - 39, 91 - 98.

[2]　George Huppert, *The Idea of Perfect History* (Urbana, 1970).

[3]　Hicks, *Neoclassical History*, 100 - 101. 然而,在《女王治下最后四年的历史》(*History of theFour Last Years of the Queen*)中,斯威夫特的确撰写了一部安妮女王时期的政治史,该书直到1758年才出版。

[4]　Karen O'Brien, 'History and the Novel in Eighteenth-Century Britain', in Kewes (ed.), *The Uses of History*, 397 - 413.

格式的种类激增了。在某一历史领域方面，斯图亚特王朝时期的读者们只能在有限的经典和新著作中做出选择，而复辟时期和 18 世纪早期的读者们面对着令人眼花缭乱的大量选项，一方面是昂贵的大部头著作，另一方面是概述、摘要、小册子、印在大幅报纸上的民谣以及编年史。英格兰和苏格兰的不顺从国教者在复辟政权统治下所受的苦难，被埃德蒙·柯乐麦（Edmund Calamy）和他的苏格兰通信者、出生于格拉斯哥的牧师罗伯特·伍德罗（Robert Wodrow）分别载入编年史。[①] 与此同时，聪明的作者和书商们想出了分册发行这一新策略来使人们买得起昂贵的书籍，通过这种方法，出身于法国的保罗·德·拉潘-图瓦拉（Paul de Rapin-Thoyras）出版了其《英格兰史》（*Histoire d'Angleterre*，写于 1707—1724 年；英文版于 1728—1732 年分册出版）的广受欢迎的英文翻译版。其他人谋求为特殊群体，甚至政治党派定制的提前订购。[②] 辉格党人约翰·奥德米克森（John Oldmixon）就用这种方式来出售其《斯图亚特王室统治时期的英格兰史》（*History of England during the Reigns of the Royal House of Stuart*，1730 年）。一位叫约翰·休斯（John Hughes）的有雄心的文学策划者委托出版了《英格兰全史》（*Complete History of England*，1706 年），这部著作由两卷再版的 17 世纪早期与中期历史和由新材料写成的第三卷组成，该书从查理一世一直写到当时，其作者是辉格派牧师怀特·肯尼特（White Kennett）。早前著作的耐久性本身就是对近期著作那可感知到的不耐久性的批评，这种耐久性或许也反过来部分地解释了以下情况的原因，即十八世纪中期以前相对地缺乏关于中世纪晚期和都

489

---

① 柯乐麦的托利党同行约翰·沃克（John Walker）撰写了一部可相提并论的《牧师的苦难》（*The Suffering of the Clergy*，伦敦，1714 年）以作为回应，这部著作记述了内战和空位时期的受迫害牧师们。

② W. A. Speck, 'Politicians, Peers and Publication by Subscription, 1700 - 1750', in Isabel Rivers (ed.), *Books and Their Readers in Eighteenth-Century England* (Leicester，1982)，47 - 68；and Woolf, *Reading History*，281 - 317.

铎时期的新的政治史著作。①

古物研究

　　尽管最初人文主义没能够吸引住叙事史，但是在其他与过去相关的学术研究形式方面，尤其是在现今被准确无误地称为"古物研究"的数种研究活动方面，人文主义被证明是更迅速成功的。② 这一领域的研究者是以对知识的热爱和对过去的证据碎片的热爱而联系在一起的，这些碎片在很大程度上是叙事史家们所不能发现的。古物研究者们不在意当代的事务，也不在意过去所能提供的有用教训，他们的心思在别处。有一个时期，他们中的大多数自觉地避开作为历史家的责任和头衔，尽管从我们今日的观点来看他们是在从事历史研究，但他们是围绕着特定的地点或标题来编排其作品的，而非按年代顺序。这一卷中彼得·N. 米勒和唐纳德·R. 凯利所写的章节，提供了对这一漫长时期内的古物研究和语文学研究的考察，这使得我们可以在这里作更简短的附带讨论。

　　最初古物研究者们分成两个不同的、但非相互排斥的群体，在 490 一定程度上，这两个群体类似于 15 世纪的一对先驱威廉·伍斯特（William Worcestre）和约翰·劳斯（John Rous），但他们更直接地传承自亨利八世时期的学者约翰·利兰（John Leland）。第一个群体在欧陆文艺复兴时期的语文学这一伟大传统下从事研究，其研究针对的是古代文本的修复和复原，后来又研究中世纪的文本。这是利兰的首要兴趣，并且在亨利八世解散了那些大修道院（王国中大量的中世纪文物就被保管在这些地方）后，国王让利兰负责拯救和保存手抄本，使它们免受毁坏；在这些手抄本中，或许能发现用于证明英格兰教会和国王在历史上摆脱教皇的干涉而独立的证

---

① Woolf, 'Narrative Historical Writing', 212.
② May McKisack, *Medieval History in the Tudor Age* (Oxford, 1971)，仍旧是关于都铎时期古物研究的最佳叙述。

据。语文学古物研究的一条发展路线是从 16 世纪初的利兰延续至两个世纪后的理查德·本特利（Richard Bentley），在这一进程中，包括大主教马修·帕克（MatthewParker，他收集了一些能用于证明英格兰的新教遗产的盎格鲁-撒克逊时期手抄本。）、约翰·萨维尔爵士（SirJohn Savile，塔西陀著作的翻译者、中世纪编年史的编辑者）以及亨利·斯佩尔曼爵士（Sir Henry Spelman），一位斯图亚特王朝早期杰出的法学和教会古物学者。比斯佩尔曼更年轻的同时代人约翰·赛尔登（John Selden），是这一时期最非凡的古物研究者，也是当时在国际上最著名的英格兰学者。作为一位通晓多国语言的法学家、议会议员和法国哲学的赞赏者，赛尔登为历史著作的写作带来了无与伦比的博学和深刻奥妙的变迁意识。在十七世纪上半叶，他撰写了大量书籍，论及英格法律制度、社会安排方式如等级和头衔的历史（《荣誉头衔》[*Titles of Honour*，1614 年]）和什一税的缴纳（《什一税史》[*Historie of Tithes*，1618 年]），这些书籍通常是在对比古代和当时的欧洲事例的框架下展开论述的。

另一类主要的古物研究甚至更直接地传承自利兰。尽管他在一生中出版的著作极其少，利兰在 16 世纪 40 年代游历英格兰而写下了《旅行记事》（*Itinerary*），其中记载了民间传说（在下个世纪，这些传说被越来越以文献为指导的作者们驳斥了）和当地的地形与古物。他的手稿在随后几十年中得到传播，并且影响了一些伊丽莎白时期和斯图亚特王朝早期的学者，最早受到影响的是威廉·兰巴德（William Lambarde），他于 1576 年出版了《肯特郡勘查》（*Perambulation of Kent*），该书描述了该郡的地形、大家族和其他有趣的特征。随后出现了一系列关于各郡的勘察或"地方志"，以及少许类似的对某些城市的研究（包括年代记编者斯托的详细的《伦敦概观》[*Survey of London*，1598 年]）。这也推动了后来撰写伊丽莎白女王的历史家卡姆登，促使他撰写了调查不列颠全岛范围内的古物的《不列颠尼亚》（*Britannia*），该书首次出版于 1586 年（用拉丁文撰写的，因为他的目标受众包括外国学者们）。在直至 1594 年的后来几个版本中，他增补了该书，并且于 1610 年将其翻译成英文;通过后来在他死后出版的版本,该书成为了英格兰谱系学的和考古学的古物研究之支柱和指明灯,长达两个世纪之久;这本书并非仅仅依靠对文本变化的分析,而是更多依靠对自然的或人造的物质对象的观察。许多学者遵循卡姆登的道路,从多个方面致力于罗马或撒克逊的钱币、墓碑、特定习俗或传统的起源、家族祖先、头衔和纹章。[①] 这些早期的古物研究通常是由富裕的古董收藏家们赞助的,他们同时积攒、收藏了有趣的研究器物;这些研究活动的激增甚至导致出现了一个曾短期存在的古物研究者社团或学会(1586—1614 年)。

在复辟时期,古物研究发生了重大的变化,尤其是在其游历性方面的变化形式。对于祖先的事物和谱系的强烈兴趣在相当大程度上减弱了,这反映了人们宣称自己属于社会"上流"阶层的社会标准正在放宽。郡地方志得到了延续,甚至更多的郡被勘察了,但是后复辟时期的作品在风格和范围方面与卡姆登所处时代的作品明显不同,虽然他的《不列颠尼亚》仍旧提供了一个受尊崇的出发点,而一个编辑团队使该书具有现代风格并将其重新翻译(1695年),这个团队是由后来成为主教的埃德蒙·吉布森(Edmund Gibson)领导的。备受敬重且广为人知的培根,其方法为皇家学会研究"博物学"提供了指导;他的方法也影响了古物研究,这时的古物研究者将以往致力于人造古物如钱币和纪念碑的热情,投入到自然标本和地形特征上来。由罗伯特·普罗特(Robert Plot)等人做出的一些早期的努力,取得了有限的成功,并且所有的成果——包括那些通常显得古怪的论文,论及巨石阵的建造、地球的起源和化石的由来——受制于古典文化的天生优越性和关于圣经的五或六个千年的有限年表。但是,直接观察的倾向和甚至显得特立独行的对古代文本阐释的逾越,明显体现在了以下诸人的著作中,即

①　Woolf, *Social Circulation*, 73 - 137(论谱系和祖先),141 - 256(论古物研究); and Jan Broadway, '*No Historie So Meete*': *Gentry Culture and the Development of Local History in Elizabethan and Early Stuart England* (Manchester, 2006).

约翰·奥布里（John Aubrey）、威尔士人爱德华·鲁伊德（Edward Lhuyd，杰出的语文学家、研究凯尔特的先驱以及典型的田野考古学家）和十八世纪前三十年中最卓著的古物研究者威廉·斯蒂克利（William Stukeley）。[1] 前一个世纪中的非正式组织网络因更加制度性的联系而加强了，首先是通过皇家学会，随后是通过一个于1707 年起开展非正式会议的新古物研究者协会；这一进程反映了当时在欧洲大陆学术界中发生的事。

在语文学层面，古物研究的变化更加微妙。赛尔登的后继者们在一个越来越高级且通常更加专门化的语域中实践他们的技艺，以此来支持教会或王权，或寻求文学和美学上的争论，比如声名狼藉的"书的战争"（Battle of the Books，是持续时间更长的欧洲"古今之争"[*querelle* of ancients and moderns]中的一个事件），这一争论使得新型语言学家们如本特利，与古物之优越性的拥护者们如坦普尔以及认为应当在未进行现代校勘的情况下呈现古代文本的其他学者相对抗。[2] 其他学者，如古文书学家和藏书家汉弗雷·万利（Humfrey Wanley），促进了对盎格鲁-撒克逊的研究，或是编纂了中世纪文献的版本，如托马斯·赖默（Thomas Rymer）的《条约集》（*foedera*，1704—1735 年）或托马斯·马多克斯的《古代宪章文书集》（*Formulare Anglicanum*，*or a Collection of Ancient Charters and Instruments*，1702 年）。而其他学者，如牧师亨利·伯恩（Henry Bourne），将注意力转向了地方传统；他的《平民的古物》（*Antiquitates Vulgares*，*or The Antiquities of the Common People*，1725 年）上承都铎时期的最先记录这些古物的古物研究者们，下启19 世纪对"民俗学"（folklore）的重新发现。我们在先前时期看到的

---

[1] Michael Hunter, *John Aubrey and the Realm of Learning* (London, 1975); Stuart Piggott, *William Stukeley: An Eighteenth-Century Antiquary* (Oxford, 1950; rev. edn, 1985); Graham Parry, *The Trophies of Time: English Antiquaries of the Seventeenth Century* (Oxford, 1995).

[2] Joseph M. Levine, *The Battle of the Books: History and Literature in the Augustan Age* (Ithaca, NY, 1991).

对教会的关注,也影响了许多古物研究活动,比如多产的托利派乡绅布朗·威利斯(Browne Willis)和后来成为主教的辉格派肯尼特等作家,努力调查教区古物并且研究特定教堂和大教堂。

到这时为止,古物研究事业延伸到了苏格兰,苏格兰在很大程度上未卷入16世纪的古物研究浪潮,而现在它出现在了丹米尔内的詹姆斯·巴尔弗爵士(Sir James Balfour of Denmilne)的作品中,他是一位热情的古老文献收集者。在复辟时期后,随着罗伯特·锡博尔德爵士(Sir Robert Sibbald,1695年版《不列颠尼亚》的撰稿者之一)和托马斯·英尼斯神父(Father Thomas Innes)等重要人物的出现,苏格兰学者们开始迎头赶上。英尼斯是一位天主教牧师,其一生大部分时间在巴黎度过,他后来成为了当时欧陆历史技艺的信徒(尤其是让·马比荣[Jean Mabillon]开拓性的古文书学和古文字学著作);凭借这些方法,他开始了怀疑性地推翻诸王神话的进程,这些神话是源自赫克托·波伊斯的。

这一代苏格兰学者们所展现的对英格兰和欧陆学术研究的同时从事,预示了在1707年苏格兰和英格兰通过法案统一之后将发生的事情。博林布鲁克出版于1752年的《书信集》(主要写于1730年代后期)不仅反映了旧有的文艺复兴时期训诫史学传统以及古典的对风格、秩序和政治建议之至高无上性的关注,①而且还表现了启蒙时期对历史的哲学思考。其特征是对被广为接受的真相的适度怀疑,这是一种摆脱特殊性并进行概括归纳的能力,倾向于寻求人类的共性而非民族的差异。风格问题仍然是作者和读者们关注的重点,而像休谟这样的历史家们越来越致力于从读者那里获得恰当的反应,他们论述历史人物的内心生活和公共形象,并且激

---

① Isaac Kramnick, 'Editor's Introduction', in Bolingbroke, *Historical Writings*, ed. Kramnick (Chicago, 1972), pp. xi-liii; and Kramnick, 'Augustan Politics and English Historiography: The Debate on the English Past, 1730 - 1735', *History and Theory*, 6(1967),33 - 56.

493 发一种同情的或"多愁善感"的共鸣。① 如果说一部令人满意的民
族史仍然是难以获致的梦寐以求之物,那么至少到了休谟这里,这
种缺乏并非很迫切的关注点了,取而代之的是世界性甚于民族性
的兴趣,注重私人多于注重公共,注重文化、社会、经济多于注重政
治,注重想象性的推测多于注重严格的文献证明。早在18世纪20
年代拉潘-图瓦拉的《英格兰史》这部外国人的著作中,就已经试图
将英格兰融入更宽广的欧洲的过去;正如凯伦•奥布莱恩(Karen
O'Brien)所提到的,拉潘-图瓦拉笔下的威廉一世实际上是其笔下
的威廉三世(William III)的原型,是"一位军事英雄,将孤立的英格
兰人民推上了一个国际舞台"。② 在退出政党政治后,博林布鲁克
甚至主张说,历史的用处之一是其净化心灵的能力,而不是加剧
"那些我们在所受教育中易于沾染的民族偏好和偏见"。③ 考虑到
同一时期内大国间领土冲突的扩大,18世纪历史编纂中的世界主
义更显得非凡。在这种大国冲突的形势下,统一的不列颠获得了
认同感来反抗——再一次地——法国的影响力。

　　在以上的论述之后,我们便可以用18世纪的一个富有雄心且
勇敢的研究项目来作为我们叙述的结尾,即"普遍史"体裁的复兴。
如果说它不完全是当今的全球史的话,那么它也不仅仅是尤西比
乌式教会史的转生。的确,这种普遍史在很大程度上被剥去了对
宗教的关注,这种关注影响了古典时代晚期以来的著作和启示录
式的语调,而这些特点明显体现在更近期的从斯莱丹(Sleidan)到
雷利爵士等人的著作中。《普遍史》(*Universal History*,1747—
1768年)类似于近两百年前霍林斯赫德的《编年史》,但是其规模

---

① Mark Salber Phillips, *Society and Sentiment：Genres of Historical Writing in
Britain，1740 - 1820*（Princeton，2000）；McKeon, *Secret History of
Domesticity*，esp. 547 - 587；and Victor G. Wexler, *David Hume and the
History of England*（Philadelphia，1979），14.

② Karen O'Brien, *Narratives of Enlightenment：Cosmopolitan History from Voltaire
to Gibbon*（Cambridge，1997），17.

③ Ibid. ，15；并参见本卷凯伦•奥布莱恩所著第二十五章。

更大,该书由许多人共同撰写而成,其中包括研究阿拉伯的学者乔治·塞尔(George Sale)和一直担任耶稣会士的苏格兰人阿奇博尔德·鲍尔(Archibald Bower)。① 该书的非凡之处正在于它所涉及的范围:这部著作真正地试图理解欧洲以外国家的历史,而此前在英格兰几乎没有这种先例。除了一些值得注意的例外,如理查德·诺尔斯(Richard Knolles)的《土耳其通史》(*Generall Historie of the Turkes*,1603 年)或保罗·瑞考特爵士(Sir Paul Rycaut)在复辟时期撰写的该书扩充版(1667 年),对其他国家的过去的叙述在很大程度上仅存在于外国作家所写作品的翻译版或改编版中。普遍史提前指出了启蒙时代历史编纂中的百科全书式兴趣和世界主义、泛欧洲主义的价值观,这一点在英国的体现与在欧陆的一样多,而启蒙时代的历史编纂正是本卷其他一些章节的研究对象。② 苏格兰和英格兰民族史的写作在 18 世纪得到了延续,同时还有对其他国家的记述。奥德米克森的辉格派历史著作和艾卡德的托利派历史著作,以及苏格兰史学家如帕特里克·阿伯克龙比(Patrick Abercromby)的《苏格兰民族的军事成就》(*The Martial Archievements of the Scots Nation*,1711—1715 年),得到了 18 世纪中叶历史家们的附和,如詹姆斯二世党人托马斯·卡特(Thomas Carte)的《英格兰通史》(*General History of England*,1747—1755 年)③,以及由奥立佛·戈德史密斯(Oliver Goldsmith)和托拜厄斯·斯莫利特(Tobias Smollett)等文学家撰写的历史普及读物。但是 18 世纪是属于罗伯森、凯姆斯(Kames)、弗格森(Ferguson)、

494

① Guido Abbattista, 'The Business of Paternoster Row: Towards a Publishing History of the Universal History (1736 - 1765)', *Publishing History*, 17 (1985), 5 - 50; and Tamara Griggs, 'Universal History from Counter-Reformation to Enlightenment', *Modern Intellectual History*, 4(2007), 219 - 247.

② 关于十八世纪历史编纂之转变的出色记述,参见 J. G. A. Pocock, *Barbarism and Religion*, vol. 2: *Narratives of Civil Government* (Cambridge, 1999)。

③ 对卡特的论述参见 Pocock, *Barbarism and Religion*, vol. 4: *Barbarians, Savages and Empires* (Cambridge, 2005),65 - 78。

休谟和吉本的推测史学和历史哲学的,也是属于风俗和礼仪研究的,而不是属于民族的军事成就或宗教差异研究。这是一个非常不同的世界,远远超乎波伊斯或布坎南、卡姆登或培根——甚至克拉伦登或伯内特——所能想象。

大事年表/关键日期

1399 年	理查二世(英格兰)退位,兰开斯特王朝开启
1453 年	英法"百年战争"结束
约 1455—1485 年	约克家族-兰开斯特家族的"玫瑰战争",约克家族爱德华三世和理查三世的统治
1485 年	亨利·都铎击败理查三世,成为首位都铎王朝国君
1530 年	亨利八世与罗马教廷决裂,开启英格兰新教改革的第一个阶段;1536—1540 年,英格兰修道院和教堂被解散
1558 年	天主教徒女王玛丽一世去世,使得该世纪中叶对新教徒的迫害结束;伊丽莎白一世继位
1560 年	苏格兰宗教改革到来
1587 年	处死苏格兰女王(从 1567 年起被囚禁于英格兰)玛丽·斯图亚特
1603 年	玛丽·斯图亚特之子、苏格兰国王詹姆斯六世继承伊丽莎白一世之位成为英格兰国王;"君主联合"
1625 年	查理一世登基成为英格兰和苏格兰国王
1642 年	在英格兰爆发议会与国王间的内战
1649 年	在第二次内战后处死查理一世;英格兰成为共和国,后来由护国公奥利弗·克伦威尔统治(1654—1658 年)
1651—1660 年	苏格兰受到英格兰的军事统治

1660 年	查理二世复辟成为英格兰和苏格兰国王
1678—1681 年	英格兰的天主教阴谋案和废黜危机;辉格党和托利党的早期形态出现
1688 年	"光荣革命",天主教徒苏格兰国王詹姆斯七世/英格兰国王詹姆斯二世退位;由威廉三世和玛丽二世继位
1707 年	英格兰和苏格兰通过议会统一为大不列颠联合王国
1714 年	乔治一世成为大不列颠的首位汉诺威王朝国王
1715 年、1745 年	詹姆斯二世党人(遭流放的斯图亚特家族王位索取人的支持者们)未成功的叛乱

495

主要史料

Bacon, Francis, *The History of the Reign of King Henry the Seventh*, ed. F. J. Levy (New York, 1972).

Boece, Hector, *The Chronicles of Scotland*, trans. John Bellenden, ed. Walter Seton, R. W. Chamber, and Edith C. Batho, 2 vols. (Edinburgh, 1938 - 1941).

——*Annales rerum Anglicarum et Hibernicarum regnante Elizabetha* (London, 1615 - 1627); trans. Robert Norton, *The Historie of the Most Renowned and Victorious Princesse Elizabeth* (London, 1630).

Bolingbroke, Henry St John, Viscount, *Historical Writings*, ed. Isaac Kramnick (Chicago, 1972).

Brady, Robert, *A Complete History of England ... unto the End of the Reign of King Henry III* (London, 1685).

Buchanan, George, *Rerum Scoticarum Historia* (Edinburgh, 1582).

Burnet, Gilbert, *Bishop Burnet's History of His Own Time*,

abridged by Thomas Stackhouse (London, 1979).

Camden, William, *Britannia* (London, 1586); trans. Philemon Holland, *Britain* (London, 1610).

Clarendon, Edward Hyde, earl of, *The History of the Rebellion and Civil Wars in England Begun in the Year 1641*, ed. W. Dunn Macray, 6 vols. (Oxford, 1888).

Daniel, Samuel, *The Collection of the Historie of England* (London, 1618).

Foxe, John, *Acts and Monuments of These Latter and Most Perilous Days* (London, 1563).

Hardyng, John, *The Chronicle of John Hardyng ... with the Continuation by Richard Grafton*, ed. Henry Ellis (London, 1812).

Higden, Ranulf, *Polychronicon Ranulphi Higden Cestrensis: Together with the English Translations of John Trevisa and of an Unknown Writer of the Fifteenth Century*, ed. Joseph Rawson Lumby, 9 vols. (London, 1865 – 1866).

Hutchinson, Lucy, *Memoirs of the Life of Colonel Hutchinson*, ed. N. H. Keeble (London, 1995).

Milton, John, *The History of Britain* (London, 1670).

Newton, Isaac, *The Chronology of Ancient Kingdoms Amended* (London, 1728).

Raleigh, Walter, *The Historie of the World* (London, 1614).

Selden, John, *The Historie of Tithes* (London, 1618).

Stow, John, *A Survey of London*, ed. Charles L. Kingsford, 2 vols. (Oxford, 1908).

参考文献

496　　Allan, David, *Virtue, Learning and the Scottish Enlightenment:*

Ideas of Scholarship in Early Modern History (Edinburgh, 1993).

Cowan, Edward J. and Finlay, Richard J. (eds.), *Scottish History: The Power of the Past* (Edinburgh, 2002).

Douglas, David C. , *English Scholars, 1660 - 1730* (2nd edn, London, 1951).

Ferguson, Arthur B. , *Clio Unbound: Perception of the Social and Cultural Past in Renaissance England* (Durham, NC, 1979).

Gransden, Antonia, *Historical Writing in England, c. 1307 to the Early Sixteenth Century* (Ithaca, NY, 1982).

Hicks, Philip, *Neoclassical History and English Culture: From Clarendon to Hume* (Basing-stoke, 1996).

Kewes, Paulina (ed.), *The Uses of History in Early Modern England* (San Marino, Calif. , 2006).

Kidd, Colin, *Subverting Scotland's Past: Scottish Whig Historians and the Creation of an Anglo-British Identity, 1689 -c. 1830* (Cambridge, 1993).

Levine, Joseph M. , *The Battle of the Books* (Ithaca, NY, 1991).

Levy, F. J. , *Tudor Historical Thought* (San Marino, Calif. , 1967).

Looser, Devoney, *British Women Writers and the Writing of History, 1670 -1820* (Baltimore, 2000).

McKisack, May, *Medieval History in the Tudor Age* (Oxford, 1971).

O'Brien, Karen, *Narratives of Enlightenment: Cosmopolitan History from Voltaire to Gibbon* (Cambridge, 1997).

Pocock, J. G. A. , *The Ancient Constitution and the Feudal Law* (Cambridge, 1957; rev. edn, Cambridge, 1987).

——*Barbarism and Religion*, 5 vols. to date (Cambridge, 1999—).

Woolf, Daniel, *The Idea of History in Early Stuart England*

(Toronto，1990).

Wormald，B. H. G.，*Clarendon：Politics，Historiography and Religion*，*1640 - 1660*（Cambridge，1951）.

陈慧本　译　张　骏　校

第二十四章　启蒙时代的苏格兰历史写作

大卫·艾伦

"这是历史的时代，"大卫·休谟在1770年8月评论道，"并且这是历史的国度。"①休谟向威廉·斯特拉恩（William Strahan）所说的这一自夸的概述经常被引用来阐明，启蒙时代的人们是如何认识、看待苏格兰人在研究过去方面所作出的杰出贡献。这一评论并非公开地宣称，而是在写给一位亲密的出版商的私人书信中提出的复杂判断，尽管它很简短，但是它在实际上远没有初看上去那样明确——并且它还提出了一些更有趣的问题，即关于18世纪的历史编纂发展的起源和本质的问题。

首先，应该注意到，休谟的评价并未指明相关的年代。事实上这是一个关键性的省略，因为它使我们更难以确定——考虑到合理可信的情况可能适用于任一选项——是否休谟的"历史的时代"特指之前十年（在这十年间，他与他的密友威廉·罗伯森［William Robertson］、亚当·弗格森［Adam Ferguson］和凯姆斯勋爵［Lord Kames］出版了数本广受好评的著作），或整个18世纪，还是整个近代？ 其次，1707年的《联合法案》（*Treaty of Union*）使得休谟的国家不仅与英格兰共享政府，还共享国家地位和民族认同，在此之后，以下情况就再也不明确易懂了，即"历史的时代"是被构想成专指苏格兰学界的成果，还是（看起来更有可能）也涉及整个英国和

---

① *Letters of David Hume*, ed. G. Birkbeck-Hill (Oxford, 1888), 155.

欧洲范围内近期以来的更广阔历史家群体们的令人赞叹的活动呢？最后，对"历史的时代"的提及（看上去的确是单指苏格兰）似乎暗示了苏格兰的启蒙时代学术研究和先前数个世纪内的研究成果以及写作成果之间的关系。这也是休谟的评价发人深思之处。因为，毫无疑问的是，18 世纪的苏格兰历史编纂是这个国家动荡不安的过去的结果，同时也是在休谟所处时代被看作苏格兰的独特现实困境的一个后果。

"哥特式野蛮的长夜"？

在一些重要的意义上，我们现在有可能理解，直到休谟明确表述其著名的判断时，苏格兰将其自身看作是"历史的国度"已经有多久了。首先，作为一个政治实体的苏格兰，在中世纪晚期反抗英格兰的独立战争的战场上被成功地捍卫；苏格兰作为政治实体的存在被对其自身历史的写作所维护并且贯穿其中。撰写了《阿布罗斯宣誓》（*Declaration of Arbroath*，1320 年）的大法官的宣传者们，最终成功地编造了关于他们的古代政治自治的传说，使它引发无比的共鸣，并且将其用于彻底摧毁国际舆论中的争论效应。但是随后的学者们，如富尔顿的约翰（John of Fordun，《苏格兰编年史》[*Scotichronicon*，约 1384—1387 年]的编辑者）、沃尔特·鲍尔（Walter Bower，将上述著作续编至 1437 年）、安德鲁·温顿（Andrew Wyntoun）和赫克托·波伊斯（Hector Boece），只是进一步激励了苏格兰人迅速增强的独立意识和独特性意识。后来的人们，如 19 世纪早期的爱丁堡大学教授杜加德·斯图亚特（Dugald Stewart），吹毛求疵地说，该时期实际上是"哥特式野蛮的长夜"，是一个知识贫乏的时代，这种贫乏是到了临近 18 世纪时才真正终结的；因此这种批评是误导性的。的确，这一批评的主要动机是想要夸大"18 世纪文学品味方面令人难忘的变化"的创造性——尤其是与弗格森和罗伯森这些人物相关的创新，而这些人物是斯图亚特所熟知和崇敬的——而不是估量这个国家在中世纪时期的学问的真正力量和持久性意义。①

如今还被广泛承认的是,文艺复兴不仅仅将苏格兰历史编纂提高到一个新的知识水平上,它还确立了触及当时欧洲人文主义的最伟大成就这一活动的重要性。波伊斯的《苏格兰史》(*Scotorum historiae*,1527 年)最好地反映了这一转变,这部著作以古典时代的视角把自治的苏格兰的发展这一人们耳熟能详的故事编纂起来,呈现为一项关于政治事件的非常具有道德性的详细研究,与他同时代的杰出意大利人马基雅维利(Machiavelli)和圭恰迪尔尼(Guicciardini)毫无疑问会欣赏这种做法。《大不列颠史》(1521年)是约翰・梅尔(John Mair)的著作,他来自东洛锡安(East Lothian),是一位在法国接受教育的经院逻辑学家,他赞成苏格兰人与英格兰人建立友善关系;这部著作同样是开创性的,以一种远没有先前看上去那么心胸狭隘的方式,探索了这两个海岛民族在历史上的亲密关系。然而,乔治・布坎南的《苏格兰史》(1582年),将富尔顿和波伊斯所叙述的传说和成就转变为一部名副其实的文学里程碑式著作,代表着这一具有影响力的历史编纂传统的巅峰。事实上,在为负有责任的政府和合法的弑君——加剧了16 世纪晚期各地方的激进新教事业——提供较为直接的辩护方面,布坎南对自己国家的历史所作的丰富多彩而有争议性的叙述,还证明了苏格兰的学术研究不仅仅擅于吸引并保持相关的更多读者的注意力。

然而,将 16 世纪 80 年代和 18 世纪 40 年代启蒙运动开端之间的苏格兰仅仅看成一滩停滞不前的文化死水、进而对其不屑一顾——事实上,在 18 世纪这成了一种修辞上的老生常谈——成了惯常的做法:约翰・平克顿(John Pinkerton)这位在罗伯森和休谟的时代最言过其实的历史家之一抱怨道,它是一个以"忽视文学"

①　Dugald Stewart,'Dissertation Exhibiting a General View of the Progress of Metaphysical, Ethical, and Political Philosophy, Since the Revival of Letters in Europe', *Supplement to the 4th*, 5th and 6th *Editions of the Encyclopaedia Britannica*, vol. 1 (Edinburgh, 1815 - 1824), 21, 44.

为特征的时代,那时文明的退潮使得苏格兰呈现这样的景象,即充满了"文明在退潮时留在海岸上的杂草和害虫"。[①] 然而,这再一次地是过于严厉的评价,并且或许是非常自私的。的确,这一解释的潜在目的是很明显的,就是要通过诋毁过去来确立启蒙时代晚期学术研究之思想优越性的毋庸置疑的凭证——实际上,只有无比自信的平克顿才把自己看作是该时期的卓越大师之一——它不仅忽略了在数个知识领域内 17 世纪所延续的文艺复兴遗产,在苏格兰这些领域涉及田园诗、政治哲学、居室建筑和景观园艺;此外它还忽略了 16 世纪末期与 18 世纪初期之间的一些重要的新趋势,这些趋势尤其体现在历史编纂方面。

　　一方面,主要由乔治·布坎南所代表的那种成熟的人文主义在苏格兰取得的主导性,促进了一种非常典型的写作风格的出现。无论是在狭义上应用于家谱,还是更广义地应用于叙述苏格兰民族的往昔,这种写作风格在文学水平和分析的精通巧妙性上达到了很大的高度,这体现在戈德斯科洛夫特的大卫·休谟的《道格拉斯和安格斯的住宅史》(*History of the Houses of Douglas and Angus*,1644 年)等著作中,这部著作是一项值得注意的研究,用 16 世纪最杰出的法国和意大利作者们的方法来看待过去,主要将过去看成对其读者进行道德教育的训诫材料。另一方面,苏格兰作家们经常论证,对于当时那些从事于激烈辩论的人们来说,历史证据具有实用性。对于一些相互竞争的教会历史家来说,情况尤其如此——其中的长老会教徒包括约翰·诺克斯(John Knox)、大卫·卡尔德伍德、约翰·罗(John Row)和亚历山大·皮特里(Alexander Petrie);圣公会教徒包括圣安德鲁斯(St Andrews)大主教约翰·斯波提斯伍德,他撰写了于其死后出版的备受好评的《苏格兰教会史》(1655 年)——在长期的起源和苏格兰宗教改革的持续性意义问题上,这两个派别强烈地不同意对方的看法。自 16 世

500

[①] John Pinkerton, *An Enquiry into the History of Scotland*, 2 vols. (London, 1789), i. pp. xlvi, 123.

纪晚期以来的许多作家,尤其是那些持有强烈的加尔文宗神学观点的作家,还逐步发展出一种解释历史事件的方法,在这种解释方法中,神迹被认为是在历史事件本身的进展中运行,它可被预见到是赫然显现的。

此外,这些丰富而复杂的学术遗产,导致了一个最应该被看作是方法革新再次兴起、著作数量增加、出版物和读者群体扩大的阶段,这些情况强烈影响了 18 世纪 50 年代以后的苏格兰历史编纂。然而,还应当强调那些更加专门化的遗产。比如说,并非偶然地,富尔顿、梅尔和布坎南的作品在 1707 年之后的数十年中全部被再版,这清晰地证明了公众和专业人员们对于这个民族的独特历史编纂传统越来越感兴趣——值得注意的是,这一切正好发生在它实际的政治自治突然终结的时候。同时,重要的是要记得一些 18 世纪早期的作家,他们从事于一项复杂的争论,针对的问题是苏格兰与英格兰之间的关系的精确性质。其中包括詹姆斯·安德森(James Anderson)和詹姆斯·戴伦普爵士(Sir James Dalrymple),后者关于古代苏格兰教会和王权的专题论文,促成了 1707 年以前围绕着《联合法案》的谈判而展开的疯狂的公开辩论。托马斯·拉迪曼(Thomas Ruddiman)是该时期内同等重要的人物,他是一位詹姆斯二世党人、古物研究者,于 1715 年编制了布坎南著作的新版本,一直到 18 世纪 40 年代,他都是一项由他对《苏格兰史》的批评而引发的学术性争论的中心人物。甚至在最早使该现象吸引住来自国外的批评声和赞赏声的启蒙运动开始前,这些作家就已经很明显地在满足苏格兰人对于历史编纂的强烈求知欲了。

在使 18 世纪重燃对 16 世纪的一些关键性学术争论的兴趣方面,这种相对传统的写作活动也起到了重要作用。最切实地表现出这种写作活动的,或许就是一系列关于苏格兰女王玛丽(Mary, Queen of Scots)的事业的研究——全都使用了极其详尽的脚注,逐条反驳布坎南对于女王的性格和措施的猛烈抨击——这种研究不时地出现于 18 世纪 50 年代和 18 世纪 90 年代之间,卷入其中的不仅有思想界的重要人物,如向新一代的、更广泛的读者介绍女王事迹的休谟和罗伯森，还有较少为人铭记的作家们，如沃尔特·古道尔（Walter Goodall）和威廉·泰特勒（William Tytler）。

在启蒙运动为思辨性思维所开创的新有利条件下，另一个传统的专注重点也繁荣发展了。因此，许多新教作者们对于解释大规模历史进程的深层原因的持久性关注，依然通常被看作是苏格兰的专长，在该时期这一事业由弗格森、罗伯森、亚当·斯密（Adam Smith）等学者所引领，他们取得了一些 18 世纪主要的理论成就。与诺克斯和卡尔德伍德等在他们之前的学者一样，他们在追求一种历史分析的形式，这种形式实现了凯姆斯所描绘的那种探究，在这种探究中"在探索和追寻具有依赖关系的因果长链时，理性得到了运用"。[①] 而新旧历史编纂方法之间的关系，通常是以创作上的张力为特征的。的确，或许最重要的促进因素——在一个日益受到改革主义的促进因素之影响的时代，这是足够恰当的，这些促进因素总是全面地刻画了启蒙运动的特征——是日益增长中的反感，即反感于顽固的偏见和无耻的搬弄是非，这些做法被先前的苏格兰历史家们所尝试过，而现在更文雅和开明的新一代学者们开始较多地将其看作是损害性的。

礼貌时代的历史学

几乎不言而喻，在决意要使启蒙运动的原则结出果实以帮助阐明过去事件的进程方面，"杰出的大卫"（le bon David）休谟自身就是一个卓越的模范作家。然而，同样重要的是应当意识到，在领会到需要彻底重新思考那些迄今为止被认为可接受的历史叙述方面，他绝不是惟一的先驱。恰恰相反，正是托马斯·英尼斯（Thomas Innes）——类似于两个世纪前的梅尔，他居住在巴黎的一所学院内——的《论苏格兰古代居民的批评性文章》（*A Critical Essay on the Ancient Inhabitants of Scotland*，1729 年），首次表达

[①] Lord Kames, *Historical Law Tracts*, 2 vols. (Edinburgh, 1758), i. p. vii.

了渐增的怀疑性转向。在这部里程碑式著作中,英尼斯运用了从其法国同行让·马比荣(Jean Mabillon)那里学到的古文书学方法,同时采取了其作为一个移居国外的学者的更天然超脱的视角,作为一位詹姆斯二世党人和天主教徒,他出于直觉地明确怀疑布坎南对苏格兰往昔的阐释,他还将这些系统性地应用于叙述这个国家早期的历史,他的叙述是有趣骇人的,但在经验上是乏味俗套的。英尼斯宣称,传统的四十位古代国王相继统治的故事仅仅是一种自欺的爱国幻想,并且他说道,他那种想要"反驳我的国人们的普遍观点"的意愿使很多人感到气愤憎恶,因而这种意愿明显需要相当大的勇气。[①] 但是,除了纯粹的技术层面,具有同等影响力的是他辩论技巧,他揭示出了中世纪晚期的宣传者们为了满足特定的政治需求,是如何同时具有动机和机会,来对轻信且不了解情况的受众们进行一系列可恶的欺骗的。英尼斯的介入是非常具有决定性的,它促使下一代学者们走上了一条更加致力于真实性、公正性和改进了的方法精确性的道路。

502

　　因此,在出自苏格兰学者的富有进取性修正主义的 18 世纪历史研究方面,休谟的多卷本《英格兰史》(*The History of England*,1754—1762 年)不能被看作是第一部著作,明确地说,该书是从最初的《大不列颠史》(*History of GreatBritain*,1754—1756 年)这部著作中发展出来的。然而,凭借一些微弱的优势,该书成为了最受欢迎和最具影响力的著作。休谟在写作上的公开目的,正如他在1752 年的一篇文章中的著名言论所指出的,实质上是要"反驳在这个国家中发展出来的政治思辨体系"。[②] 并且,如果说他最终没能实现这一激动人心的远大目标的话,休谟那种通过讨论历史来重新教育公众的努力,的确很快使该书被视作近代历史编纂中的经典著作,在之后数十年中它一直是——至少直到麦考莱(Macaulay)

---

① Thomas Innes, *A Critical Essay on the Ancient Inhabitants of Scotland*, 2 vols. (London, 1729), i, p. vi.

② David Hume, *Essays Moral*, *Political and Literary*, ed. Eugene F. Miller (Indianapolis, 1985), 488.

的时代——任何一个好奇的读者的标准资料，无论是外国人或本国人，只要他想对英国的过去知道得更多，尤其是理解得更多。

即使仅仅将《英格兰史》看成一部文学作品，它也是一部杰作，正像是一位在写作一系列道德和政治主题的流行文章的过程中，逐步形成其技法的作者理应撰写的。该书因其优雅的风格而受到许多人的赞赏，它还因其调侃的智慧和休谟那无与伦比的讽刺性语气而受到称赞。在心理层面上，它也极其令人印象深刻。这是因为它似乎提供了洞察人类动机和习性的新深度，当一部小说通过重点关注性格和内在来开始激发人们的想象力时，显然这种特色是尤其符合时宜的。此外，在某种程度上，作为一部由一位道德哲学家构思出来的最佳历史叙述作品，《英格兰史》力图洞察那些隐藏在解释性的面纱背后的东西，这种面纱是由参与者们逢迎的言词和事后的辩护者们推诿的空话煞费苦心地建构起来的。这常常使得冷静而明智的休谟在最大限度上利用其出色的修辞，明确地向他的读者们——通常对他的揭露交替性地感到惊叹和惊恐——揭示出，他所坚持的正是个体行为的真正原因，比如那些接受宗教改革的欧洲诸侯们，或者在 1688 年戏剧性地使詹姆斯二世退位的贵族阴谋者集团，他们为什么会这么做。

然而，政治问题仍然是休谟作为一位历史家所要努力完成的重点，也是《英格兰史》的读者们所作出的反应中形成巨大差异的重点。的确，在 18 世纪，党派立场和具有思想上动机的神化行为，依旧损害着关于都铎时期和斯图亚特时期历史的讨论，正是他对这些行为的蔑视尤其地——在一部实际上从 17 世纪开始写起，并且逐卷慢慢向后延展的著作中——形成了他的主要动机。在那时以及自从那时起，其后果之一就是，人们将耗费许多力气来判定，这位难以捉摸的作者实际上是属于托利党还是辉格党。一般来说，当时的人们，大多数是辉格党人（在他们普遍地接受 1688—1689 年革命的意义上），以及一些无法理解休谟为何拒绝将斯图亚特君主们描绘成诡计多端的暴君的人们，倾向于将他看作一位愚钝的托利党人，虽说不上是一位隐秘的詹姆斯二世党人。一些怀有最大敌意的读者更进了一步,尤其是贺拉斯·沃波尔(Horace Walpole)和查尔斯·李(Charles Lee),他们还利用休谟的苏格兰人身份来反对他,认为他作为一名所谓的托利党人,参与了一项苏格兰人旨在颠覆英格兰自由的阴谋,通过削弱读者们对于本国历史上独特的政治自由事业的信心来达到这一目的。相比之下,近来的学者们更多关注的是休谟对商业社会的热情,以及他对那种充满智慧的嘲讽性怀疑论的熟练策略性运用。相应地,他们更多地倾向于将休谟看成一位进步的哲学家或"科学的"辉格党人。然而在某种程度上,这些贴标签的尝试忽略了真正的重点。更糟糕的是,他们简单地证实休谟对于历史家们所参与的游戏的最深刻怀疑,这种做法是有讨论余地的。因为他的目的恰恰在于质疑那种以不仅僵化而且时代错置的分类方法,目的论地看待过去——在这一过程中曲解、损坏了过去——的本能意愿。

　　或许,《英格兰史》在反驳宗教热情的腐蚀性后果方面所作的努力,最明确地反映出了其他首要的苏格兰启蒙历史家们所关注的问题。实际上,不仅在追求对过去的公正解释方面,而且还在追求更冷静和理性地看待当时的政治事务方面,毫无疑问休谟会赞同爱丁堡的历史家雨果·阿诺特(Hugo Arnot),后者在 1779 年悲叹道:"当民事争议受到宗教的偏执信念鼓动时,没有什么比它更深刻地败坏了判断力而且腐化了心灵。"①休谟自己所嘲笑的那种"对思辩性观点的热情",明显地在苏格兰那令人抑郁的血腥历史中扮演了过分突出的角色,对于这样一个民族的污点,休谟以及他的许多 18 世纪同行们渴望首先将它指出来,然后开始改正它。② 在这一背景下,苏格兰宗教改革——尤其是诺克斯的著作,他是一位狂热信徒和煽动者,也是一位历史学家,对其持反对态度的休谟讽刺他为一个乡下的使徒——不可避免地需要得到最仔细

---

① Hugo Arnot, *The History of Edinburgh* (Edinburgh, 1779),166.
② David Hume, *The History of England*, 3 vols. (London, 1875), ii. 305.

的重新评估。① 在这一时期被强烈提到的是，改革者们及其僵化教条的影响是恶性的。他们逐渐破坏了对已确立的权威的尊重，并且在市民中鼓动起暴力和仇恨。其结果是，宽容这种优越的品质令人遗憾地必须付出艰辛的代价才能获得。最终，教诲他们的只能是——正如休谟的朋友罗伯森在论及整个近代早期的欧洲时所说的——"长期以来相互迫害的灾难经历、自由政府的影响、获得自科学进程的人性之光，以及世俗地方官的审慎和权威"。②

504

在所有人中，罗伯森给出了这样一个判断，并且当他在评价公共消费这个在其国家宗教遗产中是主要的且从前是神圣的特征时，我们发现他采取了一种在本质上与"伟大的异教徒"（the 'Great Infidel'，指大卫·休谟）所用的类似的怀疑态度，这些情况充分说明了，在改造苏格兰历史编纂所采用的视角方面，礼貌的研究项目所发挥的力量。毕竟，同时身为苏格兰国教会（the Church of Scottish）的领袖和 18 世纪 60 年代前爱丁堡大学的校长，罗伯森不像许多其他的启蒙运动思想家们那样——能够在安逸的象牙塔里或安全的沙龙中写作——他确定无疑且不加辩解地使自己远离那些专业上的前辈们。正是在这一背景下，不仅在历史写作中，而且也在当时的公开辩论中，罗伯森都勇敢地捍卫说要对坦诚的宗教分歧采取更通融随和的态度；事实上，在苏格兰启蒙历史家中，罗伯森是惟一一个要求为其家庭在爱丁堡城堡（Edinburgh Castle）中提供保护性监禁的，我们应当将这一点加到他的荣誉中去——在 1779 年，当地的暴徒们采取暴力措施，反对他勇敢地支持改善天主教徒的法律地位这一行为，因此他提出上述要求。

而主要是在《苏格兰史》（*The History of Scotland*，1759 年）和《查理五世统治史》（*The History of the Reign of the Emperor Charles V*，1769 年）中，罗伯森试图向英国读者们表明，礼貌的苏

---

① David Hume, *The History of England*, 3 vols. (London, 1875), ii. 353.

② William Robertson, *The History of the Reign of the Emperor Charles* V, 2 vols. (Dublin, 1762 - 1771), ii. 391.

格兰历史编纂可以怎样去驳斥盲目的教条主义,这种教条主义先前一直是新教学术研究的重要特点。在该书中,他努力表达了一种慎重考虑的公平性和适度的泛基督教主义,相应地,其最重要的部分是需要我们对苏格兰女王玛丽(在书中被设定为"一位年轻、美丽且处于困境中的女子")表达更大的同情,正如它也同等地使我们有义务对那些令人不安且固执的思想倡导者们的动机和行为采取更多的怀疑态度,这类人包括诺克斯和安德鲁·梅尔维尔(Andrew Melville)等。^① 在解释的态度和方法上,随后为罗伯森撰写传记的自由主义作者们将其偶像化,把他置于启蒙革命的正中心,或许是为了反对这一趋势,近来研究罗伯森著作的学者们通常强调他与其前辈们仍有多少共同之处——包括仍旧在历史解释中主动自愿地援引神迹(尽管现在有时候会屈从于相当不同的当时英国和汉诺威王室[the House of Hanover]的意图)以及对于新教和长老会(Presbyterianism)事业的明显的潜在偏向。尽管如此,毫无疑问的是,在 18 世纪中叶由纯文学和宗教宽容所取得的进步中,罗伯森的相关贡献向其同时代人证明了,在多大程度上苏格兰的历史写作方法正在经历着实质性的重新评估。

505

"理论的或推测的史学"

根据杜加德·斯图亚特(他所主要考虑的是亚当·斯密的著作)留给我们的带有疑问的术语,另一种重新思考历史编纂的本质和目标的形式,被称为"理论的或推测的史学";^②公正地讲,罗伯森曾详细阐述过这种史学,他在这方面的贡献被证明是尤其重要的。这一描述经常被看作意味着在苏格兰学界所进行的,将历史分析的传统主题与新兴社会科学的解释方法和概念范畴相结合的尝

---

① William Robertson, *The History of Scotland*, 2 vols. (London, 1759), i. 367.
② Adam Smith, *Essays on Philosophical Subjects*, ed. W. Wightman (Indianapolis, 1982),293.

试——以形成休谟于 1739 年预见性地设想出的"人的科学"。[1] 这一尝试被证明为对其中的两个组成部分都富有成效,因为从这一尝试中产生出了一些深远的设想,即关于社会通过连续性的发展而演变的设想——正如弗格森在总结预期的进程方向时所说的,"从野蛮到文明"。[2] 使得这种所谓的"分期模型"还显得如此"推测性的",不仅仅是它主张全方面的历史解释这一惊人的范围。而且还是以下事实:它所宣称的演绎出的普遍原则,似乎助长了一种观点,即通过提及明显遵循相同的普遍发展规律的证据充分的事例,重构特定社会的历史所遗失的面向是正当合理的。

如果罗伯森的《查理五世统治史》的确如销售量和所有权方面的证据所显示的那样,是 18 世纪受到最广泛阅读的历史研究著作之一的话,那么该著作中以"论欧洲社会"为标题的非凡的序言,可能是关于这些设想的最具影响力的表述了。确实,这篇很长的序言有充分的理由被推荐为普及了"分期"史学,他致力于在受过教育的公众中宣传"分期"史学的主要原则。因为序言并没有尝试将推测论的主要特征呈现为一个自身完整的抽象系统(这是一个吃力不讨好的任务,将留待他人来处理)。的确,作为一位作家,罗伯森的最大天赋是其格外警觉且有趣迷人的叙事风格,他选择描绘一副丰富多彩且令人信服的图景,将该理论的相关部分应用于解释欧洲漫长历史中的一些最戏剧性的、但先前难以理解的发展。因此,关键性的历史进程,如罗马的衰落与政治上过度扩张("使人类物种降级、堕落"),这类帝国最终被更具活力的蛮族所征服的事件,以及中世纪欧洲的各民族通向"他们现在以之为特征的文明和优雅"这一间歇性进程,它们每一个都被罗伯森描述得好像能被当作自然的结果来理解,即人类本性的不同方面与特殊物质环境的

506

---

[1] David Hume, *A Treatise of Human Nature*, ed. P. H. Nidditch (2nd edn, Oxford, 1978), p. xv.

[2] Adam Ferguson, *An Essay on the History of Civil Society*, ed. Fania Oz-Salzberger (Cambridge, 1995), 7.

相互作用之结果。①

　　罗伯森的最后两部著作表明了，他促使推断论在最大程度上达到其所能提供的巨大解释潜能。《美洲史》(*History of America*，1777 年)是一部计划好的多卷本著作的第一部分，在《独立宣言》(*the Declaration of Independence*)问世后，民众对美洲的兴趣增加了，该著作的出版就是为了从中获利。在《美洲史》中，他所关注的主要是新大陆在前哥伦布(pre-Columbian)时期的历史，以及土著民族与后来的西班牙和葡萄牙征服者们之间的存有疑问的关系。毫不出人意外的是，这一广阔的场面——名副其实的文明间的冲突——为探索阶段分期理论(stadialism)的一些最根本性的前提假设提供了充足的机会。毕竟，这里曾是一个真正的"原始社会"，由具有与其原始自然状态紧密相关的特性的人民组成，他们处于极其与世隔绝的状态，显然地，这一社会的演进是缓慢的，而且与发展的普遍规律保持稳定的一致性。为了促使他的读者与这些土著产生共鸣，罗伯森以典型的哲学式口吻，并且运用隐含在任何分期理论中的普遍主义，评论道："正如最初都源于自然之中，每个地方的人类都是相同的……一个人在后天可能获得的才能，以及他所能施行的美德，完全依赖于他所处的社会状态。"②

　　然而，在根本上这个野蛮粗俗的社会几乎没有可能性。它很快被来自一个相当不同且先进得多的人类社会的人们——以探险家、士兵、行政官和南欧天主教的传教牧师为代表——发起的突然的(并且彻底无情的，这位思想自由却也非常信奉新教的历史家说明道)入侵所征服了。在《论古代印度人所具有的知识》(*Disquisition Concerning the Knowledge Which the Ancients Had of India*，1791 年)中，罗伯森采取了一种相当不同的思路来处理社会发展中的截然不同阶段，尽管这一思路仍旧结合了罗伯森对信仰体系的特殊兴趣和他所致力于的一种分期理论。在这部著作中，罗伯森强调

① Robertson, *Charles V*, i. 11, 64.
② William Robertson, *A History of America*, 2 vols. (London, 1777), i. 401.

了在南亚逐步发展出的独特文化,由于当时这个地区迅速被欧洲的力量所渗透,人们对该地区的文明越来越感兴趣。他的研究成果是一项有意提出一些有趣问题的分析——由于进步的思想家们对于不同的民族及其信仰越来越思想开明,因而这些问题更显得切题——在这项分析中,东方人与西方人在习俗方面的某些相似之处被启发性地置于突出地位。

然而,对于确定分期理论的含义作出更加实质性贡献的学者,是弗格森。弗格森在爱丁堡大学的学术职责包括教授以下相互关联的领域,这些领域后来被称作:历史学、政治学、法学、心理学和伦理学。首先在《文明社会史论》(*An Essay on the History of Civil Society*,1767 年)中,他对人类本质与自然环境之间的关系进行了范围宽广的理论化,他试图从中表明的是,我们所学会称之为"历史"的一系列重大事件,在很长程度上是被建构出来的。这部著作是顺着主题的序列被慎重地编排起来的,因而它没有任何实质性的年代顺序的结构。组成它的是一些各自独立的章节,所用的是一些听起来很哲学性的标题,包括"论道德情操""论人类联盟的诸原则"和"论关于自然状态的问题",任何有见识的读者都会看出,实际上弗格森正在论证当时道德哲学和社会理论的关键问题,正如这些问题曾被弗朗西斯·哈奇森(Francis Hutcheson)、休谟、孟德斯鸠和卢梭等作家单独挑出并论证过。毫无疑问,该著作并没有提供关于任何单一的历史事件或历史时期连续性的说明。

毋庸置疑的是,弗格森的理论化所派生出的历史性影响是巨大的——比如对《文明社会史论》持有严重保留态度的休谟,以及大多数怀着无比热情看待该著作的他的苏格兰朋友们,都同样地充分认识到了这一点。根据弗格森对人类历史的全景式说明,人在本质上是一种热衷于探求且富有雄心的生物。正如弗格森所明确宣称的,人在其自身本性的迫使下,"自其最初存在以来,就开始了创造和发明"。[1] 实际上,人类这种无法改变的求变性和无穷尽的

---

[1] Ferguson, Essay, 12.

创造性的特征,正是进步背后的真正驱动力。此外,对物质改善的关切,始终如一地是人类所考虑的特定目标:"生存之忧",正如弗格森在该书某处阐释的,它"是人类活动的首要动力"。[①] 换言之,人类本能的一种特别强烈的形式就是一种原动力,它给与人类的静态而昏昏沉沉的历史以与其相反的无限潜在活力和急剧的前进运动。

在《文明社会史论》和他所出版的其他演讲文集中,更不用说在他自己实际上最喜爱的著作《罗马共和国的进步和终结史》(*The History of the Progress and Termination of the Roman Republic*,1783 年)中,弗格森都没有真正地回答一个对于任何致力于总体形势的历史学家来说具有根本重要性的问题:为什么大规模的变迁恰恰出现在某一个时刻,而非另一个时刻? 对于任何一个假定存在一系列互不相连的发展阶段的理论来说,这都必然是一个关键性的技术问题,显然,对这个关乎变革的问题的解答,需要有对机制的识别力,凭借这种机制,从社会演变的一个层次向下一个层次的决定性运动有可能发生。 实际上,这是一个亚当·斯密成功地应用其令人惊叹的全面智慧的问题。而弗格森,作为一名富有创新精神且备受敬重的道德哲学教授,他的回答是与他在专业上的关注点密切相关的。 的确,正是在斯密于格拉斯哥大学任教时所进行的研究工作中,他在法律制度的起源和政治经济学的形成的领域内发展出了一项特定的专业知识。因为,正如他似乎首先已经在一系列关于法学的演讲中所揭示过的,他最终总结道,不同阶段间转变的发生,主要是作为因人口增长而引发的资源压力的后果。

尽管斯密在发现可识别的经济因素的深层影响方面具有罕见的才华,但是作为一位相对正统的分期理论家,他认为,社会历史发展的各阶段的特征是对特定生产方式的依赖性——他所指的是采集狩猎(导致了"原始未开化"[savage]状态)、畜牧(维持了"野

508

---

① Ferguson, Essay, 35.

蛮"［barbarian］社会）、定居农业（与"封建社会"的出现密切相关）和最终的更复杂的贸易体系（被认为是"商业社会"的基础）。然而，不仅个人之间的关系，而且他们对财产所有权的观念以及作为相应结果的法律条款和政治结构，都是为了应对同一变化中的物质条件而被构造出来的。而当所有这些分散的积聚过程被剥离开后，一个社会从某阶段向另一阶段转变的触发点，在本质上仅仅是生存方式的效应的作用；这些生存方式是为了满足在人口日益增长的不利环境下，正起着作用的由人类欲望所创造的基本需求。在这一意义上，人类为了生存而被迫去发明和革新，因而最终将被迫进步。"他们被迫必须去发明"，在一篇作于格拉斯哥大学的演讲中斯密总结道，"为的是凭借其他方法来维持他们自身。"①因此在根本上，进步是机能失调的产物，是应对旧有更简易的生存方式的致命性失败而成功适应新情况的实践性结果。

正是在《国富论》（*The Wealth of Nations*，1776 年）中，斯密详细说明了他对政治经济学的理解的许多其他方面，他认为，在形成日常生活的常见性轮廓和缔造大规模的历史变迁两方面，政治经济都是一个关键性的因素。当然，与弗格森的《文明社会史论》类似，斯密的这部启蒙时代里程碑式著作在意图上仍然只能被看作是部分历史编纂性质的。毕竟，它明显超出了为同时代人提供对人类过去的特定方面作出连贯一致的说明这一任务。然而，可被辨识的是，该著作显然产生自对历史的关注。它深刻地影响了当时人们对历史进程的理解。并且它几乎立刻被认为是——被休谟在其临终之际，也被越来越多的学者和政治家们——代表了 18 世纪对人类发展所作出的最有说服力的说明之一，因为该著作发表于一个苏格兰和英国的社会与经济变迁日益加速的时代，而且它明确打算要促进对这种巨大转变如何以及为何发生的理解。就这一点而言，其最突出的贡献或许就在于，它为历史因果关系的重新

---

① Adam Smith, *Lectures on Jurisprudence*, ed. R. L. Meek, D. D. Raphael, and P. G. Stein (Indianapolis, 1982),14.

概念化提供了动力——正如我们所看到的,在先前数代苏格兰学者中,作为主导性智识的一种决定性结果,这种历史因果关系长期以来是他们思考的兴趣所在。然而,不足为奇的是,考虑到斯密个人的宗教怀疑和该时代日益宽容的倾向,他对这一问题的处理在特点上明显是较少形而上的,并且与所有前辈相比,他的处理也相当具有进步的意义。

休谟所作出的最佳表述,依靠的是他在某处所宣称的著名的"看不见的手"。[①] 这种机制的实质性体现,不仅仅是指某位要求服从且全知之神的显而易见的指示,而且也指坚定追求其个人自我利益的无数男人和女人的完全不同步且通常是不经意的行为。在斯密看来,正是这种本质上是日常活动的集合,而非任何监管计划的成功(无论是碰巧发生在人世间还是天堂里),真正导致了人类历史中的重大进程,即劳动分工的出现——他论证道,只有劳动分工是"不以这种广大效用为目标的一种人类倾向所缓慢而逐渐造成的必然结果"。[②] 其他的发展,如封建关系的减弱和近代自由的逐渐增长,同样地是在漫长的时期中不相干的个体行为的不经意结果。

当然,这意味着人类本性的自然欲望远非必然是破坏性的(如先前许多历史家以及道德说教者和神学家们所坚持的),实际上反而会有利于完全建设性的目标。正如在《人类历史纲要》(*Sketches of the History of Man*,1774 年)中,斯密的导师凯姆斯如此阐释他针对传统论证的惊人质疑:"如果说普遍的仁慈是一种义务的话,那么相比于绝对的自私,它为普遍福祉所做出的贡献更小。"[③]正如后世的读者们不难注意到的,这一结论也说明了,为什么现在所称为的"意外后果定律"或"自发秩序原理",实际上被证

510

---

① Adam Smith, *The Wealth of Nations*, ed. Edward Cannan (London, 1904), IV, ii, 9.

② Ibid., II, i, 1.

③ Lord Kames, *Sketches of the History of Man*, 2 vols. (Edinburgh, 1774), ii. 308.

明为如此有效地纠正了空想家和立法者们在有效控制人类发展的未来走向方面所作出的自夸式宣言；在斯密看来，这种理论尤其形成了推测史学所能提供的解释体系的主要组成部分。

"愉悦与益处"

如果说许多写作苏格兰启蒙运动的现代学者们对"推测史学"的本质和含义多有涉及的话，那么18世纪苏格兰历史编纂的其他方面受到的关注就少很多了。这是令人遗憾的，因为这些活动领域通常是与被认为跟启蒙运动确切相关的思想关注点创造性地交织在一起的。首先，由于它们涉及用于研究各种人类制度、普遍现象和特殊可能性的发展分期理论的系统性扩展，因而它们可以被正当合理地理解成"人的科学"的逻辑上的必然结果。此外，这些兴趣的增长也指明了启蒙时代历史编纂的一个重要方面，也是确实全面地属于18世纪文化的一个重要方面，这个方面最近才开始受到足够的考虑。这指的是在何种限度上，启蒙运动，尤其是英国的启蒙运动，确实是与极为扩大了的公众文化消费首要相关的；换句话说，就是指启蒙运动与那些言词和观念——如今被认为是公开出售给大量匿名而越来越有鉴别力的消费者的商品——的相关性如何。在这一方面，公众对历史文学的空前需求，以及数量日增的作者们（至关重要的是，还有读者们）对于"得自历史的愉悦和益处"——约翰·贝尔福（John Belfour）在其《新苏格兰史》（*New History of Scotland*，1770年）中的描述——的兴趣，是该时期的苏格兰人正经历的一些情况，它们能提醒我们去注意某些当时并未总是受到足够重视的学术活动形式。[1]

一些与休谟、罗伯森、弗格森和斯密紧密相关的学者对一种新的研究方法作出了重要贡献，这种方法包含了一些先前未被视作历史家的领域、但公众明显对其具有强烈求知欲的研究对象。凯

---

[1] John Belfour, *A New History of Scotland* (London, 1770), p. iii.

姆斯勋爵是其中最吸引人的学者之一,他是那些一流的爱丁堡文学家们的朋友,比他们年长很多,作为一位备受爱戴的花花公子(*bon viveur*)和真正的怪人,在这些文学家中他通常充当支持者和赞助人。凯姆斯的职业——律师、法官和地主,而非大学教授或专业哲学家——塑造了他自己独特的思想兴趣混合体。首先,在《历史上的法律条文》(*Historical Law Tracts*,1758 年)中,凯姆斯明确指出司法体系和法律概念实际上是历史性的建构,它们遵循特定的普遍发展原则,相应地,这致使它们反映出特定时间节点上不同的社会环境。当然,书中写道,"当法律被以下述方式追寻,即从它在野蛮人中的最初雏形起,经由相继的变化,直到它在文明社会中的最高级进步,那么它就特别成为了一种最符合理性的研究"。①

511

詹姆斯·戴伦普爵士也是同一领域中的重要人物,他是一位高等法院辩护律师和地主,其《大不列颠与爱尔兰大事记》(*Memoirs of Great Britain and Ireland*,1771 年)引发过争议。与休谟的杰作类似,这部著作威胁到了信奉英格兰自由的自满的辉格党人们,并且也因此招致了对作者的许多批评。然而,在思想上更加大胆的,是更早前的戴伦普的专著《封建所有制通史》(*An Essay Towards a General History of Feudal Property*,1758 年)。该著作论述了法律体系和经济体系的互相关联性,它们导致了一种源自中世纪的复杂遗留问题,到了启蒙时代,在一代具有近代思想的苏格兰律师和地主的赞助下,这一问题仍在被尽力克服中。该著作还提出以下设想,即法律研究是可识别的分期学说的风俗史的重要组成部分,戴伦普推断道,这种分期学说的风俗史最终将阐明"人类是如何从最野蛮的社会状态进入到最文雅的社会状态的"。②

对作为文化和历史产物的法律的研究作出最创新性贡献的学者,或许是斯密杰出的学生约翰·米勒(John Millar),他在 18 世纪

---

① Kames, *Historical Law Tracts*, i. p. v.

② Sir John Dalrymple, *An Essay Towards a General History of Feudal Property* (London, 1758), p. ix.

下半叶的大部分时间内都是格拉斯哥大学民法教席的持有者。正如米勒在其《等级差别的起源》(*Origin of the Distinction of Ranks*,1771 年)的开篇中所阐释的,他的指导性原则是,人类制度,无论是法律抑或其他为社会组织的用途而设计的发明,其发展是缓慢的。它们"只容许温和的改善",他告诫道,"这些改善出自习俗的渐进式改革,并且伴随有社会状况方面的相应变化。"①这类前提假设使他能够概述出针对以下问题的最早的系统性说明之一,即个人和集团间在地位和权力方面的实质性差异是如何引起的。米勒的另一部主要著作是《对英国宪法的历史性考察》(*An Historical View of the English Constitution*,1787 年),该书把分期学说对法律形式的长期演变的标志性兴趣,带入政治结构的正式研究中,使得政府体制受到细致彻底的考察。然而,如果说这是其主要的思想理由的话,那么其主要的意识形态特征,帮助米勒在英国赢得了作为一位坚定的——在 18 世纪 90 年代到来之前,也是潜在颠覆性的——宪政改革的拥护者所理所应得的名声。

512 　　其他的历史家们融合可识别的推测假设与流畅的叙事结构,以一种不怎么引起争论的方式,来迎合逐渐扩大的读者群体的日益多愁善感的品位。吉尔伯特・斯图亚特(Gilbert Stuart)是一位专业作家,在他未能在爱丁堡大学获得教席之后,他成了与罗伯森势不两立的文学论敌;与几乎其他所有人相比,他更好地变现了这一有意通俗化的趋势。可以预见,苏格兰女王这一越来越有利可图的题材,或许为斯图亚特提供了核心内容,使他能够围绕着这一点来对其国家的动荡过去作出详细的叙述,他撰写了《自宗教改革的确立到玛丽女王去世的苏格兰史》(*The History of Scotland from the Establishment of the Reformation Till the Death of Queen Mary*,1782 年)。在该书中,最具多愁善感情调的是对那件最重要的事之描述,尽管斯图亚特的辉格党原则确实禁止了他对女王的政治策略的同情,但是他促使其软心肠的读者们把她当作一位不幸而备

---

① 　John Millar, *Origin of the Distinction of Ranks* (London, 1771), p. v.

受非议的女子来同情。此外还有《关于英国宪法的历史论文》（*Historical Dissertation Concerning the English Constitution*，1768 年），该书通过在日耳曼树林和森林中天然平等的而且不可抑制地尚武的部落成员中，认同英格兰民族自由的起源，来讨好其英格兰读者们。

斯图亚特的《处于从野蛮到文雅的进步中的欧洲社会》（*A View of Society in Europe in Its Progress from Rudeness to Refinement*，1782 年）具有更明显的分期学说特征，但同时也充满了针对 18 世纪晚期公众的强烈道德感受的情感吸引力。在该书中，他再一次颇为顾及女性读者的感受，他所提供的叙述十分突出文化发展的各方面如服饰、骑士文学和变迁中的求偶习俗，他试图凭借这种方式来打败罗伯森。然而，在平克顿这样一位意志坚定且肆无忌惮的评论家看来，这些在新的问题和研究对象上对推测论的日益多样化的应用，也能被证明为使得重塑苏格兰历史中更遥远的部分——他将这一段历史嘲笑为"所有权威采用最糟糕的伪造、篡改和颠倒是非的领域"——成为可能。[1] 与那些启蒙运动中更可靠的主流学者们类似，他也明显坚持分期理论的原则，主张"在全人类中，类似的社会阶段会产生类似的习俗"。[2] 但在平克顿这里，为了帮助证明他的中心主张——不仅荒谬而且是种族主义的——苏格兰的古代居民具有充满活力的哥特人或日耳曼人血统，而非劣等的凯尔特人血统，实际上他将这段历史歪曲、曲解得面目全非。

18 世纪 50 年代后历史写作的急剧通俗化，尤其是以一种或多或少推测性的方式进行的，这还导致了人们尝试将推测方法用在以下关注点上，如果说这些关注点比起平克顿那令人憎恶的揉合更具迎合性的话，那么它们也或多或少是构思得更严密的—— 513

---

[1] Pinkerton，*Enquiry*，i. 5.

[2] John Pinkerton，*A Dissertation on the Origins and Progress of the Scythians or Goths*（London，1787），131.

更不用说具有地方性。在这方面,关于苏格兰城镇、郡和地区的历史著作的增加,不仅表现了对最主要的爱丁堡文学家们的畅销著作的遵循,而且对于近期在汉诺威时期的英国其他地方兴起的地方历史研究的积极流行,这也是一种认可,这些著作再次满足了公众强烈的求知欲。一些很大程度上属于古物研究的著作,如罗伯特·锡博尔德爵士(Sir Robert Sibbald)的《法夫郡史》(*History of Fife*,1710 年)和乔治·克劳福德(George Crawfurd)关于伦弗鲁郡(Renfrewshire)的研究(1710 年),代表了一种相对较早的苏格兰传统,这种传统随着一股以新风格表达的研究潮流而被废除了。

正是在这一背景下,贝里克郡(Berwickshire)的牧师乔治·瑞德帕斯(George Ridpath)于其死后出版的《苏格兰和英格兰边境史》(*A Border History of Scotland and England*,1776 年),开发利用了他所生活地区的动荡历史。他的埃尔金郡(Elgin)同行拉克伦·肖(Lachlan Shaw)同样出版了《默里郡史》(*The History of the Province of Moray*,1775 年),而威廉·尼莫(William Nimmo)出版了《斯特灵郡通史》(*The General History of Stirlingshire*,1777 年)。就其本身而言,约翰·吉布森(John Gibson)的《格拉斯哥史》(*History of Glasgow*,1777 年)提供了一份关于其城市从中世纪的落后状态到商业繁荣的研究,为日益陈腐的分期主题提供了一种城市史变体,尽管他坦率提及的"我并不期望这部著作能受到有学之士的阅读"无意中揭示了,现在主要重点关注时尚的文学消费主义的苏格兰历史编撰,在多大程度上成为了真正的公共财富。[1] 不足为奇的是,《每月评论》(*Monthly Review*)这份英国启蒙时代的权威刊物之一,在 1791 年十分激动地宣称道,"关于地形、印刷(poligraphy)和地区史的流行研究,已经开始在我们岛屿的北方首府中出现了"。[2]

---

[1] John Gibson, *The History of Glasgow* (Glasgow,1777),p. vii.

[2] *Monthly Review*,5 (n. s.) (1791),403.

解读和误读

或许,针对苏格兰启蒙运动这样的思想成就(尤其是如果人们还接受这一运动中的主要倡导者们所激发的影响广泛的历史观点),人们很自然地想要弄清楚它的长期意义。然而,已然明了的是,在18世纪的苏格兰,历史编纂具有许多不同的形式——许多可识别为与启蒙运动的价值观相符,它们并非全都是完全可信赖的,但是至少其中一些具有潜在的可能性,来对关于过去的研究和写作的理论与实践发挥持续性的影响。在试图估量这些活动的后续影响方面,我们应当考虑沃尔特·司各特爵士(Sir Walter Scott)这一实例,他是杜加德·斯图亚特的学生,是年长的弗格森(回谢了司各特的美意)的年轻崇拜者,在许多方面,他也是最伟大的诞生于苏格兰的分期理论的传播者。毕竟,使得他成为18世纪历史编纂方法的非凡传播者的,并不是许多苏格兰小说所具有的抑郁的哥特风格,抑或它们卓越的节奏和流畅性(可以说是能令人想起罗伯森和斯图亚特的特征),而是他对每个历史时期的独特风俗和详尽传统的持续不断的敏锐感。因此,在像《威弗利》(*Waverley*,1814年)这样的著作中,凭借着对残余的高地(Highland)原始主义和富有进取心的低地(Lowland)商业主义的戏剧性平衡,司各特能够借用分期论的假设,并且使它们成为许多戏剧性张力的来源,而这种张力推动了他的虚构性叙述取得空前的成功。

然而,对苏格兰历史家们的遗产的几乎同时代的其他解读,比起苏格兰人自己的解读,是相当不多愁善感的,尽管它们可能至少是同样影响深远的。比如说,德意志的学者,从赫德尔(Herder)和依瑟林(Iselin)经由黑格尔(Hegel)直到马克思(Marx)和恩格斯(Engels),毫不迟疑地倾向于吸收分期理论的一些主要前提假设。在马克思这里,他所受到的影响甚至包括:认同苏格兰学者们对每个发展阶段中的物质决定性的强调,以及他们对日益商业化的环境对个体的异化作用的感悟。但是,这些赞赏者们都没有恰当地

514

领会推测式方法论的决定性层面，而这一层面对于苏格兰启蒙运动中的全面历史观点来说是绝对必要的——比如关于人类进步的潜在可逆性的认知（弗格森和罗伯森这两位信奉长老会的道德学家尤其倾向于这一观点）。考虑到在 20 世纪，主要是政治上持保守主义的理论家们主张说他们拥有部分的相同思想遗产，19 世纪浪漫主义和原始社会主义思想家们对这种苏格兰遗产的独特而高度偏向性的接受，是尤其有趣的。此外，他们也是在并未恰当理解其不确定的含义的情况下这么做的。最重要的是，很明显地，试图借鉴历史学家们关于"意外后果"的说法，来对社团主义和中央计划以及这两者对古典政治经济学的发展、利于自由市场新自由主义的"市民社会"概念的贡献作出评判的做法，通常忽略了他们的分析中那些恰好不怎么符合当今的关注点的层面——比如斯密对于商人垄断倾向的强烈抨击，或弗格森对宪政改革和民众政府的坚决反对。

除了政治学家和社会理论家们所进行的这些可疑的意识形态式挪用外，很明显 20 世纪的历史学家们尤其开始日益意识到，爱丁堡大学的文学家们的历史编纂成就是启蒙运动思想文化中的巅峰之一。从第二次世界大战起，一系列重要著作，尤其是格拉迪斯·布赖森（Gladys Bryson）的《人与社会：18 世纪苏格兰的探索》（*Man and Society：The Scottish Enquiry of the Eighteenth Century*，1945 年）和稍后罗纳德·米克（Ronald Meek）的《社会科学与卑劣的野蛮人》（*Social Science and the Ignoble Savage*，1976 年），将他们的集体研究成果看作观念史中的一个实例研究，使其开始散发出新的光芒。近年来这一趋势得到了延续，尽管应当说，当前很少有学者把这些苏格兰历史家们视作直接仿效的典范。毕竟，当涉及到汉诺威时期英国的非常特定的关注点和特性时，他们是彻底着眼于当下的。此外，他们把历史发展的普遍规律的存在和对它的理解，理所当然地视作他们所要阐明的中心任务——对于这种偏好，即使不是大多数以英语为母语的专业学者，至少许多持根深蒂固的经验主义的学者是不喜欢的。然而，在以下这一点上，苏格兰启蒙运动的学者们的确与现代历史学家们保持一致：想要更好地理解过去的强烈欲望。因此，对于他们前辈的那些没有事实根据的成见，他们采取了一种正常合理的怀疑态度，它有时具有惊人的启发性。然而，整体来讲他们的最杰出之处根本上在于，其中有好几个学者获得了许多思想家几乎可望而不可及的影响力。无疑正是在这一基础上，我们应当按照他们自己的特性来理解他们。对于吉尔伯特·斯图亚特自己在 1780 年所称之为的"这个哲学和沉思的开明时代"，苏格兰的历史家们不仅沉浸其中，而且还塑造和打造了它，当同时代的人们在试图重新思考和重新想象生活于其中的世界时，他们成功地把关于人类过去的研究放在最重要的位置。①

大事年表/关键日期

1660 年	查理二世复辟
1679—1685 年	"杀戮时刻"——苏格兰政府与长老会之间的冲突
1685 年	苏格兰詹姆斯七世继位（也是英格兰的詹姆斯二世）
1688—1689 年	英国光荣革命
1702 年	安妮女王继位
1707 年	苏格兰和英格兰之间订立《联合法案》
1714 年	乔治一世继位
1715 年	马尔伯爵发动詹姆斯二世党人叛乱
1727 年	乔治二世继位
1745 年	美王子查理发动詹姆斯二世党人叛乱
1760 年	乔治三世继位

---

① Gilbert Stuart, *The History of the Establishment of the Reformation of Religion in Scotland* (London, 1780), 206.

1779 年	天主教信仰之争
1780 年	苏格兰的工业革命开启
1793—1815 年	法国大革命和拿破仑战争
1820 年	乔治四世继位

主要史料

Dalrymple, Sir John, *Memoirs of Great Britain and Ireland* (Edinburgh, 1771).

Ferguson, Adam, *An Essay on the History of Civil Society* (Edinburgh, 1767); ed. Fania Oz-Salzberger (Cambridge, 1995).

——*The History of the Progress and Termination of the Roman Republic* (London, 1783).

Hume, David, *The History of England* (London, 1754 – 1762; London, 1875).

Innes, Thomas, *A Critical Essay on the Ancient Inhabitants of Scotland* (London, 1729).

Kames, Lord, *Historical Law Tracts* (Edinburgh, 1758).

——*Sketches of the History of Man* (Edinburgh, 1774).

Millar, John, *Origin of the Distinction of Ranks* (London, 1771).

Pinkerton, John, *A Dissertation on the Origins and Progress of the Scythians or Goths* (London, 1787).

——*An Enquiry into the History of Scotland* (London, 1789).

Ridpath, George, *A Border History of Scotland and England* (London, 1776).

Robertson, William, *The History of Scotland* (London, 1759).

——*The History of the Reign of the Emperor Charles V* (Dublin, 1769).

——*A History of America* (London, 1777).

Smith, Adam, *The Wealth of Nations* (London, 1776); ed.

Edward Cannan (London, 1904).

——*Lectures on Jurisprudence*, ed. R. L. Meek, D. D. Raphael, and P. G. Stein (Indianapolis, 1982).

Stuart, Gilbert, *The History of the Establishment of the Reformation of Religion in Scotland* (London, 1780).

——*A View of Society in Europe in Its Progress from Rudeness to Refinement* (Edinburgh, 1782).

参考文献

Allan, David, *Virtue, Learning and the Scottish Enlightenment: Ideas of Scholarship in Modern History* (Edinburgh, 1993).

——*Adam Ferguson* (Edinburgh, 2006).

Bryson, Gladys, *Man and Society: The Scottish Enquiry of the Eighteenth Century* (Princeton, 1945).

Emerson, Roger L., 'Conjectural History and the Scottish Philosophers', *Canadian Historical Association Historical Papers* (1984), 63 - 90.

Fearnley-Sander, Mary, 'Philosophical History and the Scottish Reformation: William Robertson and the Knoxian Tradition', *Historical Journal*, 22 (1990), 323 - 338.

Ferguson, William, *The Identity of the Scottish Nation* (Edinburgh, 1998).

Forbes, Duncan, *Humes Philosophical Politics* (Cambridge, 1975).

Hamowy, Ronald, *The Scottish Enlightenment and the Theory of Spontaneous Order* (Carbondale, 1987).

Höpfl, Harro, 'From Savage to Scotsman: Conjectural History in the Scottish Enlightenment', *Journal of British Studies*, 17 (1978), 19 - 40.

Kettler, David, *Social and Political Thought of Adam Ferguson* (Columbus, 1965).

517 Kidd, Colin, *Subverting Scotland's Past: Scottish Whig Historians and the Creation of anAnglo-British Identity*, *1689 - c. 1830* (Cambridge, 1993).

Lehmann, William, *John Millar of Glasgow* (Cambridge, 1960).

Mason, Roger, *Kingship and Commonweal: Political Thought and Culture in Renaissanceand Reformation Scotland* (East Linton, 1998).

Meek, Ronald L. , *Social Science and the Ignoble Savage* (Cambridge, 1976).

Mossner, E. C. , 'Was Hume a Tory Historian? Facts and Reconsiderations', *Journal of the History of Ideas*, 2(1941), 225 - 236.

O'Brien, Karen, *Narratives of Enlightenment: Cosmopolitan History from Voltaire to Gibbon* (Cambridge, 1997).

Phillipson, Nicholas, *Hume* (London, 1989).

Ross, Ian S. , *Lord Kames and the Scotland of His Day* (Oxford, 1972).

Sher, Richard B. , *Church and University in the Scottish Enlightenment: The Moderate Literati of Edinburgh* (Princeton, 1985).

Sweet, Rosemary, *The Writing of Urban Histories in Eighteenth-Century England* (Oxford, 1997).

Zachs, William, *Without Regard to Good Manners: A Biography of Gilbert Stuart*, *1743 -1786* (Edinburgh, 1992).

陈慧本　译　张　骏　校

第二十五章　英格兰启蒙史学，1750—约1815年

凯伦·奥布莱恩

本章撇开苏格兰、爱尔兰和威尔士，单独讨论1750—约1815年的英格兰作者们的历史写作。在这种情况下，本章不按照我们时代的一种主导趋势来进行，这一趋势就是将英格兰的历史写作看作由苏格兰启蒙运动主导的英国传统的一部分，在该传统中英格兰历史家爱德华·吉本通常被看作一位荣誉成员。[①] 然而，吉本的确是一位身处民族危机时代的英格兰爱国者。"与你认为我是一个外国人一样多的，"他向其最亲密的朋友写道，"在这个重要的问题上我觉得自己是一个英格兰人。"[②]在这一时期，吉本吸收并大大促进了英格兰历史写作向新的、以"哲学"观念为其目标和范围的阶段的总体转变。一般而言，这一转变在很大程度上要归因于苏格兰启蒙运动，并且尤其归因于大卫·休谟的《英格兰史》。但是它也有其本土的要素，并且它处理的是特属于18世纪晚期的英格兰的重要事务，即要在英格兰日益增长的政治文化与宗教文化的两极分化间达成妥协，这种两极分化由各种部分组成：辉格党、托利党和激进派，以及圣公会、不顺从国教者和福音派。

毫无疑问，正如 J. G. A. 波科克（J. G. A. Pocock）所描述过

[①] 最显著的是 J. G. A. Pocock, *Barbarism and Religion*, 5 vols. to date (Cambridge, 1999-)。

[②] 1792 年 5 月 30 日，吉本写给谢菲尔德，in *The Letters of Edward Gibbon*, ed. J. E. Norton, 3 vols. (London, 1956)，iii. 258。

的,吉本的《罗马帝国衰亡史》(*The History of the Decline and Fall of the Roman Empire*,1776—1788 年)是欧洲"启蒙叙事"中的一部巅峰之作。^① 那种叙事——关乎公民政府政体的崛起和在国家事务中神职人员权力的缓慢衰落——是由苏格兰、意大利和法国启蒙运动中主要的历史家们共同塑造的,其中包括休谟、罗伯森、皮特罗·詹诺内(Pietro Giannone)和伏尔泰。然而,在波科克看来,吉本著作中最复杂精妙之处和最宏大的视野在于,他深刻理解了阿米尼乌斯派思想的传统,并以此来支撑他的著作。波科克记录了吉本早年在洛桑(Lausanne)时的潜心研究,这一时期的吉本沉浸于新教、阿米尼乌斯派思想的博学而引发争议的著作中,也沉浸于它们所注重的公民行为与救赎的关系以及作为人类文化产物的宗教教义。^② 波科克认为,由于该派别对神职人员、贵族和王室的制度所持有的结构性反对立场,这一情况比他遇到法国启蒙运动的哲学思想环境(根据阿纳尔多·莫米格里亚诺[Arnaldo Momigliano]的区分,反对阿米尼乌斯派的博学而批评性的学术研究圈子)更具有决定性。^③ 在信奉加尔文宗的苏格兰,阿米尼乌斯派类型的启蒙运动不怎么普遍,它主要植根于东北部,并且其关注的重点,被与吉本同时代的、主张一种新道德科学的苏格兰启蒙学者们回避了;但是这一特性长期以来扎根于英格兰的思想生活以及英格兰关于宗教温和与宽容的争论中。^④ 吉本的历史著作也有这种英格兰和新教欧洲的思想渊源,如果我们考虑到该书三次分册出版的日期的话,它还可以被看作是一部非常紧跟时代动向的

---

① *Barbarism and Religion*, ii. 29–162.
② *Barbarism and Religion*, i. and ii. ch. 2.
③ Arnaldo Momigliano, 'Gibbon's Contribution to Historical Method', in *Studies in Historiography* (London, 1966), 40–55.
④ J. G. A. Pocock, 'Clergy and Commerce: The Clerical Enlightenment in England', in *L'Età dei Lumi: Studi Storici sul Settecento Europeo in Onore di Franco Venturi*, 2 vols. (Naples, 1985), i. 523–561. 更近期的有 David Jan Sorkin, *The Religious Enlightenment: Protestants, Jews and Catholics from London to Vienna* (Princeton, 2008), 54–57。

英格兰著作:1776年,正处于美国危机的高潮,这时吉本正担任忠于北美殖民政府的下议院议员(MP);1781年,正当近期发生的戈登暴乱发生后不久,这次暴乱向吉本展现了"我曾认为消亡了的黑暗而邪恶的宗教狂热",而吉本将其归因于确实存在于英国的早期基督教徒;① 以及1788年,正处英帝国的转折点,此前它失去了美洲殖民地、实行《皮特印度法案》(*Pitt's India Act*)以及开始审判黑斯廷斯(Hastings),这时吉本正好听说自己被谢里丹(Sheridan)公开赞扬。

　　如果说吉本的《罗马帝国衰亡史》生动地说明了18世纪晚期英格兰的重大政治争论,那么它还满足了由英格兰读者们表达的一个愿望,即想要有一部涵盖哲学式历史的著作,这部著作要好到足以堪比或胜过休谟、罗伯森和其他苏格兰历史家们的著作。苏格兰启蒙史学在英格兰非常流行,但它并没有完全满足英格兰人对关乎日益增长的民族兴趣的话题的好奇心:② 苏格兰边境以南人民的种族和文化的起源、古罗马在其英格兰殖民地的特有遗产,以及英格兰的(相对于苏格兰的)法律、政治制度和文化产物的独特发展道路。然而,吉本的历史著作提供了相当大的推动力和欧洲的学术性背景,促使在19世纪晚期出现了越来越多关于英格兰的古代不列颠、盎格鲁-撒克逊和中世纪的遗产的著作。并且它重新定义了英格兰人思考他们自己与从前的罗马帝国主人们的关系的

520

---

① *The Miscellaneous Works of Edward Gibbon*, ed. Lord Sheffield, 5 vols. (London, 1814), i. 547. 参见 John Seed, '" The Deadly Principles of Fanaticism": Puritans and Dissenters in Gibbon's *Declineand Fall of the Roman Empire*', in James Moore, Ian Macgregor Morris, and Andrew J. Bayliss (eds.), *Reinventing History: The Enlightened Origins of Ancient History* (London, 2008), 87-112。

② 关于苏格兰历史著作在英格兰的流行,参见 David Allan, *Making British Culture: English Readers and the Scottish Enlightenment, 1740-1830* (London, 2008)。

方式。①

19 世纪晚期的英格兰人对一种更加哲学性的历史的偏好，必须被放在英格兰独特的繁荣印刷业背景和历史作品的制度背景下进行理解。在一个苏格兰的印刷业才刚刚开始积聚力量的时代，伦敦的图书市场充满着本地出版的历史著作，包括大规模的合写作品如《普遍史》(Universal History，1736—1765 年)。在连载出版物、多位作者合写作品、再版书和续编书籍的创新型印刷文化下，高雅的和通俗的历史作品之间的分界线仍然是模糊的。② 历史出版物在很大程度上仍然是私人的事业，并且通过集体资助或印刷商工会的方式，资金被筹集起来以编纂更大规模的作品。③ 在英格兰，作为一门学术专业的历史学比起它在苏格兰要欠发达得多，并且许多英格兰历史家逐渐形成了一种印象，他们把历史看作具有绅士风度的追求，包括吉本本人在内，他高度自觉到自己作为一位历史家的公众"角色"，也明确表达了这一点。④ 于 1724 年在牛津大学和剑桥大学设立的近代史钦定教席，主要是由职业牧师和文学家持有的，如托马斯·格雷(Thomas Gray)和约瑟夫·斯彭斯(Joseph Spence)，而非由历史学家持有。在非国教学院中，近代史

① See Piers Brandon, *The Decline and Fall of the British Empire* (London, 2007), 171, 210, 227.

② Guido Abbattista, ' The Business of Paternoster Row: Towards a Publishing History of The *Universal History*, (1736 - 1765)', *Publishing History*, 17 (1985), 5 - 50; and Jeremy Black, 'Ideology, History, Xenophobia and the World of Print in Eighteenth-Century England', in Black and Jeremy Gregory (eds.), *Culture, Politics and Society in Britain, 1660 - 1800* (Manchester, 1991), 207.

③ 参见 Karen O'Brien, 'The History Market', in Isabel Rivers (ed.), *Books and Their Readers in Eighteenth-Century England: New Essays* (London, 2001), 105 - 134。

④ David Womersley, *Gibbon and the Watchmen of the Holy City: The Historian and His Reputation* (Oxford, 2002).

是必修课的重要组成部分。^① 其中一些学院的历史教学面向更广泛的公众传播，最显著的例子是约瑟夫·普利斯特列（Joseph Priestley）于 18 世纪 60 年代后期在沃灵顿学院（Warrington Academy）开办的历史讲座，这些讲座于 1788 年作为《关于历史和一般政策的讲座》（*Lectures on History and General Policy*）出版。即便如此，在很大程度上，历史学家们所宣称的历史的专业知识和哲学性，最应当被理解成在一个主要是商业的环境中半自我定位性质的行为。在英格兰，伏尔泰式的哲学式历史的流行确立于 18 世纪 50—60 年代。这种历史强调作者对于原始资料、过去的迷信，甚至历史的价值本身的一种批判性或怀疑性态度；并且它权衡基于证据的可能性和已知的人类本性和人类动机的特征。正如丹尼尔·沃尔夫已经在本卷中指出的，在 18 世纪中期存在着关于欧洲和全球的历史著作的一场更普遍的复兴，其中包括伏尔泰自己出版于 1756 年的《论各民族的风俗与精神》（*Essai sur les moeurs et l'esprit des nations*）、《普遍史》、汇编本《世界通史》（*General History of the World*，1744—1751 年）和威廉·罗素的流行的《近代欧洲史》（*A History of Modern Europe*，1779 年）。爱尔兰作家奥利弗·戈德史密斯和苏格兰人托拜厄斯·斯莫利特等历史家们，坚持不懈地向英格兰读者推广伏尔泰和伏尔泰的哲学式历史的一种英国化的（同时也是较少反宗教的）版本。^② 然而，在这些声称自己的身份为哲学式历史学家的历史家学中，很少有人在序言和脚注之外还坚持做到这一点。^③

521

在爱丁堡大学，休·布莱尔（Hugh Blair）赞扬伏尔泰扩展了历史学的范围，他认为伏尔泰做到这一点是凭借"比前人们更加特别

---

① Paul Wood (ed.), *Science and Dissent in England*, 1688 - 1945 (Aldershot, 2004), 2 - 3.
② O'Brien, 'The History Market', 117 - 120.
③ A. M. Rousseau, 'L'école historique anglaise de Voltaire', in *L'Angleterre et Voltaire*, *Studies on Voltaire and the Eighteenth Century*, 147 (1976), 754 - 851.

地注重法律、习俗、商业、宗教、文学，以及所有其他易于表现各民族的精神和天赋的事物。它现在被理解为一位有才华的历史学家展示风俗以及真相和事件的事业"。① 在许多英格兰的读者看来，苏格兰历史学家们把这一转变提升到了一个新的高度。罗伯森的历史著作在英格兰取得的成功（罗伯森也很注重为他的著作找到英格兰的出版商）展现了写作一种有几分不同的哲学式历史的方式，即把政治事件放置在包含着法律和社会的发展、艺术、科学和"风俗"的更丰富、更广阔的背景之中。② 对于那些致力于在不过多削弱政治叙事的前提下使其更多样化的英格兰历史学家们来说，休谟《英格兰史》中的东拉西扯的附录也产生了极大的影响。传统的政治叙事作品，如凯瑟琳·麦考莱（Catharine Macaulay）的极为成功的《从詹姆斯一世继位到汉诺威王朝开启的英格兰史》（*The History of England from the Accession of James I to That of the Brunswick Line*，1763—1783 年），仍然是英格兰图书市场的首要特征，直到该时期结束后仍是如此，而且并非所有这些著作都以关于法律、社会和"风俗"的分段或附录为特征。然而它们处在一个变化了的思想环境中，自 18 世纪早期以来，公众对于历史学所体现的知识种类的社会重要性的看法明显已经极大地改变了。传统上将历史视作给（男性）管理公共生活提供道德的、实用性的、审慎的训诫之来源的看法没有消失，反而是被一种更加新的和更加高尚的看法大大地提高了，这种新的看法将历史视作洞悉人类本性和行为的绝佳原始资料。阅读历史赋予人们以实践性的、有用的知识，但它还是一种认知的活动，使得个人能够以自我提升的、但

522

---

① *Lectures on Rhetoric and Belles Lettres*（published 1783，first delivered in 1759 - 1760），ed. Harold F. Harding，2 vols.（Illinois，1965），ii. 288.

② Richard B. Sher，'Charles V and the Book Trade：An Episode in Enlightenment Print Culture'，in Stewart J. Brown（ed.），*William Robertson and the Expansion of Empire*（Cambridge，1997），164 - 195；更全面的论述是谢尔（Sher）的 *The Enlightenment and the Book：Scottish Authors and their Publishers in Eighteenth-Century Ireland*，*Britain and America*（Chicago，2006）。

不怎么明显实用性的方式将他/她自己与集体经历联系起来。

　　这种对历史知识的本质和价值的更加沉思性的观点，无疑为女性读者提供了一席之地（entrée，入场许可）。在海丝特·夏萍（Hester Chapone）的被人们广为阅读的《心智改善书信集》（*Letters on the Improvement of the Mind*，1773 年）中，她这样向她的女性读者们推荐历史："我会推荐的最重要的学问……就我所知道的各种学问而言，在同时提供消遣和改善方面没有与它同样适合的，也没有其他学问能如此地形成并增强你的判断力——而且，通过给予你一种对人类本性的开明而综合的观点，它或多或少弥补了那种经验的缺陷，对于这些我们通常获取得太晚以至于难以帮助到我们。"[1]在稍后的一封信中，她列出了一份历史阅读的书单，旨在表明英国历史与更宽广的欧洲历史之间的联系（罗伯森在此被特别推荐），以及它与欧洲对世界其他地区殖民开发的长期进程的联系。夏萍将历史看作一种精神的必需物和一种对民族偏见的矫正物的观点，更新了博林布鲁克子爵在《关于历史的研究与用途的书信集》（*Letters on the Study and Use of History*，1752 年）中提出的关于历史的哲学性建议。[2] 博林布鲁克称得上是首位明确表述了英格兰启蒙史学的计划的作者（他本人没有撰写任何历史著作），该计划包含了法国学者对公认的观念和"民族偏好和偏见"的怀疑论态度，并且它主张历史认识论的价值："经验具有双重缺陷；我们出生得太晚以至于无法看到许多事物的开端，并且我们死得太早以至于无法看到它们的终结。历史弥补了这两种缺陷。"[3]在该时期，博林布鲁克的影响力很少被人承认，但是他将历史看作"由事

---

① Letters, in *Bluestocking Feminism*：*Writings of the Bluestocking Circle*，1738 - 1785，ed. Gary Kelly *et al*.，6 vols.（London，1999），iii. 332. 参见 D. R. Woolf，'A Feminine Past? Gender，Genre and Historical Knowledge in England，1500 - 1800'，*American Historical Review*，102(1997)，645 - 679.

② 参见本卷中丹尼尔·沃尔夫所著的第二十三章。

③ Henry St John，Viscount Bolingbroke，*The Works of Lord Bolingbroke*，4 vols.（London，1967），ii. 183，186.

例教授的哲学"的观点,在许多不同的领域引发了广泛的反响。在
《关于历史和一般政策的讲座》中,普利斯特列提出了类似的关于
历史的宣称,他认为历史不仅能根除民族偏见,而且还是一种经验
的实质形式:它提供了,他说道,一种"关于世界的预期的知识",这
种知识"相比于我们从自己随意的经验中学到的任何东西,是我们
更好的向导"。①

523 政党政治史

在普利斯特列的心目中,理想的历史知识的模式是达到普遍人
类价值的一种方式,它超越民族和宗教的偏见的曲解,这与博林布
鲁克的设想很不一样。但这两位作家都有一种启蒙的想法,即想
要通过宣称正是历史知识的完整性本身使得这样一种主观性的至
高无上成为可能,以持有一种"超越"并且外在于他们自己文化的
作者态度。在苏格兰历史家中,这类关于至高无上性的宣称,通常
是出于解决一种困难的而且暴力的、宗派的宗教遗留问题的需求。
在英格兰作者和那些撰写英格兰历史的人中,产生出这类宣称的,
更多的是处理政治党派的遗留问题,以及根深蒂固于政党中的宗
教和王朝的政治的需求。如果说正像是沃尔夫在本卷中所论证的
那样,1660—1740 年,是历史写作使自身适应英国政治中意识形
态分歧的永恒存在性的时期,那么 1745 年以后则是英格兰历史家
们努力以哲学的方式,处理由那种分歧产生的明显的政治稳定的
悖论。在休谟看来,那种稳定虽然是脆弱的,但它是珍视 17 世纪
晚期英格兰宪法中的自由的令人满意的结果。在他的激进主义论
敌凯瑟琳·麦考莱看来,这种稳定仅仅是贵族寡头政治和公众反
应冷淡的混合效应。② 由于休谟的《英格兰史》中对斯图亚特王朝

① Priestley, *Lectures on History and General Policy* (1788), ed. J. T. Rutt (London, 1840),38.
② 参见 Karen O'Brien, *Women and Enlightenment in Eighteenth-Century Britain* (Cambridge, 2009), ch. 4 ('Catharine Macaulaýs Histories of England')。

诸国王的明显同情性的叙述，该书被人们执意误解为一部带有偏见的托利党著作。但是休谟认为，他哲学上的不偏不倚并不在于他对个体或者甚至政党的叙述中，而是在于他毫不同情地判断政党忠诚和宗教热情，即把它们看作政治行为的特有形式。作为永远的政治学家，休谟把政党视为根深蒂固的英格兰自由文化的一种附带现象，并且他真正的兴趣在于那种文化的轮廓和历史。

休谟的《英格兰史》有一些竞争对手，它们是由总部设在伦敦的印刷厂出版的。托拜厄斯·斯莫利特的《英格兰全史》(A Complete History of England，1757—1758 年)以一段时期内的惊人销售量，回报了该书的富有进取心的出版商詹姆斯·利文顿 (James Rivington)，这部分是因为它赢得了七年战争(the Seven Years War)早期阶段中民众的爱国主义、忠君主义和扩张主义的情绪。[1] 奥利弗·戈德史密斯的《英格兰史》(History of England，1771 年)由托马斯·卡德尔(Thomas Cadell)和其他人出版于伦敦，直至 19 世纪该著作都拥有与休谟的著作相当的流行程度，尽管这在很大程度上是因为它抄袭和改编了休谟、斯莫利特以及其他历史家的著作的一些部分。[2] 更重要的是，在激发其他历史家对其进行反驳方面，休谟的《英格兰史》产生了自相矛盾的效果。在爱尔兰，新教和天主教的历史家们，如托马斯·利兰(Thomas Leland)、约翰·库里(John Curry)和西尔维斯特·奥哈罗兰(Sylvestor O'Halloran)，塑造了一种关于爱尔兰历史的启蒙修正主义的叙述，其部分的原因是他们不赞同休谟所描绘的 1641 年叛乱中爱尔兰的宗教狂热和暴力。[3] 在英格兰，正如约翰·希德(John Seed)所论证过的，休谟对 17 世纪清教主义(Puritanism)的论述引发了非国教徒历史的传统的复兴——这一传统可追溯到丹尼尔·

524

---

[1]　O'Brien，'The History Market'，114 - 115.

[2]　Ibid.，119.

[3]　参见 Deana Rankin，'Historical Writing，1750 - 1800'，in Andrew Hadfield and Raymond Gillespie (eds.)，The Irish Book in English，1550 - 1800 (Oxford，2006)，282 - 300。

尼尔(Daniel Neal)的里程碑式著作《清教徒史》(*History of the Puritans*,1732—1738 年)及其以后。① 在这些非国教的历史学家中,有《奥利弗·克伦威尔生平的历史性和批判性叙述》(*An Historical and Critical Account of the Life of Oliver Cromwell*,1762 年)的作者威廉·哈里斯(William Harris),以及其他与托马斯·霍利斯(Thomas Hollis)和支持约翰·威尔克斯(John Wilkes)的激进政治团体的圈子有关的学者。

　　到这时为止,凯瑟琳·麦考莱是出自这些圈子中的最重要且最成功的历史家。在处理与休谟作品中论述斯图亚特时期的两卷所涉及的恰恰相同的历史资料时,她的《英格兰史》采取了一种严格而持续不变的"老"辉格党态度。在数年里,她的前几卷销售量多于且胜过休谟的前几卷。② 她强硬地叙述了英格兰在 17 世纪对政治自由的发现、处死查理一世(在她看来,是正当合理的)、英格兰共和国时期自由在宪法上的确立,以及在克伦威尔的政变和斯图亚特王朝复辟后自由的丧失。在最后一卷中,她谴责所谓的光荣革命并没有成功恢复自由,而在该书的姐妹篇《从革命到现在的英格兰史》(*The History of England from the Revolution to the Present Time*,1778 年)中,她记述了在那之后的数十年中贵族寡头政治的逐渐巩固:"在民主特权似是而非的外表之下,事实上人民真正地被社会中的一小部分人所奴役。"③麦考莱在英格兰和大西洋彼岸的激进政治关系网络中是一个活跃的人物。在一个政治上极为多变故的时代,她的书卷定期出版,并且它们自始至终间接地致力于由七年战争、威尔克斯事件、美国革命和美国联邦宪法(the American Federal Constitution)提出的更广泛的问题。然而,她对老

---

① 　John Seed, *Dissenting Histories : Religious Division and the Politics of Memory in Eighteenth-Century England* (Edinburgh, 2008).

② 　Bridget Hill, *The Republican Virago : The Life and Times of Catharine Macaulay, Historian* (Oxford, 1992), 41 - 44.

③ 　*The History of England from the Accession of James I*, 8 vols. (London, 1763 - 1783), viii. 330.

辉格党的政治自由传统的忠诚，并没有阻碍她采取一种先进的、并且在很多方面是启蒙的态度来处理原始资料、方法和主题。除了她勇敢自信地将自己作为一位女性历史学家来推广这一具有显著现代性的做法，以及她的历史著作在第一手资料研究方面的牢固基础，麦考莱还采用了一种复杂精妙的哲学方法来处理历史的原因和变迁的问题。在其历史著作中，她几乎与休谟一样多地强调偶然性和意外后果的作用，并且她不是将自由看作一种抽象的理想，而是将其看作经济变化的结果、特定类型的政治文化的特征以及一个历史性的进程。此外，由于她出身于伦敦城中的一个富裕家庭，因而她对商业毫不怀有敌意，也绝不会仅仅喋喋不休地讨论商业的腐败作用。她那独特的、商业思想的公民共和主义在美洲殖民地被广为接受，并且在她的历史作品对于英格兰读者们而言开始显得太过时、太怀旧或太激进的很久以后，它们仍然很畅销。[①]

古典时代的历史与早期基督教

　　休谟和麦考莱的成就在一定程度上平息了早前的一片抱怨声，即抱怨说没有足够的由英国作家撰写的英格兰史。[②] 在吉本以前，类似的焦虑也隶属于古典时代的历史。在该世纪的大部分时间中，该领域的权威著作是法国作家查理·罗兰（Charles Rollin）的《罗马史》（*Histoire Romaine*，1738—1741 年；英文版 1739—1745 年）。它部分地被戈德史密斯以古典时代和近代史料撰写的通俗易懂的概论（précis）《罗马史》（*The Roman History*，1769 年）所取代了。在早期罗马史的领域，有纳撒尼尔·胡克（Nathaniel Hooke）的《从建城到共和国灭亡的罗马史》（*The Roman History from the Building of Rome to the Ruin of the Commonwealth*，1738—1771

［①］　参见 Kate Davies, *Catharine Macaulay and Mercy Otis Warren：The Revolutionary Atlantic and the Politics of Gender* (Oxford, 2005)。

［②］　关于英格兰史学中这一被感知到的危机，参见 Philip Hicks, *Neoclassical History and English Culture：From Clarendon to Hume* (New York, 1996)。

年),该书明显带有对于格拉古兄弟(Gracchi)和尤利乌斯·恺撒(Julius Caesar)的托利党式同情,它随后被亚当·弗格森的《罗马共和国的进步和终结史》超越了。[1] 在对古代世界的原创性学术研究方面,英国在一定程度上落后于法国,后者拥有铭文学院(Académie des Inscriptions),而且很少有用英语写作的历史学家(可能的例外有科尼尔斯·米德尔顿[Conyers Middleton]的《西塞罗的生平》[*Life of Cicero*,1741 年]、托马斯·布莱克威尔[Thomas Blackwell]的《奥古斯都宫廷实录》[*Memoirs of the Court of Augustus*,1753—1763 年]和休谟的一些文章)能够匹敌孟德斯鸠(Montesquieu)《罗马盛衰原因论》(*Considérations sur les causes de la grandeur des Romains et de leur décadance*,1734 年)中体现出的对罗马史的哲学式理解的深度。正如波科克所表明的,吉本在学习成为一位研究古典史的历史家期间,不仅勤奋好学而且献身于哲学,而且他致力于深刻地了解三个世纪以来相关的欧洲的研究和思考。[2] 在罗马史领域,由于吉本只有很少的用英语写作的竞争对手需要面对,因而当他选择从概述塔西陀的著作所终止的时期不久之后的安敦尼王朝时期(从公元 138 年起)来开始他的著作时,他是含蓄地将自己与塔西陀相比较,而不是与任何近代历史家相比。他著名地将这个时代称为"世界历史上人类最为繁荣幸福的时期",而在叙述这一时期的最初三章中,他强烈地暗示了罗马帝国在结构上的弱点和罗马人致命性的自满。[3]

在《罗马帝国衰亡史》第一卷(出版于 1776 年)的序言中,吉本概述了他想要论及直至 1453 年君士坦丁堡陷落的西罗马帝国和东罗马帝国的历史的远大志向,尽管此时距离他最终写完这段历史还有很多年。写作过程进一步扩大了他原定计划中涉及的地理

---

[1] 关于胡克,参见 Frank M. Turner, *Contesting Cultural Authority：Essays in Victorian Intellectual Life* (Cambridge, 1993),237 - 239。

[2] *Barbarism and Religion*, i.

[3] *The History of the Decline and Fall of the Roman Empire*, ed. David Womersley, 3 vols. (Harmondsworth, 1994), i. 103.

范围,并使得他掌握了关于早期中国史、阿拉伯史、草原民族史、十字军东征等更多的知识,从而使他具有了对全球历史的理解。[①] 近来对吉本的研究揭示了他受到苏格兰启蒙史学思想的影响的程度,包括其复杂精妙的关于发展阶段的社会学、关注生产的经济模式及随之而来的法律、政治与社会生活的形式,以及用更加关乎社会阶段的方式来进行的社会分析。罗马帝国崩塌的历史给了吉本一个极有吸引力的机会,来戏剧性地表现完全处于不同社会发展阶段的民族之间的(通常是暴力的且令人困惑的)遭遇,因为发展水平低下的哥特人、匈奴人、汪达尔人以及其他蛮族接二连三地与久经世故的罗马帝国人民相竞争。毫无疑问,苏格兰的影响塑造了吉本的因果关系叙述中复杂的、深刻描述的本质。例如,在第二十六章中,吉本卓越地、多层次地叙述了东罗马帝国皇帝瓦伦斯(Valens)为西哥特人所打败的阿德里安堡战役(the battle of Hadrianople,公元 378 年)。这一章节的开篇是对匈奴人(一个处于"畜牧"发展阶段的民族)的社会与风俗的分析,包括他们的饮食、住所、政治组织形式以及人口扩张,这些情况导致他们最初入侵中国,而在瓦伦斯统治时期,这导致他们开始大规模地向西推进,该活动迫使哥特人向罗马帝国的边境前进。随后发生了一场政治危机,在此期间东罗马人同意允许无家可归的成千上万哥特难民们跨越多瑙河,但后来东罗马人过分虐待和剥削他们,以至于他们起来攻击其罗马主人。吉本论述道,要不是因为帝国的结构性弱点,以及因为帝国宫廷文化的破坏性效果和罗马人民中根深蒂固的自我信念缺失,阿德里安堡的战败原本不会如此意义重大。[②] 人口与全球历史的更大力量、处于不同社会阶段的民族间的相互猜疑和缺乏理解、军事历史中的偶然性事件、罗马领导阶层的失职以及战略性失误,这些因素结合在一起,使得仅仅一场战役就成为了罗马帝国衰落的转折点。

527

[①]　波科克讨论了他所涉及的范围,*Barbarism and Religion*,iv.

[②]　*The Decline and Fall*,i. 1062,1074.

在整部《罗马帝国衰亡史》中,吉本表达了一种丰富且多维度的因果律观念。在衰落的原因的主次排序中,处于低位的是道德因素。在维多利亚时代,吉本的一个出名之处是他被视作一位对帝国的衰落显示厄运而有预知能力的道德家。然而他从来没有屈服于旧有的陈词滥调,即认为罗马的衰落是归因于奢侈、道德堕落、放荡的妇女、生计和竞技场的说法。与休谟和斯密类似,吉本坚信奢侈远非有害的,它刺激经济增长,并且"看来是矫正财产分配不均的惟一办法";他始终如一地捍卫"中等阶层居民……社会中最多产的、最有益的并且在这一意义上,最值得尊敬的群体"对于"是商业和产品的中心"的城市来说的价值。[1] 此外,在他所处的时代,吉本是一位罕见的具有开明且宽容的道德同情心的历史家,对于早期基督徒们在否定自身性行为方面的固执的禁欲主张,他保留了他的一些毁灭性的讽刺:

> 由于鄙视可耻的逃避,处于阿非利加温暖气候条件下的[基督教]处女们在最亲密的接触（性行为）中面对信仰之敌;她们允许牧师和执事与她们同床,为自己能在激情中保持清白的贞洁而感到荣耀。但是受辱的自然法则有时要维护自己的权利,因而这种新的殉道行为仅仅是将一种新的丑行引入了教会。[2]

人们给予大量关注的,曾经是而且仍旧是吉本对早期基督教会之崛起的尖锐讽刺性叙述,他有意地将它们放置在第一卷的最后两章中,以这种方式来暗示这是真正的在开头提及过的"帝国命脉"中"缓慢而隐秘的毒药"。[3] 神职人员们最初对于这些章节表现出难以平息的愤怒,大卫·沃默斯利（David Womersley）探讨过吉本对于这一情况的惊愕和坚定而高明的回应。[4] 吉本很明确地注

---

① *The Decline and Fall*, i. 80; ii. 181.

② Ibid., i. 481.

③ Ibid., i. 83.

④ Womersley, *Gibbon and the Watchmen of the Holy City*.

重于保护自己的名声，使之免受那种休谟曾遭受过的损害。不仅如此，吉本不想容许争论的焦点转移，即从贯穿在他计划好的整部历史中的对市民社会、政治文化和宗教之间关系的哲学性分析，转移到别处。第二卷以罗马历史中的一个真正决定性的时刻作为开篇，即帝国首都转变为君士坦丁堡，而在此不久之后皇帝皈依了基督教，从而这座城市成为了基督教帝国的首都。在吉本看来，这次转变无疑在衰落的原因次序中处于更低的位置，但是在随后的几卷中，明显地基督教是导致转变发生的几个因素之一，即从旧有的罗马政治文化转变为亚洲式的（吉本是如此描述它的）堕落和拜占庭的无价值的政治文化："一套复杂的政治体系由戴克里先（Diocletian）提出，经过君士坦丁改进，并且被随后几位继承者完成，这种截然不同的（与迁都之后革新了的制度相比）观念，不仅能够通过一个伟大帝国的奇特图景来发人深思，而且能够说明帝国迅速衰落的秘密及其内在的原因。"①

可以说，在吉本对专制统治的病理学式分析中，孟德斯鸠思想的因素比休谟或斯密的更多。拜占庭帝国的专制的本质在于，它抛弃了对于政治的制度和传统的坚守，以及相关的选举与世袭的荣誉、官职和社会等级，取而代之的是一种权力与依附的二元关系。原来的贵族与平民之间的区别（"可以在任何时代或国家中发现的最自豪且最完美的划分"②）、贵族对法律职业的垄断、罗马精英们在宗教仪式中的公共职能、元老院的独立性与它对军队的监管以及军事和民事部门对市民的约束，这些都一去不复返了，剩下的是毫无教养的野蛮人，他们丝毫不想投身于罗马的传统和法律。伴随政治的衰落而来的是经济的停滞：通过创造出一种为宫廷服务的经济，拜占庭帝国扼杀了商业发展；在这种经济中，各城市向宫廷供应物资，并且它们自身寄生性地依赖于各省的农业。在这种达到空前详细程度的叙述中，通过关注经济、文化和地理的因

①　*The Decline and Fall*, i. 602.
②　Ibid., i. 607.

素,吉本对衰亡的最终分析是政治性的,集中于一种独特的等级制度政治结构和传统的丧失。在使其自身卷入令人费解的、却经常混乱的新柏拉图主义争论的情况下,东方基督教对政治的衰落产生了部分影响,并且它与东方专制主义的神秘性是同类型的。

吉本不能,或者说不想,把东正教教会视作在任何方面都是从拜占庭帝国分离出来的。[①] 但他的确承认并且探讨了西方天主教会采取的道路,从长远来看,天主教会通过这一道路保存并延长了罗马帝国的遗产,并且导致了"类似的风俗和共同的法律,这些是独立甚至相互敌对的近代欧洲民族与其他人类的不同之处"。[②] 吉本慎重地把早期和中世纪的天主教会叙述为复兴和文明的部分原动力,这种做法并没有安抚住他的那些更虔诚的论敌。确实,普利斯特列在他的《基督教的腐败史》(*An History of the Corruptions of Christianity*,1782 年)向吉本发出挑战,对此吉本——或许是明智地——婉言拒绝接受。[③] 普利斯特列在这部历史著作中对基督教崛起的说法,与《罗马帝国衰亡史》第十五和十六章中的说法极为不同。他表述了一种最初是淳朴的基督教信仰和崇拜,它们被充满野心的教父和教会政治家们的无理性且自私自利的教条所掩盖了。[④] 然而吉本对中世纪天主教会所作出的不偏不倚的评价,在下一代历史学家那里确实被证明是可行的。在这些学者中有天主教牧师及历史学家的约翰·林加德(John Lingard),他在《盎格鲁-撒克逊教会古代史》(*The Antiquities of the Anglo-Saxon Church*,

---

① 参见 Steven Runciman, 'Gibbon and Byzantium', in John Clive, Stephen Graubard, and G. W. Bowersock (eds.), *Edward Gibbon and the Decline and Fall of the Roman Empire* (Cambridge, Mass., 1977), 53–60。

② *The Decline and Fall*, ii. 433.

③ 在这一问题上吉本与普利斯特列的信件往来,首次出版于普利斯特列的下述著作的附录四中,Priestley, *Discourses on the Evidence of Revealed Religion* (London, 1794), 412–420。

④ 参见 Alison Kennedy, 'Historical Perspectives in the Mind of Joseph Priestley', in Isabel Rivers and David Wykes (eds.), *Joseph Priestley: Scientist, Philosopher and Theologian* (Oxford, 2008), 172–202。

1806 年)中提出，尽管教会在最初强烈依赖于罗马帝国，但它推动了民族礼仪和文化进步。林加德不偏激，偶尔采取讽刺的口吻，并且对奇迹和殉道抱持适度的怀疑态度，其《盎格鲁-撒克逊教会古代史》和后来的《英格兰史》(*History of England*，1819—1830 年)证明了吉本作为一位研究宗教机构的社会层面的历史学家的影响力。

　　吉本对希腊语原始材料的看似毫无费力的精通，清楚地表明了启蒙时代学术研究在古希腊史方面的缺陷。吉本可能激励了他的朋友威廉·米特福德(William Mitford)去撰写《希腊史》(*The History of Greece*，五卷，1784—1818 年)，该书涉及了从已知的最早时期到亚历山大大帝(Alexander the Great)去世的希腊历史。米特福德那种本质上的政治叙事，很少反映出当时启蒙史学实践的发展成果。然而，这部著作综合了如希罗多德和修昔底德等人的文献，它具有足够的权威性，因而取代了坦普尔·斯塔尼安(Temple Stanyan)和戈德史密斯等人早前的著作，并且它一直是一部权威性的著作，直到乔治·格罗特(George Grote)深感于它的不足而在 19 世纪 40—50 年代撰写了他那里程碑式的希腊史著作。[1] 米特福德著作的两卷于 18 世纪 90 年代出版，它们反映出了他对当时的激进主义和雅各宾主义(Jacobinism)的恐慌感，尽管由于被他的保守政治见解所歪曲，因而他的著作对 19 世纪的看法是不完全公正的。[2]

古代、中世纪和近代的风俗

　　吉本和罗伯森共同的遗产为英国史学提供了学术基础，使它更

[1]　Temple Stanyan, *The Grecian History*, 2 vols. (London, 1707 - 1739); and Oliver Goldsmith, *The Grecian History*, 2 vols. (London, 1774).
[2]　Ian Macgregor Morris, 'Navigating the Grotesque; or, Rethinking Greek Historiography', in Moore, Morris, and Bayliss (eds.), *Reinventing History*, 247 - 290.

普遍地转向了复原作为欧洲民族祖先的非罗马野蛮人和中世纪人民。正如科林·基德（Colin Kidd）所表明的，这一时期的哥特复兴不是民族主义的，而是以欧洲为关注点的，并且它强调了在一个英法持续性军事冲突的时代的一种共同欧洲遗产。[1] 部分的复原研究计划使得重新划分民族遗产成为必要，作为这一划分的结果，凯尔特人和哥特人的历史的原始资料被分隔开来，并且英格兰的哥特遗产被更仔细地研究和偏爱。这反过来为复兴了的对于英格兰的盎格鲁-撒克逊历史的兴趣铺平了道路，这种兴趣包括盎格鲁人和撒克逊人的种族特征以及早期盎格鲁-撒克逊教会的本质。在17世纪晚期到18世纪早期这一阶段对盎格鲁-撒克逊进行不畏艰难的学术研究之后（由乔治·希克斯、威廉·埃尔斯托布、伊丽莎白·埃尔斯托布[William and Elizabeth Elstob]和埃德蒙·吉布森等人领衔），这一领域内的进展就很少了。由英格兰律师及学者沙伦·特纳（Sharon Turner）撰写的《盎格鲁-撒克逊史》（*The History of the Anglo-Saxons*，1799—1805年），标志着一个新阶段的开端。特纳的《盎格鲁-撒克逊史》是名副其实的吉本式的，这体现在其卓越的学识（他重新发现了贝奥武夫[Beowulf]）、对资料的怀疑性处理、坚持以欧洲而非不列颠岛为关注点，以及将盎格鲁-撒克逊的入侵戏剧性地表现为一场不同文明阶段间的冲突。在叙述中，他把撒克逊人描绘为与任何处于畜牧阶段的野蛮民族类似的游牧、野蛮的，他还表明了他们如何征服了处于农业阶段的久经世故的不列颠人："随着农业状态的进步以及文明积累起的舒适条件，顾及未来的产业实现了常规供应。"而这些最终被蛮族入侵所中断了。[2] 与吉本笔下的野蛮人类似，特纳笔下的撒克逊人被基督教给教化了，并且通过与拉丁天主教文化的联系加入到了欧洲各民族的大家庭中（吉本也同样总是明确地表示，各蛮族的皈依基督教减

---

① Colin Kidd, *British Identities before Nationalism*: *Ethnicity and Nationhood in the Atlantic World*, *1600 -1800* (Cambridge, 1999).

② Turner, *The History of the Anglo-Saxons*, 2 vols. (2nd edn, London, 1807), ii. 73. 特纳在第二版中大量修改了这段引文所处的部分。

缓了他们对罗马帝国的打击）。① 在他那个时代，特纳的著作在各方面都处于前沿地位。他阅读了托马斯·马尔萨斯（Thomas Malthus）的《人口学原理》（*Essay on the Principle of Population*，1798 年），并且他把自己从中学到的人口压力，用作迁移、征服和社会变迁的驱动力，以此来改善他对文明的各阶段和冲突的叙述："它是一种自然法则"，他写道，"即每个国家的人口总是趋向于超过它的供给。通过从海洋中获得丰收而改善了的生存资源，使撒克逊人国家的居民数量迅速增长"，也正是这一原因驱使着他们前往不列颠的海岸。②

特纳没有完全融会贯通启蒙史学的方法和社会学分类：他的《盎格鲁-撒克逊史》在开篇处宣称，他笔下的撒克逊人系谱符合圣经的叙述。③ 在许多方面，他的著作具有 18 世纪晚期混合的和衰弱了的英格兰历史学启蒙的典型特征，这体现在它结合了吉本式的远大抱负、适度的虔诚、古文物的学问和对历史主题的大量定义。马克·萨尔博·菲利普斯（Mark Salber Phillips）写到，在 18 世纪晚期，历史主题的范围显著扩展，并且人们对往昔中可被看作风俗史的组成部分的任何方面都越来越感兴趣——包括中世纪、盎格鲁-撒克逊以及冰岛的文学、女性的历史、地方史、艺术史、家庭生活史等等。④ 相比于吉本或罗伯森的作品，这类历史著作采取了一种较少系统性的，并且就托马斯·沃顿（Thomas Warton）的《英格兰诗歌史》（*History of English Poetry*，1774—1790 年）等著作而言，更加专门学科的方法来研究风俗。其中值得注意的是克拉拉·里夫（Clara Reeve）的开创性小说史著作《传奇故事的进程》

531

---

① *The Decline and Fall*, ii. 511.
② *The History of the Anglo-Saxons* (London, 1799), 170.
③ *The History of the Anglo-Saxons*, 2‑3. 关于圣经种族系谱的持续存在，参见 Colin Kidd, *The Forging of Races: Race and Scripture in the Protestant Atlantic World*, *1600‑2000* (Cambridge, 2006)。
④ Mark Salber Phillips, *Society and Sentiment: Genres of Historical Writing in Britain*, *1740‑1820* (Princeton, 2000).

（*The Progress of Romance*，1785 年）和英格兰雕刻家、古物研究者及小说家约瑟夫·斯特拉特（Joseph Strutt）的作品，包括带有插图的《英格兰人民的运动和消遣》（*Sports and Pastimes of the People of England*，1801 年），该书直到 20 世纪早期还在印行。[①] 这类著作暗示了一种总体的、逐渐发展的英格兰历史学的框架，但是它们随后迅速地被其中主题的专门性和细节部分给吸纳了。城市史著作，如约翰·惠特克（John Whitaker）的《曼彻斯特史》（*The History of Manchester*，1771—1775 年）和威廉·赫顿（William Hutton）的《伯明翰史》（*A History of Birmingham*，1781 年），在这一时期成为了更流行和普遍的，而且它们也通常暗示了一种包罗万象而疏远的关于更广泛的欧洲发展的启蒙叙事。[②] 在文化史转入一种更加分散且轶事性的风俗叙述之时，女性历史家以些许不同的方式从中获利。在卡瑟琳·麦考莱之后的一代女性历史家不是以政治叙事为营生，而是从事于一种新的非常语境化的历史传记，其特征是描绘女王和其他显贵人物的生活以及他们所处时代的文化。其中包括玛丽·海斯（Mary Hays，《写给年轻人的历史对话录》[*Historical Dialogues for Young Persons*，1806 年]和《女王实录》[*Memoirs of Queens*，1821 年]的作者）、伊丽莎白·本格尔（Elizabeth Benger，苏格兰女王玛丽[1823 年]和安妮·博林[Anne Boleyn，1821 年]的传记作者）、露西·艾金（Lucy Aikin，《伊丽莎白女王宫廷实录》[*Memoirs of the Court of Queen Elizabeth*，1818 年]和其他关于詹姆斯一世与查理一世的研究）以及玛丽·贝里（Mary Berry，《英格兰与法国的社会生活比较》[*A Comparative View of the Social Life of England and France*，1828 年]的作者）。

---

① Mark Salber Phillips，*Society and Sentiment*：*Genres of Historical Writing in Britain*，*1740 - 1820*（Princeton，2000），159 - 161。关于这一时期古物研究的更加全面论述，参见 Rosemary Sweet，*Antiquaries*：*The Discovery of the Past in Eighteenth-Century Britain*（London，2004）。

② Rosemary Sweet，*The Writing of Urban Histories in Eighteenth-Century England*（Oxford，1997）.

正如我曾在别处论述过的，这一女性史的盛行，以及 19 世纪女性
历史家与历史亚体裁如自传和艺术史的持久性联合，起源于启蒙
运动后期无系统的、内容包含广泛的风俗史著作的发展。①

　　至于政治史，在苏格兰和英格兰启蒙时代的历史文化与 19 世
纪自由主义的辉格党教义之间，仍然存在深厚的延续性，这种辉格
党教义是由一代在苏格兰做研究或者为《爱丁堡评论》(The
Edinburgh Review)撰稿的知识分子和改革家所确立的。②《爱丁堡
评论》信奉一种源自休谟、斯密、米勒和吉本的历史观点，认为"近
代欧洲文明与商业社会的进步密切相关"。③ 19 世纪早期的一些
最重要的历史家出自这个群体，包括研究印度的苏格兰功利主义
历史家詹姆斯·密尔(James Mill)、苏格兰辉格派历史家詹姆斯·
麦金托什(James Mackintosh)以及该时期杰出的英格兰历史家亨
利·哈勒姆(Henry Hallam)。哈勒姆的《爱丁堡评论》和启蒙的背
景清晰地体现在他的第一部历史著作《中世纪欧洲概况》(*View of
the State of Europe during the Middle Ages*，1818 年)中，该书由一
系列论文组成，以吉本和罗伯森著作的方式讨论了中世纪欧洲的
封建、教会和社会的组织体系。哈勒姆所写的最后一章"中世纪欧
洲的社会状态"，尽管是以一种比 18 世纪所常见的更加谦卑愧疚
的语气呈现的，但它提供了关于那个时期的农业、商业、宗教仪式
和家庭生活的名副其实的全面综述。哈勒姆采取了吉本对中世纪
天主教会的怀疑性的，但偶尔积极性的评价，并且他同意 18 世纪
晚期对于骑士制度的看法，即，将它视作一种文明化的影响和"道
德自律的学校"。④ 更具创新性的是，他在"家庭风俗"的标题下讨

---

① 　O'Brien, *Women and Enlightenment in Eighteenth-Century Britain*, 210 - 222.
② 　相关综述参见 Boyd Hilton, *A Mad, Bad and Dangerous People? England,
　　1783 -1846* (Oxford, 2006), 346 - 353。
③ 　Biancamaria Fontana, *Rethinking the Politics of Commercial Society: The
　　'Edinburgh Review' 1802 -1832* (Cambridge, 1985), 183.
④ 　Hallam, *View of the State of Europe during the Middle Ages*, 3 vols. (2nd edn,
　　London, 1819), iii. 314 - 335, 478.

论了民间建筑风格,而且(预示了他重要的著作《15—17世纪欧洲文学入门》[*Introduction to the Literature of Europe in the Fifteenth, Sixteenth and Seventeenth Centuries*, 1837—1839年])他论及了这一时期的文学。在《英国宪法史》(*A Constitutional History of England*, 1827年)中,哈勒姆进一步发展了他对宗教问题和中世纪议会代表之起源的兴趣,这部具有影响力的著作推动了天主教徒解放法令(Catholic emancipation)、奴隶制的废除以及适度的选举改革。启蒙史学传统不仅仅影响和培育了哈勒姆一个人,还有许多19世纪的英格兰辉格派历史学家也深受影响,也正是在这一时期,吉本的《罗马帝国衰亡史》继续被人们阅读、再版,并且在1826年被删改。①

大事年表/关键日期

1756—1763年	七年战争
1757年	罗伯特·克莱夫在普拉西的胜利
1760年	乔治三世继位
1768年	约翰·威尔克斯被选为米都塞克斯下议院议员
1773年	波士顿"茶党"
1775—1783年	美国独立战争
1776年	美国国会宣布美国独立
1780年	戈登暴乱
1783年	威廉·皮特成为首相
1784年	《皮特印度法案》
1787年	《美国联邦宪法》起草
1788—1795年	沃伦·黑斯廷斯审判

---

① *Gibbon's History of the Decline and Fall of the Roman Empire: For the Use of Families and Young Persons. Reprinted from the Original Text, with the Careful Omission of all Passages of an Irreligious or Immoral Tendency*, ed. Thomas Bowdler, 5 vols. (London, 1826).

1788—1789 年	乔治三世精神失常,摄政危机
1789 年	法国大革命爆发
1791 年	法案规定加拿大殖民地确立宪法
1791 年	圣多明各奴隶叛乱
1793—1801 年	英国与法国交战/法国大革命战争
1798 年	爱尔兰叛乱
1801 年	《爱尔兰联合法案》
1801 年	英国首次人口普查
1803—1815 年	拿破仑战争
1807 年	《废除奴隶贸易法案》

主要史料

Aikin, Lucy, *Memoirs of the Court of Queen Elizabeth*, 2 vols. (London, 1818).

Benger, Elizabeth, *Memoirs of the Life of Mary*, *Queen of Scots*, 2 vols. (London, 1823).

Berry, Mary, *A Comparative View of the Social Life of England and France*, *from the Restoration of Charles II* (London, 1828).

Ferguson, Adam, *The History of the Progress and Termination of the Roman Republic*, 3 vols. (London, 1783).

Goldsmith, Oliver, *The Roman History ... to the Destruction of the Western Empire*, 2 vols. (London, 1769).

——*The History of England from the Earliest Times to the Death of George I*, 4 vols. (London, 1771).

——*The Grecian History ... to the Death of Alexander the Great*, 2 vols. (London, 1774).

Gibbon, Edward, *The History of the Decline and Fall of the Roman Empire* (*1776 - 1788*), ed. David Womersley, 3 vols. (Harmondsworth, 1994).

Hallam, Henry, *View of the State of Europe during the Middle Ages*, 2 vols. (London, 1818).

——*A Constitutional History of England*, 2 vols. (London, 1827).

Harris, William, *An Historical and Critical Account of the Life of Oliver Cromwell* (London, 1762).

Hays, Mary, *Female Biography; or, Memoirs of Illustrious and Celebrated Women*, 6 vols. (London, 1803).

Hooke, Nathaniel, *The Roman History from the Building of Rome to the Ruin of the Commonwealth*, 4 vols. (London, 1738 – 1771).

Hutton, William, *A History of Birmingham* (Birmingham, 1781).

Lingard, John, *The Antiquities of the Anglo-Saxon Church*, 2 vols. (Newcastle, 1806).

——*A History of England, From the First Invasion by the Romans*, 8 vols. (London, 1819 – 1830).

Macaulay, Catharine, *The History of England from the Accession of James I to That of the Brunswick Line*, 8 vols. (London, 1763 – 1783).

Mitford, William, *The History of Greece*, 5 vols. (London, 1784 – 1818).

Neal, Daniel, *The History of the Puritans or Protestant Non-Conformists*, 4 vols. (London, 1732 – 1738).

Priestley, Joseph, *Lectures on History and General Policy* (1788), ed. J. T. Rutt (London, 1840).

——*An History of the Corruptions of Christianity*, 2 vols. (Birmingham, 1782).

Russell, William, *A History of Modern Europe*, 2 vols. (London,

534

1779).

Smollett, Tobias, *A Complete History of England*, 4 vols. (London, 1757 - 1758).

Stanyan, Temple, *The Grecian History*, 2 vols. (London, 1707 - 1739).

Strutt, Joseph, *Glig-Gamena Angel-deod*: *Sports and Pastimes of the People of England* (London, 1801).

Turner, Sharon, *The History of the Anglo-Saxons*, 5 vols. (London, 1799 - 1805).

Whitaker, John, *The History of Manchester*, 2 vols. (London, 1771 - 1775).

参考文献

Allan, David, *Making British Culture*: *English Readers and the Scottish Enlightenment*, 1740 -1830 (London, 2008).

Clive, John, Graubard, Stephen, and Bowersock, G. W. (eds.), *Edward Gibbon and the Decline and Fall of the Roman Empire* (Cambridge, Mass., 1977).

Hicks, Philip, *Neoclassical History and English Culture*: *From Clarendon to Hume* (New York, 1996).

Hill, Bridget, *The Republican Virago*: *The Life and Times of Catharine Macaulay*, *Historian* (Oxford, 1992).

Kennedy, Alison, 'Historical Perspectives in the Mind of Joseph Priestley', in Isabel Rivers and David Wykes (eds.), *Joseph Priestley*: *Scientist*, *Philosopher and Theologian* (Oxford, 2008),172 - 202.

Momigliano, Arnaldo, *Studies in Historiography* (London, 1966).

O'Brien, Karen, 'The History Market', in Isabel Rivers (ed.), *Books and Their Readers in Eighteenth-Century England*: *New*

Essays (London, 2001).

——*Women and Enlightenment in Eighteenth-Century Britain* (Cambridge, 2009).

Phillips, Mark Salber, *Society and Sentiment: Genres of Historical Writing in Britain, 1740–1820* (Princeton, 2000).

Pocock, J. G. A., *Barbarism and Religion*, 5 vols. to date (Cambridge, 1999).

Seed, John, *Dissenting Histories: Religious Division and the Politics of Memory in Eighteenth-Century England* (Edinburgh, 2008).

Sher, Richard B., *The Enlightenment and the Book: Scottish Authors and Their Publishers in Eighteenth-Century Ireland, Britain and America* (Chicago, 2006).

Sweet, Rosemary, *The Writing of Urban Histories in Eighteenth-Century England* (Oxford, 1997).

——*Antiquaries: The Discovery of the Past in Eighteenth-Century Britain* (London, 2004).

Womersley, David, *Gibbon and the Watchmen of the Holy City: The Historian and His Reputation* (Oxford, 2002).

Woolf, D. R., 'A Feminine Past? Gender, Genre and Historical Knowledge in England, 1500 – 1800', *American Historical Review*, 102(1997),645 – 679.

535

陈慧本　译　张　骏　校

664

第二十六章　欧洲编纂的东方历史

迪奥戈·拉马达·库尔托

20 世纪 60 年代早期,伦敦的东方与非洲研究学院召开了一系列会议,提出了一种系统化方法研究以亚洲民众为对象的历史著作。[1] 研究欧洲现代早期历史编纂的文章,基本都遵循着从"早期帝国和文献时代"到"西方统治时期"的历史进程。博克舍(Charles Boxer)为本卷撰写了关于中国、日本和东南亚历史学家的篇章,他也激励了其他人写作本卷中关于印度、巴基斯坦和斯里兰卡历史学家的文章。除了本卷中研究中东的部分,笔者还想探究博克舍及其同事分析性成果的主要共同特征是什么? 他们对欧洲编纂的东方历史和自身历史分别所做的研究,在方法上最重要的区别是什么?[2]

五十年前最根深蒂固的观念是:人们坚信研究亚洲的欧洲历史学家参与了西方统治世界的宏大进程。这种观念通过强调要特别关注对于所谓亚洲人的研究,试图将一种新的生命力灌入欧洲中心主义传统。现在这种观念再也站不住脚了,许多的反思,包括多种历史趋势分析,都在质疑西方主导地位,尤其是西方主导亚洲

---

[1] 会议论文后来分四卷出版:C. H. Philips(ed.), *Historians of India*, *Pakistan*, *and Ceylon*(London, 1961); D. G. E. Hall(ed.), *Historians of Southeast Asia*(London, 1961); W. G. Beasley and E. G. Pulleyblank(eds.), *Historians of China and Japan*(London, 1961); and Bernard Lewis and P. M. Holt(eds.), *Historians of the Middle East*(London, 1962)。

[2] Charles Boxer, *Opera minora*, vol. 2: *Orientalism*, ed. Diogo Ramada Curto(Lisbon, 2003).

的观念；呈现出一幅多中心而非以欧洲为中心的世界图景；也导致了对现代知识体系（包括历史作品）和权力结构之间关系的重重疑问。

537 　　五十多年前那些文章中的第二个清晰特征是存在一个关于欧洲编纂东方历史的宏大叙事。证明这一点的不仅是博克舍及其同事的研究，还有唐纳德·拉赫（Donald Lach）和埃德温·J.范·克雷（Edwin J. Van Kley）的《欧洲形成中的亚洲》（*Asia in the Making of Europe*，1965—1993年）。该宏大叙事的主线是：首先是16世纪葡萄牙世俗历史学家，他们宣扬帝国军事信念，并率先开始收集当地的信息。接下来的主角是数代耶稣会士，他们几乎垄断了关于中国和日本等地的绝大多数历史编纂成果。葡萄牙、西班牙、丹麦、法国和英国历史学家身上不同的民族传统都可以被一一辨识出来，但是他们的研究并没有影响耶稣会和宗教历史编纂文化传统的中心地位，这种传统也体现在西班牙多明我会、方济各会和丹麦新教教士身上，比如约翰内斯·尼尔霍夫（Johannes Nieuhof）和弗朗索瓦·瓦伦泰纳（François Valentijn）。直到18世纪末，这些业余历史学家，也就是同时操着笔和剑的教士或外行，才让位给新一代欧洲专业东方学家，这些学者完全投身于东方社会的研究。

　　对这种宏大叙事的初步批判，体现了对欧洲编纂东方历史的四个主要方面有了更好的理解。首先，强调耶稣会在历史写作上的中心地位，这是一种普遍趋势中的组成部分，该趋势过分强调耶稣会的学术角色而非宗教目标。相较之下，目前许多对耶稣会的研究则强调其军事和教化角色，而弱化了他们身上的学者色彩。① 第二，应该根据那些更加注重跨文化的竞争、合作和占领关系的作品，来辨识历史写作中的民族传统。第三，五十年前评判以往历史作品的主要标准是这些作品重建现实的能力，包括对欧

---

① Liam Brockey, *Journey to the East: The Jesuit Mission to China*, 1579 - 1724 (Cambridge, Mass., 2007).

洲人所见其他社会进行的民族志描述。目前,历史学家可能对那些与历史叙述有关的修辞习惯和模式更为敏感,尤其是植根于文艺复兴的修辞习惯与模式。历史写作或者古物研究的界限划定,已经同其他的书写形式并列起来,如游记、记叙、戏剧、史诗或者虚构作品。① 历史学家如今在处理那些由自身规则决定的具体论著时,越来越受到文学研究者的影响。从另一方面或者相反的方面来说,历史学家认为社会对于过去的记忆不可能被缩减成一个单独的历史叙述,而包含着各种专业领域和社会情境。第四也是最后的批判是:欧洲写作的东方史书必须要被放置在更加全球化的框架下,尤其要注意世界史在文艺复兴时期就开始出现,这比1756 年伏尔泰写出《风俗论》(*Essai-surles moeurs et l'esprit des nations*)要早。

538

　　批判单一宏大叙事为构建一个更好的叙事开启了大门,或者有可能出现一幅各时代的破碎图景,而这一图景曾被一种宏大进程所覆盖。这两种选择有可能以对立的姿态呈现。但是,我们有理由相信,如果对于某种普遍进程的批判会导致对过去更加碎片化的看法,那么这种批判也需要重建一种新的普遍观念,这种观念要更加广泛地解释现代早期欧洲编纂的东方历史如何产生作用。因此本章强调这样一些普遍观点:首先,在现代早期,欧洲对东方的观念形成的过程中,历史作品只是相对重要;其次,游记、制图、宇宙志、地理志、重合道德观念的圣经谱系、语法书和字典以及其他各种文体(戏剧、个人回忆录、官方信件、印刷字体、诗歌和史诗),形成了各种展现欧洲东方观的方式,这些方式彼此竞争,而且在大多数情况下非常有效(对于文化的影响也很深远);最后,只有在 18 世纪,欧洲历史发生的转折才戏剧般地影响了亚洲社会的历史意识——但是甚至在那时,所谓的科学传教团也仍具影

---

① Arnaldo Momigliano, review of 'Historical Writing on the Peoples of Asia' series, *Bulletin of the School of Oriental and African Studies*, 28:2(1965),447 - 451.

响力。

如果从相对主义的角度看待欧洲编纂的东方历史作品所扮演的角色，可以成为一种普遍论点的话，那么为了将不同的民族传统考虑在内——从地中海东部到远东，从东非到印度尼西亚群岛或者澳大利亚，各种碎片化的观点都将产生。重要的是理解，用本杰明·迪斯累里（Benjamin Disraeli）的话来说，如果东方因为可以为众多欧洲人提供大量机会而成为欧洲的一项事业，那么东方则从未被视作铁板一块。[①] 东方既不是一块欧洲价值和态度可以投射其上的空白地带，也不是一面用来塑造各种欧洲身份认同的镜子。相反，欧洲人和许多其他社会成员的多种立场及互动关系很难被简化成某种线型进程。因此，欧洲人在东方可能遇到的一些状况：联盟、合作、联姻、本地合作、社会和政治组织模式（包括原始主义、蒙昧时代、东方专制主义、异域、种族主义的形象）、展现男性武力价值的领域（植根骑士精神或反对女性化的态度），还有各种误解，也无法被简化成一种简单的宏大叙事。同样无法被简化为单一领域或者线型进程的还有不稳定的地理疆域，这一点将在下文详细说明。对东方的最初勾画出现在 16 世纪，我们将通过分析安东尼·德·莱昂·皮内洛（Antonio de León Pinelo）关于东印度的书目来探讨；第二次勾画发生在 17 世纪晚期和 18 世纪早期，以皮内洛经过大规模修订的作品为起点，这次的勾画更加注重背景性分析。

安东尼·德·莱昂·皮内洛可能出生于巴利阿多利德（Valladolid，或者是里斯本），他的父亲是葡萄牙人，由于犹太出身而数次遭到宗教法庭的盘查。皮内洛于 1604—1605 年移居拉普拉塔（Río de la Plata），在布宜诺斯艾利斯和科尔多瓦生活数年之后，1612 年被送到利马学习神学、教会法和民法。他曾被短暂地任命为利马大学的教授，1618 年起他开始投身法律实践，同年在

---

① 迪斯累里的名言"东方是一种谋生之道"，最著名的出处是作为萨义德（Edward Said）《东方学》（*Orientalism*）的引语。

利马出版了处女作：一首献给公众节日赞美圣母玛利亚的诗歌，第二年他被任命为波托西的市长提供司法协助。1618 年他同索洛萨诺·佩雷拉（Solórzano Pereira）有所交往，而后者正在编纂殖民地法律，这也许是皮内洛前往马德里的原因，他希望进一步促进殖民地法律的编订；也有可能是因为他父亲的商业活动，其中包含奴隶贸易和走私，因为这需要获得来自马德里的协助。在外派马德里时，布宜诺斯艾利斯市还委托他在西班牙宫廷中代表城市利益。抵达马德里后，皮内洛从 1623 年起出版了一系列小型回忆录，直接记录他作为一名律师的活动，包括捍卫位于布宜诺斯艾利斯的家族和群体利益的行为。在处理这些谈判期间，他多次和印度等地事务院打交道。1625 年他出版了《印度群岛的伟大总督》（*El Gran Canciller de Indias*），书中展现了皮内洛与马德里的印度等地事务院的关系，此书写作时，正值奥利瓦雷斯伯公爵（Count-Duke of Olivares）将印度群岛总督一职授予女婿托雷斯公爵（Duke of Medina de las Torres），这本书的手稿正是献给他的。1629 年 2 月他首次被任命为印度等地事务院的书记员，还兼有编纂地方法的特殊任务。1636 年皮内洛成为印度群岛总督。尽管在利马时，皮内洛已经开始了个人对殖民地法律的研究，但正是在马德里印度事务院的官僚工作中，他的研究才得以真正推进。由于积累了大量有关司法事务的档案文献，激发了皮内洛在有关印度群岛文献方面的成就：实际上，他的《图书馆、东西方、航海和地理学梗概》（*Epitome de la Biblioteca Orientali Occidental，Nautica i Geografica*，1629 年）就出色地说明了他作为收藏家和文献学家的成就。同样值得注意的是，皮内洛早在 1625 年就在印度等地事务院做着印度群岛史学的工作，但是直到 1658 年他才获得史学家这一有名望的头衔。1654 年，他被任命为商局的仲裁，并获得定居马德里的特权，他得以推进对殖民地法律的研究。①

---

① José Toribio Medina，*Biblioteca hispanoamericana*（Santiago，1898 - （转下页）

　　因此《梗概》是一位法学家、历史学家和书籍收藏家的作品,可以被分成四部分。"东方书目"和"西方书目"部分显然是在全面反思奥利瓦雷斯伯公爵整合全球范围内西班牙力量与资源的伟大战略。最后两部分关注航海和地理问题,指明了这部著作以宇宙论和航海学为中心的科学方向。第一部分关注东方,根据编年、地理和主题的标准划分出十六章,起点是达·伽马(Vasco da Gama)之前欧洲的航海和已有信息,以及之后的"发现印度"。从亚历山大的生平到马可波罗的游历,或者从达·伽马航海到乔瓦尼·达·恩波利(Giovanni da Empoli)的信件,都表明赖麦锡(Giovanni Battista Ramusio)在 1550 年出版于威尼斯的游记丛书《航海和旅行》(*Delle Navigationi et viaggi*)在这部书目形成中起到很大作用。在赖麦锡(以及特奥多尔·德·布里[Theodor de Bry]的游记汇编)之后出版的游记系列中包含来自意大利、英国和法国的许多作品,其中有两部游记以其虚构的特点而著名:费尔南·门德斯·平托(Fernão Mendes Pinto)的《旅程》(*Peregrinação*,1617 年),佩德罗·奥多涅斯·德·塞瓦略斯(Pedro Ordoñez de Zevallos)的《世界旅行》(*Viage del Mundo*,1616 年)。尤其需要注意的是,被称为"葡萄牙诗人王子及其民族荣耀"的卡蒙斯(Luís de Camões),也在他的史诗中描述了达伽马的远航事迹。① 《卢济塔尼亚人之歌》(*Lusíadas*,1572 年)葡萄牙文版本的多次出版,以及拉丁文和卡斯蒂利亚文的译本,说明这部著作有着广泛的读者群。

(接上页)1907),vi. pp. xlix-cxi,437 - 484;vii. pp. vii-xlv;Boleslao Lewin,*Los León Pinelo*:*la ilustre familia marrana del siglo XVII ligada ala historia de la Argentina*,*Perú*,*América y España*(Buenos Aires,1942);Agustín Millares Carló,*El Epitome de Pinelo*:*primera bibliografia del Nuevo Mundo*(Washington,DC,1958);id.,*Tres estudios biobibliográficos*(Maracaibo,1961),63 - 113;and Raúl Aguirre Molina,'La defensa del comercio del Río de la Plata por el Licenciado D. Antonio de León Pinelo',*Historia*:*Revista trimestral de historia Argentina*,*Americana*,*Española*,26(1962),37 - 112.

① 'Principe de la poesia Lusitana i gloria de su nacion',in León Pinelo,*Epitome...*(Madrid,1629),8.

在叙述发现之旅的章节后,有一章专门叙述印度史书。这方面最连贯的历史作品是关于葡萄牙诸王或者占领印度的历史,作者有若昂·德·巴罗斯(João de Barros)、费尔南·洛佩斯·德·卡斯塔涅达(Fernão Lopes de Castanheda)、达米昂·德·戈伊斯(Damião de Góis)、热罗尼莫·奥索里奥(Jerónimo Osório)、迪奥戈·多科托(Diogo do Couto)、弗朗西斯·德·安德拉德(Francisco de Andrade)、若昂·巴普蒂丝塔·拉瓦尼亚(João Baptista Lavanha)和安东尼奥·平托·佩雷拉(António Pinto Pereira)。加斯帕尔·科雷亚(Gaspar Correia)所编纂的占领印度的史书,以及安东尼奥·博卡罗(António Bocarro)续写的《十年》(Décadas)并不在此列,这也许是因为这些作品直到19世纪都还只有手稿;同样散佚的还有曼努埃尔·德·法里亚-索萨(Manuel de Faria y Sousa)编纂的亚洲历史,这部作品延续了同样的传统。所有这些史书都用本国语写就,除了奥索里奥(Osório)写作的曼努埃尔一世(Manuel I)王国的历史,这部历史被认为是"像(葡萄牙)王国所有现代史书一样的一部印度史",这意味着葡萄牙的历史主要就是葡萄牙高贵士兵对印度的伟大占领史。[1]

皮内洛在将巴罗斯的《亚洲》(Asia)和卡斯塔涅达的《印度发现与占领史》(História do Descobrimento e Conquista da Índia,1552–1561年)编入书目时,特别注意了作品的卡斯蒂利亚语、意大利语和法语译本。这些史书都以占领印度为中心,这一特点在另一系列作品中也有发展,这些作品描述了葡萄牙人围攻从印度到东南亚的众多要塞城市(坎贝湾、第乌、果阿邦、焦尔、马六甲)。从史诗到用本国语、卡斯蒂利亚语或拉丁语写成的作品来看,葡萄牙贵族船长的荣耀是通过对异教徒的暴力行为、为国王的奉献牺牲来展现的。在曼努埃尔一世较早提及印度的一封信中,肯定了葡萄牙王国的记忆和占领印度的庆典之间的联系。阿方索·德·

541

---

[1] 'Es historia de la India, como son todas las modernas de aquel Reyno', ibid., 17.

阿尔布开克（Alfonso de Albuquerque）的《集注》（*Comentarios*，1557年）由他的儿子出版，也属于同一类作品，其中表达美德的政治语言被用于描述贵族船长在战争中的行为；这也同样适用于多姆·若昂·德·卡斯特罗（Dom João de Castro）的作品，他也是一位葡萄牙贵族船长，能够清晰地表达航海知识和军事策略。相比强调战争和占领的价值，对商业、发现和垄断的阐述在这些作品中并不明显。这方面的例外是安东尼奥·加尔旺（António Galvão）的《世界发现》（*Tratado dos descobrimentos*），这部书详述了香料及其运输路线。

如果葡萄牙书写的印度历史大多数是关于占领的荣耀，皮内洛的书目和手稿则在印度史的标题下形成了一个巨大的混合书目，其中一个核心是教会作家所写书籍。叙述葡萄牙占领印度的历史，一直是耶稣会的传统，耶稣会士乔瓦尼·彼得罗·马费伊（Giovanni Pietro Maffei）的巨著《东印度群岛历史》（*Historiarum Indicarum Liber Duodecimus*，1558年）也许就是其中最好的例子之一。来自另一个宗教团体的回应是本笃派安东尼奥·德·圣罗曼（António de San Román）所做的《东印度群岛通史》（*Historia general de la India Oriental*，1603年）。果阿大主教，奥古斯丁会的阿莱绍·德·梅内塞斯（Aleixo de Menezes）赞助安东尼奥·德·戈维亚（António de Gouveia）出版了关于其印度之行的一本书。[1] 但是这本书是对耶稣会士尼古劳·皮门塔（Nicolau Pimenta）1600年出版书籍的回应，其中减轻了大主教形象的分量。最后，在关于印度群岛历史的这一章中，包含了超过50本书籍，此外还有四种印刷本或手稿，描述莫卧儿王朝、柬埔寨王国和勃固，展现出对非欧洲政治实体的兴趣。

在皮内洛的书目分类中，以传教活动为中心的印度史被包括在另

---

[1] António de Gouveia, *Jornada do Arcebispo de Goa Dom Frei Aleixo de Menezes Primaz da India Oriental Religioso de S. Agostinho*；*Quando foi as Serras de Malauar en lugares em que morão os antigos Christãos de S. Thome* (Coimbra, 1606).

一章中,标题为"传教印度",这些作品的作者是三位耶稣会士。① 此
章中还有方济各会士和多明我会士的两部作品(其中之一是手
稿),一部激励在"非犹太人"中传播天主教信仰,另一部是圣徒传
记,提醒读者记得进行传教任务的不止耶稣会士。② 耶稣会士和其
他传教团体互相竞争,他们的历史作品充分体现了教化的特征。
圣徒传记始于宣布方济各・沙勿略(Francis Xavier)为圣徒的早期
尝试,他最终在 1622 年被封为圣徒。圣徒传记和信件或者传教活
动的年报,被精心编纂并传播,这些实际上都是耶稣会沟通和自我
辩解体系的核心,从这一体系产生了许多精心写作的历史作品。
皮内洛编纂的耶稣会出版信件的庞大目录,也展现了上述历史作
品与这些信件内容之间并非毫无瓜葛。

　　实际上,古斯曼(Guzmán)的历史后来根据大量年报以葡萄牙
语续写,这些年报由费尔南・格雷罗(Fernão Guerreiro)编纂(1603
年、1605 年、1607 年、1609 年、1611 年),后来又经克里斯托瓦
尔・苏亚雷斯・德・菲格罗亚(Cristóbal Suárez de Figueroa)翻译
为卡斯蒂利亚语改编本。③ 皮内洛在名为"印度传教团信件"的部

① Manuel da Costa, *Historia rerum a Societate Jesu in Oriente Gestarum* (Paris, 1572); Luís de Guzmán, *Historia de las Missiones que han hecho los religiosos de la Compañia de Jesus ... em la India Oriental, y en los Reynos de la China y Japon* (Alcalá, 1601); and Pierre du Jarric, *Histoire des choses plus memorables advenues tant en Indies orientales, que autre pays de la decouverte des portugais, en l'etablissement et progrez de la foy chrestienne, et catholique* (Bordeaux, 1608 - 1614).

② Geronymo Gracián de la Madre de Dios, *Stimulo de la fee, contiene el vinculo de hermandad entre los Padres descalços de nuestra Señora del Monte Carmelo y del Seraphico Padre Sant Francisco para ayudarse y fauorescer se en la conuersion de la gentilidad, y una exortacion para ellos* (Lisbon, 1586; 2ndedn, Brussels, 1609).

③ Cristóbal Suárez de Figueroa, *Historia y Anual Relacion de las cosas que hizieron los Padres de la Compañia de Iesvs, por las partes de Oriente y otras, en la propagacion del Santo Evangelio los años passados de 607 y 608* (Madrid, 1614).

分中，提到了这些书籍。对于古斯曼和格雷罗来说，这些书籍的印本服务于耶稣会的宣传活动，皮埃尔·迪雅里克（Pierre du Jarric）所援引的历史在法国也起到了同样的作用。就像格雷罗在年报首卷前言中指出的，重要的是要陈述基督教的进步，"土地、民众和个人品质的信息"都应该是教化方案的组成部分。例如，在讨论果阿时描述萨尔赛特岛（Salcette）的版图，是为了列举其中耶稣会主持的 13 个教堂，那里大约汇聚了 33000 基督徒，这个数字还有希望进一步扩大。在 1600 年的记录中，这一成功被归功于一本教义问答，这本集子由教士们以对话的方式写成，尤其让儿童背诵："我们是如此渺小，所以除了从先辈那里获得的教义和问题外，我们一无所知。"①

543

神父塞巴斯蒂昂·贡萨尔维斯的作品（Fr Sebastião Gonçalves）并未包含在皮内洛编纂的书目中，他在印度生活了 25 年，1674—1619 年），并计划撰写一本有关 1542—1605 年期间耶稣会传教的史书，包括在东非（莫桑比克和埃塞俄比亚）、美索不达米亚、霍尔木兹（Hormuz）、波斯、索科特拉岛（Socotra）、印度、锡兰、马六甲、摩鹿加（Moluccas）、中国和日本的传教活动。他计划写成一本传教活动的通史，手稿的前五卷被献给圣方济各·沙勿略，其中包括一系列有关沙勿略的传记，希望以此促使他被封为圣徒。前五卷中现存的部分构成作品的第一部分，写于果阿，手稿在 1615 年左右被送往里斯本和罗马，主要关注从 1542—1570 年各省的传教活动和传教组织，突出了传教的艰难困苦和耶稣会士的牺牲。作品的第二部分我们只知道计划却未见实物，主要研究圣托马斯（St Thomas）的历史和科罗曼德尔海岸基督教团体，利玛窦神父在中国的活动，日本王公的葡萄牙和罗马之旅，日本的传教活动以及 1600 年左右日本政治结构对传教的抵抗。这部宣传耶稣会的作品同时

---

① Fernão Guerreiro, *Relação anual das coisas que fizeram os Padres da Companhia de Jesus nas suas missões*, ed. Artur Viegas, 3 vols. (Coimbra, 1930 - 1942), i. p. 4.

也令人大开眼界，在第一部分的第九本书中，贡萨尔维斯几乎概述了果阿的孔卡尼（Canarims）和婆罗门的作用、习俗以及社会组织。①

但是对我们今天所谓的民族志的兴趣，在当时十分有限，并且这些兴趣还依仗于对转变信仰所使用的形式和工具的描述。比如有一章题献给萨尔赛特岛一所大学建立——献给"我们培养基督徒的这种方式"，就可以和费尔南·格雷罗早先提及的信息相比较：

544

> 所有的教堂都应该有一所教授写作、阅读和算术的学校。学生要学习马克斯·乔治的教义，并于季风期间在教堂中讨论它，该教义已经过调整以适应学生的能力，且已被翻译为孔卡尼语。住所在教堂附近的学生每天早上去学习教义，住所较远的则在村庄中专门为此修建的草棚中学习。一些教堂中还用图画为那些目不识丁的人们讲述我们神圣信仰的奥义，图画就是人们学习的课本。②

皮内洛更为详尽地列出了关于中国的作品，这些作品重申了一个观点：史书同其他写作形式之间存在竞争，比如信件、政论、道德宣言以及与语言学相关的作品。在这样的背景下，信件和叙述性文体的撰写和出版就更为分散，耶稣会希望能垄断历史作品创作，也涉及那些被其他教派人士视为背景的史书。多明我会的加斯帕尔·达克鲁斯（Gaspar da Cruz）就是一位以葡萄牙语出版书籍的先驱者，出版了《详论中国与霍尔木兹王国》（*Tractado em que cōtam muito por estenso as cousas da China cō suas particularidades e assi do reyno dormuz*，1569 年）。对中国的描述、实施占领的政治方案和中国的天主教传播，三者并驾齐驱。贝尔纳迪诺·德·埃斯卡

---

① Sebastião Gonçalves, *Primeira parte da História dos Religiosos da Companhia de Jesus*, ed. José Wicki, S. J., vol. 3 (Coimbra, 1962), 9 - 90.

② Sebastião Gonçalves, *Primeira parte da História dos Religiosos da Companhia de Jesus*, ed. José Wicki, S. J., vol. 3 (Coimbra, 1962), 100 - 101.

兰特(Bernardino de Escalante)曾提议向中国皇帝派出大使,要求保护传教活动,他认为占领活动毫无用处。① 在这样的背景中,奥古斯丁会的胡安·冈萨雷斯·德·门多萨(Juan González de Mendoza)出版了《最著名事物的历史:伟大中国的礼仪和作用》(*Historia de las cosas mas notables*, *ritos y costumbres*, *del gran Reyno de la China*,1585 年),这本书虽然名为史书,但大部分内容却是从马尼拉到中国的游记,作者是奥古斯丁会的马丁·德·拉达(Martín de Rada)和两位方济各会士,奥古斯丁·德·托德西利亚斯(Agustin de Tordesillas)和马丁·伊格纳西奥·德·洛约拉(Martín Ignacio de Loyola)。直到 16 世纪末,门多萨的这部作品以不同的语言总共出版了三十版。

17 世纪初,耶稣会士以他们在中国的传教活动为主题,发起了一系列历史编纂项目。例如路易斯·德·古兹曼(Luís de Guzmán)就将其所撰史书的很大一部分献给中国和日本教省;②神父迭戈·德·潘托雅(Diego de Pantoja)在《数位抵达中国的耶稣会神父的关系》(*Relacion de la entrada de algunos padres de Cōpañia de Iesus en la China*,1605 年)中关注传教活动的第一阶段。但是耶稣会所作关于中国历史流传最为广泛的作品,是由金尼阁(Nicolas Trigault)改写的利玛窦手稿。③ 与此同时,方济各会士埃雷拉·马尔多纳多(Herrera Maldonado)也明显受耶稣会影响出版了《中国历史概论》(*Epitome historial del Reyno de la China*,1620 年)。所有这些作品都关于传教和传教士,直接反映了作为制度组织基础,特别是交往基础的交流模式。作品都以赞扬传教活动的

545

① Bernardino de Escalante, *Discurso de la navegacion que los Portugueses hazen à los Reinos y Prouincias del Oriente*, *y de la noticia q se tiene de las grandezas del Reyno de la China* (Seville, 1577); and Charles Boxer, 'Portuguese and Spanish Projects for the Conquest of Southeast Asia, 1580 - 1600', *Journal of Asian History*, 3(1969),118 - 136.

② Guzmán, *Historia de las Missiones que han hecho los religiosos de la Compañia de Jesus*.

③ Nicolas Trigault, *De Christiana Expeditione apud Sinas* (Augsburg,1615).

奠基者为导向，这些奠基者都希望成为像圣方济各·沙勿略一样的圣人和殉道者。

　　皮内洛关于日本方面的大量书目证实了耶稣会强调圣徒传记、通信或年表的倾向。传教历史也包含在书目中，但并非最重要的类型。圣徒传记包括圣方济各·沙勿略及其同事的传记（葡萄牙语、西班牙语和拉丁语），也包含了对其他天主教和皈依天主教的日本殉道者的叙述。尽管圣徒传记和殉道牺牲是耶稣会使团的核心，但这也是一个引发争议的领域，因为更加古老的宗教教派，如方济各会和多明我会也强调圣徒和殉道。著名的西班牙剧作家据此创作了《信仰在日本的胜利》（*Triunfo de la fee en los reynos de Japon*，1618 年）。耶稣会组织所谓的日本王公和大臣们访问西班牙和罗马，这促进了传教战略的发展，该战略还包括众多书籍的印刷出版。范礼安（Alessandro Valignano）也写了一些关于日本的评论，详细讨论了使人皈依基督的可行性方法。无论如何，耶稣会在日本传教时所写作和出版的信件，才是最多涉及日本的材料。传教士们并没有考虑创作出能够和塞巴斯蒂昂·罗德里格斯（Sebastião Rodrigues）关于印度的作品相媲美的、更具野心的历史编纂计划。比如，耶稣会士神父路易斯·弗罗伊斯（Luís Fróis）就以手稿的形式留下了一部《日本史》（*História do Japão*），却只有信件被人引用。[①] 最后，若昂·罗德里格斯（João Rodrigues）所写的日本史手稿也没有包含在皮内洛的书目之中，[②]罗德里格斯曾为日本军阀和关白丰臣秀吉（卒于 1598 年）担任翻译，1612 年被驱逐到澳门。

　　1629 年，"东方图书"（Biblioteca Oriental）目录补充了关于印度、中国和日本的书目，还有关于"波斯历史""鞑靼历史""发现印

---

①　Luís Fróis, *História de Japan*, ed. P. José Wicki, 5 vols. (Lisbon, 1976 - 1984).

②　Michael Cooper（ed.）, *João Rodrigues's Account of Sixteenth-Century Japan* (London, 2001); and id., *Rodrigues the Interpreter: An Early Jesuit in Japan and China* (1974; New York 1994).

度""俄塞俄比亚历史"和"印度洋失事船只"的数个短章。"东方"
就像一块地理拼图，其形状已经为先前航海和宇宙论的作品所塑
造，出版了很多文本和图画汇编，包括卡伯特（Cabot）的游记以及
更多有关沉船的当代葡萄牙文学作品。赖麦锡的《航海和旅行》提
出了游记和波斯历史的书目。一些更新的书籍揭示出翻译地方史
的兴趣出现得很早。① 耶稣会和奥古斯丁会由于争夺使波斯皈依
基督的功绩而再次爆发争执。② 赖麦锡的书目之后，一位美国人写
作了一部关于鞑靼人的历史，鞑靼人的定义模糊且地理上分布分
散，他们的迁徙足迹穿越亚洲草原，这本书写成后，其同时代的西
班牙语译本又补充进了新的内容。③ 埃塞俄比亚历史首先被传教
士们理解为这样一个领域，其中基督教的形式需要被合理评估，以
便发展出合适的传教策略。弗朗西斯科·阿尔瓦雷斯在一部
（Francisco Álvares）叙述埃塞俄比亚传说中祭祀王约翰（Prester
John）的历史作品中，评估了该地的基督教形式，这本流传广泛的
作品以一种古物研究方法为基础。④ 但是直到 17 世纪初，耶稣会

546

---

① Pedro Teixeira, *Relaciones de . . . d'el origen descendência y succession de los Reyes de Pérsia* (Antwerp, 1610); William F. Sinclair and Donald Ferguson, *The Travels of Pedro Teixeira with His 'Kings of Harmuz', and Extracts from His 'Kings of Persia'* (London, 1902); and António de Gouveia, *Relaçam em que se tratam as guerras e grandes victorias que alcançou o grade Rey da Persia Xá Abbas do grão turco Mahometto, en seu filho Amete* (Lisbon, 1611).

② *Relaciones de Don Juan de Pérsia . . . Divididas en tres libros: Donde se tratan las cosas notables de Pérsia, la genealogia de sus reyes, guerras de Persianos, Turcos y Tártaros, y las que vido en el viaje que hizo à Espanã: y su conuersion, y la de otros dos Caualleros Persianos* (Valladolid, 1604); and António de Gouveia, *Triunfo Glorioso de três mártires españoles* (Madrid, 1623).

③ Amaro Centeno, *Historia de las cosas del Oriente primera y segunda parte: Contiene una descripcion de los Reynos de la Assia* [sic]. *La historia de los Tártaros y su origen y principio. Lascousas del reyno de Egipto. La Historia y sucessos del Reyno de Hierusalem* (Córdova, 1595).

④ Francisco Álvares, *Verdadeira informação das terras do Preste João das Indias* (1540; Lisbon, 1883).

和多明我会之间才开始公开竞争在东非传教的功业。[①]

　　自然史是皮内洛分类系统中的另一主题，将习俗、用途、政治和社会现象的书目和植物及自然现象历史的书目放置在一起，这与16世纪历史艺术（ars historica，一种研究题材，关于不同的历史和历史写作类型）所作出的明确分界相抵触。赖麦锡汇编杜瓦蒂·巴尔博扎（Duarte Barbosa）作品的意大利文译本，在近来的书籍中因被视为地理描述的范本而常见引用，此外还有托梅·皮莱资（Tomé Pires）《东方志》（*Suma Oriental*）的手稿，两者都描述了人群、产品和贸易。葡萄牙历史学家若昂·德·巴罗斯（João de Barros）在他已经散佚的《地理学》（*Geographia*）中也遵循了这种研究方法。按照这样的顺序，皮内洛以《世界习俗之书》（*Libro de las costumbres de todas las gentes del Mundo*）作为该类别的结尾，这本书是约翰内斯·博穆斯（Johannes Boemus）之作的卡斯蒂利亚语译本，并有弗朗西斯科·塔玛拉（Francisco Tamara）所作的增补，1556年出版于安特卫普。在这本书的前两部分中，博穆斯沿袭民族史的风格，收集了古典作家对世界不同人群的认识，但是在第三部分中，塔玛拉补充了"我们西班牙人"所发现的关于印度的新信息，包括"西葡在东方发现的其他地区

547

---

① João dos Santos，*Ethiopia oriental e varia historia de cousas notaveis do Oriente* (Évora，1609)；Luís de Urreta，*Historia eclesiástica，politica，natural y moral de los grandes y remotos reynos dela Etiópia，monarchia del emperador llamdo Preste Juan de las Indias* (Valencia，1610)；id.，*Historia de la sagrada Orden de los Predicadores，en los remotos Reynos de la Etiopia* (Valencia，1611)；Fernão Guerreiro，S. J.，*Relacion anual de las cosas que han hecho los padres de la Compañia de Iesus en la Índia Oriental y Iapon，en los años de 600 y 601*，trans. António Colaço (Valladolid，1604)；Nicolau Godinho，S. J.，*De Abissinorum Rebus，déque Aethiopiae Patriarchis Joanne Nónio Barreto，et Andrea Oviedo* (Lyon，1615)；and Manuel da Veiga，S. J.，*Relaçam geral do estado da Christandade de Ethiopia . . . en do que de nouo socedeo no descobrimento do Thybet，a que chamam，gram Catayo；composta e copiada das cartas que os Padres da Companhia de IESV escreveram da Índia Oriental dos anos de 624，625，en 626* (Lisbon，1628).

和印度群岛、岛屿和省份"。① 如果巴罗斯和博穆斯只是提出了框架，那么自然史作品则占据了这一部分的中心，包括卡达诺（Cardano）和瓦萨里奥（Vesalio）所作的拉丁短文，叙述中国人对草药的使用。无论如何，这里所提及的最重要的作品应该是加西亚·达·奥尔塔（Garcia da Orta）的《印度香药谈》（*Coloquios dos simples, edrogas ecoisas medicinaes da India*，1563 年），由克里斯托瓦尔·德·阿科斯塔（Cristóval de Acosta）翻译为卡斯蒂利亚语，由卡罗勒斯·克鲁休斯（Carolus Clusius）出版的拉丁译本风靡整个欧洲。

对于一个 1629 年在马德里编纂有关东印度群岛书籍目录的人来说，收录关于荷兰航海的章节，并非屈服于葡萄牙帝国在东方的宫廷政治利益，而只是表现了知识分子的诚实。林硕吞和德·布里所收集游记的开篇是林硕吞 1584—1592 年前往印度的航行。所有游记都呈现出一种混合特性，个人经历总是和历史描述等混杂一处。这些游记文本都以不同的语言流传——拉丁语、荷兰语、德语、意大利语（对赖麦锡作品的增补部分）、法语和英语，并且从一个汇编传入另一个。这些航海事件的政治影响，都可以在最后涉及丹麦人胡戈·格劳秀斯（Hugo Grotius）和葡萄牙人塞拉菲姆·德·弗雷塔斯（Serafim de Freitas）讨论海洋自由的参考文献中看出端倪。但无论在游记文献，还是在关于领海的政论文中，历史都不是中心。

通过分析"东方图书馆"和皮内洛《梗概》的第一部分，可以看出在 16、17 世纪欧洲的东方观形成过程中，历史学扮演了怎样的角色，主要有四点结论：首先，历史作品与许多其他文体存在竞争，有时甚至被边缘化。从那些流传广泛的游记和信件到史诗、戏剧、道德或政治论文，历史都没有占据主导地位。比如葡萄牙编年史家巴罗斯或者耶稣会历史学家和圣徒传记作者古兹曼，他们所写的历史最多宣传了那些贵族为服务国王而发动的军事行动，或者

548

---

① Johannes Boemus, *El libro de las costumbres de todas las gentes del Mundo*, trans. Francisco Tamara (Antwerp, 1556), fl. 28,328.

推动了传教热情,赞扬牺牲殉道以获得救赎。献身教会之战的贵族船长和传教士才是历史真正的英雄,而从现代视角来看,这就是欧洲中心主义。历史作品主要涉及战争或传教的政治问题;民族学方面的好奇,也就是有距离地阐述非欧洲社会的信息并以恰当的视角进行理解,所占据的地位非常有限。请注意在本章开头就提到,18世纪耶稣会的语言中,教化比求知更为重要,历史写作相当于修辞传统,以及政治和宗教语言中表达的道德。这与博克舍对欧洲所编纂东方历史的看法相反,他认为历史是被民族学方面的好奇心排挤到了边缘化的地位,但这仅仅发生在少数个案中:如弗朗西斯科·阿尔瓦雷斯的古物研究,他对埃塞俄比亚的描述性评论建立在研究文物古迹和大量习俗仪式的基础上,这可以被视为那种民族学的好奇心。无独有偶,这些特征在关于印度、中国和日本的手稿中也有发现,但这些作品大多没有收录进皮内洛的书目,比如神父罗德里格斯关于日本体制的论文就是如此。或许只有在被翻译出版的波斯地方史中,发表于欧洲的一篇历史编纂方面的论文才能和对东方历史的兴趣更好地连接起来。除此之外,只有在领域相对狭小的自然史中,才得以确定这种民族学好奇心最高级的形式,这体现在从杜瓦蒂·巴尔博扎到加西亚·达·奥尔塔的著作中。

　　第二点结论有关一种争论模式,许多史书都应该被放置其中来理解。这些史书获得了来自不同方面的赞助,比如王权或贵族(主要针对葡萄牙编年史家),或者像耶稣会这样的宗教团体,有一些竞争和冲突影响着对历史文献的使用,但这些这些赞助者的声音则有可能扭曲对这些竞争和冲突的看法。实际上,曾在《印度国家》(*Estado da Índia*)中明确宣传祖先贡献的葡萄牙贵族,就试图鼓舞史学家捍卫家族荣誉。同样,耶稣会为了建立其传教事业的教化观念,也处于同多明我会、奥古斯丁会和方济各会的竞争中,更多的时候也同一般神职人员的代表相竞争。无论如何,葡萄牙保教权覆盖各个宗教团体及其传教历史,其重要性直到1622年之后随着传信部(Propaganda Fide)的建立才被降低。事实上,宣传、竞争以及对各民族、社会或者宗教体制冲突的反思，都在欧洲书写的东方历史中有所反映。

　　第三点结论关乎世界性印刷市场形成后的文本流传情况。利玛窦的中国史被金尼格（Trigault，译者注：原文误作 Tricault）译为拉丁文广为传播；弗朗西斯科·阿尔瓦雷斯，这位葡萄牙古物学家和埃塞俄比亚历史学家的作品被翻译成多种语言，其中一部改编本还与其他诸多葡萄牙语书籍和手稿一道收入赖麦锡的《航海和旅行》；加西亚·达·奥尔塔的《印度香药谈》首次出现在果阿，并被翻译改编为多种语言，其中拉丁文本最为流行。博穆斯的民族学作品以拉丁文写成，但是流传更为广泛的版本却是意大利语和西班牙语版。这些都是因为书籍市场上对拉丁语、葡萄牙语、西班牙语和意大利语历史作品的需求迅速增长。迪雅里克所写的耶稣会传教史以法语出版，这是耶稣会作者编纂的来往通信和史书中的一个例外。游记汇编，像赖麦锡、德·布里、林硕吞所编纂的那些，将语言的范围扩展到了法语，在后两者的作品中还扩展到了丹麦语。皮内洛的书目中几乎没有英语作品：拉丁语和南欧方言在此时仍然是世界图书交易中的基本语言。

　　第四也是最后一点结论关注对想象中东方的地理认知，至少在皮内洛的分类体系中是如此。印度、中国和日本地位优先，始终可以按照所谓的欧洲方法被识别出来。占领、贸易和传教活动，是欧洲在这些文明中最重要的历史形象。相比对占领和皈依基督的关注，还可以辨识出一种民族学的视角，主要涉及波斯和埃塞俄比亚王国，以及鞑靼人。实际上，翻译成各种欧洲语言的历史书主要就是关于这些王国和人民（关于印度、中国和日本则较少）。产生这种兴趣的主要原因可能是中世纪欧洲与波斯、埃塞俄比亚国王结盟的传统，以及在马可·波罗和更早的罗马时期就熟识了草原武士。无论如何，对东方的理解主要是通过从帝国到王国的这些大政治实体进行的。自然历史和一种社会政治地理学也表达了一种民族学的角度，这种社会政治地理学比城市史和教会史更加赞颂商业和商品的意义。在这幅组合而成的东方画面中，并不包括东南亚以及印度尼西亚群岛与其他大陆地区。皮内洛将有关菲律宾的作品归入西班牙西印度群岛的范围内，[1]这些作品始于安东尼奥·莫尔加（António Morga）和巴托洛梅·莱昂纳多·德·阿亨索拉（Bartolomé Leonardo de Argensola）的描述或者史书。无论如何，《概论》中所呈现的东方地理拼图不可能被简化为一种分类体系，这种体系在从中东到远东的划分中获得灵感，也没有忘记印度、斯里兰卡以及东南亚，它们是 20 世纪 60 年代构思出研究亚洲历史编纂的四块主要领域。

550

　　皮内洛的《概论》出版于 1629 年，共 143 页，一个多世纪以后，安德烈斯·冈萨雷斯·德·巴尔恰（Andrés González de Barcia）在马德里出版了该书的第二版，内容也大大增加，成为三册大部头书籍（1737—1738 年）。[2]冈萨雷斯·德·巴尔恰的作品类似于当时许多学者做出的一系列尝试，也符合当时发展出的各种分类工作，这种工作产生了字典、图书馆和百科全书。《概论》的这一版增加了大量作者、书籍和手稿，这使得它实际上成了一部全新的作品。下面将主要论述这两版之间，在表现东方的问题上，历史作品的意义所发生的主要变化。

　　启蒙运动期间出版了各种汇编和书籍目录，以这些作品为基础，可以看出在欧洲人论题的等级……和对东方的描述中，历史学究竟发生了怎样的变化。由于游记的重要性增长，似乎可以认为

---

① António Morga, *Sucesos de las Islas Filipinas*（Mexico，1609）；and Bartolomé Leonardo de Argensola, *Conquista de las Islas Molucas*（Madrid，1609）. Charles Boxer, 'Some Aspects of Spanish Historical Writing on the Philippines', in Philips（ed.）, *Historians of South East Asia*，200 - 212；and Joan-Pau Rubiés, *Travellers and Cosmographers：Studies in the History of Early Modern Travel and Ethnology*（Aldershot，2007），ch. 10.

② Jorge Cañizares-Esguerra, *How to Write the History of the New World：Histories，Epistemologies，and Identities in the Eighteenth-Century Atlantic World*（Stanford，2001），158，166 - 167；and Jonathan Earl Carlyon, *Andrés González de Barcia and the Creation of the Colonial Spanish American Library*（Toronto，2005）.

历史依然处于第二等级,至少在伏尔泰、雷纳尔(Raynal)和罗伯逊的伟大作品诞生之前是这样。像法国史学家保罗·阿扎尔(Paul Hazard)在数年之前曾指出的,发生在 17 世纪末 18 世纪初"欧洲意识的危机",从许多方面来看,都始于世界范围内的游记,包括东方游记的出版和大规模发行。[①] 事实上,18 世纪上半叶一些主动出版的书籍就反映了有教养的欧洲民众主要对大部头游记产生的兴趣,比如皮内洛书目的新版本。这种趋势是对源自 16 世纪的写作和出版活动的延续,奥恩沙姆(Awnsham)和约翰·邱吉尔(John Churchill)在 1704 年出版的四大卷《航海和游记汇编》(*Collection of Voyages and Travels*)就是个例证。法国的例子是安东尼·奥古斯丁·布吕藏·德·拉马蒂尼埃(Antoine Augustin Bruzen de La Martinière)组织编纂的十卷本的《地理与批判大辞典》(*Grand Dictionnaire Géographique et Critique*,1726—1739 年),他曾向腓力五世要求地理学家的头衔。

　　还有一个例子,可能是从分量和发行量上来说最具意义的著作,就是配有大量插图的《全世界的仪式和宗教习俗》(*Cérémonies et coutumes religieuses de tous les peoples du monde*,1723—1743 年)。这部著作几乎收集了对世界各种宗教的描述,其中伯纳德·皮卡尔(Bernard Picart)的雕版画比修道院长巴尼耶(Banier)和勒马斯克里耶配上的历史说明更值得关注。这部覆盖全世界的作品可以被视为通往文化相对主义或者宗教宽容的阶梯。但是,通过分析皮卡尔的一些主题与插图,就会发现对一些所谓异国情调的仪式所持的老套观点与描述重复出现,比如表现 *sati* 的图画,这是印度寡妇自焚殉夫的习俗。这种解释符合一种更为广泛的、不断涌现的,将宗教研究定义为一种社会现象的兴趣。[②] 试图从历史角度

551

---

①　Paul Hazard, *La Crise de la conscience européenne* (Paris, 1935).

②　Abraham Rogerius, *Le Théatre de l'idolatrie* (Amsterdam, 1670); David Hume, *Principal Writings on Religion*, ed. J. C. A. Gaskin (Oxford, 1993); and Charles de Brosses, *Du Culte des dieux fétiches* (1760), ed. Madeleine V.- David, 2 vols. (Paris, 1988).

思考宗教的作品的出现，表明作者与其研究对象之间发展出了一种新的距离感。因此，这明显不同于以暴力的方式干预宗教事务的做法，比如加布里埃尔·德隆（Gabriel Dellon）和其他新教徒对果阿宗教法庭的批判，以及在涉及所谓中国仪式的问题上，与耶稣会和多明我会展开的紧张论战。[1]

18 世纪，商业作为一种欧洲人理解和表现世界上各个社会的工具，可能比宗教更为重要。例如，夏尔·德·布罗斯（Charles de Brosses）在 1756 年出版的《前往澳洲的航海历史》（*Histoire des Navigations aux Terres Australes*），就认为澳洲的发现尽管是现代最光辉的成就，但仅凭一个伟大领袖就可能完成，比如法国国王或者某个商业共和体；孤立的个人尽管受到纯粹商业精神的激励，但并没有能力完成这样的任务。然而根据作者的看法，这个任务在逻辑上应该落在法国及其统治者身上，这一观点的主要合法性在于"旧世界要从新世界获得所有的自然产品和有益实践"。[2] 对法兰西王国荣誉的讨论被展现在保护贸易的政治语言中。作者希望可以凭借贸易打乱英国的世界海洋霸权。[3] 霸权远不是一种理想化的占领方案，开疆辟土仰仗和平贸易与地理知识，而不是军队和军事占领。[4]

推广以商业为基础的话语，以及形成一个繁荣和平的欧洲社会画面的过程中，历史分析真的有所贡献吗？亚当·斯密《国富论》（1776 年）这样的政治经济学著作中，包含许多贸易史的内容，这似乎证实了历史分析的作用。但是，真的可以将英法启蒙运动时期的历史，与西葡 16 世纪占领与暴力的历史相提并论吗？这两者之间的年代相距甚远，这可以解释历史研究所用的语言极不相同，除此之外，并没有足够的理由认为英国痴迷于 17 世纪末荷兰在东方的军事化模式。18 世纪英法在印度的领土争端也提高了船长和

552

---

[1]　Gabriel Dellon, *Relation de l'Inquisition de Goa* (Leyden, 1687; Paris, 1688).

[2]　Ibid. , i. 5.

[3]　Ibid. , ii. p. iv.

[4]　Ibid. , ii. 369 - 370.

士兵的形象。这似乎可以解释长期存在的"贵族船长"形象,在欧洲帝国文化的不同形式中反复出现的原因。

奥恩沙姆和约翰·邱吉尔、拉马蒂尼埃、皮卡尔、夏尔·德·布罗斯的作品,以及皮内洛书目卓越的第二版,都反映了文化地理学方面的一种变化。之前作品的核心在很大程度上都是航海文学,比如意大利的赖麦锡、伊比利亚半岛的耶稣会年报和信件、荷兰始于林硕吞、德国始于德·布里、英国部分上始于理查德·哈克卢特(Richard Hakluyt)和塞缪尔·珀切斯(Samuel Purchas)编纂的大部头旅行游记。航海文学的中心地位已经让位给了一种不同的作品,其核心是英法之间的政治和经济竞争,它们是目前欧洲均势的主要支持者,同时西班牙还在努力强调自身的帝国力量。仅从有限的几部作品中提炼出这种概括,可能是有问题的,并且由于没有提及有关异域文明的信息在一种欧洲语言内连续传播的编辑活动,这使得概括可能是不完整的。耶稣会士所写的《驻外使节团的教诲性和有趣信件》(Lettres édifiantes et curieuses, des missions étrangères),被翻译成法语发行了数版;第一版是三十四卷本,出版于1703—1776年之间。假设汇编具有相同特征,我们也应该考虑英语的《世界史》(Universal History,1736—1765年)和阿贝·德·普雷沃(Abbé de Prévost)的《航海史》(Histoire Générale des Voyages,1741—1761年)。[①] 需要指出的是,在《驻外使节团的教诲性和有趣信件》一书的出版问题上,不能忽略一个特殊的编辑问题,即书籍的版式。比如,擅于使用四开本版式的耶稣会,现在也转向更加小巧便宜的八开和十二开版式。随着书价降低,耶稣会也接受了这种新型的消费模式以及大众对游记的兴趣。因此,18世纪后半叶,小开本的游记文学在传播中占得先机。针对这种新的阅读习惯,书籍被进行了改写,比如修道院长约瑟夫·德·拉波特(Joseph de la Porte)的《法国旅人》(Le voyageur français,1764—

---

① Guido Abbattista, 'The Business of Paternoster Row: Towards a Publishing History of the Universal History', *Publishing History*, 17(1985), 5 - 50.

1795 年)就是以十二开的四十二卷本出版。[1]

　　在那些通过历史编纂展现世界的作品中,伏尔泰的《风俗论》 553
(*Essai sur les moeurs et l'esprit des nations*,1756)是最卓越的作品
之一,而这一领域在传统上专注描述国家大事和精英阶层行为,主
要是政治、外交或军事行为。对传统历史编纂的任何概括都应该
注意这样一个事实,即它在主题上的局限同样是由国家或者军事
背景决定的,包括那些被认为是基督教或者帝国边缘地区的情况。
实际上,正是从世界历史的角度,才产生了对葡萄牙野蛮扩张和欧
洲其他形式殖民主义的批判,比如阿贝·雷纳尔(Abbé Raynal)的
著作就是这样。同时,从更加普遍的角度来说,对于欧洲中心主义
的批判不仅仅是历史编纂转变的结果,我们也可以说,这些批判的
基础是经由富于想象力的航海报告发展起来的具有创造力的文
学,这方面的例子是笛福(Daniel Defoe)和乔纳森·斯威夫特
(Jonathan Swift)的作品,以及后来狄德罗的《布甘维尔〈旅行计〉
补篇》(*Supplément au Voyage de M. Bougainville*,1772 年)。还
有一些作品中的欧洲人开始接触到"好"土著和机智的旁观者,因
此有可能在其中发现对欧洲中心论的早期批判,比如孟德斯鸠的
《波斯人信札》(*Lettres Persanes*,1721 年)以及奥利弗·哥尔德斯
密斯(Oliver Goldsmith)的《世界公民》(*The Citizen of the World*,
1762 年),其中赞颂了一个智慧的中国人。此外,中国作为一种文
明模式,尤其是政治制度,18 世纪曾风靡整个欧洲。[2] 但是我们也
不能夸大这种对中国的羡慕,因为像孟德斯鸠、笛福、温克尔曼
(Winckelmann)和休谟这样的作者都对这股中国风持批判态度。

　　欧洲海外扩张和殖民地建设激发了欧洲民族史的出版,而这也

---

[1]　Roger Chartier,'Les livres de voyage',in Chartier and H.-J. Martin (eds.),
　　Histoire de l'édition française,vol. 2 (Paris,1990),266 - 268.

[2]　Federico Chabod,*Stora dell'idea d'Europa*,ed. Ernesto Sestan and Armando
　　Saitta (Roma,1961),82 - 121;and L. Dermigny,*La Chine et l'Occident*:*Le
　　commerce à Canton au XVIIIe siècle*,*1719 - 1833*,vol. 1 (Paris,1964),21 -
　　43.

依赖于这样一种历史编纂意识,即在一个更加宏大的全球背景中理解欧洲大陆。但是有人肯定会认为由伏尔泰、雷纳尔和罗伯逊所代表的这种世界主义和普世主义的背景,在 18 世纪末让位于对欧洲文明中进步价值观的赞扬。正是在这样的趋势中,从孔德到黑格尔的学者们,才将更加具有目的性的人类进步概念和对欧洲进步的宏大叙事结合在了一起。同时民族史则反映了对这种贯穿整个 18 世纪的写作模式的延续,我们应该注意到,欧洲和全球,尤其是欧洲霸权的凯旋论,这种最为普遍的框架,将在 18 世纪末被感受到,这种感受在拿破仑战争期间将更为明确。从一般意义上说,我们可以认为,王国和民族国家在等级制度上的一系列措施,铺垫了整个 19 世纪现代化等级制度和进步的创造,也成为了划分人种的标准,而这种划分保证了欧洲的霸权。

欧洲对东方历史编纂的普遍意义究竟为何? 任何对这一问题的回答都将面对两个主要问题。一方面,需要分析不同的语言、社会阶层体系、不同时代的主要议题。在这方面,如果要论述各种发展的非线性变化,就要对各种张力进行分析,比如宗教(或者某一正统宗教的防御)和商业之间、赞颂欧洲占领的价值和民族学方面的好奇之间(始于有能力理解多种政治实体之间的差异);或者与王国和民族荣耀有关的价值观念和从世界角度来说更具普世性的价值观念之间。另一方面,对任何史书的分析解释,都应该关注书籍之外的一些情况,比如确定图书市场规模,以及在占领和欧洲霸权的政治议案中的各种斗争形式。

主要史料

Awnsham and Churchill, John, *A Collection of Voyages and Travels* (London, 1704).

Banier, Antoine and Le Mascrier, Jean-Baptiste, *Cérémonies et coutumes religieuses de tous les peoples du monde*, 11 vols. (Amsterdam, 1723 – 1743).

Boemus, Johannes, *El libro de las costumbres de todas las gentes del Mundo*, trans. Francisco Tamara (Antwerp, 1556).

Da Cruz, Gaspar, *Tractado em que cōtam muito por estenso as cousas da China cō suas particularidades e assi do reyno dormuz* (É vora, 1569).

González de Mendoza, Juan, *Historia de las cosas mas notables, ritos y costumbres, del gran Reyno de la China* (Rome, 1585).

Pinelo, Antonio de León, *Epitome de la Biblioteca Oriental i Occidental*, *Nautica i Geografica* (Madrid, 1629); ed. and rev. Andrés González de Barcia, 3 vols. (Madrid, 1737 - 1738).

Ramusio, Giovanni Battista, *Delle Navigationi et viaggi* (Venice, 1550).

参考文献

Anquetil-Duperron, Abraham-Hyacinthe, *Considérations philosophiques historiques et géographiques sur les deux mondes* (1780 - 1804), ed. Guido Abbattista (Pisa, 1993).

Burke, Peter, 'European Views of World History: From Giovio to Voltaire', *History of European Ideas*, 6(1985),237 - 251.

Duchet, Michel, *Anthropologie et Histoire au siècle des Lumières* (Paris, 1971).

Griggs, Tamara, 'Universal History from Counter-Reformation to Enlightenment', *Modern Intellectual History*, 4 (2007), 219 - 247.

Marshal, P. J. and Williams, Glyndwr, *The Great Map of Mankind: British Perceptions of the World in the Age of Enlightenment* (London, 1982).

Meek, Ronald L. , *Social Science and the Ignoble Savage* (Cambridge, 1976).

555

O'Brien, Karen, *Narratives of Enlightenment: Cosmopolitan History from Voltaire to Gibbon* (Cambridge, 1997).

Osterhammel, Jürgen, *Die Entzauberung Asiens: Europa und die asiatischen Reiche im 18. Jahrhundert* (Munich, 1998).

Schwab, Raymond, *La Renaissance Orientale* (Paris, 1950).

Van Kley, Edwin, 'Europés "Discovery of China" and the Writing of World History', *American Historical Review*, 76 (1971), 358 - 385.

李 娟 译 张 骏 校

第二十七章 "新大陆"的新历史：西班牙新世界历史写作的第一个百年

基拉·冯·奥斯丹菲尔德-苏斯卡

1492 年新大陆的"发现"是西班牙和欧洲的一个分水岭，在某种程度上标志着西班牙人和其他欧洲人自我构想的一个变化。西班牙面临的不仅仅是来自通过探索美洲大陆和帝国扩张将欧洲和新世界进行联结的挑战，还有来自将新大陆纳入正式的宇宙学、地理学、人类学以及最终历史学的理解范畴的挑战。然而，新大陆殖民地化随之而来的后果是带来了对这片土地和人民的困惑的陌生感以及西班牙新世界历史面临着解释和理解的问题，这些对历史写作构成了挑战。由于没有清晰的参照物，那些开始描绘新大陆的人们意识到，他们需要创造出以前不曾存在过的文本，创造新的题材或修改旧有题材的形式并将不同的历史写作形式结合起来，创造出一种需要新的权威来源的新型写作。因此，尽管第二十一章讨论过这些作品构成了西班牙史学的进化路径的一部分，但史学家们同样从材料、新颖性以及他们用来支撑文本的权威性方面对自己进行区隔。

凯瑟琳·朱利安，豪尔赫·卡尼萨雷斯-埃斯格拉和何塞·拉巴萨在其他章节中，以不同的方式讨论了拉美混血人种、克里奥尔语和印度史学家的作品，本章将按照时间顺序，通过观察西班牙如何构建新大陆历史以及最终这些历史给欧洲带来了什么，调查新大陆的早期历史。这些关于新大陆的著作分为四大类："发现"和

691

"征服"的目击者叙述；不切实际的史学家们（armchair historians，从未离开过西班牙）设法理解新大陆的作品；践行精神征服的修道士们的民族志作品；以及并非都踏足过新大陆的官方史学家和宗教界人士撰写的伟大文学作品，这些作品助长了关于殖民征服的道德、哲学、法律、宗教和民族学层面内涵的争论。许多作品结合了两种或更多的类别，并且随着它们记录的事业性质的改变而变化发展。通过考察新大陆历史学的重要文本并重点关注这些新型作品所表达的主题与风格，本章将追溯历史写作如何参与了新大陆变化中的影响与形象，揭示这些作品的重要性更多地存在于作者、写作方法和叙述目的上，而非它们涉及的内容上。

557

新大陆，新事实：第一批新大陆历史作品

　　有关发现新大陆的第一份报告是克里斯托弗·哥伦布上呈给天主教君主斐迪南和伊莎贝拉（1474—1516 年在位）的，这份报告应该可以被视为哥伦布对这一不太清晰的事实的纠结。他的《航海日志》（*Diario de a bordo*，1492—1493 年）基本上每天都详述了他作为一个探险者在寻觅东方世界的过程中在新大陆的第一次游历。① 哥伦布既不是一个博学的人文主义者，也不是一位文学家，而是一名将《古世界地图》（*mappa mundi*）和约翰·曼德维尔（John Mandeville）、马可·波罗及其他描述东方奇闻的作家的中世纪游记文学奉如圭臬的水手。当哥伦布未能找到东方及其财富时，为了掩盖他的失败，他整理出一套成功的"说辞"，将新大陆描绘成一片慷慨、平静的净土，这里充满了既无资产又无宗教的貌美印第安人。通过摒除印第安人的习俗、礼仪和宗教仪式，哥伦布删掉了有关新大陆为数不多的事实，创造出一块可供他在其中题写

---

① 原版现已遗失，现在我们看到的《航海日志》来源于巴托洛梅尔·卡萨斯（Bartoloméde las Casas）的选集，然而该版存在大量的转抄。现代版本参见路易斯·阿兰斯·马尔克斯（Luis Arranz Márquez）的《克里斯托弗·哥伦布：航海日志》（马德里，1985 年）。

自己的政治与文化事实的白板。为了推销新大陆的财富，他将他的叙述建立在想象的基础上，将新大陆描述成陆地上的天堂，而不是人类历史发生的地方。哥伦布的新大陆是一片有待欧洲开拓的富饶之乡、预言乐土，那里的"新人类"被描绘成乐于被基督教化的无助亚当的形象。通过这种方式，哥伦布凭借虚构和熟悉的风格，将这些风格和新大陆的事实联系在一起，试图缩小他所见所感和他能传达的内容之间的差距。因此，跟写作上更严格专业的典型旅行日志不同的是，哥伦布将其航海叙述与其主观经历的证明混合在一起，使得他的叙述既是关于航海的，也是关于重大发现的。

558

哥伦布的西印度群岛航行叙述阐述了一种地理上的经历，这与15世纪晚期的文化、政治和经济观念产生了深深的共鸣。哥伦布描绘了这片新土地的潜力以及它们如何能为国王效力。他确立了一种对于进步和承诺坚定不移的规律，同时他坚持记录出现的河流、可能有黄金或成为商业港口的地方，以及这片土地的肥沃已经成熟待开发了。这种主观信息的结合——梦幻般的他者的情感——产生出一系列待被欧洲读者诠释的内涵。正是新大陆"他者"这一现实的存在，使得哥伦布的《航海日志》戛然而止。他的叙述为记录闻所未闻的民族与事物提供了新的标志，在欧洲人的宇宙观里寻觅出一种认识新大陆的方法，将新大陆打造得和旧世界的观念与需求一致，并牢牢抓住了欧洲的想象。

天主教君主试图去理解来自新大陆的大量传闻以及哥伦布的叙述所启发的有关新大陆的各种小册子，并开始意识到西班牙官方对这些事件进行叙述的必要性。他们求助于有名的皇家教师，佛罗伦萨学者彼得·马特（Pedro Martyr de Anglería），围绕新大陆的发现与征服创作对这些事件的历史叙述。在最初八十年里，马特的《新世界》（De Orbe Novo）是拉丁语，之后被翻译成《几十年来的新世界》（Décadas del Nuevo Mundo，1494—1525 年），成为第一部西班牙在新大陆活动的编年史。

然而马特从未踏足新大陆，却用他人文学者的博学指导他的作

693

品。对马特和众多追随他的人文学者而言，个人经历与作为历史
学家诠释其主题毫无关系。更重要的是深刻铭记古代人的典范，
希罗多德、普林尼和亚里士多德的经典范本。因此马特将自己展
示为他那个时代的代表人物，一位通过古典著作的棱镜折射他对
美洲的理解的文艺复兴史学家。例如，他用古典的类比去诠释古
代美洲印第安人的政体，在他对阿兹特克人"参议院"的描述中使
用了对罗马帝国机构的拉丁语称谓，含蓄地将罗马的布景添加到
了美洲的土地上。最后，他的作品关注征服的事件，为了促进他的
创作，天主教君主给了马特充分的权限去使用任何可以找到的、早
期西班牙探险家的叙述以及他们上缴的实物。不仅如此，马特被
授权可以搜寻新的文件，调度所有探险活动的书面和口头叙述，甚
至访问哥伦布本人。因此，通过校订访问材料、信件和公文，以新
闻在场的风格重温第一天"发现"的场景并且创造出欧洲和新大陆
相会的书信体编年史，马特就是这样完成了他的历史作品的书写。
在这一点上，他的作品在理解对首批欧洲人第一次接触土著美洲
文明的描绘方面具备根本的重要性。[1] 尽管这不是一部自然史，马
特的作品仍包含了对自然环境的描述，他将其记录为富饶且多样；
而且该作品首次出版了对当地居民政治机构、宗教信仰、习俗和商
贸的叙述，简言之，这是第一部民族志。然而马特的作品仍包括了
哥伦布和其他旅行者的"幻想般的"叙述，并从根本上产生出"新世
界主题词库"，例如高贵的野性，异域的动植物，同类相食及其他。
作为 16 世纪少有的关于新大陆的论述，该作品成为许多欧洲作家
编写作品所依靠的原始资料（欧洲大量后续作品的都是由此衍生
的。）马特关于奇特动物的文章在超过两个世纪的时间内，被大量
引用、剽窃乃至奉为事实，无论某些文章有多难以置信。此外，西
班牙王权一直遵循的政策是把任何关于新大陆的信息都当成国家

---

① Edmundo O'Gorman，*Cuatro historiadores de Indias*，*siglo XVI*：*Pedro Mártir de Anglería*，*Gonzalo Fernández de Oviedo y Valdés*，*Fray Bartolomé de Las Casas*，*Joseph de Acosta*（Mexico，1972），17 - 56.

第二十七章 "新大陆"的新历史：西班牙新世界历史写作的第一个百年

机密,这部分解释了为什么几个世纪以来许多作品仍旧是手稿形式,也使得马特和之后的奥维耶多(Oviedo)、阿科斯塔(Acosta)和埃雷拉(Herrera)出版的作品变得更加重要,因为正是这些作品将新大陆传达给欧洲的读者的。马特的娴熟的人文学者写作唤起一种模糊的气氛,即早期现代绘画想象传达的美洲印第安人的形象是鹰羽冠和热带雨林、古代废墟景观映衬下高贵的面容。在这一点上,这种历史也许比其他任何历史都更多地告诉我们关于16世纪欧洲人意识里的期待与焦虑,而不是关于它所要叙述的事件本身。

马特作品的意图是为西班牙的行动做辩护,并出于扩张之便,告知一名学富五车的欧洲读者所发生的事情。在古典文风和先贤的助力下,马特将整个故事论述成欧洲向帝国迈进的动力的延续。他从哥伦布的叙述中提取出一名新柏拉图学者的观念,他将当地的民族描绘成温顺(如果不是愚蠢的话)的白板一块,耐心地等待基督教信仰在他们身上留下记号。因此马特将他的作品打造成用神助之词汇展现西班牙海外冒险事业,目的是替基督教使命辩护。此外,1516年当他向查理五世(1516—1556年在位)呈上最新的版本时,他将新世界设想成建立普世统治的实际有效威力的基础。在对这片新发现的土地的宏伟、富饶和广大进行一番赞美之后,他力劝这位"授命于天"的国王去拥抱新大陆,他将在那里找到让全世界服从于他的武器。① 因此新大陆的"发现"直接被纳入,而且事实上成为了西班牙君主史诗般的故事的焦点。这一重大事件开启了一项帝国主张与光荣的收复失地运动和格拉纳达胜利所激起的神话学传统,使得新大陆的"发现"成为事关国家领土要求的激烈的民族自豪感。这一重大事件还开启了对于另一半球"发现"以及塑造现代全球史的优先权的要求。

560

---

① 作者翻译。引自 Alberto Mario Salas, *Trescronistas de Indias: Pedro Mártir de Angleria, Gonzalo Fernández de Oviedo, Fray Bartolomé de las Casas* (Mexico, 1986),22-43,at 27。

超越古人：自然史和权威的新形式

贡萨洛·费尔南德斯·奥维多（Gonzalo Fernández de Oviedo y Valdés）1514 年航行至圣多明各就任殖民地行政官之前，是一名王室人文学者及史学家。在那里，奥维多经常收到大批线人为他提供的帝国各省的情报更新。因此，他于 1532 年被委任为查理五世创作一部西印度群岛的历史。他不朽的《印第安历史与自然》（*Historia general y natural de las Indias*，1535 年）涵盖了到目前为止所有西班牙发现、征服和殖民活动的叙述，包括对植物、动物和偶遇的当地民族的描述。奥维多将自己的风格视为"新大陆的普林尼"并坚持普林尼的《自然史》是他的作品的典范。事实上，奥维多在某些细节上的确依赖于普林尼，尤其是在对动物和植物进行的一些让人困惑的鉴别，普林尼是奥维多在两个世界之间建立连续性的基础。奥维多致力于为查理五世写作，他坚持尊称查理五世为"凯撒"或"凯撒陛下"，强调普林尼对于即将继位的提图斯皇帝的敬献。对奥维多而言，历史学家的目的就是通过向国王提供有关新大陆的信息来为其服务，这些信息会帮助他进行更明智的统治并提升帝国的视野。因此，奥维多自己承担了描绘另一半球的植物、动物和民族的任务，更重要的是承担了叙述西班牙人占领历史的任务；他的作品既是百科全书，也是西印度群岛的世界史。

561　　奥维多并不将新大陆视为低级的，而是一种不一样的存在；与其将欧洲和美洲的差异最小化，奥维多一直强调新大陆的"新奇"。因此，他产生出想要系统描绘新大陆的念头。他 1535 年的版本甚至配有他自己描画的植物、动物和文化物品的木刻插图，与他书写描述的事物、活动、植物或动物十分接近。这些插图为新大陆的事实提供了最早的目击者式的描绘，以及为欧洲人所知的美洲哺乳动物和水果的第一批形象，为新大陆的自然资源的财富提供了大量汇编。① 通过对这片新属于西班牙领土上的动植物的详细清点，奥维多的作品在意识形态上也与帝国扩张的计划相一致。那片土地上的动物们的巨大数量、多样种类和异域陌生感成为查理帝国力量向全球扩展的象征，而奥维多的详细列表也成为该计划文案架构的一部分，为殖民地法律机器注入了满血能量。奥维多让知识在征服美洲过程中变得具有交换价值，他的创作及其提供的独特信息成为一种物质商品——他的"黄金"与服务。

为了描述并整理未知的植物、动物和物理现象，欧洲人所使用的标准建立在它们和欧洲的相似性和差别性的基础上——他们以这种方式理解外来的和异域的事物。不过奥维多却能以合理的准确性描述动植物的多样性，例如他仍然将看似相似的动物描述成好像它们事实上是一样的：对他而言，美洲狮就是狮子，美洲虎就是老虎等等。而且宣称一个新的物种和"欧洲"的一样，意味着在已知和熟悉的世界里接受了这个物种。②

然而，当描述新大陆的人民时，奥维多明白问题变得更复杂了。他试图为所见所闻找到跟自己世界有关系的定位——他认为新大陆的居民与一种广为接受的观念有关，即人类本质具有一致性，这种信念需要每个种族在某些广义的限制下遵从行为一样的"自然"模式。当描述新大陆的居民时，大多数新大陆的作者们试图根据居民的社会本质对印第安人进行分类，并试图找到他们认为对欧洲社会而言具有完整性的因素，比如说信仰体系和政府系统、婚礼仪式、传承的惯例、克制的规范和生存的方法。当然，这种强加外来的分类结构和西班牙社会规范于新大陆居民身上的做法，否定了新大陆的很多事实。因此奥维多承认这种模式的设置，即描述人类居民所需要的技艺他并不具备，他问道，"哪一个凡人

562

---

① 参见 Daymond Turner, 'Forgotten Treasures for the Indies: The Illustrations and Drawings of Fernández de Oviedo', *Huntington Library Quarterly*, 48: 1 (1985), 1-46。

② 参见 Antonello Gerbi, *Nature in the New World: From Christopher Columbus to Gonzalo Fernández de Oviedo* (Pittsburgh, 1985)。

能够理解印第安人的如此多样的预言、习惯和风俗？"①

　　这种发自真实挫败感的评论，揭示出古典范本和诠释体系不足以理解和叙述新大陆的历史及其与西班牙的关系。那些真正目睹过新大陆的人开始意识到新大陆给历史学带来了新问题——新大陆带来的材料使得以前的古典理论、证据和知识不再能满足当前的需要，揭示出"书本知识"的局限和直接经验的价值。奥维多设法在创作历史和自己的观察中间做调和，频繁征引古人的作品，他愈发意识到新大陆需要一种完全不同的历史和新的修辞策略。事实上，奥维多正式声称现代征服要优越于古代的殖民，并且宣布当代的旅行与发现使得很多古典地理学和学问变得过时。然而，没有了神学或传统的解释体系，新大陆的编年史家们需要新的方法对过去他们称之为"真相"的诠释特权做出断言；他们需要呼吁目击者的权威。因此，奥维多在为自己偏离教规文本及权威的行为进行辩护时，将自己打造成他自己目击的证据与他人的誊写员的中心角色。② 通过这种方式，奥维多在新大陆的第一手经历使得他的作品成为他人无法企及的权威，例如从未踏足过新大陆却仅仅依靠原始资料积累而宣称叙述的权威性的马特和后来的埃雷拉。

　　在面对正在进行中的探险、征服和殖民活动时，这个领域常常出现各种互相矛盾的叙述，既有文学的想象，也有更宽泛的哲学和神学影响，以及一个全新富饶的自然世界；此时的奥维多试图为美洲这片土地提供一种尽可能全面的论述，同时也以传统历史学的方法传播这些新颖的做法。奥维多推广了一种包含多元视角的真理的观念，就某一特定事件呈现出不同的版本，他认为，既然只有上帝手握绝对真理的钥匙，他的《历史》就如同裁定所有证据的审判室。因此，奥维多的自然史的写作策略不可否认地以古代经典

---

① 作者翻译。Gonzalo Fernández de Oviedo y Valdés, *De la natural hystoria de las Indias* (1526; Chapel Hill, 1969), 5。

② Sarah H. Beckjord, *Territories of History: Humanism, Rhetoric and Historical Imagination in the Early Chronicles of Spanish America* (University Park, Pa., 2007), 43 - 86.

为范本,书中宣称的认识论基础和真理的标准与当时欧洲官方部
门所推崇的完全不一样。奥维多从个人的视角而非传统中寻觅的
真实性就是要转变这种真实性中残存的中世纪观念。新大陆需要
创建一种新的自然史叙述方式,甚至需要新的信仰标准;新大陆还
拓宽了讨论的范围,从仅仅与古典作品进行比较到对第一手经历
和观察的坚持,因为后者构成了所有真实知识的基础。尽管这并
不意味着古典作品不再为理解新大陆提供智识基础,这些作家们
开始强调他们自己的独创性。因此,新大陆的历史在欧洲激荡起
了有关观点与事实、历史写作与知识获得以及视觉认识论的重要
性的大讨论。

征服的历史、合法性与道德

奥维多的作品根植于他对西班牙创建普世天主教帝国使命的
信念中,因此他渴望证明西班牙征服的合法性。事实上,西班牙在
新大陆的合法统治是许多新大陆编年史的中心思想。更重要的
是,西班牙渴望殖民新大陆以及为西班牙变化的行为,解释了为什
么关于土著的历史被认为如此重要。证明印第安人被其他民族奴
役和虐待,证明他们令人憎恶的习俗需要一次制度上的净化,成为
一件很必要的事情。

支撑很多新大陆历史作品的特定修辞和认识论主题,在很大程
度上是政治、道德以及宗教层面的。与其说这些作品是为了寻求
客观叙述事实,倒不如说它们构成了对关于占领领土和处置土著
民族的重要辩论的争议性入侵。[1] 作为一种有说服力的叙述形式,
许多新大陆的文本与先前的辩论互相照应,打算在大西洋两岸影
响政策和社会现实的发展。因此,历史记录不再记载模范式的生
活,而是用来比较和权衡印第安人的文化水平,并以此为新领土的

---

[1] 参见 Rolena Adorno, *The Polemics of Possession in Spanish American Narrative*
(New Haven, 2008)。

占用和社会现实的改变而服务。自哥伦布开始，殖民地的编年史学家们，创建出一套将欧洲文化描绘成更优越存在的一种等级制度，因此这种文化即将吞并或将自身强加于其他民族和土地。这些为欧洲读者新创作的新领域的事实，仍然通过强调欧洲人的优越性和欧洲中心的世界观，盛行于今日。[1]

564

16世纪的欧洲对其国界以外的民族知之甚少，能对非欧洲人进行分类的词汇寥寥无几。在欧洲人看来，非欧洲人以及几乎所有的非基督徒，甚至包括像土耳其人这样"先进"的民族都被归类为"野蛮人"。此外，亚里士多德曾列出其社会生活需要"真正的文明"的地区。就这点而论，欧洲人将自己列为"文明人"因为他们是基督徒，来自于文明社会，大多数住在由法律统治的城市中，并且有书面文字。因此，对于16世纪的历史学家而言，要想写一部民族史不仅需要过去历史的证据，他们所观察到的加勒比文化几乎没有这些东西；更需要历史学家至少在地理上将他所描述的民族视为可以跟他自身所处的社会相提并论。此外，传教士和博学之士坚信印第安人由于缺乏书面的历史叙述（因为没有发现符合文字标准的历史记载，不是因为太过低级，而是真的不存在）而没有自己的历史，他们自告奋勇承担历史写作的任务。[2] 新大陆的历史学家正是在这种框架下对土著和土著文化进行了描述。早期西班牙编年史学家对征服之前的土著人的定义，要么是生活在人类史前文明的某个模糊的阶段，要么将他们类比成这些史学家更为熟悉的古代世界的野蛮人类型。即使是奥维多也选择将美洲印第安人与亚里士多德分类中的埃塞俄比亚野蛮人的

---

[1] 参见 José Rabasa, *Inventing America*：*Spanish Historiography and the Formation of Eurocentrism* (Norman, Okla., 1993)。

[2] 欧洲文艺复兴时期的语言和写作哲学使得欧洲的历史记录形式享受了作为知识工具的特权，事实上将美洲印第安人的记录和认识方式排除在外。由此，欧洲人历史写作的方式以及对书面文字的强调都变成了殖民工具。参见 Walter D. Mignolo, *The Darker Side of the Renaissance*：*Literacy, Territoriality and Colonization* (Ann Arbor, 1995)。

行为进行对比,这样奥维多可以就某些行为类型进行识别——一夫多妻制、一妻多夫制、母系传承——这对于两者而言都是共通的。

有关土著民族为何以不同于欧洲人的方式发展的辩论激烈地进行着;土著人"野蛮"的本质及其过去,都为帝国事业的辩护提供了素材。[1] 在官方历史学家胡安·吉恩斯·德·塞普尔韦达(Juan Ginés de Sepúlveda)的作品里,历史写作开始为帝国扩张服务;他的有关新大陆的历史从西班牙的疆界开始写起,创作于 1553—1558 年《新大陆史》(*De Orbe Novo Historia*),该书为西班牙的新大陆征服的权利和查理五世普世帝国的主张提供了颇具争议性的辩护。塞普尔韦达是一位神学专家,他接受的是古典学者的训练,翻译的是亚里士多德的著作,并且声称前征服时代的土著居民是无主无法的状态,因此征服是具有正当性的。通过将历史和法学观念进行合并,塞普尔韦达认为西班牙对美洲的统治有赖于对自然法的解读,即任何基督教民族对"未开化"民族的征服是具有合法性的,这一点确保了"文明开化的"民族对"未开化的"所有民族都具有统治性。此外,西班牙还利用了罗马的主张,即他们通过向落后种族带去文明和法律统治而赢得了帝国。因此,塞普尔韦达将西班牙的行为与罗马获得想象中的"世界帝国"的先例进行比较,认为西班牙对新大陆的权利来源于罗马帝国的普遍统治,查理五世正是这一帝国的继承者。

到了 16 世纪下半叶,当西班牙人对新大陆的认识经历了深刻的转变时,诸如塞普尔韦达的观点就开始不再具有说服力了。墨西哥和秘鲁伟大"帝国"的出现以及它们各自于 1519—1522 年、1531—1532 年被埃尔南·科尔特斯(Hernán Cortés)和弗朗西斯科·皮萨罗(Francisco Pizarro)征服,向欧洲人揭示出一种高度发展的文化的存在,这种文化与加勒比文化大为不同,前者有着贵族

565

---

[1] 关于此的最好的论述是 Anthony Pagden 的 *The Fall of Natural Man*：*The American Indian and the Origins of Comparative Ethnology* (Cambridge，1982)。

统治的明确政体，市场、商人和交换方式皆具备的经济形态，公共收入，以及拥有一种体系化、仪式化尽管血腥且有偶像崇拜成分的宗教形式。多米尼加修道士巴托洛梅·德拉斯·卡萨斯（Bartolomé de las Casas）亲眼见证了这种发展，这为他创作《护卫历史总结》（*Apologética historia sumaria*，1559 年）提供了丰富的证据。该书设法为土著居民的合理性进行辩护，反对诸如塞普尔韦达等人试图将他们描绘成亚里士多德笔下天生的奴隶的示例。卡萨斯打算证明，在被征服以前，土著居民完全有能力掌控他们自己的情感和他们的政治社会。不仅如此，他认为印加和阿兹特克社会至少从政治和宗教层面与古典政体一样复杂精密。卡萨斯的这本著作与他的《西印度毁灭述略》（*Brevíssima relación de la destruyción de las Indias*，1552 年）和《西印度史》（*Historia de las Indias*，1561 年）相辅相成：前者是他挥舞观点的简编，记录了他对亲身目睹的大量事件、征服的蹂躏与暴行的义愤填膺的控诉；后者是他生平关于美洲所发生事件的权威版本。在后一部著作中，卡萨斯不厌其烦地详述了 1526 年之前发现新大陆的事件，有时候会每日停下来转而记述自然或地理。卡萨斯在准备这一后来广泛流传的手稿时，不仅从自身经历中得到素材，而是做了大量档案工作。他遵循哥伦布的描述和日志簿，并涵盖了一些综合叙述的长摘，例如哥伦布的同伴拉蒙·帕内（Ramón Pané）没有出版的《印第安人古文物论述》（*Relación acerca de las antigüedades de los indios*，1498 年），为这本书提供了到目前为止惟一的书面证据。大多数文艺复兴历史学家主张对事实进行少量详述，遵从修辞规则并仔细地将大多数原始材料转变为流畅的艺术散文。卡萨斯则与此形成对比，他常常让材料自己说话并最后进行提炼，尽管这样做会在语气、文体和速度方面带来粗野的变化。他在长序中指出希腊历史学家尽管具有雄辩性和娱乐性，但他们经常将神话与事实混淆，"优秀的历史学家"应该通过保留故事的信用来避免希腊历史学家的错误，这种故事保存在"国王或王国或城市的公共档案里,由公众指定人选管理".[1] 卡萨斯通过这种方式来表达他对西班牙行径的劝告,自己则作为一个更高层次上的历史学家和档案研究者出现,他的宗教地位、目睹的经历以及他的材料中的文件证据确保了他的诚实正直。

卡萨斯的作品以急迫的情愿为形式,提供了一种回溯视角的叙述方式,他发展出一种极为切实的、描述西班牙统治印第安人50年的历史写作方法。而且,他的历史写作的远瞻与劝诫的风格提供了新的道德、哲学及政治上的关切,这一点大为有名;卡萨斯这样做的目的是影响西班牙对新大陆的政策。卡萨斯并没有挑战王权对新大陆的主权主张,但却试图利用历史开启关于土著权利的辩论。事实上,卡萨斯和塞普尔韦达彼此冲突的誓言、历史观点激起了关于征服的合法性及道德的辩论,这一辩论将穿越海洋直达西班牙大学的殿堂和查理五世的宫廷。此外,他们的辩论将会以或暗或明的方式标记出即将带来的世纪中新大陆历史写作的特征。

新民族志学者

在一群就土著人的信仰、习俗和欧洲人的行径创作体系化的历史和备忘录的神父与修道士中,卡萨斯就是其中一个。[2] 这些作者们的作品是胸怀传教使命的宗教界人士游历新大陆之后的成果,它们通过对土著文化的深入探索,提供了新大陆历史写作的新维度;这些作者们看到了有关征服以前的土著社会的研究与解读,这

---

[1] Bartolomé de las Casas, *History of the Indies*, trans. and ed. Andrée Collard (New York, 1971),12.

[2] 除上述作品外,还有 Fray Toribio de BenaventeMotolinía, Fray Diego Durán, Fray Jerónimo de Mendieta 以及 Fray Juan de Torquemada 的作品。对这些早期民族志作品进行研究的一部优秀的概览性作品是 Roberto González Echevarría 和 Enrique Pupo-Walker (编辑的) *The Cambridge History of Latin American Literature*, vol. 1 (Cambridge, 1996)。

是他们福音传道之前必要的功课。他们的作品是一种全新的历史形式，旨在趁土著文化消失以前，记录正在消亡的土著文化与历史。因此，历史作品开始关注作为历史的一部分，而不是现代的一部分的土著文化，这就导致了历史写作的根本性转变。

圣芳济会民族志学者最为知名的一部作品是贝尔纳迪诺·德·萨阿贡（Fray Bernardino de Sahagún）的《新西班牙历史》（*Historia de la Nueva España*，1547—1577 年），他第一次对墨西哥神话和文化进行了论述，并以土著人的视角论述西班牙的征服。萨阿贡尝试着重建西班牙来到新大陆之前的纳瓦文化（Nahua）。和奥维多一样，萨阿贡试着用自己的方法，而不是所使用的文本去为自己的叙述进行辩护。他声称历史写作的教规没有为他描述不同的土著部落提供必要的基础，他并没有目睹历史，因此他被迫将自己的论述建立在对"可靠的目击经历"的仔细筛选和考证上。通过口述传统保存，萨阿贡利用自己对于纳瓦特语言和文化的知识整理土著神话，当地告密者也帮助他收集大量文化和习俗方面的资料。萨阿贡文本中的这些补充内容，使我们得以管窥土著居民重建自身文化与自然历史之一斑，也可以被看成是关于纳瓦自身及其世界概念化之重点特征的决定性史料。[1] 萨阿贡依靠实地调查进行历史创作，使得他能够提供一种对纳瓦特语言和文化的全方位叙述。然而在试图拯救土著知识避免被遗忘的愿望中，有整理过去以更好地理解并最终掌控现在的愿望，因为文本的终极目标是使传教士能够分辨并掌控大众的行为。

耶稣会士何塞·德·阿科斯塔（José de Acosta）是这些传教士历史学家之一，其《西印度自然和精神的历史》（*Historia natural y moral de lasIndias*，1590 年）是第一部概述新大陆风俗习惯的"哲学式历史"或道德的历史。阿科斯塔的论述解释了土著居民的起源，并提供了对印加和阿兹特克帝国的简要历史。他认为有关西

---

① 参见 José Jorge Klor de Alva *et al*., *The Work of Bernardino de Sahagún*: *Pioneer Ethnographer of Sixteenth-Century Aztec Mexico* (Albany, 1988)。

班牙殖民地的起源和成长的论述已经足够了，并控诉这些论述只有对土著居民粗略的扫视。阿科斯塔认为，研习新大陆及其"野蛮的"居民能够从中获得大量哲学知识。他将新大陆视为研究"非基督徒"人类的实验室，从中获取的经验可以轻易地应用到印度、中国和北非身上。通过检视他们的政治机构、宗教信仰和预言复杂程度，阿科斯塔根据他们的文明程度和社会进化的合适的地位，对土著居民进行了等级划分。他还在帝国资料的基础上，预测他们在社会人类学上的发展。然而和奥维多的作品一样，阿科斯塔的作品有助于建立一种新型的历史写作文体，即"自然的且道德的"，或者"自然的及通史的"历史，涵盖了自然的世界和人类的世界。这是他们对将新大陆的全部事实传递给当时读者们的挑战的回应，以地毯式的论述范围清晰地阐述了自然的和政治的历史。

568

阿科斯塔和其他许多宗教人士一样，其兴趣主要集中在土著人的教义问答方面——虽然他们站在为印第安人辩护的立场上，他们同时也试着去揭开印第安人神话的面纱。阿科斯塔对印第安人的习俗和信仰十分尊敬，只要它们没有与基督教教义相违背即可，而且他明白印第安人历史的知识有助于提升对当下印第安人的理解。他增加了土著人偶像崇拜的部分，来帮助新的传教士识别并杜绝那些他认为如恶魔般的激发了美洲印第安人宗教的部分。他还增加了对印加和阿兹特克人风俗和政府体系的部分，以帮助殖民地行政官根据印第安人自己的法律和政治机构管理美洲印第安人，阿科斯塔认为这透露出对当地风俗的重要的独创性和适应性。通过这种方式，阿科斯塔揭示出让·博丹（Jean Bodin）和其他作者在欧洲所追求的那种新历史，应该是实践层面的，而非理论层面的。然而，阿科斯塔的作品的伟大有赖于他在一个更大的哲学背景中对"西印度群岛"进行概念化。阿科斯塔受教于在亚里士多德学派的哲学，当这种哲学和新大陆的事实相遇时，他遭遇了由此而产生的许多宇宙论的、自然哲学的问题，而且他经常通过权衡起因与结果、观察和理性来解释现象。阿科斯塔的知识和理解路径建立在他对历史的道德和自然面向的概念上，这种历史体现在哲学和神学交叉的那部分。对于阿科斯塔而言，哲学对于自然的理解不仅仅是植物和动物的列表目录，更多的是构成宇宙基本秩序的内容。他同样视神学为了解并敬畏由神创造的自然的方式。对于阿科斯塔而言，正如罗马帝国先于基督帝国一样，墨西哥和印加"帝国"也先于西班牙人的到来。这种对世界历史的解读，不仅确证了古代和基督教的历史学，也承诺了一种对美洲印第安人和欧洲人民之间文化差异的解释。它也为与传教士和王权的勃勃野心相称的征服，提供了一种正当性的辩护。

₅₆₉ ## 西印度主要编年史和西班牙帝国学院

　　西班牙王权越来越意识到反西班牙的作品的出版，这些作品都是由卡萨斯的历史写作所激发的，卡萨斯批评了西班牙人在新大陆的行为，[①]也越来越意识到西班牙征服者、其秘书以及其他士兵们的自顾自的作品大受欢迎的事实，这些人试图夸大并粉饰他们的剥削行为，以此获得皇室的支持。[②] 这些作品没有从正面展现西班牙人，因此菲利普二世（1556—1598 年在位）于 1571 年设置了一个有利的职位，西印度官方编年史编纂官（Cronista Mayor de las Indias），命其创作"一部记录这些地区发生的和将要发生的所有行为、重大事件的广泛意义上的、道德的且特别的历史"。相似地，这部作品的方法也是清晰的："历史写作以真理为武器，以档案为基础至关重要，否则他们将非常不方便……这就是为什么西印度编

---

① 这些作品包括威尼斯历史学家 Girolamo Benzoni 的 *Historia del Mondo Nuovo* (Venice, 1565)。参见 Richard Kagan, 'La Historia y la Crónica de las Indias durante el siglo XVII: Antonio de Herrera y Tordesillas', in Manuel Chust Calero and VíctorMínguez (eds.), *El imperio sublevado: monarquía y naciones en España e Hispanoamérica* (Madrid, 2004), 37 - 56。

② 特别值得注意的是 Francisco López de Gómara, *Hispania Vitrix*, *Historia General de las Indias* (Zaragoza, 1552); Bernal Díaz del Castillo, *Historia verdadera de la conquistade Nueva España* ([S. l.], 1568); 以及 Pedro Cieza de León 的作品，参见下文。

年史编撰机构成立的原因，只有这样历史写作才会有强大的准确性。"①这增加了新世界编年史的规格，获得并记录基于档案的信息，也标志着殖民发展的新阶段：扩张、定居以及政治和行政组织。

为了回应针对西班牙控制的法理依据的挑战，而且在同样的就伊比利亚半岛的国家观念蓬勃发展的观念的激发下，官方鼓励一种致力于证明西班牙人从新世界带来巨大好处的史学传统，包括土著人如何自愿成为西班牙的附庸也是因为这带给他们好处和荣耀。因此，和卡萨斯的作品不同，官方西班牙作品不强调西班牙的残忍或者暴力；相反，现实被伪装成对殖民地仁慈之举的叙述。非常适合这项官方工作的是托尔德西里亚斯的安东尼奥·埃雷拉（Antonio de Herrera）。尽管埃雷拉从来没去过美洲，但是他却在1594年被任命为印度群岛的官方编年史官，因为他之前为王室的工作显示出的不仅是他的忠诚，也是他为西班牙帝国观念提供喉舌的写作效率。在1601—1615年间，埃雷拉以五个部分的形式出版了他的《印第安通史》（*Historia general de los hechos de los castellanos en las Islas i Tierra Firme del Mar Océano* [General History of the Indies]），提供了1492—1554年间的新世界历史，或者说秘鲁的平定。埃雷拉的印度群岛的历史，通过试图传播"虔诚、勇气和精神永恒指引着西班牙王室发现、平定并殖民新世界"②的理念，进一步增强了西班牙人的兴趣。

570

对于埃雷拉而言，外国人为了诋毁西班牙的行动，所以才声称西班牙在新世界的残酷行为。而埃雷拉并没有断然否认负面的行为有可能发生，他强调少数人的行为不能够损害大多数人的模范行为，而这大多数人为了土著人的利益做了很多事情。事实上，他承认征服者的暴行，以便强调西班牙王权为了保护土著属民所做

---

① 作者翻译。Archivo de las Indias, Indiferente General, 745 n. 227.

② 作者翻译。Antonio de Herrera y Tordesillas, *Historia general de los hechos de los castellanos en las Islas i Tierra Firme del Mar Océano* (Madrid, 1601 - 1615)，序言。

出努力。为了支持他的观点,埃雷拉征询了新世界"所有可用的材料",包括《关系》(Relaciones)的报告和保存在西曼卡斯(Simancas)档案里的来自新世界的信函,还有诸如佩德罗·希耶萨·德·莱昂(Pedro Cieza de León)创作的第一部官方秘鲁历史这样的作品。① 埃雷拉甚至在他印刷版的作品里收录了一份新世界历史来源的最广泛的一份名单,从旅行日志到甚至卡萨斯的现存的著作,产生了早期的书目,这是它同类中的第一批。② 通过这种方式,埃雷拉宣称,虽然他没有去过新世界,他以"当代最好的方式"创造了一项真正的历史研究的作品。他提到的暴行,是他对这些史料的忠实坚持的"证据",后来的评论家将这些视为对他的叙述的"客观性"的证明。当然,这给他为王室创作的官方作品增加了权威性,因为它是基于史料而且"认真研究过"的作品。此外,由于其数据的丰富性,该作品立刻获得认可,成为西班牙和其他欧洲读者的有关西班牙殖民的主要史料和记录。

　　尽管埃雷拉能够使用新世界所有可用的叙述,他的重点仍然是西班牙人的活动;土著民族的世界仍然是背景。他对印第安人的惟一的描述是为了说明他们是充满偶像的野蛮民族,因此用来证明西班牙的君主制履行了其作用,在亚历山大六世的诏书《其他》(Inter Caetera)那里得到了概述,即割让印第安主权给西班牙君主制,在他们专注于在新世界居民中"提高并传播高于一切的……"天主教信仰。哥伦布发现新世界,科尔特斯征服墨西哥以及皮萨罗征服秘鲁,都被安排在这一情景中。因此新世界历史的各个阶段都以欧洲人的行动为中心——只有西班牙人是主角领袖,新世界的"发现"是欧洲人创新和探索的胜利。然而,埃雷拉的目的却不是要美化像科尔特斯这样的征服者,而是通过对西班牙帝国行政管理的细节讨论,证明西班牙王室对新世界属民福利的时时警惕的

571

---

① Pedro Cieza de León, *Crónica del Peru* (Seville, 1553).

② 埃雷拉所使用的所有来源的列表出现在 Mariano Cuesta Domingós edition of Herrerás *Historia general* (Madrid, 1991),57 - 80。

关心,目的是在新世界实现"秩序"和"良好政府"。因此,通过代表印第安人概述他的竞选,以及他在 1542 年法律制定过程中所发挥的作用,卡萨斯被纳入印第安人权威历史中,因而确认了查尔斯五世对他的努力的支持,后者在任何时候都努力为他的当地属民谋得福利。在此,埃雷拉的作品反映了新世界被纳入西班牙的政治和行政结构之下的种种方式,其目的就是为了加强管理,强行控制。即使他从西班牙这一方面将这片土地描述成,不被印第安人口或帝国及王国决定,而是从新成立的主教、总督辖区和观众的角度去看待这个问题。简而言之,《十年纪》标志着新世界历史中"帝国派"观点的最高峰,这个派别由马特创立,经塞普尔韦达发展,用来确认西班牙王室对新世界控制权的声索的正义性和合法性。埃雷拉不仅创造了一部广受欢迎、可读性强而且精雕细琢的事件的叙述,这部作品也从王室那里获得了很大的支持,直到 1625 年他去世,他一直供职于"印度编年史首席史官",服务了三位西班牙国王。此外,这部作品在 1622 年被翻译为拉丁文、法文及荷兰文,1624 年翻译成德文,1706 年翻译为英文,成为两个多世纪以来的主要文本之一,新世界正是通过这部作品被传播到欧洲读者那里,具有讽刺意味的是,这部作品将欧洲人的权威宣称为对印第安人受剥削的保护者。

结语

西班牙新世界的历史学扩大了早期现代历史写作的范围,同时创新了其方法论。新世界被吸收到欧洲的法学和历史学范畴中,并受其判断,在这个意义上,"美洲"并不是被"发现"的,而是被"发明"的。[1] 通过调整并刷新古代的文学体裁,新世界历史学家们创造了一种新的话语方式,一种适合于建造有关新世界知识主体的新的知识工具。通过采用新的概念框架,新世界历史学家们系统化并组织化了大量信息,对可靠性和真实性发出了新的生命,并将

572

---

① 参见 Rabasa,*Inventing America*。

美洲的自然和民族的第一印象传播到欧洲。书写新世界不仅延续了书写西班牙帝国存在的历史过程,这种文本资料库也在塑造欧洲人对于美洲人的印象、欧洲人对于新世界土著人、其文化和社会以及自身早期的殖民史的观念的过程中,扮演了重要角色,并且证明了历史写作在西班牙殖民美洲人的长期历史过程中如何发挥了重要作用。这些作品形成了最初的图景和主题——乌托邦、文明和野蛮——这些在欧洲和拉丁美洲的作品中产生了共鸣,并且在未来数百年间影响了殖民主义政策。在创建新世界的这番图景的过程中,历史学家加速了欧洲人成就的优越性的观念,创造了一种殖民者的官方话语权,而且大部分写出了印第安人的经验和参与。

无论是人文主义历史学家的综合性作品,目击者的叙述还是早期的民族志,或者是大量关于征服活动的法律和道德影响的辩论性文学作品,对于材料的成行和选择,不可避免地反映了竞争性的话语、意识形态顾虑、文体考虑和修辞姿态的收敛。历史写作是一种重要的行动方式,而不是附属于行动,作品的意义大部分来自于作家们。尽管如此,新世界的历史追求提供"真实的"历史,展现在人文主义者的反思、辩论和实验传统中的探究精神,就呈现在他们的作品中。此外,虽然大多数新世界历史学家没有就方法撰写历史学协议,但他们仍然就自己的作品创作和证据使用,进行了反思。许多作者也从他们所遇到的新世界民族那里汲取大量材料。卡塞斯,奥维耶多,阿科斯塔和萨阿贡都是新世界的事件、居民和文化的目击者,通过亲身经历给予他们的作品以权威性的声索。在此,他们通过缓冲新世界对欧洲读者造成的影响,开发出写作的模式,创造出控制、调解和拥有新事实的方法,不仅仅是知识上的,最终更是在政治层面。

大事年表/关键日期

1492 年	哥伦布的发现之旅起航
1494 年	托尔德西里亚斯条约将新世界划分为西班牙属

	和葡属
1506	哥伦布死于巴亚多利德
1513 年	庞塞·德莱昂发现佛罗里达
1519—1521 年	荷南·科尔蒂斯征服墨西哥
1524 年	印度群岛委员会成立，帮助管理新殖民地
1532 年	皮萨罗征服秘鲁
1535 年	印刷机构在墨西哥建立
1542 年	西班牙王室颁布《新法律》保护印第安人
1551 年	墨西哥大学成立
1570—1571 年	宗教裁判所成立于利马和墨西哥城
1571—1572 年	图派克·阿玛鲁一世在秘鲁起义
1585 年	印刷机构在秘鲁建立

573

主要史料

Acosta, José de, *Historia natural y moral de la Indias: en que se tratan las cosas notables del cielo, y elementos, metales, plantas y animales dellas* (Seville, 1590; Durham, NC, 2002).

Fernández de Oviedo y Valdés, Gonzalo, *Historia general y natural de las Indias, Islas, y Tierra Firme del Mar Océano*, 8 vols. (Seville, 1535).

Herrera y Tordesillas, Antonio de, *Historia general de los hechos de los castellanos en las Islas i Tierra Firme del Mar Océano*, 5 vols. (1601‑1615; Madrid, 1991).

Las Casas, Bartolomé de, *Apologética historia sumaria* (1559; Madrid, 1992).

Martyr de Anglería, Pedro, *Décadas del Nuevo Mundo*, 2 vols. (1494‑1525; Madrid, 1989).

Sahagún, Bernardino de, *Historia de la Nueva España*, 13 vols. (1547‑1577; Barcelona, 2008).

Sepúlveda, Juan Ginés de, *De rebus Hispanorum ad Novum Terrarum Orbem Mexicumque gestis* (1563), in *Obras Completas*, ed. B. Cuart Moner (Pozoblanco, 1996).

574 **参考文献**

Arias, Santa, *Retórica, historia y polémica: Bartolomé de las Casas y la tradición intelectual renacentista* (Lanham, Md., 2001).

Bernand, Carmen and Gruzinski, Serge, *Histoire du Nouveau Monde: De la découverte à la conquête* (Paris, 1991).

Folger, Robert and Oesterreicher, Wulf (eds.), *Talleres de la memoria-Reivindicaciones y autoridad en la historiografía indiana de los siglos XVI y XVII* (Hamburg, 2005).

Iglesia, Ramón, *Cronistas e historiadores de la conquista de México*, 2nd edn (Mexico, 1972).

Kohut, Karl, *Narración y reflexión: las crónicas de Indias y la teoría historiográfica* (Mexico, 2007).

Murray, James C., *Spanish Chronicles of the Indies: Sixteenth Century* (New York, 1994).

Myers, Kathleen Ann, *Fernández de Oviedós Chronicle of America: A New History for a New World* (Austin, 2007).

Rodríguez Prampolini, Ida, *Amadises de América: Hazaña de las Indias Como Empresa Caballeresca* (Mexico, 1990).

Sánchez Alonso, Benito, *Historia de la historiografía española*, vol. 2: *Hasta la publicación de la crónica de Ocampo* (1543) (Madrid, 1942).

Sánchez Alonso, Benito, *Historia de la historiografía española: Ensayo de un examen de conjunto, De Ocampo a Solis* (1543 – 1684) (Madrid, 1944).

申 芳 译 张 骏 校

第二十八章 中美洲历史：被着色的历史文风

伊丽莎白·希尔·布恩

　　跟本卷的其他一些章节一样，本章要处理的是挑战传统或狭义定义的历史写作的历史作品文集。长期以来人们一直争论阿兹特克人及其1521年西班牙征服之前的墨西哥邻居们并没有经典定义里的历史，历史不过是随着西班牙人来到这个地区的一种文学和学科事业，墨西哥人也同时被带入欧洲历史传统中。事实上，在大多数大学院校里，民族、文化表达以及哥伦布之前的中美洲是在人类学、考古学和艺术史的学科框架内被研读的，而不是在历史本身的框架内。前哥伦布时期的中美洲究竟有无历史记录本身从来不是一个问题，因为所有的人都认为他们的确有历史记录。相反，关于这些记录的图形本质产生了一些问题——即这些历史记录更多的是以图像的形式被描绘出来，而非写成有逻辑的音节标志、字母或单词的问题——以及围绕这些记录的事实价值产生了一些问题，即这些历史记录更偏向是虚构的，而非事实上的。

　　然而，随着过去几十年我们对于中美洲历史学科研究的增加，历史学科拓宽并扩大了自身的范围，覆盖了更广泛的历史创作范围。现在我们比较明确的是中美洲的现象确实属于历史写作的范围，那些绘画形式的文件和其他民族的历史作品有着许多共同之处。对于他们图像特征的理解以及他们所讲述的故事，能够帮助阐明历史写作的本质。

历史的象形文字

576 　　中美洲绘画历史的卓越特征以及将它们区别于其他历史写作的特征（也许拯救了埃及人），是它们使用了一种比喻的、传统的图像表达体系。这种图像式的文本，我称之为墨西哥象形文字。在这种表达体系中，历史的具体资料——人物、地点、事件和当时的标注者——被表现为象形的图像，它们展现或象征了（通过传统理解的指称对象）它们所表达的意涵。这些影像形成了对该系统的语义内容或基本词汇。这种体系的语法或句法是具有空间性的，在其中的人物在二维空间里的排列将资料架构到具体的历史表述中。这种叙述或表达方式可能通过一种线性的顺序进行排列，从一幅被描绘的事件到另一件，如同真实事件发生或编年史一样；或者从一年描绘到另一年，如同年表一样。在这些例子中，这种表达体系大多数情况下接近于线性的、按时间顺序本质的字母散文诗歌创作一样。然而，这种表现也可能假设一个概略的结构，其中复杂的空间安排优先于线性排序。历史的元素作为一个画面（如同在地图式的历史中）展现出来。通常，这两种结构范式是一起使用用的。

　　能够说明这些图像元素如何记录了历史事实的例子是广为人知的《门多萨抄本》的开篇，其中描述了阿兹特克-墨西哥首都特诺奇提特兰城（Tenochtitlan）的建立以及在其达到帝国鼎盛时期之前的早期城市历史（参见图片 28.1）。[①] 包含连续年份日期的矩形漩涡边框，架构出历史事件，并将其追溯到 2 房子（左上角），随后的 50 年一直到 13 芦苇（中上）：页面左侧以下的年份，穿过底部，而

---

① *The Codex Mendoza*，ed. Frances Berdan and Patricia Anawalt，4 vols. (Berkeley，1992). 作者按照通常的用法，对操纳瓦特尔语（Nahuatl）的民族使用"阿兹特克"一词，15 世纪和 16 世纪早期他们居住在墨西哥中部，对居住在墨西哥特诺奇提特兰城的阿兹特克人使用"墨西哥"（Mexica）一词。

图 28.1　《门多萨抄本》的开篇（2r），记录了特诺奇蒂特兰城的建立（MS. Arch. Selden A. 1, Bodleian Library, Oxford）

后沿着右边向上。[①] 特诺奇蒂特兰城就是在长期的迁徙之后，在 2 房子处建立起来的。页面中央突出的部分是特诺奇蒂特兰城的地理标志，是一块从石头中长出流动的仙人掌或仙人球，其果实被命名为 nochtli。这个地理标志从语音上标志着 te-noch，但它同时也是表意的，对于建立故事中的仙人掌的重要特点而言。特诺奇蒂 578

[①] 年份是通过四种标志（兔子、芦苇、火石和房子）与 1—13 这 13 个数字中的其中一个的组合是被指定的。对于阿兹特克历法，参见评论文章 Alfonso Caso, 'Calendrical Systems of Central Mexico', *Handbook of Middle American Indians*, 10 (Austin, 1971), 333 - 348。

特兰城的地形从视觉上被描述为被运河四等分的一片沼泽地，四周被水包围（特斯科科湖，Lake Texcoco）。通过这种方式，这个地方从名字到外形，都特点鲜明。此外，仙人掌上的鹰的外观，将这个地理标志转变成建城真实事件的标志，因为正是仙人掌上的鹰的视野，标志着墨西哥人已经来到了他们的目的地和未来的家。

领导迁徙的十个人，通过图解法被安排在这个地方/事件雕刻的文字周围。所有的人都被描绘成阿兹特克人坐着的姿势，所有的人都有自己的名字标识在侧，这种雕刻的文字通过一条线附着在头部或肩膀上：比如说，酋长特诺奇，他正好坐在特诺奇蒂特兰地理标志的左面，石头及其名字标志的多刺的仙人掌是其特征。他也以作为教士闻名，标志就是他黑如漆的脸孔，耳朵上的红斑块以及长发。他坐的芦苇垫和他卷曲的演讲屏风，进一步象征了他作为集团统治者或发言人的地位。确实，正是特诺奇将墨西哥带入特诺奇蒂特兰城。鹰上方的结构和鹰右侧架子上的头骨，象征着这座城市的建筑。以矛支撑的圆盾的象形文字，象征了墨西哥的军国主义性质以及他们之后征服的行为，刚好就包含在特诺奇蒂特兰的地理标志的下方。因此，通过运用名称以及视觉标识，人民和特诺奇蒂特兰城的显著特点被记录下来，他们出现在一起标志着较大的历史事件，即特诺奇蒂特兰的建立。

之后的历史事件被记录在页面底部的第三行，据说墨西哥通过征服两个重要的政体乌亚坎（Colhuacan）和特纳尤卡（Tenayuca），将自己区别开来。一名可能存在的墨西哥战士标志着征服事件——充斥着战士的头饰、絮棉的盔甲、武器和盾——这名战士捕捉了一个更小的手无寸铁的敌人。与征服的惯例平行的是第二个、互补型的表达：一座寺庙高耸的屋顶半掩着，火光和浓烟涌出，足见其破坏程度。这些征服和被征服的身份的地点，通过地理标志被记录下来。这一画面上记录的一个额外事件是，一个52年周期的最后几年与开启新周期的新火焰的传播之间的结合。这些关联性的事件表现在右下角的2芦苇：通过一个将芦苇的标志结合在一起的小的打了结的绳子，以及钻头和钻井板的图片，通过烟得到了完整，和线上的年份日期联结在一起。这种门多萨的表现形式大部分是图像性的，但是在这种图像中，运行了年份标志和征服活动的序列。历史学家已经成功记录了建城故事的基本元素，通过将具象化的表现和象形文字的意义结合起来。

这种象形的表达方式在它自身系统中的规则内运行，但是在大多数情况下，独立于口语。墨西哥的象形文字确实引用了一种名称特殊的语言的特别的声音——在个人的名字、职位和地名方面——当预期的含义无法以其他方式传达时。然而，象形文字大部分能够跨越语言的障碍，只要读者精通于这种系统的图片式的词汇和语法，或者换句话说，在象形文字方面有一定功底。纳瓦特尔语（Nahuatl，一种阿兹特克人的语言）的发言人所记录的历史，因此能够被操欧托语（Otomi）、波波卢卡（Popoluca）和其他语言的历史学家所阅读，反之亦然。象形文字的超越语言的本质，使得它完全适合于墨西哥古典时代晚期的多语种世界。

彩绘书籍

征服之前，象形文字写作的物理载体是鹿皮、挫纸（*amate*，无花果树的内皮，*Ficus petiolaris*）或者棉布。鹿皮和树皮的档案尤其是被弄成长条形的，这样就能在长度上超过 13 米，而且经常以屏风的形式被折成单独的页面；因此他们被称为屏风（参见图片 28.2）。[①] 画在长条两侧（Codices Bodley，Vienna，Zouche-Nuttall）的现存几个例子，在每一侧体现了分别的但是互补的历史叙述。这些长条状的画和屏风是历史首选的载体，这些历史被组织为真实发生的事件和年鉴，因为他们特别支持线性的表达方式。对于其他的结构范式而言，例如绘图或基于陆地的历史，优选的载体是

580

[①]　平均每个页面的大小为 20×26 厘米。《维也纳抄本》（*The Codex Vienna*）是现存最长的历史屏风，有着 52 张 22×26 厘米大小的页面。这些历史文件的物理特性被总结在 Elizabeth Hill Boone, *Stories in Red and Black*：*Pictorial Histories of the Aztecs and Mixtecs*（Austin，2000）。

一个大的长方形的兽皮或纸张，或一大张棉布，这在米斯特克人（Mixtecs）、萨巴特克人（Zapotecs）和他们的区域的邻居之间甚至更加常见。这些棉布由缝在一起的多片棉布组成，最大测量尺寸为375 x 425 厘米（参见图片 28.8）。① 尽管土著人绘画式的历史从概念上看并不是一本装订的书（或抄本），但是"抄本"这个词语通常以有着较高图画内容的土著人传统，用来指墨西哥的手稿。

　　四部彩绘的历史从墨西哥征服之前的时代留存下来（伯德里抄本，科隆比诺-贝克抄本，维也纳抄本，苏支-纳托尔抄本）。这四部全部都是来自南墨西哥的米斯特克语地区，它们详述了这个地区统治王朝的起源和家谱历史。前征服时代的、有历史内容的第五部手稿时《波吉亚抄本》（*Codex Borgia*），这是一部宗教-占卜的书，其 18 页的叙事部分最近被解读成宇宙起源论。② 然而在征服后，依然有很多土著人的历史被描绘着。其中一些被描绘在欧洲的纸张上，这是为了欧洲读者们能够记录他们所征服的人民的历史；这就是《门多萨抄本》（参见图片 28.1）。然而，大多数其他抄本，继续服务于土著统治者，后者汇编历史以继续保持他们在新殖民环境下的领土、头衔和特权。西班牙人也接受了这些彩绘的记录作为法律和政治争端的有效证据，确实有时候人们认为最真实的历史就是古代史，其定义就是彩绘历史。超过 160 件这些早期的殖民历史都保存了下来。

本地人的历史风格

　　墨西哥的历史学作品包括宇宙学、传记、家谱、王朝历史和共同体国家的历史，它们被分类为年鉴以及绘图史。然而人们在阿兹特克风格和米斯特克流派之间看到了根本性的鸿沟，主要是因

581

---

① 现存最大的棉布是《黎恩佐 2 号》（Coixtlahuaca Lienzo no. 2）或者 Lienzo Seler II，现藏于柏林的国家博物馆。

② Elizabeth Hill Boone, *Cycles of Time and Meaning in the Mexican Books of Fate* (Austin，2007)，171 - 210.

为它们不同的政治制度。阿兹特克的统治者们是被从合格的王室候选人群所组成的委员会中选出来的，尽管儿子们会经常在父亲去世时接手王权，有时候王权从哥哥传给弟弟，叔叔传给侄子，或者表哥传给表弟。在米斯特克，王权通过嫡长子血统继承，从父亲到第一个儿子，尽管控制多个共同体的家族们会经常在他们的后代中的几个人中间分隔这些共同体的控制权。在米斯特克，统治者血统的特定传承顺序——他们的出生顺序和父母双方的家谱——至关重要。人们看到了反映在历史中的阿兹特克和米斯特克的不同的关注点。

幸存下来的阿兹特克历史倾向于叙述那些影响城邦(*altepetl*)或共同体国家作为一个存在实体的历史事件，而不是个人的生活和行为。统治者们，而不是通常他们的妻子或孩子们，被包含在阿兹特克人的历史中，因为血统的具体事实与统治权无关。这意味着，出生和家谱的细节并不如实际的就位来得重要。对于阿兹特克人来说重要的是，他们从起源地或祖先家园长期迁徙到他们后来的都城的事；因此大多数阿兹特克的历史从一些细节上处理他们的迁徙。历史描述都城的建立(如《门多萨抄本》)然而继续涵盖共同体国家的发展和扩张，通过记录征服和其他对国家作为一个整体而言，重要的历史事件。这些阿兹特克故事在早期的殖民时代被描绘，然后继续记录了西班牙人的到来和之后的殖民历史。

米兹特克历史与此相反，往往不太注重个体社会，更多的是对统治者的朝代的关注，这些统治者们可能在不同的时间段内控制着不止一个政权。这些历史强调血统的继承脉络，在这样的作品中丈夫和妻子地位平等，因为双方都可能为重要的政权带来控制力量。在系谱历史中，继承子女们的出生顺序始终是被承认的。米兹特克历史不是以来自远方的迁徙开始，而是对本地王朝起源的生命：既不是对从天地之间的本地出现的超自然力量血统的论述，也不是对一位更强有力的本地统治者的统治的接纳。然而阿兹特克人强调在达到最终目的地之前他们的旅行，米兹特克人强调他们深植于本地的根基。

宇宙学

大部分图画式的历史，以对起源的声明为开端，但是阿兹特克人和米斯特克人，以及他们的邻居们，似乎也有彩绘的宇宙学作为单独的历史记载。这些自然反映了它们的作者们的不同的关注点。

这些现存的宇宙志中最完整也最复杂的是《维也纳抄本》（Codex Vienna，参见图片 28.2）的正面。作为米兹特克的起源，它关注从假设的虚无中推演出来的物理和超自然世界的形成过程，超自然实体的诞生或出现，以及所有生物的诞生；然后它揭示了对于米兹特克文化风俗很重要的仪式，并详细描述了政权和统治的原则是如何被带到米兹特克人当中的。它的叙述被组织成一系列的创造情节，随着叙述的进展，从概念性的抽象移动到更具体和地缘性的叙述。和其他几部米兹特克的屏风一样，《维也纳抄本》从右往左念，大体上是垂直左右交互的（来回）模式，通过红线定义所记录的内容。故事的开端是一些抽象的基本元素的创造过程，例如歌、祈祷、献祭、夜晚与白昼。在第一页的右下角（52），四个无名氏表达了这些观念（参见图片 28.3）。他们分别是一名男性拿着

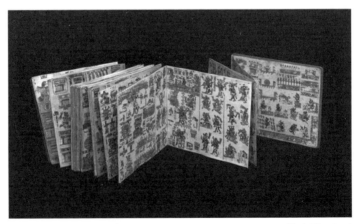

图 28.2 《维也纳抄本》（MS Vindobonensis Mexicanus I，维也纳）中对 ADEVA 摹本的观点。

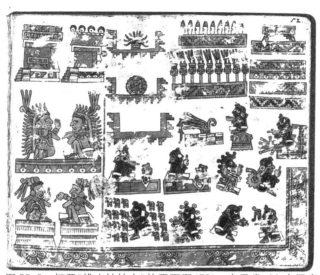

图 28.3　打开《维也纳抄本》的正面图(52)：在天堂，20 个因素
　　　　是歌曲、祈祷、祭献、20 日、20 夜。照片由维也纳奥地
　　　　利国家图书馆提供。

精致的演讲屏风，表示歌颂或祈祷，紧跟着的是另一男人，他一边
鞠躬一边献祭粉末的烟草来指明献祭物品，然后是一个男人被20
个习俗中的星星所包围，以及第四个人被 20 个约定俗成的日期包
围；天空中的波段为页面右方盒下方的人物提供了框架，将这一行
为定位在太阳出生之前的天堂中。

　　此后的历史记录了原始夫妇的诞生，他们反过来又做贡品，产
生了一系列的物质和文化特点，通过成对的有姓名的和无名的人
物来表现；人类从树上诞生的场景被形象地描述，正如墨西哥文化
英雄风神 9(参见图片 28.4,)从火石中诞生的一样。历史学家将
英雄描述成附着在巨大的拟人化的火石上，由一根脐带所联结(出
生宣言)。

　　他出生的那一天是风神 9，似乎九盘盒风力标志(风神的面罩)
就在英雄的下方；如同所有的米斯特克人一样，他将自己的生日作
为历法名称。年度是房子 10，正好绘在右方，房子背后有一个飞人
射线的标记，来说明是年度日期。这一出生打开了风神 9 为了将

584

图 28.4　风神 9 从大火石中出生,《维也纳抄本》正面图 49d。由约翰·蒙哥马利（John Montgomery）绘制。

米斯特克及其礼仪和政治生活完全考虑进一系列的将近 12 个情节中的成功努力的漫长叙述。风神 9 按照上天的旨意,将统治的装备传承了下去（参见图片 28.5）,也带到 200 个已命名的地方,配合神、祖先、人类的条件、人类所用遗迹最终的宗教仪式。然后一些宇宙起源解释,土地是如何被组织成连贯的统一体和整体的。

585　　　来自于墨西哥山谷的、被征服之前的阿兹特克人的宇宙学,没有一部保留下来,但是它们的特点可以通过早期殖民时代按字母顺序写就的纳瓦特尔文本,得知其部分特点,这些文本肯定记录了失去的绘图的声音。这样的作品有《图片中的墨西哥史》(Historia de

图 28.5　风神 9 从天上带来统治装备,《维也纳抄本》正面图 48c。图片由奥地利国家图书馆提供。

los Mexicanos por sus pinturas）、《墨西哥史》（*Histoire du Mexique*）、《太阳传说》（*Leyenda de los Soles*）、以及《库奥蒂特兰年鉴》（*Anales de Cuauhtitlan*）的开头部分，这些文本以不同的方式讲述了原始时代的创造和毁灭，阿兹特克人的神的诞生，太阳和月亮的创作，历法的第一次计数以及人类的起源。[1] 遗失的宇宙学的图片式的碎片，保存在《梵蒂冈抄本》或《里奥斯抄本》（*Codex Vaticanus A/Ríos*）中，这是为欧洲读者所创作的文化百科全书，包括了天堂和地狱不同层级的绘画，以及四个原始时代，所有这些之后都被一个修道士用意大利文注解。[2]

　　普埃布拉谷中表现的一个传统是征服前的《波吉亚抄本》，这是一部关于仪式-占卜的手稿，似乎包含了 18 页的宇宙起源观点。

　　它的叙述分为八个章节，每一个章节都通过形象化的方式呈现在一页或贯穿两到四页的范围。这些章节以创造能力的第一次爆发、基本概念和本质的建立为开始，包括神圣与崇拜的起源、太阳、人类、玉米（人类的食物）、人类的牺牲和其他仪式，以钻木取新火为结尾，开启了人类将要占领的世界。 586

　　有些人可能认为这些宇宙学是神话，而不是历史，但是中美洲的人们将它们概念化为自己历史过去的一部分。丹尼斯·特德洛克（Dennis Tedlock）为这些创世故事和玛雅的创世纪《波波尔·乌》（*Popol Vuh*），创造了一个有用的词语"神秘"。[3]

---

[1]　A. María Garibay，*Teogonia e historia de los mexicanos*（Mexico City，1979）；and John Bierhorst，*History and Mythology of the Aztecs：The Codex Chimalpopoca*（Tucson，1992）.

[2]　Ferdinand Anders and Maarten Jansen，*Religión，costumbres e historia de los antiguos mexicanos … Códice Vaticano A*（Graz and Mexico City，1996）.

[3]　*Popol Vuh：The Definitive Edition of the Mayan Book of the Dawn of Life and the Glories of Gods and Kings*，ed. and trans. Dennis Tedlock（New York，1985），64.

米兹特克的家谱历史

以屏风的形式创作出来的米兹特克人的历史，大部分是系谱。它们记录统治家族的历史，描写他们统治权的来源，整体的建立，更重要的是，统治如何沿着家谱向下传承。这些历史将统治者的生物学中的血统追溯到古代祖先（通常是超自然的）那里，他们从土地、树木或上天那里出现，然后它们沿着家族脉络追溯到当时存在的（与手稿所描绘的同时期）或追溯到一些重要的更早期的时代。穿插在这些长篇家谱段落里的关于统治者军事与外交战功的历史情节，是他们在保卫自己的家园或通过战争与联姻扩展领土时的历史事件。对系谱和真实事件叙述的结合，使得历史能够有效且详细地解释不同的王室家族史如何相关联起来，以及权力是如何在他们中间分配的。

这些历史的视角毫无疑问是本土的。它们所讲述的故事不是扫除米兹特克的历史叙述，而是关于个人王朝和它对国家控制的狭义党派记录。例如，《科隆比诺-贝克抄本》是为了海边的图图特佩克（Tututepec）的统治者而绘制的，它讲述了伟大统治者主8鹿的功绩、征服沿海的版本，而哈尔泰佩（Jaltepec）的《塞尔登抄本》（Codex Selden），只是把主8鹿当成妻子的父母，不过是嫁进了哈尔泰佩这条脉络而已。尽管塞尔登的历史是在1556年以后，也就是西班牙人征服的三十多年后才被绘制的，它并没有把西班牙人的到来和任何欧洲人囊括进叙述中，因为这些国外的元素并不是家谱历史的一部分。

这些米兹特克屏风历史都是以绘图的方式被组织成册，可能从水平方向上横贯了两个对折页面或竖折页面，其中的叙述可以从上到下，从左到右或从右到左，左右交互的模式进行阅读。按照一般时间顺序下来的事件，尽管它们经常出现在章节中，却仍然可以在时间顺序上向前或向后跳跃，这样的章节可能携带着一个故事到达某一个故事点，而下一个章节就开启了一个平行故事，从开头

将这个故事带到相同的故事点。和主 8 鹿的朝代有关系的两个例
子来自于两个不同的手稿，说明了这种范围的一些特征。

　　来自于《苏支-纳托尔抄本》(*Codex Zouche-Nuttall*) 的家谱段
落，确定了主 8 鹿的直接祖先、兄弟姐妹和子女，有着和许多家谱
一样的典型特征 (参见图片 28.6)。这里的叙述以竖着的方式左右
交替、从右向左阅读，从右上角开始，描述了主 5 鳄鱼 (主 8 鹿的父
亲) 和女士 9 鹰的婚姻说明，他们在一个宫殿内面对面坐着。紧接
着这种婚姻说明的是米兹特克历史经常记录的后代：在这里他们
是两个儿子，12 运动和 3 水，一个女儿 6 蜥蜴。记录了 5 鳄鱼和女
士 11 水随后的婚姻的第二个、部分婚姻说明，被描绘在页面下方
的宫殿中，独居而坐。这一说明再一次紧随而来的是后代：儿子 8
鹿和另一个儿子、女儿。随着 8 鹿的直系谱系的建立，历史学家之后
在页面的左侧中心，表现了 8 鹿自己的婚姻说明，紧随其后就是他的
两个儿子的诞生。尽管主 8 鹿和在绘画历史中的其他米兹特克人，

588

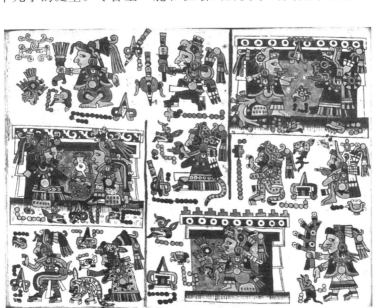

图 28.6　主 8 鹿的出身和血统谱系记录，《苏支-纳托尔抄本》26。大英博物
　　馆提供图片。

主要通过他们的历法名称被历史识别,每一个人也都有一个个人的名字,其可以变现为一种物理的或戏服的属性,或者一种独立的字形。主 8 鹿个人的名字是美洲豹或美洲豹爪,因此他经常身穿美洲豹皮,并且在他的画像旁边有一个美洲豹的下巴。在一些家谱历史中,这些连续性的血统生命有时候是相当长的。

穿插在家谱中的是那些巩固了或增加了领土或影响了王朝福祉的历史事件。主 8 鹿的功绩,是米兹特克历史的显著特征,因为他征服了大量其他政权,杀了很多统治者,他自己也娶了他们的妻子和女儿。这意味着,许多后来的统治家族都可以将脉络追溯到 8 鹿。8 鹿征服的典型记录是《伯德里抄本》(*Codex Bodley*),该作品的叙述是以历史登记簿册的形式被组织(参见图片 28.7)。在《伯德里抄本》中,历史学家首先介绍了每一件历史事件的日期,然后是时间本身;图 28.7 中所示的简要摘录,然后在右下方开始,追溯到 6 鹿年以及 13 花日。然后历史学家记录了 8 鹿对一个地方乃至很多地方的征服,这些都是通过组合化的名字被确认的,他为拜访头骨的地方的超自然的女士 9 草所做的牺牲祭品。然后足迹标志了他随后前往阿布阿拉(Apoala),在那里统治者们与他对面而坐,确认了 8 鹿对图图特佩克(石鸟)的确的沿海区域的主权,他的地理标志就被绘在右侧。在那里历史学家记录了 8 鹿坐在一个附加的平台上,宣称自己的统治权。

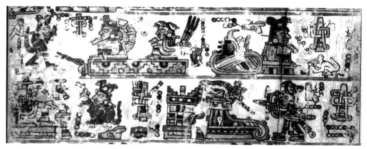

图片 28.7　主 8 鹿的功绩,《伯德里抄本》9cd(来自 *Codex Bodley*,ed. Alfonso Caso,1960)

《伯德里抄本》中的协作模式,正如同它在大多数米兹特克家谱历史中的那样,要展现统治者的出生,继而是他或她的功绩,是保卫或增加了政治财富,然后展现其婚姻和子女,接着叙述就开始转到下一代。在米兹特克的历史中,出生总是有的,但是死亡会被省略,除非它们是有政治重要性的事件。

这些家谱历史有着线性的、连续的特征,一个事件接着另一个事件。对于每一个事件来说,人物、地点、行为和日期的详情,通常都是给出的,除非日期或地点根据其叙述的上下文能够被推测出来。因此历史学家很容易就能改变这些数据,从一个人的行为转移到另一个人的,并且对这些行为重新定位。作为事件面向型的历史,也就是我称为真实发生的,这些历史读起来很像编年史。它们以自身的出现为生命,经常以王室某人的统治为结尾,这个人我们可以假设他托付给了他们。

从瓦哈卡和南部普埃布拉而来的棉布和长画

绘制在大棉布单或卷起来的长条形兽皮或纸张上的历史,构成了来自从瓦哈卡州和普埃布拉州南部(参见图片 28.8)的另一种历史创作类型。这些文件中的一些,其所指称的地点、朝代和事件,与家谱-历史屏风中所指的是一样的,它们也是相同的以及相邻的人们所创作的作品,但是较少关注家谱细节和个人行为,更多的是统治主线所控制的空间版图。它们是单独政权的历史,而不是单独王朝的历史。

这些历史将政权进行概念化操作,一个政权由三个主要方面构成:确立了边界的领土,一条或多条统治者谱系,其先后继承了这片土地或其他土地,以及一个包括一系列事件的起源故事,通常是以超自然的人物开始,以第一批统治者创建政权为结束。因此,这些就是建构历史的特征。线性的长画一般集中在起源故事(一直到包括建立事件在内),而在血统继承方面,在地域上广阔且不断扩展的棉布,也将这些特征和专门划定的领土联系在一起。

在组成上，棉布和长画要比屏风历史更加松散些，因为它们不经常使用登记簿的形式。构成它们故事的历史事件，所以不局限于一个紧张的线性序列中，后者在阅读过程中可以横跨好几页。相反，行为和信息在布单和卷纸上能够更加容易地流动。这些载体缺乏屏风的图形密度，只是专注于强调视觉上最重要的事件，而这正是政权的开始和建立。

590

图 28.8　壳山棉布 1。图片由罗斯·帕门（Ross Parmenter）提供。

这些文件的目的在于，只有当棉布单或卷纸被完全打开时，内容才能被展示并被阅读，这意味着读者们可以而且必须通过一瞥窥见整个故事的全貌。因此，当读者们在阅读并解释单个段落时，心中必须有更广阔的视角，这使得他们能够注意并理解个体细节，但同时也能理解为什么这些段落能够融入更广阔的框架中。记录在棉布和长画上的故事，因此有连贯性和叙事的完整性，这些却是真实发生的事件不具备的。

　　壳山的棉布(参见图片28.8)就是一个例子，它将壳山的政体呈现为一块大棉布单的上端三分之二的图片实体。城市本身的名字位于正中央，而且是两位统治夫妻的主要特征，他们在统治声明中，坐在美洲豹皮的宝座上。在布的边缘，矩形图将确定壳山的领土的地点标志连接起来。历史和这座城市的血统，被记录在布单的下端的三分之一处，以底端的神话过去为开始，继而是统治夫妇的继承，引出来地图。在其他棉布上，这些统治者名单竖着排列，而且以直线的方式从下往上读，但是壳山的历史学家可能觉察到了，水平的布置能够在展示壳山领土作为一个独立实体方面给予更多的自由。

　　这种棉布基本上就是城市的章程。它们讲述王朝古老而神秘的历史，长长的继承者们的名单，以及城市本身的地理环境，将当下的社会和它神圣的过去和统治者们联系在一起。少数城市，例如壳山，仍然十分有幸能够保持它们16世纪的棉布，保护并将它们作为自己古代历史和领土权力的资料库。

迁徙的叙述和中央河谷的基础

　　在墨西哥和中央山谷和普埃布拉(Puebla)北部，制图历史也诞生于此。它们有着南部创造的棉布的某些特征，因为它们都是给予领土展示的广泛制图，有时候是通过一系列的边界而定义的。历史学家们要么加入这种制图历史，形成真实发生事件的叙述并直接导致这种历史叙述形式的产生，要么他们将历史叙述编织进制图历史本身。在这两种情况下，概念的地图和与此相关的事件的结果结合在一起。正如瓦哈卡棉布(Oaxacan *lienzos*)，以墨西哥为中心的基于地图的历史，关注的是政体的创建。

　　然而，中部墨西哥的历史加入了纳瓦特尔或阿兹特克人的历史传统，表达出那些人民的政治和历史关注点。这些历史不是皇室王朝的故事，而是关于这个国家的人民的故事，它们记录了氏族和

591

部落领袖们及其追随者的重要的言行。一般来说,很少有关注家谱或强调统治者冗长的继承人的名单的展示。妻子和孩子们很大程度上在其中缺失,除了在三部特斯科科(Texcocan)手稿中,只有洛金记录了独立的统治者的名单。相反,这些制图历史描述了人民从神圣的或理想化的起源地向外迁徙的过程,沿着新土地的道路上所发生的风险和事件,以及他们到达最后的家园。而后这些历史记录了人们是如何创建了新的政体,征服了需要征服的敌人,巩固并确定了领土疆域,为了创建一个独立的城邦或者共同体国家。

迁徙起源于一个神圣的、人间的地址。许多族群将他们的起源追溯到奇科莫兹托克(Chicomoztoc,七洞),这是他们的氏族领袖和祖先们出现的传说中的起源地,许多迁徙中的奇科莫兹托克的人物们主要描述为地球上的一次伟大的、多口袋开放的行动。与此同时,墨西哥的阿兹特克人以及他们的邻居们将自己的起源追溯到理想化的家园,起源就是人们所熟知的亚兹特兰(Aztlan),这是一座湖中央的岛屿城市——这也是一个物产丰富、芦苇和苍鹭之家的土地。然而,这两个起源地点并不互相排斥,几部历史都将亚兹特兰作为历史的起点,奇科莫兹托克作为出现的第二个以及后续的地点;其他的历史将两者合二为一。这些历史反映了广泛意义上的中央墨西哥王国的理解,也就是他们的祖先出现于奇科莫兹托克,但同时也认为出现于亚兹特兰的阿兹特克人也很特殊。两部流变的故事的本质都说明了,中央墨西哥王国的人民迁徙了很长的距离,为了到达他们现在所居住的家园,经历了巨大的困难。

一旦这种迁徙的历史被重新叙述,墨西哥的制图历史记录了政体的建立。通常情况下,历史通过扩大新国家的地理告知并显著地进行定位,强调新的国家的存在,并且他们在旁边标注领导人民到达此地的领导人图像。在《门多萨抄本》的开篇首页就讲述了这样的故事。偶尔,历史还环绕强调领土疆界的地理标志的展现,和一圈脚印联系在一起,作为划定疆土的参考标志。

592

　　迁徙的旅程常常被展现为巡回的道路或其后有一系列地理位置的行程（由地理标志所表示），道路由脚印标注。与所有的形成推算，只有那些实际上被造访过的地点才被包括在内，因为这些预测的地点只能通过实际的运动才存在。然而当最终达到地点时，领土经常被表现为一种空间抽象，就像是一幅现代意义上的地图，任何穿过这片领土的流动，都会被从一个遇险存在的地理位置标注到另一个位置上。

　　玛帕·希古恩扎就是这样一个例子，它在一张挫纸上追溯墨西哥阿兹特克人的迁徙，从他们在亚兹特兰的祖先家园迁徙到新的特诺奇提特兰（参见图片28.9）的首都。这张纸的右侧以及左侧的上三分之一都描绘了迁徙的旅程，从右上角的亚兹特兰开始，继而是从一个地方到另一个地方的足迹，一直到左侧的墨西哥山谷。在这一点上，历史学家将行程的结构提到前面，确保地图上干地和湿地围绕着特诺奇提特兰。描绘在此的地理标志现在相对于彼此呈现出地理关系，湖本身形象地描述为一片沼泽，被运河切断，被蒲草和芦苇点缀，特诺奇提特兰的地理标示刚好在图片中央。

　　迁徙时阿兹特克人自我定义的主要方面，并且成为他们大部分历史叙述的重要特征。然而不仅仅只有一次迁徙，而是有很多次。每一个族群的人民都将自己的迁徙和其他人的迁徙区别开来。例如，墨西哥的阿兹特克人的叙述中，提及了同样离开亚兹特兰的其他族群，但是将他们描述成历经了千辛万苦、有着不同时期的离别、历经了不同的线路的迁徙。重要的是，每一个族群都有着自己的、分别的迁徙。确实，在殖民时期，这些能够成功地宣称自己有着不同的迁徙历程的政体，更能够维持他们的独立和城邦状态，因为他们因此能够宣称他们从一开始就有着自治政体。

阿兹特克年鉴

　　为了阿兹特克的城邦所描绘的年鉴，从结构上不同于其他历

593

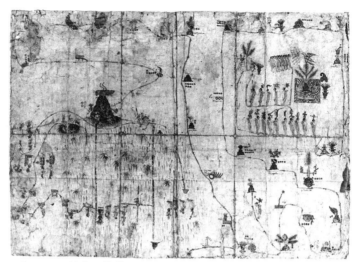

图片 28.9　希古恩扎地图（Mapa Sigüenza），追溯阿兹特克人从亚兹特兰到特诺奇提特兰的迁徙之旅。CNCA. -INAH. -MEX；在得到了人类学与历史学国家研究所的允许下复制图片。

史。鉴于米兹特克家谱历史作为事件结果的紧密安排，制图历史将事件结果和空间地理连接起来，年鉴是时间驱动下的产物。它们呈现出时间的流逝，作为连续不断的年份日期连接在一起，形成了年数色带。色带是事件得以连接的支架：事件被记录在相应的年份旁边，经常通过一条线在图形上和年份连接起来。阿兹特克人将这种历史称作 *xiuhpolhualli*（年数、年份关系），*xiuhtlacuilolli*（年份书写），*xiuhamatl*（年份纸张或年书）和 *xiuhtonalamatl*（年日书）。实际上传统的土著人的年鉴是按照纸张的长条状创建起来的（它们可以被卷起来或折叠起来，如同屏风一样），沿着长边，年份可以不间断地被记述。然而，空间有限，使得一些年鉴学家将这些年份聚集在一个区块内，这样的话就看不出发生了什么显著的事件。殖民的年鉴学家在欧洲的纸张上描绘，安排他们的年份，使得这样的叙述可以适应单独的书籍页码（参见图片 28.10）。然而，不管年份、技术的准确配置，年份日期是其他信息赖以存在的基础。

594

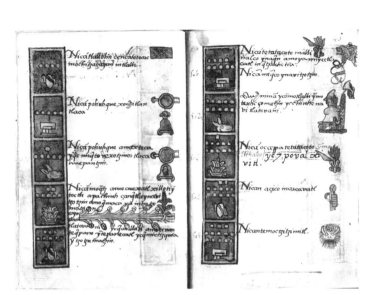

图 28.10　阿兹特克帝国年鉴在年份 4 Flint 通过 13 House（1497—
　　　　1505 年），《奥宾抄本》39v—40r。图片由大英博物馆提供。

　　年鉴中记录的历史可能包括迁徙和帝国的历史，以及西班牙人
到来之后更直接的情况。一些年鉴以亚兹特兰的故事并追溯迁徙
为开端，在一般意义上追溯希古恩扎地图中的历史，但是关注点却
是地理标志的延续和到达地点的特定年份。有一些年鉴，例如《门
多萨抄本》，以特诺奇提特兰为开端，继而记录了导致征服的事件；
其他年鉴两部分内容都包括在内。尤其是在一些年鉴中，人们可
以看到彩绘的历史记录持续将过去的征服带入 16 世纪下半叶。
这些后来的年鉴，也许是从 16 世纪 50 年代到 70 年代开始，反映
了征服前的历史。许多年鉴随着时间的推移得到了修正，保持着
更新，并且增加了新的信息，有时候随着事后的知识而被改变。　　595
　　它们所包含的信息是政体作为一个整体的利益攸关的材料。
事件的范围包括统治者的登基、驾崩、东征西讨和重要的建设性规
划，以 52 年为周期的最后几年的约束力以及新钻的火种，非凡的
庆祝活动（例如 1486 年阿兹特克寺庙长官的奉献），以及戏剧化和
深远的、本质的、自然的、高潮的现象，例如干旱、瘟疫、地震、洪水

和日食。所有这些事件都从整体上影响着国家的运转，因为这些年鉴是城邦的历史，而不是王朝的历史或者个人的历史。统治者个人的功绩很少被记述在内，除非他们从整体上影响了国家。当统治者登上宝座以及驾崩的时候，他们会出现在年鉴中，但是他们的出生、婚姻和子女将不包括在内，除非特斯科科年鉴中记载的偶尔的出生声明（缺乏父母的情况）。征服事件被作为事实声明出现在年鉴中，而不是作为统治者的角色的个人行为的结果。

在展示数据方面，图形的年鉴要比人物的年鉴更加常规。笔者的意思是，事件通常以矢量指标更清晰地表现出来，而不是通过与活动有关的数字的解释。《奥宾抄本》就是这样一个例子，这是一部约 1576 年描绘在欧洲纸张上的早期殖民年鉴，随后用纳瓦特尔语的解释修饰标注在侧（参见图片 28.10）。对敌人政体的征服被政体的地理标志所标注，一旁还有一个盾牌以及尖头绿松石冠冕。一个统治者的就职是通过他在芦苇宝座上的坐姿展现出来的，同时他戴着尖头绿松石冠冕。统治者的驾崩是通过他的尸体收拢成一束记录下来的，因为它们被假定为术语他的历史所属的地方；而这个地方很少被标明，因为任何读者都应该已经知道了。当一个事件发生在别的地方时，位置是由它的地理标志展现的。在年鉴中，每一个历史事件最重要的因素是它的时间而不是它的地点。每一个事件都以相同的历史重要性被对待，因为年鉴对于偶然因素漠不关心，对于较大规模的历史亦是如此。

年鉴将西班牙人的政府记录为发生在几年间的一系列事件。一群新的人物和稍微不同的系列事件通过新的肖像风格被引入进来，但是年鉴自身并没有改变在征服前后对待历史的方式。没有人察觉到一个时代即将结束；相反，年鉴有效地将西班牙人编纂入仍属于阿兹特克故事的历史叙述中。例如特切潘（参见图片 28.11）年鉴学家，记录了西班牙人在 1 年纪的到来，通过描绘年份标志下方，年份上方圣灵的十字和鸽子站立着的科尔特斯。然后他记录了天花的流行，特诺奇蒂特兰城的燃烧，墨西哥统治者们的

596

图片 28.11　提拉德特佩奇潘的征服事件，法国国家图书馆提供图片 15.

接连驾崩和继承顺序，以及通过一个坐着的科尔特斯（坐在权力的高脚椅上）确认本地领土和权利。

　　这些殖民地年鉴史学家在 16 世纪继续记录事件，它们记录一个调整和混杂的渐进过程。土著酋长通过坐在高脚椅上的形象被表现出来，而不是坐在芦苇垫子上，他们戴着欧洲的王冠而不是被征服前的绿松石冠冕。西班牙人展现出来的形象是通过手持屏风的演说，他们是通过名字的字形被标识出来，他们的人物形象是高度约定俗成的。征服仍然通过一个盾牌，一直棍棒或长矛表示，但是在殖民地时期，越来越多的是欧洲的盾牌，金属尖矛或金属刀剑。墨西哥的历史象形文字传播并调整，为了适应新的社会现实。年鉴继续不间断地被书写，直到写到了它们被书写的那个时代。597 没有叙述的停滞，因为这些叙述从理论上将在无休止地进行中：它们没有高潮，没有结局。它们最基本的信息，如果能够从这些文本

735

中读出来的话，是有连续性的。阿兹特克人的世界，开始于亚兹特兰或奇科莫兹托克，一直持续到现在，西班牙人 1519 年到来之后只不过是进行中的故事的一部分。

墨西哥殖民时期的绘画历史

图像式的历史在整个 16 世纪保持着珍贵的历史形式，一直延续到 17 世纪，尽管在 16 世纪 70 年代的大流行之后产量有所下降。但是这些土著的统治者们仍然拥有自己传统的历史，并持续更新它们。例如《奥宾抄本》（参见图片 28.10）就是最晚在 1608 年通过字母进行更新。然而对于土著的国家而言，图像式的历史承担了很多象征和法律上的重要性。在 17 世纪晚期和 18 世纪早期——墨西哥的乡镇正面临逐渐减少的危险——一些乡镇失去了自己的绘画历史，有了新塑造的历史：这些历史并不完全是虚构的，但是也不完全具备古老的真实性。它们被创作在挫纸张上，这些所谓的技术性抄本仿古纳瓦特尔语，包含了处理过的幻觉风格和字母文本，描述了乡镇的建立、边界和历史。它们被创作出来的一个作用就是证明土地所有权，它们的图像式的内容对于它们的成功而言是十分清晰的。还有一些例子能够证明，征服前的历史在殖民时期被重新加工过，目的是将它们设计成截然不同的历史。比如《科隆比诺-贝克抄本》，就是一部征服前的墨西哥的屏风，在 16 世纪被重新设计并截取，目的是被两个不同的政体重新使用。其中一部片段在 1717 年的疆界争议中被踢出来，另一部在 1852 年的和另一个乡镇完全相关的案例中，作为土地文件被提出来。正是图像式的本质和这些文件的古老给予了它们有效性。甚至在 20 世纪，乡镇仍然有自己的图像式的历史风貌，记录着他们的土地和自主权。尽管在这个世纪，历史图像作为一种活生生的图像形式，早就不复存在，图像式历史这种概念作为知识和真理的载体，仍然是有效的。

第二十八章　中美洲历史：被着色的历史文风

大事年表/关键日期

1063—1115 年	墨西哥酋长 8 鹿替蓝捷豹爪的生活
1325 年	墨西哥-特诺奇蒂特兰城成立的传统日期
1375 年	阿卡玛皮特利成为阿兹特克墨西哥的第一任（"发言人"或国王)
1428 年	三国同盟帝国("阿兹特克")的建立
1487 年	墨西哥-特诺奇蒂特兰城的革新的寺庙市长(大神殿)的奉献
1519 年	埃尔南·科尔特斯在韦拉克鲁斯海岸登陆,开始入侵墨西哥
1521 年	西班牙人征服墨西哥-特诺奇蒂特兰城

598

主要史料

Caso, Alfonso, 'El Mapa de Teozacoalco', *Cuadernos Americanos*, 47：5(1949),145 – 181.

——*Interpretación del Códice Selden/Interpretation of the Codex Selden*, accompanied by a facsimile of the codex (Mexico City, 1964).

——*Interpretación del Códice Colombino/Interpretation of the Codex Colombino*, accompanied by a facsimile of the codex (Mexico City, 1966).

Castañeda de la Paz, María, *Pintura de la peregrinación de los Culhuaque-Mexitin (El Mapa de Sigüenza)* (Zinacantepec and Mexico City, 2006).

Codex Bodley, ed. Maarten Jansen and Gambina Aurora Pérez Jiménez (London, 2005).

Codex en Cruz, ed. Charles Dibble, 2 vols. (Salt Lake City, 1981).

Codex Mendoza, ed. Frances Berdan and Patricia R. Anawalt, 4 vols. (Berkeley, 1992).

'Codex Mexicanus. Bibliothèque Nationale de Paris, Nos. 23 – 24', ed. Ernst Mengin, *Journal de la Société des Américanistes*, 41: 2 (1951), 387 – 498, atlas.

Codex Telleriano-Remensis, ed. Eloise Quiñones-Keber (Austin, 1995).

Codex Zouche-Nuttall, British Museum, London (Add. MS. 39671) (Graz, 1987).

Códice Alfonso Caso: La vida de 8-Venado, Gara de Tigre (Colombino-Becker I), intro. Miguel León-Portilla (Mexico City, 1996).

Códice Azcatitlan, ed. Robert Barlow and Michel Graulich (Paris, 1995).

Códice Vindobonensis: Origen e historia de los reyes mixtecos, ed. Ferdinand Anders, Maarten Jansen, and Gabina Aurora Pérez Jiménez (Mexico City, 1992).

Códice Zouche-Nuttall. Cronica mixteca: El rey 8-Venado, Garra de Jaguar, y la dinastía de Teozacualco-Zaachila, ed. Ferdinand Anders, Maarten Jansen, and Gambina Aurora Pérez Jiménez (Mexico City, 1992).

Códice Xolot 1, ed. Charles Dibble, 2 vols. (Mexico City, 1980).

Geschichte der Azteken: Codex Aubin und verwandte Dokumente, ed. and trans. Walter Lehmann and Gerdt Kutscher (Berlin, 1981).

Historia de la nación Mexicana: Reproducción a todo color del Códice de 1576 (Códice Aubin, ed. Charles Dibble (Madrid, 1963).

Historia Tolteca-Chichimeca, ed. Paul Kirchhoff, Lina Odena Güemes, and Luis Reyes García (Mexico City 1976).

Mohar Betancourt, Luz María, Códice Mapa Quinatzin: *Justicia y derechos humanos en el México antiguo* (Mexico City, 2004).

Tira de Tepechpan: Códice colonial procedente del valle de México, ed. Xavier Noguez, 2 vols. (Mexico City, 1978).

参考文献

Boone, Elizabeth Hill, *Stories in Red and Black: Pictorial Histories of the Aztecs and Mixtecs* (Austin, 2000).

——(ed.), *Painted Books and Indigenous Knowledge in Mesoamerica: Manuscript Studies in Honor of Mary Elizabeth Smith* (New Orleans, 2005).

Byland, Bruce and Pohl, John M. D., *In the Realm of 8 Deer: The Archaeology of the Mixtec Codices* (Norman, Okla., 1994).

Carrasco, David and Sessions, Scott (eds.), *Cave, City, and Eaglés Nest: An Interpretative Journey through the Mapa de Cuauhtinchan No. 2* (Albuquerque, 2007).

Caso, Alfonso, *Reyes y reinos de la Mixteca*, 2 vols. (Mexico City, 1977–1979).

Corona Núñez, José, *Antigüedatdes de México, basadas en la recopilación de Lord Kings-borough*, 4 vols. (Mexico City, 1964–1967).

Diel, Lori Boornazian, *The Tira de Tepechpan: Negotiating Place under Aztec and Spanish Rule* (Austin, 2008).

Glass, John B, 'A Survey of Native Middle American Pictorial Manuscripts', in Wauchope and Cline (eds.), *Handbook of Middle American Indians*, 3–80.

——with Robertson, Donald, 'A Census of Native Middle American Pictorial Manu-scripts', in Wauchope and Cline (eds.), *Handbook of Middle American Indians*, 81–252.

Harvey, H. R. , 'Techialoyan Codices: Seventeenth-Century Indian Land Titles in Central Mexico', in Victoria Bricker and Ronald Spores (eds.), *Handbook of Middle American Indians*, Supplement 4 (Austin, 1986),153 – 164.

Jansen, Maarten, *Huisi tacu: studio interpretativo de un libro mixteco antiguo: Codex Vindobonensis Mexicanus I*, 2 vols. (Amsterdam, 1982).

——'The Search for History in the Mixtec Codices', *Ancient Mesoamerica*, 1: 1(1990),99 – 112.

——Kröfges, Peter and Oudijk, Michel (eds.), *The Shadow of Monte Alban: Politics and Historiography in Postclassic Oaxaca* (Leiden, 1998).

Nicholson, H. B. , ' Pre-Hispanic Central Mexican Historiography', in *Investigaciones contemporáneas sobre historia de México: Memorias de la Tercera Reunión de historiadores mexicanos y norteamericnos, Oaxtepec, Morelos, 4 – 7 de noviembre de* 1969 (Mexico City, 1971),38 – 81.

Pohl, John, *The Politics of Symbolism in the Mixtec Codices* (Nashville, 1994).

Robertson, Donald, *Mexican Manuscript Painting of the Early Colonial Period: The Metropolitan Schools* (New Haven, 1959).

——'Techialoyan Manuscripts and Paintings, with a Catalog', in Wauchope and Cline (eds.), *Handbook of Middle American Indians* (Austin, 1975),253 – 280.

Smith, Mary Elizabeth, *Picture Writing from Ancient Southern Mexico: Mixtec Place Signs and Maps* (Norman, Okla. , 1973).

'Why the Second Codex Selden Was Painted', in Joyce Marcus and Judith F. Zeitlin (eds.), *The Caciques and Their People: A*

Volume in Honor of Ronald Spores （Ann Arbor，1994），
111 – 141.

Smith，Michael E.，'The Aztlan Migrations of the Nahuatl
Chronicles：Myth or History?' *Ethnohistory*，31：3（1984），
153 – 186.

Wauchope，Robert and Cline，Howard F.（eds.），*Handbook of
Middle American Indians*，vol. 14（Austin，1975）.

申 芳 译 张 骏 校

第二十九章 中美洲史学的文字写作

何塞·拉巴萨

根据一份俗称《特拉特洛尔科年鉴》(*Anales de Tlatelolco*)内部历史时期,纳瓦(Nahua)早在 1528 年就从墨西哥中部那里采用了拉丁文字。然而詹姆斯·洛克哈特(James Lockhart)基于文字书写系统至少需要二十年才能被设计用于纳瓦特尔语(Nahuatl),反驳这一日期:"那种认为 1528 年西班牙教士就已经熟稔这种语言并发展出一种精致的正字法的想法荒谬至极,那时候连训练本土的书法专家写出大量复杂的散文的能力都没有。"①拉斐尔·特纳(Rafael Tena)也质疑这一过早的日期,但推测认为"一个或多个有着渊博的古代历史知识的目击者,有可能记录了一些历史性的新闻,这些被后来的最终编纂者所用"②。之后特纳的观点是基于哥特脚本和无花果树的树皮造的纸以及以不同形式流传至今的纳瓦特尔语语法形式。然而,特纳也认为纳瓦特尔语的形式可以被理解为作家的干预和修改,不一定是其产生的时间标志。毕竟,特纳将手稿——收录在法国国家图书馆编号为 Ms 22 的文件中——日期追溯到 1620 年,并指出 1528 年这个日期只出现在专门论述西班牙征服的第六章中。和洛克哈特的决然否定相比,特纳对日期的观点的确是更谨慎一些。

---

① James Lockhart, 'Introduction', in *We People Here*: *Nahuatl Accounts of the Conquest of Mexico*, ed. and trans. Lockhart (Berkeley, 1993), 39.
② Rafael Tena, 'Presentación', in *Anales de Tlatelolco*, ed. and trans. Tena (Mexico, 2004), 14.

　　我们知道早期方济各会修士当中,弗赖佩德罗·德·甘特早在1523 年就教年轻的纳瓦人书写并阅读西班牙文,但是洛克哈特假设用文字写纳瓦特尔语首先是由传教士首先发明的,然后在纳瓦人中传播扩散。然而有人怀疑,一旦表音文字的原理被理解,那么将原理运用到纳瓦特尔语中就不是问题了,尤其考虑到我们在 16 世纪的墨西哥中部发现了原始形式的文字传播扩散,即在传教士和官员监督以外的地方出现了文字使用的传播扩散。民间文学认为,16 世纪和17 世纪的文字写作中,墨西哥和声音的记录紧密结合。无论我们看1528 年或 16 世纪 40 年代的纳瓦特尔作品中的初始日期,事实就是洛克哈特还将文字的用法和声音的记录联系在一起,尤其是地方口音和语调。同样重要的且需要注意的是,拉丁文本的用法并不意味着采用了欧洲的历史题材,而只是对历史的记忆和叙述的保留,这种历史可以追溯到他们所提出的象形文字和各种语言的表现。

601

　　除了"美洲融入西方文化"之外,我提出一个双向的轨道,其中文化产品和物质产品的循环也需要欧洲融入中美洲的文化中。[1] 这样的历史不仅仅是将我们带到解决欧洲融入中美洲问题的历史作品中的一部分。考虑到殖民化过程中的写作中心,采用文字的方法,为审视殖民化的限制和质疑假设纳瓦作家通过使用文字的简单事实而同化的主题倾向,提供了一个特别的高产的地方。回波描记术的概念提供了一种接近话语录音的方法,人们可以区隔其中的声调、音色、个人和集体的创作、内部的思想和呐喊。[2] 我们的目

---

[1]　参见 Edmundo ÓGorman, Fundamentos de la historia de América (Mexico, 1942); and Serge Gruzinski, *The Conquest of Mexico*: *The Incorporation of Indian Societies into the Western World*, 16th - 18th Centuries, trans. Eileen Carrigan (Cambridge 1993)。

[2]　我从下文中得出回波描记术的概念 Jacques Derrida and Bernard Stiegler, *Echographies of Television*: *Filmed Interviews*, trans. Jennifer Bajorek (Malden, Mass., 2002)。谈到纳瓦特尔语作品中的回波描记术的概念,我们将声音追溯到它们失踪、不存在但是通过阅读和重新制定规则的多种措施能够得到的场合中。关于作者在本章所讨论的回波描记术的概念和纳瓦特尔历史,参见 José Rabasa, 'Echografías de la voz en la historiografía nahua', *Historia y Teoría*, 25 (2006),105 - 151。

标不再关注口头和文字文化的差异，而是试图区别能够使我们反思书写作品中的声音类别，以及超越速记记录之外去区隔内部的声音，表明一种特色鲜明的纳瓦特尔语文字文化。说到纳瓦特尔语写作中的回波描记术我们有机会观察到欧洲技术融入中美洲的方法。不用说，这项工程同样需要考虑到这样一个过程的模糊性：我们考虑了美洲融入欧洲文化的另一种模态了吗？我们面临着发展一种能够理解中美洲语义空间里欧洲人的存在的理论工具的任务？为了解决这些问题，我集中在几个有代表性的文本中，而不是提供一个浩瀚的近似语文集。有足够的资料表明，上百份纳瓦特尔语资料主要以档案的形式保存在墨西哥和国外的图书馆中。在"关键史料"的部分，我提供了一个文本清单，补充了本章所讨论的文本。在阅读纳瓦特尔语的历史的时候，本章强调的重点是他们作为修辞和文学文物的意义，而不是评估它们作为前哥伦布或针对该问题的殖民世界的信息来源。

纳瓦特尔语写就的文字历史记录了广泛的话语体裁（对话、歌曲、叙述、行程和神话），关乎象形历史所描述的事件。然而伊丽莎白·希尔·布恩在本卷的第二十八章中所研究的象形文本，往往在象形文字的表现形式上，缺乏文字的部分，文字顺序排列的文本也往往缺乏象形的基础。本章在《托尔特卡-奇奇美加史》（*Historia tolteca-chichimeca*，约 1547—1560 年）、费尔南多·阿尔瓦拉多·特索索莫克（Fernando Alvarado Tezozómoc)的《墨西哥万事编年史》(*Chronica mexicayotl*，1609 年)以及无可争议的最有成就的纳瓦历史学家多明戈·齐马尔帕赫恩（Domingo Francisco de San Antón Muñón Chimalpahin Cuauhtlehuanitzin)诸多作品中的《关系与日志》(*Relaciones and the Diario*)，最后一个内容是 1615 年 10 月 14 日研究声音的文字记录。这些作者们属于不同的地方和历史编纂传统（普埃布拉山谷、墨西哥-特诺奇蒂特兰以及伊斯塔西瓦特尔火山［Ixtacihuatl］边缘的查尔科［Chalco］的高廷昌［Quauhtinchan］以及墨西哥城的波波卡特佩特［Popocatepetl］）。这些文本使得我们能够追踪多种声音，从声音事件的速记般的记录到"文学"文本,纳瓦的"作者们"在这种文学作品中铭刻他们内部的声音。这些历史的其中一个主要特点,甚至在齐马尔帕赫恩的作品中,至少在他的《关系》(*Relaciones*,约1620年)中,是多个作者完成的。① 即使我们找到了在没有参考声音事件的基础上用纳瓦特尔语写作的情况,即用记录内部的声音——用特索索莫克和齐马尔帕赫恩的《关系》中更成熟的模式的创作,我们发现了持续的记录和对观察事件的反思,不再只是指书面记录起源的文字表现。非传统方式的产生内容的方法,以及《日志》(*Diario*)的混合性质,使得它最近的编辑者和翻译者们用英语,给予它"当时年鉴"的称号。齐马尔帕赫恩给的最奇怪的一个选择,除了墨西哥-特诺奇蒂特兰城的一个历史年表,接下来是日期以及包含了一些内容中的小时数。我将在下文中返回到《日志》。 603

在研究这些伟大的纳瓦特尔语历史作品之前,我将简短地介绍两部文本合集,它们进一步说明了包括殖民纳瓦特尔史学的主体在内的写作多样性。《长者的话语》(*huehuetlatolli*)是伟大的民族志学者方济贝尔纳迪诺·德·萨阿贡(Fray Bernardino de Sahagún)编译进他的《新西班牙储物志》(*Historia general de las cosas de la Nueva España*,约1579年)的第六本书,被称为《佛罗伦萨抄本》(Florentine Codex),提供了集体创作的一个例子。观察萨阿贡的《新西班牙储物志》包括十二本书,收录了有关自然和文化现象的"整体性"的话语的所有形式。萨阿贡的话语体裁的文集,建立起

---

① 这些书写于16世纪和17世纪的文本,从未被出版。需要注意到我将要使用的《墨西哥万事编年史》(*Chronica Mexicayotl*)版本发现于1983年,收录在英国剑桥大学的圣经协会文集中的齐马尔帕赫恩的论文中。参见 Domingo de San Antón Muñón Chimalpahin Quauhtlehuanitzin, *Codex Chimalpahin*: *Society and Politics in Mexico Tenochtitlan*, *Tlatelolco*, *Texcoco*, *Culhuacan*, *and Other Nahua Altepetl in Central Mexico*, ed. and trans. Arthur J. O. Anderson and Susan Schroeder, 2 vols. (Norman, Okla., 1997)。Fernando Alvarado Tezozómoc, *Crónica Mexicáyotl*, ed. and trans. Adrián León (Mexico, 1949)有另一个版本。名字和作品名称的拼写缺乏一致性,因此齐马尔帕赫恩(正如他写自己的名字一样),有时候将重音放在 Chimalpain 或 Chimalpáhin。

权威的纳瓦特尔文本的语料库——提供一个拉美古代经典的等同物——为语法和字典的创造。在《长者的话语》中，人们发现了多种声音和风格的实例，经常在一个单一的话语空间中。为语言研究提供资料的年长的人，在声调、修辞格式甚至语法结构上提供了变化的形势，说明了一种集体的说话方式。正如弗朗西斯·卡特纳（Frances Karttunen）和詹姆斯·洛克哈特（James Lockhart）所指出的那样，"在口头文学的传统中，每当《长者的话语》被使用的时候，它就被创造一次"①。《长者的话语》的语言方式，构成了一种独特的语言行为，这是由即时的情景所决定的。萨阿贡的关于声音的民族志的记录，本来有人为的特征，因为长者的发言缺乏一种真实的情境——更好的说法可能是，情境就是民族志本身。然而，人为的设置并不能改变一个事实，即它们抄写文字的形式。一个典型的案例能够包括男女双方参与者以及收集者们的声音。编译的声音包括了萨阿贡，本土三语助理和那些阐述言语风格样本、反思民族境况的长者们。

我们可以在《墨西哥歌志》（*Cantares Mexicanos*，约 1585 年）中追踪一种相似的现象，我们还可以在一首歌里追溯各种声音，甚至在某种情况下，两性并列其中（或至少男性模仿女性）。例如，男女声音的并列可以在称呼改变中观察到："e"在男性说话者中存在，但在女性说话者中缺失。根据奥拉西奥·卡洛奇（Horacio Carochi，1645 年）："女人在称呼中不使用'e'，但是在女性的影响下，它们极大地提高了名词的最后一个音节的发音。"②请看下面一行："Toznenexochiçaquanpa-palocíhuatl don palacisco iz ca moxochitzi ma xonmitotiya!（哦，小鹦鹉—花朵—黄鹂—蝴蝶—女人！哦，圣弗

---

① *The Art of Nahuatl Speech：The Bancroft Dialogues*, ed. and trans. Frances Karttunen and James Lockhart（Los Angeles, 1987）,9.

② Horacio Carochi, *Grammar of the Mexican Language with Explanations of its Adverbs*［*Arte de la lengua mexicana con declaración de los adverbios della*］, ed. and trans. James Lockhart（Stanford, 2001）,45.

朗西斯！这是你的花，舞动吧！）"①这种表达措词说明，所提及的圣 604
弗朗西斯与"小鹦鹉—花朵—黄鹂—蝴蝶—女人"的性别是一致的，
也说明了他的女性化对应了一个事实，即这些都是男性——战士
们，而且——像女人一样唱歌，这是一种被墨西哥第一任主教弗雷
胡安·德·苏马拉加（Fray Juan de Zumárraga）在 16 世纪 30 年代
所谴责的做法。《墨西哥歌志》提供了一种看待历史的光谱的看
法，在特索索莫克和齐马尔帕赫恩的历史中也能够发现。

　　下文将详细研究的案例说明，中美洲的文字写作的范围从使用
速记记录语音补充的象形文本，到文字化了的纳瓦特尔语文化的
产生，特索索莫克和齐马尔帕赫恩是其最大的代表。资料库包括
年鉴、歌曲、年表、关系、历史以及 17 世纪末 18 世纪初的《原始标
题》（*Titulos Primordiales*）、混合象形和文字的文本，它们创作于原
生纸张上，试图创造一种古色古香。这些迷人并且复杂的《原始标
题》已经在它们的真实性上产生了争议，这是我们只能在本章提及
的话题。②

《高廷昌年鉴》中的声音和象形文字

　　《高廷昌年鉴》（*Historia tolteca-chichimeca*）是一部写就于 16
世纪的独特的文本，因为它将象形文字和口头演绎的文字记录进
行并列研究，后者包括了多种语言风格，辅以传统的图片历史：对
话、话语、地名、专有名词和歌曲。《高廷昌年鉴》的语言成分也不
同于书写在殖民文件中的图片铭文边缘的注释，例如《门多萨抄

① 　*Cantares Mexicanos*, ed. and trans. John Bierhorst (Stanford, 1985), 274.
② 　参见 Paula López Caballero, *Los títulos primordiales el centro de México* (Mexico,
　　2003); Stephanie Gail Wood, 'The Cosmic Conquest: Late Colonial Views of the
　　Sword and Cross in Central Mexican Titulos', *Ethnohistory*, 38: 2(1991), 176 -
　　195; and 'The Social Against the Legal Context of Nahuatl *Titulos*', in Elizabeth
　　Hill Boone and Tom Cummins (eds.), *Native Traditions in Postconquest World*
　　(Washington, DC, 1998), 201 - 231.

本》和《特里诺抄本》。大部分注释重申了包含在象形文字或与人种学资料相关的注解中的信息。《高廷昌年鉴》中的文字记录,用文字再现了象形的信息——而不是它们本身记录了一个独特的语言事件。

学者们认为,文字表达的记录,铭记了一种独特的文字表达方式,而且这种表达方式将导致口头传统的瓦解。如果说写作创建了诸多叙述方式中的一种,那么这种方式能够在象形文本的基础上表达出来,这是有一定道理的,也是值得记住的,即被记录的叙述、圣歌和对话——在其他语言风格当中——旨在集体文字形式,很可能包括了音乐和舞蹈。即兴表演、新的内容和变化,可能是《高廷昌年鉴》的集体文字表现中的主要内容。的确,《高廷昌年鉴》只是高廷昌国家能够使用到的史料。[1] 作者们将自己限制在记录声音的范围内,至少在最初的"速记"的那个阶段,最终导致了我们现在所知道的版本,在其中,文字布局、象形文字以及书法证实了手稿创作过程中的第二个阶段。我们也必须抛弃一种观念,即个人作者坐下来记录了高廷昌的传统。声音和讲话风格两者都是多重的,因此超越了一个国家中单独个体的知识范围。

来自于 18 世纪的一条注释证实了《高廷昌年鉴》中的文字布局:"我的叔父走过来,坐在椅子上//我的祖父坐下来//我的祖父与神同去//我的叔叔小酌//哦,国王与神同去//明日是周三//后日是周四//征服的书有 52 层之厚。"[2]我们面临着一份纳瓦特尔语和波波洛卡语(Popoloca)的双语文本。在《高廷昌年鉴》的创作本质和原因方面,以及 18 世纪插入的独特地召唤长者们的部分,已经

---

[1] David Carrasco and Scott Sessions (eds.), *Cave*, *City*, *and Eaglés Nest*: *An Interpretative Journey through the* Mapa de Cuauhtinchan No. 2. (Albuquerque, 2007).

[2] *Historia tolteca-chichimeca*, ed. and trans. Paul Kirchhoff, Lina Odena Güemes, and Luis García (Mexico, 1976),131.

有了几种解释,然而使用双语创作的原因仍然躲避着我们。① 也许最简单的一种解说,波波洛卡语的使用者们参加了这一事件。很明显,邀请是双语的,而且这件事在叙事的重造方面,唤起了集体的参与。我们知道《高廷昌年鉴》写就于 1547—1560 年间,而且它直到 1718 年之前一直保存在高廷昌国中,之后它称为洛伦佐·博特里尼(Lorenzo Boturini)的墨西哥古代文集的一部分。今天我们在法国国家图书馆中发现这一版本。鉴于其在高廷昌国持久存在了将近 200 年,我们可以认为这部作品是被创作用以国内使用的,而不是为了在西班牙的法庭上进行争论的案件。手稿的末尾,它提到了高廷昌和特培亚克(Tepeyacac)之间之间的疆界争端,以及奥古斯丁·奥索里奥(Agustín Osorio)法官在总督安东尼奥·门多萨(Antonio de Mendoza)的命令下的出访,他来到高廷昌调解双方。该通知服从于边界审查,构成了后代的记忆。② 鉴于《高廷昌年鉴》的宗教性质,将其降低到作为法律争端案件的文件,是不合法的。然而,这里并没有足够的空间能够详细地审查《高廷昌年鉴》的文字部分,因此值得注意的是,在《高廷昌年鉴》的文字组成部分的创作中,我们发现了一种包括不同声音、多重作者身份至少提及音乐组成部分的语言体裁的广泛题目。③ 在文字的背景中,我们能想象国家的几名成员参与创作过程中,他们知晓叙述和语言的形式,想必和该文本以及在高廷昌的档案中其他象形历史作品有关联。文字写作赋予一系列语言行为以持久性,后者顾名思义则是短暂的。它们消失在发音的过程中,留下来的记忆存在于文字的痕迹中。值得记住的是,每一种语言行为都是独特的、不可重复的场景。发音和音乐的声音,首饰、服装、自然环境、香味以及历史场景,都消失在短暂的历史洪流中。声音的回波描记术将自己局限在识别事

606

---

①　参见 Michael Swanton, 'El texto popoloca de la *Historia tolteca-chichimeca*', *Relacione* s, 86：22(2001),114 - 129。

②　*Historia tolteca-chichimeca*, 232.

③　有关《高廷昌年鉴》中文字部分的更完整的讨论,参见 Rabasa, 'Ecografías de la voz'。

件发生的痕迹中，这些痕迹包含在已经逝去的书面记忆里。文字的记录方式传达出一种观点，即声音（像罗兰·巴特捕捉现实的片段的图片），甚至当我们缺乏确定性的时候，正是我们正在阅读的一种"纯粹的"速记记录。 不像那些处理过的照片，经过修改的文字不再是言语事件的见证。记录下来的声音，反过来可以为多种阅读物提供空间，为多种语调和变化提供空间，这种变化的范围从当前的学术阅读到高廷昌的集体表演。

特索索莫克的《墨西哥万事编年史》的集体作者

在光谱的另一端，我们发现了文字文本，从中可以由直觉推断出象形文本，为文字表达奠定了基础。费尔南多·阿尔瓦拉多·特索索莫克的《墨西哥万事编年史》（1609 年）所记录的不同的声音，指向了一种图片样式的文本，再现了象形历史的体裁。根据查尔科的著名的纳瓦历史学家夸霍金·多明戈·齐马尔帕赫恩的名字进行命名的《齐马尔帕赫恩抄本》（*Codex Chimalpáin*），聚集了一系列的叙述方式，包括特索索莫克的《墨西哥万事编年史》，他反过来确认了他的史料来源（在某些情况下个人的单独的文字表达），并且建立了该作品的集体创作的特征。特索索莫克和齐马尔帕赫恩的作品和《高廷昌年鉴》有所不同，该作品通过涵盖元话语，就其创作过程本身提供了一种不充分的信息，这种元话语记录了一种内部的语音，反映了叙述方式聚集的过程，反映了前殖民和殖民世界中收集叙述文本的准确性。在这方面，这些纳瓦作家们认为，历史学家的定位就是负责创作一种声音的档案，提供关于历史的不同版本。在一些地方，他们判断史料的真实性，但是大部分情况下，他们将自己局限在记录声音或者复制抄录他人创作的作品的范围内。他们不约而同地提到了多名参与者在象形文本的诠释方

607

---

① Roland Barthes, *Camera Lucida：Reflections on Photography*，trans. Richard Howard (London, 1981).

面的合作。

　　特索索莫克和齐马尔帕赫恩的作品中声音的包含和可能,使得故事有了多重深度,使得声音的范围有了更多的深度,能够消失在极远古的过去,使叙述世世代代相传。特索索莫克在他的叙述中镶嵌了他所认为的叙述的史料来源:"在这里结束了古老的阿隆索·佛朗哥(Alonso Franco)的叙述,他的故乡在墨西哥的特诺奇蒂特兰的城市,特拉特洛尔科(altepetl),他逝世于 1602 年。他是一个混血儿。"①我们忽略了谁是混血儿阿隆索·佛朗哥,但是关于年长者、关于长者的叙述,肯定有着足够的分量才能够被包含在文本中,而且他的名字和《墨西哥万事编年史》的特定部分有关联。我们不禁想知道谁是这个在特诺奇卡国家中有足够权威的混血儿,能够讲述墨西哥阿兹特克的奇奇美加人待在亚兹特兰的故事,直到他们出现并在奇奇美加的大片土地上徘徊。就在佛朗哥的叙述之后,特索索莫克讲述了维齐洛波奇特利(Hutizilopochtli)的故事,他的妹妹马格达莱纳(Malinaxoch),她被遗弃,她怀胎科皮尔(Copil),科皮尔的最终牺牲,战场上赛滕左的失利,以及先于特诺奇蒂特兰城的第一批墨西哥人定居的事件。在这些故事中,神话的和历史的部分——如果我们能够在不产生话语暴力的前提下将他们区分开来的话——改变了彼此的真实性。特索索莫克在没有提及明确史料的情况下,讲述了这些基本的故事。佛朗哥的故事中,什么可能揭示了一种独特的观点,以及保留他自己个性化声音的需要? 似乎特索索莫克想要证实文字写作的力量,通过佛朗哥的无尽的话,保留语言的最后一口气,但是特索索莫克在集体的创作中,也求助于他近亲的声音,即使后者在匿名的杂音中消失了,在重演的可能性中,仍然难以令人忘记。

　　特索索莫克和齐马尔帕赫恩在明确自己的任务方面有所不同。608 齐马尔帕赫恩在特索索莫克的《墨西哥万事编年史》插入自己的声音,质疑特索索莫克的版本:"但是我在这里告诉你们我的名字,多

---

① *Codex Chimalpahin*, i. 75.

明戈·齐马尔帕赫恩，至于墨西哥人被围困在查普特佩克
（Chapultepec）的时间，我已经调查并考虑了查尔科的纪年簿。正
是1299那一年。"①齐马尔帕赫恩在此处和其他地方公开了一种调
查方法，这能够使他书写那些发生在多个阿兹特克（altepeme）的事
件的叙述提供信息，而不是书写《纪年》（xiuhtlapohualli）的传统做
法。现在，特索索莫克也认为他的任务是在比较的脉络中作为特
诺奇蒂特兰城的历史学家："在上文提及的第一位基督教新手所强
调的内容上，现在为了提供真实性，并且比较任何其他人的叙
述——那些确实非常熟悉他们所安排的内容是如何出现的，我现在
在他们的叙述中验证并确认。"②现在让我们把参考留给第一批基
督徒，只要研究他在史料真实性方面的方法和标准即可。齐马尔
帕赫恩清楚地将自己定位在希罗多德式的历史理解的探究中，他
比齐马尔帕赫恩不够系统性，将自己定义为传人和幸存者的特索
索莫克，通过收集叙述并检验它们的真实性："它们孕育了我；我在
此宣布，我确实是他们的孩子；我拥有古代人的叙述，我就是古代
人的幸存者，我是我们的神主赐予力量的所在"，扮演了一个"作者
-目击者"的身份。③ 在特索索莫克作为古代人叙述的幸存者和托
管人的能力下，他建立了新的档案管理，将传递给后代："这些叙述
确实是我们在保管。因此我们，但特别是我们的儿子、孙子，我们

---

① *Codex Chimalpahin*，91；苏珊·施罗德（Susan Schroederz）注意到，如果 Chalca
历史学家首先到达墨西哥城时是 Domingo Francisco，那么他的西班牙姓的缺
失，就说明了他卑贱的地位，在他的作品中，我们发现他称呼自己为
Quautlehuanitzin 人，Domingo de San Antón Munon Chimalpahin，这是令人回味的
高位阶的排名。参见 Schroeder, *Chimalpahin and the History of Chalco*
(Tucson, 1991), p. xvi。

② *Codex Chimalpahin*, i. 65.

③ 在 *Remnants of Auschwitz：The Witness and the Archive*（New York, 2002）一书
中，乔治·阿甘本从拉丁文中的作者一词中，派生出作者-目击者的概念，该词
"原本在少数人的情况下有指定人选……目的是确保他具备其所需要的有效的
题目"（第148页）。在此援引阿甘本，目的不是为了利用美洲入侵去错误地掩
盖犹太人的大屠杀，而是借鉴阿甘本对拉丁语词汇"作者"的观点，可能会外推
到特索索莫克的历史使命中。

的后代,那些将从这里出去的人,他们也将永远保卫它们。"①特索索莫克认为在档案产生的过程中他的作者身份,将使得古代的记忆在特诺奇蒂特兰的后裔那里永垂不朽。

特索索莫克给予特诺奇蒂特兰的后裔的礼物,充满了对未来的希望,其中,他在 1609 年的作名征兆还不明显,彼时他列举胡安包蒂斯塔(don Juan Bautista)作为特诺奇蒂特兰城的最后一个印第安人法官-总督。特诺奇蒂特兰城最后一任法官-总督是特诺奇卡的唐·路易斯·圣玛丽亚(don Luis de Santa Maria,1565 年逝世):"随着尊贵的特诺奇卡统治者们出生在水域中央,他对墨西哥特诺奇蒂特兰的治理也走到了尽头。"②特索索莫克认为"作者"这个术语的任务,说明了对文字写作的一种神圣的理解,其中的阅读和表达将能够带回那些长者们确实存活着的声音,这些声音蛰伏在文字中:"墨西哥人的那些子民,仍然活着的以及尚未出生的特诺奇卡的子民,将继续告诉他们,将继续庆祝。"③似乎特索索莫克了解圣保罗的名言,即新法将要取消且某种程度上保留旧法;纳瓦人并入到世界史中,将不会排除古代人的记忆。借用乔治·阿甘本(Giorgio Agamben)的话,"作为每一个世俗的条件的撤销,自我释放,自我使用",特索索莫克是被称为唤醒延续纳瓦生活模式的人吗?④ 在旧的信仰和新的基督教需求之间的张力中,特索索莫克创作了故人的记忆,也就是作为遗迹的特诺奇蒂特兰城的基本故事的版本。特诺奇蒂特兰城令人难忘的过去和长者们的话语,将在基督教的世界史中一直保持下去,然而保留了表达的可能性,即那种能够删除提及基督教的可能性。然而特索索莫克为那些提供可靠信息的长者们的真实性根植于这样一个事实,即他所传承的特诺奇卡的精英们正是第一批基督教的新手们。他们的可信度与他

609

---

① *Codex Chimalpahin*, i. 63.

② *Codex Chimalpahin*, i. 175.

③ Ibid. ,i. 61。

④ Giorgio Agamben, *The Time that Remains*：*A Commentary on the Letter to the Romans*, trans. Patricia Dailey (Stanford, 2005),43.

们的令人难忘的状态有很大关系，也与他们作为第一批基督徒的尊贵地位有关系。特索索莫克是蒙卡玛，也就是弗朗西斯卡·蒙卡玛的外孙，并且将他的父亲迭戈阿尔瓦雷多列为 1536 年特诺奇蒂特兰城的统治者。印第安人的法官-总督们在至少第一个世纪的特诺奇蒂特兰的殖民统治中发挥了不可或缺的作用。这些人物不能完成这一任务，除非他们公开接受自己作为基督徒的身份状态。这并不一定意味着他们的基督教化是彻底的——曾经骄傲地在作品中展示出一幅承载着高位阶的画像的特索索莫克很少提到一个问题：西班牙的礼服、匕首和剑。人们会认为骑着白马的权利被赋予胡安瓦拉克斯，在吊死休伊·莫兰（Huey Mollan）的库奥特莫克（Quauhtemoc）之后的第一个生育女神蛇女（*cihuacoatl*）：" 在那里，西班牙人给了休伊·莫兰西班牙人自己的衣服和剑、匕首以及一匹白马。"[①]作为可靠的新手，在讲述他的祖先和特诺奇蒂特兰城高贵出身的贵族们的故事时，他将他们的叙述铭刻进救赎历史中。这种解释说明，印第安人的主体在转换的结构中，被放在一个接受传教士描述的位置上，后者将他们描述为肮脏、血腥、欺骗的形象。不需要说，对于特索索莫克以及西班牙的传教士们而言，这些恶魔，或者好听点，恶魔的化身，有其代理身份，即使他们有资格被认为是假的神明。但是，把他们当作恶魔的化身来讲故事，或者作为假神——作为骗子——削弱了他们的权力。毕竟，谁想要信仰假神，生活在欺骗之下呢？因此，特索索莫克不仅为特诺奇蒂特兰城的古代宏伟档案收集了故事和作品，而且确认了在中美洲的写作规范中讲述和复述故事的规则。[②] 他们的神被认为是恶魔的这种观念，可以被追溯到长者们的讲话中，这些长者们在西班牙入侵的一开始就暴露在基督教的入侵下，他们被迫痛恨他们古老的仪式和信仰，然而另一方面依然保留着他们的记忆。

---

① *Codex Chimalpahin*，i. 169.

② 在这一方面，他在雅克·德里达的 *Archive Fever：A Freudian Impression*，trans. Eric Prenowitz (Chicago, 1998)一开始和规范那里，举例说明了档案该词的词源。

同步的历史时期和齐马尔帕赫恩的当下历史

齐马尔帕赫恩的历史的最显著的特征之一,就是同时记录某一年不同地方的事件。这个做法使得他疏远了中美洲当地历史中记录事件的传统。在这方面,他距离特索索莫克的集中在特诺奇蒂特兰城的历史越来越远,后者只有在跟墨西哥的崛起有关系时,才提供其他地方的资料。通过遵循几个图片叙述,调查来自不同史料来源和地方的文字记录,并从长者们的调查记录中推演,我们可以设想齐马尔帕赫恩的做法,并为墨西哥中央和欧洲历史中的重要事件提供完整的历史,即使他在查尔科本地居民享有特权。在某些场合,他确实提供了信息提供人的名字,常常和他的亲友有关,但是大部分情况下,他讲述的是那些讲故事的男女长者们的事情。

除了在某一年同时引用史料和事件,齐马尔帕赫恩也从《圣经》史料中提取信息,来更好地将事件放置在世界史,也就是基督教历史的范围内。提及在公元中跨越重复出现的场景的犹太教和基督教历史。然后自从我主耶稣基督诞生后,为诸如巴别塔这类的事件修改了时间之后,"1300 年过去了":"来自于古代的神迹的叙述让人难以置信;因为如果各民族的语言产生困惑是真的,那么古代人说他们的语言感到了困惑的时候,距离语言差别的产生以及基督教关于上帝的作品中所记录的语言差别,已经过去许多年了。"①齐马尔帕赫恩嵌入了一个简短的关于巴别塔、尼姆罗德和诺亚的叙述,来说明关于诺诺胡卡斯第一次出现的叙述。诺诺胡卡斯出现于一个叫作特拉帕兰的地方,根据他从中提取信息的《朱砂书》(*ymamatlacuilolpan in tliltica tlapaltica*,他们用黑色和红色颜料撰写的书),古代人正是在那里变成了哑巴:"因为当这件事发生的时

611

---

① Domingo Chimalpahin, *Relaciones séptima y octava*, *in Las ocho relaciones y el memorial de culhuacan*, ed. and trans. Rafael Tena, vol. 2 (Mexico, 1998), 28 - 29, 14 - 15.

候他们变成了哑巴,他们便被赐予了诺诺胡卡斯的名字。"①

这个故事仍然引人入胜,不仅仅因为它回溯到特拉帕兰来到奇科莫兹托克(Chicomoztoc)之前,这是他们迁徙之前的时代,也许他们历史时代之前,而且也因为齐马尔帕赫恩提到了约瑟夫和希腊罗马的古代诗人,他将其描述为词汇的异教骗子(tlahtolchichiuque,the enlabiadores,根据莫利纳的说法),特别是奥维德的故事,讲述了巨人如何建立了通天的高塔去摧毁上帝的故事。齐马尔帕赫恩最后简单地声明,奥维德用不同的词汇表达了自己,"因为他是一个偶像崇拜者,并不知道惟一的神上帝"。② 最后,齐马尔帕赫恩质疑那些由古代的纪年所提供的,通过暗指证据,本来将特拉帕兰放在巴比伦旁边的古代的叙述,《胡胡修拉帕罗》(huhuexiuhtlapohualli),该作品提供了一个更加近期的日期,并且通过事实说明它与《圣经》不符。③ 我们注意经文纳入中美洲的类别和历史体裁中,基督教的纪年。在《圣经》记述关于巴别塔,对中美洲丧失共同语言,并对之后的通信产生怀疑之后,好像提到奥维德会给他相关的诗歌资质,站在海龟和巨大的海螺的顶部,来讲述塔克哈卡渡海的浪漫故事,他们在那里看见了水里一半是鱼身的女性,"yn acihuatl michintlaco",海里的塞壬在水中描绘了她们的音乐和叹息(oquinhuallapichilitiquizque oquinhuallatzotzonilitiquizque yn ayhtic)。④

一旦特拉帕兰已经越过了海洋,齐马尔帕赫恩开始列举年份,在历史上可考的《纪年》,这使得他能够创作出一部完整的纳瓦的历史。他比较并树立了多年来最可靠的叙述,属于不同地方的多种史料资源。因此在一年的时间内,齐马尔帕赫恩可能会引用关于特斯科科、特诺奇蒂特兰和阿梅卡卡的事件。这种同时提及事件,提供

612

---

① Domingo Chimalpahin, *Relaciones séptima y octava*, *in Las ocho relaciones y el memorial de culhuacan*, ed. and trans. Rafael Tena, vol. 2 (Mexico, 1998),28 - 29,14 - 15.

② *Relaciones séptima y octava*, 18 - 19.

③ *Relaciones séptima y octava*, 21 - 22.

④ *Relaciones séptima y octava*, 22 - 23。

了一幅几个阿兹特克氏族部落之间互动的图景,即使当更多的注意力放在查尔科的叙述上。在《第七种关系》(Septima relación)中,我从中得到了语言混乱的文章,查尔科的历史不可避免地连接到特诺奇蒂特兰的崛起,首先是华丽的战争,然后是下属的支流,这是齐马尔帕赫恩所表达的一种死亡形式的情形:"那时候,自查尔科去世已经五十七年了。"[1]科尔特斯(Cortés)进入特诺奇蒂特兰城之后,特诺奇卡失去了他们所有的土地,一旦它决定他们通过战争的方式接管了此地。齐马尔帕赫恩提供了特诺奇卡西华提(cihuatl)最可怕的一幅画面,女人们回到她们在特诺奇蒂特兰城的房子:"她们发现尸骨遍地。"[2]除了中美洲同时发生的事情,齐马尔帕赫恩记录了欧洲发生的事情,例如查理五世加冕为神圣罗马帝国的皇帝,以及菲利普二世的出生。事实上,查理五世直到1530年才加冕,齐马尔帕赫恩在1528年援引的这些事情几乎不会对他造成什么影响。

因此我们可以确定一种包含世界史里所有事件的暂时性。不仅齐马尔帕赫恩能在他们的公元纪年中定位事件,而且也能够在世界的《圣经》历史和欧洲主要事件的层面上进行研究。齐马尔帕赫恩的全球史从查尔科的观点和墨西哥城盆地的其他地方而来。对他而言,中美洲被并入天主教的世界史中这件事,已经是十分清楚了,但是理解他使用本地的档案去讲述纳瓦并入基督教的主要事件,也十分重要。人们甚至认为,和欧洲历史有关的事件,例如查理五世担任神圣罗马帝国皇帝,来自于本地的史料,早几十年记录了这些事件。这显然并不意味着齐马尔帕赫恩没有欧洲的史料,而是他对殖民秩序建立的故事,遵循着当地的经验和记录。他所指的年长的人,古代人,包括图片的史料,建立了广泛的殖民活动:"2 Calli 1533。阿梅卡卡说,他们的纪年簿(ynxiutlapo-huallamauh)中左侧画的那部分,也就是圣路易斯奥比斯波(San Luis Obispo)的教堂,今

---

[1] *Relaciones séptima y octava*,162-163。
[2] *Relaciones séptima y octava*,164-165。

年刚完成。"①阅读齐马尔帕赫恩的作品,我们能够感觉到基督教的时间已经被并入中美洲的时间里。基督教肯定改变了纳瓦的日常生活;然而,我们没有得到这种印象,即使用历法上的相同之处,仅仅在均匀的时间方向上起作用,而基督教的日期现在的形成,与中美洲的"纪年"不一样。

让我们来看一下日常生活的记录,他生活的时代的历史,如果读者愿意,就是所谓的《日志》。《日志》的第一个内容,7 House year,1577,有一条注解说明"这一年圣特蕾莎·德·赫苏斯(mother Teresa de Jesús)写了她的《灵心城堡》(*Las moradas*)的书"。② 这一内容呼应了齐马尔帕赫恩诞生前的两年。一直到 1594 年 7 月 25 日的这一内容,我们有了书写当下的暗示:"在这里提到了,古老风格的 year 11 Rabit,正是大量悲剧走向我们的时候。"③尽管《灵心城堡》上面的注释是空白处后来的附加,但正是出自齐马尔帕赫恩之手。正如同通过反思并重新审视这些内容,使得他意识到圣特蕾莎创作《灵心城堡》的对应物。我们知道圣特蕾莎,担心她的作品的所有记忆会消失,所以在宗教裁判所没收《生命之书》(*Libro de la vida*)这本书的两年之后,写了这本书。尽管《日志》缺乏我们在《灵心城堡》中所发现的自我审视,人们可以断定,我们在齐马尔帕赫恩对当代事件的叙述中发现了批判意识。圣特蕾莎的个人意识的审视,给予了社会主体意识审视的空间:例如,面对黑人奴隶的

---

① *Relaciones séptima y octava*, 186 - 187.

② Don Domingo de San Antón Muñón Chimalpahin Quautlehuanitzin, *Annals of His Time*, ed. and trans. James Lockhart, Susan Schroeder, and Doris Namala (Stanford, 2006), 27. 这里还有齐马尔帕赫恩的《日记》的另一个版本: Domingo Chimalpahin, Diario, ed. and trans. Rafael Tena (Mexico, 2001)。我发现了命名这部作品为 *Annals of His Time* 的悖论,鉴于大部分情况下,这些条目记录了日期,部分情况下记录时刻,除了他在 1608 年 10 月 15 日和 1609 年 1 月 1 日两个条目之间插入的,非常短的 *xiuhtlapohualli*。认为很短是因为页码的数量;实际上在 20 页的范围内,它涵盖了从世界的起源到 1608 年年底的时间段。

③ *Annals of His Time*, 51.

叛乱之时,西班牙人的偏执,地震之后总督当局的腐败问题,或者在日食期间西班牙人的歇斯底里。让我们看一下 1611 年 6 月 10 日的内容中墨西哥城的一些细节。

　　齐马尔帕赫恩针对日食现象,并列研究两个比喻,纳瓦特尔的"太阳被吃了"(tonatiuh quallo),以及阴凉处的类比,即只为那些站在阴凉下面的人创造了背阴处。后者比喻是他从胡安·包蒂斯塔的《赛摩那里奥》(Sermonario)中得到的,此人通过占星学的作品创作出这篇文章,并将其翻译成纳瓦特尔语。齐马尔帕赫恩将胡安·包蒂斯塔的比喻指称为序言(tlahtolmachiyotl),莫利纳将其列为"寓言,比喻或数字"。拉斐尔·特纳(Rafael Tena)用了"类比",的确捕捉到了莫利纳偏爱的一个比喻,但是英语的译者们倾向于使用"声明",赋予了它在纳瓦特尔语言中不包含的科学的分量。隐喻的顺序和在内容中将日食比作"太阳被吃了"的坚持,说明了经验知识局限性的讽喻。的确不难想象,齐马尔帕赫恩知道哥白尼,鉴于古人的无知是由于他们是异教徒的关系,齐马尔帕赫恩似乎表明,胡安·包蒂斯塔的《赛摩那里奥》的叙述中关于日食的知识是关于一种信念:"我们的祖先,古代人仍然是偶像崇拜,被称为异教徒,他们没有能力发现这点真相,因为他们生活在混乱中。"①齐马尔帕赫恩注意到了殖民当局通过要求人们戒绝吃、喝并离开自己的房子,推动了人们的恐惧,因为有害的气氛(鉴于占星家都是离开几个小时——人们离开房子来到大街上——这些注意事项被证明是毫无根基的),他证实了这种"混乱",即西班牙的妇女们冲出来忏悔,许多人在大环境失范的状态下死于刺伤,影响了西班牙人,也影响了纳瓦人。但是齐马尔帕赫恩关于日食及其过程短暂性的精彩的现象描述,甚至比他对西班牙知识的优越性的批判还要重要。

614

　　即使当上帝似乎开始清理天空,好让新西班牙的所有居民能够感知到之前被云端掩盖的太阳而隐藏起来的世界的奇迹,齐马尔

---

① 　*Annals of His Time*,181。

帕赫恩的语言承载着描述的力量："因为当光开始暗下去时，当太阳的表面开始被月亮覆盖时，这个过程是被吃的过程，天空到处都被云朵遮盖，只有在太阳面前飘过几朵薄云。"上帝创造了看得见的日食以及对这种过程的描述，两者的并列相得益彰，因此调动他所有的感官形成的对每个细节的描述，传达了一种关于世界的关照的好奇。云朵移动得很缓慢，天空开始清晰起来，太阳独处在中央，渐渐地消失在灰色调中，"黑，暗，暗蓝"。持续的时间流逝得很缓慢，直到它突然变暗，好像晚上八点钟的样子。齐马尔帕赫恩所写的内容，表明教堂的钟声首先将纳瓦介绍给了天主教的计时方法。在这里，夜晚的概念和白天的时刻钟配在一起，但是对于日食的描述，延续了下午较早的时刻。不仅是白天，还有时刻钟，使得这一对日常生活的记录成为最不合乎惯例的年鉴，如果那就是我们应该对这种生活经历的验证的称呼的话。齐马尔帕赫恩传达了一种时间停止的观念，在太阳被吃掉的期间有一个延长了的瞬间，"çan niman aoctle ypan hualla, aoctle ypan oquiz"（那一瞬间万物无所处，万物无所动）。[①] 太阳也许没有死，或被吃掉，但是"太阳被吃了"的比喻，对于时间停止的经历来说是一种恰当的表达，很明显比胡安·包蒂斯塔的"阴凉遮荫处"的比喻要准确很多。齐马尔帕赫恩记录了现在看来被延长了的瞬间，而不是眨眼的刹那；正是世界的暂时性，停止了那个瞬间，而不是现在的和内部时间意识的经历有关的瞬间。

615

随着词条进展到科学的话语，进展到不能够通过直接的观察而被获知的话语，给颜色、感觉、时间经验和分钟细节的经历，提供了产生的空间。这种现象的经历参与了上帝的奇迹，他本人创造奇迹，好让我们可以欣赏他的杰作，在这一方面，祖先们在他们的文雅高贵中可能忽略了教条的部分，他们尊重天堂的地心结构，但是他们对于世界的经验在他们的比喻中被准确地捕捉到了。在《日志》中，我们再一次发现了重写欧洲知识的例子，就中美洲的历史

---

① *Annals of His Time*, 180 - 183.

写作制度而言确实也是《日志》的文体,齐马尔帕赫恩将其总结为一句话,定义了他为后代的读者们和听众们写作项目,跟特索索莫克为后来的世代提供档案不一样:"这便是发生了的事情,因此据说太阳被吃掉了。事件被叙述的那一天星期五,完整的论述被有序地安排在这里,因此所有在后面出生并且从此之后居住在地球上的人们,以及那些再也不会看见类似情形的人们,将在这里看到并了解它。"①

在中美洲的档案中和历史写作机制中阅读特索索莫克和齐马尔帕赫恩,使得我们必须注意到作者的功能,这些作者们认为收集证据,传播给后人,在基督教和中美洲的短暂性的交集中进行协商沟通。我认为,这些纳瓦的历史学家们在阿甘本的定义的基础上认为作者-目击者的功能就是收集声音,要不然它们就会消失在日常生活的杂音中。但是这些并不仅仅是声音,而是证实了纳瓦特尔关于历史的传统叙述的丰富性的话语形式。当借鉴了有象形文字的书后,并不仅是祖先们说了什么,不仅是他们讲述的基本的故事,还有为后人保存的实际话语。事实上,我们可以说,例如杜兰、莫托利尼亚、阿科斯塔和托瓦尔等传教士写的历史作品,这些人的作品和特索索莫克的《墨西哥万事编年史》有密切的关系,记录了特诺奇蒂特兰城的基本故事的本质。然而对于纳瓦的历史学家们独特的事情是,他们保留了话语的形式,以及象形叙述的历史流派。

通过阅读特索索莫克和齐马尔帕赫恩,我们也观察到纳瓦的历史学们如何将偶像崇拜的合格语言和恶魔冒着消耗中美洲生命的精神表达的风险的语句。由于它们在特诺奇蒂特兰城的基本的故事中,记录了我们所说的主要超自然主角们的神话传说,其效果是古老的形式保存下来的故事——作为一种遗迹——产生于对古代 616 精神的否定与保存,在基督教的历史写作制度内。随着罗马帝国的历史,基督教的世界史现在包括中美洲文明的痕迹。特索索莫

---

① *Annals of His Time*, 185.

克和齐马尔帕赫恩对于基督教的世俗层面十分了解,在其短暂性的情况下,以所有历史的无所不包的内容作为其使命。但是最终,这些纳瓦的历史学家们为后代保留的故事,为我们提供了牺牲的本质和文化的建立的独特入口。在保留纳瓦特尔声音的时候,他们提供了追溯希腊—亚伯拉罕传统的限制的元素,也就是所有生命的"全球拉丁化"。[1]

最后,让我们回顾一下,《高廷昌年鉴》为包括象形和文字文本的高廷昌叙述,提供了独特的例子。我们在《年鉴》中没有发现用于收集叙述的标准的反思。好像我们正在目睹那些聚集长者们以记录他们的声音的速记时刻。在《年鉴》中,我们没有发现将神灵看作恶魔的痕迹,也没有诋毁和牺牲或食人有关的仪式。这些是没有道歉或谴责地谈单纯事实。对征服和即将到来的基督教的引用,形成了古代史的部分,即现在包括基督徒活动的古代纪年。提及 18 世纪的余毒,召唤长者们聚集,也承担着基督教上帝的印记,但是只是简单地作为仪式的一部分。《年鉴》收集的故事很少或者不关心传教士或官员会说什么。这些故事都是在社区的亲密中被讲述。最后,基督教成为高廷昌故事中的又一个元素。

正如人们可以辩论说,在美洲文化与自然现象合并的过程中,欧洲在不失去其身份定义的前提下,历经了转变,我们可以说,中美洲在不失停止做自己的世界的前提下,与欧洲合并。在合并文字协作的过程中,中美洲保留了自己的背景,也就是一个绝对的前提,土著居民已经清晰地阐释或反驳——延续到今天依然阐释——他们自己的生命形式。

主要史料

Anales de Tlatelolco, ed. and trans. Rafael Tena (Mexico, 2004).

---

[1] 关于"全球拉丁化"或法语中的 *mundialatinization*,参见 Jacques Derrida,'Faith and Reason: The Two Sources of "Religion" at the Limits of Reason Alone', in *Acts of Religion*, ed. Gil Anidjar, trans. Joseph F. Graham (New York, 2002).

Anales de Tecamachalco, ed. and trans. Eustaquio Celestino Solis and Luis Reyes García (Mexico, 1992). 617

Buenaventura Zapata y Mendoza, Juan, *Historia y cronología de la noble ciudad de Tlaxcala*, ed. and trans. Luis Reyes García and Andrea Martínez Baracs (Tlaxcala, 1995).

Castillo, Cristóbal del, *Historia de la venida de los mexicanos y de otros pueblos e historia de la conquista*, ed. and trans. Federico Navarrete Linares (Mexico, 2001).

Cantares Mexicanos, ed. and trans. John Bierhorst (Stanford, 1985).

Chimalpahin, Domingo, *Las ocho relaciones y el memorial de culhuacan*, ed. and trans. Rafael Tena, 2 vols. (Mexico, 1998).

Chimalpahin Cuauhtlehuanitzin, Domingo Francisco de San Antón Muñón, *Memorial breve de la Fundación de la Ciudad de Culhuacan*, ed. and trans. Victor M. Castillo F. (Mexico, 1991).

——*Primer amoxtli libro*, *3a relación de las Différentes histoires originales*, ed and trans. Victor M. Castillo F. (Mexico, 1997).

——*Codex Chimalpahin*: *Society and Politics in Mexico Tenochtitlan*, *Tlatelolco*, *Texcoco*, *Culhuacan*, *and Other Nahua Altepetl in Central Mexico*, ed. and trans. Arthur J. O. Anderson and Susan Schroeder, 2 vols. (Norman, Okla., 1997).

——*Annals of His Time*, ed. and trans. James Lockhart, Susan Schroeder, and Doris Namala (Stanford, 2006).

Códice Chimalpopoca: *Anales de Cuauhtitlán y Leyenda de los soles*, trans. Primo Feliciano Velázquez (Mexico, 1992).

Códice Techialoyan de San Pedro Tototepec, ed. and trans. Javier

Noguez (Toluca, Mexico, 1999).

Codex Chimalpopoca : The Text in Nahuatl with a Glossary and Grammatical Notes, ed. John Bierhorst (Tucson, 1992).

Durán, Diego, *Historia de las Indias de Nueva España e Islas de la Tierra Firme*, ed. Ángel María Garibay K. , 2 vols. (Mexico, 1967).

Early History and Mythology of the Aztecs : Codex Chimalpopoca, ed. and trans. John Bierhorst (Tucson, 1992).

Historia tolteca-chichimeca, ed. and trans. Paul Kirchhoff, Lina Odena Güemes, and Luis García (Mexico, 1976).

Ixtlixochitl, Fernando de Alva, *Obras Historicas*, ed. Edmundo ÓGorman, 2 vols. (Mexico, 1975 – 1985).

Libro de los guardianes y gobernadores de Cuauhtinchan (1519 – 1640), ed. and trans. Constantino Medina Lima (Mexico, 1995).

Sahagún, Bernardino de, *Florentine Codex : General History of the Things of New Spain*, ed. and trans. Arthur J. O. Anderson and Charles Dibble, 13 parts (Santa Fe, NM, 1950 – 1982).

Tezozómoc, Fernando Alvarado, *Chronica Mexicayotl*, ed. and trans. Adrián León (Mexico, 1992).

We the People There : Nahuatl Accounts of the Conquest of Mexico, ed. and trans. James Lockhart (Stanford, 1993).

618 **参考文献**

Brotherston, Gordon, *Book of the Fourth World : Reading the Native Americas through Their Literature* (Cambridge 1992).

Carrasco, David and Sessions, Scott (eds.), *Cave, City, and Eaglés Nest : An Interpretative Journey through the* Mapa de Cuauhtinchan No. 2 (Alburquerque, 2007).

Durand-Forest, Jacqueline de, *L'historie de la Vallée de Mexico selon Chimalpahin Quauhtlehuanitzin* (*du XIe au XVe siècle*) (Paris, 1987).

Florescano, Enrique, *Memoria mexicana* (Mexico, 2002).

——*Quetzalcóatl y los mitos fundadores de Mesoamerica* (Mexico, 2004).

Heyden, Doris, *The Eagle, the Cactus, the Rock : The Roots of Mexico-Tenochtitlan's Foundation Myth* (Oxford, 1989).

Gibson, Charles, *The Aztecs Under Spanish Rule : A History of the Indians of the Valley of Mexico, 1519 – 1810* (Stanford, 1964).

Gruzinski, Serge, *The Conquest of Mexico : The Incorporation of Indian Societies into the Western World, 16th – 18th Centuries*, trans. Eileen Carrigan (Cambridge 1993).

Leibsohn, Dana, *Script and Glyph : Pre-Hispanic History, Colonial Bookmaking and the Historia Totlteca-Chichimeca* (Washington, DC and Cambridge, Mass. , 2009).

León Portilla, Miguel, *Aztec Thought and Culture : A Study of the Ancient Nahuatl Mind*, trans. Jack Emory Davis (Norman, Okla. , 1971).

——*Pre-Columbian Literatures of Mexico*, trans. Miguel León Portilla and Grace Lobanov (Norman, Okla. , 1986).

Lockhart, James, *Nahuas and Spaniards : Postconquest Mexican History and Philology* (Stanford, 1991).

——*The Nahuas After the Conquest : A Social and Cultural History of the Indians of Central Mexico 16th through 18th Centuries* (Stanford, 1992).

López Caballero, Paula, *Los títulos primordiales del centro de México* (Mexico, 2003).

Mignolo, Walter, *The Darker Side of the Renaissance : Literacy,*

Territoriality, *and Colonization*（Ann Arbor，1995）.

Nicholson，H. B. 'Prehispanic Central Mexican Historiography'，in *Investigaciones contemporáneas sobre la historia de México*: *Memorias de la Tercera Reunión de historiadores mexicanos y norteamericanos*，*Oaxtepec*，*Morelos*，4 -7 de noviembre de 1969 （Mexico and Austin 1971），38 - 81.

Pastrana Flores，Gabriel Miguel，*Historias de la conquista*: *aspectos de la historiografía de tradición náhuatl*（Mexico，2004）.

Schroeder，Susan，*Chimalpahin and the Kingdoms of Chalco* （Tucson，1991）.

Velazco，Salvador，*Visiones de Anáhuac*: *reconstrucciones historiográficas y etnicidades emergentes en el México Colonial*: *Fernando de Alva Ixtlixóchitl*，*Diego Muñoz Camargo y Hernando Alvarado Tezozómoc*（Guadalajara，2003）.

Wood，Stephanie，*Transcending Conquest*: *Nahua Views of Spanish Colonial Mexico*（Norman，Okla. ，2003）.

——and Noguez，Javier（eds. ），*De tlacuilos y escribanos*: *estudios sobre documentos indígenas coloniales del centro de Mexico* （Zamora，1998）.

申　芳　译　张　骏　校

第三十章　印加历史的形式

凯瑟琳·朱利安

　　1400—1800 年涵盖了几乎整个西班牙在安第斯地区殖民时代 （1532—1826 年），还有漫长的 15 世纪，彼时西班牙人所熟知的秘鲁，还在库斯科印加人的统治之下，在塔华廷苏育（Tahuantinsuyu） 的主宰之下。拼音文字随着西班牙人一起来到了这里，并迅速成为记录各种与安第斯的历史相关的记忆类型的工具。一些西班牙的叙述是有意识地从库斯科处收集而来的印加历史形式中建构起来的。一种关于前西班牙的历史事件的、用西班牙文写就的新的历史叙述形式，最初更多地是从这些史料中吸取资源，但是随着时间的进展，成为一种非常像现代历史学实践的文本演练。关于安第斯地区的历史学的论文采用了这些西班牙语的叙述和其他作品，引用原住民历史或文化作为他们的中心思想，错误地称他们为 "编年史"。[1] 由原住民作者用西班牙语创作的一小部分作品，满足这一群体的定义，尽管在更大的类别范围内，它是异构的。

　　本章将印加的历史形式作为起点，检视这些形式和欧洲引介而来的形式之间的创造性互动。西班牙的叙述类型和其他作品在西班牙的统治地位建立之后，登上了中心舞台，但是其他欧洲的表现方式，包括文艺演出和绘画，对于印加记忆的形成而言，都是十分重要的。在这一时期对印加记忆的不同渠道进行确认，是要告诉

---

[1]　Franklin Pease, 'Chronicles of the Andes in the Sixteenth and Seventeenth Centuries', in *Guide to Documentary Sources for Andean Studies*, 1530 - 1900 (Norman, Okla., 2008), 11 - 22.

我们那些以某种方式对过去进行确认的人们的一些事情。一切事物都变成我们所采取的那种姿势。与其站在试图解释字母识字能力如何主宰了史学的产生的立场，我们将自己定位在探索域外传统对于安第斯地区的历史表现形式的影响的位置上。毕竟更重要的，不是对欧洲的成功进行另一次的迭代，而是理解历史实践如何从自治的印加帝国时代转变到西班牙殖民时代的终结。

620　　　前西班牙时期的印加的历史表现形式，主要是通过在西班牙叙述中引用它们，或者是在建构有关印加历史叙述的过程中，通过在使用这些材料作为史料来源的基础上推论而来的。因此，了解这些印加风格是一项复杂的历史学事业，从 16 世纪一直回溯至 15 世纪。[1] 并非所有的印加历史形式都被西班牙人掌握了。当印加史料的知识被从西班牙文本当中收集起来时，从物质文化研究当中获得的其他形式的证据，能够被检验，作为扩展所谓印加历史学剧目的方法。稍后学习关于早期历史实践的写作习得，对于安第斯地区来说并不是惟一的。一些罗马文本（例如《波伊庭格地图》[Peutinger table]），只能通过中世纪学者的作品中所保存下来的部分才能被人们所知道。本章的观点稍后会有所改变，目的是追踪从欧洲人来到印加到从西班牙独立前夕的印加历史形式的发展。对前西班牙历史形式的了解，允许连接到稍后建立的表现形式，尽管这些与印加系谱学的公开表现有所不同，以及对诸如镶嵌有珐琅的木杯等媒介上的符号交流的非字母形式的重新制定。

名出西班牙叙述的印加历史形式

一群西班牙人在弗朗西斯科·皮萨罗（Francisco Pizarro）的带领下，来到安第斯地区，并于 1531 年俘虏了英卡阿塔瓦尔帕（Inca Atahuallpa）。自此，开始了他们推翻印加、从印加首都库斯科手中

---

[1]　Catherine Julien, *Reading Inca History* (Iowa City, 2000).

接管该地区的活动。阿塔瓦尔帕刚刚在一场今天的厄瓜多尔取得了对其兄长瓦斯卡尔（Huascar）的胜利，就在父亲瓦伊纳·卡帕克（Huayna Capac）突然去世之后，成功成为 Inka。[1] 皮萨罗的捕获解开了一个时期的政治暴力与不安定，比埃尔南·科尔特斯（Hernán Cortés）早期对墨西哥的进攻的暴行持续得久得多。然而，直到 16 世纪 40 年代，在本世纪西班牙人到来之前，西班牙的作者们开始关注收集有关印加人和大型征服状态的建立的信息。这种差距导致一些历史学家和人类学家只相信安第斯地区的现实，[2]拒绝将西班牙人建构的历史叙述形式作为君主与大事的历史。由此可以得出一个论点，即西班牙使用经过变形的印加历史形式，反映了这些传统的继承者们所了解或相信的有关印加过去的历史。[3] 通过对比从印加历史形式中提取出来的西班牙历史叙述形式，我们可以了解到它们之间共同的深层次根源。

621

　　可以被辨识出来的形式之一，是记录印加君主承袭脉络分支的后裔的谱系传统，这种形式的叙述负责扩展印加君主在整个塔华廷苏育境内的权威。王朝的君主传承脉络，从一群最上面的祖先开始追溯血统，这些祖先出现在库斯科南面 30 公里的一个叫作帕卡里坦波（Pacaritambo）的地方的山洞里，之后勉强传袭了 11 代，一直到西班牙人到来。王朝的脉络在每一代被分割成谱系，被称为帕纳卡（*panacas*）。西班牙叙述最常见的结构化工具是王朝脉络的家谱，不仅追溯男性的血统，还仔细地记录了女性，通过这些女性继承权得以传递。源自库斯科印加史料的十一种西班牙历史叙述，都追溯到男性主线中同一个或接近同一个继承人：正是女性的确认，使得有争议的血统能够传递下去。印加人计算出从王朝主线中传承而来的状态——被称为能力程

---

[1]　"英卡"（Inka）用来指印加的统治者；"印加"（Inca）或者"印加的，印加人"（Incas）指更大范围内的人群。

[2]　María Rostworowski de Diez Canseco, *Historia del Tawantinsuyu* (Lima, 1988), 13 - 14; and Franklin Pease, *Las crónicas y los Andes* (Lima, 1995), 85 - 120.

[3]　关于这个论点的彻底阐释，参见 Julien, *Reading Inca History*。

度——将其与太阳联系在一起（以下称为太阳）。男人和女人都是它的管道。印加的谱系就是血统纯洁性的证据，女性的血统至关重要。

因为家谱很重要又充满争议，因此在库斯科附近普恩丘卡专门为太阳献祭的房子内，保存着彩绘的记录。作为库斯科印加君主们的牧师和主要传道人的克里斯托瓦尔·莫利纳（Cristóbal de Molina），将彩绘记录描述成有着"每一任印加君主及其征服的土地的生活，用他们的手指绘到一些碑匾上"。[1] 印加君主的起源也同样得到了描述。西班牙词汇"*tablas*"意味着这些碑匾是由木头制成。它们是否是在镶嵌的珐琅上被彩绘或是装饰的，不得而知；这种镶嵌的珐琅，是西班牙人第一次来到以及随后的印加人在木杯上使用的一种技术。陶瓷器上的印加人物形象再现被高度风格化，因此印加人的身份可能通过约定俗成的裙子和姿势，或者其他表现的细节得到了传达，而不是通过面部的相似。抽象的几何设计被称为挂毯设计，它们可能被用来表现省份。[2]

这些碑匾的记忆直到 1572 年依然十分明显，当佩德罗·萨米恩托·德·甘博亚（Pedro Sarmiento de Gamboa）完成了《印加史》（*Historia Indica*）的第二部分的时候。为了验证它手稿的真实性，印加人的历史被描绘在三块布或者帕诺斯（*paños*）上，每一块大约是 4 平方米。印加人和画像的全长人物，在他们配偶的奖章格式中，以及关于他们起源和征服的叙述，被描绘在帕诺斯上，边上插入了萨米恩托的手稿文本。帕纳卡的代表被组装在一起并被要求宣布表现在布上的内容是真实的。第四块布，也同样被绘画出来，

622

---

[1] *Relación de la fábulas y ritos de los Ingas* (c. 1576; Madrid, 1988), 50: 'la vida de cada uno de los yngas y de las tierras que conquistó, pintado por sus figuras en unas tablas y que origen tuvieron'.

[2] Catherine Julien, 'History and Art in Translation: The *Paños* and Other Objects Collected by Francisco de Toledo', *Colonial Latin American Review*, 8: 1 (1999), 61-89. 参见对挂毯的设计说明，以此了解挂毯设计的含义。（编号 4767，第 89 页）。

表现你家人的后裔们，因此只有他们能够免除部落的费用征收。四块帕诺斯被带到了西班牙，成了菲利普二世的藏品，直到 1598 年他去世，但是现在已经丢失了。[①] 彩绘在这些帕诺斯上的系谱历史可能与普恩丘卡碑匾没有一点儿相似之处。然而，它们的内容以及创作的情景，却和印加君主的彩绘历史有着清晰的关联。萨米恩托指出，在《印加史》中，官方系谱中的第九位印加君主英卡帕查库特克（Inka Pachacuti）下令制造碑匾，并委任训练有素的人去诠释它们。[②]

　　第二种印加历史形式——生活历史——可以从西班牙语的叙述中被检测到。生活历史可能与彩绘历史紧密相关，因为后者似乎一直是谱系命令之下的概要性的生活历史，而不是编年史所要求的印加人的历史。创作印加过去的历史叙述的作者们在处理生活之间的时间重叠的方面有困难，说明深层的谱系并没有提供这种同步。

　　然而，历史汇编有它的优点。一旦家谱类型和生活历史被认为是史料来源并被放在一旁，其他类型的来源材料的影子痕迹就变得十分明显了。其他两种印加历史形式被萨米恩托在建构印加历史叙述中使用，记录在绳结上的一份特定的印加的征服名单；似乎既不是谱系形式又不是生活历史的故事。萨米恩托用了印加官方谱系中的第十位君主图帕英卡（Thupa Inka）的征服名单。这个绳结一直被这位君主的后人们所持有，并于 1569 年呈给西班牙官员看，就在萨米恩托来到库斯科并开始为他的叙述收集材料之前。[③] 图帕英卡的后人们将绳结读入文件中，宣称西班牙人侵占了

---

①　Catherine Julien, 'History and Art in Translation: The *Paños and* Other Objects Collected by Francisco de Toledo', *Colonial Latin American Review*, 8: 1 (1999), 76 - 78.

②　Pedro Sarmiento de Gamboa, *Geschichte des Inkareiches von Pedro Sarmiento de Gamboa* (Berlin, 1906).

③　John H. Rowe, 'Probanza de los Incas nietos de conquistadores', *Histórica* (Lima), 9: 2(1986), 193 - 245.

他遗产中的土地。绳结在塔华廷苏育的四个苏尤（suyus）或部门的命令下，有着列表的形式。每一个条目都指出战斗发生的地方，通常说明了堡垒的名字，但是有时候也会注明特别的敌人领主的名字。印加人也协商和平的并吞，但是绳结只记录军事上的胜利。根据到库斯科的距离，针对每一个苏尤的条目的命令继续一些指示，对于每一个苏尤而言，征服的结果是好的。然而格式排斥了传达任何意义上的整体年表。绳结必须包括一些表示不同类型的正确名称，以及不同的名称，可以被分成几种区分不同级别之间名称的方法的标志。标志的绝对数量，本来需要用来表示级别的名称，例如领主、堡垒、省等等，说明一种特定的绳结必须被特定的个体所知晓，甚至当一些传统被遵循时，所有的人都能够看到。这里说明了一种相当强大的专业化程度。

由这种绳结而来的记录，就像保存在库斯科的其他印加记录的转录一样，告诉我们一些重要的事情，即信息是如何被记录以及保存的。这个列表不是一个叙事的历史；它是档案信息。这种信息被萨米恩托和其他西班牙作者们用来增加印加叙事中所缺失的有关军事征服的信息，但是它可能具有什么样的印加目的，这一点是不得而知的。

印加历史形式的捕获，作为西班牙叙事的原始材料，仅仅是进入另一个历史实践世界的通道而已。我们从这些仅有的例子中所知道的是，印加形式包括一种由真实记录支撑的口头的表现形式或有博学的解读。我们也可以记录档案的一些做法，可能还没有被用作叙事的来源。因为没有一种能够还原或者接近还原话语的写作的形式，印加的叙事形式比西班牙叙事历史更加依赖于阐释或者表现力。西班牙的作者们讲历史的表现力描述成西班牙歌曲的样子，说明它们具有韵律或声乐特征。[①] 胡安·德·贝坦索斯（Juan de Betanzos）的《印加人的故事》（*Suma y narración de los Incas*，1551—1557 年）中，生活史的形式通过对生活本身的反思进

---

① Julien, *Reading Inca History*, 162 – 165.

行判断，是这种历史表现力的最佳人选。另一方面，系谱学可能是"可读的"，因为木匾上展现的人物和符号本来可以传递出一种在他们身上及它们自己的故事梗概，如果顺利进行排列的话。然而，解读者的在场也提出了某种表现力的传统。这种对印加系谱的支持是私下的，但是任何居住在印加库斯科的人都会看到一年不同时期当中的王朝系谱的这种表现力，当印加君主或他们的代理人的不朽的遗体被带到库斯科的主要广场上，并且遵循已经建立起来的等级秩序被进行排列时。当帕纳卡成员在 1572 年验证了萨米恩托的手稿时，他们可能已经从他们对这些事件的记忆和生活历史的表现力当中，认识到了它的逼真性，比民间保存的家谱传统中任何直接知识中得来的都要多。

贝坦索斯和萨米恩托在印加历史的传统中再现了对一种档案　624
实践新形式的强迫接受。他们捕获并记录了——在书面手稿的化石形式中——印加体裁当中汇编的材料。他们用这些将自己借给他们的项目的体裁，并且几乎完全不承认记录记忆的其他形式，甚于他们觉得有用的那些形式。

如果它们没有在西班牙的叙事历史中被捕获，我们能对其他形式说什么呢？有些东西可以从对书面记录的其他形式的仔细研究当中，尤其是从绳结而来的转录，或者从考古学方法当中，得到理解。由于我们对于印加历史学实践所嵌入的概念宇宙的理解，必然受限于我们对本地语言书面材料的缺乏——跟墨西哥不同——任何对其他形式的描述必须依靠西班牙文本的民族志的阅读。两个例子将用来说明一种非欧洲模式的历史思想的各个方面。

第一个例子涉及一些西班牙人一定不会承认其作为一种历史记忆的形式的东西，尽管它作为一种印加历史的再现，可能对印加人而言是极其重要的。印加人为超过 400 个圣地或圣物组织了牺牲献祭，被称为瓦卡斯（huacas），它们在库斯科山谷中被发现。占领了这个地方的多种民族，通过绳结的方法，被指配去为瓦卡斯做出特定的牺牲，每一个瓦卡斯被安排在一条叫作 ceque 的线上。以

ceque 顺序排列的瓦卡斯的列表，于 17 世纪出版，在约 1560 年完成的从印加绳结的音译复制中的所有可能性。[1] 一些瓦卡斯是这片土地历久的特征，例如泉水或山峰。这些很可能是古老甚至久远的宗教膜拜的地址。这些瓦卡斯的当中相当一部分是和特定的印加君主或其他个体相关联的自然的或内置的特征，这些人分布在跨越整个印加系谱的时间段里。一些瓦卡斯纪念和这一时期有关联的历史事件。瓦卡斯的列表无疑是一种历史表现形式；创作于过去某个特定时刻的瓦卡斯，反映了过去的一种特定的意象。在这种情况下，这种意象是活着的人们和土地之间的关系，用特别的历史通过与圣地之间的关联建构起来。绳结也是一种永久性的记录并且能够被阅读。被记录在印加绳结上的瓦卡斯的列表，是历史和地理的混杂，但它也意味着更多：如果我们从对安第斯绳结的最近的民族志研究中得到了什么的话，绳结更多的是"属于"它所表现的东西，而不是"关于"它所表现内容。[2] 它体现了一种关系，这种关系可能已经无法用语言来表达。第二个例子涉及敌人被打败时的对象和捉到的俘虏。西班牙人赋予对象以特殊的意义（例如，书），印加人也是如此。安第斯地区的人们使用各种武器和勋章参加战斗；这些在战败以后被另一方当做是战利品。请记住通过贝坦索斯传播的英卡帕查库特克的生活历史，告诉我们很多关于俘虏处理和战利品的事情，但对于战斗只字未提。这些物品与其说是关于战斗的故事，不如说是一种对印加力量的有力反映，因此值得怀念。印加人在库斯科树立起一座类似博物馆的地方去存放这些物品。战斗中被俘的人也可以被当成纪念物品。俘虏的命运各有不同，其中一种命运就是在战斗地点的一场可怕的纪念馆中，被当成牺牲献祭并且展示。取得勋章和俘虏，以及创造这种

625

---

[1]　Bernabé Cobo, *Historia del nuevo mundo*, lib. 13, caps. XIII-XVI, Biblioteca de Autores Españoles 91（Madrid, 1956）.

[2]　Frank Salomon, *The Cord Keepers*（Durham, 2004）,276.

可怕的纪念馆,在安第斯山脉地区有着很长的历史。[①]

当西班牙人打败了印加人时,一切都变了。历史叙事迅速占领了舞台中心,尽管其他的历史表现形式也蓬勃发展。印加记忆的创造者和接受者们,和印加形式所表现的印加历史,发生了同样大的变化——并在西班牙殖民时代的文化漩涡中,成为一种类似移动的目标的东西。

短暂的 16 世纪

自从西班牙人到来的那一刻,一些力量就不停地抑制着与印加历史形式有关联的表现传统。启发年轻的印加青年、加入仪式和葬礼的宗教仪式,最初都在西班牙人到来之前进行着,但是这些活动和一种信仰系统有着强大的关联,这种信仰系统已经从基督教西班牙人那里吸引了激烈的负面反应。公开的表现很快就变得不可能了。明显没有西班牙人看到了记录着印加系谱学官方版本的木匾,正如上文提到的那样,西班牙的裁判将印加木乃伊和关于他们生活历史的绳结记录从那些传播它们的内容的人的手中抹去。无论是表现传统还是支持印加历史的不受阻碍地进入纪实历史中的方法,在西班牙人到来之后的三十年左右的时间内走到了终点。

印加历史被操控的命运,与王朝自身的命运有着千丝万缕的关系,而且在西班牙人来到库斯科时,王朝在被释放的力量中断裂了。王朝的派系斗争毫无新意,但是西班牙人进入王朝政治中,却是他们征服策略的重要的一部分,而且对于王朝精英阶层恢复自身活着在安第斯人民中间保留主导命运的能力,具有可预见的

---

① Catherine Julien,'War and Peace in the Inca Heartland',in *War and Peace in the Ancient World* (Malden,Mass.,2007),339 - 342;and Steve Bourget,'Rituals of Sacrifice:Its Practice at Huaca de la Luna and Its Representation in Moche Iconography',in *Moche Art and Archaeology in Ancient Peru* (Washington,DC,2001).

626 　负面影响。当库斯科王朝主线的代表——其是阿塔瓦尔帕的一个
可行的替代方案——来到卡哈马卡（Cajamarca）之后，弗朗西斯
科·皮萨罗在他选择站在反对阿塔瓦尔帕的库斯科派系那一方
时，他就开始了对王朝世袭继承的影响。这位候选人是短命的，因
此皮萨罗选择了曼科英卡（Menca Inca），然后是他在达到库斯科之
前遇见的一个少年，作为下一任印加君主。他们两人以解放者的
身份来到库斯科，一起开始处理打败阿塔瓦尔帕的残余部队之后
迫在眉睫的问题。西班牙征服的军事事件还在后头：印加内战必
须首先结束。1536 年，也就是在曼科英卡接受了皮萨罗帮助的两
年后，他试图将西班牙人从库斯科和利马中赶出去。失败后，他从
库斯科撤离到遥远的比尔卡班巴（Vilcabamba）地区。因为他与皮
萨罗联盟，曼科英卡和他的后裔们都是被西班牙承认了的王朝主
线的分支，而其他印加申请人被迫被排挤到核心以外。后者中的
许多人比比尔卡班巴印加人在王朝系谱中有着更强大的继位宣
称；许多人在曼科·卡帕克进攻期间，帮助了西班牙人。从王朝主
线的不同分支当中收集而来的西班牙的叙事或证词，反映了可预
测的分裂情势，尤其是当主题是印加内战以及西班牙占领的早期
情况时。例如贝坦索斯的叙述，反映了他妻子亲戚的观点，他们就
是帕查库特克英卡和图帕英卡的后人。印加帝国扩张期间他们的
血统和突出表现，标志着他们比比尔卡班巴的表亲们有着更高的
地位。贝坦索斯的第一部分中这种微妙的关系十分明显，第一部
分横跨了印加的起源到印加内战爆发的历史时期。第二部分中它
们在关于内战和西班牙占领的第一个十年中，表现得更加明显。
有关西班牙人到来之后的那一年的不寻常且极重要的历史，是由
曼科英卡的诸多儿子中的蒂图·库西·尤潘基（Titu Cusi
Yupanqui）所创作的，他曾在 1559—1570 年间管理过独立的印加
比尔卡班巴省。蒂图·库西在比尔卡班巴在自己身边留着一名混
血的公证员，他委派此人随同贝坦索斯去协商蒂图·库西对西班
牙人统治的默许的事宜，并且回到了西班牙库斯科（蒂图·库西孩
童时代在库斯克待过一段时间）。他还在这名公证员的帮助下，撰

写了超过十六封信件,以及两部关于他父亲及自己在处理西班牙人方面的叙述作品。其中第二部作品,是他送西班牙总督的情况介绍的一部分,在 1570 年他即将去世的时候,将他的故事告诉给西班牙菲利普二世,他的叙述如此接近西班牙的叙述形式,以致学者们更愿意将这部作品归功于圣奥古斯丁修会(Augustinia)修士或者混血的公证人,而不是蒂图·库西自己。然而,他的敏锐智慧以及他通过写作进行交流的愿望却事与愿违。①

新总督弗朗西斯科·德·托莱多(Francisco de Toledo),在蒂图·库西正在写作的时候来到了秘鲁。他敌视印加人,并试图推翻西班牙人对印加人和安第斯崇高地位。奇怪的是,他也负责委托佩德罗·萨米恩托·德·甘博亚的印加历史,后者是他的宇宙学家,曾经将不同的印加历史资料汇编在一部作品中,如上所述。托莱多也迫使印加人的后代做证记录,支持他的观点,即印加人的祖先通过武力征服并且是暴君,而不是自然的领主。② 并不是萨米恩托的历史(并不循环,直到 20 世纪),而是上文提到的,印加谱系画在帕诺斯上的视觉表现形式,在殖民时代有着长久的回响。帕诺斯是彩绘谱系传统的第一个实例,在整个西班牙殖民时代通过不同的形式被创作。③

从印加原始材料或印加人记忆中而来的西班牙叙述(例如萨米恩托或者贝坦索斯的叙述),仅仅是在西班牙到来后的若干年内发展起来的关于印加人的一种写作形式。另一种形式建立在从目击者那里收集而来的信息的基础上。其中一部这样的作品是佩德罗·德·希耶萨·德莱昂(Pedro de Cieza de León)建构而来的,他曾经在 16 世纪 40 年代游历,并为他不朽的作品,创作于 1549—1555 年间的《秘鲁编年史》(Crónica del Perú)收集材料。第一卷是

627

---

① Diego de Castro Titu Cusi Yupanqui, *History of How the Spaniards Arrived in Peru* (Indianapolis, 2007).

② Roberto Levillier, *Don Francisco de Toledo, supremo organizador del Perú; su vida, su obra (1515 - 1582)*, vol. 2 (Madrid, 1935 - 1942).

③ Julien, 'History and Art in Translation'.

对秘鲁总督辖区的描述，在他生前出版，并且旨在吸引倾向于人种学口味，后感兴趣于旅行和探险的第一手材料的欧洲读者们。希耶萨也在贝坦索斯创作的同一时间收集了印加历史，但是主要来源是他游历的过程中的所见所闻，包括一些印加统治者。由于王朝主线下的印加人知道他们的谱系，这些叙述也同样由曼科·卡帕克（Manco Capac）后裔的十一个印加君主的叙述所构建。

希耶萨不朽的作品中最大的一部分是西班牙派别之间不断斗争的历史（简称"西班牙内战"），这困扰了在秘鲁建立公民权力的过程。希耶萨没有出席他所写作的那些战争（甚至这些叙述都不能被认为是"编年史"）。① 其他作者们起草了同一主题的不同版本，因此这些年间被写作出来的作品完全不是关于印加人或者安第斯人的，除了作为西班牙闹剧的背景图。这些为了欧洲读者创作的历史以及民族志的作品，为西班牙的国王创造了问题。那些在内战中为国王服役过的人可以在这些叙述内容的基础上邀功。希耶萨毫不掩饰地赞美印加人的天才，很轻易地就招致了紧随而来的皮萨罗入侵、大规模的生命财产毁坏。许多打算出版的作品，仍然是手稿的形式，因为当时有紧随言论自由的初始期间的许可要求和审查。

漫长的 17 世纪

托莱多时代（1569—1581 年）在许多方面标志着新旧制度之间的分水岭。托莱多不是历史的敌人，正如他委托创作的历史作品，如萨米恩托的《印加史》以及佩德罗·皮萨罗（Pedro Pizarro）的备忘录——他是弗朗西斯科·皮萨罗的侄子兼侍从，亲眼见证了西班牙占领的头十年——《秘鲁王国的发现与征服论》（*Relación del descubrimiento y conquista de los reinos del Perú*，1571 年）。但是萨

---

① Pedro de Cieza de León, *Crónica del Perú: cuarta parte*, vols. 1 - 3（Lima, 1991 - 1994）.

米恩托的收集材料的努力标志着一个时代的结束,当可以直接从西班牙人到来之际已经是成年人的印加人那里进行询问的时候。随后的几十年间的历史写作,建立在对文本来源重视程度更甚于从前的基础上。丢失的一代并不标志着对印加历史兴趣的丢失,印记历史的写作一直快速增长持续到 17 世纪。例如,贝尔纳韦·科博(Bernabé Cobo)的野心勃勃的《新世界史》(*Historia del nuevo mundo*,1653 年)就包含了印加的历史。科博曾说他仍然可以从库斯科印加人的后裔那里,收集关于前西班牙历史的口述材料,但是他更倾向于使用权威的书面材料。

　　之后的 16 世纪特别是 17 世纪,在安第斯的历史顺序和一个普遍的基督教历史中间寻找一种对应的冲动,开始在历史叙述中找到表达方式。《南极杂记》(*Miscelánea antártica*,1586 年)中的耶稣会士米格尔·卡贝罗·巴尔博亚(Miguel Cabello Valboa)是将印加的王朝历史镶嵌进一个普世的基督教历史的第一人,费利佩·瓜蔓·波马·德阿亚拉(Felipe Guaman Poma de Ayala)紧随其后,此人曾宣称在其母亲那一侧有着印加人的血统,并在《新编年史与善治管理》(*Nueva corónica y buen gobierno*,约 1615 年)中对印加和圣经的历史进行了平行叙述。在皮萨罗占领之后几年的库斯科,出生了父亲是西班牙人,母亲是印加人的编年史作者加尔西拉索·德拉维加(Garcilaso Inca de la Vega),在他移居到西班牙的逾半个世纪后,采用了复述印加人扩张的新颖形式,创作了《印加人皇室评论》(*Comentarios reales de los Incas*,1609—1617 年),该作品是从第一代印加君主开始,而不是第九代。然而这些解决方案并没有解决基本问题:十一代君主根本无法扩展到基督起源的时间里。在耶稣会士费尔南多·蒙特西诺斯(Fernando de Montesinos)的作品中出现一种方案(参见《秘鲁历史和政治的回忆》[*Memorias antiguas historiales y políticas del Perú*],1642 年完成传作于基多,他冠名以《西班牙的黄金地》[*Ophir de España*]长篇巨作中的第一部分中的第二本书),这种方案也出现在其他乘以印加君主数量的 17 世纪的作者们所赋予的安第斯历史中所缺

629

乏的时间深度中。

16 世纪晚期和 17 世纪早期是大部分重要的土著作者们（胡安·德·圣克鲁斯·帕查库提，印加人加尔西拉索·德拉维加，费利佩·瓜蔓·波马·德阿亚拉） 写作历史的时代。胡安·德·圣克鲁斯·帕查库提创作了一部印加历史的叙述，从结构上根基于印加史料的其他西班牙语叙述十分相似的作品，《秘鲁王国古物论》(*Relación de antigüedades deste reyno del Piru*，17 世纪早期）。作者帕查库特克不是印加人（不要和印加君主英卡帕查库特克搞混）。他将自己形容成来自库斯科东南面的坎琪斯（Canchis）省的一个小镇，是"重要人物的孙子和玄孙"，大概是他在文本中提过的跟随印加君主瓦伊纳·卡帕克参加过印加北部边境战役的亲戚。他们的服役可能会有助于解释他们后裔的亲和力，毕竟那是别人的历史。作者帕查库特克是一个基督徒，也许任何能够用西班牙语创作的人都是如此，他传递了一种信息，即各种印加人曾经试图强加一神教，但是他们被别人继承了正统，也就是那些让瓦卡斯活着神龛的宗教膜拜再次激增的人们。[①] 这种作为强调观点一种方法的周期循环，也许正是安第斯故事讲述的一个特征。

就像作家帕查库特克一样，费利佩·瓜蔓不是印加人。他宣称他是来自安第斯高地北部的亚罗（Yaros）一个贵族家庭的后裔，在印加人的库斯科附近的卢卡纳斯（Lucanas）地区重新定居。就像其他有贵族血统的人一样，他曾经通过与一切印加女子通婚，在交织在印加王朝主线上。[②] 他在他的《新编年史与善治管理》(*Nueva corónica y buen gobierno*，约 1615 年）中包含了印加历

---

① Pierre Duviols, 'Pachacuti Yamqui Salcamaygua, Juan de Santa Cruz (Seventeenth Century)', in *Guide to Documentary Sources for Andean Studies*, vol. 3 (Norman, Okla., 2008), 489.

② 参见 Rolena Adorno, *Guaman Poma and His Illustrated Chronicle from Colonial Peru: From a Century of Scholarship to a New Era of Reading* (Copenhagen, 2001), 获取关于费利佩·瓜蔓生平和作品的一般介绍。

史，通过写给西班牙国王的信件的形式，这部作品既是历史，也是针对良好政府的论文。这封"信"有 1189 页，包括 398 页整版的图文解释。这部作品的尺寸以及插图的方式以及其他费利佩·瓜蔓那个时代印刷业务中的模拟细节，都使得这部手稿呈现出书的外观。这部作品也包含了对印加彩绘的新的历史呈现，对于印加君主和他们被称为卡亚斯（Cayas）的配偶有着足够长的呈现。费利佩·瓜蔓对于印加君主的服装和其他象征性细节的色彩的描述中，对于彩绘系列的记忆是明显的，而且使用笔墨的形式呈现出来。伴随着每一页插画的文本页面，根基于印加史料的西班牙叙述中发现的印加历史轮廓很少有相似之处，他的谱系包括一个相当异常的卡亚斯的列表。费利佩·瓜蔓的真正目的不是表现他者的历史，而是告诉西班牙国王，印加王朝主线并不仅仅是安第斯地区的国王脉络。身为一个参加过以消灭干扰福音传播的非基督教为目的的战役的基督徒，他还是试图向国王解释为什么安第斯人民在西班牙人带来之前生活得更好，甚至告诉他印加人"更基督"。

630

印加人加尔西拉索·德拉维加，也就是出生于库斯科的戈麦斯·苏亚雷斯德·菲格罗亚（Gómez Súarez de Figueroa），是创作印加历史版本的第三位土著作家。他是一个西班牙人父亲和印加人母亲的儿子，在他父亲 1559 年去世的时候，他未得到分文，并前往西班牙生活。在之后的生活里，加尔西拉索采用了他父亲的名字并且加上了母名（matronym）"印加"，以新的方式创造了自己的名字。他作为作者的职业生涯，包括将里昂·希伯来（León Hebreo）的《爱的对话》（*Dialoghi d'amore*，1535 年）以及赫尔南多·德·索托（Hernando de Soto）有关于佛罗里达远征的叙述，即《佛罗里达》（*La Florida*，1605 年）从意大利语翻译成西班牙语。后者来自于西班牙人的证词，这些人跟随自己的父亲参加过秘鲁政府，然后和索托去过佛罗里达，从阿尔瓦·努涅斯·卡韦萨·德·巴卡（Alvar Núñez Cabeza de Vaca）出版的广为人知的《漂流》

（*Naufragios*，1555 年）叙述中而来。[1] 当加尔西拉索 70 多岁的时候，转而去写秘鲁历史。《皇室评论》（*Comentarios Reales*，1609 年）的第一部分是一部写到瓦伊纳·卡帕克的儿子瓦斯卡尔的印加历史。第二部分叙述（也被称为《通史》[*Historia general*，1615 年]）以西班牙人的到来为开始，涵盖的时间一直到 1572 年，当最后一位比尔卡班巴印加君主图帕克·阿马鲁（Thupa Amaro）被行刑的时候，为印加王朝主线的继承画上了句点（依据加尔西拉索）的观点。作品的分期反映了安第斯地区从印加历史到西班牙人的历史的转变，但是转换到西班牙人的观点，掩盖了加尔西拉索作品的本质，也就是拿印加历史和随着皮萨罗到来同时产生的西班牙人历史，去承认在一个单线编年顺序中，印加人和征服者过去光辉的历史。

虽然加尔西拉索充满热情地赞扬托莱多，但他的作品的每个方面都是为了推翻托莱多的观点，即印加人最近征服了大量安第斯地区并且是暴君。加尔西拉索反驳这种倒打一耙的观点。他的叙述放在对印加谱系的大致轮廓之后（虽然他在标准列表的第九和第十个君主之间增加了一个印加人），但是他重新分配了印加帝国的扩张故事，推到更早的君主身上，将整个帝国的寿命延长了几个世纪。加尔西拉索的印加人善意地行使权力。《皇室评论》第一次出版时，在安第斯地区几乎没得到回响，但在 1723 年再版时，对印加人自己产生了明显的影响，这将是下文的主题。

631   加尔西拉索生活在西班牙，但是他并没有和库斯科切断往来。在 17 世纪早些年间，卡洛斯英卡（Carlos Inca）和儿子，保鲁英卡（Paullu Inca）的孙子，曼科英卡同父异母的哥哥，与西班牙人合作的梅尔乔·卡洛斯英卡（Melchor Carlos Inca），曾从库斯科寄给西班牙的加尔西拉索一个彩绘在白色塔夫绸上的印加家谱。卡洛斯孩童时代和加尔西拉索同时生活在库斯科。塔夫绸上的印加人是

---

[1] Raquel Chang-Rodríguez, *Beyond Books and Borders：Garcilaso de la Vega and La Florida del Inca*（Lewisburg，2006）.

如何被展现的,现在不得而知,但是安东尼奥·埃雷拉(Antonio de Herrera)所创作的,在西班牙出版于 1601—1615 年间的《卡斯蒂利亚的事迹通史》(*Historia general de los hechos de los castellanos*)的第五部书的标题页面很显然是从那里提炼出来的。这些印加人被表现为奖章上的半身像,跟西班牙国王的传统表现形式是相似的。这个家谱,在印加谱系的第八代和第九代之间,额外插入了一位印加君主,该谱系是托莱多时期结束之前的几年间从库斯科那里收集而来的。(加尔西拉索在第九代和第十代君主之间插入了一个不同的印加君主,因此这里关于借鉴或借鉴方向没有任何明确的观点。)加尔西拉索的印加统治者们的顺序和印加人的彩绘表现形式,是后来唐胡斯托·阿普·萨乌拉(Don Justo Apo Sahuaraura)所创作的印加历史的基础,此人是曼科英卡的同父异母的哥哥,叫作保鲁英卡(参见下文),而且这种形式的彩绘家谱的传统,似乎在整个时代都一直保存在库斯科印加人的手里。

绘画也许是印加和欧洲历史形式充分交互作用的最重要的领域。印加人的画像——不是全身画像就是勋章形式中的半身像——在西班牙殖民时代有着持久的历史。如上所述,费利佩·瓜蔓在一系列的全身像中表现印加君主们。与此相关的一系列的水彩小像,在《秘鲁通史》(*Historia general del Perú*,1611—1616 年)中充当插图,该作品是由马丁·德·穆鲁亚(Martín de Murúa)创作的一部叙述印加历史的作品。[①] 与伴随说明文字历史不同的是,印加君主们的全身像的表现形式或者半身像,可被彩绘成一系列的画像,半身的风格在 18 世纪特别流行。

通过重新想象新的形式,绘画的传统在镶嵌有珐琅的杯子上得到了更通俗的表达,被称为凯若斯(keros)。这种源自安第斯地区的珐琅镶嵌技术,大约在西班牙人到达库斯科的时候,第一次出现在木制杯器的记录中,它在前西班牙人历史的描绘的场景中被使

[①]　Juan M. Ossio, *Los retratos de los incas en la crónica de fray Martín de Morúa* (Lima, 1985).

用在精心设计的寄存器上,这是在之后才出现的现象,很可能在 16 世纪晚期。杯子形状像早期来自于的的喀喀湖(Lake Titicaca)地区的蒂亚瓦纳科(Tiahuanaco,约 500—700 年)的陶瓷杯,有着相同的凹形轮廓。印加木杯已经更接近于圆柱形。蒂亚瓦纳科的仿制品,是印加人生产的陶瓷制品。的的喀喀岛的蒂亚瓦纳科杯子,在外部的上面两个设计的寄存器上,有着精心制作的彩色瓷画。① 殖民时期的印加杯子以及他们的蒂亚瓦纳科前人的杯子上的场景,可以被参考为叙述。殖民时期印加杯子上的一些主题的重复,就提出了这样一种关联。这些主题,像坐在一个高腿凳上的印加人——他用一只胳膊去够一个饮水的杯子,在印加统治的时代象征着权威,或者印加人与可以通过装束判断其来自于东部低地的人参加的战斗的场景,可以指称一种特殊的故事,或者给人们的思想带来令人难忘的活动。② 通常情况下,杯子上在两个寄存器造型中间,有一排挂毯设计的设计。挂毯设计是矩形几何设计,有着编码的符号意义。它们出现在前西班牙和殖民时代的杯子上和布上,但是印加服装上面展现的挂毯设计和殖民时代的挂毯设计之间的关系至今尚未发现。③ 既然没有书面记录中木杯子上关于这些主题的已知的"解读",它们叙述方面的理解一致难以实现。然而,它们仍然是前西班牙印加历史的有力提醒,尤其是在 18 世纪。

另一种可视化的表演,尽管是与任何特定印加人先例有着更脆弱的联系,是从印加帝国以及特别是与这一时期结束有关的事件的那个时候的特殊事件的表现。巴托罗缪·阿尔桑斯·德·奥苏亚·贝拉(Bartolomé Arzáns de Orsúa y Vela),18 世纪初期在波

---

① Catherine Julien,'Finding a Fit: Archaeology and Ethnohistory of the Incas', *Provincial Inca: Archaeological and Ethnohistorical Accounts of the Impact of the Inca State* (Iowa City, 1993),195‑197.

② 参见 Jorge A. Flores Ochoa, Elizabeth Kuon Arce, and Roberto Samanez Argumedo, *Queros: Arte inka en vasos ceremoniales* (Lima, 1998),以获得不同主题的插图和表现。

③ Catherine Julien,'Tokapu Messages', in *Proceedings of the Seventh Biennial Symposium of the Textile Society of America* (Earleville, 2001).

托西城（Potosí），在 1735 年的《波托西城离宫的历史》（*Historia de la villa Imperial de Potosí*，1705—1736 年）描述了八部短剧的表演。四部剧的时间设定在印加帝国。阿尔桑斯在历史日期方面是出了名的不可靠，他对于特定喜剧的描述掩饰了与关于印加扩张的故事以及其他出现在由库斯科史料来源建构起来的前托莱多式的叙述之间的任何密切关系。印加系列的最后一出剧，是关于卡哈马卡的皮萨罗和阿塔瓦尔帕和后者的死亡之间的遭遇，是在绘画和表演中的一个持久的主题。表演的传统可以被记录为 20 世纪秘鲁和玻利维亚的不同语言环境，尽管在更早的世纪里记录它是另一件事情；绘画的传统可能不会早于 18 世纪晚期或者 19 世纪早期。[①] 从费利佩·瓜蔓的《新编年史与善治管理》那时起，在对待阿塔瓦尔帕的死亡和图帕克·阿马鲁的死亡之间的肖像处理存在着困惑，后者是曼科英卡的最后一个儿子，他于 1572 年在比尔卡班巴被俘，并在库斯科广场被处以死刑。追溯这个观点的历史，即阿塔瓦尔帕的死，标志着印加主线的结束，是未来一项重要的任务。

633

18 世纪

18 世纪初西班牙王朝的变化（从哈布斯堡到波旁王朝），迎来了一个时期的经济和行政改革。提升王室收入的压力在一个人口已经稀薄的地方，对刺激动乱产生了直接影响；并且对于印加统治时期加剧了怀旧的间接影响。这种怀旧随着 1723 年《皇室评论》的第一部分的再版而加剧，并通过物质形式进行表达，如印加人的画像，有印加主题装饰的木杯，以及印加服装模式的复兴。对殖民政权的不满也带来了内乱的高涨，并导致了 1780 年最严重的殖民统治的挑战，彼时库斯科的廷塔（Tinta）省的一个本土贵族，何塞·加

---

① Teresa Gisbert, *Iconografía y Mitos Indígenas en el Arte* (*La Paz*, 1980), 201 - 204; *and Jesús Lara*, *Tragedia del fin de Atawallpa* (Cochabama, 1957).

布里埃尔·康图尔坎基图帕克·阿马鲁（José Gabriel Condorconqui Tupa Amaru），宣称他是图帕克·阿马鲁（1572 年在库斯科被行刑）的后代，发动了一场武装叛乱，曾将创建一个新的印加国家作为它的目标。

加尔西拉索作品完成后的一个多世纪以来在库斯科的惊人回声，需要被解释一下。《皇室评论》——一卷是关于印加人，另一卷以弗朗西斯科·皮萨罗的到来作为起点——给库斯科精英提供了一个有关过去的可用的愿景。尽管西班牙人、混血人或者印第安人的法律地位中间存在着非常大的真实的差别，库斯科的精英不应该被轻易地归类为这种类型。首先，一个印加人和印第安人不一样，王朝脉络上的后裔被免除向王权致敬，就跟西班牙人一样。跟着皮萨罗来到库斯科的人当中的许多人娶了印加妻子，加尔西拉索的父亲就是其中一员。加尔西拉索的历史既荣耀印加也荣耀西班牙的血统。覆盖两卷之间突破口的——在第二卷开头视角的转变，从印加到西班牙，目的就是为了使得西班牙征服的故事能够以积极的视角被讲述——是库斯科精英的相对无缝的历史。印加人的后代们，能够在加尔西拉索的文学叙事中找到他们需要的内容，尽管它严格遵守欧洲的形式。

这些后代中的其中一个是唐胡斯托·阿普·萨乌拉，保鲁英卡的后人，他从加尔西拉索那里采用了他的印加人系谱，并用前西班牙印加人的画像系列与之配对，说明他们是勋章形式的半身像，在他的《秘鲁君主制的回忆》（*Recuerdos de la monarqúia peruana*，1838 年）。他在第十位君主上的拼写和对"英卡尤潘基"（*Ynca Yupanqui*）的说明紧随加尔西拉索之后。与每一个印加君主相关联的姿势和工具，与出现在埃雷拉的《五十年》（*Década quinta*）中的半身像系列紧密相关，伴随着曼科英卡和他的两个儿子以及保鲁英卡的额外画像，萨乌拉正是通过后者追溯到了自己的血统。埃雷拉出版的半身像的肖像，很明显就是，保鲁英卡的孙子梅尔乔·卡洛斯英卡从西班牙把彩绘的塔夫绸寄给加尔西拉索的复制品，仍留在库斯科，而且在这个家族中传递着。

634

那些专门或主要从西班牙血统中追溯自己后裔的人们，还有其他原因去选择认同库斯科的历史。到 18 世纪，出生在美洲（拉丁美洲各国）的"西班牙人"以及从西班牙（半岛）刚刚到美洲的西班牙人，发现他们越来越有分歧。通过教会和政府职位，波旁的政策削减了拉丁美洲各国愿望的上升，正当他们从这些机构中希望得到更多的东西时。[1] 作为至少 17 世纪以前塔华廷苏育地区的中心以及西班牙人在安第斯地区最重要的城市，库斯科在 18 世纪已经在利马和波托西城面前明白无误地相形见绌了。如果库斯科出生的西班牙人试图在他们自己的城市起源的基础上，建构一种认同——正如西班牙的西班牙人——没有比加尔西拉索证明他们城市的往昔宏伟更进一步的证据了。对印加人的认同可以追溯到很远：瓦隆布罗萨（Valleumbroso）第二个侯爵（Marquis），随着皮萨罗来到库斯科的埃斯基韦尔（Esquivel）的后代唐迭戈·埃斯基韦尔（don Diego de Esquivel），称呼自己为阿普（apo），这是印加伟大领主的称呼，而且他穿印加的服饰。另一方面，他的儿子迭戈·埃斯基韦尔的纳维亚（Diego de Esquivel y Navia）以年鉴的形式写了一部库斯科的历史，记录了自 1750 年西班牙人建城以来的殖民城市的生活，《伟大城市库斯科编年报告》（Noticias cronológicas de la gran ciudad del Cuzco）。

关于身份形式的总的概括是不明智的。18 世纪中能够被看到的是印加历史形式用多种方法建构一个可用的印加人的历史。能够说明这种工作复杂性的例子，可以在叙事性绘画中找到。在至少六个画布上选择的用来展现的一个主题，就是比阿特丽斯·科亚（Beatriz Coya）和马丁·加西亚·罗耀拉（Martín García de Loyola）的婚礼。比阿特丽斯是赛朗·图帕（Saire Tupa）的女儿，后者是曼科英卡的儿子，后者曾经在其父亲去世被认为是印加人，并被带出比尔卡班巴。他已经获得相当大的封赐（纳贡权），这是比阿特丽斯继承而来的。这项权力称为奥罗佩萨侯爵（Oropesa

---

[1]　D. A. Brading, *The First America* (New York, 1991), 467 - 479.

Marquisate)的基础,这是印加血统的人所持有的最大的地产,也是曾经全部属于他们祖先的土地中,惟一一块在印加人手中的显著的祖产。比阿特丽斯嫁给了罗耀拉,他是耶稣会秩序的创始人伊格内修斯·德·罗耀拉(Ignatius de Loyola)的侄子。这桩婚姻中惟一的女儿嫁给了弗朗西斯科·德·博尔哈(Francisco de Borja)的近亲,在比阿特丽斯的订婚期间的耶稣会的西班牙总督(其后来被册封)。1620 年耶稣会士在库斯科建立了圣弗朗西斯科·博尔哈学院(San Francisco de Borja),目的是教育库斯科、阿雷基帕(Arequipa)和阿亚库乔(Ayacucho)当地的贵族公子。耶稣会士还在西班牙的其他城市运营了相似的机构。最早的帆布绘画于 17 世纪末期,描绘了一个场次中的两桩婚姻,用两个耶稣会圣人作为背景;绘画是巨大的(横跨超过 4 米,高 2 米),而且悬挂在库斯科耶稣会教堂的门口。传说宣布了印加人和耶稣会士谱系的融合:印加王朝主线中的罗耀拉和博尔哈的房子。相同主题的第二种表现形式悬挂在利马的科帕卡瓦纳(Copacabana)的贝亚特里奥(Beaterio),在那里本土精英女士接受教育。这些画作的象征意义是明确的:印加王权现在处在耶稣会的指导之下。叙事性绘画的第二种形式展现出起源可以定位在安东尼奥·德拉奎瓦(Antonio de la Cueva)的洞穴中,在 18 世纪的前三分之一时出现并被广泛复制。朝代谱系中的印加人,被绘以勋章形式的半身像,其次是西班牙国王即位顺序的蕾丝的表述;印加人的画像很可能来自于利马的瓦隆布罗萨侯爵寄给秘鲁总督的画像系列中得出来的。这种主题的另一种形式表明,当前的西班牙国王仍处在中心位置。这项工作的世俗性质——为耶稣会士的监管的论点形成了鲜明的对比——从在独立后的相似画作西蒙·玻利瓦尔(Simón Bolívar)的画像的替代品中是明显的。① 印加人的历史对于启蒙运动的作品而言,是同等可获得的。

绘画的这些叙事形式被从保存在普恩丘卡的印加的木匾中移

_____

① Brading, *The First America*, 467-479.

除到很远的距离以外，但是对印加君主的序列的视觉化的重现的坚持，在这里的考虑横跨了四个世纪，不能在读者这里丢失。这种坚持帮我们理解了一些重要的事情：如果加尔西拉索就够了，为什么萨乌拉的历史依然必要？它的必要是因为它将加尔西拉索的文本与印加君主的视觉化表现联结在一起，这一点仍然很重要。他提供了加尔西拉索所缺乏的东西。

　　萨乌拉帮助我们理解了不同表现形式之间的联系。其中一种已知的画布，描绘了比阿特丽斯和马丁·加西亚·罗耀拉的婚姻，就为萨乌拉所拥有。他也持有两部用印加语言克丘亚语（Quechua）写就的戏剧作品的手稿副本，标题为《奥扬泰》（Ollantay）、《乌斯卡帕卡》（Uska Paucar）。① 两部戏剧都设置发生在大约西班牙人到来时的库斯科。使用 18 世纪的语言变化，它们似乎在 18 世纪的上半叶有自己的起源。②《奥扬泰》，正如《阿塔瓦尔帕之死》（The death of Atahuallpa）一样，包含不同的历史人物，但是人物的混合，有一些来自于库斯科，有一些来自基多，掩盖了已知的关于他们的生活。这些戏剧的场景，既不能与 16 世纪的印加历史叙述取得很好的一致，也不能与加尔西拉索形成一致。它们是历史小说的作品，对当时的怀旧之情而言的真实性，甚于印加的历史，而且是有诸如萨乌拉这样的人创作的。这些戏剧是由印加语进行表演的，因此，鉴于这一事实，我们也许能够确定谁是这些戏剧的观众。在 19 世纪晚期，库斯科没有单讲西班牙语的人了，除了外国人以及来自于安第斯其他地区的人们。所有的库斯科诺斯人（cuzqueños）都说印加语言。一些戏剧是教士写作的，例如萨乌拉，"印加戏剧"的形式持续被创作并表演，直到 20 世纪。③

　　印加人的历史滋养的并不仅仅是怀旧之情。它是凝聚具有相

636

---

① Brading, *The First America*，156；以及 Teodoro Meneses, *Teatro quechua colonial*；*antología*（Lima, 1983），177 - 259，287 - 516。

② Bruce Mannheim, *The Language of the Inka since the European Invasion*（Austin, 1990），164 - 165.

③ César Itier, *El teatro quechua en el Cuzco*, vol. 1（Cuzco, 1995），25 - 42.

当差异化特点的安第斯人口的一种有效手段。从西班牙殖民统治的早些年间,来自安第斯地区的本地精英,当他们与西班牙王权协商权利与特区的时候,会在印加人的名义下运用他们的社会地位。[①] 当西班牙日益压迫的经济政策开始在 18 世纪出现效果时,那些领导的人们可能运用印加人的记忆作为对当前实际的一种对应,或甚至将自己表现为印加君主的角色。对西班牙人在美洲的统治最成功的挑战是由何塞·加布里埃尔·康图尔坎基图帕克·阿马鲁所领导的,他通过图帕克·阿马鲁的女儿追溯了他的印加血统,后者在 1572 年在库斯科广场被处以死刑。通过以西班牙国王的风范,将自己塑造成印加君主,以及仿造王室的文件格式发布法令,图帕克·阿马鲁从本地领导者和广义上心怀不满的人那里得到了支持。[②] 他所发动的叛乱历时十八个月,一度成功地将西班牙的统治驱离出南部高地,即现在的秘鲁。尽管他对王位的宣称从印加血统上讲具有争议,但是他领导的运动并不能被归类为严格的土著叛乱;运动结束时,被捕囚犯的多样化社会来源,说明这一观点是错误的。此外,就像他的比尔卡班巴祖先一样,图帕克·阿马鲁二世与他的库斯科的亲戚们那里,几乎没有取得成功。诸如萨乌拉和马特奥·普玛卡乌(Mateo Pumacahua)的印加人,他们后来参加了独立运动,在此时都没有加入他的事业。

图帕克·阿马鲁和他的妻子米卡埃拉·巴斯蒂达斯(Micaela Bastidas)都有他们的画像,[③]这场运动中对印加符号的使用,也有其后果。西班牙派来的在秘鲁总督辖区推行大量行政改革的法官胡安·安东尼奥·德·阿什(Juan Antonio de Areche),在叛乱之后宣布印加身份符号为非法,具体而言,是持有印加人的画像和木

---

① Brading, *The First America*, 489 – 491.

② ohn Howland Rowe, 'El movimiento nacional inca del siglo xviii', *Revista Universitaria* (Cuzco), 107(1954), 17 – 25.

③ Leon G. Campbell, 'Ideology and Factionalism during the Great Rebellion, 1780 – 1782', in Steve J. Stern (ed.), *Resistance, Rebellion, and Consciousness in the Andean Peasant World, 18th to 20th Centuries* (Madison, 1987).

杯。加尔西拉索的历史中也采取了特有的做法，而且就像他之前
的巴托洛梅·德拉斯·卡萨斯（Bartolomé de las Casas）的作品一
样，皇室评论的副本也被集中收缴并销毁。叛乱期间库斯科的主
教，来自于阿雷基帕的一个混血儿，佩拉尔塔的何塞·曼努埃尔·
莫斯科索（José Manuel Moscoso y Peralta），曾经派本堂教士上阵，
去摧毁叛乱，之后他感慨说，印加人已经从加尔西拉索那里知道了
之前印加帝国的一切。①

　　甚至是对图帕克·阿马鲁运动的猛烈压制之后，恢复塔华廷苏
育的理想依然是可能的。1805 年，两个不太可能的男子试图建立
另一个印加君主的身份。这两个人是出生在其他西班牙城市的非
印第安人，他们来到库斯科接受大学教育，他们通过某种方式成功
地梦想着关于印加君主。1805 年 12 月 5 日，他们被悬挂在库斯科
的广场上，这两个人在 1825 年的首届秘鲁国会中被宣布为"民族
英雄"。② 印加的历史在共和制度的想象中，仍然可以发挥作用。

大事年表/关键日期

约 1400 年	库斯科地区以外的印加扩张开始
1532 年	皮萨罗和他的士兵在卡哈马卡进攻并占领了印加阿塔瓦尔帕
1533 年	皮萨罗和他的士兵作为曼科英卡的盟友，到达印加首都库斯科
1536—1537 年	曼科英卡试图将西班牙人赶出秘鲁
1541—1563 年	西班牙内战
1570—1576 年	弗朗西斯科·德·托莱多总督在安第斯地区改

---

① Brading, *The First America*, 491.
② Ibid., 554 - 555; and Alberto Flores Galindo, 'In Search of an Inca', in Stern (ed.), *Resistance, Rebellion, and Consciousness in the Andean Peasant World*, 193 - 197。

	革西班牙行政管理
1572 年	托莱多在库斯科广场对曼科英卡的儿子以及比尔卡班巴印加人中的最后一个人图帕克·阿马鲁执行死刑
1701 年	哈布斯堡王朝最后一位君主查尔斯二世去世后,菲利普五世继位,成为西班牙的波旁王朝的第一位君主
1776—1787 年	何塞·加尔韦斯担任印第安的部长,对印第安人的行政实施改革
1777 年	到达秘鲁,实施措施增加税收
1780—1781 年	图帕克·阿马鲁二世领导的起义,此人是省里的贵族,通过一个女儿,从第一任图帕克·阿马鲁那里宣称是后裔
1805 年	两个来到库斯科的非印第安人移民,领导了一场反叛结束了西班牙的统治,并恢复了印加国王
1824—1825 年	安第斯中部从西班牙独立

638 主要史料

Arzáns de Orsúa y Vela, Bartolomé, *Historia de la Villa Imperial de Potosí*(1705 - 1736); ed. Lewis Hanke and Gunnar L. Mendoza, 3 vols.(Providence, RI, 1965).

Betanzos, Juan de, *Suma y narración de los Incas*(1551 - 1557); ed. María del Carmen Martín Rubio(Madrid, 1987).

Cabello Valboa, Miguel, *Miscelánea antártica*(1586; Lima, 1951).

Cieza de León, Pedro de, *Crónica del Perú: primera parte*(1551); ed. Franklin Pease(Lima 1984).

Cobo, Bernabé, *Historia del nuevo mundo*(1653); ed. Francisco

Mateos, Biblioteca de Autores Españoles, 91 – 92 (Madrid, 1956).

Esquivel y Navia, Diego de, *Noticias cronológicas de la gran ciudad del Cuzco*, 2 vols. (Lima, 1980).

Garcilaso de la Vega, Inca, 'Comentarios reales' (1609 – 1617), in *Obras completas*, Biblioteca de Autores Españoles, 132 – 134 (Madrid, 1965).

Guaman Poma de Ayala, Felipe, *Nueva corónica y buen gobierno* (c. 1615); ed. John V. Murra, Rolena Adorno, and Jorge L. Urioste (Madrid, 1989).

Herrera y Tordesillas, Antonio de, *Historia general de los hechos de los castellanos* (1601 – 1615); 17 vols. (Madrid, 1934 – 1957).

Meneses, Teodoro, 'Usca Paucar' and 'Apu Ollantay' (eighteenth century); *Teatro quechua colonial*; *antología* (Lima, 1983).

Molina, Cristóbal de, 'Relación de las fábulas i ritos de los Ingas' (1576), in Henrique Urbano and Pierre Duviols (eds.), *Fábulas y mitos de los incas* (Madrid, 1989),47 – 134.

Montesinos, Fernando de, *Memorias antiguas historiales y políticas del Perú* (1642; Madrid, 1882).

Ossio, Juan M, *Los retratos de los incas en la crónica de fray Martín de Morúa* (Lima, 1985).

Pachacuti Yamqui Salcamaygua, Juan de Santa Cruz, *Relación de antigüedades deste reyno del Piru* (1590); ed. Pierre Duviols and César Itier (Lima, 1993).

Pizarro, Pedro, *Rekación del descubrimiento y conquista del Perú* (1571); ed. Pierre Duviols (Lima, 1978).

Sahuaraura Inca, Justo Apo, *Recuerdos de la monarqúia peruana o bosquejo de la historia de los incas* (1838); ed. Rafael Varón Gabai (Lima, 2001).

Sarmiento de Gamboa, Pedro, 'Historia Indica' (1572), in Richard von Pietschmann （ed.）, *Geschichte des Inkareiches von Pedro Sarmiento de Gamboa* （Berlin, 1906）.

Titu Cusi Yupanqui, Diego de Castro, *History of How the Spaniards Arrived in Peru* （1570）; ed. Catherine Julien （Indianapolis, 2007）.

参考文献

Cummins, Thomas B. F. , *Toasts with the Inca: Andean Abstraction and Colonial Images on Quero Vessels* （Ann Arbor, 2002）.

Dean, Carolyn, *Inka Bodies and the Body of Christ: Corpus Christi in Colonial Cuzco, Peru* （Durham, NC, 1999）.

Flores Galindo, Alberto, 'In Search of an Inca', in Steve J. Stern （ed.）, *Resistance, Rebellion, and Consciousness in the Andean Peasant World, 18th to 20th Centuries* （Madison, 1987）, 193 – 210.

Garrett, David T. , *Shadows of Empire: The Indian Nobility of Cusco, 1750 – 1828* （Cambridge, 2005）.

Gisbert, Teresa, *Iconografía y Mitos Indígenas en el Arte* （La Paz, 1980）.

Julien, Catherine, 'La organización parroquial del Cuzco y la ciudad incaica', *Tawantinsuyu*, 5(1998),82 – 96.

——'History and Art in Translation', *Colonial Latin American Review*, 8: 1(1999),61 – 89.

——*Reading Inca History* （Iowa City, 2000）.

Mannheim, Bruce, *The Language of the Inka since the European Invasion* （Austin, 1990）.

Pease, Franklin, 'Chronicles of the Andes in the Sixteenth and Seventeenth Centuries', in *Guide to Documentary Sources for*

639

Andean Studies，*1530 － 1900*（Norman，Okla.，2008），
11 - 22.

Rowe，John H.，'Colonial Portraits of Inca Nobles'，in *Sol Tax*
（ed.），The Civilization of

Ancient America：*Selected Papers of the XXIX International
Congress of Americanists*（Chicago，1951），258 - 268.

——'The Chronology of Inca Wooden Cups'，in Samuel K. Lothrop
（ed.），*Essays in Pre-Columbian Art and Archaeology*（Boston，
1961），317 - 341.

'An Account of the Shrines of Ancient Cuzco'，*Ñawpa Pacha*，17
（1979），1 - 80.

——'Probanza de los Incas nietos de conquistadores'，*Histórica*
（Lima），9：2（1986），193 - 245.

Salomon，Frank，*The Cord Keepers*（Durham，NC，2004）.

申　芳　译　张　骏　校

第三十一章　关于巴西的历史写作，1500—1800 年

尼尔·L. 怀特海

　　本章探讨一系列出现于 1500—1800 年间的有关巴西的历史著作。虽然现代巴西是葡萄牙语国家，但是早期殖民时期自然地理中的巴西和作为葡语殖民地的巴西，都不具备稳定性。法国人、荷兰人、英国人和爱尔兰的殖民地挑战着对沿海地区和亚马孙河流域的独家占有权，而西班牙人也在此争夺控制权。结果，关于巴西的重要历史写作更多地存在于其他语言中，而不是葡语中；个人的旅游记述也在一系列欧洲语言中被发现。关于巴西的大西洋沿岸被发现的葡语文本较为出名，与此同时期的还有 16 世纪用法语、德语和英语书就的有关与当地居民进行贸易的作品，也有和葡语殖民前哨产生的军事冲突的记述。尤其是法国人在 16 世纪中期占领了里约热内卢，产生了大量有关该地区历史的作品，17 世纪巴西沿海地区出现的荷兰种植园也是如此。

　　对于亚马孙河流域而言，自从 1494 年的《托德西利亚斯条约》(Treaty of Tordesillas)将葡萄牙的领土征服权力限制在东经 50 度的领土以来，早期的历史写作都是西班牙文。这意味着直到 17 世纪 40 年代以来，葡萄牙人在亚马孙河畔的存在是可以忽略不计的，尽管法国人、英国人和爱尔兰人的贸易商都在河边建立了前哨基地并在殖民地时期留下了记录。[①] 对于"总督"(Captaincies)的

---

① Joyce Lorimer (ed.), *English and Irish Settlement on the River Amazon*, *1550 - 1646* (London, 1989).

东海岸地区而言，早期的殖民统治据此而建——大部分写作源于传教士制度。何塞·安切塔（José de Anchieta），佩罗·德·麦哲伦·冈达沃（Pero de Magalhães Gândavo）和曼努埃尔·德·诺布莱卡（Manuel da Nóbrega）在这方面的作品以及其他历史著作，例如殖民主义者加布里埃尔·苏亚雷斯·德·索萨（Gabriel Soares de Sousa）的作品。这种具备高度语言和政治多样化的文本，在罗伯特·骚塞（Robert Southey）著名的三卷本《巴西史》（1819 年）中被广泛运用，这标志着本章所探讨的历史时期的终结，然而对于殖民地巴西建立历史写作的现代特征的事业具有很大贡献。

641

"巴西"的发明

历史写作创造了"巴西"这个概念。正是通过编纂和反思欧洲人占领的意义这一过程，"巴西"作为一个地理概念被建立起来，占领的继承者，毫不夸张地说，将自己"铭刻"成该地的合法占领者。与此同时，这样一个书写的过程在最开始并不是一个抽象的或者哲学上的工作，而是创造知识的过程，目的是在"新世界"的异域空间里支持商业和政治上的野心。结果，是民族学和"巴西"这一新的空间概念的更广泛的文化地理内涵，主导了其在 1500—1800 年间的存在，而这又反过来创造了关于殖民和后殖民时期巴西的伟大比喻，即巴西是绚丽无垠的自然之地，以不经意的方式与眼花缭乱、激情四射且同类相食的人类文化相得益彰。[①] 由于这些原因，在下面对历史写作的讨论中，必须强调将土著居民描述成"巴西"自身的密码。正如贾奈娜·阿玛多（Janaína Amado）关于迭戈·阿

[①]　在巴西历史学最近的评论文章中，斯图尔特·B. 施瓦茨强调了殖民与后殖民时代对"巴西"的历史写作，一直与土著人的概念息息相关。然而，与殖民时代印第安人的标志性地位相反的是，对 19 世纪历史作品的研究，常常指出在国家历史中对印第安人的剔除。参见 Schwartz, 'Adolfo de Varnhagen: Diplomat, Patriot', *Hispanic American Historical Review*, 47: 2(1967), 185-202。

尔瓦雷斯·科雷亚"火的创造者"的传奇人物的主张："关于科雷亚的叙述可以被认为是巴西的神话起源。"科雷亚的神话将巴西和葡萄牙的最根本的历史性、标志性部分经历进行了夸张渲染。[①] 而且，即使欧洲人和本土巴西人之间存在重要的文化差异，通过征服者的历史作品，并不会使阅读者的企图变得无效，尽管这的确展现出解释学方法中复杂的问题。并不是欧洲人书写非欧洲人的文化偏见需要被分解、解释甚至公开——因为这只会留给我们空洞的文本和档案。相反，鉴于历史和人种学的再现具有强烈的文化依赖本质，我们必须对土著人的社会和文化习惯给予考虑，尤其是本土话语中表达出来的部分。

642　　　凶猛的食人者和贪婪的亚马孙人在现存的原生宇宙论和神话当中最多是构成因素之一，就如同他们是欧洲人文化投影的结果。本土巴西人和欧洲人观念中类似的符号和杂乱的图案，使得诠释更加困难，但同时也提供了解释学的策略，通过这种策略历史可能被书写——因为它们是过去五百年间巴西和欧洲共同的、模仿的以及纠缠的关系的历史。通过这种方式，本地的文化习惯本身对于欧洲文本的解释和分析而言，是同等必要且可行的文本，这些历史作品的作者们的生平和历史也是如此。[②]

---

① Janaína Amado, ' Mythic Origins: Caramuru and the Founding of Brazil ', *Hispanic American Historical Review*, 80：4(2000),783 - 811, at 786. 迭戈·阿尔瓦雷斯(Diogo Alvares)或者"火的创造者"(电鳗)是巴西第一批欧洲居民之一，他的故事是巴西历史、文学和想象中反复出现的主题。迪奥戈·阿尔瓦雷斯在葡萄牙人殖民早期遭遇海难身亡。他在巴伊亚(Bahia)生活多年，学会了当地语言并参加了当地战争。他有许多孩子，尤其是与巴伊亚地区著名图皮南巴(Tupinambá)领主的女儿的孩子。

② See Neil L. Whitehead, *The Discoverie of the Large, Rich and Bewtiful Empire of Guiana by Sir Walter Ralegh* (Manchester, 1997); and Whitehead and Michael Harbsmeier (eds.), *Hans Staden's True History: An Account of Cannibal Captivity in Brazil* (Durham, 2008).

第三十一章　关于巴西的历史写作，1500—1800 年

巴西海岸，1500—1650 年

葡萄牙语的材料相较于其他史料有着时间顺序上的优先性，因为它们包含了佩德罗·瓦斯·德·卡米尼亚(Pedro Vaz de Caminha)有关地理大发现的书信以及亚美利哥·韦斯普奇(Amerigo Vespucci)的"四书信"(Four Letters)。这些文本也跻身对新世界本身最早的描述之一，这是实至名归的。卡米尼亚和韦斯普奇所给出的部分细节，还表明了土著图皮人是被描述的第一批美洲民族之一。然而，这种描述方式是为了在巴西土著和食人风俗之间，建立起一种修辞关系以及一种异域激情。因此，有可能是针对巴西北部海岸，韦斯普奇写道："他们吃的肉很少，除非是人肉……他们是如此不人道以致超越了这一最野蛮的习俗。"因为他们吃掉他们杀死或者俘虏的敌人。[1] 韦斯普奇也引发了土著居民性欲的一幅惊人图像：

> 其中另一个习俗十足可耻，简直前无古人，后无来者。妇女极其好色，竟使她们丈夫的阴茎膨胀到变形的尺寸；这种情况是通过一定手段完成的，即被一种有毒的动物咬伤，因此许多人失去了阳物，一直是被阉状态。[2]

韦斯普奇继续将食人的概念强化成一种实实在在的习惯，而不是一种宗教祭祀倾向，并且通过情景再现双曲线的方式将食人的主题无可磨灭地铭刻到巴西的再现中："我见过一个男人吃掉自己的孩子们和妻子；我知道一个男人因为吃了 300 个人的身体而广为记誉……我再说深入一些，他们甚至对我们不吃自己的敌人的做法，感到惊讶，因为他们觉得这是极好的。"[3] 这些说法尽管看上

643

---

① Vespucci, *The Letters of Amerigo Vespucci and Other Documents Illustrative of His Career*, trans. Clements R. Markham (London，1894)，11.

② Ibid. ，46。

③ Vespucci, *The Letters of Amerigo Vespucci*，47.

去荒诞、诽谤，然而姻亲状态下孩子和女人的牺牲也因此在后来的史料中被解释得更加清楚，正如令人敬仰的名声的积累是通过捕获和牺牲敌人的方式一样，一个人的确可能会声称自己"吃过"超过 300 个敌人。以同样的方式，人肉的"极好之处"可以通过祭祀牺牲，与复仇的重要与快感联系起来，这种方式不亚于任何味觉上的乐趣。

在已经得到证实的韦斯普奇在 502 年至巴西的航行之前，卡米尼亚已经先到了那里，并陪同且描述了 1500 年佩德罗·阿尔瓦雷斯·卡布拉尔（Pedro Alvares Cabral）对巴西的根本性发现。卡米尼亚没有提及"食人"，[①]而是通过他们遇到的土著人赤裸裸的性欲，表明了其"野蛮"的特征。[②] 卡米尼亚还强调了图皮人对羽毛和唇盘（lip-plugs）的运用。韦斯普奇着重强调了女性在食人暴力行为中对性欲的贪婪和参与，这预示着随着加勒比族其他描述，[③]新世界"亚马孙"观念开始出现，在随后加斯帕·卡瓦哈尔（Gaspar de Carvajal）对弗朗西斯科·德·奥雷利亚纳（Francisco de Orellana）16世纪 40 年代的"亚马孙河"第一代后裔的论述中，得到了充分的体现（参见下文）。[④]

---

① 事实上"食人"这一词语派生于哥伦布式的加勒比之航行，那里土著词语"caniba"主张的是吃人肉这一欧洲的概念。参见 Peter Hulme and Neil L. Whitehead, *Wild Majesty*: *Encounters with Caribs from Columbus to the Present Day*: *An Anthology* (Oxford, 1992)。值得注意的是，Amerigo Vespucci 在他对亚马孙北部地区而不是巴西的论述中用了"canibali"这个词。参见 Vespucci, *The Letters of Amerigo Vespucci*, 23. Hans Staden does not use the term at all, nor do other commentators on the Tupi。汉斯·施塔登（Hans Staden）完全没有使用这个词，其他图皮人评论家也没有用。

② Pedro Vaz de Caminha, *The Voyage of Pedro Alvares Cabral to Brazil and India* (London, 1938), 15.

③ Hulme and Whitehead *Wild Majesty*, 15.

④ Gaspar de Carvajal, 'Discovery of the Orellana River', in *The Discovery of the Amazon According to the Account of Friar Gaspar de Carvajal and Other Documents*, ed. J. T. Medina, trans. B. T. Lee (New York, 1934), 167-235.

最初发现时期之后，直到 16 世纪 40 年代葡萄牙材料中间才出现了一个缝隙，第一批传教士作品开始出现。曼努埃尔·达·诺夫雷加（Manoel da Nóbrega），巴西耶稣会领袖，其报告大约书就于这些第一次接触五十年后，仍然对巴西最广泛的论述有所贡献。作为一名土著人当中的传教士居民，诺夫雷加在描述图皮文化和社会主要特征方面拥有得天独厚的优势。他充分注意到世俗生活的习惯、政治和种族分歧，以及婚姻和生育的习惯与风俗，巫师和先知——但是在记录食人主题方面几乎不着笔墨。[1] 诸如诺夫雷加的论述，旨在合成汇总，作为民族学概要，因此必然趋向于剔除偶然和特殊事件，以此达成关于习惯和风俗的广义论述。跟卡米尼亚和韦斯普奇一样，诺夫雷加也将色情和肉体标志成土著巴西民族身份的部分。[2] 这个主题在法语文本（参见下文）中也得到了有力的使用，但是物质、肉体，以及与神圣牺牲精神相伴相随的赤裸裸的食人肉体的综合整体，是弥漫在历史文献中的一个主题。在这一方面，何塞·安切塔（José de Anchieta）从 16 世纪 50 年代以来的作品，探讨的不仅仅是性感，也是异域情调中的性，[3]正如韦斯普奇首先提出来的那样。安切塔也扩大了这种对性的关注，以此涵盖婚姻、乱伦和牺牲的性行为的风俗。他还暗示了图皮人的政治领导层是如何被殖民入侵所影响，同时有条不紊地对具有被刺激的图皮野蛮风格的法国人，投以质疑：

644

> 我被告知里约热内卢的一位大酋长安贝伦命令将他的 20 个妻子中犯了通奸罪的那一个绑在竿子上，将她的肚子切掉……

---

[1]　Manoel da Nóbrega, 'Informação das Terras do Brasil' (1549), in, *Cartas do Brasil* (São Paulo, 1988), 100.

[2]　Ibid. , 101。

[3]　"他人的毛发（一种蜈蚣）……是有毒的，并且能激起性欲的愿望。印第安人习惯于将它们用在自己的外阴部位，煽动并强化感官享受：三天后这些毛发浮华：有时候包皮穿孔，性器官感染不治之症：他们不仅用这种秽物弄脏自己，也玷污并感染了和他们一起睡觉的女人。"

但是这似乎是从法国人那里习得的教训,后者习惯于处理这类死亡,因为通常没有一个巴西印第安人会施以如此惩罚。①

在安切塔写作之后的又一个二十年左右,我们得到了进一步丰富的报道,这一次是世俗的史料,来自于加布里埃尔·苏亚雷斯·德·索萨(Gabriel Soares de Sousa)。

索萨在巴西作为一名葡萄牙殖民者进行协作,提供了对殖民地的简明介绍。② 索萨主要居住在巴伊亚地区。和安切塔一样,他在居住期间警惕与文化习惯的政治性,他也"证实"了食人性行为的色情且异域的本质:

> 他们沉迷于鸡奸还不以为耻。扮演男性角色的那个人视自己精力旺盛,并吹嘘这种兽性。在他们的丛林村庄内,有这种开店接待所有想要他们的男人……他们对自己天生的阴茎不满意,于是许多人将其暴露在有毒动物的叮咬下,这使得他们的阴茎膨胀,而他们自己也要承受 6 个月的痛苦,在此期间他们的器官发生改变。③

645

矛盾的是,鉴于通篇文章的负面基调,索萨实际上打开了一个通向图皮人主体性的略宽的窗口,尤其是关于先知-巫师的权力,后者是传教士历史论述中的不变的特征,因为对于这类作者而言,精神征服是重中之重。但是对于一个长期居住在巴西的人来说,图皮的战争牺牲的事实也迫近变大,比如说,索萨提到了关于献祭

---

① Manoel da Nóbrega, 'Informação das Terras do Brasil'(1549), in, *Cartas do Brasil* (São Paulo, 1988),256.
② See John M. Monteiro, 'The Heathen Castes of Sixteenth-Century Portuguese America: Unity, Diversity, and the Invention of the Brazilian Indian', *Hispanic American Historical Review*, 80: 4(2000),697-719,深入讨论了索萨的民族学研究的重要性以及在 19 世纪图皮的"创造"中的作用。
③ Gabriel Soares de Sousa, *Notícia do Brasil* (São Paulo, 1974),172.

的刽子手的主体性的细节；指出个体的热情如何横切礼仪秩序；为献祭杀生提供了广泛的介绍，但更重要的是，注意到了美味的"食人"并不是这些仪式的目的。

随着对图皮的描述和评论进入到 16 世纪后期，更深入的人种学细节开始出现。但是沿巴西海岸而居的图皮的社会开始面对不断加深的社会危机，这是通过由欧洲疾病和政治、经济征服造成的人口损失，也是通过日渐增长的和殖民入侵者之间的依赖与纠缠，因此对于评论者的哲学式的、礼拜式的冥思而言，图皮成为一个更抽象的背景。在这个时间点上，甘达沃（Gandavo）使得以下关于巴西的"野蛮"的论述，变成一种当时殖民心态在某种程度上陈腐的说明：它（图皮语言）缺少三个字母；也就是说人们在语言中找不到F、L 以及 R，这是一件好事，因为他们也没有信仰、法律和统治者：因此他们生活在没有秩序、计数、重量和度量的世界中。[1] 这些在早期葡萄牙语作品中被发现的有关图皮民族的分散的、必然片面的论述，却常常有利地与相对简明的（也许衍生的）法语材料形成对比。葡萄牙传教士的广泛且常常系统化的民族学，以及诸如索萨长期对居民的观察，合起来提供了一个重要的历史和人种学资料。然而，由于各种原因，法语文本吸引了更多实质性的二级评论；主要是因为欧洲哲学家和知识分子理解它们的方式的原因，例如米歇尔·德·蒙田（Michel de Montaigne）或者让-雅克·卢梭（Jean-Jacques Rousseau），但也是因为法国传教士于 17 世纪早期，主要在亚马孙至里约热内卢北部地区传播福音，因而那里产生了大量关于图皮民族的描述。

早期关于沿海岸的巴西的法语作品，都追溯到 16 世纪中期一段相当短暂的时期，源自尼古拉斯·德·维叶加农（Nicholas de

646

---

[1]　Pero de Magalhães Gandavo，'History of the Province of Santa Cruz'，in *The Histories of Brazil*，vol. 2（New York，1922），85. 虽然 Vespucci 的最早期的描述告诉我们"他们用跟我们一样的发音，因为他们言论的形成不是凭借上颚，牙齿就是嘴唇，除了他们给事物不同的命名"，这清楚地表明了殖民态度本身是在历史中发展的，语言作为一种比较人类学工具的重要性也是如此。

Villegagnon）直接殖民该地区的企图，早在 16 世纪 20 年代他们的贸易商就定期来访本地了。1555 年 11 月抵达瓜纳巴拉湾（Bay of Guanabara，今里约热内卢和尼泰罗伊市），法国人在湾口修筑防御工事，将其飞地命名为法国净土（France Antarctique）。尽管早在法国贸易商之前就存在了，但这块新生的殖民地并没有取得成功，因为维叶加农未能就土著人忠诚的复杂性进行协商。这鼓励了来自"诺曼"贸易商的反叛。早在 1503 年，来自诺曼底的法国商人保罗·米埃·戈纳维尔（Paulmier de Gonneville）在一个沿海图皮民族卡里霍当中生活了五到六个月，开启了土著民族中间长期的诺曼"翻译者"的生活系统，其目的是组织并推广贸易。然而根据让·德·列维（Jean de Léry），"与土著居民混居并引领无神论者的生活，这不仅通过妇女和女孩中的种种猥亵和卑鄙行为败坏了自己……，其中一些人超越了不人道的野蛮程度，据我所知甚至吹嘘自己杀死并吃了多少犯人"。① 商人的叛乱遭到了镇压，维叶加农寻求政治和精神层面的巩固。他写信给别人，请求发送牧师，其中之一就是让·德·列维。然而，圣芳济会的修道士安德烈·特维（André Thévet）已经服务了殖民地——因此欧洲的宗教紧张和冲突转移到巴西，在那里食人仪式的本地习惯成为神学争议的殖民性镜鉴，关于基督圣餐意义的争论。事实上维叶加农转而反对信教牧师并处决了他们其中的五个，即使列维返回法国。② 列维和特维因此在该地区的殖民主义政治和图皮人献祭仪式重要性两方面，都处境艰难。

安德烈·特维在其最早有关巴西的作品《法国安塔卡历险》（Les Singularitez de la france Antarctique，1557 年）划定了食人地理的疆界，将未开化的"食人族"定位于亚马孙河往北，并且在法国影响力的轨道中，将"食人族"进行仪式化。后者的特点是将食用

---

① Jean de Léry, *History of a Voyage to the Land of Brazil*, trans. Janet Whatley (Berkeley 1990),128.
② Ibid. ,218。

人肉视为正常饮食的残忍食者，前者作为某几个典型的例子，是精心设计的复仇仪式。不出所料，这种食人的宇宙学也符合法国的贸易模式，符合法国在这一地区与土著人口的军事联盟。但是正是直接的经验在这里需要特别的备注，因为特维尽管经常被称赞为图皮的"第一民族志学者"，事实上他的论述来自于多样化的二手史料，或是自己创作，或是假他人之手。将图皮的仪式直译成一种更类似于女巫夜半集会的列维和特维，认为妇女是这项仪式习惯的关键。尽管对食人仪式的阐述成为特维在其《寰宇通志》(*Cosmographie Universelle*，1575 年)和他的历史手稿《两次航行的历史》(*Histoire de . . . deux voyages*)后来的叙述内容，清晰的是，对于传教士作家而言，理解食人行为的意义的解释学关键是复仇，对于在盟友和姻亲之间认真分配敌人的身体的描述以及在神话中嵌入祭祀仪式，成为这些后世作品的中心内容。特维因此在《寰宇通志》提供了图皮人的宇宙论和神话论的细节，这些细节不曾在其他地方出现过。然而，这种巫师-先知，即 *Karaiba*，以及恶鬼的重要性，一定在其他多数史料中被提及过，无论是本章评论过的葡萄牙语还是法语史料。蒙田随后推翻了这一二元的地理划分，将食人的概念(相对于食人族 *anthropophage*)限制到塔穆伊奥(*Tamoio*)，特维早在二十年前就建立了这一概念，并同时为列维所阅读。[1] 蒙田的方法是将同类相食的哗众取宠与意想不到的颂词相结合，模仿了当时另一部关于奥斯曼土耳其人的野蛮与谦恭的作品，尧姆·珀斯特(Guillame Poste)的《土耳其共和国》(*La république des Turcs*，1560 年)。正如莱斯特兰冈(F. Lestringant)嘲弄地注意到，这种跟特维不一样的，对同类相食的特殊化处理，使得蒙田实际上能够掩饰他的分析和描述的程度，这种分析和描述通过列维借鉴于特维，并且直接借

647

---

[1] Michel de Montaigne, Essais (Paris, 1580); and Jean de Léry, *Histoire d'un voyage faict en la terre du Brésil* (Geneva, 1578).

鉴于列维他自己。[①]

尽管列维和特维之间存在神学意见的分歧,但是列维从特维那里的借鉴却十分明显。事实上列维几乎没有补充什么新的人种学证据,但仍然大大丰富了该材料的解释与象征性探索。在他的作品中,食人称为一种普遍的象征性与热带地区的关键;复仇的主要动机通过对图皮文化各个方面的检视,得到了系统化的整理,而且他清晰地对食人行为进行了寓言化处理。在这种半食人的新框架内,肉体和精神通过生和熟的对立面得到了表达。作为一名加尔文主义的牧师,列维也是欧洲一名有激情的女巫猎人,因此赫卡柏(Hecuba)悲催生活的一项以及无辜的女巫同类相食,很轻易地就进入了他对图皮人宗教仪式的表现当中。[②] 这种对女人的厌恶通过列维自己的传记中的事实得到了进一步的变调,直到他个人在桑塞尔(Sancerre)的围困期间,转写《旅程的故事》(*Histoire d'un voyage*)之前,遇到了幸存下来的食人。

汉斯·斯塔登,安东尼·尼维特以及在巴西的荷兰人

与此同时,列维第一次旅行到巴西,图皮南巴人抓获了汉斯·斯塔登,彼时他是一名为葡萄牙人服务的德国炮手。这件事本身并不是一件举世瞩目的大事,但是为了理解民族学对于南美历史学的核心,理解土著人吃人的概念尤其对于想象中的巴西的核心,汉斯·斯塔登的文本《真实的历史》(*Warhaftige Historia*,1557年)因此至关重要。

《真实的历史》在巴西发现的历史中是一本基础性文本,是我们所拥有的关于大西洋世界的最早的叙述之一,其来源是为葡萄牙人服务了六年的目击者,是被印第安人抓获了近九个月的俘虏,

---

① F. Lestringant (ed.), Jean de Léry: *Histoire d'un voyage faict en la terre du Brésil* (1578)(Paris, 1997),54 - 55.

② 在斯塔登对《美洲》(*Americae*)形象化的纲要的再次加工说明中,相似的转变是显而易见的,这本书由 Théodore de Bry 出版于 1592 年。

也提供了关于里约热内卢地区早期葡萄牙人飞地性质的高度具体的描述。[1] 如上所述，这部作品可以回溯到该地区葡萄牙人的出现受到法国人的直接挑战，后者至少在 16 世纪 20 年代起，就为了巴西森林里的贸易，走访巴西海岸。在这种情况下，法国人和葡萄牙人试图招募并保持当地的联盟，弄清楚关于土著人口的知识，比一个客观的人种学课题还要多。因此斯塔登的叙述，同样取决于殖民地冲突作为图皮南巴的俘虏、法国人的联盟，进入他的情况的方法。[2] 这样，这部作品直到现在作为一部图皮人同类相食的作品之前，尽管一直备受赞誉，它在赞美巴西的欧洲殖民主义的本质，对于欧洲出现的不同种族和民族对抗以及这种情况如何重要而言，依然不减其重要性。事实上，关于同类相食的问题，尽管在斯塔登的作品中显著突出，及其伴随的图像说明（参见图片 31.1），这个问题对于历史学家和人类学家而言，绝不是当代惟一有兴趣的事件。

葡萄牙人尽了一切努力想要把其他欧洲人阻挡在巴西之外，至少不包括英国人，虽然这些努力并不能常常成功。尽管如此，一批英国人（和爱尔兰人）水手、冒险家、私人船只和海盗在 16 世纪和 17 世纪早期登陆巴西海岸。这些人的许多记录和叙述书写了关于他们在那里的发现，于他们而言是巨大的兴趣，于巴西的殖民历史而言，具有巨大的价值。关于巴西的第一手叙述能够在理查德·哈克里特（Richard Hakluyt）的《英国航海、旅行和地理发现全书》（*Principal Navigations*，1589 年），西奥多·德百瑞（Theodore de Bry）的《大航行》（*Grands Voyages*，1592 年）以及塞缪尔·皮普斯（Samuel Purchas）《珀切斯朝圣者》（*Hakluytus Posthumus or*

---

[1] Neil L. Whitehead and Michael Harbsmeier（eds.），*Hans Staden's True History: An Account of Cannibal Captivity in Brazil*（Durham，2008）.

[2] "图皮"这个词是应用于操图皮-瓜拉尼语的许多部落，如 Caeté, Potiguara, Tamoyo, Timino, Tupinambá, and Tupiniquin，他们在 16 世纪占领了西班牙大西洋的许多梯度，从南部的圣保罗到亚马孙河的入海口。尽管现在绝迹了，这些广泛分布的部落团体，在语言和文化方面展现了相当程度的统一。

649

图 31.1　Konyan Bebe 向汉斯·斯塔登说明他被捕获的情
况。来自 Neil L. Whitehead and Michael Harbsmeier
（eds.），*Hans Staden's True History*：*An Account of
Cannibal Captivity in Brazil*（Durham，NC，2008），63。

Purchas His Pilgrimes，1613 年）。这些叙述中更令人注意的作品
是安东尼·尼维（Anthony Knivet）的十年"令人钦佩的冒险和陌生
的命运"（1592—1601 年），发生在托马斯·卡文迪什（Thomas
Cavendish）对桑托斯（Santos）的进攻，在被葡萄牙人捕获之后。因
此，斯塔登被俘的作品出版大约四十年后，《安东尼·尼维大师令
650　人倾佩的冒险和陌生的命运》出现在珀切斯的游记文学集《珀切斯
朝圣者丛书》（*Purchas His Pilgrimes*）里。该文本包括安东尼·尼
维的巴西之游，他在当地土著文化中的生活以及他最终返回英格
兰的故事。在巴西海岸的沉船事故之后，尼维被葡萄牙人俘获。
他在总督的指挥下的任务之一是特许探险家、财富猎人。既是逃
犯又是奴隶的尼维生活在印第安人中间，观察他们的习俗、语言、
军事技术和文化。他讲述许多他的经历，包括许多美洲土著居民

个人和部落的栩栩如生的肖像。尼维讲述塔穆约(Tamoyo 的长征以及他的班代拉(*bandeira*)的其他 12 名成员,证实此人俘虏了尼维。他目睹了他的所有同伴们死于钝击之下。他将自己的幸存归因于自己说的一个谎,他说自己是法国人而不是葡萄牙人,这也是汉斯·斯塔登的情况。在他被俘的两个月期间,尼维与塔穆约之间假装建立起友情。他们分享关于捕鱼、打猎和军事技巧的知识。当他的军事建议在跟脱模米诺和图布尼金部落的对抗中发挥作用时,尼维在俘虏他的人中间建立起了威信。为了登上一艘前往英格兰的船,尼维计划找到去海边的方法,找机会说服塔穆约首领将他的子民向东迁移。尼维和 30000 个塔穆约人因此离开,前往大西洋沿岸,经过之后的千辛万苦,尼维的确成功地返回了英格兰。

理查德·弗莱克诺通常被认为创作了第一部由说英语的人旅行至巴西的人独立出版的作品。弗莱克诺是一位爱尔兰天主教教士、诗人和冒险家,他 1648 年从里斯本出发旅行至巴西,并在 1649 年花了八个月的时间在伯南布哥州(Pernambuco)和里约热内卢。威廉·丹皮尔——海盗、冒险家和探险家——同时也在 17 世纪末期,在他的作品《新荷兰航海 1699》(*A Voyage to New Holland in the Year 1699*,1729 年)留下了关于巴西的叙述,包括了他对巴伊亚长达一个月的参访的描述。

与英国的冒险家一样,荷兰人也持续保持了和巴西的重要殖民联系,在 1500—1610 年间,尼德兰出版了大量的文章,其中许多包含来自美洲的参考。荷兰在新世界的贸易和贸易点,导致了 1621 年西印度公司的发展,荷兰小册子的作者们毫无悬念地将他们的商业劲敌,西班牙人和葡萄牙人,描绘成残忍且暴虐的人。特别是德里克·鲁伊(Dierick Ruyters)和约翰内斯·德莱特(Johannes de Laet)的长篇报告,[①]他们两个都提供了重要的导航信息和有关西印度公司在巴西运营的具体叙述,将这类宣传文学中最重要的部

---

① 　Dierick Ruyters,*Toortse der zee-vaert* (1623；The Hague,1913)；and Johannes de Laet,*Nieuwe wereldt ofte beschrijvinghe van West-Indien* (Leiden,1625).

分表现出丰富的民族志的细节内容。

⁶⁵¹ 亚马孙河的第一次接触以及马拉尼昂总督,1540—1650 年

亚马孙河沿岸的第一批接触通常要比巴西和圭亚那沿海地区来得晚得多,因为无论是西班牙人还是葡萄牙人,都没有试着在马拉尼昂地区或者亚马孙上游部分定居,一直到 17 世纪 40 年代。尽管其他殖民政权已经在这个地区广为建立,他们的殖民知识简单地强化贸易商点。值得注意的是,第一次畅游亚马孙河的伊比利亚探险,从安第斯地区出发,一直向西而去。弗朗西斯科·德·奥雷利亚纳(Francisco de Orellana)在 1541 年贡萨洛·皮萨罗(Gonzalo Pizarro)的探险中,离开基多(Quito)前往"肉桂之乡",尽管这并不是第一批闯入亚马孙流域的欧洲人,它确实标志着对这片土地的探险和发现的认真的兴趣的开始。直到这一点,亚马孙内部河谷地区对于西班牙的殖民努力来说都还不算重心。

葡萄牙人在 1500 年佩罗·阿尔瓦雷斯·卡布拉尔(Pero Alvares Cabral)的舰队上第一次看到了巴西;文森特·亚涅斯·平松(Vincent Yanez Pinzon)在早几个月前完成了第一次西班牙人对亚马孙的发现。西班牙人将亚马孙的入海口的河道命名为 *Santa María de la Mar Dulce*,记录了这个排放了这么多淡水到海洋的出口看起来就像"海洋"。亚马孙三角洲周围地区使得行船导航困难,红树林沼泽的沿海环境使得着陆困难,但是圣路易斯马拉尼昂(São Luís de Maranhão)周围的地区除外。马拉尼昂的总督是由国王约翰三世(João III)于 1534 年创建的,是由葡萄牙国王在最北端的批地。葡萄牙和西班牙的国王们在 1494 年达成了一项条约,在随后的五十年间,将葡萄牙人对新世界的占领限制在"托尔德西拉斯线"以东。理论上讲,几乎所有的亚马孙流域都在葡萄牙的管辖范围之外,直到 1554 年葡萄牙人停止了他们殖民马拉尼昂的企图。与此同时,由于西班牙殖民也不在此,这种情况就为荷兰人、

英国人、法国人和爱尔兰从事贸易的企业创造了丰沃的土壤,也成了直到 17 世纪 30 年代的欧洲侵占亚马孙地区的惟一代表。

在欧洲对南美洲的探索中,加勒比岛屿、圭亚那沿海地区和亚马孙河南部的巴西沿海地区,是进入大陆腹地的最东方的起点。然而,西班牙于 16 世纪 30 年代对印加帝国的占领意味着沿着亚马孙河道的第一批航行是从西面开始的,沿着上游源头来到入海口。正是从这四个地区,第一批游记叙述开始出现,反映出内部不同的影响,为何如此强调土著民族的性格,他们社会和政治体系的衍生物,以及存在于其中的贸易商和掠夺者所面临的机会。对这些早期的作家们来说同等重要的是,水温、地形和土地的文化和潜力——因为书写一个人的旅行并将其出版,需要财政投资,并且这种出版需要证明在政治上有用。

652

沿着亚马孙河旅行的第一批叙述从来没有被他们的作者们出版。加斯帕·卡瓦哈尔的关于 Francisco de Orellana 于 1541 年的旅行——从秘鲁亚马孙源头到其入海口——仍然是关于探索新世界的重要文本之一,凭借它对于亚马孙社会的描述早于 17 世纪 30 年代欧洲人对该河的重要占领。卡瓦哈尔也为亚马孙河在许多后续叙述的描述方式奠定了一种基调——广大、高深、充满惊奇、赋予生命力和文化。例如,卡瓦哈尔写了他们掠夺过的村庄之一:“这个村庄中有一栋别墅,别墅里有大量这世界最好的瓷器用具,马加拉(Málaga)甚至都配不上……他们的制造和装饰巧夺天工,像极了罗马时代(的用品)。”但是这一文明的证据掩盖了土著文化一个更为凶残的方面:“这座房子里有两个用不同动物的羽毛编制出来的偶像,十分吓人,他们有着巨人的身材,而且在他们刺入肉体的胳膊上,有着一对类似烛台插座的碟子”,而在另一次登陆的时候他们看到:“一段被劈开的树干周长十英尺,上面呈现出被雕刻出的信仰中的围城……门的地方有两座塔,非常高,带窗户……两头凶残的狮子栖息于此。”① 这样的奇迹也暗示着和印加帝国以

---

① Carvajal, *The Discovery of the Amazon*, 201, 205.

及埃尔多拉多(El Dorado)围城之间的关联,这些关联在引用美洲驼、铜轴、服装等物的旅途中被反复证明。卡瓦哈尔也宣布亚马孙人的存在,他们奋起反抗西班牙远征,他们是如此凶悍,以至于棍击自己人当中每一个在战斗进行中折返而归的战士,他们的双桅帆船布满了箭头,以致"看起来像豪猪"。[①] 卡瓦哈尔为了理解民族的多样性,还开启了一种人种学框架,因此这些上游巧妙地接近秘鲁"文明的"印第安人,而那些下游,凭借对毒箭的使用和展示切断的头颅,因此呈现出野蛮和遥远的特征。因此,亚马孙河流域的人,作为能够残忍施暴的著名的女性,从文化和占领了模棱两可的中间点。

　　洛佩日·阿吉雷(Lope de Aguirre)关于亚马孙后代的叙述,被编辑收录在佩德罗·西蒙(Pedro Simon)的《历史公告》(*Historical Notices*)一书中,在大约几十年后,遵循了一条相似的路径。[②] 这种叙述同时也充满了惊奇与神秘,但更多的是跟殖民主义政治、环境以及民族相关。被称为"暴君"(The Tyrant)和"蒙面朝圣者"(The Hoodes Pilgrim)的阿吉雷,事实上反叛了远征军原来的长官,对他的跟随者行刑,并引导幸存者走上建设一个有别于西班牙的新帝国的道路。在图皮印第安人先知的部分指导下,他们寻找他们自己神秘的"无恶之地"(land without evil),阿吉雷的征程将亚马孙建成一片社会实验、人种学阶段理论和神秘而努力的文化地。

　　当维叶加农在里约热内卢领导的法国胡格诺派在1560年被葡萄牙人攻击驱逐之后,法国人在巴西的存在一直以大量的贸易航行持续着。因为葡萄牙没有在马拉尼昂地区建立任何定居点,所以法国人于17世纪早期企图在这里尝试另一种殖民地。1612年圣方济会托钵僧神父克劳德·德·阿布维尔(Claude d'Abbeville)跟随一个法国探险队来到马拉尼昂地区,沿着巴西的东部沿海地

653

---

① Carvajal, *The Discovery of the Amazon*, 214。

② Simón, Pedro, William Bollaert, and Clements R. Markham, *The Expedition of Pedro de Ursua and Lope de Aguirre in Search of El Dorado and Omagua in 1560–1561* (London, 1861).

区定居下来，就在亚马孙河的南边。公司的负责人是丹尼尔·德拉德勤（Daniel de La Touche）和拉瓦迪埃（Sieur de La Ravardière），由担任路易十三摄政王的玛丽·德·美第奇（Marie de Medici），于1610 年获得的特许状下操作运营。尽管葡萄牙人在巴西的存在占主导地位，法国贸易商在整个 16 世纪沿着巴西海岸运营商业。诺曼法国人是巴西染料木材活跃的交易中的主要操作者。这些交易方的成员经常离开，前往巴西本地人当中居住，目的就是为了学习他们的语言，为返回法国的船只组织砍伐、收集木材。

阿布维尔对马拉尼昂地区本地人的最初反应是积极的，而且他极其渴望成功。他早期的信件，除了表达自己的乐观态度之外，也起到了宣传的作用。与印第安人的持续接触，使得阿布维尔针对圣方济会托钵僧在巴西传教的努力所取得的永久性成功，表达了很多疑问。神父克劳德在他开始于 1612 年、为期四个月的图皮南巴（Tupinamba）的逗留期间，他的思想开始演变发展。起初的乐观主义和热情，让位给了更多针对本地人以及他们潜在的转换的矛盾态度。这些更复杂和更现实的想法在一部出版于 1614 年的 381页的叙述当中得到了表达，就在阿布维尔返回法国后的次年。[1] 因此他有时间反思自己的经历。这部作品包括了马拉尼昂地区的圣方济会传教工作，本土习俗和仪式详细关系以及关于物理环境的信息。圣方济会托钵僧的教士，伊夫·德埃夫勒（Yves d'Evreux），在图皮南巴继续了阿布维尔的工作，将他自己两年的巴西之行和四个月的阿布维尔的游访进行对比，但是他在看待本地人转变的好的可能性的整体的态度十分相似。[2] 然而，阿布维尔希望法国势力长期存在于巴西的愿望落空了。1614 年葡萄牙人在马拉尼昂修建了一座堡垒，并开始进攻法国人以及他们的图皮南巴盟友们。次年的 11 月，拉瓦迪埃投降了。法国人放弃了他们的殖民地，再

654

① Claude d'Abbeville, *Histoire de la mission des Pères Capucins en l'Isle de Maragnan et terres circinfines ...* (Paris, 1614).

② Yves d'Evreux, *Voyage dans le nord du Brésil, fait durant les années 1613 et 1614* (Paris, 1985).

也没有继续为法国人在巴西的存在付出努力。图皮南巴的印第安人在接下来的十年中,不是被葡萄牙人杀死,就是被他们奴役。马拉尼昂的法国殖民地非常短暂,仅持续了三年。

殖民一瞥见内患,1650—1850 年

由于南美洲的殖民政权永久移动,占领并扩大它们最初的沿海飞地,因此关于征服过程中的文化活动的游记叙述中的地方发生了变化。尽管直接来自于欧洲的旅行者仍然被表现,一种新的旅行者出现了——他们所协商的地理差异远远小于文化差异。针对这种差异的编纂,随着旅行超越行政控制深入腹地而反复出现的证据和延伸,人类学的部落区域或者文学研究的接触区,[①]现在是示范性的经历和有用的知识所产生的地方。相遇这件事本身不再显著,而是既有道德内涵又有自然现象的特别相遇,为真实的旅行提供了证据。因此,17—18 世纪的叙述,从更广泛地召唤成为关于特定风景、植物和动物的细枝末节,或者成为特定的文化倾向和习惯的调查。因此,相较于大都市,这一时期的作者们往往在殖民地里有着更清晰、更持久的认同,而且分为两大类:传教士和行政人员。这绝不是要排除其他类型的作家们,只是令人吃惊的是,许多文学是出自这些个体之手。

神父克里斯托瓦尔·阿库尼亚(Padre Cristobal Acuña)和神父塞缪尔·弗里茨(Padre Samuel Fritz)的传教士的叙述作品因此将我们带回到由卡瓦哈尔访问的地方,但是这些叙述在中间的一百三十年讲述了本地文化的缺失与破坏。关于亚马孙的写作代沟,并不全是本章节的空间限制看上去的那样,因为存在着关于个人侦察甚至前往亚马孙女王康纳尔(Coñori)王宫的旅行的叙述手稿。

① 参见 Mary Louise Pratt, *Imperial Eyes Travel Writing and Transculturation* (London and New York, 1992); and R. Brian Ferguson and Neil L. Whitehead, *War in the Tribal Zone: Expanding States and Indigenous Warfare* (Santa Fe and London, 1999)。

出版的叙述中存在的裂缝是因为这样一个事实，即卡瓦哈尔和阿吉雷之后，该流域本身惟一存在的欧洲人，来自于由法国人、英国人、爱尔兰人和荷兰冒险家所配备充实的分散的贸易点。直到1639 年，葡萄牙人才实际上第一次做出在河边定居的尝试，神父阿库尼亚是武装入侵的一部分。因此他全心投入关注这条河及其民族的经济和政治前景。他也明确地重访了许多卡瓦哈尔叙述中的地方，仿佛要驱走西班牙使者的影子，以有利于他的葡萄牙国王——亚马孙河流域本身已经由教皇在《托尔德西里亚斯条约》(Treaty of Tordesillas) 划定成葡萄牙的范围。在模仿卡瓦哈尔的轨迹的同时，神父阿库尼亚的叙述重提了浩瀚和神秘的最初隐喻，甚至通过暗示哥伦布的猜想，复活了南方大陆的水文与《圣经》中伊甸园的地址一致。神父阿库尼亚写道："如果恒河浇灌整个印度……如果尼罗河浇灌并肥沃了非洲的大片土地，那么亚马孙河则润泽了更广泛的地区，肥沃了更多的平原，养育了更多的人口并且通过它的洪水造就了一个更强盛的海洋：为了超越他们的幸福，它只想要它的源头来自于天堂。"[①]亚马孙人的反乌托邦的主题因此深深地镶嵌在后来的作品中，无论人类学还是文学的作品。然而，正是弗里茨的叙述给予读者更多亚马孙的亲密图像，因为他正是一个固定的行者，更多的是在文化的空间里游走，而不是亚马孙河上游的地域空间。他将自己定位为"行者"，通过他偏颇的从目前的传教任务中的知识分子分离，并不仅仅身担福音的职责。通过对亚马孙本地的历史的怀旧之情传达出以上观点，这种怀旧之情是通过疾病和奴役，以及对其迷信活动的消灭的矛盾态度中表达出来的一种对破坏的感觉。"巴西"的领土扩张，不仅发生在这个时候的亚马孙河流域，而且还沿着沿海地区和广大的内陆地区之间的边境线分布，这块地方正是尼维时代班代拉（bandeiras）正

---

① Padre Cristobal Acuña, 'A New Discovery of the Great River of the Amazons', in *Expeditions into the Valley of the Amazons*, ed. *Clements Markham* (London, 1859),61.

准备开始渗透的地方。巴西前沿阵地的历史，经常强调黑人和印第安人的贡献，作为必然发生的事。在巴西史学中，前沿腹地的专有术语是"粗野"。在殖民时代，这个词指的是巴西所有未经探知、未有定居的土地，甚至今天还依然能唤起人们的感情，这片地方仍然有大量未探知的地方，国家的广大内地仍然没有定居的人。"粗野"很少出现在国家的头三个世纪中的巴西历史里。对于内部地区的研究没有在 19 世纪末吸引到太多关注，因为在这两个世纪内，欧洲的继承人主导了殖民地的历史。大量葡萄牙美洲人的 16、17 世纪的编年史，因此被限制在描述本地居民、沿海环境和定居点的范围内。以"粗野"为主题的作品的相对缺失的例外，出现在 18 世纪早期安德烈·安东尼奥（André Antonil）的编年史作品中，《巴西的物产和矿产的文化与财富》（*Cultura e opulência do Brasil por suas drogas e minas*），该作品描述了殖民地经济活动，从糖业到采矿，再到养牛业。但是很快这本书就被禁了，可能是因为葡萄牙的作者们认为它用了一些可能会向欧洲大国证明其有用性和引人之处的词汇。稍后在 18 世纪，"粗野"作为塑造巴西文化的独特因素，得到了称赞，而本地的历史学家们，例如佩斯·阿尔梅达·莱米的神父塔奎斯佩斯（Pedro Taques de Paes Almeida Leme）和迪德乌斯的加斯帕尔·德马德里（Gaspar de Madre de Deus），创作了密切描述保利斯塔（Paulista）高原地区的作品。[1]

作为历史符号的"殖民地巴西"

当代作家创作的殖民地巴西的历史学，反映了一种将编年史视

---

[1] 引用 Mary Lombardi，'The Frontier in Brazilian History：An Historiographical Essay'，The Pacific Historical Review，44：4（1975），446，她写道："19 世纪，sertão 开始更频繁地出现在巴西的历史中，它的缺失则招致批评。例如，Karl Friedrich Philipp von Martius 获奖的一篇文章《How the History of Brazil Should be Written》，除了敏锐地理解了巴西历史的基本主题，也建议说 sertão 的历史值得被更好地了解。"

为记录而非解释过去事件的观点。出身于巴伊亚州一个富裕家庭的罗查·皮塔（Rocha Pitta）所写的《葡萄牙人的美洲历史》（*The Historia da America Portuguesa*，1730 年），准确地体现了这些特点，正如 A. J. R. 罗素-伍德（A. J. R. Russell-Wood）指出，它"作为作者的观点而不是事实上的信息来源，仍然值得商榷"。因为罗查·皮塔带来的观点，正是"没有被体制环境关联在一起"，才揭示了态度、价值并反映了当代人心态。[①] 然而，罗查·皮塔和他的当代编年史都没有参与档案研究，但这种编年史却在巴西的历史写作中占据了一席之地。

葡萄牙人殖民统治下的巴西的第一部历史，在广泛研究的基础上，着眼于自 16 世纪到 19 世纪早期的整整三个世纪，是由英国浪漫主义诗人罗伯特·骚塞创作的，他也从来没有访问过巴西。后来成为三卷本的《巴西历史》的第一卷，出版于 1810 年，也就是葡萄牙王室搬到巴西的两年后，但是骚塞早在十多年前就开始着手这项工作了。1796 年，年仅 22 岁的骚塞花了三个半月的时间去拜访他的叔叔，此人是里斯本的英国商人社区的牧师。后来他于 1800—1801 年返回。骚塞在他叔叔的有关葡属巴西（Luso-Brazilian）主题的书籍和手稿的基础上，写作了他的历史。骚塞自己是伯克和柯勒律治的政治哲学的弟子。他的同情伴随着人文主义改革和自由主义政治，在英国文明的绝对优势下，等同于教条式的信念。骚塞的《历史》因此在基调上是保守的。不管怎样，骚塞批评了葡萄牙人的殖民统治，尽管他欣赏站在葡萄牙人立场上的种族融合以及他所认为的民族融合政策，他仍然对奴隶主贵族制度和当地政治精英权势深恶痛绝。在《巴西历史》一书中，骚塞为加强国家实力和家长式社会关系（奴隶制）社会化的行为进行辩护，这使得他对葡萄牙王室搬到里约热内卢持欢迎态度，并将此视为构建一个以调整国家对英贸易的文明益处为使命的帝国。从广

657

---

① A. J. R. Russell-Wood，'Brazilian Archives and Recent Historiography on Colonial Brazil'，*Latin American Research Review*，36：1(2001)，75 - 105，at 78.

义上讲，骚塞对"印第安人"和殖民者之间的异族混血的本质很感兴趣，理解疫病尤其是天花，曾经对创造巴西殖民地民主制度的影响，"三种不同的种族之间——欧洲人、美洲人和非洲人——的混合及混合产物，产生了新的疾病，或者说至少新的组合，旧的疾病通过这种新疾病或新组合被大大改变，以至于最娴熟的医师都被新的症状弄得手足无措"[1]。他同时也执着于发现历史中地区的重要性："当美洲被发现的时候，它的不同民族的文明正好与它们所拥有的权力和尊严成正比；神职人员的权威不是社会改进的状态的结果，而是它的起因。"[2]因此，骚塞的历史作品反映了一种重要个体在特定政治和道德确定性下，决定了历史事件进程的观点。

结语

因此，骚塞作品的重要性也许是为巴西帝国缔造者和集权君主制、奴隶制卫道士们所重视的方法，也是因为它符合"历史"应该具备的现代概念。这样，骚塞的《历史》也将我们带回到书写"巴西"的第一个时刻以及征服之初。《历史》不是起源于欧洲人，本章原本也可以更深入地反思历史"书写"的形式和欧洲的与本地的形式之间的认识论脱节现象，后者由此被揭示出来。[3]讽刺的是，是一位巴西的人类历史学家，克洛德·列维-斯特劳斯（Claude Lévi-Strauss），提出了臭名昭著的观点认为，作为社会进步和文化命运的方式的改变，在人们对于它的开放程度和意识方面，本土社会是"冷"的而欧洲社会是"热"的。这种观点认为，巴西本土"没有历史"但是有着以永恒的方式存在着的"第一次接触"和"神奇的发现"。[4]正如上述评论过的材料所揭示的那样，对本土社会缺乏文化意义和历史深度的研究，早在列维-斯特劳斯的声明之前就已经

---

① Robert Southey, *History of Brazil*, vol. 1 (London, 1819),327.

② Ibid. ,251。

③ Neil L. Whitehead, *Histories and Historicities in Amazonia* (Lincoln, 2003).

④ Claude Lévi-Strauss, *Tristes Tropiques* (New York, 1992).

是一个历史假设了。因此，关于巴西的历史作品，从 16 世纪到 18 世纪，大部分使用的是游记、人种学知识点、英雄的福音救赎的故事或者是自然历史，其中当地人是充满异域风格的野蛮野生动物的形式。太专注于"写作"也使得我们一叶障目于上述包含在书籍和印刷作品中的图像历史，但同样也构成了他们自己的非文本的历史作品，一如阿尔伯特·艾高特（Albert Eckhout）的作品。[①] 通过这种方法得到的考古记录，仍然是历史学的沉默史料，强调基本但悬而未决的"本地的"和"殖民地的"分期的历史学问题。至于美洲的其他地区，"本地人"的顽强执着，将永远挑战着"民族国家"的建设，作为一个当代历史写作的有包容性的比喻。由于上述原因，希望本文简要的评论也能发挥更广泛的、有关于什么才能构成一个更完整的巴西历史学的定义的讨论的作用。

主要史料

Abbeville, Claude d', *Histoire de la mission des Pères Capucins en l'Isle de Maragnan et terres circinfines*... (Paris, 1614).

Acuña, Cristobal d', 'A New Discovery of the Great River of the Amazons', in *Expeditions into the Valley of the Amazons*, ed. Clements Markham (London, 1859).

Anchieta, José de, 'Information on the Marriage of the Indians of Brazil', *Revista trimensal de historia e geographia*, 8 (1846), 254 - 262.

——*Cartas, informa,coes, fragmentos históricos e sermoes* (São Paulo, 1988).

Anon., 'Enformação do Brasil, e de suas Capitanias', *Revista*

---

① 阿尔伯特·艾高特是一位荷兰的画家，也是一位静物画家。他是第一批描绘新世界场景的艺术家之一。1636 年受拿骚-齐根（Nassau-Siegen）王子约翰·莫里斯（John Maurice）的邀请，他前往荷属巴西。在那里他画了当地的人和混血儿的画像，也描绘了巴西水果和蔬菜。

trimensal de historia e geographia, 6(1844),412 - 443.

Bry, Théodore de, *Americae Tertia Pars* (Frankfurt, 1592).

Caminha, Pedro Vaz de, *The Voyage of Pedro Alvares Cabral to Brazil and India* (London, 1938).

Cardim, Fernão, 'A Treatise of Brasil and Articles Touching the Dutie of the Kings Majestie our Lord, and to the Common Good of all the Estate of Brasill', in Samuel Purchas (ed.), *Hakluytus Posthumus or Purchas his Pilgrims*, vol. 16 (Glasgow, 1906), 417 - 451.

Carvajal, G. de, 'Discovery of the Orellana River', in *The Discovery of the Amazon According to the Account of Friar Gaspar de Carvajal and Other Documents*, ed. J. T. Medina, trans. B. T. Lee (New York, 1934).

Evreux, Yves d', *Voyage dans le nord du Brésil, fait durant les années 1613 et 1614* (Paris, 1985).

Fritz, Samuel, *Journal of the Travels and Labours of Father Samuel Fritz in the River of the Amazons between 1686 and 1723*, trans. and ed. George Edmundson (London, 1922).

Gandavo, Pero de Magalhães, 'History of the Province of Santa Cruz', in *The Histories of Brazil*, vol. 2 (New York, 1922).

Knivet, Anthony, 'Anthony Knivet, His Comming to the R. De Janeiro and Usage Amongst the Portugals and Indians: His Divers Travels, Throw Divers Regions of Those Parts', in Samuel Purchas (ed.), *Hakluytus Posthumus or Purchas his Pilgrims*, extra series, no. 14 - 30 (Glasgow, 1625).

Léry, Jean de, *Histoire memorable de la ville de Sancerre* (Geneva, 1574).

——*Histoire d'un voyage faict en la terre du Brésil* (Geneva, 1578).

——*History of a Voyage to the Land of Brazil*, trans. Janet

Whatley (Berkeley, 1990).

Montaigne, Michel de, *Essais* (Paris, 1580).

Nóbrega, Manuel da, 'Informação das Terras do Brasil' (1549), in *Cartas do Brasil* (SãoPaulo, 1988), 97 - 102.

Simon, Pedro, *Sixth Historical Notice of the Conquest of Tierra Firme* (London, 1861).

Sousa, Gabriel Soares de, *Notícia do Brasil* (São Paulo, 1974).

Thévet, André, *Les Singularitez de la france Antarctique, autrement nommée Amerique: et de plusieurs Terres et Isles decouvertes de nostre temps* (Paris, 1557).

Vespucci, Amerigo, *The Letters of Amerigo Vespucci and Other Documents Illustrative of His Career*, trans. Clements R. Markham (London, 1894).

参考文献

Amado, Janaína, 'Mythic Origins: Caramuru and the Founding of Brazil', *Hispanic American Historical Review*, 80: 4 (2000), 783 - 811.

Ferguson, R. Brian and Whitehead, Neil L. (eds.), *War in the Tribal Zone: Expanding States and Indigenous Warfare* (Santa Fe and London, 1999).

Hulme, Peter and Whitehead, Neil L. (eds.), *Wild Majesty: Encounters with Caribs from Columbus to the Present Day: An Anthology* (Oxford, 1992).

Lestringant, F. (ed.), *Jean de Léry: Histoire d'un voyage faict en la terre du Brésil* (1578) (Paris 1994).

——*Cannibals* (Berkeley, 1997).

Lévi-Strauss, Claude, *Tristes Tropiques* (New York, 1992).

Lombardi, Mary, 'The Frontier in Brazilian History: An

Historiographical Essay', *The Pacific Historical Review*, 44: 4 (1975), 437 – 457.

Monteiro, John M., 'The Heathen Castes of Sixteenth-Century Portuguese America: Unity, Diversity, and the Invention of the Brazilian Indian', *Hispanic American Historical Review*, 80: 4 (2000), 697 – 719.

Pratt, Mary Louise, *Imperial Eyes: Travel Writing and Transculturation* (London and New York, 1992).

Schwartz, Stuart B., 'Adolfo de Varnhagen: Diplomat, Patriot', *Hispanic American Historical Review*, 47: 2 (1967), 185 – 202.

Whatley, Janet (ed.), 'Introduction', in *Jean de Léry: History of a Voyage to the Land of Brazil* (Berkeley, 1990), pp. xv-xxxviii.

Whitehead, Neil L., *Histories and Historicities in Amazonia* (Lincoln, 2003).

——*The Discoverie of the Large, Rich and Bewtiful Empire of Guiana by Sir Walter Ralegh* (Manchester and Norman, Okla., 1997).

——and Harbsmeier, Michael (eds.), *Hans Staden's True History: An Account of Cannibal Captivity in Brazil* (Durham, NC, 2008).

申　芳　译　张　骏　校

第三十二章　西属美洲殖民地历史编撰：问题·传统和争论

乔治·坎伊扎雷斯·埃斯格拉

胡安·包蒂斯塔·穆尼奥斯(Juan Bautista Muñoz)经过多年的资料识别整理、创建档案，与皇家历史学会中的强敌抗争，终于在1791年出版了他期待已久的第一卷，也是最后一卷《新世界历史》(*Historia del Nuevo Mundo*)。穆尼奥斯在序言中的极端怀疑态度，或许部分帮助解释了他在皇家学会中发现的根深蒂固的敌意。18世纪60年代，皇家历史学会就已获得撰写新世界之新历史的任务，但经过几十年的徒劳辩论后，就如何最好地开展这项工作仍没有任何进展。穆尼奥斯在导论中用一长段批判了之前的每一位官方印第安编年史作者：安东尼奥·德·埃莱拉（Antonio de Herrera），冈萨罗·费尔南德斯·德·奥维多（Gonzalo Fernández de Oviedo），彼得多·马特·德安吉拉（Pietro Martire d'Anghiera）和洛佩兹·德·戈马拉（López de Gómara），批判他们都不可靠，甚至是有意误导读者。穆尼奥斯在书中回顾所有之前"官方"史学的做法很奇怪，因为他毕竟也是官方历史学家，和他彻底反对的16、17世纪的历史学一样，受官方聘请为君主政体撰写爱国主义辩护词，对抗那些偏爱强调西班牙人无知、贪婪和残暴的外国史学家。但穆尼奥斯和学会领导层之间的敌意，特别是同其负责人，坎波马内斯伯爵的不睦，与学会维护声名狼藉的西班牙编年史的行为没有任何关系。因为坎波马内斯同穆尼奥斯一样看不起那些编年史。双方都认为，西班牙在美洲的历史需要从头重写，要避免以之前的西班牙史书为基础。他们的分歧在于采用何种资料和方法来重写大陆历史。[1]

662 　　穆尼奥斯和坎波马内斯就如何编写美洲历史的争论，是 18 世纪众多类似争论中的一幕，本章将研究其中一些争论，以重建早期现代西班牙美洲殖民地历史编撰的概貌。

在西班牙的辩论

　　坎波马内斯及其追随者认为，只要学会把威廉·罗伯逊（William Robertson）的名著《美洲史》（*History of America*，1777年）全书带注一起翻译过来就可以了。这位苏格兰长老会牧师和爱丁堡大学的校长，批判性地审阅了可用的印刷文献和迄今未知的档案文献，并将其与启蒙运动中最先进的政治经济学理论相结合。罗伯逊谨慎评估了以往西班牙编年史家提供的证据，还通过英国驻马德里大使作为中间人接触到了一些稀有的手稿。更重要的是，他利用了苏格兰作家，如大卫·休谟、亚当·弗格森和亚当·斯密的著作，在这些著作中，人类的热情依序从狩猎、放牧和农业，转换到文明的巅峰——所谓的商业，罗伯逊也将从前殖民时期到 18 世纪的各种新世界美洲印第安人和欧洲定居群体，放置在一个进步的排列次序中。简言之，像爱德华·吉本一样，罗伯逊将早期现代的古文物研究者和 18 世纪商业哲学家最优秀的成果结合起来，在新世界创造了一种展现历史进步的现代叙述体系。[2] 坎

---

[1] 关于穆尼奥斯和坎波马内斯的争论，参见 *How to Write the History of the New World*：*Histories*，*Epistemologies and Identities*（Stanford，2001），170-203；关于中世纪和早期现代西班牙作为"荣耀工匠"的"官方史学家"，参见 Richard Kagan，*Clio and the Crown*：*The Politics of History in Medieval and Early Modern Spain*（Baltimore，2009）。

[2] 关于 Robertson 及其背景，参见 Richard Sher，*Church and University in the Scottish Enlightenment*：*The Moderate Literati of Edinburgh*（Princeton，1985）.关于 Edward Gibbon 以及古物研究、哲学历史编纂传统的出现，参见 J. G. A. Pocock，*Barbarism and Religion*，5 vols.（Cambridge，1999）。

第三十二章　西属美洲殖民地历史编撰：问题·传统和争论

波马内斯和他的追随者发现,罗伯逊温和批判材料的怀疑论和哲学诠释,最具激励意义。因此,学院开始着手翻译《美洲史》全书及其大量注释,纠正不实陈述,并指出事实错误。[①]

穆尼奥斯却不敢苟同。他正确地认识到,这个苏格兰人是在以西班牙帝国为陪衬,编织自己的商业史范式。因此,穆尼奥斯并没有依从反天主教的启蒙运动,而是吸收了首先由文艺复兴和巴洛克时期的西班牙文物研究者提出的技术和方法:广泛收集和研究原始资料。比如,16世纪菲利普二世的"荣耀工匠"就认为有必要建立希曼卡斯档案馆,保存早已散落在半岛各地的西班牙王朝的文件,以此严格控制、批准史书编纂,以叙述哈布斯堡王朝丰功伟绩。[②] 穆尼奥斯遍寻西班牙、葡萄牙的私人与教会收藏,要求美洲和菲律宾当局将发送西班牙的文件集中起来,然后他挑选出150余卷手稿集,并在塞维利亚(Seville)建立了一个新的档案馆——印第安档案。虽然在他自己关于新世界的历史解释中,穆尼奥斯没有完全去除有关政治经济和社会进步的启蒙理论,但是他把重点放在集中档案上,希望通过研究一手资料证明西班牙对新世界的知识和文明的开创性贡献。[③]

很明显,不考虑政治意识形态或是哲学观点,18世纪各地都认为需要改写新世界的历史,因为直到那时,可用的材料和解释都被视为不可靠或者无价值。因此,历史学家们吸收了新的证据、解释

663

664

---

① 关于历史学会,参见 María Teresa Navas Rodíguez, *Reformismo ilustrado y americanismo: La Real Academia de Historia, 1735–1792* (Madrid, 1989); and Eva Velasco Moreno, *La Real Academia de la Historia en el siglo XVIII* (Madrid, 2000)。

② 关于历史学家作为"荣耀工匠"以及希曼卡斯档案馆的建立,参见 Kagan, *Clio and the Crown*。

③ 关于 Muñoz,参见 Nicolás Bas Martín, *El cosmógrafo e historiador Juan Bautista Muñoz* (Valencia, 2002);以及拙作(第四章)*How to Write the History of the New World*。关于希曼卡斯档案馆的建立,参见 José Luis Rodríguez de Diego (ed.), *Instrucción par el gobierno de Simancas* (año 1588) (Madrid, 1998)。我引用的词汇"荣耀工匠",出自 Orest Ranum, *Artisans of Glory: Writers and Historical Thought in Seventeenth-Century France* (Chapel Hill, 1980)。

和方法论。下文中，我将探索这种全新的历史编撰，希望能够更完整地认知早期现代新世界，尤其是新西班牙的历史思想。

洛伦佐·波杜里尼和类型传统

虽然洛伦佐·波杜里尼在墨西哥之外鲜为人知，但他应该可以被视为 18 世纪最重要的新世界历史学家之一。[1] 他假称出身米兰贵族家庭，于 1735 年来到墨西哥，负责管理桑迪巴内兹伯爵夫人（Countess of Santibañez）的金融产业，后者住在马德里，是最后一任特诺奇蒂特兰（Tenochtitlan）统治者，蒙提祖玛（Moctezuma）的女继承人。她因此有权在新世界征什一税。[2] 没过多久，波杜里尼将前殖民地时期最伟大的藏品之一和曾经收集的殖民地本土作品组合在了一起。奇怪的是，这样一个不寻常的收藏源于波杜里尼对瓜达卢佩（Guadalupe）圣母形象的强烈热爱。

这是一个众所周知的奇迹：1531 年，圣母向一位纳瓦霍平民胡安·迭戈显灵，要求他让主教为她建立一座神龛。但主教一再驳回了这位印第安人的请求。后来胡安·迭戈拿着奇迹般出现在台白亚克荒山的花朵，而花朵在主教面前变成了瓜达卢佩圣母的形象，主教才信服了。然而，这样一个重大神迹似乎是凭空传到了同代人耳中：在教堂的档案中并没有记录，编年史家似乎也没有提

665

① 关于 Boturini，参见 Giorgio Antei, *El caballero andante: Vida, obra y desventuras de Lorenzo Boturini Benaduci*（1698-1755）（Mexico, 2007）; Alvaro Matute, *Lorenzo Boturini y el pensamiento histórico de Vico*（Mexico, 1976）; and Miguel León-Portilla, 'Estudio Preliminar', in Lorenzo Boturini Benaduci, *Idea de una nueva historia general de la América Septentrional*, ed. Miguel León-Portilla（Mexico, 1986）, pp. ix-lxii.
② 关于西属美洲强大本土贵族的抵抗，参见 CarolynDean, *Inka Bodies and the Body of Christ: Corpus Christi in Colonial Cuzco, Peru*（Durham, NC, 1999）; David T. Garret, *Shadows of Empire: The Indian Nobility of Cusco, 1750-1825*（Cambridge, 2005）; and Jaime Cuadriello, *Las Glorias de la República de Tlaxcala o la conciencia como imagensublime*（Mexico, 2004）。

到这个奇迹。17 世纪 40 年代,这个奇迹开始获得关注时,狂热的拥护者们知道自己遇到了麻烦。

文献间断的一个标志是,坚持瓜达卢佩圣母的形象就是她自身的证明:是一份得自于上帝之手的文献。画布上显而易见的奇迹般品质,惊人的美,没有任何肉体衰败的痕迹,都证明这是上帝描绘出的图像。[①] 伴随着对图像超自然美学特征的坚持,狂热的推动者们认为,上帝曾用墨西哥文字将意愿传达给信众。事实上,叙述这个奇迹的第一份印刷文字,是 1648 年米盖尔·桑切斯(Miguel Sánchez)所作,宣称它是《摩西十诫》在墨西哥的对应物,记录了墨西哥人辛苦获得了作为神的新以色列人的地位。借助教父和中世纪阅读神圣文献的稳定的类型学方法,桑切斯认为,圣母在特佩亚克山(Tepeyac)向胡安·迭戈显灵,不过是完成了摩西在西奈山上遇到上帝的圣经故事。[②]

到桑切斯时,类型学已经被用来合法化征服美洲的行为。例如,圣经中的某些段落,在臭名昭著的《西班牙要求》(Requerimiento)的产生上贡献巨大,这份文件由西班牙征服者向美洲印第安人大声朗读,让当地人在政治臣服和战争奴役之间进行选择。虽然学者们已经指出这份文件是一项人为、荒唐的西班牙策略,力图用"正义战争"这种法律语言塑造其侵略行为,但是《西班牙要求》应该被更好地解释为更大的殖民类型学的一部分。对于起草这份文件的法学家来说,征服美洲的行为是在履行《约书亚记》三章 7—13 节以及六章 6—21 节:以色列人/西班牙人向迦南人/印第安人发出最后通牒,清洁应许之地或者面临

666

---

① 比如,18 世纪中期新西班牙的杰出画家 Miguel Cabrera 写了一篇专题论文,有关这幅圣母画超乎寻常的美学完美。参见他的 'Maravilla americana' (1756), in Ernesto de la Torre Villar and Ramiro Navarro de Anda (eds.), *Testimonios históricos guadalupanos* (Mexico, 1982),494 - 528。

② 关于对奇迹故事的类型学解读,参见 D. A. Brading, *Mexican Phoenix: Our Lady of Guadalupe. Image and Tradition across Five Centuries* (Cambridge, 2001)。

毁灭。① 像这样的《圣经》观点俯首皆是；比如出现在安东尼·德·列昂·皮内洛（Antonio de Leon Pinelo）所著《论监护征赋制的法律基础》（*Tratado de las Confirmaciones Reales de Encomiendas*，1620年）的首卷插图中。这部关于印第安法律的法学评论，将印加人视为雅各布的儿子，以萨迦（Issachar）的继承人，注定"低肩背重、成为服苦的仆人"（《创世记》四十九章 15 节）。首卷插图也将征服特诺奇蒂特兰展现为实践《申命记》二十章 11 节：他们如若拒绝投降（受奴役），以色列人/西班牙人就应该"杀尽这城的男丁，惟有妇女、孩子、牲畜和城内一切的财物，你可以取为自己的掠物"。虽然桑切斯也依靠殖民地的这种类型化阅读传统，但是他设法将其转化成某种选民的话语。

　　将瓜达卢佩圣母的形象转变成记录上帝和新墨西哥选民之间契约的文献，这一转换的后果是断言上帝为了适应印第安人的知识，用中美洲的象形文字书写了该形象。桑切斯引入了这一传统。同样，在使用类型学解读这幅油画时，桑切斯坚持认为这幅画——穿着布满星星的披肩、站在天使捧着的新月之上，遮蔽太阳的女性——符合《启示录》十二章中的女性形象。事实证明，瓜达卢佩圣母和《启示录》中的女人是一回事；两者都预示科尔特（Cortés）征服特诺奇蒂特兰。征服墨西哥实践的是《启示录》十二章中天使长米迦勒和撒旦的多头龙之间的战斗。桑切斯特别注重画中的每个细节：圣母披肩上的星星数量通过犹太神秘主义对应科尔特军队中士兵的数量；圣母踏上月亮不仅仅代表圣母对潮汐的超自然能力，同时也代表基督教对美洲热带地区的所有权。画中的每个元

---

① 关于 Requerimiento，参见 Rolena Adorno，*The Polemics of Possession in the Spanish American Narrative* (New Haven, 2007)，265；and *Colección de documentos inéditos relativos al descubrimiento，conquista y organización de las antiguas posesiones españolas de América y Oceanía*，42 vols. (Madrid, 1864–1884), i. 443–444。关于更一般化的类型学和殖民化，参见拙作 'Entangled Histories：Borderland Historiographies in New Clothes?' *American Historical Review*，112(2007)，787–799；and 'Typology in the Atlantic World：Early Modern Readings of Colonization'，in Bernard Bailyn (ed.)，*Atlantic Soundings* (Cambridge, Mass. , 2008)。

素都是一个需要解释的符号。①

　　甚至在启蒙运动的高潮，这一传统仍未消失。以古物研究者何 667
塞·伊格纳西奥·波兰达(José Ignacio Borunda)为例，他对这个奇
迹故事的解读在1794年引起了轩然大波，当时他的朋友何塞·塞
尔万多·特蕾沙·德·米尔(José Servando Teresa de Mier)在墨西
哥独立战争中成了一个名人，在一年一度的宗教庆典上，让波兰达
的解读为当地的世俗和宗教权威所知。与桑切斯不同，波兰达没
有借鉴类型学和犹太神秘主义来阅读这幅绘画。他只是简单地假
定图像文本的字母是音节。通过利用对前殖民地时期古典纳瓦特
尔语的渊博知识，波兰达认为，印第安人的秘密历史档案存在于地
名的词源中，因为当地人小心记着过去的地名。根据这一基本理
论，波兰达开始"阅读"近来在大教堂附近挖掘出来的含有地名的
文物碎片，由此提出了一部古代墨西哥新历史，以突发的地质灾
害、大规模的内部迁徙，以及早期的基督教使徒视察为特征。波兰
达对瓜达卢佩圣母形象的解读确认了他的发现。在圣母的礼服上
有一个双纽线花纹(平置的8，象征无限的数学符号)，这早就被理
解为上帝的标记，意味着这幅画是世界第八大奇迹，而波兰达将该
符号理解为一个叙利亚字母。他因此作出结论：一个东方使徒圣
托马斯在古典晚期将这幅画带到了墨西哥。这个奇迹在殖民档案
的沉默就很容易得到解释：奇迹从未发生过。②

　　宣布宗教崇拜历史的记录存在空白显然充满了危险。因此，对
于狂热支持者的另一个可行的策略，是坚持美洲印第安人已经在
传统的历史编年中记录了这些事件。波杜里尼便选择了这一策
略。17世纪中叶，当地的神职人员就开始通过土著的口述和文本，
调查这块土地上新的神圣历史。其中一位历史学家是弗朗西斯

---

① 关于这种崇拜的魔鬼学解释，参见 *Puritan Conquistadors：Iberianizing the Atlantic 1550-1700* (Palo Alto, Calif., 2006)。
② 有关 Borunda 学术的细致研究，参见 *How to Write the History of the New World*，305-321。

科·德·弗洛伦西亚（Francisco de Florencia），出生在佛罗里达的耶稣会会士，当时他在罗马代表整个墨西哥省。弗洛伦西亚花了数十年收集的信息，创作了数百位献身新西班牙的天主教徒的历史。弗洛伦西亚的典型做法是从本土材料中获得记述早期天主教崇拜起源的文献。弗洛伦西亚并不孤单：17 世纪，在特拉斯卡拉（Tlaxcala）印第安教区的神父，如胡安·本图拉·萨帕塔（Juan Ventura Zapata）和曼纽尔·德·洛斯·桑托斯·伊·萨拉萨尔（Manuel de los Santos y Salazar），收集当地的古书抄本和历法轮表，部分为了撰写 16 世纪奥科特兰圣母和天使长米迦勒显灵的历史，以及 16 世纪三位特拉斯卡拉儿童殉道的历史，据说他们因捍卫天主教而被长辈谋杀。波杜里尼获得了弗洛伦西亚、萨帕塔和桑托斯·伊·萨拉萨尔的大部分档案。① 因此，当他试图为该奇迹的历史真实性寻找文献证据时，自然对当地的手抄古本产生了兴趣。

668

波杜里尼也许本应只是一个热爱这种崇拜的收藏者，而不是成为崇拜者。这个意大利人与罗马关系良好，主动从教皇处获得授权，在礼拜仪式日历上为墨西哥圣母指定一个节日，忘记了只有王室官员才能直接与梵蒂冈打交道。波杜里尼又自行募集黄金和现金，为瓜达卢佩圣母打造一顶王冠，于是更加恶化了这种违背王室任免权（patronato real）的行为。波杜里尼因被指控行骗而遭捕，藏品被扣押，本人也被送往西班牙受审。在马德里，他试图请求历史

---

① Florencia 书写了无数大众崇拜的历史。例如，他曾深入研究新西班牙的圣母崇拜历史，识别了一百多种圣母形象。参见他的著作 *Zodiaco mariano ...* (Mexico, 1755)。Cuadriello, *Las glorias de la república de Tlaxcala*，是有关 18 世纪 Tlaxcalan 爱国者围绕 Ocotlan, Archangel Michael 以及三名殉道儿童进行崇拜的宏大历史，但是很不幸地对 17 世纪本土古物学家所言甚少。关于 Boturini, Zapata 和 Santos de Salazar 的关系，参见 Boturini, 'Catálogo del museo Indiano', in his *Idea*, par. 18 sec. 2 and par. 19 (pp. 125 - 126); par. 27 sec. 4 (pp. 135 - 136); and par. 33 (p. 143)。关于 17 世纪墨西哥大量神圣历史的深入研究，参见 Antonio Rubial García, 'La crónica religiosa: Historia sagrada y conciencia colectiva', in Raquel Chang-Rodríguez (ed.), *La cultura letrada en la Nueva España del siglo* XVII, vol. 2: *La historia de la literatura mexicana* (Mexico, 2002), 325 - 371。

学家拿回藏品，并在法庭上为他辩护。他发表的《北美新通史简述》(*Idea de una nueva historia general de la América septentrional*，1746 年)和《论历法》(*Ciclografía*，1749 年)的手稿，均激进而充满争议。①

　　波杜里尼声称他的古代墨西哥历史是全新的，基于新的材料、方法和解释；所有以前的记录都具有误导性且缺乏证明。马德里的一些团体并没有好好接受这些说法，认为这个意大利人将自己表现为一个历史知识上的新西班牙征服者，进一步抹黑了西班牙文化已然糟糕的海外声誉。批评家很快指出，波杜里尼所谓的新方法，如果不是抄袭，至少全都是衍生的，因为波杜里尼的主要观点都是从詹巴蒂斯塔·维柯那里得来。除了努力收集土著文本，波杜里尼还在单词词源和修辞解释中，发现了重写中美洲古代历史所需要的关键证据。因此没有人会感到奇怪，波杜里尼会转向维柯，而不是他苦心收集的这些手抄本。波杜里尼是启蒙运动的产物，这一运动力图在不使用任何书面资料(如《圣经》)的情况下重构过去。18 世纪，对新形式历史证据的兴趣大爆炸，包括岩石研究(地质)、文法、字母、神话和动物习性。② 波杜里尼不是最后一个将单词和词汇视为最重要的中美洲历史档案的人，还有前文中提到的研究纳瓦特尔语的波兰达，中美洲文物专家何塞·奥多内兹·伊·阿吉尔(José Ordóñez y Aguiar)，他通过玛雅语源学的复杂分析，来解释帕伦克(Palenque)和波波尔·乌(Popol Vuh)的废墟。③

　　对波杜里尼的批评，不仅质疑他所谓的新方法，还有他自称为

669

---

① Lorenzo Boturini, *Idea de una nueva historia general de la América Septentrional*, ed. Miguel León-Portilla (Mexico, 1986); *Historia general de la América Septentrional* [Ciclografía], ed. Manuel Ballesteros Gaibrois (Mexico, 1990).

② 关于维柯，参见 Peter Burke, *Vico* (Oxford, 1985); and Paolo Rossi, *The Dark Abyss of Time: The History of the Earth and the History of Nations from Hooke to Vico*, trans. Lydia G. Cochrane (Chicago, 1984).

③ 关于何塞·奥多内兹·伊·阿吉尔，参见拙作 *How to Write the History of the New World*, 305 - 311, 321 - 345。

收集和研究土著文档第一人的说法。波杜里尼轻易地忽视了 16
世纪和 17 世纪初方济各会会士，如伯纳狄诺·迪萨哈冈
（Bernardino de Sahagún）和胡安·德托克马达（Juan de Torquemada）
曾经煞费苦心地编辑和研究过土著文件，积累了大量的墨西哥民
族史志。他的这种夸大其词导致一些学者，如皇家图书馆馆长布
拉斯·安东尼奥·纳沙尔（Blas Antonio Nasarre）及其在宫廷中的
阿拉贡党派（Aragonese），都谴责这个意大利人靠不住、不爱国。例
如，波杜里尼曾叙述了中美洲的进化历史：完全隔离于欧亚大陆的
土著人，从最初孤立且不会说话的野蛮人，到西班牙人抵达之前已
经发展出惊人准确的历法系统。但是，他所声称的最后辉煌，却因
为与事实相反而遭遇批评：当代土著仍极端贫穷愚昧。根据这些
批评家的说法，波杜里尼隐约指出：西班牙人就是像土耳其人般的
野蛮人，一手摧毁了过去的耀眼文明。但是波杜里尼在西班牙拥
有朋友和崇拜者。例如，瓦伦西亚（Valencian）的人文主义者格雷
戈里奥·玛雅·伊·西斯卡（Gregorio Mayans y Siscar），不仅帮助
波杜里尼发展出一套对墨西哥历法的解释，并且在有人谴责波杜
里尼不可靠、不爱国时，坚定地为他辩护。许多西班牙学者公开批
评他的同胞们，对研究美洲印第安人的文物漠不关心、缺乏兴趣。①

欧洲理解文本的新传统

在欧洲，怀疑论者质疑美洲印第安资料的可靠性，并怀疑早期
欧洲观察员的可靠程度。例如，阿贝·纪尧姆-托马斯·雷纳尔
（Abbé Guillaume-Thomas Raynal），在他广为阅读的 1781 年版《东
西印度群岛欧洲人定居和贸易的哲学史与政治史》（*Histoire
philosophique et politique des éstablissements et du commerce des
Européens dans les deux Indes*）中主张，所有西班牙人关于新世界
的叙述都是"令人困惑、前后矛盾，充满着最能暴露人类轻信心理

---

① 关于波杜里尼的西班牙批评者和支持者，Ibid.，142 - 148。

第三十二章　西属美洲殖民地历史编撰：问题·传统和争论

的最荒谬的杜撰"。① 对于雷纳尔来说，征服者都是盗贼，并非可靠的证人。在早期的版本，雷纳尔曾建议，幸存历史记录始终面临摧毁与遗忘，惟一能保存它们途径，就是让哲学家如洛克、布丰（Buffon）或孟德斯鸠参观新世界。② 显然，在 18 世纪的最后 1/4，欧洲人传统上用来解释美洲过往的资料——土著文字记录文本的翻译版本，由征服者、传教士、水手和殖民地官僚写下的游记——都被认为不可靠。这种怀疑论的奇特爆发，可以从知识和文化的众多发展中找到解释。

哥伦布抵达美洲前，历史学家的一个问题，是《圣经》作为历史材料的可靠性。《圣经》早就被认为是人类惟一幸存、精确的历史记录。然而自 17 世纪下半叶起，怀疑论者已经开始质疑其权威性和可靠性。当人文主义者和文物研究者发掘出古代资料，包括古埃及年表以及耶稣会士提供的中国经典的译本，希伯来和异教徒的年表就变得无法轻易调和。18 世纪保守主义的杰出人物，如维柯和格洛斯特（Gloucester）的圣公会主教威廉·沃伯顿（William Warburton），都奉行一种防御性的策略来维护《圣经》的权威。中国汉字和埃及的象形文字，长期以来被认为是古代历史知识的宝库，因此失去了光彩和威望。维科和沃伯顿认为，非字母文字代表着心智进化中更原始的阶段。因此，在针对《圣经》年表可靠性的辩论中，中国和埃及材料被抛开，美洲印第安人的象形图成为书面文字演变第一阶段的典型。原始的美洲印第安绘画被视为是某种儿童心智的产物，处于心智进化的初始阶段。因此，1787 年沃伯顿如此自觉地搁置中美洲文字记录的文献，也就不足为奇了。

如果 18 世纪对《圣经》年表的学术争论导致了美洲印第安材料可信度的丧失，那么作为启蒙运动标志的知识精英主义则有助于

---

① Guillaume-Thomas Raynal, *Histoire philosophique et politique des établissements et du commerce desEuropéens dans les deux Indes*, 10 vols.（Geneva，1781），bk. 6，ch. 20.

② Raynal, *Histoire philosophique*, 7 vols.（Maastricht，1774），bk. 6，ch. 1.

解释,为何人们也不信任有关新大陆的早期报告。当雷纳尔呼吁哲学家参观和报道新世界,以取代早期西班牙证人的不可靠证词时,他只是遵从了当时的一项惯例。同样,1755 年,卢梭在其对社会不平等起源的开创性研究中,将所谓的欧洲大发现的时代也描述为丧失机遇的时代。根据卢梭的观点,传教士、商人、士兵和水手并没有确实研究他们抵达和征服的外国社会,因为他们没能超越表象。卢梭坚持认为,需要一类新型的旅行者,"其眼睛是用来观察区分民族的真正特征"。① 因此,卢梭邀请同时代的知识分子领袖远航并成为哲学旅行家。

当卢梭和雷纳尔质疑欧洲对外国社会典型描述的可靠性时,他们只是简单地附和他们那个时代知识分子的统一意见——未经训练的人所做的观察是不可靠的:目击者根据自己的方法不能作出准确的观察。这是"理性时代"的信条之一,它将世界划分为两个不对等的部分:一方是恐惧、迷惑的多数人;另一方是有理性的少数人,他们的头脑已经被训练成可以精确地理解世界。

科尼利厄斯·德鲍(Cornelius de Pauw),典型的比利牛斯山以北的作者,他在 18 世纪下半叶努力书写新世界的历史,对早期美洲印第安人和欧洲人的说法不屑一顾。德鲍是一位来自荷兰南部的多产作家,《对美洲人的哲学研究》由一系列评价之前有关新世界的报告的短文组成。德鲍完全不相信未经训练的头脑进行准确观察的能力,于是开始证明有关美洲历史的作品中矛盾迭出。比如,他分析了印加人加尔西拉索·德·拉·贝加(Garcilaso de la Vega)的《印加史》(*reales de los Incas*,1609—1617 年)。由于加尔西拉索的双重身份——他是一个西班牙征服者和印加公主的儿子,他能接触到来自欧洲和本地资料中最有学识和最准确的当代文献,因此加尔西拉索自 17 世纪以来,就被誉为最重要的印加历

---

① Jean-Jacques Rousseau, *Discourse on the Origins and Foundations of Inequality among Men* (1755), in *The Collected Writings of Rousseau*, ed. Roger D. Masters and Christopher Kelly, vol. 3 (Hanover, NH, 1990), 84 - 86 (note 8 in Rousseaús original).

史权威。然而，在德鲍的分析中，加尔西拉索的史书似乎也充满矛盾。

　　加尔西拉索坚持认为，印加人以绳结记事，而不是用字母文字进行记录。他还主张，曼科·卡帕克（Manco Capac），伟大的印加王朝立法者和创始人，将库斯科（Cuzco）的野蛮人变成了开化的农民，11 位追随曼科·卡帕克的统治者也变得睿智而谨慎，在通过温和征服方式扩张的整个印加帝国中，传播文明和崇拜太阳的仁慈宗教。最后，加尔西拉索认为，印加人已经建立了宫殿、城市、大学和天文观测站，以及虔诚而审慎的法律。德鲍仔细阅读了加尔西拉索的著作，并批评其诸多前提。德鲍认为，主张印加人拥有明智的法律，同时又没有文字，这本身就说不通，因为法律只可能在成文的情况下存在。根据德鲍的观点，无文字的统治就等于没有法律——因为法律会因君主的一时兴起或者想象而改变。他还指出了加尔西拉索文中另一些严重的逻辑问题：比如，他坚持认为曼科·卡帕克仅凭一己之力，在一代人的时间中就将高地野蛮人转化为文明人，这种说法实在难以置信。作为证据，德鲍引用了巴拉圭（Paraguay）耶稣会使团的事迹，这是近代将野蛮人转化为定居开化农民的最成功的例子。在巴拉圭的这项文明事业用了五十多年，并且实施严厉政策以防止美洲印第安人逃逸。德鲍认为，社会不可能跳跃式变化，只能自然地依序进化——平稳、和谐、缓慢发展。

　　基于社会缓慢进步的原则，德鲍始终认为，加尔西拉索的印加年表没有道理。加尔西拉索主张，曼科·卡帕克去世后四十年，在库科斯建成的天文观测站就能确定分至点。但是从野蛮状态发展到拥有复杂的天文知识需要不止四十年。最后，根据社会体制综合协调发展的观念，德鲍坚持认为，由于印加人并不同时拥有铁、货币和文字等所有缺乏的东西，印加不可能是一个先进的农业社会。加尔西拉索将印加统治者描述为谨慎、关心大多数人福利的专制家长。但是德鲍却想知道，由于印加人从未发展出监督和制衡君主权力的机制，那么统治者怎么可能谨慎温和？一个公平温

672

和的专制家长,这种说法本身就是自相矛盾。因此,印加人所谓的
"正义之战"以及他们进行的征服,亦是如此。即使人们承认,
曼科·卡帕克真的如加尔西拉索所说的那样公正、谨慎、温和,德
鲍也会讽刺地问道,接下来会相继出现十二位这样的政治家吗?
德鲍使用了同样冷酷的批评手段撕裂了美洲历史的早期版本。①

　　加尔西拉索巧妙地综合了美洲印第安人和欧洲人的说法,如果
像这样有学识的作家的观点都被证明不可信,那么学者该如何书
写新大陆的历史? 西欧作家们将土著文字记录的译本当做材料而
不屑一顾,也论证了旅行者、传教士、水手和殖民地官僚的记录中
的逻辑矛盾,但是他们并不满足于此。有些哲学家,如法国人查尔
斯-马林·德·拉孔达明(Charles-Marie de La Condamine),选择前
往新大陆,亲自研究这块土地及其人民,因而消除了恼人的原文传
译。18 世纪期间,更多经历过新欧洲科学训练的目击者抵达美洲。

　　除了实地调研,不相信旧记录的学者还有另一种选择。一些欧洲
作家开始着手以非文字的物证来推测重建新世界的过去。比如卢梭便
尝试去除文字资料中的所有证据。卢梭只是嘴上说说《圣经》准确记录
了过去,具有可靠性,实则转向自然寻求领悟,不断利用从动物习性中
获取的证据,以填补他对社会和不平等原因的进化论叙事中存在的空
白。此外,如德鲍这样的作者,发现关于新大陆历史的所有早期记录都
值得怀疑,也转从自然中寻找证据,以建构另一种美洲历史。

　　德鲍完全以地质、地理、动物分布以及一些老式医学理论的事
实为基础,完成了一种关于美洲土地和人民的全新历史推测。他
发现有证据表明美洲曾发生过一次早期地质灾:巨大的动物骨骼
化石;地震和活火山仍然震颤大地;所有低谷中散落的海贝;凸出
于土地表面上重金属矿床。根据迪保尔的说法,大量的迹象表明,
新大陆曾经是一个潮湿、腐烂的环境:有着少量、小型、外形丑陋的

---

① Cornelius de Pauw, *Recherches philosophiques sur les Américains, ou Mémoires
　intéressants pour servir à l'histoire de l'espèce humaine* (1768 – 1769); 3
　vols. (Berlin, 1770), ii. 195 – 203.

四足动物；外来动物不断退化；来自旧世界的"潮湿"植物，如水稻、瓜类、柑橘和甘蔗成功繁育；昆虫和爬行动物肆虐；有毒植物大量存在，如箭毒，它们的好处只有野人知道；还有发源于美洲的梅毒（这是人类的惩罚）。德鲍总结道，一场洪水将这片承载大型动物和史前文明的大陆变成了瘴气笼罩的土地。美洲的寒冷和潮湿，反过来"阉割"了它的动物和人民。一项古老的医学传统认为男性比女性更"干"，基于这一假设，德鲍认为，印第安人是柔弱的。他声称，美洲印第安人是这片大陆的古代居民，由于那场摧毁了新世界的洪水，他们变得潮湿且迟钝，缺乏激情和性冲动，这反过来解释了为什么欧洲人在抵达时发现了一个所谓人烟稀少的大陆。

新西班牙的创造性答案

像欧洲一样，西属美洲也有许多人支持写作新历史。然而，这些美洲新史书显然与大西洋另一边的作品大异其趣。西属美洲人试图提供另一种历史叙述，其中新世界的居民并不像德鲍这种热爱推测的历史学家所说的那样衰败柔弱。在这一过程中，西属美洲作家也有力而创造性地批判了欧洲中心论的知识形式。例如，西属美洲作家曝光了新的欧洲哲学旅行者的缺点和局限，后者以前所未有的数量增长速度来到新大陆。西属美洲的知识分子认为，外国游客并不可靠，因为他们往往不通本地语言，会轻易上当，并很容易被精明的当地线人操纵：那些来自西欧自诩怀疑主义的观察员尤为如此。

安东尼奥·莱昂-伽马（Antonio León y Gama）的著作是 18 世纪西属美洲具有鲜明爱国主义学术研究的典型代表。莱昂-伽马首先阐述了他的观点，在关于蜥蜴治疗作用的争论中，指出外部观察者在理解新大陆的过去和自然上能力有限。1782 年，危地马拉检审庭（高等法院和委员会）的权威医生何塞·弗洛雷斯（José Flores）发表了一篇论文，声称已经发现蜥蜴的生肉能治愈癌症，一股投机和临床试验的狂潮席卷了墨西哥民众。① 这一发现引发了墨西哥首都医学界的争议。一些医生通过临床试验证明，蜥蜴事实上是有毒的，并没有疗效。莱昂-伽马却谴责这些临床试验，因为他们要么对病人使用了错误的蜥蜴，要么对那些有疗效的蜥蜴处置不当。16 世纪的学者弗兰西斯科·海尔南德斯（Francisco Hernández）曾受菲利普二世派遣，编写新大陆的自然史，借鉴他的著作，莱昂-伽马坚持认为，蜥蜴有多个不同品种，其中一些确实有毒，生活在墨西哥中部。但他也声称，医生在进行确认蜥蜴有毒的试验时，可能没能识别有疗效的种类，或者更糟糕的是，由于错误喂养而将有疗效的种类变成了有毒的。识别正确的物种需要无比的细心与丰富的知识。莱昂-伽马便主张，一旦捕获有疗效的蜥蜴，必须用合适的当地昆虫喂食；所有的雌性，特别是已经怀孕的，必须被丢弃；最后，必须优待蜥蜴，因为一旦被激怒，它就可能成为有毒的。这些技术要求医生具有大量的知识，需要知道该地区的自然史，以识别、饲养并正确对待这些有疗效的蜥蜴。隐藏在莱昂-伽马著述背后的信息是，只有那些熟知当地的动植物一切精微细节和复杂性的人，才有资格使用这些蜥蜴。无视美洲印第安人学识中令人困惑的细节，将永远无法掌握该地区的治疗术。②

675

18 世纪 90 年代，在另一场关于如何解读中美洲手稿的辩论中，莱昂-伽马坚持认为，外界无法领会蜥蜴疗效的重要性，出于同样的原因，他们也不能理解美洲印第安人的材料，也就是说，他们对美洲印第安人极其复杂的知识所知甚浅。通过证明阅读阿兹特

① José Flores, *Específico nuevamente descubierto en el reino de Guatemala para la curación del horrible mal de cancro y otros mas frecuentes* (*experimentado ya favorablemente en esta capital de Mexico*)(Mexico，1782).

② Antonio León y Gama, *Instrucción sobre el remedio de las lagartijas: Nuevamente descubierto para la curación del cancro y otras enfermedades* (Mexico，1782). 关于蜥蜴的争论，参见 Miruna Achim, 'Making Lizards into Drugs: The Debate on the Medical Uses of Reptiles in Late Eighteenth-Century Mexico', *Journal of Spanish Cultural Studies*，8(2007)，169-191.

克文件的难度,莱昂-伽马开始展示掌握这些原材料所需的语言学和科学知识的程度,只有内部人士才有可能掌握这些知识。他用当地文字记录的纳瓦特尔文件来加以说明。莱昂-伽马提出,纳瓦特尔的历史材料范围极广,从广泛存在的可获取历史文件到储存秘密知识的神秘记录。他举了几个例子:《墨西哥历史抄本(1221—1594年)》(*Codex histoire mexicaine depuis 1221 jusqúen 1594*),指出特诺奇蒂特兰的洪水发生在"8 弗林特"(8 Flint)那年(1500 年),虽然《十字抄本》(*Codex en Cruz*)用同样粗糙的风格将这件事记录在同一年,但是却更加细致地记录了同一时间的其他事件。比如,它记录了特斯科科君主,内萨瓦尔科约特尔(Nezahualcoyotl,1402 年),他的儿子内萨瓦尔皮尔琴特力(Nezahualpilzintli,1464 年),以及统治者瓜胡卡尔辛(Quauhcaltzin,1502 年)的生日。莱昂-伽马认为,像《墨西哥历史抄本》这样的材料,是为大众所写,因为它们只需要一点肤浅的写作技巧和天文学知识。而像《十字抄本》这样的材料,则是面向更有知识和成熟的读者,因为它们需要熟悉神明和城镇的象形文字,准确掌握多种历法计算。第三类材料,比如仪式日历《奥宾占星仪式》(*Tonalamatl Aubin*),就只能被受过高度训练的专家阅读。《奥宾占星仪式》这样的书,对天体现象和神明有着上百种符号和隐晦说法,它们有着指定的读者,其完全掌握了神学的精妙之处和天文学。①

　　这里还有一个问题,就是美洲印第安人用来记录编年史的缩记符和表意符的性质,这让面向不同读者的不同文献中的图画也扑朔迷离。据根据莱昂-伽马的研究,缩记符和表意符经常暗示着少数特权者才能接触到的当地事物。莱昂-伽马认为,要了解城镇名

676

---

① Antonio León y Gama, *Descripción histórica y cronológica de las dos piedras que con occasion del Nuevo empedrado que se esta formando en la plaza principal de México se hallaron en ella en el año de 1790* vol 1. (1792); ed. Carlos Maria de Bustamante, 2 vols. (Mexico, 1832), ii. 29 - 32 (par. 105 - 109). 在该文中,莱昂·伽马从未指明所引用例子的出处。通过不懈地研究他所拥有的古代抄本,我已经可以确定他大部分例子的来源。

称的缩记符，必须具备对当地自然历史的广博知识。比如出现在
《科兹卡钦抄本》(Codex Cozcatzin)和《墨西哥历史抄本》这种材料
中的城镇名称，如果没有对中墨西哥自然史丰富的第一手知识，就
无法解读。比如这些抄本中的西马特兰(Cimatlan)、都兰(Tulan)、
帕帕兹塔卡(Papatztaca)和修索钦卡(Huexotzinca)等名称，都使用
了配以当地灌木、树木和鲜花图像的缩记符。根据莱昂-伽马的说
法，有些缩记符简直是太怪僻了，非常难以辨认，比如在《科兹卡钦
抄本》中出现的"特亚华尔克"(Teyahualco)镇，就像个字谜一样，莱
昂-伽马曾拿它来挑战许多人，看谁能理解。对于那些试图走捷径
来解释美洲印第安文献的人来说，更让他们沮丧的是，一些城镇有
着相似的纳瓦特尔名字，却在不同的文献中有着相同的缩记符。
莱昂-伽马指出，《科兹卡钦抄本》中的"阿坦姆帕"(Atempa)和《藩
属名册》(Matrícula de Tributos)中的"阿坦恩科"(Atenco)，就属于
这种情况。

　　但是，如果说解读阿兹特克材料中的城镇名称，有时需要超常
的知识，那么解读统治者的名字就更困难。据莱昂-伽马的研究，
用来指代统治者的符号并不只是暗示他们名字的念法，也喻示他
们品德的某些方面。莱昂-伽马认为，《十字抄本》中统治者瓜乌卡
尔钦(Quauhcaltzin)的缩记符是一只笼中鹰，这对于那些认识最后
一位墨西哥君主瓜乌特莫辛(Quauhtemotsin)，阿蔻华(Acolhua)的
君主瓜乌特里特寇华辛(Quauhtletcohuatzin)和科约坎(Coyuacan)
的君主瓜乌波卡新(Quauhpocatzin)的缩记符的人，没多大用处，因
为它们在其他资料上也表现为鹰。但是，代表这些统治者的鹰存
在微妙的区别：它们的喙关闭、打开或放出烟雾，眼睛向上或向下
凝视。莱昂-伽马认为，这种微妙的区别暗示着这些统治者的品德
的某些方面，而这只有极少数忠仆能够理解。因此，这些关联背后
的逻辑现在超出了任何普通人的理解范围，包括后殖民时期的所
有本土精英。[1]

---

[1]　León y Gama, *Descripción histórica*, ii. 41-45 (par. 117-119).

第三十二章 西属美洲殖民地历史编撰：问题·传统和争论

莱昂-伽马对中美洲古抄本解读是微妙和复杂的。他坚信蜥蜴的治疗能力，坚决主张存在不同类型的土著材料，解读每种材料都需要大量的语言学和当地自然历史背景信息，而这种坚持在他那个时代是独一无二的。莱昂-伽马在阅读和解释这些非字母文字的资料时，具备人文主义者的学识和古物研究者的敏锐。他的做法与当时那些进行推测的西欧历史学家拙劣的技术反差极大。在本章讨论的大西洋世界的三个地方，三个彼此矛盾的"现代社会"中，似乎各自发展出了截然不同的历史编纂技巧。虽然按照传统看法，西属美洲和西班牙被认为处于 18 世纪北大西洋核心的边缘，但是由胡安·保蒂斯塔·穆尼奥斯和安托尼奥·莱昂-伽马所创造的学术成果，证明了启蒙运动的怀疑论在不同的背景中产生了不同的含义。但是启蒙运动的大多数研究都没有意识到，少数法国、英国和德国的伟大作者提出的观念，并不是被简单地"传送"到世界其他地区，受到所谓的积极追捧或者强烈拒绝。如前文所述，在比利牛斯山以北的欧洲、西班牙和西属美洲，人们以不同方法使用同样的知识工具。在惯于怀疑的"理性时代"，非伊比利亚作者创造出了崭新而复杂的阅读形式，并发明了推测史学的类型。西班牙作家在着手创建完全基于原始资料的档案和历史时，预见了 19 世纪德国学者的伟大洞见。墨西哥学者则采用了另一种途径，对于欧洲怀疑论者在面对美洲的时注定遇到的知识局限，清楚地表达了强有力的批判。奇怪的是，正是如莱昂-伽马这样的殖民地学者，将启蒙运动所创造的关于美洲最成熟的历史专著串联了起来。

显然，这些针对权威与可靠性的斗争具有政治色彩。比利牛斯山脉以北，开明学者质疑所有文字材料的可靠性，因为他们寻求推翻传统的教会官僚持久的文化权威，这些官僚宣称《圣经》是神圣、拥有特权的历史著作，从而攫取了权力。启蒙学者自认为积极推动建立了以市场为导向的"资产阶级公共领域"，该领域中，一种新的男性批评家通过强调其独立于扭曲的女性情感和有力的赞助者，来维护他们的权威和信誉。在这个过程中，启蒙运动的成员开始专门以非文字的全新材料为基础，创造新的解读技巧，并推测性地重构过去。可以肯定，西班牙半岛的历史学家有不同的动机。他们在认识论和方法论上的贡献，来自于他们试图在如何记忆新世界的殖民化这一问题上，恢复西班牙的权威。学者们知道帝国都迷失在关于命名与记忆的争斗中。因此随着新的历史学院、档案和新历史叙述的建立，波旁皇室的改革议程自然也包含着数十次海外领地的测绘和植物学考察。除了为帝国辨明新的植物资源，这些考察主要希望挑战荷兰、英国和法国命名新植物和旧领地的权力，以及它们在新世界强制推行有关欧洲

678

殖民历史的自私叙述的权力，它们在这些叙述中将西班牙描述为恶棍。最后，西属美洲的历史学家也有自己的政治诉求。定居者早就设想其领土为"王国"，是一个更大的多元素伊比利亚君主国的松散组成部分。但是要拥有自己的王国，就要求学者们在其他事务上，赋予这些殖民地以悠久的历史叙事和古代王朝谱系。在诸如墨西哥这样的地方，定居者们视古代本土贵族为自己的生物学意义上的祖先，知识分子因此也转而从本土丰富的文字和口头资料中寻找灵感。

主要史料

Catálogo *de la colección de Juan Batista Muñoz*，3 vols.（Madrid，1954 - 1956）.

Clavijero，Francisco，*Storia antica del Messico cavata da' migliori storici spagnuoli，e dámanoscritti，e dalle pitture antiche degl' Indiani：divisa in dieci libri … e dissertazioni sulla terra，sugli animali，e sugli abitatori del Messico*，4 vols.（Cesena，1780 - 1781）.

——*The History of Mexico Collected from Spanish and Mexican Historians，from Manuscripts，and Ancient Paintings of the Indians*，2 vols.（London 1787）.

——*Historia antigua de México* (Mexico, 1964).

De Pauw, *Cornelius*, *Recherches philosophiques sur les Américains ou Mémoiresintéressants pour servir à l'histoire de l'espece humaine*, 3 vols. (Berlin, 1770).

——' Amérique ', in *Supplement à l'Encyclopédie*, vol. 1 (Amsterdam, 1776 - 1777), 344 - 354.

——*Recherches philosophiques sur les Grecs*, 2 vols. (Berlin, 1787).

Esteve Barba, Francisco, *Historiografía indiana* (2nd edn, Madrid, 1992).

Garcilaso de la Vega, Inca, *Comentarios Reales de los Incas* (1609 - 1617); ed. José Durand, 3vols. (Lima, 1959).

León y Gama, Antonio de, *Instrucción sobre el remedio de las lagartijas*: *Nuevamentedescubierto para la curacion del cancro y otras enfermedades* (Mexico, 1782).

——*Respuesta satisfactoria a la carta apologética que escribieron el Lic. Manuel Antonio Moreno y el Br. Alejo Ramon Sanchez. Y defensa contra la censura que en ella se hace de algunasproposiciones contenidas en la ' Instrucción sobre el remedio de las lagartijas'* (Mexico, 1783).

——*Disertación física sobre la materia y formación de las auroras boreales* (Mexico, 1790).

——*Descripción histórica y cronológica de las dos piedras que con ocasión del Nuevo empedrado que se esta formando en la plaza principal de México se hallaron en ella en el año de 1790*, ed. Carlos Maria de Bustamente, 2 vols. (Mexico, 1832).

Muñoz, Juan Bautista, *Historia del Nuevo Mundo* (Madrid, 1793).

——*Satisfacción a la carta crítica sobre las Historia del Nuevo Mundo* (Valencia, 1798).

Raynal, Guillaume-Thomas, *Histoire philosophique et politique des établissements et du commerce des Européens dans les deux Indes*, 6 vols. (Amsterdam, 1770).

——*Histoire Philosophique et politique des établissements et du commerce des Européens dans les deux Indes*, 7 vols. (Maestricht, 1774).

——*Histoire philosophique et politique des établissements et du commerce des Européens dans les deux Indes*, 10 vols. (Geneva, 1781).

Warburton, William, *Essai sur les hiéroglyphes des Egyptiens où l'on voit l'origine et les progrès du langage et de l'ecriture, l'antiquite des sciences en Egypte, et l'origine du culte des animaux ...,*2 vols. (Paris, 1744).

——*The Works of the Right Reverend William Warburton*, 7 vols. (London, 1788).

参考文献

Ascher, Marcia and Ascher, Robert, *Code of the Quipu: A Study in Media, Mathematics, and Culture* (Ann Arbor, 1981).

Boone, Elizabeth Hill and Mignolo, Walter D. (eds.), *Writing without Words: Alternative Literacies in Mesoamerica and the Andes* (Durham, NC, 1994).

Brading, D. A., *First America* (Cambridge, 1991).

Brotherston, Gordon, *Book of the Fourth World: Reading the Native Americas Through Their Literature* (Cambridge, 1992).

Carbia, Rómulo, *La crónica oficial de las Indias Occidentales: Estudio histórico y crítico acerca de la historiografía mayor de Hispano América en los siglos XVI a XVIII* (Buenos Aires, 1940).

Cline, Howard (ed.), *Handbook of Middle America Indians*, vols. 12 – 15: *Guide to the Ethnohistorical Sources* (Austin, 1972 – 1975).

Florescano, Enrique, *Memory, Myth, and Time in Mexico: From the Aztecs to Independence*, trans. Albert Bork and Kathryn R. Bork (Austin, 1994).

Gerbi, Antonello, *La disputa del nuevo mundo: Historia de una polémica 1750 – 1900* (2nd edn, Mexico, 1982).

Herr, Richard, *The Eighteenth-Century Revolution in Spain* (Princeton, 1958).

Hudson, Nicholas, *Writing and European Thought 1600 – 1830* (Cambridge, 1994).

Keen, Benjamin, *The Aztec Image in Western Thought* (New Brunswick, NJ, 1971).

Lafaye, Jacques, *Quetzalcóatl et Guadalupe: La formation de la conscience nationale au Mexique* (Paris, 1974).

Lockhart, James, *The Nahuas After the Conquest: A Social and Cultural History of the Indians of Central Mexico, Seventeenth Through Eighteenth Centuries* (Stanford, 1992).

Maravall, José Antonio, *Estudios de la historia del pensamiento español* (siglo XVIII) (Madrid, 1991).

Marcus, Joyce, *Mesoamerican Writing Systems: Propaganda, Myth, and History in Four Ancient Civilizations* (Princeton, 1992).

Mestre, Antonio, *Historia, fueros y actitudes políticas: Mayans y la historiografía del XVIII* (Valencia, 1970).

Moreno de los Arcos, Roberto, 'La Historia Antigua de México de Antonio León y Gama', *Estudios de Historia Novohispana*, 7 (1981), 67 – 78.

Robertson, Donald, *Mexican Manuscript Painting of the Early Colonial Period: The Metropolitan School* (New Haven, 1956).

Sánchez-Blanco Parody, Francisco, *Europa y el pensamiento español del siglo XVIII* (Madrid, 1991).

Sarrailh, Jean, *L'Espagne éclairée de la seconde moitié du XVIIIe siècle* (Paris, 1954).

朱潇潇　译　李　娟　校

第三十三章 殖民地和革命时代美国的历史写作

大卫·里德

公允地说，17—18 世纪讲英语的北美殖民地国家"历史" （history）发展水平，与同时期英国"历史"发展水平，存在一定差距并有所滞后。当然也不尽然。至少在这一阶段的早期，"历史"还较为灵活——它还没有一个较为清晰的学科边界，尽管弗朗西斯·培根爵士曾努力去定义它。[①] 那个时代的许多作品很明显会被今天的读者们称为历史作品，但是如果按照《牛津英语词典》的定义，即历史是"关于过去的正式记录"，那么也有相当数量的其他作品不太符合标准。宣传册、政治争论、地理或文化调查、个人评论集或者虚构作品——任何此类文献可能在题目中包含"历史"一词。因为这个词通常负载了包含"事件之间的联系……叙述、传说、故事"等广泛含义（仍然是根据《牛津英语词典》的定义），所以毋庸置疑，早期现代的作者和读者对的历史运用非常广泛，但是这也为挑选材料对其进行研究造成了困难。本章仅限于讨论这样一些作品：它们明确宣称自己记录了北美十三个英国殖民地的历史，这些殖民地后来成为了美国；这些作品的作者都至少在殖民地生活过一段时间，作品的创作时间都介于 1607 年（詹姆斯敦建立）和 1789年（联邦政府根据宪法正式行使职能）之间，当然另一场具有重大

---

① 关于培根对各种历史的重要讨论，参见之前第二卷的 *The Advancement of Learning in Francis Bacon*： *The Major Works*，ed. Brian Vickers（Oxford，1996），175 - 186。

历史意义的革命也于 1789 年开始。但如果要进一步限定为在殖民地写作或出版的作品则毫无意义，因为相当多的作品实际上是在英国本土写作出版的——尽管在美国革命爆发前的几年，这些作品的写作出版明显从伦敦向波士顿和费城转移。

681

讨论范围确定以后，还要面对一些熟悉的历史问题。我们所观察的领域在这一时期有怎样的变化？显然，北美殖民地时期在任何定义下，都代表着一段极富动态的时间跨度；那么这一时期的历史写作反映了这种动态变化吗，反映到何种程度呢？18 世纪有关的历史著作与 17 世纪的有何不同？是否可以从一点（或几点）表明，这些历史写作明显突破了过去的史学实践和历史意识？最后，英属殖民地的历史写作有什么真正的特征吗？美国例外论（American exceptionalism）的概念是否适用于美国早期史学呢？

认为任何时代都存在可称之为"革命"的事件，这种想法是假设人们在近似革命的其他人类活动形式中，都能经历革命。然而，如果将 18 世纪晚期的北美史学与之前相比而称为"革命的"，可能不是描述其基本状态的最准确方式。就像迈克尔·凯曼（Michael Kammen）观察的那样，"革命者也许在事后书写历史，但是历史学家却鲜少成为革命者"。① 不过，北美英属殖民地历史写作的性质在 1607—1790 年间变化明显——可能没那么剧烈，但也很明显。也许最突出的变化就是 18 世纪早期，与新英格兰清教徒有关的历史写作风格衰落。"新英格兰道路"在美国历史上早已被说烂了，但在殖民地史学中确实存在这样一条"道路"，它的特点是坚持命定论，泾渭分明的地方主义，将群体事务进行历史化的强烈神圣使命感，这种感情的基础便是大卫·范·塔塞尔（David Van Tassel）所说的，新英格兰移民"充满激情的自我关注"。② 人们可能会争

---

① William Smith, Jr. , *The History of the Province of New-York*, vol. 1, ed. Michael Kammen (Cambridge, Mass. , 1972), p. lvi.

② David D. Van Tassel, *Recording Americás Past: An Interpretation of the Development of Historical Studies in America 1607 - 1884* (Chicago, 1960),10.

辩,几乎所有早期的殖民地历史都是区域性历史,并且后世的历史学家也是带着使命感在工作;逐步消退的,只是历史是神圣计划之记录这一观念。命定论作为主题而非存在的理由,从而得以保留。从 18 世纪一直到革命时期,史学的主要特点是专注于档案;历史学家收集、比较文件,尤其把关注点放在地方政府的各项商议上。尽管也有些例外,但通常情况下,历史是严格按照时间顺序来编纂的,这使得史学的整体面貌相当沉闷。革命前所写作的史书相对受到忽视,除了因为其沉闷,更主要是因为许多作者都是保皇派,对于革命后的共和国所高度颂扬的美德缺乏必要的热情。独立战争确实推动了一次转变,为了赋予最近发生的事件以意义(合法性),历史学家开始转而思考原因,但是 18 世纪晚期的历史学家更愿意从"自然的"角度思考原因,将其视为周围环境对特定社会秩序产生的影响,而非上帝神圣意图的明显标记。人们可能仍然会在 18 世纪 80 年代的历史学中察觉神圣计划的影子,但那只是一个影子;其本体属于 17 世纪。

682

新英格兰的清教历史写作

科顿·马瑟(Cotton Mather)在他最有名的著作《美洲基督教史》(*Magnalia Christi Americana*,1702 年)的导言中声称,"应当承认,在所有历史中,光荣应该给予教会史;教会史研究主体的尊严、愉悦和功用都非常杰出"。[1]尽管只有少数人在研究中具有马瑟那样的自我意识,但是几乎所有新英格兰的早期历史学家都这样说。事实上,对于这些作者来说,新英格兰的地区史就是教会史,马萨诸塞和康涅狄格种植园的发展与这些地方的教会生活密不可分。这种狭隘的宗教史类型至少在约翰·福克斯(John Foxe)

---

[1]　Cotton Mather, *Magnalia Christi Americana: or, the Ecclesiastical History of New-England, From Its First Planting in the Year 1620 unto the Year of Our LORD*, 1698 (London, 1702), C2ʳ.

最流行的《殉教者书》（*Acts and Monuments*，1563 年）中已经部分成型了，但在《旧约》和《新约》的圣经先例中表现得更明显。马瑟称摩西为"所有历史学家中的第一人"，并且在列出了一系列令人印象深刻的重要古典作家后，接着说"福音书作者路加撰写的关于教会史（*Ecclesiastical History*）的两本小书，赐予我们的辉煌愉悦，比所有著作等身的史学家加在一起都要多"。①《美洲基督教史》代表了以选民这种圣经观念为前提的殖民地教会史，无论这类选民是受难的以色列人或者复活之后的使徒（当然，从类型上来讲，这两个群体趋于融合）。不过从另一个角度而言，由于《美洲基督教史》的目的非常明确，因此也让人对 17 世纪新英格兰史学发展状况有一种整齐划一的感觉，但这种感觉具有误导性。毕竟教会史这一主题很晚才出现在该地区。最早的例子——英国殖民者登陆初期两份最重要的文件——似乎不太适合这一主题，尽管很难找到更加适合文件作者意图的其他主题了。在这种情况下，比较有帮助的做法是，理解命定论并不是思想史中的整体运动，而且可以找到不同于经典的"严格"命定论的，可以称之为"松散"命定论的明显事例；从广义而言，这些不同的事例在不同强度上表明了同样的原则。②

威廉·布莱福特的《普利茅斯垦殖记》（*Of Plymouth Plantation*，1620－1647 年；1856 年初版），很好地说明了对命定论话语有必要进行分类的问题；它也提出了其他的问题，尽管纳撒尼尔·默顿

683

---

① Cotton Mather, *Magnalia Christi Americana*：*or*，*the Ecclesiastical History of New-England*，*From Its First Planting in the Year 1620 unto the Year of Our LORD*，1698 (London，1702)，C2ʳ.

② 迈克尔·温希普（Michael P. Winship）对新英格兰宿命论的有用考察，可参见 *Seers of God*：*Puritan Providentialism in the Restoration and Early Enlightenment* (Baltimore，Md.，1996)，9－28。尤其关注到了威廉·哈伯德（William Hubbard）与因克瑞斯·马瑟（Increase Mather）对宿命论历史探索的不同之处。关于对威廉·布莱福特（William Bradford）作品中出现的"轻微"宿命论概念的讨论，参见 David Read，*New World*，*Known World*：*Shaping Knowledge in Early Anglo-American Writing* (Columbia，Mo.，2005)，47－51。

(Nathaniel Morton，默顿在他的《新英格兰回忆录》[*New Englands Memoriall*，1669 年]中或多或少都摘取了布莱福特著作中的长篇大论)，科顿·马瑟和托马斯·普林斯(Thomas Prince)都看到了这份手稿，同时大家熟知的《莫特的族谱》(*Mourt's Relation*，1622 年)中也有一些布莱福特的记录材料，但它毕竟不像 17 或 18 世纪印刷成书的那类"当代"文字一样广为流传。尽管布莱福特在他历史中相对较短的第一本书中，其明确意图是要按年记录建立起普利茅斯殖民地的这群地方主义者所获得的天赐发展史，但是与他的第二本书相比，这本书的内容更加混杂和不确定。布莱福特在多年后编纂的第二本书采用更为严谨的编年体格式，它更像是一部根据普利茅斯殖民地与约翰·温思罗普(John Winthrop)的马赛诸塞湾殖民地，以及其他偏远殖民地关系为线索，写成的新英格兰地区发展史。第二本书主要是一部冲突和斗争的历史，但是这种冲突和斗争更多是商业上的，而不是信仰和思想上的。毕竟普利茅斯的圣徒也是商业企业的成员，并且需要为英格兰的投资者创造利润来保留殖民地。尽管在布莱福特的记录中，对地方主义群体保持完整性有着持续的关注，但是这种关注是与清教徒在日益发展的大西洋两岸的生意整体状况有着密不可分的联系。结果就使得《普利茅斯垦殖记》看起来更像一部扩张史，并且该书显然比当初布莱福特准备撰写手稿时，更多地涉及到了经济部分。

　　约翰·温思罗普的《日记》(*Journal*，1630—1649 年)也是一个特例。如果说布莱福特的手稿条理清楚、通俗易懂，就好像把它当成一本出版书籍来写作的话，[①]那么温思罗普的作品就是一本私人日记，对编辑者和抄录者来说，这种晦涩难懂的秘密书写方式产生了一堆问题。在这三册笔记中，作者逐渐从每日都记事转变为下笔更审慎，内容更广泛，间隔的时间也越来越长。温思罗普自始

684

---

① 道格拉斯·安德森(Douglas Anderson)曾详细指出了布莱福特作品的这一方面，参见 *William Bradford's Books*: *Of Plimmoth Plantation and the Printed Word* (Baltimore, Md. , 2003)，1 - 24。

至终都是在记录下各种"活动",事无巨细。这本《日记》包含了大量对历史学家来说缺乏价值,甚至可以说是日常性的内容。尽管如此,温思罗普显然认为自己是个历史学家。他在第二和第三册笔记的开头都是以"新英格兰历史的延续"作为标题。在温思罗普第二册笔记中插入的一张有趣的活页便笺中,他至少表达了对沃尔特·雷利爵士(Sir Walter Raleigh)所写的《世界史》(A History of the World,1614 年)有粗浅了解,以及他对世俗历史的观点,"我并不否认,世俗历史确实起到了很好的作用,但也只是作为显示至高无上的权威[如上帝]的智慧、有力的裁决和仁慈,以及揭示撒旦不仅仅对圣徒,也是对整个人类都是难以消除的恶"。① 这一评论表明温思罗普无法清晰认识他要讨论的课题:过去的"世俗"领域应该从天命那获得教益,然而世俗历史在基本层面则依然保持它的原样。没有什么能在实际内容方面可以自动超越自身成为神圣的历史。于是读者就承担了在世俗中发现宗教的责任。但是除了作者之外,谁又是私修历史的读者呢? 就像布莱福特关于普利茅斯的历史一样,私人著述往往行文晦涩。宿命论在此只是一种贯穿整个日记的态度,而不是为了解释历史事件而进行的有意识安排。温思罗普可能强烈坚持天命、预示论,以及即将到来的千禧年等清教正统观念,但是他的日记由于其本身的特质又表明,对过去的日常事件进行神学阐释是非常勉强的。

一部清教殖民者的较为早期的历史已经展现出高度的史学意识和思想凝聚力,但不幸的是,这些特质并没有使爱德华·约翰逊(Edward Johnson)的这本《新英格兰创造神迹的天福》(Wonder-Working Providence of Sions Saviour in New-England,1654 年)给读者特别有价值的经验。它只是提供了一个在明确的神学著作之外能够找到新英格兰正统观念的最纯粹例子,总的来说也没什么影响。正如 E. 布鲁克斯·霍利菲尔德(E. Brooks Holifield)对其

---

① *The Journal of John Winthrop 1630 - 1649*, ed. Richard S. Dunn, James Savage, and LaetitiaYeandle (Cambridge, Mass. , 1996),769.

恰当的评价,这本书有着"招聘广告般的细致"。① 约翰逊展现了殖
民者的"野外工作"以及他们一方面同"错误论者",另一方面与印
第安人持续的斗争,他使用了一种近乎寓言般的夸张和训诫文体,
并且不断地模糊过去、现在和未来之间的区别。对约翰逊来说,发
生在新英格兰(以及克伦威尔时期英国本土)的事件是为即将到来
的第二本书所准备的,所以在看到他写作时经常从过去时跳跃到
现在时,从第三人称的描述跳跃到第二人称的劝诫就丝毫不会奇
怪了,同时他也在鼓励读者去倾听和理解通过新英格兰圣徒们的
行为所传递的预言信息。约翰逊关于各种城镇的讨论偶尔也表露
出对殖民地生活特定的经济环境的世俗兴趣。总的来说,《新英格
兰创造神迹的天福》是一部由客观形式和过程主导的历史,这在那
个时代的北美殖民地是不常见的。从这一点,也仅从这点来看,它
非常类似较晚阶段才出现的历史书写方式。

　　初看起来,除了长度以外,约翰逊的这本书和科顿·马瑟在大
约五十年后出版的《美洲基督教史》有许多相似之处。马瑟与约翰
逊一样,倾向于通过他能使用的一切方式赞颂美国广阔土地归于
清教正统的荣耀。马瑟的行文风格与约翰逊一样过分渲染,但在
相关文化背景和对具体细节的关注上,约翰逊的书明显稍逊一筹。
然而,这本纪念新英格兰道路的不朽篇章对这一发展方式的态度
与《新英格兰创造神迹的天福》有着极大的区别。约翰逊的著作成
书于过渡时期,旨在向他的读者证明,后来赶上其母国的新英格兰
地区在早期殖民开拓中的重要地位。他的著作预示着,或至少试
图传达这样一种印象,即更好的日子终究会到来。马瑟则相对没
有那么乐观,他是在新世纪开始之初进行写作,并且要回溯之前发
生各种变革的几十年。他更像是一个守护者,而不是预言家,试图
去保存快要消失了的过去。殖民地领袖的传记在《美洲基督教史》
中占据了很大篇幅,马瑟认为通过对这些领袖行为的批判反思,他

---

① 　E. Brooks Holifield, *Era of Persuasion*: *American Thought and Culture*, *1521 -
1680* (Boston, 1989),54.

已经"部分做到了一个公正的历史学家"①所做的。这里他显然在效仿塔西佗,他在书中经常引用其作品。这就揭示了马瑟与其后来者在史学上的一个重要区别:他能够博采众家之长。尽管他在宗教信仰方面坚定排他,但却是当时大西洋两岸最博学的人物之一,也是一个特别多产的作家,使得那些愿意广泛吸取知识的读者和作者都获益良多。

17 世纪后半叶,在约翰逊和马瑟这两本宿命论代表作之间出现的,是威廉·哈伯德(William Hubbard)的《新英格兰通史》(*A General History of New England*,约 1682 年),这是一本关于新英格兰地区宗教历史的最为晦涩的长篇大作。尽管这本著作很重要地将布莱福特和温思罗普等第一代作者,与 18 世纪之交的历史学家连接起来,但它在 1815 年首次出版之前,一直都是以手稿形式存在。哈伯德的著作之所以被忽视,不仅因为在 19 世纪以前缺乏大众读者,同时也因为它成书时间距《美洲基督教史》较近。总的来说,哈伯德采用了宿命论的观点,但是和约翰逊或马瑟的作品比起来,他的倾向性很小并且可读性更高。他的写作流畅,而且不时闪现出冷幽默,在受到清教哲学影响而写作 17 世纪新英格兰"主流"史学的同辈人中,他的作品可能是最接近于对这种哲学影响加以限定的。

18 世纪能够脱离于宿命论传统的著作,是约翰·卡兰德(John Callender)的一本小书,《美洲新英格兰地区罗德岛与普罗维登斯种植园殖民地的民政与宗教史》(*A Historical Discourse on the Civil and Religious Affairs of the Colony of Rhode-Island and Providence Plantations in New-England in America*,1739 年),这本书所纵情描绘的殖民地,是那些立足于马萨诸塞的历史学家经常不屑一顾的,因此颇值得注意。虽然卡兰德经常指出在罗德岛的历史中神圣天意的影响,但他也确实代表了该殖民地的传统,因为他的书中对不同的宗派和各种宗教怪人都给予了极大的包容。

----

① Mather, *Magnalia Christi Americana*, C2ᵛ.

新英格兰地区史学与印第安人战争

17 世纪新英格兰历史的一个重要分支就是殖民者的军事活动。1637 年的佩科特战争（The Pequot War）及 1675—1676 年的菲利普国王战争不仅威胁到新英格兰殖民地的存亡，而且也使得清教殖民者们对自身进行了毫不留情地反省，同时也要求对这段历史进行相应的描述、分析和阐释。同样充满争议的是 1622 年发生在弗吉尼亚由波瓦坦（Powhatan）的兄弟欧佩坎诺领导的大屠杀，基本上等同于毁灭了这块殖民地（粗略估计有三分之一的殖民者被杀），但是提到这一事件的公开记录却很少，南方地区对于将早期危机纳入历史叙述的意识没有像新英格兰地区那样强烈。佩科特战争，在清教徒民兵纵火焚烧了一个佩科特的定居点并屠杀了几乎所有土著居民（大概有几百人并且包含了妇女和儿童在内）后基本就结束了，这场战争除了布莱福特和温思罗普的记录外，还有少数几份目击者的简短叙述；约翰·昂德希尔（John Underhill）和菲利普·文森特（Philip Vincent）的记录在 1638 年出版，而负责对要塞进攻的指挥官约翰·梅森（John Mason）的备忘录，则一直以手稿形式流传，直到托马斯·普林斯（Thomas Prince）在 1736 年将其出版。牵涉范围更广的菲利普国王战争则有大量的公开记录，其中最为著名的就是玛丽·罗兰森（Mary Rowlandson）关于她被纳拉干族人俘虏的自传《上帝的主权与仁慈》（*The Sovereignty and Goodness of God*，1682 年）。尽管这本自传在出版后迅即获得持久的流行，但是关于这场战争在当代最富声望的记录则是因克瑞斯·马瑟的书。马瑟事实上接连写过两本书，《与印第安人在新英格兰地区的战争简史》（*A Brief History of the War with the Indians in New England*，1676 年）和《发生在新英格兰的纷争间的关联》（*A Relation of the Troubles which have happened in New-England*，1677 年）。后一本书一直回溯到佩科特战争，马瑟还把梅森书中的部分内容放了进去（尽管他错误地认为那是出自另一位康涅狄格

687

军官约翰·艾林［John Allyn］之手）。

两本书都表达了"坚定"的宿命论观点，而这也是大多数清教徒所留下的战争记录的特点。在《关联》一书中，马瑟甚至还回顾了导致这些战争爆发的原罪起点。托马斯·亨特（Thomas Hunt）是一位与约翰·史密斯共同参与了 1614 年发现新英格兰远航的船长，他诱骗了普利茅斯的二十四位印第安人上船，在回程时带他们渡过大西洋，并试图将他们作为奴隶卖到直布罗陀。"这一残忍和野蛮的事实，就是导致了这些野蛮人从此以后总是去摧毁众人的财产和生命，造成极大损失的不愉快起因。"①如果说开始的冲突是由亨特的愚蠢行径造成，那么后来的问题则是由殖民者们重犯错误而导致，就像马瑟在《简史》中所指出的，"直到第一代人彻底离去，而下一代成长起来并且不再试图去按本来应该那样地去美化他们的父辈，我们才能对这些原罪有成熟认识从而得出这一可怕的结论"。然而天命的表现各有利弊：上帝愤怒的征兆与上帝仁慈指引的表现交相出现——这些征兆可能是以严酷的生命形态出现的。在一段描述萨德伯里民兵进攻印第安人营地的记录中，马瑟写道："上帝如此安排当时射出的子弹，不少于三十个印第安人受伤，其中死了十四人，在死去的人中有几个正是最近制造血腥惨剧的关键人物。"②

对这些事件的神学解释试图将特定的敌人身份，转换成作恶多端的凶手及受到公正惩罚的罪犯。马瑟对"野蛮人"的生活方式不太感兴趣，并且对他们的历史也毫无兴趣，除非是和殖民者有关联的历史。与马瑟同时代的一本主要著作，威廉·哈巴德（William Hubbard）的《与印第安人在新英格兰纷争记》（A Narrative of the

---

① Increase Mather, *A Relation of the Troubles which have hapned in New-England*, *By reason of the Indians there*, *From the Year 1614 to the Year 1675*, under the title Early History of New England, ed. Samuel G. Drake（Boston，1864），54.

② *Dreadfull a Judgment*：*Puritan Responses to King Philip's War*，1676‐1677，ed. Richard Slotkinand James K. Folsom（Middletown，Conn.，1978），86，114. 这本选集收录了《简史》全书，79—152。

Troubles with the Indians in New-England，1677 年）所持的也是这种态度,哈巴德在谈到印第安人时完全不顾及文化和心理上的差别,将他们描绘成条约的破坏者和屠杀既诚实又公平殖民者的背叛者。对从印第安人一方所叙述的故事缺乏兴趣,这在当时其他的战争史中也广泛存在,不过丹尼尔·古金（Daniel Gookin）的《1675、1676、1677 年新英格兰印度安基督徒行为和苦难的历史记录》（*A Historical Account of the Doings and Sufferings of the Christian Indians in New England*，*in the Years* 1675、1676、1677、1677 年）则是一个有趣的例外。古金是被派往新英格兰印第安部落的著名传教士约翰·艾略特（John Eliot）的世俗盟友,他在 1677 年手稿中为那些在菲利普国王战争中效忠于殖民者的"祈祷的印第安人"做了精神辩护。应该说,古金的同情并没有使这个群体的境遇改变太多,但是他的叙述在一定范围内是对这一左右为难群体所处困境的强烈呼吁。这一群体更确切的说,是居于波士顿港鹿岛的美国历史上第一个少数民族居留地的印第安人。另外一部非典型的历史是托马斯·丘奇（Thomas Church）的《菲利普战争中的有趣之旅》（*Entertaining Passages Relating to Philip's War*，1716 年）,将丘奇的父亲本杰明在 1676 年间所领导的最终消灭菲利普王的征战的材料结集出版。这是一部真正出自知情人的著作,再现了一个与当地人日常打交道的军人的观点。这本书流畅地记述了本杰明·丘奇与各类印第安人的对话,既有盟友也有敌人,完全没有受道德说教和神学反思的制约。这使得该书不仅是,而且读起来确实也像一本 18 世纪而不是 17 世纪的书。而新罕布什尔治安官萨缪尔·彭哈洛（Samuel Penhallow）的《新英格兰与东部印第安人战争史》（*History of the Wars of New-England with the Eastern Indians*，1726 年）则与之相反,这本书看起来似乎属于 17 世纪而不是 18 世纪。这是一部少有的尝试去全面记述安娜女王战争（Queen Anne's War，1702—1713 年）的书,它也包含了一些在 1722—1726 年间主要发生在新英格兰北部地区的不知名冲突的记录,这些冲突最终在彭哈洛去世前数月以条约达成而告终。

该书的风格让人回想起了马瑟的书,并且同马瑟的书一样,彭哈洛在一开始就给印第安人打上"背信弃义"的罪恶标签,通篇所展现的都是对其反感的态度。

弗吉尼亚的史学

在18世纪中期以前,新英格兰之外的各殖民地系统的历史撰写工作无疑都是零星进行的,即使到了那时,它们仍然和新英格兰的情况有着巨大的差距(比如直到18世纪90年代后期,宾夕法尼亚才有自己的历史)。由于弗吉尼亚是殖民地的起源并且在帝国商业中具有稳定增长的重要性,因此作为历史研究的对象,它比周边的殖民地吸引了更多的关注——实际来说也就是一种聊胜于无的情况。当然,可以算是最著名的英国早期殖民史源自弗吉尼亚:那就是约翰·史密斯的《弗吉尼亚、新英格兰及萨默群岛通史》(*General Historie of Virginia*,*New-England*,*and the Summer Isles*,1624年)。史密斯的巨著并不像大多数读者所假定的那样,是一部构思精巧的历史大作。事实上可能完全与之相反,这本书通篇都是将他在担任詹姆斯敦殖民地领袖时的亲身观察,和其他随处找到的一些著作粗劣地进行拼凑,这些著作使得史密斯可以补充他在1609年永远离开弗吉尼亚以后的那段历史(他在那实际只待了两年,而他离开的空白时段要远超过两年),以及补充书中提到的英国早期殖民百慕大的历史,因为他本人从未去过百慕大。另外,史密斯的书中还包含了对新英格兰地区进行描述和推介的章节,这主要是依托于先行出版的关于1616年他对该地区进行沿海调查的材料,这次调查要比第一波英国殖民者到达新英格兰早好几年,同时也借用了《莫特的族谱》一书中的材料。该书的叙事是松散脱节的,不断在第一和第三人称间进行频繁而混乱的转换,此外考虑到他要为自己开拓殖民地进行表达和辩护,史密斯的回忆显然在根本上无法提供一个更为广阔和公正的视角。

如果要不出意外的话,对于这本《通史》最典型的处理方式就

689

858

是抽出那些引人注目的历史片段——至今最令人关注的历史片段，显然是史密斯关于他被波瓦坦的女儿波卡洪塔斯（Pocahontas）在处刑中拯救的故事，这个故事流传许久且长期以来俨然已成神话。然而，史密斯在《通史》中主要的成就是把古典史学家的庄严风格带到了最朴实无华的"报告"文体中。作为历史的记录者和参与者，史密斯都以罗马人为榜样，突出人物在冲突和谈判等特定时刻的言和行。为了在某些情节中强调过程的庄严性，他加入了主角的长篇言论以及蕴含着拉丁警句的英语诗歌，虽然这些诗句大多出处不明。这本书让人印象最深的是，史密斯试图将美洲原住民作为与殖民者拥有大致同等权力和地位的历史人物加以展现，他们也能完成重大的行动并具有雄辩的口才（尽管史密斯像许多殖民地作者一样，习惯性地忽略了两种相距较远的语言在翻译时结构上的问题）。除却所有这些缺陷，《通史》一书也因此是在传统历史叙事规范内试图去理解英国人与当地土著相遇的早期最重要著作。

罗伯特·贝弗利（Robert Beverley）的《弗吉尼亚的历史与现状》（*The History and Present State of Virginia*，1705 年），是史密斯之后下一本关于弗吉尼亚最主要的历史著作。时隔 80 年使得两书的视角极为不同，后一本书强化了最初几代弗吉尼亚人的看法，他们对于同母国的关系既不觉疏离也不觉优越，而与同时代的新英格兰人相比，他们对详述过去则是兴趣寥寥。恰当地说，贝弗利这本书只有第一部是关于历史的。贝弗利关于早期殖民地历史的记录基本上出自史密斯的《通史》，其中最有趣的则是从 1626 年弗吉尼亚公司解散一直到贝弗利所处时代的材料。贝弗利对该殖民地的近代历史则有很大的意见，主要体现在他对总督们的批评上，他认为其中的绝大部分都是不称职的（除了和贝弗利家族关系密切的威廉·伯克利［William Berkeley］是例外），同时体现在他在叙述中对纳撒尼尔·培根（Nathaniel Bacon）于 1676 年发起反对伯克利政府叛乱的动机深表怀疑这一点上。贝弗利的写作风格与他所居住的殖民地风格紧密相连，而与该书出版地的大都市风格相

690

859

距较远，"我是一个印第安人，并且不是自称准确使用了我的语言：但是我希望我朴素的衣衫，能够给他一个我希望留下的诚实亲切的印象"①。但是在 1722 年的修订版中，贝弗利却决定，无论如何某些"朴素"不再适宜，因为他去掉了几乎所有的批评并且淡化了许多妙语；这样一来，对于贝弗利的晚近读者来说，第二版显然不如第一版那么生动有趣。

　　18 世纪上半叶最后一本重要的本地创作的弗吉尼亚史，是威廉·斯蒂斯（William Stith）的《弗吉尼亚最初发现与殖民的历史》（*The History of the First Discovery and Settlement of Virginia*，1742 年），也是一本在当时没有流行，后世也没什么影响的著作。也许最著名的就是杰斐逊曾在《弗吉尼亚纪事》的"询问二十三"中语带不屑地提到过它。② 在弗吉尼亚历史作品的周边，确切地说是威廉·伯德（William Byrd）的《弗吉尼亚和北卡罗来纳分界线的历史》（*History of the Dividing Line betwixt Virginia and North Carolina*，约 1738 年）一书，这是一部关于 1728 年为了在两个殖民地之间设定边界进行勘探考察得极为私人化的记录。伯德的记录在今天知名主要是因为它所存在的两个版本，其中一个是喧闹，讽刺，有些下流的（而且更短的）"秘史"。不过从某种意义上说，这两个版本都是隐秘的，因为直到 19 世纪手稿还留在私人手中。伯德把他的著作当成是工作日记，它更接近于塞缪尔·佩皮斯（Samuel Pepys）的作品，而不是这里考察得更为典型的历史作品。但确实——至少在"公开"版本里——这本书包含了对两个殖民地的发展，边界地区社群的粗略状况，以及同这一地区原住民之间关系的有益思考。

---

① Robert Beverley, *The History and Present State of Virginia*, ed. Louis B. Wright (Chapel Hill, NC, 1947), 9.

② Thomas Jefferson, *Notes on the State of Virginia*, ed. William Peden (New York, 1972), 177: 'He is inelegant ... and his details often too minute to be tolerable, even to a native of the country, whose history he writes.'（"他很谨严……他写的细节过于琐碎，使读者无法忍受，甚至对于本州的当地人说来也是如此。"）

革命前的史学

如果把 1776 年之前所有 18 世纪英属美洲殖民地的政治活动都说成是地方性的,这样表述可能不完全准确,但要说各个殖民地的历史都是地方史则非常接近于事实。根据史学纪录来看,把十三个殖民地作为一个代表共同利益的、如果不是民族国家也是一个整体的联邦这样的观念,是比较晚近的发展。威廉·道格拉斯 (William Douglass) 的《北美英属殖民地的最初殖民、渐进发展和现状的历史及政治概况》(*Summary*, *Historical and Political*, *of the First Planting*, *Progressive Improvements*, *and Present State of the British Settlements of North America*,1749 年)是少数几部大致沿着英国史学家约翰·奥德米克森 (John Oldmixon)《美洲的不列颠帝国》(*The British Empire in America*,1708 年)的方向,试图写出一本全面历史的早期尝试,但这本书却只是不折不扣的大杂烩,书里大量离题而冗长的注释包含了之前出版的关于糖业生产,航海罗盘的磁力,宿命和自由意志,纸币的风险等各种内容的小册子,它只是一本将这些内容松散组织起来的合集,同时也把大多数之前殖民地史学家的不足都收录其中,尽管这后一点有很多错误是道格拉斯自己引入的。大多数 18 世纪早期殖民地史学家的主要兴趣,是构建起他们恰巧生活和工作其中的各殖民地的独特属性,而不太关注将"他们的"殖民地置于更广阔的背景中。托马斯·普林斯 (Thomas Prince) 在他的《新英格兰编年史》(*A Chronological History of New-England in the Form of Annals*,1736 – 1755 年)中通过强调本地诉求为搜集这些显然是琐碎的细节进行声辩:"此类小事对于那些从未见过的人来说是微不足道的,却是生活在这些经由谈判所获地方上的人们乐于注意的。"[①]矛

691

---

① Thomas Prince, *A Chronological History of New-England in the Form of Annals* (Boston, 1736), p. x.

盾的是,这一对区域特性的强调,结果却反而导致产生了一堆同质化的历史。它们通常很长,会拖到很多卷;它们往往是闲暇时的产物,就像这些人都是在殖民地事务中忙得团团转的人;它们通常都是严格按时间顺序排列,并且主要围绕政府机构;在收集和提出文献证据时,它们大都一丝不苟,偶尔会有缺陷;而在大多数时候,它们在语气和风格上都是慎重有节制的。小威廉·史密斯在其《纽约地区史》(*History of the Province of New-York*,1757 年)的前言中说道,他的书"呈现给我们的仅仅是一系列普通简单的事实;即使是那些未经修饰的见解……宁可选择那些诚实而平淡的,也比讨喜而虚假的要好,我所引用的证据严格依照真实性的要求"。① 萨缪尔·史密斯(Samuel Smith)在他的《新泽西殖民地史》(*History of the Colony of Nova-Caesaria,or New-Jersey*,1765 年)的前言中总结道:"收集材料的主要目标是包括原始状态的事实,而不需要考虑其他更多……没有什么比公平公正的表述更重要。"② 最终成为马萨诸塞殖民地最后一任皇家总督的托马斯·哈钦森(ThomasHutchinson),在提到他的巨著《殖民地和马萨诸塞海湾地区的历史》(*History of the Colony and Province of Massachusetts-Bay*,1765—1767 年)所采用的方法时颇有些自嘲道:

> 不能指望一个殖民地所发生的事承载太多东西,对整个世界来说都是有趣的、令人愉悦的。我只是为了自己的同胞而写作,甚至对于他们中的很多人我估计一些事情也不怎么重要……通常,我们都喜欢了解涉及我们祖先的细枝末节。其他的一些事,从它们的性质看只能是枯燥和沉重的描述。我的主

① William Smith, Jr. , *History of the Province of New-York*, 6 - 7.
② Samuel Smith, *The History of the Colony of Nova-Caesaria, or New-Jersey*, pp. ix-x.

要打算是将它们从遗忘中拯救出来。[①]

这些言论除了它们可能传递的道德、神学，或政治含义之外，表明了对事实的内在力量和权威性的高度尊重。这种仅仅因为事实的真理性内容就认为其有价值的态度，无疑是启蒙运动和启蒙史学的主要标志之一——但它不一定是精彩历史作品的标志。

在革命前有些作品因为它们与众不同的形式而凸现出来。《一部佐治亚殖民地的真实历史》(*A True and Historical Narrative of the Colony of Georgia in America*，1741 年)是一些对奥格尔绍普上校(Colonel Oglethorpe)及殖民地托管人的政策心怀不满的移民所做的讽刺性攻击，经过几手编纂，但主要是由萨凡纳的医生帕特里克·泰弗尔(Patrick Tailfer)执笔。在 18 世纪的历史中，可能只有在伯德的《分界线的历史》中能找到和这本书有点类似的东西。

有两本书都因其对民族学的关注而显得与众不同，它们都提供了比这一时期通常作品更全面(而且更公正)的北美土著人民的社会文化记录。卡德沃勒德·科尔顿(Cadwallader Colden)的《美洲纽约地区五个印第安民族的历史》(*The History of the Five Indian Nations Depending on the Province of New-York in America*，1727 年)，是一个在兴趣和能力方面能够和本杰明·富兰克林以及托马斯·杰斐逊并肩的非凡人物的作品。但很不幸的是他日后声誉不佳，他是一个直言不讳的亲英分子以及帝国政策的捍卫者，并且他对《印花税法》(the Stamp Act)的支持使得他在职业生涯的晚期颇不得人心。科尔顿的书中详细记述了 1689—1697 年威廉王之战(King William's War)时期易洛魁部落组织的活动，以及英法两国为控制北美内陆地区而爆发的第一次所谓的法国-印第安人战争

[①]　Thomas Hutchinson，*The History of the Colony and Province of Massachusetts-Bay*，vol. 1，ed. Lawrence Shaw Mayo (Cambridge, Mass. , 1936)，pp. xxviii-xxix.

(French and Indian Wars)。这本书在某种层面上可以被看作是关于殖民地权力平衡的政治宣传手册。科尔顿在用过去的事件论证维持与易洛魁人的坚强同盟将其作为对抗新法兰西堡垒的重要性。但是这本书最值得关注的，是其对易洛魁文化的尊重，关于该文化的材料是基于科尔顿在 18 世纪 20 年代作为测量总监时所获得的一手资料，并且用较为现代的方式来使用这些材料。书中详细记录了殖民地代表和部落代表在奥尔巴尼（Albany）进行的谈判，包括各个易洛魁酋长冗长的发言，这些材料是出自地区印第安事务书记官的抄本。同时，科尔顿也大量使用了他能获得的法国史资料。事实上，当科尔顿举出一个恶名昭著的法国劣行时——与法国结盟的渥太华部落对一个印第安俘虏刑讯逼供、处以死刑，自相残杀——他尖锐地指出，这是他从法语文献中获得的材料，并列举出卷数和页码。

詹姆斯·阿代尔（James Adair）的《美洲印第安人史》（*History of the American Indians*，1775 年）也展现了关于土著人口的战略性视野——在这里，主要的东南部落包括切诺基人，克里克人，奇克索人、乔克托人——占据了在英属的卡罗莱纳和佐治亚，法属的密西西比河谷和墨西哥湾沿岸，以及西属的佛罗里达之间的缓冲区。与科尔顿一样，阿代尔十分关注在北美建立英国的统治地位，并致力于纠正在他看来是英国对各部落失当的政策。但阿代尔的历史更接近于当地现实，作为一个与印第安人有贸易往来，并在他的客户中生活多年的商人，使得阿代尔处于一个非常有利的位置来观察并记录当地的习俗和传统。虽然并不系统，但与科尔顿的书相比，他的书更明显地采用了人种学的方法。不过，《美洲印第安人史》最引人注目的地方，可能是阿代尔用大量的篇幅来阐释他所研究的主题，足足用了二十三个标题和大约一百五十页来进行论证。这一主题对阿代尔来说毫无新意，但是在欧洲殖民者到新世界的早期岁月就一直在流传：那就是美洲土著人，像阿代尔所说，"是以色列人的直系后裔，或许是当他们在海上强国时移居过来，或许是不久以后普遍被囚时发生的，然而后一种情况是最有可能的"。在做出这一断言之前，阿代尔称"事实是我的目标"，[1]但是在该书的开头他对固有观念的凸显及繁复表达，却时而会减损这本作为与 18 世纪鲜有记录的土著群体一起生活的历史学家见证者作品的真实性质量。

美国革命中和革命后的史学

1776 年之后撰写的历史中不可避免地会反映党派立场，因为帝国的拥护者和独立的拥护者都在争夺大西洋两岸支持的观众。然而除了展示政治忠诚外，这一时期的史学特点并不是特别鲜明。作者们当然意识到他们所描述事件的持久重要性，但也许是距离这些事件太近，因而不能提供完整成型的解释。他们写的历史往往会遵循熟悉的欧洲编年史和古籍的范式。彼得・梅塞尔（Peter Messer）使得很多受过教育的苏格兰人移民到北美并且让殖民地的历史写作受到了苏格兰启蒙运动（至少在这一世纪的后期，大卫・休谟是运动的化身）的影响，但这种影响可能被夸大了；在 19 世纪以前，在这个新成立的国家都很难发现更多历史编撰方式中的哲学倾向。[2] 这类历史的意义在于它们的政治联系。在这场竞争中，亲英分子也充分表达了自己的观点，尽管他们今天鲜为人知，因为他们对于事件的看法最终没有占据主流。也许这群人中最让人印象深刻的就是生于苏格兰的乔治・查尔默斯（George Chalmers），他在马里兰做了十二年律师，但在 1775 年逃往英国。他所写作的《当前联合殖民地的政治编年史》（*Political Annals of the Present United Colonies*，1780 年），尽管最后是导向 1688 年的光荣革命，但作为一部关于各殖民地整体的记录，该书在连贯性和趣味性上

---

[1] James Adair, *The History of the American Indians*, ed. Kathryn E. Holland Braund (Tuscaloosa, Ala., 2005), 74.

[2] Peter C. Messer, *Stories of Independence*: *Identity*, *Ideology*, *and History in Eighteenth-Century America* (DeKalb, Ill., 2005). 不管是否同意梅塞尔的观点，这本书都提供了对于 18 世纪美国史学这一领域有价值的总结。

都远胜过道格拉斯 1749 年写作的《概况》。它标志性的一点在于通篇都是对殖民者寻求独立的动机深表怀疑。查尔默斯在 1782 年还写过一本批评更尖锐的《美国殖民地叛乱史简介》（*Introduction to the History of the Revolt of the American Colonies*），但是却决定暂不发表，可能是因为他对英国政府的批评不下于对殖民者的批评。这本书直到 1845 年才出版。

其他亲英阵营中的史学作品包括约瑟夫·加洛韦（Joseph Galloway）的《对美洲叛乱兴起和发展的历史与政治反思》（*Historical and Political Reflections on the Rise and Progress of the American Rebellion*，1780 年）以及萨缪尔·彼得斯（Samuel Peters）的《康涅狄格通史》（*General History of Connecticut*，1781 年），该书可以与促成了反清教论战传统的托马斯·默顿（Thomas Morton）的《新英格兰乐土》（*New English Canaan*，1637 年）相映成辉。同查尔默斯一样，加洛韦和彼得斯都在 18 世纪 70 年代逃到了英国（虽然彼得斯后来又返回了美国）。加洛韦认为叛乱的源头在于新英格兰殖民地内在的共和主义，他断言这使得他们在最初登陆的时候就千方百计寻求从英格兰独立。彼得斯同样认为，康涅狄格政府和新英格兰其他政府一样，从一开始就是非法的，是基于欺诈、错误的土地要求，殖民者也无意去认同自己作为英国子民的义务。尽管彼得斯的成名主要是因为他对清教徒将"蓝色法规"强加于其社群的极度夸张的描述，不过他也从亲英者的立场提供了一些有趣的推论：在书中间，他雄辩地抗议了对土著民族的屠杀以及用基督之名对非洲人进行奴役，"（这些受害者）没有一个与其寻求其他幸福，不如远离这条古怪的美洲准则必然带来的折磨，那就是人在适合进入天国之前必须勇于献身"。①

在亚历山大·合瓦特（Alexander Hewat）的《南卡罗来纳和佐

---

① Samuel Peters, *General History of Connecticut*, ed. Samuel McCormick（New York，1877），109. 奇怪的是，彼得斯自己是一个奴隶拥有者，这一点同奴隶制更为著名的批评者、站在革命另一边的托马斯·杰斐逊并没有什么不同。

治亚殖民地兴起和发展的历史记录》(*A Historical Account of the Rise and Progress of the Colonies of South Carolina and Georgia*, 1779 年)中也可以找到对奴隶制的批评,这次是从一个南方亲英者的角度出发。合瓦特也出生在苏格兰,同样他也在查尔斯顿做了一段时间长老会牧师之后,于战前离开去了英国。"任何国家的特殊法律是否能够,"合瓦特问道,"取代自然界的一般规律? 地球上任何地区的当地环境是否能够为这样的暴力贸易引为借口,并且带来这种无休止的奴役作为后果?"[①]

在独立战争之后写作的,两个最重要也是多产的"支持"独立的历史学家,都被这一事业深深吸引了:威廉·戈登(William Gordon),一位持异见的英国牧师,出于对独立的热情追求,他移民到了马萨诸塞;以及大卫·拉姆齐(David Ramsay),一位作为战俘在圣奥古斯丁(Saint Augustine)的英国兵营里被关了一年的外科军医。在这两人中,拉姆齐在之后的几个世纪里名声更大,也许因为他是第一个本土出生的革命编年记录者,因此可以被称为是第一批"美国"历史学家中的一员。虽然两人在政治上都极为活跃,但他们间的距离不仅表现在地理上——拉姆齐尽管出生在宾夕法尼亚,并且在宾夕法尼亚和新泽西受教育,但他主要是在查尔斯顿从事医疗工作——也表现在他们对自治政府的看法上。戈登是一个呼声很高的反联邦党人,因为担心他的著作会遭到马萨诸塞有影响力的联邦党人,诸如约翰·汉考克(John Hancock)和约翰·亚当斯等的反对,他觉得有必要将他杂乱的四卷本著作《美利坚合众国独立运动的兴起与发展史》(*History of the Rise, Progress, and Establishment of the Independence of the United States of America*, 1788 年)在英国出版。而拉姆齐从另一方面说,是一个坚定的联邦党人及新宪法的支持者,因此他在 18 世纪 80 年代的作品,承袭了伟大的辉格党传统,对胜利者的历史表现很到位。这一时期创作

---

① Alexander Hewat[t], *An Historical Account of the Rise and Progress of the Colonies of South Carolina and Georgia*, 2 vols. (London, 1779), i. 121.

包含两本相关著作，一本是《南卡罗来纳革命史，从英属殖民地到独立州》(*The History of the Revolution in South-Carolina，from a British Province to an Independent State*，1785 年)，这本书因为是地区性的记录没有吸引太多读者，另一本则是更受欢迎的《美国革命史》(*The History of the American Revolution*，1789 年)。

作为重要的原始材料，戈登和拉姆齐的历史作品被现代史学家评价较低的主要原因，是由于在 19 世纪末 20 世纪初弗雷德里克·杰克逊·特纳(Frederick Jackson Turner)以前的学生奥林·G. 利比(Orin G. Libby)的一系列揭露所致，他发现了戈登和拉姆齐抄袭英国《记录年鉴》(*Annual Register*)的例子，这份年鉴在 18 世纪 60 年代与埃德蒙·伯克关系密切，对英属殖民地事务进行了持续报道，成为整个革命时期一个有价值和可靠的信息和材料来源。关于抄袭的指控存在了很多年，照大卫·范·塔索(David van Tassel)的话说，"就像一张检疫标签"，[①] 但这一污名在近年来正逐渐消退，这一方面得益于历史学家逐渐认识到，那个时代许多作家都在毫无愧色的借用《记录年鉴》里的材料而并无标注，另一方面则是由于对革命时期史学作品在阐释和修辞方面的兴趣重又燃起。在书中，戈登的政治立场比拉姆齐的更难察觉；他主要关心的似乎是要传达其所描述事件的流行和道德的直接性。为此，他经常采用相当于小说写作的策略，即用现在时态来书写过去的历史。另外，他的历史作品也使用了将编年叙事和摘录文献混合在一起的常见方式。另一方面，拉姆齐的历史作品有一个清晰可辨的主题，因而与欧洲 18 世纪晚期的观念驱动史学有很紧密的联系。对于拉姆齐来说，美国革命是一个产生于殖民地本身的自然环境，以及社会和经济环境的有机现象。拉姆齐也属于第一批强调地理是塑造历史有效动力的美国作家：

696

---

① David D. van Tassel, *Recording Americás Past：An Interpretation of the Development of Historical Studies in America 1607-1884* (Chicago, 1961)，39；(也见第 25 页，就利比著作对戈登和拉姆齐的批评所产生的影响提供了一个很好的简要概述)。

逐步成熟起来的殖民者,在如此远离政府的情况下,当然比那些不仅看到而且每天感受到权力獠牙的母国居民,对从属的义务认知更为薄弱。国土的幅员辽阔和自然环境也产生了同样作用。这种自由的本性坐落于崇山峻岭和罕迹荒漠中,在美国的旷野随处可见。①

有几本"爱国者"书写的当地历史,无论他们是否联邦党人,都不值一提。杰瑞米·贝尔纳普(Jeremy Belknap)的《新罕布什尔史》(*History of New-Hampshire*,1784—1792 年)标志着科顿·马瑟之后新英格兰史学特点的变化。尽管贝尔纳普在多佛(Dover)、新罕布什尔和波士顿担任过很长时间的公理会牧师,但这本书的历史部分(限于第一卷)仍然不太有宿命论的因素,在后面的卷数中则反映出他对自然历史和地理的热衷关注。贝尔纳普也因为是这个新兴国家历史学科的创建者之一而声名卓著;他计划在波士顿建立的古文物学会,在数年后被并入了马萨诸塞历史学会。乔治·米诺特(George Minot)的《1786 年马萨诸塞起义的历史及以后的叛乱》(*History of the Insurrections in Massachusetts in 1786 and of the Rebellion Consequent Thereon*,1788 年)的不同寻常之处在于,它把关注点放在谢斯起义上,这场地方冲突是在革命战争之后发生的,也是由其所导致的。米诺特在详述丹尼尔·谢斯(Daniel Shays)于 1786—1787 年试图领导马萨诸塞州西部地区贫困农民和工人共同推翻州政府的努力失败时,他很清楚地表明自己是站在现政权这一边的;即便如此,他的这本小书在展现由于战争代价给马萨诸塞这样的州所造成的经济困难情况时,也做出了精到、合理且公正的分析,并且他在"不幸的时代往往启示最

697

---

① David Ramsay,*The History of the American Revolution*,vol. 1 (Philadelphia,1789),29.

多"这样的想法驱使下，既总结了政府的错误，也概述了叛军的恶行。①

我将通过展望下一阶段美国历史和历史写作的方式来结束这一考察。杰迪代亚·莫尔斯（Jedidiah Morse）的《美国地理》(*The American Geography*，1789年)的意义在书名中就显而易见；它是这个新兴国家的当地居民所做的第一本综合性地理考察，在早期美国是一本深受欢迎且影响广泛的教科书。② 莫尔斯认为历史是描述地理的一个组成部分：他的书中每个州的章节都以历史总结收尾，并在前150页对美国的总论中包含了"按时间顺序概述北美的最初发现和殖民"，以及相当篇幅的有关独立战争的历史，其中包括了华盛顿、拉法耶特以及另外两位美国方面将军的生平简介。有观点认为，由于莫尔斯对中大西洋地区和南部各州的情况所知不多，他的叙述完全偏重新英格兰地区的历史和地理。③ 然而，从《美国地理》的第一版来看，这一特性的描述显然不公；莫尔斯在宾夕法尼亚州和弗吉尼亚州所花的篇幅要比马萨诸塞州和康涅狄格州来得多。莫尔斯在《美国地理》一书中明显缺少兴趣的，是从最初殖民到18世纪之间的英国委任政府时期的历史。实际上莫尔斯对美国历史的"总体观点"，就像他说的，是从"革命之前就为革命做了准备的事件"④开始的。莫尔斯的书如今最为出名的可能是其中反对奴隶制的言论；他大段引用了杰斐逊在《弗吉尼亚纪事》(*Notes on the State of Virginia*，1787年)"询问十八"("习惯")中的评论。正如杰斐逊在这一章以及"询问十四"("法律")中的讨论

---

① George Richards Minot, *History of the Insurrections in Massachusetts in 1786 and of the Rebellion Consequent Thereon* (Worcester, Mass. , 1788),3.

② 莫尔斯在早前出版过一本学校读本《地理易学》(*Geography Made Easy*，1784年)，可以说是美国此类出版物中的第一本地理教科书。这本书在19世纪有多个版本出现，比《美国地理》更加广为流传。

③ 参见 Joseph A. Conforti, *Imagining New England：Explorations of Regional Identity from the Pilgrims to the Mid-Twentieth Century* (Chapel Hill, NC, 2001),79 - 108。

④ Morse, *The American Geography*, 94.

那样,莫尔斯在叙述中也把自由和公正这些启蒙观念与未加思索就接受的生物种族主义原则结合在了一起。[1] 他的关切言论是众多关于奴隶制问题的观点之一,这一主题在下个世纪将成为美国的核心历史问题。

大事年表/关键日期

1607 年	建立詹姆斯敦殖民地
1620 年	建立普利茅斯殖民地
1630 年	建立马萨诸塞湾殖民地
1637 年	佩科特战争
1632 年	特许马里兰殖民地
1633 年	特许卡罗来纳殖民地
1644 年	特许罗德岛殖民地
1664 年	新尼德兰割让给英国,成为纽约地区
1675—1678 年	菲利普国王战争,导致新英格兰地区部落最后的失败
1681 年	特许宾夕法尼亚殖民地
1684 年	马萨诸塞湾特许状撤回,变成直接在王室控制下的殖民地
1732 年	特许佐治亚殖民地
1755—1763 年	法国-印第安人战争
1773 年	波士顿倾茶事件
1775—1783 年	美国独立战争
1776 年	《独立宣言》发表
1786—1787 年	谢斯起义
1787 年	通过《美国宪法》
1789 年	选举乔治·华盛顿为第一任总统

---

[1]　Morse，*The American Geography*，65－67.

主要史料

Adair, James, *The History of the American Indians* (London, 1775).

Belknap, Jeremy, *History of New-Hampshire*, 3 vols. (Philadelphia, 1784, Boston, 1791 – 1792).

Beverly, Robert, *History and Present State of Virginia* (London, 1705).

Bradford, William, *Of Plymouth Plantation 1620 – 1647 by William Bradford Sometime Governor Thereof*, ed. Samuel Eliot Morison (New York, 1952).

Byrd, William, *Histories of the Dividing Line betwixt Virginia and North Carolina*, ed. William K. Boyd, intro. Percy G. Adams (New York, 1967).

Chalmers, George, *Political Annals of the Present United Colonies* (London, 1780).

Colden, Cadwallader, *The History of the Five Indian Nations Depending on the Province of New York in America* (New York, 1727).

Douglass, William, *Summary, Historical and Political, of the First Planting, Progressive Improvements, and Present State of the British Settlements of North America* (Boston, 1749).

Galloway, Joseph, *Historical and Political Reflections on the Rise and Progress of the American Rebellion* (London, 1780).

Gordon, William, *History of the Rise, Progress, and Establishment of the Independence of the United States of America* (London, 1788).

Hewat [t], Alexander, *A Historical Account of the Rise and Progress of the Colonies of South Carolina and Georgia* (London, 1779).

699

Hutchinson, Thomas, *The History of the Colony of Massachusetts-Bay* (Boston, 1765 – 1767).

Johnson, Edward, *Wonder-working Providence of Sions Saviour in New England* (London, 1654).

Mather, Cotton, *Magnalia Christi Americana: or, the Ecclesiastical History of New England, From Its First Planting in the Year 1620 unto the Year of Our LORD, 1698* (London, 1702).

Morse, Jedidiah, *The American Geography* (Elizabethtown, NJ, 1790).

Peters, Samuel, *General History of Connecticut* (London, 1781).

Prince, Thomas, *Chronological History of New-England in the Form of Annals* (Boston, 1736 – 1755).

Ramsay, David, *The History of the American Revolution* (Philadelphia, 1789).

Smith, John, *The General Historie of Virginia, New-England, and the Summer Isles* (London, 1624).

Winthrop, John, *The Journal of John Winthrop 1630 – 1649*, ed. James Savage, and Laetitia Yeandle (Cambridge, Mass., 1996).

参考文献

Arch, Stephen Carl, *Authorizing the Past: The Rhetoric of History in Seventeenth-Century New England* (DeKalb, Ill., 1994).

Cohen, Lester H., *The Revolutionary Histories: Contemporary Narratives of the American Revolution* (Ithaca, NY, 1980).

Colbourn, H. Trevor, *The Lamp of Experience: Whig History and the Intellectual Origins of the American Revolution* (Chapel Hill, NC, 1965).

Holifield, E. Brooks, *Era of Persuasion: American Thought and*

Culture, *1521 - 1680* (Boston, 1989).

Landsman, Ned C. , *From Colonials to Provincials: American Thought and Culture*, *1680 - 1760* (Ithaca, NY, 1997).

Messer, Peter C. , *Stories of Independence: Identity, Ideology, and History in Eighteenth Century America* (DeKalb, Ill. , 2005).

Shaffer, Arthur H. , *The Politics of History: Writing the History of the American Revolution* (Chicago, 1975).

Smith, William Raymond, *History as Argument: Three Patriot Historians of the American Revolution* (The Hague, 1966).

Van Tassel, David. , *Recording Americás Past: An Interpretation of the Development of Historical Studies in America*, *1607 - 1884* (Chicago, 1960).

Winship, Michael P. , *Seers of God: Puritan Providentialism in the Restoration and Early Enlightenment* (Baltimore, Md. , 1996).

朱潇潇　译　李　娟　校

索　引

说明：页码所指为边码。斜体页码指示图表。通常只为相关学科中的历史学家和学者标注关键生卒年(也包括那些已知直接参与或直接影响历史撰写的政治人物)。只是偶尔提及的个人不标注生卒年。在早期，有时关键年份(尤其是出生年代)并不确定，若出生年代全然不明或纯赖推测，则只标注死亡时间；有时则标出可供选择的生卒年。对那些我们只知其历史编纂或职业活动年代的个人，则使用"活跃于"标示。

通常只是对作者未知或属于集体创作的著作，才单列历史著作名，其他历史著作参见其作者的条目。

7

09

G

10

12

713

71

7

7

72

图书在版编目（CIP）数据

牛津历史著作史.第三卷/（加）丹尼尔·沃尔夫总主编；
（墨）何塞·拉巴萨等主编；陈新等译.—上海：上海三联书
店,2021.12
ISBN 978－7－5426－6563－8

Ⅰ.①牛…　Ⅱ.①丹…②何…③陈…　Ⅲ.世界史
Ⅳ.①K1

中国版本图书馆 CIP 数据核字（2018）第 268477 号

牛津历史著作史（第三卷）

总 主 编 / ［加］丹尼尔·沃尔夫
主　　编 / ［墨］何塞·拉巴萨　等
译　　者 / 陈　新　李　娟　朱潇潇　申　芳　王　静　等

责任编辑 / 郑秀艳
装帧设计 / 夏艺堂
监　　制 / 姚　军
责任校对 / 王凌霄

出版发行 / 上海三联书店
　　　　　（200030）中国上海市漕溪北路 331 号 A 座 6 楼
邮　　箱 / sdxsanlian@sina.com
邮购电话 / 021－22895540
印　　刷 / 商务印书馆上海印刷有限公司

版　　次 / 2021 年 12 月第 1 版
印　　次 / 2021 年 12 月第 1 次印刷
开　　本 / 640 mm×960 mm　1/16
字　　数 / 950 千字
印　　张 / 64.5
书　　号 / ISBN 978－7－5426－6563－8/K·509
定　　价 / 268.00 元

敬启读者,如发现本书有印装质量问题,请与印刷厂联系 021－56324200